LORENZ
Leitfaden
Band 1

Der Name *LORENZ*, seit langem ein Markenzeichen für die Ausbildung im Speditions- und Logistikgewerbe, steht für *Wilhelm Lorenz* (1898-1988), den Begründer dieses Lehrwerkes.

Die erste Ausgabe des *Leitfadens* erschien 1953. Seitdem wurde das Werk ständig aktualisiert und erweitert; seit 1978 unter der Federführung von *Willy Korf*.

Wilhelm Lorenz

Leitfaden für Spediteure und Logistiker in Ausbildung und Beruf

Band 1
21. Auflage 2008

herausgegeben von
    Dipl.-Kfm. Willy Korf

unter Mitarbeit von
    Ingo Hodea
    Reinhard Lankes
    Helmut Link
    Horst Manner-Romberg
    Dieter Ortmann
    Hermann Pikelj
    Jürgen Ries
    Axel Salzmann
    Erwin Spitzer
    Frank Wendt

**DVV Media Group |
Deutscher Verkehrs-Verlag**

Bibliografische Information der Deutschen Bibliothek:
Die Deutsche Bibliothek verzeichnet diese Publikation in der
Deutschen Nationalbibliografie;
detaillierte bibliografische Daten sind im Internet unter
http://dnb.ddb.de abrufbar.

ISBN 978-3-87154-375-3

Das Werk ist urheberrechtlich geschützt. Jede Verwendung, auch auszugsweise, ist ohne
Zustimmung des Verlages nicht zulässig. Das gilt insbesondere für Vervielfältigungen,
Übersetzungen, Mikroverfilmung und die Einspeisung und Verarbeitung in elektronischen Systemen.

© 2008 Deutscher Verkehrs-Verlag

DVV Media Group GmbH
Deutscher Verkehrs-Verlag
Nordkanalstraße 36
20097 Hamburg
Telefon: 040 23714-01
Telefax: 040 23714-285
www.dvz.de
E-Mail: leserservice@dvz.de

Printed in Germany
Satz: Verlag
Druck:
Kessler Druck + Medien
86399 Bobingen

Geleitwort

Der Verkehr unterliegt in den letzten Jahren starken Veränderungen. Das Bild des Spediteurs hat sich von einem Transportorganisator, der die Verkehre meist im Selbsteintritt durchführt, zum umfassenden Logistikdienstleister erweitert. Diese Entwicklung wird sich in den nächsten Jahren fortsetzen. Der Spediteur wird immer stärker in die betrieblichen Abläufe seiner Kunden integriert.

Die deutsche Verkehrswirtschaft steht dabei allerdings in einem harten internationalen Wettbewerb, der sich durch die fortschreitende europäische Integration weiter verstärken wird. Nach Wegfall des noch bestehenden Kabotagevorbehalts für osteuropäische Unternehmen in einigen Jahren wird sich der Anpassungsdruck nochmals erhöhen. Sie muss daher besonderen Wert auf die Qualität ihrer Dienstleistungen legen. Voraussetzung dafür sind qualifizierte Mitarbeiterinnen und Mitarbeiter. Der Aus- und Weiterbildung kommt daher eine zentrale Rolle zu.

Der *Leitfaden* soll vor allem dem Nachwuchs als Unterlage für den vielseitigen Beruf des Spediteurs und Logistikdienstleisters dienen. Es soll darüber hinaus auch dem im Beruf stehenden Spediteur und Verkehrsfachmann als Informations- und Nachschlagewerk nützliche Dienste leisten.

Deutscher Industrie- und Handelskammertag

Dr. A. Ortmeyer
Leiter des Fachbereichs Dienstleistungen, Infrastruktur und Regionalpolitik

Erstes Vorwort

Logistik ist einer der Erfolgsfaktoren der deutschen Wirtschaft. Sie rangiert mittlerweile nach Handel und Automobilindustrie an dritter Stelle. Und: Logistik steht für Wachstum, Innovation, Wertschöpfung und Beschäftigung. Hinter allen diesen Erfolgen stehen Menschen, gut ausgebildete, handlungsfähige und motivierte Mitarbeiter, die dafür sorgen, dass Montagebänder nicht still stehen und Verkaufsregale gefüllt sind. Von den Experten der Branche, den Kaufleuten für Spedition und Logistikdienstleistung, wird Vielseitigkeit, Flexibilität, Aufgeschlossenheit und ein fundiertes Wissen erwartet. Dieses Wissen bündelt seit vielen Jahren der *Leitfaden für Spediteure und Logistiker in Ausbildung und Beruf* besser bekannt als *Der LORENZ 1*, den auch Praktiker immer wieder gerne zur Hand nehmen.

Wir freuen uns, dass auch im Online-Zeitalter mit dem *LORENZ* ein aktuelles und umfangreiches Nachschlagewerk für Auszubildende und Weiterbildungsinteressierte der Speditions- und Logistikbranche vorliegt und wünschen der 21. Auflage viel Erfolg und zahlreiche Leser und Leserinnen.

Deutscher Speditions- und Logistikverband e.V.
Präsidium und Hauptgeschäftsführung

Zweites Vorwort

Die Anzahl der Mitarbeiter im Speditions- und Logistikdienstleistungsgewerbe hat sich in den letzten 20 Jahren verdoppelt. Insgesamt beschäftigen die Verkehrswirtschaft (gewerblich tätige Speditions- und Logistikdienstleister, Frachtführer und andere) und die logistischen Bereiche der Unternehmen aus der verladenden und produzierenden Wirtschaft ca. 2,6 Mio. MitarbeiterInnen. In 2007 sind die Aufwendungen der deutschen Wirtschaft für logistische Dienstleistungen auf 204 Mrd. € angestiegen, davon entfallen auf gewerblich tätige Unternehmen nur knapp 50 %. In neueren Verkehrsprognosen wird davon ausgegangen (vergleiche *Verkehrsprognose* von *INTRAPLAN Consult* und der *Beratergruppe Verkehr und Umwelt (Freiburg)* erstellt im Auftrage des *Bundesministeriums für Verkehr, Bau und Stadtentwicklung*), dass in dem Zeitraum von 2004 bis 2025 das Verkehrsaufkommen in *Deutschland* von 3,62 Mrd. t auf 4,62 Mrd. t (Steigerung 48 %) und die Verkehrsleistung von 548 Mrd. tkm auf 937 Mrd. tkm (Steigerung 74 %) ansteigen wird.

Der Spediteur und Logistikdienstleister steuert als verkehrsträgerneutraler Organisator große Teile der Güterverkehrswirtschaft. Um diese mit einer hohen Attraktivität ausgestattete Führungsposition erhalten und ausbauen zu können, muss das deutsche Speditions- und Logistikdienstleistungsgewerbe in Personalstrukturen und damit in die berufliche Aus- und Fortbildung investieren. Gut ausgebildete Spediteure und Logistikdienstleister haben hervorragende berufliche Entwicklungsmöglichkeiten. Sie sind gleichzeitig ein Garant für den Erfolg eines Unternehmens.

Die überarbeitete und erweiterte 21. Auflage des *LORENZ* liegt nunmehr vor. Sie soll mithelfen, das umfangreiche Fachwissen aktuell zu vermitteln.

In wünsche den Leserinnen und Lesern viel Erfolg beim Studium

Willy Korf
Autor und Herausgeber

Einleitung

Der Beruf des Spediteurs und Logistikdienstleisters ist ein Kaufmannsberuf. Seine Ausübung verlangt nicht nur die allgemeinen Fähigkeiten und Kenntnisse, die in jedem Kaufmannsberuf erforderlich sind, sondern darüber hinaus die besonderen Kenntnisse des Verkehrswesens.

Wie in allen kaufmännischen Berufen muss die Erziehung zum ehrbaren Kaufmann die Grundlage der Berufsausbildung des Spediteurs und Logistikdienstsleisters bilden. In einem Gewerbe, in dem große Werte durch die Hände der in ihm Beschäftigten gehen, müssen auch die ethischen Grundlagen vorhanden sein, also die Begriffe von Treu und Glauben, Ehrlichkeit und Zuverlässigkeit.

Die berufliche Ausbildung zum Spediteur und Logistikdienstleister muss dem Nachwuchs eine Vorstellung von der Bedeutung und Vielgestaltigkeit dieses Wirtschaftszweiges geben. Der junge Spediteur und Logistikdienstleister muss schon während seiner Ausbildungszeit ein klares Bild von dem Wesen seines Lebensberufes erhalten und insbesondere in die Lage versetzt werden, in den global angelegten und an Wertschöpfungsketten orientierten Strukturen seines Geschäftes denken und handeln zu können.

Das zur Zeit gültige Berufsbild des Spediteurs und Logistikdienstleisters ist seit dem 1.8.2004 in Kraft („Kaufmann für Spedition und Logistikdienstleistung / Kauffrau für Spedition und Logistikdienstleisung"; Bekanntmachung im *Bundesanzeiger Nr. 197 a, Jahrg. 56 vom 16.10.2004*) und hat das bis dahin geltende Berufsbild „Berufsausbildung zum Speditionskaufmann / Speditionskauffrau" abgelöst. Diese „Namensänderung" war zu diesem Zeitpunkt längst überfällig.

Beginnend in den Jahren 1970 ff. und verstärkt in den Jahren 1990 ff. waren Globalisierung, lean production, Konzentration auf das Kerngeschäft, Outsourcing, just-in-time- Belieferung und andere die entscheidenden Triebfedern wirtschaftlichen Handelns. In dieser Zeit entwickelte sich auch der Güterverkehr unter den Schlagworten „Logistik" und „Supply Chain Management" zu einer hochtechnischen, für die Produktions- und Handelsunternehmen unverzichtbaren Dienstleistungsbranche mit einer eigenen Innovationsdynamik. Über sein traditionelles Leistungsspektrum der besorgenden, organisierenden, transportierenden, sammelnden, verteilenden, umschlagenden und lagernden Tätigkeit hinaus, produziert der Spediteur heute entlang der Wertschöpfungskette eine Vielzahl von Zusatzleistungen (value added services im Mantel von Kommissionier-, Verpackungs-, Markierungs-, Qualitätskontroll-, Montage-, Konfektionier-, Call-Centerarbeiten bis hin zu Fakturierung, Inkasso, Retourenmanagement und anderen) und bringt ein umfassendes IT-Prozess-Know-how in seine Geschäftsverbindungen mit ein.

Im Gegensatz zu den Industrie- und Handelsunternehmen gehören diese Leistungen aber zu den **Kerngeschäften der Speditionsunternehmen**. Sie bilden sozusagen den eigentlichen „**Zweck des Unternehmens**"; diese Leistungen werden einzeln oder im Paket gegen Entgelt an Dritte verkauft. Bei dieser Betrachtungsweise musste der Verordnungsgeber dem Verlangen des Speditions- und Logistikgewerbes schlussendlich Rechnung tragen,

Einleitung

der wirtschaftlichen Entwicklung folgend das Berufsbild „Speditionskaufmann/ Speditionskauffrau" inhaltlich und von der Bezeichnung her auszuweiten in

„Kaufmann/Kauffrau für Spedition und Logistikdienstleistung".

Eine so umfassende Tätigkeit wird aber im Ausbildungsbetrieb allein nicht immer vermittelt werden können. Deshalb soll diese Lücke durch Fachschulunterricht, in Fachkursen oder durch Selbststudium mit Hilfe dieses *Leitfadens* geschlossen werde. Der *Leitfaden* soll in die Hände der Auszubildenden im Speditions- und Logistikgewerbe gelangen, um sie in der Ausbildungszeit zu begleiten. Er soll ferner von den Lehrern im Fachunterricht der Berufsschulen und den Vortragenden in Fachkursen benutzt werden. Schließlich soll er auch der Weiterbildung dienen und dem bereits im Geschäftsleben stehenden Spediteur und Logistikdienstleister bei seiner täglichen Arbeit behilflich sein, das umfangreiche Wissensgebiet zu übersehen und seine Kenntnisse zu vertiefen.

Das Berufsbild „Kaufmann/Kauffrau für Spedition und Logistikdienstleistung" ist hinsichtlich der Anzahl von Auszubildenden bei den Kaufmännischen (Güter-)Verkehrsberufen das mit Abstand führende Berufsbild. Weit über 10 000 Auszubildende sind im Jahresdurchschnitt im Speditions- und Logistikdienstleistungsbereich tätig.

Abkürzungen

ABBH	=	Allgemeine Bedingungen der deutschen Möbelspediteure für Beförderungen von Handelsmöbeln
ADR	=	Europäisches Übereinkommen über die internationale Beförderung gefährlicher Güter auf der Straße
ADSp	=	Allgemeine Deutsche Spediteurbedingungen
AEG	=	Allgemeines Eisenbahngesetz
ALB	=	Allgemeine Leistungsbedingungen der Railion Deutschland AG
AMÖ	=	Bundesverband Möbelspedition (AMÖ) e.V.
AO	=	Abgabenordnung
BAG	=	Bundesamt für Güterverkehr
BGB	=	Bürgerliches Gesetzbuch
BGH	=	Bundesgerichtshof
BGL	=	Bundesverband Güterkraftverkehr, Logistik und Entsorgung (BGL) e.V.
BinSchG	=	Binnenschifffahrts-Gesetz
BMF	=	Bundesminister der Finanzen
BMVBW	=	Bundesminister für Verkehr, Bau- und Wohnungswesen
CEMT	=	Konferenz Europäischer Verkehrsminister
CIM	=	Einheitliche Rechtsvorschriften für den Vertrag über die internationale Eisenbahnbeförderung von Gütern
C.L.E.C.A.T.	=	Europäisches Verbindungs-Komitee des europäischen Speditions- und Lagereigewerbes
CMR	=	Convention relative au contrat de transport international des Marchandises par Route (Übereinkommen über den Beförderungsvertrag im internationalen Straßengüterverkehr)
COTIF	=	Übereinkommen über den internationalen Eisenbahnverkehr
DB AG	=	Deutsche Bahn AG
DGR	=	Dangerous Goods Regulations
DIHK	=	Deutscher Industrie- und Handelskammertag
DSLV	=	Deutscher Speditions- und Logistikverband
DTV-VHW 2003	=	DTV-Verkehrshaftungsversicherung für Frachtführer, Spedition und Lagerhalter (GDV-Modell)
DUSS	=	Deutsche Umschlagsgesellschaft Schiene – Straße
DVZ	=	Deutsche Logistik-Zeitung
EU	=	Europäische Union

Abkürzungsverzeichnis

FBL	=	FIATA Multimodal Transport Bill of Lading
FIATA	=	Internationale Vereinigung der Spediteurorganisationen
GDV	=	Gesamtverband der Deutschen Versicherungswirtschaft
GG	=	Grundgesetz
GGVBinSch	=	Gefahrgutverordnung Binnenschiff
GGVE	=	Gefahrgutverordnung Eisenbahn
GGVS	=	Gefahrgutverordnung Straße
GüKG	=	Güterkraftverkehrsgesetz
HGB	=	Handelsgesetzbuch
IATA	=	International Air Transport Association (Internationale Luftverkehrsvereinigung)
ICAO	=	International Civil Aviation Organization (Internationale zivile Luftfahrtorganisation)
ICC	=	Internationale Handelskammer
IHK	=	Industrie- und Handelskammer
LVG	=	Luftverkehrsgesetz
MÜ	=	Montrealer Übereinkommen (Abkommen)
NVOCC	=	Non Vessel Operating Common Carrier
StVO	=	Straßenverkehrsordnung
SZR	=	Sonderziehungsrecht (des IWF)
TEU	=	Twenty foot equivalent unit
UNO	=	United Nations Organization
VBGL	=	Vertragsbedingungen für den Güterkraftverkehrs- und Logistikunternehmer
WA	=	Warschauer Abkommen
WTO	=	Welthandelsorganisation

Inhaltsverzeichnis

Geleitwort. 5
Erstes Vorwort. 6
Zweites Vorwort. 7
Einleitung. 9
Abkürzungen 11
Abbildungsverzeichnis 23
Tabellenverzeichnis 25

1 Einführung: die Bedeutung des Verkehrs in der Wirtschaft
   1.1 Die Aufgaben und Bedeutung des Verkehrs in der arbeitsteiligen (Markt-)Wirtschaft. 27

   1.2 Verkehrswirtschaftliche Grundbegriffe und Grundtatbestände. 33

   1.3 Verkehrsbedürfnisse, Leistungsmerkmale der Verkehrsträger, Besonderheiten der Verkehrsleistung. 43

   1.4 Güterverkehr und (Verkehrs-)Politik. 47

   1.5 Verkehrsinfrastrukturplanung / Verkehrsinfrastrukturfinanzierung. 50

   1.6 Der Güterverkehr im Spannungsfeld zwischen Ökonomie und Ökologie. 55

   1.7 Die Güterverkehrswirtschaft und die *Europäische Union*. 59

   1.8. Der Spediteur und Logistiker in der Güterverkehrswirtschaft. 64
       1.8.1 Fracht-, Speditions- und Logistikgeschäft. 64
       1.8.2 Logistik / Logistikdienstleistungen integrieren Unternehmen zu Wertschöpfungsketten 66

2 Das Speditions- und Logistikgewerbe in der arbeitsteiligen Wirtschaft
   2.1 Gesetzliche Grundlagen und Arbeitsbereiche der Spedition und Lagerei ..73
       2.1.1 Gesetzliche Grundlagen 73
       2.1.2 Die Arbeitsbereiche der Spedition und Lagerei. 75
       2.1.3 Spartenmäßige Gliederung des Speditionsgewerbes. 77
       2.1.4 Stellung der Spediteure gegenüber dem Versender. 81

Inhaltsverzeichnis

2.2 Verbandsorganisationen des Speditions- und Logistikgewerbes 82
    2.2.1 *Deutscher Speditions- und Logistikverband (DSLV) e.V.* 82
    2.2.2 Bundesverbände des Straßenverkehrs 83
    2.2.3 Internationale Speditionsverbände 83

2.3 Das Selbstverständnis der Spedition. 87

2.4 Der Spediteur – Bindeglied zwischen verladender Wirtschaft und den Verkehrsträgern. 88
    2.4.1 Die Beauftragung des Spediteurs durch die verladende Wirtschaft 88
    2.4.2 Der Spediteur – ein bedeutender Auftraggeber der Verkehrsträger. 89

2.5 Der Spediteur und der Selbsteintritt 91

2.6 Die Spedition und der internationale Güterverkehr 93

2.7 Spedition und Logistik. 94

2.8 Dienste im Kleingutmarkt. 95

SRH Fachhochschule Hamm
mit ihren spezialisierten Logistik Studiengängen:

Bachelor of Science – Wirtschaftsingenieurwesen Logistik

Master of Logistics Management (berufsbegleitend)

Die FH Hamm steht für:
- Kurze Studiendauer in kleinen Gruppen
- Modernste Lerninfrastruktur (PC-Pool, Labore, eLearning-System)
- Austauschprogramme mit international renommierten Hochschulen
- Praxisnahe Studieninhalte und Dozenten aus der Industrie
- Fremdsprachenausbildung und Praktika im Ausland (nach Wahl)
- Innovative, zukunftsorientierte Studiengänge

Weitere Informationen unter: **www.fh-hamm.de**

SRH Fachhochschule Hamm
University of Applied Sciences
Sachsenweg 12, 59073 Hamm
Telefon 0 23 81 87 10-730

Inhaltsverzeichnis

3 Der Spediteur und das Speditionsrecht / Frachtrecht
3.1 Transportrechtsreform. 97
    3.1.1 Einleitung. 97
    3.1.2 Das *Handelsgesetzbuch*. 97
        3.1.2.1 Frachtgeschäft mit Kurzkommentierung. 98
        3.1.2.2 Speditionsgeschäft mit Kurzkommentierung. 125
        3.1.2.3 Lagergeschäft mit Kurzkommentierung. 132

3.2 Das Speditionsgeschäft in seiner Einbettung in das Speditionsrecht. 140
    3.2.1 Der Speditionsvertrag als Grundlage der Speditionsgeschäfte 140
        3.2.1.1 Das Wesen von Verträgen. 140
        3.2.1.2 Schuldverhältnisse des *BGB*. 142
        3.2.1.3 *INCOTERMS 2000*. 143
        3.2.1.4 Die Handelsgeschäfte des Spediteurs im *HGB*. 145
    3.2.2 Das Frachtgeschäft / Der Frachtvertrag. 146
        3.2.2.1 Frachtrecht, Beförderung von Umzugsgut *(§§ 451– 51h HGB)*. 147
        3.2.2.2 Frachtrecht, Multimodaler Transport *(§§ 452–452d HGB)*. 148
    3.2.3 Das Speditionsgeschäft / Der Speditionsvertrag *(§§ 453–466 HGB)*. 149
    3.2.4 Das Lagergeschäft. 150
    3.2.5 Die Abgrenzung des Speditionsvertrages zum Frachtvertrag. 151
    3.2.6 Versicherungspflicht nach den *GüKG*. 151

3.3 *Allgemeine Deutsche Spediteurbedingungen (ADSp)*. 153
    3.3.1 Einleitung. 153
    3.3.2 Übersicht, Einzelbestimmungen der *ADSp* mit Erläuterungen. 156

3.4 *DTV-VHV 2003 / 2008 (GDV-Modell)*. 179

3.5 Die *Logistik-AGB*. 194

3.6 Transportversicherung. 203

3.7 Zusammenfassende Übersichten. 203

3.8 Die praktische Abwicklung von speditionellen Schäden. 207

Inhaltsverzeichnis

4 Der Spediteur und die Verkehrsträger

4.1 Straßengüterverkehr. 209
- 4.1.1 Die gesamtwirtschaftliche Bedeutung des Verkehrsträgers Straßengüterverkehr. 209
- 4.1.2 Die Marktordnung des Güterkraftverkehrs. 212
  - 4.1.2.1 Begriff, Entwicklung, Zielsetzung, Elemente und Überwachung der Einhaltung der Vorschriften. 212
  - 4.1.2.2 Verkehrsmarktordnung und der *Europäische Wirtschaftsraum (EWR)*. 215
  - 4.1.2.3 Nationale Verkehrsmarktordnung und Frachtrecht. 219
  - 4.1.2.4 Kurzfassung des Ordnungsrahmens. 219
  - 4.1.2.5 Erprobungszeitraum bis 1.7.2001. 222
- 4.1.3 Das neue *Güterkraftverkehrsgesetz (GüKG)*. 223
- 4.1.4 Der Frachtvertrag. 265
  - 4.1.4.1 Der Frachtvertrag nach dem *HGB*. 266
  - 4.1.4.2 Vertragsrechtsempfehlungen der Frachtführer- und Speditionsverbände. 276
- 4.1.5 Die Preisbildung im gewerblichen Güterkraftverkehr. 279
  - 4.1.5.1 Preisbildungsempfehlungen der Unternehmerverbände. 279
  - 4.1.5.2 Preisbildung auf der Grundlage einer Fahrzeugkostenrechnung. 281
- 4.1.6 Besondere Formen des gewerblichen Güterkraftverkehrs. 288
  - 4.1.6.1 Der grenzüberschreitende Güterkraftverkehr. 288
    - 4.1.6.1.1 Die Marktzugangsregelungen. 288
    - 4.1.6.1.2 Die *CMR* als Grundlage für den Frachtvertrag. 291
  - 4.1.6.2 Der kombinierte Verkehr. 296
- 4.1.7 Die Kraftwagenspedition. 298
  - 4.1.7.1 Begriffsbestimmung. 298
  - 4.1.7.2 Der Spediteur als Transportunternehmer. 298
- 4.1.8 Autobahngebühren. 299
- 4.1.9 Die Sozialvorschriften. 302
- 4.1.10 Ordnungswidrigkeiten und Ahndungsmaßnahmen. 306
- 4.1.11 Der praktische Beförderungsfall. 307
- 4.1.12 Mitzuführende Dokumente und Bescheinigungen. 315

4.2 Eisenbahngüterverkehr. 318
- 4.2.1 Der Spediteur und die Eisenbahnen. 318
- 4.2.2 Historischer Rückblick des Verkehrsträgers Eisenbahngüterverkehr 319
- 4.2.3 Die Eisenbahn im Wettbewerb. 319
- 4.2.4 Die Bahnstrukturreform in Deutschland. 323
- 4.2.5 Gesetzliche Grundlagen des Eisenbahngüterverkehrs (Gesetze zur Ordnung des Schienengüterverkehrs). 327
- 4.2.6 Technische Grundlagen im Eisenbahngüterverkehr 332
- 4.2.7 Das Schienennetz der Eisenbahn. 335
- 4.2.8 Vermarktung der Eisenbahninfrastruktur. 337
- 4.2.9 Unternehmensstrategie und -struktur der *DB AG* im Güterverkehr. 342
- 4.2.10 Die nichtbundeseigenen Eisenbahnunternehmen (NE) im Güterverkehr. 346

Inhaltsverzeichnis

4.2.11 Transportmittel der *Railion Deutschland AG*. 348
    4.2.11.1 Triebfahrzeuge / Traktionsmittel. 348
    4.2.11.2 Güterwagen / Verkehrsmittel. 349
    4.2.11.3 Ladeeinheiten. 354
4.2.12 Lademittel 356
4.2.13 Produkte der *Railion Deutschland AG* im Schienengüterverkehr 357
    4.2.13.1 Ganzzugverkehr. 357
    4.2.13.2 Einzelwagenverkehr 358
    4.2.13.3 Kombinierter Verkehr. 359
    4.2.13.4 Der Transport außergewöhnlicher Sendungen. 361
4.2.14 Leistungserstellung im Schienengüterverkehr. 361
    4.2.14.1 Knotenpunktsystem. 361
    4.2.14.2 Güterzugnetz für den Einzelwagenverkehr. 363
    4.2.14.3 Güterzugnetze für den kombinierten Verkehr. 363
4.2.15 Die frachtrechtlichen Grundlagen und Bedingungen für Beförderung, Umschlag und Lagerung von Gütern durch *Railion Deutschland*... 364
4.2.16 Preise und Konditionen für den Ladungsverkehr. 367
    4.2.16.1 Der Frachtbrief. 372
4.2.17 Auftragsabwicklung durch das *KundenServiceZentrum (KSZ)*............................375
4.2.18 Besonderheiten bei Frachtverträgen des Inlandsverkehrs. 384
4.2.19 Internationaler Eisenbahngüterverkehr. 385
4.2.20 Ausblick zur strategischen Ausrichtung der Eisenbahnen. 392

4.3 Binnenschifffahrt 394
    4.3.1 Der Verkehrsträger Binnenschifffahrt auf dem Güterverkehrsmarkt 394
        4.3.1.1 Die qualitativen Leistungsmerkmale der Binnenschifffahrt. 394
        4.3.1.3 Historischer Rückblick. 397
        4.3.1.4 Die Marktordnung in der Binnenschifffahrt. 398
        4.3.1.5 Die Unternehmensformen in der Binnenschifffahrt................................ 401
        4.3.1.6 Die gewerbepolitische Organisation der Binnenschifffahrt. 402
    4.3.2 Verkehrsmittel der Binnenschifffahrt 403
        4.3.2.1 Schiffsarten / Schiffstypen 403
        4.3.2.2 Die Schiffspapiere. 405
        4.3.2.3 Der Containerverkehr – der Roll-on- / Roll-off-Verkehr. 405
    4.3.3 Binnenschifffahrtsverkehrswege. 407
        4.3.3.1 Das deutsche Wasserstraßennetz. 407
        4.3.3.2 Die Klassifizierung des Binnenwasserstraßennetzes, der Pegel. 411
    4.3.4 Die Binnenhäfen und ihre Funktionen 413
    4.3.5 Der Frachtvertrag in der Binnenschifffahrt 414
        4.3.5.1 Die rechtlichen Grundlagen des Frachtvertrages. 414
        4.3.5.2 Die Beteiligten am Frachtvertrag 419
        4.3.5.3 Die Arten der Verfrachtung 421
        4.3.5.4 Die Frachtpapiere. 421
        4.3.5.5 Die Abwicklung des Frachtvertrages. 424

Inhaltsverzeichnis

	4.3.5.6	Besondere Einzelheiten des Frachtvertrages.	432
		4.3.5.6.1 Neue Haftungsregelungen in der Binnenschifffahrt.	432
		4.3.5.6.2 Amtliche Sachverständige.	435
		4.3.5.6.3 Havarie.	436
		4.3.5.6.4 Pfandrecht.	437
4.3.6		Die Frachtberechnung in der Binnenschifffahrt.	437
4.3.7		Der Spediteur in der Binnenschifffahrt.	440

4.4 Seeschifffahrt. ... 441

- 4.4.1 Seeverkehrswege und Seehäfen. ... 441
  - 4.4.1.1 Seeverkehrswege. ... 441
  - 4.4.1.2 Seehäfen. ... 443
- 4.4.2 Transportmittel der Seeschifffahrt. ... 445
  - 4.4.2.1 Die deutsche Handelsflotte, Flaggen- und Registerrecht. ... 445
  - 4.4.2.2 Arten der Seeschiffe. ... 448
  - 4.4.2.3 Seeschiffsvermessung. ... 451
  - 4.4.2.4 Schiffsklassifikation. ... 452
- 4.4.3 Betriebsformen der Seeschifffahrt. ... 453
  - 4.4.3.1 Organisatorische Seeschifffahrtsformen. ... 453
  - 4.4.3.2 Tarifarische Seeschifffahrtsformen. ... 453
  - 4.4.3.3 Seeverlader-Komitees (Shippers Councils). ... 454
  - 4.4.3.4 Kooperationsformen der Seeschifffahrt. ... 454
  - 4.4.3.5 Reeder und deren Vertreter. ... 455
- 4.4.4 Seefrachtgeschäft. ... 456
  - 4.4.4.1 Grundlegende gesetzliche Regelungen. ... 456
  - 4.4.4.2 Beteiligte des Seefrachtgeschäftes. ... 456
  - 4.4.4.3 Seefrachtverträge. ... 458
  - 4.4.4.4 Zurückbehaltungsrecht des Verfrachters. ... 461
  - 4.4.4.5 Pfandrecht des Verfrachters. ... 461
  - 4.4.4.6 Ende des Seefrachtvertrages. ... 462
- 4.4.5 Seefrachtberechnung. ... 464
  - 4.4.5.1 Grundsätzliche Seefrachtberechnungsarten. ... 464
  - 4.4.5.2 Seefrachtratenarten / -regeln. ... 464
  - 4.4.5.3 Seefrachtzu- und -abschläge, Hafenkosten. ... 466
  - 4.4.5.4 Seefrachtabrechnung im Containerverkehr. ... 467
  - 4.4.5.5 Rabattierung in der Seefrachtabrechnung. ... 467
  - 4.4.5.6 Basisregeln in der Seefracht. ... 467
  - 4.4.5.7 Seefrachtzahlung. ... 467
  - 4.4.5.8 Währungen in der Seefracht. ... 468
  - 4.4.5.9 *Incoterms* / Spesenklauseln in der Seefracht. ... 468
- 4.4.6 Container-Seeverkehr ... 470
  - 4.4.6.1 Containerarten, -größen und Containertypen. ... 470
  - 4.4.6.2 Containerverlademodi. ... 471
  - 4.4.6.3 Containervor- und / oder -nachläufe. ... 472

	4.4.6.4	Frachtkostenelemente im Containerverkehr.	473
	4.4.7	Seefrachtdokument / Konnossement.	476
		4.4.7.1 Grundsätzliche Bedeutung des Konnossements.	476
		4.4.7.2 Garantieverträge im Seefrachtgeschäft.	479
		4.4.7.3 Bord- / Übernahmekonnossement.	480
		4.4.7.4 Order-, Namens-, Inhaberkonnossement.	480
		4.4.7.5 Multiple-, Through-, Combined Transport Bill of Lading.	481
		4.4.7.6 Seefrachtbrief, Sea-Waybill.	483
		4.4.7.7 Konnossementsteilscheine.	484
		4.4.7.8 Sonstige Seefrachtpapiere.	484
	4.4.8	Haftung des Verfrachters	486
		4.4.8.1 Grundsätze der Haftung im Seefrachtverkehr.	486
		4.4.8.2 Haftungsbeschränkungen.	487
		4.4.8.3 Schadensabwicklung mit dem Verfrachter.	488
		4.4.8.4 Höchsthaftungssummen der internationalen Übereinkommen.	489
		4.4.8.5 Havarien im Seeverkehr.	491
		4.4.8.6 Dispache im Seeverkehr.	492
	4.4.9	Gefährliche Seefrachtgüter.	494
		4.4.9.1 *International Maritime Dangerous Goods Code*.	494
		4.4.9.2 Praxisempfehlungen für Gefahrgüter.	495
	4.4.10	Der Spediteur im Seefrachtgeschäft.	496
4.5	Luftfrachtverkehr.		499
	4.5.1	Entwicklung und Bedeutung.	499
	4.5.2	Luftverkehrsrecht.	504
	4.5.3	Luftsicherheit beim Gütertransport.	508
	4.5.4	Luftverkehrsgesellschaften und Flughäfen.	511
	4.5.5	*IATA*-Bedingungen für die Güterbeförderung.	514
	4.5.6	Luftfrachttarife.	515
	4.5.7	Der Beförderungsvertrag.	523
	4.5.8	Beförderungsbeschränkungen.	530
	4.5.9	Ende des Frachtvertrages.	531
	4.5.10	Haftung und Versicherung.	532
	4.5.11	Luftverkehrsgesellschaften und Spediteure.	536
	4.5.12	Das Chartergeschäft.	539

Inhaltsverzeichnis

5 Der Spediteur und der Kleingutmarkt
- 5.1 Der Spediteursammelgutverkehr mit Kraftwagen und Eisenbahn 541
  - 5.1.1 Der Tarif als Anstoß für den Aufbau des Spediteursammelgutverkehrs 541
  - 5.1.2 Der Tarif – keine notwendige Basis für den Spediteursammelgutverkehr moderner Prägung...542
  - 5.1.3 Die zwischenbetriebliche Zusammenarbeit im Spediteursammelgutverkehr............543
  - 5.1.4 Ablauf einer Güterversendung im Spediteursammelgutverkehr............................... 544
  - 5.1.5 Die Rechtsbeziehungen im Spediteursammelgutverkehr..546
  - 5.1.6 Der Begriff des Spediteursammelgutes..547
  - 5.1.7 Die wirtschaftliche Bedeutung des Spediteursammelgutverkehrs. 548
  - 5.1.8 Voraussetzungen und Vorteile des Spediteursammelgutverkehrs. 550
  - 5.1.9 Die Abwicklung des Spediteursammelgutverkehrs 551
    - 5.1.9.1 Beteiligte am Spediteursammelgutverkehr... 551
    - 5.1.9.2 Die Papiere bei einer Güterversendung im Spediteursammelgutverkehr.. 553
    - 5.1.9.3 Der EDV-Einsatz im Spediteursammelgutverkehr. 556
  - 5.1.10 Zur Abrechnung der Speditionsaufträge. 557
    - 5.1.10.1 Die Abrechnungsmöglichkeiten nach *HGB*..557
    - 5.1.10.2 Die Preisobergrenze im Sammelgutverkehr nach *§ 460 Abs. 2 HGB*. 559
    - 5.1.10.3 Die vom *BSL* empfohlenen *Bedingungen und Entgelte für den Spediteursammelgutverkehr mit Kraftwagen und Eisenbahn* 559
    - 5.1.10.4 Der Tarif für den Spediteursammelgutverkehr. 563
    - 5.1.10.5 Das Preisempfehlungsmodell der Vereinigung der *Sammelgutspediteure im BSL (Versa)* zur Weiterberechnung der Lkw-Maut 565
  - 5.1.11 Kostenrechnung als Grundlage der Preispolitik im Spediteursammelgutverkehr.......569
  - 5.1.12 Zur Abrechnung zwischen den am Sammelgutverkehr beteiligten Spediteuren 571
    - 5.1.12.1 Der Beiladersatz für den Beiladespediteur... 571
    - 5.1.12.2 Die Empfangsspediteurvergütung für Entladen und Verteilen. 571
    - 5.1.12.3 Zustellung der Sendung durch einen Briefspediteur................................... 571
  - 5.1.13 Zur Abrechnung zwischen Spediteur und Frachtführer 572
    - 5.1.13.1 Die Abrechnungsgrundlage. 572
    - 5.1.13.2 Die frachtbriefmäßige Abfertigung 572
  - 5.1.14 Die Haftung des Sammelgutspediteurs gegenüber seinem Auftraggeber.................573

- 5.2 Der Spediteur und die Paketdienste...574
  - 5.2.1 Begriff *KEP*-Dienste. 574
  - 5.2.2 Der Markt für Kurier- und Expressdienste..574
  - 5.2.3 Volumen und Struktur des Marktes für Paketdienste..575
  - 5.2.4 Die Entwicklung der privaten Paketdienste. 576
  - 5.2.5 Erfolgsfaktoren des privaten Paketdienstes..578
  - 5.2.6 Die Abwicklung des Paketverkehrs. 579
  - 5.2.7 Die Bestandteile des Paketdienstes. 582
  - 5.2.8 Die Organisationsformen von Paketdiensten. 587
  - 5.2.9 Der Paketdienst als ökologischer Faktor. 588
  - 5.2.10 Die Grenzen der privaten Paketdienste. 589

5.3		Der Spediteur und die Kurier-, Express- und Postdienste.	591
	5.3.1	Der *KEP*-Markt.	591
	5.3.2	Kategorien des *KEP*-Marktes.	593
		5.3.2.1 „K" wie Kurierdienste.	594
		5.3.2.2 „E" wie Expressdienste.	595
		5.3.2.3 „P" wie Postdienste.	597
	5.3.3	Serviceabwicklung, Preisberechnung und Haftung.	599
	5.3.4	Unser Bild des Marktes	600
	5.3.5	Angebotsvielfalt, Wachstum und weitere Entwicklung.	601

6 Kombinierter Verkehr

6.1	Begriffsbestimmung.	603
6.2	Der Zielmarkt und das Verlagerungspotenzial des Kombinierten Verkehrs.	603
6.3	Techniken des Kombinierten Verkehrs.	605
	6.3.1 Begleiteter Kombinierter Verkehr.	606
	6.3.2 Der unbegleitete Kombinierte Verkehr.	607
	6.3.2.1 Wechselbehälter.	608
	6.3.2.2 Sattelauflieger.	608
	6.3.2.3 Container.	608
	6.3.2.4 *EILU*.	609
6.4	Rechtliche Rahmenbedingungen für den Kombinierten Verkehr.	609
6.5	Öffentliche Förderung durch Staat und *EU*.	611
6.6	Neuentwicklungen im Bereich des Kombinierten Verkehrs.	612
6.7	Die Gesellschaften des Kombinierten Verkehrs.	614
	6.7.1 *Kombiverkehr*.	614
	6.7.1.1 *Kombiverkehr* als Unternehmen.	614
	6.7.1.2 Die Entwicklung der *Kombiverkehr*.	614
	6.7.2 *TFG Transfracht*	615
	6.7.3 *Intercontainer – Interfrigo (ICF)*.	615
6.8	Der Kombinierte Verkehr in *Europa*.	616
	6.8.1 Bedeutung des Kombinierten Verkehrs in *Europa*.	616
	6.8.2 Internationale Interessenvertretung des Kombinierten Verkehrs.	616
6.9	Kombinierter Verkehr unter Einbeziehung der Wasserstraßen.	617

Inhaltsverzeichnis

7 Lagerei und Distribution

7.1 Die Lagerei im volkswirtschaftlichen Leistungsprozess. 619
    7.1.1 Aufgaben der Lagerei. 619
    7.1.2 Die Durchführung der Lagerung. 619

7.2 Die Lagerei im Rahmen speditioneller Leistungsangebote. 620
    7.2.1 Die funktionsbedingte Einteilung der gewerblichen Lagerhaltung. 620
        7.2.1.1 Die Beschaffungslogistik. 620
        7.2.1.2 Die Distributionslogistik. 621
        7.2.1.3 Die Dauer- und Vorratslagerung. 622
        7.2.1.4 Die beförderungsbedingte Lagerung. 622
    7.2.2 Die technische Ausstattung speditioneller Lageranlagen. 623
        7.2.2.1 Bauliche Voraussetzungen. 623
        7.2.2.2 Lagereinrichtungen. 625
        7.2.2.3 Förder- und Hebetechnik. 625
    7.2.3 Der Lagervertrag. 626
        7.2.3.1 Zustandekommen. 626
        7.2.3.2 Inhalt. 626
        7.2.3.3 Rechtsgrundlagen. 627
        7.2.3.4 Lagerentgelt. 627
    7.2.4 Die Abwicklung des Lagervertrages. 627
        7.2.4.1 Sonder- und Sammellagerung. 628
        7.2.4.2 Die sachgemäße Lagerung der Güter. 628
        7.2.4.3 Ein- und Auslagerung der Güter. 628
        7.2.4.4 Die Papiere im Lagergeschäft. 629

7.3 Grundlagen der Lagerkostenkalkulation. 630
    7.3.1 Die Kosten- und Leistungsbereiche. 630
        7.3.1.1 Lagerung. 630
        7.3.1.2 Umschlag. 630
        7.3.1.3 Lagerverwaltung. 631
        7.3.1.4 Allgemeine kaufmännische Verwaltung. 631
    7.3.2 Die Kostenarten im Überblick. 631
    7.3.3 Die Berechnungsgrundlage für das Lagerentgelt. 631

Stichwortverzeichnis 633

Abbildungsverzeichnis

Abb. 1:	Darstellung von vernetzten Prozessen einer Wertschöpfungskette.	38
Abb. 2:	Funktionsbereiche eines Güterverkehrszentrums.	41
Abb. 3:	*EU*-Emissionsgrenzwerte für Dieselmototen.	58
Abb. 4:	*Europa*, die *EU* und der EURO.	61
Abb. 5:	So funktioniert die *EU*.	63
Abb. 6:	Entwicklung der Logistik.	72
Abb. 7:	Darstellung der Gefahr- und Kostentragungen sowie der Versicherungspflicht nach den *INCOTERMS 2000*.	144
Abb. 8:	Systematik neues Transportrecht.	146
Abb. 9:	Fahrzeugkostenrechnung, Seite 1.	283
Abb. 10:	Fahrzeugkostenrechnung, Seite 2.	284
Abb. 11:	Fahrzeugkostenrechnung, Seite 3.	285
Abb. 12:	Fahrzeugkostenrechnung, Seite 4.	286
Abb. 13:	Verfahrensschritte und Aufgabenverteilung für die privatrechtliche Umstrukturierung der Deutschen Eisenbahnen.	325
Abb. 14:	Schritte zum europäischen Schienenverkehrsmarkt.	326
Abb. 15:	Lademaß national und international.	333
Abb. 16:	Schienennetz in *Deutschland*; Transitstrecken, Hauptabfuhrstrecken, Rangierbahnhöfe.	336
Abb. 17:	Anteile der NE am Schienengüterverkehr in *Deutschland*.	347
Abb. 18:	Einteilung der Lokomotiven nach Betriebsarten.	348
Abb. 19:	Beispiel einer Güterwagenanschrift.	350
Abb. 20:	Struktur der Wagennummer.	351
Abb. 21:	Güterwagen der Regelbauart.	353
Abb. 22:	Güterwagen der Sonderbauart.	353-354
Abb. 23:	Flach- / Gitterboxpaletten.	356
Abb. 24:	Umschlagbahnhöfe in *Deutschland*.	360
Abb. 25:	Frachtbrief national von *Railion Deutschland AG*, (Vorderseite).	373
Abb. 26:	Frachtbrief national von *Railion Deutschland AG*, (Rückseite).	374
Abb. 27:	Kernprozesse im *KundenServiceZentrum (KSZ) Railion*.	375
Abb. 28:	Angebotsanfrage, Vorderseite.	376
Abb. 29:	Angebotsanfrage, Rückseite.	377
Abb. 30:	Bestellvorgang beim *KSZ*.	379
Abb. 31:	Zentrales Odermanagement Güterwagendisposition.	380
Abb. 32:	Auftragsquittung *Railion Deutschland AG*.	381
Abb. 33:	Auftragsvoranmeldung *Railion Deutschland AG*.	382
Abb. 34:	Ablieferschein *Railion Deutschland AG*.	383
Abb. 35:	*CIM*-Frachtbrief.	389
Abb. 36:	Binnenschiffstypen.	404
Abb. 37:	Netz der Binnenwasserstraßen des Bundes.	409
Abb. 38:	Bedeutende europäische Wasserstraßen.	410

Abbildungsverzeichnis

Abb. 39:	Mögliche Varianten für den Abschluss von Binnenschiffsfrachtverträgen.	420
Abb. 40:	Ladeschein Muster.	425
Abb. 41:	Aufteilung Hoheitsgewässer.	443
Abb. 42:	Charterformen in der Seefracht.	459
Abb. 43:	Abwicklung Konventionelle Seetransporte und Containerverkehre im Vergleich.	475
Abb. 44:	Frachtflugzeugarten.	501
Abb. 45:	*IATA*-Verkehrsgebiete.	516
Abb. 46:	Muster Luftfrachtbrief.	525
Abb. 47:	Ablauf einer Güterversendung im Spediteursammelgutverkehr.	545
Abb. 48:	Rechtsbeziehungen im Spediteursammelgutverkehr.	547
Abb. 49:	Schematische Darstellung einer Spediteursammelladung.	552
Abb. 50:	Speditionsauftrag.	554
Abb. 51:	Bordero.	555
Abb. 52:	Systemgeführte Transportdienstleistungen.	575
Abb. 53:	Paketvolumen 2007.	576
Abb. 54:	Paketfluss.	580
Abb. 55:	*DPD*-Paketlebenslauf.	581
Abb. 56:	Barcode.	584
Abb. 57:	Organigramm Paketdienst.	587
Abb. 58:	*KEP*-Markt *Deutschland* Umsätze 2006.	591
Abb. 59:	Express- und Postmarktgrößen in *Europa* (2006, ohne Kurier).	593
Abb. 60:	Übersicht *KEP*-Markt.	601
Abb. 61:	Begleiteter Kombinierter Verkehr (Rollende Landstraße).	607
Abb. 62:	Unbegleiteter Kombinierter Verkehr.	607

Tabellenverzeichnis

Tab. 1:	Verkehrswege in der *Bundesrepublik Deutschland* in 2006.	34
Tab. 2:	Güterverkehr – Verkehrsaufkommen und Verkehrsleistung in *Deutschland* 1991 - 2006.	35
Tab. 3:	Zurückgelegte Fahrzeugkilometer (in Mrd.) von Pkw/Kombi und Lkw in 1960 und 2006.	35
Tab. 4:	Die *Europäische Union* in Zahlen.	62
Tab. 5:	Logistische Dienstleistungen in der Spedition.	66
Tab. 6:	Logistische Prozesse des Materialflusses.	70
Tab. 7:	Leistungsbereiche und Leistungsschwerpunkte in Speditionsbetrieben.	78
Tab. 8:	Haftung des Spediteurs nach Tätigkeiten.	130
Tab. 9:	Beteiligte am Frachtvertrag / Beförderungsvertrag im Überblick.	147
Tab. 10:	Frachtgeschäfte und Rechtsgrundlagen.	147
Tab. 11:	*GDV-Modell:* Übersicht – Systematik.	179
Tab. 12:	Die wirtschaftlichen und praktischen Auswirkungen des *GDV-Modells*.	179
Tab. 13:	Zusammenfassende Übersicht der Haftungsnormen.	204-206
Tab. 14:	Außenstellen des *BAG*.	242
Tab. 15:	Checkliste mitzuführende Dokumente und Bescheinigungen im Straßengüterverkehr.	315-317
Tab. 16:	Modal-Split-Anteile Schiene 1995-2006.	320
Tab. 17:	Modal-Split-Anteile Schiene *Deutschland/EU*.	320
Tab. 18:	Entwicklung ausgewählter Hauptgütergruppen im Schienengüterverkehr in Mio. t.	321
Tab. 19:	Gesetze zur Neuordnung des Schienengüterverkehrs.	328
Tab. 20:	Übersicht zum *Eisenbahnneuordnungsgesetz*.	330
Tab. 21:	Abgrenzung und Unterteilung von Eisenbahnen.	331
Tab. 22:	Übersicht Streckenklassen.	333
Tab. 23:	Weitere Streckenklassen.	334
Tab. 24:	Beispiel für einen internationalen Lastgrenzraster.	334
Tab. 25:	Errechnung des Trassenpreises.	340
Tab. 26:	Errechnung des Anlagenpreises.	341
Tab. 27:	Einteilung der Lokomotiven bei *Railion Deutschland*.	348
Tab. 28:	Gattungen der Eisenbahngüterwagen.	349
Tab. 29:	Wichtige Güterwagenanschriften.	352
Tab. 30:	Produktvarianten der *Railion Deutschland AG* im Schienengüterverkehr.	358
Tab. 31:	Operateure im kombinierten Verkehr.	359
Tab. 32:	Außergewöhnliche Sendungen im Schienengüterverkehr.	361
Tab. 33:	Struktur des Knotenpunktsystems im Schienengüterverkehr.	362
Tab. 34:	Frachtrechtliche Vorschriften der Bahn.	364
Tab. 35:	Inhalt der PKL der *Railion Deutschland AG*.	367
Tab. 36:	Zahlungsvermerke im Schienengüterverkehr.	369
Tab. 37:	Entgelte für Serviceleistungen im Schienengüterverkehr der *DB*.	370

Tabellenverzeichnis

Tab. 38:	Standgelder im Schienengüterverkehr der *DB*.	370
Tab. 39:	Preistafel 1 der allgemeinen Preistafel.	371
Tab. 40:	Preistafel 2 der allgemeinen Preistafel.	371
Tab. 41:	Übersicht *ER-CIM*.	390
Tab. 42:	Unterschiedlliche Tarife im internationalen Eisenbahngüterverkehr.	391
Tab. 43:	Zusammenstellung wichtiger systembedingter Komponenten der Verkehrswertigkeit *Verkehrssystem Binnenschifffahrt*.	396
Tab. 44:	Länge der Bundeswasserstraßen.	408
Tab. 45:	Klassifizierungssystem für europäische Binnenwasserstraßen.	412
Tab. 46:	Übersicht der deutschen Binnenhäfen nach Umschlagsvolumen.	413
Tab. 47:	Abwicklung des Frachtgeschäftes in der Binnenschifffahrt.	432
Tab. 48:	Zusammensetzung der Binnenschiffsfracht.	438
Tab. 49:	Frachtvertragsklauseln für die Binnenschiffsbeförderung.	439
Tab. 50:	Betriebsformen der Seeschiffe.	448
Tab. 51:	Abwicklung von Seefrachtgeschäften.	463
Tab. 52:	Transportabwicklung und Transportkosten für Container auf Basis FCL/FCL.	474
Tab. 53:	Arten von Konnossementen.	479
Tab. 54:	Echtes und unechtes Durch(-fracht)-konossement.	482
Tab. 55:	Gegenübersstellung traditionelles / elektronisches Konnossement.	483
Tab. 56:	Combined- / Multimodal-Transport Bill of Lading bei FCL/FCL Transporten.	485
Tab. 57:	Einsatz des Multiple Bill of Lading bei Transportmischformen LCL/FCL und FCL/LCL.	486
Tab. 58:	Haftungszeitraum bei konventioneller und LCL-/LCL-Verladung.	487
Tab. 59:	Leistungsmerkmale des Luftfrachtverkehrs.	500
Tab. 60:	Abgrenzungsmerkmale *WA/HP – MAK/MÜ*.	534
Tab. 61:	Fristen für Schadenersatzansprüche aus internationalen Luftfrachtverträgen.	535
Tab. 62:	Umsätze im Kleingutmarkt.	548
Tab. 63:	*Versa*-Empfehlungen zur Weiterberechnung der Maut.	567
Tab. 64:	Kalkulationsbeispiel im Spediteursammelgutverkehr.	570
Tab. 65:	Entscheidungskriterien für Kombinierten Verkehr.	605
Tab. 66:	Übersicht über die Arten des kombinierten Verkehrs Schiene – Straße.	606

1 Einführung: die Bedeutung des Verkehrs in der Wirtschaft

1.1 Die Aufgaben und Bedeutung des Verkehrs in der arbeitsteiligen (Markt-)Wirtschaft

Unter der **Wirtschaft eines Staates** verstehen wir alle Einrichtungen und Tätigkeiten, die planvoll eingesetzt der Befriedigung menschlicher Bedürfnisse dienen. Der Zwang zum Wirtschaften ergibt sich aus der relativen **Knappheit von Waren und Dienstleistungen** gegenüber dem Bedarf. **Bedarf** ist die Summe der mit Kauf- oder Tauschkraft ausgestatteten menschlichen Bedürfnisse, die am Markt als **Nachfrage** auftreten. Art und Umfang der Nachfrage bestimmen die erste wichtige Größenordnung im wirtschaftlichen Geschehen. Die zweite Größenordnung ist das **Angebot**, und darunter verstehen wir die Summe derjenigen Waren und Dienstleistungen (beides wird zusammenfassend unter dem Begriff **Güter** subsumiert), die zur Bedürfnisbefriedigung in Erwartung eines angemessenen Preises angeboten werden. **Wirtschaft**

Als **Güter** bezeichnet man diejenigen Mittel, die dem Menschen zur Befriedigung seiner Bedürfnisse dienen. In einer arbeitsteiligen Wirtschaft fallen die Orte der Produktion und des Konsums von Gütern in aller Regel räumlich, zeitlich sowie art- und mengenmäßig auseinander. Güter können durch räumliche, zeitliche und physische Merkmale vollständig beschrieben werden. Als **Transportleistung** bezeichnet man dabei diejenigen Prozesse, die die **räumlichen Merkmale** verändern. Hinter **Lagerleistungen** verbergen sich Prozesse, die die **zeitlichen Merkmale** verändern. Veränderungen in der **art- und mengenmäßigen Struktur der Güter** schlagen sich in Prozessen (Sammeln, Verteilen, Mischen und andere von Gütern) nieder, die die **physischen Merkmale** beschreiben. **Güter**

Arbeitsteiliges Wirtschaften bedeutet, dass die Produktion von Gütern in Teilverrichtungen zerlegt wird mit der Maßgabe, dass die einzelnen Arbeitsvorgänge von denjenigen Menschen, Betrieben, Regionen und/oder Volkswirtschaften abgewickelt werden, die dazu am besten in der Lage sind. Seine wirtschaftliche Bedeutung liegt darin, dass durch die betriebliche, regionale, nationale und internationale (Globalisierung) Spezialisierung auf bestimmte Tätigkeiten die Ergiebigkeit der eingesetzten Produktionsfaktoren erhöht wird. Ein derartiges System ist nur dann funktionsfähig, wenn die massenhaft produzierten Güter zwischen den Orten der Produktion und den Orten der Konsumtion, die in modernen Volkswirtschaften fast ausnahmslos auseinander fallen, reibungslos transportiert werden können. **Moderne Volkswirtschaften sind ohne einen leistungsstarken (Güter-)Verkehr nicht funktionsfähig.** **Arbeitsteilung**

Unter Verkehr verstehen wir die Gesamtheit aller Vorgänge, die der **Raum- und Zeitüberwindung von Personen, Gütern, Nachrichten und Zahlungen** dienen. **Verkehr**

Dort, wo Angebot und Nachfrage zusammentreffen, entsteht ein **Markt**. Auf dem Markt wird über den **Preis**, das ist der in Geld ausgedrückte Tauschwert von Waren, Dienstleistungen und Rechten, der Ausgleich von Angebot und Nachfrage vollzogen. **Markt**

Einführung: Die Bedeutung des Verkehrs in der Wirtschaft

Wirtschafts-ordnung In einer **Wirtschaftsordnung** hat jeder Staat festgelegt, **wer** (der Staat, die Unternehmer oder die Haushalte) die **Pläne** für die Bestimmung von Angebot und Nachfrage **festlegt**, für **welche Bereiche** (Produktion, Investition, Konsum) die **Träger der Planung zuständig** sind und wie die **Pläne koordiniert** werden.

Solange Menschen in einer Gemeinschaft leben, wird getauscht und gehandelt. In dem relativ wenig entwickelten Wirtschaftssystem der **geschlossenen Hauswirtschaft** (in *Deutschland* bis zum 12. Jahrhundert) fallen Angebot und Nachfrage beziehungsweise Produktion und Konsum räumlich zusammen. Der Güterverkehr ist wenig ausgeprägt. Dies ändert sich grundlegend ab dem 17./18. Jahrhundert mit dem Entstehen moderner

Volkswirt-schaft Volkswirtschaften. **Unter einer Volkswirtschaft verstehen wir die Gesamtheit der wirtschaftlich miteinander verbundenen und gegenseitig abhängigen Wirtschaftseinheiten in einem Staatsgebiet.** Die Volkswirtschaften wachsen ab dem 19. Jahrhundert zum System der **Weltwirtschaft** zusammen, das durch ein explosionsartiges Anwachsen der Bevölkerung gekennzeichnet ist (Weltbevölkerung um 1700 ca. 600 Mio. Menschen, 2007 ca. 6,7 Mrd. Menschen, 2050 schätzungsweise 9,2 Mrd. Menschen). Der damit verbundene erheblich angestiegene Bedarf an Gütern konnte nur durch den Einsatz neuer Techniken beziehungsweise durch die wirtschaftliche Nutzung neuer Erfindungen (zum Beispiel Dampfmaschine 1763 – *James Watt*, Verbrennungsmotor 1864 – *Nikolaus Otto*, Erfindung des Telefons 1863/1876 – *Philipp Reis (Deutschland), Alexander Graham Bell (USA)*, erste Atomspaltung 1938 – *Otto Hahn* und *Fritz Straßmann*, erste Programm gesteuerte Rechenmaschinen (Computer) 1938 – *Konrad Zuse*) in Verbindung mit einer umfassenden, weltweiten Arbeitsteilung befriedigt werden.

Die modernen Volkswirtschaften zeichnen sich aus durch
1. den **Einsatz industrieller Fertigungsverfahren** (Unterstützung der menschlichen Arbeitskraft durch den Einsatz von Maschinen bis zur Automatisierung der Arbeitsabläufe)
2. einen **hohen Stand der Arbeitsteilung**
3. die **massenhafte Produktion** von Waren und Diensten (**Massenproduktion**).

Brutto-inlands-produkt Die Leistung einer Volkswirtschaft wird durch das **Bruttoinlandsprodukt** ausgedrückt. Das Bruttoinlandsprodukt ist die Gesamtheit der in einem Jahr in einem Land/in einer Volkswirtschaft von Inländern und Ausländern produzierten und statistisch erfassten Sachgüter, Dienstleistungen, Rechte und Informationen bewertet zu Marktpreisen. Das Bruttoinlandsprodukt der *Bundesrepublik Deutschland* lag 2006 bei rund 2 300 Mrd. € (in 2007 bei 2 423 Mrd. €). Die **Bruttowertschöpfung aller Verkehrsbereiche** (gewerblicher Güter- und Personenverkehr) bezogen auf diesen Wert liegt zwischen 3 und 4 %. Rund 1,6 Mio. Erwerbstätige sind im (gewerblichen) Güter- und Personenverkehr beschäftigt, das sind bezogen auf die Gesamtzahl aller Erwerbstätigen in *Deutschland* in der Größenordnung von rund 39,0 Mio. Personen rund 4,0 %. Zählt man die Beschäftigten in den Verkehrsunternehmen und in den Verkehrs-/Logistikbereichen der Industrie- und Handelsunternehmen zusammen, kommt man auf die stattliche Zahl von 2,6 Mio. Erwerbstätigen, das sind ca. 7 % der Erwerbstätigen insgesamt.

Die Aufgabe des Verkehrs in der arbeitsteiligen Wirtschaft 1.1

In einer lesenswerten Studie von *Hans-Helmut Grandjot* zum Thema „Verkehrspolitik", die ebenfalls im *Deutschen Verkehrs-Verlag* erschienen ist, werden die Funktionen beziehungsweise die Aufgaben des Verkehrs / die Motive, die den Wunsch nach Ortsveränderungen auslösen, wie folgt umschrieben *(Grandjot, H.-H.: Verkehrspolitik, Hamburg 2003)*: **Funktionen des Verkehrs**

1. Befriedigung von Konsumbedürfnissen
2. Grundlage der Arbeitsteilung und Motor der wirtschaftlichen Entwicklung
3. Verkehr als raumerschließende Gestaltungskraft und Kommunikationsbasis
4. Integration von Staat und Gesellschaft
5. Rationalisierung und Wachstum; Verkehrswachstum ist eine notwendige Voraussetzung für Wirtschaftswachstum
6. Verkehr als Grundlage der Herrschaftsausübung
7. Beitrag zur Chancengleichheit und Lebensqualität.

Die Weltwirtschaft hat nach 1990 gravierende Veränderungen durchlaufen, die schon in den achtziger Jahren erkennbare Entwicklungstendenzen verstärkt und neue ausgelöst haben. Der Güterverkehr hat dabei insofern einen Bedeutungswandel erfahren, als nicht mehr nur der (reine) Transport von A nach B nachgefragt wird, sondern eine Vielzahl von transportvorbereitenden, -nachbereitenden und -begleitenden Leistungen die Nachfrage nach Verkehrsdienstleistungen erweitert. Der Verkehrswirtschaft öffnete sich der vielschichtige Bereich der Logistik. Der häufig als nachrangig eingeschätzte Güterverkehr entwickelte sich unter dem Schlagwort der „**Logistik**" zu einer hochtechnischen, für die Produktions- und Handelsunternehmen unverzichtbaren Dienstleistungsbranche mit einer eigenen Innovationsdynamik. Die Logistik integriert Unternehmen zu Wertschöpfungsketten und Wertschöpfungsketten zu globalen Netzwerken. **Marktveränderungen Ende des 20. Jahrhunderts** **Logistik**

Eine **Wertschöpfungskette** umfasst dabei sämtliche Produktions- und Absatzstufen eines Gutes von der Rohstoffgewinnung über die Produktion bis hin zum Absatz an den Konsumenten. **Wertschöpfungskette**

Im Folgenden sollen einige Eckdaten dieser Entwicklung aufgezeigt werden. Sie demonstrieren eindrucksvoll die wachsende Bedeutung der Güterverkehrswirtschaft für eine funktionsfähige Volks- / Weltwirtschaft.

Die politischen Veränderungen Anfang 1990 führen zu einer **Liberalisierung des europäischen Handels und des Welthandels**. Drei „Säulen" tragen die Liberalisierung der internationalen Handels- und Wirtschaftspolitik.

1. Die *Welthandelsorganisation (WTO)* fördert durch den Abbau von Zöllen und anderen Handelshemmnissen den weltweiten Handel. Sie nahm ihre Arbeit 1995 in *Genf* auf. Die *WTO* hat derzeit rund 150 Mitglieder. **WTO**
2. Wirtschaftlich und technisch notwendige Investitionen in den Mitgliedsstaaten ermöglicht die *Weltbank* durch die Gewährung von Darlehen. **Weltbank**
3. Für ein ausgeglichenes Wachstum des Welthandels bei stabilen und geordneten Währungsbeziehungen sorgt der *Internationale Währungsfonds (IWF)*. **IWF**

Zum Zwecke der Liberalisierung der Märkte, der Einführung gemeinsamer Außenzölle, Betreiben einer gemeinsamen Handelspolitik gegenüber Drittstaaten und der Koordinierung der Wirtschaftspolitik sowie der Harmonisierung von Gesetzen und Normen **Freihandelszonen**

bilden sich **Freihandelszonen** (zum Beispiel *Europäische Union (EU), North American Free Trade Agreement (NAFTA), Gemeinsamer Markt Südamerika (MERCOSUR), Asiatisch-Pazifische wirtschaftliche Zusammenarbeit (APEC)* und andere) heraus.

Die Internationalisierung des Welthandels führt zu folgenden **Veränderungen** auf den Warenmärkten:

Globalisierung
1. Die Kunden- / Lieferantenbeziehungen erhalten eine stärkere internationale Dimension, man spricht von einer **Globalisierung** der Beschaffungs- und Absatzmärkte. Das führt im Ergebnis zu einem höheren Grad der internationalen **Arbeitsteilung**.

2. Unternehmen / Betriebe **verlagern ihren Standort** in der Zielsetzung, Kostenvorteile nutzen und neue Märkte besser erschließen zu können.

Marktsättigung
3. Neue Wettbewerber treten am Markt mit neuen Produktideen und erheblichen Kostenvorteilen auf mit der Folge, dass neue Produkte und / oder eine größere Variantenvielfalt von Produkten zu einer **schnelleren Marktsättigung** führen. Eine **Verkürzung der Innovations- und Produktlebenszyklen** ist die Folge. Zeit und Zuverlässigkeit werden zu einem Hauptaspekt im Kampf um Kunden und Märkte.

4. Der Zwang der Unternehmen, alle Kostensenkungspotenziale aufspüren / ausschöpfen und gleichzeitig einen hohen Lieferservice (Lieferzeit, Lieferzuverlässigkeit, Lieferbereitschaft, Lieferqualität, Lieferflexibilität) sicherstellen zu müssen, erfordert **schlanke (kostensenkende) Aufbau- und Ablauforganisationen**.

Kerngeschäft

Outsourcing Fertigungstiefe

Qualitätsmanagement

5. Die Unternehmen konzentrieren sich auf ihre **Kerngeschäfte** und verlagern Produktionsvorgänge, die andere Unternehmen technisch und wirtschaftlich besser abwickeln können, „nach außen". Diese Ausgliederung von Fertigungsstufen an Fremdunternehmen bezeichnet man auch als **Outsourcing**. Das outsourcende Unternehmen fährt seinen Produktionsanteil an dem Endprodukt zurück. Man spricht in diesem Zusammenhang auch von der **Abnahme der Fertigungstiefe**. Um sicherzustellen, dass die fremdproduzierten Produktteile problemlos in die beim Unternehmen verbleibende Produktion wieder integriert werden können, müssen höhere Anforderungen an die Qualität der Waren und Dienstleistungen gestellt werden. Es werden **Qualitätsmanagementsysteme** installiert, die über die Qualität der Produkte und der Produktion „wachen". Unter Qualität verstehen wir nach *DIN 8402* die Gesamtheit von Eigenschaften und Merkmalen eines Produktes oder einer Dienstleistung, die sich auf deren Eignung zur Erfüllung festgelegter oder vorausgesetzter Erfordernisse beziehen.

Just-in-time
6. Eine notwendige Voraussetzung für das Funktionieren weltweiter Kunden- / Lieferantenbeziehungen ist die kompromisslose Umsetzung des **Just-in-time-Prinzips**. Dahinter verbirgt sich die Grundidee, dass die benötigten Materialien synchron zur Produktion oder zur Konsumtion direkt an den Ort des Bedarfs geliefert werden, ohne dass ein langfristiges Zwischenlagern notwendig wird. Just-in-time erfordert somit ein zeitlich mit höchster Zuverlässigkeit arbeitendes Liefer- und Organisationssystem. Just-in-time-Strategien umfassen aber nicht nur die Bestandsminimierung. Sie schließen auch ein
   - Methoden der Qualitätssicherung
   - Optimierung der Fabrik- und Materialflussplanung
   - Standortentscheidungen
   - Auswahl der Verkehrsmittel.

Die Aufgabe des Verkehrs in der arbeitsteiligen Wirtschaft 1.1

Eine Fortentwicklung des Just-in-time-Prinzips ist die **Just-in-sequence-Belieferung**. Hier erfolgt zusätzlich die Anlieferung von Teilen, Modulen und Systemen in der Produktionsreihenfolge des Auftraggebers. Ein Beispiel hierfür ist die Endmontage in der Automobilindustrie. **Just-in-sequence**

7. Die Steuerung der weltweiten Güterströme erfordert den Aufbau leistungsstarker **Informations- und Kommunikationssysteme**.

Auf den **Güterverkehrsmärkten** lösen die Veränderungen in der Wirtschaftspolitik und auf den Warenmärkten **neue Entwicklungen** aus:

1. Die deutsche Verkehrsmarktordnung (staatlich verordnete Tarife, Kapazitätsbeschränkungen (Kontingentierung), Konzessionierung und andere) löste sich auf. Zum 1.1.1994 wurden alle wichtigen Güterverkehrstarife aufgehoben, seit dem 1.7.1998 gibt es im Straßengüterfernverkehr keine Konzessionen mehr, *EU*-weit ist die Kabotage möglich. In der deutschen / europäischen Verkehrspolitik hat die **Liberalisierung Vorrang vor der Harmonisierung**. Das führte im Ergebnis zu einer Intensivierung des inneren (zwischen Unternehmen desselben Verkehrsträgers) und äußeren (zwischen Unternehmen unterschiedlicher Verkehrsträger) Wettbewerbs (**Deregulierungseffekt**). **Deregulierung**

2. Während in den Jahren 1970 und folgende die produzierende Wirtschaft schwerpunktmäßig die Kostensenkungspotenziale in der Fertigung / der Produktion aufspürte und ausschöpfte (unter anderem Verringerung der Fertigungstiefe), untersuchte man in den Jahren 1990 und folgende in erster Linie den inner- und außerbetrieblichen Material- und Informationsfluss. Diese in aller Regel nicht zum Kerngeschäft der Industrie- und Handelsunternehmen gehörenden Leistungen werden dann im Ergebnis häufig auf Speditions- / Logistikdienstleister übertragen. Für die Industriebetriebe bedeutet das eine **Verringerung der Logistiktiefe**. Für die Verkehrswirtschaft bedeutet das eine Ausweitung unternehmerischer Betätigung auf Leistungsbereiche, die weit über den (bisherigen) Transport von A nach B hinausgehen und in die Beschaffung, den Absatz, die Produktion und die Entsorgung der Unternehmen der produzierenden und verladenden Wirtschaft hineinreichen. **Logistiktiefe**

3. Die Verkehrsnachfrage ändert sich in Art und Umfang. Zuverlässigkeit und Berechenbarkeit der Verkehrsleistung haben Vorrang vor der Schnelligkeit. Die Verkehrsträger spezifischen Auswirkungen der Umsetzung moderner logistischer Konzeptionen in Industrie und Handel zählen zu den **Logistikeffekten**. Dahinter verbergen sich erhöhte Ansprüche an Quantität (längere Beförderungswege, Mehrfachtransport einzelner Güter wegen größerer Arbeitsteilung und andere) und Qualität (Zuverlässigkeit, Sicherheit und andere) sowohl der physischen Transportleistung als auch der kommunikativen (Informations- und Kommunikationssysteme und andere) Leistungen. **Logistikeffekt**

Der Straßengüterverkehr und der Luftfrachtverkehr werden gegenüber den anderen Verkehrsträgern anteilsmäßig und absolut wachsen (**Substitutionseffekt**). Massengutverkehre verlieren zugunsten des hochbeweglichen und schnellen Stückguttransportes an Bedeutung, die Sendungsgrößen sinken, der Wert der Güter pro Gewichtseinheit steigt (**Güterstruktureffekt**). **Substitutionseffekt Güterstruktureffekt**

31

Globalisierungseffekt	Der Verpackungsaufwand erhöht sich aufgrund der zunehmenden Empfindlichkeit der Güter, das Volumen pro Transportgewichtseinheit steigt.
	Die Nachfrage nach internationalen Verkehrsdienstleistungen wächst.
Hub 4.	Die Verkehrswirtschaft installiert **flächendeckende Netze** und **Systemverkehre**, die sich durch transparente und zeitgetaktete Auf- und Ablauforganisationen (Produkte mit Markennamencharakter) auszeichnen. Aufbauorganisatorisch werden in aufkommensstarken Verkehrsverbindungen Direktverkehre eingerichtet. Orte mit einem geringeren Verkehrsaufkommen werden über sogenannte **Hubs** (**Hauptumschlagsbereiche / -plätze**) miteinander verbunden; in *Deutschland* haben sich im Kleingutverkehr Hubs vorwiegend im Großraum *Kassel / Bad-Hersfeld* angesiedelt. Im Kleinstgut-(Paket-)verkehr erfüllen Hubs eine Sammler-, Verteiler- und Umschlagsfunktion, die ganze Kontinente abdeckt. Der neue Eruopahub (früher *Brüssel*) des Unternehmens *DHL* wurde in diesem Frühjahr in *Leipzig* eröffnet.
Kooperation 5.	Das vorwiegend mittelständisch geprägte Speditions- und Logistikgewerbe in *Deutschland* benutzt zur Stärkung seiner Wettbewerbsfähigkeit das unternehmensstrategische Instrument der **Kooperation**, um Leistungen in Qualität und Quantität wie ein Großunternehmen produzieren zu können, ohne dabei auf seine hohe Leistungs- und Risikobereitschaft verzichten zu müssen (**Integrationseffekt**).
I- und K-Systeme 6.	Der Spediteur entwickelt sich vom Architekten des Güterverkehrs zum Architekten von Wertschöpfungsketten. Die große Anzahl von transportvorbereitenden, -begleitenden und -nachbereitenden Daten erfordert **rechnergestützte Planungs-, Informations- und Kommunikationssysteme** mit unternehmensübergreifend vereinbarten Schnittstellen. Sendungsverfolgungssysteme (**tracking and tracing**) erlauben eine schnelle Feststellung und Übermittlung von Lagerort und Zustand einer Sendung.
QM-Systeme 7.	Das deutsche Speditions- und Logistikgewerbe betreibt zur Dokumentation seiner Leistungsfähigkeit aktiv die Einführung von **Qualitätsmanagementsystemen** und sichert der produzierenden Wirtschaft die notwendige hohe Leistungsqualität für die zusätzlich übernommenen (von den Produzenten outgesourcten) Leistungspakete zu. Die Speditions- und Logistikunternehmen tragen weiterhin den **steigenden Sicherheitsanforderungen** der produzierenden Wirtschaft Rechnung. Die **Installation umweltfreundlicher Aufbau- und Ablauforganisationen** ist eine Reaktion auf das steigenden Umweltbewusstsein der Bevölkerung.
Full-service 8.	In Anbetracht der wachsenden Komplexität der logistischen Leistungsprofile gehen die Unternehmen der produzierenden Wirtschaft verstärkt dazu über, die logistischen Schnittstellen entlang der Wertschöpfungskette herunterzufahren mit der Folge, dass Logistikverträge nicht mehr mit einer Vielzahl von Speditionsunternehmen (zum Beispiel Relationsspediteure, Differenzierung nach Luftfracht und Seefracht und andere) abgeschlossen werden. Es werden Generalunternehmen (große Logistikunternehmen mit weltweit flächendeckenden Netzen über alle Fachsparten des Speditions- und Logistikgewerbes hinweg) bevorzugt eingesetzt, die alle Leistungen sozusagen „aus einer Hand" (den sogenannten Fullservice)
Konzentrationseffekt	anzubieten vermögen (**Konzentrationseffekt**).

1.2 Verkehrswirtschaftliche Grundbegriffe und Grundtatbestände

Eine intensive Beschäftigung mit der Vielschichtigkeit des Güterverkehrs setzt voraus, dass die wichtigsten Begriffe und Tatbestände der Verkehrswirtschaft einführend erläutert werden.

Unter der **Verkehrswirtschaft** verstehen wir die Gesamtheit aller Unternehmen, Einrichtungen und Tätigkeiten, die planvoll eingesetzt der Deckung des Bedarfs nach Überwindung der räumlichen und zeitlichen Trennung von Personen, Gütern und Nachrichten dienen. Die Verkehrswirtschaft im weitesten Sinne des Wortes umfasst neben Güterverkehr, Personenverkehr, Nachrichtenverkehr auch noch den Zahlungsverkehr. Gegenstand dieses Leitfadens soll die Güterverkehrswirtschaft sein. **Verkehrswirtschaft**

Unter **Güterverkehrswirtschaft** verstehen wir die Gesamtheit aller Verkehrsunternehmen, Verkehrsmittel, Verkehrswege, Stationen und Maßnahmen, welche die Bedürfnisse des Menschen befriedigen, Güter und Dienste durch Raumüberwindung zur richtigen Zeit, am richtigen Ort, in der richtigen Menge und in der vorgesehenen Qualität zur Verfügung zu stellen. Teilen wir die wirtschaftlichen Tätigkeiten in einer Volkswirtschaft in den primären Bereich (Urproduktion wie Landwirtschaft, Fischerei, Bergbau und andere), in den sekundären Bereich (Industrie, Handwerk und andere) und in den tertiären Bereich (das sind Handel, Versicherungen und der gesamte Dienstleistungsbereich und andere) ein, dann ist die Güterverkehrswirtschaft dem **tertiären Sektor** zuzuordnen. Im tertiären Bereich werden heute in allen modernen Volkswirtschaften über 50 % des Bruttoinlandsproduktes erwirtschaftet. **Güterverkehrswirtschaft**

Art und Umfang der Güterverkehrswirtschaft in einer Volkswirtschaft hängen ab von
1. der Höhe der Werte aller in einer Periode produzierten Waren und Dienstleistungen (Bruttoinlandsprodukt)
2. dem Grad der Arbeitsteilung und der räumlichen Verteilung der Ressourcen
3. den geographischen, geologischen, topografischen Gegebenheiten (Anpassungsfähigkeit von Verkehrswegen, Stationen und Verkehrsmitteln an die Gestaltung der Erdoberfläche, großräumige Struktur der Volkswirtschaft)
4. dem technischen Entwicklungsstand von Verkehrswegen, Verkehrsmitteln und Stationen einschließlich der Qualifikation des eingesetzten Personals
5. der nationalen (Gesetze und andere) und internationalen (außenwirtschaftliche Verpflichtungen) Politik
6. der Ausprägung (güter-)logistischer Konzeptionen
7. dem Niveau und der Struktur der Transportpreise.

In der Verkehrswirtschaft unterscheiden wir zwischen dem **öffentlichen Verkehr** und dem **nicht-öffentlichen / privaten Verkehr**. Im öffentlichen Verkehr stehen die Verkehrsmittel jedermann zu den Preisen und Beförderungsbedingungen, die für das betreffende Verkehrsunternehmen gelten, zur Verfügung. Beispielhaft genannt seien die *Deutsche Bahn AG*, kommunale Autobusbetriebe und andere. Der Benutzerkreis ist unbeschränkt. Die Allgemeinheit hat an dem öffentlichen Verkehr ein besonderes Interesse. Im nicht- **öffentlicher, nicht-öffentlicher Verkehr**

Einführung: Die Bedeutung des Verkehrs in der Wirtschaft

öffentlichen / privaten Verkehr stehen die Verkehrsmittel ausschließlich dem Eigentümer / dem Fahrzeughalter zur Verfügung. Der Benutzerkreis ist eingeschränkt. Privater Verkehr ist beispielsweise Werkverkehr.

Verkehrsunternehmen Unter einem **Verkehrsunternehmen** verstehen wir eine organisierte Wirtschaftseinheit, deren Aufgabe es ist, durch planvolle Kombination aller personellen, sachlichen und finanziellen Faktoren Dienstleistungen bereitzustellen, die die Raumüberwindung ermöglichen oder sie unterstützen. **Öffentliche Verkehrsunternehmen** gehören dem Bund, den Ländern, Kommunen oder kommunalen Zweckverbänden (zum Beispiel die *Deutsche Bahn AG*). **Private Verkehrsunternehmen** gehören Privatpersonen oder einer privatwirtschaftlichen Gesellschaft beziehungsweise einem Unternehmen, in dem der Einsatz von privatem Kapital überwiegt.

In *Deutschland* sind rund drei Millionen steuerpflichtige Unternehmen tätig, die einen Umsatz von rund fünf Billionen EURO erwirtschaften. Davon zählen zu dem Bereich des Verkehrs (Güter- und Personenverkehr) und der Nachrichtenübermittlung ca. 125 000 Unternehmen mit einem Umsatz von rund 255 Milliarden EURO.

Verkehrsmittel Unter einem **Verkehrsmittel** verstehen wir die technische Einrichtung zur Beförderung von Personen und Gütern zu Lande, zu Wasser und in der Luft. Das Verkehrsmittel ist das Beförderungs- / Transportgefäß (Güterwagen, Lkw, Flugzeug, Schiff, Rohrleitung) zur Aufnahme der (Transport-)Güter und das krafterzeugende Aggregat (Lokomotive, Sattelzugmaschine, Hochseeschlepper und andere).

Die technische und wirtschaftliche Eignung des Verkehrsmittels hängt ab von der Leistungsfähigkeit der Verkehrswege (Schiene, Straße, Fluss, Kanal und andere), von der Leistungsfähigkeit der Stationen (Anlagen zum Sammeln, Verteilen und Umschlagen der Güter wie Bahnhöfe, Binnen- und Seehäfen, Speditionsanlagen, Flughäfen und andere) und von der Qualität der Antriebskraft.

Verkehrswege Als **Verkehrswege** werden diejenigen Ausschnitte der Erdoberfläche, des Wassers und der Luft einschließlich der mit ihnen verbundenen Anlagen definiert, die der Fortbewegung der Verkehrsmittel dienen.

Tab. 1: Verkehrswege in der Bundesrepublik Deutschland in 2006

Art der Verkehrswege	Länge der
Straßen des überörtlichen Verkehrs (ohne Gemeindestraßen)	231 400 km
darunter Autobahnen	12 531 km
Schienenwege	41 300 km
darunter nichtbundeseigene Eisenbahnen	7 200 km
Bundeswasserstraßen	7 500 km
Rohrfernleitungen	3 000 km

Quelle: Verkehr in Zahlen 2007/2008, Bundesministerium für Verkehr Bau- und Stadtentwicklung (Herausg.), Hamburg 2008

Auch die Luftstraßen und Seewasserstraßen sind bei der Bewertung der Infrastruktur einer Volkswirtschaft zu berücksichtigen.

Rund 5 % der Fläche der *Bundesrepublik Deutschland* werden von Verkehrswegen / Verkehrsanlagen genutzt.

Verkehrswirtschaftliche Grundbegriffe und Grundtatbestände 1.2

Verkehrswege / Fahrwege und Knotenpunkte (sie verbinden Verkehrswege gleicher und unterschiedlicher Technik) bilden die so genannte **Infrastruktur**. Davon zu unterscheiden ist die **Suprastruktur**, die die Lager- und Umschlagsanlagen an den Verkehrswegen und in den Stationen umfasst.

Infra- und Suprastruktur

Der Begriff **Verkehrsträger** fasst diejenigen Verkehrsunternehmen zusammen, die mit gleichartigen Verkehrsmitteln auf gleichen Verkehrswegen technisch gleichartige Güterbeförderungen durchführen. Dieser Begriff wird im verkehrswirtschaftlichen Sprachgebrauch verwendet ohne juristisch begründet zu sein. Wir unterscheiden im Güterverkehr **sechs Verkehrsträger**. Die verkehrswirtschaftliche Bedeutung der Verkehrsträger wird entweder auf der Basis der transportierten Mengen ausgedrückt in Tonnen (t) oder auf der Basis der erbrachten Verkehrsleistung als Produkt aus transportierter Menge und zurückgelegter Entfernung ausgedrückt in Tonnenkilometern (tkm) festgelegt.

Verkehrsträger

Verkehrsträger	Verkehrsaufkommen in Mio. t			Verkehrsleistung in Mrd. tkm		
	1991	2000	2006	1991	2000	2006
1. Straßengüterv.	2 919	3 244	3 251	246	346	432
2. Eisenbahngüterv.	412	309	346	82	83	107
3. Binnenschifff.	230	242	243	56	67	64
4. Rohrfernleitungen	91	89	94	16	15	16
5. Luftfrachtverk.	1,56	2,39	3,30	0,43	0,76	1,17
6. Seeschifff.	161	238	299	845	1 255	1 750

Tab. 2: Güterverkehr – Verkehrsaufkommen und Verkehrsleistung in Deutschland 1991 - 2006

Quelle: Verkehr in Zahlen 2007/2008, Bundesministerium für Verkehr Bau- und Stadtentwicklung (Herausg.), Hamburg 2008

Diese Zahlenreihen dokumentieren, dass Wirtschaft und Verkehrsgewerbe seit den 70er Jahren wegen grundlegender Verhaltensänderungen bei Konsumenten und Produzenten in Lager-, Umschlag- und Transportsysteme investieren mussten, die aus Gründen der Zuverlässigkeit, Schnelligkeit und Flexibilität überwiegend auf den Straßengüterverkehr ausgerichtet waren / sind.

Die Aufteilung der insgesamt transportierten Gütermengen oder der erbrachten Verkehrsleistung auf die einzelnen Verkehrsträger bezeichnet man als **modal split**.

modal split

Unter dem Gesichtspunkt eines wachsenden Umweltbewusstseins wird insbesondere der Straßengüterverkehr für die Staus auf den Straßen verantwortlich gemacht. Diese Aussage muss in dieser Form bezweifelt werden, wenn die Summen der von Fahrzeugen zurückgelegten Entfernungen auf der Basis von **Fahrzeugkilometern** differenziert nach Lkw und Pkw / Kombi verglichen wird.

Fahrzeugtyp \ Zeit	1960	2006	Veränderungen
Lkw / Sattelzugmaschinen	16	74	+ 58 Mrd. = (+) 363 %
Pkw / Kombi	73	586	+ 513 Mrd.= (+) 703 %

Quelle: Verkehr in Zahlen 2007/2008

Tab. 3: Zurückgelegte Fahrzeugkilometer (in Mrd.) von Pkw/ Kombi und Lkw in 1960 und 2006

1 Einführung: Die Bedeutung des Verkehrs in der Wirtschaft

Verkehrs- Unter der **Verkehrsleistung** ist die vollzogene Transportleistung einschließlich der
leistung damit verbundenen Nebenleistungen zu verstehen. Während der Begriff **Transport(-leistung)** nur die „reine Beförderung" beziehungsweise nur die physische Ortsveränderung der Güter von A nach B umfasst, schließt die Verkehrsleistung darüber hinaus alle den Transport begleitenden, vorbereitenden und nachbereitenden Leistungen wie Organisation, Lagerhaltung, Verpackung, Zollabfertigung und andere mit ein. In der verkehrswirtschaftlichen Praxis werden im Zusammenhang mit der Verkehrsleistung viele Begriffsvariationen oder begriffliche Ableitungen verwendet, die ablauforganisatorisch, verkehrsrechtlich und anders begründet sein können. Oft werden die beiden Begriffe auch gleichrangig nebeneinander verwendet.

Die Produktion von Verkehrsleistungen für den eigenen Bedarf umschreibt man mit **Werkverkehr** oder **Eigenverkehr**. Das Erstellen von Verkehrsleistungen gegen Entgelt für Dritte ist **gewerblicher Verkehr** oder **Fremdverkehr**.

Wird die Verkehrsleistung innerhalb eines Staates erbracht, sprechen wir von **Binnenverkehr**. Bei grenzüberschreitenden Transporten liegt **internationaler Verkehr** vor.

Als **Kabotage** wird der Güterverkehr zwischen zwei Orten eines (desselben) Staatsgebietes bezeichnet, wenn die Verkehrsleistung von einem ausländischen Verkehrsunternehmen erbracht wird. **Transitverkehr** liegt vor, wenn ein Staat zur Abwicklung eines Verkehrsvertrages „lediglich" durchfahren wird.

Werden Verkehrsleistungen zwischen bestimmten Orten regelmäßig und fahrplanmäßig ohne Rücksicht auf die konkrete Auslastung des Verkehrsmittels erbracht, sprechen wir von **Linienverkehr**. **Gelegenheitsverkehr** (**Trampverkehr**) liegt vor, wenn die Verkehrsmittel jeweils in Abhängigkeit des konkreten Bedarfs eingesetzt werden.

Direktverkehre verbinden Versand- und Empfangsort, ohne dass das Gut eine Umladestelle berührt. Bei **Hub-Verkehren** werden die Güter über zentrale Umschlagsanlagen geleitet. Man spricht in diesem Zusammenhang auch von Nabe-Speiche- oder Hub-and-spoke-Verkehren.

Kleingutverkehre bewegen Sendungen mit einem Gewicht von in aller Regel bis zu 3 000 kg, verkehrsvertragsrechtlich steht das zu transportierende Gut im Mittelpunkt. Anders ist dies im **Ladungsverkehr**, hier fragt der Absender/Versender „vordergründig" den ganzen Laderaum des einzusetzenden Verkehrsmittels nach.

Wenn der Spediteur die Versendung des ihm von einem Auftraggeber übergebenen Gutes zusammen mit Gütern anderer Auftraggeber in einer Sammelladung bewirkt *(HGB § 460)*, liegt **Spediteursammelgutverkehr** vor.

Werden Güter/Sendungen jeweils **einzeln** dem Frachtführer zur Ablieferung an den Empfänger übergeben, liegen **Direktsendungen** vor.

Zeitgetakteter und flächendeckender Spediteursammelgutverkehr wird als **Systemverkehr** bezeichnet.

Unter **kombinierter Verkehr** werden Transportverfahren verstanden, bei denen zu Ladeeinheiten (Container, Wechselbehälter und andere) zusammengefasste Güter ohne Auflösung der Ladeeinheit unter Wechsel der Verkehrsmittel auf Schienen-, Wasser- und/oder Luftwegen befördert werden.

Als **gebrochener Verkehr** werden Verkehrsleistungen bezeichnet, bei denen die Güter bei einem Wechsel des Verkehrsmittels umgeladen werden.

Verkehrswirtschaftliche Grundbegriffe und Grundtatbestände 1.2

Unter **intermodaler Verkehr** werden Verkehrsleistungen subsumiert, die Verkehrsabläufe unter Einschaltung von mindestens zwei Verkehrsträgern beschreiben. Kombinierter Verkehr ist intermodaler Verkehr.
Intramodaler Verkehr umfasst die Verkehrsleistungen eines (einzigen) Verkehrsträgers.
Multimodaler Verkehr steht begrifflich für Güterbeförderungen mit verschiedenartigen Verkehrsmitteln auf Grund eines einheitlichen Frachtvertrages unter der Voraussetzung, dass für mindestens zwei der eingesetzten Verkehrsmittel unterschiedliche Rechtsvorschriften hätten angewendet werden müssen, wenn der Absender dafür jeweils einen gesonderten Frachtvertrag **abgeschlossen hätte**. Praktische Bedeutung hat diese Fallkombination nur im internationalen Verkehr.
Interoperabilität beeinflusst die Qualität von Verkehrsleistungen: sie beschreibt Art und Umfang der Angleichung der **Betriebsbedingungen zwischen den Netzen** der jeweiligen Verkehrsträger. Bedeutungsvoll ist sie im internationalen Eisenbahnverkehr, da hier zwischen den einzelnen Eisenbahnverwaltungen häufig Unterschiede in der Spurweite, der Signaltechnik, der Stromversorgung und anderem bestehen und diese die Verkehrsabläufe behindern.

Moderne Güterverkehrssysteme haben die natürliche und wirtschaftliche Transportfähigkeit der Güter ausgeweitet. Unter der **natürlichen Transportfähigkeit** verstehen wir die Eigenschaften von Gütern, von einem Ort zu einem anderen Ort transportiert (durch größere Schnelligkeit, Transportgut bezogene Nebenleistungen (zum Beispiel Kühlung und andere) werden zu können, ohne dass dadurch ihre Gebrauchsfähigkeit beeinträchtigt wird. Unter der **wirtschaftlichen Transportfähigkeit** verstehen wir die Belastbarkeit des (Beförderungs-) Gutes mit Beförderungskosten, ohne dass seine Verkaufs- oder Absatzmöglichkeiten gestört werden. — **Transportfähigkeit**

In der wirtschaftswissenschaftlichen Literatur gibt es eine Vielzahl von Definitionen zum Begriff **Logistik**. Da sich der Leser im *LORENZ Band 2* ausführlich über den vielschichtigen Bereich der Logistik informieren kann, wollen wir uns an dieser Stelle mit einer kurzen Einführung begnügen. — **Logistik**
Die Entwicklung von der Transportleistung zu der Verkehrsleistung und schlussendlich zu der logistischen Leistung ist nicht nur durch einen nochmals **erweiterten Leistungsumfang** bei den Beteiligten gekennzeichnet, sondern auch durch eine **veränderte Betrachtungsweise**. Die folgende Darstellung, die wir einem nicht näher bekannten Aufsatz zur Logistik entnommen haben, demonstriert anschaulich die miteinander „verzahnten"/vernetzten Prozesse einer Wertschöpfungskette.

1 Einführung: Die Bedeutung des Verkehrs in der Wirtschaft

*Abb. 1:
Darstellung
von vernetzten
Prozessen einer
Wertschöpfungskette*

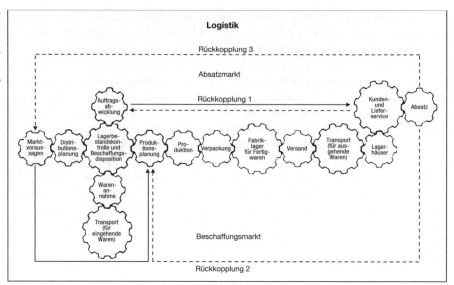

Quelle: unbekannt

Die (veränderte) logistische Betrachtungsweise ist dadurch gekennzeichnet, dass sie **Güter- und Informationsflüsse ganzheitlich** sozusagen als **Güterfluss- / Informationsflusssystem** sieht. Nicht nur innerhalb eines Unternehmens sind die Funktionen Beschaffung, Produktion, Distribution und Entsorgung miteinander zu verknüpfen, sondern auch zwischen dem Unternehmen und seinen Wertschöpfungspartnern (Lieferanten, Kunden und Logistikdienstleister). Dabei stellen die einzelnen **Güterflusssysteme eine Abfolge von Prozessen** dar, die aufeinander bezogen, sich gegenseitig beeinflussend und voneinander abhängig seiend, die Güterströme art- und mengenmäßig (physische Merkmale), räumlich (durch Transporte) und zeitlich (durch Lagerhaltung) zielgerichtet verändern – vom Rohstoff bis zum (End-)Produkt für den Konsumenten.

Eine weit verbreitete flussorientierte Definition der Logistik stammt von der amerikanischen Logistikgesellschaft *„Council of Logistics Management" (CLM)*. Diese lautet:

> *Logistik ist der Prozess der Planung, Realisierung und Kontrolle des effizienten, kosteneffektiven Fließens und Lagerns von Rohstoffen, Halbfabrikaten und Fertigfabrikaten und der damit zusammenhängenden Informationen vom Liefer- bis zum Empfangspunkt entsprechend den Anforderungen des Kunden.*

Nach dem anerkannten Logistikexperten *Klaus* beträgt im Jahre 2006 das **Logistik-Marktvolumen in Deutschland 188 Mrd. €**. Davon entfallen auf den Transport-, Lager- und Umschlagbereich rund 70 %. Die gewerblichen Logistikdienstleister (Spediteure, Frachtführer und andere) erwirtschaften zusammen davon einen Anteil von rund 48 %, der Rest entfällt auf die Werkslogistik / Intralogistik, wird also von der Unternehmen der Industrie und des Handels erbracht. Die entsprechenden gesamtwirtschaftlichen

Verkehrswirtschaftliche Grundbegriffe und Grundtatbestände 1.2

Aufwendungen in der *alten EU der 15* plus *Norwegen* und der *Schweiz* belaufen sich auf 773 Mrd. €.

In der neueren Literatur wird das Management der Wertschöpfungsketten beziehungsweise der Versorgungsketten (supply chains) / Nachfrageketten, das die Güterströme koordiniert, auch **supply chain management** genannt. Das supply chain management muss stets bemüht sein, gezielt logistische Verbesserungspotenziale aufzuspüren und umzusetzen, die an den Schnittstellen zwischen Lieferant und Kunde / Abnehmer liegen. Keine der beiden Marktseiten kann sie alleine erschließen. **supply chain management**

Damit gewinnt Logistik an strategischer Bedeutung. Unternehmen gehen dazu über, nicht nur ihre eigenen Ressourcen, sondern auch das sie umgebende Netz von Lieferanten und Kunden als gestaltbare Quelle von Wettbewerbsvorteilen zu betrachten.

Die Gesamtheit der sich aus Angebot und Nachfrage ergebenden Beziehungen zwischen den Unternehmen der verladenden und produzierenden Wirtschaft (kurz Verlader genannt) als Nachfrager von Verkehrsdienstleistungen und den Verkehrsunternehmen als Anbieter von Verkehrsdienstleistungen bezeichnet man als **Verkehrsmarkt**. Der Wettbewerb vollzieht sich auf dem (Güter-)Verkehrsmarkt auf zwei Ebenen: **Verkehrsmarkt**

1. Verkehrsunternehmen eines Verkehrsträgers (zum Beispiel verschiedene Güterkraftverkehrsunternehmen) treten miteinander in Wettbewerb – wir sprechen dann von dem **inneren Wettbewerb** oder der **inneren Konkurrenz**.
2. Verkehrsunternehmen unterschiedlicher Verkehrsträger treten miteinander in Wettbewerb – wir sprechen dann von dem **äußeren Wettbewerb** oder der **äußeren Konkurrenz**.

Nach der sogenannten **Besonderheitenlehre des Verkehrs**, die in der praktischen Verkehrspolitik immer noch eine Rolle spielt, versagen auf dem Verkehrsmarkt die Regeln des Wettbewerbs (wir kommen an anderer Stelle dieser Einführung nochmals darauf zurück). Daraus leitet der Staat das Recht ab, ordnend in den Markt einzugreifen. Wir sprechen in diesem Zusammenhang von einer **Verkehrsmarktordnung**, die im einzelnen bestimmt, unter welchen Voraussetzungen Verkehrsdienstleistungen erstellt werden dürfen. Die wichtigsten Säulen dieser Marktordnung sind die Anwendung staatlich festgesetzter oder kontrollierter Tarife (**Tarifpflicht**), der Marktzugang (**Konzessionierung und / oder Erlaubnispflicht**) und Kapazitätsbeschränkungen (**Kontingentierung**). **Verkehrsmarktordnung**

In *Deutschland* wurde die bestehende Marktordnung in den neunziger Jahren auf der Basis bestehender *EU-Richtlinien* weitestgehend aufgelöst und stellt nur noch auf den Marktzugang ab.

Für den Güterverkehr zwischen den Staaten der *Europäischen Union* gilt der Grundsatz der **Dienstleistungsfreiheit** (keine Tarife, keine quantitativen Marktzugangsbeschränkungen).

Die **Aufgabenteilung im Verkehr** soll sich weniger an politischen Vorgaben und mehr an der Kosten- und Leistungsstruktur der Verkehrsunternehmen orientieren nach dem Motto: dasjenige Verkehrsunternehmen beziehungsweise derjenige Verkehrsträger soll diejenigen Aufgaben auf dem Verkehrsmarkt (Produktion von Güterverkehrsdienstleistungen) übernehmen, die es beziehungsweise er am effizientesten auszugestalten vermag. **Aufgabenteilung im Verkehr**

Einführung: Die Bedeutung des Verkehrs in der Wirtschaft

Verkehrshoheit Die Gewährleistung der inneren und äußeren Sicherheit eines Staates und damit die Funktionsfähigkeit der Wirtschaftsordnung sind nur möglich, wenn die Anlagen und Einrichtungen des Verkehrs schnelle Eingriffsmöglichkeiten des Staates sicherstellen. Die Bedeutung, die der Staat dem Verkehr beimisst, hat sich in einer Vielzahl von Gesetzen und Verordnungen niedergeschlagen. Wir sprechen in diesem Zusammenhang von der **Verkehrshoheit** des Staates.

Privates Verkehrsgewerbe Unter dem Begriff des **privaten Verkehrsgewerbes** werden diejenigen Unternehmen zusammengefasst, deren Kapital überwiegend in privater Hand liegt und die zuzuordnen sind

- dem Speditions- und Logistikgewerbe mit ca. 4 000 Unternehmen und rund 400 000 Mitarbeitern
- dem Straßengüterverkehrsgewerbe mit ca. 54 000 Unternehmen und rund 600 000 Mitarbeitern
- dem Möbeltransportgewerbe mit ca. 1 300 Unternehmen und rund 30 000 Mitarbeitern
- dem Personenverkehrgewerbe (Taxen, Mietwagen- und Omnibusunternehmen).*

Güterverkehrszentrum Der Bau und Betrieb von Güterverkehrszentren soll zu einer ökonomisch und ökologisch sinnvolleren Abwicklung des Güterverkehrs führen. Nach vorherrschender Auffassung versteht man unter einem **Güterverkehrszentrum** Verkehrsgewerbeflächen, auf der sich Verkehrsbetriebe unterschiedlichster Ausrichtung (Transport, Spedition, Lagerei, Logistik) als selbstständige Unternehmen ansiedeln und die an mehrere, mindestens zwei Verkehrsträger angebunden sind. Güterverkehrszentren sollen den Verkehrsträgerwechsel in der Transportkette ermöglichen und damit zur Straßenentlastung im Fern-, Nah- und Regionalverkehr beitragen. Auch Postfrachtzentren können einbezogen werden. Güterverkehrszentren enthalten einen Umschlagbahnhof des kombinierten Verkehrs Schiene / Straße oder Binnenschiff / Straße / Schiene. Es ist auch ausreichend, wenn der Umschlagbahnhof in unmittelbarer Nähe der Verkehrsgewerbefläche gelegen und organisatorisch mit ihr verbunden ist.

Ein Güterverkehrszentrum ist auch dann gegeben, wenn mehrere, räumlich getrennte Teilflächen durch organisatorische Vorkehrungen, insbesondere Informationsvernetzung, so miteinander verbunden werden, dass sie wie eine zusammenhängende Fläche bewirtschaftet werden können (**dezentrale Lösung**).

Neben dem Verkehrsträgerwechsel in der Transportkette fördert ein Güterverkehrszentrum vor allem die Kooperation der einzelnen Verkehrsbetriebe, um Synergieeffekte zu erzielen und die Wettbewerbsfähigkeit der Unternehmen zu stärken.

Ihre verkehrspolitische Wirksamkeit erreichen Güterverkehrszentren erst dann, wenn sie durch Verkehrsinfrastruktur, Transportangebote und Informationstechnologie zu einem Netz miteinander verknüpft werden. Über die bundesweit zu installierenden Güterverkehrszentren gibt es hinsichtlich der Anzahl unterschiedliche Auffassungen; die Planungen reichen von 20 bis 40 GVZ's bundesweit.

---

* Doppelzählungen müssen bei der Bewertung der obigen Zahlen berücksichtigt werden.

Verkehrswirtschaftliche Grundbegriffe und Grundtatbestände 1.2

Im einzelnen ergeben sich die transportlogistischen Funktionen aus der folgenden Übersicht.

Abb. 2: Funktionsbereiche eines Güterverkehrszentrums

Quelle: Eigene Darstellung

Zur Abgrenzung zum Güterverkehrszentrum versteht man unter einem **Güterverteilzentrum** eine Anlage für logistische Dienstleistungen, die von einer Großspedition oder einer Kooperation kleiner und mittlerer Unternehmen mit eigener Rechtspersönlichkeit betrieben werden.

Güterverteilzentrum

Logistikzentren, unter die man begrifflich Güterverkehrs- und Güterverteilzentren subsumieren kann, fördern in besonderer Weise das Wirtschaftswachstum einer Region. In der wirtschaftspolitischen Praxis spricht man in diesem Zusammenhang von Jobmaschinen. Damit will man zum Ausdruck bringen, dass von logistischen Zentren starke Einkommens- und Beschäftigungseffekte ausgehen. So sind beispielsweise große Flughäfen „logistische Veranstaltungen", mit denen die folgenden volks- und regionalwirtschaftlichen Effekte verbunden sind:

Multiplikatoreffekte

- **direkte Effekte:** Schaffung von Arbeitsplätzen und Einkommen durch ökonomische Aktivitäten auf dem Flughafen
- **indirekte Effekte:** Schaffung von Arbeitsplätzen und Einkommen auf Grund von Auftragsvergaben an Dienstleister und Lieferanten durch die Betriebe auf dem Flughafen
- **induzierte Effekte:** Schaffung von Arbeitsplätzen und Einkommen durch die Konsumnachfrage aus dem Erwerbseinkommen der Beschäftigten auf dem Flughafen und der Beschäftigten bei den Lieferanten
- **katalytische Effekte:** Schaffung von Arbeitsplätzen und Einkommen durch

luftverkehrsaffine Betriebe, Unternehmen und Branchen, für die die durch den Flughafen bereitgestellte internationale Luftverkehrsanbindung von existenzieller Bedeutung ist.

So hat jeder Beschäftigte auf dem größten deutschen Verkehrsflughafen *Frankfurt am Main* in 2003 weitere 1,66 Beschäftigte in *Deutschland* geschaffen, insgesamt also 2,66 Beschäftigte. Jeder auf dem Flughafen „verdiente" € hat in *Deutschland* weitere zwei € an Verdienst geschaffen, insgesamt also drei €. Gezählt wurden hier nur die indirekten und induzierten Einkommens- und Beschäftigungseffekte. Würde man die katalytischen Effekte noch hinzuzählen, müssten bezogen auf die Wirtschaftsregion *Rhein-Main* die obigen Werte wohl noch verdoppelt werden.

Autohof   Unter einem **Autohof** verstehen wir ein Verkehrsgewerbegebiet in der Größenordnung von drei bis acht Hektar, in dem alle Dienstleistungen „rund um das Auto" im allgemeinen und „rund um den Lastkraftwagen" im besonderen produziert und angeboten werden. Ein Autohof hält Park-, Abstell- und Rangierflächen zur Einhaltung der gesetzlichen Lenk- und Ruhezeiten und für Gefahrguttransporte bei der Sperrung von zugeschneiten und vereisten Autobahnen vor. Autohöfe ermöglichen den Fernfahrern das Warten auf die Ab- und Zuladebereitschaft von Verladern, durch die dort tätigen Fachbetriebe können Stand- und Ruhezeiten produktiv für Reparaturen, Reinigung, Wartung, Inspektion und Tanken genutzt werden. Das vorübergehende Abstellen von Anhängern und Wechselpritschen ermöglicht eine Optimierung von Transportabläufen (Begegnungsverkehre). Neben der Rastfunktion haben Autohöfe noch eine Verpflegungs- (Gastronomie) und Beherbungsfunktion (Hotel), die auch Individual- und Busreisende benutzen können.

City Logistik   In den Städten konkurriert der Güterverkehr mit den anderen Verkehrsteilnehmern um die immer knapper werdenden Verkehrsflächen. Insbesondere das Speditions- und Logistikgewerbe hat Aktionen angestoßen, die eine umweltfreundlichere und ökonomisch sinnvollere Bedienung der Innenstädte zum Gegenstand haben. In diesem Zusammenhang wird von **City Logistik** gesprochen. Man versteht darunter Konzepte, die gleichzeitig zur Verkehrsvermeidung und zu einer höheren Wirtschaftlichkeit des städtischen Lieferverkehrs beitragen sollen, in dem die für den innerstädtischen Bereich bestimmten Sendungen mehrerer Speditionsunternehmen in der Zielsetzung gebündelt werden, zu einer besseren Fahrzeugauslastung zu kommen.

Telematik   Datenverarbeitung und Kommunikation werden die bestimmenden Elemente in der Verkehrswirtschaft der Zukunft sein. Telematik ist die Zauberformel, die viele Probleme lösen soll. Telematik ist ein Sammelbegriff für alle Formen der **Tele**kommunikation und Infor**matik** zwischen Menschen und/oder Geräten mit Hilfe nachrichtentechnischer Übertragungsverfahren.

Telematikdienste im Straßenverkehr sind zum Beispiel Verkehrsinformationen, Verkehrsleitsysteme, Flottenmanagement, Navigation und Ortung mit GPS, Hilfs- und Sicherheitsdienste, automatische Gebührenerfassung (Maut), Parkraummanagement.

Mit integrierten Systemen aus Navigation und Flottenmanagement können Fuhrparkbetreiber nach Ansicht von Fachleuten bis zu 20 % der gefahrenen Zeit, bis zu 10 % der gefahrenen Kilometer und bis zu 15 % Kraftstoff sparen.

1.3 Verkehrsbedürfnisse, Leistungsmerkmale der Verkehrsträger, Besonderheiten der Verkehrsleistung

Im Mittelpunkt der Verkehrswirtschaft stehen die Verkehrsbedürfnisse, die die Nachfrage nach Verkehrsleistungen bestimmen. Für den Logistikdienstleister / den Speditionskaufmann ist es wichtig, die Verkehrsbedürfnisse seines Kunden (des Verladers) richtig zu bewerten. Sie lassen sich grundsätzlich wie folgt systematisieren: **Verkehrsbedürfnisse**

1. Die **Art der Verkehrsbedürfnisse**, die ihren Ausdruck findet in Art, Volumen, Wert, Zustand, Form, Gefährlichkeit des zu transportierenden Gutes.
2. Die **Reichweite der Verkehrsbedürfnisse**, die ihren Ausdruck in der zu überwindenden Entfernung findet und damit in aller Regel auch Aussagen über Art und Häufigkeit der Umladungen, die Verpackungsanforderungen einschließt.
3. Der **Umfang der Verkehrsbedürfnisse**, der seinen Ausdruck in der pro Zeiteinheit zu transportierenden Gütermenge und der Art und der Anzahl der gewünschten (Verkehrs-)Nebenleistungen (zum Beispiel Verpackung, Zollabfertigung, Versicherung) findet.
4. **Die Grundbedingungen, unter denen die Verkehrsbedürfnisse befriedigt werden sollen.** Darunter verstehen wir die Anforderungen an die einzusetzenden Verkehrsmittel (Pünktlichkeit, Schnelligkeit und andere) und an die Belastbarkeit des zu transportierenden Gutes mit Beförderungskosten.

Die **Leistungsmerkmale der Verkehrsträger** / des Verkehrsmittels sind für die richtige Auswahl des Frachtführers bedeutungsvoll. Sie lassen sich zusammenfassend wie folgt darstellen: **Leistungsmerkmale**

1. Die **Berechenbarkeit beziehungsweise die Zuverlässigkeit** des Verkehrsträgers. Dabei geht es um die Beantwortung der Frage, ob und inwieweit vorgegebene oder vereinbarte Abfahrts- und Ankunftszeiten eingehalten und / oder zugesagte Nebenleistungen vertragsgerecht erbracht werden.
2. Die **Schnelligkeit** der Verkehrsleistung. Sie findet ihren Ausdruck in möglichst kurzen Reisezeiten, das ist die Zeit für die reine Beförderung unter Berücksichtigung von Aufenthaltszeiten.
3. Die **Mengen- oder Massenleistungsfähigkeit** des Verkehrsträger. Darunter verstehen wir die Eignung des Verkehrsträgers für den Transport großer Gütermengen in bestimmten Zeitabschnitten.
4. Die **Netzdichte**. Die Dichte des Verkehrsnetzes wird ausgedrückt als Quotient der Verkehrswegelänge und der Fläche des jeweiligen Wirtschaftsraumes; konkret zum Beispiel bezogen auf das Eisenbahnnetz die Gleislänge, ausgedrückt in Kilometern bezogen auf einen Quadratkilometer. Diese Größenordnung ist ein wichtiger Indikator für die Ausstattung eines Wirtschaftsraumes mit Infrastruktur. Sie lässt Aussagen über die **Flächenleistungsfähigkeit** eines Verkehrsträgers zu.
5. Die **Sicherheit** der Verkehrsleistung. Sie findet ihren Ausdruck in geringen Beschä-

digungs- und Diebstahlsquoten und in Sicherheitskonzepten, die einen unberechtigten Zugriff auf das Beförderungsgut durch Dritte weitestgehend ausschließen.
6. Ein **günstiges Preis- / Leistungsverhältnis**.
7. **Art und Umfang der Verkehrsnebenleistungen**. Die transportvorbereitenden-, -nachbereitenden und -begleitenden Leistungen haben gegenüber der reinen Transportleistung bei der Vergabe von Verkehrsleistungspaketen an Verkehrsdienstleister an Bedeutung gewonnen.
8. Die **Kooperationsfähigkeit und Kooperationsbereitschaft** der Verkehrsträger. Die Zusammenarbeit zwischen Logistikdienstleistern und Verkehrsträgern entlang der Wertschöpfungskette / Versorgungskette ist im Zeitalter der Logistik enger geworden. Kooperationsintensität und Kooperationsumfang haben zugenommen, wenn man jede Form einer engeren Zusammenarbeit als Kooperation bezeichnet. Unternehmen von Verkehrsträgern, die von ihrer Unternehmenskultur her einen besonderen „Hang" zur Führerschaft logistischer Systeme besitzen, verlieren an Attraktivität. Kundenschutzvereinbarungen erhalten einen höheren Stellenwert.
9. Das Vorhandensein einer hochleistungsfähigen und vor allen Dingen **kompatiblen hard- und software**, die alle denkbaren Schnittstellen in der Wertschöpfungskette zu bedienen vermag.
10. Art und Umfang der denkbaren und realisierten **Eingriffsmöglichkeiten des Staates** in die Leistungserstellung. Nachtflugverbot, Sonntagsfahrverbot und andere.
11. Eine hohe Disponierbarkeit beziehungsweise **leichte Verfügbarkeit** der Verkehrsdienstleistung. Sie ist ein Gradmesser für die Flexibilität der Verkehrsdienstleistung und bestimmt Art und Umfang des Reaktionsvermögens des Nachfragers nach Verkehrsdienstleistungen.
12. Die Anzahl oder die Häufigkeit der Verkehrsmöglichkeiten / der Abfahrten / der Abflüge zwischen zwei Orten in einem bestimmten Zeitraum. Wir sprechen auch von der **Frequenz der Verkehrsleistung**.
13. Die Bereitschaft, ein zertifiziertes **Qualitätsmanagementsystem** einzurichten.
14. Die Fähigkeit, **güterspezifischen Besonderheiten** Rechnung tragen zu können (Schwergut, Gefahrgut und andere).
15. Art und Umfang der **Umweltbelastungen** durch die Produktion von Verkehrsdienstleistungen. Ein Faktor, der bei wachsender Umweltsensibilität an Bedeutung gewinnt.

Besonderheiten des Verkehrs Die strategisch große Bedeutung der Verkehrswirtschaft für die Gesamtwirtschaft eines Staates hat schon früh zu der Forderung geführt, den Verkehr als wirtschaftspolitischen Ausnahmebereich zu behandeln und ihn ordnungspolitisch gesondert einzustufen. Man war der Auffassung, dass das Verkehrsgeschehen derart eng mit übergeordneten Interessen in einer Volkswirtschaft verknüpft ist, dass ein sich selbst regulierender Verkehrsmarkt wichtige Belange der Allgemeinheit unvertretbar beeinträchtigen würde. Ob man dabei, so meinen die Verkehrswissenschaftler *Aberle*, Universität *Gießen*, und *Ihde*, Universität *Mannheim*, wirklich von einem Marktversagen mit der daraus abgeleiteten Notwendigkeit marktordnender Eingriffe sprechen könne, sei dahingestellt. Man habe auch zu prüfen, ob nicht Staatsversagen vorliege, weil der Staat es möglicherweise versäumt habe, die

Verkehrsbedürfnisse, Leistungsmerkmale, Besonderheiten 1.3

für eine funktionsfähige Marktwirtschaft im Verkehr erforderlichen Voraussetzungen zu schaffen.

Auch die verkehrspolitischen Vorstellungen der *Europäischen Gemeinschaft* sind von der Annahme verkehrlicher Besonderheiten des Verkehrs geprägt. Das *Europäische Parlament* versteht unter „**Besonderheiten des Verkehrs**" die Gesamtheit der technischen, wirtschaftlichen und rechtlichen Erscheinungen, die sich im Verkehrswesen anders darstellen als in anderen großen Wirtschaftszweigen und denen bei der Gestaltung der europäischen Verkehrspolitik Rechnung zu tragen sei. Im einzelnen werden genannt (kursiv gedruckte *Ziffern 1.-12.* entnommen aus *Gösta B. Ihde, Transport, Verkehr, Logistik, 3. Aufl., München 2001*):

1. *Verkehrsleistungen können nicht gestapelt werden.*
   Verkehrsdienstleistungen sind nicht speicherbar / können nicht auf Lager produziert werden. Sollen Nachfragespitzen bedient werden, müssen entsprechend höhere Kapazitäten aufgebaut werden.
2. *Die Verkehrsnachfrage unterliegt starken Saisonschwankungen.*
3. *Die Kapazität muss auf die Saisonspitzen ausgerichtet werden.*
4. *Der Anteil der Festkosten ist auch bei guter Beschäftigung sehr hoch.*
   Feste Kosten sind unabhängig von der Beschäftigung.
5. *Das Angebot ist deshalb von einer sehr geringen Elastizität*
6. *Die Beweglichkeit der Fahrzeuge bewirkt, dass die ortsansässigen Unternehmen auswärtiger Konkurrenz ausgesetzt sind.*
7. *Das Rückfrachtproblem*
   In diesem Zusammenhang kann auch von der sogenannten Unpaarigkeit des Verkehrs gesprochen werden. Darin kommt zum Ausdruck, das in einer bestimmten Verkehrsverbindung die beförderte Tonnage von A nach B ungleich ist der transportierten Gütermengen von B nach A.
8. *Die Nachfrage ist in den meisten Fällen eine abgeleitete Nachfrage und deshalb in bezug auf den Transportpreis sehr wenig elastisch.*
   Die Nachfrage wird abgeleitet von der Nachfrage nach (gekauften) Gütern. Änderungen des Transportpreises haben keinen großen Einfluss auf die insgesamt nachgefragte Verkehrsleistung.
   Die Leistungsfähigkeit moderner Logistiksysteme mobilisiert die Produktionsfaktoren und verändert Produktions- und Standortbedingungen. Zunehmend löst sich die wirtschaftliche Entwicklung von der vorgegebenen natürlichen Begünstigung einzelner Standorte. Im Zuge der wirtschaftlichen Entwicklung erscheint daher Logistik immer **weniger als abgeleitetes** Resultat der originären Wirtschaftsprozesse Produktion und Konsumtion und **immer mehr als bestimmender** Faktor für deren Organisation und Entwicklung (vergleiche *Ihde, a.a.O., S. 55 ff.*).
9. *Öffentliche und private Unternehmen stehen miteinander im Wettbewerb.*
10. *Einem Teil der Unternehmen sind Verpflichtungen auferlegt, die ihnen den Charakter eines öffentlichen Dienstes geben.*
    Darunter sind die sogenannten gemeinwirtschaftlichen Aufgaben wie zum Beispiel Beförderungspflicht und Betriebspflicht zu verstehen. Diese „Pflichten" sind in Interesse der Allgemeinheit wahrzunehmen, auch wenn sie im Einzelfalle keine

Gesamtkostendeckung erzielen lassen.
11. *Neben Großunternehmen bestehen in der Verkehrswirtschaft „handwerkliche" Kleinunternehmen mit weitgehend außerökonomischem Verhalten.*
Darunter soll verstanden werden, dass Kleinunternehmer zum Beispiel wegen der Langlebigkeit der Verkehrsmittel diese weit über ihre ökonomische Nutzdauer hinaus einsetzen.
12. *Der gewerbliche Verkehr steht im Wettbewerb mit dem Werkverkehr.*

In der Verkehrswissenschaft herrscht die Meinung vor, dass die Besonderheiten nichts anderes als normale Produktions- und Marktanpassungsprobleme darstellen wie sie sich in anderen Wirtschaftsbereichen ebenfalls ergeben. Das soll an dieser Stelle nicht ausdiskutiert werden. Die oben aufgelisteten Merkmale beschreiben ausführlich die Verkehrsdienstleistungen und lassen erkennen, das der Verkehrssektor in einer Volkswirtschaft wenn nicht eine besondere, dann aber zumindest eine herausragende Bedeutung besitzt. In der Verkehrspolitik liegt die Richtlinienkompetenz zunehmend bei den Gremien der *Europäischen Union*, so dass im Zweifelsfalle die dort vorhandene Meinung vorherrschend ist.

> **Nach dem geltenden *EU-Vertrag* müssen *EU*-Entscheidungen in Sachen Verkehrspolitik inhaltlich verbindlich die Besonderheiten des Verkehrs berücksichtigen.**

1.4 Güterverkehr und (Verkehrs-)Politik

Unter **Verkehrspolitik** (vergleiche *Grandjot, a.a.O., S. 16 ff.*) im Sinne des praktischen Handelns ist die Gestaltung des Verkehrs durch Einflussnahme auf die verkehrlich relevanten Gegebenheiten
- *durch öffentlich-rechtliche Körperschaften (Staat und staatliche Unternehmen)*
- *durch organisierte, rechtlich vereinigte Institutionen (Verbände, Verkehrsunternehmen) und*
- *durch nur lose verbundene Interessengruppen (Aktionsgemeinschaften)* zu verstehen.

Verkehrspolitik

Die **verkehrspolitischen Ziele** eines marktwirtschaftlichen Systems sollen im Ergebnis dazu beitragen, die Versorgung der Volkswirtschaft mit privaten und öffentlichen Gütern unter Berücksichtigung gesellschaftlicher Nebenbedingungen für alle Beteiligten auf lange Sicht zu vergrößern. Der Katalog denkbarer verkehrpolitischer Ziele ist breit angelegt, seine konkrete Ausgestaltung hängt von den jeweiligen politischen Entscheidungsträgern ab. Es sollen deshalb im folgenden einige Handlungsfelder / Ziele der Bundesregierung aus dem Verkehrsbericht 2000 aufgelistet werden.

Verkehrspolitische Ziele

- *Die nachhaltige Sicherung der Mobilität ist oberstes verkehrpolitisches Ziel.*
  Mobilität ist die Grundlage für Wachstum und Beschäftigung. Im Güterverkehrsbereich umschreibt Mobilität Art und Umfang der zwischenbetrieblichen Beförderungen und der Versorgungstransporte für Endverbraucher.
- *Bereitstellung einer leistungsfähigen Infrastruktur.*
  Sie stärkt den Wirtschaftsstandort Deutschland und sichert seine Zukunft.
- *Vernetzung der Verkehrsträger.*
  Aus Konkurrenten sollen Verbündete gemacht werden und anderes.
- *Schaffung fairer Wettbewerbsbedingungen.*
  Harmonisierung des Wettbewerbs in der *EU* und andernorts.
- *Erhöhung der Verkehrssicherheit, Erhöhung des Umweltschutzes, Förderung innovativer Technologien.*
- *Stärkung der europäischen Verkehrspolitik und anderes.*

(Entscheidungs-)Träger der (nationalen) Verkehrspolitik sind der *Bundestag* und der *Bundesrat*. Entscheidungsträger zeichnen sich dadurch aus, dass sie auch über die politische Macht verfügen, ihre verkehrspolitischen Vorstellungen durchzusetzen. Beim *Bundestag* und beim *Bundesrat* liegen die **Gesetzgebungskompetenzen**. Darunter ist eine **Behördenpyramide** (vergleiche *Grandjot, a.a.O., S. 40 ff.*) angesiedelt, die sich wie folgt darstellt:

(Entscheidungs-) Träger der Verkehrspolitik

Erste (oberste) Ebene   *Bundesministerium für Verkehr, Bau und Stadtentwicklung (BMVBS).* **Es sichert, gestaltet und fördert das Verkehrswesen und erlässt mit Zustimmung des** *Bundesrates* **Rechts- und Verwaltungsvorschriften.**
Dem *BMVBS* sind eine Reihe **selbständiger Bundesbehörden** zugeordnet / unterstellt wie *Kraftfahrt-Bundesamt, Luftfahrt-*

	Bundesamt, Eisenbahnbundesamt, Deutscher Wetterdienst, Bundesamt für Güterverkehr, Wasser- und Schifffahrtsdirektionen und andere.
Zweite Ebene	Die Verkehrsministerien in den Bundesländern als **Oberste Verkehrsbehörde**. Sie wirken über den *Bundesrat* bei allen verkehrspolitischen Gesetzen, Rechtsverordnungen und Verwaltungsvorschriften mit. Für den Bund übernehmen sie unter anderem Verwaltung und Durchführung im Straßenbau für Bundesautobahnen und Bundesstraßen. Sie sind zuständig für Bau und Unterhaltung des Landesstraßennetzes und anderes.
Dritte Ebene	Die Bezirksregierungen oder Regierungspräsidenten als **obere Verkehrsbehörde**. Sie sind zuständig unter anderem für Erlaubnisverfahren, Erteilung von Lizenzen, Fahrerbescheinigungen, regionale Raumordnungsverfahren.
Vierte (unterste) Ebene	Die Kreisverwaltungen oder Gemeinden als **untere Verkehrsbehörde**. Sie sind unter anderem zuständig für den Bau von Gemeindestraßen, Erstellung von General- oder Gesamtverkehrsplänen, Bebauungspläne für Verkehrsgewerbegebiete.

Einflussträger der Verkehrspolitik Neben den (Entscheidungs-)Trägern der Verkehrspolitik gibt es in der verkehrswirtschaftlichen Praxis noch die **Einflussträger der Verkehrspolitik**. Hierunter sind in erster Linie die **Verkehrsverbände** zu subsumieren, die die Interessen ihrer Mitglieder vertreten und beratend gegenüber den Entscheidungsträgern tätig werden, **ohne formal** die Macht zu haben, ihre Vorstellungen auch durchsetzen zu können. Dieses sind in erster Linie

- der *Deutsche Speditions- und Logistikverband, Bonn*, der die Interessen des Speditions- und Logistikgewerbes vertritt
- der *Bundesverband Möbelspedition, Hattersheim*
- der *Bundesverband Güterkraftverkehr, Logistik und Entsorgung, Frankfurt (M)*, der vorwiegend die Interessen des Straßengüterverkehrsgewerbes vertritt
- der *Verband Deutscher Reeder, Hamburg*, der die Interessen der Seeschifffahrt vertritt
- the *Board of Airline Representatives in Germany, Frankfurt (M)*, der die Interessen der Luftverkehrsgesellschaften, die Deutschland anfliegen, vertritt
- der *Verband Deutscher Verkehrsunternehmen, Köln*, der die Interessen der Eisenbahnverkehrsunternehmen und –infrastrukturunternehmen vertritt
- der *Bundesverband der Deutschen Binnenschifffahrt, Duisburg*.

Es ist die Aufgabe der internationalen Verkehrspolitik, den grenzüberschreitenden Verkehr zu vereinfachen und zu regeln.

Als (Entscheidungs-)**Träger der internationalen Verkehrspolitik kann die** *Europäische Union* angesehen werden, die zumindest für die 27 Mitgliedsstaaten Entscheidungen treffen und diese dann auch durchsetzen kann.

Die wichtigsten international tätigen Verbände **als Einflussträger**, die beratend tätig werden können, sind

- die *Internationale Föderation der Spediteurorganisationen (FIATA), Zürich*, die weltweit alle nationalen Verbände des Speditions- und Logistikgewerbes vertritt
- das *Europäische Verbindungskomitee des Speditions- und Lagereigewerbes (CLECAT), Brüssel*, ist Sprachrohr von 27 nationalen Organisationen des Logistikgewerbes gegenüber der *EU*-Administration
- die *International Road Union (IRU), Genf*, die alle Verbände vertritt, in denen Unternehmen des Straßengüter- und -personenverkehrs organisiert sind
- die *International Air Traffic Association (IATA), Montreal/Genf*, die weltweit die Luftverkehrsgesellschaften vertritt
- der *Internationale Eisenbahnverband (UIC), Paris*.

Verkehrsgesetzgebung

Das *Grundgesetz der Bundesrepublik Deutschland* grenzt die Zuständigkeiten für die Gesetzgebung zwischen dem Bund und den Bundesländern durch die ausschließliche und konkurrierende Gesetzgebung ab.

Im Bereich der **ausschließlichen Gesetzgebung** des Bundes haben die Länder eine Befugnis zur Gesetzgebung nur dann, wenn sie hierzu in einem Bundesgesetz ausdrücklich ermächtigt werden. Der ausschließlichen Gesetzgebung des Bundes unterliegen nach *Artikel 73 Grundgesetz* die Gesetzgebung über die Eisenbahnen des Bundes, den Luftverkehr, das Postwesen und die Telekommunikation.

Im Bereich der **konkurrierenden Gesetzgebung** haben die Länder die Befugnis zur Gesetzgebung, soweit der Bund von seinem Gesetzgebungsrecht keinen Gebrauch macht. Hierzu gehören die Gesetzgebung über die Hochsee- und Küstenschifffahrt sowie die Seezeichen, die Binnenschifffahrt, den Wetterdienst, die Seewasserstraßen und die dem allgemeinen Verkehr dienenden Binnenwasserstraßen, den Straßenverkehr, das Kraftfahrtwesen und den Bau und die Unterhaltung von Landstraßen des Fernverkehrs, die nichtbundeseigenen Eisenbahnen mit Ausnahme der Bergbahnen.

Die **Grundelemente der nationalen Verkehrspolitik** (vergleiche *Aberle G., Transportwirtschaft, 4. Aufl., München 2003, S. 116 ff.*) sind die Ordnungspolitik und die Strukturpolitik.

Ordnungspolitik

Die **Ordnungspolitik** definiert die Rahmenbedingungen oder die Spielregeln, innerhalb derer Anbieter und Nachfrager von Verkehrsdienstleistungen am Markt agieren. Die Instrumente der Ordnungspolitik bestehen vor allem in der Kapazitätsbeeinflussung (Marktzugangsregeln) und in der Koordinierung der Preispolitik (Tarifpflicht und ähnliches). Sie sollen die Funktionsfähigkeit der Verkehrsmärkte und eine volkswirtschaftlich sinnvolle Aufgabenteilung der Verkehrsträger sicherstellen.

Strukturpolitik

Die **Strukturpolitik** umfasst nach *Aberle* alle Aktivitäten des Staates, welche als **direkte investive oder investitionsfördernde Maßnahmen** sowie als grundlegende rechtliche und organisationspolitische Regelungen die Marktstrukturen und hieraus abgeleitet das **Marktverhalten und die Marktergebnisse** wesentlich beeinflussen. Hierzu zählt in erster Linie die **Verkehrsinfrastrukturpolitik**.

1.5 Verkehrsinfrastrukturplanung / Verkehrsinfrastrukturfinanzierung

Die **Verkehrsinfrastrukturpolitik** konzentriert sich im wesentlichen auf die Verkehrswege des Straßen- Binnenschiffs- und Eisenbahnverkehrs. Ihre wichtigsten Ziele sind unter anderem die Befriedigung der Mobilitätsbedürfnisse, eine bessere Vernetzung der Verkehrsträger, Erhöhung der Verkehrssicherheit, Sicherstellung der freien Wahl der Verkehrsmittel. Daraus ergeben sich unmittelbar eine Verkürzung der ökonomischen Entfernungen, Erhöhung der Produktivität der Produktionsfaktoren, Verbesserung der Standortqualität und ähnliches.

Eine leistungsfähige Verkehrsinfrastruktur ist wesentlicher Bestandteil eines starken und dynamischen Wirtschaftsstandortes Deutschland sowie zentrale Voraussetzung für Wachstum und Beschäftigung. Investitionen in die Verkehrsinfrastruktur sichern die Wettbewerbsfähigkeit der Regionen und sorgen für die Stärkung strukturschwacher Räume. Sie schaffen die Grundlage für eine nachhaltige Mobilität von Menschen und Unternehmen mit besserer Erreichbarkeit und höherer Lebensqualität, so heißt es im Vorwort des *Bundesverkehrswegeplan 2003*, der immer noch Basis der heutigen Verkehrspolitik ist.

Der Spediteur und Logistiker sollte sich schon frühzeitig in seiner praktischen Arbeit mit den Grundlagen der Verkehrsinfrastruktur beschäftigen. Dabei geht es in erster Linie um den Bau von Verkehrswegen, seltener um den Bau / Ausbau von Güterverkehrszentren, Flughäfen und ähnlichem.

Verkehrspolitische Interessengruppen oder einzelne Personen tragen an Politiker oder an die Verwaltung verkehrspolitische Probleme (zum Beispiel der Bau einer Fernstraße) heran und lösen damit eine Vielzahl **ingenieurwissenschaftlicher Fragestellungen** und **ökonomischer und gesellschaftspolitischer Bewertungen** aus. Die **Zuständigkeit** für die **Vorhaltung von Verkehrsinfrastruktur** liegt

- beim **Bund**, sofern es sich um Bundesfernstraßen, Bundeswasserstraßen, Bundeseisenbahnwege, Luftstraßen / Flugsicherung handelt
- beim **Land**, sofern es sich um Landesstraßen handelt
- bei **Kreisen und Gemeinden**, sofern es sich um Gemeinde- und Kreisstraßen handelt.

Nach dem Abschluss der häufig über viele Jahre hinweg zu führenden Diskussionen werden die Ergebnisse in **Bedarfsplänen** (zum Beispiel Art und Umfang der Straßenbaupläne) eingestellt, die Basis für die Finanzierung (öffentliche Haushalte) der Vorhaben darstellen. Dieses sind

Bundes-
verkehrs-
wegeplan

- auf Bundesebene der *Bundesverkehrswegeplan*
- auf Landes- und kommunaler Ebene die *Generalverkehrspläne*.

Verkehrsinfrastrukturprojekte haben in aller Regel eine **raumordnende Dimension** mit der Folge, dass wichtige **Gesetze und Verordnungen der Raumordnung** auf den einzelnen Planungshierarchien (Bund, Land, Gemeinden und andere) zu beachten sind. Das gilt

Verkehrsinfrastrukturplanung / Verkehrsinfrastrukturfinanzierung

für alle Agierenden, somit auch für staatliche Stellen, wenn diese als Auftraggeber für Verkehrsinfrastrukturmaßnahmen auftreten.

Unter Raumordnung ist die überörtliche Planung von raumbedeutsamen Maßnahmen zu verstehen. Der Gesamtraum der *Bundesrepublik Deutschland* und seine Teilräume sind durch zusammenfassende, übergeordnete Raumordnungspläne und durch Abstimmung raumbedeutsamer Planungen und Maßnahmen zu entwickeln, zu ordnen und zu sichern *(§ 1, Abs. 1 Raumordnungsgesetz)*.

Raumordnung

Entsprechend der föderalen Struktur findet **Raumordnung** in der *Bundesrepublik Deutschland* in einem **abgestuften System von Zuständigkeiten** statt. Dabei wird nach einem **hierarchischen Prinzip** vorgegangen, nach dem eine untergeordnete Planung einer übergeordneten nicht widersprechen darf. Förmliche, also auf gesetzlichen Regelungen basierende Instrumente der räumlichen Planung sind auf den einzelnen Stufen:

1. Auf **Bundesebene** der **raumordnungspolitische Orientierungsrahmen**, der *Raumordnungsbericht* (Aufstellung alle vier Jahre).
   Rechtgrundlage für die Bundesraumordnung ist das *Raumordnungsgesetz (ROG)*. Es legt die Leitvorstellungen (zum Beispiel freie Entfaltung der Persönlichkeit) und die Grundsätze (zum Beispiel ausgewogene Siedlungs- und Freiraumstruktur, gute Erreichbarkeit aller Teilräume) der Raumordnung und die Organisation der Raumordnung zwischen Bund und Ländern fest. Hierfür wird ein raumordnungspolitischer Orientierungsplan erstellt. Das *Bundesministerium für Verkehr, Bau und Stadtentwicklung* ist zur Zeit zuständig für die *Ministerkonferenz für Raumordnung* und alle vier Jahre für die Aufstellung des *Raumordnungsberichtes*.
   Die *Bundesregierung* sorgt für die Anpassung der deutschen Raumordnung im supranationalen Bereich, also in der *EU*.

   Raumordnungsgesetz

2. Auf **Landesebene** das *Landesentwicklungsprogramm* oder der *Landesentwicklungsplan (LEP)*.
   Auf dieser Ebene sollen die Ziele und Grundsätze der Raumordnung verwirklicht und konkretisiert werden. Rechtgrundlage sind **Landesgesetze**; in *Hessen* beispielsweise das *Hessische Landesplanungsgesetz (HLPG)*. Der *LEP* beinhaltet die Festlegung von Grundsätzen und Zielen der Raumordnung in kartographischer und textlicher Form für die großräumige Ordnung und Entwicklung des (Bundes-)Landes und seiner Regionen sowie der überregional bedeutsamen Planungen (zum Beispiel Flughafenausbau) und Maßnahmen. Der *Landesentwicklungsplan* wird dem *Landtag* als Entwurf zur Kenntnis gebracht und danach wichtigen für die Raumplanung zuständigen Organisationen (Organisationen der Wirtschaft und Gewerkschaften und ähnliche) zur Stellungnahme vorgelegt. Danach stellt die *Landesregierung* den *Landesentwicklungsplan* fest und erlässt ihn als **Rechtsverordnung**. In einigen Bundesländern (zum Beispiel *Hessen*) wird der *LEP* durch die Zustimmung des Landtages in den Rang eines Landesgesetzes erhoben.

   Landesentwicklungsplan

3. Auf der **Ebene der Regierungsbezirke** (oder mehrerer Kreise, Planungsregionen oder kreisfreier Städte) der *Regionalplan*.
   Der *Regionalplan* oder auch *Regionale Raumordnungsplan (RROP)* konkretisiert die Ziele des *Landesentwicklungsplanes*. Enthält der *Raumordnungsplan* für eine **raum-**

   Regionalplan

Raumord- *nungsver-* *fahren*		bedeutsame Planung oder Maßnahme kein räumlich und sachlich hinreichend konkretes Ziel der Raumordnung, so ist ein *Raumordnungsverfahren (ROV)* durchzuführen. Im *Raumordnungsverfahren* sind die raumbedeutsamen Auswirkungen des Vorhabens auf Menschen, Tiere, Pflanzen, Boden, Wasser, Luft, Klima und Landschaft unter überörtlichen Gesichtspunkten zu ermitteln und zu bewerten. Das *Raumordnungsverfahren* ist ein **verwaltungsinternes Abstimmungsverfahren**. Gegen die abschließende landesplanerische Beurteilung können **keine Rechtmittel** eingelegt werden.

Den Beschluss zur Aufstellung oder Fortschreibung des *Regionalplanes* fasst die *Regionalversammlung* (das ist eine Versammlung von benannten Vertretern von Gemeinden, Gebietskörperschaften und ähnlichen) oder das *Regierungspräsidium* als obere Landesplanungsbehörde. Die Öffentlichkeit (Städte, Gemeinden, Planungsträger, Bürger) ist an dem Verfahren zu beteiligen. Stellungnahmen, Anregungen und Bedenken aus der Anhörung werden vom *Regierungspräsidium* geprüft und gegebenenfalls in eine Beschlussvorlage zur Beratung und Beschließung durch die *Regionalversammlung* eingearbeitet. Der beschlossene Entwurf des *Regionalplanes* wird der obersten Landesplanungsbehörde zur Abstimmung und letztendlich der Landesregierung zur Genehmigung vorgelegt. Danach erfolgt die Veröffentlichung im Staatsanzeiger des jeweiligen Landes.

Bauleit- *planung*	4.	Auf der **Ebene der Gemeinden** die *Bauleitplanung* im Mantel von *Flächennutzungsplänen* und *Bebauungsplänen*.

Die planungsrechtliche Hoheit der Gemeinden über ihr Gebiet ist im *Grundgesetz, Artikel 28*, geregelt. Die weiteren Rechtsgrundlagen der Bauleitplanung sind das *Baugesetzbuch (BauGB)* und die *Baunutzungsverordnung (BauNVO)*, zusätzlich haben die Bundesländer gesonderte Bauordnungen erlassen. Zielsetzung dieser Verordnungen ist es, einen geordneten Rahmen für die Nutzung der Grundstücke in einer Gemeinde zu schaffen.

Der *Flächennutzungsplan* stellt die generellen räumlichen Planungs- und Entwicklungsziele einer Gemeinde dar. *Flächennutzungspläne* müssen von der übergeordneten Verwaltungsbehörde genehmigt werden. Der *Bebauungsplan* trifft rechtsverbindliche Festsetzungen, wie die einzelnen Grundstücke bebaut und genutzt werden können.

Planfest- *stellungs-* *verfahren*	5.	Das *Planfeststellungsverfahren*

Insbesondere für große Bauvorhaben schreiben deutsche Gesetze neben den oben genannten Verfahrensweisen das Planfeststellungsverfahren vor. Die Erforderlichkeit eines Planfeststellungsverfahrens für einen Flughafenausbau wird zum Beispiel im Luftverkehrsgesetz des Bundes geregelt.

Das *Planfeststellungsverfahren (PFV)* ist im Prinzip ein **veröffentlichtes Baugenehmigungsverfahren**, in dem der betroffene Nachbar, im Gegensatz zu „normalen" Baugenehmigungsverfahren, während einer Einwendungsfrist (ein Monat Offenlage, zwei Wochen Einwendungsfrist) seine Betroffenheit geltend machen muss. Erfolgt dies nicht, ist der Nachbar, auch zukünftig, von allen Schadenersatzansprüchen ausgeschlossen. Das Planfeststellungsverfahren beinhaltet im wesentlichen die folgenden Schritte:

Verkehrsinfrastrukturplanung / Verkehrsinfrastrukturfinanzierung 1.5

1. Planaufstellung; der Planfeststellungsantrag muss die für das Projekt erforderlichen genehmigungsfähigen Unterlagen enthalten und in einer Umweltverträglichkeitsprüfung die Auswirkungen des Projekte auf das zu Schützende (Mensch, Flora, Fauna, Luft und andere) einer Bewertung unterziehen.
2. Offenlage der Unterlagen.
3. Anhörverfahren; nach der Offenlage und Einwendungsfrist erfolgt die Aufarbeitung der Einwendungen. Nach sechs Monaten hat der Erörterungstermin zu erfolgen.
4. Bericht der Verfahrensbehörde (das ist in aller Regel das Regierungspräsidium) an die Planfeststellungsbehörde (das ist in aller Regel die oberste Verkehrsbehörde eines Landes).
5. Planfeststellungsbeschluss. Seine Veröffentlichung gilt als Benachrichtigung der Verfahrensbeteiligten.

Gegen den *Planfeststellungsbeschluss* sind **Rechtsmittel vor dem** *Verwaltungsgericht* **möglich.**

Die **Finanzierung der Verkehrsinfrastruktur** ist im Zeitalter knapper Haushaltsmittel der öffentlichen Hände ein besonderes Problem. Grundsätzlich gibt es zwei Finanzierungsmodelle:

Finanzierung der Verkehrsinfrastruktur

1. **Finanzierung aus Steuermitteln;** das ist die heute überwiegend übliche Form der Finanzierung.
2. **Nutzer- oder Privatfinanzierungsmodelle.**

Im *Bundesverkehrswegeplan 2003* werden zusammenfassend die **folgenden Finanzierungsmethoden** *(Ziffer 1.–5.)* vorgestellt:

1. Die **klassische Finanzierung** von Verkehrsinfrastrukturmaßnahmen aus den **öffentlichen Haushalten.** Auf Grund „knapper Kassen" werden in praxi unabhängig von den von den Verkehrsunternehmen aufgebrachten Steuermitteln die notwendigen Erhaltungs- und Erweiterungsinvestitionen in die Verkehrsinfrastruktur nicht in dem erforderlichen Umfange getätigt. Der Kraftfahrzeugverkehr zahlt in *Deutschland* zum Beispiel insgesamt **rund 50 Mrd. € an Abgaben** (Kfz-Steuer, Mineralölsteuer, Ökosteuer, Mehrwertsteuer auf mineralöl, Maut). Davon werden Verkehrsaufgaben/Nettoausgaben des Bundes, der Länder und der Kommunen für das Straßenwesen in der Größenordnung von rund 16 Mrd. € geleistet.
2. Die **Lkw-Maut.** Die Einnahmen aus der Lkw-Maut werden sich im Jahre 2007 auf ca. 3,4 Mrd. € belaufen. Die „Maut" wäre nur dann ein taugliches Finanzierungsmittel, wenn sie zweckgebunden (für den Straßenverkehr) verwendet und die daneben laufende Finanzierung aus Steuermitteln nicht herunter gefahren würde.
3. Private Vorfinanzierung, auch **Konzessionsmodell** genannt. Der Private übernimmt die Bauleistung für das Straßenbauprojekt auf eigene Rechnung. Der Bund verpflichtet sich im Gegenzug, die privat finanzierte Infrastruktur gegen ratenweise Zahlung der Refinanzierungssumme zu erwerben. Die Refinanzierung beginnt grundsätzlich jeweils ein Jahr nach der Verkehrsfreigabe durch Zahlung von 15 Jahresraten.

4. Privatwirtschaftliche **Betreibermodelle**. Bau, Erhaltung, Betrieb und Finanzierung werden auf Private übertragen, die im Gegenzug das Recht auf Erhebung einer Maut erhalten. In praxi gibt es privatwirtschaftliche Betreibermodelle derzeit nur in geringem Umfange.
5. **Mischmodell** zu Punkt 3. Die Rückzahlung der privaten Investitionsmittel erfolgt in Abhängigkeit des Verkehrsaufkommens und ähnlichem.
6. **Sondervermögensmodell** des *Deutschen Industrie- und Handelskammertages (DIHKT)*. Nach diesem Modell sollen Finanzierung, Erhalt und Ausbau der Verkehrsinfrastruktur aller Verkehrsträger außerhalb des allgemeinen Staatshaushaltes in einem Sondervermögen „Verkehrsinfrastruktur" zusammengefasst werden. Die Verwaltung des Sondervermögens wird einer unabhängigen Bundesanstalt mit eigener Haushaltsführung übertragen, die sich aus der Erhebung von Benutzungsgebühren refinanziert.
7. Installation einer **Verkehrsinfrastruktur-Finanzierungsgesellschaft** (Vorschlag einer Regierungskommission). Verkehrsinfrastruktur ist ein Gut, das aus der Staatstätigkeit herausgenommen und der Privatinitiative (Einrichtung einer privatrechtlich organisierten Finanzierungs- und Betreibergesellschaft) zugeführt werden soll. Infrastrukturverantwortung soll beim Staat verbleiben, aber ansonsten Umstellung auf Nutzerfinanzierung bei konsequenter Anwendung des Nutzer-/Veranlasserprinzips.

1.6 Der Güterverkehr im Spannungsfeld zwischen Ökonomie und Ökologie

Die Wirtschaft dient der Befriedigung menschlicher Bedürfnisse durch die Zurverfügungstellung von Gütern. Absatzfähige Güter entstehen in aller Regel durch die Veränderung der räumlichen (Transporte), zeitlichen (Lagerhaltung) und physischen (Mischen, Verteilen und ähnliches) Merkmale der eingesetzten Rohstoffe (Ausgangsmaterialien). Transporte, Lagerhaltung und physische Veränderungen der Güter sind mit Emissionen, Staus und Unfällen verbunden und führen zu Belastungen der Umwelt. Eine ausgewogene Verkehrspolitik steht somit vor der Aufgabe, auf der einen Seite den Güterverkehr nicht zu einem Engpassfaktor für wachsenden Wohlstand werden zu lassen und auf der anderen Seite die Umweltbelastungen in erträglichen Grenzen zu halten. Zwischen Ökonomie und Ökologie besteht ein natürliches Spannungsverhältnis.

Bis 1970 spielten Umweltbelastungen in der Verkehrspolitik praktisch keine Rolle. Die Verkehrswirtschaft gehört(e) zu denjenigen Wirtschaftsbereichen, deren Aktivitäten Wirkungen auslösen, die kostenmäßig und / oder nutzenmäßig nicht alle den Verursachern zugerechnet, sondern von Dritten oder der Umwelt getragen werden. Deshalb spricht man auch von den sogenannten **Drittwirkungen** derartiger Aktivitäten, die in den wirtschafts- / verkehrspolitischen Diskussionen auch als **externe Effekte** bezeichnet werden.

Von den **externen Effekten** des Verkehrs spricht man   **Externe**
1.   wenn Verkehrsnutzer nicht alle von ihnen verursachten Kosten, das sind dann die **Kosten**
     externen Kosten, angerechnet bekommen oder
2.   wenn Verkehrsnutzer nicht alle von ihnen in Anpruch genommenen Vorteile, das
     ist dann der **externe Nutzen**, zugerechnet bekommen.

In der verkehrspolitischen Praxis wird vorwiegend über die negativen Effekte des Verkehrs (externe Kosten) diskutiert. Diese werden nach *Aberle* (Aberle G., a.a.O., S. 582 ff.) differenziert nach den **externen Kosten**
- **der Verkehrsinfrastruktur** und
- **des Verkehrsmittelbetriebes.**

Zu den externen Kosten der Verkehrsinfrastruktur zählen die Wirkungen der Bodenversiegelung (Auswirkungen auf das Grundwasser sowie Flora und Fauna), der Trennwirkungen (Zerschneiden von Kulturflächen und ähnliches) und der Landverbrauch.

Zu den externen Kosten des Verkehrsmittelbetriebes zählen die Schadstoffemissionen, die Lärmemissionen, die Schäden durch Erschütterungen, die Staukosten und die Verkehrsunfall- und -unfallfolgekosten (soweit nicht durch Versicherungen abgedeckt). Studien zu den externen Kosten des Straßenverkehrs in den „alten Bundesländern" bewegen sich im Ergebnis zwischen 10 und 130 Mrd. € pro Jahr.

Um den Verursacher externer Kosten mit den negativen Effekten seiner Aktivitäten zu konfrontieren und ihn zu veranlassen, diese zu beschränken, kann mit staatlicher

Internali- Regulierungen eine verursachungsgerechte Anlastung der externen Kosten erfolgen. Wir
sierung sprechen dann von einer **Internalisierung** externer Kosten.

Nach *Grandjot* (*Grandjot H.-H., a.a.O., S. 153 ff.*) gibt es zusammenfassend zur Verringerung der externen Kosten ordnungspolitische (Fahrverbote und ähnliches), technische (Rußfilter und ähnliches), finanzpolitische (Steuern und ähnliches), raumordnungs- und infrastrukturpolitische (Umgehungsstraßen und ähnliches), und logistisch-organisatorische (Ausdehnung des kombinierten Verkehrs und ähnliches) Maßnahmen.

Von den externen Kosten zu **trennen** sind die so genannten **Wegekosten**. Wegekosten ergeben sich aus den Investitionen in die Verkehrsinfrastruktur und setzen sich insbesondere aus den Abschreibungen und den kalkulatorischen Zinsen auf das eingesetzte Kapital zusammen. Ziel einer Wegekostenrechnung muss es sein, die Wegekosten verursachungsgerecht zu ermitteln und dem jeweiligen Verkehrsträger anzulasten. Im Straßengüterverkehr ist die Erhebung einer Maut hierfür ein geeignetes Instrument.

Der Kraftstoffverbrauch von 40 t-Lastzügen ist seit 1967 bis heute um ein Drittel auf durchschnittlich 30 bis 35 Liter pro 100 km gesenkt worden.

Die Schallimission von Flugzeugen und Triebwerken konnte in den letzten 40 Jahren um etwa 30 dB (dB = Dezibel; Maßeinheit zur Messung der Lärmstärke) verringert werden. Dies bedeutet eine Reduzierung des empfundenen Lärms um nahezu 90 %. Eine Schallminderung um 10 dB halbiert die subjektiv empfundene Lautstärke, die 30 dB weniger bedeuten demnach eine dreimalige Halbierung.

EU- Die *Europäische Union* hat neue **Emissionsgrenzen** für umweltschädigende Emissionen
Emissions- von Diesel- und Benzinfahrzeugen verabschiedet. Diese begrenzen insbesondere **Stick-**
grenzen **stoffoxide** und **Feinstaub**, welche die menschliche Gesundheit besonders belasten.

Feinstaub bezeichnet die Masse aller im Gesamtstaub enthaltenen Partikel, deren aerodynamischer Durchmesser kleiner als 0,01 mm (PM 10) oder kleiner als 0,0025 mm
Feinstaub (PM 2,5) ist. Feinstaub ist nach einer Studie der *EU* die Ursache für den Tod von über 300 000 Menschen in der *Europäischen Union* pro Jahr. Er bewirkt nach einer Studie der *Weltgesundheitsorganisation (WHO)* eine Verkürzung der durchschnittlichen Lebenserwartung in *Deutschland* von rund zehn Monaten.

Die Grenzwerte der *EU-Luftschadstoffrichtlinie* gelten für *Deutschland* ab 1.1.2005 und bestimmen eine Herabsetzung der Feinstäube PM 10 auf 50 Mikrogramm pro Kubikmeter an maximal 35 Tagen im Jahr. Es wird eine PM 10-Fristverlängerungen gewährt, wenn nachgewiesen werden kann, dass alle vertretbaren Maßnahmen ergriffen worden sind.

PM 10-Stäube entstehen durch Aufwirbelungen, Industrieabgase, Hausbrand und Verkehr. Nach einer Untersuchung des *Bundesministeriums für Umwelt (BMU)* aus 2005 setzt sich die gesamte **Feinstaubbelastung in** *Deutschland* aus folgenden Emittentengruppen zusammen:

Industrie	35 %
Straßenverkehr	20 %
Sonstiger Verkehr	11 %
Haushalte	18 %
Kraftwerke	11 %
Schüttgüter	5 %

Der Güterverkehr im Spannungsfeld zwischen Ökonomie und Ökologie 1.6

Die *EU* plant, die *PM 10-Regelung* auszuweiten. Ab 2015 sollen neue Regelungen für PM 2,5-Stäube im Mantel neuer Grenzwerte festgelegt werden.

Bereits in nationales (deutsches) Recht umgesetzt sind (neue) Luftqualitätsstandards für **Stickstoffdioxide (NO$_2$)**. Ab 1.1.2010 gelten die folgenden Immissionsgrenzwerte für NO$_2$: **Stickstoffdioxid**
- Jahresmittelwert 40 Mikrogramm pro Kubikmeter
- Ein-Stundenwert: 200 Mikrogramm pro Kubikmeter (mit 18 zulässigen Überschreitungen pro Jahr)

NO$_2$ ist ein hochgiftiges Reizgas mit stechend-stickigem Geruch und wird bereits in geringen Konzentrationen wahrgenommen. Es hat eine erheblich lufthygienische Bedeutung und wird in besonderem Umfange vom Straßenverkehr verursacht. Der **Anteil des Kfz-Verkehrs** an den Jahresemissionsmengen für NO$_2$ liegt in aller Regel **bei über 50 %**. Im Gegensatz zum Feinstaub wird der NO$_2$-Problematik bislang relativ wenig Bedeutung beigemessen.

Die Umsetzung *der EU-Richtlinien* in deutsches Recht wird zur Einrichtung von Umweltzonen führen. Rund 20 deutsche Städte planen die Einrichtung von Umweltzonen im Jahre 2008. In eine Umweltzone dürfen nur Fahrzeuge einfahren, die mit einer gesonderten Plakette (grüne, gelbe oder rote Farbe) ausgestattet sind. Für Umweltzonen entscheiden sich in aller Regel größere Städte, wenn Grenzwertüberschreitungen (siehe oben) vorliegen und mit Verkehrsbeschränkungen in Verbindung mit anderen Maßnahmen die Immissionsbelastung unter die Grenzwerte abgesenkt werden kann. **Umweltzonen**

Umweltzonen und neuerliche Bemühungen der *Europäischen Kommission* zur umweltfreundlicheren Bedienung von Großstädten werden die Ver- und Entsorgung von Ballungsräumen in naher Zukunft sicherlich nicht erleichtern. Das neue *EU-Grünbuch* unter dem Titel **Hin zu einer neuen Kultur der Mobilität in den Städten** sieht konsolidierte Anlieferungen, eine effizientere Routenplanung, Vermeidung von Leerfahrten, den Einsatz neuer Fahrzeugtechnologien, die Erhebung einer Stadtmaut und ähnliches vor.

Automobilindustrie und Verkehrsgewerbe arbeiten seit Jahren erfolgreich an einer Vermeidung / Verminderung der Emissionswerte für Dieselmotoren. Die Motoren für Lastkraftwagen nach der *Norm Euro 4* und *5* produzieren ihre Leistung mit erheblich abgesenkten Abgas- und Feinstaubwerten. Die folgende Übersicht (*S. 58*), erstellt vom *Bundesverband Güterkraftverkehr Logistik und Entsorgung*, sollte jeder Logistiker „vor Augen" haben, wenn er umweltpolitisch motivierte Diskussionen zu führen hat. Es stehen:

HC für Kohlenwasserstoffe, die bei der unvollständigen Verbrennung fossiler Brennstoff entstehen. Der Straßenverkehr trägt seit Einführung der Katalysatortechnik nur noch einen kleinen Anteil der gesamten HC-Emissionen

CO für Kohlenmonoxide; ca. 40 % der CO-Belastung resultieren aus dem Kraftfahrzeugverkehr mit Verbrennungsmotoren,

NO$_X$ für Stickstoffoxide, die durch die Ausstattung der Fahrzeuge mit höher verdichteten Otto-Motoren und durch motorische Maßnahmen zur Senkung von Kraftstoffverbrauch und anderem ansteigen.

Emissions- Über die Beteiligung des Luftverkehrs und des Seeverkehrs am *EU*-Emissionshandel
handel wird zur Zeit diskutiert. Mit dem Emissionshandel versucht *die Europäische Union*, der Verflichtung aus dem *Kyoto Protokoll* – in 2020 rund 20 % weniger CO_2-Ausstoß gegenüber 1990 zu haben – nachzukommen. Der Emissionshandel soll eine kostenwirksame und wirtschaftlich effiziente Senkung der Treibstoffgasemission fördern.

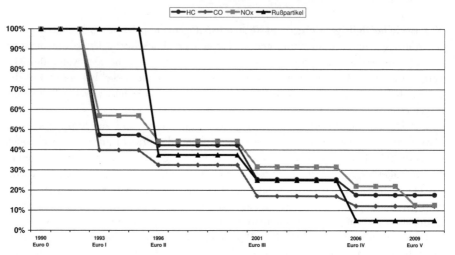

Abb. 3:
EU-Emissionsgrenzwerte für Dieselmototen

Quelle: Bundesverband Güterkraftverkehr Logistik und Entsorgung (BGL) e.V., zuletzt aktualisiert im Mai 2007

1.7 Die Güterverkehrswirtschaft und die *Europäische Union*

Die europäische Integration begann 1951 mit der Gründung der *Europäischen Gemeinschaft Kohle und Stahl (EGKS)*. 1957 erfolgte auf der Basis der *Römischen Verträge* die Gründung der *Europäischen Wirtschaftsgemeinschaft (EWG)* und der *Europäischen Atomgemeinschaft (EURATOM)*. EGKS, EWG und EURATOM wurden 1965 zur *Europäischen Gemeinschaft (EG)* zusammengeführt. 1993 führten die Verträge von *Maastricht* zur Gründung der *Europäischen Union (EU)*. **Gründung der *EU***

Ziel der *EU* ist die Schaffung eines **Binnenmarktes ohne Grenze**. Niemand soll wegen seiner Zugehörigkeit zu einem bestimmten *EU*-Land diskriminiert werden. Es gilt ein Diskriminierungs- und Beschränkungsverbot, in dessen Mittelpunkt die Realisierung der folgenden **vier Grundfreiheiten** steht. **Grundfreiheiten**
1. Freier Warenhandel
2. Freier Personenverkehr
3. Freiheit des Zahlungs- und des Kapitalverkehrs
4. Freiheit des Dienstleistungsverkehrs.

Die Güterverkehrswirtschaft ist dem Bereich des Dienstleistungsverkehrs zuzuordnen.

Die (**gemeinsame**) *EU*-**Verkehrspolitik** regelt
1. den Verkehr aus und nach einem Mitgliedsstaat
2. den Durchgangsverkehr durch das Hoheitsgebiet eines oder mehrerer Mitgliedsstaaten
3. den grenzüberschreitenden Verkehr zwischen den Mitgliedsstaaten und Drittländern
4. die Zulassung von Verkehrsunternehmen zum Verkehr in einem Mitgliedsstaat, in dem sie nicht ansässig sind
5. Maßnahmen zur Erhöhung der Mobilität und der Verkehrssicherheit.

Die wichtigsten Institutionen der *EU* sind im folgenden aufgelistet: ***EU*-Institutionen**

Das *Europäische Parlament (EP)*
Das europäische Parlament ist die demokratische Stimme der Bürger Europas. Das *EP* hat seit dem 1.1.2007 785 Abgeordnete.

Der *europäische Rat*
Er gibt der Union grundlegende Impulse für die Entwicklung und bestimmt die Richtlinien der Sicherheits- und Außenpolitik. Er besteht aus den 27 Regierungschefs.

Der *Rat der Europäischen Union*
Der *Rat der Europäischen Union* – früher auch als *Ministerrat* bekannt – ist das wichtigste gesetzgebende Organ und Entscheidungsgremium. Er ist die Stimme der Mitgliedsländer. Im Rat ist jeder Mitgliedsstaat durch einen Vertreter auf Ministerebene vertreten.

Die *Europäische Kommission (EU-Kommission)*
Die *EU-Kommission* ist der Motor der Union und hauptsächlich für das politische Tagesgeschäft zuständig. Sie erarbeitet Vorschläge für neue gemeinschaftliche Rechtsakte; ist Hüterin der Verträge. Als ausführendes Organ unter anderem zuständig für Erstellung und Vollzug des Haushaltsplanes und Verwaltung des Strukturfonds und Kohäsionsfonds. Sie besteht aus 27 Mitgliedern.

Der *Europäische Gerichtshof (EuGH)*
Der *EuGH* sichert die Wahrung des Rechts.

Der *Europäische Rechnungshof (EuRH)*
Der *EuRH* prüft Recht- und Ordnungsmäßigkeit aller Einnahmen und Ausgaben der Geminschaft.

Die *Europäische Zentralbank (EZB)*
Die *EZB* entscheidet über die europäische Währungspolitik. Vorrangiges Ziel ist die Gewährleistung der Preisstabilität.

Die *Europäische Investitionsbank (EIB)*
Die *EIB* leiht Geld zur Finanzierung von Projekten, die im europäischen Interesse liegen.

Der *Ausschuss der Regionen (AdR)*
Über den *AdR* werden die kommunalen und regionalen Behörden gehört, in ihm sind 344 Regionalpolitiker und Bürgermeister vertreten.

Europäischer Wirtschafts- und Sozialausschuss (EWSA)
Der *EWSA* dient der Einbindung der Sozialpartner in die europäische Politik. Er gibt Stellungnahmen zu den Vorschlägen der Kommission und des Rates ab und hat bei der Gesetzgebung beratende Funktion.

Zur Erfüllung der Aufgaben erlassen der *Rat* und die *Kommission* oder der *Rat* und das *europäische Parlament* **Verordnungen** (sie sind verbindlich und gelten unmittelbar in jedem Mitgliedsstaat), **Richtlinien** (sie sind verbindlich, die Wahl der Mittel wird dem Mitgliedsstaat überlassen), **Entscheidungen** (sie sind verbindlich für diejenigen, die sie bezeichnen), **Empfehlungen** oder Stellungnahmen (sie sind nicht verbindlich). Entscheidungen in Verkehrsangelegenheiten werden von dem *Ministerrat/* dem *Verkehrsministerrat* und der *Kommisssion* eingeleitet. Die *Kommission* veröffentlicht Vorschläge und konkrete Maßnahmen zur Erreichung der Ziele in sogenannten **Weißbüchern**.

Für die Güterverkehrswirtschaft hat die *Europäische Union* wichtige Entscheidungen getroffen. Am 1.1.1993 sind innerhalb der *EU* alle quantitativen Beschränkungen für den grenzüberschreitenden Straßengüterverkehr weggefallen, am 1.7.1998 wurde die **unbeschränkte Kabotage** eingeführt. Die *EU-Lizenz* berechtigt zu allen nationalen und internationalen Transporten innerhalb der *EU*. Am 1.1.1999 fiel der Startschuss für eine gemeinsame Währung / für eine **Währungsunion**.

Übersichten über alle Mitglieder der *EU* im Jahre 2008 bezogen auf die EURO-Einführung sowie auf die Einwohnerzahl (Stand 1.1.2006) und auf die Wirtschaftsleistung (Stand 2005) sind im Folgenden abgedruckt.

Die Güterverkehrswirtschaft und die *Europäische Union* 1.7

Abb. 4:
Europa, die EU und der EURO

Quelle: Bundesministerium der Finanzen

Einführung: Die Bedeutung des Verkehrs in der Wirtschaft

Tab. 4:
Die Europäische
Union in Zahlen

Mitgliedsland	Die *Europäische Union* im Jahre 2008			
	Einwohner in Mio. Stand 1.1.2006	Rangfolge Einw.	BIP in Mio. EURO 2005	Rangfolge BIP
Deutschland	82,4	1	2 241 000	1
Frankreich	62,9	2	1 710 024	3
Großbritannien	60,4	3	1 792 890	2
Italien	58,8	4	1 423 048	4
Spanien	43,8	5	905 455	5
Polen	38,2	6	243 765	10
Rumänien	21,6	7	79 551	18
Niederlande	16,3	8	505 646	6
Griechenland	11,1	9	181 088	12
Portugal	10,6	10	149 021	15
Belgien	10,5	11	298 541	7
Tschechien	10,3	12	99 733	16
Ungarn	10,1	13	88 800	17
Schweden	9,0	14	287 706	8
Österreich	8,3	15	245 103	9
Bulgarien	7,7	16	21 882	22
Dänemark	5,4	17	208 267	11
Slowakei	5,4	18	38 113	19
Finnland	5,3	19	157 162	14
Irland	4,2	20	161 162	13
Litauen	3,4	21	20 621	23
Lettland	2,3	22	13 012	25
Slowenien	2,0	23	27 634	21
Estland	1,3	24	11 061	26
Zypern	0,8	25	13 629	24
Luxemburg	0,5	26	29 396	20
Malta	0,4	27	4 630	27

Quelle: Der Fischer Weltalmanach 2008, Frankfurt 2007, S. 579

Aus der folgenden Übersicht *So funktioniert die EU* kann das Zusammenwirken der *EU*-Institutionen entnommen werden. Die Übersicht wurde mit freundlicher Genehmigung des Verlages der lesenswerten Zahlen-, Daten- und Faktensammlung *Der Fischer Weltalmanach 2005* entnommen. (Das *Europäische Parlament* hat heute 785 Abgeordnete.)

Die Güterverkehrswirtschaft und die *Europäische Union* 1.7

Die Europäische Union

Abb. 5: So funktioniert die EU

Präsident des Europäischen Rates
vom ER mit qualifizierter Mehrheit für max. zwei Mal 2½ Jahre gewählt; darf kein einzelstaatliches Amt innehaben. Vorsitz und Vorbereitung der Beratungen des ER; EU-Außenvertretung in der gemeinsamen Außen- und Sicherheitspolitik (GASP) unbeschadet der Befugnisse des EU-Außenministers.

Berichtspflicht — Wahl — Vorsitz und Vorbereitung

Europäischer Rat (ER)
Staats- und Regierungschefs der Mitgliedstaaten, sowie ohne Stimmrecht die Präsidenten von ER und Kommission sowie der EU-Außenminister. Festlegung der allg. politischen Zielvorstellungen und Prioritäten; strategische Entscheidungen; wird nicht gesetzgeberisch tätig.

Nominierung des Kommissionspräsidenten und Ernennung des Kollegiums

Ernennung mit Zustimmung des Kommissionspräsidenten

Leitlinien

Europäische Kommission
Ein Staatsangehöriger je Mitgliedstaat einschl. des Präsidenten der Kommission und des EU-Außenministers (mind. bis 2014). Förderung der allg. Interessen der EU; Koordinierungs-, Exekutiv- und Verwaltungsfunktionen

Vizepräsident

Außenminister der EU
Leitet die GASP, hat Vorschlagsrecht und führt sie im Auftrag des Rats durch; in der Kommission mit deren Zuständigkeiten im Bereich der Außenbeziehungen betraut.

Vorsitz "Auswärtige Angelegenheiten"

Ministerrat (Rat)
Ein Vertreter auf Ministerebene je Mitgliedstaat. Gemeinsam mit EP Gesetzgeber und Haushaltsbefugnisse; Aufgaben der Politikfestlegung und der Koordinierung. Tagt in verschiedenen Zusammensetzungen, u.a. Rat "Allgemeine Angelegen" und Rat "Auswärtige Angelegenheiten". Tagt als Gesetzgeber öffentlich.

Wahl des Kommissionspräsidenten, Zustimmung zum Kollegium; Recht auf Misstrauensantrag; Haushaltsentlastung

Beratung — **Ausschuss der Regionen und Wirtschafts- und Sozialausschuss** Jeweils höchstens 350 auf Vorschlag der einzelnen Mitgliedstaaten ernannte Mitglieder — Beratung

Beratung — Ernennung

Gerichtshof der EU
Besteht aus dem Gerichtshof (ein Richter je Mitgliedstaat), dem Gericht und Fachgerichten. Überwacht die Rechtmäßigkeit der EU-Gesetze sowie der Handlungen von ER, Rat, Kommission und EZB

Verabschiedung (gemeinsam mit EP)

Überwachung

i.d.R. alleiniges Initiativrecht, Überwachung der Anwendung

Kontrolle — Vorschlagsrecht und Ausführung — **EU-Haushalt** — **EU-Gesetzgebung** — Verabschiedung (meist gemeinsam mit EP)

Rechnungshof
Ein Staatsangehöriger je Mitgliedstaat. Prüft die Rechnung über alle Einnahmen und Ausgaben der EU und aller ihrer Einrichtungen

Prüfung

Europäische Zentralbank
Organ mit Rechtspersönlichkeit. Zuständig für die Währungspolitik der EU-Staaten, deren Währung der Euro ist. Berichtspflicht gegenüber EP, Rat, Kommission und ER

Verabschiedung — Mitentscheidung

Europäisches Parlament
Max. 750 Mitglieder, direkt gewählt für 5 Jahre. Gemeinsam mit Rat Gesetzgeber und Haushaltsbefugnisse; Aufgaben der politischen Kontrolle und Beratungsfunktion

vertreten in

Nationale Regierungen

Wahl — Wahl — Wahl

Europäischer Bürgerbeauftragter ← Beschwerden — **EU-Bürger** — Wahl → **Nationale Parlamente**

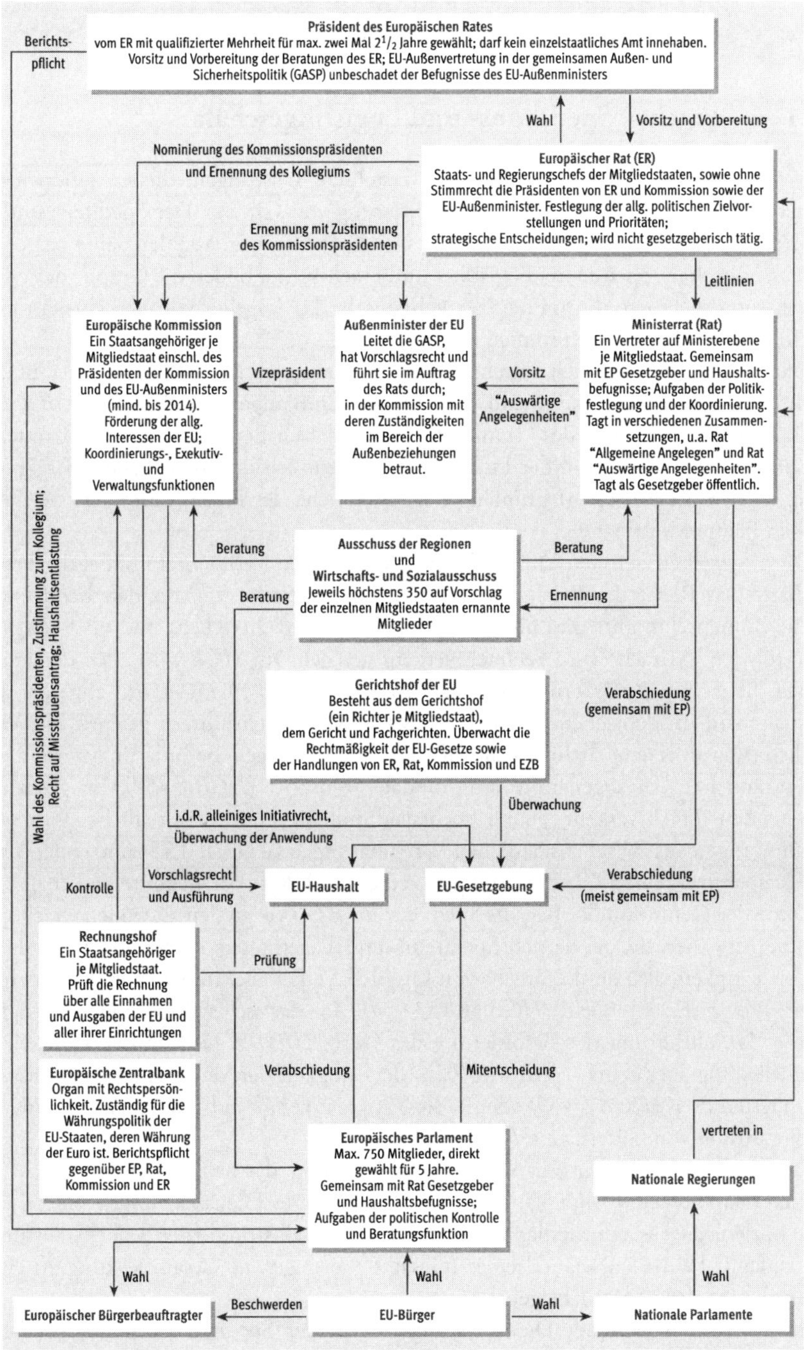

Quelle: Der Fischer Weltalmanach 2005, Frankfurt 2005, Seite 514

1.8. Der Spediteur und Logistiker in der Güterverkehrswirtschaft

1.8.1 Fracht-, Speditions- und Logistikgeschäft

Die von Spediteuren und Logistikern erstellten Leistungen dienen überwiegend immer noch direkt oder indirekt der Beförderung von Gütern. Der Spediteur und der Logistiker beziehungsweise das Speditions- und Logistikgewerbe zählen daher zur Güterverkehrswirtschaft. Spediteure, Logistiker und Frachtführer bilden die Gruppe derjenigen Verkehrsunternehmen, die auf dem Verkehrsmarkt das Angebot von Verkehrsleistungen an Dritte gegen Entgelt bestimmen.

Frachtführer ist, wer sich durch den Frachtvertrag verpflichtet hat, das Gut zum Bestimmungsort zu befördern und dort an den Empfänger abzuliefern (*HGB § 407*). Die körperliche Annahme des (Transport-)Gutes, dessen Bewegung auf dem Lande, auf Binnenwasserstraßen und in der Luft und schlussendlich die körperliche Übergabe des Gutes an den (berechtigten) Empfänger ist also Sache des Frachtführers; im Seefrachtgeschäft heißt er Verfrachter.

Frachtgeschäft Die Gesamtheit der Geschäfte von Frachtführern und Verfrachtern bildet das **Frachtgeschäft**. Das Recht des Frachtführers ist im *HGB §§ 407–450* für den Landverkehr, für die Binnenschifffahrt und für den nationalen Luftfrachtverkehr und im *5. Buch des HGB* für den Verfrachter im Seefrachtverkehr geregelt. Im *HGB* wird auch der Frachtvertrag über die Beförderung von Umzugsgut (*HGB §§ 451–451h*) angesprochen. Erstmals wird im deutschen Recht das Geschäft von Frachtführern geregelt, das einen Frachtvertrag über eine Beförderung mit verschiedenartigen Beförderungsmitteln zum Gegenstand hat; der sogenannte multimodale Transport (*HGB § 452*). Im grenzüberschreitenden Frachtverkehr gelten rechtsverbindliche und damit nicht abdingbare Bestimmungen aus zwischenstaatlichen Vereinbarungen (*COTIF/CIM* und/oder *SMGS* im Eisenbahnverkehrs, *WAK/MÜ* im Luftverkehr, *CMR* im Straßengüterverkehr).

Speditionsgeschäft Ohne der Definition des Begriffs Spediteur im *HGB* vorgreifen zu wollen, erschöpfen sich die Aufgaben des modernen Spediteurs und Lagerhalters keinesfalls in der besorgenden Tätigkeit, also des Besorgens von Original-Verkehrsleistungen zum Originalpreis gegen Provisionszahlungen (*HGB §§ 453, 454*), in der selbsteintretenden Tätigkeit, also der Durchführung der Beförderung des Gutes (*HGB § 458*), in der Tätigkeit des Sammelladungsspediteurs (*HGB § 460*), in der Tätigkeit der Versendung von Gütern zu einem festen Preis (*HGB § 459*) oder in der Tätigkeit der gewerbsmäßigen Lagerung und Aufbewahrung von Gütern (*HGB § 467*).

Der moderne Spediteur organisiert die Beförderung, das heißt er kauft national und international Verkehrs- und damit zusammenhängende Dienstleistungen ein, ergänzt diese in dem jeweils erforderlichen Umfange durch selbstproduzierte Dienstleistungen und verkauft beides im Mantel eines (Gesamt-)Vertrages als Gesamtleistung zu einem Gesamtpreis an seinen Auftraggeber.

Logistikgeschäft Im Zeitalter logistischer Dienstleistungen wird der Spediteur zum Logistikdienstleister, wenn nicht sogar zum supply chain manager, wenn er entlang der gesamten

Der Spediteur und Logistiker in der Güterverkehrswirtschaft 1.8

Wertschöpfungskette (supply chain) logistisches Verbesserungspotenzial aufspürt und als Paket (Kontraktlogistik) abarbeitet. Dabei werden neben Verkehrsdienstleistungen häufig vermehrt auch produktbezogene Arbeiten (Montage, Reparaturen und andere) in das Leistungspaket mit einbezogen.

Das **Outsourcing** logistischer Dienstleistungen an Spediteure soll nach den Feststellungen des *Deutschen Speditions- und Logistikverbandes* (vergleiche *Zahlen–Daten–Fakten aus Spedition und Logistik 2005, Bonn 2005, S. 24*) dazu beitragen, steigende Anforderungen an die Unternehmenslogistik kostenoptimal zu bewältigen. Es sind vor allem synergetische Effekte, die eine Ausgliederung von Funktionen auf die Spedition begründen.

- Durch den Kunden- und Branchenmix lässt sich eine bessere saisonale und regionale Auslastung der Kapazitäten erreichen (**Ausgleichseffekt**).
- Logistikdienstleister können Bündelungseffekte durch die Konsolidierung von Sendungen und Packstücken realisieren, die sich in der Ausschöpfung von Stückkostendegressionen niederschlagen (**Economies of scale**).
- Durch das Outsourcing entstehen dem Kunden nur leistungsabhängige Kosten (**Variabilisierungseffekt**).
- Die Nutzung des Logistikdienstleisters erhöht die logistische Flexibilität des Kunden (**Entlastung von Spungkosten**, stufenlose **Anpassung an die Absatzentwicklung**).
- Durch Einkauf logistische Dienstleistungen wird Kapital freigesetzt (**Kapitalfreisetzungseffekt**).
- Logistikdienstleister verfügen durch vertiefte Arbeitsteilung über spezielles Knowhow, das dem Kunden zugute kommt (**Spezialisierungseffekt**).

In der konkreten Ausgestaltung ist der Spediteur dann
- **Architekt des Güterverkehrs**, wenn er Lösungen von Verkehrsproblemen zu finden hat, die den Charakter einer „Einzelanfertigung" haben
- **Organisator des Verkehrs**, wenn er Transportketten schon fast industriell organisiert, um eine permanente Nachfrage nach Verkehrsleistungen so rationell wie möglich befriedigen zu können. Er plant und bestimmt das Beförderungsmittel und den Beförderungsweg, erteilt begleitende Weisungen und sichert Schadensersatzansprüche. Dabei arbeiten Spediteure verkehrsträgerneutral, im einzelnen disponieren sie
80 % der Transportmengen im gewerblichen Straßengüterfernverkehr
98 % des Luftfrachtaufkommens
20 % der Tonnage in der Binnenschifffahrt
25 % der Güter im Eisenbahnverkehr (einschließlich der Mengen des Kombinierten Verkehrs)
75 % der Gütermengen im Seeverkehr (außer Massengut)
- **Erfüllungsgehilfe und / oder Agent** (wie zum Beispiel im Luftfrachtverkehr) von Verkehrsträgern
- **Verkehrsträger**, wenn er eigene Fahrzeuge für den Gütertransport einsetzt
- **Logistikdienstleister**, wenn er entlang der Wertschöpfungskette die einzelnen Prozesse mit steuern hilft und je nach Anforderungsprofil in der Beschaffungs-, Produktions-, Entsorgungs- und Absatzlogistik engagiert ist.

Einführung: Die Bedeutung des Verkehrs in der Wirtschaft

In der verkehrswirtschaftlichen Praxis spricht man zu Recht bereits dann von dem Spediteur als Logistiker oder anspruchsvoller als Logistikdienstleister, wenn er aus der Wertschöpfungskette (überschaubare) Einzelleistungen herausgreift und diese bedient/abarbeitet. Schon das dokumentiert die vielzitierte Ausweitung der Leistungspalette des Spediteurs und dessen veränderte/erweiterte Betrachtungsweise, die in den Jahren 1970 und folgende eingeleitet wurde.

Value Added Services Nach der vom *Deutschen Speditions- und Logistikverband* in 2005 herausgegebenen Studie *Zahlen-Daten-Fakten aus Spedition und Logistik* sind das die folgenden Einzelleistungen.

Tab. 5: Logistische Dienstleistungen in der Spedition

Logistische Dienstleistungen (Value added Services)	Betriebe in %
Logistikberatung	69
Abrufsteuerung	28
Bestandsmanagement	43
Qualitätskontrolle	36
Zentrallagerfunktion	39
Bestellabwicklung für Kunden	28
Konfektionierung	28
Montagearbeiten	17
Kommissionieren, Verpacken	66
Etikettierung	50
Regalservice	11
Fakturierung und Inkasso	13
Retourenmanagement	24
Call Center	5
Tracking und Tracing	42
E-Fulfillment	6
Andere	16

Quelle: Deutscher Speditions- und Logistikverband, Zahlen-Daten-Fakten aus Spedition und Logistik 2005, Bonn 2005

Allein diese Auflistung zeigt, wie schwer es Nichtfachleute haben, Spediteure begrifflich richtig einzuordnen. Dabei ist zu bedenken, dass mindestens 70 % der logistischen Gesamtleistungen sich nach wie vor aus Transport-, Lager- und Umschlagsleistungen, also sozusagen den traditionellen Leistungsbereichen des Speditions- und Logistikgewerbes, zusammensetzen.

1.8.2 Logistik/Logistikdienstleistungen integrieren Unternehmen zu Wertschöpfungsketten

Die Begriffsvielfalt in der Logistik ist insbesondere für Berufsanfänger verwirrend. In der Fachpresse und in der Literatur wird eine Vielzahl von Begriffen im Mantel von Anglizismen präsentiert, die einfache Sachverhalte komplizieren. Wir wollen deshalb im folgenden versuchen, den gedanklichen Einstieg in die Logistik in aller Kürze und Einfachheit zu wagen.

Logistische Aktivitäten – und darin sind sich alle Logistiker einig – sollen räumlich und zeitlich entkoppelte Prozesse miteinander verbinden und dann sicherstellen, dass
- das richtige Gut
- zur richtigen Zeit
- am richtigen Ort
- in der richtigen Menge
- in der richtigen Qualität
- zu den richtigen Kosten
- für den richtigen Kunden

zur Verfügung steht. Das sind die sogenannten *Sieben r`s in der Logistik*.

Sieben r's in der Logistik

Unter Supply Chain Management (SCM) (vergleiche *Hahn, D.; Problemfelder der SCM in Wildemann, H. (Hrsg.), Supply Chain Management, München 2006*) kann man
- die Planung, Steuerung und Kontrolle
- des gesamten Material- und Dienstleistungsflusses, einschließlich der damit verbundenen Informations- und Geldflüsse
- innerhalb eines Netzwerkes von Unternehmen und deren Bereiche verstehen
- die im Rahmen von aufeinander folgenden Stufen der Wertschöpfungskette an der Entwicklung, Erstellung und Verwertung von Sachgütern und / oder Dienstleistungen partnerschaftlich zusammenarbeiten
- um Effektivitäts- und Effizienzsteigerungen zu erreichen.

Supply Chain Management

Der Begriff Supply Chain (Versorgungskette) hat eine enge Beziehung zum Begriff Logistik. Teilweise werden die Begriff Supply Chain Management und Logistik als Synonyme, also in gleicher Bedeutung verwendet. Vielleicht betont der Begriff SCM stärker als der Begriff Logistik die Zusammenarbeit aller Unternehmen der unternehmensübergreifenden Wertschöpfungskette. In letzter Konsequenz sind bestehende Unterschiede aber marginal. Für die logistische Praxis kann man sie vernachlässigen. Lediglich in der Wissenschaft mag man darüber streiten, ob und inwieweit der Grad der Integration / die Art und der Umfang der Zusammenarbeit der einzelnen Teile einer Supply Chain begrifflich mit unterschiedlichen Inhalten besetzt werden sollte.

Die verwirrende Begriffsvielfalt in der Logistik ist zurückzuführen auf die **unterschiedlichen Betrachtungsweisen logistischer Zusammenhänge**.

Begriffsvielfalt Logistik

Man spricht von der **Unternehmenslogistik** mit der Unterteilung in Industrielogistik, Handelslogistik und Dienstleistungslogistik, wenn man nach der von einem Unternehmen **am Markt zu erfüllenden Aufgabe** unterscheiden will.

Man unterscheidet nach **Beschaffungs-, Produktions-, Distributions- und Entsorgungslogistik**, wenn im Vordergrund der Betrachtungsweise die **verschiedenen Phasen des Güterflusses** von der Beschaffung über die Produktion, den Absatz bis wieder hin zur Beschaffung (durch den Kunden) stehen.

Man spricht von **logistischen Kernleistungen** (Transport, Umschlag, Lagerei; die sogenannte TUL-Logistik), von **logistischen Zusatzleistungen** (Verpackung,

Kommissionieren, Markierung und andere) und **logistischen Informationsleistungen** (Sendungsverfolgung etc.), wenn **abgestellt wird auf die einzelnen Prozesse** der Wertschöpfungskette. Eine Abwandlung erfährt diese Einteilung durch die Begriffe **primäre Logistikdienstleistungen** (Lagerleistung, Transportleistung, Kommissionierleistung), **sekundäre Logistikdienstleistungen** (Planungs- und Steuerungsleistungen) und **Zusatzleistungen** (Handelsleistungen, Montageleistungen und Beratungsleistungen).

Kontraktlogistik Man spricht von der **Kontraktlogistik**, wenn prägendes Merkmal das Vorliegen eines mittel- bis langfristigen **Rahmenvertrages (Kontrakt)** für die Übertragung logistischer Aufgaben eines Industrie- und Handelsunternehmens auf einen Spediteur/Logistikdienstleister ist (Outsourcing). Der Logistikdienstleister muss dabei in der Regel mehrere Teilprozesse (zum Beispiel Warehousing, Transport) durch den Einsatz eigener Produktionsfaktoren, den sogenannten **assets** (Fahrzeuge, Lagerhäuser etc.), beherrschen und ein umfassendes IT-Prozess-Know-how in die Geschäftsverbindung einbringen.

Intralogistik Von **Intralogistik** (Werkslogistik) spricht man, wenn logistische Dienstleistungen durch das Industrie- und Handelsunternehmen selbst erstellt werden.

Eine **Differenzierung** des Logistikbegriffes nach **Branchen** führt zu der Unterteilung nach Handelslogistik, Automobillogistik, Krankenhauslogistik und anderen. Differenziert man nach **Gütern** kommt man zur Konsumgüterlogistik, Ersatzteillogistik und anderen. Steht die **Projektart** im Vordergrund, spricht man von Baustellenlogistik, Messelogistik, Anlagenlogistik und anderen.

Auf die Vielzahl der eingangs beklagten Anglizismen in der „logistischen Begriffsvielfalt" soll hier nur am Rande eingegangen werden. Man spricht zum Beispiel von **ECR** **Efficient Consumer Reponse (ECR)**, das bedeutet soviel wie "effiziente Reaktion auf Kundennachfrage", wenn von einer Initiative zur Zusammenarbeit zwischen Herstellern und dem Handel die Rede ist in der Zielsetzung, Kosten zu reduzieren und eine bessere Befriedigung von Konsumentenbedürfnissen zu erreichen. Aktuell sind auch Diskussionen **Supply chain Collaboration** zur Supply Chain Collaboration. Die **kollaborative Form des SCM** umfasst den offenen, auf Vertrauen basierten Informationsaustausch von Planungs- und Steuerungsdaten zwischen Kunden und Lieferanten der verschiedenen Stufen, an dessen Ende eine synchronisierte Planung und im Störungsfall eine unternehmensübergreifend abgestimmte Steuerung steht (vergleiche *Busch, A., Lange, H., Langemann, T.: Marktstudie – Standardsoftware zum Collaborativ Supply Chain Management, Paderborn 2003*).

CPFR Eine Weiterentwicklung von ECR finden wir in dem Konzept **CPFR**. CPFR steht für **Collaborative Planning, Forcasting and Replenishment**. Damit gemeint ist das kooperative Planen, Prognostizieren und Management von Warenströmen und Beständen. Mit CPFR lassen sich Versorgungsengpässe vermeiden und Lagerbestände auf das nötigste reduzieren. In die Planungs-, Beschaffungs- und Vertriebsprozesse werden auch die Dienstleister mit eingeschlossen. Übergeordnetes Ziel von CPFR ist es, das Verhältnis und die Prozesse zwischen Lieferant, Hersteller und Händler zu verbessern (vergleiche *Wöhrle, Th., Keine Angst vor Konkurrenten* in *DVZ Nr. 55* vom 6.5.2008, S. 7).

Die Implementierung des Gedankens der Supply Chain Collaboration in die Wertschöpfungskette beschränkt sich in *Deutschland* noch auf wenige Pilotprojekte, so dass branchenweite Effekte derzeit nur begrenzt zu erkennen sind. Es ist aber davon auszugehen, dass bei einigen großen Konsumgüterherstellern und Handelsunternehmen diese

Der Spediteur und Logistiker in der Güterverkehrswirtschaft 1.8

Kooperationsansätze an Bedeutung gewinnen. Man verspricht sich Kosteneinsparungen von bis zu 20 %

Der Grundgedanke der Supply Chain Collaboration dokumentiert aber besonders deutlich, wie eng der Spediteur respektive der Logistikdienstleister in die Wertschöpfungskette eingebunden ist. Logistische Prozesse, die in jeder Wertschöpfungskette in großer Zahl zu finden sind, machen aus Schnittstellen Verbundstellen, sie sind sozusagen die Scharniere zwischen den einzelnen Teilen der Supply Chain / der Wertschöpfungskette. Die logistischen Prozesse entlang der Wertschöpfungskette stehen im Fokus des Spediteurs / des Logistikdienstleisters, es sind diejenigen Geschäftsfelder, die er im Mantel einer der unter *Ziffer 1.8.1* dieses *Leitfadens* genannten Funktionen (Architekt, Organisator, Verkehrsträger …) inhaltlich ausfüllt / auszufüllen vermag.

Die unternehmensübergreifende Umsetzung von SC-Projekten ist in aller Regel eine **Frage der Marktmacht**. In der logistischen Praxis ist man hier erst am Anfang.

Eine Unterscheidung von Spezialbereichen der Logistik ist nur dann von Nutzen, wenn sich deren speziellen Ziele und Anforderungen von denen der allgemeinen Logistik unterscheiden. Begriffe wie zum Beispiel Transportlogistik, Speditionslogistik machen daher wenig Sinn.

Wertschöpfung ist der durch einen **Prozess** (Wertschöpfungsprozess) den Vorleistungen hinzugefügte Wert. Eine **Wertschöpfungskette** kann als eine Folge von Prozessen verstanden werden. Diese umfassen den Güter-, Informations- und Zahlungsfluss von den Lieferanten, innerhalb eines Unternehmens und von dort zu den Kunden. *Abbildung 1 (S. 38)* vermittelt eine gute Sicht der miteinander verzahnten Elemente / Prozesse einer derartigen Wertschöpfungskette. **Wertschöpfung**

Die Wertschöpfungskette eines Unternehmens darf im Zeitalter eines zunehmenden Wettbewerbs nicht isoliert betrachtet werden. Sie ist vielmehr stets in Verbindung mit vorgelagerten, nachgelagerten und parallel verlaufenden Wertschöpfungsketten zu sehen, um alle wichtigen Vernetzungen / Interdependenzen erfassen zu können. Nur diese Betrachtungsweise erlaubt ein Aufspüren aller Kostensenkungs- und Nutzensteigerungspotenziale entlang der gesamten Logistikette / Supply Chain / Wertschöpfungskette. **Wertschöpfungskette**

Ein **Prozess** beschreibt eine zeitlich geordnete und inhaltlich zusammengehörige Folge von Verrichtungen, die einem bestimmten Objekt zugeordnet sind und dieses von einem definierten Anfangszustand in einen so gewollten Endzustand transformieren. Beispielsweise sind alle erforderlichen Verrichtungen, um ein Gut von Seehafen *Hamburg* (definierter Anfangszustand) in den Binnenhafen *Frankfurt am Main* (gewollter Endzustand) transportieren zu können, dem Transportprozess zuzuordnen. **Prozess**

Logistische Prozesse verändern die zeitlichen, räumlichen und / oder die art- und mengenmäßigen Merkmale von Gütern.

In der folgenden Tabelle werden einzelnen logistischen Prozessen vorrangige Zustandsänderungen zugeordnet. **Logistische Prozesse**

69

Einführung: Die Bedeutung des Verkehrs in der Wirtschaft

Tab. 6:
Logistische Prozesse des Materialflusses

Logistische Prozesse	Vorrangige Zustandsänderungen
Verpacken	Zusammensetzung, Wert
Lagern	Zeit
Fördern, Transportieren	Ort
Umschlagen	Ort, Zusammensetzung
Bilden von Ladeeinheiten	Menge
Kommissionieren	Menge, Ort, Zusammensetzung

Quelle: Isermann, H., Vorlesungsunterlagen „Logistik" für die Wirtschafts- und Verwaltungsakademie Frankfurt (M). S. 2007

Logistik- Um Wertschöpfungsketten analysieren, konzipieren und / oder gestalten zu können, muss
denken der Logistiker alle mit ihnen verbundenen Güter-, Informations- und Zahlungsströme **ganzheitlich betrachten**. Dabei setzt sich das Denken in logistischen Kategorien aus zwei Komponenten zusammen, und zwar
1. dem Systemdenken
2. dem Flussdenken.

System- Unter einem System verstehen wir eine Menge von miteinander in Beziehung treten-
denken den Elementen / Prozessen. Kennzeichnend für das **Denken in Systemen** ist die ganzheitliche Betrachtungsweise der zum System gehörenden Güter-, Informations- und Zahlungsströme sowie die Erkenntnis, dass für die Erklärung der Ganzheit die Erklärung ihrer Elemente / Einzelprozesse nicht ausreicht. Entscheidend ist zusätzlich, dass der Betrachter auch **die Beziehungen zwischen den Elementen / Prozessen beschreiben, erklären, prognostizieren und gestalten kann**.

Ziel- Dem Systemdenken kommt in der Logistik insofern eine hohe Bedeutung zu, als
konflikte zwischen den logistischen Teilsystemen / den einzelnen Prozessen eine **Vielzahl von Zielkonflikten** besteht, die im Rahmen einer umfassenden Optimierung zu dem wirtschaftlich besten Ergebnis führen müssen. So können zum Beispiel „niedrige Transportkosten" (Abfertigungen überwiegend im Ladungsverkehr und weniger im Stückgutverkehr) kontraproduktiv für die Supply Chain sein, wenn dadurch in stärkerem Maße Lagerkosten entstehen. Oder Einsparungen im Bereich der Verpackung führen zu unverhältnismäßig hohen Transportschäden usw.. Entscheidend ist, dass das Gesamtergebnis optimiert wird und dabei die sich gegebenenfalls aus Einzelbetrachtungen ergebenden Zielkonflikte aufnimmt.

Fluss- Das Flussdenken beinhaltet die durchgängige Betrachtung der Güter-, Informations-
denken und Zahlungsströme in der gesamten Supply chain vom (Ur-)Lieferanten bis zum (End-)Empfänger / Kunden. Güter und Informationen müssen im Idealfalle ständig fließen und werden nicht mehr zwischengelagert. **Bestände werden als unerwünschte Unterbrechungen der Güter- und Informationsströme gesehen.**

Logistik- Ziel einer jeden logistischen Aktivität ist die **Optimierung des Logistikerfolges** mit
ziele ihren **Komponenten**

Logistikkosten (Bestandskosten, Lagerkosten, Transportkosten, Lagerkosten, handling-Kosten und andere)

Logistikservice (Lieferzeit, Lieferzuverlässigkeit, Lieferflexibilität, Lieferqualität, Informationsfähigkeit).

Der Spediteur und Logistiker in der Güterverkehrswirtschaft 1.8

Werden **Logistiksysteme nach ihrer Funktion** von den verschiedenen Phasen des Güteflusses her beschrieben, unterscheiden wir zwischen
- **Beschaffungslogistik**
- **Distributionslogistik**
- **Produktionslogistik**
- **Entsorgungslogistik**.

Die **Beschaffungslogistik** dient der zeit- und mengengerechten Bereitstellung von Gütern und Diensten für die Produktion. Ihr Funktionsumfang besteht aus der Bedarfsermittlung und Disposition, Warenannahme und -prüfung, Lagerhaltung, Lagerverwaltung, innerbetrieblicher Transport, Planung, Steuerung und Kontrolle des Material- und Informationsflusses (Vergleiche *Schulte, Ch., Logistik, 4. Auflage, München 2005*) **Beschaffungslogistik**

Die **Distributionslogistik** umfasst alle Aktivitäten, die in einem Zusammenhang mit der Belieferung des Kunden mit Fertigfabrikaten und Handelswaren stehen (vergleiche *Pfohl, Chr., Logistiksysteme, 6. Aufl., Berlin, Heidelberg 2000*). Ihre Aufgaben liegen in der Auftragsabwicklung, Lagerhaltung, Kommissionierung und Verpackung, Warenausgang und Ladungssicherung, Transport und Standortwahl für Distributionsläger. **Distributionslogistik**

Die **Produktionslogistik** umfasst alle Aktivitäten, die in einem Zusammenhang mit der Versorgung des Produktionsprozesses mit Einsatzgütern (Roh-, Hilfs- und Betriebsstoffe sowie Halbfertigerzeugnisse und Kaufteile) und der Abgabe der Halbfertig- und Fertigerzeugnisse an das Absatzlager stehen (vergleiche *Pfohl, Chr. (2000), a.a.O.*). **Produktionslogistik**

Die **Entsorgungslogistik** umfasst die Güter- und Informationsströme beim Recycling und beim Beseitigen von Reststoffen. **Entsorgungslogistik**

Logistische Strategien in Abhängigkeit von sich im Zeitablauf wandelnden logistischen Denkansätze lassen sich gut erkennen, wenn man die „Entwicklung der Logistik" nach einer Darstellung des Logistikfachmannes *Baumgarten* betrachtet; vergleiche *Seite 72*.

In dieser Abbildung wird aufgezeigt, dass in den 1970er Jahren die einzelnen unternehmerischen Funktionen oder Abteilungen Beschaffung, Produktion und Absatz die Erstellung oder die Vergabe von logistischen Leistungen an Dritte weitestgehend unabhängig voneinander und nur eingebunden in die übergeordneten Ziele des jeweiligen Unternehmens bestimmten. Der Einfluss der Logistik auf den Erfolg am Markt wurde kaum gesehen.

In den 1980er Jahren wurde Logistik als Querschnittsfunktion angesehen und in einer zentralen Abteilung zusammengefasst. Die damit verbundene ganzheitliche Betrachtungsweise ermöglichte bereits eine weitgehend bereichsübergreifende Optimierung der gesamten Prozesskette des Unternehmens.

Erst in den 1990er Jahren erkannte man, dass Logistik in der **unternehmensbezogenen Integration von Funktionen** zu Prozessketten und der **Integration von Unternehmen zu Wertschöpfungsketten** große Potenziale zur Kosteneinsparung und Nutzensteigerung mobilisieren kann, die es im globalen Wettbewerb umzusetzen galt / gilt. In der Automobilindustrie konnten dadurch zum Beispiel Lieferzeiten von einzelnen Komponenten von 20 Tagen auf 8 Tage reduziert werden. Das Einsparpotenzial in dieser Branche wird mit 10 % angegeben, das entspricht einem Betrag von rund 15 Mrd. € pro Jahr. **Logistiknetzwerke**

Logistik zählt weltweit zu den großen Wachstumsmärkten. Das logistische Denken ist dem logistischen Handeln immer noch weit voraus. Die Integration von Unternehmen zu Wertschöpfungsketten und von Wertschöpfungsketten zu globalen Netzwerken ist in der logistischen Wirklichkeit erst in kleinen Teilbereichen realisiert worden. Theoretische Konzepte gibt es genug. Es fehlen häufig die Voraussetzungen für deren Umsetzung. Daran arbeitet der Logistiker beziehungsweise der Supply-Chain-Manager.

Abb. 6: Entwicklung der Logistik

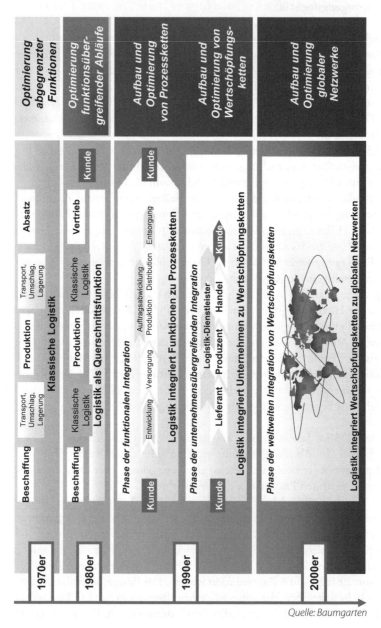

Quelle: Baumgarten

2 Das Speditions- und Logistikgewerbe in der arbeitsteiligen Wirtschaft

2.1 Gesetzliche Grundlagen und Arbeitsbereiche der Spedition und Lagerei

2.1.1 Gesetzliche Grundlagen

Die grundlegenden gesetzlichen Bestimmungen für Spediteur und Lagerhalter stehen im *HGB*, und zwar
- für das Speditionsgeschäft in den *§§ 453-466*
- für das Lagergeschäft in den *§§ 467-475 h*.

HGB als gesetzliche Grundlage

Im Gegensatz zu den bis zum 30.6.1998 geltenden Bestimmungen des *HGB* enthält das am 1.7.1998 in Kraft getretene *HGB* keine Definition des Spediteurs oder Lagerhalters mehr. Es beschreibt nur ihre primären Rechte und Pflichten nach dem jeweiligen Vertragstyp.

Definition des Spediteurs

§ 453 Speditionsvertrag
(1) Durch den Speditionsvertrag wird der Spediteur verpflichtet, die Versendung des Gutes zu besorgen.
(2) Der Versender wird verpflichtet, die vereinbarte Vergütung zu bezahlen.
(3) Die Vorschriften dieses Abschnitts gelten nur, wenn die Besorgung der Versendung zum Betrieb eines gewerblichen Unternehmens gehört ...

Danach besteht die Aufgabe des Spediteurs darin, im Rahmen einer gewerbsmäßigen Tätigkeit Güterversendungen zu besorgen. Aufgabe des Frachtführers *(§§ 407 ff. HGB)* ist es hingegen, Güter zu befördern und an den / die Empfänger auszuliefern. *§ 454 HGB* beschreibt sodann, was die „Besorgung der Versendung" beinhaltet.

§ 454 Besorgung der Versendung
(1) Die Pflicht, die Versendung zu besorgen, umfasst die Organisation der Beförderung, insbesondere
  1. die Bestimmung des Beförderungsmittels und des Beförderungsweges
  2. die Auswahl ausführender Unternehmer, den Abschluss der für die Versendung erforderlichen Fracht-, Lager- und Speditionsverträge sowie die Erteilung von Informationen und Weisungen an die ausführenden Unternehmen und
  3. die Sicherung von Schadenersatzansprüchen des Versenders
(2) Zu den Pflichten des Spediteurs zählt ferner die Ausführung sonstiger vereinbarter auf die Beförderung bezogener Leistungen wie die Versicherung und Verpackung des Gutes, seine Kennzeichnung und die Zollbehandlung. Der Spediteur schuldet jedoch nur den Abschluss der zur Erbringung dieser Leistung erforderlichen Verträge, wenn sich dies aus

der Vereinbarung ergibt.

(3) Der Spediteur schließt die erforderlichen Verträge im eigenen Namen, oder, sofern er hierzu bevollmächtigt ist, im Namen des Versenders ab.

(4) Der Spediteur hat bei der Erfüllung seiner Pflichten das Interesse des Versenders wahrzunehmen und dessen Weisungen zu befolgen.

Das *HGB* geht danach von dem Regelfall aus, dass der Spediteur die im Rahmen der Güterbesorgung abgeschlossenen Verträge **im eigenen Namen** abschließt. Vereinbarungen im Namen des Versenders erfordern eine spezielle Bevollmächtigung.

Die primären Rechte und Pflichten des Lagerhalters umreißt das *HGB* wie folgt:

Lagerhalter

§ 467 Lagervertrag

(1) Durch den Lagervertrag wird der Lagerhalter verpflichtet, das Gut zu lagern und aufzubewahren.

(2) Der Einlagerer wird verpflichtet, die vereinbarte Vergütung zu bezahlen.

(3) Die Vorschriften dieses Abschnitts gelten nur, wenn die Lagerung und die Aufbewahrung zum Betrieb eines gewerblichen Unternehmens gehören ...

Kaufmann nach HGB

Spediteure und Lagerhalter betreiben ihre Geschäfte regelmäßig als Kaufleute im Sinne von *§ 1 Absatz 2 HGB*, weil ihr Geschäft nach Art und Umfang einen kaufmännischen Geschäftsbetrieb erfordert. Viele Speditionsunternehmen sind im *Handelsregister* eingetragen, so dass sie nach *§ 2 HGB* auch unabhängig von der Frage des Geschäftsbetriebs als Kaufleute gelten.

Das *HGB* regelt drei besondere Formen speditioneller Tätigkeit:

- Gemäß *§ 458 HGB* ist der **Spediteur** befugt, die Güterbeförderung mit ihm gehörenden Transportmitteln (zumeist Lkw, aber auch Schiffe oder Flugzeuge) selbst auszuführen, das heißt, er besitzt das Recht des **Selbsteintritts**; er hat dann **hinsichtlich der Beförderung Rechte und Pflichten eines Frachtführers und Verfrachters.**

Selbsteintritt

Fixkostenspediteur

- Der Spediteur kann gemäß *§ 459 HGB* mit dem Versender einen **festen Preis** vereinbaren, das heißt, er übernimmt einen Güterversand zu einem bestimmten Speditionsübernahmesatz (**Frachtübernahmesatz**). Dies geschieht insbesondere, wenn ein mehrstufiger Transport vorliegt. Wir sprechen vom **Fixkosten-Spediteur.**

Sammelgutversand

- Der Spediteur kann gemäß *§ 460 HGB* die **Versendung eines Gutes zusammen mit den Gütern anderer Versender** in **Sammelladung** bewirken.

In den genannten Fällen hat der Spediteur gesetzlich hinsichtlich der Beförderung die **Rechte und Pflichten eines Frachtführers oder Verfrachters.**

Hervorzuheben ist, dass ergänzend zu den gesetzlichen Bestimmungen des *HGB* über das Speditionsgeschäft die für das Kommissionsgeschäft geltenden Vorschriften (*§§ 383-406*) Anwendung finden.

Die gesetzlichen Bestimmungen des *HGB* konnten selbst um die Jahrhundertwende, dem Zeitpunkt der Inkraftsetzung des *HGB*, nicht die gesamte Bandbreite der von der Spedition erbrachten Leistungen regeln, so dass eine **Ergänzung durch Geschäftsbedingungen** unerlässlich war. Voraussetzung hierfür war, dass die gesetzlichen Bestimmungen

Gesetzliche Grundlagen und Arbeitsbereiche der Spedition und Lagerei 2.1

des *HGB* nicht zwingend anzuwenden sind. Bereits 1927 wurden daher die *ADSp – Allgemeine Deutsche Spediteurbedingungen* in Kraft gesetzt. Diese wurden seither mehrfach – in Absprache zwischen der verladenden Wirtschaft und dem Speditionsgewerbe – geändert. Die letzte Ausgabe datiert vom 1.1.2003

ADSp

2.1.2 Die Arbeitsbereiche der Spedition und Lagerei

Die Arbeitsbereiche der Spedition umfassen alle kaufmännischen und technischen Leistungen und Verrichtungen vor, während und nach einer Güterbeförderung, zeitlich gesehen vom Zeitpunkt der Offertabgabe und der Übernahme der Güter bis zur Auslieferung an den Empfänger, räumlich gesehen vom Ort der Versendung / Gütererzeugung bis zum Ort der Empfangnahme / Verwendung durch den Empfänger.

Der Arbeitsbereich der verfügten Lagerhaltung erstreckt sich auf alle Verrichtungen von der Übernahme des Gutes zur Lagerung bis zu seiner Auslagerung.

Im Folgenden werden die Arbeitsbereiche der Speditionsunternehmen systematisch dargestellt, ohne bei der Vielfalt der Tätigkeiten Anspruch auf Vollständigkeit erheben zu können.

a) **Besorgung von Transport- und Umschlagsleistungen**, Abschluss von Frachtverträgen mit Frachtführern oder Verfrachtern von Seeschiffen über Gütertransporte zu Lande, zu Wasser oder in der Luft einschließlich der Ausstellung der erforderlichen Frachtpapiere.

Besorgungsleistungen

Besorgung des Güterumschlags zwischen gleichartigen oder verschiedenartigen Transportgefäßen beziehungsweise Verkehrsträgern.

Bei der **Organisation mehrstufiger Transporte**, das heißt Besorgung von Güterversendungen, bei denen auf dem Wege zum Bestimmungsort nacheinander verschiedene Frachtführer eingesetzt werden, sorgen an den Nahtstellen beauftragte **Zwischenspediteure** für eine ordnungsgemäße Weiterbehandlung des Gutes.

b) **Durchführung von Transportleistungen**, also die **Übernahme von Frachtführertätigkeiten**, hier besonders im gewerblichen Güterkraftverkehr mit Kraftfahrzeugen (so genannter Selbsteintritt). Inzwischen gibt es auch Spediteure, die Binnen- und Seeschiffe, Flugzeuge und Eisenbahnen besitzen.

Durchführung von Transportleistungen

Organisation von Transporten in der Binnen- und Seeschifffahrt mit gechartertem Schiffsraum, in der Luftfracht durch gecharterten Laderaum.

Umschlags- sowie Lagerleistungen mit eigenen oder fremden Anlagen unter Einsatz von eigenem oder fremdem Personal.

c) **Betreiben von Spediteursammelgutverkehren** zumeist unter Einsatz des Lkw, aber auch in der See- und Binnenschifffahrt und im Luftfrachtverkehr. In der Regel weisen die Frachten der Verkehrsträger eine beträchtliche Spanne zwischen dem Stückgut und dem Ladungsverkehr auf; hier bietet sich den Spediteuren die interessante Aufgabe, Einzelsendungen zu kostengünstigen größeren Einheiten zusammenzufassen, den Versendern unter eigenem Risiko einen Frachtvorteil einzuräumen und durch eine rationale Organisation häufige Abladungen und schnelle Verbindungen zu bieten.

Spediteursammelgutverkehre

Das Speditions- und Logistikgewerbe in der arbeitsteiligen Wirtschaft

Lagerung von Gütern	d)	**Tätigkeit als Lagerhalter oder als Besorger von Lagergeschäften:** Die Lagerung der Güter erfolgt in eigenen, angemieteten oder fremden Lägern.
Logistik-dienstleistungen	e)	**Tätigkeit als Logistikdienstleister:** Integrierte Logistiksysteme liefern Industrie und Handel eine wesentliche Voraussetzung zur Realisierung der internationalen Arbeitsteilung. Immer mehr Spediteure betätigen sich als Logistikdienstleister im Bereich von Beschaffung, Produktion und Absatz oder treten als sogenannte Kontraktlogistiker auf. Dabei handelt es sich um umfassende, individuell ausgestaltete Logistikdienstleistungen auf längerfristiger vertraglicher Basis, die von einem externen Logistikdienstleister erbracht werden. Der Markt wächst in diesem Bereich mit zweistelligen Zuwachsraten (Quelle: *IKB Branchenbericht, Dezember 2007*)

Zusätzliche speditionelle Tätigkeiten

Mit dem Güterversand, Umschlag und der Lagerung ist eine kaum zu erfassende Zahl von **speditionellen Tätigkeiten** verbunden, die durch den Spediteur wahrgenommen werden:

- Übernahme von Warenmanipulationen, zum Beispiel Entfernung von Herkunftszeichen, Verpackung, Umpackung, Umsignierung, Bemusterung, Mengen- oder Qualitätsfeststellung, Reinigung, Getreidetrocknung und Schädlingsbekämpfung
- Vermittlung beziehungsweise Gestellung von Behältern, Containern, sonstigen Transportgefäßen
- Ausstellen beziehungsweise Beschaffen von Transportdokumenten und Begleitpapieren, zum Beispiel Konnossementen, Konsulatsfakturen, Ursprungszeugnissen, Gesundheitsattesten, Zolldeklarationen, Zollbegleitscheinen, statistischen Scheinen, Besorgung der Beglaubigung von Transportdokumenten zum Beispiel bei Konsulaten, Handelskammern, Zollämtern
- Ausstellung von Spediteurbescheinigungen für Umsatzsteuerzwecke
- Durchführung von Verzollungen und Erledigung von Zollformalitäten; Vornahme vorläufiger und endgültiger Zollverfahren
- Ausstellung von Spediteurübernahmebescheinigungen *(FCR – Forwarding Agents Certificate of Receipt)*, Spediteur- (Haus) Konnossementen und ähnlichen Dokumenten
- Abschluss oder Vermittlung von Transportversicherungen und Ausstellung von Versicherungspolicen
- Einziehung und Transferierung von Nachnahmen, bankmäßige Abwicklung des Dokumentengeschäftes
- Erfüllung sonstiger Dienstleistungen und Formalitäten, die mit dem Güterverkehr im Zusammenhang stehen
- Erfüllung sonstiger Funktionen als Treuhänder und Mittler zwischen Verkäufer und Käufer
- Durchführung von Schadensreklamationen und Kontrollen
- Erstellung von Spediteurofferten, insbesondere von Übernahmesätzen, sowie Erteilung von Auskünften über Frachten und Transportvorschriften
- Ausarbeitung und Durchführung von Logistikkonzepten
- Übernahme von technischen Serviceleistungen für die Produkte des Versenders, zum Beispiel in der Automobilindustrie.

Gesetzliche Grundlagen und Arbeitsbereiche der Spedition und Lagerei 2.1

Vom Spediteur als Kaufmann des Verkehrs wird erwartet, dass er die **technischen Leistungsmöglichkeiten der Verkehrsträger** ebenso kennt wie die **Tarife, Preisgestaltung und Beförderungsbedingungen**, und zwar nicht nur im innerdeutschen Verkehr, sondern auch nach und in den Ländern, nach denen sein Auftraggeber Sendungen zu befördern beabsichtigt. Immer wichtiger wird auch die Kenntnis des Geschäfts des eigenen Kunden. Kenntnisse des Spediteurs

> Nur der Spediteur, der über qualifizierte Kenntnisse des Verkehrs und besonders des Frachtenmarktes verfügt, die Marktsituation beurteilen kann und seine Leistungsfähigkeit beweist, kann sich im Wettbewerb behaupten und durchsetzen.

2.1.3 Spartenmäßige Gliederung des Speditionsgewerbes

In dem vorstehenden Kapitel wurden die von der Spedition durchgeführten Tätigkeiten dargestellt und erläutert. Dieses Kapitel vermittelt einen Überblick über ihre praktische Bedeutung (vergleiche *Tabelle 7, Seite 78*).

Die starke außenwirtschaftliche Verflechtung und die Einbindung der *Bundesrepublik* in der globalisierten Wirtschaft führt zu einer entsprechenden Nachfrage nach Speditions- und Transportleistungen im internationalen Güterverkehr. Diese Aufgabe erfordert von den in diesem Leistungsbereich tätigen Speditionsunternehmen eine **besonders vielseitige Qualifikation**. Neben der Organisation der überwiegend mehrstufigen Transporte sind **zahlreiche Nebenleistungen** zu erbringen. Der internationale Spediteur muss nicht nur mit den Anforderungen der heimischen, sondern auch mit den Besonderheiten der Verkehrswirtschaft des Auslandes und der verschiedenen Verkehrsträger vertraut sein; ferner werden umfassende Kenntnisse des Zollrechts, des Finanzwesens beim Einzug von Nachnahmen und der Besorgung von Akkreditiven, des Konsularwesens für die Beschaffung von Konsulats- und Zollfakturen und vergleichbarer Dokumente verlangt. Die Vermittlung von Versicherungen gegen die besonderen Transportrisiken des internationalen Güterverkehrs setzt ebenfalls weitreichende Erfahrung und Kenntnis voraus. Wenn der internationale Spediteur auch stark in den Seehäfen und an den Grenzen vertreten ist, besorgt er seine Aufgabe teilweise auch an Standorten des Binnenlandes. Internationale Spedition

Eine Sonderstellung in der internationalen Spedition nimmt die **Projektspedition** ein. Ihre Aufgabe ist die **Planung und umfassende Organisation der mit der Lieferung und Erstellung von Betriebsanlagen unterschiedlicher Art im Ausland verbundenen logistischen Leistungen**. In Ländern mit fehlender oder unzureichender Verkehrsinfrastruktur stellt die Auftragsabwicklung besonders hohe Ansprüche an die Kenntnis der örtlichen Gegebenheiten. In der Regel sind spezialisierte Delegierte der deutschen Projektspedition in den Zielländern vor Ort tätig. Projekt-Spedition

Seehafen-Spediteure betreiben ihre Geschäfte in den Seehäfen. Diese sind im Wesentlichen die Geschäfte eines internationalen Spediteurs mit der Spezialisierung auf den Verkehrsträger Seeschifffahrt. Die Seehafen-Spediteure **besorgen den Umschlag der nach Übersee ausgehenden und der von See einkommenden Güter** in Verbindung Seehafen-Spediteure

Tab. 7: Leistungsbereiche und Leistungsschwerpunkte in Speditionsbetrieben

Leistungsbereiche und Leistungsschwerpunkte

Tätigkeitsbereiche der Speditionsbetriebe	als Leistungsbereich %	als Leistungsschwerpunkt %
Stückgutverkehre, Spediteursammelgutverkehr	50	26
Paket- und Expressdienste	20	7
Befrachtung fremder Lkw – nationale Verkehre – internationale Verkehre	73 66 62	40 33 29
Güterfernverkehr mit Lkw (Selbsteintritt)	47	26
Speditionsnahverkehr	54	24
Bahnbefrachtung	13	4
Internationale Spedition	69	34
Luftfrachtspedition	30	14
Seehafenspedition	38	21
Zollabfertigung	51	19
Binnenschifffahrtspedition	10	3
Binnenumschlagsspedition	8	3
Gefahrgutabfertigung	28	8
Fahrzeugdistribution	5	1
Neumöbel	7	3
Umzugsverkehr	9	5
Verteilungslagerei	33	14
Massengutlagerei	10	4
Getreide- und Futtermittellagerei	2	1
Gefahrstofflagerung	9	3
Anlagen- und Projektspedition	21	9
Absatzlogistik	59	31
Beschaffungslogistik	52	25
Entsorgungslogistik	11	4

Quelle: Deutscher Speditions- und Logistikverband (DSLV), 2005
Bezugsgröße: 2 900 Betriebe, Mehrfachnennungen möglich

Gesetzliche Grundlagen und Arbeitsbereiche der Spedition und Lagerei 2.1

mit allen Nebenleistungen, die bei der Behandlung solcher Transporte erforderlich sind. Die Seehafen-Spedition ist weitgehend spezialisiert auf die Durchführung von Transporten in bestimmten Verkehrsverbindungen und bestimmter Güterarten (zum Beispiel Getreidespediteure, Baumwollspediteure und andere). Sie befassen sich ferner mit der Durchführung von Seeverschiffungen, dem Abschluß von Seefrachtverträgen und Befrachtungen. Zunehmend sind die Seehafen-Spediteure mit internationalen Vorschriften im Hinblick auf Gefahrenabwehr in der internationalen Lieferkette konfrontiert.

Binnenhafen- oder Binnenumschlag-Spediteure und **Binnenschifffahrtsspediteure** sind in den Häfen an Binnenwasserstraßen (Flüssen und Kanälen) tätig. Die Binnenumschlag-Spediteure befassen sich mit dem Umschlag von Gütern von Land aufs Schiff und umgekehrt und besorgen die in der Binnenschifffahrt erforderlichen Speditionsverrichtungen. Die Binnenschifffahrts-Spediteure befassen sich daneben noch mit der Verschiffung von Gütern mit Binnenschiffen und der Vermittlung der Befrachtung von Schiffen im Ganzen oder von Teilverfrachtungen. Sie erlangen bei der Beförderung von Containern zunehmende Bedeutung im sogenannten Seehafenhinterlandverkehr.

Binnenhafen-Spediteure

Die im **Luftfrachtverkehr** tätigen Spediteure sind überwiegend *IATA*-Agenten. Daneben betreiben sie Luftfrachtsammelverkehre als „Consolidator". Neben dem Abschluss von Frachtverträgen mit den Luftverkehrsgesellschaften organisiert der **Luftfracht-Spediteur** die Beförderung der Luftfrachtgüter zum Flughafen oder zum Empfänger und beschafft die erforderlichen Begleitpapiere. Im eingehenden Luftfrachtverkehr besorgt er außerdem die Eingangs- und Zollformalitäten. Wie der internationale Spediteur und Seehafen-Spediteur hat der Luftfracht-Spediteur die mit dem Versand ins Ausland verbundenen Leistungen durchzuführen.

Luftfracht-Spediteure

Das **Sammelladungsgeschäft** gehört zu den ältesten und umfangreichsten Zweigen des Speditionsgewerbes. Durch Zusammenfassung von Stückgutsendungen zu Ladungen schafft der Sammelgutspediteur die wirtschaftlichen Voraussetzungen für eine flächendeckende Güterversorgung. Das Sammeln der einzelnen Stückgüter bei den Versendern, Umschlag und Zusammenfassung zur Sammelladung sowie die Verteilung der Einzelsendungen an die jeweiligen Empfänger erfordert eine umfangreiche Organisation. Auch das Sammelgutgeschäft wird immer internationaler, sodass immer mehr Stückgutspediteure europaweite Stückgutverkehre anbieten.

Spediteursammelgutverkehr

Wirtschaftliche Grundlage dieses Geschäftszweiges bildet die Nutzung der Spanne zwischen dem Frachtaufwand für den Ladungsverkehr und den Einnahmen aus den am normalen Stückgutverkehr orientierten Entgelten, die dem Auftraggeber berechnet werden. Aus dieser Spanne werden die Kosten der speditionellen Leistungen bestritten und ein Bruttoertrag erwirtschaftet. Die Spediteursammelgutverkehre decken zur Zeit ungefähr **80 % des gesamten inländischen Kleingutverkehrs** ab. Wegen der Bedeutung des Sammelgutgeschäftes für die verladende Wirtschaft und das Speditionsgewerbe wird dieses Thema im *Kapitel 5* ausführlich behandelt.

Kraftwagenspediteure nutzen für die Beförderung von Gütern den Kraftwagen, sei es im **Selbsteintritt mit eigenen Fahrzeugen** oder durch Befrachtung vor allem von Fahrzeugen anderer Güterfernverkehrsunternehmer.

Kraftwagen-Spediteure

Der **Kraftwagen-Sammelgutverkehr** ist ein besonders umfangreicher und bedeutender Teil des Tätigkeitsbereiches der Kraftwagenspedition. Der Kraftwagen-Stückgutverkehr wird zum überwiegenden Teil als Sammelgutverkehr abgewickelt. Er erstreckt sich nicht nur auf Sendungen bis 3 000 kg, sondern auch über diese Gewichtsgrenze hinaus. Hier spricht man vom Teilladungsverkehr.

Im **Selbsteintritt** hat der Kraftwagenspediteur hinsichtlich der Beförderung gemäß *§ 458 HGB* Rechte und Pflichten eines Frachtführers. Dies hat insbesondere Auswirkungen auf die Haftung des Spediteurs. Für während der Beförderung eingetretene Schäden kann sich der Spediteur nicht auf die Haftungsbeschränkungen gemäß *ADSp* berufen. Er haftet vielmehr wie ein Frachtführer. Mit fortschreitender Liberalisierung der Marktordnung des Güterkraftverkehrs ist der Selbsteintritt mit Lkw seit einem Jahrzehnt rückläufig.

Speditions-nah-verkehr / Speditions-rollfuhr

Der **Speditionsnahverkehr** ist die von Spediteuren organisierte, besorgte oder selbst durchgeführte Rollfuhr von Kaufmannsgütern. Sie war ursprünglich räumlich durch die verkehrsrechtliche Begrenzung auf die Nahzone (Umkreis von 75 km um den Standort) beschränkt. Nachdem diese Begrenzung Mitte 1998 weggefallen ist, versteht man darunter den Einsatz von Fahrzeugen im regionalen Verkehr bis rund 100 km.

Fast jeder Speditionsbetrieb befasst sich mit der **Rollfuhr von Gütern**, die bei den Auftraggebern abgeholt, an die Empfänger zugestellt, vom Lager zum Kunden oder im Zusammenhang mit einem anderen Speditions- oder Beförderungsvorgang von einer Stelle zur anderen im Nahverkehrsbereich* befördert werden. Wenn der Spediteur diese Rollfuhr mit eigenen Fahrzeugen durchführt, dann liegt eine **Beförderung im Selbsteintritt** vor. Zumeist beschäftigt er aber **selbständige Nahverkehrsunternehmer***.

Möbel-spediteure

Die spezifische Aufgabe des **Möbeltransports** und der **Möbellagerung** hat frühzeitig dazu geführt, dass die **Möbelspediteure** sich in einer gesonderten Organisation zusammengefunden haben. Auf Bundesebene ist dies der *Bundesverband Möbelspedition (AMÖ) e.V.*, Sitz in Hattersheim; auf Landesebene haben sich *Fachvereinigungen Möbeltransport* gebildet. Diese Verbände vertreten die gewerbepolitischen Ziele der Möbelspedition, behandeln und klären fachliche Fragen und Probleme. Unabhängig hiervon haben sich innerhalb des Möbeltransportgewerbes eigenständig operierende Unternehmen zu Kooperationen zusammengeschlossen, um hierdurch eine wirtschaftlichere Nutzung der Fahrzeugkapazität zu erreichen.

Für den Möbeltransport werden fast **ausschließlich Spezialkraftfahrzeuge** eingesetzt, die über die für den Möbeltransport erforderlichen Einrichtungen verfügen. Die fachgerechte Lagerung von Möbeln wie auch deren Verpackung, zum Beispiel für Überseetransporte stellt an den Möbelspediteur besondere Anforderungen.

Lagerhalter

Die **Tätigkeit des Spediteurs als Lagerhalter** stellt einen wesentlichen Wirtschaftsfaktor des Speditionsgewerbes dar. Auf diese Geschäfte des Spediteurs finden die *§§ 467 f. HGB* und in der Regel die *ADSp* Anwendung, während sonstige Lagerhalter in ihrer Tätigkeit den Bestimmungen des *HGB* unterliegen oder jeweils gesonderte Lagereibedingungen vereinbaren.

Zu unterscheiden ist zwischen

- **verkehrsbedingter Vor-, Zwischen- und Nachlagerung** in Verbindung mit einem Speditions- oder Frachtvertrag, insbesondere bei mehrstufigen Transporten. Ein

---

* Diese Bezeichnungen haben ihre Verankerung in dem bis zum 30.6.1998 geltenden *Güterkraftverkehrsgesetz (GüKG)*. Sie werden jedoch auch nach dem Auslaufen dieses Gesetzes in der Praxis noch verwendet.

Gesetzliche Grundlagen und Arbeitsbereiche der Spedition und Lagerei 2.1

gesonderter Lagervertrag kommt dabei nicht zustande
- der **Lagerung von Verteilungsgütern** in Auslieferungs-, Verteilungs-, Fabrik- oder Konsignationslager und
- der **Lagerung von Massengütern** – Dauer- und Vorratslagerung von Getreide, Futtermitteln, Holz, Öl, Tee und anderen mehr.

2.1.4 Stellung der Spediteure gegenüber dem Versender

Das Speditionsgewerbe ist ein an den **Ort gebundenes Gewerbe**. Die Abwicklung der Aufträge hingegen erfordert es, dass sich am Versand- und am Empfangsort sowie an den Schnittstellen des Verkehrs, an denen das Gut von einem Verkehrsmittel auf das andere übergeht, ein Spediteur befindet, der das Gut in seine Obhut nimmt, es nach den vorliegenden Weisungen weiterbehandelt und die erforderlichen Tätigkeiten überwacht. Selbst Großunternehmen haben nicht an allen Plätzen Niederlassungen, so dass sie auf die Zusammenarbeit mit ortsansässigen Spediteurkollegen angewiesen sind. Im Rahmen der Transportkette haben die einzelnen beteiligten Spediteure unterschiedliche Funktionen und Rechtsstellungen.

Hauptspediteur (Erstspediteur) ist der Spediteur, der den Auftrag von seinem Auftraggeber (Versender) übernimmt und alle zur vollständigen Abwicklung erforderlichen Maßnahmen trifft. — **Hauptspediteur**

Zwischenspediteure werden durch den Hauptspediteur beauftragt, **Teilaufgaben** innerhalb der Abwicklung eines Verkehrsauftrages zu übernehmen, zum Beispiel als Empfangsspediteur im Spediteursammelgutverkehr oder an den Nahtstellen bei Übergang von Sendungen von einem auf ein anderes Beförderungsunternehmen. Der Zwischenspediteur ist selbständiger Spediteur, also nicht Erfüllungsgehilfe des Hauptspediteurs. Ein Vertragsverhältnis des Zwischenspediteurs besteht nur zum Hauptspediteur, nicht zum Versender. — **Zwischenspediteur**

Im **Spediteursammelgutverkehr** kennen wir noch die Begriffe **Beilader** (-spediteur) und **Briefspediteur**. Der Beiladerspediteur ist als Auftragnehmer des Versenders Hauptspediteur; er übergibt sein Sammelgut einem verkehrsführenden Sammelgutspediteur, der somit Zwischenspediteur ist. Als Briefspediteur bezeichnet man den Spediteur, dem Einzelsendungen oder Teile einer Sammelladung, (zum Beispiel eine Beiladung) auf Weisung des Empfängers oder des Beiladers durch den Empfangsspediteur der Gesamtsammelladung zur weiteren Behandlung beziehungsweise zur Zustellung beim Empfänger überwiesen werden; er ist also ebenfalls Zwischenspediteur. — **Beilader**

Unterspediteur ist, wer als selbständiger Spediteur in **eigener Verantwortung** und in eigenem Namen das gesamte, dem Hauptspediteur übertragene Geschäft übernimmt; er gilt als Erfüllungsgehilfe des Hauptspediteurs. Dieses Rechtsverhältnis ist relativ selten. Zu beachten ist, dass in diesem Fall der Hauptspediteur für durch den Unterspediteur verschuldete Schäden zu haften hat (Regressansprüche aus vertraglicher Beziehung bleiben hiervon allerdings unberührt). — **Unterspediteur**

2.2 Verbandsorganisationen des Speditions- und Logistikgewerbes

Spediteure, Lagerhalter und Logistiker haben sich auf freiwilliger Grundlage zu Berufsverbänden zusammengeschlossen, in denen die allgemeinen ideellen und wirtschaftlichen Interessen des Berufsstandes vertreten werden sollen. Die **Berufsverbände** sind auch die **Organe der Willensbildung und der Interessenvertretung** nach außen, insbesondere gegenüber den Behörden und der Politik.

2.2.1 *Deutscher Speditions- und Logistikverband (DSLV) e.V.*

DSLV Der *Deutsche Speditions- und Logistikverband (DSLV) e.V.* ist der Spitzenverband der deutschen Speditionswirtschaft. Er ist entstanden im Frühjahr 2003 aus dem Zusammenschluss des *Bundesverbandes Spedition und Logistik (BSL)* sowie der *Vereinigung Deutscher Kraftwagenspediteure (VKS)*. Beide Teilorganisationen sind rechtlich noch existent. Ihre Fusion soll bis spätestens 2009 realisiert sein. Nach außen hin treten *BSL* und *VKS* bereits jetzt als einheitlicher Verband *DSLV* auf.

Zu den **wesentlichen Aufgaben des** *DSLV* gehören Wahrnehmung und Förderung der überregionalen gemeinsamen Belange des Speditions- und Logistikgewerbes, insbesondere gegenüber der Öffentlichkeit, der Politik, den Behörden und den nationalen und internationalen Institutionen, Förderung aller Maßnahmen zur Zusammenarbeit der Mitgliedsverbände, Beratung der Mitgliedsverbände und erforderlichenfalls in Zusammenarbeit mit den Mitgliedsverbänden auch der nationalen und internationalen Institutionen, Mitwirkung bei der Erarbeitung und Festsetzung von Bedingungen, Verfahren, Vorschriften und Vergleichbarem, ferner bei der Festlegung von Usancen im Speditions- und Logistikgewerbe, soweit sie nicht nur regionale Bereiche betreffen.

Auf **internationaler Ebene** ist die Zusammenarbeit des Speditions- und Logistikgewerbes zu fördern. Soweit Vereinbarungen nicht entgegenstehen, hat der *DSLV* arbeits- und sozialpolitische Interessen und die Speditionsinteressen selbsteintretender Spediteure wahrzunehmen. Organe des *DSLV* sind die Mitgliederversammlung, das Präsidium und das erweiterte Präsidium.

Die **Mitgliederversammlung** ist das höchste Beschlussorgan des *DSLV*. Die Zahl der Mitglieder ist auf 40 begrenzt. Die Mitglieder werden je zur Hälfte vom *BSL* und der *VKS* benannt.

Das **Präsidium** besteht aus dem Präsidenten, dem Vizepräsidenten und drei Präsidiumsmitgliedern. Jeweils drei Mitglieder des Präsidiums sind Vorstand im Sinne des § 26 BGB.

Das **erweiterte Präsidium** besteht aus den fünf Präsidiumsmitgliedern und elf Beisitzern. Es berät und entscheidet über alle gewerbepolitischen Fragen von grundsätzlicher, überregionaler und fachübergreifender Bedeutung, sofern deren Beratung und Beschlussfassung nicht durch die Mitgliederversammlung erfolgt.

2.2.2 Bundesverbände des Straßenverkehrs

Im Einzelnen bestehen die folgenden Verbände:
- BGL – *Bundesverband Güterkraftverkehr, Logistik und Entsorgung e.V.*, Sitz Frankfurt/M.
- AMÖ – *Bundesverband Möbelspedition e.V.*, Sitz Hattersheim.
- Die Bundesfachgruppe Schwertransport und Kranarbeiten im BGL e.V. (BSK) befasst sich insbesondere mit Fragen dieses speziellen Arbeitsbereiches.

Spitzenverbände des Straßenverkehrs

2.2.3 Internationale Speditionsverbände

Die *FIATA – Fédération Internationale des Associations de Transitaires et Assimilés – Internationale Föderation der Spediteurorganisationen – International Federation of Freight Forwarders Associations* – ist die Weltorganisation der Spediteure. Sie wurde 1926 in *Wien* begründet, ihr Hauptsitz befindet sich in *Zürich*. Die *FIATA* vertritt die Interessen der Spediteure in der ganzen Welt.

Zur *FIATA* gehören rund 100 nationale Spediteurorganisationen aus rund 90 Ländern. Darüber hinaus gehörten ihr rund 2 600 Unternehmen als assoziierte Mitglieder an. Durch ihre ordentlichen und assoziierten Mitglieder repräsentiert die *FIATA* mehr als 40 000 Speditionsunternehmen in der ganzen Welt.

Die Föderation hat konsultativen Status beim *Wirtschafts- und Sozialrat der Vereinten Nationen*, der *UNCTAD*, und einer großen Anzahl staatlicher und nichtstaatlicher Organisationen, welche sich mit Transportfragen auf technischem, juristischem und kommerziellem Gebiet oder mit beruflicher Ausbildung befassen.

Die **Organe der *FIATA*** sind der Präsident, die Präsidentschaft, das Präsidium und der Generalrat.

Die *FIATA* bemüht sich seit ihrer Gründung um die Herstellung von dauerhaften Beziehungen der Spediteure in jedem Land mit den nationalen Verkehrsträgern, den Häfen, Flughäfen und den Behörden. Auf internationaler Ebene hat die *FIATA* **gemeinsame Arbeitsgruppen zusammen mit den Organisationen der Verkehrsträger** (carrier) gebildet und konnte dadurch wesentlich zur Harmonisierung und Rationalisierung des Güterverkehrs beitragen.

Weltorganisation FIATA

Nach eingehenden Beratungen in den zuständigen Organen hat die *FIATA* folgende Spediteur-Dokumente herausgegeben:

FIATA-Dokumente

1955 das *FCR* – *Forwarders Certificate of Receipt*
(Spediteur-Übernahmebescheinigung)
(Kennfarbe Grün)
1959 das *FCT* – *Forwarders Certificate of Transport*
(Spediteur-Transportbescheinigung)
(Kennfarbe Gelb)
1971 das *FBL* – *FIATA Combined Transport Bill of Lading*, das 1992 in **FIATA Multimodal Transport Bill of Lading** umbenannt wurde

	(Durchfrachtkonnossement für den kombinierten Transport)
	(Kennfarbe Blau)
1975 das *FWR*–	*FIATA Warehouse Receipt*
	(Lagerschein)
	(Kennfarbe Orange)
1982 das *SDT* –	*FIATA Shippers Declaration for the Transport of dangerous Goods*
	(Deklaration des Verladers für den Transport von gefährlichen Gütern)
	(Kennfarbe weiß mit rotem Rand)
1984 das *FFI* –	*FIATA Forwarding Instructions*
	(*FIATA* Speditionsauftrag)
	(Kennfarbe weiß mit blauer Schrift)
1997 das *SIC* –	*Shippers Intermodal Weight Certification*
	(Deklaration des Verladers über das Bruttogewicht der in Containern oder Trailern verladenen Güter)
	(Kennfarbe weiß mit hellgrünem Rand)

Diese Dokumente haben den Charakter einheitlicher Standard-Dokumente und sind inzwischen in zahlreichen Mitgliedsländern eingeführt worden. Sie sind teilweise mit den Organisationen der Verladerschaft abgestimmt.

Die *FIATA*-Dokumente dürfen nur von den Mitgliedsorganisationen der *FIATA* herausgegeben werden. Die Mitgliedsorganisationen besorgen den Druck in der deutschen, englischen oder französischen Sprache und machen ihre Ausgabe durch den Aufdruck der Buchstaben kenntlich, die bei den internationalen Kraftfahrzeugkennzeichen benutzt werden, so in der *Bundesrepublik Deutschland* mit dem Buchstaben **D**. Die Dokumente dürfen nur mit Genehmigung des *FIATA*-Sekretariats gedruckt werden. Die *FIATA* besitzt das Urheberrecht. Die *FIATA*-Dokumente werden von den Mitgliedsorganisationen ausschließlich an ihre Mitgliedsfirmen mit entsprechenden Erläuterungen ausgegeben.

In der *Bundesrepublik Deutschland* werden die *FIATA*-Papiere durch den *Verein Hamburger Spediteure* zur Verfügung gestellt.

FBL Das für den internationalen Spediteur wichtigste *FIATA*-Dokument ist das **FBL**, weil es von den *„Einheitlichen Richtlinien und Gebräuchen für das Dokumenten-Akkreditiv"* (ERA) der *Internationalen Handelskammer (ICC)* abgedeckt wird. Das *FIATA FBL* ist damit ein **Markenzeichen für die Qualität der Dienstleistungen des Spediteurs**, ein offiziell anerkanntes Transportdokument, das vom Spediteur ausgestellt wird.

Das *FBL* ist ein **Durchkonnossement** wie das eines Carriers und begebbar (negotiable), außer das Dokument trägt ausdrücklich den Vermerk „not negotiable".

Der Spediteur als *Multimodal Transport Operator (MTO)* trägt bei Ausstellung des *FBL* die **Verantwortung für die Güter und für die Durchführung des Transportes**. Der Spediteur übernimmt nicht nur die Verantwortung für die Herausgabe des Gutes am Bestimmungsort, sondern auch für die von ihm zur Durchführung des gesamten Transportes eingesetzten Frachtführer und sonstige Dritte.

Maßgeblich sind die auf der Rückseite des *FBL-Dokumentes* abgedruckten und von der *FIATA* beschlossenen Bedingungen.

Verbandsorganisationen des Speditions- und Logistikgewerbes 2.2

Mit der Ausstellung des *FCR – Spediteur-Übernahmebescheinigung* – bestätigt der Spediteur, dass er eine **genau beschriebene Ware mit dem unwiderruflichen Auftrag übernommen hat**, um diese an den im Dokument genannten Empfänger zu senden oder zu dessen Verfügung zu halten. Dieser Auftrag kann nur annulliert werden, wenn das Original des *FCR* dem Spediteur, der das Dokument ausgestellt hat, zurückgegeben wird. Der Spediteur muss jedoch noch in der Lage sein, die Annullierung oder Umdisposition zu erfüllen. **FCR**

Das *FCR* kommt in erster Linie dann zur Anwendung, wenn der Lieferant (Verkäufer) eine Ware ab Werk verkauft und den Nachweis der Erfüllung seiner Verkäuferverpflichtung dem Käufer gegenüber durch Vorlage eines *FCR* führen will. Im Akkreditivverkehr kann dann der Verkäufer durch Vorlage des vom Spediteur ausgestellten *FCR* den vom Käufer bereitgestellten Kaufpreis einlösen. Der Verkäufer kann nicht mehr über die dem Spediteur übergebene Ware verfügen, wenn das *FCR*-Dokument dem Käufer übergeben worden ist (Sperrfunktion).

Das *FCT – Spediteur-Transport-Bescheinigung* – kann dem Versender sofort nach Übernahme des Gutes zum Versand durch den Spediteur ausgehändigt werden. **FCT**

Mit der Ausstellung des *FCT* bestätigt der Spediteur, dass er eine konkret umschriebene Sendung zur Auslieferung in Übereinstimmung mit den Instruktionen des Versenders im Dokument übernommen hat.

Der Versandspediteur, der ein *FCT* ausstellt, übernimmt die Verpflichtung für die Auslieferung am Bestimmungsort gegenüber dem Inhaber des Dokuments und haftet hierfür nach den im *FCT* abgedruckten Geschäftsbedingungen. Das *FCT* besitzt also ebenfalls eine Sperrfunktion. Der Versandspediteur verpflichtet sich zur Verladung an einen dritten Ort und zur Auslieferung nur gegen Vorlage des *FCT*-Dokumentes.

Das *FCT* ist dann von Bedeutung, wenn das Transportrisiko bis zur Auslieferung an den Empfänger beim Verkäufer liegt. Der Verkäufer wird dem Käufer das *FCT* über seine Bank zur Einlösung des Kaufpreises präsentieren – „Kasse gegen Dokumente".

Das *FCT* ist begebbar (negotiable), wenn es an Order gestellt ist.

Das *FWR* ist ein **Lagerschein**, den der Spediteur in seiner Eigenschaft als Lagerhalter ausstellt. Es handelt sich hier um ein einheitliches Standard-Dokument, das **vorrangig für den internationalen Gebrauch bestimmt ist**. **FWR**

Das *FWR* ist kein Orderlagerschein, kann aber für fast alle Lagergeschäfte verwendet werden, da der Unterschied zwischen einem Orderlagerschein und dem *FIATA*-Lagerschein in rechtlicher Beziehung gering ist: Im *FWR*-Dokument ist die Abtretung des Herausgabeanspruchs, die Übertragung des Eigentums sowie die Legitimation für den Empfang der Ware bei Vorlage des Lagerscheines genau festgelegt.

Das *FWR* ist nicht begebbar, außer es trägt den Vermerk „negotiable"

Außer den bisherigen Dokumenten, welche von der *FIATA* zur Förderung einheitlicher Bestimmungen in Spediteur-Dokumenten geschaffen wurden, hat es die *FIATA* als notwendig erachtet, auch ein Formular für die **Deklaration gefährlicher Güter** durch den Versender zur Verfügung der Spediteure zu halten: das *FIATA SDT*. **FIATA SDT**

Für den Versand **gefährlicher Güter** benötigt der Spediteur einwandfreie Angaben, die vor allem mit den Klassifizierungen laut *ADR* für den Straßentransport, *RID* für den Bahntransport und *IMDG/IMCO* für den Transport auf dem Seewege übereinstimmen müssen. Die Klassifizierung ist auf der Rückseite des Dokumentes aufgeführt.

Die *Shippers Declaration for the Transport of Dangerous Goods*, das *FIATA SDT*, soll dem Spediteur die Identifizierung der Güter ermöglichen und die Verantwortung bei Schadensfällen klarstellen.

Das *FIATA SDT* muss in jedem Fall vom Versender ausgefüllt und unterschrieben dem Spediteur übergeben werden.

FFI Das *FIATA* **Speditionsauftragsformular** – das *FFI* – entspricht dem *UN*-Layout für Handelsdokumente. Das Formular ist so gestaltet, dass es zusammen mit verschiedenen anderen Formularen und Dokumenten als Satz verwendet werden kann. Es enthält die für die Abwicklung der Speditionsaufträge erforderlichen Daten (Informationen).

SIC Das *SIC*, **die Deklaration des Verladers über das Bruttogewicht der Güter**, wurde in Übereinstimmung mit der Overweight-Container-Gesetzgebung entworfen. Sie ist danach allen Containern und Trailern mitzugeben, bei denen das Bruttogewicht der geladenen Güter 29 000 Pounds (13 154 kg) übersteigt. Bei Abfertigung von Sammelcontainern wird der Spediteur selbst zum Verlader, der dieses Formular ausstellen muss.

C.L.E.C.A.T. Das *C.L.E.C.A.T. – Comité de Liaison Européen des Commissionaires et Auxilliaires de Transports du Marche Commun – Europäisches Verbindungs-Komitee des Speditions- und Lagereigewerbes im gemeinsamen Markt* – wurde 1958 von den Speditionsverbänden der ursprünglichen sechs Mitgliedsstaaten der *EG* als internationale Berufsorganisation nach belgischem Recht mit **Sitz in Brüssel** gebildet. Inzwischen gehören dem *C.L.E.C.A.T.* 22 Spediteurorganisationen aus ganz *Europa* an. Hinzu kommt ein assoziiertes Mitglied und 3 Mitglieder mit Beobachterstatus. Aufgabe des *C.L.E.C.A.T.* ist es, die zum Teil sehr unterschiedlichen **Meinungen der Mitgliedsverbände zu koordinieren und die EG-Kommission** in den die Spedition betreffenden Fragen zu beraten. Das *C.L.E.C.A.T.* war eine der ersten Interessenvertretungen, die bei der *EU-Kommission* offiziell akkreditiert wurden. Organe des *C.L.E.C.A.T.* sind die **Generalversammlung**, bestehend aus den Delegierten der Mitgliedsorganisationen, der **Rat** und das **Präsidium**. Kommissionen mit beratender Funktion wurden gebildet für Fragen des Güterkraftverkehrs, Zoll- und Steuerangelegenheiten, juristische Angelegenheiten, Seeschifffahrt, Luftfrachtverkehr, Lagerei, Eisenbahnverkehr, Transport verderblicher Waren und soziale Angelegenheiten *(www.clecat.org)*.

2.3 Das Selbstverständnis der Spedition

Der Spediteur moderner Prägung ist keinesfalls mehr der „Geschäftsbesorger" der Jahrhundertwende. Er ist aber auch nicht nur der **Kaufmann des Güterverkehrs, der Verkehrsleistungen ein- und verkauft**. Er zeichnet sich vor allem dadurch aus, dass er
- **neue Verkehrswege** erschließt
- **Transportketten** bildet
- nach **neuen Wegen zur Rationalisierung der Verkehrsabwicklung** sucht
- **komplexe Verkehrsabläufe** organisiert wie zum Beispiel den Spediteursammelgutverkehr und die Auslieferungslagerei und
- zusammen mit seinen Auftraggebern **Lösungen für deren Logistikprobleme erarbeitet**.

In der Öffentlichkeit wird Spedition zumeist mit Lkw-Verkehr gleichgesetzt; das ist ein total schiefes Bild. Spedition ist zuerst einmal Organisation des Güterverkehrs, gleichgültig mit welchem Transportmittel. **Spediteure organisieren Transporte von Haus zu Haus einschließlich aller damit verbundenen Nebenleistungen.** Dass die meisten Spediteure auch über eigene Lkw verfügen, ändert nichts an diesem Selbstverständnis. Die Spedition bietet Dienstleistungspakete an, wobei der Transport häufig lediglich ein Bestandteil dieser Pakete ist.

Die *FIATA*, der Weltverband der Spediteure, hat vor einigen Jahren das Betätigungsfeld der modernen Spedition wie folgt beschrieben:

1. Es gehört zur Funktion des Spediteurs, dass er für den Handel und die Industrie den **Transport von Gütern nach logistischen Prinzipien organisiert** und dadurch die Transportkosten und -risiken möglichst gering hält.
2. Der Spediteur **berät den Kunden bei allen Transportfragen**, hilft bei der Vorbereitung, beschafft die Beförderungsleistungen und ergreift alle vernünftigen Maßnahmen, um sicherzustellen, dass die Sendung zweckdienlich und sicher den Bestimmungsort erreicht. Gegebenenfalls nimmt der Spediteur sein Recht auf Selbsteintritt wahr und befördert die Güter mit eigenen Fahrzeugen.
3. Das weltumspannende Netz von Niederlassungen und Korrespondenten ermöglicht dem Spediteur die **Wahl der vorteilhaftesten Streckenführung und Verkehrsmittel**; er vereinfacht und **beschleunigt den Informationsfluss**. Falls gewünscht, **hilft er** seinem Auftraggeber **bei der Zahlungsabwicklung**.
4. Als Transportexperte **baut der Spediteur neue Verkehrsrouten** – mit einem oder mehreren Verkehrsträgern – **auf und kümmert sich um sämtliche Formalitäten und Dokumente**. Er rationalisiert den Transport, indem er den Verkehrsträgern bessere Auslastungsfaktoren ermöglicht.
5. In der arbeitsteiligen Weltwirtschaft sind die Dienste des Spediteurs, seine Verteilfunktion und **seine Erfahrung im internationalen und nationalen Güterverkehr** für Verlader und Verkehrsträger **unverzichtbar**.

Heutige Betätigungsfelder des Spediteurs

2.4 Der Spediteur – Bindeglied zwischen verladender Wirtschaft und den Verkehrsträgern

2.4.1 Die Beauftragung des Spediteurs durch die verladende Wirtschaft

Der Spediteur ist Bindeglied zwischen der verladenden Wirtschaft und den Verkehrsträgern. Der Spediteur muss erkennen, welche Anforderungen der Auftraggeber an den Versand der Güter stellt, muss die Auftraggeber beraten, wie und unter welchen Voraussetzungen der Güterversand am besten vorzunehmen ist und muss dann den adäquaten Verkehrsträger aussuchen. **Spedieren ist mehr als die Durchführung einer Güterbeförderung von A nach B.** Gerade das **beratende Element** und die in *HGB* wie *ADSp* verankerte Verpflichtung, bei allen Tätigkeiten **stets das Interesse des Auftraggebers zu wahren**, unterscheidet den Spediteur wesentlich vom Frachtführer. Dessen Aufgabe ist es hingegen die Güter auftragsgemäß zu befördern und dem Empfänger auszuliefern.

Der Spediteur wird von der verladenden Wirtschaft regelmäßig immer dann eingeschaltet, wenn die an den Güterversand gestellten Anforderungen nicht ohne weiteres vom Werkverkehr oder von Frachtführern erfüllt werden können. Die Gründe hierfür können sowohl im preislichen Bereich als auch im Leistungsbereich liegen. Durch

Grundpflichten des Spediteurs
- Bündelung von Güterströmen
- Aufbau paariger Verkehre und
- Abschluss längerfristiger Beschäftigungsverträge mit Frachtführern

ist der **Spediteur in vielen Fällen in der Lage, den Verladern günstigere Preise** für den Versand der Güter zu bieten als diese bei direkter Beauftragung der Frachtführer erzielen könnten.

Spediteure werden von Verladern vor allem auch dann eingesetzt, **wenn die zu erbringenden Leistungen komplizierter sind**. Dies ist vor allem der Fall
- im Stückgutverkehr
- bei der Organisation von Warenverteil- und Beschaffungssystemen
- bei über den Transport hinausgehenden Dienstleistungen
- im grenzüberschreitenden Verkehr sowie
- bei Vergabe größerer Gütermengen über einen längeren Zeitraum hinweg.

Der direkte Einsatz von Frachtführern durch Verlader erfolgt zumeist bei problemlosen Verkehren. Dies gilt vor allem für Ladungsverkehre im innerdeutschen Nah- und Fernverkehr.

2.4.2 Der Spediteur – ein bedeutender Auftraggeber der Verkehrsträger

Die **Spedition arbeitet mit allen Verkehrsträgern zusammen.** Nach einer Erhebung des *Deutschen Speditions- und Logistikverbandes DSLV* aus dem Jahre 2005 (siehe *Seite 76*) befrachten fast drei Viertel aller Speditionsbetriebe fremde Lastkraftwagen im gewerblichen Straßengüterverkehr. Weit über die Hälfte der bei den Verladern akquirierten Güter lässt die Spedition von Frachtführern des Güternah- und Güterfernverkehrs mit dem Lkw befördern. Verladungen per Bahn werden nur noch von 13 % aller Betriebe durchgeführt. 10 % der Betriebe fertigen Transporte für die Binnenschifffahrt ab, ca. 38 % disponieren als Seehafenspediteure Verschiffungen über See und 30 % aller Speditionsbetriebe betreiben das Luftfrachtgeschäft. (Wegen Mehrfachbetätigungen einzelner Betriebe liegt die Gesamtsumme über 100 %!)

Dass die Spedition **überwiegend den Lkw einsetzt, liegt ausschließlich an den Systemvorteilen dieses Verkehrsmittels.** Der Lkw hat gegenüber Eisenbahn und Binnenschiff den Vorteil, dass seine Ladekapazität mit maximal rund 25 Tonnen nicht so groß ist wie die eines Eisenbahnzuges oder eines Binnenschiffes. Zudem ist er universell und flächendeckend einsetzbar sowie fahrplanungebunden. Schließlich kann der Lkw Haus-Haus-Verkehre ohne Umschlag durchführen. Er ist damit prädestiniert für den Flächenverkehr sowie für die Beförderung hochwertiger Wirtschaftsgüter. Eisenbahn und Binnenschiff haben hingegen ihre Vorteile bei der Beförderung großer Gütermengen über weite Entfernungen.

Die Spedition legt Wert auf die Feststellung, dass sie **grundsätzlich verkehrsträgerneutral** ist. Dies wird keineswegs durch die Tatsache widerlegt, dass sie sich beim Versand der Güter vorrangig des Lkw bedient. Der Lkw ist eben seit Jahrzehnten das Verkehrsmittel, mit dem die Spedition am besten den Anforderungen ihrer Auftraggeber gerecht wird. Diese sitzen eben nicht nur an den Verkehrsknotenpunkten, sondern verteilen sich in der Fläche und sind auf einen zuverlässigen und schnellen Verkehrsträger angewiesen. Die Alternative Schienenverkehr lässt sich im grenzüberschreitenden Verkehr schlecht und im Binnenverkehr nur im beschränkten Maße realisieren. Möglich ist der Einsatz der Schiene gegenwärtig insbesondere im kombinierten Verkehr. Hier hat die Spedition bewiesen, dass ihr durchaus an einer **Zusammenarbeit mit der Schiene gelegen ist, wenn diese dem Lkw-Verkehr vergleichbare Leistungen bietet.** Der weitaus größte Teil der im kombinierten Verkehr Straße / Schiene beförderten Güter stammt von der Spedition.

Verkehrsträgerneutralität der Spedition

Statistische Erhebungen und Expertenschätzungen belegen, dass die **Spedition bei allen Verkehrsträgern ein wichtiger Auftraggeber ist.** Fast 90 % des Güteraufkommens im grenzüberschreitenden Straßengüterverkehr, über 80 % des Verkehrsaufkommens im gewerblichen Straßengüterfernverkehr, 98 % des Luftfrachtaufkommens, 20 % des Aufkommens der Binnenschifffahrt und im Eisenbahnverkehr 25 % der Güter, die nicht Massengüter sind, werden von Speditionsunternehmen disponiert. Im seewärtigen Verkehr werden etwa 70 % des Stückgutaufkommens von Seehafenspediteuren abgefertigt. Im Straßengüterverkehr über kurze Strecken wird der Anteil der Spedition zwar nur auf gut 10 % geschätzt. Dieser Teilmarkt ist jedoch ebenso wie Binnenschifffahrt und Eisenbahn hauptsächlich durch Ladungs- und Massengutverkehre besetzt, die als zumeist problemlose Verkehre nicht den Einsatz der Spedition erfordern. Der Marktanteil der Spedition bei diesen Verkehrsträgern entfällt fast ausschließlich auf den Stückgutverkehr.

Der Spediteur zieht bei der Bewertung der Leistungen der Verkehrsträger die Kriterien heran, die in Marktuntersuchungen auch von Verladern als entscheidungsrelevant bezeichnet werden:

> Zuverlässigkeit, Pünktlichkeit, Schnelligkeit, Laufzeiten, Abfahrtdichte, Preis, Flexibilität und Sicherheit.

Neben diesen **grundlegenden Leistungsfaktoren** gewinnen in letzter Zeit **zusätzliche Faktoren** wie Sendungsverfolgung, Verhalten bei Reklamationen, Eingehen auf Kundenwünsche und das Auftreten der Fahrer bei den Kunden zunehmend an Bedeutung. Diese zusätzlichen Faktoren sind für den einzelnen Frachtführer vor allem dann von Bedeutung, wenn die angebotenen Frachtführerleistungen in Bezug auf die grundlegenden Leistungsfaktoren relativ hochwertig und leicht austauschbar sind.

2.5 Der Spediteur und der Selbsteintritt

Der Spediteur hat nach dem *Handelsgesetzbuch* das Recht, die für die Erfüllung des Speditionsauftrages erforderlichen Beförderungsleistungen mit eigenen Verkehrsmitteln zu erbringen. *§ 458 HGB* statuiert dieses **Recht zum Selbsteintritt**.

Selbsteintritt des Spediteurs

§ 458 Selbsteintritt
  Der Spediteur ist befugt, die Beförderung des Gutes durch Selbsteintritt auszuführen. Macht er von dieser Befugnis Gebrauch, so hat er hinsichtlich der Beförderung die Rechte und Pflichten eines Frachtführers oder Verfrachters. In diesem Fall kann er neben der Vergütung für seine Tätigkeit als Spediteur die gewöhnliche Fracht verlangen.

Im Regelfall wird das **Selbsteintrittsrecht von der Spedition im Lkw-Verkehr** und hier vor allem im Binnengüterverkehr auf weiten Strecken, üblicherweise auch heute noch als Güterfernverkehr bezeichnet, ausgeübt. Neben dem im Güterfernverkehr tätigen Kraftwagenspediteur setzen jedoch auch andere Sparten der Spedition eigene Lkw ein. Bei der Sammlung und Verteilung von Gütern bedient sich neben dem Kraftwagenspediteur auch der Seehafen- und Luftfrachtspediteur, der mit der Bahn zusammenarbeitende Spediteur und der lagerhaltende Spediteur eigener Lkw. Nach einer Erhebung des *Deutschen Speditions- und Logistikverbandes DSLV* verfügen rund 60 % aller Speditionsbetriebe über eigene Lkw.

Nachdem Anfang der 90er Jahre abzusehen war, dass die deutsche Marktordnung – nicht zuletzt unter dem Druck der *EU*-Verkehrspolitik – in der restriktiven Form von Preisbindung und Marktzugangsregelung langfristig nicht aufrechterhalten werden konnte, haben die deutschen Spediteure eine Kehrtwende vollzogen und den Selbsteintritt abgebaut. Der in den Folgejahren durch die Ausweitung der Kapazitäten des Güterfernverkehrs, die Rezession und die Aufhebung der staatlich verordneten Tarife verursachte Verfall der Güterfernverkehrsfrachten hat dazu geführt, dass heute in vielen Fällen der Einkauf der Beförderungsleistung für den Spediteur günstiger ist als die Eigenproduktion. Insoweit beantwortet die Spedition die Frage „**make or buy**" immer häufiger mit dem Einsatz von Frachtführern. In jüngster Zeit haben jedoch vor allem größere Speditionsunternehmen eine Kehrtwende vollzogen und ihren Fuhrpark aufgestockt. Diese befürchten wegen der gestiegenen Insolvenz im Frachtführerbereich Kapazitätsengpässe.

Spedition baut Selbsteintritt mit dem Lkw ab

In einem liberalisierten Markt binden eigene Fahrzeuge hohe Finanzmittel, die in anderen speditionellen Bereichen gewinnbringender eingesetzt werden können. Immer mehr Spediteure gehen daher dazu über, den **Selbsteintritt auf das unbedingt erforderliche Maß zu reduzieren** und leistungsfähige Frachtführer durch Vereinbarung langfristiger Beschäftigungsverträge in ihr Logistikkonzept zu integrieren. Eigene Fahrzeuge werden nur noch vorgehalten
- in Form von Spezialfahrzeugen,
- zur Absicherung vor zu großer Abhängigkeit von den Frachtführern sowie
- zur Erfüllung spezieller Kundenwünsche.

Nachdem seit Mitte der 90er Jahre der Marktzugang zum **Schienengüterverkehr** geöffnet wurde, **realisiert die Spedition den Selbsteintritt** auch bei diesem Verkehrsträger. In den meisten Fällen erfolgt dies durch kapitalmäßige Beteiligungen an privaten Eisenbahnverkehrsunternehmen.

2.6 Die Spedition und der internationale Güterverkehr

Die *Bundesrepublik Deutschland* ist **eines der am stärksten außenhandelsorientierten Länder** der Erde. Die Exportquote, gemessen als Anteil der Exporte am Bruttoinlandsprodukt, liegt bei knapp 40 %. Oder anders formuliert: Fast jeden dritten EURO erlösen Industrie und Handel mit dem Export. Die entsprechende Quote für die Einfuhr liegt bei rund 34 %. Diese beiden Zahlen belegen, wie stark unsere Wirtschaft mit der übrigen Welt verflochten ist. Dies findet auch seinen Niederschlag in **von Jahr zu Jahr stärker wachsenden grenzüberschreitenden Verkehrsströmen**. Von 1960 bis jetzt haben sich die im grenzüberschreitenden Verkehr von allen Verkehrsträgern beförderten Gütermengen mehr als verdreifacht. Im Binnenverkehr haben sie sich hingegen nur verdoppelt.

Auch **im grenzüberschreitenden Verkehr war und ist der Lkw der Wachstumsträger Nr. 1**. Er hat seinen Marktanteil bei der Tonnage von 8 % im Jahre 1960 auf über 36 % im Jahre 2006 steigern können. Und dies, obwohl viele Massengüter mit dem Schiff oder mit der Bahn befördert werden. Die Marktanteilsgewinne des Lkw sind darauf zurückzuführen, dass in den zurückliegenden Jahrzehnten gerade die Lkw-affinen Güter, die hochwertigen Wirtschaftsgüter, im Export wie auch im Import überproportional zugenommen haben. Der Verbrauch von Massengütern ist hingegen in allen Industriestaaten rückläufig. Dies erklärt, aus welchem Grunde die Bahn bei der Tonnage über zwei Drittel (von 38 % auf knapp 11 %) und das Binnenschiff fast zwei Drittel (von 54 % auf 16 %) ihres Marktanteils verloren haben.

Die imposante Entwicklung des grenzüberschreitenden Lkw-Verkehrs war nur möglich, weil die **Spedition institutionelle Grundlagen für die Abwicklung dieser Verkehre geschaffen hat**. Durch Gründung von Niederlassungen im Ausland sowie durch Zusammenarbeit mit ausländischen Korrespondenzspediteuren hat die Spedition in den letzten Jahrzehnten ein dichtes Netz von Linienverkehren in ganz Westeuropa errichtet, das fahrplanmäßig betrieben wird. Nach Öffnung der Grenzen von Osteuropa wurden auch zu diesen Staaten regelmäßige Verkehre aufgenommen. Viele Spediteure haben bereits Niederlassungen in diesen Staaten errichtet.

Die Betätigung der Spedition im internationalen Verkehr beschränkt sich jedoch keineswegs auf den europäischen Kontinent. Die in der Luftfracht und in der Seeschifffahrt tätigen **Speditionsunternehmen gewährleisten deutschen Exporteuren und Importeuren weltweit einen sicheren Export und Import**. In enger Zusammenarbeit mit den Luftfahrtgesellschaften und Reedereien bieten Spediteure ihrer Kundschaft auch regelmäßige Verkehre nach Übersee an, in vielen Fällen als Sammelgutverkehre.

2.7 Spedition und Logistik

Unter den *Ziffern 1.1, 1.2* und *1.8* dieses *Leitfadens* haben wir bereits einführend zum Thema „Logistik" und „Logistikdienstleistungen" berichtet.

Im Jahre 2007 ist nach dem Logistikfachmann *Klaus* von der *Universität Nürnberg* der Aufwand für logistische Dienstleistungen in der deutschen Wirtschaft auf 204 Mrd. € angestiegen, gegenüber 188 Mrd. € in 2006. Rund 50 % dieses Gesamtaufwandes werden durch gewerbliche tätige Unternehmen wie Spediteure, Frachtführer und Logstikdienstleister erbracht. **Nach der Automobilindustrie und Elektroindustrie rangiert Logistik hierzulande in ihrer wirtschaftlichen Bedeutung an dritter Stelle.**

Besonders hohe Zuwachsraten werden auf dem Markt für Kontraktlogistik erzielt. *Kontraktlogistik wächst weltweit um 10 %* titelte die *DVZ Deutsche Logistik-Zeitung* Ende November 2007. Nach diesem Bericht werden in dem Kontraktlogistikmarkt weltweit etwa 130 Mrd. € umgesetzt. Dazu hat das Wachstum im asiatisch-pazifischen Raum maßgeblich beigetragen. Die zehn größten Dienstleister *(DHL Exel Supply Chain, Ceva, Wincanton, UPS SCS, CAT Logistics, Kühne und Nagel, Norbert Dentressangle, Ryder, Fiege Logistik, Thiel Logistik)* decken etwa ein Viertel des Marktes ab.

Am 26.7.2004 ist die *Neuordnung der Berufsausbildung zum / zur Kaufmann / Kauffrau für Spedition und Logistikdienstleistung* im *Bundesgegesetzblatt* publiziert worden. Damit wurde zum ersten Male dokumentiert, dass „Spedition und Logistikdienstleistung" eine wirtschaftliche Einheit bilden. Selbstverständlich werden logistische Dienstleistungen (immerhin rund 50 % des derzeitigen Gesamtaufwandes für logistische Leistungen in *Deutschland*) auch in den Unternehmen des Handels und der Industrie erbracht. Hier sind sie aber Nebenleistungen, die in das „Hauptprodukt" dieser Wirtschaftszweige einfließen. Nur Spediteure und Logistikdienstleister produzieren **als Hauptzweck** ihrer wirtschaftlichen Betätigung gewerblich, gegen Entgelt, die Vielzahl der unterschiedlichen Logistikdienstleistungen.

Spediteure und Logistikdienstleister stehen auch weiterhin im Fokus einer dynamisch wachsenden Verkehrswirtschaft, denn die unter *Ziffer 1.1* dieses *Leitfadens* aufgezeigten Entwicklungstendenzen der Weltwirtschaft werden auch künftig Träger der wirtschaftlichen Entwicklung sein. Steigende Energiepreise und ein wachsendes Umweltbewusstsein in Politik und Wirtschaft erlangen eine größere Bedeutung Die Zielkonflikte in den weltweit angelegten Wertschöpfungsketten werden dadurch eher größer als kleiner. Dieser Herausforderung müssen sich insbesondere die Spediteure und Logistiker in ihrer Funktion als **unternehmens- und wertschöpfungskettenübergreifend denkende und handelnde Supply Chain Manager stellen.**

2.8 Dienste im Kleingutmarkt

Unter dem **Kleingutmarkt** versteht man die Geschäftsfelder des Güterverkehrsmarktes, die sich mit dem **Versand kleingewichtiger Sendungen** mit einem Gewicht von wenigen Kilogramm bis etwa 3 000 kg befassen. Sendungen mit höheren Gewichten sind Teilladungen oder Ladungen. Der Ladungsverkehr der Verkehrsträger befördert zwar um ein Vielfaches größere Gütermengen. Umsatzmäßig dürfte der Kleingutmarkt dem Ladungsverkehr jedoch nicht viel nachstehen, da hier die Wertschöpfung höher ist und sich somit bezogen auf dieselbe Gewichtseinheit von zum Beispiel 100 kg viel höhere Entgelte erzielen lassen. Der gesamte Kleingutmarkt umfasst derzeit ein Gütervolumen von rund 40 Mio. t pro Jahr. Über 3/4 des Gesamtmarktes entfällt auf den Spediteursammelgutverkehr. Der Umsatz des Kleingutmarktes dürfte bei über 21 Mrd. € liegen.

Kleingutmarkt

Durch das Aufkommen der *KEP*-Dienste (Kurier-, Express- und Paketdienste) seit Anfang der 70er Jahre hat sich der Kleingutmarkt neu strukturiert. Er besteht heute aus folgenden Teilmärkten:
- Kurierdienste
- Expressdienste
- Paketdienste (*Deutsche Post AG* und private Dienste)
- Spediteursammelgutverkehr.

Unterscheidungskriterien für die einzelnen Teilmärkte sind **Größe der Sendung** und **Schnelligkeit des Güterversandes**. Nachfolgend eine kurze Charakterisierung der einzelnen Dienste:

Kurierdienste:
Beförderung von Dokumenten, Wertsendungen etc. **mit einem Kurier** insbesondere im grenzüberschreitenden Verkehr. Die Sendungsgewichte liegen allenfalls bei wenigen Kilogramm.

Expressdienste:
Schnellverkehre auch für höhere Gewichte, soweit die Grenzwerte für Gewicht, Abmessungen und Volumen eingehalten werden.

Paketverkehre:
Beförderung kleingewichtiger Packstücke bis maximal 31,5 kg (Postdienst). Die privaten Paketdienste haben teilweise höhere Gewichtsobergrenzen. Die einzelnen Pakete dürfen zudem bestimmte Abmessungen nicht überschreiten.

Stückgutverkehre und Spediteursammelgutverkehr:
Beförderung von klein- und großgewichtigen Sendungen von wenigen Kilogramm bis etwa 3 000 kg ohne Vorgabe bestimmter Grenzwerte über die Abmessung der Güter.

Die Mehrzahl der von den *KEP*-Diensten beförderten Güter liegt im Gewichtsbereich bis 30 kg. Im Spediteursammelgutverkehr werden hingegen zumeist schwerere Sendungen versandt. Das durchschnittliche Sendungsgewicht liegt bei 300 kg.

Die im vorhergehenden Kapitel aufgezeigten Änderungen der Nachfrage nach Verkehrsleistungen haben die Struktur des Güterversandes in den letzten beiden Jahrzehnten beträchtlich verschoben:
- die **Sendungsgrößen** sind **gesunken**
- der **Wert der Güter** pro Gewichtseinheit ist **gestiegen**
- die **Qualitäts- und Sicherheitsanforderungen** an den Versand der Güter sind gewachsen
- aufgrund zunehmender Empfindlichkeit der Güter hat sich der **Verpackungsaufwand** erhöht und
- der Massengutverkehr hat zugunsten des **hochbeweglichen und schnellen Stückguttransports** an Bedeutung verloren.

Aufschwung der KEP-Dienste Dieser **Güterstruktureffekt**, dessen Entwicklung noch keineswegs abgeschlossen ist, hat gemeinsam mit den steigenden Anforderungen nach logistischen Dienstleistungen den Boden für das Aufkommen der *KEP*-Dienste bereitet. Da durch die Reduzierung der Lagerhaltung die negativen Auswirkungen einer nicht termingerechten Anlieferung der Güter für Industrie und Handel stiegen, haben die neuen Kleingutdienste mit Termingarantien für ihre Transportleistungen und durch Minimierung der Haus-Haus-Beförderungszeit nachfragegerechte Angebote auf den Markt gebracht. Die traditionellen Kleingutdienste Postpaketverkehr, *DB*-Stückgutverkehr und Spediteursammelgutverkehr konnten dem neuen Angebot zunächst keine gleichwertige Alternative gegenübersetzen, so dass die *KEP*-**Dienste bis Anfang der 90er Jahre jährlich überdurchschnittlich hohe Wachstumsraten erzielten**. Diese haben sich zwar inzwischen abgeschwächt, übertreffen jedoch noch immer das allgemeine Verkehrswachstum.

Einer der wichtigsten Gründe für das Vordringen der *KEP*-Dienste war, dass sie einerseits Grenzwerte für die Annahme der Güter bezüglich Abmessungen, Gewicht und Umfang festlegten und zum anderen neue Formen der Abwicklung einführten wie zum Beispiel Einrichtung von Nabe-Speiche-Systemen und Aufnahme von Barcoding und Scannertechnik. Zudem beförderten sie die übernommenen Güter zumeist in geschlossenen Systemen, das heißt die Güter verblieben von der Übernahme beim Auftraggeber bis zur Auslieferung an den Empfänger in der Hand eines einzigen Unternehmens. Zudem waren und sind die Tarife als Haus-Haus-Preise einfach strukturiert. Gegenüber den traditionellen Kleingutdiensten erzielten die *KEP*-Dienste durch diese Maßnahmen **einfachere Abwicklungsmodalitäten und schnellere Laufzeiten**, die es ihnen auch ermöglichten, höhere Preise für ihre Dienste zu verlangen.

Reorganisation im Spediteursammelgutverkehr In den letzten beiden Jahrzehnten haben die traditionellen Kleingutdienste Post-Paketverkehr und Spediteursammelgutverkehr intensive Anstrengungen unternommen, um den Wettbewerbsvorsprung der neuen Dienste aufzuholen. Dies ist ihnen durch Errichtung neuer Umschlagsanlagen und Einführung von EDV-Systemen mit Datenaustausch weitgehend gelungen, so dass selbst im Spediteursammelgutverkehr die Hauptrelationen heute im 24-Stunden-Takt und die Nebenrelationen im 48-Stunden-Takt bedient werden. Die Spedition hat neben Neuorganisation und Beschleunigung ihrer Sammelgutverkehre teilweise eigene Expressverkehre eingerichtet. Gegenüber den Transportspezialisten kann sie damit den Verladern „**Full-service aus einer Hand**" bieten.

3 Der Spediteur und das Speditionsrecht / Frachtrecht

3.1 Transportrechtsreform

3.1.1 Einleitung

Innerhalb der *Europäischen Union (EU)* ist grundsätzlich die Kabotage freigegeben, wobei es diverse Übergangsvorschriften mit Beitrittstaaten gibt. Deshalb ist jeder Straßenfrachtführer aus den Staaten der *EU* berechtigt, in jedem anderen *EU*-Staat nationale, also innerstaatliche Beförderungen auszuführen, und zwar ohne Beschränkungen. Die Details der Kabotagefreiheit sind im *GüKG* geregelt **Kabotagefreiheit**

Die Konzessionierung und Kontingentierung des Güterfernverkehrs gehören seit 1998 der Vergangenheit an. **Es gilt das Vertragsrecht des *HGB* mit den Abschnitten Fracht-, Speditions- und Lagergeschäft.** Die Art des jeweils eingesetzten Fahrzeugs ist für die Vertragsgestaltung ohne Bedeutung. **Die Partner bestimmen jetzt den Vertrag und welches Recht zur Anwendung kommt.** Güterverkehr ist – vom Umzug mit Privatleuten abgesehen – kaufmännisches Geschäft. Kaufmännisches Geschäft braucht rechtliche Regeln, aber keine Reglementierung. Oben an steht deshalb die **Vertragsfreiheit.** Das gilt uneingeschränkt für die Leistungen und fängt schon beim Vertragstyp an: Spedition oder Fracht? Darüber, was der Verkehrsträger leisten soll / will, kann und gegebenenfalls muss, wird zwischen den Partnern verhandelt. **Nicht mehr das Fahrzeug bestimmt das Recht Der Vertrag bestimmt das Recht**

Das Gesetz bietet Leitbilder, die dann gelten, wenn die Partner nichts anderes vereinbaren. Das *HGB* regelt den contracting carrier. **Gesetzliche Leitbilder im *HGB***

Das *Transportrechtsreformgesetz (TRG)* ist das Rahmengesetz. Es ist am 1.7.1998 in Kraft getreten und gilt für seither abgeschlossene Verträge.

3.1.2 Das *Handelsgesetzbuch*

Das Frachtgeschäft steht am Anfang. Das hängt damit zusammen, dass die **Spedition von der Kommission gelöst ist und deshalb systematisch nicht hinter das Kommissionsrecht zu platzieren ist.** Im Abschnitt *Frachtgeschäft* wird zuerst das allgemeine Frachtrecht geregelt, dann folgen zwei Unterfälle besonderen Frachtrechts, nämlich der Umzugsvertrag und der Frachtvertrag mit verschiedenartigen Beförderungsmitteln, der so genannte Multimodale Vertrag.

3.1.2.1 Frachtgeschäft mit Kurzkommentierung

Fracht-
geschäft

Viertes Buch Handelsgeschäfte
Vierter Abschnitt – Frachtgeschäft
Erster Unterabschnitt:
Allgemeine Vorschriften

§ 407 Frachtvertrag

(1) Durch den Frachtvertrag wird der Frachtführer verpflichtet, das Gut zum Bestimmungsort zu befördern und dort an den Empfänger abzuliefern.

(2) Der Absender wird verpflichtet, die vereinbarte Fracht zu zahlen.

(3) Die Vorschriften dieses Unterabschnitts gelten, wenn
 1. das Gut zu Lande, auf Binnengewässern oder mit Luftfahrzeugen befördert werden soll und
 2. die Beförderung zum Betrieb eines gewerblichen Unternehmens gehört.

Erfordert das Unternehmen nach Art oder Umfang einen in kaufmännischer Weise eingerichteten Geschäftsbetrieb nicht und ist die Firma des Unternehmens auch nicht nach § 2 in das Handelsregister eingetragen, so sind in Ansehung des Frachtgeschäfts auch insoweit die Vorschriften des Ersten Abschnittes des Vierten Buches ergänzend anzuwenden; dies gilt jedoch nicht für die §§ 348 bis 350.

Zu *Abs. 1* und *2*:

Begriff und *Frachtführer ist, wer es übernimmt* .... Getreu der **Grundidee der Transportrechts-**
Inhalt reform wird entscheidend auf den Vertrag und damit den Gestaltungswillen der Partner abgestellt und der **Vertragsinhalt definiert**, woraus sich zugleich die Definition des Verkehrsträgers und seines Partners ergibt.

Zu *Abs. 3*:

Alle Das **Binnenfrachtrecht gilt für alle Verkehrsträger, außer See** (also für Straße, Schiene,
Binnenver- Binnenwasser, Luft, Pipeline sofern gewerblich für andere).
kehrsträger Anwendung findet das *HGB* grundsätzlich auf Frachtgeschäfte, die innerhalb der *Bundesrepublik Deutschland* abgewickelt werden. Dies ist von großer Bedeutung bei grenzüberschreitenden Transporten. Dort gilt beispielsweise im Straßengüterverkehr das *Gesetz zu dem Übereinkommen vom 19.5.1956 über den Beförderungsvertrag im Internationalen Straßengüterverkehr* **(CMR)** vom 16.8.1961, wobei es sich hierbei um **zwingendes Recht** handelt.

Kaufmann Mit der Transportrechtsreform wurde zugleich der Kaufmannsbegriff in *§ 1 HGB*
ist, wer geändert. Kaufmann ist nicht nur, wer ein so genanntes Grundhandelsgewerbe betreibt,
Gewerbe- sondern der Betreiber jedes gewerblichen Unternehmens.
treibender
ist

Frachtbrief

§ 408 Frachtbrief

(1) Der Frachtführer kann die Ausstellung eines Frachtbriefs mit folgenden Angaben verlangen:
 1. Ort und Tag der Ausstellung;

Transportrechtsreform 3.1

2. *Name und Anschrift des Absenders;*
3. *Name und Anschrift des Frachtführers;*
4. *Stelle und Tag der Übernahme des Gutes sowie die für die Ablieferung vorgesehene Stelle;*
5. *Name und Anschrift des Empfängers und eine etwaige Meldeadresse;*
6. *die übliche Bezeichnung der Art des Gutes und die Art der Verpackung, bei gefährlichen Gütern ihre nach den Gefahrgutvorschriften vorgesehene, sonst ihre allgemein anerkannte Bezeichnung;*
7. *Anzahl, Zeichen und Nummern der Frachtstücke;*
8. *das Rohgewicht oder die anders angegebene Menge des Gutes;*
9. *die vereinbarte Fracht und die bis zur Ablieferung anfallenden Kosten sowie einen Vermerk über die Frachtzahlung;*
10. *den Betrag einer bei der Ablieferung des Gutes einzuziehenden Nachnahme;*
11. *Weisungen für die Zoll- und sonstige amtliche Behandlung des Gutes;*
12. *eine Vereinbarung über die Beförderung in offenem, nicht mit Planen bedecktem Fahrzeug oder auf Deck.*

In den Frachtbrief können weitere Angaben eingetragen werden, die die Parteien für zweckmäßig halten.

(2) Der Frachtbrief wird in drei Originalausfertigungen ausgestellt, die vom Absender unterzeichnet werden. Der Absender kann verlangen, dass auch der Frachtführer den Frachtbrief unterzeichnet. Nachbildungen der Unterschriften durch Druck oder Stempel genügen. Eine Ausfertigung ist für den Absender bestimmt, eine begleitet das Gut, eine behält der Frachtführer.

Der **Frachtvertrag** kommt durch übereinstimmende Willenserklärungen der Partner zustande. Es gibt dabei keine Formvorschrift, die **Ausstellung eines Frachtbriefs ist nicht notwendig**. Es steht den Parteien frei, einen Frachtbrief herzustellen und zu verwenden, sie können auch jede beliebige andere Dokumentation verwenden. Ausgestellt, das heißt geschrieben und verantwortlich unterschrieben wird der Frachtbrief vom Absender, gegebenenfalls auf Verlangen des Frachtführers. **Die in *Abs. 1* aufgeführten Frachtbriefangaben sind nicht zwingend und abschließend**, es können auch andere Angaben gemacht werden.

Kein Frachtbriefzwang

§ 409 Beweiskraft des Frachtbriefs
(1) Der von beiden Parteien unterzeichnete Frachtbrief dient bis zum Beweis des Gegenteils als Nachweis für Abschluss und Inhalt des Frachtvertrages sowie für die Übernahme des Gutes durch den Frachtführer.
(2) Der von beiden Parteien unterzeichnete Frachtbrief begründet ferner die Vermutung, dass das Gut und seine Verpackung bei der Übernahme durch den Frachtführer in äußerlich gutem Zustand waren und dass die Anzahl der Frachtstücke und ihre Zeichen und Nummern mit den Angaben im Frachtbrief übereinstimmen. Der Frachtbrief begründet diese Vermutung jedoch nicht, wenn der Frachtführer einen begründeten Vorbehalt in den Frachtbrief eingetragen hat; der Vorbehalt kann auch damit begründet werden, dass dem Frachtführer keine angemessenen Mittel zur Verfügung standen, die Richtigkeit der Angaben zu überprüfen.

(3) Ist das Rohgewicht oder die anders angegebene Menge des Gutes oder der Inhalt der Frachtstücke vom Frachtführer überprüft und das Ergebnis der Überprüfung in den von beiden Parteien unterzeichneten Frachtbrief eingetragen worden, so begründet dieser auch die Vermutung, dass Gewicht, Menge oder Inhalt mit den Angaben im Frachtbrief übereinstimmt. Der Frachtführer ist verpflichtet, Gewicht, Menge oder Inhalt zu überprüfen, wenn der Absender dies verlangt und dem Frachtführer angemessene Mittel zur Überprüfung zur Verfügung stehen; der Frachtführer hat Anspruch auf Ersatz seiner Aufwendungen für die Überprüfung.

Beweisurkunde und Übernahmequittung

Zu *Abs. 1*:
Der **Frachtvertrag kommt formlos zustande**, ein Frachtbrief ist nicht notwendig. Ist ein Frachtbrief ausgestellt und von beiden Parteien unterschrieben, so dient er als **Beweisurkunde** für den Inhalt des Vertrages und als **Übernahmequittung** durch den Frachtführer. Beides ist aber widerlegbar. Gerade bei Reklamationen spielt dies eine Rolle. Dabei gelten die allgemeinen Beweislastregeln der *ZPO*: Derjenige, der einen Schadenersatzanspruch geltend macht, trägt die Darlegungs- und Beweislast.

Zu *Abs. 2*:
Die **gesetzliche Beweiskraft der Übernahmequittung betrifft nur die Anzahl der Frachtstücke**, nicht ihren Inhalt. Dies gilt auch, wenn das Vertragsgut näher bezeichnet wird, zum Beispiel als „8 Paletten mit 160 Kartons". Eine vorbehaltlose Übernahmequittung des Fahrers bezieht sich nur auf 8 Paletten. Wenn bei oder nach Ablieferung das Fehlen eines Kartons festgestellt wird, dann ist der Frachtführer nur bei besonderen Umständen verantwortlich, die seitens des Empfängers darzulegen sind.

Quittungsvorbehalt
Hat der Frachtführer einen begründeten Vorbehalt in den Frachtbrief eingetragen, so gilt die Vermutung, dass bei Übernahme alles in Ordnung war, nicht. Weil der Vorbehalt Rechtswirkungen auch gegenüber dem Empfänger entfaltet, muss er grundsätzlich auf den Frachtbrief, und zwar auf alle Ausfertigungen, gesetzt werden. Wie bisher sind nicht ausreichend ein allgemeiner, nicht konkretisierter Vorbehalt, zum Beispiel „ungezählt übernommen" oder „vorbehaltlich späterer Überprüfung". Der Vorbehalt muss konkret formuliert sein, zum Beispiel „Palettenverpackung aufgerissen – es fehlen 7 Kartons."

§ 410 Gefährliches Gut

(1) Soll gefährliches Gut befördert werden, so hat der Absender dem Frachtführer rechtzeitig schriftlich oder in sonst lesbarer Form die genaue Art der Gefahr und, soweit erforderlich, zu ergreifende Vorsichtsmaßnahmen mitzuteilen.

(2) Der Frachtführer kann, sofern ihm nicht bei Übernahme des Gutes die Art der Gefahr bekannt war oder jedenfalls mitgeteilt worden ist,
1. gefährliches Gut ausladen, einlagern, zurückbefördern oder, soweit erforderlich, vernichten oder unschädlich machen, ohne dem Absender deshalb ersatzpflichtig zu werden, und
2. vom Absender wegen dieser Maßnahmen Ersatz der erforderlichen Aufwendungen verlangen.

Transportrechtsreform 3.1

Zu *Abs. 1*:
Der **Absender muss** nicht nur aufgrund der öffentlich-rechtlichen Gefahrgutvorschriften, sondern auch **vertragsrechtlich dem Frachtführer die von gefährlichem Gut ausgehende genaue Art der Gefahr** und gegebenenfalls zu ergreifende Vorsichtsmaßnahmen **mitteilen**. Die Mitteilungspflicht des Absenders betrifft nicht nur gefährliches Gut im Sinne der öffentlich-rechtlichen Gefahrgutvorschriften, sondern jedes Gut, das in seiner konkreten Beschaffenheit nachteilige Auswirkungen auf Personen, Sachen, Umwelt oder sonstige Werte haben kann.

Wegen der Haftung des Absenders gegenüber dem Frachtführer für Verletzung dieser Mitteilungspflicht siehe zu *§ 414 HGB*.

Mitteilungspflicht des Absenders

§ 411 Verpackung, Kennzeichnung

Der Absender hat das Gut, soweit dessen Natur unter Berücksichtigung der vereinbarten Beförderung eine Verpackung erfordert, so zu verpacken, dass es vor Verlust und Beschädigung geschützt ist und dass auch dem Frachtführer keine Schäden entstehen. Er hat das Gut ferner, soweit dessen vertragsgemäße Behandlung dies erfordert, zu kennzeichnen.

Verpackung

Verpackung ist nicht nur die mechanische Umhüllung des Gutes, sondern seine Herrichtung für die Beförderung. Die Verpackung muss konkret den Anforderungen der geplanten Beförderung entsprechen, also dem Transportweg und dem Transportmittel und den dabei allgemein zu erwartenden Beanspruchungen, den jahreszeitlichen Witterungseinflüssen usw.. Verpackungspflichtig ist der Absender als Partner des Frachtführers, gegebenenfalls also der Spediteur. Dabei hat der Verpackungsaufwand in einem angemessenen Verhältnis zur verpackten Ware und dessen Wert zu stehen. Auf die Verkehrssitte und den Handelsbrauch ist dabei abzustellen.

§ 412 Verladen und Entladen

(1) Soweit sich aus den Umständen oder der Verkehrssitte nicht etwas anderes ergibt, hat der Absender das Gut beförderungssicher zu laden, zu stauen und zu befestigen (verladen) sowie zu entladen. Der Frachtführer hat für die betriebssichere Verladung zu sorgen.

(2) Für die Lade- und Entladezeit, die sich mangels abweichender Vereinbarung nach einer den Umständen des Falles angemessenen Frist bemisst, kann keine besondere Vergütung verlangt werden.

(3) Wartet der Frachtführer aufgrund vertraglicher Vereinbarung oder aus Gründen, die nicht seinem Risikobereich zuzurechnen sind, über die Lade- oder Entladezeit hinaus, so hat er Anspruch auf eine angemessene Vergütung (Standgeld).

(4) Das Bundesministerium der Justiz wird ermächtigt, im Einvernehmen mit dem Bundesministerium für Verkehr durch Rechtsverordnung, die nicht der Zustimmung des Bundesrates bedarf, für die Binnenschifffahrt unter Berücksichtigung der Art der zur Beförderung bestimmten Fahrzeuge, der Art und Menge der umzuschlagenden Güter, der beim Güterumschlag zur Verfügung stehenden technischen Mittel und der Erfordernisse eines beschleunigten Verkehrsablaufs die Voraussetzungen für den Beginn der Lade- und Entladezeit, deren Dauer sowie die Höhe des Standgeldes zu bestimmen.

Verladen Entladen

Zu *Abs. 1*:

Beförderungs-, Betriebssicherheit

Die **Pflicht des Absenders zur beförderungssicheren Verladung** – Verladung ist jetzt ein gesetzlicher Fachausdruck mit diesem Inhalt – zielt einmal darauf, das Gut selbst gegen die erfahrungsgemäß durch die Transportbeanspruchung drohenden Gefahren zu schützen, zum anderen aber auch darauf, dass das Gut nicht andere Sachen, Werte usw. unterwegs schädigt. Die Betriebssicherheit (betriebssichere Verladung) zu gewährleisten, ist Pflicht des Frachtführers. Das bezieht sich darauf, dass die Ladung nicht über das Fahrzeug hinausragt, dass das Fahrzeug gleichmäßig beladen ist und der Fahrer in der Bedienung des Fahrzeugs durch die Ladung nicht beeinträchtigt wird; §§ 22, 23 StVO.

Entladepflicht des Absenders

Außerdem ist durch das gesetzliche Leitbild des Frachtvertrages der Absender zur **Entladung verpflichtet**. Er muss das nicht in eigener Person vollbringen, ist aber frachtrechtlich dem Frachtführer gegenüber in der Pflicht, sich um die Entladung zu kümmern. Regelmäßig wird also der Empfänger hinsichtlich der Entladung zum Erfüllungsgehilfen des Absenders. Der Frachtführer selbst steht in keinem Rechtsverhältnis zum Empfänger, kann diesen also nicht zur Entladung zwingen oder in Verzug setzen, wenn er die Annahme nicht verweigert, den Fahrer aber hinhält und warten lässt. Schäden beim Be- und Entladen sind somit grundsätzlich nicht vom Frachtführer zu vertreten, es sei denn es gibt anderweitige ausdrückliche Vereinbarungen, was eine Tatfrage ist.

Zu *Abs. 2 bis 4*:

Für die den Umständen nach angemessene Lade- und Entladezeit kann der Frachtführer keine Vergütung beanspruchen. Für darüber hinausgehende Zeiten besteht Anspruch auf Standgeld.

§ 413 Begleitpapiere

(1) Der Absender hat dem Frachtführer Urkunden zur Verfügung zu stellen und Auskünfte zu erteilen, die für eine amtliche Behandlung, insbesondere eine Zollabfertigung, vor der Ablieferung des Gutes erforderlich sind.

(2) Der Frachtführer ist für den Schaden verantwortlich, der durch Verlust oder Beschädigung der ihm übergebenen Urkunden oder durch deren unrichtige Verwendung verursacht worden ist, es sei denn, dass der Verlust, die Beschädigung oder die unrichtige Verwendung auf Umständen beruht, die der Frachtführer nicht vermeiden und deren Folgen er nicht abwenden konnte. Seine Haftung ist jedoch auf den Betrag begrenzt, der bei Verlust des Gutes zu zahlen wäre.

§ 414 Verschuldensunabhängige Haftung des Absenders in besonderen Fällen

Haftung des Absenders

(1) Der Absender hat, auch wenn ihn kein Verschulden trifft, dem Frachtführer Schäden und Aufwendungen zu ersetzen, die verursacht werden durch

1. *ungenügende Verpackung oder Kennzeichnung*
2. *Unrichtigkeit oder Unvollständigkeit der in den Frachtbrief aufgenommenen Angaben*
3. *Unterlassen der Mitteilung über die Gefährlichkeit des Gutes oder*
4. *Fehlen, Unvollständigkeit oder Unrichtigkeit der in § 413 Abs. 1 genannten Urkunden oder Auskünfte.*

Transportrechtsreform

> *Für Schäden hat der Absender jedoch nur bis zu einem Betrag von 8,33 Rechnungseinheiten für jedes Kilogramm des Rohgewichts der Sendung Ersatz zu leisten; § 431 Abs. 4 und die §§ 434 bis 436 sind entsprechend anzuwenden.*
>
> *(2) Hat bei der Verursachung der Schäden oder Aufwendungen ein Verhalten des Frachtführers mitgewirkt, so hängen die Verpflichtung zum Ersatz sowie der Umfang des zu leistenden Ersatzes davon ab, inwieweit dieses Verhalten zu den Schäden und Aufwendungen beigetragen hat.*
>
> *(3) Ist der Absender ein Verbraucher, so hat er dem Frachtführer Schäden und Aufwendungen nach den Absätzen 1 und 2 nur zu ersetzen, soweit ihn ein Verschulden trifft.*

Zu *Abs.* 1 und 2:

Nach *§ 410 HGB* muss der Absender dem Frachtführer bei gefährlichem Gut die Art der Gefahr usw. mitteilen. Diese Mitteilung muss richtig und vollständig sein. Nach *§ 414 Abs. 1 Nr. 3* haftet der Absender dem Frachtführer, wenn er diese Mitteilung unterlässt. Unterlassen umfasst auch die Unvollständigkeit und die Unrichtigkeit; der Absender unterlässt dann, den Frachtführer richtig aufzuklären, das aber schuldet er nach *§ 410 HGB*. **Haftungstatbestand**

Der Absender haftet absolut, das heißt auch ohne Schuld, ihn entlastet auch nicht das so genannte unabwendbare Ereignis, was sonst nach *CMR* und *HGB* die Gefährdungshaftung begrenzt. Höhere Gewalt ist nicht erwähnt. Das hängt mit der Natur der vier Haftungstatbestände zusammen. Immer handelt es sich um Verhalten (Tun oder Unterlassen) des Absenders, und das Verhalten einer Person ist für diese nie höhere Gewalt. **Absolute Haftung dem Grunde nach**

Der **Höhe nach ist die Haftung des Absenders beschränkt auf 8,33 SZR je kg** der von diesem Absender für diese Beförderung aufgegebenen Sendung. **Beschränkte Höhe**

zu *Abs.* 3:

Hier wird eine Sonderregelung für Verbraucher getroffen. Bezug genommen wird auf die Verbraucherdefinition in *§ 13 BGB*. Die getroffene Differenzierung ist interessengerecht, da grundsätzlich von Kaufleuten ein höheres Maß an Sorgfalt erwartet werden kann. **Verbraucherschutz**

> *§ 415 Kündigung durch den Absender*
>
> *(1) Der Absender kann den Frachtvertrag jederzeit kündigen.*
>
> *(2) Kündigt der Absender, so kann der Frachtführer entweder*
>
> *1. die vereinbarte Fracht, das etwaige Standgeld sowie zu ersetzende Aufwendungen unter Anrechnung dessen, was er infolge der Aufhebung des Vertrages an Aufwendungen erspart oder anderweitig erwirbt oder zu erwerben böswillig unterlässt, oder*
>
> *2. ein Drittel der vereinbarten Fracht (Fautfracht) verlangen. Beruht die Kündigung auf Gründen, die dem Risikobereich des Frachtführers zuzurechnen sind, so entfällt der Anspruch auf Fautfracht nach Satz 1 Nr. 2; in diesem Falle entfällt auch der Anspruch nach Satz 1 Nr. 1, soweit die Beförderung für den Absender nicht von Interesse ist.*
>
> *(3) Wurde vor der Kündigung bereits Gut verladen, so kann der Frachtführer auf Kosten des Absenders Maßnahmen entsprechend § 419 Abs. 3 Satz 2 bis 4 ergreifen oder vom Absender verlangen, dass dieser das Gut unverzüglich entlädt. Der Frachtführer braucht*

das Entladen des Gutes nur zu dulden, soweit dies ohne Nachteile für seinen Betrieb und ohne Schäden für die Absender oder Empfänger anderer Sendungen möglich ist. Beruht die Kündigung auf Gründen, die dem Risikobereich des Frachtführers zuzurechnen sind, so ist abweichend von Satz 1 und 2 der Frachtführer verpflichtet, das Gut, das bereits verladen wurde, unverzüglich auf eigene Kosten zu entladen.

Kündigung und Frachtzahlung Der Absender kann den Frachtvertrag jederzeit nach Belieben kündigen. Dann hat er nach Wahl des Frachtführers entweder die vereinbarte Fracht unter Anrechnung dessen, was der Frachtführer erspart oder anderweitig erwerben könnte, zu zahlen, oder aber ohne Berücksichtigung von Ersparnis oder anderweitiger Geschäftsmöglichkeit abstrakt ein Drittel der vereinbarten Fracht; dies bezeichnet man als Fautfracht.

Fautfracht

Abs. 3 regelt die Abwicklung, wenn vor der Kündigung bereits Gut verladen war.

§ 416 Anspruch auf Teilbeförderung
Wird nur ein Teil der vereinbarten Ladung verladen, so kann der Absender jederzeit verlangen, dass der Frachtführer mit der Beförderung der unvollständigen Ladung beginnt. In diesem Fall gebührt dem Frachtführer die volle Fracht, das etwaige Standgeld sowie Ersatz der ihm infolge der Unvollständigkeit der Ladung entstehenden Aufwendungen; von der vollen Fracht kommt jedoch die Fracht für dasjenige Gut in Abzug, welches der Frachtführer mit demselben Beförderungsmittel anstelle des nicht verladenen Gutes befördert. Der Frachtführer ist außerdem berechtigt, soweit ihm durch die Unvollständigkeit der Ladung die Sicherheit für die volle Fracht entgeht, die Bestellung einer anderweitigen Sicherheit zu fordern. Beruht die Unvollständigkeit der Verladung auf Gründen, die dem Risikobereich des Frachtführers zuzurechnen sind, so steht diesem der Anspruch nach Satz 2 und 3 nur insoweit zu, als tatsächlich Ladung befördert wird.

Teilbeförderung Der Absender kann, auch wenn nur ein Teil des Gutes verladen ist, jederzeit verlangen, dass der Frachtführer mit der Beförderung beginnt. Die Vorschrift regelt im Einzelnen, wie es sich dann mit Frachtzahlung usw. verhält.

§ 417 Rechte des Frachtführers bei Nichteinhaltung der Ladezeit

Ladezeit (1) *Verlädt der Absender das Gut nicht innerhalb der Ladezeit oder stellt er, wenn er zur Verladung nicht verpflichtet ist, das Gut nicht innerhalb der Ladezeit zur Verfügung, so kann ihm der Frachtführer eine angemessene Frist mit der Erklärung setzen, dass er nicht länger warten werde, wenn das Gut nicht bis zum Ablauf dieser Frist verladen oder zur Verfügung gestellt werde.*

(2) *Wird bis zum Ablauf der nach Absatz 1 gesetzten Frist keine Ladung verladen oder zur Verfügung gestellt, so kann der Frachtführer den Vertrag kündigen und die Ansprüche nach § 415 Abs. 2 geltend machen.*

(3) *Wird bis zum Ablauf der nach Absatz 1 gesetzten Frist nur ein Teil der vereinbarten Ladung verladen oder zur Verfügung gestellt, so kann der Frachtführer mit der Beförderung der unvollständigen Ladung beginnen und die Ansprüche nach § 416 Satz 2 und 3 geltend machen.*

(4) *Dem Frachtführer stehen die Rechte nicht zu, wenn die Nichteinhaltung der Ladezeit auf Gründen beruht, die seinem Risikobereich zuzurechnen sind.*

§ 418 Nachträgliche Weisungen

(1) Der Absender ist berechtigt, über das Gut zu verfügen. Er kann insbesondere verlangen, dass der Frachtführer das Gut nicht weiterbefördert oder es an einen anderen Bestimmungsort, an einer anderen Ablieferungsstelle oder an einen anderen Empfänger abliefert. Der Frachtführer ist nur insoweit zur Befolgung solcher Weisungen verpflichtet, als deren Ausführung weder Nachteile für den Betrieb seines Unternehmens noch Schäden für die Absender oder Empfänger anderer Sendungen mit sich zu bringen droht. Er kann vom Absender Ersatz seiner durch die Ausführung der Weisung entstehenden Aufwendungen sowie eine angemessene Vergütung verlangen, der Frachtführer kann die Befolgung der Weisung von einem Vorschuss abhängig machen.

(2) Das Verfügungsrecht des Absenders erlischt nach Ankunft des Gutes an der Ablieferungsstelle. Von diesem Zeitpunkt an steht das Verfügungsrecht nach Absatz 1 dem Empfänger zu. Macht der Empfänger von diesem Recht Gebrauch, so hat er dem Frachtführer die entstehenden Mehraufwendungen zu ersetzen sowie eine angemessene Vergütung zu zahlen; der Frachtführer kann die Befolgung der Weisung von einem Vorschuss abhängig machen.

(3) Hat der Empfänger in Ausübung seines Verfügungsrechts die Ablieferung des Gutes an einen Dritten angeordnet, so ist dieser nicht berechtigt, seinerseits einen anderen Empfänger zu bestimmen.

(4) Ist ein Frachtbrief ausgestellt und von beiden Parteien unterzeichnet worden, so kann der Absender sein Verfügungsrecht nur gegen Vorlage der Absenderausfertigung des Frachtbriefs ausüben, sofern dies im Frachtbrief vorgeschrieben ist.

(5) Beabsichtigt der Frachtführer, eine ihm erteilte Weisung nicht zu befolgen, so hat er denjenigen, der die Weisung gegeben hat, unverzüglich zu benachrichtigen.

(6) Ist die Ausübung des Verfügungsrechts von der Vorlage des Frachtbriefs abhängig gemacht worden und führt der Frachtführer eine Weisung aus, ohne sich die Absenderausfertigung des Frachtbriefs vorlegen zu lassen, so haftet er dem Berechtigten für den daraus entstehenden Schaden. Die Vorschriften über die Beschränkung der Haftung finden keine Anwendung.

Zu *Abs. 1*:

Verfügungsrechte des Absenders

Der Absender ist berechtigt, über das Gut zu verfügen. Welche Verfügungen das sein können, ist nicht durch gesetzlichen Katalog beschränkt. Die Vorschrift regelt, unter welchen Umständen der Frachtführer nicht zur Befolgung verpflichtet ist und dass er Vergütung und Aufwendungsersatz verlangen kann.

Zu *Abs. 2* und *3*:

Verfügungsrechte des Empfängers

Nach Ankunft des Gutes an der Ablieferungsstelle erlischt das Verfügungsrecht des Absenders, von jetzt an ist der Empfänger verfügungsberechtigt und dem Frachtführer entsprechend zur Zahlung von Vergütung und Aufwendungsersatz verpflichtet. Hat der Empfänger die Ablieferung des Gutes an einen Dritten verfügt, so ist dieser Zweitempfänger nicht berechtigt, seinerseits einen anderen (Dritt-)Empfänger zu bestimmen.

Frachtbrief mit Sperrvermerk

Zu *Abs. 4* und *6:*

Der Frachtbrief kann einen so genannten Sperrvermerk tragen, das heißt die Vorschrift, dass das Verfügungsrecht nur gegen Vorlage der Absenderausfertigung des Frachtbriefs ausgeübt werden kann. Missachtet der Frachtführer einen derartigen Vermerk, so ergibt sich hieraus ein Haftungstatbestand.

§ 419 Beförderungs- und Ablieferungshindernisse

Beförderungshindernis
Ablieferungshindernis

(1) Wird vor Ankunft des Gutes an der für die Ablieferung vorgesehenen Stelle erkennbar, dass die Beförderung nicht vertragsgemäß durchgeführt werden kann, oder bestehen nach Ankunft des Gutes an der Ablieferungsstelle Ablieferungshindernisse, so hat der Frachtführer Weisungen des nach § 418 Verfügungsberechtigten einzuholen. Ist der Empfänger verfügungsberechtigt und ist er nicht zu ermitteln oder verweigert er die Annahme des Gutes, so ist Verfügungsberechtigter nach Satz 1 der Absender; ist die Ausübung des Verfügungsrechts von der Vorlage eines Frachtbriefs abhängig gemacht worden, so bedarf es in diesem Fall der Vorlage des Frachtbriefs nicht. Der Frachtführer ist, wenn ihm Weisungen erteilt worden sind und das Hindernis nicht seinem Risikobereich zuzurechnen ist, berechtigt, Ansprüche nach § 418 Abs. 1 Satz 4 geltend zu machen.

(2) Tritt das Beförderungs- oder Ablieferungshindernis ein, nachdem der Empfänger auf Grund seiner Verfügungsbefugnis nach § 418 die Weisung erteilt hat, das Gut an einen Dritten abzuliefern, so nimmt bei der Anwendung des Absatzes 1 der Empfänger die Stelle des Absenders und der Dritte die des Empfängers ein.

(3) Kann der Frachtführer Weisungen, die er nach § 418 Abs. 1 Satz 3 befolgen müsste, innerhalb angemessener Zeit nicht erlangen, so hat er die Maßnahmen zu ergreifen, die im Interesse des Verfügungsberechtigten die besten zu sein scheinen. Er kann etwa das Gut entladen und verwahren, für Rechnung des nach § 418 Abs. 1 bis 4 Verfügungsberechtigten einem Dritten zur Verwahrung anvertrauen oder zurückbefördern; vertraut der Frachtführer das Gut einem Dritten an, so haftet er nur für die sorgfältige Auswahl des Dritten. Der Frachtführer kann das Gut auch gemäß § 373 Abs. 2 bis 4 verkaufen lassen, wenn es sich um verderbliche Ware handelt oder der Zustand des Gutes eine solche Maßnahme rechtfertigt oder wenn die andernfalls entstehenden Kosten in keinem angemessenen Verhältnis zum Wert des Gutes stehen. Unverwertbares Gut darf der Frachtführer vernichten. Nach dem Entladen des Gutes gilt die Beförderung als beendet.

(4) Der Frachtführer hat wegen der nach Absatz 3 ergriffenen Maßnahmen Anspruch auf Ersatz der erforderlichen Aufwendungen und auf angemessene Vergütung, es sei denn, dass das Hindernis seinem Risikobereich zuzurechnen ist.

Die Vorschrift regelt im Einzelnen, wie es sich verhält, **wenn vor Ankunft des Gutes an der Ablieferungsstelle erkennbar wird, dass die Beförderung nicht vertragsgemäß durchgeführt werden kann, oder wenn nach Ankunft an der Ablieferungsstelle Ablieferungshindernisse entstehen**. Der Frachtführer hat dann nach Möglichkeit Weisung einzuholen und notfalls die Maßnahmen zu ergreifen, die im Interesse des Verfügungsberechtigten die besten zu sein scheinen; hier wird also ein objektiver Maßstab angelegt. Verstößt der Frachtführer gegen dieses Handlungsgebot, so ergibt sich hier ein Haftungstatbestand.

Transportrechtsreform 3.1

§ 420 Zahlung, Frachtberechnung

(1) Die Fracht ist bei Ablieferung des Gutes zu zahlen. Der Frachtführer hat über die Fracht hinaus einen Anspruch auf Ersatz von Aufwendungen, soweit diese für das Gut gemacht wurden und er sie den Umständen nach für erforderlich halten durfte.

(2) Wird die Beförderung infolge eines Beförderungs- oder Ablieferungshindernisses vorzeitig beendet, so gebührt dem Frachtführer die anteilige Fracht für den zurückgelegten Teil der Beförderung. Ist das Hindernis dem Risikobereich des Frachtführers zuzurechnen, steht ihm der Anspruch nur insoweit zu, als die Beförderung für den Absender von Interesse ist.

(3) Tritt nach Beginn der Beförderung und vor Ankunft an der Ablieferungsstelle eine Verzögerung ein und beruht die Verzögerung auf Gründen, die dem Risikobereich des Absenders zuzurechnen sind, so gebührt dem Frachtführer neben der Fracht eine angemessene Vergütung.

(4) Ist die Fracht nach Zahl, Gewicht oder anders angegebener Menge des Gutes vereinbart, so wird für die Berechnung der Fracht vermutet, dass Angaben hierzu im Frachtbrief oder Ladeschein zutreffen; dies gilt auch dann, wenn zu diesen Angaben ein Vorbehalt eingetragen ist, der damit begründet ist, dass keine angemessenen Mittel zur Verfügung standen, die Richtigkeit der Angaben zu überprüfen.

Zahlung der Fracht

Zu *Abs. 4*:
Ist die Fracht nach der Menge des Gutes vereinbart, so werden die Angaben über die Menge im Frachtbrief oder Ladeschein als zutreffend vermutet, auch wenn ein Vorbehalt eingetragen ist, dass keine Mittel zur Verfügung standen, um die Angaben zu überprüfen. Die Angaben können aber widerlegt werden.

Frachtberechnung nach Menge des Gutes

§ 421 Rechte des Empfängers. Zahlungspflicht

(1) Nach Ankunft des Gutes an der Ablieferungsstelle ist der Empfänger berechtigt, vom Frachtführer zu verlangen, ihm das Gut gegen Erfüllung der sich aus dem Frachtvertrag ergebenden Verpflichtungen abzuliefern. Ist das Gut beschädigt oder verspätet abgeliefert worden oder verlorengegangen, so kann der Empfänger die Ansprüche aus dem Frachtvertrag im eigenen Namen gegen den Frachtführer geltend machen; der Absender bleibt zur Geltendmachung dieser Ansprüche befugt. Dabei macht es keinen Unterschied, ob Empfänger oder Absender im eigenen oder fremden Interesse handeln.

(2) Der Empfänger, der sein Recht nach Absatz 1 Satz 1 geltend macht, hat die noch geschuldete Fracht bis zu dem Betrag zu zahlen, der aus dem Frachtbrief hervorgeht. Ist ein Frachtbrief nicht ausgestellt oder dem Empfänger nicht vorgelegt worden oder ergibt sich aus dem Frachtbrief nicht die Höhe der zu zahlenden Fracht, so hat der Empfänger die mit dem Absender vereinbarte Fracht zu zahlen, soweit diese nicht unangemessen ist.

(3) Der Empfänger, der sein Recht nach Absatz 1 Satz 1 geltend macht, hat ferner ein Standgeld oder eine Vergütung nach § 420 Abs. 3 zu zahlen, ein Standgeld wegen Überschreitung der Ladezeit und eine Vergütung nach § 420 Abs. 3 jedoch nur, wenn ihm der geschuldete Betrag bei Ablieferung des Gutes mitgeteilt worden ist.

(4) Der Absender bleibt zur Zahlung der nach dem Vertrag geschuldeten Beträge verpflichtet.

Schaden- Zu *Abs. 1*:
ersatz Nach Ankunft des Gutes an der Ablieferungsstelle ist der Empfänger berechtigt, Herausgabe und gegebenenfalls Schadenersatz zu verlangen. Genau wie nach *CMR* kann der Empfänger Schadenersatz unter Beachtung der Anzeigepflichten gemäß *HGB §§ 424, 438* verlangen, wenn das Gut unterwegs verlorengegangen ist. Als Vertragspartner bleibt daneben der Absender entschädigungsberechtigt.

Fracht- Zu *Abs. 2*:
zahlungs- Wenn der Empfänger die Herausgabe des Gutes verlangt, muss er die noch offenste-
pflicht hende Fracht zahlen, gegebenenfalls Verzögerungsvergütung und Standgeld.

§ 422 Nachnahme

(1) *Haben die Parteien vereinbart, dass das Gut nur gegen Einziehung einer Nachnahme an den Empfänger abgeliefert werden darf, so ist anzunehmen, dass der Betrag in bar oder in Form eines gleichwertigen Zahlungsmittels einzuziehen ist.*

(2) *Das auf Grund der Einziehung Erlangte gilt im Verhältnis zu den Gläubigern des Frachtführers als auf den Absender übertragen.*

(3) *Wird das Gut dem Empfänger ohne Einziehung der Nachnahme abgeliefert, so haftet der Frachtführer, auch wenn ihn kein Verschulden trifft, dem Absender für den daraus entstehenden Schaden, jedoch nur bis zur Höhe des Betrages der Nachnahme.*

Barzahlung Zu *Abs. 1*:
Ursprünglich war Nachnahme als Barzahlung definiert. Je mehr aber bargeldloser Zahlungsverkehr zunahm, desto unsicherer wurde das. Auch ohne deutliche Vereinbarung wurden andere Formen von Zahlung oder Zahlungssicherung gewählt, wie Scheck, bankbestätigter Scheck, Überweisungsbestätigung einer Bank usw. Das führte zu einer nicht rechtlichen aber praktischen Erweiterung des Nachnahmebegriffs und damit zu Unsicherheit. **Demgegenüber stellt das Gesetz jetzt klar, dass Barzahlung die Regel ist und etwas anderes als Geld ausdrücklich vereinbart werden müsste.** Vereinbart wird gelegentlich die Bezahlung mit einem sogenannten bankbestätigten Scheck.

Frachtfüh- Zu *Abs. 3*:
rerhaftung Wird das Gut ohne Einziehung der Nachnahme abgeliefert, haftet der Frachtführer absolut, das heißt auch ohne Verschulden, für den daraus entstehenden Schaden, der Höhe nach allerdings begrenzt auf den Betrag der Nachnahme.

§ 423 Lieferfrist

Vereinba- *Der Frachtführer ist verpflichtet, das Gut innerhalb der vereinbarten Frist oder mangels*
rung/An- *Vereinbarung innerhalb der Frist abzuliefern, die einem sorgfältigen Frachtführer unter*
gemessen- *Berücksichtigung der Umstände vernünftigerweise zuzubilligen ist (Lieferfrist).*
heit einer
Lieferfrist Ist eine Lieferfrist vereinbart, gilt diese. Ist keine vereinbart, gilt eine den Umständen nach angemessene Zeit. Ist die vereinbarte Frist so kurz, dass sie unmöglich eingehalten werden kann, so gilt die Vereinbarung nicht; anstelle dieser gilt dann ersatzweise

Transportrechtsreform 3.1

eine angemessene Frist. Grundsätzlich zu unterscheiden sind Lieferfristvereinbarung und Lieferfristgarantie. Bei Letzterem geht der Frachtführer ein Risiko ein, das im Regelfall nicht versicherbar ist. Der Begriff der Garantie ist strikt im Frachtvertrag zu vermeiden. Warum? Gibt der Frachtführer eine Garantieerklärung ab, hat er auch für Umstände gerade zu stehen wie Unwetter, Streik und ähnliche, auf die er tatsächlich keinen Einfluss hat.

§ 424 Verlustvermutung

(1) Der Anspruchsberechtigte kann das Gut als verloren betrachten, wenn es weder innerhalb der Lieferfrist noch innerhalb eines weiteren Zeitraums abgeliefert wird, der der Lieferfrist entspricht, mindestens aber 20 Tage, bei einer grenzüberschreitenden Beförderung dreißig Tage beträgt.

(2) Erhält der Anspruchsberechtigte eine Entschädigung für den Verlust des Gutes, so kann er bei deren Empfang verlangen, dass er unverzüglich benachrichtigt wird, wenn das Gut wiederaufgefunden wird.

(3) Der Anspruchsberechtigte kann innerhalb einer Frist von einem Monat nach Empfang der Benachrichtigung von dem Wiederauffinden des Gutes verlangen, dass ihm das Gut Zug um Zug gegen Erstattung der Entschädigung, gegebenenfalls abzüglich der in der Entschädigung enthaltenen Kosten, abgeliefert wird. Eine etwaige Pflicht zur Zahlung der Fracht sowie Ansprüche auf Schadenersatz bleiben unberührt.

4) Wird das Gut nach Zahlung einer Entschädigung wieder aufgefunden und hat der Anspruchsberechtigte eine Benachrichtigung nicht verlangt oder macht er nach Benachrichtigung seinen Anspruch auf Ablieferung nicht geltend, so kann der Frachtführer über das Gut frei verfügen.

Zu *Abs. 1*:

Wird das Gut nicht abgeliefert, so kann der Entschädigungsberechtigte, sei es der Absender, sei es der Empfänger, das Gut als verloren betrachten und Totalschaden reklamieren. **Die Wartefrist setzt sich zusammen aus der Lieferfrist und einem weiteren Zeitraum, der abermals der Lieferfrist entspricht, mindestens aber im Inland 20 Tage, bei grenzüberschreitender Beförderung 30 Tage beträgt**; die Wartefrist dauert also zwei mal Lieferfrist, mindestens aber Lieferfrist + 20 Tage, bei Grenzüberschreitung Lieferfrist + 30 Tage. **Wartefrist**

Zu *Abs. 2* bis 4:

Die Vorschriften regeln, wie zu verfahren ist, wenn das Gut wieder aufgefunden wird und der Anspruchsberechtigte es haben möchte oder nicht haben möchte. Das Verfahren ähnelt dem von *Art. 20 CMR*, allerdings mit unterschiedlichen Fristen. In der überwiegenden Anzahl der Fälle verzichtet der Absender auf eine Ablieferung von Gütern, wenn bereits Entschädigung bezahlt wurde. Als Rechtsfolge ergibt sich für den Ersatzleistenden ein Verwertungsrecht. Durch hohe Selbstbehaltsvereinbarungen in Haftungspolicen des Spediteurs ist oftmals nicht der Versicherer allein Verfügungsberechtigter, sondern auch der Spediteur, so dass beide gemeinsam dann eine Vereinbarung über die Verwertung zu treffen haben. **Verfahren bei Wiederauffindung**

§ 425 Haftung für Güter- und Verspätungsschäden, Schadenteilung

Güter- (1) *Der Frachtführer haftet für den Schaden, der durch Verlust oder Beschädigung des*
schäden *Gutes in der Zeit von der Übernahme zur Beförderung bis zur Ablieferung oder durch Überschreitung der Lieferfrist entsteht.*
(2) *Hat bei der Entstehung des Schadens ein Verhalten des Absenders oder des Empfängers oder ein besonderer Mangel des Gutes mitgewirkt, so hängen die Verpflichtung zum Ersatz sowie der Umfang des zu leistenden Ersatzes davon ab, inwieweit diese Umstände zu dem Schaden beigetragen haben.*

Zu *Abs. 1:*

Haftungs- Dies ist der **Grundtatbestand jeder Frachtrechtshaftung: Güterschaden, entstanden**
grund in der Gewahrsamszeit und Vermögensschaden durch Überschreitung der Lieferfrist. Anders als bei der in *§ 823 BGB* gesetzlich definierten Verschuldenshaftung kommt es auf subjektive Elemente, wie Schuld, Vertretenmüssen und ähnliches hier nicht an. Die reine Tatsache, dass der Schaden in der Gewahrsamszeit entstanden ist, genügt, um die **Obhutshaftung** des Frachtführers auszulösen. Entscheidend dabei ist, dass der Frachtführer die Sachherrschaft innehatte. Die Vorschrift entspricht inhaltlich nahezu wörtlich *Art. 17 Abs. 1 CMR.*

Zu *Abs. 2:*

Haftungs- Ein Verhalten des Absenders und des Empfängers, das bei der Entstehung des Schadens
minderung mitgewirkt hat, sowie einen besonderen Mangel des Gutes muss der Anspruchsteller gegen sich gelten lassen, entsprechend wird die Haftung des Frachtführers gemindert. Der Rechtsgedanke des *§ 254 BGB* ist in dieser Vorschrift verkörpert.

§ 426 Haftungsausschluss
Der Frachtführer ist von der Haftung befreit, soweit der Verlust, die Beschädigung oder die Überschreitung der Lieferfrist auf Umständen beruht, die der Frachtführer auch bei größter Sorgfalt nicht vermeiden und deren Folgen er nicht abwenden konnte.

So genann- Dieser Haftungsausschluss – Vorbild: *Art. 17 Abs. 2 CMR* – wird landläufig oft mit unab-
tes unab- wendbarem Ereignis umschrieben. Dieser Begriff ist *§ 7 StVG* (Haftung des Kfz-Halters)
wendbares entnommen und ist nicht mit dem Haftungsausschluss des Frachtrechts identisch. Dieser
Ereignis muss vielmehr so, wie er vorgeschrieben ist, verstanden und angewandt werden, auch in seiner Zweispurigkeit: **Umstände, die der Frachtführer nicht vermeiden und deren Folgen er auch mit größtem Einsatz und Engagement nicht abwenden konnte.** Verlangt wird die äußerste persönlich und wirtschaftlich zumutbare Sorgfalt und Weitsicht. Ist die nicht gewahrt, haftet der Frachtführer.

§ 427 Besondere Haftungsausschlussgründe
(1) *Der Frachtführer ist von seiner Haftung befreit, soweit der Verlust, die Beschädigung oder die Überschreitung der Lieferfrist auf eine der folgenden Gefahren zurückzuführen ist:*
   1. *vereinbarte oder der Übung entsprechende Verwendung von offenen, nicht mit Planen gedeckten Fahrzeugen oder Verladung auf Deck;*

> 2. ungenügende Verpackung durch den Absender;
> 3. Behandeln, Verladen oder Entladen des Gutes durch den Absender oder den Empfänger;
> 4. natürliche Beschaffenheit des Gutes, die besonders leicht zu Schäden, insbesondere durch Bruch, Rost, inneren Verderb, Austrocknen, Auslaufen, normalen Schwund, führt;
> 5. ungenügende Kennzeichnung der Frachtstücke durch den Absender;
> 6. Beförderung lebender Tiere.
>
> *(2) Ist ein Schaden eingetreten, der nach den Umständen des Falles aus einer der in Absatz 1 bezeichneten Gefahren entstehen konnte, so wird vermutet, dass der Schaden aus dieser Gefahr entstanden ist. Diese Vermutung gilt im Falle des Absatzes 1 Nr. 1 nicht bei außergewöhnlich großem Verlust.*
>
> *(3) Der Frachtführer kann sich auf Absatz 1 Nr. 1 nur berufen, soweit der Verlust, die Beschädigung oder die Überschreitung der Lieferfrist nicht darauf zurückzuführen ist, dass der Frachtführer besondere Weisungen des Absenders im Hinblick auf die Beförderung des Gutes nicht beachtet hat.*
>
> *(4) Ist der Frachtführer nach dem Frachtvertrag verpflichtet, das Gut gegen die Einwirkung von Hitze, Kälte, Temperaturschwankungen, Luftfeuchtigkeit, Erschütterungen oder ähnlichen Einflüssen besonders zu schützen, so kann er sich auf Absatz 1 Nr. 4 nur berufen, wenn er alle ihm nach den Umständen obliegenden Maßnahmen, insbesondere hinsichtlich der Auswahl, Instandhaltung und Verwendung besonderer Einrichtungen, getroffen und besondere Weisungen beachtet hat.*
>
> *(5) Der Frachtführer kann sich auf Absatz 1 Nr. 6 nur berufen, wenn er alle ihm nach den Umständen obliegenden Maßnahmen getroffen und besondere Weisungen beachtet hat.*

Die Vorschrift entspricht weithin *Art. 17 Abs. 4 CMR* und der Beweisregel des *Art. 18 Abs. 2 CMR*. Die besondere Gefahr in *Abs. 1 Nr. 1* bis *6* muss voll bewiesen werden, zum Beispiel bei *Nr. 2* die Merkmale „Verpackung ungenügend" und „Verpackung durch Absender". Das darf nicht nur möglich oder wahrscheinlich sein, sondern muss feststehen. Dann wird nach *Abs. 2* die Kausalität dieses Gefahrenumstandes für den Schaden vermutet. Die Vermutung kann der Anspruchsteller entkräften durch den Beweis, dass ein anderer Umstand, den der Frachtführer zu vertreten hat, für den Schaden ursächlich war. **Anders als in der *CMR*** kann sich der Frachtführer auch für Mängel des für die Beförderung verwendeten Fahrzeuges unter den oben beschriebenen Tatbestandsmerkmalen freizeichnen, was in Schadenfällen praktisch eine durchaus große Bedeutung erlangen kann.

Beweiserleichterung wie CMR

Mangel am Fahrzeug

In *Abs. 1 Nr. 1* wird die Verladung an Deck in der Binnenschifffahrt dem offenen Fahrzeug bei Straße oder Schiene gleichgestellt.

Abs. 3 ist in der *CMR* nicht enthalten. Gedacht wird hier an Pkw-Transporte in Spezialfahrzeugen, die üblicherweise oben offen sind und an die mögliche Weisung des Absenders, damit nicht durch Alleen zu fahren. Die Fahrstrecke wählt der Frachtführer aus. Wenn er die Weisung annimmt, muss er sie befolgen. Weiß er oder stellt er fest, dass der Zielort von allen Seiten nur durch eine Allee erreicht werden kann, muss er Weisung des Absenders einholen.

Besondere Weisung bei offenem Fahrzeug

§ 428 Haftung für andere
Der Frachtführer hat Handlungen und Unterlassungen seiner Leute in gleichem Umfange zu vertreten wie eigene Handlungen und Unterlassungen, wenn die Leute in Ausübung ihrer Verrichtungen handeln. Gleiches gilt für Handlungen und Unterlassungen anderer Personen, deren er sich bei Ausführung der Beförderung bedient.

Leute- Leute sind alle Angestellten und Arbeiter des Betriebs, aber auch Auszubildende,
haftung Volontäre und andere nur vorübergehend in den Betrieb Integrierte. Unabhängig von ihren Funktionen stehen sie alle zum Beispiel in der Pflicht, das dem Betrieb anvertraute Gut nicht zu schädigen, für sie alle haftet der Betriebsinhaber. Die Zurechenbarkeit bezieht sich ausschließlich auf Handlungen, die einen inneren Zusammenhang in der Ausübung der Verrichtung beziehungsweise der Beförderung aufweisen.

§ 429 Wertersatz
(1)   Hat der Frachtführer für gänzlichen oder teilweisen Verlust des Gutes Schadenersatz zu leisten, so ist der Wert am Ort und zur Zeit der Übernahme zur Beförderung zu ersetzen.
(2)   Bei Beschädigung des Gutes ist der Unterschied zwischen dem Wert des unbeschädigten Gutes am Ort und zur Zeit der Übernahme zur Beförderung und dem Wert zu ersetzen, den das beschädigte Gut am Ort und zur Zeit der Übernahme gehabt hätte. Es wird vermutet, dass die zur Schadensminderung und Schadensbehebung aufzuwendenden Kosten dem nach Satz 1 zu ermittelnden Unterschiedsbetrag entsprechen.
(3)   Der Wert des Gutes bestimmt sich nach dem Marktpreis, sonst nach dem gemeinen Wert von Gütern gleicher Art und Beschaffenheit. Ist das Gut unmittelbar vor der Übernahme zur Beförderung verkauft worden, so wird vermutet, dass der in der Rechnung des Verkäufers ausgewiesene Kaufpreis abzüglich darin enthaltener Beförderungskosten der Marktpreis ist.

Wert, nicht Hier kommt der weltweit dem Typus Frachtvertrag eigene Grundsatz zum Ausdruck,
Schaden dass im Frachtrecht Wert ersetzt wird, nicht Schaden. Ein Schaden hat immer auch subjektive Elemente, weil die Person des Geschädigten dabei eine Rolle spielt. Im Frachtrecht wird dagegen objektiv der Wert des Gutes auf der Reise ersetzt, der Markt- oder Verkäuflichkeitswert am Ort und zur Zeit des Beginns der Übernahme durch den Frachtführer. Leicht übersehen wird der gesetzlich festgelegte Abzugsposten bei der Wertberechnung, nämlich die enthaltenen Beförderungskosten.

§ 430 Schadenfeststellungskosten
Bei Verlust oder Beschädigung des Gutes hat der Frachtführer über den nach § 429 zu leistenden Ersatz hinaus die Kosten der Feststellung des Schadens zu tragen.

Dies beinhaltet aber nicht solche Kosten, die für nicht ersatzfähige Vermögensschäden entstehen.

Transportrechtsreform 3.1

§ 431 Haftungshöchstbetrag

(1) Die nach den §§ 429 und 430 zu leistende Entschädigung wegen Verlust oder Beschädigung der gesamten Sendung ist auf einen Betrag von 8,33 Rechnungseinheiten für jedes Kilogramm des Rohgewichts der Sendung begrenzt.

(2) Sind nur einzelne Frachtstücke der Sendung verloren oder beschädigt worden, so ist die Haftung des Frachtführers begrenzt auf einen Betrag von 8,33 Rechnungseinheiten für jedes Kilogramm des Rohgewichts
   1. der gesamten Sendung, wenn die gesamte Sendung entwertet ist,
   2. des entwerteten Teils der Sendung, wenn nur ein Teil der Sendung entwertet ist.

(3) Die Haftung des Frachtführers wegen Überschreitung der Lieferfrist ist auf den dreifachen Betrag der Fracht begrenzt.

(4) Die in den Absätzen 1 und 2 genannte Rechnungseinheit ist das Sonderziehungsrecht des Internationalen Währungsfonds. Der Betrag wird in Deutsche Mark entsprechend dem Wert der Deutschen Mark gegenüber dem Sonderziehungsrecht am Tag der Übernahme des Gutes zur Beförderung oder an dem von den Parteien vereinbarten Tag umgerechnet. Der Wert der Deutschen Mark gegenüber dem Sonderziehungsrecht wird nach der Berechnungsmethode ermittelt, die der Internationale Währungsfonds an dem betreffenden Tag für seine Operationen und Transaktionen anwendet.

Zu Abs. 1 und 2:
Für Güterschäden einschließlich der Schadenfeststellungskosten beträgt die Höchsthaftung wie nach *Art. 23 Abs. 3 CMR* 8,33 SZR je kg dessen, was durch die Substanzbeeinträchtigung entwertet oder im Wert gemindert worden ist. Wenn die Substanzbeeinträchtigung nur einen Teil der Sendung betrifft, kann dennoch die ganze Sendung entwertet oder im Wert gemindert sein. **Bei der Berechnung der Höchsthaftung kommt es dann auf das Gewicht der ganzen Sendung an.** Bei Teilbeschädigung wird die Berechnung konkret hierauf abgestellt. — **Güterschäden**

Zu Abs. 3:
Die Höchsthaftung für Lieferfristüberschreitung beträgt nach *Art. 23 Abs. 5 CMR* die einfache Fracht, innerdeutsch nach *HGB* die dreifache. — **Lieferfristüberschreitung**

§ 432 Ersatz sonstiger Kosten

Haftet der Frachtführer wegen Verlust oder Beschädigung, so hat er über den nach den §§ 429 bis 431 zu leistenden Ersatz hinaus die Fracht, öffentliche Abgaben und sonstige Kosten aus Anlass der Beförderung des Gutes zu erstatten, im Fall der Beschädigung jedoch nur in dem nach § 429 Abs. 2 zu ermittelnden Wertverhältnis. Weiteren Schaden hat er nicht zu ersetzen.

§ 433 Haftungshöchstbetrag bei sonstigen Vermögensschäden

Haftet der Frachtführer wegen der Verletzung einer mit der Ausführung der Beförderung des Gutes zusammenhängenden vertraglichen Pflicht für Schäden, die nicht durch Verlust oder Beschädigung des Gutes oder durch Überschreitung der Lieferfrist entstehen, und handelt es sich um andere Schäden als Sach- oder Personenschäden, so ist auch in diesem Falle die Haftung begrenzt, und zwar auf das Dreifache des Betrages, der bei Verlust des Gutes zu zahlen wäre.

Positive Vertragsverletzung (PVV) Geregelt wird hier nur die Begrenzung der Haftungshöhe bei Ansprüchen, die selbst nicht im *HGB* geregelt sind, sondern sich aus dem *BGB* ergeben. Gemeint sind Forderungen aus positiver Vertragsverletzung (PVV). Es handelt sich dabei um die Verletzung von bestimmten **Nebenpflichten aus dem Beförderungsvertrag**, die zu Vermögensschäden geführt haben. Bei der Berechnung ist also die gewichtsbezogene Haftungsbegrenzung eines Güterschadens zu berücksichtigen. „Gut" ist das Vertragsgut, also der Gegenstand dieses Beförderungsvertrags.

§ 434 Außervertragliche Ansprüche
(1) Die in diesem Unterabschnitt und im Frachtvertrag vorgesehenen Haftungsbefreiungen und Haftungsbegrenzungen gelten auch für einen außervertraglichen Anspruch des Absenders oder des Empfängers gegen den Frachtführer wegen Verlust oder Beschädigung des Gutes oder wegen Überschreitung der Lieferfrist.
(2) Der Frachtführer kann auch gegenüber außervertraglichen Ansprüchen Dritter wegen Verlust oder Beschädigung des Gutes die Einwendungen nach Absatz 1 geltend machen. Die Einwendungen können jedoch nicht geltend gemacht werden, wenn
    1. der Dritte der Beförderung nicht zugestimmt hat und der Frachtführer die fehlende Befugnis des Absenders, das Gut zu versenden, kannte oder fahrlässig nicht kannte oder
    2. das Gut vor Übernahme zur Beförderung dem Dritten oder einer Person, die von diesem ihr Recht zum Besitz ableitet, abhanden gekommen ist.

§ 435 Wegfall der Haftungsbefreiung und -begrenzungen
Die in diesem Unterabschnitt und im Frachtvertrag vorgesehenen Haftungsbefreiungen und Haftungsbegrenzungen gelten nicht, wenn der Schaden auf eine Handlung oder Unterlassung zurückzuführen ist, die der Frachtführer oder eine in § 428 genannte Person vorsätzlich oder leichtfertig und in dem Bewusstsein, dass ein Schaden mit Wahrscheinlichkeit eintreten werde, begangen hat.

Schwere Schuld Dass man sich bei schwerer Schuld nicht auf Haftungsausschlüsse oder Begrenzungen berufen darf, ist allgemeiner Rechtsgrundsatz. Das *HGB* verschärft aber den Begriff und den Inhalt der schweren Schuld nach dem Vorbild des *Art. 25 Warschauer Abkommen* und anderer internationaler Verträge. Diese Definition gilt auch im Rahmen der *CMR*, denn *Art. 29 CMR* verweist jeweils auf das am Ort des Gerichts geltende Recht. Am Ort deutscher Gerichte gilt deutsches Recht und damit der Begriff der schweren Schuld im Sinne des neuen § 435 HGB. Der Vorwurf ist nur dann berechtigt, wenn Leichtfertigkeit des Frachtführers dargelegt wird. Leichtfertigkeit bedeutet nach dem Wortlaut in diesem Zusammenhang mehr als bewusste Fahrlässigkeit und liegt unter dem bewussten Vorsatz. Zudem ist ein subjektives Moment darlegungspflichtig, das zum Schadeneintritt geführt hat. Die Rechtsprechung stellt in der Praxis weniger bei ihrer Auslegung auf diese Differenzierung ab, sondern geht weitgehend bereits von der Durchbrechung der Haftungsbegrenzung aus, wenn ein gesteigertes Maß an Fahrlässigkeit beim Frachtführer vorliegt. Dies wird regelmäßig angenommen, wenn ein Frachtführer zum Beispiel im Falle eines Verlustes nicht den genauen Ort des Abhandenkommens aufgrund fehlender Schnittstellenkontrolle darlegen kann.

Transportrechtsreform

§ 435 HGB stellt zugleich den Tatbestand des Groben Organisationsverschuldens dar. Hierunter fallen strukturelle Mängel in der Organisation des Logistikbetriebes, die konkret dem Unternehmer vorgeworfen werden. Rechtsfolge des berechtigten Vorwurfes ist dann die unbegrenzte Haftung des Frachtführers für alle Schäden, so auch für Folgeschäden im Sinne des *§ 249 BGB*. Die Rechtsprechung hat in den letzten Jahren die zunächst extrem frachtführer- und speditionsfeindliche Rechtsprechung abgemildert, indem die einseitige Einlassungspflicht des Spediteurs deutlich reduziert wurde. Demzufolge bleibt es bei der Darlegungspflicht des Spediteurs, wonach er ein weitsichtiges Sicherheitsmanagement vorzuhalten hat. Im Ergebnis muss aber der Geschädigte einen konkreten Sachvortrag zum jeweiligen Schadenfall darlegen, aus dem sich eine konkrete Sorgfaltspflichtverletzung mit großer Wahrscheinlichkeit ableiten lässt. Gleiches gilt für die Frage der Wertdeklaration des Auftraggebers. Verletzt zum Beispiel der Warenversender seine Pflicht und weist nicht darauf hin, dass es sich bei dem Transport um besonders diebstahlgefährdete beziehungsweise hochwertige Ware handelt, so wird im Schadenfall von einem Mitverschulden ausgegangen. Die Rechtsprechung ist in diesem Bereich unverändert in einen Veränderungsprozess, so dass konkrete Prozentsätze, was das Mitverschulden anbelangt derzeit nicht festgeschrieben werden können.

Einlassungspflicht für Spediteure reduziert

§ 436 Haftung der Leute
Werden Ansprüche aus außervertraglicher Haftung wegen Verlust oder Beschädigung des Gutes oder wegen Überschreitung der Lieferfrist gegen einen der Leute des Frachtführers erhoben, so kann sich auch jener auf die in diesem Unterabschnitt und im Frachtvertrag vorgesehenen Haftungsbefreiungen und -begrenzungen berufen. Dies gilt nicht, wenn er vorsätzlich oder leichtfertig und in dem Bewusstsein, dass ein Schaden mit Wahrscheinlichkeit eintreten werde, gehandelt hat.

§ 437 Ausführender Frachtführer
(1) Wird die Beförderung ganz oder teilweise durch einen Dritten ausgeführt (ausführender Frachtführer), so haftet dieser für den Schaden, der durch Verlust oder Beschädigung des Gutes oder durch Überschreitung der Lieferfrist während der durch ihn ausgeführten Beförderung entsteht, in gleicher Weise wie der Frachtführer. Vertragliche Vereinbarungen mit dem Absender oder Empfänger, durch die der Frachtführer seine Haftung erweitert, wirken gegen den ausführenden Frachtführer nur, soweit er ihnen schriftlich zugestimmt hat.
(2) Der ausführende Frachtführer kann alle Einwendungen geltend machen, die dem Frachtführer aus dem Frachtvertrag zustehen.
(3) Frachtführer und ausführender Frachtführer haften als Gesamtschuldner.
(4) Werden die Leute des ausführenden Frachtführers in Anspruch genommen, so gilt für diese § 436 entsprechend.

Zu *Abs. 1* und *2*:
Der ausführende Frachtführer haftet für den auf seiner Strecke eingetretenen Schaden neben dem Hauptfrachtführer in gleicher Weise wie dieser. Absender oder Empfänger erhalten einen zweiten Schuldner. Damit können sie nach Belieben den **vertraglichen**

Haftung in gleicher Weise

Hauptfrachtführer (contracting carrier) oder sozusagen an diesem vorbei direkt den ausführenden (actual carrier) in Anspruch nehmen, und zwar vom Umfang her nach dem mit dem Hauptfrachtführer geschlossenen Frachtvertrag (in gleicher Weise). Dies ist für den Geschädigten von Vorteil, wenn ein Frachtführer mit einem sogenannten „konkreten" Versicherungsschutz den Schaden als Unterfrachtführer verursacht hat, der erste Frachtführer in der Kette jedoch über einen wirksamen Versicherungsschutz verfügt.

§ 438 Schadensanzeige

(1) Ist ein Verlust oder eine Beschädigung des Gutes äußerlich erkennbar und zeigt der Empfänger oder der Absender dem Frachtführer Verlust oder Beschädigung nicht spätestens bei Ablieferung des Gutes an, so wird vermutet, dass das Gut in vertragsgemäßem Zustand abgeliefert worden ist. Die Anzeige muss den Schaden hinreichend deutlich kennzeichnen.

(2) Die Vermutung nach Absatz 1 gilt auch, wenn der Verlust oder die Beschädigung äußerlich nicht erkennbar war und nicht innerhalb von sieben Tagen nach Ablieferung angezeigt worden ist.

(3) Ansprüche wegen Überschreitung der Lieferfrist erlöschen, wenn der Empfänger dem Frachtführer die Überschreitung der Lieferfrist nicht innerhalb von einundzwanzig Tagen nach Ablieferung anzeigt.

(4) Eine Schadensanzeige nach Ablieferung ist in Textform zu erstatten. Zur Wahrung der Frist genügt die rechtzeitige Absendung.

(5) Werden Verlust, Beschädigung oder Überschreitung der Lieferfrist bei Ablieferung angezeigt, so genügt die Anzeige gegenüber demjenigen, der das Gut abliefert.

Die rechtzeitige Reklamation eines erkennbaren (bei Ablieferung) oder verdeckten (binnen sieben Tagen) Schadens widerlegt nur die Vermutung, daß alles in Ordnung war. § 438 HGB definiert keine Ausschlussfrist, somit erlöschen die Ansprüche nicht bei Missachtung. Detailliert sind Form und Fristen der Schadenanzeige gegenüber den Frachtführern geregelt. **Haftungsrechtlich ergibt sich hieraus die Bedeutung einer reinen Tatbestandsaufnahme.** Auf die Erstellung eines besonderen Schriftstückes ist wegen der hieraus sich ergebenden Beweiswirkung der Schadenanzeige in der Praxis nicht zu verzichten (Schriftform). Von besonderer Bedeutung sind die Regelungen über die Beweislastverteilung zwischen Absender und Frachtführer. *Abs. (1)* regelt den äußerlich erkennbaren Schaden. Ein Schadenvorbehalt hat dort demnach zu erfolgen. Beispiel: Ein Vermerk im Frachtbrief: „diverse Kartons beschädigt", genügt den Anforderungen des Gesetzes nicht. Der konkrete Vorbehalt müsste richtig lauten: „3 Karton eingedrückt". Substanzielle Abschreibung ist geboten, wie zum Beispiel „4 cm großes Loch im Karton" oder „Feuchtigkeit" oder „Ecke im Karton eingedrückt" oder „2 Seiten des Kartons stark eingedrückt" oder „Trittspuren oben auf Karton".

Beweisvermutung: Rechtsfolge der Schadenanzeige ist die Beweisvermutung, wonach im Gewahrsamszeitraum des Frachtführers die Ursache für die beschriebene Unregelmäßigkeit eingetreten ist.

Darlegungspflicht: Welche Anforderungen konkret an die Darlegungspflicht des Frachtführers gestellt werden, ist gesetzlich konkret nicht abschließend definiert. Die Grundsätze der *ZPO* finden hier Anwendung, das heißt jede Prozesspartei muss in

Transportrechtsreform 3.1

zumutbarer Weise zu der Sachverhaltsaufklärung beitragen, insbesondere dann, wenn der Auftraggeber des Frachtführers keinerlei Zugang zum Geschehensablauf hat. Der Frachtführer hat gegebenenfalls glaubhaft zu machen, dass der verdeckte Schaden **nicht zwangsläufig in seiner Obhuts- beziehungsweise Gewahrsamszeit eingetreten sein muss.** Konkrete Alternativereignisse sind grundsätzlich denkbar, müßten aber vollumfanglich dargelegt werden. Die Einschaltung eines Havariekommissars gibt in Zweifelsfällen oftmals Klarheit über den Schadenshergang.

§ 439 Verjährung
(1) Ansprüche aus einer den Vorschriften dieses Unterabschnitts unterliegenden Beförderung verjähren in einem Jahr. Bei Vorsatz oder bei einem dem Vorsatz nach § 435 gleichstehenden Verschulden beträgt die Verjährungsfrist drei Jahre.
(2) Die Verjährung beginnt mit Ablauf des Tages, an dem das Gut abgeliefert wurde. Ist das Gut nicht abgeliefert worden, beginnt die Verjährung mit Ablauf des Tages, an dem das Gut hätte abgeliefert werden müssen. Abweichend von Satz 1 und 2 beginnt die Verjährung von Rückgriffsansprüchen mit dem Tag des Eintritts der Rechtskraft des Urteils gegen den Rückgriffsgläubiger oder, wenn kein rechtskräftiges Urteil vorliegt, mit dem Tag, an dem der Rückgriffsgläubiger den Anspruch befriedigt hat, es sei denn, der Rückgriffsschuldner wurde nicht innerhalb von drei Monaten, nachdem der Rückgriffsgläubiger Kenntnis von dem Schaden und der Person des Rückgriffsschuldners erlangt hat, über diesen Schaden unterrichtet.
(3) Die Verjährung eines Anspruchs gegen den Frachtführer wird durch eine schriftliche Erklärung des Absenders oder Empfängers, durch die dieser Ersatzansprüche erhebt, bis zu dem Zeitpunkt gehemmt, in dem der Frachtführer die Erfüllung des Anspruchs schriftlich ablehnt. Eine weitere Erklärung, die denselben Ersatzanspruch zum Gegenstand hat, hemmt die Verjährung nicht erneut.
(4) Die Verjährung kann nur durch Vereinbarung, die im Einzelnen ausgehandelt ist, auch wenn sie für eine Mehrzahl von gleichartigen Verträgen zwischen denselben Vertragsparteien getroffen ist, erleichtert oder erschwert werden.

Zu *Abs. 1* und *2*:
Die Verjährungsfrist beträgt ein Jahr, bei schwerer Schuld (vergleiche *§ 435 HGB*) drei Jahre. Sie beginnt mit Ablauf des Tages der Ablieferung oder des Tages, an dem hätte abgeliefert werden müssen. **Frist und Beginn**

Die Verjährung eines Rückgriffanspruchs in der Kette beginnt mit der Rechtskraft des Urteils gegen den Rückgriffsgläubiger oder mit dem Tag, an dem der Rückgriffsgläubiger den Anspruch befriedigt hat. **Rückgriff**

Zu *Abs. 3*:
Die allgemeinen *BGB*-Vorschriften über die Hemmung der Verjährung gelten auch für Ansprüche aus einer Beförderung und damit auch aus dem Frachtvertrag. Die besondere Hemmung des *§ 439 Abs. 3 HGB* gilt nur für Ansprüche gegen den Frachtführer und nur für Ersatzansprüche, insbesondere Schadenersatzansprüche und ist als Spezialnorm – lex spezialis – einzuordnen. Demzufolge geht diese Regelung dem *BGB*-Recht vor.

Hemmung	Die Hemmung wird bewirkt durch die schriftliche Erklärung, dass Ersatzansprüche erhoben werden.
Ende der Hemmung	Die Hemmung endet mit schriftlicher Ablehnung des Anspruchs. Die Schriftlichkeit verlangt eigenhändige Unterschrift, Faksimile oder Stempel genügen nicht.

§ 440 Gerichtsstand

Zuständigkeit des Gerichtes	(1)	Für Rechtsstreitigkeiten aus einer Beförderung, die den Vorschriften dieses Unterabschnitts unterliegt, ist auch das Gericht zuständig, in dessen Bezirk der Ort der Übernahme des Gutes oder der für die Ablieferung des Gutes vorgesehene Ort liegt.
	(2)	Eine Klage gegen den ausführenden Frachtführer kann auch in dem Gerichtsstand des Frachtführers, eine Klage gegen den Frachtführer auch in dem Gerichtsstand des ausführenden Frachtführers erhoben werden.

§ 441 Pfandrecht

(1) Der Frachtführer hat wegen aller durch den Frachtvertrag begründeten Forderungen sowie wegen unbestrittener Forderungen aus anderen mit dem Absender abgeschlossenen Fracht-, Speditions- oder Lagerverträgen ein Pfandrecht an dem Gut. Das Pfandrecht erstreckt sich auf die Begleitpapiere.

(2) Das Pfandrecht besteht, solange der Frachtführer das Gut in seinem Besitz hat, insbesondere solange er mittels Konnossements, Ladescheins oder Lagerscheins darüber verfügen kann.

(3) Das Pfandrecht besteht auch nach der Ablieferung fort, wenn der Frachtführer es innerhalb von drei Tagen nach der Ablieferung gerichtlich geltend macht und das Gut noch im Besitz des Empfängers ist.

(4) Die in § 1234 Abs. 1 des Bürgerlichen Gesetzbuchs bezeichnete Androhung des Pfandverkaufs sowie die in den §§ 1237 und 1241 des Bürgerlichen Gesetzbuchs vorgesehenen Benachrichtigungen sind an den Empfänger zu richten. Ist dieser nicht zu ermitteln oder verweigert er die Annahme des Gutes, so haben die Androhung und die Benachrichtigung gegenüber dem Absender zu erfolgen.

Erweiterung auf inkonnexe Forderungen	Das gesetzliche Pfandrecht des Frachtführers beinhaltet inkonnexe Forderungen aus anderen mit dem Absender abgeschlossenen Fracht-, Speditions- oder Lagerverträgen sofern die Forderungen unbestritten sind. Die Erweiterung auf Forderungen aus anderen Verkehrsverträgen kehrt beim Speditionsvertrag in § 464 HGB und beim Lagervertrag in § 475 b HGB wieder.

§ 442 Nachfolgender Frachtführer

(1) Hat im Falle der Beförderung durch mehrere Frachtführer der letzte bei der Ablieferung die Forderungen der vorhergehenden Frachtführer einzuziehen, so hat er die Rechte der vorhergehenden Frachtführer, insbesondere auch das Pfandrecht, auszuüben. Das Pfandrecht jedes vorhergehenden Frachtführers bleibt so lange bestehen wie das Pfandrecht des letzten Frachtführers.

(2) Wird ein vorhergehender Frachtführer von einem nachgehenden befriedigt, so gehen Forderung und Pfandrecht des ersteren auf den letzteren über.

Transportrechtsreform 3.1

(3) Die Absätze 1 und 2 gelten auch für die Forderungen und Rechte eines Spediteurs, der an der Beförderung mitgewirkt hat.

§ 443 Rang mehrerer Pfandrechte

(1) Bestehen an demselben Gut mehrere nach den §§ 397, 441, 464, 475b und 623 begründete Pfandrechte, so geht unter denjenigen Pfandrechten, die durch die Versendung oder durch die Beförderung des Gutes entstanden sind, das später entstandene dem früher entstandenen vor.

(2) Diese Pfandrechte haben Vorrang vor dem nicht aus der Versendung entstandenen Pfandrecht des Kommissionärs und des Lagerhalters sowie vor dem Pfandrecht des Spediteurs, des Frachtführers und des Verfrachters für Vorschüsse.

§ 444 Ladeschein

(1) Über die Verpflichtung zur Ablieferung des Gutes kann von dem Frachtführer ein Ladeschein ausgestellt werden, der die in § 408 Abs. 1 genannten Angaben enthalten soll. Der Ladeschein ist vom Frachtführer zu unterzeichnen; eine Nachbildung der eigenhändigen Unterschrift durch Druck oder Stempel genügt.

(2) Ist der Ladeschein an Order gestellt, so soll er den Namen desjenigen enthalten, an dessen Order das Gut abgeliefert werden soll. Wird der Name nicht angegeben, so ist der Ladeschein als an Order des Absenders gestellt anzusehen.

(3) Der Ladeschein ist für das Rechtsverhältnis zwischen dem Frachtführer und dem Empfänger maßgebend. Er begründet insbesondere die widerlegliche Vermutung, dass die Güter wie im Ladeschein beschrieben übernommen sind; § 409 Abs. 2, 3 Satz 1 gilt entsprechend. Ist der Ladeschein einem gutgläubigen Dritten übertragen worden, so ist die Vermutung nach Satz 2 unwiderleglich.

(4) Für das Rechtsverhältnis zwischen dem Frachtführer und dem Absender bleiben die Bestimmungen des Frachtvertrages maßgebend.

§ 445 Ablieferung gegen Rückgabe des Ladescheins

Der Frachtführer ist zur Ablieferung des Gutes nur gegen Rückgabe des Ladescheins, auf dem die Ablieferung bescheinigt ist, verpflichtet.

§ 446 Legitimation durch Ladeschein

(1) Zum Empfang des Gutes legitimiert ist derjenige, an den das Gut nach dem Ladeschein abgeliefert werden soll oder auf den der Ladeschein, wenn er an Order lautet, durch Indossament übertragen ist.

(2) Dem zum Empfang Legitimierten steht das Verfügungsrecht nach § 418 zu. Der Frachtführer braucht den Weisungen wegen Rückgabe oder Ablieferung des Gutes an einen anderen als den durch den Ladeschein legitimierten Empfänger nur Folge zu leisten, wenn ihm der Ladeschein zurückgegeben wird.

§ 447 Ablieferung und Weisungsbefolgung ohne Ladeschein

Der Frachtführer haftet dem rechtmäßigen Besitzer des Ladescheins für den Schaden, der daraus entsteht, dass er das Gut abliefert oder einer Weisung wegen Rückgabe oder Ablieferung

Folge leistet, ohne sich den Ladeschein zurückgeben zu lassen. Die Haftung ist auf den Betrag begrenzt, der bei Verlust des Gutes zu zahlen wäre.

§ 448 Traditionspapier
Die Übergabe des Ladescheins an denjenigen, den der Ladeschein zum Empfang des Gutes legitimiert, hat, wenn das Gut von dem Frachtführer übernommen ist, für den Erwerb von Rechten an dem Gut dieselben Wirkungen wie die Übergabe des Gutes.

Der Ladeschein hat praktische Bedeutung vor allem in der Binnenschifffahrt, gilt jetzt aber für den ganzen Bereich des Landfrachtrechts, also auch für Straße, Schiene, Luft. Der Ladeschein ist Wertpapier und ähnelt dem seerechtlichen Konnossement. Der Ladeschein ist deshalb für das Rechtsverhältnis zwischen Frachtführer und Empfänger maßgebend, für das Rechtsverhältnis zwischen Frachtführer und Absender bleibt der Frachtvertrag maßgebend.

Ladeschein ist Traditionspapier **Der Ladeschein ist Traditionspapier.** Die Übergabe des Papiers hat zum Beispiel für die Eigentumsübertragung dieselbe Wirkung wie die Übergabe des Gutes. Mit Übergabe des Papiers wird das Eigentum am Gut übertragen.

§ 449 Abweichende Vereinbarungen
(1) Ist der Absender ein Verbraucher, so kann nicht zu dessen Nachteil von § 413 Abs. 2, den §§ 414, 418 Abs. 6, § 422 Abs. 3, den §§ 425 bis 438 und § 447 abgewichen werden, es sei denn, der Frachtvertrag hat die Beförderung von Briefen oder briefähnlichen Sendungen zum Gegenstand. § 418 Abs. 6 und § 447 können nicht zu Lasten gutgläubiger Dritter abbedungen werden.
(2) In allen anderen als den in Absatz 1 Satz 1 genannten Fällen kann, soweit der Frachtvertrag nicht die Beförderung von Briefen oder briefähnlichen Sendungen zum Gegenstand hat, von den in Absatz 1 Satz 1 genannten Vorschriften nur durch Vereinbarung abgewichen werden, die im Einzelnen ausgehandelt ist, auch wenn sie für eine Mehrzahl von gleichartigen Verträgen zwischen denselben Vertragsparteien getroffen ist. Die vom Frachtführer zu leistende Entschädigung wegen Verlust oder Beschädigung des Gutes kann jedoch auch durch vorformulierte Vertragsbedingungen auf einen anderen als den in § 431 Abs. 1 und 2 vorgesehenen Betrag begrenzt werden, wenn dieser Betrag
1. zwischen zwei und vierzig Rechnungseinheiten liegt und in drucktechnisch deutlicher Gestaltung besonders hervorgehoben ist oder
2. für den Verwender der vorformulierten Vertragsbedingungen ungünstiger ist als der in § 431 Abs. 1 und 2 vorgesehene Betrag.
Gleiches gilt für die vom Absender nach § 414 zu leistende Entschädigung.
(3) Unterliegt der Frachtvertrag ausländischem Recht, so sind die Absätze 1 und 2 gleichwohl anzuwenden, wenn nach dem Vertrag der Ort der Übernahme und der Ort der Ablieferung des Gutes im Inland liegen.

Die Erläuterung dieser Regelung vergleiche *Ziff. 3.2.1.*

§ 450 Anwendung von Seefrachtrecht
Hat der Frachtvertrag die Beförderung des Gutes ohne Umladung sowohl auf Binnen- als auch auf Seegewässern zum Gegenstand, so ist auf den Vertrag Seefrachtrecht anzuwenden, wenn
1. *ein Konnossement ausgestellt ist oder*
2. *die auf Seegewässern zurückzulegende Strecke die größere ist.*

Zweiter Unterabschnitt:
Beförderung von Umzugsgut

§ 451 Umzugsvertrag
Hat der Frachtvertrag die Beförderung von Umzugsgut zum Gegenstand, so sind auf den Vertrag die Vorschriften des Ersten Unterabschnitts anzuwenden, soweit die folgenden besonderen Vorschriften oder anzuwendende internationale Übereinkommen nichts anderes bestimmen.

§ 451 a Pflichten des Frachtführers
(1) Die Pflichten des Frachtführers umfassen auch das Ab- und Aufbauen der Möbel sowie das Ver- und Entladen des Umzugsgutes.
(2) Ist der Absender ein Verbraucher, so zählt zu den Pflichten des Frachtführers ferner die Ausführung sonstiger auf den Umzug bezogener Leistungen wie die Verpackung und Kennzeichnung des Umzugsgutes.

§ 451 b Frachtbrief. Gefährliches Gut. Begleitpapiere.
Mitteilungs- und Auskunftspflichten
(1) Abweichend von § 408 ist der Absender nicht verpflichtet einen Frachtbrief auszustellen.
(2) Zählt zu dem Umzugsgut gefährliches Gut und ist der Absender ein Verbraucher, so ist er abweichend von § 410 lediglich verpflichtet, den Frachtführer über die von dem Gut ausgehende Gefahr allgemein zu unterrichten; die Unterrichtung bedarf keiner Form. Der Frachtführer hat den Absender über dessen Pflicht nach Satz 1 zu unterrichten.
(3) Der Frachtführer hat den Absender, wenn dieser ein Verbraucher ist, über die zu beachtenden Zoll- und sonstigen Verwaltungsvorschriften zu unterrichten. Er ist jedoch nicht verpflichtet zu prüfen, ob vom Absender zur Verfügung gestellte Urkunden und erteilte Auskünfte richtig und vollständig sind.

§ 451 c Haftung des Absenders in besonderen Fällen
Abweichend von § 414 Abs. 1 Satz 2 hat der Absender dem Frachtführer für Schäden nur bis zum Betrag von 620 Euro je Kubikmeter Laderaum, der zur Erfüllung des Vertrages benötigt wird, Ersatz zu leisten.

§ 451 d Besondere Haftungsausschlussgründe
(1) Abweichend von § 427 ist der Frachtführer von seiner Haftung befreit, soweit der Verlust oder die Beschädigung auf eine der folgenden Gefahren zurückzuführen ist:
  1. *Beförderung von Edelmetallen, Juwelen, Edelsteinen, Geld, Briefmarken, Münzen, Wertpapieren oder Urkunden;*
  2. *ungenügende Verpackung oder Kennzeichnung durch den Absender;*

3. Behandeln, Verladen oder Entladen des Gutes durch den Absender;
4. Beförderung von nicht vom Frachtführer verpacktem Gut in Behältern;
5. Verladen oder Entladen von Gut, dessen Größe oder Gewicht den Raumverhältnissen an der Ladestelle oder Entladestelle nicht entspricht, sofern der Frachtführer den Absender auf die Gefahr einer Beschädigung vorher hingewiesen und der Absender auf der Durchführung der Leistung bestanden hat;
6. Beförderung lebender Tiere oder von Pflanzen;
7. natürliche oder mangelhafte Beschaffenheit des Gutes, derzufolge es besonders leicht Schäden, insbesondere durch Bruch, Funktionsstörungen, Rost, inneren Verderb oder Auslaufen, erleidet.

(2) Ist ein Schaden eingetreten, der nach den Umständen des Falles aus einer der in Absatz 1 bezeichneten Gefahren entstehen konnte, so wird vermutet, dass der Schaden aus dieser Gefahr entstanden ist.

(3) Der Frachtführer kann sich auf Absatz 1 nur berufen, wenn er alle ihm nach den Umständen obliegenden Maßnahmen getroffen und besondere Weisungen beachtet hat.

§ 451 e Haftungshöchstbetrag

Abweichend von § 431 Abs. 1 und 2 ist die Haftung des Frachtführers wegen Verlust oder Beschädigung auf einen Betrag von 620 EURO je Kubikmeter Laderaum, der zur Erfüllung des Vertrages benötigt wird, beschränkt.

§ 451 f Schadensanzeige

Abweichend von § 438 Abs. 1 und 2 erlöschen Ansprüche wegen Verlust oder Beschädigung des Gutes,
1. wenn der Verlust oder die Beschädigung des Gutes äußerlich erkennbar war und dem Frachtführer nicht spätestens am Tag nach der Ablieferung angezeigt worden ist,
2. wenn der Verlust oder die Beschädigung äußerlich nicht erkennbar war und dem Frachtführer nicht innerhalb von vierzehn Tagen nach Ablieferung angezeigt worden ist.

Für die Möbelschäden ergeben sich abweichende Regelungen gegenüber **§ 438 HGB** durch die Verlängerung der Anzeigefristen. Hierbei handelt es sich um eine **Ausschlussfrist**. Nicht unproblematisch ist diese Regelung, dass **äußerlich erkennbare Schäden spätestens am Tag nach der Ablieferung** angezeigt werden können, und sich damit die Vermutung zu Lasten des Spediteurs ergibt.

§ 451 g Wegfall der Haftungsbefreiungen und -begrenzungen

Ist der Absender ein Verbraucher, so kann sich der Frachtführer oder eine in § 428 genannte Person
1. auf die in den §§ 451 d und 451 e sowie in dem Ersten Unterabschnitt vorgesehenen Haftungsbefreiungen und Haftungsbegrenzungen nicht berufen, soweit der Frachtführer es unterlässt, den Absender bei Abschluss des Vertrages über die Haftungsbestimmungen zu unterrichten und auf die Möglichkeiten hinzuweisen, eine weitergehende Haftung zu vereinbaren oder das Gut zu versichern,
2. auf § 451 f in Verbindung mit § 438 nicht berufen, soweit der Frachtführer es unterlässt,

Transportrechtsreform 3.1

den Empfänger spätestens bei der Ablieferung des Gutes über die Form und Frist der Schadensanzeige sowie die Rechtsfolgen bei Unterlassen der Schadensanzeige zu unterrichten. Die Unterrichtung nach Satz 1 Nr. 1 muss in drucktechnisch deutlicher Gestaltung besonders hervorgehoben sein.

§ 451 h Abweichende Vereinbarungen
(1) Ist der Absender ein Verbraucher, so kann von den die Haftung des Frachtführers und des Absenders regelnden Vorschriften dieses Unterabschnitts sowie den danach auf den Umzugsvertrag anzuwendenden Vorschriften des Ersten Unterabschnitts nicht zum Nachteil des Absenders abgewichen werden.
(2) In allen anderen als den in Absatz 1 genannten Fällen kann von den darin genannten Vorschriften nur durch Vereinbarung abgewichen werden, die im Einzelnen ausgehandelt ist, auch wenn sie für eine Mehrzahl von gleichartigen Verträgen zwischen denselben Vertragsparteien getroffen ist. Die vom Frachtführer zu leistende Entschädigung wegen Verlust oder Beschädigung des Gutes kann jedoch auch durch vorformulierte Vertragsbedingungen auf einen anderen als den in § 451 e vorgesehenen Betrag begrenzt werden. Gleiches gilt für die vom Absender nach § 414 in Verbindung mit § 451 c zu leistende Entschädigung. Die in den vorformulierten Vertragsbedingungen enthaltene Bestimmung ist jedoch unwirksam, wenn sie nicht in drucktechnisch deutlicher Gestaltung besonders hervorgehoben ist.
(3) Unterliegt der Umzugsvertrag ausländischem Recht, so sind die Absätze 1 und 2 gleichwohl anzuwenden, wenn nach dem Vertrag der Ort der Übernahme und der Ort der Ablieferung im Inland liegen.

Dritter Unterabschnitt:
Beförderung mit verschiedenartigen Beförderungsmitteln

§ 452 Frachtvertrag über eine Beförderung mit verschiedenartigen Beförderungsmitteln
Wird die Beförderung des Gutes auf Grund eines einheitlichen Frachtvertrages mit verschiedenartigen Beförderungsmitteln durchgeführt und wären, wenn über jeden Teil der Beförderung mit jeweils einem Beförderungsmittel (Teilstrecke) zwischen den Vertragsparteien ein gesonderter Vertrag abgeschlossen worden wäre, mindestens zwei dieser Verträge verschiedenen Rechtsvorschriften unterworfen, so sind auf den Vertrag die Vorschriften des Ersten Unterabschnitts anzuwenden, soweit die folgenden besonderen Vorschriften oder anzuwendende internationale Übereinkommen nichts anderes bestimmen. Dies gilt auch dann, wenn ein Teil der Beförderung zur See durchgeführt wird.

Entscheidende Voraussetzung für die Anwendbarkeit dieses Unterabschnitts ist der Abschluss eines **einheitlichen Frachtvertrages**, bei dem es zum Einsatz von verschiedenartigen Beförderungsmitteln wie Bahn, Flugzeug, Schiff oder Lkw kommt. Des Weiteren müssen mindestens **zwei verschiedenartige Rechtsvorschriften** hierfür einschlägig sein, wenn für jede Teilstrecke gesonderte Verträge abgeschlossen worden sind. Nur dann greifen diese Sondervorschriften.

Einheitlicher Frachtvertrag

§ 452 a Bekannter Schadensort
Steht fest, dass der Verlust, die Beschädigung oder das Ereignis, das zu einer Überschreitung der Lieferfrist geführt hat, auf einer bestimmten Teilstrecke eingetreten ist, so bestimmt sich die Haftung des Frachtführers abweichend von den Vorschriften des Ersten Unterabschnitts nach den Rechtsvorschriften, die auf einen Vertrag über eine Beförderung auf dieser Teilstrecke anzuwenden wären. Der Beweis dafür, daß der Verlust, die Beschädigung oder das zu einer Überschreitung der Lieferfrist führende Ereignis auf einer bestimmten Teilstrecke eingetreten ist, obliegt demjenigen, der dies behauptet.

§ 452 b Schadensanzeige. Verjährung
(1) *§ 438 ist unabhängig davon anzuwenden, ob der Schadensort unbekannt ist, bekannt ist oder später bekannt wird. Die für die Schadensanzeige vorgeschriebene Form und Frist ist auch gewahrt, wenn die Vorschriften eingehalten werden, die auf einen Vertrag über eine Beförderung auf der letzten Teilstrecke anzuwenden wären.*
(2) *Für den Beginn der Verjährung des Anspruchs wegen Verlust, Beschädigung oder Überschreitung der Lieferfrist ist, wenn auf den Ablieferungszeitpunkt abzustellen ist, der Zeitpunkt der Ablieferung an den Empfänger maßgebend. Der Anspruch verjährt auch bei bekanntem Schadensort frühestens nach Maßgabe des § 439.*

§ 452 c Umzugsvertrag über eine Beförderung mit verschiedenartigen Beförderungsmitteln
Hat der Frachtvertrag die Beförderung von Umzugsgut mit verschiedenartigen Beförderungsmitteln zum Gegenstand, so sind auf den Vertrag die Vorschriften des Zweiten Unterabschnitts anzuwenden. § 452 a ist nur anzuwenden, soweit für die Teilstrecke, auf welcher der Schaden eingetreten ist, Bestimmungen eines für die Bundesrepublik Deutschland verbindlichen internationalen Übereinkommens gelten.

§ 452 d Abweichende Vereinbarungen
(1) *Von der Regelung des § 452 b Abs. 2 Satz 1 kann nur durch Vereinbarung abgewichen werden, die im Einzelnen ausgehandelt ist, auch wenn diese für eine Mehrzahl von gleichartigen Verträgen zwischen denselben Vertragsparteien getroffen ist. Von den übrigen Regelungen dieses Unterabschnitts kann nur insoweit durch vertragliche Vereinbarung abgewichen werden, als die darin in Bezug genommenen Vorschriften abweichende Vereinbarungen zulassen.*
(2) *Abweichend von Absatz 1 kann jedoch auch durch vorformulierte Vertragsbedingungen vereinbart werden, dass sich die Haftung bei bekanntem Schadensort (§ 452 a)*
   1. *unabhängig davon, auf welcher Teilstrecke der Schaden eintreten wird, oder*
   2. *für den Fall des Schadenseintritts auf einer in der Vereinbarung genannten Teilstrecke nach den Vorschriften des Ersten Unterabschnitts bestimmt.*
(3) *Vereinbarungen, die die Anwendung der für eine Teilstrecke zwingend geltenden Bestimmungen eines für die Bundesrepublik Deutschland verbindlichen internationalen Übereinkommens ausschließen, sind unwirksam.*

Transportrechtsreform 3.1

3.1.2.2 Speditionsgeschäft mit Kurzkommentierung

Fünfter Abschnitt:
Speditionsgeschäft

§ 453 Speditionsvertrag
(1) Durch den Speditionsvertrag wird der Spediteur verpflichtet, die Versendung des Gutes zu besorgen.
(2) Der Versender wird verpflichtet, die vereinbarte Vergütung zu zahlen.
(3) Die Vorschriften dieses Abschnitts gelten nur, wenn die Besorgung der Versendung zum Betrieb eines gewerblichen Unternehmens gehört. Erfordert das Unternehmen nach Art oder Umfang einen in kaufmännischer Weise eingerichteten Geschäftsbetrieb nicht und ist die Firma des Unternehmens auch nicht nach § 2 in das Handelsregister eingetragen, so sind in Ansehung des Speditionsgeschäfts auch insoweit die Vorschriften des Ersten Abschnitts des Vierten Buches ergänzend anzuwenden, dies gilt jedoch nicht für die §§ 348 bis 350.

Genau wie beim Frachtvertrag in § 407 HGB wird auch hier nicht primär der Verkehrsträger definiert, und zwar durch den Vertragstyp, sondern **der Vertrag, sein Typ ist das charakteristische Kennzeichen, womit zugleich die beiden Partner des Vertrages beschrieben werden**. Unverändert wird die **Leistung des Spediteurs im Sinne des Gesetzes** beschrieben mit **Besorgung der Versendung**. Der Spediteur im Sinne des Gesetzes bleibt unverändert der Sofa- oder Schreibtischspediteur. – In *Absatz 3* wird die **Anwendung des gesetzlichen Speditionsrechts auf die gewerbliche Besorgung einer Güterversendung konzentriert**; das ist der neue Kaufmannsbegriff: Kaufmann ist, wer ein Gewerbe betreibt. Über die Einzelheiten des Speditionsgeschäftes und dessen Ausgestaltung vergleiche *Kapitel 3.2.3*.

Speditionsvertrag

§ 454 Besorgung der Versendung
(1) Die Pflicht, die Versendung zu besorgen, umfasst die Organisation der Beförderung, insbesondere
  1. die Bestimmung des Beförderungsmittels und des Beförderungsweges,
  2. die Auswahl ausführender Unternehmer, den Abschluss der für die Versendung erforderlichen Fracht-, Lager- und Speditionsverträge sowie die Erteilung von Informationen und Weisungen an die ausführenden Unternehmer und
  3. die Sicherung von Schadenersatzansprüchen des Versenders.
(2) Zu den Pflichten des Spediteurs zählt ferner die Ausführung sonstiger vereinbarter auf die Beförderung bezogener Leistungen wie die Versicherung und Verpackung des Gutes, seine Kennzeichnung und die Zollbehandlung. Der Spediteur schuldet jedoch nur den Abschluss der zur Erbringung dieser Leistungen erforderlichen Verträge, wenn sich dies aus der Vereinbarung ergibt.
(3) Der Spediteur schließt die erforderlichen Verträge im eigenen Namen oder, sofern er hierzu bevollmächtigt ist, im Namen des Versenders ab.
(4) Der Spediteur hat bei Erfüllung seiner Pflichten das Interesse des Versenders wahrzunehmen und dessen Weisungen zu befolgen.

3 Der Spediteur und das Speditionsrecht / Frachtrecht

Organisation der Beförderung

Zu *Abs. 1*:
Hier wird deutlich, dass die Spedition im Sinne des Gesetzes kein Unterfall von Kommission ist. Der Spediteur kauft nicht mehr einzelne Verkehrsleistungen für seinen Auftraggeber ein, hier ein Frachtgeschäft, da einen Umschlag, dort wieder ein Frachtgeschäft, dann eine Zwischenlagerung, anschließend ein Seefrachtgeschäft usw. **Vielmehr gestaltet und organisiert er die Beförderung. Mit der Organisation der Beförderung erbringt der Spediteur eine eigenständige Gesamtleistung.**

§ 454 HGB sagt alles

Die Organisation der Beförderung und die Besorgung der Versendung bilden zusammen den gesetzlichen Inhalt des Speditionsvertrags. Das ergibt sich aus Haftungsvorschriften: Die Haftung für die eigentliche Speditionstätigkeit wird in *§ 461 Abs. 2 HGB* durch schlichte Bezugnahme auf die dem Spediteur obliegenden Pflichten gemäß *§ 454 HGB* geregelt. *§ 454 HGB* enthält alles: Versendung besorgen / Beförderung organisieren / weitere Leistungen; deswegen siehe zu *Abs. 2*.

Drei Phasen der Organisation

Die Organisation der Beförderung durchläuft drei Phasen: die Vorbereitung (zum Beispiel Bestimmung des Beförderungsmittels), die Ausführung (zum Beispiel Abschluss der erforderlichen Verkehrsverträge) und die Kontrolle (Sicherung von Ersatzansprüchen). Vergleiche hierzu *Kapitel 3.2.3*.

Logistik, auf die Beförderung bezogen

Zu *Abs. 2*:
Werden weitere auf die Beförderung bezogene Leistungen vereinbart, so werden auch sie Inhalt des gesetzlichen Speditionsvertrags; beispielhaft genannt werden Versicherung, Verpackung, Kennzeichnung und Zollbehandlung. **Diese Leistungen übernimmt der Spediteur konsensual als seine Verpflichtung, die er nicht höchstpersönlich erfüllen muss, sondern bei deren Erfüllung er sich durch Erfüllungsgehilfen helfen lassen darf.** Das bedeutet: Er muss im Falle der Verpackung die seemäßige Kiste nicht selbst herstellen, sondern darf damit einen Spezialbetrieb beauftragen, er bleibt aber in der konsensualen Verantwortung. *Satz 2* stellt das klar: **Im Zweifel Konsensualverpflichtung des Spediteurs, nur bei klarer Vereinbarung mit dem Versender Beschränkung des Spediteurs darauf, einen geeigneten Unternehmer auszuwählen und zu beauftragen;** der Spediteur schuldet in dieser Funktion die gehörige Auswahl des Subunternehmers.

Im eigenen / fremden Namen

Zu *Abs. 3*:
Das Handeln im eigenen Namen ist nicht charakteristisch für den gesetzlichen Spediteurbegriff. Er kann zum Beispiel bei der Zollbehandlung als Stellvertreter im Namen des Versenders handeln. Hier wird nur daran erinnert, dass beim Handeln als Vertreter eine Vollmacht vorhanden sein muss. Die Vollmacht als solche ist auch formlos gültig, weil sie aber gegebenenfalls bewiesen werden muss, empfiehlt sich Schriftlichkeit.

Interessewahrungspflicht

Zu *Abs. 4*:
Die Pflicht zur Interessewahrung hebt den Spediteur wie einen Treuhänder weit über alle kaufmännischen Dienstleister hinaus. Der Spediteur muss gegebenenfalls auch ohne Weisung spontan tätig werden, Aufwendungen machen usw.

Transportrechtsreform 3.1

> *§ 455 Behandlung des Gutes. Begleitpapiere.*
> *Mitteilungs- und Auskunftspflichten*
> *(1) Der Versender ist verpflichtet, das Gut, soweit erforderlich, zu verpacken und zu kennzeichnen und Urkunden zur Verfügung zu stellen sowie alle Auskünfte zu erteilen, deren der Spediteur zur Erfüllung seiner Pflichten bedarf. Soll gefährliches Gut versendet werden, so hat der Versender dem Spediteur rechtzeitig schriftlich oder in sonst lesbarer Form die genaue Art der Gefahr und, soweit erforderlich, zu ergreifende Vorsichtsmaßnahmen mitzuteilen.*
> *(2) Der Versender hat, auch wenn ihn kein Verschulden trifft, dem Spediteur Schäden und Aufwendungen zu ersetzen, die verursacht werden durch*
>   *1. ungenügende Verpackung oder Kennzeichnung,*
>   *2. Unterlassen der Mitteilung über die Gefährlichkeit des Gutes oder*
>   *3. Fehlen, Unvollständigkeit oder Unrichtigkeit der Urkunden oder Auskünfte, die für eine amtliche Behandlung des Gutes erforderlich sind, § 414 Abs. 1 Satz 2 und Abs. 2 ist entsprechend anzuwenden.*
> *(3) Ist der Versender ein Verbraucher, so hat er dem Spediteur Schäden und Aufwendungen nach Absatz 2 nur zu ersetzen, soweit ihn ein Verschulden trifft.*

Zu *Abs. 1*:
Die Pflichten eines Absenders gegenüber dem Frachtführer zur Verpackung des Gutes, zur Kennzeichnung, zur Mitgabe von Begleitpapieren und Erteilung von Auskünften, insbesondere über Gefahrgut und etwa zu ergreifende Vorsichtsmaßnahmen *(§§ 410, 411, 413 HGB)* treffen, wenn ein Spediteur eingeschaltet ist, diesen. *§ 455 HGB* gibt diese Pflichten im Speditionsvertrag weiter an den Versender.

Zu *Abs. 2*:
Folgerichtig wird auch die Haftung des Absenders gegenüber dem Frachtführer *(§ 414 HGB)* bei Verletzung einer dieser Pflichten im Speditionsvertrag an den Versender weitergegeben. Die Haftung ist dem Grunde nach absolut, das heißt auch ohne Verschulden, der Höhe nach, entsprechend dem Gewicht des Gutes beschränkt. Ist der Versender ein Verbraucher, so haftet er nur bei Verschulden.

> *§ 456 Fälligkeit der Vergütung*
> *Die Vergütung ist zu zahlen, wenn das Gut dem Frachtführer oder Verfrachter übergeben worden ist.*

Übergabe an ersten Verkehrsträger

Die Vergütung des Spediteurs ist fällig, wenn das Gut dem Frachtführer oder Verfrachter übergeben worden ist, und zwar dem ersten Verkehrsträger, wenn eine Transportkette besteht. Anders ausgedrückt: Sobald die vom Spediteur zu organisierende Beförderung beginnt, sei es an seinem Lager, sei es an der Ladestelle, hat er seine Arbeit im Wesentlichen getan, er hat seine Vergütung verdient.

§ 457 Forderungen des Versenders
Der Versender kann Forderungen aus einem Vertrag, den der Spediteur für Rechnung des Versenders im eigenen Namen abgeschlossen hat, erst nach der Abtretung geltend machen. Solche Forderungen sowie das in Erfüllung solcher Forderungen Erlangte gelten jedoch im Verhältnis zu den Gläubigern des Spediteurs als auf den Versender übertragen.

Was der im eigenen Namen handelnde Spediteur durch seine Geschäftsführung an Forderungen oder sonstigen Werten, zum Beispiel Geld bei Einziehung einer Nachnahme, erlangt, steht wirtschaftlich dem Versender zu und wird deshalb hier dem formal sonst möglichen Zugriff der Gläubiger des Spediteurs entzogen. Forderungen kann der Versender aber erst nach Abtretung an ihn geltend machen. Gleichwohl wird der Versender auch ohne Abtretung sozusagen am Spediteur vorbei einen Anspruch gegen den Frachtführer erheben können, um die Verjährung zu hemmen.

§ 458 Selbsteintritt
Der Spediteur ist befugt, die Beförderung des Gutes durch Selbsteintritt auszuführen. Macht er von dieser Befugnis Gebrauch, so hat er hinsichtlich der Beförderung die Rechte und Pflichten eines Frachtführers oder Verfrachters. In diesem Fall kann er neben der Vergütung für seine Tätigkeit als Spediteur die gewöhnliche Fracht verlangen.

Unechter / echter Selbsteintritt „Beförderung durch Selbsteintritt ausführen" meint in Anlehnung an das Kommissionsrecht *§ 400 HGB* den so genannten unechten Selbsteintritt, die auf die Ausführung gerichtete Willenserklärung (contracting carrier), die freilich den echten Selbsteintritt, das tatsächliche Tun (actual carrier) umfasst. Deshalb ist es kein Widerspruch, wenn *§ 437 HGB* den ausführenden Frachtführer auf den actual carrier beschränkt, der tatsächlich selbst fährt. **Speditioneller Selbsteintritt** liegt vor, wenn der Spediteur selbst fährt.

Hinsichtlich der Beförderung Frachtrecht Rechtsfolge ist die Geltung von Frachtrecht. Durch „hinsichtlich der Beförderung" wird dies definiert. Daneben bestehen die speditionellen Verpflichtungen, insbesondere die der Interessewahrung weiter.
Die Frachtrechtshaftung des selbst eintretenden Spediteurs ist insoweit abdingbar, als die in Betracht kommenden Frachtrechtsvorschriften abdingbar sind (*§ 466 Abs. 3 HGB*).

§ 459 Spedition zu festen Kosten
Fixkosten *Soweit als Vergütung ein bestimmter Betrag vereinbart ist, der Kosten für die Beförderung einschließt, hat der Spediteur hinsichtlich der Beförderung die Rechte und Pflichten eines Frachtführers oder Verfrachters. In diesem Fall hat er Anspruch auf Ersatz seiner Aufwendungen nur, soweit dies üblich ist.*

Preisrisiko Der Fixkostentatbestand wird wie folgt definiert: **Die Vergütung des organisierenden (Schreibtisch-) Spediteurs wird mit einem bestimmten Betrag vereinbart, und dieser **Hinsichtlich der Beförderung** schließt Kosten für die Beförderung ein.** Über die Beförderungskosten schuldet der Spediteur keine Rechenschaft, kann aber, wenn er mit dem Betrag nicht auskommt, nichts nachfordern. Der Spediteur allein trägt somit das Preisrisiko.
Frachtrecht Für die Leistungen, die Strecke und die Zeit, für die die Vergütung durch den

Transportrechtsreform 3.1

Gesamtbetrag abgegolten ist, hat der Spediteur die Rechte und Pflichten eines Frachtführers. **Frachtrecht gilt für die ganze Ortsveränderung, auch für Zwischenlagerung, nur Organisation, Disposition, Interessewahrung, also die speditionellen Leistungen bleiben daneben gesondert bestehen.** Das Frachtrecht kommt somit nicht ausschließlich zur Anwendung.

Die Frachtrechtshaftung des Fixkostenspediteurs ist insoweit abdingbar, als die in Betracht kommenden Frachtrechtsvorschriften abdingbar sind.

§ 460 Sammelladung
(1) Der Spediteur ist befugt, die Versendung des Gutes zusammen mit Gut eines anderen Versenders auf Grund eines für seine Rechnung über eine Sammelladung geschlossenen Frachtvertrages zu bewirken.
(2) Macht der Spediteur von dieser Befugnis Gebrauch, so hat er hinsichtlich der Beförderung in Sammelladung die Rechte und Pflichten eines Frachtführers oder Verfrachters. In diesem Fall kann der Spediteur eine den Umständen nach angemessene Vergütung verlangen, höchstens aber die für die Beförderung des einzelnen Gutes gewöhnliche Fracht.

Die Sammelladung ist ein eigener Tatbestand, und es genügt, wenn die Sammelladung das Gut eines anderen Versenders enthält, es müssen nicht mehrere andere Versender sein. Die Rechtsfolge entspricht dem eigenen Tatbestand, **es gilt Frachtrecht hinsichtlich der Beförderung, aber nur der Beförderung in Sammelladung, also im Hauptlauf, nicht im Nachlauf.**

Die Frachtrechtshaftung des Sammelladungsspediteurs ist insoweit abdingbar, als die in Betracht kommenden Frachtrechtsvorschriften abdingbar sind; *§ 466 Abs. 3 HGB*.

Fixkosten und Sammelladung sind zwei getrennte Tatbestände. Sind beide verwirklicht, findet also Versendung in Sammelladung statt und sind Fixkosten bis zum Endempfänger vereinbart, so stehen für einen im Sammelladungshauptlauf eingetretenen Schaden beide Anspruchsgrundlagen zur Verfügung, für einen im Nachlauf eingetretenen nur die Anspruchsgrundlage Fixkosten.

Für die speditionelle Praxis sind insbesondere die Fixkostenspedition *(§ 459 HGB)* und die Sammelladungsspedition *(§ 460 HGB)* unter haftungsrechtlichen Gesichtspunkten relevant. In der Mehrzahl der Fälle greift das Haftungsregime der *§§ 458–460 HGB*. Deshalb wollen wir im Folgenden zusammenfassend die Haftung des Spediteurs bezogen auf seine Tätigkeiten darstellen.

Tab. 8:
Haftung des Spediteurs nach Tätigkeiten

Tätigkeit	Haftung	
Schreibtisch Besorgen, Organisieren, Disponieren		SpedR
Schreibtisch + Obhut	Güterschaden in Obhut	FrR
	Sonst	SpedR
Selbsteintritt	Hinsichtlich Beförderung[1]	FrR
	Sonst	SpedR
Fixkosten	Hinsichtlich Beförderung[2]	FrR
	Sonst	SpedR
Sammelladung	Hinsichtlich Beförderung im Sammelladungs-Hauptlauf[3]	FrR
	Sonst	SpedR

1) Soweit der Spediteur selbst fährt. Zwischenlagerung ist, auch wenn anschließend derselbe Spediteur weiterfährt, speditionell. Vertraglich ist Spedition die Hauptsache, das Selbstfahren ein Unterfall.
2) Beförderung meint die vertragliche Ortsveränderung und die ihr entsprechende Zeit, wofür Beförderungskosten in die Spediteurvergütung eingeschlossen sind. Dazu gehören also das eigentliche Fahren, aber auch Zwischenlagerung und Umschlag, kurz: alles, wofür die Vergütung im festen Satz enthalten ist. Der Haftungstatbestand „Schaden, entstanden in der Gewahrsamszeit" wird also entsprechend ausgedehnt. Beförderung ist hier beim Grund der Haftung also ein anderer Begriff als in *Ziff. 23.1 ADSp* bei der Höhe der Haftung.
3) Beförderung umfasst hier den gesamten Sammelladungs-Hauptlauf. Sollte – zum Beispiel wegen Fahrzeugschadens – die ganze Sammelladung umgeschlagen, zwischengelagert und dann weiterbefördert werden, so wäre alles das von der Beförderung im Sammelladungshauptlauf umfasst.

Quelle: Eigene Darstellung

§ 461 Haftung des Spediteurs

(1) Der Spediteur haftet für den Schaden, der durch Verlust oder Beschädigung des in seiner Obhut befindlichen Gutes entsteht. Die §§ 426, 427, 429, 430, 431 Abs. 1, 2 und 4, §§ 432, 434 bis 436 sind entsprechend anzuwenden.

(2) Für Schaden, der nicht durch Verlust oder Beschädigung des in der Obhut des Spediteurs befindlichen Gutes entstanden ist, haftet der Spediteur, wenn er eine ihm nach § 454 obliegende Pflicht verletzt. Von dieser Haftung ist er befreit, wenn der Schaden durch die Sorgfalt eines ordentlichen Kaufmanns nicht abgewendet werden konnte.

(3) Hat bei der Entstehung des Schadens ein Verhalten des Versenders oder ein besonderer Mangel des Gutes mitgewirkt, so hängen die Verpflichtung zum Ersatz sowie der Umfang des zu leistenden Ersatzes davon ab, inwieweit diese Umstände zu dem Schaden beigetragen haben.

Zu *Abs. 1:*

Obhutshaftung Die so genannte Obhutshaftung ist keine neue Haftungsart, sondern ein Haftungstatbestand. Der besorgende, organisierende Spediteur fasst als Schreibtischspediteur das Gut überhaupt nicht an. Fasst er das Gut doch an, wie zum Beispiel beim speditionellen Umschlag, so begibt er sich von seinem Schreibtisch weg in eine dem Frachtführer vergleichbare Lage, der ja auch das Gut in Obhut nimmt. **Dann haftet der Spediteur wie ein Frachtführer für Güterschaden des in seiner Obhut befindlichen Gutes.** Der Schaden muss in der Obhut des Spediteurs eingetreten sein. Die Obhutshaftung ist einem **Im Korridor abdingbar** Verbraucher gegenüber gesetzlich zwingend; *§ 466 Abs. 1 HGB.* **Anderen Versendern gegenüber ist sie wie das allgemeine Frachtrecht dem Grunde nach *AGB*-fest, der Höhe nach innerhalb des Korridors *AGB*-frei;** *§ 466 Abs. 2 HGB.*

Transportrechtsreform 3.1

Zu *Abs. 2:*
Für alle anderen als Obhutsgüterschäden haftet der Spediteur, wenn er eine speditionelle Pflicht verletzt, für **Verschulden mit umgekehrter Beweislast**, der Höhe nach unbeschränkt, aber frei, auch *AGB*-frei beschränkbar.

Sonstige speditionelle Haftung

§ 462 Haftung für andere
Der Spediteur hat Handlungen und Unterlassungen seiner Leute in gleichem Umfange zu vertreten wie eigene Handlungen und Unterlassungen, wenn die Leute in Ausübung ihrer Verrichtungen handeln. Gleiches gilt für Handlungen und Unterlassungen anderer Personen, deren er sich bei Erfüllung seiner Pflicht, die Versendung zu besorgen, bedient.

Vergleiche im Frachtrecht *§ 428 HGB*, Leute sind alle Angestellten und Arbeiter des Betriebs, aber auch Auszubildende, Volontäre und andere nur vorübergehend in den Betrieb Integrierte. Unabhängig von ihren Funktionen stehen sie alle zum Beispiel in der Pflicht, das dem Betrieb anvertraute Gut nicht zu schädigen, für sie alle haftet der Betriebsinhaber.

Leute

Der Spediteur haftet ferner – und zwar in gleicher Weise – für die Personen, deren er sich bei der Erfüllung seiner Speditionspflichten, die Versendung zu besorgen und die Beförderung zu organisieren, bedient. Das sind die besonderen speditionsrechtlichen Erfüllungsgehilfen, zum Beispiel Subunternehmer.

Erfüllungsgehilfen

§ 463 Verjährung
Auf die Verjährung der Ansprüche aus einer Leistung, die den Vorschriften dieses Abschnitts unterliegt, ist § 439 entsprechend anzuwenden.

§ 464 Pfandrecht
Der Spediteur hat wegen aller durch den Speditionsvertrag begründeten Forderungen sowie wegen unbestrittener Forderungen aus anderen mit dem Versender abgeschlossenen Speditions-, Fracht- und Lagerverträgen ein Pfandrecht an dem Gut. § 441 Abs. 1 Satz 2 bis Abs. 4 ist entsprechend anzuwenden.

§ 465 Nachfolgender Spediteur
(1) Wirkt an einer Beförderung neben dem Frachtführer auch ein Spediteur mit und hat dieser die Ablieferung zu bewirken, so ist auf den Spediteur § 442 Abs. 1 entsprechend anzuwenden.
(2) Wird ein vorhergehender Frachtführer oder Spediteur von einem nachfolgenden Spediteur befriedigt, so gehen Forderung und Pfandrecht des Ersteren auf den Letzteren über.

§ 466 Abweichende Vereinbarungen
(1) Ist der Versender ein Verbraucher, so kann nicht zu dessen Nachteil von § 461 Abs. 1, den §§ 462 und 463 abgewichen werden, es sei denn der Speditionsvertrag hat die Versendung von Briefen oder briefähnlichen Sendungen zum Gegenstand.
(2) In allen anderen als den in Absatz 1 genannten Fällen kann, soweit der Speditionsvertrag nicht die Versendung von Briefen oder briefähnlichen Sendungen zum Gegenstand

hat, von den im Absatz 1 genannten Vorschriften nur durch Vereinbarung abgewichen werden, die im Einzelnen ausgehandelt ist, auch wenn sie für eine Mehrzahl von gleichartigen Verträgen zwischen denselben Vertragsparteien getroffen ist. Die vom Spediteur zu leistende Entschädigung wegen Verlust oder Beschädigung des Gutes kann jedoch auch durch vorformulierte Vertragsbedingungen auf einen anderen als den in § 431 Abs. 1 und 2 vorgesehenen Betrag begrenzt werden, wenn dieser Betrag
1. zwischen zwei und vierzig Rechnungseinheiten liegt und in drucktechnisch deutlicher Gestaltung besonders hervorgehoben ist oder
2. für den Verwender der vorformulierten Vertragsbedingungen ungünstiger ist als der in § 431 Abs. 1 und 2 vorgesehene Betrag.
(3) Von § 458 Satz 2, § 459 Satz 1, § 460 Abs. 2 Satz 1 kann nur insoweit durch vertragliche Vereinbarung abgewichen werden, als die darin in Bezug genommenen Vorschriften abweichende Vereinbarungen zulassen.
(4) Unterliegt der Speditionsvertrag ausländischem Recht, so sind die Absätze 1 bis 3 gleichwohl anzuwenden, wenn nach dem Vertrag der Ort der Übernahme und der Ort der Ablieferung des Gutes im Inland liegen.

3.1.2.3 Lagergeschäft mit Kurzkommentierung

Lager-geschäft

Sechster Abschnitt
Lagergeschäft

§ 467 Lagervertrag

(1) Durch den Lagervertrag wird der Lagerhalter verpflichtet, das Gut zu lagern und aufzubewahren.
(2) Der Einlagerer wird verpflichtet, die vereinbarte Vergütung zu zahlen.
(3) Die Vorschriften dieses Abschnitts gelten nur, wenn die Lagerung und Aufbewahrung zum Betrieb eines gewerblichen Unternehmens gehört. Erfordert das Unternehmen nach Art oder Umfang einen in kaufmännischer Weise eingerichteten Geschäftsbetrieb nicht und ist die Firma des Unternehmens auch nicht nach § 2 in das Handelsregister eingetragen, so sind in Ansehung des Lagergeschäfts auch insoweit die Vorschriften des Ersten Abschnittes des Vierten Buches ergänzend anzuwenden; dies gilt jedoch nicht für die §§ 348 bis 350.

Verkehrs-bedingte Lagerung Grundsätzlich zu differenzieren ist zwischen **dispositiver Lagerung** und **verkehrsbedingter (Zwischen-)Lagerung**. Der sechste Abschnitt kommt nur zur Anwendung bei einer verfügten oder ausdrücklich beauftragten Lagerung, nicht dagegen bei einer transportbedingten Zwischenlagerung, die sich nicht aus der konkreten Verfügung des Versenders oder Auftraggebers ergibt.

Zu *Abs. 1* und *2*:
Wie beim Fracht- und beim Speditionsvertrag in *§§ 407* und *453 HGB* wird auch hier der **konsensuale Vertragstyp** mit den Hauptpflichten der Vertragspartner beschrieben, woraus sich dann die Bezeichnung der beiden Partner von selbst ergibt.

Transportrechtsreform 3.1

Zu Abs. 3:
Das *HGB* gilt für Kaufleute. Kaufmann ist, wer ein gewerbliches Unternehmen betreibt. **Das Lagerrecht gilt nur, wenn das Lagergeschäft in dieser Weise kaufmännisch ist.** Für Verbraucher kommt das Lagerrecht nur dann zur Anwendung, wenn dies ausdrücklich und nachweislich vereinbart wird.

§ 468 Behandlung des Gutes. Begleitpapiere.
Mitteilungs- und Auskunftspflichten.

(1) *Der Einlagerer ist verpflichtet, dem Lagerhalter, wenn gefährliches Gut eingelagert werden soll, rechtzeitig schriftlich oder in sonst lesbarer Form die genaue Art der Gefahr und, soweit erforderlich, zu ergreifende Vorsichtsmaßnahmen mitzuteilen. Er hat ferner das Gut, soweit erforderlich, zu verpacken und zu kennzeichnen und Urkunden zur Verfügung zu stellen sowie alle Auskünfte zu erteilen, die der Lagerhalter zur Erfüllung seiner Pflichten benötigt.*

(2) *Ist der Einlagerer ein Verbraucher, so ist abweichend von Absatz 1*
 1. *der Lagerhalter verpflichtet, das Gut, soweit erforderlich, zu verpacken und zu kennzeichnen,*
 2. *der Einlagerer lediglich verpflichtet, den Lagerhalter über die von dem Gut ausgehende Gefahr allgemein zu unterrichten; die Unterrichtung bedarf keiner Form.*
Der Lagerhalter hat in diesem Falle den Einlagerer über dessen Pflicht nach Satz 1 Nr. 2 sowie über die von ihm zu beachtenden Verwaltungsvorschriften über eine amtliche Behandlung des Gutes zu unterrichten.

(3) *Der Einlagerer hat, auch wenn ihn kein Verschulden trifft, dem Lagerhalter Schäden und Aufwendungen zu ersetzen, die verursacht werden durch*
 1. *ungenügende Verpackung oder Kennzeichnung,*
 2. *Unterlassen der Mitteilung über die Gefährlichkeit des Gutes oder*
 3. *Fehlen, Unvollständigkeit oder Unrichtigkeit der in § 413 Abs. 1 genannten Urkunden oder Auskünfte. § 414 Abs. 1 Satz 2 und Abs. 2 ist entsprechend anzuwenden.*

(4) *Ist der Einlagerer ein Verbraucher, so hat er dem Lagerhalter Schäden und Aufwendungen nach Absatz 3 nur zu ersetzen, soweit ihn ein Verschulden trifft.*

Zu Abs. 1:
Wie durch §§ 410, 411, 413 HGB im Frachtrecht und § 455 HGB im Speditionsrecht werden hier auch für das Lagerrecht die Pflichten des Einlagerers als des Auftraggebers geregelt: Verpackung des Gutes, Kennzeichnung, Mitgabe von Urkunden, Auskünfte insbesondere über Gefahrgut und zu ergreifende Vorsichtsmaßnahmen. — **Einlagererpflichten**

Zu Abs. 2:
Ist der Einlagerer ein Verbraucher, so obliegt die Verpackungs- und Kennzeichnungspflicht nicht ihm, sondern dem Lagerhalter. In aller Regel weiß er besser, was in dieser Hinsicht erforderlich ist. Ähnlich ist es mit den Auskünften über Gefahrgut. Der Lagerhalter muss den Einlagerer über die Pflicht zur Auskunft über Gefahrgut belehren, das heißt er muss das Gespräch mit dem Einlagerer eröffnen, indem er nach der Art des — **Erleichterungen für Verbraucher**

Gutes fragt und Hinweise gibt. Auch über die bei einer amtlichen Behandlung des Gutes zu beachtenden Verwaltungsvorschriften muss der Lagerhalter den Einlagerer belehren, das heißt er muss gegebenenfalls das Gespräch darüber eröffnen, ob etwas mit dem Gut zu geschehen hat.

Einlagerer-haftung

Zu *Abs. 3 und 4*:

Wenn der Einlagerer eine dieser Pflichten verletzt, haftet er auch ohne Verschulden für den daraus entstehenden Schaden, der Höhe nach allerdings entsprechend dem Gewicht seines Gutes beschränkt. Ein Verbraucher als Einlagerer haftet nur bei Verschulden.

§ 469 Sammellagerung

Sammel-lagerung

(1) *Der Lagerhalter ist nur berechtigt, vertretbare Sachen mit anderen Sachen gleicher Art und Güte zu vermischen, wenn die beteiligten Einlagerer ausdrücklich einverstanden sind.*

(2) *Ist der Lagerhalter berechtigt, Gut zu vermischen, so steht vom Zeitpunkt der Einlagerung ab den Eigentümern der eingelagerten Sachen Miteigentum nach Bruchteilen zu.*

(3) *Der Lagerhalter kann jedem Einlagerer den ihm gebührenden Anteil ausliefern, ohne dass er hierzu der Genehmigung der übrigen Beteiligten bedarf.*

Überblick Vertretbare Sachen sind nach der Definition durch *§ 91 BGB* bewegliche Sachen, die im Verkehr nach Zahl, Maß oder Gewicht bestimmt werden, ihre Individualität als Einzelstück ist im Verkehr unwichtig. Beispiele: ein Dutzend Eier, ein Sack Kartoffeln, ein Zentner Getreide. Soll ein Lagerhalter zum Beispiel Gerste gleicher Art und Güte von verschiedenen Bauern einlagern, so könnte er die verschiedenen Partien getrennt lagern, würde dafür aber mehr Platz benötigen und deshalb würde die Lagerung teurer werden, als wenn man die verschiedenen Partien, die ja von gleicher Art und Güte sind, zusammenschüttet. Dann ginge freilich ihre Identität als Partie verloren, und das hätte auch rechtliche Folgen, denn wenn bewegliche Sachen untrennbar vermischt werden, geht mit der Individualität der einzelnen Sache (Partie) auch das Einzeleigentum unter, und es entsteht Miteigentum aller bisherigen Einzeleigentümer; *§§ 948, 947 BGB*. Wenn und weil es sich um Sachen gleicher Art und Güte handelt, ist das freilich kein Nachteil, jeder Einlagerer hat nicht mehr seine ursprüngliche Partie, sondern ist jetzt seinem Anteil entsprechend Teilhaber und Miteigentümer der Gesamtpartie, und er kann über diesen seinen Anteil verfügen, zum Beispiel die anteilige Herausgabe einer entsprechenden Menge Gerste verlangen.

Begriff Sammel-lagerung

Zu *Abs. 1*:

Die Lagerung vertretbarer Sachen gleicher Art und Güte, die miteinander vermischt werden, nennt man **Sammellagerung**. Sie ist zulässig, wenn die beteiligten Einlagerer ausdrücklich einverstanden sind.

Verfügbarkeit der Miteigentumsanteile

Zu *Abs. 2 und 3*:

Das Miteigentum aller früheren Einzeleigentümer entsteht jeweils im Zeitpunkt der Einlagerung, selbst wenn die tatsächliche Vermischung erst danach stattfindet. Das Gesetz übernimmt hier einen Sondertatbestand der Orderlagerscheinverordnung, weil der Zeitpunkt der Einlagerung regelmäßig leichter festzustellen ist als der tatsächlichen Vermischung. Jeder Miteigentümer-Einlagerer kann jederzeit eine seinem Miteigentumsanteil entsprechende Menge des Lagerguts herausverlangen, und der Lagerhalter bedarf dazu der Genehmigung der anderen Miteigentümer nicht.

§ 470 Empfang des Gutes
Befindet sich Gut, das dem Lagerhalter zugesandt ist, beim Empfang in einem beschädigten oder mangelhaften Zustand, der äußerlich erkennbar ist, so hat der Lagerhalter Schadenersatzansprüche des Einlagerers zu sichern und dem Einlagerer unverzüglich Nachricht zu geben.

Wird einem Lagerhalter zu lagerndes Gut zugesandt, so ist er frachtrechtlich Empfänger. Deshalb muss er zugunsten des Einlagerers die Rechte eines Empfängers gegenüber dem Frachtführer ausüben, das heißt beim Empfang auf äußerlich erkennbare Schäden oder Mängel achten, entsprechende Vorbehalte an den Frachtführer richten (vergleiche § 438 HGB) und den Einlagerer verständigen. **Lagerhalter als Empfänger**

Dass der Lagerhalter auch das ihm vom Einlagerer gebrachte Gut beim Empfang auf erkennbare Schäden oder Mängel hin untersucht, schreibt das Gesetz nicht vor. Der Lagerhalter wird schon zum eigenen Schutz bei der Einlagerung auf Unversehrtheit des Gutes achten.

§ 471 Erhaltung des Gutes
(1) Der Lagerhalter hat dem Einlagerer die Besichtigung des Gutes, die Entnahme von Proben und die zur Erhaltung des Gutes notwendigen Handlungen während der Geschäftsstunden zu gestatten. Er ist jedoch berechtigt und im Falle der Sammellagerung auch verpflichtet, die zur Erhaltung des Gutes erforderlichen Arbeiten selbst vorzunehmen.
(2) Sind nach dem Empfang Veränderungen an dem Gut entstanden oder zu befürchten, die den Verlust oder die Beschädigung des Gutes oder Schäden des Lagerhalters erwarten lassen, so hat der Lagerhalter dies dem Einlagerer oder, wenn ein Lagerschein ausgestellt ist, dem letzten ihm bekannt gewordenen legitimierten Besitzer des Scheins unverzüglich anzuzeigen und dessen Weisungen einzuholen. Kann der Lagerhalter innerhalb angemessener Zeit Weisungen nicht erlangen, so hat er die angemessen erscheinenden Maßnahmen zu ergreifen. Er kann insbesondere das Gut gemäß § 373 verkaufen lassen; macht er von dieser Befugnis Gebrauch, so hat der Lagerhalter, wenn ein Lagerschein ausgestellt ist, die in § 373 Abs. 3 vorgesehene Androhung des Verkaufs sowie die in Absatz 5 derselben Vorschrift vorgesehenen Benachrichtigungen an den letzten ihm bekannt gewordenen legitimierten Besitzer des Lagerscheins zu richten.

Zu *Abs. 1:*

Während der Geschäftsstunden darf der Einlagerer sein Gut besichtigen, Proben entnehmen und etwa zur Erhaltung des Gutes notwendige Handlungen vornehmen. Zur Vornahme notwendiger Handlungen ist der Lagerhalter berechtigt und im Falle von Sammellagerung verpflichtet, zum Beispiel Begasung von Getreide gegen Ungeziefer. Bei der Sammellagerung sind die einzelnen Teilpartien als solche untergegangen, der Einlagerer kann nicht mehr seine Partie behandeln. **Besichtigung durch Einlagerer**

Zu *Abs. 2*:

Aufbewahrung heißt Beobachtung und Pflege des Gutes
Der Lagerhalter hat nicht nur Lagerfläche zur Verfügung zu stellen – das wäre Vermietung –, **sondern das Gut aufzubewahren;** *§ 467 HGB*. Das bedeutet, dass er das Gut beobachten muss, ob es noch in Ordnung ist, und wenn sich nachteilige Veränderungen zeigen oder ankündigen, muss er tätig werden. Er muss den Einlagerer verständigen, Weisungen einholen und notfalls selbst die geeigneten Maßnahmen treffen. Dass die Maßnahmen angemessen erscheinen müssen, ist ein objektiver Maßstab, verlangt wird die Sorgfalt eines ordentlichen Lagerhalters.

§ 472 Versicherung. Einlagerung bei einem Dritten.
(1) Der Lagerhalter ist verpflichtet, das Gut auf Verlangen des Einlagerers zu versichern. Ist der Einlagerer ein Verbraucher, so hat ihn der Lagerhalter auf die Möglichkeit hinzuweisen, das Gut zu versichern.
(2) Der Lagerhalter ist nur berechtigt, das Gut bei einem Dritten einzulagern, wenn der Einlagerer ihm dies ausdrücklich gestattet hat.

Zu *Abs. 1*:

Generalpolice des Lagerhalters
Auf Verlangen des Einlagerers hat der Lagerhalter das Gut zu versichern. Häufig halten Lagerhalter für solche Zwecke eine eigene **General-Police** bereit, durch die verschiedene Partien gegen verschiedene Gefahren für Rechnung des jeweiligen Einlagerers – oder zur Kreditsicherung auch einer Bank – versichert werden können. Dieses Verfahren ist einfacher, als wenn der Lagerhalter als echter Vermittler die jeweilige Versicherung einem Versicherer übertrüge. Schließt der Lagerhalter als Versicherungsnehmer der General-Police selbst ab, meldet er die Partie dem Versicherer an, was je nach den Vereinbarungen auch nachträglich monatlich oder ähnlich geschehen kann, schuldet dem Versicherer als Versicherungsnehmer die Prämie und berechnet sie als Aufwendungsersatz dem Einlagerer. **Selbstverständlich steht dem Lagerhalter für die Versicherungsbesorgung auch eine Vergütung zu.** Die Versicherung über die General-Police des Lagerhalters abzuschließen, ist auch ohne besondere Vereinbarung über diese Verfahrensweise zulässig. Seit dem 1.1.2003 wurden durch die gravierenden Veränderungen im Versicherungswesen die Möglichkeiten in General-Policen des Lagerhalters erheblich eingeschränkt. Das Lagerrisiko als solches wird regelmäßig auch dann versichert, wenn es sich um transportbedingte Lagerung handelt. Bei der stationären Lagerung wurden die Anzeigepflichten des Lagerhalters beziehungsweise des Eigentümers extrem ausgeweitet, das heißt Versicherer haben die bislang weitgehenden Vollmachten der Spediteure reduziert und eine Anfragepflicht eingeführt. Insofern kann im Rahmen der stationären Lagerung nur mehr im Ausnahmefall von automatischen Versicherungslösungen ausgegangen werden. Dies gilt sowohl für die Höhe des Versicherungswertes als auch für die dann festzulegende Versicherungspämie. Das Handling ist demzufolge deutlich komplizierter geworden.

Verbraucherschutz
Ist der Einlagerer ein Verbraucher, so muss der Lagerhalter ihn auf die Versicherungsmöglichkeiten hinweisen, das heißt er muss das Gespräch eröffnen, und damit ergibt sich alles von selbst.

Transportrechtsreform

Zu *Abs. 2*:
Mit dem Lagervertrag wird die Örtlichkeit der Lagerung vereinbart. Wird darüber nichts gesagt, hat der Lagerhalter auf dem seiner Regie unterliegenden Gelände einzulagern. Er muss nicht Eigentümer sein. Bei einem Dritten darf er nur einlagern, wenn ihm dies ausdrücklich gestattet ist. Er bleibt aber in der konsensualen Verpflichtung, der Dritte ist sein Subunternehmer und Erfüllungsgehilfe. **Lagerung bei Dritten**

§ 473 Dauer der Lagerung

(1) Der Einlagerer kann das Gut jederzeit herausverlangen. Ist der Lagervertrag auf unbestimmte Zeit geschlossen, so kann er den Vertrag jedoch nur unter Einhaltung einer Kündigungsfrist von einem Monat kündigen, es sei denn, es liegt ein wichtiger Grund vor, der zur Kündigung des Vertrags ohne Einhaltung der Kündigungsfrist berechtigt.
(2) Der Lagerhalter kann die Rücknahme des Gutes nach Ablauf der vereinbarten Lagerzeit oder bei Einlagerung auf unbestimmte Zeit nach Kündigung des Vertrags unter Einhaltung einer Kündigungsfrist von einem Monat verlangen. Liegt ein wichtiger Grund vor, so kann der Lagerhalter auch vor Ablauf der Lagerzeit und ohne Einhaltung einer Kündigungsfrist die Rücknahme des Gutes verlangen.
(3) Ist ein Lagerschein ausgestellt, so sind die Kündigung und das Rücknahmeverlangen an den letzten dem Lagerhalter bekannt gewordenen legitimierten Besitzer des Lagerscheins zu richten.

§ 474 Aufwendungsersatz

Der Lagerhalter hat Anspruch auf Ersatz seiner für das Gut gemachten Aufwendungen, soweit er sie den Umständen nach für erforderlich halten durfte.

§ 475 Haftung für Verlust oder Beschädigung

Der Lagerhalter haftet für den Schaden, der durch Verlust oder Beschädigung des Gutes in der Zeit von der Übernahme zur Lagerung bis zur Auslieferung entsteht, es sei denn, dass der Schaden durch die Sorgfalt eines ordentlichen Kaufmanns nicht abgewendet werden konnte. Dies gilt auch dann, wenn der Lagerhalter gemäß § 472 Abs. 2 das Gut bei einem Dritten einlagert.

Der Gesetzgeber definiert als Haftung für den Lagervertrag die sogenannte **Verschuldenshaftung mit umgekehrter Beweislast**, also nicht die Obhutshaftung wie im Frachtrecht. Somit ergeben sich konkret weitergehende Entlastungsmöglichkeiten für den Lagerhalter, die in der vertraglichen Ausgestaltung ausformuliert werden wie zum Beispiel in den *ADSp*.

§ 475 a Verjährung

Auf die Verjährung von Ansprüchen aus einer Lagerung, die den Vorschriften dieses Abschnitts unterliegt, findet § 439 entsprechende Anwendung. Im Falle des gänzlichen Verlusts beginnt die Verjährung mit Ablauf des Tages, an dem der Lagerhalter dem Einlagerer oder, wenn ein Lagerschein ausgestellt ist, dem letzten ihm bekannt gewordenen legitimierten Besitzer des Lagerscheins den Verlust anzeigt.

§ 475 b Pfandrecht

(1) Der Lagerhalter hat wegen aller durch den Lagervertrag begründeten Forderungen sowie wegen unbestrittener Forderungen aus anderen mit dem Einlagerer abgeschlossenen Lager-, Fracht- und Speditionsverträgen ein Pfandrecht an dem Gut. Das Pfandrecht erstreckt sich auch auf die Forderung aus einer Versicherung sowie auf die Begleitpapiere.

(2) Ist ein Orderlagerschein durch Indossament übertragen worden, so besteht das Pfandrecht dem legitimierten Besitzer des Lagerscheins gegenüber nur wegen der Vergütungen und Aufwendungen, die aus dem Lagerschein ersichtlich sind oder ihm bei Erwerb des Lagerscheins bekannt oder infolge grober Fahrlässigkeit unbekannt waren.

(3) Das Pfandrecht besteht, solange der Lagerhalter das Gut in seinem Besitz hat, insbesondere solange er mittels Konnossement, Ladeschein oder Lagerschein darüber verfügen kann.

§ 475 c Lagerschein

(1) Über die Verpflichtung zur Auslieferung des Gutes kann von dem Lagerhalter, nachdem er das Gut erhalten hat, ein Lagerschein ausgestellt werden, der die folgenden Angaben enthalten soll:
1. Ort und Tag der Ausstellung des Lagerscheins;
2. Name und Anschrift des Einlagerers;
3. Name und Anschrift des Lagerhalters;
4. Ort und Tag der Einlagerung;
5. die übliche Bezeichnung der Art des Gutes und die Art der Verpackung, bei gefährlichen Gütern ihre nach den Gefahrgutvorschriften vorgesehene, sonst ihre allgemein anerkannte Bezeichnung;
6. Anzahl, Zeichen und Nummern der Packstücke;
7. Rohgewicht oder die anders angegebene Menge des Gutes;
8. im Falle der Sammellagerung einen Vermerk hierüber.

(2) In den Lagerschein können weitere Angaben eingetragen werden, die der Lagerhalter für zweckmäßig hält.

(3) Der Lagerschein ist vom Lagerhalter zu unterzeichnen. Eine Nachbildung der eigenhändigen Unterschrift durch Druck oder Stempel genügt.

§ 475 d Wirkung des Lagerscheins

(1) Der Lagerschein ist für das Rechtsverhältnis zwischen dem Lagerhalter und dem legitimierten Besitzer des Lagerscheins maßgebend.

(2) Der Lagerschein begründet insbesondere die widerlegliche Vermutung, dass das Gut und seine Verpackung in Bezug auf den äußerlichen Zustand sowie auf Anzahl, Zeichen und Nummern der Packstücke wie im Lagerschein beschrieben übernommen worden sind. Ist das Rohgewicht oder die anders angegebene Menge des Gutes oder der Inhalt vom Lagerhalter überprüft und das Ergebnis der Überprüfung in den Lagerschein eingetragen worden, so begründet dieser auch die widerlegliche Vermutung, dass Gewicht, Menge oder Inhalt mit den Angaben im Lagerschein übereinstimmt. Ist der Lagerschein einem gutgläubigen Dritten übertragen worden, so ist die Vermutung nach Satz 1 und 2 unwiderleglich.

(3) Für das Rechtsverhältnis zwischen dem Lagerhalter und dem Einlagerer bleiben die Bestimmungen des Lagervertrages maßgebend.

§ 475 e Auslieferung gegen Rückgabe des Lagerscheins
(1) Ist ein Lagerschein ausgestellt, so ist der Lagerhalter zur Auslieferung des Gutes nur gegen Rückgabe des Lagerscheins, auf dem die Auslieferung bescheinigt ist, verpflichtet.
(2) Die Auslieferung eines Teils des Gutes erfolgt gegen Abschreibung auf dem Lagerschein. Der Abschreibungsvermerk ist vom Lagerhalter zu unterschreiben.
(3) Der Lagerhalter haftet dem rechtmäßigen Besitzer des Lagerscheins für den Schaden, der daraus entsteht, dass er das Gut ausgeliefert hat, ohne sich den Lagerschein zurückgeben zu lassen oder ohne einen Abschreibungsvermerk einzutragen.

§ 475 f Legitimation durch Lagerschein
Zum Empfang des Gutes legitimiert ist derjenige, an den das Gut nach dem Lagerschein ausgeliefert werden soll oder auf den der Lagerschein, wenn er an Order lautet, durch Indossament übertragen ist. Der Lagerhalter ist nicht verpflichtet, die Echtheit der Indossamente zu prüfen.

§ 475 g Traditionsfunktion des Orderlagerscheins
Ist von dem Lagerhalter ein Lagerschein ausgestellt, der durch Indossament übertragen werden kann, so hat, wenn das Gut vom Lagerhalter übernommen ist, die Übergabe des Lagerscheins an denjenigen, den der Lagerschein zum Empfang des Gutes legitimiert, für den Erwerb von Rechten an dem Gut dieselben Wirkungen wie die Übergabe des Gutes.

§ 475 h Abweichende Vereinbarungen
(1) Ist der Einlagerer ein Verbraucher, so kann nicht zu dessen Nachteil von den §§ 475 a und 475 e Abs. 3 abgewichen werden.

Diese Vorschriften lassen sich wie folgt zusammenfassen:
- Kündigungsfrist bei Lagerung auf unbestimmte Zeit beiderseits ein Monat.
- Lagerhalter hat Anspruch auf Ersatz der Aufwendungen, die er für erforderlich halten durfte.
- Der Tatbestand der Lagerhalterhaftung ist hinsichtlich des Güterschadens den entsprechenden Tatbeständen des Fracht- und des Speditionsrechts gleichgestellt: **Bei Güterschaden, entstanden in der Gewahrsamszeit, ist der Haftungsmaßstab das Verschulden mit umgekehrter Beweislast. Die Haftungshöhe ist dem Grunde nach unbeschränkt, aber abdingbar, auch in** *AGB*.
Vermögensschäden durch Verletzung von Nebenpflichten und Güterfolgeschaden – in der Gewahrsamszeit verursacht, aber nicht in der Gewahrsamszeit entstanden – **sind nach den Bestimmungen des** *BGB* **(positive Vertragsverletzung) zu ersetzen**: Verschulden, normale Beweislast, Höhe unbeschränkt, ebenfalls abdingbar in *AGBs*.
- Verjährung und Pfandrecht sind wie im Fracht- und Speditionsrecht geregelt.
- **Der Lagerschein ist ein Wertpapier ähnlich dem Seekonnossement und enthält das Empfangsbekenntnis des Lagerhalters sowie sein Auslieferungsversprechen gegenüber dem legitimierten Besitzer.** Für das Rechtsverhältnis zwischen Einlagerer und Lagerhalter ist der Lagervertrag maßgebend.

3.2 Das Speditionsgeschäft in seiner Einbettung in das Speditionsrecht

3.2.1 Der Speditionsvertrag als Grundlage der Speditionsgeschäfte

3.2.1.1 Das Wesen von Verträgen

Verträge Wenn in diesem Kapitel die Geschäfte des Spediteurs behandelt werden, wird eine allgemeine Betrachtung des **Wesens von Verträgen** vorangestellt.

Grundlegende Aussagen über gegenseitige Verträge beziehungsweise Schuldverhältnisse finden sich insbesondere in *§§ 145–157, 241–432 BGB* und *§§ 334–372 HGB (Allgemeine Vorschriften)*, ergänzt um die in den folgenden Kapiteln angesprochenen gesetzlichen Bestimmungen zu Handelsgeschäften *(viertes Buch)*, insbesondere den Fracht-, Speditions- und Lagergeschäften.

Grundsätze Verträge sind **zwei- oder mehrseitige Rechtsgeschäfte**; Voraussetzung für das Zustandekommen eines Vertrages ist somit das Vorliegen **übereinstimmender Willenserklärungen** von zwei oder mehreren Personen, bestehend aus **Antrag und Annahme**. Aus dem hierin begründeten **Rechtsgeschäft** (Rechtsverhältnis) erwachsen den Beteiligten Rechte und Pflichten; die am Vertrag Beteiligten gehen ein **gegenseitiges Schuldverhältnis** ein.

Beispiel: Frachtvertrag	
Absender/Auftraggeber: Anspruch auf Durchführung der vereinbarten Beförderung, Verpflichtung zur Zahlung des vereinbarten Entgelts	**Frachtführer:** Verpflichtung zur Erbringung der vereinbarten Leistung, Anspruch auf vereinbartes Entgelt

Vertragsfreiheit Nach deutschem Recht gilt weitestgehend der **Grundsatz der Vertragsfreiheit**: die Vertragsschließenden sind hiervon abweichend nur dann an gesetzlich vorgegebene Normen gebunden, wenn diese zwingend vorgeschrieben sind.

Individualvereinbarungen Der Gesetzgeber hat die **Dispositionsfreiheit** des Spediteurs im *HGB* vor allem im Rahmen von *Allgemeinen Geschäftsbedingungen* im vertraglichen Bereich *eingeschränkt*, insbesondere dann, wenn es um den Grund und die Höhe der Haftung geht. Von den Haftungsgrundsätzen, die den Grund der Haftung betreffen, kann nur durch **Individualvereinbarungen** abgewichen werden. Hierunter fallen unter anderem die Regelungen über die Haftung des Frachtführers für Verlust oder Beschädigung des Gutes, für Überschreitung der Lieferfrist, für Nachnahmefehler, für sonstige Vermögensschäden und über die Haftung des Absenders für mangelhafte Verpackung, Kennzeichnung usw.

Rahmenvertrag Als Individualvereinbarung im Sinne dieser Vorschriften gilt auch ein für eine Vielzahl von Frachtverträgen **individuell ausgehandelter Rahmenvertrag**.

Das Speditionsgeschäft in seiner Einbettung in das Speditionsrecht 3.2

Von den Haftungsgrundsätzen des *HGB*, die die Höhe der Haftung betreffen, kann unter folgenden Voraussetzungen durch *Allgemeine Geschäftsbedingungen (AGB)* abgewichen werden:
- Von der gesetzlichen Regelhaftungssumme (8,33 SZR) darf zugunsten des Verwenders der *AGB* nur abgewichen werden innerhalb eines **Korridors von minimal 2 SZR und maximal 40 SZR**.
- Die von der gesetzlichen Regelhaftung abweichend vereinbarte Haftungshöhe muss **drucktechnisch besonders hervorgehoben** werden.
- Ist der Absender ein Verbraucher, so kann zu seinen Lasten weder dem Grunde noch der Höhe nach von den Haftungsregelungen abgewichen werden, und zwar weder durch Individualvereinbarung noch durch *AGB*. In der Praxis ist dies ohne Bedeutung, da private Auftraggeber regelmäßig Transport- oder Schadenversicherung eindecken und dies nicht zum Tragen kommt.

Verbraucherschutz

Die Bestimmungen des *§ 449 HGB* sind zwingend auch auf solche Frachtverträge anzuwenden, die ausländischem Recht unterliegen, wenn sowohl der Ort der Übernahme als auch der der Ablieferung des Gutes in *Deutschland* liegen. *§ 449 HGB* gilt generell nicht für *CMR*-Frachtverträge.

Optionen der Haftungsvereinbarung

Einzelvereinbarung
- Alle Fragen der Haftung können abweichend vom *HGB* in Einzelvereinbarung vertraglich festgelegt werden
  Voraussetzung:
  – nachweisbare Verhandlungen über Bestimmungen
  – tatsächliche Einzelvereinbarung

Allgemeine Geschäftsbedingungen
- Haftungsgrund kann in *AGB* nicht verändert werden
- Haftungshöhe:
  Regelhaftungssumme (8,33 SZR / kg) kann über *AGB* von 2–40 SZR / kg abgeändert werden

---

Für die Frage, welche Rechtsgrundlagen zu beachten sind, gilt ein weiterer Rechtsgrundsatz: Das **Lex Spezialis** geht vor, das heißt jeweils die speziellere gesetzliche Regelung hat bei der Auslegung Vorrang und ist bei der Prüfung, inwieweit rechtliche Vereinbarungen wirksam sind, **erstrangig zu prüfen**. Konkret für das Speditionsgeschäft bedeutet dies, dass vorrangig die *HGB*-Vorschriften beachtlich sind und nur dann die Bestimmungen, beispielsweise die Bestimmungen des *BGB*, heranzuziehen sind, wenn das *HGB* hierzu keinerlei Regelungen enthält. Fallbeispiel: Kam ein Speditionsgeschäft in Folge eines Irrtums zustande, so kommen die einschlägigen Regelungen der Anfechtung von Rechtsgeschäften gemäß *§§ 119 ff. BGB* zur Anwendung, da das *HGB* diesbezüglich nichts regelt.

Lex Specialis

> Als Prüfungsreihenfolge empfiehlt sich deshalb:
>
> 1. Einzelvertrag
> 2. Geschäftsbedingungen*, vergleiche §§ 305 ff. BGB
> 3. HGB, insbesondere §§ 449, 466
> 4. BGB

3.2.1.2 Schuldverhältnisse des *BGB*

Aus dem umfangreichen Recht der Schuldverhältnisse werden nachfolgend die für den Spediteur Wesentlichen behandelt. Beachtlich dabei ist, dass es sich um deutsches Recht handelt, das heißt es zunächst nur dann gilt, wenn es sich um Kaufverträge in *Deutschland* handelt.

Kaufvertrag In den §§ 433–487 BGB finden wir die den **Kaufvertrag** betreffenden Bestimmungen. Beteiligte sind der Verkäufer und der Käufer, die im Kaufvertrag den beiderseitigen Willen zum Ausdruck bringen, das Eigentum an einer Sache zu übertragen. Voraus gehen

- das Angebot des Verkäufers, Ware zu veräußern oder der Antrag des Käufers, sie zu erwerben,
- Annahme des Angebots oder Antrags durch den jeweiligen Beteiligten mündend in die vorerwähnte beidseitige Willenserklärung.

Während bei einigen Kaufverträgen (zum Beispiel Immobilien) die Schriftform gesetzlich vorgeschrieben wird, sind im Übrigen auch mündlicher und durch schlüssiges Handeln bewirkter Vertragsabschluss möglich. Zu den Grundpflichten des Verkäufers gehört die Übergabe der verkauften Sache oder die Einräumung des Eigentums an den Käufer, umgekehrt die Pflicht des Käufers auf Abnahme der Sache und Zahlung des vereinbarten Kaufpreises.

Versendungskauf Besonders zu erwähnen ist der **Versendungskauf** (§ 447 BGB). Soll die verkaufte Ware dem Käufer an einen anderen Ort als den Erfüllungsort des Verkäufers übersandt werden, sind im Vertrag Lieferzeit, Versandart und die Art der Zahlung der Versandkosten zu regeln. Gesetzlich gehen die Risiken der Beförderung mit Übergabe des Gutes durch den Verkäufer an den Spediteur oder Transportunternehmer auf den Käufer über. Die im Kaufvertrag getroffenen Vereinbarungen bezüglich der Güterbeförderung fließen zwar in die vom Verkäufer oder Käufer zu erteilenden Speditions-, Fracht- oder Beförderungsverträge ein; **diese Verträge sind jedoch vollkommen selbständig zu werten**, so dass sich an einem Verkehrsvertrag Beteiligte oder hieraus Begünstigte dem Verkehrsunternehmen gegenüber nicht auf den Kaufvertrag berufen können.

---

* zum Beispiel die *ADSp*, die *VBGL*, Konnossementbedingungen.

Das Speditionsgeschäft in seiner Einbettung in das Speditionsrecht 3.2

§§ 611–630 BGB behandeln den **Dienstvertrag**. Dort verpflichtet sich der Dienstverpflichtete (zum Beispiel Spediteur) zur Leistung eines versprochenen und vereinbarten Dienstes, der Dienstberechtigte (Auftraggeber, Versender) zur Zahlung der vereinbarten Vergütung. Der Spediteur schuldet bei Abschluss eines Speditionsvertrags die Besorgung des vereinbarten Dienstes, das heißt mit Frachtführern oder Verfrachtern im eigenen Namen Verträge zu schließen und die Güterbeförderung zu veranlassen. Nach dem Grundsatz des Lex Spezialis sind vorrangig die Bestimmungen des *HGB* für Frachtführer und Spediteure heranzuziehen.

Dienstvertrag

Der **Werkvertrag** gemäß *§§ 631–651 BGB* hat dagegen die Herstellung oder Veränderung einer Sache oder die Herbeiführung eines Erfolges durch Arbeit oder Dienstleistung zum Inhalt. Die Beförderung von Gütern wie auch viele Tätigkeiten des Spediteurs, soweit sie den Rahmen des reinen Besorgens überschreiten, sind dem Werkvertrag zuzuordnen. Auftraggeber / Besteller und auftragnehmender Unternehmer sind mit Vertragsabschluss zur Erfüllung ihrer Vereinbarung wechselseitig verpflichtet.

Werkvertrag

Zusammenfassend ist festzustellen, dass die Bestimmungen des *BGB* bei den Geschäften des Spediteurs, Frachtführers, Lagerhalters und Verfrachters von nachrangiger Bedeutung sind, weil die Tätigkeiten der genannten Unternehmen im *HGB* gesetzlich geregelt werden.

3.2.1.3 INCOTERMS 2000

Eine besondere Rolle bei der Auslegung von Handelsklauseln und der Durchführung des internationalen Handels spielen die *INCOTERMS 2000*. Wie im letzten Unterkapitel dargelegt, bezieht sich das *BGB* vom Anwendungsbereich her zunächst einmal ausschließlich auf Kaufverträge innerhalb des Hoheitsgebietes der *Bundesrepublik*. Der Spediteur hat weitgehend mit internationalen Handelsgeschäften zu tun, in denen vielfach auf die *INCOTERMS 2000* Bezug genommen wird.

INCOTERMS 2000

Entwickelt wurden diese erstmals 1936 von der *Internationalen Handelskammer* in *Paris*. Letztmals wurden sie 1999 bei der *International Chamber of Commerce (ICC)* umfassend überarbeitet. Aufgebaut wird dabei auf die weltweite Anerkennung der *INCOTERMS*, wobei die *INCOTERMS 2000* keine grundlegende Neuregelungen erfahren haben. Es bleibt bei den bisherigen 13 Klauseln, deren Bezeichnung und Abkürzungen nicht geändert wurden. Berücksichtigung fanden dabei die neuesten Entwicklungen in der allgemeinen Handelspraxis. So kam es zu inhaltlichen Änderungen bei den Klauseln *FAS* und *DEQ* und zu einer Neudefinition des Lieferortes in der Klausel *CFA*.

Die *INCOTERMS* beschäftigen sich mit dem Vertragsverhältnis zwischen Käufer und Verkäufer in Bezug auf ganz bestimmte Inhalte des Kaufvertrages. Dem Anwender wird empfohlen, grundsätzlich die *INCOTERMS* in der verwendeten Fassung anzugeben. Besonders wichtig sind die *INCOTERMS* mit Blick auf die Frage der Haftung. Die *INCOTERMS* sind nicht mit Gesetzeskraft ausgestattet, ihre Geltung ist vom Willen der Parteien abhängig. Sie werden nur rechtskräftig, wenn sie zwischen Käufer und Verkäufer im Kaufvertrag vereinbart werden. Sonderbestimmungen in einzelnen Verträgen zwischen den Parteien gehen den *INCOTERMS* stets vor.

Der Spediteur und das Speditionsrecht / Frachtrecht

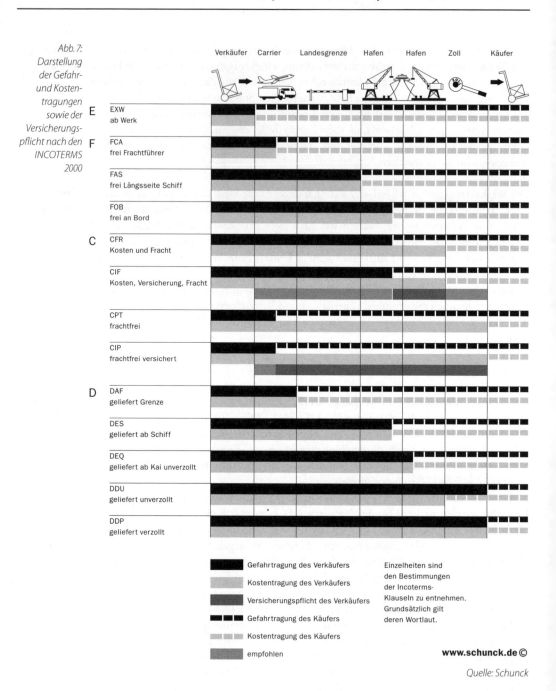

Abb. 7: Darstellung der Gefahr- und Kostentragungen sowie der Versicherungspflicht nach den INCOTERMS 2000

Das Speditionsgeschäft in seiner Einbettung in das Speditionsrecht 3.2

Gefahrenübergang und Preisgefahr

Die *INCOTERMS* behandeln den Gefahrenübergang im Sinne der Preisgefahr, das heißt dass der Käufer, wenn die Gefahr auf ihn übergegangen ist, zur vertragsgemäßen Zahlung des Kaufpreises verpflichtet bleibt, selbst wenn die Ware nach diesem Zeitpunkt untergegangen ist oder eine Wertminderung erfahren hat.

Was die *INCOTERMS* regeln

Sie regeln nur die Rechte und Pflichten des Verkäufers und des Käufers; Beförderungs- und Speditionsverträge werden von den *INCOTERMS* nicht berührt. Insbesondere werden geregelt:
- die Verteilung der Kosten auf Verkäufer und Käufer und der Gefahrenübergang
- die Beschaffung der Dokumente
- der Übergang der Sorgepflicht (Dispositionspflicht).

Was die *INCOTERMS* nicht regeln

Sie regeln nicht:
- die Zahlungsbedingungen
- den Eigentumsübergang
- den Gerichtsstand
- die Mängelrüge.

Einpunkt- und Zweipunktklauseln

Geht das Transportrisiko zum gleichen Zeitpunkt auf den Käufer über wie die Kostenlast, ist eine **Einpunktklausel vereinbart**, andernfalls eine **Zweipunktklausel**.

Was sind Trade Terms?

Diese sind nicht mit den *INCOTERMS* zu verwechseln. **Trade Terms** sind Definitionen von nationalen Handelsbräuchen in verschiedenen Ländern, die nicht in die *INCOTERMS* aufgenommen worden sind. Die Trade Terms haben bei der heutigen Internationalisierung so gut wie keine praktische Bedeutung mehr. An dieser Stelle wird deshalb nicht nochmal hierauf eingegangen.

Trade Terms

Die Übersicht auf *Seite 144* stellt die Gefahrtragungsregelung sowie die Versicherungspflicht nach den *INCOTERMS 2000* grafisch dar.

3.2.1.4 Die Handelsgeschäfte des Spediteurs im *HGB*

> Die Grundlage der speditionellen Handelsgeschäfte sind das Frachtgeschäft, das Speditionsgeschäft und das Lagergeschäft (vergleiche nachstehende Übersicht).

145

Abb. 8: Systematik neues Transportrecht

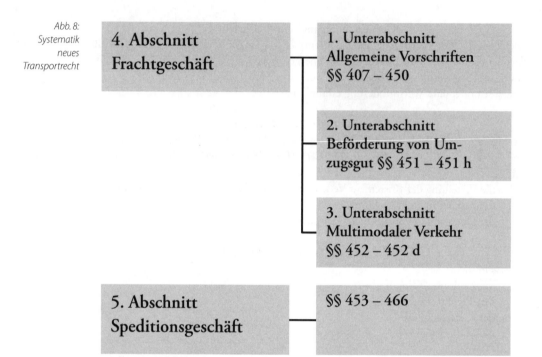

Quelle: Schunck

3.2.2 Das Frachtgeschäft / Der Frachtvertrag

Frachtgeschäft im HGB Das nationale Frachtgeschäft über Straße, Eisenbahn, Wasser und Luft unterliegt den *§§ 407–449 HGB*, soweit die Güterbeförderung im Seeverkehr erfolgt dem *fünften Buch des HGB*, besonders auf die *§§ 556–663* wird hingewiesen. Detailregelungen bestehen für Umzugsgut und Multimodale Verkehre.

Das Speditionsgeschäft in seiner Einbettung in das Speditionsrecht 3.2

Art des Frachtgeschäfts	Als Auftraggeber	Als Ausführende
Eisenbahn	Absender	Frachtführer
Straßengüterverkehr	Absender	Frachtführer / Unternehmer
Binnenschifffahrt	Absender	Frachtführer
Seeschifffahrt	Befrachter	Verfrachter (Ablader = derjenige, der die Güter an das Seeschiff heranbringt)
Luftfracht	Absender	Carrier (Luftfrachtführer)

Tab. 9: Beteiligte am Frachtvertrag / Beförderungsvertrag im Überblick

Art des Frachtgeschäfts	Bestimmungen	Anwendung
Eisenbahnfrachtgeschäft innerdeutsch	HGB ALB	teils zwingend, teils zu vereinbaren
Eisenbahnfrachtgeschäft international	COTIF, ER/CIM	zwingend
Gewerblicher Straßengüterverkehr innerdeutsch	HGB VBGL	teils zwingend, teils zu vereinbaren
Gewerblicher Straßengüterverkehr international	CMR	zwingend
Möbelverkehr (in besonders hierfür eingerichteten Fahrzeugen)	HGB ABBH, ABB-EDV, AB-Kunst	teils zwingend, teils zu vereinbaren
Binnenschifffahrt	HGB Ladeschein- / Konnossementsbedingungen	teils zwingend, teils zu vereinbaren
Seefracht	5. Buch HGB Konnossementsbedingungen	teilweise nachgiebig, zu vereinbaren
Luftfracht innerdeutsch	HGB Bedingungen der Carrier	teils zwingend, teils zu vereinbaren
Luftfracht international	Montrealer Übereinkommen (MÜ) in Abhängigkeit der Verkehrsrelation; soweit das MÜ nicht ratifiziert, gilt das *Warschauer Abkommen (WA)*	zwingend

Tab. 10: Frachtgeschäfte und Rechtsgrundlagen

Quelle: Eigene Darstellung

3.2.2.1 Frachtrecht, Beförderung von Umzugsgut (§§ 451– 51h HGB)

Die §§ 451–451h regeln den Sonderfall, dass es sich bei dem zu befördernden Gut **Umzugs-** um Umzugsgut handelt. Anders als in §§ 431, 414 wird die verschuldensunabhängige **vertrag** Haftung des Frachtführers beziehungsweise Absenders regelmäßig begrenzt auf 620,– € je Kubikmeter Laderaum, der zur Erfüllung des Vertrages benötigt wird (und nicht auf 8,33 SZR pro Kilogramm). Ist der **Absender ein Verbraucher**, was überwiegend vorliegt, kann von diesen **Haftungsregelungen nicht zum Nachteil des Absenders abgewichen werden, und zwar weder dem Grunde noch der Höhe nach und weder durch** *AGB* **noch durch Individualvereinbarung.** Bei gewerblichen Auftraggebern kann die Haftung dem Grunde nach nur durch Individualvereinbarung und der Höhe nach auch durch *AGB* abweichend vereinbart werden, wobei beim Umzugsvertrag die Korridorlösung des *§ 449* keine Anwendung findet. Eine weitere bemerkenswerte Besonderheit ist, dass der Gesetzgeber bei der Schadensanzeige *(§ 451 f. HGB)* eine Ausschlussfrist definiert hat und damit, anders als im Frachtrecht, Rechtssicherheit schafft *(§ 438 HGB)*.

3.2.2.2 Frachtrecht, Multimodaler Transport (§§ 452–452d HGB)

Multi-modaler Transport
Der Multimodale Transport wird im *HGB* geregelt. Der Multimodale Transportvertrag bezieht ausdrücklich auch die (Teilstrecken-) beförderung per Seeschiff ein.

Der Multimodale Transport stellt einen besonderen Vertragstypus dar, der nur unter folgenden Vorraussetzungen zur Anwendung kommt:
1. Es wird ein einheitlicher Frachtvertrag geschlossen. Entscheidend ist, dass dieser nur einen Übernahme- und einen Ablieferungsort vorsieht.
2. Zum Einsatz müssen mindestens zwei verschiedene Beförderungsmittel gelangen.
3. Es müssen mindestens zwei hypothetisch sich unterscheidende Transportrechtsregime zur Anwendung kommen.

Gebrochener Transport
Mit diesen Vorschriften wird dem Umstand Rechnung getragen, dass unterschiedliche Risiken für das beförderte Gut bei Einsatz der verschiedenen Beförderungsmittel bei gleichzeitig unterschiedlichen Haftungsgrenzen bestehen. Strikt abzugrenzen ist der Multimodale Transport vom sogenannten **gebrochenen Transport**, der dann vorliegt, wenn über die einzelnen Teile der Gesamtstrecke Einzelverträge geschlossen werden und damit mehrere Übernahme- und Ablieferungsorte vorgesehen sind. Zu berücksichtigen bleibt, dass internationale Abkommen unabhängig vom Multimodalen Transport Vorrang haben wie beispielsweise die zwingenden Vorschriften der *CMR*, des *MÜ* und der *ER/CIM*.

Bekannter Schadensort:

Bekannter Schadensort
Ist der Schadensort bekannt, ist also bekannt, auf welcher Teilstrecke der Schaden (Verlust, Beschädigung oder Lieferfristüberschreitung) eingetreten ist, so bestimmt sich die Haftung des Multimodalfrachtführers nach der **Haftungsordnung für das Beförderungsmittel, bei dessen Verwendung der Schaden eingetreten ist** *(§ 452a S. 1)*.

Beweislastregelung: Der Beweis dafür, dass das Schadenereignis auf einer bestimmten Teilstrecke eingetreten ist, obliegt demjenigen, der dies behauptet *(§ 452a S. 2)*.

Unbekannter Schadensort:

Unbekannter Schadensort
Ist der Schadensort unbekannt (beziehungsweise kann er nicht nachgewiesen werden), ist – grundsätzlich – eine Einheitshaftung geregelt. Dabei wird auf die Regelungen des unimodalen Transportrechts (Straße, Schiene, Binnenschiff, Luft, vergleiche *§ 452 S. 1*) verwiesen – soweit anwendbare internationale Übereinkommen nichts anderes bestimmen.

Abweichende Vereinbarungen:
Von den gesetzlichen Regelungen des Multimodalvertrags kann nicht abgewichen werden, soweit insbesondere zwingende internationale Vorschriften entgegenstehen *(§ 452d Abs. 3)*.

Das Speditionsgeschäft in seiner Einbettung in das Speditionsrecht 3.2

Soweit eine reine Geschäftsbesorgungsspedition *(§ 453 HGB)* vorliegt, findet *§ 452 HGB* keine Anwendung, da in diesem Fall keine Beförderung geschuldet wird. Bei Vorliegen eines Selbsteintritts des Spediteurs *(§ 458 HGB)* gilt die Vorschrift nur, soweit diese ausreicht. Das Gleiche gilt für die Sammelladung *(§ 460 HGB)*. Dagegen greift *§ 452 HGB* grundsätzlich bei der Spedition zu festen Kosten *(§ 459 HGB)*, was in der Praxis im Regelfall vereinbart wird.

3.2.3 Das Speditionsgeschäft / Der Speditionsvertrag (§§ 453–466 HGB)

Überblick

Das speditionsrechtliche Haftungssystem greift weitgehend auf die Konzeption des Frachtrechts zurück. Nur der rein organisierende Geschäftsbesorgungsspediteur oder der sogenannte **Sofa- oder Schreibtisch-Spediteur** haftet als solcher nicht für die von ihm eingesetzten Frachtführer als seine Erfüllungsgehilfen, sondern **für die ordentliche Auswahl der Frachtführer** – vorausgesetzt, er hat **keine Fixkosten** vereinbart und die Versendung auch **nicht im Wege der Sammelladung bewirkt** *(§§ 459, 460)*. Im Übrigen haftet der Spediteur weitgehend wie ein Frachtführer.

Ausgestaltung des Speditionsgeschäfts

Im Folgenden werden die gesetzlichen Differenzierungen zum Speditionsgeschäft dargestellt: — **Speditionsgeschäft im *HGB***

Der gesetzliche Speditionsvertrag – *§§ 453, 454 HGB* – hat **vorrangig die Besorgung, die Organisation einer Güterbeförderung im vertraglich festgelegten Rahmen zum Inhalt**; hierzu gehört wesentlich die Wahl der Frachtführer, Verfrachter und Zwischenspediteure, ferner das Erbringen von Nebenleistungen, zum Beispiel Erstellen von Speditionsbelegen, Frachtbriefen, der Abschluss von Versicherungen zugunsten des Auftraggebers. Durch die Detailaufzählung im *§ 454 HGB* erfolgt eine umfassende Pflichtendefinition. — **Gesetzlicher Speditionsvertrag**

Durch das in *§ 458 HGB* eingeräumte Recht des Spediteurs, im Selbsteintritt, also mit eigenem oder gechartertem Laderaum Güterbeförderungen durchzuführen, werden ihm „hinsichtlich der Beförderung" gesetzlich die Rechte und Pflichten eines Frachtführers oder Verfrachters zusätzlich zu denen des „reinen" Speditionsvertrages übertragen. Es sind diesbezüglich die Vorschriften des Frachtrechts nach dem *HGB* heranzuziehen, die auf den Beförderungsvorgang anzuwenden sind. Der abgeschlossene Speditionsvertrag zwischen Versender / Auftraggeber und Spediteur deckt den Selbsteintritt ab. Im **grenzüberschreitenden Straßengüterverkehr gilt zwingend für Speditionsverträge die Anwendung der international verbindlichen** *CMR – Convention relative au Contract de Transport international de Marchandise par Route*. — **Selbsteintritt / Speditionsgeschäft**

§ 459 HGB gewährt dem Spediteur die Möglichkeit der Vereinbarung eines Übernahmesatzes (Fixkostenspedition), der *§ 460 HGB* das Recht, Sendungen verschiedener Versender und / oder Empfänger in Sammelladung abzufertigen. In beiden Fällen ergibt sich die gleiche Rechtsfolge wie beim Selbsteintritt gemäß *§ 458 HGB*: Für diese — **Fixkostenspedition / Sammelspedition**

149

Speditionsverträge gelten uneingeschränkt die Rechte und Pflichten des Frachtvertrags gemäß dem *HGB*.

Hauptpflichten des Spediteurs

Hauptpflichten des Spediteurs
Spedition ist Besorgung der Versendung, *§ 453*. Sie umfasst die Organisation der Beförderung, *§ 454*. Die hiermit verbundenen **Hauptpflichten** des Spediteurs werden an drei Beispielen verdeutlicht:

1. **Konzeptionsphase:** Bestimmung des Beförderungsmittels und des Beförderungsweges.
2. **Ausführungsphase:** Auswahl und Beauftragung der ausführenden Frachtführer, Erteilung von Informationen und Weisungen.
3. **Nachbearbeitungsphase:** zum Beispiel Sicherung von Schadenersatzansprüchen.

Ferner trifft den Spediteur in allen Phasen die **Hauptpflicht, das Interesse des Versenders wahrzunehmen und dessen Weisungen zu befolgen** *(§ 454 Abs. 4)*.

Der **Spediteur beauftragt** die Frachtführer, Lagerhalter usw. **regelmäßig im eigenen Namen**, ausnahmsweise beauftragt er sie – wenn er dazu bevollmächtigt ist – im Namen des Versenders *(§ 454 Abs. 3)*.

Die Obhutshaftung als zentrale Rechtsfolge

Weitgehend Obhutshaftung
Als zentrale **Rechtsfolge für das Speditionsgeschäft** ergibt sich hieraus, dass für die überwältigende Mehrheit aller Speditionsverträge die **Obhutshaftung**, eine Sonderform der Gefährdungshaftung, **zur Anwendung kommt** (vergleiche *§ 461 Abs. 1 HGB*). Die Verschuldenshaftung mit umgekehrter Beweislast (vergleiche *§ 461 Abs. 2 HGB*) kommt beim ausschließlichen Geschäftsbesorgungsspediteur zum Tragen und hat praktisch wenig Bedeutung, da meistens Fixkosten vereinbart werden. Zudem darf er zu keiner Zeit Obhut am Gut inne haben.

3.2.4 Das Lagergeschäft

Die gesetzlichen Vorschriften sind im *HGB* zu finden: Lagergeschäft *(§§ 416–475h HGB)*.

Verkehrsbedingte Lagerung
Die Vorschriften gelten **nur für so genannte verfügte Lagerungen** und **nicht** für so genannte verkehrs- beziehungsweise beförderungsbedingte Lagerungen. Unter **verkehrsbedingten Lagerungen** versteht man Lagerungen im Rahmen eines Transportes, insbesondere Zwischenlagerungen im Rahmen der speditionellen Behandlung.

Prinzip der Verschuldungshaftung
Die gesetzliche Haftung des Lagerhalters ist konzipiert als der **Höhe nach unbeschränkte Haftung für vermutetes Verschulden**. Im neuen Lagerrecht wurde also im Unterschied zum neuen Speditionsrecht keine verschuldensunabhängige Obhutshaftung für Güterschäden eingeführt. Demgegenüber trifft den Einlagerer (wie im Fracht- und Speditionsrecht den Absender) eine regelmäßig der Höhe nach begrenzte verschuldensunabhängige Haftung entsprechend der Regelung in *§ 414 (§ 468 Abs. 3)*.

Anders als im Speditionsrecht sind die Haftungsregelungen des neuen Lagerrechts **uneingeschränkt dispositiv** – ausgenommen, der Einlagerer ist Verbraucher *(§ 475 h HGB in § 13 BGB)* und verfügt nicht über die Kaufmannseigenschaft.

3.2.5 Die Abgrenzung des Speditionsvertrages zum Frachtvertrag

Der Speditionsvertrag hat die gewerbsmäßige Organisation und die Besorgung von Güterversendungen durch den Spediteur durch Inanspruchnahme von Frachtführern oder Verfrachtern zum Inhalt. Berechtigt ist der Spediteur zum Selbsteintritt, zur Fixkostenspedition und zur Betreibung von Spediteursammelgutverkehren. Vorrangig ist der Wille der Vertragsbeteiligten, einen Speditionsvertrag abzuschließen. In der Regel wird dieser Wille in der Schriftform durch die Bezeichnung des Vordrucks unterstrichen, zum Beispiel Speditionsauftrag, Speditionsübergabeschein, Speditionsbrief und ähnliches. Speditionsverträge kommen auch zwischen Haupt- und Zwischenspediteur zustande.

Abgrenzung zum Speditions-, Fracht-, Beförderungsvertrag

Der **Frachtvertrag** verpflichtet dagegen den Frachtführer oder Verfrachter zur Ausführung der Beförderung. Unter Berücksichtigung gesetzlicher oder vertraglicher Bestimmungen nationalen oder internationalen Rechts werden

Frachtbrief (Eisenbahn, Lkw-Verkehr, Binnenschifffahrt)
Ladeschein (Binnenschifffahrt)
Konnossement (Seeschifffahrt)
Luftfrachtbrief (AWB) (Luftfahrt)

ausgestellt, die den Fracht- oder Beförderungsvertrag dokumentieren. In der Rechtsprechung wird bei Vorliegen solcher Frachtpapiere unterstellt, dass zwischen den Vertragspartnern ein Frachtvertrag gewollt war; dies trifft auch zu, wenn der Aussteller eines solchen Dokuments ein Spediteur ist.

Zwischen Spediteur und Versender (Auftraggeber) **kommt regelmäßig ein Speditionsvertrag zustande, wenn die *ADSp* zugrundeliegen.**

Wird ein Frachtvertrag, Beförderungsvertrag oder Lohnfuhrvertrag abgeschlossen, gilt dagegen je nach Beförderungsart und Strecke zwingendes Frachtrecht. Ist gegenüber dem Auftraggeber ein Spediteur an einem Frachtvertrag beteiligt, beruft er sich regelmäßig auf die *ADSp*, es sei denn, dass sonstige Vereinbarungen getroffen wurden, was in der Praxis der absolute Ausnahmefall ist.

3.2.6 Versicherungspflicht nach den *GüKG*

§ 7 a Güterkraftverkehrsgesetz – GüKG – (Versicherungspflicht)

Für sämtliche Frachtführer, die erlaubnispflichtigen Güterkraftverkehr mit Be- und Entladeort in *Deutschland* betreiben, besteht die Verpflichtung, sich gegen alle Schäden zu versichern, für die sie nach dem neuen deutschen Frachtrecht in Verbindung mit dem Frachtvertrag haften. Erlaubnispflichtiger Güterkraftverkehr liegt vor, wenn Transporte mit Fahrzeugen mit einem zulässigen Gesamtgewicht von mehr als 3,5 t einschließlich eines Anhängers oder Aufliegers eingesetzt werden.

Versicherungspflicht

Eine zusätzliche Bedeutung kommt dabei dem *§ 7a GüKG* zu, der eine zwingende Regelung für Frachtführer zum Abschluss einer Haftpflichtversicherung enthält. Wegen Unklarheiten in der ursprünglichen Fassung wurde die Bestimmung im Jahr 2005 reformiert und lautet jetzt wie folgt:

§ 7a. Haftpflichtversicherung

(1) Der Unternehmer ist verpflichtet, eine Haftpflichtversicherung abzuschließen und aufrechtzuerhalten, die die gesetzliche Haftung wegen Güter- und Verspätungsschäden nach dem Vierten Abschnitt des Vierten Buches des Handelsgesetzbuches wähend Beförderungen, bei denen der Be- und Entladeort im Inland liegt, versichert.

(2) Die Mindesversicherungssumme beträgt 600 000 EURO je Schadensereignis. Die Vereinbarung einer Jahreshöchstersatzleistung, die nicht weniger als das zweifache der Mindestversicherungssumme betragen darf, und eines Selbstbehalts sind zulässig.

(3) Von der Versicherung können folgende Ansprüche ausgenommen werden:
1. Ansprüche wegen Schäden, die vom Unternehmer oder seinem Repräsentanten vorsätzlich begangen wurden,
2. Ansprüche wegen Schäden, die durch Naturkatastrophen, Kernenergie, Krieg, kriegsähnliche Ereignisse, Bürgerkrieg, innere Unruhen, Streik, Aussperrung, terroristische Gewalttakte, Verfügungen von hoher Hand, Wegnahme oder Beschlagnahme seitens einer staatlich anerkannten Macht verursacht werden,
3. Ansprüche aus Frachtverträgen, die die Beförderung von Edelmetallen, Juwelen, Edelsteinen, Zahlungsmitteln, Valoren, Wertpapieren, Briefmarken, Dokumenten und Urkunden zum Gegestand haben.

(4) Der Unternehmer hat dafür zu sorgen, dass während der Beförderung ein Nachweis über eine gültige Haftpflichtversicherung, die den Ansprüchen des Absatzes 1 entspricht, mitgeführt wird. Das Fahrpersonal muss diesen Versicherungsnachweis während der Beförderung mitführen und Kontrollberechtigten auf Verlangen zur Prüfung aushändigen.

(5) Der Versicherer teilt dem Bundesamt für Güterverkehr den Abschluss und das Erlöschen der Versicherung mit.

3.3 Allgemeine Deutsche Spediteurbedingungen (ADSp)

3.3.1 Einleitung

Die *ADSp* sind ein Gemeinschaftswerk aller an Speditionsgeschäften in *Deutschland* **Gemein-**
interessierten Wirtschaftsorganisationen, -verbände und -kreise unter der Federführung **schafts-**
des *DIHK*. Sie sind 1927 erstmals geschaffen – „festgestellt" sagte man damals – und **werk der**
dem Markt zur Anwendung empfohlen worden. **Der Markt hat sie angenommen.** Dass **Markt-**
im Zweiten Weltkrieg kurzerhand angeordnet wurde, alle deutschen Spediteure müssten **partner**
nach diesen Bedingungen arbeiten, was praktisch einer zwingenden Geltung gleichkam,
hat ihnen nicht geschadet. Nach dem Krieg hat der Markt die *ADSp* selbstverständlich
weiter benutzt. Das hat dazu geführt, dass die ständige Rechtsprechung des *BGH* die
ADSp in ihrer Gesamtheit als **fertig bereitliegende Vertragsordnung** anerkennt, der sich
jeder Kaufmann, der mit Gütertransporten zu tun hat, unterwirft, auch wenn er sie
nicht im Einzelnen kennt. Die *ADSp* galten, bis 2003 in ihrer Gesamtheit – gegenüber
Kaufleuten – also gleichsam **automatisch**. Zu den weiteren Besonderheiten der *ADSp*
zählte es, dass diese ein Versicherungskonzept enthalten haben.

Zu dieser mehr formalen Besonderheit, dass die Repräsentanten der Vertragspartner **Ersetzung**
Speditionsgewerbe und verladende Wirtschaft gemeinsam die *ADSp* festgestellt haben, trat **der**
bis 1998 eine inhaltliche Besonderheit hinzu, die Beteiligung der Versicherungswirtschaft, **Haftung**
genauer: einer konkreten Versicherergruppe unter Führung der *Victoria Versicherung AG* **durch Versi-**
mit einer gemeinsamen Bearbeitungsstelle – Funktionsausgliederung sagt man heute –, **cherung**
der *Oskar Schunck KG*. Die inhaltliche Besonderheit der Beteiligung von Versicherern
an dem Gemeinschaftswerk lag bis 1998 darin, dass die **Haftung des Spediteurs durch
einen konkreten Versicherungsschutz ersetzt wurde.** Der Spediteur haftete für von ihm
verschuldete Schäden nicht. Dafür stellte der Spediteur in Gestalt des *SVS/RVS* dem
Auftraggeber und jedem sonstigen Wareninteressenten einen Versicherungsschutz zur
Verfügung, der so beschaffen war, wie die gesetzliche Haftung beschaffen wäre. Die Prämie
zahlte der Spediteur als Versicherungsnehmer und stellte sie als Aufwendungsersatz seinem Auftraggeber offen in Rechnung. Die Versicherung schloss der Spediteur bei einem
Versicherer seiner Wahl und seines Vertrauens ab, nur musste die Versicherung dem
Marktmodell entsprechen.

Dieses System der Ersetzung der Spediteurhaftung durch Versicherung wurde seit **Neues**
Beginn der 90iger Jahre vom Markt weniger und weniger getragen, die Prämie war **System:**
zum Kostenfaktor geworden. Mit dem In-Kraft-Treten des *TRG* war rechtlich die **Doppel-**
Abbedingung der Haftung dem Grunde nach durch die *ADSp* nicht mehr möglich, die **funktion**
Haftung wurde *AGB*-fest ausgestaltet. Deshalb hatten die Spitzenorganisationen der ver- **des *SLVS***
ladenden Wirtschaft und des Speditionsgewerbes gemeinsam mit *Schunck/Victoria* das
System der neuen Gesetzeslage und den neuen Verkehrs- und Wirtschaftsverhältnissen
angepasst und weiter entwickelt. Dazu hatten sie ihr Modell, den *SLVS*®, vorgeschlagen,
das auch den anderen Versicherern im deutschen Markt vorgestellt wurde. Die anderen Versicherer unterbreiteten ihrerseits teilweise abweichende Modelle und schließlich

haben sich die Spitzenorganisationen im Februar 1998 für das Modell *Schunck/Victoria* („**Doppelfunktion**") entschieden. Diese Versicherung enthielt **zwei Funktionen**: Die **Haftungs**- und die **Schadenversicherung**. Mit anderen Worten: sowohl die Haftpflichtinteressen des Spediteurs (Haftungsversicherung) als auch die Wareninteressen des Auftraggebers (Schadenversicherung) sind in einer Police zusammengefasst. Darüber wurde alsdann im Einzelnen beraten. Die *ADSp* mit dem *SLVS* wurde dann beschlossen.

Als Entwurf einer Konditionenempfehlung wurden die *ADSp* mit dem als Anhang beigefügten *SLVS* dem *Bundeskartellamt (BKartA)* schriftlich und mündlich erläutert. Dabei ergaben sich hinsichtlich der Speditionsversicherung **kartellrechtliche Beanstandungen**.

Neutralisierung des Konditionenwerkes   Den Bedenken des *Bundeskartellamtes* ist in der Folgezeit Rechnung getragen worden. Aus dem *SLVS* wurden zum 1.1.1999 *Mindestbedingungen für die Speditionsversicherung (SpV)* entwickelt, die, was die Grundzüge anbelangt, vollkommen inhaltsgleich mit dem *SLVS* sind, aber neutralisiert wurden.

Trotz der enormen Veränderungen im Markt durch die Einführung des *Transportrechts-Änderungsgesetzes* zum 1.7.1998 und der nochmaligen Überarbeitung der *ADSp*, insbesondere der *SpV* zum 1.1.1999 wurden die *ADSp* unverändert von allen Marktbeteiligten akzeptiert und verwendet. Eine Umfrage des *DIHK* hatte dies im Herbst 1999 nachdrücklich unter Beweis gestellt. Durch die Rechtsprechung wurde zwar die Haftung des Spediteurs insbesondere im Umschlagsbereich durch exzessive Auslegung ausgeweitet, dies änderte aber nichts an der Marktbedeutung. Eine weitere Entwicklung kam aber hinzu: Die Schadensverläufe der neuen Speditionsversicherung führten in den Jahren 1999 bis 2002 zu hohen zweistelligen Millionenverlusten mit der Konsequenz, dass der ***Gesamtverband der Deutschen Versicherungswirtschaft* Mitte 2002 verbindlich erklärte, ab dem Jahreswechsel 2003 keinen Versicherungsschutz mehr für die *SpV* zur Verfügung zu stellen.**

Hektische Verhandlungen haben sich hieran angeschlossen unter der Federführung des *DIHK*. Massive Sanierungsmaßnahmen sowie weitgehende Verpflichtungen und Erklärungen durch die beteiligten Versicherungsmakler und die Verbände halfen nichts. Der *GDV* ließ sich trotz Einschaltung höchster Repräsentanten aus allen Bereichen nicht mehr dazu gewinnen, ein spezielles auf die *ADSp* abgestimmtes Versicherungsprodukt zukünftig im deutschen Markt zu versichern. Gerade in dem Jahr, als die *ADSp* 75 Jahre alt wurden, mussten die beteiligten Verbände einen neuerlichen Kraftakt vollziehen, um den Fortbestand zu sichern, der durch den Wegfall der eigenen Versicherungslösung zweifelsfrei zur Disposition gestanden hat. Eines zeigte sich aber in der Krise: die Verbände hatten den unbrechbaren Willen, das gemeinschaftliche Bedingungswerk auch unter neuen Rahmenbedingungen fortzuschreiben. Dies ist gelungen.

Die Spitzenverbände der deutschen Wirtschaft und der *BSL* haben trotz der gravierenden Veränderungen die Anwendung der *ADSp* auch für die Zukunft empfohlen und dies beim *Bundeskartellamt* angemeldet, was dann im *Bundesanzeiger Nr. 3* vom 7.1.2003, *S. 130 ff* veröffentlicht wurde. **Der Fortbestand der *ADSp* ist damit gesichert.** Nicht nur Veränderungen der Versicherungswirtschaft hatten im Jahr 2002 die Spedition vor neue Herausforderungen gesetzt, sondern kaum waren die *ADSp 2003* zur Anwendung

Allgemeine Deutsche Spediteurbedingungen (ADSp) 3.3

gekommen, kam ein weiterer Paukenschlag: der *BGH* hat in einer Entscheidung im Januar 2003 die *ADSp* in ihrer Gesamtheit nicht mehr als fertig bereitliegende Vertragsordnung anerkannt, sondern aufgrund von gesetzlichen Bestimmungen in *§ 449 HGB* für die haftungsbeschränkenden Bestimmungen die nachweisliche Vereinbarung der *Ziffer 23 ADSp* als Voraussetzung für deren Anwendung bestimmt.

Welche Folgerungen ergeben sich hieraus für die Praxis?

Immer dann, wenn der Spediteur sich auf die haftungsreduzierende Wirkung der *ADSp* berufen will, hat er zukünftig im Schadenfall **erhöhte Darlegungsverpflichtungen dafür, dass die *ADSp* zwischen den Parteien wirksam vereinbart worden sind**. Die zuständigen Verbände, sowie die in diesem Bereich den Markt mit prägenden Versicherungsmakler bieten Versicherungskonzeptionen an, die sich in wesentlichen Teilen an den früheren *SPV* orientieren und von der wirksamen vertraglichen Vereinbarung der *ADSp* ausgehen. Unabhängig davon ist davon auszugehen, **dass der Spediteur in Sachen Dokumentierung seiner Vertragsunterlagen und seiner Vereinbarungen darlegungspflichtig ist, wenn er die haftungsreduzierenden Wirkungen der *ADSp* in Anspruch nehmen will**.

Unabhängig von diesen versicherungswirtschaftlichen und rechtlichen Turbulenzen ist zumindest nach der Umstellungsphase festzustellen, **dass die *ADSp* unverändert Vertragsgrundlage aller Spediteure geblieben sind**. Selbst Kooperationen sowie die Großspediteure verzichten nicht auf die *ADSp*. Welche Folgen mittelfristig der Wegfall der *ADSp*-spezifischen Versicherungslösung mit sich bringen wird, zeichnet sich jetzt ab.

Das Versicherungskonzept des *GDV*, die *DTV-Verkehrshaftungsversicherungs-Bedingungen für Frachtführer, Spedition und Lagerhalter 2003 – DTV-VHV 2003* (kurz das *GDV-Modell*) hat das Vorgängerkonzept praktisch ersetzt – zugegebenermaßen mit diversen Nachteilen für Verlader und Spediteure. Nach mehreren Jahren der Einführung kann heute konstatiert werden, dass das *GDV-Model* zur Stabilisierung der *ADSp* beigetragen hat. Eine Untersuchung des *DIHK* bereits im Jahre 1999 hatte zum Ergebnis, dass die *ADSp* durch die Branchennutzung von über 90 % als Handelsbrauch einzustufen ist. Zu einem ähnlichen Ergebnis kommt das *Institut für Logistikrecht und Risk Management der Hochschule Bremerhaven* bei einer Praxisabfrage im Jahr 2005, die in Zusammenarbeit mit dem *deutschen Speditions- und Logistikverband (DSLV)* und der *SCHUNCK GROUP* vorgenommen wurde. Auch hier zeigte sich, dass im Bereich der Logistikdienstleister unverändert die *ADSp* als absolut dominierende Vertragsgrundlage seitens der Spediteure und Frachtführer verwendet werden.

3.3.2 Übersicht, Einzelbestimmungen der *ADSp* mit Erläuterungen

Präambel
1. *Interessenwahrungs- und Sorgfaltspflicht*
2. *Anwendungsbereich*
3. *Auftrag, Übermittlungsfehler, Inhalt, besondere Güterarten*
4. *Verpackung, Gestellung von Ladehilfs- und Packmitteln, Verwiegung und Untersuchung des Gutes*
5. *Zollamtliche Abwicklung*
6. *Verpackungs- und Kennzeichnungspflichten des Auftraggebers*
7. *Kontrollpflichten des Spediteurs*
8. *Quittung*
9. *Weisungen*
10. *Frachtüberweisung, Nachnahme*
11. *Fristen*
12. *Hindernisse*
13. *Ablieferung*
14. *Auskunfts- und Herausgabepflicht des Spediteurs*
15. *Lagerung*
16. *Angebote und Vergütung*
17. *Aufwendungen des Spediteurs, Freistellungsanspruch*
18. *Rechnungen, fremde Währung*
19. *Aufrechnung, Zurückbehaltungsrecht*
20. *Pfand- und Zurückbehaltungsrecht*
21. *Versicherung des Gutes*
22. *Haftung des Spediteurs, Abtretung von Ersatzansprüchen*
23. *Haftungsbegrenzungen*
24. *Haftungsbegrenzungen bei verfügter Lagerung*
25. *Beweislast*
26. *Außervertragliche Ansprüche*
27. *Qualifiziertes Verschulden*
28. *Schadenanzeige*
29. *Haftungsversicherung des Spediteurs*
30. *Erfüllungsort, Gerichtsstand, anzuwendendes Recht*

Präambel
Diese Bedingungen werden zur Anwendung ab dem 1. Januar 2003 empfohlen vom Bundesverband der Deutschen Industrie, Bundesverband des Deutschen Groß- und Außenhandels, Bundesverband Spedition und Logistik, Deutscher Industrie- und Handelskammertag, Hauptverband des Deutschen Einzelhandels. Diese Empfehlung ist unverbindlich. Es bleibt den Vertragsparteien unbenommen, im Einzelfall abweichende Vereinbarungen zu treffen.

Allgemeine Deutsche Spediteurbedingungen (ADSp) 3.3

Die Organisationen und Verbände sind die Rechtsnachfolger derjenigen, die 1927 die *ADSp* „festgestellt" hatten, es besteht **ununterbrochene Kontinuität.** Die Organisationen passen die *ADSp* der neuen Gesetzeslage an und entwickeln diese weiter. Die jetzigen *ADSp* sind keine Neuentwicklung, sie enthalten vielmehr zahlreiche Verbesserungen für den Verlader.

Wie bereits in der Einleitung angemerkt, unterscheiden sich die *ADSp 2003* wesentlich von den vorangegangenen Fassungen dahingehend, dass **das bisher prägende Versicherungskonzept aus dem Gesamtwerk herausgenommen wurde**, und nur mehr geringfügige Anforderungen an die Haftungsversicherung in *Ziffer 29 ADSp* gestellt werden. Gleiches gilt für die Versicherung des Gutes, die vom Umfang und der Systematik einzigartig war und **zukünftig keinem Automatismus mehr unterworfen ist.** Hiervon unberührt sind die weitergehenden Regelungsinhalte, die praxisgerecht den breiten Pflichtenbereich der Spediteure gegenüber dem Verlader und umgekehrt regeln und die insgesamt dem Speditionsgeschäft eine unkomplizierte Abwicklung sicherstellen beziehungsweise die praktische Umsetzung dieses anspruchsvollen Geschäftes erst gewährleisten.

1   Interessenwahrungs- und Sorgfaltspflicht
Der Spediteur hat das Interesse des Auftraggebers wahrzunehmen und seine Tätigkeiten mit der Sorgfalt eines ordentlichen Kaufmannes auszuführen.

Die **Interessenwahrungspflicht steht** deshalb **am Anfang, weil sie den Spediteur wie einen Treuhänder weit über alle Dienstleistungsunternehmer hinaus hebt.** Wenn das Gut unterwegs ist, ist die Sache für den Spediteur noch nicht erledigt. Während der von ihm organisierten Beförderung muss er das Gut gedanklich begleiten, um gegebenenfalls zum Beispiel durch Weisung an eingeschaltete Verkehrsträger einzugreifen. Dabei muss er, wenn er nicht rechtzeitig Weisung einholen kann, spontan von sich aus tätig werden, auch wenn ihm dabei Kosten entstehen und er auf den Ersatz dieser Aufwendungen möglicherweise warten muss. Die **Interessenwahrung** ist Leistung (**Was?**) und gehört deshalb an den Anfang, die **Sorgfaltswahrung** betrifft danach die Art und Weise der Ausführung (**Wie?**). Wegen des Begriffs Spediteur im Sinne der *ADSp* siehe zu *Ziffer 2.1*.

2   Anwendungsbereich
2.1   Die ADSp gelten für Verkehrsverträge über alle Arten von Tätigkeiten, gleichgültig ob sie Speditions-, Fracht-, Lager- oder sonstige üblicherweise zum Speditionsgewerbe gehörende Geschäfte betreffen. Hierzu zählen auch speditionsübliche logistische Leistungen, wenn diese mit der Beförderung oder Lagerung von Gütern in Zusammenhang stehen.

Zu *Ziffer 2.1*
Der Begriff **Verkehrsvertrag** stammt aus der Definition der früheren Speditionsversicherung, und wird jetzt mit etwas verändertem sprachlichem Ausdruck in den *ADSp* benutzt: Er umfasst alle Arten von Tätigkeiten, die üblicherweise zum Speditionsgewerbe gehörende Geschäfte betreffen, wobei die gesetzlichen Vertragstypen Spedition, Fracht und Lager eigens genannt werden. Abgestellt wird auf Üblichkeit der speditionellen Tätigkeit. Das hängt mit der Einbeziehung der Logistik zusammen, soweit sie sich auf

Verkehrsvertrag

Beförderung oder Lagerung von Gütern bezieht. **Nicht einbezogen ist also die Logistik in Produktion, jede Art der Herstellung und Handel.** Das Haftungsregime der *ADSp* gilt für diesen Bereich nicht.

Beförderungslogistik Wenn der Auftrag so lautet, sind die Verbringung der Güter in den Supermarkt und die Einordnung in das richtige Regal als Beförderungslogistik zum Speditionsgewerbe gehörende Tätigkeiten. Die Preisauszeichnung ist ein Grenzfall. Fakturierung liegt dagegen auch außerhalb, sie gehört zu Handel und Verkauf. Ebenfalls außerhalb, und zwar als Produktion, läge das Zuschneiden von Blechen oder Brettern, der Zusammenbau von Elektromotoren oder ähnliches.

Spediteurbegriff der ADSp Während die gesetzlichen Vertragstypen Fracht, Spedition und Lagerung vertragsrechtlich definiert werden, ist der *ADSp*-Spediteur der Oberbegriff, der die gesetzlichen Typen umfasst. **Der *ADSp*-Spediteur ist Kaufmann, der alle üblicherweise zum Speditionsgewerbe gehörenden Leistungen anbietet und erbringt. Sein Vertragspartner heißt Auftraggeber.**

2.2 Bei speditionsvertraglichen Tätigkeiten im Sinne der §§ 453 bis 466 HGB schuldet der Spediteur nur den Abschluss der zur Erbringung dieser Leistungen erforderlichen Verträge, soweit zwingende oder AGB-feste Rechtsvorschriften nichts anderes bestimmen.

Zu *Ziffer 2.2*

Auslegungsregel bei Nebentätigkeiten Die vereinbarten sonstigen Nebenleistungen übernimmt der Spediteur nach der gesetzlichen Regelung in *§ 454 Abs. 2 HGB* konsensual als seine Verpflichtung. Nur wenn es sich aus der Vereinbarung ergibt, schuldet er nicht die Ausführung, sondern die Übertragung an einen Dritten, also den Abschluss des zur Erbringung dieser Leistung erforderlichen Vertrages.

2.3 Die ADSp gelten nicht für Geschäfte, die ausschließlich zum Gegenstand haben
  – Verpackungsarbeiten,
  – die Beförderung von Umzugsgut oder dessen Lagerung,
  – Kran- oder Montagearbeiten sowie Schwer- oder Großraumtransporte mit Ausnahme der Umschlagstätigkeit des Spediteurs,
  – die Beförderung und Lagerung von abzuschleppenden oder zu bergenden Gütern.

Zu *Ziffer 2.3*

Andere Geschäfte Die Vorschrift bezweckt in erster Linie, sogenannte Trittbrettfahrer, die von Hause aus nichts mit dem Speditionsgewerbe zu tun haben, von der quasi automatischen Anwendbarkeit der *ADSp* fernzuhalten.

2.4 Die ADSp finden keine Anwendung auf Verkehrsverträge mit Verbrauchern. Verbraucher ist eine natürliche Person, die den Vertrag zu einem Zweck abschließt, der weder ihrer gewerblichen noch ihrer selbständigen beruflichen Tätigkeit zugerechnet werden kann. Privatpersonen sind grundsätzlich keine Kaufleute.

Allgemeine Deutsche Spediteurbedingungen (ADSp) 3.3

Zu *Ziffer 2.4*
Die *ADSp* gelten automatisch nur gegenüber Kaufleuten. Das schließt nicht aus, dass **Ver-**
ein Spediteur mit einem Privatkunden unter Beachtung der Grundsätze über die *AGB* im **braucher**
BGB einen *ADSp*-Vertrag schließt.

2.5 *Weichen Handelsbräuche oder gesetzliche Bestimmungen von den ADSp ab, so gehen die ADSp vor, es sei denn, dass die gesetzlichen Bestimmungen zwingend oder AGB-fest sind.*
Bei Verkehrsverträgen über Luft-, See-, Binnenschiffs- oder multimodale Transporte können abweichende Vereinbarungen nach den dafür etwa aufgestellten besonderen Beförderungsbedingungen getroffen werden.
2.6 *Der Spediteur ist zur Vereinbarung der üblichen Geschäftsbedingungen Dritter befugt.*

Zu *Ziffer 2.6*
Wenn der Spediteur einen anderen Unternehmer beauftragt, zum Beispiel als disponie- **Übliche**
render (Schreibtisch-) Spediteur einen Frachtführer, schuldet er gehörige Auswahl. Hier **Beförde-**
wird klargestellt, dass der Spediteur seine Auswahlverpflichtung nicht verletzt, wenn er **rungsbe-**
sich auf übliche *AGB* des Dritten einlässt. Damit stellt sich die Frage nach der Üblichkeit **dingungen**
anderer *AGBs*. Von Üblichkeit ist mit Sicherheit dann auszugehen, wenn diese *AGBs* im **Dritter?**
Bundesanzeiger veröffentlicht worden sind. Es kommt dann nicht darauf an, dass die
Besonderheiten des Inhalts dieser *AGBs* im Einzelnen aufgezählt werden können.

2.7 *Im Verhältnis zwischen Erst- und Zwischenspediteur gelten die ADSp als Allgemeine Geschäftsbedingungen des Zwischenspediteurs.*

Zu *Ziffer 2.7*
Der Grundsatz, dass die *ADSp* die des Zwischenspediteurs sind, ist künftig bedeutsam **Fälligkeit,**
zum Beispiel für die Fälligkeit von Rechnungen, vergleiche *Ziffer 18 ADSp*. Das gilt nur für **Verzug und**
die **Forderungen des Spediteurs und des auftragnehmenden Zwischenspediteurs.** **Zinsen**

3 *Auftrag, Übermittlungsfehler, Inhalt, besondere Güterarten*
3.1 *Aufträge, Weisungen, Erklärungen und Mitteilungen sind formlos gültig. Nachträgliche Änderungen sind als solche deutlich kenntlich zu machen.*
Die Beweislast für den Inhalt sowie die richtige und vollständige Übermittlung trägt, wer sich darauf beruft.

Zu *Ziffer 3.1*
Alle Erklärungen im weitesten Sinn sind unter Kaufleuten im kaufmännischen Geschäft **Form-**
formlos gültig, das heißt gültig auch ohne Einhaltung einer besonderen gesetzlichen Form **losigkeit**
von Willenserklärungen, wie zum Beispiel Schriftlichkeit, Beglaubigung, Beurkundung, **aller Erklä-**
aber auch ohne Einhaltung sonstiger Förmlichkeiten, wie zum Beispiel Lesbarkeit. **rungen**

3.2 *Soweit für Erklärungen die Schriftform verlangt wird, steht ihr die Datenfernübertragung und jede sonst lesbare Form gleich, sofern sie den Aussteller erkennbar macht.*

3.3 Der Auftraggeber hat dem Spediteur bei Auftragserteilung mitzuteilen, dass Gegenstand des Verkehrsvertrages sind:
- *Gefährliche Güter*
- *Lebende Tiere und Pflanzen*
- *Leicht verderbliche Güter*
- *Besonders wertvolle und diebstahlgefährdete Güter*

Zu *Ziffer 3.3*

Besonderes Gut

Sollen Güter der hier aufgezählten Art Gegenstand des Verkehrsvertrags werden, so muss der Auftraggeber dies dem Spediteur bei Auftragserteilung, also nicht nachträglich, deutlich mitteilen beziehungsweise anzeigen. Der Spediteur muss sich darüber schlüssig werden können, ob er diesen Auftrag annimmt, ob und welche Änderungen er vorschlagen oder verlangen will usw. Durch die Einbeziehung generell aller wertvollen und diebstahlgefährdeten Güter **ist die Mitteilungsverpflichtung des Verladers sehr weitgehend gestaltet worden**, was auch zu Auswirkungen im Haftungsrecht führen wird. Bei Versäumnissen wird der Vorwurf des Mitverschuldens im Raum stehen und gegebenenfalls **zur Schadenteilung führen**. In einer Vielzahl von höchstrichterlichen Entscheidungen wird dieser Mitteilungspflicht eine mitentscheidende Komponente zugesprochen, das heißt der Verlader, der hochwertige Güter undeklariert an den Spediteur übergibt, hat in Fällen von Diebstahl nur einen reduzierten Haftungsanspruch an den Spediteur.

Mitteilung muss verständlich sein

Die **Mitteilung des Auftraggebers muss so gestaltet sein, dass der Spediteur sie verstehen und seine Schlüsse daraus ziehen kann**. Der Spediteur ist nicht Fachmann zum Beispiel auf medizinischem, chemischem, botanischem, zoologischem Gebiet, nicht bei Kunst und Antiquitäten und nicht im Bank- und Finanzwesen. Es genügt nicht, dass die Mitteilung unter Fachleuten eindeutig und richtig ist, sie muss für den Spediteur verständlich sein. Nur eine verstandene Mitteilung ist eine Mitteilung, denn sie muss ankommen und aufgenommen werden, sonst ist sie Monolog. Die Beweislast für die Verständlichkeit trägt der Auftraggeber.

3.4 Der Auftraggeber hat im Auftrag Adressen, Zeichen, Nummern, Anzahl, Art und Inhalt der Packstücke, Eigenschaften des Gutes im Sinne von Ziffer 3.3 den Warenwert für eine Versicherung des Gutes und alle sonstigen erkennbar für die ordnungsgemäße Ausführung des Auftrags erheblichen Umstände anzugeben.

Zu *Ziffer 3.4*

Angabe des Warenwertes

Neu seit dem 1.1.2003 aufgeführt wird unter den Angaben, die der Auftraggeber vorzunehmen hat, der **Warenwert für die Versicherung des Gutes**. Mit dieser Erweiterung der Mitteilungsverpflichtung ergibt sich im Umkehrschluss, dass eine **Verpflichtung für den Abschluss einer Versicherung immer nur dann besteht, wenn ausdrücklich der Wert des Gutes benannt wird**. Die Haftung des Spediteurs ist damit begrenzt. Davon unabhängig hat der Spediteur die Möglichkeit gemäß den Regularien in *Ziffer 21 ADSp* die **Versicherung des Gutes gegebenenfalls durch Schätzung des Wertes des betroffenen Gutes vorzunehmen**. Im Ergebnis ist damit der Pflichtenkatalog für den Auftraggeber erweitert worden.

Allgemeine Deutsche Spediteurbedingungen (ADSp) 3.3

3.5 Bei gefährlichem Gut hat der Auftraggeber bei Auftragserteilung dem Spediteur schriftlich die genaue Art der Gefahr und – soweit erforderlich – die zu ergreifenden Vorsichtsmaßnahmen mitzuteilen. Handelt es sich um Gefahrgut im Sinne des Gesetzes über die Beförderung gefährlicher Güter oder um sonstige Güter, für deren Beförderung oder Lagerung besondere gefahrgut-, umgangs- oder abfallrechtliche Vorschriften bestehen, so hat der Auftraggeber alle für die ordnungsgemäße Durchführung des Auftrags erforderlichen Angaben, insbesondere die Klassifizierung nach dem einschlägigen Gefahrgutrecht, mitzuteilen.

Zu *Ziffer 3.5*
Insbesondere bei Gefahrgut muss der Auftaggeber den Spediteur auf alles Wichtige aufmerksam machen. Gefahrgut ist nicht nur das in den deutschen und internationalen öffentlich-rechtlichen Gefahrgutvorschriften genannte, sondern jedes Gut, das in seiner konkreten Beschaffenheit nachteilige Auswirkungen auf Personen, Sachen, Umwelt oder sonstige Werte haben kann. Zu den öffentlich-rechtlichen Vorschriften zählen nicht nur die über die Beförderung oder Lagerung gefährlicher Güter, sondern auch die über den Umgang mit Stoffen. **Gefahrgut**

3.6 Der Auftraggeber hat den Spediteur bei besonders wertvollen oder diebstahlsgefährdeten Gütern (zum Beispiel Geld, Edelmetalle, Schmuck, Uhren, Edelsteine, Kunstgegenstände, Antiquitäten, Scheck-, Kreditkarten, gültige Telefonkarten oder andere Zahlungsmittel, Wertpapiere, Valoren, Dokumente, Spirituosen, Tabakwaren, Unterhaltungselektronik, Telekommunikationsgeräte, EDV-Geräte und -Zubehör) sowie bei Gütern mit einem tatsächlichen Wert von 50 EUR/kg und mehr so rechtzeitig vor Übernahme durch den Spediteur schriftlich zu informieren, dass der Spediteur die Möglichkeit hat, über die Annahme des Gutes zu entscheiden und Maßnahmen für eine sichere und schadenfreie Abwicklung des Auftrags zu treffen.

Zu *Ziffer 3.6*
Neben der *Ziffer 3.4 ADSp – Wertdeklaration für die Versicherung des Gutes*, hat ebenso die *Ziffer 3.6 – der Hinweis auf besonders wertvolles Gut* entscheidenden Einfluss auf die Rechtsprechung gewonnen. Der erste Zivilsenat des *Bundesgerichtshofes* hat in den letzten Jahre seine Rechtsprechung in Schadensfällen zum Mitverschulden des Verladers gravierend ausgeweitet. Demzufolge erkennt die Rechtsprechung an, dass den Warenversender an der Entstehung des Schadens eine erhebliches Mitverschulden trifft, sofern er es unterlassen hat, den Logistiker darauf hinzuweisen, dass der Warenwert überdurchschnittlich hoch ist. Die Rechtsprechung geht dabei von der Überlegung aus, dass der Spediteur dann die Möglichkeit hat, zusätzliche Sicherheitsvorkehrungen zu ergreifen, sobald er von dem Umstand der Hochwertigkeit des Gutes Kenntnis hat. Insofern bieten heute viele Logistiker unterschiedliche Transportangebote an, zum einen für übliches Speditionsgut, zum anderen für diebstahlgefährdetes und hochwertiges Gut.

3.7 Entspricht ein dem Spediteur erteilter Auftrag nicht den in Ziffer 3.3–3.6 genannten Bedingungen, steht es dem Spediteur frei,

- die Annahme des Gutes zu verweigern,
- bereits übernommenes Gut zurückzugeben beziehungsweise zur Abholung bereitzuhalten,
- dieses, ohne Benachrichtigung des Auftraggebers zu versenden, zu befördern oder einzulagern und eine zusätzliche, angemessene Vergütung zu verlangen, wenn eine sichere und schadenfreie Ausführung des Auftrags mit erhöhten Kosten verbunden ist.

3.8 Der Spediteur ist nicht verpflichtet, die nach Ziffer 3.3 bis 3.6 gemachten Angaben nachzuprüfen oder zu ergänzen.

3.9 Der Spediteur ist nicht verpflichtet, die Echtheit der Unterschriften auf irgendwelchen, das Gut betreffenden Mitteilungen oder sonstigen Schriftstücken oder die Befugnis der Unterzeichner zu prüfen, es sei denn, dass an der Echtheit oder der Befugnis begründete Zweifel bestehen.

4 Verpackung, Gestellung von Ladehilfs- und Packmitteln, Verwiegung und Untersuchung des Gutes

4.1 Der dem Spediteur erteilte Auftrag umfasst mangels Vereinbarung nicht

4.1.1 die Verpackung des Gutes,

4.1.2 die Verwiegung, Untersuchung, Maßnahmen zur Erhaltung oder Besserung des Gutes und seiner Verpackung, es sei denn, dies ist geschäftsüblich,

4.1.3 die Gestellung und den Tausch von Paletten oder sonstigen Ladehilfs- und Packmitteln.
Werden diese nicht Zug-um-Zug getauscht, erfolgt eine Abholung nur, wenn ein neuer Auftrag erteilt wird. Dies gilt nicht, wenn der Tausch auf Veranlassung des Spediteurs unterbleibt.

4.2 Die Tätigkeiten nach Ziffer 4.1 sind gesondert zu vergüten.

5 Zollamtliche Abwicklung

5.1 Der Auftrag zur Versendung nach einem Bestimmungsort im Ausland schließt den Auftrag zur zollamtlichen Abfertigung ein, wenn ohne sie die Beförderung bis zum Bestimmungsort nicht ausführbar ist.

5.2 Für die zollamtliche Abfertigung kann der Spediteur neben den tatsächlich auflaufenden Kosten eine besondere Vergütung berechnen.

5.3 Der Auftrag, unter Zollverschluss eingehende Sendungen zuzuführen oder frei Haus zu liefern, schließt die Ermächtigung für den Spediteur ein, über die Erledigung der erforderlichen Zollförmlichkeiten und die Auslegung der zollamtlich festgesetzten Abgaben zu entscheiden.

6 Verpackungs- und Kennzeichnungspflichten des Auftraggebers

6.1 Die Packstücke sind vom Auftraggeber deutlich und haltbar mit den für ihre auftragsgemäße Behandlung erforderlichen Kennzeichen zu versehen, wie Adressen, Zeichen, Nummern, Symbolen für Handhabung und Eigenschaften; alte Kennzeichen müssen entfernt oder unkenntlich gemacht sein.

6.2 Darüber hinaus ist der Auftraggeber verpflichtet,

Allgemeine Deutsche Spediteurbedingungen (ADSp) 3.3

6.2.1 zu einer Sendung gehörende Packstücke als zusammengehörig leicht erkennbar zu kennzeichnen;
6.2.2 Packstücke so herzurichten, dass ein Zugriff auf den Inhalt ohne Hinterlassen äußerlich sichtbarer Spuren nicht möglich ist (Klebeband, Umreifungen oder Ähnliches sind nur ausreichend, wenn sie individuell gestaltet oder sonst schwer nachahmbar sind; eine Umwickelung mit Folie nur, wenn diese verschweißt ist);
6.2.3 bei einer im Spediteursammelgutverkehr abzufertigenden Sendung, die aus mehreren Stücken oder Einheiten mit einem Gurtmaß (größter Umfang zuzüglich längste Kante) von weniger als 1 m besteht, diese zu größeren Packstücken zusammenzufassen;
6.2.4 bei einer im Hängeversand abzufertigenden Sendung, die aus mehreren Stücken besteht, diese zu Griffeinheiten in geschlossenen Hüllen zusammenzufassen;
6.2.5 auf Packstücken von mindestens 1000 kg Rohgewicht die durch das Gesetz über die Gewichtsbezeichnung an schweren auf Schiffen beförderten Frachtstücken vorgeschriebene Gewichtsbezeichnung anzubringen.
6.3 Packstücke sind Einzelstücke oder vom Auftraggeber zur Abwicklung des Auftrags gebildete Einheiten, zum Beispiel. Kisten, Gitterboxen, Paletten, Griffeinheiten, geschlossene Ladegefäße, wie gedeckt gebaute oder mit Planen versehene Waggons, Auflieger oder Wechselbrücken, Container, Iglus.
6.4 Entsprechen die Packstücke nicht den in Ziffer 6.1 und 6.2 genannten Bedingungen, findet Ziffer 3.7 entsprechende Anwendung.

7 Kontrollpflichten des Spediteurs
7.1 Der Spediteur ist verpflichtet, an Schnittstellen
7.1.1 die Packstücke auf Vollzähligkeit und Identität sowie äußerlich erkennbare Schäden und Unversehrtheit von Plomben und Verschlüssen zu überprüfen und
7.1.2 Unregelmäßigkeiten zu dokumentieren (zum Beispiel in den Begleitpapieren oder durch besondere Benachrichtigung).
7.2 Schnittstelle ist jeder Übergang der Packstücke von einer Rechtsperson auf eine andere sowie die Ablieferung am Ende jeder Beförderungsstrecke.

Zu *Ziffer 7.2*

Hier ist die **Schnittstellenkontrolle des Spediteurs** verselbstständigt und definiert. Was der Spediteur zu prüfen hat, sind **Vollzähligkeit und Identität sowie äußerer Zustand der Packstücke**, nicht ihr Inhalt. Der Spediteur ist nicht verantwortlich für den Inhalt einer mit Schrumpffolie versehenen oder sonst geschlossenen Palette, insbesondere nicht für die Anzahl der auf einer solchen Palette befindlichen Kartons. Das gilt sogar dann, wenn der schriftliche Speditionsauftrag oder Frachtbrief das Gut bezeichnet mit „10 Paletten mit 160 Kartons...". 10 Paletten muss der Spediteur zählen und gegebenenfalls bestätigen, für die Anzahl der Kartons ist er nicht verantwortlich, deren Zahl ist nicht Inhalt seiner Empfangsquittung; vergleiche *Ziffer 8.1*.

Schnittstellenkontrolle

Vollständigkeit der Packstücke, äußerer Zustand

Auch das Gesetz stellt gegenüber früher klar, dass die Quittung sich, wenn nichts Besonderes vereinbart ist, vernünftigerweise nicht auf den Inhalt der Pack- oder Frachtstücke, sondern nur auf ihre Anzahl und äußere Beschaffenheit beziehen kann; vergleiche *§ 409 Abs. 2 HGB*.

Begriff Schnittstelle Ende einer Beförderungsstrecke	Die Schnittstelle ist der Übergang von einer Rechtsperson auf eine andere; das ist die erste Schnittstellenart.
Zweite Schnittstellenart ist jeweils die Ablieferung am Ende jeder Beförderungsstrecke.
Das passt gut zur Beweis- und Darlegungslast bei der Höhe der *ADSp*-Haftung in *Ziffer 23.1.1* einerseits (€ 5,– je kg) und *23.1.2* und *23.1.3* andererseits (8,33 SZR je kg). Holt der Spediteur das Gut im Vorlauf mit eigenem Fahrzeug ab, so ist die Übernahme am Lager das Ende einer Beförderungsstrecke, also Schnittstelle, und hier muss kontrolliert werden. Belädt der Spediteur am nächsten Tag sein Fernfahrzeug für den Hauptlauf, findet kein Personenwechsel statt und es endet auch nicht eine Beförderungsstrecke, folglich liegt am Beginn des Hauptlaufs keine Schnittstelle, und der Spediteur braucht nicht zu kontrollieren. Freilich wird er das doch tun im Hinblick darauf, einen Schaden auf dem Umschlagslager möglichst zu lokalisieren, weil er sich andernfalls, wenn der Schaden am Ende der Hauptlaufbeförderung erkannt wird, schwerlich auf die niedrigere Haftung für Lagerschäden berufen kann.

8 *Quittung*

Quittung	*8.1*	*Auf Verlangen des Auftraggebers erteilt der Spediteur eine Empfangsbescheinigung. In der Empfangsbescheinigung bestätigt der Spediteur nur die Anzahl und Art der Packstücke, nicht jedoch deren Inhalt, Wert oder Gewicht. Bei Massengütern, Wagenladungen und dergleichen enthält die Empfangsbescheinigung im Zweifel keine Bestätigung des Rohgewichts oder der anders angegebenen Menge des Gutes.*
	8.2	*Als Ablieferungsnachweis hat der Spediteur vom Empfänger eine Empfangsbescheinigung über die im Auftrag oder in sonstigen Begleitpapieren genannten Packstücke zu verlangen. Weigert sich der Empfänger, die Empfangsbescheinigung zu erteilen, so hat der Spediteur Weisung einzuholen. Ist das Gut beim Empfänger bereits ausgeladen, so ist der Spediteur berechtigt, es wieder an sich zu nehmen.*

9 *Weisungen*

9.1 Eine über das Gut erteilte Weisung bleibt für den Spediteur bis zu einem Widerruf des Auftraggebers maßgebend.

9.2 Mangels ausreichender oder ausführbarer Weisung darf der Spediteur nach seinem pflichtgemäßen Ermessen handeln.

9.3 Ein Auftrag, das Gut zur Verfügung eines Dritten zu halten, kann nicht mehr widerrufen werden, sobald die Verfügung des Dritten beim Spediteur eingegangen ist.

	Zu *Ziffer 9.1*
Einseitiger Befehl	Weisungen sind, wie die Bezeichnung sagt, einseitige Befehle des Auftraggebers, die der Spediteur im Rahmen des Möglichen und Zumutbaren befolgen muss. Sie sind empfangsbedürftig, das heißt sie müssen beim Spediteur ankommen.
Frachtüberweisung, Nachnahme	**10** *Frachtüberweisung, Nachnahme*
10.1 Die Mitteilung des Auftraggebers, der Auftrag sei unfrei abzufertigen oder der Auftrag sei für Rechnung des Empfängers oder eines Dritten auszuführen, berührt nicht die

Verpflichtung des Auftraggebers gegenüber dem Spediteur, die Vergütung sowie die sonstigen Aufwendungen zu tragen.
10.2 *Die Mitteilung nach Ziffer 10.1 enthält keine Nachnahmeweisung.*

11 Fristen

11.1 *Mangels Vereinbarung werden Verlade- und Lieferfristen nicht gewährleistet, ebensowenig eine bestimmte Reihenfolge in der Abfertigung von Gütern gleicher Beförderungsart.*

11.2 *Unberührt bleibt die gesetzliche Haftung des Spediteurs für eine Überschreitung der Lieferfrist.*

Verlade- und Lieferfristen

12 Hindernisse

12.1 *Leistungshindernisse, die nicht dem Risikobereich des Spediteurs zuzurechnen sind, befreien ihn für die Zeit ihrer Dauer von den Verpflichtungen, deren Erfüllung unmöglich geworden ist.*

Im Falle der Befreiung nach Satz 1 sind der Spediteur und der Auftraggeber berechtigt, vom Vertrage zurückzutreten, auch wenn der Auftrag schon teilweise ausgeführt worden ist.

Tritt der Spediteur oder Auftraggeber zurück, so sind dem Spediteur die Kosten zu erstatten, die er für erforderlich halten durfte oder die für den Auftraggeber von Interesse sind.

12.2 *Der Spediteur hat nur im Rahmen seiner Sorgfaltspflicht zu prüfen und den Auftraggeber darauf hinzuweisen, ob gesetzliche oder behördliche Hindernisse für die Versendung (zum Beispiel Ein- und Ausfuhrbeschränkungen) vorliegen. Soweit der Spediteur jedoch durch öffentliche Bekanntmachungen oder in den Vertragsverhandlungen den Eindruck erweckt hat, über besondere Kenntnisse für bestimmte Arten von Geschäften zu verfügen, hat er vorstehende Prüfungs- und Hinweispflichten entsprechend zu erfüllen.*

12.3 *Vom Spediteur nicht zu vertretende öffentlich-rechtliche Akte berühren die Rechte des Spediteurs gegenüber dem Auftraggeber nicht; der Auftraggeber haftet dem Spediteur für alle aus solchen Ereignissen entstehenden Folgen. Etwaige Ansprüche des Spediteurs gegenüber dem Staat oder einem sonstigen Dritten werden hierdurch nicht berührt.*

Hindernisse

13 Ablieferung

Die Ablieferung erfolgt mit befreiender Wirkung an jede im Geschäft oder Haushalt des Empfängers anwesende Person, es sei denn, es bestehen begründete Zweifel an deren Empfangsberechtigung.

Ablieferung

Zu *Ziffer 13*

Eine sehr unscheinbare Bestimmung, die aber in der Praxis, gerade im Schadenfall, wenn organisierte Kriminalität mit am Werk ist, eine außerordentlich hohe Bedeutung hat. In Schadensfällen der jüngsten Vergangenheit hat sich diese Bestimmung sehr vorteilhaft für den Spediteur erwiesen. Voraussetzung dafür war, dass der Spediteur jeglichen Zweifel ausräumen konnte, dass die Person, an die das Gut ausgehändigt wurde, berechtigter Empfänger war.

14 Auskunfts- und Herausgabepflicht des Spediteurs

14.1 Der Spediteur ist verpflichtet, dem Auftraggeber die erforderlichen Nachrichten zu geben, auf Verlangen über den Stand des Geschäftes Auskunft zu geben und nach dessen Ausführung Rechenschaft abzulegen; zur Offenlegung der Kosten ist er jedoch nur verpflichtet, wenn er für Rechnung des Auftraggebers tätig wird.

14.2 Der Spediteur ist verpflichtet, dem Auftraggeber alles, was er zur Ausführung des Geschäfts erhält und was er aus der Geschäftsführung erlangt, herauszugeben.

15 Lagerung

Lagerung *15.1 Die Lagerung erfolgt nach Wahl des Spediteurs in dessen eigenen oder fremden Lagerräumen. Lagert der Spediteur bei einem fremden Lagerhalter ein, so hat er dessen Namen und den Lagerort dem Auftraggeber unverzüglich schriftlich bekanntzugeben oder, falls ein Lagerschein ausgestellt ist, auf diesem zu vermerken.*

Zu *Ziffer 15.1*

Ausschliesslich gemeint ist hier die dispositive Lagerung, die ein vereinbarter Vertragsbestandteil mit dem Auftraggeber ist. Diese Informationspflicht gilt infolgedessen nicht für die verkehrsbedingte beziehungsweise transportbedingte Lagerung. Dies gibt für den Auftraggeber keinen Sinn schon deshalb, weil das Haftungsrechtregime nicht wechselt.

15.2 Dem Auftraggeber steht es frei, die Lagerräume zu besichtigen oder besichtigen zu lassen. Einwände oder Beanstandungen gegen die Unterbringung des Gutes oder gegen die Wahl des Lagerraumes muss er unverzüglich vorbringen. Macht er von dem Besichtigungsrecht keinen Gebrauch, so begibt er sich aller Einwände gegen die Art und Weise der Unterbringung, soweit die Wahl des Lagerraumes und die Unterbringung unter Wahrung der Sorgfalt eines ordentlichen Spediteurs erfolgt ist.

15.3 Das Betreten des Lagers ist dem Auftraggeber nur in Begleitung des Spediteurs zu dessen Geschäftsstunden erlaubt.

15.4 Nimmt der Auftraggeber Handlungen mit dem Gut vor (zum Beispiel Probeentnahme), so kann der Spediteur verlangen, dass Anzahl, Gewicht und Beschaffenheit des Gutes gemeinsam mit dem Auftraggeber festgestellt wird. Kommt der Auftraggeber diesem Verlangen nicht nach, ist die Haftung des Spediteurs für später festgestellte Schäden ausgeschlossen, es sei denn, der Schaden ist nicht auf die vorgenommenen Handlungen mit dem Gut zurückzuführen.

15.5 Der Auftraggeber haftet für alle Schäden, die er, seine Angestellten oder Beauftragten beim Betreten des Lagers oder beim Betreten oder Befahren des Lagergrundstückes dem Spediteur, anderen Einlagerern oder sonstigen Dritten zufügen, es sei denn, daß den Auftraggeber, seine Angestellten oder Beauftragten kein Verschulden trifft.

15.6 Bei Inventurdifferenzen kann der Spediteur bei gleichzeitigen Fehl- und Mehrbeständen desselben Auftraggebers eine wertmäßige Saldierung des Lagerbestandes vornehmen.

Zu *Ziffer 15.6*

Die gesetzliche Vorteilsausgleichung würde die Verrechnung von Fehl- mit Mehrbeständen nur zulassen, wenn zwischen dem Fehl- und dem Mehrbestand eine Kausalität

Allgemeine Deutsche Spediteurbedingungen (ADSp)

besteht, mit anderen Worten: wenn die Güter, um die es geht, äußerlich ähnlich sind und daher verwechselt werden können. Der Umstand, der zum Minderbestand, also zum Schaden führt, führt zugleich durch die Verwechslung zum Vorteil des Mehrbestandes an den anderen Gütern. Dieser Vorteil muss auf den Schadensersatzanspruch angerechnet werden. Das ist die auf allgemeinen Rechtsgrundsätzen beruhende Vorteilsausgleichung.

Hier in den *ADSp* wird die Verrechnung zugelassen, auch wenn keine Kausalität zwischen Minder- und Mehrbestand erkennbar ist, und deshalb **findet eine Verrechnung nicht nach Menge oder Stückzahl, sondern nach Wert statt**. Darüber ist unter den Spitzenorganisationen ausführlich und offen gesprochen worden, es ist Absicht, in dieser Weise das Verfahren bei Inventurdifferenzen zu erleichtern. — **Inventurdifferenzen**

15.7 Entstehen dem Spediteur begründete Zweifel, ob seine Ansprüche durch den Wert des Gutes sichergestellt sind, so ist er berechtigt, dem Auftraggeber eine angemessene Frist zu setzen, in der dieser entweder für Sicherstellung der Ansprüche des Spediteurs oder für anderweitige Unterbringung des Gutes Sorge tragen kann. Kommt der Auftraggeber diesem Verlangen nicht nach, so ist der Spediteur zur Kündigung ohne Kündigungsfrist berechtigt.

16 *Angebote und Vergütung*

16.1 Angebote des Spediteurs und Vereinbarungen mit ihm über Preise und Leistungen beziehen sich stets nur auf die namentlich aufgeführten eigenen Leistungen oder Leistungen Dritter und nur auf Gut normalen Umfangs, normalen Gewichts und normaler Beschaffenheit; sie setzen normale unveränderte Beförderungsverhältnisse, ungehinderte Verbindungswege, Möglichkeit unmittelbarer sofortiger Weiterversendung sowie Weitergeltung der bisherigen Frachten, Valutaverhältnisse und Tarife, welche der Vereinbarung zugrunde lagen, voraus, es sei denn, die Veränderungen sind unter Berücksichtigung der Umstände vorhersehbar gewesen. Ein Vermerk, wie etwa »zuzüglich der üblichen Nebenspesen«, berechtigt den Spediteur, Sondergebühren und Sonderauslagen zusätzlich zu berechnen. — **Angebot und Vergütung**

16.2 Alle Angebote des Spediteurs gelten nur bei unverzüglicher Annahme zur sofortigen Ausführung des betreffenden Auftrages, sofern sich nichts Gegenteiliges aus dem Angebot ergibt, und nur, wenn bei Erteilung des Auftrages auf das Angebot Bezug genommen wird.

16.3 Wird ein Auftrag gekündigt oder entzogen, so stehen dem Spediteur die Ansprüche nach §§ 415, 417 HGB zu.

16.4 Wird ein Nachnahme- oder sonstiger Einziehungsauftrag nachträglich zurückgezogen, oder geht der Betrag nicht ein, kann der Spediteur dennoch Provision erheben.

16.5 Lehnt der Empfänger die Annahme einer ihm zugerollten Sendung ab, oder ist die Ablieferung aus Gründen, die der Spediteur nicht zu vertreten hat, nicht möglich, so steht dem Spediteur für die Rückbeförderung Rollgeld in gleicher Höhe wie für die Hinbeförderung zu.

17 *Aufwendungen des Spediteurs, Freistellungsanspruch*

17.1 Der Spediteur hat Anspruch auf Ersatz der Aufwendungen, die er den Umständen nach für erforderlich halten durfte.

Aufwendungsersatz

Zu Ziffer 17.1

Der Spediteur ist Geschäftsbesorger und hat als solcher nach Geschäftsbesorgungs- und Auftragsrecht *(§§ 670, 675 BGB)* diesen **Anspruch auf Aufwendungsersatz**. Das gilt auch, wenn der Spediteur in Erfüllung seiner Interessenwahrungspflicht ohne Weisung tätig wird und dabei notwendige Aufwendungen macht. Die Interessenwahrungspflicht ist Bestandteil des Speditionsvertrags.

17.2 Der Auftrag, ankommendes Gut in Empfang zu nehmen, ermächtigt den Spediteur, verpflichtet ihn aber nicht, auf dem Gut ruhende Frachten, Wertnachnahmen, Zölle, Steuern und sonstige Abgaben sowie Spesen auszulegen.

17.3 Von Frachtforderungen, Havarieeinschüssen oder -beiträgen, Zöllen, Steuern und sonstigen Abgaben, die an den Spediteur, insbesondere als Verfügungsberechtigten oder als Besitzer fremden Gutes gestellt werden, hat der Auftraggeber den Spediteur auf Aufforderung sofort zu befreien, wenn sie der Spediteur nicht zu vertreten hat. Der Spediteur ist berechtigt, nach pflichtgemäßem Ermessen die zu seiner Sicherung oder Befreiung geeigneten Maßnahmen zu ergreifen. Sofern nicht die Notwendigkeit sofortigen Handelns geboten ist, hat der Spediteur Weisung einzuholen.

17.4 Der Auftraggeber hat den Spediteur in geschäftsüblicher Weise rechtzeitig auf alle öffentlich-rechtlichen, zum Beispiel zollrechtlichen oder Dritten gegenüber bestehenden, zum Beispiel markenrechtlichen Verpflichtungen aufmerksam zu machen, die mit dem Besitz des Gutes verbunden sind, soweit nicht aufgrund des Angebots des Spediteurs davon auszugehen ist, dass diese Verpflichtungen ihm bekannt sind.

18 *Rechnungen, fremde Währung*

Rechnungen des Spediteur

18.1 Rechnungen des Spediteurs sind sofort zu begleichen.

18.2 Der Spediteur ist berechtigt, von ausländischen Auftraggebern oder Empfängern nach seiner Wahl Zahlung in ihrer Landeswährung oder in deutscher Währung zu verlangen.

18.3 Schuldet der Spediteur fremde Währung, oder legt er fremde Währung aus, so ist er berechtigt, entweder Zahlung in der fremden oder in deutscher Währung zu verlangen. Verlangt er deutsche Währung, so erfolgt die Umrechnung zu dem am Tage der Zahlung amtlich festgesetzten Kurs, es sei denn, dass nachweisbar ein anderer Kurs zu zahlen oder gezahlt worden ist.

19 *Aufrechnung, Zurückbehaltung*

Aufrechnung

Gegenüber Ansprüchen aus dem Verkehrsvertrag und damit zusammenhängenden außervertraglichen Ansprüchen ist eine Aufrechnung oder Zurückbehaltung nur mit fälligen Gegenansprüchen zulässig, denen ein Einwand nicht entgegensteht.

20 *Pfand- und Zurückbehaltungsrecht*

20.1 Der Spediteur hat wegen aller fälligen und nicht fälligen Forderungen, die ihm aus den in Ziffer 2.1 genannten Tätigkeiten an den Auftraggeber zustehen, ein Pfandrecht und ein Zurückbehaltungsrecht an den in seiner Verfügungsgewalt befindlichen Gütern oder sonstigen Werten. Das Pfand- und Zurückbehaltungsrecht geht nicht über das gesetzliche Pfand- und Zurückbehaltungsrecht hinaus.

Allgemeine Deutsche Spediteurbedingungen (ADSp) 3.3

20.2 Der Spediteur darf ein Pfand- oder Zurückbehaltungsrecht wegen Forderungen aus anderen mit dem Auftraggeber abgeschlossenen Verkehrsverträgen nur ausüben, soweit sie unbestritten sind oder wenn die Vermögenslage des Schuldners die Forderung des Spediteurs gefährdet.

Zu *Ziffer 20.1* und *20.2*

Das Pfandrecht *(§§ 1204, 1257 BGB)* ist ein Recht an der Sache, das den Gläubiger letztlich berechtigt, das Gut durch Versteigerung oder Verkauf zu verwerten und sich aus dem Erlös zu befriedigen. **Pfandrecht**

Nach *§§ 441, 464, 475 b HGB* bezieht sich das **neue gesetzliche Pfandrecht der Verkehrsträger nicht nur auf konnexe Forderungen, sondern auch auf inkonnexe Forderungen aus früheren Verkehrsverträgen**, sofern die Forderungen unbestritten sind.

Das **Zurückbehaltungsrecht** ist nicht in gleicher Weise ein Recht an der Sache, sondern die Befugnis des einen Vertragspartners, mit der Erfüllung seiner Verpflichtung zu warten (und dadurch Druck auf den anderen Partner auszuüben), bis der andere Partner seinerseits leistet *(§ 273 BGB)*. Die Lösung liegt dann in der gleichzeitigen Leistung beider Zug um Zug. **Unter Kaufleuten besteht das kaufmännische Zurückbehaltungsrecht *(§ 369 HGB)* auch wegen früherer, also inkonnexer Forderungen.** **Zurückbehaltungsrecht**

20.3 An die Stelle der in § 1234 BGB bestimmten Frist von einem Monat tritt in allen Fällen eine solche von zwei Wochen.

20.4 Ist der Auftraggeber im Verzug, so kann der Spediteur nach erfolgter Verkaufsandrohung von den in seinem Besitz befindlichen Gütern und Werten eine solche Menge, wie nach seinem pflichtgemäßen Ermessen zur Befriedigung erforderlich ist, freihändig verkaufen.

20.5 Für den Pfand- oder Selbsthilfeverkauf kann der Spediteur in allen Fällen eine Verkaufsprovision vom Nettoerlös in Höhe von ortsüblichen Sätzen berechnen.

21 Versicherung des Gutes

21.1 Der Spediteur besorgt die Versicherung des Gutes (zum Beispiel Transport- oder Lagerversicherung) bei einem Versicherer seiner Wahl, wenn der Auftraggeber ihn vor Übergabe der Güter beauftragt.

Kann der Spediteur wegen der Art der zu versichernden Güter oder aus einem anderen Grund keinen Versicherungsschutz eindecken, hat der Spediteur dies dem Auftraggeber unverzüglich mitzuteilen.

Zu *Ziffer 21.1*

Die Versicherung des Gutes gemäß *Ziffer 21* berechtigt den Spediteur, Versicherungsschutz für den Auftraggeber ohne ausdrückliche Beauftragung einzudecken. **Gegenstand der Versicherung des Gutes ist die traditionelle Waren-Transportversicherung.**

Transportversicherung ist die Versicherung von Gütern in Bewegung und Bewegungsbereitschaft gegen alle Gefahren. Durch das Merkmal Bewegungsbereitschaft werden Vor-, Zwischen- und Nachlagerungen erfasst, nicht aber der stationäre, sozusagen endgültige Ruhezustand. Das Gut im stationären Ruhezustand zu versichern ist Sache der Lagerversicherung. Sie war früher durch Versicherungsaufsichtsrecht beschränkt auf die vier sogenannten klassischen Lagergefahren und die darauf zugeschnittenen Versicherungen: Feuer, Einbruch-Diebstahl, Leitungswasser, Sturm. Aus Gründen solider Versicherungstechnik verfahren viele Versicherer weiterhin nach diesen Grundsätzen (vergleiche auch oben zu *§ 472 HGB*). Transport- und Lagerversicherung sind nur beispielhaft aufgeführt. Ein Messespediteur wird auch eine Ausstellungsversicherung besorgen können.

Der Versicherungsauftrag soll schriftlich vereinbart werden. Nach *Ziffer 3.2 ADSp* genügt Datenfernübertragung oder jede sonst lesbare Form, sofern sie den Aussteller erkennbar macht. Wird der Versicherungsauftrag mündlich oder telefonisch erteilt und vom Spediteur angenommen oder sogar ausgeführt, so ist der Auftrag auch wirksam.

Der Auftraggeber hat die Initiative, er soll die zu versichernde Summe (vergleiche *Ziffer 3 ADSp*) und die zu deckenden Gefahren angeben. Ist der Verkehrsvertrag nicht auf Lagerung (stationäre Ruhe) beschränkt und lautet der Auftrag nur „Versicherung", so ist Transportversicherung gemeint. Bei einer Lagerung wäre jedenfalls Feuer zu versichern; ob auch eine der anderen Gefahren, hängt von der Art des Gutes ab. Im Zweifel darf und muss der Spediteur nach gewissenhaftem Ermessen handeln. Er darf zu marktüblichen Bedingungen versichern, auch über seine dafür bereitgehaltene General-Police, was *Ziffer 21.2* voraussetzt.

Anzumerken bleibt, **dass der Spediteur Versicherungsnehmer und Prämienschuldner ist mit einem Erstattungsanspruch gegenüber dem Auftraggeber, der der Versicherte ist.**

Ziffer 21.1 regelt die Fälle der konkreten Auftragserteilung und nicht die der Vermutung, wonach der Spediteur Versicherungsschutz eindecken kann.

21.2 Der Spediteur ist berechtigt, aber nicht verpflichtet, die Versicherung des Gutes zu besorgen, wenn dies im Interesse des Auftraggebers liegt. Der Spediteur darf vermuten, dass die Eindeckung einer Versicherung im Interesse des Auftraggebers liegt, insbesondere wenn
- *der Spediteur bei einem früheren Verkehrsvertrag eine Versicherung besorgt hat,*
- *der Auftraggeber im Auftrag einen Warenwert (Ziffer 3.4) angegeben hat.*

Die Vermutung des Interesses an der Eindeckung einer Versicherung besteht insbesondere nicht, wenn
- *der Auftraggeber die Eindeckung schriftlich untersagt,*
- *der Auftraggeber ein Spediteur, Frachtführer oder Lagerhalter ist.*

Zu *Ziffer 21.2*

Ein Interesse zur Eindeckung des Versicherungsschutzes liegt für den Spediteur dann vor, wenn er damit seine Haftung reduzieren kann und mögliche Regresse ausgeschlossen werden können. **Zur Verkehrssitte zählt, dass Transportversicherungsschutz durch den Spediteur besorgt wird.**

Ziffer 21.2 ermöglicht zudem eine handhabbare praktikable Regelung, gerade für das Massengeschäft bei der Sammelladung. Im letzten Satz der *Ziffer 21.2* ist darüber hinaus zweifelsfrei klargestellt, wann kein Versicherungsschutz zu besorgen ist, nämlich dann, wenn schriftlich der Auftraggeber dies untersagt, oder wenn der Auftraggeber ein Spediteur, Frachtführer oder Lagerhalter ist.

Allgemeine Deutsche Spediteurbedingungen (ADSp)

21.3 Der Spediteur hat nach pflichtgemäßem Ermessen über Art und Umfang der Versicherung zu entscheiden und sie zu marktüblichen Bedingungen abzuschließen, es sei denn, der Auftraggeber erteilt dem Spediteur unter Angabe der Versicherungssumme und der zu deckenden Gefahren schriftlich eine andere Weisung.

Zu *Ziffer 21.3*
Folge dieser Regelung ist, dass, falls der Verlader keine Versicherungssumme angibt, das Risiko einer Unterversicherung voll zu Lasten des Auftraggebers gehen wird. Es steht ihm frei durch die Wertangabe dies auszuschließen. In der Praxis haben sich hier keine Probleme ergeben.

21.4 Ist der Spediteur Versicherungsnehmer und hat er für Rechnung des Auftraggebers gehandelt, ist der Spediteur verpflichtet, auf Verlangen gemäß Ziffer 14.1 Rechnung zu legen. In diesem Fall hat der Spediteur die Prämie für jeden einzelnen Verkehrsvertrag auftragsbezogen zu erheben, zu dokumentieren und in voller Höhe ausschließlich für diese Versicherungsdeckung an den Versicherer abzuführen.

Zu *Ziffer 21.4*
Zentraler Bestandteil dieser Regelung ist, dass die **auftragsbezogene Prämienabführung zu den Pflichten des Spediteurs zählt. Pauschalprämien sind demzufolge nicht zulässig.** Verstöße hiergegen sind mit erheblichen wirtschaftlichen Risiken für den Spediteur verbunden. Zum Teil wird auch die Meinung vertreten, dass bei Missachtung dieser Bestimmung strafrechtliche Tatbestände verwirklicht sind.

21.5 Für die Versicherungsbesorgung, Einbeziehung des Entschädigungsbetrages und sonstige Tätigkeiten bei der Abwicklung von Versicherungsfällen und Havarien steht dem Spediteur eine besondere Vergütung neben dem Ersatz seiner Auslagen zu.

Zu *Ziffer 21.5*
Hieraus ergibt sich die Berechtigung des Spediteurs, eine Vergütung für die Aufwendungen für die Versicherung des Gutes in Rechnung zu stellen.

22 *Haftung des Spediteurs, Abtretung von Ersatzansprüchen*
Ziffer 22 ADSp behandelt die Haftung dem Grunde nach, *Ziffer 23 ADSp* die Haftungshöhe außer bei verfügter Lagerung und *Ziffer 24 ADSp* die Haftungshöhe bei verfügter Lagerung.

22.1 Der Spediteur haftet bei all seinen Tätigkeiten (Ziffer 2.1) nach den gesetzlichen Vorschriften. Es gelten jedoch die folgenden Regelungen, soweit zwingende oder AGB-feste Rechtsvorschriften nichts anderes bestimmen. — **Dem Grunde nach gesetzliche Haftung**

Zu *Ziffer 22.1*
Die Haftungsgrundsätze des Frachtrechts, insbesondere Art und Grund der Haftung, Beweislast, Haftungsausschlüsse usw. können nicht durch *AGB* geändert werden, sie

sind *AGB*-fest; vergleiche oben zu *§ 449 HGB*. Das gilt für den Spediteur im Sinne des Gesetzes insoweit, als Frachtrechtsvorschriften auf ihn Anwendung finden, das sind die Fälle der so genannten **Obhutshaftung**, des **Selbsteintritts**, der **Fixkosten**- und der **Sammelladungsspedition**; vergleiche *§§ 461 Abs. 1, 458, 459, 460, 466 HGB*. Wegen des Grundes der Haftung bleibt es bei den *AGB*-festen Vorschriften des Gesetzes ohnehin. Aber auch die *AGB*-freie Haftung des Gesetzes, zum Beispiel für Vermögensschäden durch Dispositionsfehler (*§ 461 Abs. 2 HGB*), wird hier zu Grunde gelegt, soweit nicht im Folgenden Ausnahmen davon bestimmt werden.

22.2 Soweit der Spediteur nur den Abschluss der zur Erbringung der vertraglichen Leistungen erforderlichen Verträge schuldet, haftet er nur für die sorgfältige Auswahl der von ihm beauftragten Dritten.

Auswahl Dritter

Zu *Ziffer 22.2*

Nach *Ziffer 2.2 ADSp* übernimmt der *ADSp*-Spediteur speditionelle Tätigkeiten im Sinne des Gesetzes (Besorgen, Organisieren, Disponieren, aber auch die weiteren auf die Beförderung bezogenen Leistungen des *§ 454 Abs. 2 HGB*) **nicht als eigene Verpflichtung, sondern er schuldet nur die entsprechende Beauftragung Dritter.** *Ziffer 22.2 ADSp* stellt hinsichtlich der Haftung dazu klar, dass der *ADSp*-Spediteur nicht für die Leistung selbst, sondern nur für **gehörige Auswahl des Dritten** haftet. **Richtige und vollständige Unterweisung des Dritten ist eigene Leistung des Spediteurs, für die er haftet.**

22.3 In allen Fällen, in denen der Spediteur für Verlust oder Beschädigung des Gutes zu haften hat, hat er Wert- und Kostenersatz entsprechend §§ 429, 430 HGB zu leisten.

Bei Güterschaden Wertersatz

Zu *Ziffer 22.3*

Der Spediteur haftet für Güterschäden fast nur nach Frachtrecht, das heißt gefährdungsweise. Deshalb wird hier auch auf die restlichen Fälle der Grundsatz des Frachtrechts ausgedehnt, dass **Wert ersetzt wird, nicht individueller Schaden.** Damit wird insbesondere der **Güterfolgeschaden ausgeschlossen.** Zum Teil werden über Spediteurgeneralpolicen sowohl begrenzt Vermögensschäden als auch Güterfolgeschäden ersetzt.

22.4 Soweit die §§ 425 ff und 461 Abs. 1 HGB nicht gelten, haftet der Spediteur für Schäden, die entstanden sind aus

22.4.1 – ungenügender Verpackung oder Kennzeichnung des Gutes durch den Auftraggeber oder Dritte;

22.4.2 – vereinbarter oder der Übung entsprechender Aufbewahrung im Freien

22.4.3 – schwerem Diebstahl oder Raub (§§ 243, 244, 249 StGB);

22.4.4 – höherer Gewalt, Witterungseinflüssen, Schadhaftwerden von Geräten oder Leitungen, Einwirkung anderer Güter, Beschädigung durch Tiere, natürlicher Veränderung des Gutes nur insoweit, als ihm eine schuldhafte Verursachung des Schadens nachgewiesen wird. Konnte ein Schaden aus einem der vorstehend aufgeführten Umstände entstehen, so wird vermutet, dass er aus diesem entstanden ist.

22.5 Hat der Spediteur aus einem Schadenfall Ansprüche gegen einen Dritten, für den er

Allgemeine Deutsche Spediteurbedingungen (ADSp) 3.3

nicht haftet, oder hat der Spediteur gegen einen Dritten seine eigene Haftung übersteigende Ersatzansprüche, so hat er diese Ansprüche dem Auftraggeber auf dessen Verlangen abzutreten, es sei denn, dass der Spediteur aufgrund besonderer Abmachung die Verfolgung der Ansprüche für Rechnung und Gefahr des Auftraggebers übernimmt. Der Auftraggeber kann auch verlangen, dass der Spediteur ihm die gesamten Ansprüche gegen den Dritten erfüllungshalber abtritt. § 437 HGB bleibt unberührt. Soweit die Ansprüche des Auftraggebers vom Spediteur oder aus der Speditionsversicherung befriedigt worden sind, erstreckt sich der Abtretungsanspruch nur auf den die Leistung des Spediteurs beziehungsweise der Versicherung übersteigenden Teil des Anspruchs gegen den Dritten.

Zu *Ziffer 22.5*
 Der disponierende (Schreibtisch- / Sofa-) Spediteur haftet ohne Fixkostenvereinbarung nicht für den bei einem Frachtführer eingetretenen Schaden. Der Spediteur tritt nach Wahl des Auftraggebers seinen Anspruch gegen den Dritten an den Auftraggeber ab oder verfolgt ihn selbst und kehrt den Erlös aus.

Ansprüche gegen Dritten als Schadenstifter

23 Haftungsbegrenzungen
23.1 Die Haftung des Spediteurs bei Verlust oder Beschädigung des Gutes (Güterschaden) ist mit Ausnahme der verfügten Lagerung der Höhe nach begrenzt
23.1.1 auf € 5,– für jedes Kilogramm des Rohgewichts der Sendung;
23.1.2 bei einem Schaden, der an dem Gut während des Transports mit einem Beförderungsmittel eingetreten ist, abweichend von Ziffer 23.1.1 auf den für diese Beförderung gesetzlich festgelegten Haftungshöchstbetrag;

Haftungsbegrenzung

Zu *Ziffer 23.1.2*
 Der Spediteur muss die Lokalisierung des Schadens ermöglichen, damit muss zweifelsfrei für den Verlader feststellbar sein, ob der Schaden im Umschlag oder auf einem Beförderungsmittel eingetreten ist. Dem dient die Schnittstellenkontrolle; *Ziffer 25* und *7 ADSp*.
 Die Rechtsprechung zu der Regelung zeigt, dass der Begriff *während des Transports* missverständlich gewählt ist und insofern zu Lasten des Spediteurs ausgelegt wird. So wurde beispielsweise der Schaden bei der Beförderung mit einem Gabelstapler auf dem Umschlag ebenfalls als *während des Transports* bewertet mit der Rechtsfolge, dass, anders als gewollt, auch auf dem Umschlag die Haftungsbegrenzung nicht auf die 5,– € je kg sondern vielmehr auf 8,33 SZR festgelegt wurde. Verladerschaft und Spedition wollten unterschiedliche Haftungssummen im Bereich des Transports auf dem Lkw und dem Umschlag.

23.1.3 bei einem Verkehrsvertrag über eine Beförderung mit verschiedenartigen Beförderungsmitteln unter Einschluss einer Seebeförderung, abweichend von Ziffer 23.1.1 auf 2 SZR für jedes Kilogramm.
23.1.4 in jedem Schadenfall höchstens auf einen Betrag von € 1 Mio. oder 2 SZR für jedes Kilogramm, je nachdem, welcher Betrag höher ist.

23.2 Sind nur einzelne Packstücke oder Teile der Sendung verloren oder beschädigt worden, berechnet sich die Haftungshöchstsumme nach dem Rohgewicht
– der gesamten Sendung, wenn die gesamte Sendung entwertet ist,
– des entwerteten Teils der Sendung, wenn nur ein Teil der Sendung entwertet ist.

Zu *Ziffer 23.2*

Berechnung der Höchsthaftung
Die Bestimmung übernimmt die gesetzliche Regelung des § *431 Abs. 2 HGB* und des *Art. 23 Abs. 3 CMR*, wonach es bei der Berechnung der **Höchsthaftung** nicht auf das Gewicht dessen ankommt, was eine Substanzbeeinträchtigung erfahren hat, sondern auf das Gewicht dessen, was im Wert gemindert worden ist. Ist nur ein Teil betroffen, kann die ganze Sendung im Wert gemindert sein, und dann kommt es für die Berechnung der Höchsthaftung auf das Gewicht der ganzen Sendung an.

Andere als Güterschäden
23.3 Die Haftung des Spediteurs für andere als Güterschäden mit Ausnahme von Personenschäden und Sachschäden an Drittgut ist der Höhe nach begrenzt auf das Dreifache des Betrages, der bei Verlust des Gutes zu zahlen wäre, höchstens auf einen Betrag von € 100 000,– je Schadenfall. Die §§ 431 Abs. 3, 433 HGB bleiben unberührt.

Zu *Ziffer 23.3*

Mit der Maximierung der *ADSP* für Vermögensschaden auf 100 000,– € ist eine Regelung getroffen worden, die die Interessenlage des Auftraggebers in besonderer Weise berücksichtigt. Ausdrücklich darauf hingewiesen wird, dass diese Regelung ausschließlich für andere als Güterschäden gilt, nur in den Fällen, in denen keine Fixkostenspedition, keine Sammelladung und kein Selbsteintritt vorliegt. Bei diesen drei Fallvarianten gilt zwingend das Frachtrecht und dort ist ausschließlich für den Verzugsfall eine Ausnahmeregelung für sonstige Schäden getroffen worden.

Kumulbegrenzung
23.4 Die Haftung des Spediteurs ist in jedem Fall, unabhängig davon, wie viele Ansprüche aus einem Schadenereignis erhoben werden, begrenzt auf € 2 Mio. je Schadenereignis oder 2 SZR für jedes Kilogramm der verlorenen und beschädigten Güter, je nachdem, welcher Betrag höher ist, bei mehreren Geschädigten haftet der Spediteur anteilig im Verhältnis ihrer Ansprüche.
23.5 Für die Berechnung des SZR gilt § 431 Abs. 4 HGB.

24 Haftungsbegrenzungen bei verfügter Lagerung
24.1 Die Haftung des Spediteurs bei Verlust oder Beschädigung des Gutes (Güterschaden) ist bei einer verfügten Lagerung begrenzt
24.1.1 auf € 5,– für jedes Kilogramm des Rohgewichts der Sendung,
24.1.2 auf höchstens € 5.000,– je Schadenfall; besteht der Schaden eines Auftraggebers in einer Differenz zwischen Soll- und Ist-Bestand des Lagerbestandes (Ziffer 15.6), so ist die Haftungshöhe auf € 25 000,– begrenzt, unabhängig von der Zahl der für die Inventurdifferenz ursächlichen Schadensfälle. In beiden Fällen bleibt Ziffer 24.1.1 unberührt.
24.2 Ziffer 23.2 gilt entsprechend.

Allgemeine Deutsche Spediteurbedingungen (ADSp) 3.3

24.3 Die Haftung des Spediteurs für andere als Güterschäden ist bei einer verfügten Lagerung begrenzt auf € 5 000,– je Schadenfall.
24.4 Die Haftung des Spediteurs ist in jedem Fall, unabhängig davon, wie viele Ansprüche aus einem Schadenereignis erhoben werden, auf € 2 Mio. je Schadenereignis begrenzt; bei mehreren Geschädigten haftet der Spediteur anteilig im Verhältnis ihrer Ansprüche.

Zu *Ziffer 24*
Der entscheidende Grund, warum jeder Lagerhalter die *ADSp* zu seiner Geschäftsgrundlage machen muss, ergibt sich aus dieser haftungsbegrenzenden Bestimmung. Tut er dies nicht und verzichtet damit auf diese Haftungsbegrenzung, so haftet er nach dem Lagerrecht zwar verschuldensabhängig, aber trotzdem unbegrenzt. Kaufmännisch ist die letzte Rechtsfolge unakzeptabel. Hinzu kommt, dass im Lagerbereich selbst bei Großverladern die Akzeptanz für die *ADSp*-Vereinbarung für das Lager unverändert sehr groß ist.

Zu *Ziffer 24.1.2*
Von ebenfalls überragender Bedeutung ist diese Bestimmung, denn nur bei deren Vereinbarung ist eine gesamtheitliche Saldierung zwischen Soll und Ist unterschiedlicher Waren eines Einlagerers zulässig. Das *HGB*-Lagerrecht kennt dies nicht.

25 *Beweislast*

25.1 Der Auftraggeber hat im Schadenfall zu beweisen, dass dem Spediteur ein Gut bestimmter **Beweislast** *Menge und Beschaffenheit ohne äußerlich erkennbare Schäden (§ 438 HGB) übergeben worden ist. Der Spediteur hat zu beweisen, dass er das Gut, wie er es erhalten hat, abgeliefert hat.*
25.2 Der Beweis dafür, dass ein Güterschaden während des Transports mit einem Beförderungsmittel (Ziffer 23.1.2) eingetreten ist, obliegt demjenigen, der dies behauptet. Bei unbekanntem Schadenort hat der Spediteur auf Verlangen des Auftraggebers oder Empfängers den Ablauf der Beförderung anhand einer Schnittstellendokumentation (Ziffer 7) darzulegen. Es wird vermutet, dass der Schaden auf derjenigen Beförderungsstrecke eingetreten ist, für die der Spediteur eine vorbehaltslose Quittung nicht vorlegt.
25.3 Der Spediteur ist verpflichtet, durch Einholung von Auskünften und Beweismitteln für die Feststellung zu sorgen, wo der geltend gemachte Schaden eingetreten ist.

Zu *Ziffer 25*
Ziffer 25.1 enthält die allgemeine Beweislastregelung über die Abgrenzung der Risikosphären oder die Lokalisation des Schadenstifters.
Ziffer 25.2 regelt das Darlegungs- und Beweisverfahren zur Klärung der Haftungshöhe. **Darle-** Wenn und weil die Spediteurhaftung grundsätzlich 5,– € je kg beträgt, muss derje- **gungs- und** nige, der einen höheren Betrag fordert, die Voraussetzungen dafür beweisen. Sind **Beweisver-** aber die dafür maßgebenden Tatsachen nicht (oder weniger) dem beweisbelasteten **fahren zur** Anspruchsteller geläufig, sondern dem Anspruchsgegner, so muss dieser die Verhältnisse **Höhe** in seiner Sphäre darlegen. Insofern ähnelt das Darlegungs- und Beweisverfahren hier dem der Rechtsprechung über das Grobe Organisationsverschulden.

Lokalisierung des Schadens

Der Spediteur organisiert die Transportkette und muss, gerade wenn er selbst nicht für einen Schaden haftet, dem Auftraggeber bei der Lokalisierung des Schadenstifters behilflich sein und mitwirken.

Grobes Organisationsverschulden

Die Rechtsprechung des Groben Organisationsverschuldens setzt dabei an der Regelungen des § 435 HGB an. Die Beweislast für das Vorliegen eines so genannten qualifizierten Verschuldens trägt grundsätzlich der Geschädigte. Soweit aber diesem die Einzelheiten am Geschehensablauf nicht bekannt sein können, weil er bei der Transportabwicklung nicht dabei ist, hat die Rechtsprechung die umgekehrte Beweislast in diesen Fällen prozessual anerkannt. Bei Verlustsfällen trifft insofern den Logistiker die Einlassungspflicht, weil der Schaden in dessen betrieblichen Sphäre entstanden ist. Nach dem Gesichtspunkt der Zumutbarkeit hat der Spediteur insofern alle näheren Umstände mitzuteilen, aus denen sich ergibt, welche Sorgfaltspflichten er getroffen hat und wie die einzelnen Organisationsabläufe in der Praxis tatsächlich gehandhabt werden, beziehungsweise welche Maßnahmen er nachhaltig veranlasst hat, um die vorgesehenen Abläufe sicherzustellen und zu kontrollieren. Sobald nun Umstände in einem Prozess bekannt werden, wonach Zweifel im Hinblick auf die Maßnahmen und deren Durchführung zur Absicherung des Transportgutes aufkommen, führt dies in der Rechtsfolge zur unbegrenzten Haftung des Spediteurs. Die Rechtsprechung des *Bundesgerichtshofs* hat sich in den letzten Jahren logistikfreundlich entwickelt. Demzufolge hat der Auftraggeber Umstände zunächst darzulegen, aus denen konkret ein Anhaltspunkt für ein qualifiziertes Verschulden erkennbar wird. Die pauschale Behauptung, es handele sich um einen Verlustfall und demzufolge sei grob fahrlässig organisiert worden, wird insofern nicht mehr von der Rechtsprechung mitgetragen. In

Mitverschulden des Auftraggebers

der Schadenpraxis führt dies dazu, dass heute oftmals der Aspekt des Mitverschuldens des Auftraggebers von großer Bedeutung ist, nämlich immer dann, wenn der Auftragnehmer keine Kenntnis vom hochwertigen Transportgut gehabt hat. Liegen diese Umstände im Schadensfall vor, so kommt es tatsächlich nicht zur unbegrenzten Haftung.

26 Außervertragliche Ansprüche
Die vorstehenden Haftungsbefreiungen und -beschränkungen gelten entsprechend §§ 434, 436 HGB auch für außervertragliche Ansprüche.

27 Qualifiziertes Verschulden
Die vorstehenden Haftungsbefreiungen und -begrenzungen gelten nicht, wenn der Schaden verursacht worden ist
27.1 durch Vorsatz oder grobe Fahrlässigkeit des Spediteurs oder seiner leitenden Angestellten oder durch Verletzung vertragswesentlicher Pflichten, wobei Ersatzanspüche in letzerem Fall begrenzt sind auf den vorhersehbaren, typischen Schaden
27.2 in den Fällen der §§ 425 ff, 461 ff HGB durch den Spediteur oder die in §§ 428, 462 HGB genannten Personen vorsätzlich oder leichtfertig und in dem Bewusstsein, dass ein Schaden mit Wahrscheinlichkeit eintreten werde.

Schwere Schuld im Frachtrecht

Zu *Ziffer 27*

Der neue gesetzliche Begriff von schwerer Schuld, der außer dem Vorsatz auch etwas der bewussten groben Fahrlässigkeit Entsprechendes umfasst, gilt für das Frachtrecht

Allgemeine Deutsche Spediteurbedingungen (ADSp)

(§ 435 HGB) und alle Fälle, in denen Frachtrecht Anwendung findet. Die Regel, dass im Falle solcher schwerer Schuld alle Haftungsbefreiungen und -begrenzungen unwirksam werden, wird von den *ADSp* hier übernommen. Sie führen den Gedanken weiter und wenden ihn **auch auf die Haftung eines Spediteurs an, die nicht dem Frachtrecht unterliegt**, insbesondere also bei Disposition und Lagerung. Dabei wird aber der frühere Begriff der schweren Schuld verwandt, der außer dem Vorsatz die grobe Fahrlässigkeit umfasst, und sich gemäß der Rechtsprechung auf das Verhalten des Spediteurs in eigener Person und seiner leitenden Angestellten konzentriert. **Außerhalb des Frachtrechts**

Für Luftfrachtspediteure zeichnet sich hier ein neues Problem durch vereinzelte Rechtsprechung ab. Demzufolge haftet der Luftfrachtspediteur entgegen den sonstigen Regelungen des *Montrealer Übereinkommens* unbegrenzt, sobald er in seinen Vertragsbedingungen nicht ausdrücklich darauf hinweist, dass *Ziffer 27 ADSp* im Zusammenhang mit Anwendungsfällen des *Montrealer Übereinkommens* nicht explizit ausgeschlossen sind. Insofern empfiehlt sich für Luftfrachtspediteure die AGBs diesbezüglich zu ergänzen, der *DSLV* hat hier im Rahmen seines Internetportals entsprechende Formulierungsvorschläge. **ADSp-Haftungsbegrenzung**

28 Schadenanzeige
Für die Anzeige eines Schadens findet § 438 HGB Anwendung.

29 Haftungsversicherung des Spediteurs
29.1 Der Spediteur ist verpflichtet, bei einem Versicherer seiner Wahl eine Haftungsversicherung zu marktüblichen Bedingungen abzuschließen und aufrechtzuerhalten, die seine verkehrsvertragliche Haftung nach den ADSp und nach dem Gesetz im Umfang der Regelhaftungssummen abdeckt. **Haftungsversicherung des Spediteurs**

Zu *Ziffer 29.1*
  Wie die Überschrift bereits besagt, wird in *Ziffer 29* ausschließlich die Haftungsversicherung des Spediteurs geregelt. Zudem haben kartellrechtliche Zwänge dazu geführt, die Formulierung und Definition möglichst weit zu gestalten, um eine Marktverengung und ein nochmaliges Eingreifen der Kartellbehörden auszuschließen. Besonders zu bemerken ist, dass die Verpflichtung im Gegensatz zu früher dahingehend reduziert wurde, **dass der Spediteur lediglich dazu verpflichtet ist, seine verkehrsvertragliche Haftung nach *ADSp* und nach dem Gesetz im Umfang der Regelhaftungssummen abzuschließen.** Deckungslücken können somit immer dann vorliegen, wenn eine unbegrenzte Haftung nach den *ADSp* beziehungsweise dem *HGB* zum Tragen kommt. Dies gilt ebenso für den Versicherer, der im Rahmen seines Deckungsschutzes Deckungsgrenzen vorhalten kann, was die Konzeption des *GDV* im Bereich der Schadensfälle des Groben Organisationsverschuldens beziehungsweise bei Ausschlüssen für wertvolle und diebstahlsgefährdete Güter bereits in die Praxis umgesetzt hat.

29.2 Die Vereinbarung einer Höchstersatzleistung je Schadenfall, Schadenereignis und Jahr ist zulässig, ebenso die Vereinbarung einer Schadenbeteiligung des Spediteurs.

Zu *Ziffer 29.2*

Auch diese Bestimmung war Voraussetzung für die Versicherungswirtschaft, zukünftig einen Versicherungsschutz für die *ADSp* anzubieten. Die Begrenzung der Versicherungsleistung je Schadenfall, je Schadenereignis und je Jahr ist zulässig und stellt für den Verlader ein zusätzliches Risiko dar, da er im regelmäßigen Geschäftsverkehr über die Details des Versicherungsschutzes für die Haftungsversicherung nicht informiert ist.

Bemerkenswert bleibt weiter, dass im Gegensatz zur Versicherung des Gutes **in der Haftungsversicherung eine Selbstbeteiligung** zulässig ist. Diese wird von der Art der Tätigkeit nach dem Schadensverlauf und den Besonderheiten des Versicherungsnehmers festzulegen sein. Was die Höhe anbelangt, so ist abgesehene von Bagatellschäden bis 1 000,– € die Festlegung der Selbstbeteiligung bis zu 10 % unproblematisch. Bei höherer Selbstbeteiligung stellt sich die Frage, ob tatsächlich eine Versicherung noch vorliegt, durch die der Auftraggeber auch im Schadenfall eine Regulierung erwarten kann.

29.3 Der Spediteur darf sich gegenüber dem Auftraggeber auf die ADSp nur berufen, wenn er bei Auftragserteilung einen ausreichenden Haftungsversicherungsschutz vorhält.

29.4 Auf Verlangen des Auftraggebers hat der Spediteur diesen Haftungsversicherungsschutz durch eine Bestätigung des Versicherers nachzuweisen.

Zu *Ziffer 29.4*

Auf Wunsch der Verlader wurde diese Vorschrift neu eingefügt, **um die Möglichkeit zu haben, Informationen über die Ausstaltung des Versicherungsschutzes direkt vom Versicherer zu erhalten.** In der Praxis wird bislang hiervon wenig Gebrauch gemacht.

30 Erfüllungsort, Gerichtsstand, anzuwendendes Recht

30.1 Der Erfüllungsort ist für alle Beteiligten der Ort derjenigen Niederlassung des Spediteurs, an die der Auftrag gerichtet ist.

30.2 Der Gerichtsstand für alle Rechtsstreitigkeiten, die aus dem Auftragsverhältnis oder im Zusammenhang damit entstehen, ist für alle Beteiligten, soweit sie Kaufleute sind, der Ort derjenigen Niederlassung des Spediteurs, an die der Auftrag gerichtet ist; für Ansprüche gegen den Spediteur ist dieser Gerichtsstand ausschließlich.

30.3 Für die Rechtsbeziehungen des Spediteurs zum Auftraggeber oder zu seinen Rechtsnachfolgern gilt deutsches Recht.

3.4 DTV-VHV 2003/2008 (GDV-Modell)

Unter Bezugnahme auf die Ausführungen zur Entwicklung der *ADSp* wurde bereits darauf hingewiesen, dass seit dem 1.1.2003 es **keine fest verbundene Versicherungslösung** beziehungsweise ein Versicherungsmodell in den *ADSp* weiterhin gibt. **Als Ersatz wurde durch den *Gesamtverband der Deutschen Versicherungswirtschaft e.V (GDV)* Musterbedingungen zur Abwicklung der speditionellen Haftung** entwickelt und veröffentlicht, kurz das *GDV-Modell*, das *DTV-Verkehrshaftungsversicherungs-Bedingungen für Frachtführer, Spedition und Lagerhalter 2003/2008* heißt. Was regelt das *GDV-Modell*?

Inhalte des GDV-Modells
• Bausteinsystem
• Betriebsbeschreibung
• Enge Vorsorgeversicherung
• Enger Deckungsumfang der Haftungsversicherung
• Stationäre Lagerrisiken nur eingeschränkt versichert
• Schadenversicherung wird ersetzt durch Spediteur-Generalpolice mit auftragsbezogener Prämienabführung
• Kein Automatismus für Schadenversicherung

Tab. 11: GDV-Modell: Übersicht – Systematik

Praktische Folgen des GDV Modells
• Kein Gleichlauf zwischen Haftung des Spediteurs und seinem Versicherungsschutz
• Eingeschränkter Geltungsbereich im Regelfall nicht weltweit, sondern begrenzt auf *EWR*
• Keine automatische Bezugnahme auf die *ADSp*
• Das *GDV-Modell* sieht den Ausschluss bestimmter Güterarten vor mit entsprechenden Problemen für Sammelgut-Spediteur in der Praxis
• Sonder-Regelungen für Grobes Organisationsverschulden mit Jahresaggregat

Tab. 12: Die wirtschaftlichen und praktischen Auswirkungen des GDV-Modells

Quelle: Eigene Darstellung

Das *GDV-Modell* gilt also grundsätzlich für **Schäden aus Verkehrsverträgen, die von einem Frachtführer, einem Spediteur oder Lagerhalter als Auftragnehmer im Rahmen seiner gewerblichen Tätigkeit** verursacht wurden. Leitbild des *GDV-Modells* ist die Trennung von Verkehrshaftungsrisiken in die Bereiche der Haftungsrisiken und der Waren-Transportversicherung. Dabei ist insbesondere **kein Direktanspruch** für den Geschädigten vorgesehen. Ziel der Versicherer ist es dabei, einen **risikobezogenen Versicherungsschutz durch individuelles Underwriting im Markt sicherzustellen**. **Keinen Direktanspruch**

Das *GDV-Modell* beinhaltet das **Bausteinsystem**. Hieraus ergeben sich besondere Risiken für den Versicherungsnehmer, den Spediteur, wenn er neue nicht angezeigte beziehungsweise vorher absehbare Tätigkeiten übernimmt und nicht rechtzeitig den Versicherer hierüber informiert. Bei der früheren Speditionsversicherung war dies anders, da nicht risikobezogen Versicherungsschutz zur Verfügung gestellt wurde, sondern generell die weltweite Tätigkeit des Spediteurs, des Lagerhalters oder Frachtführers grundsätzlich mitversichert waren. **Bausteinsystem**

Nachfolgend werden die allgemeinen Versicherungsbedingungen mit kurzen Erläuterungen dargestellt, wobei sich die Darstellung nur auf die wesentlichen Besonderheiten konzentriert. Bezug genommen wird dabei auf die Bekanntgabe des *GDV* zur fakultativen Verwendung, wobei ausdrücklich darauf hingewiesen wird, dass abweichende Vereinbarungen möglich sind.

1 Gegenstand der Versicherung
1.1 Verkehrsverträge

Betriebsbeschreibung *Gegenstand der Versicherung sind Verkehrsverträge (Fracht-, Speditions- und Lagerverträge) des Versicherungsnehmers als Frachtführer im Straßengüterverkehr, als Spediteur oder Lagerhalter, die während der Laufzeit dieses Versicherungsvertrages abgeschlossen und nach Maßgabe der Ziffer 11 aufgegeben werden, wenn und soweit die damit zusammenhängenden Tätigkeiten in der Betriebsbeschreibung ausdrücklich dokumentiert sind.*

Zu *Ziffer 1.1 Verkehrsverträge*

Bezug genommen wird auf die Verkehrsverträge aller Verkehrsträger, soweit diese Frachtführer, Spediteure oder Lagerhalter sind. **Verzichtet wird nach dem *GDV* auf die konkrete Einbezugnahme der *ADSp*,** was im einzelnen zu Abwicklungsproblemen führen kann. Wesentliches Element stellt eine **Betriebsbeschreibung** dar, in der der Versicherungsnehmer, also der Spediteur **sämtliche Risiken**, die sich aus seinem Geschäftsbetrieb ergeben, **anzuzeigen** und zu deklarieren hat. Werden in der Betriebsbeschreibung Tätigkeiten nicht angezeigt, so besteht hiefür grundsätzlich kein Versicherungsschutz. Insofern gilt für die

---

BETRIEBSBESCHREIBUNG
- sorgfältig, vollständig und weitsichtig ausfüllen
- Rückfragen bei Versicherer / Makler, wenn Unklarheiten beim Spediteur über die Anzeigepflicht bestehen.

Die meisten Versicherungsprodukte nehmen ausdrücklich Bezug im Leistungsumfang auf die Betriebsbeschreibung, die weitgehend als Antrag für den Versicherungsschutz verstanden wird.

1.2 Vorsorgeversicherung

Gegenstand der Versicherung sind auch Verkehrsverträge des Versicherungsnehmers als Frachtführer im Straßengüterverkehr, Spediteur oder Lagerhalter nach Maßgabe des Versicherungsvertrages über zu diesem Verkehrsgewerbe üblicherweise gehörenden Tätigkeiten, wenn der Versicherungsnehmer nach Abschluss des Versicherungsvertrages diese Tätigkeiten neu aufnimmt (neues Risiko). Der Versicherungsschutz beginnt sofort mit dem Eintritt des neuen Risikos, ohne dass es einer besonderen Anzeige bedarf. Der Versicherungsnehmer ist aber verpflichtet, binnen eines Monats nach Beginn des neuen Risikos, dieses dem Versicherer anzuzeigen. Unterlässt der Versicherungsnehmer die rechtzeitige Anzeige oder kommt innerhalb Monatsfrist nach Eingang der Anzeige bei dem Versicherer eine Vereinbarung über die Prämie für das neue Risiko nicht zustande, so entfällt der Versicherungsschutz für das neue Risiko rückwirkend von Beginn an.

DTV-VHV 2003/2008 (GDV-Modell) 3.4

Der Versicherungsschutz der Vorsorge wird auf den Betrag von €... je Schadenereignis begrenzt.

Zu Ziffer 1.2 Vorsorgeversicherung

Mit der **Vorsorgeversicherung** bietet der Versicherer außerhalb des bestehenden Versicherungsschutzes eine Risikoübernahme im beschränkten Umfang an, und zwar für Risiken, die während der Laufzeit der Police eintreten werden, für die zunächst ohne Mehrprämie Deckungsschutz im **begrenzten Umfang** und für einen zeitlich befristeten Zeitraum (meist ein Monat) gewährt wird. — **Vorsorgeversicherung**

Vorsorgeversicherung – Übersicht
- Versicherungsschutz im bedingten Umfang (Maxima)
- aufschiebend bedingter Versicherungschutz
- Anzeigepflicht (ein Monat)
- Prämienvereinbarung notwendig.

> **Merke:**
> Ausgeschlossene Risiken und Gefahren werden nie von der Vorsorgeversicherung erfasst.

Quantitative Merkmale fallen grundsätzlich nicht unter die Vorsorgeversicherung, sondern sind Bestand des herkömmlichen Deckungsschutzes der Versicherungspolice, wie zum Beispiel mehr Kunden – mehr Umsatz – mehr Fahrzeuge. — **Qualitative Merkmale**

Die **Vorsorgeversicherung** hat regelmäßig eine sehr kurze Anzeigepflicht meist von einem Monat, das bedeutet, dass neue Risiken schnell anzuzeigen sind und umgehend eine Prämienvereinbarung zu treffen ist. Erst mit Anzeige und Einigung über die Prämie besteht Versicherungsschutz im Rahmen der vereinbarten Deckungssumme und nicht begrenzt im Umfang der Vorsorgeversicherung. — **Kurze Anzeigepflicht**

Beispiel:
Ein Spediteur hat als räumlichen Geltungsbereich die *EWR* vereinbart. Übernimmt dieser Spediteur nun einen Transport nach *Moskau*, so befindet sich dieser Auftrag außerhalb des räumlichen Geltungsbereiches und ist deshalb vom Versicherungsschutz ausgeschlossen, und zwar auch für den der Vorsorgeversicherung. Hat dagegen der Spediteur die *EWR* vereinbart und bislang nur innerdeutsch Aufträge abgewickelt und in der Betriebsbeschreibung angegeben, kommt ein neuer Auftrag nach *Portugal* nun zur Ausführung, so ergibt sich hier eine Anzeigepflicht. Anders liegt der Fall, wenn dies schon in der Betriebsbeschreibung durch die Angabe von gelegentlichen Transporten innerhalb der Mitgliedsstaaten der *EWR* angezeigt wurde.

1.3 *Die Versicherung gilt nicht für Verträge, die ganz oder teilweise zum Inhalt haben*
  – *Beförderung und beförderungsbedingte Lagerung von Gütern, die der Versicherungsnehmer als Verfrachter (Seefahrt und Binnenschifffahrt), Luftfrachtführer*

oder Eisenbahnfrachtführer im Selbsteintritt (tatsächlich) ausführt;
- Beförderung und Lagerung von folgenden Gütern: ...
- Beförderung und Lagerung von Umzugsgut;
- Beförderung und Lagerung von Schwergut sowie Großraumtransporte, Kran- oder Montagearbeiten;
- Beförderung und Lagerung von abzuschleppenden oder zu bergenden Gütern; Produktionsleistungen, werkvertragliche oder sonstige nicht speditions-, beförderungs- oder lagerspezifische vertragliche Leistungen im Zusammenhang mit einem Verkehrsvertrag, die über die primäre Vertragspflicht eines Frachtführers, Spediteurs und Lagerhalters gemäß dem deutschen Handelsgesetzbuch (HGB) hinausgehen. Hierzu zählen nicht das Kommissionieren, Etikettieren, Verpacken und Verwiegen von Gütern, wenn diese Tätigkeiten in Verbindung mit einem Verkehrsvertrag zu erfüllen sind.

Es steht jedem Versicherer frei, die Deckung auf diese Risiken auszudehnen.

Zu *Ziffer 1.3*

Ausschluss von Güterarten

Harmlos liest sich hier die *Ziffer 1.3*, nämlich der **Ausschluss der Beförderung und Lagerung von folgenden Gütern**. Die konkreten Versicherungsprodukte enthalten hier eine Vielzahl **von Güterarten**, zu denen alles zählt, was klein, griffig, wertvoll und diebstahlgefährdet ist. Hieraus ergeben sich in der Praxis weitere Probleme, insbesondere für die Sammelgut-Beförderung, da in den meisten Fällen der Spediteur nicht weiß, welches Gut konkret Gegenstand des Speditionsauftrages ist, der gerade abgewickelt werden soll.

2 *Versicherungsnehmer / Versicherter*

2.1 Versicherungsnehmer ist das in der Betriebsbeschreibung genannte Unternehmen unter Einschluss aller rechtlich unselbstständigen inländischen Niederlassungen und Betriebsstätten. Andere Betriebe können nach Vereinbarung in die Versicherung einbezogen werden.

Zu *Ziffer 2.1*

Versicherungsnehme

Versicherungsnehmer ist das in der Betriebsbeschreibung genannte Unternehmen unter Einschluss aller rechtlich unselbstständigen inländischen Niederlassungen und Betriebsstätten. Andere Betriebe können nach Vereinbarung in die Versicherung einbezogen werden.

Unselbständige Zweigniederlassung

Grundsätzlich gilt, dass **unselbständige Zweigniederlassungen automatisch mitversichert** sind. Als Hauptbetrieb gilt im Regelfall die Betriebsstätte, bei der der Eintrag ins Handelsregister erfolgt ist. Wichtig ist die entsprechende **Anzeige in der Betriebsbeschreibung**.

2.2 Die Arbeitnehmer des Versicherungsnehmers sind im Umfange der Versicherung mitversichert, wenn diese in Ausführung der unter Ziffer 1 VB genannten Verkehrsverträge gehandelt haben.

Zu *Ziffer 2.2*

Die Arbeitnehmer des Versicherungsnehmers sind im Umfange der Versicherung mit-

versichert, wenn diese in Ausführung der unter *Ziffer 1 VB* genannten Verkehrsverträge **Mitver-**
gehandelt haben. **sicherte**
    Grundsätzlich gelten alle Mitarbeiter mit privatrechtlichem Vertrag, die gegen **Mitarbeiter**
Entgelt unselbständig arbeiten und weisungsgebunden sind als mitversichert. Dazu
zählen selbstverständlich auch **Teilzeitkräfte**, Leiharbeiter oder **Aushilfen**. **Nicht dagegen
Subunternehmen oder Dritte**, die der Spediteur beauftragt.

3   Versicherte Haftung (Bausteinsystem)

Versichert ist die verkehrsvertragliche Haftung des Versicherungsnehmers nach Maßgabe   **Baustein-**
3.1   *der deutschen gesetzlichen Bestimmungen, insbesondere der §§ 407 ff. HGB;*   **system**
3.2   *der Allgemeinen Geschäftsbedingungen (AGB) des Versicherungsnehmers, vorausgesetzt der Versicherer hat dem Einschluss dieser Bedingungen in den Versicherungsschutz zugestimmt;*
3.3   *der Allgemeinen Geschäftsbedingungen (AGB) im Umfange des § 449 Abs. 2 Nr. 1 HGB; vorausgesetzt der Versicherer hat dem Einschluss dieser Bedingungen in den Versicherungsschutz zugestimmt;*
3.4   *des Übereinkommens über den Beförderungsvertrag im internationalen Straßengüterverkehr (CMR);*
3.5   *der jeweils nationalen gesetzlichen Bestimmungen für das Verkehrsgewerbe in den Staaten des Europäischen Wirtschaftsraumes (EWR);*
3.6   *des Übereinkommens über den internationalen Eisenbahnverkehr (Anhang B – COTIF, aktuelle Fassung) und der einheitlichen Rechtsvorschriften für den Vertrag über die internationale Eisenbahnbeförderung von Gütern (CIM);*
3.7   *des Montrealer Übereinkommens (MÜ) vom 28.5.1999, des Warschauer Abkommens von 1929 (WA) und soweit anwendbar – des Haager Protokolls vom 28.05.1955, des Zusatzabkommens von Guadalajara vom 18.09.1961 oder anderer maßgeblichen Zusatzabkommen für den Luftverkehr, soweit diese jeweils zwingend anwendbar sind;*
3.8   *der Haager Regeln und – soweit anwendbar – der Hague Visby Rules beziehungsweise des Seerechtsänderungsgesetzes vom 25.06.1986, der Hamburg-Regeln sowie anderer maßgeblicher internationaler Abkommen oder nationaler gesetzlicher Bestimmungen für den Seeverkehr;*
3.9   *der Bestimmungen eines FIATA Combined Bill of Lading (FBL) oder Through Bill of Lading (TBL) in der von der FIATA verabschiedeten Form;*
3.10   *eines vom Versicherungsnehmer verwendeten eigenen House Airway Bill (HAWB), House Bill of Lading (House B/L) oder anderer Dokumente des Versicherungsnehmers, vorausgesetzt der Versicherer hat dem Einschluss derartiger Dokumente in den Versicherungsschutz zugestimmt;*
3.11   *der jeweils anwendbaren gesetzlichen Bestimmungen anderer Staaten, sofern sich der Versicherungsnehmer nicht mit Erfolg auf die Bestimmungen der vorgenannten Ziffern berufen kann und die jeweiligen gesetzlichen Vorschriften nicht über 8,33 SZR je kg für den Güterschaden hinaus gehen.*
3.12   *Versichert sind auch Ansprüche nach dem Recht der unerlaubten Handlung (Deliktsrecht), wenn und soweit der Berechtigte diese gesetzlichen Ansprüche neben oder anstelle der Haftung aus dem Verkehrsvertrag geltend macht.*

Zu Ziffer 3
Versichert ist also das eigene Interesse (Erfüllungsinteresse) des Spediteurs als Versicherungsnehmer, das heißt der Spediteur ist Versicherter und Prämienschuldner im Regelfall in eigener Person.

4   Umfang des Versicherungsschutzes
4.1   Die Versicherung umfasst die Befriedigung begründeter und die Abwehr unbegründeter Schadenersatzansprüche, die gegen den Versicherungsnehmer als Auftragnehmer eines Verkehrsvertrages erhoben werden

Zu Ziffer 4.1
Ziffer 4.1 umschreibt die **charakteristische Zweispurigkeit der Leistung eines Haftpflichtversicherers**. Gemeint ist damit die gesetzliche Verpflichtung jedes Schaden- und Haftpflichtversicherers, Schadenabwendungs- und Minderungskosten zu ersetzen, unter Bezugnahme auf § 63 VVG. Praktisch von großer Bedeutung ist dabei, unbegründete Ansprüche abzuwehren. Damit wird eine **Art Rechtsschutzversicherung** gewährleistet, wobei sämtliche Anwalts-, Sachverständigen- und Gerichtskosten vom Risikoträger übernommen werden. Gerade im speditionellen Tätigkeitsbereich, der sich weit über die deutschen Grenzen hinaus erstreckt, ist dies von zentraler Bedeutung, wenn zum Beispiel ein Haftungsanspruch in *USA* gegen einen Spediteur geltend gemacht wird.

4.2   Der Versicherer ersetzt dem Versicherungsnehmer
  – *die Aufwendungen zur Abwendung oder Minderung eines ersatzpflichtigen Schadens, wenn der Schaden droht oder eingetreten ist, soweit der Versicherungsnehmer sie nach den Umständen für geboten halten durfte sowie*
  – *die gerichtlichen und außergerichtlichen Kosten, soweit sie den Umständen nach geboten waren.*

Zu Ziffer 4.2
Ersatzpflichtig sind insbesondere Aufwendungen, die der Versicherungsnehmer gemäß § 62 VVG gemacht hat, auch wenn diese erfolglos geblieben sind. Entscheidend ist dabei, dass der Wareninteressent im Auftrag des Frachtführers, Spediteurs oder Lagerhalter Leistungen erbracht hat, die mit großer Wahrscheinlichkeit zur Schadensabwehr oder Minderung geführt haben. Abgestellt wird dabei auf die im Verkehr erforderliche Sorgfalt, die aber nicht zwingend zum Erfolg führen muss.

4.3   Der Versicherer ersetzt dem Versicherungsnehmer den Beitrag, den er zur großen Haverei aufgrund einer nach Gesetz oder den York-Antwerpener-Regeln oder den Rhein Regeln VR 1979 oder anderen international anerkannten Haverei-Regeln aufgemachten Dispache zu leisten hat, soweit durch die Haverei-Maßregel ein dem Versicherer zur Last fallender Schaden abgewendet werden sollte.

Zu *Ziffer 4.3*
Der Versicherer ersetzt dem Spediteur den Beitrag, den er im Falle einer **großen Havarei** aufgrund einer nach Gesetz oder den *York-Antwerpener-Regeln* oder den *Rhein Regeln VR 1979* aufgemachten Dispache zu leisten hat, soweit durch die Havarei-Maßregeln ein dem Versicherer zur Last fallender Schaden abgewendet werden sollte.

4.4 Der Versicherer ersetzt dem Versicherungsnehmer aufgewendete Beförderungsmehrkosten aus Anlass einer Fehlleitung, wenn sie zur Verhütung eines ersatzpflichtigen Schadens erforderlich waren, bis zu ... % des Wertes des Gutes, höchstens €... je Schadenereignis. (Baustein)

4.5 Der Versicherer ersetzt dem Versicherungsnehmer die aufgrund gesetzlicher oder behördlicher Verpflichtung aufzuwendenden Kosten bis zu einer Höhe von €... je Schadenereignis zur Bergung, Vernichtung oder Beseitigung des beschädigten Gutes, wenn ein ersatzpflichtiger Schaden vorliegt oder soweit nicht ein anderer Versicherer zu leisten hat. (Baustein)

5 Räumlicher Geltungsbereich
Soweit die geschriebenen Bedingungen keine abweichende Regelung enthalten, besteht Versicherungsschutz für Verkehrsverträge innerhalb und zwischen den Staaten des Europäischen Wirtschaftsraumes (EWR), Schweiz.

Zu *Ziffer 5*
Diese Regelung ist in der Praxis äußerst problematisch. Weltweit operierende Spediteure haben oftmals Berührungen mit europäischen Anrainerstaaten, so dass für diese Speditionsaufträge der Versicherungsschutz nicht zum Tragen kommt. Insofern gilt gerade für die *Ziffer 5* ein weitsichtiger und kluger Umgang in der Betriebsbeschreibung, in dem seitens des Spediteurs darauf bestanden wird, dass zumindest gelegentlich weltweit Speditionsaufträge ausgeführt werden, so dass grundsätzlich immer die Vorsorgeversicherung zur Verfügung steht.

6 Versicherungsausschlüsse
Vom Versicherungsschutz ausgeschlossen sind Ansprüche
6.1 aus Schäden durch Naturkatastrophen (zum Beispiel Erdbeben, Blitzschlag, vulkanische Ausbrüche);

Zu *Ziffer 6.1*
Gemeint sind hier außerordentlich **extreme Naturereignisse**, wodurch Transportgüter in besonderer Weise bedroht, beschädigt oder gar vernichtet werden. Gewöhnliche Unwetter zählen hierzu nicht.

Extreme Naturereignisse

6.2 aus Schäden durch Krieg, kriegsähnliche Ereignisse, Bürgerkrieg, innere Unruhen, Aufruhr;
6.3 aus Schäden durch Streik, Aussperrung, Arbeitsunruhen, terroristische Gewaltakte oder politische Gewalthandlungen;

6.4 aus Schäden, verursacht durch die Verwendung von chemischen, biologischen, biochemischen Substanzen oder elektromagnetischen Wellen als Waffen mit gemeingefährlicher Wirkung – gleichgültig durch wen – und zwar ohne Rücksicht auf sonstige mitwirkende Ursachen;

6.5 aus Schäden, verursacht durch Kernenergie oder sonstige ionisierende Strahlung;

6.6 aus Schäden durch Beschlagnahme, Entziehung oder sonstige Eingriffe von hoher Hand;

6.7 aus Schäden an Umzugsgut, Kunstgegenständen, Antiquitäten, Edelmetallen, Edelsteinen, echten Perlen, Geld, Valoren, Dokumenten, Urkunden;

6.8 aus Schäden an lebenden Tieren und Pflanzen;

6.9 die üblicherweise Gegenstand einer Betriebs-, Produkt-, Umwelt-, Gewässerschaden-, Kraftfahrzeug-, Privathaftpflicht-, Kreditversicherung sind oder aufgrund entsprechender üblicher Versicherungsbedingungen hätten gedeckt werden können;

6.10 die durch eine andere Verkehrshaftungsversicherung des Versicherungsnehmers versichert sind;

6.11 wegen Nichterfüllung der Leistungspflicht aus Verkehrsverträgen (Eigenschäden des VN);

6.12 aufgrund vertraglicher, im Verkehrsgewerbe nicht üblicher Vereinbarungen, wie Vertragsstrafen, Lieferfristgarantien usw., sowie aus Vereinbarungen, soweit sie über die Haftungshöhe von 8,33 SZR je kg des Rohgewichts der Sendung oder die für Verkehrsverträge geltende gesetzliche Haftung hinausgehen, wie zum Beispiel Wert- oder Interessevereinbarungen nach Art. 24, 26 CMR, Art. 22 Abs. 2 WA, Art. 25 MÜ, § 660 HGB etc.;

Zu *Ziffer 6.12*

Vertragsstrafen Nicht gemeint sind hier **Vertragsstrafen**, die der Wareninteressent mit seinem Auftraggeber vereinbart hatte. Vielmehr ausgeschlossen sind Vereinbarungen des Frachtführers oder Spediteurs mit seinem Auftraggeber, die dann zur Zahlung fällig werden, wenn das Auftragsverhältnis nicht ordnungsgemäß abgewickelt wird. Weiter zu unterscheiden ist **Lieferfristgarantie** zwischen **Lieferfristgarantie und Lieferfristangabe**. Der Begriff Garantie stellt grundsätzlich darauf ab, dass ein Erfolg beziehungsweise eine Verpflichtung, unabhängig vom Vertretenmüssen, eintritt. Bei einer Lieferfristgarantie wird auch nicht auf einen tatsächlich entstandenen Schaden und Nachweis abgestellt, sondern unabhängig hiervon ist die eingegangene Verpflichtung zu erbringen.

6.13 die strafähnlichen Charakter haben, zum Beispiel Geldstrafen, Verwaltungsstrafen, Bußgelder, Erzwingungs- und Sicherungsgelder und aus sonstigen Zahlungen mit Buß- oder Strafcharakter und den damit zusammenhängenden Kosten;

6.14 in unmittelbarem Zusammenhang mit der nicht zweckentsprechenden Verwendung, Weiterleitung oder Rückzahlung von Vorschüssen, Erstattungsbeträgen oder ähnliche;

6.15 die durch einen Mangel im Betrieb des Versicherungsnehmers (zum Beispiel mangelnde Schnittstellenkontrolle) entstanden sind, dessen Beseitigung innerhalb einer angemessenen Frist der Versicherer unter Ankündigung der Rechtsfolgen (Risikoausschluss) verlangt hatte;

Zu Ziffer 6.15
In der Praxis von Bedeutung ist die Frage, wann ein Mangel im Betrieb im Sinne einer *mangelnden Schnittstellenkontrolle* vorliegen kann. Abzustellen ist dabei grundsätzlich auf jede nachhaltige Schwachstelle in der Organisation, die mit Wahrscheinlichkeit zum Eintritt eines Schadens führen kann. *Ziffer 6.15* stellt richtigerweise nur auf Schwachstellen im eigenen Betrieb ab, und nicht auf die eines Subunternehmers. Eine Ausnahme könnte dann vorliegen, wenn dem auftraggebenden Spediteur dieser Mangel konkret bekannt ist, und mit großer Wahrscheinlichkeit von einem Schadenseintritt ausgegangen werden musste.

Mangelnde Schnittstellenkontrolle

6.16 *wegen Schäden aus Charter- und Teilcharterverträgen im Zusammenhang mit der Güterbeförderung mit Schiffen, Eisenbahn- oder Luftfahrzeugen;*
6.17 *auf Entschädigungen mit Strafcharakter, insbesondere „punitive" oder „exemplary damages" nach amerikanischem und kanadischem Recht; (Baustein, siehe Ziffer 3.10)*
6.18 *aus Carnet TIR-Verfahren;*
6.19 *wegen Personenschäden;*
6.20 *wegen vorsätzlicher Herbeiführung des Versicherungsfalls durch den Versicherungsnehmer oder einen seiner Repräsentanten, ferner Ansprüche gegen den Erfüllungsgehilfen selbst, wenn dieser vorsätzlich gehandelt hat;*
6.21 *gegen den Arbeitnehmer des Versicherungsnehmers selbst, wenn dieser vorsätzlich gehandelt hat.*
Es steht jedem Versicherer frei, die Deckung auf diese Schäden auszudehnen.

7 Obliegenheiten
Dem Versicherungsnehmer obliegt es,
7.1 *vor Eintritt des Versicherungsfalls*

Verpflichtungen Versicherungsnehmer

Zu Ziffer 7
Obliegenheiten sind typischer Bestandteil von Vertragsbedingungen für Versicherungsverträge, woraus sich **Verpflichtungen für den Versicherungsnehmer** ergeben. Die Verletzung dieser Pflichten kann grundsätzlich zur Beeinträchtigung des Versicherungsschutz führen. **Leistungsfreiheit** wegen Obliegenheitsverletzung tritt nur bei Vorsatz oder grober Fahrlässigkeit des Versicherungsnehmers in eigener Person oder eines Repräsentanten ein. **Repräsentant** ist ein versicherungsrechtlicher Fachausdruck. Er bezeichnet jemanden, der in dem Geschäftsbereich, zu dem das versicherte Risiko gehört, aufgrund einer Vertretungs- oder eines ähnlichen Verhältnisses an die Stelle des Versicherungsnehmers getreten ist. Das kann zum Beispiel sein der Leiter der Zweigniederlassung, der Lagerleiter, der Fuhrparkleiter oder ein ähnlicher **Repräsentant** sein.

7.1.1 *nur einwandfreie und für den jeweiligen Auftrag geeignete Fahrzeuge und Anhänger, Wechselbrücken/Container, Kräne/Hubgeräte, sowie sonstiges Equipment (einschließlich Seile, Gurte) zu verwenden;*
7.1.2 *bei Beförderungen von temperaturgeführten Gütern nur Fahrzeuge und Anhänger mit ATP-Zertifikat und Kühlschreiber einzusetzen, die einzuhaltende Temperatur*

	im Beförderungspapier zu vermerken und das Fahrpersonal anzuweisen, die Einhaltung der Temperatur während des Transportes regelmäßig zu prüfen und zu dokumentieren;
7.1.3	im Straßengüterverkehr einzusetzende Fahrzeuge des eigenen Betriebes mit je zwei von einander unabhängig funktionierenden Diebstahlsicherungen auszustatten (hierzu zählen nicht Türschlösser) und die Fahrer anzuweisen, die Diebstahlsicherungen beim Verlassen des Fahrzeuges einzuschalten;
7.1.4	für die Sicherung eigener oder in seinem Einfluss- und Verantwortungsbereich befindlicher fremder beladener Kraftfahrzeuge, Anhänger und Wechselbrücken / Container gegen Diebstahl oder Raub zu sorgen, insbesondere auch zur Nachtzeit, an Wochenenden und Feiertagen;
7.1.5	dafür zu sorgen, dass für die Auftragsdurchführung erforderliche Genehmigungen vorliegen und behördliche Auflagen eingehalten werden;
7.1.6	dafür zu sorgen, dass die für die Auftragsabwicklung eingesetzten elektrischen Geräte, insbesondere die Hard- und Software zur Datenverarbeitung oder Steuerung von Maschinen und Anlagen, in ihrer Funktionsfähigkeit nicht gestört werden und eine den jeweiligen Erfordernissen entsprechende Sicherung der Daten gewährleistet ist;
7.1.7	nur für den jeweiligen Auftrag geeignete Lager- beziehungsweise Umschlagsgebäude oder -flächen, sowie technisches oder sonstiges Equipment zu nutzen, und dafür Sorge zu tragen, dass gesetzliche oder behördliche Auflagen erfüllt werden und Sicherungseinrichtungen in ihrer Funktionsfähigkeit nicht gestört sind;
7.1.8	Schnittstellenkontrollen durchzuführen und zu dokumentieren.

Zu *Ziffer 7.1.8*

Bezug genommen wird hier auf *Ziffer 7 ADSp*. Bemerkenswert bei der Formulierung ist, dass die **Schnittstellenkontrolle** nicht nur auf diejenigen des eigenen Betriebs abgestellt sind, das heißt Obliegenheitsverletzungen können auch entstehen, wenn eine Schnittstellenkontrolle in einem Betrieb eines Subunternehmers vorgelegen hat. Insofern ist es empfehlenswert, mit dem Versicherer Klarheit über die Auslegung der Bestimmung herbeizuführen.

7.1.9	auf Verlangen des Versicherers zusätzlich zu den auftragsgemäß vorgesehenen Inventuren beziehungsweise Inventurintervallen weitere Inventuren auf Kosten des Versicherungsnehmers durchzuführen;
7.1.10	Mitarbeiter sorgfältig auszuwählen und zu überwachen;

Zu *Ziffer 7.1.10*

Auch hier wird nicht differenziert zwischen Mitarbeitern des eigenen oder eines Fremdbetriebes. Die Risiken für den Versicherungsnehmer sind die gleichen wie oben unter *Ziffer 7.1.8* im Falle von Verletzungen von Schnittstellenkontrollen bereits beschrieben. Weitergehend ist neben der Sorgfalt bei der **Auswahl** der Mitarbeiter die fortlaufende **Überwachungspflicht**.

DTV-VHV 2003/2008 (GDV-Modell) 3.4

7.1.11 Die Auswahl der Subunternehmer und Erfüllungsgehilfen mit der Sorgfalt eines ordentlichen Kaufmanns zu treffen und darauf hinzuwirken, dass auch sie die Obliegenheiten der Ziffern 7.1.1 bis 7.1.10 erfüllen und eine in Kraft befindliche, den üblichen Bedingungen und evtl. anwendbaren gesetzlichen Vorschriften entsprechende Versicherung verfügen;

Zu *Ziffer 7.1.11*
Die Bestimmung relativiert die obigen Obliegenheiten dahingehend, dass der Spediteur bei der Auswahl von Erfüllungsgehilfen die **Sorgfalt eines ordentlichen Kaufmannes** aufzuweisen hat. Das heißt für die Praxis: Kommt es bei einem Subunternehmer fortlaufend zu Verlusten, so hat der beauftragende Spediteur Nachforschung dahingehend vorzunehmen, ob womöglich systemimmanente Risikofaktoren vorhanden sind. Tut er dies nicht, gefährdet er wiederum den Versicherungsschutz.

7.1.12 Veränderungen der dem Versicherer zur Kenntnis gebrachten und durch die Besonderen Versicherungsbedingungen oder die Betriebsbeschreibung in den Versicherungsschutz einbezogenen Geschäftsbedingungen, Individualvereinbarungen, Dokumente, Frachtpapiere oder sonstiger die Haftung des Versicherungsnehmers betreffende Vereinbarungen dem Versicherer unverzüglich mitzuteilen;
7.1.13 Gesetze, Verordnungen, behördliche Anordnungen oder Verfügungen, berufsgenossenschaftliche Vorschriften oder sonstige Sicherheitsvorschriften einzuhalten.
7.2 nach Eintritt des Versicherungsfalls
7.2.1 jeden Schadenfall oder geltend gemachten Haftungsanspruch dem Versicherer unverzüglich, spätestens innerhalb eines Monats, zu melden und alle zur Beurteilung notwendigen Unterlagen vorzulegen;
7.2.2 für die Abwendung und Minderung des Schadens zu sorgen, dem Versicherer jede notwendige Auskunft zu geben und etwaige Weisungen zu befolgen;
7.2.3 die Versicherer unverzüglich zu benachrichtigen, wenn gerichtlich gegen ihn im Zusammenhang mit einer versicherten Tätigkeit vorgegangen wird, und die erforderlichen Rechtsmittel oder Rechtsbehelfe, insbesondere Widerspruch gegen Mahnbescheide, einzulegen;
7.2.4 ohne Einwilligung der Versicherer keine Versicherungs- oder Regressansprüche abzutreten;
7.2.5 sich auf Verlangen und Kosten der Versicherer auf einen Prozess mit dem Anspruchsteller einzulassen und dem Versicherer die Prozessführung zu überlassen;
7.2.6 jeden Diebstahl, Raub sowie jeden Verkehrsunfall mit möglichem Schaden an der Ladung der zuständigen Polizeidienststelle und dem Versicherer unverzüglich anzuzeigen sowie bei allen Unfällen, Schäden über € … und solchen, deren Umfang oder Höhe zweifelhaft sind, den nächst zuständigen Havariekommissar zu benachrichtigen und dessen Weisungen zu befolgen;
7.2.7 mögliche Regressansprüche gegen Dritte zu wahren und die Reklamationsfristen zu beachten.
7.3 Leistungsfreiheit bei Obliegenheitsverletzung
7.3.1 Verletzt der Versicherungsnehmer oder einer seiner Repräsentanten diese oder eine

sonst vertraglich vereinbarte Obliegenheit vorsätzlich oder grobfahrlässig, ist der Versicherer von der Leistung frei, es sei denn, die Verletzung war weder für den Eintritt oder die Feststellung des Versicherungsfalls noch für die Feststellung oder den Umfang der Leistungspflicht ursächlich. Satz 1 gilt nicht, wenn der Versicherungsnehmer die Obliegenheit arglistig verletzt hat.

7.3.2 *Bezieht sich die Verletzung von Obliegenheiten auf eine nach Eintritt des Versicherungsfalls bestehende Auskunfts- oder Aufklärungsobliegenheit wie zum Beispiel nach Maßgabe der Ziffern 7.2.1, 7.2.2, 7.2.3 oder 7.2.6 wird der Versicherer auch ohne gesonderte Mitteilung der Rechtsfolge an den Versicherungsunternehmer von der Leistung frei.*

8 ***Begrenzung der Versicherungsleistung (Bausteinsystem)***
8.1 *Schadenfall*
Begrenzung der Versicherungsleistung bei gesetzlicher oder vertraglicher Haftung
Falls nichts anderes vereinbart ist, beträgt die maximale Versicherungsleistung je Schadenfall, also je Geschädigten und je Verkehrsvertrag
- *für Frachtverträge:*
  bei Güterschäden… €;
  bei reinen Vermögensschäden… €;
- *für Speditionsverträge:*
  bei Güter- und Güterfolgeschäden… €;
  bei reinen Vermögensschäden… €;
- *für Lagerverträge:*
  bei Güter- und Güterfolgeschäden… €;
  bei Differenzen zwischen Soll- und Ist-Bestand des Lagerbestandes leistet der Versicherer jedoch maximal… €, unabhängig von der Zahl der für die Inventurdifferenz ursächlichen Schadenfälle;
- *bei reinen Vermögensschäden… €,*
- *für Ansprüche nach dem Recht der unerlaubten Handlung (Deliktsrecht) – unabhängig von der Art des Verkehrsvertrages oder des Schadens –… €*

8.2 *Schadenereignis*
Begrenzung der Versicherungsleistung je Schadenereignis
Falls nichts anderes vereinbart ist, leistet der Versicherer höchstens… €. Die durch ein Ereignis mehreren Geschädigten entstandenen Schäden werden unabhängig von der Anzahl der Geschädigten und der Verkehrsverträge anteilmäßig im Verhältnis ihrer Ansprüche ersetzt, wenn sie zusammen die äußerste Grenze der Versicherungsleistung übersteigen.

Zu Ziffer 8.2

In den meisten Versicherungspolicen werden in den hier nicht in der Höhe konkretisierten Begrenzungen sehr wohl die Vorgaben der *Ziffer 29 ADSp* (ADSp-konform) berücksichtigt.

8.3 Jahresmaximum
8.3.1 Begrenzung der Versicherungsleistung pro Versicherungsjahr
Falls nichts anderes vereinbart ist, beträgt die Höchstersatzleistung des Versicherers für alle Schadenereignisse der versicherten Verkehrsverträge eines Versicherungsjahres... €.
8.3.2 Zusätzliche Begrenzung bei qualifiziertem Verschulden
Falls nichts anderes vereinbart ist, ist die Versicherungsleistung des Versicherers zusätzlich je Versicherungsjahr bei Schäden, die vom Versicherungsnehmer, seinen gesetzlichen Vertretern oder seinen leitenden Angestellten durch Leichtfertigkeit und in dem Bewusstsein, dass ein Schaden mit Wahrscheinlichkeit entstehen werde, herbeigeführt, durch Kardinalpflichtverletzung oder durch grobes Organisationsverschulden verursacht worden sind, über die gesetzliche oder vertragliche Regelhaftung (§ 449 HGB-Korridor) und unabhängig vom Schadenfall und -ereignis, begrenzt bis maximal... €.

Zu *Ziffer 8.3.2*
Für die Festlegung der Versicherungssummen gilt der Grundsatz, weitsichtig und risikogerecht die Deckungssummen zu vereinbaren. Abstellen sollte der Versicherungsnehmer dabei auf die Erfahrungswerte, zumindest der Schadensstatistiken der zurückliegenden drei bis fünf Geschäftsjahre, wobei sogenannte Reserven mit einzubeziehen sind. Ratsam ist darüber hinaus einen Sicherheitszuschlag vorzunehmen, um auch bei Großschäden über hinreichenden Versicherungsschutz zu verfügen.

Neu und problematisch ist die Regelung 8.3.2, wonach zusätzlich eine Deckungsbegrenzung bei Schadenfällen mit **dem Vorwurf des qualifizierten Verschuldens** vorgenommen wird. Dieses sogenannte **Jahresaggregat** umfasst maximal einen der Höhe nach begrenzten Leistungsbetrag, der über die Regelhaftungssumme hinaus von Versicherern nach Gesetz geleistet wird. In vielen Policen ist hier eine sehr restriktive Begrenzung vorgenommen, so dass ein Eigenhaftungsrisiko für den Spediteur entsteht. **Qualifiziertes Verschulden** **Jahresaggregat**

Beispiel:
Wird ein Lkw mit 20 000 kg PC's in *Sofia* geraubt (Wert der PC's 500 000,- €) und wird der Spediteur aufgrund der durch die Rechtsprechung festgelegten Kriterien zu einer unbegrenzten Haftung verurteilt, so berechnet sich die Versicherungsleistung wie folgt: 20 000 kg x ca. 10,- € (nach *CMR*) = gesetzliche Regelhaftungssumme = 200 000,- €.

Vereinbart hatte der Spediteur ein Jahresaggregat für Schäden bei qualifizierten Verschulden in Höhe von maximal 100 000,- €, so dass sich die Versicherungsleistung insgesamt 200 000,- € (gesetzliche Regelhaftungssumme) + 100 000,- € (Jahresaggregat) = 300 000,- € errechnet.

Der weitergehende Schaden in Höhe von € 200 000,- wird nicht von der Versicherung übernommen, so dass der Spediteur hierfür selbst aufzukommen hat.

9 Schadenbeteiligung
9.1 Falls nichts anderes vereinbart ist, beträgt die allgemeine Schadenbeteiligung des Versicherungsnehmers... % der Versicherungsleistung je Schadenfall, mindestens €..., höchstens €...
9.2 Falls nichts anderes vereinbart ist, wird für die Schadenbeteiligung des Versicherungs- **Schadenbeteiligung**

nehmers bei Manko- oder Fehlmengenschäden bei verfügter Lagerung das Ausmaß eines Schadenfalls mit € ... angenommen, es sei denn, er weist einen anderen Betrag nach.

Zu *Ziffer 9*
Zulässig ist es, eine Schadenbeteiligung zu vereinbaren. Dies ist auch ausdrücklich in *Ziffer 29 ADSp* vorgesehen. Die Festlegung ist letztlich Ermessenssache des Versicherungsnehmers, wobei ein Grundsatz gilt: Die **Selbstbeteiligung** sollte **keinesfalls über der Höhe des Durchschnittschadens** des versicherten Betriebes liegen, da ansonsten die Gefahr des Vorliegens einer Nichtversicherungslösung unterstellt werden könnte, was in der Konsequenz dazu führen kann, dass der Spediteur sich nicht auf die Haftungsbegrenzungen der *ADSp* berufen kann *(Ziffer 29 ADSp)*.

Dagegen ist Schadenbeteiligung im Umfang von durchschnittlichen Kleinschäden vorgesehen und zweifelsfrei zulässig.

10 *Rückgriff*

10.1 Der Versicherer verzichtet auf einen Rückgriff gegen den Versicherungsnehmer und seine Arbeitnehmer. Der Versicherer ist jedoch berechtigt, gegen jeden Rückgriff zu nehmen, der den Schaden vorsätzlich herbeigeführt hat.

10.2 Der Versicherer ist ferner berechtigt, gegen den Versicherungsnehmer Rückgriff zu nehmen, wenn

10.2.1 er seine Anmelde- oder Zahlungspflichten vorsätzlich verletzt hatte, der Versicherer aber dennoch gegenüber dem Geschädigten zu leisten verpflichtet ist;

10.2.2 ein Versicherungsausschluss gegeben war oder eine Obliegenheitsverletzung durch den Versicherungsnehmer oder seine Repräsentanten zur Leistungsfreiheit des Versicherers geführt hätte, der Versicherer aber dennoch gegenüber dem Geschädigten zur Leistung verpflichtet ist.

11 *Anmeldung, Prämie, Zahlung und Sanierung*

11.1 Anmeldepflicht
Durch den Abschluss dieser laufenden Versicherung wird der Versicherungsnehmer verpflichtet, sämtliche unter diesen Versicherungsvertrag fallenden Verkehrsverträge nach Maßgabe der Ziffer 11.2 oder die vereinbarte Prämiengrundlage anzumelden.

11.2 Anmeldeverfahren
(Bausteinsystem: Raum für individuelles Anmeldeverfahren je vereinbarter Prämiengrundlage, zum Beispiel Umsatz-, Einzel- oder summarische Anmeldungen, Deckungszusagen und viele mehr)

11.3 Verletzung der Anmeldepflicht

11.3.1 Hat der Versicherungsnehmer die Anmeldung unterlassen oder fehlerhaft vorgenommen, so ist der Versicherer von der Verpflichtung zur Leistung frei, ohne dass es einer Kündigung durch den Versicherer bedarf, es sei denn, dass der Versicherungsnehmer die Sorgfaltpflicht eines ordentlichen Kaufmannes nicht verletzt hat und dass er die Anmeldung unverzüglich nach Entdeckung des Fehlers nachgeholt oder berichtigt hat.

12 Bucheinsichts- und -prüfungsrecht
Der Versicherer ist berechtigt, die Prämienanmeldungen durch Einsichtnahme in die entsprechenden Geschäftsunterlagen des Versicherungsnehmers zu überprüfen. Er ist verpflichtet, über die erlangten Kenntnisse Stillschweigen gegenüber Dritten zu bewahren.

13 Kündigung
13.1 Der Versicherungsnehmer und die Versicherer sind berechtigt, den Versicherungsvertrag in Textform zum Ende des Versicherungsjahres zu kündigen. Die Kündigung muss drei Monate vor Ablauf des Vertrages zugegangen sein.

13.2 Nach Eintritt eines Versicherungsfalles können beide Parteien den Versicherungsvertrag kündigen. Die Kündigung ist in Textform zu erklären. Sie muss spätestens einen Monat nach dem Abschluss der Verhandlungen über die Entschädigung zugehen. Der Versicherer hat eine Kündigungsfrist von einem Monat einzuhalten. Kündigt der Versicherungsnehmer, so kann er bestimmen, dass seine Kündigung sofort oder zu einem späteren Zeitpunkt wirksam wird, jedoch spätestens zum Schluss der laufenden Versicherungsperiode.

13.3 Der Versicherungsschutz bleibt für alle vor Beendigung des Versicherungsvertrages abgeschlossenen Verkehrsverträge bis zur Erfüllung aller sich daraus ergebenden Verpflichtungen bestehen. Bei verfügten Lagerungen endet der Versicherungsschutz jedoch spätestens einen Monat nach Beendigung des Versicherungsvertrages.

14 Gerichtsstand, anwendbares Recht
14.1 Auf diesen Versicherungsvertrag findet deutsches Recht Anwendung, insbesondere die Vorschriften des VVG.

14.2 Für Klagen gegen den Versicherungsnehmer wegen Prämienzahlung, Zahlung von Schadenbeteiligung, Regressansprüchen oder aus sonstigem Grund ist das Gericht am Ort der Niederlassung oder des Sitzes des Versicherungsnehmers zuständig.

14.3 Für Klagen gegen den Versicherer ist das Gericht am Ort der zuständigen geschäftsführenden Stelle des Versicherers zuständig (§ 48 VVG).

15 Bundesdatenschutzgesetz (BDSG)

16 Beteiligungsliste und Führungsklausel

17 Schlussbestimmung
Die Bestimmungen des Vertrages gelten nur, soweit nicht die zwingende gesetzliche Pflichtversicherung gemäß § 7a GüKG mit den dort genannten Beschränkungen und Summen entgegen steht.

3.5 Die *Logistik-AGB*

Viele Speditionsunternehmen haben sich in den letzten Jahren zu Logistikern weiterentwickelt. Neben der Organisation von Transporten bieten sie eine Fülle von logistischen Zusatzleistungen an. Kennzeichnend hierfür ist, dass Speditions- und Logistikunternehmen Tätigkeiten übernehmen, die unmittelbar mit der Produktion (zum Beispiel Vormontagen), dem Handel mit Gütern (zum Beispiel Regalservice) in Zusammenhang stehen und damit von den *ADSp* als „Speditionsbedingungen" nicht erfasst werden.

Ergänzendes Regelwerk zu den ADSp

Ergänzend zu den *ADSp* werden deshalb seit 2006 die *Logistik-AGB* zur unverbindlichen Anwendung vom *DSLV* empfohlen. Ziel der *Logistik-AGB* ist es dabei nicht, in den Bereich der „Kontraktlogistik" einzugreifen, wo es auf Grund der Komplexität der Zusammenarbeit und spezieller Risikosituation (zum Beispiel Produkthaftung, Rückrufkosten etc.) aus vertragsrechtlicher Sicht geboten ist, detaillierte Einzelabsprachen zu treffen. In derartigen Fällen kann es durchaus sinnvoll sein, die *Logistik-AGB* als Checkliste für die Vertragsgestaltung zu nutzen. Viel mehr wird mit den *Logistik-AGB* beabsichtigt logistische Zusatzleistungen, die im Tagesgeschäft oft auf „Zuruf" erbracht werden, eine standardisierte Vertragsgrundlage zur Verfügung zu stellen, die ein interessengerechtes Regelwerk für den Leistungsaustausch enthalten.

Logistik-AGB regeln Zusatzleistungen im Tagesgeschäft

1   Anwendungsbereich

1.1   Diese Logistik-AGB gelten für alle logistischen (Zusatz-) Leistungen, die nicht von einem Verkehrsvertrag nach Ziffer 2.1 der Allgemeinen Deutschen Spediteurbedingungen (ADSp) – soweit vereinbart – oder von einem Fracht-, Speditions- oder Lagervertrag erfasst werden, jedoch vom Auftragnehmer im wirtschaftlichen Zusammenhang mit einem solchen Vertrag erbracht werden.

Die logistischen Leistungen können Tätigkeiten für den Auftraggeber oder von ihm benannte Dritte sein, wie zum Beispiel die Auftragsannahme (Call-Center), Warenbehandlung, Warenprüfung, Warenaufbereitung, länder- und kundenspezifische Warenanpassung, Montage, Reparatur, Qualitätskontrolle, Preisauszeichnung, Regalservice, Installation oder die Inbetriebnahme von Waren und Güter oder Tätigkeiten in Bezug auf die Planung, Realisierung, Steuerung oder Kontrolle des Bestell-, Prozess-, Vertriebs-, Retouren-, Entsorgungs-, Verwertungs- und Informationsmanagements.

1.2   Auftraggeber ist die Vertragspartei, die ihren Vertragspartner mit der Durchführung logistischer Leistungen im eigenen oder fremden Interesse beauftragt.

1.3   Auftragnehmer ist die Vertragspartei, die mit der Durchführung logistischer Leistungen beauftragt wird.

1.4   Soweit die ADSp vereinbart sind, gehen die Logistik-AGB vor, wenn sich einzelne Klauseln widersprechen sollten oder ein Sachverhalt nicht einer Vertragsordnung zugeordnet werden kann.

1.5   Die Logistik-AGB finden keine Anwendung auf Verträge mit Verbrauchern.

Die *Logistik-AGB*

Die *Logistik-AGB* ist sind ein ergänzendes Regelwerk zu den *ADSp* für das so genannte Zurufgeschäft. Durch entsprechende Hinweise auf dem Briefpapier, den Angeboten, Rechnungen, auf Fax und E-Mail des Logistikers werden die *Logistik-AGB* Vertragsinhalt, soweit der Auftraggeber diesen nicht widerspricht.

Festzuhalten bleibt, dass damit keine Konkurrenz für die *ADSp* entsteht, diese gelten unverändert für alle speditionsüblichen Dienstleistungen, die *Logistik-AGB* dagegen für speditionunsübliche Dienstleistungen.

2 *Elektronischer Datenaustausch*

2.1 Jede Partei ist berechtigt, Erklärungen und Mitteilungen auch auf elektronischem Wege zu erstellen, zu übermitteln und auszutauschen (elektronischer Datenaustausch), sofern die übermittelnde Partei erkennbar ist. Die übermittelnde Partei trägt die Gefahr für den Verlust und die Richtigkeit der übermittelten Daten.

2.2 Sofern zur Verbindung beider Datensysteme eine gemeinsame EDV-Schnittstelle durch den Auftragnehmer einzurichten ist, erhält dieser die hierfür notwendigen Aufwendungen vom Auftraggeber erstattet. Jede Partei ist zudem verpflichtet, die üblichen Sicherheits- und Kontrollmaßnahmen durchzuführen, um den elektronischen Datenaustausch vor dem Zugriff Dritter zu schützen sowie der Veränderung, dem Verlust oder der Zerstörung elektronisch übermittelter Daten vorzubeugen.

2.3 Für den Empfang von Informationen, Erklärungen und Anfragen für die Vertragsabwicklung bestimmt jede Partei eine oder mehrere Kontaktpersonen und teilt Namen und Kontaktadressen der anderen Partei mit. Bestimmt eine Partei keine Kontaktperson, gilt diejenige Person als Kontaktperson, die den Vertrag für die Partei abgeschlossen hat.

2.4 Elektronisch oder digital erstellte Urkunden stehen schriftlichen Urkunden gleich.

Ohne elektronischen Datenaustausch ist moderne Logistik nicht vorstellbar. Mit dieser Bestimmung wird bei den Vertragspartnern der EDV und dem Datenaustausch eine bedeutsame vertragliche Verbindlichkeit verliehen. Ob Schnittstellen bei der EDV, Datenmengen und Identifikationsschlüssel, die Vertragspartner gehen dabei vertragliche Verpflichtungen ein, die bei Verstößen dann eindeutig zurechenbar sind.

3 *Vertraulichkeit*

3.1 Jede Partei ist verpflichtet, alle nicht öffentlich zugänglichen Daten und Informationen vertraulich zu behandeln und ausschließlich für den vorgesehenen Zweck zu verwenden. Daten und Informationen dürfen nur an Dritte (zum Beispiel Versicherer, Subunternehmer) weitergeleitet werden, die sie im Zusammenhang mit der Erfüllung des Vertrages benötigen. Für die Vertraulichkeit elektronischer Daten und Informationen gelten die gleichen Grundsätze.

3.2 Die Verpflichtung zur Vertraulichkeit gilt nicht für Daten und Informationen, die Dritten, insbesondere Behörden aufgrund gesetzlicher Verpflichtungen bekannt zu machen sind. Hierüber ist die andere Partei unverzüglich zu informieren.

In dieser Regelung wird zweifelsfrei festgestellt, dass der Auftragnehmer, der Logistiker, alle Informationen und Unterlagen, die er in der Funktion als „verlängerte Werkbank" erhält, strikt unter dem Vorbehalt der Vertraulichkeit stehen. Mögliche Verstöße gegen diesen Grundsatz führen zu Schadensersatzansprüchen.

4   Pflichten des Auftraggebers, Schutz des geistigen Eigentums

4.1   Der Auftraggeber, insbesondere wenn er als „Systemführer" das Verfahren bestimmt, in dem der Auftragnehmer eingesetzt wird, ist verpflichtet, die für die Ausführung der logistischen Leistungen notwendigen Gegenstände, Informationen und Rechte zur Verfügung zu stellen und etwaige Mitwirkungshandlungen zu leisten, insbesondere
- (Vor-) Produkte und Materialien zu gestellen,
- den Auftragnehmer über spezifische Besonderheiten der Güter und Verfahren und damit verbundene gesetzliche, behördliche oder berufsgenossenschaftliche Auflagen zu informieren und – soweit erforderlich – dessen Mitarbeiter zu schulen und
- Vorgaben, Verfahrens- und Materialbeschreibungen (Fertigungsanleitungen, Konstruktionen und Pläne) zu entwickeln, zu aktualisieren und deren Einhaltung durch den Auftragnehmer zu überprüfen.

Diese Vorleistungen und die Mitwirkungshandlungen sind rechtzeitig und vollständig zu erbringen. Hierzu zählen auch alle notwendigen Informationen, die für eine optimale Kapazitätsplanung notwendig sind.

4.2   Die nach Ziffer 4.1 übergebenen Unterlagen bleiben das geistige Eigentum des Auftraggebers. Ein Pfand- und Zurückbehaltungsrecht hieran kann vom Auftragnehmer nicht ausgeübt werden.

5   Pflichten des Auftragnehmers

5.1   Der Auftragnehmer ist verpflichtet, seine Leistungen entsprechend den Vorgaben des Auftraggebers nach Ziffer 4 zu erbringen. Er ist berechtigt, aber nicht verpflichtet, diese Vorgaben zu überprüfen.

5.2   Der Auftragnehmer, der logistische Leistungen innerhalb der betrieblichen Organisation des Auftraggebers oder auf dessen Weisung bei einem Dritten ausführt (zum Beispiel Regalservice), erbringt diese Leistungen nach Weisung und auf Gefahr des Auftraggebers.

5.3   Der Auftragsnehmer ist verpflichtet, dem Auftraggeber Einwände oder Unregelmäßigkeiten, die bei der Vertragsausführung entstanden sind, unverzüglich anzuzeigen und diese zu dokumentieren.

Die *Ziffer 4* und *5* ordnen die grundsätzlichen Verpflichtungen der jeweiligen Vertragspartei zu. Alles, was die Produktion betrifft, ist Sache des Auftraggebers, dem gegenüber sind alle Vertragsverpflichtungen dem Logistiker zuzuordnen, die die Ausführung der vereinbarten Dienstleistung belangen, wie zum Beispiel Auswahl des qualifizierten Personals.

6 Leistungshindernisse, höhere Gewalt

6.1 *Leistungshindernisse, die nicht dem Risikobereich einer Vertragspartei zuzurechnen sind, befreien die Vertragsparteien für die Dauer ihrer Störung und den Umfang ihrer Wirkung von den Leistungspflichten.*

Als Leistungshindernisse gelten Streiks und Aussperrungen, höhere Gewalt, Unruhen, kriegerische oder terroristische Akte, behördliche Maßnahmen sowie sonstige unvorhersehbare, unabwendbare und schwerwiegende Ereignisse.

6.2 *Im Falle einer Befreiung nach Ziffer 6.1 ist jede Vertragspartei verpflichtet,*
 – *die andere Partei unverzüglich zu unterrichten und*
 – *die Auswirkungen für die andere Vertragspartei im Rahmen des Zumutbaren so gering wie möglich zu halten.*

In dieser Bestimmung wird die Anwendung der *BGB*-Rechtsgedanken aus dem Allgemeinen Teil festgelegt. Interessengerecht werden Leistungsstörungen der höheren Gewalt keiner Partei zugerechnet. Den Logistiker trifft eine unverzügliche Mitteilungspflicht.

7 Vertragsanpassung

7.1 *Vereinbarungen über Preise und Leistungen beziehen sich stets nur auf die namentlich aufgeführten Leistungen und auf ein im Wesentlichen unverändertes Güter-, Auftragsaufkommen oder Mengengerüst. Sie setzen zum einen unveränderte Datenverarbeitungsanforderungen, Qualitätsvereinbarungen und Verfahrensanweisungen und zum anderen unveränderte Energie- und Personalkosten sowie öffentliche Abgaben voraus.*

7.2 *Ändern sich die in Ziffer 7.1 beschriebenen Bedingungen, können beide Vertragsparteien Verhandlungen über eine Vertragsanpassung mit Wirkung ab dem Ersten des auf das Anpassungsbegehren folgenden Monats verlangen, es sei denn, die Veränderungen waren der Vertragspartei, die die Vertragsanpassung fordert, bei Vertragsabschluss bekannt. Die Vertragsanpassung hat sich an den nachzuweisenden Veränderungen einschließlich den Rationalisierungseffekten zu orientieren.*

7.3 *Sofern die Vertragsparteien innerhalb eines Zeitraums von einem Monat, nachdem Vertragsanpassung gefordert wurde, keine Einigung erzielen, kann der Vertrag von beiden Parteien, unter Einhaltung einer Frist von einem Monat bei einer Laufzeit des Vertrages bis zu einem Jahr beziehungsweise einer Frist von drei Monaten bei einer längeren Laufzeit, gekündigt werden. Diese Kündigung kann nur innerhalb eines Monats nach Scheitern der Vertragsanpassung erklärt werden.*

Ob Mautänderungen, Treibstofferhöhung oder Aufkommensveränderung, die Vertragsparteien verpflichten sich interessengerechte Vertragsänderungen zu vereinbaren.

8 Betriebsübergang

Sofern mit dem Vertrag oder seiner Ausführung ein Betriebsübergang nach § 613a BGB verbunden ist, verpflichten sich die Parteien, die wirtschaftlichen Folgen unter Berücksichtigung der Laufzeit des Vertrages zu regeln.

Definiert wird hier ein Programmsatz zur Regelung möglicher Ausgleichansprüche. Weitgehend bestehen gesetzliche, nicht abdingbare Regelungen, die im Rahmen eines Betriebsübergangs sich ergeben können.

9 Aufrechnung, Zurückbehaltung
Gegenüber Ansprüchen aus einem Vertrag über logistische Leistungen nach Ziffer 1.1 und damit zusammenhängenden außervertraglichen Ansprüchen ist eine Aufrechnung oder Zurückbehaltung nur mit fälligen Gegenansprüchen zulässig, denen ein begründeter Einwand nicht entgegensteht.

Das Aufrechnungsverbot gilt sowohl für Auftragsgeber und Auftragsnehmer. Damit soll die Liquidität der Vertragsparteien sichergestellt werden, sollten Leistungsstörungen aus anderen Vertragsverhältnissen aufgetreten sein. Die Regelung entspricht *Ziffer 19 ADSp*.

10 Pfand- und Zurückbehaltungsrecht, Eigentumsvorbehalt
10.1 Der Auftragnehmer hat wegen aller fälligen und nicht fälligen Forderungen, die ihm aus den in Ziffer 1.1 genannten Tätigkeiten gegenüber dem Auftraggeber zustehen, ein Pfandrecht und ein Zurückbehaltungsrecht an den in seiner Verfügungsgewalt befindlichen Gütern oder sonstigen Werten. Das Pfand- und Zurückbehaltungsrecht geht nicht über das gesetzliche Pfand- und Zurückbehaltungsrecht hinaus.
10.2 Der Auftragnehmer darf ein Pfand- oder Zurückbehaltungsrecht wegen Forderungen aus anderen mit dem Auftraggeber abgeschlossenen Verträgen über logistische Leistungen im sinne von Ziffer 1.1 nur ausüben, soweit sie unbestritten sind, oder wenn die Vermögenslage des Auftraggebers die Forderung des Auftragnehmers gefährdet.
10.3 Der Auftraggeber ist berechtigt, die Ausübung des Pfandrechts zu untersagen, wenn er dem Auftragnehmer ein gleichwertiges Sicherungsmittel (zum Beispiel selbstschuldnerische Bankbürgschaft) einräumt.
10.4 Ziffer 4.2 bleibt unberührt.
10.5 Sofern der Auftragnehmer bei der Erbringung logistischer Leistungen nach Ziffer 1.1 auch das Eigentum auf den Auftraggeber zu übertragen hat, so verbleibt das Eigentum beim Auftragnehmer bis zur vollständigen Zahlung.

Ziffer 20 ADSp ist hier ebenfalls übernommen worden. Dem Grunde nach ist dies das Gegenstück zur Aufrechnung, die den Logistiker bei Zahlungsverzug des Auftraggebers schützt. Voraussetzung ist, dass die *Logistik-AGB* Vertragsgegenstand sind, da der Logistiker diese als seine *Allgemeinen Geschäftsbedingungen* anbietet

11 Abnahme, Mängel- und Verzugsanzeige
11.1 Soweit eine Abnahme der logistischen Leistung durch den Auftraggeber zu erfolgen hat, kann diese wegen des kooperativen Charakters der logistischen Leistungen durch Ingebrauchnahme, Weiterveräußerung oder Weiterbehandlung des Werkes, Ab- und Auslieferung an den Auftraggeber oder an von ihm benannte Dritte erfolgen. Soweit logistische Leistungen nicht abnahmefähig sind, tritt an die Stelle der Abnahme die Vollendung.

Die *Logistik-AGB*

11.2 Der Auftraggeber ist verpflichtet, offensichtliche Mängel dem Auftragnehmer bei Abnahme anzuzeigen. Die Anzeige ist schriftlich oder elektronisch (Ziffer 2) zu erstatten. Zur Wahrung der Frist genügt die rechtzeitige Absendung, sofern die Anzeige den Auftragnehmer erreicht.

11.3 Unterlässt der Auftraggeber die Anzeige, gilt die logistische Leistung als vertragsgemäß, es sei denn, der Auftragnehmer hat den Mangel arglistig verschwiegen.

11.4 Ansprüche wegen der Überschreitung von Leistungsfristen erlöschen, wenn der Auftraggeber gegenüber dem Auftragnehmer diese nicht innerhalb von einundzwanzig Tagen nach Leistungserbringung anzeigt.

12 *Mängelansprüche des Auftraggebers*

12.1 Die Mangelhaftigkeit einer logistischen Leistung bestimmt sich nach dem Inhalt des Vertrages und den gesetzlichen Bestimmungen. Beschaffenheits- oder Haltbarkeitsgarantien werden vom Auftragnehmer nur übernommen, wenn diese im Vertrag im Einzelnen als solche bezeichnet werden.

12.2 Ist die logistische Leistung mangelhaft, hat der Auftraggeber Anspruch auf Nacherfüllung. Das Wahlrecht zwischen Mängelbeseitigung und Neulieferung / Neuleistung steht in jedem Fall dem Auftragnehmer zu. Führt die Nacherfüllung nicht zu dem vertraglich geschuldeten Erfolg, hat der Auftraggeber Anspruch auf eine zweite Nacherfüllung. Weitere Ansprüche auf Nacherfüllung bestehen nicht.

12.3. Schlägt die Nacherfüllung zweimal fehl oder ist eine Nacherfüllung wegen der Art der Leistung nicht möglich, kann der Auftraggeber die ihm zustehenden Minderungs-, Rücktritts- und Schadensersatzrechte sowie Selbstvornahme wie folgt ausüben.

12.3.1 Macht der Auftraggeber Minderung geltend, ist diese auf den Wegfall der vereinbarten Vergütung für die einzelne, mängelbehaftete logistische Leistung begrenzt.

12.3.2 Macht der Auftraggeber das Rücktrittsrecht geltend, gilt dieses nur in Bezug auf die einzelne, mängelbehaftete logistische Leistung. Im Übrigen steht dem Auftraggeber unter den Voraussetzungen der Ziffer 13 anstelle des Rücktrittsrechts das Sonderkündigungsrecht zu.

12.3.3 Schadensersatz statt der Leistung kann der Auftraggeber unter den Voraussetzungen von Ziffer 14 verlangen.

12.3.4 Bei Selbstvornahme ist der Anspruch des Auftraggebers auf Aufwendungsersatz auf einen Betrag bis zu 20 000,– € begrenzt.

Die *Ziffern 11* und *12* sind die Folge der Tatsache, dass die speditionellen Zusatzleistungen weitgehend einen werkvertraglichen Charakter haben. Interessengerecht werden hier die gesetzlichen Regelungen des Werkvertrages aus den *BGB* übernommen. Dabei wurde die Besonderheit der „verlängerten Werkbank" mit einbezogen. Konkret hat der Logistiker Abnahme und Mängelanzeigepflichten, wenn der Auftraggeber im Pflichtenheft dies konkret vereinbart hat. Geregelt ist zugleich, wann konkret der Logistiker Mängelansprüche zu vertreten hat und in eine Leistungspflicht gegenüber dem Auftraggeber gerät. **Werkvertragliche *BGB*-Regelungen finden sich in den Logistik-AGB**

13 *Sonderkündigungsrecht*

13.1 Wenn eine der Parteien zweimal gegen vertragswesentliche Pflichten verstößt und dies zu

einer wesentlichen Betriebsstörung führt, hat die andere Partei das Recht, diesen Vertrag mit angemessener Frist zu kündigen, nachdem sie der vertragsverletzenden Partei schriftlich eine angemessene Frist zur Beseitigung der Pflichtverletzung eingeräumt hat und diese Frist abgelaufen ist, ohne dass die Partei ihren Verpflichtungen nachgekommen ist.
13.2 Das Recht zur außerordentlichen Kündigung aus wichtigem Grund bleibt unberührt.

Für Dauerschuldverhältnisse gibt es nach dem *Allgemeinen Teil des BGB* grundsätzlich ein Sonderkündigungsrecht beim Vorliegen eines wichtigen Grundes. *Ziffer 13* regelt hierzu ergänzend als Voraussetzung, dass ein Kündigungsrecht dann vorliegt, wenn gegen eine vertragswesentliche Pflicht zweimal trotz Beseitigungsaufforderung verstoßen wird.

14   Haftung des Auftragnehmers
14.1   Der Auftragnehmer haftet nur, wenn ihn ein Verschulden an dem von ihm verursachten Schaden trifft. Die hieraus folgende gesetzliche und vertragliche Haftung des Auftragnehmers ist auf den vorhersehbaren, typischen Schaden begrenzt sowie der Höhe nach
14.1.1   auf 20 000 € je Schadenfall,
14.1.2   bei mehr als vier Schadenfällen, die die gleiche Ursache (zum Beispiel Montagefehler) haben oder die Herstellung/Lieferung mit dem gleichen Mangel behafteter Güter betreffen (Serienschaden), auf 100 000 €, unabhängig von der Zahl der hierfür ursächlichen Schadenfälle.
Diese Haftungsbegrenzung gilt auch bei Differenzen zwischen Soll- und Ist-Bestand der dem Auftragnehmer übergebenen Güter; diese Differenz ist bei gleichzeitigen Mehr- und Fehlbeständen durch wertmäßige Saldierung zu ermitteln.
14.1.3   für alle Schadenfälle innerhalb eines Jahres auf 500 000 €.
14.2   Die vorstehenden Haftungsbefreiungen und Haftungsbeschränkungen gelten auch für außervertragliche Ansprüche gegen den Auftragnehmer, seine Mitarbeiter und sonstigen Erfüllungsgehilfen.
14.3   Die vorstehenden Haftungsbefreiungen und Haftungsbeschränkungen gelten nicht
14.3.1   für die Verletzung des Lebens, des Körpers und der Gesundheit,
14.3.2   soweit gesetzliche Haftungsbestimmungen, wie zum Beispiel das Produkthaftungsgesetz, zwingend anzuwenden sind.
14.4   Die Parteien können gegen Zahlung eines Haftungszuschlags vereinbaren, dass die vorstehenden Haftungshöchstsummen durch andere Beträge ersetzt werden.

Neu im Speditionsrecht: Gewichtsunabhängige Haftung

Vereinbart wir hier die Verschuldenshaftung. Für Logistiker ungewöhnlich und neu ist, dass gewichtsunabhängige Haftungssummen festgelegt sind. Was die Höhe anbelangt, so wurden diese auf Grund von Erfahrungswerten großzügig festgelegt. Ebenso die Regelung für Serienschäden ist in dieser klar getroffenen Bestimmungen neu.

15   Qualifiziertes Verschulden
Die vorstehenden Haftungsbefreiungen und Haftungsbeschränkungen gelten nicht
15.1   bei grob fahrlässiger oder vorsätzlicher Verletzung
   –   wesentlicher Vertragspflichten durch den Auftragnehmer, seine leitenden Angestellten oder Erfüllungsgehilfen

- sonstiger Pflichten durch den Auftragnehmer oder seine leitenden Angestellten.
15.2 soweit der Auftragnehmer den Schaden arglistig verschwiegen oder eine Garantie für die Beschaffenheit der logistischen Leistung übernommen hat.

Die Vorgaben des *BGH* für Haftungsbefreiungen und Haftungsbeschränkungen wurden hier übernommen. Danach haftet der Logistiker unbegrenzt für grob fahrlässige und vorsätzliche Verletzungen wesentlicher Leistungspflichten.

Keine Haftungsbegrenzung bei Verletzung wesentlicher Leistungspflichten

16 Freistellungsanspruch des Auftragnehmers
Der Auftraggeber hat den Auftragnehmer und seine Erfüllungsgehilfen von allen Ansprüchen Dritter nach dem Produkthaftungsgesetz und anderer drittschützender Vorschriften freizustellen, es sei denn, der Auftragnehmer oder seine Erfüllungsgehilfen haben grob fahrlässig oder vorsätzlich den Anspruch des Dritten herbeigeführt.

Geregelt wird hier, dass der Logistiker, soweit gesetzlich zulässig, für mögliche Produkthaftpflichtansprüche freigestellt wird.

17 Verjährung
17.1 Ansprüche aus einem Vertrag nach Ziffer 1.1 verjähren in einem Jahr.
17.2 Die Verjährung beginnt bei allen Ansprüchen mit Ablauf des Tages der Ablieferung, bei werkvertraglichen Leistungen mit Ablauf des Tages der Abnahme nach Ziffer 11.1.
17.3 Die vorstehenden Verjährungsfristen gelten nicht
  – in den in Ziffer 15 genannten Fällen,
  – bei der Verletzung des Lebens, des Körpers, der Gesundheit oder
  – soweit gesetzliche Verjährungsbestimmungen zwingend anzuwenden sind.

Die hier vereinbarte einjährige Verjährung entspricht der üblichen Regelungen des Speditions- und Frachtrechts. Unter Kaufleuten ist die Verkürzung der Regelverjährungsfrist von drei Jahren zulässig und üblich. Soweit gesetzliche unabdingbare Fristen existieren, gelten diese wie zum Beispiel § 12 Produkthaftpflichtgesetz.

18 Haftungsversicherung des Auftragnehmers
18.1 Der Auftragnehmer ist verpflichtet, bei einem Versicherer seiner Wahl eine Haftungsversicherung zu marktüblichen Bedingungen abzuschließen und aufrechtzuerhalten, die seine Haftung im Umfang der in Ziffer 14 genannten Haftungssummen abdeckt.
18.2 Die Vereinbarung einer Höchstersatzleistung je Schadenfall und Jahr ist zulässig; ebenso die Vereinbarung einer Schadenbeteiligung des Auftragnehmers.
18.3 Auf Verlangen des Auftraggebers hat der Auftragnehmer diesen Haftungsversicherungsschutz durch eine Bestätigung des Versicherers nachzuweisen.

Angeknüpft wird hier an die Regelung der ADSp. Im Rahmen der ADSp hat sich die Verpflichtung zum Abschluss einer Haftungsversicherung des Logistikers bewährt, wobei die Haftungssummen aus den Logistik-AGB als Mindestdeckung verpflichtend ist. Verfügt der Logistiker über keinen entsprechenden Versicherungsschutz, so darf sich

Haftungsversicherung obligatorisch

dieser nicht auf die Haftungsbegrenzung und das weitere Regelwerk berufen.

19 Erfüllungsort, Gerichtsstand, anzuwendendes Recht
19.1 Der Erfüllungsort ist für alle Beteiligten der Ort derjenigen Niederlassung des Auftragnehmers, an die der Auftrag gerichtet ist.
19.2 Der Gerichtsstand für alle Rechtsstreitigkeiten, die aus dem Auftragsverhältnis oder im Zusammenhang damit entstehen, ist für alle Beteiligten, soweit sie Kaufleute sind oder diesen gleichstehen, der Ort derjenigen Niederlassung des Auftragnehmers, an die der Auftrag gerichtet ist; für Ansprüche gegen den Auftragnehmer ist dieser Gerichtsstand ausschließlich.
19.3 Für die Rechtsbeziehungen des Auftragnehmers zum Auftraggeber oder zu seinen Rechtsnachfolgern gilt deutsches Recht unter Ausschluss des UN-Kaufrechts.

Um den Gleichklang zu den *ADSp* sicherzustellen und bei Konfliktfällen keine widersprüchliche *AGBs* anzubieten, wurde hier weitgehend *Ziffer 19 ADSp* übernommen.

20 Schlussbestimmungen
20.1 Bei der Bestimmung der Höhe der vom Auftragnehmer zu erfüllenden Ersatzansprüche sind die wirtschaftlichen Gegebenheiten des Auftragnehmers, Art, Umfang und Dauer der Geschäftsverbindung, etwaige Verursachungs- oder Verschuldensbeiträge des Auftraggebers nach Maßgabe von § 254 BGB und dessen Grad an Überwachung und Herrschaft der angewendeten Verfahren zugunsten des Auftragnehmers zu berücksichtigen. Insbesondere müssen die Ersatzleistungen, Kosten und Aufwendungen, die der Auftragnehmer zu tragen hat, in einem angemessenen Verhältnis zum Erlös des Auftragnehmer aus den Leistungen für den Auftraggeber stehen.

Interessen- ausgleich zwischen Wertschöpfung und geringer Vergütung
Ziel dieser Bestimmung ist es zum einen den Gesichtspunkt der Vertragsfreiheit als Grundlage für die getroffenen Haftungsbegrenzungen dazulegen. Insbesondere wird damit ein gesamtheitlicher Ansatz festgeschrieben, wonach eine interessengerechten Ausgleich zwischen Wertschöpfung, geringes Entgelt beim Logistiker und damit verbundenen Haftungsbegrenzung gerechtfertigt wird.

20.2 Stellt ein Vertragspartner seine Zahlungen ein oder wird das Insolvenzverfahren über sein Vermögen oder ein außergerichtliches Vergleichsverfahren beantragt, so ist der andere berechtigt, für den nicht erfüllten Teil vom Vertrag zurückzutreten.
20.3 Sollte eine Bestimmung der Logistik-AGB und der getroffenen weiteren Vereinbarungen unwirksam sein oder werden, so wird dadurch die Gültigkeit des Vertrages im Übrigen nicht berührt. Die Vertragspartner sind verpflichtet, die unwirksame Bestimmung durch eine ihr im wirtschaftlichen Erfolg möglichst gleichkommende Regelung zu ersetzen.

Vereinbart wird grundsätzlich ein Rücktrittsrecht für den Vertragspartner, falls einer in die Insolvenz gerät. Des Weiteren wurde die obligatorische salvatorische Klausel abschließend vereinbart.

3.6 Transportversicherung

Das Thema Transport- und Lagerversicherung wird in *Band 2* des *Leitfadens für den Spediteur in Ausbildung und Beruf* ausführlich behandelt. Die klassische Transportversicherung deckt alle Gefahren, denen das Gut ausgesetzt ist, einschließlich höherer Gewalt. Für Güterfolgeschäden und reinen Vermögensschäden bietet diese nur begrenzten Deckungsschutz. Bei wertvolleren Gütern und im Übersee-Export und -Import ist regelmäßig Transportversicherung zu empfehlen. Zur Eindeckung einer Transport- oder Lagerversicherung ist der Spediteur nur bei schriftlich erteiltem Auftrag verpflichtet (vergleiche *Ziff 21 ADSp*).

3.7 Zusammenfassende Übersichten

Eine Übersicht der wichtigsten Haftungsnormen in der Güterverkehrswirtschaft ist im Folgenden abgedruckt.

3 Der Spediteur und das Speditionsrecht / Frachtrecht

Tab. 13: Zusammenfassende Übersicht der Haftungsnormen

		Geltungsbereich	Haftungsregime	Haftungsumfang	Haftungslimit bei Güterschäden	Haftungslimit bei Vermögensschäden	Haftungsausschlüsse	Verjährung	Beginn der Verjährung	Meldefrist Güterschäden	Meldefrist Lieferfrist Überschr.	Verschollenheitsregelung
HGB	Schreibtischspediteur § 453 (1)	Versendung besorgen	Verschulden, umgekehrte Beweislast	Vermögenssch. durch eigenes Auswahlversch.	–	unbegrenzt	durch die Sorgfalt eines ordentlichen Kaufmanns nicht abwendbar	1 Jahr	Ablieferung, Lieferfristablauf		keine	–
	Fixkostenspediteur § 459 gilt auch für Sammelladungsped. § 460 Selbsteintrittsped. § 458	weltweit	Gefährdung	Güterschäden Lieferfristüberschr.	8,33 SZR/kg - (Vereinb. 2-40 SZR/kg möglich durch AGB) siehe auch CMR, CIM WA, Haager Regeln	3fache Fracht	unabwendb. Ereignis offene Fahrzeuge mangelhaft verpackt natürl. Beschaffenheit lebende Tiere	1 Jahr 3 Jahre bei Vorsatz und wenn besonders leichtfertig	Ablieferung Lieferfristablauf	sofort, verdeckte in 7 Tagen	21 Tage nach Ablieferung	national: 20 Tage nach Lieferfr.-abl. grenzüberschreitend: 30 Tage nach Lieferfr.-abl.
	Obhutssped. § 461 (1)	national	Gefährdung	Güterschäden	8,33 SZR/kg - (Vereinb. 2-40 SZR/kg möglich durch AGB)		wie oben	wie oben	wie oben		–	
ADSp		Spediteurgeschäfte weltweit	Verschulden bei Geschäftsbesorgung und verfügter Lagerung Gefährdung bei Selbsteintritt festen Kosten Sammelladung	Güterschäden Güterfolgesch. Vermögenssch. soweit nach HGB dafür gehaftet	5,– €/kg - bei Beförderung 8,33 SZR/kg Multimodal/See 2 SZR/kg Schadenfallmaximum = 1 Mio. €-mind. 2 SZR/kg je Ereignis maximal 2 Mio. €-mind. 2 SZR/kg Lagerei: 5,– €/kg Schadenfallmaximum = 5 000,– €/bei Inventurdifferenzen 25 000,– € je Ereignis maximal 2 Mio. €	3facher Wert des Gutes, maximal 100 000 €	– bei Besorgung für beauftragten Dritten wenn Sorgfalt gew. – b. Beförderung wie HGB-Fixkostensped. sowie Güterfolge- und Vermögensschäden; – bei Lagerei für höhere Gewalt u.ä. Lagerung im Freien, Diebstahl, Raub, mangelh. verpackt	1 Jahr 3 Jahre bei Vorsatz und wenn besonders leichtfertig	Ablieferung Lieferfristablauf	sofort, verdeckte in 7 Tagen	21 Tage nach Ablieferung	
Logistik-AGB		Spediteurgeschäfte weltweit	Verschuldenshaftung, z.T. mit Beweislastverschiebung, (ProdHaftung)	Güter-, Güterfolge-, Personen-, Vermögensschäden, Schmerzensgeld	grundsätzlich 20000,- €/Schadensfall unbeschränkt bei Verletzung des Lebens, des Körpers und der Gesundheit		mangelndes Verschulden	1 Jahr	grundsätzlich mit Schluss des Jahres, in dem der Anspruch entstanden ist	unverzüglich	21 Tage nach Leistungserbringung	unverzüglich

Zusammenfassende Übersichten 3.7

	Geltungsbereich	Haftungsregime	Haftungsumfang	Haftungslimit bei Güterschäden	Haftungslimit bei Vermögensschäden	Haftungsausschlüsse	Verjährung	Beginn der Verjährung	Meldefrist Güterschäden	Meldefrist Lieferfrist-Übersch.	Verschollenheitsregelung
Frachtführer HGB	national §§ 407-450 Lkw, Eisenbahn, Flugzeug, Binnenschiff	Gefährdung	Güterschäden Lieferfristüberschreitung	8,33 SZR/kg - (Vereinb. 2-40 SZR/kg möglich durch AGB)	3fache Fracht	unabwendb. Ereignis, offene Fahrzeuge mangelh. verpackt natürl. Beschaffenheit lebende Tiere	1 Jahr 3 Jahre bei Vorsatz und wenn besonders leichtfertig	Ablieferung, Lieferfristabl.	sofort verdeckte in 7 Tagen	21 Tage nach Ablieferung	national: 20 Tage nach Lieferfr.-Abl. grenzüberschreitend: 30 Tage nach Lieferfr.Abl.
Umzugstransport HGB	national, auch international §§ 451-451h - vorbehaltlich zwingenden Rechts	Gefährdung	Güterschäden Lieferfristüberschreitung	620,- € je Kubikmeter des erforderlichen Laderaums	3fache Fracht	unabwendb. Ereignis, natürl. Beschaffenheit, Wertsachen, durch Absender verpackt/Verladen besonderes Hindernis	1 Jahr 3 Jahre bei Vorsatz und wenn besonders leichtfertig	Ablieferung, Lieferfristabl.	Tag nach der Ablieferung, sonst Erlöschen, verdeckte 14 Tage	21 Tage nach Ablieferung	national: 20 Tage nach Lieferfr.-Abl. grenzüberschreitend: 30 Tage nach Lieferfr.Abl.
CMR	grenzüberschreitender Güterverkehr auf der Straße	Gefährdung	Güterschäden Lieferfristüberschreitung	8,33 SZR je kg	Höhe der Fracht	unabwendb. Ereignis, offene Fahrzeuge mangelh. verpackt natürl. Beschaffenheit lebende Tiere	1 Jahr	Ablieferung, Ablauf der Verschollenheitsfrist	sofort verdeckte in 7 Tagen ohne Sonn- u. Feiertage	21 Tage nach Ablieferung	30 Tage nach Lieferfr.-Abl. oder 60 Tage nach Übernahme
COTIF-ER/CIM	grenzüberschreitender Eisenbahnverkehr	Gefährdung	Güterschäden Lieferfristüberschreitung	17 SZR je kg Rohgewicht	3fache Fracht	unabwendb. Ereignis, offene Fahrzeuge mangelh. verpackt natürl. Beschaffenheit lebende Tiere	1 Jahr	Ablieferung, 30ster Tag n. Lieferfristablauf	sofort verdeckte in 7 Tagen	60 Tage nach Ablieferung	30 Tage nach Lieferfr.-Abl.

Geltungsbereich	Haftungsregime	Haftungsumfang	Haftungslimit bei Güterschäden	Haftungslimit bei Vermögensschäden	Haftungsausschlüsse	Verjährung	Beginn der Verjährung	Meldefrist Güterschäden	Meldefrist Lieferfrist-Überschr.	Verschollenheitsregelung
MÜ grenzüberschreitender Luftverkehr	Gefährdungshaftung; bei Lieferfristüberschreitung: Verschuldenshaftung mit umgekehrter Beweislast	Güterschäden, Vermögensschäden	17 SZR/kg	Verspätungsschäden – je Person 4 150 SZR – Reisegepäck 1 000 SZR je Reisender	Eigenart der Güter mangelhafte Verpackung bewaffneter Konflikt	2 Jahre (Ausschlussfrist)	ab geplanten Ankunftstag des Luftfahrzeugs	unverzüglich, verdeckte in 14 Tagen	21 Tage nach Ablieferung	Klage innerhalb 2 Jahren nach Ablieferung
WA grenzüberschreitender Luftverkehr	Verschuldenshaftung mit umgekehrter Beweislast	Güterschäden, Vermögensschäden	27,35 € je kg	27,35 € je kg	alle erforderlichen Maßnahmen zur Schadenverhütung wurden getroffen	Klageerhebung innerhalb einer Ausschlussfrist von 2 Jahren, ggf. Anwendung nationaler Verjährung				
Haager Regeln/ Visby-Regeln Seeschifffahrt Konnossementsbedingungen	Verschulden, umgekehrte Beweislast	Güterschäden	666,67 SZR je Packung oder Einheit oder 2 SZR je kg		Feuer an Bord nautisches Versch. Deckverladung	1 Jahr	Ende des Fälligkeitsjahres	sofort, verdeckte in 3 Tagen	–	–
Hamburg Regeln Seeschifffahrt (nicht i.d.BRD)	Verschulden, umgekehrte Beweislast	Güterschäden, Verspätungssch.	835 SZR je Packung oder Einheit oder 2,50 SZR je kg		erleichterte Beweislast b. Feuer, lebende Tiere; sonst. Verbot von Haftungsschlüssen	2 Jahre				

Quelle: Eigene Darstellung

3.8 Die praktische Abwicklung von speditionellen Schäden

Bei der Vielfalt des Aufgabenbereichs des Spediteurs ist die Bearbeitung eines Schadenfalls selbstverständlich nur beispielhaft möglich. Welche Folgen ergeben sich aus der Feststellung eines Schadens?

a) **Der Hauptspediteur verursacht schuldhaft einen Güterschaden;** er verständigt unverzüglich den Auftraggeber, den Empfänger und vorsorglich die Speditionsversicherer.
b) **Der Zwischenspediteur, zum Beispiel Empfangsspediteur im Sammelgutverkehr, verursacht schuldhaft einen Güterschaden;** er verständigt unverzüglich den Hauptspediteur, der daraufhin die weiteren Maßnahmen einleitet (siehe *Absatz a*).
c) **Der eingesetzte Frachtführer verursacht einen Güterschaden;** er bestätigt den Sachverhalt bei Ablieferung des Gutes. Hier kommt es zu den unter *b)* dargestellten Folgen.

Zu *a)* bis *c)*:
In den hier angesprochenen möglichen Fällen ist im Einzelnen zu klären, ob die Auslieferung an den Empfänger erfolgen kann; bei Annahmeverweigerung steht das Gut zur Verfügung des Auftraggebers (Versenders).

d) **Der Empfänger bemerkt bei Anlieferung einen äußerlich erkennbaren Schaden oder nach der Übernahme einen verdeckten Schaden;** grundsätzlich ist er zur sofortigen schriftlichen Schadensmeldung an die Speditionsversicherer, eventuell über den Spediteur, verpflichtet.

Die Feststellung eines Schadens erfordert folgende weitere Schritte:
- Erstellung eines Schadenprotokolls durch den Spediteur, wurde ein Frachtführer eingesetzt, kann die von ihm erstellte Schadensbestätigung als Schadenprotokoll genutzt werden. Vorsorglich wird der Spediteur den Frachtführer haftbar machen.
- Rückfrage beim Versender und Empfänger, ob eine Transportversicherung besteht, die gegebenenfalls unverzüglich zu unterrichten ist.

Bei größeren Schäden ist **nach Abstimmung mit den Speditionsversicherern, bei Bestehen einer Transportversicherung mit den entsprechenden Versicherern ein Havariekommissar / Sachverständiger** einzuschalten (Nur wenn die Schadensaufnahme durch einen Sachverständigen oder Havariekommisar durch die Versicherer veranlasst wurde, werden auch die Kosten hierfür übernommen).
Sofern die Schadensbearbeitung und Regulierung durch die Speditionsversicherer zu erfolgen hat, sind **folgende Unterlagen einzureichen**:
- **Schadensanmeldung** des Hauptspediteurs (Versicherungsnehmer)
- Originalauftrag an Spediteur, gegebenenfalls auch Ablieferungsquittung
- **Schadensrechnung** des Schadenstifters, gegebenenfalls Gutachten des Havariekommissars / Sachverständigen

- **Schadensrechnung** des Anspruchsberechtigten (in der Regel ohne Umsatzsteuer; Umsatzsteuer wird nur erstattet, wenn der Anspruchsteller nicht zum Vorsteuerabzug berechtigt ist)
- Kopie der **Lieferantenrechnungen** (zwecks Prüfung des Wertes, der Lieferkonditionen)
- gegebenenfalls **Kostennachweis** für Leistungen, durch die der eingetretene Schaden begrenzt oder gemindert werden konnte
- **Nichtversicherungserklärung** des Auftraggebers/Versenders und des Empfängers; hierdurch wird bestätigt, dass keine anderweitige Transport- beziehungsweise Lagerversicherung eingedeckt worden ist.

Nach der Schadensbearbeitung durch die Speditionsversicherer erfolgt die Regulierung entweder durch
- Gutschrift des nachgewiesenen Schadensbetrages durch die Speditionsversicherer an den Hauptspediteur unter Abzug der Selbstbeteiligung, anschließend Zahlung des vollen Schadensbetrages durch den Spediteur an den Anspruchsteller oder
- Gutschrift des nachgewiesenen Schadensbetrages durch die Speditionsversicherer direkt an den Anspruchsteller, sofern vor Zahlung an den Hauptspediteur die direkte Vergütung verlangt worden ist; die Schadenbeteiligung wird durch die Speditionsversicherer dann gesondert dem Hauptspediteur belastet.

Die Schadenbeteiligung wird gegebenenfalls an den schadenstiftenden Zwischenspediteur durch den Hauptspediteur weiterberechnet.

Bei Güterfolge- oder Vermögensschäden, die naturgemäß nur durch den Geschädigten festzustellen und nachzuweisen sind, wird im Prinzip nach dem gleichen System verfahren. Die Darlegungspflicht beim Verladen ist dabei, was die Höhe des Schadens anbelangt, sehr weitgehend.

4 Der Spediteur und die Verkehrsträger

4.1 Straßengüterverkehr

4.1.1 Die gesamtwirtschaftliche Bedeutung des Verkehrsträgers Straßengüterverkehr

Die Entwicklung des Modal Splits (Aufteilung der Gütermenge in Tonnen und erbrachte **Modal Split** Verkehrsleistung in Tonnenkilometer – tkm – durch die Landverkehrsträger Straßengüterverkehr, Eisenbahngüterverkehr und Binnenschiffsgüterverkehr) zeigt, dass der Anteil des Straßengüterverkehrs am gesamten Güterverkehr sowohl in *Deutschland* als auch in *Europa* in den letzten Jahren enorm angestiegen ist.

Nach dem Jahresbericht des *Bundesamtes für Güterverkehr* über die Marktbeobachtung des Jahres 2006 hat sich der Anteil des Straßengüterverkehrs in Deutschland bei der beförderten Gütermenge gegenüber dem Jahr 2005 nicht verändert. Er betrug jeweils 83,2 %. Die übrigen 16,8 % entfielen somit auf die Verkehrsträger Eisenbahngüterverkehr und Binnenschiffsgüterverkehr.

Dieser Vergleich unterstreicht zwar einerseits **nach wie vor** die herausragende Stellung des Verkehrsmittels Lastkraftwagen innerhalb unserer Volkswirtschaft, andererseits bedarf diese Darstellung auch einer weiteren Erläuterung: Untergliedert man nämlich den Straßengüterverkehr nach Nahbereich (bis 50 km), Regionalbereich (51–150 km) und Fernbereich (über 150 km) (einschließlich Werkverkehr), so wurden allein im Nahbereich und Regionalbereich zusammengerechnet (also bis 150 km Beförderungsstrecke) 77,8 % (2005 = 77,9 %) der gesamten Gütermenge des **Straßengüterverkehrs** befördert und nur 22,2 % (2005 = 22,1 %) der Gütermenge wurden über eine Beförderungsstrecke mit mehr als 150 km transportiert. Interessant ist in diesem Zusammenhang die Feststellung des Bundesamtes, dass sich im Laufe des Jahres 2006 die seit einiger Zeit beobachteten Verlagerungen vom Werkverkehr zum gewerblichen Verkehr weiter fortsetzten. Während im Werkverkehr sowohl im Nah- als auch im Regionalbereich Rückgänge zu verzeichnen waren, nahm der gewerbliche Verkehr in allen Bereichen deutlich zu. Diese Entwicklung erklärt auch die Veränderungen gegenüber dem Jahr 2005 insbesondere im Nah- und Regionalbereich. Die Mengenrückgänge sind hier erneut auf eine schwache Entwicklung im Bereich der Bauwirtschaft zurückzuführen, der bereits seit mehreren Jahren deutliche Rückgänge bei Aufträgen und Umsatz verzeichnet. Der Anteil des Werkverkehrs am gesamten Straßengüterverkehr ging von 44,0 % (2003) auf 42,8 % (2004) und 39,9 % (2005 und 2006) zurück, während der Anteil des gewerblichen Verkehrs von ursprünglichen 56 % (2003) auf 60,1 % (2006) gestiegen ist.

Diese kurze Analyse macht deutlich, dass der **Lastkraftwagen vorrangig im näheren Umkreis (regionaler Wirtschafts- und Verteilerverkehr)**, also für die Bedienung der Fläche und weiterhin auch als Ergänzung zu den übrigen Verkehrsträgern zum Einsatz kommt. Eine „Haus-Haus-Leistung" des Binnenschiffs oder der Eisenbahn ist aufgrund der Eigenart dieser Verkehrsmittel und der Verkehrswege nur beschränkt im Rahmen des kombinierten Verkehrs und auch dann nur unter Einsatz des Lastkraftwagens auf einem Teil der Gesamtstrecke möglich.

Wenn auch im Rahmen unserer gesellschaftlichen Entwicklung **ökologische Aspekte** zunehmend an Bedeutung gewinnen, so zeigen diese Zahlen aber auch, dass die Forderung nach **Verlagerung von Gütermengen auf umweltfreundlichere Verkehrsträger** wie Binnenschiff oder Eisenbahn nur für einen relativ kleinen Teil des Straßengüterverkehrs gelten kann. Dabei muss ferner noch bedacht werden, dass in diesem Bereich auch wiederum nur ein kleiner Teil aus den unterschiedlichsten Gründen „verlagerungsfähig" ist. Verständlich wird diese Forderung eher für den grenzüberschreitenden Verkehr in ganz Europa. Nach vorliegenden Zahlen sollen in der *Europäischen Union* derzeit nur 16 % des Güterverkehrs über die Schiene abgewickelt werden, während bereits 75 % auf der Straße befördert werden. Das Basler Beratungsunternehmen *ProgTrans* prognostizierte Ende 2007, dass die Güterverkehrsleistungen in *Europa* bis zum Jahr 2020 um ein Drittel steigen werden. Die Hauptlast des Güterverkehrs wird allerdings auch weiterhin beim Straßengüterverkehr liegen. Ein kurzer Rückblick soll noch einmal die **Entwicklung des Straßengüterverkehrs** beleuchten.

Lkw, Entwicklung War das Straßenfuhrwerk zu Beginn unseres Jahrhunderts durch die Eisenbahn praktisch verdrängt worden, so erlebte es nach Ende des ersten Weltkrieges mit der einsetzenden Motorisierungswelle eine steile Aufwärtsbewegung. Die technische Entwicklung im Kraftfahrzeugbau ließ zum Ende der zwanziger Jahre den Lastkraftwagen zu einem ernsthaften Konkurrenten der Eisenbahn heranwachsen, die ihre damalige Monopolstellung gefährdet sah. Technischer Fortschritt in Form von Schnelligkeit, Ladefähigkeit und auch steigende Sicherheit verschafften diesem Fahrzeug rasch Anerkennung. Auch die Anfang der 30er Jahre beginnende staatliche Einflussnahme durch Einführung eines Genehmigungszwanges für entgeltliche Güterbeförderungen für andere auf Entfernungen von mehr als 50 km und die Gleichstellung der Mindestbeförderungspreise für Eisenbahn und Lastkraftwagen konnten die stürmische Aufwärtsentwicklung des Kraftwagens nicht bremsen.

Der vorübergehende Stillstand durch den zweiten Weltkrieg ließ dann eine noch steilere Entwicklungsphase folgen. Waren bis zu diesem Zeitabschnitt vorrangig Motorfahrzeuge und Anhänger mit und ohne Plane und Spiegel im Einsatz, so begann im Verlaufe der 50er und 60er Jahre verstärkt die Entwicklung von Spezialfahrzeugen. Der sich ständig verändernden Nachfrage nach individuellen und auf die jeweilige Güterart zugeschnittenen Transportmitteln konnte die Automobilindustrie durch Entwicklung diverser Aufbauarten stets gerecht werden. So wurden beispielsweise durch Silo-, Tank- und Kesselfahrzeuge nicht nur Verpackungsprobleme gelöst, auch ein rationellerer Fahrzeugeinsatz wurde durch Sattelkraftfahrzeuge und Wechselaufbauten ermöglicht. Auch der sich immer stärker verbreitende Container und andere Spezialbehälter sind unter Einsatz von besonderen Fahrzeugen heute aus dem Alltag nicht mehr wegzudenken. So wurde der Kraftwagen dank seiner Vielgestaltigkeit und seiner universellen Einsatzmöglichkeiten zum bedeutendsten Transportmittel unserer Gegenwart.

Straßengüterverkehr 4.1

Die Entwicklung des Lastkraftwagens ist jedoch immer noch nicht als abgeschlossen zu betrachten. Gerade die ökologischen Probleme der heutigen Zeit lassen die findigen Techniker zu immer neuen und umweltschonenderen Ergebnissen kommen, sei es durch die Entwicklung von treibstoffsparenden und geräuscharmen Motoren oder sei es die Fertigung von laufleisen Reifen. Ein Ende ist in diesem Bereich noch nicht abzusehen.

Dies wird besonders deutlich nach der Entwicklung der so genannten EURO–1, EURO–2 oder auch „grüne und supergrüne" Lkw genannt und EURO–3 sichere Fahrzeuge, die nach bestimmten Richtlinien der *EG* im Hinblick auf Lärmemissions- und Abgasemissionswerte zusätzlich bestimmte technische und Sicherheits-Mindestanforderungen erfüllen müssen. In der Zwischenzeit ist die Entwicklung bei Fahrzeugen mit EURO–4 und EURO–5 Werten angekommen. Ferner wird bereits an der Entwicklung von Dieselmotoren gearbeitet, die den Einbau eines Dieselrußfilters entbehrlich machen.

Die **stürmische Entfaltung des Güterkraftverkehrs** führte dann auch zwangsläufig zu einem **verstärkten Ausbau des Verkehrswegenetzes**. Die Ende des zweiten Weltkrieges vorhandenen, aber stark in Mitleidenschaft gezogenen Fernstraßen und das noch in der Anfangsphase befindliche Autobahnnetz bedurften zunächst einmal der dringenden Erneuerung. Gleichzeitig wurde auch der weitere Ausbau durch zusätzliche neue Straßen betrieben, sodass nach und nach ein Bundesfernstraßennetz von enormer Dichte entstand. Derzeit beträgt die **Gesamtlänge aller Straßen** des überörtlichen Verkehrs einschließlich Ortsdurchfahrten schon mehr als **230 000 km**; hiervon entfallen allein auf **Autobahnen rund 12 000 km**. Ein weiterer Ausbau sowie die Optimierung der Vernetzung aller Verkehrsträger bleibt ständige Zielsetzung der Verkehrspolitik. *Verkehrswegenetz Straße*

Der **Lastkraftwagen** hat seinen **Siegeszug** nicht allein dem hervorragenden Fernstraßennetz zu verdanken, sondern es muss insbesondere seinen spezifischen **Eignungsvorteilen** zugeschrieben werden, dass er sich diesen enormen Marktanteil des gesamten Güteraufkommens gesichert hat. **Beweglichkeit in Einsatz und Betrieb**, seine jeweilige **Anpassungsfähigkeit an die zu befördernden Gütermengen und Güterarten**, seine stete **Betriebsbereitschaft** und auch seine **Schnelligkeit im Kurz- und Mittelstreckenverkehr** verschaffen ihm bereits die entscheidenden Vorteile gegenüber der schienengebundenen Eisenbahn oder dem wasserstraßengebundenen Binnenschiffsverkehr. Weitere Merkmale der Leistungsqualität zeigen sich darin, dass **ohne Umladung eine direkte Haus-Haus-Bedienung** auch in die entlegensten Gebiete durchgeführt werden kann und so eine **Erschließung der Fläche** erfolgt, die von Eisenbahn und Binnenschiff auf direktem Wege nicht möglich ist. Der Lastkraftwagen stellt mithin auch einen nicht mehr verzichtbaren Partner der anderen Verkehrsträger dar; das kommt auch im verstärkten Einsatz im kombinierten Verkehr zum Ausdruck, bei dem der Lkw oder die Wechselaufbauten bzw. Container mit Gütern beladen, von der Eisenbahn oder dem Binnenschiff über größere Strecken als Ladeeinheit transportiert werden, ohne dass es einer Umladung der Güter selbst bedarf. *Leistungsmerkmale des Straßengüterverkehrs*

Mit dem Aufschwung des Straßengüterverkehrs verbunden waren dann allerdings auch ordnungs- und verkehrspolitische Probleme, die zu staatlichen Eingriffen führten, um eine funktionsfähige Transportwirtschaft gerade wegen des starken Wettbewerbs zu erhalten.

4.1.2 Die Marktordnung des Güterkraftverkehrs

4.1.2.1 Begriff, Entwicklung, Zielsetzung, Elemente und Überwachung der Einhaltung der Vorschriften

Verkehr und Wirtschaft Der Verkehr nimmt traditionell eine **Schlüsselposition in modernen Volkswirtschaften** ein, denn die Produktion von Gütern erfolgt regelmäßig nicht an den Orten der Nachfrage und nur durch die Ortsverlagerung der produzierten Güter in Form von Transportleistungen kann also der Bedarf an den entsprechenden Stellen auch befriedigt werden. Diese Basisfunktion hat im Verlauf der Entwicklung unserer arbeitsteiligen Wirtschaft noch an Bedeutung gewonnen und daher ist es verständlich, dass sich gerade in diesem Bereich schon frühzeitig eine **wettbewerbspolitische Ausnahmestellung** herausgebildet hat. Nur eine gut funktionierende Verkehrswirtschaft kann die Versorgung eines Staatsvolks und im Zuge der Globalisierung die Versorgung der gesamten Weltbevölkerung sichern. Aus diesen Überlegungen heraus hatte in der Vergangenheit die jeweilige Regierung eines Staates die Gestaltung der Verkehrsmarktordnung auch weitestgehend selbst übernommen. Die allerdings je nach dem politischen Stellenwert unterschiedlichen Vorstellungen von einer Marktordnung in diesem Bereich der Volkswirtschaft, die zugleich auch wettbewerbsregulierend in das Marktgeschehen eingreift, lassen die verkehrspolitische Diskussion um den „kontrollierten" Wettbewerb nicht zur Ruhe kommen. Der in diesem Zusammenhang von staatlicher Seite eingeräumte mehr oder weniger weite Wettbewerbsrahmen, der die Freiheiten eingrenzt, stand und steht somit immer regelmäßig im Mittelpunkt der Auseinandersetzungen. Die Lösung dieser Problemstellung wird nicht geringer, je mehr Staaten sich im Zuge der europäischen Vereinigung zusammenschließen.

Verkehrspolitik Die nationale Marktordnung des Verkehrsträgers „Straßengüterverkehr" wird zwar nach wie vor grundlegend durch das *Güterkraftverkehrsgesetz (GüKG)* geregelt und bestimmt. Entwicklungen und damit verbundene Veränderungen sind allerdings mehr und mehr von der jeweiligen internationalen verkehrspolitischen Zielsetzung abhängig. Eine freie Entfaltung der Kräfte am Markt ist nur innerhalb des gemeinsam abgestimmten Ordnungsrahmens möglich.

Dieser ursprünglich recht eng abgesteckte nationale **Ordnungsrahmen** hat durch die Entwicklung der europäischen Verkehrspolitik im Verlauf der letzten Jahre entscheidende Veränderungen erfahren. Bereits am 1.1.1993 wurde der **gemeinsame Binnenmarkt** der damals zwölf *EU*-Mitgliedstaaten verwirklicht. Das Ziel heißt nach wie vor, durch **Angleichung der Wettbewerbsbedingungen (Harmonisierung)** eine gemeinsame Basis zu finden, die ein verträgliches Nebeneinander im Rahmen eines gesunden Wettbewerbs gewährleistet und nicht eine totale Konfrontation hervorruft. Die Idealvorstellungen der Politiker sind sicherlich nur sehr schwer zu verwirklichen, aber nach den ersten vorsichtigen Schritten wurde am 1.7.1998 der entscheidende Schritt in Richtung auf eine gemeinsame Europäische Verkehrsmarktordnung getan.

Liberalisierung Unter Berücksichtigung der fortschreitenden **Liberalisierung im nationalen und internationalen Bereich** wachsen die Verkehrsmärkte schneller zusammen und führen so zur politisch gewollten europäischen Integration.

Straßengüterverkehr 4.1

Seit dem 1.11.1993 ist bereits der **Vertrag über die „Europäische Union" – Maastrichter Abkommen** – in Kraft getreten. Die ehemalige kennzeichnende Abkürzung *EG* ist durch die Abkürzung *EU* abgelöst worden. Zu dieser *EU* zählten zum Zeitpunkt des In-Kraft-Tretens die 12 *EG*-Mitgliedstaaten. Im Rahmen von Erweiterungsverhandlungen waren dann *Finnland, Schweden* und *Österreich* dieser Union beigetreten, sodass zu diesem Zeitpunkt insgesamt 15 europäische Staaten mit insgesamt 368 Mio. Menschen im Rahmen der *Vereinigten Staaten von Europa* den weltweit stärksten gemeinsamen Markt anstrebten. Nahziel war die Einführung einer Wirtschafts- und Währungsunion mit dem weiteren Ziel einer politischen Union. Auf dem Weg dorthin wurde auch unter anderem schon die Einführung einer gemeinsamen Währung zum 1.1.2002 verwirklicht. In 12 *EU*-Staaten (außer *Großbritannien, Dänemark* und *Schweden*) gilt seit diesem Zeitpunkt der EURO als gemeinsames Zahlungsmittel. Von den neuen *EU*-Staaten hat *Slowenien* am 1.1.2007 den EURO eingeführt und *Malta* und *Zypern* werden die nächsten Staaten sein, die diese Währung einführen.

Vor diesem Hintergrund muss es jedem Bürger in *Europa* klar werden, dass die noch unterschiedlich strukturierten Verkehrsmärkte in den verschiedenen Staaten im Rahmen der jeweiligen Volkswirtschaft eine mehr oder weniger große Bedeutung haben und ihnen so auch jeweils ein unterschiedlich **hoch angesiedelter politischer Stellenwert beigemessen wird**. Bei Angleichung, also bei Harmonisierung der ungleichen Bedingungen, sind somit auch zum Teil einschneidende aber unvermeidbare Veränderungen der historisch gewachsenen Strukturen hinzunehmen.

Erschwert wird die Harmonisierung durch den Beitritt weiterer europäischer Staaten. Im Jahre 2004 sind folgende 10 Staaten dem Bündnis beigetreten: *Estland, Lettland, Litauen, Malta, Polen, Slowakei, Slowenien, Tschechien, Ungarn* und der *griechische Teil von Zypern*. *Bulgarien* und *Rumänien* sind diesem Bündnis am 1.1.2007 beigetreten.

Welche konkreten Schritte sind nun nach dem Zeitplan der gemeinsamen verkehrspolitischen Zielsetzung bereits verwirklicht worden? Die **Verkehrsminister der *EU*** hatten sich auf einer Sondersitzung im Juni 1993 grundsätzlich auf neue **Rahmenbedingungen für den Straßengüterverkehr** geeinigt. Die hier gefassten Beschlüsse wurden auch bereits im Rahmen der Verkehrspolitik umgesetzt und sie stellen sich im Einzelnen wie folgt dar: **EU-Verkehrspolitik**

- Ab dem 1.1.1994 ist die **Mineralölsteuer erhöht** worden. Gleichzeitig wurden Mindestsätze für diese Steuerart *EU*-einheitlich festgelegt.
- Hierzu parallel sollte in *Deutschland* die **Kraftfahrzeugsteuer** als Ausgleich für Lastkraftwagen **abgesenkt werden**. Diese Maßnahme konnte aber aus „verwaltungstechnischen" Gründen erst zum **1.4.1994** verwirklicht werden. In diesem Zusammenhang wurde auch einheitlich eine Untergrenze beschlossen, die zum 1.1.1995 die Mitgliedstaaten verpflichtet, einen Mindestsatz von 700 ECU (damals etwa 1400 DM) für einen 40-t-Lastzug (zulässiges Gesamtgewicht) zu erheben.
- Mit Beginn des Jahres 1995 wurde eine **Straßenbenutzungsgebühr für Lkw eingeführt**, und zwar in *Deutschland, Dänemark* und den *Benelux-Ländern*. Am 1.2.1998 war *Schweden* diesem Verbund beigetreten. Diese Gebühren wurden für bestimmte Zeiträume als Jahresgebühr, Monatsgebühr, Wochengebühr oder als Gebühr für einen Tag erhoben. Zwischenzeitlich ist *Deutschland* aus diesem Bündnis ausgeschieden und erhebt seit dem 1.1.2005 diese Autobahnbenutzungsgebühr nach

dem sogenannten „road-pricing System" nicht mehr als zeitbezogene sondern als streckenbezogenen Gebühr , die so genannte Autobahnmaut.
- Die zahlenmäßige Marktzugangsbeschränkung für den Binnenverkehr (Kabotage) in anderen Mitgliedstaaten wurde schrittweise abgebaut, indem das *EU*-Kabotagekontingent auf der Basis (31.12.1994) von 30 000 Genehmigungen ab 1.1.1995 jährlich um 30 % erhöht wurde und ab 1.7.1998 keine mengenmäßigen Beschränkungen mehr bestehen. Das bedeutet, dass innerhalb der **damaligen Gemeinschaft** jeder zum Güterkraftverkehr zugelassene Unternehmer seit diesem Zeitpunkt Beförderungen in jedem Mitgliedstaat durchführen darf, ohne dass er dort seinen Sitz oder eine andere Niederlassung hat.

Gleichzeitig wurden alle Mitgliedstaaten verpflichtet, die erforderlichen Anpassungen der nationalen Marktordnungen vorzunehmen. Materiell bedeutete das für die deutsche Marktordnung, dass eine **Unterscheidung zwischen Güternah-, Güterfern- und Umzugsverkehr nicht mehr haltbar war** und dass alle Unternehmer, die die Marktzugangsvoraussetzungen erfüllen, **ohne Beschränkungen Güterkraftverkehr auf dem gesamten Gebiet der Gemeinschaft durchführen dürfen**. Diesem Erfordernis entsprach die deutsche Verkehrspolitik durch grundlegende Änderung des *Güterkraftverkehrsgesetzes (GüKG)* und der entsprechenden Verordnungen.

Seit dem 1.7.1998 ist jetzt jeder Frachtführer und Spediteur noch stärker gefordert, die ihm durch das *HGB* bereits seit mehr als 100 Jahren zugestandene „Kaufmannsqualifikation" positiv unter Beweis zu stellen. **Sein Marktverhalten hat sich noch intensiver nach den Gesetzmäßigkeiten der Marktwirtschaft auszurichten**, indem er in einem fairen Wettbewerb die Qualität seiner Leistungen ständig überprüft, um durch Verbesserungen des Angebots den Anforderungen des Marktes stets gewachsen zu sein. Dabei sind **alle Rationalisierungsmöglichkeiten** für die Leistungserstellung voll zu berücksichtigen, die in der Vergangenheit bei „garantierten Mindestpreisen" und einem „kontingentierten" Laderaumangebot durchaus nicht immer voll ausgeschöpft werden mussten.

Die Bundesregierung und auch alle *EU*-Administrationen sind sich darüber einig, dass der Weg in den freien Markt sich nicht unbedingt problemlos vollziehen muss. Im Zuge der zunehmenden Verflechtung des nationalen und des internationalen Straßengüterverkehrs und somit der internationalen Märkte (Globalisierung) ist mit Krisensituationen zu rechnen. Um diesen Entwicklungen entgegenwirken zu können, wurden bereits im **Dezember 1990 mit dem In-Kraft-Treten der** *EWG-Verordnung Nr. 3916/90 über Maßnahmen bei Krisen auf dem Güterkraftverkehrsmarkt* die erforderlichen Rechtsgrundlagen geschaffen. Allerdings bedarf es hier zunächst noch der Klarstellung des Begriffs „**Krise**" und auch der Festlegung des Zeitpunktes, zu dem eine Interventionsmöglichkeit ins Auge gefasst werden kann.

Für den Bereich der *Bundesrepublik Deutschland* wurde zumindest durch das am **1.1.1994 in Kraft getretene** *Tarifaufhebungsgesetz* ein erster Schritt getan. Seit diesem Zeitpunkt wurden durch Änderung des *Güterkraftverkehrsgesetzes (GüKG)* dem ***Bundesamt für Güterverkehr (BAG)*** als Nachfolgebehörde der *Bundesanstalt für den Güterfernverkehr* die Aufgaben der **Marktbeobachtung** zugewiesen. Im Rahmen dieser Tätigkeit ist die Entwicklung des Marktgeschehens im Güterverkehr zu beobachten, um

Straßengüterverkehr 4.1

die Funktionsfähigkeit des mittelständisch strukturierten Verkehrsmarktes zu erhalten, ruinöse Konkurrenz mit dauerhaften Dumping-Frachten zu vermeiden und Ansätze zu struktureller Überkapazität rechtzeitig zu erkennen. Einzelheiten sind im *Abschnitt 4.3.1* in diesem Buch ausführlich dargestellt.

Die Marktordnung des Verkehrsträgers „Straßengüterverkehr" hat in den letzten Jahren durch **ständige Veränderungen** im Zuge der dynamischen Entwicklung des europäischen Marktes ein vollkommen neues Gesicht erhalten. Grundlagen unserer „kontrollierten Wettbewerbsordnung" waren lange Zeit die beiden Säulen

- staatlich vorgeschriebene und kontrollierte **Preise in Form von Tarifen**
- mengenmäßige **Beschränkung des Laderaumangebots** durch eine begrenzte Anzahl von Güterfernverkehrsgenehmigungen.

Dieser staatlich verordnete **Ordnungsrahmen – Preisbindung und Kontingentierung –** sollte eigentlich bereits am 1.1.1993 mit Verwirklichung des europäischen Binnenmarktes fallen. Da jedoch die Angleichung der Wettbewerbsbedingungen (Harmonisierung) in den anderen *EU*-Staaten noch nicht den vorgesehenen Stand erreicht hatte, wurden auch in Deutschland die weiteren Liberalisierungsmaßnahmen nicht so zügig weitergeführt, wie es ursprünglich vorgesehen war. Insoweit wurde zu vorgenanntem Zeitpunkt lediglich der grenzüberschreitende Güterkraftverkehr mit einer gemeinsamen Marktordnung ausgestattet.

Nachdem bereits seit dem 1.1.1990 nach dem Auslaufen der *Margentarifverordnung* die Preise für den grenzüberschreitenden Güterkraftverkehr frei vereinbart werden durften und seit dem 1.7.1990 der schrittweise Zugang zu den Binnenmärkten durch Einführung einer zahlenmäßig beschränkten Kabotagegenehmigung eröffnet wurde, fiel am 1.1.1993 die mengenmäßige Marktzugangsbeschränkung zum grenzüberschreitenden Güterkraftverkehr durch die **Einführung der Gemeinschaftslizenz**. Diese Genehmigung unterliegt **keiner mengenmäßigen Beschränkung** und jeder Unternehmer, der die **Marktzulassungsvoraussetzungen erfüllt**, erhält die Lizenz in der benötigten und der beantragten Anzahl. Nähere Einzelheiten sind im *Abschnitt 4.3.1* als Erläuterungen zu *§§ 3 bis 5 Güterkraftverkehrsgesetz* ausgeführt.

Die letzten Maßnahmen zur Angleichung der nationalen Marktordnung wurden am **1.7.1998** verwirklicht.

4.1.2.2 Verkehrsmarktordnung und der *Europäische Wirtschaftsraum (EWR)*

Der **1.7.1998** wird sicherlich historisch als ein bedeutendes Datum – wenn nicht als das bedeutsamste überhaupt – den Weg zu einer **Gemeinsamen Europäischen Verkehrsmarktordnung** markieren, denn seit diesem Zeitpunkt ist der deutsche Verkehrsmarkt für alle Verkehrsunternehmen des *Europäischen Wirtschaftsraumes (EWR)* ohne zahlenmäßige Beschränkung zugänglich. Dieser freie Zugang gilt selbstverständlich auch in gleichem Umfang für deutsche Unternehmen zu den Verkehrsmärkten der anderen Mitgliedstaaten. **Start in eine gemeinsame europ. Verkehrsmarktordnung EWR-Abkommen**

Rund 50 Jahre sind nun seit der Gründung der *Europäischen Wirtschaftsgemeinschaft (EWG)* am 1.1.1958 durch die *Römischen Verträge* vergangen und das Bündnis der ehemals sechs Gründerstaaten umfasst zwischenzeitlich 27 Vollmitglieder. Im Rahmen des *Abkommens über den Europäischen Wirtschaftsraum (EWR-Abkommen) vom 1.1.1994* hatten sich *Island, Norwegen* und *Liechtenstein* in einigen Wirtschaftsbereichen der *Europäischen Wirtschaftsgemeinschaft* angeschlossen; dazu zählt unter anderem auch der Verkehrsbereich. Die Grundsätze der Gemeinsamen Marktordnung einschließlich der Kabotagefreiheit galten zu diesem Zeitpunkt in folgenden 18 Mitgliedstaaten des *EWR*:

Belgien, Dänemark, Deutschland, Finnland, Frankreich, Griechenland, Irland, Island, Italien, Liechtenstein, Luxemburg, Niederlande, Norwegen, Österreich, Portugal, Schweden, Spanien, Vereinigtes Königreich.

Für die am 1.5.2004 und am 1.1.2007 beigetretenen neuen *EU*-Mitgliedstaaten gelten die Grundsätze der gemeinsamen Marktordnung noch nicht in vollem Umfang. Lediglich den Staaten *Malta, Slowenien* und *Zypern* wurde ab dem Beitrittsdatum auch das Kabotagerecht zugestanden. In einer Übergangszeit von bis zu fünf Jahren wird politisch zu prüfen und zu entscheiden sein, wann für die übrigen „Neumitglieder" der jeweilige Binnenmarkt (Kabotage) geöffnet wird.

Im Verlauf der schrittweisen Verwirklichung eines einheitlichen Europäischen Güterverkehrsmarktes mussten planmäßig zum 1.7.1998 die letzten Schranken für den **Straßengüterverkehr** fallen, nachdem bereits für die anderen Verkehrsträger die zahlenmäßige Beschränkung im Zugang zu den nationalen Märkten aufgehoben und die Kabotage unbeschränkt zugelassen worden war. Lediglich der Eisenbahngüterverkehr ist in dem Umfang noch nicht liberalisiert.

Die nachstehende Kurzfassung fasst die Entwicklung noch einmal zusammen:

Die wichtigsten Stationen auf dem Weg zur *Europäischen Union (EU)*

23.7.1952	In-Kraft-Treten des *EGKS-Vertrages (Montanunion)*
	Sechs Gründerstaaten: *Deutschland / Belgien / Niederlande / Frankreich / Italien / Luxemburg*
1.1.1958	In-Kraft-Treten des *EWG* Gründungsvertrages *(Europäische Wirtschaftsgemeinschaft)* und des *EURATOM-Vertrages (so genannte Römische Verträge)*
	Sechs Gründerstaaten des *EGKS-Vertrages*
	Diese drei Verträge stellen nunmehr die *EG (Europäische Gemeinschaften)* dar.
1.1.1973	*Großbritannien, Dänemark* und *Irland* treten der Gemeinschaft bei.
1.1.1981	*Griechenland* tritt der Gemeinschaft bei.
1.1.1986	*Spanien* und *Portugal* treten der Gemeinschaft bei.
1.11.1993	*Maastrichter Abkommen* der Regierungschefs.
	Beschluss zur Gründung einer *Europäischen Union (EU)*
	Das ursprüngliche Ziel einer Wirtschaftsgemeinschaft wird nun ergänzt mit dem Ziel einer **Politischen Gemeinschaft**. Die Abkürzung *EG* wird nunmehr durch *EU* ersetzt.

Straßengüterverkehr 4.1

1.1.1994	Die zwölf Staaten der *EU* gründen im Rahmen eines Abkommens mit den Staaten *Island, Norwegen* und *Liechtenstein* das Bündnis *Europäischer Wirtschaftsraum (EWR)*. Der vierte *EFTA*-Staat *Schweiz* hat sich diesem Bündnis nicht angeschlossen.
1.1.1995	*Finnland, Schweden* und *Österreich* treten der *Europäischen Union* bei. (*EU* = 15 Staaten; *EWR* = 18 Staaten)
1.1.1999	Nach einer Vorbereitungszeit tritt die *Währungsunion* (ein Ziel des *EWG-Vertrages*) in ihre entscheidende Phase. Die **gemeinsame Währung** des *EURO* wird als Buchgeld in den einzelnen Mitgliedstaaten – außer *Großbritannien, Dänemark* und *Schweden* – eingeführt. Die Vollendung vollzieht sich am 1.1.2002. Zu diesem Zeitpunkt werden *EURO*-Banknoten und Münzen eingeführt. Spätestens am 1.7.2002 verlieren die nationalen Währungen ihre Gültigkeit.
1.5.2004	Es treten die Staaten *Estland, Lettland, Litauen, Malta, Polen, Slowakei, Slowenien, Tschechien, Ungarn* und der *griechische Teil von Zypern* der Gemeinschaft bei. *Malta, Slowenien* und *Zypern* wird mit Beitritt sofort die Kabotagefreiheit zugestanden. **Bis spätestens 2009 wird für alle Staaten die gemeinsame Marktordnung in vollem Umfang gelten.**
1.1.2007	*Bulgarien* und *Rumänien* treten als neue Mitgliedstaaten bei. In einer Übergangszeit von bis zu fünf Jahren wird auch hier die Zulassung zur Kabotage geprüft.

Künftige Entwicklung:
Es ist zurzeit nicht absehbar, zu welchem Zeitpunkt weitere Staaten dem Bündnis beitreten.

Der Weg zu einer gemeinsamen Verkehrsmarktordnung in Europa

Beginn einer Annäherung der europäischen Staaten durch Verträge
EGKS-Vertrag von 1951   *Europäische Gemeinschaft Kohle und Stahl (Montanunion)*
EURATOM-Vertrag von 1957   *Europäische Atomgemeinschaft*
EWG-Vertrag von 1957   *Europäische Wirtschaftsgemeinschaft*
Diese drei *Europäischen Gemeinschaften (EG)* bestanden am 1.1.1958.

Gemeinsame Organe der Gemeinschaften:

– *DER RAT (Ministerrat)*	Die Vertreter der Mitgliedstaaten
– *DIE KOMMISSION*	Sie bildet die eigentliche Regierung durch Kommissare (= Minister)
– *DAS EUROPÄISCHE PARLAMENT*	(= *EP*)
– *DER EUROPÄISCHE GERICHTSHOF*	(= *EuGH*)
– *DER EUROPÄISCHE RECHNUNGSHOF*	Er unterstützt das *Europäische Parlament* und den *Rat* bei der Kontrolle der Ausführung des Haushaltsplans

Sechs Gründerstaaten:
Belgien, Deutschland, Frankreich, Italien, Luxemburg, Niederlande
Der *Vertrag zur Gründung der EWG (Vertrag von Rom)* bildet seit dem 1.1.1958 die Grundlage für die Entwicklung der Verkehrsmarktordnung.

Zielsetzung:
Die Volkswirtschaften der Mitgliedstaaten über einen Stufenplan zu einem Binnenmarkt zusammenzuschmelzen
Reihenfolge des Stufenplans:
1. Zollunion
2. Wirtschaftsunion
3. Währungsunion
4. Politische Union (Ergänzung durch *Maastrichter Abkommen von 1993*)

Maßnahmen:
Angleichung der unterschiedlichen Marktordnungen der Mitgliedstaaten durch Veränderung und Anpassung der einzelnen Wettbewerbsordnungen

Problemstellung:
Liberalisierung und gleichzeitige Harmonisierung
Beseitigung der nationalen Beschränkungen des grenzüberschreitenden Dienstleistungs-, Zahlungs- und Kapitalverkehrs, die dem freien wirtschaftlichen Wettbewerb entgegenstehen (**Liberalisierung**).
Angleichung der Wettbewerbsbedingungen durch Abstimmung wirtschaftspolitischer Maßnahmen sowie Rechts- und Verwaltungsvorschriften im **fiskalischen, sozialen** und **technischen** Bereich zur Beseitigung bestehender und zur Verhinderung weiterer Wettbewerbsverzerrungen (**Harmonisierung**).

Teilbereich: Verkehrsmarkt
Entwicklung der Gemeinsamen Verkehrspolitik:
- zunächst nur unwesentliche Fortschritte in Richtung auf eine gemeinsame Verkehrspolitik
- Liberalisierungsmaßnahmen in den 70er und am Anfang der 80er Jahre nur im grenzüberschreitenden Verkehr
- Probleme bei Liberalisierungsmaßnahmen im Verbund mit Harmonisierungsmaßnahmen
- keine Maßnahmen zur Öffnung der Binnenmärkte für andere Mitgliedsstaaten
- Protektionismus – Politik der Vaterländer – alle Staaten sehen nur nationale Nachteile

---

Wendepunkt in der Europäischen Verkehrspolitik: Das *Europäische Parlament* verklagt im Jahre 1983 den *Rat* vor dem *Europäischen Gerichtshof*. Urteil des *EuGH* 1985 stellt Untätigkeit des Rates fest und droht eigene Maßnahmen an.

Straßengüterverkehr 4.1

Liberalisierungsmaßnahmen wurden daraufhin schnell in Angriff genommen:
- am 1.1.1990 wird die **freie Preisbildung** zwischen allen Mitgliedsstaaten im grenzüberschreitenden Verkehr eingeführt
- am 1.7.1990 wird durch Einführung einer **zahlenmäßig beschränkten Kabotagegenehmigung** der Zugang zu den Binnenmärkten aller Staaten geöffnet
- am 1.1.1993 wird die **zahlenmäßig begrenzte** *EWG-Genehmigung* durch die nicht mehr zahlenmäßig begrenzte *Gemeinschaftslizenz* ersetzt;
- am 1.1.1994 wird durch Verordnung festgelegt, dass die Anzahl der Kabotage-Genehmigungen jährlich um einen festen Prozentsatz erhöht wird und dass am 1.7.1998 der freie Zugang zu den Märkten aller Mitgliedsstaaten eingeführt wird.

4.1.2.3 Nationale Verkehrsmarktordnung und Frachtrecht

Als Marktordnungsgesetz hatte das *Güterkraftverkehrsgesetz (GüKG)* seit seiner Einführung im Jahre 1952 trotz vielfacher Änderungen bis zur Neufassung 1998 immerhin einen Umfang von gut 100 Paragraphen. Zusätzlich ergänzten eine Reihe von Verordnungen den staatlichen Regelungsbedarf unserer **kontrollierten Wettbewerbsordnung**. Die Neufassung des *GüKG* ist nunmehr im Zuge der Liberalisierung auf insgesamt 25 Paragraphen beschränkt worden. Außerdem konnte auf die Mehrzahl der Verordnungen verzichtet werden. [GüKG-kontrollierte Wettbewerbsordnung]

In diesem Zusammenhang ist auch gleichzeitig eine Reform des gesamten Transportrechts erforderlich geworden. Die bisher mit öffentlich-rechtlichem Charakter ausgestatteten vertragsrechtlichen Bestimmungen der *Kraftverkehrsordnung (KVO)* und der *Beförderungsbedingungen für den Umzugsverkehr und für die Beförderung von Handelsmöbeln in besonders für die Möbelbeförderung eingerichteten Fahrzeugen im Güterfernverkehr und Güternahverkehr (GüKUMB)*, die als Rechtsverordnungen auch auf der Basis des *GüKG* erlassen worden waren, sind aufgehoben worden. Diese Gelegenheit wollte der Gesetzgeber nutzen, um eine Zusammenfassung des Transportrechts für alle Verkehrsträger ausschließlich im *Handelsgesetzbuch* vorzunehmen. Gleichzeitig sollte in Anlehnung an das *Übereinkommen über den Beförderungsvertrag im internationalen Straßengüterverkehr (CMR)* das Vertragsrecht insgesamt vereinheitlicht werden. Zum ersten Mal wurden auch Bestimmungen über den **multimodalen Verkehr**, also für die Güterbeförderung mit verschiedenartigen Beförderungsmitteln auf der Basis eines einheitlichen Frachtvertrages geschaffen. Diese Änderungen erfolgten durch das *Transportrechtsreformgesetz (TRG)* und sind an anderer Stelle des Buches ausführlich dargestellt. [Aufhebung KVO, GüKUMB — Neues Transportrecht im HGB — CMR als Vorbild]

4.1.2.4 Kurzfassung des Ordnungsrahmens

Mit In-Kraft-Treten des **neuen *GüKG* am 1.7.1998** trat gleichzeitig das *GüKG* in der Fassung der Bekanntmachung vom 3.11.1993 außer Kraft. Zeitgleich hätten die mit dem *GüKG* in Verbindung stehenden Rechtsverordnungen zum Teil aufgehoben und zum Teil angepasst werden müssen. Diese Maßnahmen wurden aus Zeitgründen erst in der zweiten Jahreshälfte nachgeholt. Folgende Ausführungsverordnungen wurden am Ende des Jahres 1998 in Kraft gesetzt:

- *Berufszugangsverordnung für den Güterkraftverkehr*
- *Erlaubnisverordnung für den Güterkraftverkehr*
- *Verordnung über den grenzüberschreitenden Güterkraftverkehr und den Kabotageverkehr und die*
- *Kostenverordnung für den Güterkraftverkehr.*

Ebenfalls ist eine Neufassung der **Allgemeinen Verwaltungsvorschrift** zum **Güterkraftverkehrsgesetz** zwischenzeitlich erlassen worden.

Nat.Marktordnung des Straßengüterverkehrs

Die ab 1.7.1998 auf dem *GüKG* und auf den hiermit in Verbindung stehenden Rechtsverordnungen basierende nationale Marktordnung des Straßengüterverkehrs ist in folgender Kurzübersicht zusammengefasst dargestellt:

Das *GüKG* unterscheidet künftig nur noch zwischen dem **gewerblichen Güterkraftverkehr** und dem **Werkverkehr** und erfasst nur noch Beförderungen von Gütern **mit Kraftfahrzeugen, die einschließlich Anhänger ein höheres zulässiges Gesamtgewicht als 3,5 t haben.**

Gewerbl. Güterkraftverkehr über 3,5 t GG

- Eine Unterscheidung zwischen Nah-, Fern- und Umzugsverkehr ist nicht mehr vorgesehen. Kraftfahrzeuge mit einem zulässigen Gesamtgewicht einschließlich Anhänger von bis zu 3,5 t unterliegen nicht mehr dem *GüKG*. Übergangsregelungen galten bis zum 30.6.1999 unter anderem für Personenkraftwagen und für den Einsatz von Kraftfahrzeugen im grenzüberschreitenden Verkehr.
- Sämtliche Vorschriften über Standorte, Ortsmittelpunkte und die hiermit zusammenhängenden Regelungen sowie die Regelungen über Mietfahrzeuge sind weggefallen. Der Umzugsverkehr ist ebenfalls begrifflich weggefallen und dem Sammelbegriff des gewerblichen Verkehrs zugeordnet worden. Die nur im Güterfernverkehr vorgeschriebene Pflicht zur Führung eines Fahrtenbuches ist ebenfalls entbehrlich geworden.

GüKG Ausnahmetatbestände

Das Gesetz gestattet – wie vorher auch schon – einige Ausnahmetatbestände, die weder dem gewerblichen noch dem Werkverkehr zugeordnet werden und die von der Anwendung des Gesetzes direkt ausgenommen sind. Infolge Aufhebung der Kontingentierung konnte allerdings der Ausnahmekatalog auf wenige Fälle beschränkt bleiben, wie z. B.

- die gelegentliche, nicht gewerbsmäßige Beförderung von Gütern durch Vereine für ihre Mitglieder oder für gemeinnützige Zwecke oder hoheitliche Beförderungen im Rahmen öffentlicher Aufgaben. Auch bestimmte Beförderungsfälle aus dem landwirtschaftlichen Bereich wurden von den Bestimmungen ausgenommen.

> Ein umfangreicher Regelungsbedarf in Form einer Freistellungsverordnung ist zur Zeit nicht gegeben.

Erlaubnispflicht

Der gewerbliche Güterkraftverkehr ist **erlaubnispflichtig**. Die Erlaubnis ist zahlenmäßig nicht beschränkt. Sie wird einem Unternehmer mit Sitz im Inland erstmalig für die Dauer von **fünf** Jahren erteilt.

Straßengüterverkehr 4.1

Gleichzeitig verpflichtet die **Berufszugangsverordnung** die Erlaubnisbehörde, regelmäßig und längstens alle fünf Jahre zu prüfen, ob das Unternehmen die folgenden Berufszugangsvoraussetzungen nach *§ 3 GüKG* erfüllt:
1. Persönliche Zuverlässigkeit des Unternehmers **und** des Geschäftsführers
2. Finanzielle Leistungsfähigkeit
3. Fachliche Eignung des Unternehmers **oder** des Geschäftsführers.

Durch diese verpflichtende Kontrollmaßnahme ist praktisch die Erteilung der Erlaubnis als unbefristet zu bewerten, denn bei Unzulänglichkeiten ist die Erlaubnis durch das Amt zu widerrufen. (Einzelheiten hierzu siehe Erläuterungen zu *§ 3 GüKG*)

Die *Gemeinschaftslizenz* gilt als Erlaubnis für Beförderungen mit **Be- und Entladeort im Inland** und für Beförderungen **zwischen** und in **allen** *EWR*-Mitgliedsstaaten. Während einer Übergangszeit gilt das Kabotagerecht noch nicht für alle am 1.5.2004 und 1.1.2007 beigetretenen neuen Mitgliedsstaaten. Nur *Malta, Slowenien* und *Zypern* wurde sofort dieses Recht zugestanden. **Gemeinschaftslizenz**

Der gewerbliche Güterkraftverkehr im Sinne des *Güterkraftverkehrsgesetzes (GüKG)* – Kraftfahrzeuge mit mehr als 3,5 t zulässigem Gesamtgewicht einschließlich Anhänger – unterliegt einer **Versicherungspflicht** für alle Inlandsbeförderungen im Rahmen der Haftung nach den Bestimmungen des Handelsgesetzbuches in Verbindung mit dem Frachtvertrag. **Versicherungspflicht**

Werkverkehr ist erlaubnisfrei und **nicht versicherungspflichtig**. Jeder Unternehmer, der Werkverkehr mit Lastkraftwagen, Zügen (Lastkraftwagen mit Anhänger) und Sattelkraftfahrzeugen durchführen will, deren zulässiges Gesamtgewicht 3,5 t übersteigt, muss sein Unternehmen beim *Bundesamt für Güterverkehr* **vor Beginn der ersten Beförderung mit bestimmten Daten anmelden.** Der so genannte Konzernverkehr bleibt dem gewerblichen Verkehr zugeordnet. Einzelheiten hierzu siehe Erläuterungen zu *§ 1 GüKG*. **Werkverkehr**

Das *Bundesamt für Güterverkehr* und die jeweiligen *Erlaubnisbehörden* überwachen die Einhaltung der Vorschriften des *GüKG* und der *Ausführungsverordnungen*. **Bundesamt für Güterverkehr**

Das *Bundesamt für Güterverkehr* beobachtet und begutachtet die Entwicklung des Marktgeschehens verkehrsträgerübergreifend und berichtet dem Bundesministerium für Verkehr über den jeweiligen Stand der Entwicklung. **Marktbeobachtung**

Weitere Schwerpunkte des Gesetzes sind die **Stärkung des Datenschutzes** und der **Abbau administrativer Pflichten** sowie eine **Rechts- und Verwaltungsvereinfachung.** So wurden insbesondere das **Verfahren zur Erteilung einer Erlaubnis** und die beim *Bundesamt für Güterverkehr* geführte **Unternehmensdatei** an die **gestiegenen Datenschutzerfordernisse** angepasst. Es ist nunmehr gesetzlich vorgeschrieben, **welche Daten** erfasst und zu **welchem Zweck** sie verwendet werden dürfen. Außerdem ist festgelegt worden, zu welchem Zeitpunkt diese Daten wieder **gelöscht werden müssen.** Die Zusammenarbeit zwischen Erlaubnisbehörden und dem *Bundesamt* wurde verbessert und als Folge konnte auf die **Meldepflicht der Unternehmen des gewerblichen Güterkraftverkehrs** verzichtet werden. Die Aufhebung der Kontingentierung führte ebenfalls zum **Wegfall administrativer Pflichten** (zum Beispiel Führen eines Fahrtenbuches) und **aufwändige** und kostenträchtige Verwaltungsverfahren entfallen. Als Schlusspunkt muss festgehalten werden, dass im so genannten untergesetzlichen Regelwerk mehrere **Verordnungen überflüssig** geworden sind oder der Gesetzgeber **Bestimmungen zusammenfassen** konnte. **Administrative Erleichterungen**

4.1.2.5 Erprobungszeitraum bis 1.7.2001

In einem Entschließungsantrag zum *Gesetz zur Reform des Güterkraftverkehrsrechts* wurde die Bundesregierung zusätzlich vom *Deutschen Bundestag* aufgefordert,

> *angesichts der Herausforderungen, die mit der dynamischen Entwicklung der Verkehrsmärkte in Europa verbunden sind, die Effizienz des neuen nationalen Ordnungsrahmens zu beobachten und dem Deutschen Bundestag zum 1.7.2001 zu berichten, inwieweit sich die Regelungen bewährt haben. Dies galt insbesondere für*
> - *die Erfahrungen mit den güterkraftverkehrsrechtlichen Ausnahmetatbeständen und die Frage, ob sich im Bereich der Freistellungen Probleme ergeben haben,*
> - *die Erfahrungen mit der Entwicklung im Werkverkehr und die Frage, ob Konzernverkehr als Werkverkehr zugelassen werden sollte,*
> - *die Erfahrungen mit der Marktbeobachtung und der Datei über die Unternehmen des Werkverkehrs.*
>
> *Dieser Bericht sollte Aufschluss darüber geben, ob und inwieweit Handlungsbedarf besteht, Regelungen des Ordnungsrahmens der aktuellen Entwicklung anzupassen, und ob die Veränderungen im Verkehrsmarkt Anlass zur weiteren Beobachtung geben.*

Die oben erwähnten besonderen Beobachtungstatbestände hatten damals eine Änderung des Ordnungsrahmens nicht erforderlich gemacht. Vielmehr wurde das *GüKG* wegen anderer erkennbarer Entwicklungen zwischenzeitlich mehrmals geändert.

Die Mitführungspflicht einer *EU*-Fahrerbescheinigung bei Beschäftigung von Fahrpersonal aus Nicht-*EU*-Ländern (Aufenthalts- und Arbeitsgenehmigung) ist zwar schon in anderen Rechtsvorschriften geregelt, wurde aber nunmehr zur Klarstellung auch im Wortlaut des *GüKG* erfasst.

Auch wurden die Kontrollbefugnisse des *Bundesamtes für Güterverkehr* insbesondere im Hinblick auf den Einsatz von ordnungsgemäß beschäftigtem Fahrpersonal erweitert.

Ebenso ist eine Anpassung des Wortlauts infolge Änderung der Versicherungspflicht im Hinblick auf die Vertragshaftung des Güterkraftverkehrsunternehmers erforderlich geworden.

Straßengüterverkehr 4.1

4.1.3 Das neue *Güterkraftverkehrsgesetz (GüKG)*

Zurzeit gilt das *Güterkraftverkehrsgesetz* vom *22.6.1998 (BGBl. I. S. 1485)*, zuletzt geändert durch *Artikel 4 des Gesetzes vom 19.7.2007 (BGBl I S 1460)* mit folgendem Inhalt:

Das neue GüKG

1. Abschnitt – Allgemeine Vorschriften
   § 1 bis § 2
2. Abschnitt – Gewerblicher Güterkraftverkehr
   § 3 bis § 8
3. Abschnitt – Werkverkehr
   § 9
4. Abschnitt – Bundesamt für Güterverkehr
   § 10 bis § 17
5. Abschnitt – Überwachung, Bußgeldvorschriften
   § 18 bis § 21 a
6. Abschnitt – Gebühren und Auslagen, Ermächtigungen, Übergangsregelungen
   § 22 bis § 25

1. Abschnitt – Allgemeine Vorschriften
§ 1 – Begriffsbestimmungen

(1) *Güterkraftverkehr ist die geschäftsmäßige oder entgeltliche Beförderung von Gütern mit Kraftfahrzeugen, die einschließlich Anhänger ein höheres zulässiges Gesamtgewicht als 3,5 Tonnen haben.*

(2) *Werkverkehr ist Güterkraftverkehr für eigene Zwecke eines Unternehmens, wenn folgende Voraussetzungen erfüllt sind:*
1. *Die beförderten Güter müssen Eigentum des Unternehmens oder von ihm verkauft, gekauft, vermietet, gemietet, hergestellt, erzeugt, gewonnen, bearbeitet oder instand gesetzt worden sein.*
2. *Die Beförderung muss der Anlieferung der Güter zum Unternehmen, ihrem Versand vom Unternehmen, ihrer Verbringung innerhalb oder – zum Eigengebrauch – außerhalb des Unternehmens dienen.*
3. *Die für die Beförderung verwendeten Kraftfahrzeuge müssen vom eigenen Personal des Unternehmens geführt werden. Im Krankheitsfall ist es dem Unternehmen gestattet, sich für einen Zeitraum von bis zu vier Wochen anderer Personen zu bedienen.*
4. *Die Beförderung darf nur eine Hilfstätigkeit im Rahmen des gesamten Unternehmens darstellen.*

(3) *Den Bestimmungen über den Werkverkehr unterliegt auch die Beförderung von Gütern durch Handelsvertreter, Handelsmakler und Kommissionäre, soweit*
1. *deren geschäftliche Tätigkeit sich auf diese Güter bezieht,*
2. *die Voraussetzungen nach Absatz 2 Nr. 2 bis 4 vorliegen und*
3. *ein Kraftfahrzeug verwendet wird, dessen Nutzlast einschließlich der Nutzlast des Anhängers 4 Tonnen nicht überschreiten darf.*

(4) *Güterkraftverkehr, der nicht Werkverkehr im Sinne der Absätze 2 und 3 darstellt, ist gewerblicher Güterkraftverkehr.*

Erläuterungen zu § 1 – Absatz (1)

Begriff: Güterkraftverkehr
Die **Definition des Güterkraftverkehrs** als geschäftsmäßige oder entgeltliche Beförderung von Gütern schließt Beförderungen, die bisher im Rahmen der Freistellungsverordnung gesondert geregelt waren, von den Bestimmungen dieses Gesetzes aus. So sind beispielsweise Beförderungen zu privaten Zwecken oder zu mildtätigen oder kirchlichen Zwecken bereits durch die Wortwahl vom Anwendungsbereich des *GüKG* ausgeschlossen.

Der Begriff Kraftfahrzeuge schließt nunmehr grundsätzlich auch den Personenkraftwagen mit ein. Die Regelungsschwelle von mehr als 3,5 t zulässigem Gesamtgewicht einschließlich Anhänger (in Anlehnung an das Fahrerlaubnisrecht oder Sozialvorschriften im Straßenverkehr) stellt allerdings sicher, dass auch zukünftig der größte Teil der Güterbeförderungen mit Pkw nicht vom Gesetz geregelt wird. Es sollen nur die Personenkraftwagen im Rahmen von Güterbeförderungen erfasst werden, die von ihrer Ladekapazität kleineren Lastkraftwagen gleichzusetzen sind.

Erläuterungen zu § 1 – Absatz (2) bis (4)

Werkverkehr
Die **Definition des Werkverkehrs** entspricht inhaltlich im Wesentlichen der Fassung des aufgehobenen *GüKG*. Sprachlich wurde auf die im *EU*-Recht gebräuchliche Fassung abgestellt. Um der wachsenden Bedeutung des Einsatzes gemieteter oder geleaster Fahrzeuge Rechnung zu tragen, wurde auf Einschränkungen bezüglich von Miet- oder Ersatzfahrzeugen verzichtet. Weiterhin dürfen die Kraftfahrzeuge nur vom eigenen Personal des Unternehmens geführt werden und nur zeitlich begrenzt im Krankheitsfall durch Fremdpersonal ersetzt werden. Siehe weitere Erläuterungen zu *§ 9*.

Der *Absatz (3)* entspricht in weiten Teilen dem Wortlaut des aufgehobenen *§ 49*. In der neuen Fassung wurde aus den bereits erwähnten Gründen der Begriff **Lastkraftwagen** durch **Kraftfahrzeug** ersetzt. Außerdem wurde die Nutzlastgrenze auf 4 t **einschließlich Anhänger** begrenzt, während nach der alten Fassung Lastkraftwagen nur **ohne Anhänger** eingesetzt werden durften.

Konzernverkehr
Zum gewerblichen Verkehr gehört auch der so genannte **Konzernverkehr**. Hierunter versteht man folgenden Sachverhalt: Werden Beförderungen durch Kraftfahrzeuge eines Unternehmens für ein anderes Unternehmen desselben Konzerns durchgeführt und handelt es sich bei den Unternehmen um jeweils eigenständige juristische Personen, so werden diese Beförderungen dem gewerblichen Verkehr zugeordnet, da es sich um **Güterbeförderungen für andere** handelt.

§ 2 – *Ausnahmen*

(1) Die Vorschriften dieses Gesetzes finden keine Anwendung auf
   1. *die gelegentliche, nicht gewerbsmäßige Beförderung von Gütern durch Vereine für ihre Mitglieder oder für gemeinnützige Zwecke,*
   2. *die Beförderung von Gütern durch Körperschaften, Anstalten und Stiftungen des öffentlichen Rechts im Rahmen ihrer öffentlichen Aufgaben,*
   3. *die Beförderung von beschädigten oder reparaturbedürftigen Fahrzeugen aus Gründen der Verkehrssicherheit oder zum Zwecke der Rückführung,*
   4. *die Beförderung von Gütern bei der Durchführung von Verkehrsdiensten, die nach dem Personenbeförderungsgesetz in der Fassung der Bekanntmachung vom*

Straßengüterverkehr 4.1

       8.8.1990 (BGBl. I S. 1690) in der jeweils geltenden Fassung genehmigt wurden,
5. *die Beförderung von Medikamenten, medizinischen Geräten und Ausrüstungen sowie anderen zur Hilfeleistung in dringenden Notfällen bestimmten Gütern,*
6. *die Beförderung von Milch und Milcherzeugnissen für andere zwischen landwirtschaftlichen Betrieben, Milchsammelstellen und Molkereien durch landwirtschaftliche Unternehmer im Sinne des Gesetzes über die Alterssicherung der Landwirte vom 29.7.1994 (BGBl. I S. 1890) in der jeweils geltenden Fassung,*
7. *die in land- und forstwirtschaftlichen Betrieben übliche Beförderung von land- und forstwirtschaftlichen Bedarfsgütern oder Erzeugnissen*
    a) *für eigene Zwecke,*
    b) *für andere Betriebe dieser Art*
    aa) *im Rahmen der Nachbarschaftshilfe oder*
    bb) *im Rahmen eines Maschinenringes oder eines vergleichbaren wirtschaftlichen Zusammenschlusses, sofern die Beförderung innerhalb eines Umkreises von 75 Kilometern in der Luftlinie um den Mittelpunkt des Standorts des Kraftfahrzeugs im Sinne des § 23 Abs. 1 Satz 1 der Straßenverkehrs-Zulassungs-Ordnung mit Zugmaschinen oder Sonderfahrzeugen durchgeführt wird, die nach § 3 Nr. 7 des Kraftfahrzeugsteuergesetzes in der Fassung der Bekanntmachung vom 26.9.2002 (BGBl. I S. 3818), von der Kraftfahrzeugsteuer befreit sind, sowie*
8. *die im Rahmen der Gewerbeausübung erfolgende Beförderung von Betriebseinrichtungen für eigene Zwecke.*

(1a) Werden bei Beförderungen nach Abs. 1 Nr. 7 nicht von der Kraftfahrzeugsteuer befreite Fahrzeuge eingesetzt, hat der Beförderer dafür zu sorgen, dass während der Beförderung ein Begleitpapier oder eine sonstiger Nachweis mitgeführt wird, in dem das beförderte Gut, Be- und Entladeort sowie der land- und forstwirtschaftliche Betrieb, für den die Beförderung erfolgt, angegeben werden. Das Fahrpersonal muss das Begleitpapier oder den sonstigen Nachweis nach Satz 1 während der Beförderung mitführen und den Kontrollberechtigten auf Verlangen zur Prüfung aushändigen oder in anderer Weise zugänglich machen.

(2) § 14 bleibt unberührt.

Erläuterungen zu § 2 – zu Absatz (1) und (1a)

Der Wortlaut des § 2 regelt umfassend und zur Zeit abschließend sämtliche Ausnahmen vom Anwendungsbereich des *GüKG*. Mit dem Wegfall der Kontingentierung der Güterfernverkehrsgenehmigungen ist der wichtigste Grund für eine Freistellung von den gesetzlichen Regelungen entfallen. Daraufhin konnte der umfangreiche Katalog der bisher freigestellten Beförderungsfälle bis auf wenige reduziert werden, die nunmehr ausschließlich im *GüKG* geregelt sind. Die **Freistellungsverordnung GüKG** konnte somit entfallen. Die Freistellung im Rahmen dieser Verordnung für Beförderungen im gewerblichen Güterkraftverkehr geschah weitgehend mit der Maßgabe, dass die subjektiven Berufszugangsvoraussetzungen auch für freigestellte Beförderungen dennoch erfüllt sein mussten. Mit Wegfall der zahlenmäßigen Beschränkung konnte somit eine wesentliche Vereinfachung geschaffen werden, indem die Freistellungen insgesamt in acht Punkten zusammengefasst werden konnten.

Durch Einfügung eines neuen Absatzes *(1a)* wurden die Kontrollmöglichkeiten hinsichtlich der Freistellung land- und forstwirtschaftlicher Sonderverkehre von den Vorschriften des *GüKG* deutlich verbessert. Künftig ist es erforderlich, bei Einsatz von nicht von der Kraftfahrzeugsteuer befreiter Fahrzeuge ein Begleitpapier mitzuführen, das die Freistellung einer derartigen Beförderung erkennen lässt.

zu *Absatz (2)*
Diese Regelung soll sicherstellen, dass trotz Freistellung die Entwicklung dieses Marktsektors beobachtet wird. Bei erkennbaren Fehlentwicklungen könnte somit rechtzeitig durch verkehrspolitische Maßnahmen entgegengewirkt werden.

2. Abschnitt – Gewerblicher Güterkraftverkehr
§ 3 – Erlaubnispflicht

(1) Der gewerbliche Güterkraftverkehr ist erlaubnispflichtig, soweit sich nicht aus dem unmittelbar geltenden europäischen Gemeinschaftsrecht etwas anderes ergibt.

(2) Die Erlaubnis wird einem Unternehmer, dessen Unternehmen seinen Sitz im Inland hat, für die Dauer von fünf Jahren erteilt, wenn
　1. der Unternehmer und die zur Führung der Güterkraftverkehrsgeschäfte bestellte Person zuverlässig sind,
　2. die finanzielle Leistungsfähigkeit des Unternehmens gewährleistet ist und
　3. der Unternehmer oder die für die Führung der Güterkraftverkehrsgeschäfte bestellte Person fachlich geeignet ist.
Eine Erlaubnis, deren Gültigkeitsdauer abgelaufen ist, wird zeitlich unbefristet erteilt, wenn der Unternehmer die Berufszugangsvoraussetzungen nach wie vor erfüllt.

(3) Die Bedingungen für den Berufszugang nach Absatz 2 sind vorbehaltlich von Absatz 6 Nr. 1 gegeben, wenn folgende Voraussetzungen erfüllt sind:
　1. Die Zuverlässigkeit ist gegeben, wenn der Unternehmer und die für die Führung der Güterkraftverkehrsgeschäfte bestellte Person die Gewähr dafür bieten, dass das Unternehmen den gesetzlichen Bestimmungen entsprechend geführt wird und die Allgemeinheit bei dem Betrieb des Unternehmens vor Schäden oder Gefahren bewahrt bleibt.
　2. Die finanzielle Leistungsfähigkeit ist gegeben, wenn die zur Aufnahme und ordnungsgemäßen, insbesondere verkehrssicheren Führung des Unternehmens erforderlichen finanziellen Mittel verfügbar sind.
　3. Die fachliche Eignung ist gegeben, wenn der Unternehmer oder die zur Führung der Güterkraftverkehrsgeschäfte bestellte Person über die zur Führung des Unternehmens erforderlichen Fachkenntnisse verfügt.

(3a) Der Erlaubnisinhaber erhält auf Antrag neben der Erlaubnis so viele Erlaubnisausfertigungen, wie ihm weitere Fahrzeuge und die für diese erforderliche finanzielle Leistungsfähigkeit nach der Richtlinie 96/26/EG des Rates vom 29.4.1996 über den Zugang zum Beruf des Güter- und Personenkraftverkehrsunternehmers im innerstaatlichen und grenzüberschreitenden Verkehrs (ABl. EG Nr. L 124 S. 1) in der jeweils geltenden Fassung zur Verfügung stehen. Eigenkapital und Reserven, auf Grund deren beglaubigte Abschriften der Gemeinschaftslizenz nach der Verordnung (EWG)

Straßengüterverkehr 4.1

Nr. 881/92 des Rates vom 26.3.1992 über den Zugang zum Güterkraftverkehrsmarkt in der Gemeinschaft für Beförderungen aus oder nach einem Mitgliedstaat oder durch einen oder mehrere Mitgliedstaaten (ABl. EG Nr. L 95 S. 1) in der jeweils geltenden Fassung erteilt wurden, können im Verfahren auf Erteilung der Erlaubnis und Erlaubnisausfertigungen nicht nochmals in Ansatz gebracht werden.

(4) *Die Erlaubnis kann befristet, unter Bedingungen, Auflagen oder mit verkehrsmäßigen Beschränkungen erteilt werden.*

(5) *Hat bei der Erteilung der Erlaubnis eine der Voraussetzungen nach Absatz 2 nicht vorgelegen oder ist diese nachträglich entfallen, kann die Erlaubnis zurückgenommen oder widerrufen werden. Im Übrigen bleiben die Bestimmungen der §§ 48, 49 und 50 des Verwaltungsverfahrensgesetzes unberührt. Die Finanzbehörden dürfen die Erlaubnisbehörde davon in Kenntnis setzen, dass der Unternehmer die ihm obliegenden steuerrechtlichen Verpflichtungen wiederholt nicht erfüllt oder eine eidesstattliche Versicherung nach § 284 der Abgabenordnung abgegeben hat.*

(5a) *Rechtzeitig vor der Entscheidung über die Erteilung, die Rücknahme oder den Widerruf der Erlaubnis und von Erlaubnisausfertigungen gibt die Erlaubnisbehörde dem Bundesamt für Güterverkehr, den beteiligten Verbänden des Verkehrsgewerbes, der fachlich zuständigen Gewerkschaft und der zuständigen Industrie- und Handelskammer Gelegenheit zur Stellungnahme. Vor der Entscheidung über die Erteilung, die Rücknahme oder den Widerruf von Erlaubnisausfertigungen kann die Erlaubnisbehörde hiervon absehen.*

(6) *Das Bundesministerium für Verkehr, Bau und Stadtentwicklung wird ermächtigt, mit Zustimmung des Bundesrates durch Rechtsverordnung Vorschriften zu erlassen, durch die*

1. *die Anforderungen an die Berufszugangsvoraussetzungen zur Gewährleistung eines hohen Niveaus näher bestimmt werden und*
2.a) *das Verfahren zur Erteilung, zur Rücknahme und zum Widerruf der Erlaubnis und zur Erteilung und Einziehung der Erlaubnisausfertigungen einschließlich der Durchführung von Anhörungen,*
2.b) *Form und Inhalt, insbesondere die Geltungsdauer der Erlaubnis und der Ausfertigungen,*
2.c) *das Verfahren bei Eintritt wesentlicher Änderungen nach der Erteilung der Erlaubnis und der Ausfertigungen,*
3. *die Voraussetzungen für die Erteilung zusätzlicher Ausfertigungen nach Maßgabe der Richtlinie 96/26/EG des Rates vom 29.4.1996 in der jeweils gültigen Fassung sowie*
4. *die Voraussetzungen zur Rücknahme und zum Widerruf der Entscheidung über die Erteilung der Ausfertigungen entsprechend Artikel 8 der Verordnung (EWG) Nr. 881/92 des Rates vom 26.3.1992 in der jeweils geltenden Fassung geregelt werden.*

(7) *Die Landesregierung oder die von ihr ermächtigte Stelle bestimmt die Erlaubnisbehörde. Örtlich zuständig ist die Erlaubnisbehörde, in deren Zuständigkeitsbereich das Unternehmen des Antragstellers seinen Sitz hat.*

Erläuterungen zu § 3 – zu Absatz (1)

Wer nach den Bestimmungen des *GüKG* Güterkraftverkehr **gewerbsmäßig** betreiben will, wird **im Rahmen des Marktzugangs der Erlaubnispflicht unterworfen**. Ergänzend wird an dieser Stelle auf unmittelbar geltendes europäisches Gemeinschaftsrecht verwiesen. Bestimmte Tatbestände – wie zum Beispiel das Kabotagerecht in Verbindung mit der Gemeinschaftslizenz – werden bereits durch supranationales Recht erschöpfend geregelt und bedürfen daher keiner Regelung im deutschen Recht.

– zu Absatz (2)

Rechtsanspruch auf Erlaubniserteilung

Nach der Aufhebung der Kontingentierung für Güterfernverkehrsgenehmigungen, die zudem noch mit einem aufwendigen öffentlichen Ausschreibungsverfahren verbunden war, besteht nunmehr ein Rechtsanspruch auf Erteilung einer zunächst auf **fünf Jahre befristeten Erlaubnis**, wenn das Unternehmen des Antragstellers seinen Sitz im Inland hat und der Antragsteller die vorgeschriebenen **subjektiven Zulassungsvoraussetzungen** erfüllt. Es handelt sich dabei um eine personenbezogene Erlaubnis, die grundsätzlich nicht auf eine andere Person übertragen werden kann. Die **Befristung auf fünf Jahre** und die Erfüllung der geforderten Voraussetzungen entspricht den Erteilungsgrundsätzen der *EU-Gemeinschaftslizenz*. Allerdings wird auch gleichzeitig in der neuen *Berufszugangsverordnung (GBZugV)* festgelegt – Einzelheiten hierzu siehe Erläuterungen zu *Absatz (3)* –, dass die zuständigen Behörden sich **regelmäßig** und **mindestens alle fünf Jahre vergewissern**, dass das Unternehmen die Berufszugangsvoraussetzungen nach § 3 des *GüKG* in Verbindung mit dieser Verordnung noch erfüllt.

– zu Absatz (3)

Berufszugangsverordnung (GBZugV)

Die näheren Einzelheiten über die Ausgestaltung der Zulassungsvoraussetzungen wurden zunächst in einer Ausführungsverordnung zum *GüKG* geregelt. Diese *Berufszugangsverordnung für den Güterkraftverkehr* trat am 31.12.1998 in Kraft.

Zuverlässigkeit

Kurz vor In-Kraft-Treten dieser Verordnung hatte der *Verkehrsministerrat der EU* im Oktober 1998 eine neue Richtlinie erlassen mit folgender Zielsetzung:

Im Rahmen der Zugangsregelungen zum Beruf des Güter- und Personenkraftverkehrsunternehmers im innerstaatlichen und grenzüberschreitenden Verkehr sollten die Bestimmungen über die gegenseitige Anerkennung der Diplome, Prüfungszeugnisse und sonstigen Befähigungsnachweise und über Maßnahmen zur Förderung der tatsächlichen Inanspruchnahme der Niederlassungsfreiheit der betreffenden Verkehrsunternehmer innerhalb der Gemeinschaft weiter harmonisiert werden. Diese Richtlinie konnte infolge der Kürze der Zeit bis zum 31.12.1998 (In-Kraft-Treten der deutschen *Berufszugangsverordnung*) nicht mehr umgesetzt werden. Somit war bereits eine Neufassung der *Berufszugangsverordnung* vorprogrammiert.

Bei der Novellierung konnte dann auch der unmittelbare Zusammenhang zwischen der *Berufszugangsverordnung* und der *Erlaubnisverordnung* berücksichtigt werden; diese beiden Verordnungen wurden zweckmäßigerweise zu einer Verordnung zusammengefasst. Die neue *Berufszugangsverordnung (GBZugV)* vom 21.6.2000 trat nicht in allen

Straßengüterverkehr 4.1

Teilen am 1.7.2000 in Kraft. Es mussten bestimmte Übergangsfristen hinsichtlich des Grundsatzes der Besitzstandswahrung berücksichtigt werden. Auch musste den Industrie- und Handelskammern die Möglichkeit eingeräumt werden, den geltenden Vorschriften entsprechend ihre Prüfungsordnungen anzupassen. Sie trat daher teilweise zu verschiedenen Zeitpunkten in Kraft. Eine letzte Übergangsfrist hinsichtlich des Nachweises der finanziellen Leistungsfähigkeit endete am 1.10.2001. Bis zu diesem Termin mussten auch die Unternehmen, die bereits vor dem 1.10.1999 im Besitz einer Erlaubnis oder einer Gemeinschaftslizenz waren, den **auf 9 000,- €** für das erste Fahrzeug und **5 000,- €** für jedes weitere Fahrzeug festgesetzten Mindestbetrag nachweisen können.

Nach *§ 3 GüKG* ist der Marktzugang zum gewerblichen Güterkraftverkehr erlaubnispflichtig. Diese Erlaubnis wird nur erteilt, wenn **drei subjektive Zulassungsvoraussetzungen** erfüllt sind:
1. Persönliche Zuverlässigkeit des Unternehmers und des Geschäftsführers
2. Finanzielle Leistungsfähigkeit
3. Fachliche Eignung des Unternehmers oder des Geschäftsführers.

Die Einzelheiten im Hinblick auf die Erfüllung dieser Zulassungsvoraussetzungen sind ausführlich in der neuen *Berufszugangsverordnung für den Güterkraftverkehr (GBZugV)* ergänzend geregelt.
Der wesentliche Inhalt lässt sich wie folgt zusammenfassen:

1. Persönliche Zuverlässigkeit
Die persönliche Zuverlässigkeit wird verlangt vom Unternehmer **und** von den zur Führung der Güterkraftverkehrsgeschäfte bestellten Personen (Geschäftsführer).

Vorstehende Personen gelten als zuverlässig, wenn keine hinreichenden Anhaltspunkte dafür vorliegen, dass bei der Führung des Unternehmens die für den Güterkraftverkehr geltenden Vorschriften missachtet oder die Allgemeinheit bei dem Betrieb des Unternehmens geschädigt oder gefährdet wird.

Anhaltspunkte für die **Unzuverlässigkeit** des Unternehmens und der für die Führung der Güterkraftverkehrsgeschäfte bestellten Personen, sind insbesondere
- eine rechtskräftige Verurteilung wegen schwerer Verstöße gegen strafrechtliche Vorschriften
- schwere Verstöße gegen
  - *GüKG* oder andere Verordnungen
  - arbeits- oder sozialrechtliche Pflichten (Lenk- und Ruhezeiten)
  - Vorschriften der Verkehrs-, Betriebs- und Lebensmittelsicherheit
  - abgabenrechtliche Pflichten
  - Pflichtversicherungsrecht
  - Regelungen, die für die Beförderung lebender Tiere gelte
  - Umweltschutzvorschriften, Abfall- und Emissionsschutzrecht, Gefahrgutvorschriften.

2. Finanzielle Leistungsfähigkeit
Sie ist in der Regel zu verneinen, wenn

- die Zahlungsfähigkeit nicht gewährleistet ist oder erhebliche Steuerrückstände oder Rückstände an Beiträgen zur Sozialversicherung bestehen.
- **das Eigenkapital zuzüglich Reserven weniger als**
  - 9 000,- € für das erste Fahrzeug oder weniger als
  - 5 000,- € für jedes weitere Fahrzeug beträgt.

Die finanzielle Leistungsfähigkeit ist nachzuweisen durch:
- Unbedenklichkeitsbescheinigungen von Finanzamt, Gemeinden, Sozialversicherung, Berufsgenossenschaft, die zur Zeit der Antragstellung nicht älter als drei Monate sein dürfen.
- Eigenkapitalbescheinigung beispielsweise durch Wirtschaftsprüfer, Steuerberater, Kreditinstitute und andere gemäß vorgeschriebenem Muster. Der Stichtag der Bescheinigung darf zum Zeitpunkt der Antragstellung nicht länger als ein Jahr zurückliegen.

3. Fachliche Eignung

Sie wird verlangt vom Unternehmer **oder** Geschäftsführer. Sie wird erlangt durch
- Fachkundeprüfung vor einem Prüfungsausschuss der *IHK* oder gleichwertig; als gleichwertige Prüfung gilt
- Abschlussprüfung zum Kaufmann / -frau im Eisenbahn- und Straßenverkehr Schwerpunkt: Güterkraftverkehr
- Abschlussprüfung zum Speditionskaufmann / -frau
- Abschlussprüfung zur Fortbildung zum Verkehrsfachwirt / -wirtin
- Abschlussprüfung als Diplom-Betriebswirt im Ausbildungsbereich Wirtschaft, Fachrichtung Spedition der *Berufsakademien Lörrach* und *Mannheim*
- Abschlussprüfung als Diplom-Betriebswirt im Fachbereich Wirtschaft I, Studiengang Verkehrswirtschaft und Logistik, Fachrichtung Güterverkehr der *Fachhochschule Heilbronn*.
- Die fachliche Eignung kann auch durch eine mindestens fünfjährige leitende Tätigkeit in einem Unternehmen nachgewiesen werden, das Güterkraftverkehr betreibt. Der Nachweis erfolgt durch eine schriftliche Bestätigung der zuständigen *Industrie- und Handelskammer*.

Erlaubnisverfahren

Wenn die vorstehenden Voraussetzungen erfüllt sind, kann bei der zuständigen Verkehrsbehörde ein Antrag auf Erteilung einer Erlaubnis für den gewerblichen Güterkraftverkehr gestellt werden. Da in den einzelnen Bundesländern die Zuständigkeit unterschiedlich geregelt ist, können hier die Behörden nicht im Einzelnen aufgeführt werden.

Folgende wesentlichen Merkmale kennzeichnen die Erlaubnis:
- Die Erlaubnis ist **zahlenmäßig nicht begrenzt** und eine **amtliche** Ausfertigung ist in jedem Kraftfahrzeug mitzuführen und bei einer Kontrolle vorzulegen.
- Die Erlaubnis und deren Ausfertigungen werden dem Unternehmen nach bestimmten Mustern erteilt. Sie sind **nicht übertragbar**.
- Verringert sich nach der Ausstellung von Ausfertigungen der Erlaubnis der Fahr-

Straßengüterverkehr

zeugbestand nicht nur vorübergehend, so hat das Unternehmen überzählige Ausfertigungen an die Erlaubnisbehörde zurückzugeben. Stellt das Unternehmen den Betrieb endgültig ein, so hat es die Erlaubnis und alle Ausfertigungen unverzüglich zurückzugeben.
- Ändern sich nach Erteilung der Erlaubnis bestimmte Voraussetzungen, so ist eine Berichtigung der Erlaubnis und deren Ausfertigungen bei der Erlaubnisbehörde zu beantragen.
- Zwar wird dem Unternehmen die Erlaubnis für die Zeit von fünf Jahren erteilt. Dennoch sind die zuständigen Behörden verpflichtet, sich **regelmäßig** und **mindestens in Abständen von fünf Jahren** zu vergewissern, ob die Berufszugangsvoraussetzungen auf der Grundlage dieser Verordnung weiterhin erfüllt werden.

– zu *Absatz (3a)*

Infolge Wegfalls der zahlenmäßigen Beschränkung erhält der Erlaubnisinhaber auf Antrag neben der Erlaubnis **so viele Erlaubnisausfertigungen**, wie ihm **weitere Fahrzeuge unter Nachweis der erforderlichen finanziellen Leistungsfähigkeit** zur Verfügung stehen. Wie zuvor im gewerblichen Güternahverkehr ist auch nach den neuen Vorschriften eine Ausfertigung der Erlaubnis während der Fahrt im Fahrzeug mitzuführen und bei Kontrollmaßnahmen vorzuweisen.

– zu *Absatz (4) bis (7)*

Das Erlaubnisverfahren fällt in die Zuständigkeit der jeweiligen Landesregierung, die wiederum über eine von ihr ermächtigte Stelle die Erlaubnisbehörde bestimmen kann. **Örtlich zuständig** ist dann die Erlaubnisbehörde, in deren Zuständigkeitsbereich **das Unternehmen des Antragstellers seinen Sitz hat**. Die Erlaubnis ist also bei Betrieben mit verschiedenen Niederlassungen bei der für den **Sitz des Unternehmens örtlich zuständigen Erlaubnisbehörde** zu beantragen. — *Örtliche Zuständigkeit der Erlaubnisbehörde*

Die Erlaubnis kann unter Bedingungen, Auflagen, oder auch mit verkehrsmäßigen Beschränkungen erteilt werden. Sie kann widerrufen oder zurückgenommen werden, wenn bei der Erteilung bestimmte Voraussetzungen nicht vorgelegen haben oder diese nachträglich entfallen sind. Sowohl im Rahmen des Erteilungsverfahrens als auch im Falle eines Rücknahme- oder Widerrufverfahrens ist die Erlaubnisbehörde verpflichtet, dem *Bundesamt für Güterverkehr*, den **beteiligten Verbänden des Verkehrsgewerbes**, der fachlich zuständigen Gewerkschaft und der zuständigen *Industrie- und Handelskammer* rechtzeitig Gelegenheit zur Stellungnahme zu geben. Dieses Anhörverfahren soll sicherstellen, dass auch der Erlaubnisbehörde nicht bekannte Tatbestände für die Beurteilung des einzelnen Falles gegebenenfalls berücksichtigt werden können. — *Erlaubniserteilung unter Bestimmungen und Auflagen*

Außerdem enthält das Gesetz an dieser Stelle eine Ermächtigung des *Bundesministeriums für Verkehr, Bau und Stadtentwicklung*, auf der **Grundlage einer Rechtsverordnung mit Zustimmung des** *Bundesrates* die Anforderungen an die Berufszugangsvoraussetzungen zu verändern, insbesondere einem höheren Niveau anzupassen. Auch bezieht sich diese Ermächtigung auf die Regulierungen im Rahmen des Erteilungs-, Rücknahme- und Widerrufverfahrens.

§ 4 – Unterrichtung der Berufsgenossenschaft
Die Erlaubnisbehörde hat der zuständigen Berufsgenossenschaft unverzüglich die Erteilung der Erlaubnis mitzuteilen. Die Anzeigepflicht des Unternehmers nach § 192 des Siebten Buches Sozialgesetzbuch bleibt unberührt.

Erläuterungen zu § 4

Die Verpflichtung der Erlaubnisbehörde, die zuständige Berufsgenossenschaft als gesetzliche Unfallversicherung über die Erteilung einer Erlaubnis an ein Unternehmen in Kenntnis zu setzen, entspricht der Regelung im *GüKG* alter Fassung. Diese Vorschrift ist erforderlich, da trotz Anzeigepflicht der Unternehmer die zuständigen Berufsgenossenschaften in mehr als 90 % aller Unternehmensgründungen erst durch die Mitteilungen anderer Behörden von dem Bestehen neuer Unternehmen Kenntnis erhalten.

§ 5 – Erlaubnispflicht und Gemeinschaftslizenz
Die Gemeinschaftslizenz nach Artikel 3 der Verordnung (EWG) Nr. 881/92 gilt für Unternehmer, deren Unternehmenssitz im Inland liegt, als Erlaubnis nach § 3, es sei denn, es handelt sich um eine Beförderung zwischen dem Inland und einem Staat, der weder Mitglied der Europäischen Union noch anderer Vertragsstaaten des Abkommens über den Europäischen Wirtschaftsraum, noch die Schweiz ist. Satz 1 gilt nicht für Inhaber von Gemeinschaftslizenzen aus der Republik Lettland, der Republik Litauen, der Republik Polen, der Slowakischen Republik, der Tschechischen Republik, der Republik Estland und der Republik Ungarn.

Erläuterungen zu § 5

Gemeinschaftslizenz und Erlaubnis

Die Neufassung des § 5 berücksichtigt die politische Entwicklung in *Europa*. Einerseits ist zu berücksichtigen, dass die Marktordnung nach Erweiterung der *EU* noch nicht für alle Neumitglieder in vollem Umfang gilt, andererseits wurde zwischen der *EU* und der *Schweizerischen Eidgenossenschaft* ein *Landverkehrsabkommen zur Regelung des Güter- und Personenverkehrs* abgeschlossen. Mit In-Kraft-Treten dieses Abkommens berechtigt die *Gemeinschaftslizenz der EU* Beförderungen in und durch die *Schweiz* und im Gegenzug hat die *EU* der *Schweiz* gestattet, Beförderungen mit der *Schweizerischen Lizenz* in und durch die *EU*-Staaten durchzuführen. Weitere Einzelheiten sind im Abschnitt *4.1.6.1 Der grenzüberschreitende Güterkraftverkehr* ausgeführt.

Mit dieser Regelung wurden **gleiche Rechtsgrundsätze für deutsche und für Unternehmen aus den anderen *EWR*-Staaten** geschaffen. Durch die Freigabe der Kabotage dürfen nunmehr die Unternehmer aus den *EWR*-Staaten mit der ***Gemeinschaftslizenz* innerdeutsche Beförderungen** durchführen. Gleiches Recht gilt somit für deutsche Unternehmer, die ebenfalls für diese Beförderungen die Lizenz **als Erlaubnis** einsetzen dürfen. Im Grundsatz wäre also eine Erlaubnis für einen deutschen Unternehmer nicht erforderlich, wenn er über eine *Gemeinschaftslizenz* verfügt und seine geschäftliche Tätigkeit ausschließlich auf den Bereich der Staaten des *Europäischen Wirtschaftsraumes* beschränkt. Rechtliche Probleme gäbe es jedoch bei grenzüberschreitenden Beförderungen mit Staaten, die nicht dem *EWR*-Abkommen beigetreten sind. Die *Gemeinschaftslizenz* basiert auf **supranationalem Recht der *Europäischen Union*** und berechtigt zu **Beförderungen ausschließlich zwischen und innerhalb der Staaten des *Europäischen Wirtschaftsraumes*.** Problematisch

Straßengüterverkehr 4.1

gestaltet sich zur Zeit die Regelung für so genannte **Drittlandverkehre**. Hierunter fallen Beförderungen aus einem Mitgliedstaat des *EWR* in einen Staat, der nicht Mitglied des *EWR* ist und umgekehrt. Es muss sich also um ein so genanntes Drittland handeln. **In diesem Fall ist für den deutschen Streckenteil für deutsche Unternehmer eine Erlaubnis deutschen Ursprungs zugrunde zu legen und das wäre also die Erlaubnis für den gewerblichen Güterkraftverkehr. Für den ausländischen Streckenteil gilt die Genehmigung des entsprechenden Drittstaates** (sogenannte bilaterale Genehmigung).

Bis zur endgültigen Regelung durch *EU*-Recht werden derartige Beförderungen in so genannten bilateralen (zweiseitigen) Abkommen zwischen den Mitgliedstaaten und den jeweiligen Drittländern geregelt.

Mit dem In-Kraft-Treten der neuen *Verordnung über den grenzüberschreitenden Güterkraftverkehr und den Kabotageverkehr* zum 31.12.1998 wurde für den grenzüberschreitenden Verkehr mit **Drittstaaten** für den deutschen Transportunternehmer eine Verwaltungsvereinfachung eingeführt: Bei Einsatz einer bilateralen Genehmigung von oder nach einem oder durch einen Staat, der weder Mitglied der *Europäischen Union* noch anderer Vertragsstaat des *Abkommens über den Europäischen Wirtschaftsraum (EWR)* ist, ersetzt diese bilaterale Genehmigung auf dem Streckenteil im Inland die nach *§ 3 GüKG* erforderliche Erlaubnis. Die bilaterale Genehmigung gilt vom Grundsatz her als ausländische Genehmigung eigentlich nur **auf dem Territorium** des jeweiligen **ausländischen** Staates.

Verfügt der Unternehmer mit Sitz im Inland über eine so genannte *CEMT-Genehmigung (CEMT-Umzugsgenehmigung)* und ist der im grenzüberschreitenden Verkehr zu befahrende Staat ein *CEMT*-Mitgliedstaat, so gilt diese Genehmigung für die Gesamtstrecke. Nähere Einzelheiten sind in den Erläuterungen zu *§ 6* dargelegt.

§ 6 – Grenzüberschreitender Güterkraftverkehr durch Gebietsfremde
Ein Unternehmer, dessen Unternehmen seinen Sitz nicht im Inland hat, ist für den grenzüberschreitenden gewerblichen Güterkraftverkehr von der Erlaubnispflicht nach § 3 befreit, soweit er Inhaber der jeweils erforderlichen Berechtigung ist. Berechtigungen sind die
1. *Gemeinschaftslizenz,*
2. *Genehmigung auf Grund der Resolution des Rates der Europäischen Konferenz der Verkehrsminister (CEMT) vom 14.6.1973 (BGBl. 1974 II S. 298) nach Maßgabe der Verordnung über den grenzüberschreitenden Güterkraftverkehr mit CEMT-Genehmigungen vom 17.7.1974 (BGBl. I S. 1521) in der jeweils geltenden Fassung,*
3. *CEMT – Umzugsgenehmigung,*
   3a. *Schweizerische Lizenz für den gewerblichen Güterkraftverkehr auf Grund des Abkommens zwischen der Europäischen Gemeinschaft und der Schweizerischen Eidgenossenschaft vom 21.6.1999 (ABl. EG Nr. L 114 S. 91) in der jeweils geltenden Fassung oder*
4. *Drittstaatengenehmigung.*

Erläuterungen zu *§ 6*
Diese Vorschrift regelt, dass ein Unternehmer aus anderen Staaten von der Erlaubnispflicht befreit ist, wenn er Inhaber der für die jeweilige Fahrt erforderlichen Berechtigung

CEMT-Genehmigung ist. Als Berechtigungen gelten in diesem Fall die *Gemeinschaftslizenz*, die *CEMT-Genehmigung (CEMT-Umzugsgenehmigung)*, die *Schweizerische Lizenz* und die *Drittstaatengenehmigung*.

CEMT-Genehmigungen werden nach der Resolution des *Ministerrates der Europäischen Konferenz der Verkehrsminister (CEMT)* als **multilaterale** Genehmigungen ausgegeben. Es handelt sich dabei um **kontingentierte Inhabergenehmigungen** und sie berechtigen zur Durchführung aller Beförderungen im gewerblichen internationalen Güterkraftverkehr, bei denen die **Be- und Entladeorte im Hoheitsgebiet verschiedener Mitgliedstaaten liegen**. Sie gilt auch für Beförderungen im Transitverkehr sowie für Leerfahrten auf dem Gebiet der Mitgliedstaaten, in denen auch insoweit eine Genehmigung erforderlich ist. **Kabotagebeförderungen innerhalb eines Mitgliedstaates sind nicht zugelassen.**

2+3 Regelung Vom 1.1.2006 an ist die so genannte *2+3 Regelung* gültig. Die Neuregelung besagt, dass eine CEMT-Genehmigung zwischen Hin- und Rückfahrt von/nach dem Heimatstaat nunmehr höchstens für drei aufeinander folgende Beförderungen ohne Befahren des Heimatstaates eingesetzt werden darf. Leerfahrten zählen hierbei nicht. Nach der dritten Beförderung muss das Fahrzeug für mindestens eine Fahrt im Wechsel- oder Transitverkehr in den Heimatstaat zurückkehren. Hierfür genügt eine Leerfahrt. Ohne Rückfahrt in den Heimatstaat ist jede weitere Beförderung zwischen zwei anderen CEMT-Staaten eine Ordnungswidrigkeit nach dem *Güterkraftverkehrsgesetz* und kann nunmehr als ungenehmigter Güterkraftverkehr mit einem Bußgeld in Höhe von 2 500,– € geahndet werden.

CEMT-Abkommen Als Mitglieder sind dem *CEMT-Abkommen* bisher folgende **43 Staaten** beigetreten: *Deutschland, Österreich, Belgien, Bosnien-Herzegowina, Bulgarien, Kroatien, Dänemark, Spanien, Estland, Finnland, Frankreich, Griechenland, Ungarn, Irland, Italien, Lettland, Litauen, Luxemburg, Fyrom (ehem. jugoslaw. Rep. Mazedonien), Moldawien, Norwegen, Niederlande, Polen, Portugal, Tschechische Republik, Slowakische Republik, Rumänien, Vereinigtes Königreich, Slowenien, Schweden, Schweiz, Türkei, Georgien, Russische Föderation, Aserbaidschan, Albanien, Weißrussland (Belarus), Ukraine, Liechtenstein, Malta, Serbien, Montenegro* und *Armenien*.

Die *CEMT-Genehmigung* mit einer Gültigkeit von **einem Jahr** wird vom *Bundesamt für Güterverkehr* ausgegeben. Die Ausnutzung ist anhand von vorzulegenden Unterlagen, insbesondere Fahrtenberichten nachzuweisen; sie ist jedes Jahr neu zu beantragen. Vom 1.1.1999 an werden nur noch *CEMT-Genehmigungen* für den Einsatz „**grüner**" und „**supergrüner**" beziehungsweise EURO-3-sicherer und EURO-4-sicherer Lastkraftwagen ausgegeben. Hierunter sind Lkw zu verstehen, die als besonders **umweltfreundlich** und **verkehrssicher** einzustufen sind. Die Anforderungen, die an derartige Lkw gestellt werden, sind in Form von technischen Werten bei der Luftverschmutzung (Abgasemissionen), Lärmemissionen und bei der Verkehrssicherheit zu erfüllen.

CEMT-Umzugsgenehmigungen werden seit dem 1.1.1999 ebenfalls vom *BAG* ausgegeben. Sie sind **zahlenmäßig nicht beschränkt** und werden mit einer **zeitlichen Befristung von fünf Jahren** ausgegeben.

Weitere ergänzende Informationen sind auch im Abschnitt *4.1.6.1.1 Grenzüberschreitender Verkehr* ausgeführt.

Straßengüterverkehr 4.1

Drittstaatengenehmigungen *des Bundesministeriums für Verkehr* berechtigen **ausländische Güterkraftverkehrsunternehmen** zum **grenzüberschreitenden Güterkraftverkehr mit** *Deutschland*. Sie werden durch ausländische Stellen im Heimatstaat der Unternehmer ausgegeben. Im Rahmen von **bilateralen Verkehrsabkommen** mit den verschiedenen Staaten wird der **gegenseitige Austausch** von zahlenmäßig beschränkten Genehmigungen vereinbart. Der deutsche Unternehmer benötigt zum Beispiel für Beförderungen in oder durch einen Nicht-*EWR*-Staat ebenfalls eine derartige Genehmigung

§ 7 – Mitführungs- und Aushändigungspflichten im gewerblichen Güterkraftverkehr
(1) Soweit für eine Fahrt im gewerblichen Güterkraftverkehr eine Berechtigung (Erlaubnis, Gemeinschaftslizenz, CEMT-Genehmigung, CEMT-Umzugsgenehmigung, Schweizerische Lizenz oder Drittstaatengenehmigung) und der Nachweis der Erfüllung bestimmter Technik-, Sicherheits- und Umweltanforderungen für das eingesetzte Fahrzeug vorgeschrieben sind und die Fahrt im Inland durchgeführt wird, hat der Unternehmer dafür zu sorgen, dass während der gesamten Fahrt die jeweils erforderliche Berechtigung und die fahrzeugbezogenen Nachweise mitgeführt werden, die nicht in Folie eingeschweißt oder in ähnlicher Weise mit einer Schutzschicht überzogen sein dürfen.
(2) Das Fahrpersonal muss die erforderliche Berechtigung und die fahrzeugbezogenen Nachweise nach Absatz 1 während der Fahrt mitführen und Kontrollberechtigten auf Verlangen zur Prüfung aushändigen. Ausländisches Fahrpersonal muss auch den Pass oder ein sonstiges zum Grenzübertritt berechtigendes Dokument mitführen.
(3) Der Unternehmer hat dafür zu sorgen, dass während einer Beförderung im gewerblichen Güterkraftverkehr ein Begleitpapier oder ein sonstiger Nachweis mitgeführt wird, in dem das beförderte Gut, der Be- und Entladeort und der Auftraggeber angegeben werden. Das Fahrpersonal muss das Begleitpapier oder den sonstigen Nachweis nach Satz 1 während der Beförderung mitführen und Kontrollberechtigten auf Verlangen zur Prüfung aushändigen oder in anderer geeigneter Weise zugänglich machen.

Erläuterungen zu *§ 7 – zu Absatz (1) und (2)*
Diese Vorschrift legt fest, dass der **Unternehmer** und das **Fahrpersonal** bestimmte **Mitführungspflichten zu erfüllen** haben. Hierzu zählt insbesondere die Mitführungspflicht der Erlaubnis, *Gemeinschaftslizenz, CEMT-Genehmigung, CEMT-Umzugsgenehmigung* oder Drittstaatengenehmigung. Im grenzüberschreitenden Verkehr mit *CEMT-Genehmigungen* beziehen sich diese Pflichten auch auf Nachweise über die Erfüllung **bestimmter Technik-, Sicherheits- und Umweltanforderungen für die eingesetzten Kraftfahrzeuge**. Die Einzelheiten hinsichtlich der zu erfüllenden Werte bei den Abgas- und Lärmemissionen enthält die *Richtlinie für das Verfahren zur Erteilung der CEMT-Genehmigungen*. Diese Genehmigungsart wird nur noch als so genannte grüne oder supergrüne und fahrzeuggebundene Genehmigung ausschließlich für umweltfreundliche und verkehrssichere Lastkraftwagen erteilt.

Neben der Mitführungspflicht wird auch eine **Aushändigungspflicht** vorgeschrieben, die sich auf Unterwegskontrollen bezieht und bei denen auf Verlangen den Kontrollberechtigten diese Unterlagen auszuhändigen sind.

Um Missbrauch vorzubeugen, wurde diese Vorschrift dahingehend ergänzt, dass die fahrzeugbezogenen Nachweise, die während der Fahrt mitzuführen sind, nicht in Folie eingeschweißt oder in ähnlicher Weise mit einer Schutzschicht überzogen sein dürfen. Auch muss ausländisches Fahrpersonal den Pass oder ein sonstiges zum Grenzübertritt berechtigendes Dokument mitführen.

– zu *Absatz (3)*

Anforderungen an das Begleitpapier
Gegenüber der bisherigen Regelung im *GüKG* alter Fassung wurden die Anforderungen an das mitzuführende Begleitpapier erheblich vereinfacht. Dabei ist zu berücksichtigen, dass bislang nur eine Frachtbriefpflicht für den gewerblichen Güterfernverkehr bestand, während für den Güternahverkehr eine entsprechende Vorschrift nicht gegeben war. Nunmehr sieht im Rahmen einer Kompromisslösung die Vorschrift nur noch ein **Mindestmaß an Inhaltsangaben** für ein Begleitpapier oder einen sonstigen Nachweis vor. Unter „sonstigen Nachweis" ist zum Beispiel auch ein **elektronischer Frachtbrief** oder Ähnliches zu verstehen.

Diese Regelung entbindet jedoch den Unternehmer nicht von seiner Verpflichtung, nach wie vor das nach den Bestimmungen der *CMR* und der *Verordnung Nr. 11 über die Beseitigung von Diskriminierungen auf dem Gebiet der Frachten und Beförderungsbedingungen gemäß Artikel 79 Absatz (3) des Vertrages zur Gründung der Europäischen Wirtschaftsgemeinschaft* vom 27.6.1960, geändert durch *Verordnung (EWG) Nr. 3626/84* vom 19.12.1884 **obligatorische Beförderungspapiere im grenzüberschreitenden Verkehr und bei bestimmten Binnenbeförderungen** mitzuführen. Da für diese Beförderungspapiere umfangreichere Inhaltsangaben gefordert werden, ist das nach den jetzigen Bestimmungen geforderte Mindestmaß an Inhaltsangaben in jedem Fall erfüllt.

Auch diese Bestimmung ist mit einer **Aushändigungspflicht** verbunden oder die geforderten Angaben sind in **anderer geeigneter Weise** zugänglich zu machen.

In anderen Staaten wird wie in *Frankreich* die Mitführung eines *CMR-Frachtbriefes* zwingend vorgeschrieben und stellt bei Nichtbeachtung eine Ordnungswidrigkeit dar, die mit empfindlichen Geldbußen geahndet wird.

§ 7a – Haftpflichtversicherung
(1) Der Unternehmer ist verpflichtet eine Haftpflichtversicherung abzuschließen und aufrecht zu erhalten, die die gesetzliche Haftung wegen Güter- und Verspätungsschäden nach dem Vierten Abschnitt des Vierten Buches des Handelsgesetzbuches während Beförderungen, bei denen der Be- und Entladeort im Inland liegt, versichert.
(2) Die Mindestversicherungssumme beträgt 600 000 € je Schadensereignis. Die Vereinbarung einer Jahreshöchstersatzleistung, die nicht weniger als das zweifache der Mindestversicherungssumme betragen darf, und eines Selbstbehalts sind zulässig.
(3) Von der Versicherung können folgende Ansprüche ausgenommen werden:
   1. Ansprüche wegen Schäden, die vom Unternehmer oder seinem Repräsentanten vorsätzlich begangen wurden,
   2. Ansprüche wegen Schäden, die durch Naturkatastrophen, Kernenergie, Krieg, kriegsähnliche Ereignisse, Bürgerkrieg, innere Unruhen, Streik, Aussperrung, terroristischer Gewalttakte, Verfügungen von hoher Hand, Wegnahme oder Beschlagnahme seitens einer staatlich anerkannten Macht verursacht werden,

3. *Ansprüche aus Frachtverträgen, die die Beförderung von Edelmetallen, Juwelen, Edelsteinen, Zahlungsmitteln, Valoren, Wertpapieren, Briefmarken, Dokumenten und Urkunden zum Gegenstand haben.*

(4) *Der Unternehmer hat dafür zu sorgen, dass während der Beförderung ein Nachweis über eine gültige Haftpflichtversicherung, die den Ansprüchen des Absatzes 1 entspricht, mitgeführt wird. Das Fahrpersonal muss diesen Versicherungsnachweis während der Beförderung mitführen und Kontrollberechtigten auf Verlangen zur Prüfung aushändigen.*

(5) *Der Versicherer teilt dem Bundesamt für Güterverkehr den Abschluss und das Erlöschen der Versicherung mit.*

Erläuterungen zu § 7a – Absatz (1) bis (5)

Nach dem Wortlaut hat sich der Unternehmer nicht nur für **Güterschäden** sondern auch für **so genannte Vermögensschäden**, die als **Verspätungsschäden** geltend gemacht werden, zu versichern. Der Versicherungsumfang richtet sich nach den Bestimmungen des *Handelsgesetzbuches* in Verbindung mit dem geschlossenen Frachtvertrag. Er haftet zum Beispiel auch für den Schaden, der durch **Überschreiten der Lieferfrist** entsteht, ohne dass dabei die Güter selbst Schaden erleiden.

Versicherungspflicht

Die nach dem *GüKG* alter Fassung nur für den **Güterfernverkehr** und für den **Umzugsverkehr** geltende Versicherungspflicht wurde beibehalten und auf den **gesamten gewerblichen Güterkraftverkehr** ausgedehnt. Die Beibehaltung der Versicherungspflicht wurde als notwendig erachtet, weil der Unternehmer im Rahmen der hier vorgesehenen **Gefährdungshaftung** wesentlich umfassender zu haften hat als nach einem Prinzip, das nur dann Schäden ersetzt, wenn ein schuldhaftes Handeln des Haftenden vorausgesetzt wird. Darüber hinaus dient die Pflichtversicherung auch zum Schutz aller am Frachtvertrag Beteiligten. Sie schützt nicht nur den Unternehmer, insbesondere den Kleinunternehmer, sondern sie schützt auch den geschädigten Verlader. Außerdem trägt eine solche Maßnahme zu einem fairen Wettbewerb und Wettbewerbsgleichheit bei. Der besondere Gedanke des Verbraucherschutzes rückt insbesondere bei Umzugsbeförderungen in den Vordergrund, weil in diesen Fällen der Auftraggeber oftmals nicht über kaufmännische Kenntnisse verfügt, da es sich vielfach um Umzüge privater Natur handelt.

Die vom Unternehmer abzuschließende Haftpflichtversicherung muss eine **Mindestdeckung** von 600 000,– € je Schadensereignis umfassen. Eine **Jahreshöchstersatzleistung** und auch eine **Selbstbeteiligung** des Unternehmers wird zugelassen. Auch können nach dem Wortlaut des Absatz (3) bestimmte Tatbestände von der Versicherung ausgeschlossen werden.

Die Versicherungspflicht gilt nur für Beförderungen mit Be- und Entladeort im Inland. Frachtverträge im **grenzüberschreitenden Verkehr** sind zwingend nach den Bestimmungen der *CMR* abzuschließen. Für diese Fälle ist eine Versicherungspflicht nicht vorgesehen. Die Versicherungspflicht gilt allerdings auch für **ausländische Transportunternehmen**, wenn diese **innerdeutsche Beförderungen** (**Kabotage**) durchführen.

Sowohl Unternehmer als auch das Fahrpersonal werden verpflichtet, dass während der Beförderung ein **Versicherungsnachweis** mitgeführt wird und dieser Nachweis Kontrollberechtigten auf Verlangen zur Prüfung ausgehändigt wird. Besondere Einzelheiten sind hier nicht gefordert. Es reicht aus, wenn die Versicherung bestätigt, dass der Unternehmer eine Versicherung, die dem Versicherungsumfang des Absatzes (1) entspricht, abgeschlossen hat.

Weiterhin ist geregelt, dass der **Versicherer verpflichtet ist**, dem *Bundesamt für Güterverkehr* über den **Abschluss** und über das **Erlöschen** einer derartigen Versicherung Mitteilung zu erstatten. Da es sich hier um **deutsches Recht** handelt, wird es jeweils mit **ausländischen Versicherungen** besondere Problemstellungen geben.

§ 7b – Einsatz von ordnungsgemäß beschäftigtem Fahrpersonal

(1) *Ein Unternehmer, dessen Unternehmen seinen Sitz im Inland hat, darf bei Fahrten im Inland im gewerblichen Güterkraftverkehr einen Angehörigen eines Staates, der weder Mitglied der Europäischen Union, eines anderen Vertragsstaates des Abkommens über den Europäischen Wirtschaftraum noch Schweizer Staatsangehöriger ist, nur als Fahrpersonal einsetzen, wenn dieser im Besitz einer gültigen Arbeitsgenehmigung (§ 284 des Dritten Buches Sozialgesetzbuch) ist oder einer solchen nach § 284 Abs. 1 Satz 2 Nr. 2 oder 3 des Dritten Buches Sozialgesetzbuch nicht bedarf oder im Besitz einer von einer inländischen Behörde ausgestellten gültigen Fahrerbescheinigung nach Artikel 3 Abs. 1 der Verordnung (EWG) Nr. 881/92 ist. Der Unternehmer hat dafür zu sorgen, dass ausländisches Fahrpersonal*

1. *den Pass, Passersatz oder Ausweisersatz und*
2. *die Aufenthaltsgenehmigung oder Duldung und die Arbeitsgenehmigung, soweit diese erteilt worden ist, mitführt; die in Nummer 2 genannten Unterlagen können durch eine von einer inländischen Behörde ausgestellte gültige Fahrerbescheinigung nach Artikel 3 Abs. 1 der Verordnung (EWG) Nr. 881/92 ersetzt werden.*

(2) *Das Fahrpersonal muss die Unterlagen nach Absatz 1 Satz 2 während der gesamten Fahrt mitführen und Kontrollberechtigten auf Verlangen zur Prüfung aushändigen.*

(3) *Die Fahrerbescheinigung nach Artikel 3 Abs. 1 der Verordnung (EWG) Nr. 881/92 wird von der Erlaubnisbehörde erteilt. Die Landesregierung oder die von ihr ermächtigte Stelle kann eine andere zuständige Behörde bestimmen.*

§ 7c – Verantwortung des Auftraggebers

Wer zu einem Zwecke, der seiner gewerblichen oder selbständigen beruflichen Tätigkeit zuzurechnen ist, einen Frachtvertrag oder Speditionsvertrag mit einem Unternehmen abgeschlossen hat, darf Leistungen aus diesem Vertrag nicht ausführen lassen, wenn er weiß oder fahrlässig nicht weiß, dass der Unternehmer

1. *nicht Inhaber einer Erlaubnis nach § 3 oder einer Berechtigung nach § 6 ist,*
2. *bei der Beförderung Fahrpersonal einsetzt, das die Voraussetzungen des § 7b Abs. 1 Satz 1 nicht erfüllt, oder für das er nicht über eine Fahrerbescheinigung nach Artikel 3 Abs. 1 der Verordnung (EWG) Nr. 881/92 verfügt,*
3. *einen Frachtführer oder Spediteur einsetzt oder zulässt, dass ein solcher tätig wird, der die Beförderung unter den Voraussetzungen von*
    a) *Nummer 1,*
    b) *Nummer 2*
    durchführt.

Straßengüterverkehr 4.1

Die Wirksamkeit eines zu diesem Zwecke geschlossenen Vertrags wird durch einen Verstoß gegen Satz 1 nicht berührt.

§ 7d – Befugnisse von Kontrollberechtigten

(aufgehoben)

Erläuterungen zu § 7b bis 7c

Am 7.9.2001 ist das *Gesetz zur Bekämpfung der illegalen Beschäftigung im gewerblichen Güterkraftverkehr (GüKBillBG)* in Kraft getreten. Die Vorschriften des Gesetzes sind im Wesentlichen Bestandteil des *Güterkraftverkehrsgesetzes (GüKG)* geworden und durch die §§ 7b bis c im Wortlaut erfasst. Das *Bundesamt für Güterverkehr (BAG)* erhält in diesem Zusammenhang zusätzliche Kontrollkompetenzen. **Illegale Beschäftigung**

Ziel der Neuregelung ist es, Sozialdumping im Güterkraftverkehr zu verhindern. Das Gesetz bringt wichtige Neuerungen für **Auftraggeber und Transportunternehmer** als Beteiligte am Speditions- oder Frachtvertrag sowie für das **Fahrpersonal**.

Der **Auftraggeber** eines Speditions- oder Frachtvertrages hat künftig darauf zu achten, dass

- die Beförderung von einem Unternehmer durchgeführt wird, der Inhaber einer Erlaubnis oder Berechtigung nach dem *GüKG* ist und
- dass dieser bei der Beförderung Fahrpersonal aus Drittstaaten (Definition siehe Gesetzestext) nur mit Arbeitsgenehmigung oder Fahrerbescheinigung (siehe Gesetzestext) einsetzt.

Der Auftraggeber handelt vorwerfbar, wenn er weiß oder fahrlässig nicht weiß, dass die Beförderung ohne Erfüllung dieser Voraussetzungen durchgeführt wird. In diesem Fall darf der Auftraggeber die Leistungen aus dem Vertrag nicht ausführen lassen. Die Wirksamkeit des Vertrages bleibt unberührt.

Unternehmer aus *EU/EWR*-Staaten dürfen Fahrpersonal aus Drittstaaten bei Fahrten in *Deutschland* nur mit Arbeitsgenehmigung einsetzen. Falls eine solche im Staat des Unternehmenssitzes nicht erforderlich ist, muss das Fahrpersonal hierüber eine behördliche Bestätigung (Negativattest) mitführen. Die erforderlichen Dokumente sind sowohl im Original als auch in amtlich beglaubigter deutscher Übersetzung bei der Fahrt mitzuführen. Andernfalls kann die Weiterfahrt untersagt werden. Verstöße gegen die neuen Verpflichtungen sind als Ordnungswidrigkeiten bußgeldbewehrt. Es können Geldbußen bis zu 200 000,– € festgesetzt werden.

Das *BAG* überwacht nach einer Übergangsphase bereits seit November 2001 die strikte Einhaltung dieser Vorschriften. Bei Verstößen gegen die Mitführungspflicht einer Arbeitsgenehmigung beziehungsweise einer Übersetzung in die deutsche Sprache werden Ordnungswidrigkeiten-Verfahren eingeleitet. In eindeutigen Fällen werden die Kontrolleure des *BAG* die Weiterfahrt untersagen. Unabhängig davon werden wie bisher schon andere Behörden (Polizei, Zoll, Bundesgrenzschutz, Ausländeramt, gegebenenfalls Staatsanwaltschaften) eingeschaltet.

§ 8 – Vorläufige Weiterführung der Güterkraftverkehrsgeschäfte
(1) *Nach dem Tode des Unternehmers darf der Erbe die Güterkraftverkehrsgeschäfte vorläufig weiterführen. Das Gleiche gilt für den Testamentsvollstrecker, Nachlasspfleger oder Nachlassverwalter während einer Testamentsvollstreckung, Nachlasspflegschaft oder Nachlassverwaltung.*
(2) *Die Befugnis nach Absatz 1 erlischt, wenn nicht der Erbe binnen drei Monaten nach Ablauf der für die Ausschlagung der Erbschaft vorgesehenen Frist oder eine der in Absatz 1 Satz 2 genannten Personen binnen drei Monaten nach der Annahme ihres Amtes oder ihrer Bestellung die Erlaubnis beantragt hat. Ein in der Person des Erben wirksam gewordener Fristablauf wirkt auch gegen den Nachlassverwalter. Die Frist kann auf Antrag einmal um drei Monate verlängert werden.*
(3) *Im Falle der Erwerbs- oder Geschäftsunfähigkeit des Unternehmers oder der zur Führung der Güterkraftverkehrsgeschäfte bestellten Person darf ein Dritter, bei dem die Voraussetzungen nach § 3 Abs. 2 Nr. 1 und 3 noch nicht festgestellt worden sind, die Güterkraftverkehrsgeschäfte bis zu sechs Monaten nach der Feststellung der Erwerbs- oder Geschäftsunfähigkeit weiterführen. Die Frist kann auf Antrag einmal um drei Monate verlängert werden.*

Erläuterungen zu § 8

Diese Regelung entspricht dem Inhalt des *§ 19* alter Fassung. Mit dem Tod einer Person erlischt auch die ihm **persönlich erteilte Erlaubnis** zum Betreiben eines Güterkraftverkehrsgeschäftes. Gleichzeitig geht aber das Vermögen auf eine oder mehrere andere Personen (Erben) über. Im Rahmen dieses Erbvorganges nach dem *BGB* gehen alle dinglichen und persönlichen Vermögensrechte und auch Verbindlichkeiten auf die Erben über, sofern nicht die Erbschaft ausgeschlagen wird. Zum Vermögen gehört zwar auch ein Handelsgeschäft, aber in diesem Fall kann die **dem Unternehmer für seine Person erteilte Erlaubnis** nicht vererbt werden. Unverändert wird daher dem Erben eine Frist von drei Monaten eingeräumt. Während dieser Frist kann das Geschäft **weitergeführt werden**, aber gleichzeitig ist die **Beantragung einer Erlaubnis auf den Namen des Erben** vorzunehmen. Das gleiche Recht mit gleicher Frist wird einem Testamentsvollstrecker, Nachlasspfleger oder Nachlassverwalter eingeräumt.

Sofern der Erbe die Berufszugangsvoraussetzungen erfüllt, besteht ein Rechtsanspruch auf Erteilung dieser Erlaubnis. Die vorgesehene Frist von drei Monaten kann auf Antrag einmal um drei Monate verlängert werden. Es ist davon auszugehen, dass diese Zeit ausreicht, um die Erfüllung der subjektiven Zulassungsvoraussetzungen nachzuweisen.

Eine Ausnahmeregelung besteht ferner, wenn bei dem Unternehmer oder bei der zur Führung der Güterkraftverkehrsgeschäfte bestellten Person eine Erwerbs- oder Geschäftsunfähigkeit eintritt. In diesem Fall darf ein Dritter, der noch nicht die Voraussetzungen erfüllt, die Güterkraftverkehrsgeschäfte bis zu sechs Monaten weiterführen. Diese Frist kann dann noch einmal um drei Monate verlängert werden.

3. Abschnitt – Werkverkehr
§ 9 – Erlaubnis- und Versicherungsfreiheit
Der Werkverkehr ist erlaubnisfrei. Es besteht keine Versicherungspflicht.

Straßengüterverkehr 4.1

Erläuterungen zu § 9
Der **Werkverkehr**, also die **Beförderung von Gütern für eigene Zwecke**, unterliegt **Werk-**
auch weiterhin **keinerlei Zugangsbeschränkungen** und wird **nicht der Erlaubnispflicht verkehr**
unterworfen. Darüber hinaus ist auch eine Versicherungspflicht nicht vorgesehen. Der
Wegfall der Kontingentierung des Güterfernverkehrs führte auch zur **Aufhebung der
Unterscheidung zwischen Güternah- und Güterfernverkehr**. Gleichermaßen ist auch für
den Werkverkehr **diese Unterscheidung weggefallen**. Auch ist im Zuge dieser Änderung
die Beantragung einer **Standortbescheinigung nicht mehr erforderlich**.
Im Übrigen sind ebenfalls die vormals vorgeschriebenen Beförderungs- und Begleitpapiere nicht mehr vorgesehen. Allerdings wird gemäß *§ 15a* verlangt, dass ein Werk-
verkehrsunternehmen vor Beginn der ersten Beförderung beim *Bundesamt für Güterverkehr* anzumelden ist.
Ferner siehe Erläuterungen zu *§ 1 Abs. 2 und 3* und zu *§ 15a*.

4. Abschnitt – Bundesamt für Güterverkehr
§ 10 – Organisation

*(1) Das Bundesamt für Güterverkehr (Bundesamt) ist eine selbständige Bundesoberbehörde
im Geschäftsbereich des Bundesministeriums für Verkehr, Bau und Stadtentwicklung.
Es wird von dem Präsidenten geleitet.*

*(2) Der Aufbau des Bundesamtes wird durch das Bundesministerium für Verkehr, Bau und
Stadtentwicklung geregelt.*

Erläuterungen zu *§ 10*
Das *Bundesamt für Güterverkehr* hat bereits am 1.1.1994 als **Bundesoberbehörde** im **Bundesamt**
Geschäftsbereich des *Bundesministeriums für Verkehr, Bau und Stadtentwicklung* seine **für Güter-**
Tätigkeit aufgenommen. Es gliedert sich in eine **Zentrale mit Sitz in** *Köln*, **11 Außenstellen verkehr**
und die Nebenstelle in *Berlin/Brandenburg*. Diese Nebenstelle ist **organisatorisch der
Außenstelle** *Schwerin* zugeordnet und sie gibt in einer Übergangszeit im Auftrage der
Landesregierung *Brandenburg* bilaterale Genehmigungen (**Drittländergenehmigungen**)
für osteuropäische Länder aus.
In der **Zentrale** – gegliedert in vier Abteilungen- sind die Aufgaben wahrzunehmen,
deren einheitliche Bearbeitung für den **gesamten Geschäftsbereich** des Amtes notwendig
oder zweckmäßig ist.
Die **Außenstellen** sind in Sachbereiche gegliedert. Die Sachbereiche unterstehen direkt
den **fachaufsichtsführenden Referaten der Zentrale**. Die **Leitung der Außenstelle** wird
in Personalunion von einem **Sachbereichsleiter** wahrgenommen. Der Außenstellenleiter
führt die **Dienstaufsicht** über alle Mitarbeiter der Außenstelle. Daneben nimmt er **fach-
neutrale Aufgaben der Koordination** und der Repräsentation wahr. Die Anschriften der
einzelnen Dienststellen sind der folgenden Tabelle zu entnehmen.

Tab. 14:
Außenstellen des BAG

Bundesamt für Güterverkehr

	Postfachadresse	Hausadresse	Telefon-Nr.	Telefax-Nr.
Zentrale Köln	Postfach 19 01 80 50498 Köln	Werderstraße 34 50672 Köln	0221 5776-0	0221 5776-1777
Außenstellen / Dienststelle				
ASt Bremen	Postfach 10 68 49 28068 Bremen	Bürgermeister- Smidt-Straße 55-61 28195 Bremen	0421 16082-0	0421 16082-55
ASt Dresden	Postfach 12 01 54 01002 Dresden	Bernhardstraße 62 01187 Dresden	0351 87996-0	0351 87996-90
ASt Erfurt	Postfach 80 04 53 99030 Erfurt	Bahnhofstraße 37 99084 Erfurt	0361 66489-0	0361 66489-66
ASt Hannover	Postfach 11 46 30011 Hannover	Goseriede 6 30159 Hannover	0511 126074-0	0511 126074-66
ASt Kiel	Postfach 16 40 24015 Kiel	Willestraße 5 – 7 24103 Kiel	0431 98277-0	0431 982 77-88/89
ASt Mainz	Postfach 15 48 55005 Mainz	Rheinstraße 4B 55116 Mainz	06131 14672-0	06131 14672-75
ASt München	Postfach 40 02 49 80702 München	Winzererstraße 52 80797 München	089 12603-0	089 12603-321
ASt Münster	Postfach 20 11 54 48092 Münster	Grevener Straße 129 48159 Münster	0251 53405-0	0251 53405-99
ASt Saar- brücken	Postfach 10 03 41 66003 Saarbrücken	Mainzer Straße 32-34 66111 Saarbrücken	0681 96702-0	0681 96702-90
ASt Schwerin	ohne	Bleicherufer 11 19053 Schwerin	0385 59141-0	0385 59141-290
DSt. Berlin/ Brandenburg	10108 Berlin	Schiffbauerdamm 13 10117 Berlin	030 2888563	030 2829262
Genehmigungs- stelle				030 2808080
ASt Stuttgart	Postfach 10 07 43 70006 Stuttgart	Schloßstraße 59 70174 Stuttgart	0711 615557-0	0711 615557-88

Quelle: BAG

Die Umwandlung der ehemaligen *Bundesanstalt für den Güterfernverkehr* war erforderlich geworden, nachdem mit Wegfall der Tarife durch das *Tarifaufhebungsgesetz* am 1.1.1994 eine der wichtigsten Aufgabe der *Bundesanstalt*, nämlich die **Überwachung der Einhaltung von Tarifvorschriften**, weggefallen war. Die beibehaltenen Abkürzung *BAG* erweckt zwar zunächst den Eindruck, als handele es sich hier um die Fortführung der ehemaligen *Bundesanstalt für den Güterfernverkehr*, aber mit der Änderung des *GüKG* zum 1.1.1994 wurde sowohl von der **Struktur als auch von der Aufgabenstellung** her ein **neues** Amt geschaffen. Während die Finanzierung des Haushalts der Bundesanstalt durch **Umlagen und Beiträge der Verkehrswirtschaft** erfolgte, wird nunmehr das *Bundesamt* aus allgemeinen **Steuermitteln des Bundes** finanziert. Die Aufgabenstellung wurde darüber hinaus nicht nur auf das Gebiet des Güterkraftverkehrs beschränkt, sondern wurde auf Verwaltungsaufgaben des Bundes auf das Gesamtgebiet des Verkehrs ausgedehnt, die durch das *GüKG* **oder durch andere Bundesgesetze** zugewiesen werden. So sind bereits Aufgaben übertragen worden, die bislang vom *Bundesministerium für*

Straßengüterverkehr 4.1

Verkehr wahrgenommen wurden, zum Beispiel die **Zuständigkeit zur Überwachung der Beförderungsentgelte im Fluglinienverkehr** oder die Wahrnehmung der Aufgaben zur **Erhebung von Konzessionsabgaben für Autobahnnebenbetriebe**. Welche Aufgaben im Einzelnen direkt durch das *GüKG* übertragen worden sind, ergibt sich aus dem Wortlaut des folgenden *§ 11.*

§ 11 – Aufgaben

(1) Das Bundesamt erledigt Verwaltungsaufgaben des Bundes auf dem Gebiet des Verkehrs, die ihm durch dieses Gesetz, durch andere Bundesgesetze oder auf Grund dieser Gesetze zugewiesen sind.

(2) Das Bundesamt hat darüber zu wachen, dass

1. *in- und ausländische Unternehmen des gewerblichen Güterkraftverkehrs und alle anderen am Beförderungsvertrag Beteiligten die Pflichten erfüllen, die ihnen nach diesem Gesetz und den hierauf beruhenden Rechtsvorschriften obliegen,*
2. *die Bestimmungen über den Werkverkehr eingehalten werden,*
3. *die Rechtsvorschriften über*
   - *a) die Beschäftigung und die Tätigkeiten des Fahrpersonals auf Kraftfahrzeugen einschließlich der aufenthalts-, arbeitsgenehmigungs- und sozialversicherungsrechtlichen Vorschriften,*
   - *b) die zulässigen Abmessungen sowie die zulässigen Achslasten und Gesamtgewichte von Kraftfahrzeugen und Anhängern,*
   - *c) die im internationalen Güterkraftverkehr verwendeten Container gemäß Artikel VI Abs. 1 des Internationalen Übereinkommens über sichere Container (CSC) in der Fassung der Bekanntmachung vom 2.8.1985 (BGBl. II S. 1009) in der jeweils durch Rechtsverordnung nach Artikel 2 des Zustimmungsgesetzes umgesetzten Fassung,*
   - *d) die Abgaben, die für das Halten oder Verwenden von Fahrzeugen zur Straßengüterbeförderung sowie für die Benutzung von Straßen anfallen,*
   - *e) die Umsatzsteuer, die für die Beförderung von Gütern im Binnenverkehr durch ausländische Unternehmer oder mit nicht im Inland zugelassenen Fahrzeugen anfällt,*
   - *f) die Beförderung gefährlicher Güter auf der Straße,*
   - *g) die Beförderungsmittel nach den Vorgaben des Übereinkommens über internationale Beförderungen leicht verderblicher Lebensmittel und über die besonderen Beförderungsmittel, die für diese Beförderungen zu verwenden sind (ATP), vom 1.9.1970 (BGBl. 1974 II S. 566) in der jeweils durch Rechtsverordnung nach Artikel 2 des Zustimmungsgesetzes umgesetzten Fassung,*
   - *h) die Beschaffenheit, Kennzeichnung und Benutzung von Beförderungsmitteln und Transportbehältnissen zur Beförderung von Lebensmitteln und Erzeugnissen des Weinrechts,*
   - *i) das Mitführen einer Ausfertigung der Genehmigung für die Beförderung von Kriegswaffen nach dem Gesetz über die Kontrolle von Kriegswaffen in der Fassung der Bekanntmachung vom 22.11.1990 (BGBl. I S. 2506) in der jeweils geltenden Fassung,*

j) die Beförderung von Abfall mit Fahrzeugen zur Straßengüterbeförderung und
k) die zulässigen Werte für Geräusche und für verunreinigende Stoffe im Abgas von Kraftfahrzeugen zur Güterbeförderung,
l) die Ladung und
m) die nach Artikel 4 Abs. 1 in Verbindung mit Anhang I Nr. 10 der Richtlinie 2000/30/EG des Europäischen Parlaments und des Rates vom 6.6.2000 über die technische Unterwegskontrolle von Nutzfahrzeugen, die in der Gemeinschaft am Straßenverkehr teilnehmen (ABl. EG Nr. L 203 S. 1) zu prüfenden technischen Anforderungen an Kraftfahrzeuge zur Güterbeförderung eingehalten werden, soweit diese Überwachung im Rahmen der Maßnahmen nach § 12 Abs. 1 und 2 durchgeführt werden kann.

(3) In den Fällen des Absatzes 2 Nr. 3 Buchstabe d und e hat das Bundesamt ohne Ersuchen den zuständigen Finanzbehörden die zur Sicherung der Besteuerung notwendigen Daten zu übermitteln.

(4) Allgemeine Verwaltungsvorschriften zu den Aufgaben nach Absatz 2 Nr. 3 Buchstabe j und k werden vom Bundesministerium für Verkehr, Bau und Stadtentwicklung und vom Bundesministerium für Umwelt, Naturschutz und Reaktorsicherheit erlassen.

§ 12 – Befugnisse

(1) Soweit dies zur Durchführung der Aufgaben nach § 11 Abs. 2 erforderlich ist, kann das Bundesamt insbesondere auf Straßen, auf Autohöfen und an Tankstellen Überwachungsmaßnahmen im Wege von Stichproben durchführen. Zu diesem Zweck dürfen seine Beauftragten Kraftfahrzeuge zur Güterbeförderung anhalten, die Identität des Fahrpersonals durch Überprüfung der mitgeführten Ausweispapiere feststellen sowie verlangen, dass die Zulassungsdokumente des Fahrzeugs, der Führerschein des Fahrpersonals und die nach diesem Gesetz oder sonstigen Rechtsvorschriften bei Fahrten im gewerblichen Güterkraftverkehr mitzuführenden Nachweise, Berechtigungen oder Bescheinigungen zur Prüfung ausgehändigt werden. Das Fahrpersonal hat den Beauftragten des Bundesamtes unverzüglich die zur Erfüllung der Überwachungsaufgaben erforderlichen Auskünfte wahrheitsgemäß nach bestem Wissen und Gewissen zu erteilen. Es kann die Auskunft auf Fragen verweigern, deren Beantwortung es selbst oder einen der in § 383 Abs. 1. Nr. 1 bis 3 der Zivilprozessordnung bezeichneten Angehörigen der Gefahr der strafgerichtlichen Verfolgung oder eines Verfahrens nach dem Gesetz über Ordnungswidrigkeiten aussetzen würde.

(2) Zur Überwachung von Rechtsvorschriften über die Beschäftigung und die Tätigkeiten des Fahrpersonals auf Kraftfahrzeugen können Beauftragte des Bundesamtes auf Antrag eines Landes auch Kraftomnibusse anhalten.

(3) Das Fahrpersonal hat die Zeichen und Weisungen der Beauftragten des Bundesamtes zu befolgen, ohne dadurch von seiner Sorgfaltspflicht entbunden zu sein.

(4) Soweit dies zur Durchführung der Aufgaben nach § 11 Abs. 2 Nr. 1 und 2 sowie Nr. 3 Buchstabe d (Rechtsvorschriften über die Abgaben für die Benutzung von Straßen) erforderlich ist, können Beauftragte des Bundesamtes bei Eigentümern und Besitzern von Kraftfahrzeugen zur Güterbeförderung und allen an der Beförderung oder an den Handelsgeschäften über die beförderten Güter Beteiligten
1. Grundstücke und Geschäftsräume innerhalb der üblichen Geschäfts- und Arbeits-

Straßengüterverkehr 4.1

   stunden betreten sowie
2. *Einsicht in die Bücher und Geschäftspapiere einschließlich der Unterlagen über den Fahrzeugeinsatz nehmen.*
   Die in Satz 1 genannten Personen haben diese Maßnahmen zu gestatten.
(5) *Die in Absatz 4 genannten und für sie tätigen Personen haben den Beauftragten des Bundesamtes auf Verlangen alle für die Durchführung der Überwachung nach § 11 Abs. 2 Nr. 1 und 2 sowie Nr. 3 Buchstabe d (Rechtsvorschriften über die Abgaben für die Benutzung von Straßen) erforderlichen*
  1. *Auskünfte zu erteilen,*
  2. *Nachweise zu erbringen sowie*
  3. *Hilfsmittel zu stellen und Hilfsdienste zu leisten.*
   Absatz 1 Satz 3 und 4 gilt entsprechend.
(6) *Stellt das Bundesamt in Ausübung der in den Absätzen 1 und 2 genannten Befugnisse Tatsachen fest, die die Annahme rechtfertigen, dass Zuwiderhandlungen gegen*
  1. *§§ 142, 263, 266a, 267, 268, 315c oder § 316 des Strafgesetzbuches,*
  2. *§ 21 oder § 22 des Straßenverkehrsgesetzes,*
  2a. *§ 10 oder § 11 des Schwarzarbeitsbekämpfungsgesetzes,*
  2b. *§ 404 Abs. 2 Nr. 3 und 4 des Dritten Buches Sozialgesetzbuch,*
  2c. *§ 111 Abs. 1 Nr. 6 des Vierten Buches Sozialgesetzbuch,*
  3. *§ 24 des Straßenverkehrsgesetzes, die nach dem auf Grund des § 26a des Straßenverkehrsgesetzes erlassenen Bußgeldkatalog in der Regel mit Geldbußen von mindestens fünfzig EURO geahndet werden,*
  4. *§ 24a oder 24c des Straßenverkehrsgesetzes,*
  5. *§ 18 Abs. 1 Nr. 3 Buchstabe a des Tierschutzgesetzes oder*
  6. *§ 61 Abs. 1 Nr. 5 und Abs. 2 Nr. 10 des Kreislaufwirtschafts- und Abfallgesetzes, bei denen das Bundesamt nicht Verwaltungsbehörde im Sinne des § 36 Abs. 1 Nr. 1 des Gesetzes über Ordnungswidrigkeiten ist, begangen wurden, übermittelt es derartige Feststellungen den zuständigen Behörden. Bei Durchführung der Überwachung nach den Absätzen 4 und 5 gilt gleiches für schwerwiegende Zuwiderhandlungen gegen die in § 11 Abs. 2 Nr. 3 genannten Rechtsvorschriften. Das Recht, Straftaten oder Ordnungswidrigkeiten anzuzeigen, bleibt unberührt.*

Erläuterungen zu *§ 12 – zu Absatz (1)*
 Die Befugnisse des *Bundesamtes* blieben im Wesentlichen unverändert gegenüber dem **BAG-**GüKG alter Fassung. Der Tatsache, dass der Umfang der Betriebskontrollen aus Gründen **Aufgaben** der **Gleichbehandlung gebietsansässiger und gebietsfremder Unternehmen stark** abgenommen und die Befugnis zur Durchführung von **Straßenkontrollen** erheblich an Bedeutung gewonnen hat, wurde durch eine entsprechende redaktionelle Überarbeitung Rechnung getragen. Neu ist die **Mitwirkungspflicht** des Fahrzeugführers, der unverzüglich die zur Erfüllung der Überwachungsaufgaben erforderlichen Auskünfte unter **Berücksichtigung des Aussageverweigerungsrechts nach der Zivilprozessordnung** wahrheitsgemäß nach bestem Wissen und Gewissen zu erteilen hat. **Straßen-**
 Die Straßenkontrollbefugnisse erstrecken sich nicht nur auf den „ruhenden Verkehr" **kontroll-**
auf Straßen, auf Autohöfen und an Tankstellen, sondern auch auf den „fließenden **befugnisse**

Verkehr". Zu diesem Zweck dürfen die Straßenkontrolleure **selbständig Kraftfahrzeuge zur Güterbeförderung** anhalten. Insoweit sind ihnen **Polizeibefugnisse durch das Gesetz** zugestanden worden. Eine Klarstellung hierzu erfolgte durch Änderung des Gesetzestextes 1990 und einer weiteren Ergänzung 1994. Zwar wurde allgemein die Rechtsauffassung vertreten, dass der bis zu diesem Zeitpunkt gültige Wortlaut des *GüKG* die Befugnis zum selbständigen Anhalten umfasste, dennoch wollte man diese wichtige Aufgabenstellung nicht **im Wege der Interpretation** eines Gesetzes, sondern durch **klaren Wortlaut** geregelt wissen.

Stand- Die Überwachung des Straßengüterverkehrs geschieht einerseits in Form von
kontrollen Standkontrollen an ausgewählten **festen Standorten** auf Plätzen an Bundesstraßen oder Bundesautobahnen, andererseits werden auch Kontrollen **gezielt** aus dem **fließenden Verkehr heraus** durch speziell für diese Kontrolltechnik ausgerüstete Fahrzeuge vorgenommen. In der Praxis werden **alle Kontrollen mit der Polizei** vorher im Rahmen eines Kontrollplanes **langfristig abgestimmt**. Es kommt allerdings vor, dass die Polizei infolge Wahrnehmung anderer wichtiger Aufgaben kurzfristig diesen Kontrollen fernbleiben muss, so dass in einem solchen Fall die Kontrolleure des Bundesamtes aufgrund der Anhaltebefugnis die Kontrollen eigenständig durchführen können.

– Zu *Absatz (2) und (3)*

Das Straßenkontrollrecht erstreckt sich auch grundsätzlich auf die Überwachung der Rechtsvorschriften über die Beschäftigung und Tätigkeiten des Fahrpersonals. Dieses Kontrollrecht gilt auf **Antrag eines Landes** auch für das **Fahrpersonal von Kraftomnibussen.** Zwischenzeitlich hat das *Bundesamt* bekanntgegeben, dass auf Antrag auf den Gebieten von 15 Bundesländern derartige Kontrollen regelmäßig durch das Bundesamt vorgenommen werden. Das Land *Bayern* hat bisher diese Aufgaben dem *Bundesamt für Güterverkehr* noch nicht übertragen.

– Zu *Absatz (4) bis (6)*

Maut In diesen Vorschriften wird das Betriebskontrollrecht des *Bundesamtes für Güterverkehr* auf die Einhaltung der Vorschriften über die inzwischen eingeführte **Autobahnmaut** ausgedehnt. Dies erschien erforderlich, um im Wege von Stichproben feststellen zu können, ob die Pflicht zur Entrichtung von Maut erfüllt und Erstattungsverfahren ordnungsgemäß durchgeführt wurden.

Das Betriebskontrollrecht erstreckt sich auf **alle Eigentümer und Besitzer von Kraftfahrzeugen zur Güterbeförderung** und allen an der **Beförderung und an den Handelsgeschäften über die beförderten Güter Beteiligten**. Grundstücke und Geschäftsräume dürfen innerhalb der üblichen Geschäftszeiten und Arbeitsstunden betreten und Einsicht in Geschäftsunterlagen genommen werden. Auch in dieser Bestimmung ist eine **Mitwirkungspflicht** der Betroffenen festgelegt worden, die die Ermittlungen in einem bestimmten Umfang zu unterstützen und zu gestatten haben.

In vielen Fälle wirkt das *Bundesamt für Güterverkehr* als **Ermittlungsbehörde**, nicht jedoch als eigenständige Verwaltungsbehörde zur Ahndung von Ordnungswidrigkeiten. Werden im Zuge der Ermittlungen Tatbestände festgestellt, für die die Zuständigkeit anderen Behörden übertragen ist, werden derartige Feststellungen den zuständigen Behörden mitgeteilt.

Straßengüterverkehr 4.1

§ 13 – Untersagung der Weiterfahrt
(1) *Das Bundesamt kann die Fortsetzung der Fahrt untersagen, soweit dies zur Wahrnehmung der ihm nach § 11 Abs. 2 Nr. 1 oder 3 übertragenen Aufgaben erforderlich ist.*
(2) *Werden die in § 7b Abs. 1 Satz 2 genannten Unterlagen oder die nach Artikel 3 Abs. 1 der Verordnung (EWG) Nr. 881/92 vorgeschriebene Fahrerbescheinigung nicht im Original mitgeführt oder auf Verlangen nicht zur Prüfung ausgehändigt, so können das Bundesamt sowie sonstige Kontrollberechtigte dem betroffenen Fahrpersonal die Fortsetzung der Fahrt so lange untersagen, bis diese Unterlagen vorgelegt werden. Das Bundesamt sowie sonstige Kontrollberechtigten können die Fortsetzung der Fahrt ferner untersagen, wenn*
1. *eine Erlaubnis nach § 3 oder eine Berechtigung nach § 6 nicht mitgeführt wird oder nicht zur Prüfung ausgehändigt wird oder*
2. *eine nach § 46 Abs. 1 des Gesetzes über Ordnungswidrigkeiten in Verbindung mit § 132 Abs. 1 Nr. 1 der Strafprozessordnung angeordneten Sicherheitsleistung nicht oder nicht vollständig erbracht wird.*

Erläuterungen zu § 13

Mit **Neufassung des § 13** im Jahre 2004 erhält das *Bundesamt für Güterverkehr* neue gesetzliche Aufgaben für die Durchführung der **technischen Unterwegskontrolle** und zur **Kontrolle der Ladungssicherung**. Dadurch ist das *Bundesamt* nunmehr auch befugt, im Falle von festgestellten Verstößen die Weiterfahrt des beanstandeten Fahrzeugs so lange zu untersagen, bis der verkehrssicherheitsgefährdende Zustand beseitigt ist. Diese Erweiterung des gesetzlichen Auftrags für das *BAG* entspricht langjährigen Forderungen vieler Experten und trägt dazu bei, den **gemeinsamen Kontrollauftrag von Bund und Ländern** noch effizienter zu gestalten und damit einen wesentlichen eigenen Beitrag zur Verkehrssicherheit zu leisten.

Mit dem Recht, die **Weiterfahrt zu untersagen**, wird ein Mittel der Gefahrenabwehr wahrgenommen. **Gefahren besonderer Art** drohen zum Beispiel bei Nichtbeachten der Gefahrgutvorschriften, bei **Überschreiten der vorgeschriebenen Lenk- und Ruhezeiten** oder bei Einsatz eines nicht den Straßenverkehrzulassungsvorschriften entsprechenden Fahrzeugs. Im Rahmen dieser Kontrollmaßnahmen und Anordnungen ist in jedem Fall die **Verhältnismäßigkeit der Mittel** zu beachten. Nach einer vom *Bundesamt für Güterverkehr* veröffentlichten **Statistik für das Jahr 2004** wurde von 642 436 kontrollierten Fahrzeugen insgesamt 15 861 Fahrzeugen die **Weiterfahrt untersagt. Bei Einfahrt in die** *Bundesrepublik Deutschland* wurden bereits 90 Kraftfahrzeuge sofort zurückgewiesen. Nach der verkehrspolitischen Zielsetzung wird für die nächsten Jahre eine Erhöhung der Anzahl der kontrollierten Fahrzeuge auf rund 800 000 angestrebt.

§ 14 – Marktbeobachtung
(1) *Das Bundesamt beobachtet und begutachtet die Entwicklung des Marktgeschehens im Güterverkehr (Marktbeobachtung). Die Marktbeobachtung umfasst den Eisenbahn-, Straßen- und Binnenschiffsgüterverkehr. Mit der Marktbeobachtung sollen Fehlentwicklungen auf dem Verkehrsmarkt frühzeitig erkannt werden. Es besteht keine Auskunftspflicht.*

(2) Das Bundesamt berichtet dem Bundesministerium für Verkehr, Bau und Stadtentwicklung über den jeweiligen Stand der Entwicklung des Marktgeschehens und die absehbare künftige Entwicklung.

(3) Zur Erfüllung der Aufgaben nach den Absätzen 1 und 2 dürfen dem Bundesamt vom Statistischen Bundesamt und den Statistischen Ämtern der Länder aus den von diesen geführten Wirtschaftsstatistiken, insbesondere der Verkehrsstatistik, zusammengefasste Einzelangaben übermittelt werden, sofern diese keine Rückschlüsse auf eine bestimmte oder bestimmbare Person zulassen.

(4) Die vom Bundesamt im Rahmen der Marktbeobachtung gewonnenen personenbezogenen Daten dürfen nur für Zwecke der Marktbeobachtung gespeichert und genutzt werden. Sie sind zu löschen, sobald sie nicht mehr benötigt werden.

Erläuterungen zu § 14

Marktbeobachtung Der erste Schritt zur Einführung einer **Marktbeobachtung** wurde bereits mit der *Verordnung (EWG) Nr. 4058/89 des Rates vom 21.12.1989 über die Preisbildung im Güterkraftverkehr zwischen den Mitgliedstaaten* getan. Anlass war die mit dieser Verordnung eingeführte **freie Preisbildung** für den **gewerblichen Güterkraftverkehr zwischen den Mitgliedstaaten zum 1.1.1990**. In Artikel 3 Absatz (1) dieser VO wurde festgelegt:

Die Verkehrsunternehmer, die Spediteure und die Frachtvermittler haben im Hinblick auf die endgültige Einführung eines Marktbeobachtungssystems auf dem Gebiet des Güterverkehrs den zuständigen Behörden ihres Mitgliedstaates auf Verlangen Angaben über die im grenzüberschreitenden Güterkraftverkehr praktizierten Beförderungsentgelte zu erteilen.

Diese Regelung sollte sicherstellen, dass insbesondere die Entwicklung der Beförderungsentgelte im grenzüberschreitenden Straßengüterverkehr nach Wegfall der Tarife beobachtet werden sollte.

Die vorstehende Verordnung wurde dann durch die *Verordnung (EWG) Nr. 3916/90 des Rates vom 21.12.1990 über Maßnahmen bei Krisen auf dem Güterkraftverkehrsmarkt* mit Wirkung vom 1.1.1991 ergänzt. Mit dieser VO sollte ein **gemeinschaftlicher Schutzmechanismus** geschaffen werden, um möglichen **schweren Marktstörungen** begegnen zu können. Die Krise wurde in Artikel 2 dieser VO wie folgt definiert:

Eine Krise im Sinne dieser Verordnung ist das Auftreten auf dem Markt des grenzüberschreitenden gewerblichen Güterkraftverkehrs zwischen den Mitgliedstaaten von diesem Markt eigenen Problemen, die geeignet sind, zu einem möglicherweise anhaltenden deutlichen Angebotsüberhang zu führen, der das finanzielle Gleichgewicht und das Überleben zahlreicher Unternehmen im Güterkraftverkehr ernstlich gefährden könnte, sofern die kurz- und mittelfristigen Prognosen für den betreffenden Markt keine deutliche und dauerhafte Besserung erwarten lassen.

Nach dem weiteren Wortlaut der Verordnung kann ein Mitgliedstaat, sofern er die Auffassung vertritt, dass eine Krise besteht, beantragen, dass die Kommission Nachforschungen anstellt.

Straßengüterverkehr 4.1

Mit Wegfall der Tarife für den Straßengüterverkehr durch das *Tarifaufhebungsgesetz* seit dem 1.1.1994 wurde auch die damit verbundene systematische Tarifüberwachung durch Vorlage von Prüfungsunterlagen aufgehoben. Eine Beobachtung der weiteren Preisentwicklung war somit auf dieser Basis nicht mehr möglich.

Gleichwohl war aufgrund der tiefgreifenden Veränderungen des Güterkraftverkehrsmarktes im Verlauf der **schrittweisen Anpassung der nationalen Verkehrsmarktordnung** an die *EG-Vorschriften* ein weiteres Beobachten der Entwicklung unverzichtbar auch unter Berücksichtigung der bereits erwähnten bestehenden *EG-Vorschriften*. Die Befürchtungen im Hinblick auf einen **ruinösen Wettbewerb** bei einer **weiteren Liberalisierung** und **zunehmenden Harmonisierungsdefiziten** innerhalb der Gemeinschaft nahm auch der Druck der **Verbände des deutschen Güterkraftverkehrs** zu. Damit unter den Bedingungen eines verschärften Wettbewerbs (bei auf nationaler Ebene nur noch geringen Einwirkungsmöglichkeiten auf die Wettbewerbsbedingungen) bei weiterhin stark steigendem Verkehrsvolumen eventuelle Fehlentwicklungen so frühzeitig erkannt werden, dass Abhilfemaßnahmen eingeleitet werden können, war eine fortlaufende und zeitnahe Beobachtung des Verkehrsmarktes erforderlich.

Mit der Novellierung des *GüKG* zum 1.1.1994 wurden daraufhin die Aufgaben einer **Marktbeobachtung** dem *Bundesamt für Güterverkehr* übertragen. **Die Marktbeobachtung umfasst den Eisenbahn-, Straßen- und Binnenschiffsgüterverkehr.** Ein im *Bundesministerium für Verkehr, Bau und Stadtentwicklung* erarbeitetes Anforderungsprofil wurde zur Umsetzung der Marktbeobachtung herangezogen. Als Erkennungsziele der **fortlaufenden und systematischen Marktbeobachtung** sind nun die **Auswirkungen der Deregulierungen** sowie anderer verkehrspolitisch relevanter Maßnahmen öffentlicher Stellen auf die **wirtschaftliche Situation der Verkehrsunternehmen** und deren **Verhaltensänderungen** sowie die **Verkehrssicherheit, die Infrastrukturbelastung und die Umwelt** zu beobachten. Die Ergebnisse der Marktbeobachtung werden in regelmäßigen Abständen oder auch, wenn notwendig, im Rahmen einer Sofort-Berichterstattung dem *Bundesministerium für Verkehr, Bau und Stadtentwicklung* mitgeteilt. Darüber hinaus muss – wie im Gesetz festgelegt – das *Bundesamt* auch die Entwicklung begutachten.

Unter Berücksichtigung der fortschreitenden **Liberalisierung** wird es künftig noch mehr als in der Vergangenheit notwendig sein, **Fehlentwicklungen am Markt rechtzeitig zu erkennen**. Die Marktbeobachtung selbst stellt zwar **kein Marktsteuerungsinstrument** dar, sie kann jedoch bei frühzeitigem Erkennen kritischer Entwicklungen **verkehrspolitische** Maßnahmen induzieren.

§ 15 – Unternehmensdatei

(1) *Das Bundesamt führt eine Datei über alle im Inland niedergelassenen Unternehmen des gewerblichen Güterkraftverkehrs, um unmittelbar feststellen zu können, über welche Berechtigungen (Erlaubnis, Gemeinschaftslizenz, CEMT-Genehmigung, CEMT-Umzugsgenehmigung) die jeweiligen Unternehmer verfügen.*

(2) *Zu dem in Absatz 1 genannten Zweck kann das Bundesamt folgende Daten des Unternehmens speichern:*
  1. Name und Rechtsform,
  2. Anschrift sowie Telefon- und Telefaxnummern des Sitzes,

3. Vor- und Familiennamen der Inhaber, der geschäftsführungs- und vertretungsberechtigten Gesellschafter, der gesetzlichen Vertreter und der zur Führung der Güterkraftverkehrsgeschäfte bestellten Personen,
4. Anschriften der Niederlassungen sowie
5. Art und Anzahl der erteilten Berechtigungen, Abschriften und Ausfertigungen sowie jeweils die zuständige Erteilungsbehörde und das Erteilungsdatum.

Soweit die Berechtigungen von der zuständigen Landesbehörde erteilt werden, übermittelt diese dem Bundesamt die in Satz 1 genannten Daten zur Aufnahme in die Unternehmensdatei.

(3) Ergeben sich beim Bundesamt Anhaltspunkte dafür, dass die in Absatz 2 Satz 1 genannten Daten nicht mehr richtig sind, teilt es dies der zuständigen Landesbehörde mit. Diese kann vom Unternehmer Auskunft verlangen und unterrichtet das Bundesamt. Der Unternehmer ist zur Auskunft nach Satz 2 verpflichtet.

(4) Das Bundesamt darf die nach Absatz 2 gespeicherten Daten für die
1. Erteilung vom CEMT-Genehmigungen,
2. Beantwortung von Anfragen der für die Erteilung der Genehmigung zur Beförderung von Kriegswaffen zuständigen Behörden nach der Zuverlässigkeit des Antragstellers gemäß dem Gesetz über die Kontrolle von Kriegswaffen in der Fassung der Bekanntmachung vom 22.11.1190 (BGBl. I S. 2506) in der jeweils geltenden Fassung,
3. Erledigung der Aufgaben, die ihm nach dem Gesetz zur Sicherstellung des Verkehrs in der Fassung der Bekanntmachung vom 8.10.1968 (BGBl. I S. 1082) in der jeweils geltenden Fassung übertragen sind, und
4. Durchführung von Ordnungswidrigkeiten-Verfahren gegen Unternehmer, deren Unternehmen ihren Sitz im Inland haben,

verarbeiten und nutzen, soweit dies zur Erfüllung der genannten Aufgaben erforderlich ist.

(5) Das Bundesamt ist berechtigt, die Datei als Auswahlgrundlage für die Durchführung der Unternehmensstatistik im gewerblichen Güterkraftverkehr und der Marktbeobachtung nach § 14 zu verwenden.

(6) Die nach Absatz 2 Satz 1 gespeicherten Daten sind zu löschen, wenn sie für die Aufgaben nach Absatz 1, 4 und 5 nicht mehr benötigt werden, spätestens aber ein Jahr, nachdem das Unternehmen seinen Betrieb eingestellt hat.

Erläuterungen zu § 15

Unternehmensdatei Diese Regelung schreibt vor, dass vom *Bundesamt für Güterverkehr* eine Datei über alle im Inland niedergelassenen **Unternehmen des gewerblichen Güterkraftverkehrs** zu führen ist. Nach dem *GüKG* alter Fassung bestand für **alle Unternehmer des gewerblichen Güterkraftverkehrs** eine Meldepflicht, nach der sie ihren Betrieb mit bestimmten Merkmalen beim *Bundesamt für Güterverkehr* anzumelden hatten. Das neue *GüKG* **entbindet** nunmehr die **Unternehmer von dieser Pflicht**, schreibt aber dafür vor, dass die **Ausgabestellen (Länderbehörden)** der Erlaubnisse und Gemeinschaftslizenzen die **erforderlichen Daten dem** *Bundesamt* **zu übermitteln haben**.

Diese Datei dient wie bisher der Zielsetzung, dass nach diesem **Zentralregister** festge-

Straßengüterverkehr 4.1

stellt werden kann, über welche Berechtigungen (Erlaubnis, Gemeinschaftslizenz, *CEMT-Genehmigung, CEMT-Umzugsgenehmigung*) die jeweiligen Unternehmer verfügen. Dem gestiegenen **Datenschutz** wurde entsprochen, indem nunmehr im Einzelnen im Gesetz aufgelistet ist, welche Daten das *Bundesamt* **für welche Zwecke** speichern darf und nach **welchem Fristablauf Daten zu löschen sind.** Außerdem wurde auch vorgeschrieben, dass das *Bundesamt* wiederum den **zuständigen Landesbehörden** Mitteilung zu machen hat, wenn sich Anhaltspunkte dafür ergeben, dass die erfassten Daten nicht mehr richtig sind. Insoweit ist also eine **Zusammenarbeit der Landes- und Bundesbehörden untereinander gesetzlich vorgeschrieben.**

Diese erfassten Daten dienen neben der **Durchführung von Ordnungswidrigkeiten-Verfahren** unter anderem auch als **Grundlage zur Durchführung der Unternehmensstatistik** und der **Marktbeobachtung**. Zur Beurteilung der Struktur und der Entwicklung des Straßengüterverkehrs werden bei Unternehmen, die Straßengüterverkehr betreiben, bestimmte Daten durch das *Bundesamt für Güterverkehr* und durch das *Kraftfahrt-Bundesamt* repräsentative Erhebungen von Verkehrsleistungs-, Preis- und Unternehmensangaben über wirtschaftliche Tätigkeiten, Umsatz, Geschäfte, Investitionen und Fuhrpark im Rahmen einer Bundesstatistik mit Auskunftspflicht durchgeführt.

§ 15a – Werkverkehrsdatei

(1) Das Bundesamt führt eine Datei über alle im Inland niedergelassenen Unternehmen, die Werkverkehr mit Lastkraftwagen, Zügen (Lastkraftwagen und Anhänger) und Sattelkraftfahrzeugen durchführen, deren zulässiges Gesamtgewicht 3,5 Tonnen übersteigt, um unmittelbar feststellen zu können, welche Unternehmen Werkverkehr mit größeren Kraftfahrzeugen betreiben.

(2) Jeder Unternehmer, der Werkverkehr im Sinne des Absatzes 1 betreibt, ist verpflichtet, sein Unternehmen vor Beginn der ersten Beförderung beim Bundesamt anzumelden.

(3) Zur Speicherung in der Werkverkehrsdatei hat der Unternehmer bei der Anmeldung folgende Angaben zu machen und auf Verlangen nachzuweisen:
  1. *Name, Rechtsform und Gegenstand des Unternehmens,*
  2. *Anschrift sowie Telefon- und Telefaxnummern des Sitzes,*
  3. *Vor- und Familiennamen der Inhaber, der geschäftsführungs- und vertretungsberechtigten Gesellschafter und der gesetzlichen Vertreter,*
  4. *Anzahl der Lastkraftwagen, Züge (Lastkraftwagen und Anhänger) und Sattelkraftfahrzeuge, deren zulässiges Gesamtgewicht 3,5 Tonnen übersteigt, sowie*
  5. *Anschriften der Niederlassungen.*

(4) Das Bundesamt darf die in Absatz 3 genannten Angaben
  1. *zur Vorbereitung verkehrspolitischer Entscheidungen durch die zuständigen Stellen,*
  2. *zur Überwachung der Einhaltung der für den Werkverkehrsunternehmer geltenden Pflichten einschließlich der Verfolgung und Ahndung von Zuwiderhandlungen,*
  3. *als Auswahlgrundlage für Unternehmensbefragungen im Rahmen der Marktbeobachtung nach § 14 sowie für die Durchführung der Unternehmensstatistik im Werkverkehr*

  verarbeiten und nutzen, soweit dies zur Erfüllung der genannten Aufgaben erforderlich ist.

(5) Ändern sich die in Absatz 3 genannten Angaben, so hat der Unternehmer dies dem Bundesamt unverzüglich mitzuteilen und auf Verlangen nachzuweisen.

(6) Führt der Unternehmer keinen Werkverkehr im Sinne des Absatzes 1 mehr durch, hat er sich unverzüglich beim Bundesamt abzumelden.

(7) Die nach Absatz 3 gespeicherten Daten sind zu löschen, wenn sie für die in Absatz 4 genannten Aufgaben nicht mehr benötigt werden, spätestens aber ein Jahr, nachdem sich der Unternehmer beim Bundesamt abgemeldet hat.

Erläuterungen zu § 15a

Werkverkehrsdatei Nach dieser Regelung soll ähnlich wie für den gewerblichen Güterkraftverkehr eine Datei über die im Bereich des Werkverkehrs tätigen Unternehmen geführt werden. Auch diese Datei war bereits nach dem *GüKG* alter Fassung vom Bundesamt zu führen. Allerdings war bisher die Meldepflicht auf Unternehmen beschränkt, die **Werkfernverkehr** unter Einsatz von **Kraftfahrzeugen mit mehr als 4 t Nutzlast** und **Zugmaschinen** mit einer Leistung über **40 kW** betrieben haben. Für jedes derartige Kraftfahrzeug oder Zugmaschine wurde dann vom *Bundesamt* eine **Meldebestätigung** erteilt, die im Fahrzeug mitzuführen und bei Kontrollen vorzuweisen war. Die Unternehmen, die bislang ausschließlich Fahrzeuge im **Werknahverkehr** eingesetzt hatten, unterlagen somit **keiner Meldepflicht**.

Nach dem *GüKG* neuer Fassung und Wegfall des Nahverkehrs besteht nunmehr eine **An- und Abmeldepflicht** für Unternehmen, die Werkverkehr mit **Lastkraftwagen, Zügen (Lastkraftwagen und Anhänger) und Sattelkraftfahrzeugen** durchführen, deren zulässiges **Gesamtgewicht 3,5 t** übersteigt. Ebenfalls sind eintretende **Änderungen** unverzüglich dem *Bundesamt* mitzuteilen. Zu diesem Zweck wird vom *Bundesamt* der Einfachheit halber ein entsprechendes Formular zur Verfügung gestellt. **Eine Meldebestätigung wird nicht mehr erteilt**, sodass eben auch die Mitführungspflicht im Fahrzeug entfallen ist. Bei Unterwegskontrollen sollte aber zweckmäßigerweise aus den ohnehin jeweils mitgeführten Unterlagen (Lieferscheine oder ähnliches) erkennbar sein, dass es sich bei der Beförderung um Werkverkehr im Sinne der Vorschriften des *GüKG* handelt. Eine Ablichtung des ausgefüllten Anmeldeformulars würde auch diesem Zweck genügen.

Das bereits beim *Kraftfahrtbundesamt* in *Flensburg* geführte **zentrale Fahrzeugregister** kann die Zielsetzungen der neuen Datei nicht ersetzen. Die dort erfassten Merkmale betreffen nur Angaben über Kraftfahrzeuge mit den dazugehörigen Halteranschriften und Angaben über Haltergruppen (Wirtschaftszweige). Es fehlen aber generell Angaben zu Unternehmen, die Werkverkehr betreiben, nach ihren **Betriebsgrößen und Angaben hinsichtlich Sitz und Niederlassungen**.

Gerade diese Angaben sind unbedingt erforderlich als Grundlage bei der Vorbereitung **verkehrspolitischer Entscheidungen**. Auch soll diese Datei als **Auswahlgrundlage für Unternehmensbefragungen** im Rahmen der **Marktbeobachtung** dienen und auch die Abwicklung von Ordnungswidrigkeiten-Verfahren erleichtern. In diesem Zusammenhang wären beispielsweise aufwendige Rückfragen nach den verantwortlichen Personen im Unternehmen unumgänglich, die zu Verfahrensverzögerungen führen und es erschweren, die unter rechtsstaatlichen Gesichtspunkten erforderliche zeitliche Nähe zwischen Verstoß und Ahndung herzustellen.

Straßengüterverkehr 4.1

§ 16 – Datei über abgeschlossene Bußgeldverfahren
(1) *Das Bundesamt darf zum Zweck der Verfolgung und Ahndung weiterer Ordnungswidrigkeiten desselben Betroffenen sowie zum Zweck der Beurteilung der Zuverlässigkeit des Unternehmers und der zur Führung der Güterkraftverkehrsgeschäfte bestellten Personen folgende personenbezogenen Daten über abgeschlossene Bußgeldverfahren, bei denen es Verwaltungsbehörde im Sinne des § 36 Abs. 1 Nr. 1 des Gesetzes über Ordnungswidrigkeiten ist, in Dateien speichern und verändern:*
1. *Name, Anschrift und Geburtsdatum des Betroffenen sowie Name und Anschrift des Unternehmens,*
2. *Zeit und Ort der Begehung der Ordnungswidrigkeit,*
3. *die gesetzlichen Merkmale der Ordnungswidrigkeit,*
4. *Bußgeldbescheide mit dem Datum ihres Erlasses und dem Datum des Eintritts ihrer Rechtskraft und*
5. *die Höhe der Geldbuße.*
Das Bundesamt darf diese Daten nutzen, soweit es für die in Satz 1 genannten Zwecke erforderlich ist.
(2) *Zum Zweck der Vorbereitung und Durchführung der Überwachung nach § 12 Abs. 4 und 5 sowie der Beurteilung der Zuverlässigkeit des Unternehmers und der zur Führung der Güterkraftverkehrsgeschäfte bestellten Person gilt Absatz 1 entsprechend für abgeschlossene Bußgeldverfahren wegen Zuwiderhandlungen nach § 19, die in einem Unternehmen mit Sitz im Inland begangen wurden. Über diese Verfahren teilen die zuständigen Verwaltungsbehörden im Sinne des § 36 Abs. 1 Nr. 1 des Gesetzes über Ordnungswidrigkeiten dem Bundesamt die Daten nach Absatz 1 Satz 1 mit.*
(3) *Das Bundesamt hat eine schwerwiegende Zuwiderhandlung des Betroffenen oder anderer Unternehmensangehöriger dem Unternehmen und der Erlaubnisbehörde mitzuteilen, soweit Anlass besteht, an der Zuverlässigkeit des Unternehmers oder der für die Führung der Güterkraftverkehrsgeschäfte bestellten Personen zu zweifeln. Zur Feststellung solcher Wiederholungsfälle hat es die Zuwiderhandlungen der Angehörigen desselben Unternehmens zusammenzuführen.*
(4) *Das Bundesamt übermittelt die Daten nach Absatz 1 Satz 1*
1. *an in- und ausländische öffentliche Stellen, soweit dies für die Entscheidung über den Zugang zum Beruf des Güter- und Personenkraftverkehrsunternehmers erforderlich ist,*
1a. *bei Verstößen gegen die Vorschriften zur Verhinderung illegaler Beschäftigung und Vorschriften für die Sozialversicherung an die Bundesagentur für Arbeit, die Hauptzollämter, die Einzugsstellen und die Träger der Rentenversicherung sowie die Ausländerbehörden, soweit dies zur Vorbereitung und Durchführung weiterer Ermittlungen, insbesondere von Betriebskontrollen, erforderlich ist.*
2. *auf Ersuchen an Gerichte und an die Behörden, die hinsichtlich der in § 11 genannten Aufgaben Verwaltungsbehörde nach § 36 Abs. 1 Nr. 1 des Gesetzes über die Verfolgung und Ahndung von Ordnungswidrigkeiten erforderlich ist.*
(5) *Die Übermittlung an ausländische öffentliche Stellen nach Absatz 4 Nr. 1 unterbleibt, soweit Grund zu der Annahme besteht, dass durch sie gegen den Zweck eines deutschen Gesetzes verstoßen würde. Sie unterbleibt außerdem, wenn durch sie schutzwürdige*

Interessen des Betroffenen beeinträchtigt würden, insbesondere wenn im Empfängerland ein angemessener Datenschutzstandard nicht gewährleistet ist. Die ausländische öffentliche Stelle ist darauf hinzuweisen, dass sie die nach Absatz 4 Nr. 1 übermittelten Daten nur zu dem Zweck nutzen darf, zu dem sie übermittelt wurden.

(6) Eine Übermittlung an inländische öffentliche Stellen unterbleibt, soweit das schutzwürdige Interesse des Betroffenen am Ausschluss der Übermittlung das öffentliche Interesse an der Übermittlung überwiegt. Die inländische öffentliche Stelle darf die nach Absatz 4 übermittelten Daten nur für den Zweck verarbeiten oder nutzen, zu dessen Erfüllung sie übermittelt wurden.

(7) Erweisen sich übermittelte Daten als unrichtig, so ist der Empfänger unverzüglich zu unterrichten, wenn dies zur Wahrung schutzwürdiger Interessen des Betroffenen erforderlich ist.

(8) Das Bundesamt hat die nach Absatz 1 Satz 1 gespeicherten Daten zwei Jahre nach dem Eintritt der Rechtskraft des Bußgeldbescheides oder der gerichtlichen Entscheidung zu löschen, wenn in dieser Zeit keine weiteren Eintragungen im Sinne des Absatzes 1 Satz 1 Nr. 4 hinzugekommen sind. Sie sind spätestens fünf Jahre nach ihrer Speicherung zu löschen.

Erläuterungen zu § 16

Datei über abgeschlossene Bußgeldverfahren

Im Rahmen einer weiteren Datei sind **abgeschlossene Bußgeldverfahren** zu erfassen. Diese Regelung wurde **nicht erst mit Neufassung des *GüKG* eingeführt**. Aus Datenschutzgründen wurde umfassend geregelt, **welche Daten gespeichert werden dürfen und welche Daten auch an andere Behörden weitergegeben werden dürfen** oder sogar weitergegeben werden müssen. Ebenfalls werden dem *Bundesamt* Daten von anderen Behörden übermittelt, soweit die Zuständigkeit für die Durchführung der Ordnungswidrigkeiten-Verfahren **bei diesen Behörden** liegt. Die Zusammenführung der Daten dient der Vorbereitung und Durchführung der Überwachung im Rahmen von **Betriebskontrollen** und für die **Beurteilung der Zuverlässigkeit** des **Unternehmers** und der **zur Führung der Güterkraftverkehrsgeschäfte bestellten Personen**.

Außerdem ist das *Bundesamt* verpflichtet, Zuwiderhandlungen eines Betroffenen oder anderer Unternehmensangehöriger **dem Unternehmen** selbst auch mitzuteilen. Über diese werden nämlich in ihrer Eigenschaft als Arbeitgeber Daten gespeichert, **obwohl sie selbst bußgeldrechtlich nicht in Erscheinung** getreten sind. Diese Unterrichtung dient dem Zweck, die Unternehmer rechtzeitig über die von ihren Angestellten verübten Ordnungswidrigkeiten in Kenntnis zu setzen um eventuelle Organisationsmängel beheben zu können, die sonst ihre Zuverlässigkeit in Frage stellen könnten.

§ 17 – Zuständigkeit für die Durchführung internationalen Verkehrsrechts
Das Bundesministerium für Verkehr, Bau und Stadtentwicklung wird ermächtigt, durch Rechtsverordnung mit Zustimmung des Bundesrates das Bundesamt als die für die Bundesrepublik Deutschland zuständige Stelle zu bestimmen, soweit eine solche Bestimmung auf dem Gebiet des Verkehrs zur Durchführung von Rechtsakten der Europäischen Gemeinschaft oder eines internationalen Abkommen erforderlich ist.

Straßengüterverkehr 4.1

Erläuterungen zu § 17
Diese Vorschrift war auch schon im *GüKG* alter Fassung enthalten. Sie **ermächtigt** das *Bundesministerium für Verkehr* mit **Zustimmung** des *Bundesrates* (also unter Berücksichtigung der Länder), bestimmte Aufgaben auf dem Gebiet des Verkehrs zur Durchführung von **Rechtsakten** der *Europäischen Gemeinschaft* oder eines **internationalen Abkommens** durch Rechtsverordnung dem *Bundesamt für Güterverkehr* zu übertragen. **Rechtsverordnungen haben die gleiche verbindlichen Wirkung wie Gesetze.** Der Vorteil liegt jedoch darin, dass die **Vorbereitungszeit** bis zum rechtswirksamen Erlass einer Rechtsverordnung wesentlich kürzer anzusetzen ist, als es bei einem ordentlichen Gesetzgebungsverfahren unter **Einschaltung** des *Bundestages* und gegebenfalls **anderer an der Gesetzgebung beteiligter Gremien** der Fall ist. Mit dem Erlass einer Verordnung kann somit verkehrspolitisch schneller und auch flexibler auf bestimmte Entwicklungstendenzen reagiert werden. Die Ermächtigung in einem Gesetz muss – wie in diesem Fall – allerdings bereits **klar erkennen lassen, in welchen Fällen** der Verordnungsgeber von dieser Ermächtigung Gebrauch machen darf und mit **welchem Inhalt** die zu erlassende Verordnung ausgestattet sein muss.

5. Abschnitt – Überwachung, Bußgeldvorschriften
§ 18 – Grenzkontrollen
Die für die Kontrolle an der Grenze zuständigen Stellen sind berechtigt, Kraftfahrzeuge zurückzuweisen, wenn die nach diesem Gesetz erforderlichen Unterlagen, deren Mitführung vorgeschrieben ist, trotz Aufforderung nicht vorgelegt werden.

Erläuterungen zu § 18
Dieses Recht, Kraftfahrzeuge bereits an der Grenze zurückzuweisen, wurde nicht auf eine bestimmte Behörde abgestellt, sondern bezieht sich auf alle für die Kontrolle an der Grenze zuständigen Stellen. Somit sind neben dem *Bundesamt* unter anderem *Polizei*, *Bundesgrenzschutz* oder der *Zoll* zur Zurückweisung von Fahrzeugen befugt. Bereits 1971 wurde diese „Universallösung" in das *GüKG* eingestellt. Ursprünglich konnte nur das *Bundesamt* (damals noch *Bundesanstalt für den Güterfernverkehr*) dieses Zurückweisungsrecht wahrnehmen. Da diese Grenzkontrollen unter Berücksichtigung des **Personalstandes** jedoch **zeitlich** und **örtlich** nur **beschränkt** durchgeführt werden, wurde das Zurückweisungsrecht allen an der Grenze zuständigen Stellen übertragen.
Weiterhin ist zu berücksichtigen, dass Vorschriften zur **schrittweisen Verwirklichung** *Schengener* **eines Binnenmarktes**, das heißt eines Raumes **ohne Binnengrenzen** für den freien Verkehr *Abkommen* von Waren, Personen, Dienstleistungen und Kapital erlassen worden sind. Nach dem In-Kraft-Treten der *Verordnung (EWG) Nr. 4060/89 des Rates vom 21.12.1989 über den Abbau von Grenzkontrollen der Mitgliedstaaten im Straßen- und Binnenschiffverkehr* und weiterer Folgeverordnungen (so genanntes *Schengener Abkommen*) werden die Kontrollen **innerhalb der Gemeinschaft** nicht mehr als Grenzkontrollen, sondern nur noch im Rahmen der üblichen Kontrollen **im gesamten Gebiet eines Mitgliedstaates ohne Diskriminierung** durchgeführt. Als Folge werden daher verstärkt die *EU*-Außengrenzen kontrolliert.

§ 19
Bußgeldvorschriften

(1) Ordnungswidrig handelt, wer vorsätzlich oder fahrlässig
1. entgegen § 2 Abs. 1a Satz 1 nicht dafür sorgt, dass ein Begleitpapier oder eine sonstiger Nachweis mitgeführt wird,
1a. entgegen § 2 Abs. 1a Satz 2 das Begleitpapier oder den sonstigen Nachweis nicht mitführt, nicht oder nicht rechtzeitig aushändigt oder nicht oder nicht rechtzeitig zugänglich macht,
1b. ohne Erlaubnis nach § 3 Abs.1 gewerblichen Güterkraftverkehr betreibt,
1c. einer auf Grund des § 3 Abs. 4 erlassenen Bedingung, Auflage oder verkehrsmäßigen Beschränkung zuwiderhandelt,
2. einer Rechtsverordnung nach § 3 Abs. 6 Nr. 2 Buchstabe c, Nr. 3 oder 4 oder § 23 Abs. 3 Satz 1 oder Abs. 5 oder einer vollziehbaren Anordnung aus Grund einer solchen Rechtsverordnung zuwiderhandelt, soweit die Rechtsverordnung für einen bestimmten Tatbestand auf diese Bußgeldvorschrift verweist,
3. entgegen § 7 Abs. 1 nicht dafür sorgt, dass eine dort genannte Berechtigung und ein dort genannter Nachweis mitgeführt wird,
4. entgegen § 7 Abs. 2 die Berechtigung, einen Nachweis, den Pass oder ein Dokument nicht mitführt oder die Berechtigung oder einen Nachweis nicht oder nicht rechtzeitig aushändigt,
5. entgegen § 7 Abs. 3 Satz 1 nicht dafür sorgt, dass das Begleitpapier oder der sonstige Nachweis mitgeführt wird,
6. entgegen § 7 Abs. 3 Satz 2 das Begleitpapier oder den sonstigen Nachweis nicht mitführt oder nicht rechtzeitig aushändigt und nicht oder nicht rechtzeitig zugänglich macht,
6a. entgegen § 7a Abs. 4 Satz 1 nicht dafür sorgt, dass ein dort genannter Nachweis mitgeführt wird,
6b. entgegen § 7a Abs. 4 Satz 2 einen Versicherungsnachweis nicht mitführt oder nicht oder nicht rechtzeitig aushändigt,
6c. entgegen § 7b Abs. 1 Satz 1 einen Angehörigen eines dort genannten Staates als Fahrpersonal einsetzt,
6d. entgegen § 7b Abs. 1 Satz 2 nicht dafür sorgt, dass das ausländische Fahrpersonal eine dort genannte Unterlage mitführt,
6e. entgegen § 7b Abs. 2 eine dort genannte Unterlage nicht mitführt oder nicht oder nicht rechtzeitig aushändigt,
7. entgegen § 12 Abs. 1 Satz 3 oder Abs. 5 Satz 1 Nr. 1, § 15 Abs. 3 Satz 3 oder § 21a Abs. 3 Satz 1 eine Auskunft nicht, nicht richtig, nicht vollständig oder nicht rechtzeitig erteilt,
8. entgegen § 12 Abs. 3 ein Zeichen oder eine Weisung nicht befolgt,
9. entgegen § 12 Abs. 4 Satz 2 oder § 21a Abs. 2 Satz 3 eine Maßnahme nicht gestattet,
10. entgegen § 12 Abs. 5 Satz 1 Nr. 2 oder § 21a Abs. 3 Satz 1 einen Nachweis nicht, nicht richtig, nicht vollständig oder nicht rechtzeitig erbringt,

Straßengüterverkehr 4.1

11. *entgegen § 12 Abs. 5 Satz 1 Nr. 3 oder § 21a Abs. 3 Satz 1 ein Hilfsmittel nicht oder nicht rechtzeitig stellt oder Hilfsdienste nicht oder nicht rechtzeitig leistet,*
12. *einer vollziehbaren Untersagung nach § 13 zuwiderhandelt,*
12a. *entgegen § 15a Abs. 2 und 3 sein Unternehmen nicht, nicht richtig, nicht vollständig oder nicht rechtzeitig anmeldet,*
12b. *entgegen § 15a Abs. 3 die Angaben auf Verlangen nicht, nicht richtig, nicht vollständig oder nicht rechtzeitig nachweist,*
12c. *entgegen § 15a Abs. 5 Änderungen nicht, nicht richtig, nicht vollständig oder nicht rechtzeitig mitteilt,*
12d. *entgegen § 15a Abs. 5 Änderungen nicht, nicht richtig, nicht vollständig oder nicht rechtzeitig nachweist,*
12e. *entgegen § 15a Abs. 6 sein Unternehmen nicht rechtzeitig abmeldet oder*
13. *(aufgehoben)*

(1a) *Ordnungswidrig handelt, wer*
1. *entgegen § 7c Satz 1 Nr. 1 oder 3 Buchstabe a oder*
2. *entgegen § 7c Satz 1 Nr. 2 oder 3 Buchstabe b*
eine Leistung ausführen lässt.

(2) *Ordnungswidrig handelt wer gegen die Verordnung (EWG) Nr. 881/92 des Rates vom 26.3.1992 über den Zugang zum Güterkraftverkehrsmarkt in der Gemeinschaft für Beförderungen aus oder nach einem Mitgliedstaat oder durch einen oder mehreren Mitgliedstaaten (ABl. EG Nr. 95 S. 1), geändert durch Artikel 1 der Verordnung (EG) Nr. 484/2002 des Europäischen Parlaments und des Rates vom 1.3.2002 (ABl. EG Nr. L 76 S. 1) verstößt, in dem er vorsätzlich oder fahrlässig*
1. *ohne Gemeinschaftslizenz nach Artikel 3 Abs. 1 grenzüberschreitenden Güterkraftverkehr betreibt,*
2. *entgegen Artikel 6 Abs. 4 Satz 1 als Unternehmer dem Fahrer die Fahrerbescheinigung nicht zur Verfügung stellt oder*
3. *entgegen Artikel 6 Abs. 4 Satz 3 die Fahrerbescheinigung nicht oder nicht rechtzeitig vorzeigt.*

(3) *Ordnungswidrig handelt, wer vorsätzlich oder fahrlässig entgegen Artikel 1 Abs. 2 Satz 2 der Verordnung (EWG) Nr. 3118/93 des Rates vom 25.10. zur Festlegung der Bedingungen für die Zulassung von Verkehrsunternehmen zum Güterkraftverkehr innerhalb eines Mitgliedstaates, in dem sie nicht ansässig sind (ABl. EG Nr. L 297 S. 1), zuletzt geändert durch Artikel 2 der Verordnung (EG) Nr. 484/2002 (ABl. EG Nr. L 76 S. 1) die Fahrerbescheinigung nicht mitführt.*

(4) *Ordnungswidrig handelt, wer vorsätzlich oder fahrlässig*
1. *im grenzüberschreitenden Güterkraftverkehr einen Fahrer einsetzt, für den eine Fahrerbescheinigung nach Artikel 3 Abs. 1 in Verbindung mit Abs. 3 der Verordnung (EWG) Nr. 881/92 nicht ausgestellt worden ist,*
2. *Kabotage nach Artikel 1 Abs. 1 der Verordnung (EWG) Nr. 3118/93 betreibt, ohne Inhaber einer Gemeinschaftslizenz nach Artikel 3 Abs. 1 der Verordnung (EWG) Nr. 881/92 zu sein, oder*
3. *im Kabotageverkehr nach Artikel 1 Abs. 1 der Verordnung (EWG) Nr. 3118/93 einen Fahrer einsetzt, für den eine Fahrerbescheinigung nach Artikel 3 Abs. 1*

> in Verbindung mit Abs. 3 der Verordnung (EWG) Nr. 881/92 nicht ausgestellt worden ist.
>
> (5) Die Ordnungswidrigkeit kann in den Fällen des Absatzes 1 Nr. 6c, Absatzes 1a Nr. 2 und des Absatzes 4 Nr. 1 und 3 mit einer Geldbuße bis zu zweihunderttausend EURO, in den Fällen des Absatzes 1 Nr. 1b, 12, des Absatzes 1a Nr. 1, des Absatzes 2 Nr. 1 und des Absatzes 4 Nr. 2 mit einer Geldbuße bis zu zwanzigtausend EURO, in den übrigen Fällen mit einer Geldbuße bis zu fünftausend EURO geahndet werden. Sie können auf der Grundlage und nach Maßgabe internationaler Übereinkünfte auch dann geahndet werden, wenn sie im Bereich gemeinsamer Grenzabfertigungsanlagen außerhalb des räumlichen Geltungsbereiches dieses Gesetzes begangen werden.

Erläuterungen zu § 19

Mit dem Wortlaut von § 19 werden **alle** Tatbestände näher beschrieben, die bei Nichtbeachten der Vorschriften eine **Ordnungswidrigkeit** darstellen. **Der Katalog der Ordnungswidrigkeiten konnte nach Wegfall der Unterscheidung zwischen Nah-, Fern- und Umzugsverkehr und den damit zusammenhängenden Ausführungsverordnungen wesentlich verkürzt werden.** Eine ganze Reihe von Tatbeständen ist inzwischen **weggefallen** und somit hat die Liberalisierung in dieser Hinsicht sowohl für die **Betriebe** als auch für die **Behörden spürbare Erleichterungen** gebracht.

> § 20 – Befugnisse des Bundesamtes bei der Verfolgung von Zuwiderhandlungen
>
> (1) Bei der Durchführung der Überwachungsaufgaben nach § 11 haben das Bundesamt und seine Beauftragten Zuwiderhandlungen gegen die gesetzlichen Vorschriften zu erforschen und zu verfolgen. Die Beauftragten des Bundesamtes haben insoweit die Rechte und Pflichten der Beamten des Polizeivollzugsdienstes nach den Vorschriften der Strafprozessordnung und nach dem Gesetz über Ordnungswidrigkeiten. § 163 der Strafprozessordnung und § 53 des Gesetzes über Ordnungswidrigkeiten bleiben unberührt.
>
> (2) In den Fällen des Absatzes 1 Satz 1 können auch das Bundesamt und seine Beauftragten die Verwarnung nach § 56 des Gesetzes über Ordnungswidrigkeiten erteilen. § 57 Abs. 1 des Gesetzes über Ordnungswidrigkeiten gilt entsprechend.

Erläuterungen zu § 20 – zu Absatz (1) und (2)

Ordnungswidrigkeiten

Der Gesetzgeber verpflichtet mit dem Wortlaut *erforschen und zu verfolgen* das Bundesamt im Rahmen seiner Tätigkeit, zunächst den **Betroffenen** einer Zuwiderhandlung anzuhören, also ihm Gelegenheit einzuräumen, sich zu einer **Beschuldigung äußern zu können**. Erst nach Abschluss der Ermittlungen hat es nach pflichtgemäßem Ermessen darüber zu entscheiden, ob der festgestellte Sachverhalt eine Ordnungswidrigkeit darstellt und in welchem Umfang diese **Ordnungswidrigkeit** angemessen geahndet werden muss. Als Maßnahme können auch Verwarnungen mit und ohne **Verwarnungsgeld** ausgesprochen werden. Eine Verwarnung wird nur wirksam und ein Verwarnungsgeld kann nur erhoben werden, wenn der Betroffene nach **Belehrung über sein Verweigerungsrecht damit einverstanden ist.** Die Zahlung kann **sofort** oder auch **innerhalb einer festgesetzten Frist** erfolgen. Wird eine Verwarnung im vorstehenden Sinne wirksam, so kann die

Straßengüterverkehr

Ordnungswidrigkeit **nicht mehr in einen Bußgeldverfahren** verfolgt werden. Wird eine Verwarnung nicht wirksam, so ist von der **zuständigen Behörde** ein Bußgeldverfahren einzuleiten. Bußgeldbehörde kann das *Bundesamt* sein. Im anderen Falle hat das *Bundesamt* den ermittelten Sachverhalt zur weiteren Ahndung an die vorgesehene Bußgeldbehörde zur Durchführung des Verfahrens weiterzugeben.

§ 21 – Zuständigkeiten für die Ahndung von Zuwiderhandlungen
(1) Wird eine Zuwiderhandlung in einem Unternehmen begangen, das seinen Sitz im Inland hat, ist Verwaltungsbehörde im Sinne des § 36 Abs. 1 des Gesetzes über Ordnungswidrigkeiten die von der Landesregierung bestimmte Behörde. Die Landesregierung kann die Ermächtigung auf die zuständige oberste Landesbehörde übertragen.
(2) Wird eine Zuwiderhandlung in einem Unternehmen begangen, das seinen Sitz im Ausland hat, ist Verwaltungsbehörde im Sinne des § 36 Abs. 1 Nr. 1 des Gesetzes über Ordnungswidrigkeiten das Bundesamt.
(3) Abweichend von Absatz 1 ist das Bundesamt Verwaltungsbehörde im Sinne des § 36 Abs. 1 Nr. 1 des Gesetzes über Ordnungswidrigkeiten für Zuwiderhandlungen nach § 19 Abs. 1 Nr. 4 in Verbindung mit § 7 Abs. 2 Satz 2, § 19 Abs. 1 Nr. 6c, 6d, 6e, Abs. 1a, 2 Nr. 2, 3, Abs. 3 und 4 Nr. 1, 3, die in einem Unternehmen, das seinen Sitz im Inland hat, begangen wurden.
(4) § 405 des Dritten Buches Sozialgesetzbuch bleibt unberührt.

Erläuterungen zu § 21 – zu Absatz (1) und (2)
Die Verfolgung von Ordnungswidrigkeiten nach den Vorschriften des Straßengüterverkehrs obliegt nach deutscher Rechtsordnung verschiedenen Behörden. Im Rahmen des *GüKG* wird an dieser Stelle festgelegt, dass für **Zuwiderhandlungen in einem Unternehmen mit Sitz im Inland** die Zuständigkeit den **Länderbehörden** übertragen wird. Da auch hier wiederum in den verschiedenen Bundesländern unterschiedliche Regelungen bestehen, kann an dieser Stelle im Einzelnen nicht aufgeführt werden, welcher speziellen Länderbehörde die jeweiligen Aufgaben zugewiesen sind.

Bei Zuwiderhandlungen in einem Unternehmen, das seinen Sitz im Ausland hat, liegt die Zuständigkeit beim *Bundesamt für Güterverkehr*.

§ 21a – Aufsicht
(1) Der Unternehmer des gewerblichen Güterkraftverkehrs und alle am Beförderungsvertrag Beteiligten unterliegen wegen der Erfüllung der gesetzlichen Vorschriften der Aufsicht der Erlaubnisbehörde oder einer anderen von der Landesregierung durch Rechtsverordnung bestimmten Behörde.
(2) Soweit dies zur Wahrnehmung der Aufgaben nach Absatz 1 erforderlich ist, ist den Beauftragten der Aufsichtsbehörde bei Eigentümern und Besitzern von Fahrzeugen zur Güterbeförderung und allen an der Beförderung Beteiligten während der üblichen Betriebs- und Arbeitszeit das Betreten und Besichtigen der Grundstücke, Betriebsanlagen, Geschäftsräume und Beförderungsmittel gestattet. Soweit dies zur Erfüllung der Aufgaben der Beauftragten der Aufsichtsbehörde erforderlich ist, können Prüfungen und Untersuchungen durchgeführt werden und kann Einsicht in die geschäftlichen Unter-

lagen des Auskunftspflichtigen genommen werden. Die Maßnahmen nach den Sätzen 1 und 2 sind von den in Satz 1 genannten Personen zu gestatten.

(3) Die in Absatz 2 genannten Personen haben den Beauftragten der Aufsichtsbehörden auf Verlangen alle für die Durchführung der Aufsicht erforderlichen Auskünfte zu erteilen, Nachweise zu erbringen, Hilfsmittel zu stellen und Hilfsdienste zu leisten. § 12 Abs. 1 Satz 3 und 4 gilt entsprechend.

Erläuterungen zu § 21a – zu Absatz (1) bis (3)
Diese Regelung wurde notwendig, damit aus rechtssystematischen Gründen den **zuständigen Länderbehörden** für die Durchführung von **Betriebskontrollen** die gleichen Rechtsbefugnisse zuerkannt werden, wie sie auch dem *Bundesamt für Güterverkehr* durch dieses Gesetz übertragen worden sind.

6. Abschnitt – *Gebühren und Auslagen, Ermächtigungen, Übergangsregelungen*
§ 22 – *Gebühren und Auslagen*

(1) Für Amtshandlungen nach diesem Gesetz, nach den auf diesem Gesetz beruhenden Rechtsvorschriften, nach Rechtsakten der Europäischen Gemeinschaften sowie auf Grund internationaler Abkommen und diese ergänzender nationaler Rechtsvorschriften sind Gebühren und Auslagen nach den Bestimmungen des Verwaltungskostengesetzes und der Rechtsverordnung nach Absatz 2 zu erheben.

(2) Das Bundesministerium für Verkehr, Bau und Stadtentwicklung wird ermächtigt, im Einvernehmen mit dem Bundesministerium der Finanzen und dem Bundesministerium für Wirtschaft und Technologie durch Rechtsverordnung mit Zustimmung des Bundesrates die gebührenpflichtigen Tatbestände und die Gebühren nach festen Sätzen oder als Rahmengebühren näher zu bestimmen.

(3) Auskünfte nach § 19 des Bundesdatenschutzgesetzes werden unentgeltlich erteilt.

Erläuterungen zu § 22 – zu Absatz (1) und (2)
Diese Regelung bestimmt, dass für **öffentliche Leistungen** im Bereich des Güterkraftverkehrsrechts in der Regel **Kosten zu erheben** sind. Sie enthält weiterhin die **Ermächtigungsgrundlage zu Ausführungsverordnungen**. Der ausdrückliche Hinweis auf die einheitliche bundesweite Anwendbarkeit des **Verwaltungskostengesetzes** ermöglicht eine übersichtliche Fassung der Kostenverordnung für den Güterkraftverkehr und macht darüber hinaus umfangreiche Verweise, wie sie die bisherige Kostenverordnung enthält, entbehrlich. Mit Wirkung vom 31.12.1998 wurde die *Kostenverordnung für den Güterkraftverkehr* eingeführt.

§ 23 – *Ermächtigungen zum Erlass von Durchführungsbestimmungen*

(1) Die Bundesregierung erlässt mit Zustimmung des Bundesrates die allgemeinen Verwaltungsvorschriften, die zur Durchführung dieses Gesetzes und der auf diesem Gesetz beruhenden Rechtsverordnungen erforderlich sind.

(2) Das Bundesministerium für Verkehr, Bau und Stadtentwicklung wird ermächtigt, mit Zustimmung des Bundesrates durch Rechtsverordnung andere als in § 2 Abs. 1 genannte Beförderungsfälle ganz oder teilweise von den Bestimmungen dieses Gesetzes

Straßengüterverkehr 4.1

auszunehmen, soweit sich deren Unterstellung unter dieses Gesetz als unverhältnismäßig erweist.

(3) *Das Bundesministerium für Verkehr, Bau und Stadtentwicklung wird ermächtigt, im Bereich des grenzüberschreitenden Güterkraftverkehrs, des Durchgangsverkehrs und des Kabotageverkehrs (innerstaatlicher Güterkraftverkehr durch Unternehmer, die in einem anderen Staat niedergelassen sind) einschließlich des Werkverkehrs zur Ordnung dieser Verkehre und zur Durchführung internationaler Abkommen sowie von Verordnungen, Richtlinien und Entscheidungen nach Artikel 189 des Vertrages zur Gründung der Europäischen Gemeinschaft, die den Güterkraftverkehr betreffen, Rechtsverordnungen zu erlassen, durch die*

1. *der Zugang zum Beruf des Güterkraftverkehrsunternehmers und zum Markt des Güterkraftverkehrs, insbesondere die Voraussetzungen für die Erteilung, die Rücknahme und den Widerruf von Genehmigungen, den Erlass von Nebenbestimmungen, das zugehörige Verfahren einschließlich der Durchführung von Anhörungen und der Behandlung wesentlicher Änderungen nach der Erteilung der Genehmigungen sowie die Bedingungen für den Fahrzeugeinsatz geregelt werden,*

1a. *die Voraussetzungen für die Erteilung, die Rücknahme und den Widerruf von Fahrerbescheinigungen, den Erlass von Nebenbestimmungen, das zugehörige Verfahren einschließlich der Durchführung von Anhörungen und der Behandlung wesentlicher Änderungen nach Erteilung der Fahrerbescheinigungen, die Bedingungen für den Einsatz des Fahrpersonals, sowie die Überwachung der Erteilungsvoraussetzungen geregelt werden,*

2. *für Unternehmer, deren Unternehmen ihren Sitz in einem Staat haben, der weder Mitglied der Europäischen Union noch anderer Vertragsstaat des Abkommens über den Europäischen Wirtschaftsraum ist, der Zugang zum Markt des Güterkraftverkehrs und die Bedingungen bei der Durchführung des Güterkraftverkehrs abweichend von den Bestimmungen dieses Gesetzes geregelt sowie der vorübergehende oder dauernde Ausschluss vom Güterkraftverkehr vorgesehen wird, wenn wiederholt oder schwerwiegend gegen im Inland geltende Vorschriften verstoßen wird,*

3. *Bestimmungen zur Gewährleistung zwischenstaatlicher Gegenseitigkeit oder gleicher Wettbewerbsbedingungen, insbesondere über die Erteilung von Genehmigungen, die Voraussetzungen für die Erteilung und die Aufhebung einer Genehmigung, die Überwachung sowie das Verfahren, eingeführt und*

4. *die Pflicht zur Vorlage von Unterlagen zur Beobachtung des Marktgeschehens geregelt werden.*

Rechtsverordnungen nach den Nummern 1 bis 3 bedürfen der Zustimmung des Bundesrates.

(4) *Das Bundesministerium für Verkehr, Bau und Stadtentwicklung kann abweichend von den auf Grund des Absatzes 3 erlassenen Rechtsverordnungen im Rahmen internationaler Regierungs- und Verwaltungsabkommen Beförderungsfälle ganz oder teilweise von der Genehmigungspflicht für den grenzüberschreitenden gewerblichen Güterkraftverkehr mit Staaten außerhalb der Europäischen Union und des Europäischen*

Wirtschaftsraumes freistellen, soweit diese sich als unverhältnismäßig erweist. Ebenso kann das Bundesministerium für Verkehr, Bau und Stadtentwicklung mit einem Nachbarstaat Vereinbarungen treffen, durch die Verkehre durch das Inland mit Be- und Entladeort in dem Nachbarstaat von der Erlaubnispflicht nach § 3 Abs. 1 ausgenommen werden.

(5) *Das Bundesministerium für Verkehr, Bau und Stadtentwicklung wird ermächtigt, durch Rechtsverordnung mit Zustimmung des Bundesrates auf dem Gebiet des grenzüberschreitenden kombinierten Verkehrs zur Ordnung dieses Verkehrs und zur Durchführung internationaler Abkommen sowie von Verordnungen, Entscheidungen und Richtlinien des Rates der Europäischen Union und der Kommission der Europäischen Gemeinschaften Vorschriften zu erlassen, durch die*

1. *das Vorliegen von grenzüberschreitendem kombiniertem Verkehr einschließlich der Bestimmung des nächstgelegenen geeigneten Bahnhofs sowie die Pflicht zur Mitführung und Aushändigung von Papieren geregelt werden, die dem Nachweis der Erfüllung der Berufszugangsvoraussetzungen und der Durchführung von kombiniertem Verkehr dienen,*

1a. *Besonderheiten, insbesondere genehmigungsrechtliche Erleichterungen, vorgesehen werden sowie*

2. *Bestimmungen zur Gewährleistung zwischenstaatlicher Gegenseitigkeit oder gleicher Wettbewerbsbedingungen eingeführt werden.*

Erläuterungen zu § 23 – zu Absatz (1) bis (5)

Diese Vorschrift **ermächtigt die** *Bundesregierung* und das *Bundesministerium für Verkehr, Bau und Stadtentwicklung*, weitere Ausführungsverordnungen über die in § 22 geregelte Verordnungsermächtigung hinaus zu erlassen. Es können insbesondere **weitere Beförderungsfälle** von den Bestimmungen des Gesetzes **freigestellt werden**. In diesem Fall müsste nicht der **§ 2 – Ausnahmen** – im umständlichen Gesetzgebungsverfahren novelliert werden, sondern es könnte durch den **schnelleren Weg** einer Rechtsverordnung flexibler reagiert werden. Weiterhin besteht Regelungsbedarf im Rahmen des **grenzüberschreitenden Güterkraftverkehrs**. Die dynamische Entwicklung des Verkehrsmarktes in *Europa* auch im Hinblick auf die **bereits vollzogene Osterweiterung** bei Aufnahme neuer Staaten in den Staatenbund der *EU/EWR* fordert geradezu eine **schnelle und problemlose Anpassung der nationalen Vorschriften**. Die rechtlichen Voraussetzungen wurden mit dem § 23 grundlegend geschaffen.

§ 24 – Weitergeltung und Umtausch von Berechtigungen

(1) *Als Erlaubnisse nach § 3 gelten bis zum Ende ihrer Gültigkeitsdauer, längstens jedoch bis zum 1.7.2000,*

1. *Genehmigungen für den Güterfernverkehr nach den §§ 10, 19a des Güterkraftverkehrsgesetzes,*

2. *Genehmigungen nach § 3 der Verordnung über die Höchstzahlen der Genehmigungen für den Güterfernverkehr.*

(2) *Als Erlaubnisse nach § 3 gelten bis zum 1.7.2000*

1. *Erlaubnisse für den Umzugsverkehr und den allgemeinen Güternahverkehr*

Straßengüterverkehr 4.1

sowie Bescheinigungen über die Berechtigung zur Ausübung des allgemeinen Güternahverkehrs nach den §§ 37, 80 und 89 des Güterkraftverkehrsgesetzes,
2. Bescheinigungen nach § 7 Abs. 1 Satz 1 der Verordnung über den Zugang zum Beruf des Güterkraftverkehrsunternehmers.
(3) Als Ausfertigungen nach § 3 Abs. 3a gelten bis zum 1.7.2000 Ausfertigungen der
1. Erlaubnisse und Berechtigungsbescheinigungen im Sinne der §§ 42, 86 und 89 des Güterkraftverkehrsgesetzes,
2. Bescheinigungen im Sinne des § 7 Abs. 1 Satz 1 der Verordnung über den Zugang zum Beruf des Güterkraftverkehrsunternehmers.
(4) Berechtigungen nach den Absätzen 1 und 2 können vor dem 1.7.2000 in unbefristete Erlaubnisse nach § 3 und in unbefristete Ausfertigungen nach § 3 Abs. 3a umgetauscht werden. Dies gilt nicht für Genehmigungen für den Güterfernverkehr nach § 19a des Güterkraftverkehrsgesetzes. Ausfertigungen nach Absatz 3 können vor dem 1.7.2000 in unbefristete Ausfertigungen nach § 3 Abs. 3a umgetauscht werden.
(5) (entfällt)
(6) Maßgeblich sind die jeweils am 30.6.1998 geltenden Fassungen der genannten Gesetze und Rechtsverordnungen.

Erläuterungen zu § 24 – zu Absatz (1) bis (6)

Nach dem In-Kraft-Treten der neuen *GüKG*-Bestimmungen gilt nunmehr für alle **Übergangs-**
Fälle des **gewerblichen Güterkraftverkehrs** einheitlich die **Erlaubnis als objektives regelungen**
Kriterium für den Marktzugang. Im Rahmen der hier festgelegten **Übergangsfrist** sollte zunächst sichergestellt werden, dass seit dem In-Kraft-Treten des Gesetzes am 1.7.1998 nicht alle bisherigen Marktzugangsberechtigungen erlöschen. Im Verlauf einer Übergangsfrist konnten dann **vor dem 1.7.2000** die bisherigen **Genehmigungen für den Güterfernverkehr, Erlaubnisse für den Umzugsverkehr und den allgemeinen Güternahverkehr** sowie **Berechtigungsbescheinigungen** und **Bescheinigungen nach der Verordnung über den Zugang zum Beruf des Güterkraftverkehrsunternehmers** in unbefristete **Erlaubnisse** und **unbefristete Ausfertigungen** umgetauscht werden. Diese **zweijährige Umtauschfrist** sollte es auch den Verkehrsbehörden ermöglichen, den erforderlich gewordenen **Verwaltungsaufwand** überhaupt bewältigen zu können.

Zu berücksichtigen blieb allerdings, dass die bisher **befristet** ausgegebenen Genehmigungen, Berechtigungen und Bescheinigungen **nur bis zu ihrem Ablaufdatum innerhalb der Übergangsfrist gültig waren.** Für diese **befristeten Unterlagen** musste also **vor Ablauf der Gültigkeit** auch der Umtausch vollzogen werden, ansonsten waren sie erloschen. Mit dieser Maßnahme sollte eine bessere Verteilung des Verwaltungsaufwandes über den gesamten Zeitraum erreicht werden.

§ 25 – Befristete Ausnahmen

(1) Die Vorschriften dieses Gesetzes finden bis zum 30.6.1999 keine Anwendung
1. auf die Beförderung von Gütern mit Personenkraftwagen,
2. auf die grenzüberschreitende Beförderung von Gütern mit Kraftfahrzeugen, deren zulässiges Gesamtgewicht einschließlich Anhänger 6 Tonnen oder deren zulässige Nutzlast einschließlich Anhänger 3,5 Tonnen nicht übersteigt und deren Ladung

einschließlich Anhänger nicht mehr als 3,5 Tonnen beträgt,
3. *auf Beförderungen von Gütern durch die Deutsche Post AG mit eigenen oder angemieteten Fahrzeugen sowie*
4. *auf Beförderungen im Rahmen des § 1 der Verordnung über die Befreiung bestimmter Beförderungsfälle von den Bestimmungen des Güterkraftverkehrsgesetzes in der am 30.6.1998 geltenden Fassung unter Verwendung von solchen Bescheinigungen im Sinne des § 7 Abs. 1 der Verordnung über den Zugang zum Beruf des Güterkraftverkehrsunternehmers in der am 30.6.1998 geltenden Fassung, die auf die Durchführung derartiger Beförderungen beschränkt sind.*
(2) *§ 14 bleibt unberührt.*

Erläuterungen zu § 25

Besitzstandswahrung Unter Berücksichtigung des Grundsatzes einerseits der **Besitzstandswahrung** und andererseits einer erforderlichen **Anpassung an die neuen Rechtsgrundsätze** musste für bestimmte Beförderungsfälle ebenfalls eine bis zum **30.6.1999 befristete Übergangsregelung** geschaffen werden. Bis zum vorgenannten Termin mussten die für bestimmte Beförderungsfälle erstmals geforderten subjektiven Berufszugangsvoraussetzungen erfüllt werden, soweit es sich um **gewerblichen Güterkraftverkehr** handelte. Es musste deshalb eine **angemessene Frist** zum Nachweis der Voraussetzungen insbesondere zum Erlangen der **fachlichen Eignung** eingeräumt werden. Der *Deutschen Post AG* wurde wegen der Größe des Unternehmens und wegen des laufenden Reformprozesses ebenfalls diese Übergangsfrist zugestanden. Den Betroffenen wurde somit eine gleitende Anpassung an die geänderte Rechtslage ermöglicht.

Schlussbemerkungen Die nunmehr auf den Grundsätzen des *Güterkraftverkehrsgesetzes (GüKG)* vom 22.6.1998 in der jeweils neuesten Fassung basierende Markt- und Wettbewerbsordnung wird durch weitere, aber von der Anzahl her nur wenige Verordnungen ergänzt. Mit dem Erlass dieser Verordnungen wurden gleichzeitig die noch bis zu diesem Zeitpunkt bestehenden Verordnungen und Vorschriften aufgehoben. Insgesamt führte die Novellierung des Straßengüterverkehrsrechts zu einer erheblichen Reduzierung von Verwaltungsvorschriften. Der Wegfall staatlicher Auflagen, die wiederum bei Nichtbeachtung mit Maßnahmen auf der Basis des Ordnungswidrigkeitsrechts zu ahnden waren, brachte somit umfangreiche Arbeitserleichterungen sowohl für alle beteiligten Behörden als auch für die gesamte Verkehrswirtschaft.

Straßengüterverkehr 4.1

4.1.4 Der Frachtvertrag

Die Verwirklichung des *Gemeinsamen Verkehrsmarktes* in *Europa* und die damit verbundene einheitliche Markt- und Wettbewerbsordnung verlangt auch ständig eine Anpassung der deutschen Rechtsordnung. Daher wurden am 1.7.1998 die Grundlagen des deutschen Transportrechts umfassend und richtungsweisend verändert. Diese Änderungen waren nicht nur auf eine Zusammenfassung im *Handelsgesetzbuch (HGB)* der bislang auf verschiedene Gesetze und Verordnungen verstreuten Rechtsregelungen beschränkt, sondern sie brachten gleichzeitig auch eine umfassenden Deregulierung für dieses schwierige und umfangreiche Rechtsgebiet. Die Neuregelung erfolgte zum einen durch das *Gesetz zur Reform des Güterkraftverkehrsrechts* vom 22.6.1998, mit dem der öffentlich-rechtliche Rahmen der Verkehrsmarktordnung geändert wurde und zum anderen durch das *Transportrechtsreformgesetz* vom 29.6.1998, das die Rechtsnormen des Vertragsrechts im *Handelsgesetzbuch* entscheidend reglementiert.

Bis zu vorgenanntem Zeitpunkt mussten Fracht- bzw. Beförderungsverträge in fast allen Bereichen im **innerdeutschen** Güterkraftverkehr (Binnenverkehr) **zwingend** auf der Grundlage öffentlich-rechtlicher Beförderungsbedingungen abgeschlossen werden. Ausnahmen bestanden nur für den gewerblichen Güternahverkehr und für vom *GüKG* freigestellte Beförderungen. Nunmehr sind die rechtlichen Grundlagen für den Frachtvertrag im Binnenverkehr allein im *HGB* umfassend geregelt. Der Frachtvertrag im grenzüberschreitenden Güterkraftverkehr bleibt weiterhin **zwingend** den Bestimmungen der *CMR* unterworfen (siehe hierzu die Ausführungen im Abschnitt *Der grenzüberschreitende Güterkraftverkehr*).

Die Bestimmungen des neuen *HGB* sind – wie bisher auch schon – im Allgemeinen **nicht zwingend** wie öffentlich-rechtliche Vorschriften, sondern als Privat-/Zivilrecht gestatten sie grundsätzlich abweichende Vereinbarungen. Allerdings hat der Gesetzgeber eine Neuerung eingeführt, die es bisher im *HGB* nicht gab. Es handelt sich hierbei um so genannte *AGB*-feste Regelungen, von denen die Vertragsparteien durch *Allgemeine Geschäftsbedingungen* auch in **beiderseitigem Einvernehmen nicht abweichen** dürfen. Es geht hier insbesondere um den Haftungsbereich, in dem die allgemeine Vertragsfreiheit durch einen so genannten **Haftungskorridor** eingeschränkt wird. Innerhalb dieses Haftungskorridors können die Vertragspartner über Ersatzleistungen im Schadensfall Vereinbarungen treffen.

Trotz dieser umfassenden Novellierung des Transportrechts müssen Frachtverträge nicht ausschließlich auf der Basis des *Handelsgesetzbuches* abgeschlossen werden, denn es wurden zeitgleich von der Transport- und Speditionswirtschaft verschiedene *Allgemeine Geschäftsbedingungen* parallel zu den Bestimmungen des *Handelsgesetzbuches* erarbeitet und mit Billigung des *Bundeskartellamtes* veröffentlicht und zur Anwendung empfohlen. Diese Geschäftsbedingungen gelten **nur** im Vereinbarungsfall und **nur ergänzend** neben den *AGB*-festen Bestimmungen des *HGB*, die durch *Allgemeine Geschäftsbedingungen* **nicht verdrängt werden können**. Sie können also nur wirksam werden, wenn sie **aufgrund einer Vereinbarung Bestandteil des privatrechtlichen Vertrages** geworden sind. Eine Ausnahme hiervon bildeten die *Allgemeinen Deutschen Spediteurbedingungen (ADSp)*, die als „zweiseitige Geschäftsbedingungen" als fertig bereitliegende Rechtsordnung

265

zwischen Kaufleuten (automatisch) kraft Kaufmannsbrauch galten. Diese Rechtsauffassung wurde durch die aktuelle Rechtsprechung im Januar 2003 durch den *Bundesgerichtshof (BGH)* revidiert. Danach kann nicht mehr davon ausgegangen werden, dass die *ADSp* automatisch als fertig bereitliegende Rechts- beziehungsweise Vertragsordnung gelten, die stillschweigend einbezogen werden. Der Aufdruck auf dem Briefbogen „*Wir arbeiten nach den neuesten ADSp*" genügt nun nicht mehr. Die Rechtsprechung fordert eine umfassende Informationspflicht des Spediteurs gegenüber seinem Auftraggeber. Siehe hierzu auch die Ausführungen an anderer Stelle des Leitfadens.

Folgende wesentlichen privatrechtlichen Geschäftsbedingungen werden derzeit zum Beispiel als Ergänzung zum *HGB* beim Abschluss eines Frachtvertrages für den Straßengüterverkehr zur Anwendung empfohlen:

- *Allgemeine Vertragsbedingungen für den Güterkraftverkehrs-, Speditions- und Logistikunternehmer (VBGL)*
  (Herausgegeben vom *Bundesverband Güterkraftverkehr, Logistik und Entsorgung e.V. (BGL), Frankfurt*)
- *Allgemeine Bedingungen der deutschen Möbelspediteure für Beförderungen von Handelsmöbeln (ABBH)*
  und
- *Geschäftsbedingungen für die Beförderung von Umzugsgut*
  (beide herausgegeben vom *Bundesverband Möbelspedition (AMÖ) e.V., Frankfurt*)
- *Allgemeine Deutsche Spediteurbedingungen (ADSp)*
  (Ursprünglich herausgegeben vom *Bundesverband Spedition und Logistik e.V. (BSL), Bonn,* der zwischenzeitlich in Folge einer Fusion in *Deutscher Speditions- und Logistikverband (DSLV)* umbenannt wurde)
- *Logistik AGB*
  (Ebenfalls vom *Deutschen Speditions- und Logistikverband (DSLV)* herausgegeben.

In den nächsten Abschnitten werden die Rechtsgrundlagen im Einzelnen erörtert, sofern nicht bereits an anderer Stelle Ausführungen hierzu gemacht sind.

4.1.4.1 Der Frachtvertrag nach dem *HGB*

Frachtgeschäft nach HGB
Die Umgestaltung des *Handelsgesetzbuches* hat gleichzeitig auch zu einer neuen Einteilung der Rechtsregelungen geführt. Der **Vierte Abschnitt** regelt nunmehr das **Frachtgeschäft**. Dieser Abschnitt ist wiederum in drei Unterabschnitte aufgeteilt. Der *Erste Unterabschnitt* umfasst *Allgemeinen Vorschriften* und normiert den **allgemeinen Frachtvertrag**. Der *Zweite Unterabschnitt* hat die Beförderung von Umzugsgut und somit den **Umzugsvertrag** zum Inhalt und der *Dritte Unterabschnitt* regelt den Vertrag, wenn die Beförderung mit **verschiedenartigen Beförderungsmitteln** durchgeführt wird. Hier wird historisch zum ersten Mal der so genannte **multimodale Verkehr** definiert und in eine besondere gesetzliche Regelung eingebunden.

Definition des Frachtvertrages
– *Erster Unterabschnitt*

Der **allgemeine Frachtvertrag** beginnt mit *§ 407*, in dem bekanntlich in der

Straßengüterverkehr 4.1

Vergangenheit die Definition des Spediteurs verankert war. Auf die **Definitionen der Vertragspartner** wurde nunmehr vollständig verzichtet und der Vertrag selbst wurde in den Vordergrund gerückt. Dabei wurden gleichzeitig einzelne **Rechte und Pflichten der Vertragsparteien** festgelegt, sowie der **Geltungsbereich** für die einzelnen Verkehrsträger als Frachtführer beschrieben. Danach gelten diese Vorschriften für Verträge, wenn
1. das Gut zu Lande, auf Binnengewässern oder mit Luftfahrzeugen befördert werden soll und
2. die Beförderung zum Betrieb eines gewerblichen Unternehmens gehört.

Alle Frachtverträge für Beförderungen mittels **Lastkraftwagen (auch Pkw), Eisenbahnen, Rohrleitungen, Binnenschiffen und Flugzeugen** unterliegen nunmehr grundsätzlich den Bestimmungen des *Handelsgesetzbuches*, wenn diese **Beförderungen** durch **gewerbliche Betriebe** durchgeführt werden. Beförderungen durch **Privatpersonen** werden somit nicht erfasst. Da dieser Abschnitt des Buches den **Straßengüterverkehr** behandelt, wird in den nachstehenden Ausführungen der Begriff Frachtführer durch den Begriff **Transportunternehmer** ersetzt.

Als Verpflichtung aus dem Vertrag obliegt nach diesen Bestimmungen **Rechte und Pflichten**
- dem **Frachtführer**
die Beförderung des Gutes zum Bestimmungsort und dort die Ablieferung an den Empfänger
und
- der **Absender**
wird verpflichtet, die vereinbarte Fracht zu zahlen.

von Empfänger und Absender

Diese Pflichten bedeuten im Umkehrschluss auch gleichzeitig
- für den **Transportunternehmer** das Recht auf **Bezahlung**
- und für den **Absender** das **Recht auf Beförderung**.

Die hier gewählten Begriffe legen also fest, dass die Rechtsbeziehungen in Form eines **Frachtvertrages** zwischen **Transportunternehmer und Absender** bestehen.

Wer im Einzelnen **als Absender** und somit als Vertragspartner des Transportunternehmers auftritt, ist eine Frage der Vertragsgestaltung. Ist ein **Spediteur** Vertragspartner eines Transportunternehmers, so erfüllt er in diesem Fall die Funktion des Absenders.

Der Frachtvertrag kommt durch **übereinstimmende Willenserklärungen** der Vertragsparteien zustande. Es handelt sich somit um einen **Konsensualvertrag**, der keiner Schriftform bedarf. Bereits eine verbindliche **telefonische Absprache** bedeutet den Vertragsabschluss. Rücktritt vom Vertrag oder auch Abweichungen von den mündlich getroffenen Vereinbarungen können bereits zu Schadensersatzansprüchen nach dem *HGB* auf beiden Seiten führen, bevor der Vertrag überhaupt ausgeführt wird.

Konsensualvertrag

Dennoch **kann** nach den Bestimmungen der Transportunternehmer die **Ausstellung eines Frachtbriefes** verlangen. Die **Form** ist **nicht vorgeschrieben** und ebenfalls sind die im *§ 408* aufgeführten **Inhaltsangaben** nur **beispielhaft** zu verstehen. Es bleibt auch

Frachtbrief

267

in diesem Fall den Vertragspartnern überlassen, welche Angaben sie in den Frachtbrief als Begleitpapier eintragen wollen. Sofern ein Frachtbrief ausgefertigt und von beiden Partnern unterzeichnet worden ist, dient er bis zum **Beweis des Gegenteils** als **Nachweis für den Abschluss** und den **Inhalt des Frachtvertrages** sowie für die **Übernahme des Gutes durch den Transportunternehmer**. Dieser Beweis des ersten Augenscheins ist sicherlich für beide Seiten ein wichtiges Dokument, um Unstimmigkeiten erst gar nicht aufkommen zu lassen. Allerdings fordert der Gesetzgeber aus öffentlich-rechtlichen Gründen nach *§ 7 Abs. 3 GüKG* die **Mitführung eines Begleitpapiers** oder eines sonstigen Nachweises, in dem das beförderte Gut, der Be- und Entladeort und der Auftraggeber angegeben sein müssen. Wird ein solches Dokument bei einer Unterwegskontrolle nicht mitgeführt, so handelt es sich hierbei um eine **Ordnungswidrigkeit**, die mit **Bußgeld** geahndet wird. **Der Frachtbrief entspricht in aller Regel dieser Vorschrift.**

Gefahrgut und Haftung   Besondere Pflichten werden dem Absender auferlegt, wenn gefährliche Güter befördert werden sollen. In diesem Fall hat er den Transportunternehmer **rechtzeitig schriftlich** oder in sonst **lesbarer Form** die genaue **Art der Gefahr** und, soweit erforderlich, zu ergreifende **Vorsichtsmaßnahmen** mitzuteilen. **Ein mündlicher Hinweis reicht in diesem Falle nicht aus.** Auch ist der Absender unter Berücksichtigung der **vereinbarten Beförderung** verpflichtet, das **Gut zu kennzeichnen** und so zu **verpacken**, dass es vor **Verlust** und **Beschädigung** geschützt ist und dass auch dem Transportunternehmer keine Schäden entstehen. In diesem Falle **haftet der Absender, auch wenn ihn kein Verschulden trifft**, für entstandene Schäden bis zu einer Höhe von 8,33 Rechnungseinheiten für jedes Kilogramm des Rohgewichts der Sendung. Diese Rechnungseinheiten beziehen sich – wie bei der *CMR* – auf die Sonderziehungsrechte des *Internationalen Währungsfonds*. Der Wert von 8,33 Rechnungseinheiten schwankte je nach Kurs Anfang des Jahres 2008 um 9,00 €.

Diese **Haftungshöchstgrenze** ist aufgehoben bei vorsätzlichen oder leichtfertigen Handlungen, die in dem Bewusstsein begangen werden, dass ein Schaden mit Wahrscheinlichkeit eintreten werde. In einem solchen Fall ist **Schadensersatz in voller Höhe** zu zahlen und der Absender haftet darüber hinaus auch für **Handlungen seiner Leute**.

Verbraucher   In diesem Sachzusammenhang ist zum ersten Mal von einem **Verbraucher** die Rede. Nach der Definition des *Bürgerlichen Gesetzbuches (BGB)* ist Verbraucher jede **natürliche Person**, die ein Rechtsgeschäft zu einem Zweck abschließt, der weder ihrer **gewerblichen** noch ihrer **selbständigen beruflichen Tätigkeit** zugerechnet werden kann. Der Verbraucher haftet nur, soweit ihn ein Verschulden trifft.

Pflichten des Absenders beim Be- und Entladen   Eine wesentliche Neuerung bringt der *§ 412* in die Vertragsgestaltung. Grundsätzlich hat nun der **Absender die Pflicht**, das Gut **beförderungssicher** zu **laden**, zu **stauen** und zu **befestigen**. Es handelt sich somit begrifflich um das **Verladen**. Ebenso hat er die Pflicht zu **entladen**.

Der Transportunternehmer hat für die **betriebssichere** Verladung zu sorgen.

Die Frage nach dem Unterschied zwischen **beförderungssicherer** und **betriebssicherer** Verladung wurde bereits in der Vergangenheit durch Rechtsprechung geklärt, da diese

Straßengüterverkehr 4.1

Begriffsbestimmungen auch in den früheren Beförderungsbedingungen enthalten waren. Die Tätigkeiten des Absenders im Hinblick auf die **Beförderungssicherheit** sind hier durch die Begriffe **laden, stauen** und **befestigen** bereits näher definiert. Erklärungsbedarf besteht bei dem Begriff **betriebssicher**. Hierzu vertreten die Gerichte – (insbesondere der *Bundesgerichtshof* in seinem *Urteil vom 24.9.1987 – I ZR 197/85, VRS 74, 345*) – die Auffassung, dass die Begriffe **betriebssicher** und **verkehrssicher** im *Sinne der Straßenverkehrsordnung (StVO)* einander entsprechen. Der Transportunternehmer wäre zwar nicht verpflichtet, über die Überprüfung der Verladung auf **Betriebssicherheit** hinaus auch die **Beförderungssicherheit** des Gutes (**Ladungssicherheit**) zu überprüfen. Jedoch trifft ihn die **allgemeine Rechtspflicht**, auf eine ordnungsgemäße, das Gut vor Schaden bewahrende Verladung hinzuwirken, wenn er zum Beispiel bei der Überprüfung der Betriebssicherheit des Fahrzeugs erkennt, dass das Gut **nicht beförderungssicher** verladen ist, oder wenn die Gefahr eines Schadenseintritts nach den Umständen für ihn ohne weiteres ersichtlich ist. Erkennt ein Transportunternehmer oder hätte er erkennen können, dass das Gut mangelhaft verladen ist, so muss er, obwohl dieser Umstand nicht in seinen Risikobereich fällt, dafür sorgen, dass eine Beschädigung der Frachtstücke vermieden wird.

Entladepflicht des Absenders

Neu ist die Regelung, dass dem **Absender** die Pflicht des Entladens auferlegt worden ist. Bei dieser Konstruktion bleibt der **Absender** dem Transportunternehmer vertraglich verpflichtet, auch die **Entladung** zu organisieren, denn er wird in aller Regel nicht selbst am Entladeort zugegen sein. Dies wird nur der Fall sein, wenn der **Auftraggeber als Absender** auch gleichzeitig der **Empfänger** der Sendung ist. Dieser Grundsatz nach *§ 412 HGB* ist allerdings im Zusammenhang mit *§ 421 Abs. 1 und Abs. 3 HGB* zu beurteilen. Nach neuerer Rechtsprechung ist der Empfänger auch bei fehlender vertraglicher Beziehung zum Transportunternehmer zur Entschädigung einer Wartezeit verpflichtet, wenn er einerseits die Ablieferung des Gutes verlangt, die Entladung des Gutes jedoch nicht in einer angemessenen Frist vornimmt.

Lade- und Entladezeit

Eine besondere **Lade- oder Entladezeit** ist der Dauer nach **nicht bestimmt** und entsprechend den Umständen kann der Transportunternehmer bei einer **angemessenen Frist** keine besondere Vergütung verlangen. Ist jedoch eine **Lade- oder Entladezeit vereinbart** und wird diese Zeit **nicht** eingehalten, so hat er Anspruch auf eine **angemessene Vergütung** als **Standgeld**.

Wird das Gut innerhalb einer **vereinbarten Frist** nicht verladen, so kann der Transportunternehmer nach Nichteinhaltung einer **erneuten Fristsetzung** den Vertrag **kündigen** und **Schadensersatzforderungen** erheben. Entsprechende Rechtsansprüche stehen dem Absender im **umgekehrten Falle** auch **gegen den Transportunternehmer** zu.

Verfügungsrecht des Absenders

Der Absender ist berechtigt, über das Gut zu verfügen. Er kann somit **während** der Beförderung **in den Ablauf des Beförderungsgeschehens** eingreifen und **andere Weisungen** erteilen. Entstehen zusätzliche Kosten, so hat er diese zu erstatten. Der Transportunternehmer ist nur insoweit zur Befolgung solcher Weisungen verpflichtet, als deren Ausführung **weder Nachteile** für den Betrieb **seines Unternehmens** noch **Schäden für die Absender oder Empfänger** anderer Sendungen mit sich zu bringen droht.

Das **Verfügungsrecht** des Absenders **erlischt nach Ankunft des Gutes an der Ablieferungsstelle** und **Beachtung der vertraglichen Vereinbarungen**. Ab diesem Zeitpunkt kann der **Empfänger** über die Sendung **verfügen**. Auch in diesem Fall hat der Transportunternehmer bei **Mehraufwendungen** Anspruch auf **Erstattung seiner Auslagen** und eine **angemessene Vergütung**.

Die Ausübung des Verfügungsrechts kann vertragsgemäß von der Vorlage des Frachtbriefes abhängig gemacht werden. Trägt der **Frachtbrief** einen solchen **Sperrvermerk**, so muss sich der Transportunternehmer die **Absenderausfertigung** des Frachtbriefes vorlegen lassen. Bei Nichtbeachtung dieser Weisung haftet der Transportunternehmer im Schadensfall **ohne Haftungsbeschränkungen in voller Höhe**.

Beförderungs- und Ablieferungshindernisse

Bei **Beförderungs- und Ablieferungshindernissen** ist der Transportunternehmer verpflichtet, **Weisungen** vom Verfügungsberechtigten **einzuholen**. Er hat nur Anspruch auf Ersatz seiner **Aufwendungen**, wenn diese Hindernisse **nicht seinem Risikobereich** zuzurechnen sind. Im Übrigen müsste er bei Nichtbeachtung seiner Pflichten mit den Folgen einer **Vertragsverletzung** und den damit verbundenen **Schadensersatzforderungen** rechnen. Er kann auch unter Berücksichtigung der **Interessenlage** des Verfügungsberechtigten selbständig handeln, wenn eine Weisung **nicht rechtzeitig** oder **überhaupt nicht** erfolgt.

Frachtzahlung

Nach dem *HGB* ist die **Fracht** bei **Ablieferung des Gutes** zu zahlen. Ab diesem Zeitpunkt tritt somit rechtlich **Verzug** ein. Bei nach diesem Zeitpunkt liegenden Zahlungen könnten Verzugszinsen geltend gemacht werden.

Der Frachtvertrag ist ein **zweiseitiges** Rechtsgeschäft **zugunsten** eines **Dritten**. Dieser Dritte ist der **Empfänger**. Er ist zwar **nicht** am Beförderungsvertrag **beteiligt**, aber ihm werden bestimmte **Rechte** eingeräumt und damit verbundene **Pflichten** auferlegt. Er hat somit das Recht, vom Transportunternehmer zu verlangen, ihm das Gut **gegen Erfüllung der Verpflichtungen aus dem Frachtvertrag** abzuliefern. Ist das Gut beschädigt oder verspätet abgeliefert worden oder verlorengegangen, so kann der Empfänger die Ansprüche aus dem Frachtvertrag **im eigenen Namen** gegen den Transportunternehmer geltend machen. Eine wichtige Regelung ist dahingehend getroffen worden, **dass der Absender zur Zahlung der nach dem Vertrag geschuldeten Beträge verpflichtet** bleibt. Damit ist sichergestellt, dass der Absender Zahlungsverpflichteter bleibt. Selbstverständlich können die Vertragspartner auch vereinbaren, dass der Transportunternehmer **nur gegen Zahlung** der geschuldeten Beträge das Gut abliefert und dass er **Weisung einzuholen** hat, wenn der Empfänger einer eventuellen Zahlungsverpflichtung bei Ablieferung des Gutes **nicht nachkommt**. Ein eventuelles Pfandrecht kann später im Falle einer Insolvenz nicht mehr ausgeübt werden.

Nachnahme

Eine andere Regelung sieht das *HGB* in dem Falle der **Einziehung einer Nachnahme** vor. Wird nämlich vereinbart, dass das Gut **nur gegen Einziehung der Nachnahme** abgeliefert werden darf, so **haftet** der **Transportunternehmer** dem **Absender** bei Nichtbeachtung dieser Vereinbarung bis zur **Höhe des Betrages der Nachnahme**, auch wenn ihn kein Verschulden trifft. Der Betrag ist in **bar** oder in Form eines **gleichwertigen Zahlungsmittels** einzuziehen. Hier wird im Übrigen außerdem geregelt, dass der eingezogene Betrag im **Verhältnis zu den Gläubigern** des **Transportunternehmers** als auf den Absender übertragen gilt. Somit können die Gläubiger des Transportunternehmers diesen Betrag nicht pfänden oder anderweitig herausverlangen.

Straßengüterverkehr 4.1

Eine **Lieferfrist** zur Durchführung des Frachtvertrages ist **nicht vorgeschrieben**. Diese müsste im **Einzelfall** gesondert **vereinbart werden**. Ansonsten gilt die Frist, die einem sorgfältigen Frachtführer zur Durchführung der Beförderung unter Berücksichtigung der Umstände vernünftigerweise zuzubilligen ist. **Lieferfrist**

Nach der Neuregelung im *HGB* haftet der Frachtführer nunmehr nach dem Prinzip der eingeschränkten Gefährdungshaftung in Anlehnung an die Bestimmungen der *CMR*. Er haftet im Einzelnen sowohl für **Güter-** als auch für **Vermögensschäden**. Güterfolgeschäden werden jedoch nicht ersetzt. Diese Schadensart liegt vor, wenn infolge eines Güterschadens ein weiterer Vermögensschaden (zum Beispiel Produktionsausfall) folgt. **Eingeschränkte Gefährdungshaftung**

Er haftet für den **Schaden**, der durch gänzlichen oder teilweisen **Verlust** oder **Beschädigung** des Gutes **in der Zeit von der Übernahme zur Beförderung bis zur Ablieferung** oder durch **Überschreiten der Lieferfrist** entsteht. Mit der Zeitbestimmung kommt die so genannte **Obhutshaftung** beziehungsweise **Gewahrsamshaftung** zum Ausdruck. Der Unternehmer haftet demnach nur **in der Zeit**, in der sich die **Güter in seinem Gewahrsam befinden** und er **Gewalt über sie ausüben** kann. Das Prinzip der eingeschränkten Gefährdungshaftung **befreit** den Transportunternehmer grundsätzlich dann von seiner Haftung, wenn der **Verlust**, die **Beschädigung** oder die **Überschreitung der Lieferfrist** auf Umständen beruht, die der Transportunternehmer auch bei **größter Sorgfalt nicht vermeiden** und deren **Folgen er nicht abwenden konnte**. Generell ist dem Transportunternehmer damit eine **verschärfte Sorgfaltspflicht** auferlegt worden, denn schon ein **geringfügiges Verschulden** würde das **unabwendbare Ereignis** ausschließen und die volle Haftung wirksam werden lassen.

Daneben ist der Transportunternehmer von seiner Haftung befreit, soweit der **Verlust**, die **Beschädigung** oder die **Überschreitung der Lieferfrist** auf besondere Gefahren zurückzuführen ist, wie zum Beispiel besondere **Bruchgefahr** des Gutes oder die **Beförderung lebender Tiere**. Auch kann ein **Verschulden des Absenders** zum Beispiel bei **ungenügender Verpackung** oder **ungenügender Kennzeichnung der Frachtstücke** die Haftung des Unternehmers aufheben. In diesem Falle muss allerdings – hier spricht man von **bevorrechtigten Haftungsausschlussgründen** – der **Transportunternehmer darlegen**, dass der Schaden aus einer der genannten Gefahren entstanden ist und er **besondere Weisungen** des Absenders beachtet hat. Gegenbeweis ist jedoch immer zulässig. **Haftungsbefreiung**

Wie bereits an anderer Stelle ausgeführt, hat der Transportunternehmer **Handlungen und Unterlassungen seiner Leute** in gleichem Umfang zu vertreten **wie eigene Handlungen**, wenn die Leute in Ausübung ihrer Verrichtung handeln. Gleiches gilt auch für Handlungen und Unterlassungen **anderer Personen**, deren er sich bei Ausführung der Beförderung bedient.

Nach den neuen *HGB*-Regeln ist das Prinzip des **Wertersatzes** im Güterschadensfall anzuwenden. So dient der **Wert des Gutes am Ort und zur Zeit der Übernahme zur Beförderung** als Maßstab für Schadensersatz. Der Wert bestimmt sich nach dem **Marktpreis**, sonst nach dem gemeinen Wert von Gütern **gleicher Art und Beschaffenheit**. **Wertersatz**

Die zu leistende Entschädigung wegen **Verlust oder Beschädigung** der gesamten Sendung ist auf einen Betrag von **8,33 Rechnungseinheiten** (an anderer Stelle bereits erläutert) für **jedes Kilogramm des Rohgewichts (Bruttogewicht)** der Sendung begrenzt. **Haftungshöchstgrenzen**

271

Hinzu kommen Ersatz für **Fracht, öffentliche Abgaben** und **sonstige Kosten** aus Anlass der Beförderung. Wie bereits erwähnt, werden **Güterfolgeschäden** nicht ersetzt. Als Güterfolgeschäden gelten weitergehende **Vermögensschäden** infolge eines entstandenen Güterschadens.

Bei **Überschreitung der Lieferfrist** ist die Haftung auf den **dreifachen Betrag der Fracht** begrenzt.

Bei weiteren vertragsbezogenen Schäden, die **nicht Güterschäden oder Schäden aus Lieferfristüberschreitung** darstellen, also andere Vermögensschäden aus so genannter **positiver Vertragsverletzung** durch den Transportunternehmer, ist die Haftung begrenzt auf das **Dreifache des Betrages, der bei Verlust des Gutes zu zahlen wäre**. Nähere Einzelheiten hierzu werden im Nachfolgenden in Verbindung mit dem Haftungskorridor ausgeführt.

> Der Transportunternehmer kann sich auf die Haftungsbeschränkungen (Haftungshöchstgrenzen) nicht berufen, wenn der Schaden auf die Handlung oder Unterlassung zurückzuführen ist, die der Frachtführer oder seine Verrichtungsgehilfen vorsätzlich oder leichtfertig und in dem Bewusstsein, dass ein Schaden mit Wahrscheinlichkeit eintreten werde, begangen hat. In diesem Falle ist der Schaden in voller Höhe zu ersetzen.

Erlöschen von Ansprüchen

Um ein Erlöschen der Ansprüche zu verhindern, sind
- **äußerlich erkennbare Schäden** oder **Verluste** vom Absender oder vom Empfänger dem Transportunternehmer **spätestens bei Ablieferung des Gutes** anzuzeigen.
- Äußerlich **nicht erkennbare Schäden und Verluste**, also **verdeckte** Schäden, innerhalb von **sieben Tagen** – gerechnet nach Kalendertagen – **nach Ablieferung schriftlich** anzuzeigen.
- Ansprüche wegen **Überschreitung der Lieferfrist** erlöschen, wenn der Empfänger sie nicht innerhalb von **einundzwanzig Tagen nach Ablieferung schriftlich** anzeigt.

Erlöschen von Ansprüchen bedeutet, dass eine **gerichtliche Durchsetzbarkeit** nicht mehr gegeben ist, denn diese so genannte **Ausschlussfrist** hat ein Gericht in jedem **Fall von Amts wegen** zu beachten, auch wenn sich der Gegner im Prozess nicht darauf beruft. Ein erloschener Anspruch besteht somit rein rechtlich nicht mehr.

Verjähren von Ansprüchen

Alle gesetzlichen und vertraglichen Ansprüche sind zudem einer **Verjährung** unterworfen und somit auf ihre **Durchsetzbarkeit zeitlich begrenzt**. Verjährung bedeutet, dass der **Schuldner** gegenüber dem **Forderungsberechtigten (Gläubiger)** nach Ablauf einer bestimmten Frist die **Leistung** mit Berufung auf den Fristablauf **verweigern** kann. Die Verjährung lässt somit eine Forderung nicht erlöschen, sondern räumt dem Schuldner lediglich ein Leistungsverweigerungsrecht ein, sofern er sich auf die **Verjährung beruft** und diese Einrede geltend macht. Bei einer gerichtlichen Auseinandersetzung hat in diesem Fall das Gericht **nicht von Amts wegen** zu prüfen, ob bereits Verjährung eingetreten ist, sondern der **Schuldner** muss sein Leistungsverweigerungsrecht durch Berufung auf Verjährung **geltend machen**.

Straßengüterverkehr 4.1

Ansprüche aus einer Beförderung, die den Vorschriften dieses Unterabschnitts unterliegt, **verjähren in einem** Jahr. Bei Vorsatz oder bei einem dem Vorsatz gleichstehenden Verschulden beträgt die Verjährungsfrist **drei Jahre**. Mit dieser Regelung sind Ansprüche sowohl **gegen** den **Transportunternehmer** (Herausgabe des Gutes, Schadensersatzleistungen, Abtretung von Ansprüchen gegen andere, Auszahlung einer kassierten Nachnahme) als auch **gegen** den **Absender** (Frachtzahlung, Ersatz von Aufwendungen, Schadensersatzforderungen) erfasst. Die Frist beginnt mit **Ablauf des Tages**, an dem das **Gut abgeliefert** wurde oder mit Ablauf des Tages, an dem es **hätte abgeliefert werden müssen**.

Eine Neuerung bringt das *HGB* in Bezug auf das **Pfandrecht**, mit dem der Transportunternehmer seine **Forderungen sichern** kann. Während bisher nur das **konnexe Pfandrecht** ausgeübt werden konnte und das **inkonnexe Pfandrecht** nur durch Vereinbarung über **Geschäftsbedingungen** wirksam wurde, ist nunmehr dieses Recht auf **inkonnexe Forderungen** aus **anderen mit dem Absender geschlossenen Verträgen** ausgedehnt worden. Es muss sich allerdings um **unbestrittene Forderungen** handeln. Neu ist in diesem Zusammenhang auch, dass sich das **Pfandrecht auf die Begleitpapiere** erstreckt. In der Regel wäre auch eine Verwertung des Pfandes ohne Papiere kaum möglich. **Pfandrecht**

Pfandrecht ist das **dingliche Recht**, sich wegen einer Forderung aus einem **fremden Gegenstand** (Sachen oder Recht) **zu befriedigen**. Nach **Androhung und fruchtlosem Ablauf** einer gesetzten **Zahlungsfrist** kann der Gegenstand grundsätzlich durch **öffentliche Versteigerung** verwertet werden. Im Einvernehmen mit dem Eigentümer kann auch eine andere Verwertungsart vereinbart werden.

- Das **konnexe Pfandrecht** kann nur an den Gütern **der** Sendung ausgeübt werden, auf die sich die Forderung bezieht, also es kann nur **vertragsbezogen** angewendet werden.
- Das **inkonnexe Pfandrecht** bezieht dagegen auch offenstehende Forderungen aus **vorhergehenden Verträgen** ein, es kann also **nicht nur vertragsbezogen** ausgeübt werden.

Die letzten Bestimmungen des *Ersten Unterabschnitts* befassen sich mit dem so genannten **Haftungskorridor**. Diese Regelung wurde neu eingeführt und die Vereinbarungsmöglichkeit erinnert an die nicht mehr bestehenden Margentarife, die auch innerhalb eines bestimmten Margenbereichs die freie Vereinbarung des **Beförderungsentgelts** zuließen.

Zunächst ist anzumerken, dass unter besonderer **Berücksichtigung des Verbraucherschutzes** im Rahmen der **Vertragsfreiheit** von den **vorgeschriebenen Haftungsgrundsätzen** nur dann abgewichen werden kann, wenn die Vertragsparteien einvernehmlich **jeweils für den einzelnen Vertrag** Abweichungen aushandeln. Diese abweichenden Vereinbarungen können dann allerdings auch für eine **Mehrzahl von gleichartigen Verträgen** zwischen **denselben Vertragsparteien** getroffen werden. Somit sind derartige Vereinbarungen unter Anwendung von **vorformulierten Vertragsbedingungen**, wie sie beispielsweise *Allgemeine Geschäftsbedingungen* darstellen, ausgeschlossen. Diese Vorschriften sind somit als „AGB-fest" zu bezeichnen; sie können also durch *Allgemeine Geschäftsbedingungen* nicht verdrängt werden.

Auf der Grundlage von *Allgemeinen Geschäftsbedingungen*, also so genannten vorformulierten Vertragsbedingungen, kann nur von den Grundsätzen der zu leistenden

Entschädigung wegen **Verlust und Beschädigung** der Güter abgewichen werden. In diesem Fall kann von der Regelhaftung (8,33 RE der Sonderziehungsrechte je kg) abgewichen werden, wenn dieser Betrag
1. zwischen zwei und vierzig Rechnungseinheiten liegt und in drucktechnisch deutlicher Gestaltung besonders hervorgehoben ist oder
2. für den Verwender der vorformulierten Vertragsbedingungen ungünstiger ist als der in *§ 431 Abs. 1 und 2* vorgesehene Betrag.

Gleiches gilt für die vom Absender nach *§ 414* zu leistende Entschädigung.

Somit soll sichergestellt werden, dass der Vertragspartner des Frachtführers, der sich derartigen Bedingungen unterwirft, durch die **drucktechnische Hervorhebung** besonders auf die vom **Grundsatz abweichende Haftungshöhe** aufmerksam gemacht wird. Liegt der abweichende Betrag über der Regelhaftung von 8,33 RE der SZR, so ist er vom Grundsatz her für den **Verwender ungünstiger** und auf eine drucktechnische Hervorhebung kann in diesem Fall verzichtet werden.

Bei Abweichungen von der Regelhaftung ist jedoch die Haftungsregelung für **Vertragsverletzungen** besonders zu berücksichtigen, nach der die Haftung auf das **Dreifache des Betrages, der bei Verlust des Gutes zu zahlen wäre**, begrenzt ist. Wird nun – nach oben – bis zur zugelassenen Obergrenze (40 SZR entsprechen etwa 47,– € je br/kg – Jahresmitte 2005 –) eine abweichende Haftung bei Güterschäden vereinbart, so wirkt sich diese Vereinbarung dahingehend aus, dass im Falle von Vertragsverletzungen bis zu einer Höhe von etwa 141,– € je br/kg Schadensersatz zu leisten ist. Das bedeutet bei einer Sendung von 20 000 kg eine Anhebung der Haftungshöchstgrenze auf etwa 2,8 Mio. €.

Verbraucherschutz Einen besonderen Schutz genießt nach dieser neuen Rechtsnorm der **Absender**, wenn es sich um einen **Verbraucher** (Dieser Begriff wurde bereits am Anfang der Ausführungen definiert) handelt. In diesem Fall hat der Gesetzgeber eine **zwingende Anwendung** vorgeschrieben und es kann **nicht zu seinem Nachteil** von der **gesetzlichen Haftungshöhe** (8,33 SZR je kg) abgewichen werden.

Territorialitätsprinzip Auch wenn der Frachtvertrag ausländischem Recht unterliegt, so gelten vorstehende Haftungsregelungen immer dann, wenn nach dem Vertrag der Ort der Übernahme und der Ort der Ablieferung im Inland (also in *Deutschland*) liegen.

– Zweiter Unterabschnitt

Umzugsvertrag Dieser Abschnitt normiert die Beförderung von **Umzugsgut** und somit den **Umzugsvertrag**. Grundsätzlich sind auch in diesem Fall die **Bestimmungen des** *Ersten Unterabschnitts* anzuwenden, soweit in diesem *Zweiten Unterabschnitt* keine Sonderregelungen vorgesehen sind.

Pflichten des Unternehmers Die Pflichten des Transportunternehmers – in der Praxis spricht man hier vom Möbelspediteur – umfassen auch das **Ab- und Aufbauen** der **Möbel** sowie das **Ver- und Entladen** des **Umzugsgutes**. Ist der **Absender** ein **Verbraucher**, so zählt zu den **Pflichten des Transportunternehmers** ferner die Ausführung **sonstiger** auf den Umzug bezogener **Leistungen** wie die **Verpackung** und **Kennzeichnung** des Umzugsgutes.

Verbraucherschutz Einen besonderen Schutz genießt auch hier der **Absender**, wenn es sich um einen **Verbraucher** handelt. Abweichend vom *Ersten Unterabschnitt* ist der Absender **nicht**

Straßengüterverkehr 4.1

verpflichtet, einen Frachtbrief auszustellen. Auch ist er von einer umfassenden Informationspflicht bei gefährlichen Gütern befreit. In diesem Fall genügt ein **allgemeiner Hinweis** über die vom Gut ausgehende Gefahr. Allerdings hat auch der **Absender dem Unternehmer** eventuell entstandene **Schäden zu ersetzen**, wie im *Ersten Unterabschnitt*. Die Ersatzpflicht ist beschränkt auf **maximal 620,– € je m³ Laderaum**, der zur Erfüllung des Vertrages benötigt wird.

Ergänzend werden besondere Haftungsausschlussgründe aufgeführt, die wiederum zum **Schutze des Transportunternehmers** gedacht sind. So ist er von der **Haftung befreit**, soweit der **Verlust** oder die **Beschädigung** auf eine der folgenden **Gefahren** zurückzuführen ist: **Besondere Haftungsausschlussgründe**

1. Beförderung von Edelmetallen, Juwelen, Edelsteinen, Geld, Briefmarken, Münzen, Wertpapieren oder Urkunden
2. Ungenügende Verpackung oder Kennzeichnung durch den Absender
3. Behandeln, Verladen oder Entladen des Gutes durch den Absender
4. Beförderung von nicht vom Transportunternehmer verpacktem Gut in Behältern
5. Verladen oder Entladen von Gut, dessen Größe oder Gewicht den Raumverhältnissen an der Ladestelle oder Entladestelle nicht entspricht, sofern der Transportunternehmer den Absender auf die Gefahr einer Beschädigung vorher hingewiesen und der Absender auf der Leistung bestanden hat
6. Beförderung lebender Tiere oder von Pflanzen
7. natürliche oder mangelhafte Beschaffenheit des Gutes, der zufolge es besonders leicht Schäden, insbesondere durch Bruch, Funktionsstörungen, Rost, inneren Verderb oder Auslaufen, erleidet.

Ist ein Schaden eingetreten, der nach den Umständen des Falles aus einer der vorgenannten Gefahren entstehen konnte, so wird vermutet, dass der Schaden aus dieser Gefahr entstanden ist. Der Transportunternehmer kann sich auf Haftungsbefreiung nur berufen, **wenn er alle ihm nach den Umständen obliegenden Maßnahmen getroffen und besondere Weisungen beachtet hat**. Hierfür hat er **Beweis** anzutreten.

Abweichend vom *Ersten Unterabschnitt* haftet der Transportunternehmer wegen **Verlust** oder **Beschädigung** bis zu einem **Höchstbetrag von 620,– € je m³ Laderaum**, der zur Erfüllung des Vertrages benötigt wird. **Haftungshöchstgrenze**

Ebenfalls **abweichend** geregelt ist das **Erlöschen von Ansprüchen** wegen Verlust oder Beschädigung des Gutes. **Erlöschen von Ansprüchen**

- Ansprüche für äußerlich erkennbare Schäden erlöschen, wenn sie nicht spätestens am Tage nach der Ablieferung angezeigt worden sind
- Verdeckte Schäden sind innerhalb von vierzehn Tagen nach der Ablieferung anzuzeigen.

Im Zusammenhang mit den **Haftungsbestimmungen** und den **Reklamationsfristen** hat der Transportunternehmer zu beachten, dass er im Falle eines **Verbrauchers** als Partner diesen auf die **besonderen Haftungsbestimmungen schriftlich** aufmerksam zu machen hat. Auch hat er die Verpflichtung, auf die Möglichkeiten einer **weitergehenden Haftung** oder den **Abschluss einer Versicherung** hinzuweisen. Ebenfalls hat er **spätestens** bei der

Vereinbarungen

Ablieferung des Gutes den Empfänger über die **Form und Frist der Schadensanzeige** sowie die **Rechtsfolgen bei Unterlassung** der Schadensanzeige zu unterrichten.

Ähnlich wie im *Ersten Unterabschnitt* können auch hier zwischen den Vertragspartnern von den Haftungsbestimmungen **abweichende Vereinbarungen** getroffen werden, sofern wiederum der **Partner nicht ein Verbraucher** ist. Ein **Haftungskorridor** ist jedoch **nicht** vorgesehen, sodass es in diesem Fall den **Vertragspartnern** selbst **überlassen** bleibt, welche Vereinbarungen sie im Einzelfall treffen wollen.

Multimodaler Transport

– *Dritter Unterabschnitt*

Zum ersten Mal wird im deutschen Recht der so genannte **multimodale Transport** geregelt. Der Wortlaut des *HGB* beschreibt diesen Tatbestand wie folgt:

> *Wird die Beförderung des Gutes auf Grund eines **einheitlichen Frachtvertrages** mit verschiedenartigen Beförderungsmitteln durchgeführt und wären, wenn über **jeden Teil der Beförderung mit jeweils einem Beförderungsmittel** (Teilstrecke) zwischen den Vertragsparteien **ein gesonderter Vertrag** abgeschlossen worden wäre, **mindestens zwei dieser Verträge verschiedenen Rechtsvorschriften unterworfen**, so sind auf den Vertrag die Vorschriften des Ersten Unterabschnitts anzuwenden, soweit die **folgenden** besonderen **Vorschriften** oder andere **internationale Übereinkommen** nichts anderes bestimmen. Dies gilt auch dann, wenn ein Teil der Beförderung zur See durchgeführt wird.*

Diese Vorschrift erfasst Beförderungsfälle, die nach derzeitiger Rechtslage im **innerdeutschen Verkehr** kaum vorkommen können, da die Verkehrsträger **Straßengüterverkehr, Eisenbahngüterverkehr, Binnenschiffsgüterverkehr** und auch der **Luftfrachtverkehr** gleichermaßen zur Zeit ohnehin denselben **Bestimmungen des HGB** unterworfen sind und somit die Anwendung unterschiedlicher Rechtsvorschriften nicht vorkommen kann. Lediglich die Einbeziehung eines **Seeschiffs** in die Transportkette zum Beispiel von *Bremen* durch den *Nord-Ostsee-Kanal* nach *Lübeck* würde diesem Tatbestand entsprechen, da hierfür andere Vertragsbestimmungen gelten.

4.1.4.2 Vertragsrechtsempfehlungen der Frachtführer- und Speditionsverbände

Die Transportrechtsreform sollte im Grundsatz zu einer Vereinheitlichung und insbesondere zu einer Vereinfachung des gesamten Frachtrechts führen. Die Vereinheitlichung durch Zusammenfassung des Frachtführerrechts im *Vierten Abschnitt des HGB* ist insoweit als weitgehend verwirklicht anzusehen. Eine Anlehnung an die Bestimmungen der *CMR* ist dabei auch in weiten Teilen erkennbar.

Eine Vereinfachung wäre zusätzlich erzielt worden, wenn allein die Bestimmungen des *HGB* als Vertragsrechtsgrundlage für alle Verkehrsträger einheitlich zur Anwendung ausgereicht hätten. Da jedoch die verschiedenen Verkehrsträger- beziehungsweise Frachtführerverbände ergänzenden Regelungsbedarf für unverzichtbar hielten, wurden als Ergänzung zum *HGB* eine Reihe von **Allgemeinen Geschäfts- oder Vertragsbedingungen** erarbeitet, dem *Kartellamt* zur Genehmigung vorgelegt und den Unternehmern dann zur

Straßengüterverkehr 4.1

Anwendung empfohlen. Die ausgesprochene Vielfalt von neuen Vertragsrechtsempfehlungen wird sicherlich bei einigen Unternehmern Verwirrung hervorgerufen haben und sie führt auch nicht unbedingt zu einer Erleichterung bei der Ausbildung von Speditions- und Transportkaufleuten. Es muss daher an dieser Stelle noch einmal ausdrücklich darauf hingewiesen werden, dass diese **unverbindlichen Empfehlungen** nur Geltung erlangen, wenn sie von **beiden** Vertragspartnern **einvernehmlich** dem Vertrag zugrunde gelegt werden. Außerdem können vom *HGB* abweichende Vereinbarungen nur **außerhalb der AGB-festen Bestimmungen** getroffen werden.

Nach derzeitigem Stand wurden weitere Empfehlungen, wie zum Beispiel *Allgemeine Lagerbedingungen des Deutschen Möbeltransports (ALB)*, als Konditionenempfehlung beim *Bundeskartellamt* angemeldet und die *Bundesfachgruppe Schwertransporte und Kranarbeiten (BSK)* hat ebenfalls eigene spezielle *Allgemeine Geschäftsbedingungen* veröffentlicht.

Es ist weiterhin zu berücksichtigen, dass sämtliche Kurier- und Expressdienste über eigene Geschäftsbedingungen ihre Tätigkeiten abwickeln.

Der Umfang dieses Lehrbuches gestattet es verständlicherweise nicht, auf Einzelheiten aller Verbandsempfehlungen einzugehen. Die nachstehenden Ausführungen sollen lediglich dazu dienen, eine kurze Übersicht über die wesentlichen Vertragsempfehlungen für den Straßengüterverkehr zu vermitteln.

Vertragsbedingungen für den Güterkraftverkehrs-, Speditions- und Logistikunternehmer (VBGL)

Diese Verbandsempfehlungen wurden im Januar 2003 neugefasst und stellen ergänzende Regelungen zum *HGB* dar. Sie sollen im Einzelnen präziser das regeln, wofür das *HGB* Gestaltungsspielraum gelassen hat. Der Text ist in der **Textsammlung Transport- und Logistikrecht** des **Deutschen Verkehrs-Verlages** veröffentlicht. Diese Sammlung wird regelmäßig mit den entsprechenden Änderungen angepasst. Zusammengefasst ergibt sich folgende Inhaltsübersicht:

- Bei der Haftung im Frachtgeschäft bleibt es bei einer durchgängigen Haftung von 8,33 SZR je br/kg über die gesamte Beförderungskette, also auch bei der transportbedingten Zwischenlagerung.
- Das Speditionsgeschäft wird eigenständig geregelt. In *§ 29 VBGL* ist die Haftungsbeschränkung im Speditionsgeschäft – mit Ausnahme der verfügten Lagerung – auf 8,33 SZR je br/kg durchgängig festgeschrieben. Auf das gestufte Haftungssystem der *ADSp* mit einer Grundhaftung von 5,– € und 8,33 SZR je br/kg nur für Schäden während des Transports mit einem Beförderungsmittel wurde verzichtet.
- Im Bereich der verfügten Lagerung bleibt es bei der Grundhaftung von 5,– € je br/kg wie in den *ADSp*. Die Begrenzung der Haftung je Schadensfall beträgt 25 000,– € in Abweichung von *Ziffer 24.1.2 ADSp*, die eine Begrenzung auf 5 000,– € je Schadensfall vorsieht.
- Die Haftung des Spediteurs für andere als Güterschäden mit Ausnahme von Personenschäden und Sachschäden an Drittgut ist an *§ 433 HGB* angepasst worden und enthält zwei Haftungsgrenzen. Der Spediteur haftet der Höhe nach begrenzt auf das Dreifache des Betrages, der bei Verlust zu zahlen wäre, höchstens auf einen Betrag von 100 000,– € je Schadensfall.

- Neu gefasst wurden auch die Informationspflichten des Absenders dergestalt, dass der Absender bereits bei Auftragserteilung mitzuteilen hat, ob es sich um Güter handelt, die regelmäßig von der Versicherungsdeckung ausgeschlossen sind.
- Frachtführer und Spediteur haben sich gegen Schäden in marktüblichem Umfang zu versichern, für die sie nach den Bedingungen und nach dem Handelsgesetzbuch im Rahmen der Regelhaftungssummen haften. Auf besonderen schriftlichen Wunsch besorgt der Spediteur für den Kunden die Versicherung des Gutes.

Wie schon eingangs erwähnt, weichen diese Geschäftsbedingungen nicht von den Grundsätzen des *HGB* ab. Sie sollen nur in den Bereichen mit Gestaltungsspielraum den Vertragspartnern als Hilfestellung dienen und eventuellen späteren Auseinandersetzungen vorbeugen, sodass bei Vertragsabschluss für die nötige Klarheit gesorgt ist.

Allgemeine Bedingungen der deutschen Möbelspediteure für Beförderungen von Handelsmöbeln (ABBH)

Das *Handelsgesetzbuch* erfasst nach der Transportrechtsreform in besonderen Vorschriften nur die Beförderung von **Umzugsgut**. Darüber hinaus werden in diesem Transportbereich üblicherweise auch **Handelsmöbel, EDV-Anlagen, medizinische Geräte**, andere **transportempfindliche** Güter sowie **Kunstgegenstände** mit besonders eingerichteten Fahrzeugen befördert. Mit Ausnahme des Umzugsverkehrs würde demnach die Beförderung der anderen Güterarten den allgemeinen Beförderungsbedingungen des *Handelsgesetzbuches* grundsätzlich unterliegen. Da jedoch die **Leistungsanforderungen** in diesen genannten Bereichen gerade nicht den Beförderungen von **allgemeinem Transportgut** entsprechen, sah sich die Gewerbevertretung der Möbelspediteure *(AMÖ)* veranlasst, ergänzende **Geschäftsbedingungen** nach Anmeldung beim *Bundeskartellamt* zur Anwendung zu empfehlen. So entstanden nicht nur die in der Überschrift genannten *ABBH*, sondern zusätzlich

- *Allgemeine Geschäftsbedingungen für Umzugstransporte*
- *Allgemeine Bedingungen der deutschen Möbelspediteure für Beförderungen von EDV-Anlagen, medizintechnischen Geräten und ähnlichen transportempfindlichen Gütern (ABB-EDV)*
- *Allgemeine Bedingungen der deutschen Kunstspediteure (AB-KUNST)*
- *Allgemeine Lagerbedingungen des deutschen Möbeltransports (ALB).*
  (Die Abkürzung *ALB* darf nicht verwechselt werden mit den *Allgemeinen Leistungsbedingungen – ALB – der Deutschen Bahn AG*.)

Wie bereits bei den *VBGL* ausgeführt, handelt es sich hier ebenfalls um ergänzende Bestimmungen zum *HGB*, die im Einzelnen vor Vertragsabschluss für klärende Vertragsvereinbarungen sorgen sollen. So wird beispielsweise eine Standgeldregelung bei Wartezeiten in Bezug auf die Sendungsgröße spezifiziert.

Die Vielfalt der Geschäftsbedingungen kann verständlicherweise im Rahmen diese Buches nicht dargestellt werden. In diesem Zusammenhang wird noch einmal auf die *Textsammlung* verwiesen, in der alle Geschäftsbedingungen abgedruckt sind.

Straßengüterverkehr 4.1

Allgemeine Deutsche Spediteurbedingungen (ADSp)
Die *Allgemeinen Deutschen Spediteurbedingungen (ADSp)* sind an anderer Stelle dieses Buches ausführlich behandelt.

4.1.5 Die Preisbildung im gewerblichen Güterkraftverkehr

4.1.5.1 Preisbildungsempfehlungen der Unternehmerverbände

Mit Änderung des *GüKG* zum 1.7.1998 wurde bekanntlich auch der Unterschied zwischen den Verkehrsbereichen **Güternahverkehr**, **Güterfernverkehr** und **Umzugsverkehr** aufgegeben und es wurden die drei Bereiche zum **gewerblichen Güterkraftverkehr** zusammengeschmolzen.

Nachdem am 1.1.1994 die Tarifvorschriften für den damaligen Güternahverkehr und den Möbelverkehr (Umzugsverkehr und Handelsmöbelverkehr) aufgehoben worden waren, hatten die Unternehmerverbände ihren Mitgliedern unverbindliche Preisempfehlungen als Erleichterung für den Übergang bis zur kostenorientierten und somit eigenverantwortlichen Preisbildung zur Verfügung gestellt. Für den Nahverkehr waren *kostenorientierte unverbindliche Richtpreistabellen (KURT)* veröffentlicht worden. Die Möbelspediteure orientierten sich bei der Preisbildung an so genannten *Mittelstandsempfehlungen* der Arbeitsgemeinschaft Möbeltransport Bundesverband (AMÖ). Diese unverbindlichen Preistabellen sind zwischenzeitlich ersatzlos ausgelaufen und die Unternehmer kalkulieren nunmehr ihre Entgelte auf der Basis einer eigenen Kostenrechnung oder eigener Haustarife.

Mit Wirkung vom 1.1.1994 wurde auch der *Güterfernverkehrstarif (GFT)* aufgehoben und an die Stelle der verordneten Entgelte trat die **eigenverantwortliche Preiskalkulation**.

Anders als im Güternahverkehr hatte sich der damalige *Bundesverband des Deutschen Güterfernverkehrs (BDF)*, inzwischen umbenannt in *Bundesverband Güterkraftverkehr, Logistik und Entsorgung e.V. (BGL)*, gegen die Veröffentlichung von Preisempfehlungen entschieden. Die Bedenken richteten sich in erster Linie gegen bestimmte Annahmen, die bei der Kalkulation dieser Art als Grundlage heranzuziehen wären. Sowohl der benötigte Zeitaufwand als auch die Auslastung des Fahrzeugs wären von grundlegender Bedeutung und sie könnten so nicht als ausgewogene Größen Berücksichtigung finden. Ferner würde zur Ermittlung der reinen Fahrzeit eine Durchschnittsgeschwindigkeit von 60 km/h unterstellt und mit den Be- und Entladezeiten würde in gleicher Weise verfahren. In diesen Fällen müssten Durchschnittswerte in die Kalkulation von Richtpreisen eingehen, unabhängig davon, ob beispielsweise ein Industrie- oder Handelskunde mit höchst unterschiedlichen Warte- und Abfertigungszeiten bedient würde. Ebenfalls wäre der zugrunde zu legende Leerfahrtanteil in einer Richtpreistabelle nur über einen Durchschnittswert zu kalkulieren. Da jedoch täglich wechselnde und höchst unterschiedliche Einsatzbedingungen vorkommen, könne man mit Hilfe von Durchschnittswerten pauschal nicht kalkulieren. Eine Reduzierung der Durchschnittsgeschwindigkeit von 60 km/h auf 40 km/h führe so schon zu Mehrkosten in zweistelliger Höhe. Individuelle auftragsbezogene Abweichungen von den Durchschnittswerten bewirkten, dass die tatsächlich bei der Transportabwicklung

Empfehlungen des BGL

entstandenen Kosten über den in den Richtpreistabellen ausgewiesenen und mit dem Kunden vereinbarten Abrechnungssätzen lägen. Der Unternehmer könne somit bei Anwendung empfohlener Richtpreise keine Kostendeckung und erst recht keinen Gewinn erzielen.

Kosteninformationssystem

Aus diesen Grundüberlegungen heraus hat der *BGL* zur Unterstützung der mittelständischen Transportunternehmen ein **Kosteninformationssystem** entwickelt.

Kernstück dieses Informationssystems ist die **regelmäßige Ermittlung und Weitergabe von durchschnittlichen Kalkulationssätzen** für bestimmte Fahrzeugtypen, für das Fahrpersonal und für Neben- und Zusatzleistungen. Konkret zum Ausweis kommen Kostenverrechnungssätze aus gutgeführten Transportunternehmen für bestimmte Fahrzeugtypen und bestimmte Einsatzarten, Personalkostenverrechnungssätze für den Fahrer und Beifahrer sowie Kostenrichtwerte für standardisierbare Neben- und Zusatzleistungen. Im Vergleich hierzu zitiert der *BGL* das „Handwerk", bei dem eine derartige Praxis in Form der Veröffentlichung von Verrechnungssätzen seit Jahren üblich sei.

Zur Ermittlung und Berechnung der aktuellen Kostenverrechnungssätze im Gewerbe werden regelmäßig in gutgeführten Unternehmen **Kalkulationseckdaten** durch den *BGL* erhoben. Diese Kalkulationseckdaten werden unter Wahrung des Datenschutzes in Durchschnittswerten zusammengefasst und dann in Form von Kostenverrechnungssätzen zur Veröffentlichung bereitgestellt.

Der *BGL* sieht in diesem System gegenüber von Empfehlungspreisen folgende Vorteile:
- der Unternehmer wird in die Lage versetzt, auf Basis der aktuellen auftragsspezifischen Kostensituation Angebote zu kalkulieren
- bei der Angebotserstellung werden die jeweiligen individuellen Leistungsbedingungen berücksichtigt – so zum Beispiel Wartezeiten zur Be- und Entladung, Fahrzeiten, Auslastungsgrade, etc.
- es gibt keine „ausgerechneten Preise" und damit auch keine so genannten „marktgegebenen" oder „marktüblichen" Prozentabschläge; die Marktpartner werden veranlasst, über Mengengerüste, Leistungen und deren Kosten zu verhandeln und nicht nur über Prozentabschläge auf fiktive Durchschnittspreise.

Zu diesem **Kosteninformationssystem** hat der *BGL* zusätzlich eine Anleitung in Form eines Leitfadens herausgegeben, mit dem die Anwendung dieses Systems erläutert wird.

Kalif

Der gleichen Zielsetzung dient das EDV-Programm *Kalif (Kalkulation im Güterfernverkehr)*. Gegenüber dem manuellen System hat diese EDV-gestützte Lösung den Vorteil, dass nur die Eckdaten einer Tour beziehungsweise eines Umlaufs vom Anwender eingegeben werden müssen. *Kalif* ermittelt daraufhin automatisch die zeitoptimale Route, die Gesamtentfernung sowie den für die Durchführung zu veranschlagenden Zeitaufwand. Mit Hilfe von *Kalif* kann eine komplette Kalkulation in wenigen Sekunden durchgeführt werden. Wie bei dem manuellen System können betriebsindividuelle Werte oder die Kostensätze des *BGL*-Kosteninformationssystems verarbeitet werden. Da die Daten einer ständigen Veränderung unterliegen, ist eine Veröffentlichung in diesem Rahmen hier wenig sinnvoll.

Beide Systeme können über den *BGL-Infoservice* in *Frankfurt* bezogen werden.

Straßengüterverkehr 4.1

4.1.5.2 Preisbildung auf der Grundlage einer Fahrzeugkostenrechnung

Die Kosten- und Leistungsrechnung des Spediteurs wird umfassend im *Teil 2* des *Leitfadens* behandelt, sodass an dieser Stelle nur kurz die Fahrzeugkostenrechnung als Teilbereich der gesamten Kostenrechnung vorgestellt wird.

Die **Kostenrechnung im Transportgewerbe** kann – je nach Größe des Betriebes – im Wesentlichen auf die **Fahrzeugkostenrechnung** beschränkt bleiben oder darauf aufbauen. Bei dieser Rechnungsart wird die Kalkulation im Grundsatz von den Kosten ausgehen, die direkt durch den Betrieb eines Kraftfahrzeugs entstehen. Die allgemeinen Verwaltungskosten, wie zum Beispiel Miete, Telefon, Werbung, Postgebühren usw., sind im Falle einer Vollkostenrechnung allerdings auch zu berücksichtigen. Diese Kosten weisen in mittleren bis größeren Betrieben wegen der individuell umfangreicheren Angebotspalette auch einen wesentlich größeren Anteil auf und sie nehmen somit auch einen höheren Stellenwert im Rahmen der Kostenrechnung ein. Da sie bei kleineren Betrieben überschaubarer sind und sich diese Kosten mit der Anzahl der Fahrzeuge nicht proportional verändern, das heißt sie entwickeln sich nicht je Fahrzeug in der gleichen Größe, können pauschale Werte angenommen werden.

Bei der Fahrzeugkostenrechnung kennt man einerseits die **Vollkostenrechnung** und andererseits die **Teilkostenrechnung**. Der Unterschied wird bereits durch die beiden Begriffe selbst definiert:

Im Rahmen der **Vollkostenrechnung** werden nämlich sämtliche anfallenden Kostenarten erfasst und dem Fahrzeug voll zugerechnet. Hierzu zählen dann nicht nur die Kosten, die allein durch den Betrieb des Fahrzeugs entstehen und die **direkt** dem Fahrzeug zugeordnet werden können, sondern hinzu kommen auch alle anderen Kosten-, die unter „Gemeinkosten" zusammengefasst werden, wie Verwaltungs-/Bürokosten und andere kalkulatorische Kosten, die als **indirekte** Kosten bezeichnet werden; für diese Kosten ist dann allerdings bei Einsatz von mehreren Fahrzeugen ein entsprechender Verteilerschlüssel festzulegen. Als Basis für die Preisbildung würde diese Art der Kostenrechnung verständlicherweise zu einem optimalen Betriebsergebnis führen. **Vollkostenrechnung**

Bei der **Teilkostenrechnung** werden nur die **direkten Kosten** berücksichtigt; die indirekten Kosten werden nicht in die Kalkulation miteinbezogen. Geht man bei der Preisbildung von dieser Rechnungsart aus, so wird hierbei auch nur ein Teil der anfallenden Gesamtkosten gedeckt. **Teilkostenrechnung**

Beide Rechnungsarten stellen keine Alternativlösung dar, sondern sie sind im Rahmen einer vernünftigen Betriebsführung stets nebeneinander anzuwenden. Denn einerseits wird man den über die Vollkostenrechnung gebildeten Transportpreis naturgemäß nicht zu jeder Zeit am Markt durchsetzen können, andererseits kann logischerweise auf Dauer ein Betrieb nicht überleben, wenn nur ein Teil der Gesamtkosten unter Anwendung der Deckungsbeitragsrechnung erlöst wird.

Die verkehrswirtschaftliche Praxis hat verschiedene Ausprägungen der **Deckungsbeitragsrechnung** entwickelt, die nicht in allen Fällen mit den wirtschaftswissenschaftlich erarbeiteten Grundlagen der Deckungsbeitragsrechnung übereinstimmen. Auf diese sachlich fachlichen Differenzen zwischen Praxis und Wissenschaft soll hier nicht weiter eingegangen werden. **Deckungsbeitragsrechnung**

Diese Art der Kostenrechnung berücksichtigt bei der Kalkulation jeweils nur einen **Teil der Gesamtkosten** und entsprechend dem erzielten Frachterlös wird später der so genannte Grad des Deckungsbeitrages festgestellt. Da bekanntlich nicht zu jeder Zeit am Markt ein Preis auf der Basis der Vollkostenrechnung durchsetzbar ist, kann im Rahmen der Deckungsbeitragsrechnung unter Berücksichtigung der dem jeweiligen Auftrag zurechenbaren Einzelkosten zumindest ein Teil der anfallenden Gesamt- / Fixkosten gedeckt werden. Selbstverständlich würde auf lange Sicht bei ausschließlicher Anwendung dieser Rechnungsart die Existenz eines Betriebes vernichtet werden. Für kurzfristige Entscheidungen ist es allerdings unerlässlich, hiervon Gebrauch zu machen, insbesondere dann, wenn dadurch anfallende Leerfahrten vermieden werden, bei denen naturgemäß nicht einmal ein Teil der Kosten erlöst wird.

Eine erschöpfende Beschreibung dieser beiden Arten der Kostenrechnung ist vom Umfang her im Rahmen dieser Darstellung nicht möglich. Die Vielschichtigkeit und die Bedeutung von weiteren Kosteneinflussgrößen, wie zum Beispiel Dauer der Be- und Entladezeiten und Anzahl der Be- und Entladestellen eines Auftrages, die Dauerbeschäftigung für einen Großauftraggeber oder die Einflüsse der Konjunkturentwicklung mussten verständlicherweise ausgelassen werden.

Die nachfolgenden Darstellungen einer aktuellen Fahrzeugkostenrechnung drucken wir mit freundlicher Genehmigung der *Wendlandt Unternehmensberatung GmbH, Montabaur*, ab. Sowohl die Fahrzeugkostenrechnung in der Art der Vollkostenrechnung als auch in der Art der Deckungsbeitragsrechnung sind dargestellt und sie geben einen praktischen Einblick durch Verwendung von **Annäherungswerten, die jedoch im Einzelfall durch die tatsächlichen Werte eines Betriebes** jeweils ersetzt werden müssen.

Da die Fahrzeugpreise von Modell zu Modell und Typ unterschiedlich sind und auch die Einkaufspreise erfahrungsgemäß starken Schwankungen ausgesetzt sind, sollen die gewählten Preise lediglich Annäherungswerte darstellen, die durch die tatsächlichen Werte jeweils zu ersetzen sind.

Die in den Tabellen aufgeführten Werte enthalten keine Mehrwertsteuer. Sie sind jeweils in EURO (€) beziehungsweise EURO-CENT (Ct) ausgedrückt. Sie werden jeweils zeitnah aktualisiert.

Straßengüterverkehr 4.1

FAHRZEUGKOSTENRECHNUNG — AUSWERTUNG			usl.de			
Berater: Herr Mustermann			Fahrzeugart: Lastzug			
			Einsatzart: Fernverkehr			
Firma: Mustergesellschaft						
Ort: Musterstadt			Datum: Mai. 08			
1	2		3	4	5	6
			Motorenwagen Sattelzugmaschine	Anhänger Auflieger	Lastzug Sattelzug	Bemerkungen
	amtl. Kennzeichen / Betriebs-Nr.		AB - CD 110			
A.	**Technische Daten**					
1	Fabrikat					
2	Typ					
3	Aufbau		Pl + Spr	Pl + Spr		
4	Baujahr		2008	2008		
5	Anschaffungsjahr		2008	2008		
6	Achszahl		3	2	5	
7	Schadstoffklasse gem. Mauthöhenverordnung		A			
8	zul. Gesamtgewicht	to	24,00	16,00	40,00	
9	Nutzlast	to / cbm	12,00	11,50	23,50	
10	Leistung	PS / KW	480			
11	Emissionsklasse		EURO IV			
B.	**Kapitalwerte**					
1	Fahrzeug-Preis		95.000	12.500	107.500	
2	Restwertanteil nach Nutzung		13,0%	12,0%		
2.1	Fahrzeug-Restwert nach der Nutzung		12.350	1.500	13.850	
3	Fahrzeug-Ansatz		82.650	11.000	93.650	
4	Umlaufvermögen		18.707	0	18.707	
5	Betriebsnotwendiges Kapital		72.874	7.046	79.920	
C.	**Leistungswerte**					
1	Einsatztage	p. Jahr	240	240		
2	Einsatzstunden	p. Tag	10,5	10,5		
3	Km-Leistung	p. Jahr	130.000	130.000		
4	Nutzungsdauer	Jahre	7	10		
5	Reifen Anzahl		8	4	12	
6	Reifen Preis	€ p. Stück	350	420		
7	Reifen Laufleistung	Km	120.000	275.000		
8	Kraftstoffverbrauch	L p. 100 Km	33			
9	Kraftstoffpreis Durchschnitt	€ p. L	1,11			

Abb. 9: Fahrzeugkostenrechnung Seite 1

Quelle: USL

Abb. 10:
Fahrzeugkosten-
rechnung
Seite 2

	usl.de - Unternehmensberatung Spedition und Logistik				
	Fahrzeugkosten: Auswertung			**Kennzeichen:**	**AB - CD 110**
1	2	3	4	5	6
D.	Auswertung	Motorwagen	Anhänger	Fahrzeug / Zug	
	Betriebskosten	Ct / km	Ct / km	Ct / km	€ / Jahr
1	Treibstoffkosten	36,63		36,63	47.619
2	Schmierstoffkosten 1,00%	0,37		0,37	476
3	Reifenkosten	2,33	0,61	2,94	3.828
4	Reparaturkosten	8,75	1,25	10,00	13.000
5	sonst. Betriebskosten	0,00	0,00	0,00	0
6	**Summe variable Einsatzkosten**	**48,08**	**1,86**	**49,94**	**64.923**
	Fahrpersonalkosten	€ / Jahr		€ / Tag	€ / Jahr
7	Fahrerlohn brutto	28.000		117	28.000
8	Urlaubsgeld u. Weihnachtsgeld	1.095		5	1.095
9	Sozialaufwand Arbeitgeber 22,45%	6.532		27	6.532
10	sonst. Personalnebenkosten	0		0	0
	Zw. Summe	35.627		148	35.627
11	Personalfaktor	1,2			
	Zw. Summe	42.752		178	42.752
12	Fahrerspesen	4.800		20	4.800
13	**Fahrpersonalkosten**	**47.552**		**198**	**47.552**
	feste Fahrzeugkosten	€ / Jahr	€ / Jahr	€ / Tag	€ / Jahr
14	Kfz-Steuer	556		2,32	556
16	Kfz-Haftpflichtversicherung	4.100	120	17,58	4.220
17	Kfz-Kaskoversicherung	1.100	150	5,21	1.250
18	Kapitalkosten 5,30%	3.862	373	17,65	4.236
19	sonst. Feste Fahrzeugkosten	0	0	0,00	0
20	**Summe feste Fahrzeugkosten**	**9.618**	**643**	**42,76**	**10.262**
	Abschreibung-Miete/Leasing	Ct/km - €/Jahr	Ct-km - €/Jahr	Ct/km - €/Tag	€ / Jahr
21	Abnutzung 50,00%	4,39	0,36	4,75	6.170
22	Entwertung 50,00%	5.704	466	25,71	6.170
23	Miete / Leasing	0	0	0	0
24	**Summe Abschreibung bzw.**	**4,39**	**0,36**	**4,75**	
	Miete / Leasing	**5.704**	**466**	**25,71**	
					12.339
	Gemeinkosten	€ / Jahr	€ / Jahr	€ / Tag	€ / Jahr
25	Allg. Verwaltungskosten 10,00%	13.508		56,28	13.508
26	Sonstiges	0		0,00	0
27	**Summe Gemeinkosten**	**13.508**		**56,28**	**13.508**
	kalkulatorische Kosten	€ / Jahr	€ / Jahr	€ / Tag	€ / Jahr
28	kalkulatorische Einzelwagnisse	6.943	263	30,02	7.206
29	Unternehmerlohn 2,50%	3.615	100	15,48	3.715
30	**Summe kalkulatorische Kosten**	**10.558**	**363**	**45,50**	**10.921**

Quelle: USL

4.1 Straßengüterverkehr 4.1

	usl.de - Unternehmensberatung Spedition und Logistik						
	Fahrzeugkostenrechnung: Zusammenstellung			**Kennzeichen:**	**AB - CD 110**		

E.	Gesamtkosten	%-Anteil	€ / Std. € / Tag	+	Ct / km	=	€ / Jahr
1	**2**	**3**	**4**		**5**		**6**
6	Variable Einsatzkosten	41%			49,94	=	64.923
13	Fahrpersonal	30%	18,87 198,13			=	47.552
Z1	**Zwischensumme 1**	**71%**	**18,87 198,13**	**+**	**49,94**	**=**	**112.475**
20	feste Fahrzeugkosten	6%	4,07 42,76			=	10.262
Z2	**Zwischensumme 2**	**77%**	**22,94 240,89**	**+**	**49,94**	**=**	**122.737**
24	Abschreibungen, Miete / Leasing	8%	2,45 25,71		4,75	=	12.339
Z3	**Zwischensumme 3**	**85%**	**25,39 266,60**	**+**	**54,69**	**=**	**135.076**
27	Gemeinkosten	8%	5,36 56,28			=	13.508
Z4	**Zwischensumme 4**	**93%**	**30,75 322,88**	**+**	**54,69**	**=**	**148.583**
30	kalkulatorische Kosten	7%	4,33 45,50			=	10.921
31	**Gesamtkosten 1**	**100%**	**35,08 368,38**	**+**	**54,69**	**=**	**159.504**
32a	davon Motorwagen / Zugmaschine	97%				=	155.147
32b	Anhänger / Auflieger	3%				=	4.357
33	Gesamtkosten 2		Durchschnitt		Monat	=	13.292
34	Gesamtkosten 3				Tag	=	665
35	Gesamtkosten 4				Std	=	63,30
36	Gesamtkosten 5				km	=	1,23

Abb. 11: Fahrzeugkostenrechnung Seite 3

Quelle: USL

Abb. 12:
Fahrzeugkosten-
rechnung
Seite 4

				usl.de - Unternehmensberatung Spedition und Logistik			
		Tourenkalkulation -Deckungsbeitragsrechnung-				Kennzeichen:	AB - CD 110

F.			Tour			
			Einsatzstunden	Einsatztage	Km gesamt	Km mautpfl.
			23	2	1.100	950
		Auslastung %	109,52%		101,54%	86,36%

		€ / Std € / Tag	Ct / Km	Summe Euro	Ergebnis Euro
1	2	3	4	5	6
a	Frachterlös	65,22 750,00	136,36	1.500,00	
b	./. Erlösminderungen /Provisionen			0,00	
c	./. Km-abhängige Maut Ct. p. Km		11,00	104,50	
d	./. sonst. Sonderkosten der Tour			0,00	
e	= Frachterlös verbleibend			1.395,50	
6	./. Variable Fahrzeugkosten		49,94	549,35	
DB 1	= Deckungsbeitrag I				846,15
13	./. Fahrpersonalkosten	18,87 198,13		396,27	
DB 2	= Deckungsbeitrag II				449,89
20	./. feste Fahrzeugkosten	4,07 42,76		85,51	
DB 3	= Deckungsbeitrag III				364,37
24	./. Abschreibungen	2,45 25,71	4,67	51,41	
DB 4	Deckungsbeitrag IV				312,96
27	./. Gemeinkosten	5,36 56,28		112,56	
DB 5	Deckungsbeitrag V				200,39
30	./. Kalkulatorische Kosten	4,33 45,50		91,00	
f	= Vollkosten -Über- / -Unterdeckung				109,39

Quelle: USL

Straßengüterverkehr 4.1

In der Fahrzeugkostenrechnung des *USL – Unternehmensberatung Spedition und Logistik –* werden Kostenarten und Begriffe verwendet, die von der *USL* im folgenden erläutert werden:

Das benötigte Umlaufvermögen

Das Umlaufvermögen berücksichtigt monetäre Leistungen des Spediteurs, die jener im Voraus zu leisten hat. Hierunter fallen die variablen Kosten (D6), die Fahrpersonalkosten (D13), die fixen Fahrzeugkosten (D20) und die Gemeinkosten (D27). Da der Spediteur auch für die Mehrwertsteuer in Vorleitung geht, müssen auch diese Berücksichtigt werden. Die für diese Leistungen anzusetzende Dauer ist abhängig von den Zahlungsfristen der Kunden. Beträgt die Zahlungsfrist in der Regel vier Wochen, so muss für das Umlaufvermögen der vierfache Wochenwert der genannten Kosten kalkuliert werden, beträgt die Zahlungsfrist sechs Wochen, so muss entsprechend mit dem sechsfachen des Wochenwerts kalkuliert werden.

Entweder muss das Umlaufvermögen über Kredit (zum Beispiel Kontokorrentkredit) finanziert werden oder aber dem Unternehmer entgehen Zinsgewinne, wenn er Eigenkapital einsetzt. In jedem Fall ergeben sich die Kosten des Umlaufvermögens aus dessen Höhe und dem aktuellen Zinssatz.

Zur Bewertung der kalkulatorischen Einzelwagnisse

Diese Einzelwagnisse haben nichts mit dem unternehmerischen Risiko zu tun, welches sich auf die Entwicklung des gesamten Unternehmens bezieht. Diese Kosten werden folgerichtig hier auch nicht aufgeführt, da sie aus dem Gewinn zu decken sind. Die kalkulatorischen Einzelwagnisse beziehen sich auf einzelne Bereiche des Speditionsunternehmens und stehen im direkten Zusammenhang mit dem hier kalkulierten Fahrzeug. Hier sind vor allem Abschreibungswagnisse durch erhöhte Reparaturkosten, nicht versicherte Fahrzeugverluste oder Debitorenausfälle erfasst. Unser Beispiel berücksichtigt 4,5 % der Summe der Kosten aus variablen Einsatzkosten (D6), Fahrpersonalkosten (D13), festen Fahrzeugkosten (D20) und Gemeinkosten pro Jahr und 1 % des Fahrzeugneupreises (B1).

Der Unternehmerlohn

In Einzelfirmen und Personengesellschaften wird für die Mitarbeit des Unternehmers im Betrieb kein Gehalt gezahlt, sondern es wird der Jahresgewinn unter Berücksichtigung getätigter Einlagen und Entnahmen als Einkommen angesehen. Dieses Einkommen stellt ein Entgelt für die Tätigkeit des Unternehmers dar und sollte daher in angemessener Höhe in der Vollkostenkalkulation eingerechnet sein.

In Kapitalgesellschaften tritt dieses Problem nicht auf, da hier die leitenden Personen Gehaltsempfänger sind.

Sehr unterschiedlich wird der Ansatz zur Bestimmung der Höhe des Unternehmerlohns gehandhabt. Wir haben uns dazu entschlossen diesen als Prozentsatz der Summe der Kosten aus variablen Einsatzkosten (D6), Fahrpersonalkosten (D13), festen Fahrzeugkosten (D20), Abschreibungen beziehungsweise Miete/Leasing (D24) und Gemeinkosten (D27) pro Jahr zu sehen. So unterschiedlich die Unternehmer, so unterschiedlich kann jener Zins sein – in unserem Beispiel 2,5 %.

4.1.6 Besondere Formen des gewerblichen Güterkraftverkehrs

4.1.6.1 Der grenzüberschreitende Güterkraftverkehr

4.1.6.1.1 Die Marktzugangsregelungen

Verwaltungs- oder Regierungsabkommen

Die Problemstellung des grenzüberschreitenden internationalen Güterkraftverkehrs ergibt sich in erster Linie aus der Überwindung der unterschiedlichen Rechtsvorschriften der einzelnen Staaten. Nach dem so genannten „Territorialitätsprinzip" unterliegt nämlich jeder Unternehmer regelmäßig den gesetzlichen Vorschriften des Staates, auf dessen Territorium er sich jeweils bewegt.

Somit hat sich jedes in die *Bundesrepublik Deutschland* einfahrende Fahrzeug und so der Unternehmer den **Vorschriften des *GüKG*** zu unterwerfen, da die Beförderung von Gütern mit Kraftfahrzeugen durch dieses Gesetz geregelt wird. Dadurch wird eine **Gleichstellung der ausländischen Unternehmer mit den deutschen Unternehmern erzielt** und eine so genannte Diskriminierung deutscher Unternehmer verhindert.

Gleichzeitig ist aber zu berücksichtigen, dass in anderen Staaten aufgrund anderer verkehrs- und wirtschaftspolitischer Zielsetzungen der Straßengüterverkehr anderen Regelungen unterworfen wird.

Gleichwohl bleiben deutsche Unternehmer bei Beförderungen im grenzüberschreitenden Güterkraftverkehr für den deutschen Streckenteil zunächst dem deutschen Verkehrsrecht unterworfen. Sie können demnach nur unter Einhaltung der Vorschriften des *GüKG* deutsches Territorium verlassen. Das bedeutet im Grundsatz für die deutschen Unternehmer, dass sie die deutschen Marktzugangsvoraussetzungen zu erfüllen haben.

Die *Bundesrepublik Deutschland* hat daher mit den meisten europäischen Staaten zweiseitige (bilaterale) Verwaltungs- oder Regierungsabkommen getroffen, die den aktuellen Erfordernissen ständig angepasst werden. Ziel dieser Vereinbarungen ist es, auf der Basis gemeinsamer Regeln einen Ausgleich zu finden, der einen möglichst reibungslosen grenzüberschreitenden Güterkraftverkehr zulässt. So wird im Wesentlichen im Rahmen dieser Abkommen das Verfahren des gegenseitigen Austausches und die **Anzahl der Genehmigungen** geregelt und gleichzeitig festgelegt, welche Beförderungen von der Genehmigungspflicht befreit werden. Ferner verpflichten sich die Vertragsstaaten, die jeweiligen Rechtsvorschriften des anderen Staates einzuhalten und keine Beförderungen durchzuführen, bei denen sowohl Be- als auch Entladestelle auf dem Gebiet des anderen Vertragsstaates liegen; hierbei handelt es sich um Binnenverkehr, der in der Fachsprache auch als **Kabotage** bezeichnet wird.

Bilaterale Genehmigungen

Die Genehmigungen werden je nach Bedarf als Einzelfahrtgenehmigungen oder auch als Zeitgenehmigungen ausgegeben und sind während der Fahrt im Fahrzeug mitzuführen. Es handelt sich dabei um **nicht übertragbare Inhabergenehmigungen**, mit denen wiederum der Unternehmer eigene Fahrzeuge seiner Wahl einsetzen kann. Der Antrag auf Erteilung einer Genehmigung ist bei den **deutschen Landesverkehrsbehörden** zu stellen, die in den jeweiligen Abkommen als zuständig benannt sind. Für bestimmte Staaten werden diese Genehmigungen auch vom *Bundesamt für Güterverkehr* ausgegeben. Die deutschen Behörden geben somit auf Antrag die Genehmigungen des jeweiligen Vertragsstaates aus

Straßengüterverkehr 4.1

und umgekehrt. Jeder Güterkraftverkehrsunternehmer, der unter Berücksichtigung seiner verkehrsrechtlichen Möglichkeiten grenzüberschreitenden Güterkraftverkehr betreiben darf, kann im Rahmen des jeweils zur Verfügung stehenden Kontingents Genehmigungen eines anderen Landes beantragen. Werden anlässlich einer Beförderung weitere Länder durchfahren, so benötigt der Unternehmer auch für diese Länder eine so genannte **Transitgenehmigung**.

Diese Regelung gilt seit dem 1.1.1993 nur noch für Nicht-*EU*-Staaten, da seit diesem Zeitpunkt für die *EU*- beziehungsweise *EWR*-Mitgliedsländer jegliche mengenmäßigen Beschränkungen im Rahmen der Einführung der neuen *EU-Lizenz* als Gemeinschaftslizenz aufgehoben worden sind.

Mit der Verordnung *VO EWG Nr. 1018/68 vom 19.7.1968 des Rates der Europäischen Gemeinschaften (EG)* war die Bildung eines *Gemeinschaftskontingentes* ab 1.1.1969 für den Güterkraftverkehr zwischen den Mitgliedstaaten der *EG* beschlossen worden. Die aufgrund dieser *VO* erteilten Genehmigungen *(EWG-Genehmigungen)* berechtigten ihre Inhaber, Beförderungen im gewerblichen grenzüberschreitenden Güterkraftverkehr zwischen den Mitgliedsstaaten (nicht nur zwischen zwei, sondern zwischen allen), unter Ausschluss jeglichen Inlandsverkehrs (Kabotage) im Hoheitsgebiet eines Mitgliedsstaates, durchzuführen. **Gemeinschaftskontingent EU-Lizenz**

Am 1.1.1993 sind bereits jegliche mengenmäßigen Beschränkungen weggefallen, sodass jeder Unternehmer unter Einsatz einer unbeschränkten Anzahl von Fahrzeugen gewerblichen grenzüberschreitenden Güterkraftverkehr betreiben kann, der die geltenden subjektiven Marktzulassungsvoraussetzungen erfüllt.

Diese Regelung betrifft jedoch nur den grenzüberschreitenden Güterkraftverkehr zwischen den *EU-/EWR*-Mitgliedstaaten. Im Verkehr mit anderen Staaten (Drittstaaten) sind nach wie vor für den ausländischen Streckenteil entsprechende Genehmigungen für das betreffende Land vorher zu beantragen und während der Beförderung im Fahrzeug mitzuführen. **Diese so genannten bilateralen Genehmigungen (Drittstaatengenehmigungen) unterliegen weiterhin einer mengenmäßigen Beschränkung.**

Wie bereits erwähnt, wurde die Gemeinschaftsgenehmigung von der neuen Gemeinschaftslizenz – allgemein als *EU-Lizenz* bezeichnet – am 1.1.1993 abgelöst, die aufgrund der *Verordnung (EWG) Nr. 881/92* vom 26.3.1992 ausgegeben wird. Diese Lizenz galt zunächst nur im **grenzüberschreitenden Güterkraftverkehr; die Kabotagebeförderungen bedurften bis zum 1.7.1998 einer besonderen Kabotagegenehmigung**. Die Entwicklung ist im nächsten Abschnitt beschrieben.

Da diese Lizenz zahlenmäßig nicht begrenzt ist, kann jeder Unternehmer, der die geforderten subjektiven Zulassungsvoraussetzungen erfüllt, diese Lizenz für alle Fahrzeuge beantragen, über die er aufgrund von Eigentum, Ratenkauf, Miete oder Leasing verfügt. Er erhält ein Original und für jedes Fahrzeug eine beglaubigte Abschrift, die jeweils während der Fahrt im Fahrzeug mitzuführen ist. Die Lizenz wird auf den **Namen des Unternehmens** ausgestellt und ist **nicht übertragbar**. Sie wird zunächst für eine Frist von **fünf Jahren** erteilt, kann dann immer wieder für den **gleichen Zeitraum** verlängert werden. Der Antrag der Lizenz ist bei der zuständigen Behörde des Landes zu stellen, in dem der Unternehmer eine Niederlassung betreibt.

Der Spediteur und die Verkehrsträger

Kabotage Bereits seit 1.7.1990 wurde für Unternehmer innerhalb der *EU/EWR* der schrittweise Zugang zu den jeweiligen Binnenmärkten dahingehend eröffnet, dass auf der Grundlage einer weiteren *EWG-Verordnung* ein so genanntes Kabotagekontingent eingeführt wurde. Danach konnten mit besonderen Genehmigungen Beförderungen auf dem Gebiet eines Mitgliedstaates von dort nicht ansässigen Unternehmern durchgeführt werden, so genannte **Kabotagebeförderungen**. Die Unternehmer unterlagen dann den jeweiligen Rechtsvorschriften des betreffenden Gastlandes (Territorialitätsprinzip). Das bedeutet für ausländische Unternehmer, die in der *Bundesrepublik Deutschland* Güter befördern, dass die hier geltenden Vorschriften (zum Beispiel *GüKG/HGB*) zwingend anzuwenden sind und unter anderem auch die Versicherungspflicht gilt.

Seit dem 1.7.1998 ist die zahlenmäßige Beschränkung aufgehoben worden und die zahlenmäßig unbeschränkte *Gemeinschaftslizenz* gilt für alle Beförderungen innerhalb der *EU-/EWR*-Staaten. Wie bereits an anderer Stelle ausführlich dargestellt, gilt diese Regelung noch nicht in vollem Umfang für alle neuen Mitgliedstaaten, die nach dem 1.5.2004 beigetreten sind. Das Kabotagerecht wird erst nach einer Übergangsfrist von jeweils bis zu fünf Jahren zugelassen.

Eine grundlegende Veränderung hat sich 1994 ergeben.

EU und Am 1.1.1994 ist das *Abkommen über den Europäischen Wirtschaftsraum (EWR)* in
EWR Kraft getreten. Zum *Europäischen Wirtschaftsraum* haben sich inzwischen die *EU*-Mitgliedstaaten und die Staaten *Island*, *Norwegen* und *Liechtenstein* zusammengeschlossen. Für alle Staaten, die dem *EWR-Abkommen* beigetreten sind, gelten somit in verkehrsrechtlicher Hinsicht gleiche Marktregulierungen.

Die *Gemeinschaftslizenz* gilt somit seit dem 1.7.1998 für alle Beförderungen **zwischen** und **innerhalb** aller *EWR*-Staaten, mit den erwähnten Einschränkungen für die neuen Mitgliedstaaten. Zum Schutz der Unternehmen aus den alten Mitgliedstaaten wurden für diese neuen *EU*-Staaten Übergangsregelungen und Übergangsfristen bis zur vollständigen Freigabe der Kabotage vereinbart. Ausgenommen hiervon sind nur Unternehmen aus *Slowenien, Malta* und *Zypern*. Für diese Unternehmen gilt die Gemeinschaftslizenz bereits seit dem Beitritt auch für Kabotagebeförderungen.

Eine weitere Besonderheit besteht für den Straßengüterverkehr mit der *Schweiz*. Wie an anderer Stelle ausgeführt, ist die *Schweiz* (neben *Liechtenstein, Norwegen* und *Island* der vierte *EFTA*-Staat) dem *EWR-Abkommen* nicht beigetreten. Somit wäre die *Schweiz* als Drittstaat zu behandeln. In einem besonderen **Landverkehrsabkommen** hat allerdings die *Europäische Union* stellvertretend für alle *EU*-Staaten mit der *Schweiz* eine Sonderregelung vereinbart. Vom 1.6.2002 an gilt die *Gemeinschaftslizenz* für Beförderungen in, aus und durch die *Schweiz*. Im Gegenzug dürfen Unternehmen aus der *Schweiz* mit der *Schweizerischen Lizenz* Beförderungen in, aus, durch und zwischen *EU*-Staaten durchführen. Kabotagebeförderungen sind nicht zugelassen (siehe auch Erläuterungen zu §§ 3 bis 6 *GüKG*).

CEMT- Eine weitere Genehmigungsart erleichtert ebenfalls den grenzüberschreitenden
Genehmi- Güterkraftverkehr in *Europa*. Es handelt sich hierbei um die so genannten **CEMT-**
gungen ***Genehmigungen***. Diese zahlenmäßig begrenzten Genehmigungen sind mit Wirkung vom 18.7.1974 aufgrund einer Resolution des *Rates der Europäischen Konferenz der*

Straßengüterverkehr 4.1

Verkehrsminister (CEMT) eingeführt worden. Die *CEMT-Genehmigung* wird jeweils nur für ein Jahr und nur an Unternehmer ausgegeben, die Inhaber einer Erlaubnis für den gewerblichen Güterkraftverkehr oder einer *Gemeinschaftslizenz* sind. Voraussetzung ist, dass die Genehmigung für multilaterale Beförderungen genutzt wird und nicht nur für Beförderungen mit **einem** *CEMT*-Mitgliedsstaat. Die Ausgabe erfolgt durch das *Bundesamt für Güterverkehr* entsprechend den dafür bestehenden Richtlinien.

Das Kontingent wurde für das Jahr 2008 auf insgesamt 33 408 Genehmigungen erhöht. Aus diesem Kontingent entfielen auf Deutschland 1757 Jahresgenehmigungen und zusätzlich 840 Kurzzeitgenehmigungen. *CEMT-Genehmigungen* berechtigen grundsätzlich zu allen **grenzüberschreitenden Beförderungen zwischen den Mitgliedstaaten der *CEMT***. Insgesamt haben sich zurzeit 43 europäische Staaten dem *CEMT-Abkommen* angeschlossen. Die Liste aller Staaten ist in den Erläuterungen zu *§ 6 GüKG* aufgeführt.

Alle deutschen Inhaber einer *CEMT-Genehmigung* haben je Genehmigung ein Fahrtenberichtsheft zu führen. Die einzelnen Fahrtenberichte sind als Nachweis des Einsatzes der Genehmigung in *Deutschland* der Ausgabestelle *(Bundesamt für Güterverkehr)* ausgefüllt einzureichen. (Weitere ergänzende Einzelheiten siehe hierzu Erläuterungen zu *§ 6 GüKG*).

4.1.6.1.2 Die *CMR* als Grundlage für den Frachtvertrag

Als Beförderungsbedingungen im grenzüberschreitenden Güterkraftverkehr gelten zwingend die Bestimmungen der *CMR*. Es handelt sich hierbei um das *Übereinkommen über den Beförderungsvertrag im internationalen Straßenverkehr (Convention relative au contrat de transport international de marchandises par route – CMR –).* **CMR**

Die *CMR* ist ein völkerrechtliches Übereinkommen, das durch die von der *Bundesrepublik Deutschland* vorgenommene Ratifizierung mit anschließender Überleitung am 5.2.1962 durch Gesetz nationales deutsches Recht geworden ist. Nach deutschem Recht ist daher im grenzüberschreitenden entgeltlichen Straßengüterverkehr dieses Abkommen anzuwenden, wenn die Voraussetzungen des *Artikel 1 CMR* gegeben sind, und zwar wenn der **Ort der Übernahme des Gutes** und der **für die Ablieferung vorgesehene Ort**, wie sie im Vertrag angegeben sind, **in zwei verschiedenen Staaten liegen**, von denen **mindestens einer ein Vertragsstaat ist**. Diesem Übereinkommen sind bisher folgende Staaten beigetreten: **Geltungsbereich der *CMR***

Alle 15 alten *EU*-Mitgliedstaaten, ferner in der zeitlichen Reihenfolge des Beitritts: *Serbien, Montenegro, Polen, Gibraltar, Norwegen, Insel Man, Schweiz, Ungarn, Insel Guernsey, Rumänien, Tschechische Republik, Bulgarien, Russische Föderation, Slowenien, Kroatien, Belarus, Litauen, Moldau-Republik, Lettland, Tunesien, Kasachstan, Türkei, Marokko, Usbekistan, Bosnien-Herzegowina, Iran, Kirgisistan, Mazedonien, Georgien, Slowakei, Tadschikistan und Turkmenistan.*

Einige Änderungen sind aufgrund neuer Staatenbildungen noch zu erwarten.

Für diese Beförderungsverträge gelten nicht die nationalen Vorschriften, soweit die *CMR* einen Tatbestand abschließend regelt. Trifft die *CMR* keine abschließende Regelung oder lässt sie für einen Tatbestand eine Regelung überhaupt vermissen, gilt ergänzungsweise das jeweils geltende nationale Recht wie zum Beispiel *BGB/HGB* oder andere Vereinbarungen.

Die *CMR* gilt zwingend für **jeden Vertrag** über die **entgeltliche** Beförderung von Gütern mittels Kraftfahrzeugen, wenn der Ort der Übernahme und der Ort der Ablieferung des Gutes in zwei verschiedenen Staaten liegen, von denen mindestens einer Vertragsstaat der *CMR* ist. Da *Deutschland* Vertragsstaat dieses Abkommens ist, gelten die Vorschriften der *CMR* für alle Beförderungsfälle verbindlich, wenn die Be- oder Entladestelle in *Deutschland* liegt. Im grenzüberschreitenden **Umzugsverkehr** gilt die *CMR* nicht, wohl dagegen bei der Beförderung von Handelsmöbeln und für den kombinierten Verkehr, sofern das **beladene Fahrzeug** auf einem Teil der Strecke zur See, mit der Eisenbahn, auf Binnenwasserstraßen oder auf dem Luftwege befördert wird und das Gut nicht umgeladen wird.

Inhaltsübersicht der CMR

Die *CMR* enthält folgende Bestimmungen:

Kapitel I   Geltungsbereich
Kapitel II   Haftung des Frachtführers für andere Personen
Kapitel III   Abschluss und die Ausführung des Beförderungsvertrages
Kapitel IV   Haftung des Frachtführers
Kapitel V   Reklamationen und Klagen
Kapitel VI   Beförderung durch aufeinanderfolgende Frachtführer
Kapitel VII   Nichtigkeit von dem Übereinkommen widersprechenden Vereinbarungen
Kapitel VIII   Schlussbestimmungen.

Sie regelt verbindlich die privatrechtlichen Vertragsverhältnisse des Beförderungsvertrages und somit die Rechte und Pflichten der beiden am Beförderungsvertrag beteiligten Parteien. Es handelt sich zwar nicht um öffentliches Recht im herkömmlichen Sinn, gleichwohl sind die Vorschriften in ihrer Wirkungsweise mit „öffentlich-rechtlichem Charakter" ausgestattet, da abweichende Vereinbarungen unwirksam sind.

Der Beförderungsvertrag wird auch hier zwischen dem **Unternehmer (Frachtführer)** und dem **Absender** abgeschlossen. Einige Regelungen betreffen auch den Empfänger, dem man zwar **bestimmte Rechte** einräumt, ihm aber auch gleichfalls verschiedene **Pflichten** auferlegt.

Es handelt sich hier um einen Werkvertrag mit gegebenfalls Elementen eines Geschäftsbesorgungsvertrages, wenn zum Beispiel der Unternehmer mit dem Inkasso einer Nachnahme beauftragt wird.

Die *CMR* kennt keinen Sendungsbegriff, bei dem die Sendung auf eine bestimmte Größe beschränkt wird. Vielmehr kann nach *Art. 5 CMR* das Gut auch auf mehreren Fahrzeugen verladen werden. Allein aus der Inhaltsangabe des Frachtbriefes ergibt sich, dass **ein** Absender und **ein** Empfänger vorgegeben sind und der Vertrag mit **einem** Frachtführer geschlossen wird. Diese Formulierung schließt wiederum nicht aus, dass später weitere Frachtführer als so genannte Unterfrachtführer in den Vertrag eintreten können. Daraus ergibt sich dann eine **gesamtschuldnerische Haftungsverpflichtung für alle beteiligten Frachtführer**.

Form und Inhalt des Frachtbriefes

Der Vertrag wird zwar in einem Frachtbrief festgehalten, dessen **Form** aber nicht vorgeschrieben ist, wohl der **Inhalt**. Fehlt der Frachtbrief oder ist er unvollständig ausgefüllt, so wird weder der Bestand noch die Gültigkeit des Beförderungsvertrages hiervon

Straßengüterverkehr

berührt. Somit hat der Frachtbrief **keine** konstitutive Bedeutung. Allein die übereinstimmenden Willenserklärungen begründen den Vertrag. Die Übernahme des Gutes und das Unterschreiben des Frachtbriefes ist in diesem Fall nicht erforderlich. Es handelt sich daher um einen reinen **Konsensualvertrag** und nicht um einen Formal- und Realvertrag (siehe hierzu aber die Ausführungen zu *§ 7 Abs. 3 GüKG* im Hinblick auf öffentlich-rechtliche Forderungen).

Der Vertrag kommt somit bei Vorliegen **übereinstimmender** Willenserklärungen zustande. Die Übergabe von Gut und Frachtbrief ist nicht gefordert. Bei nicht fristgemäßer vereinbarter Stellung des Fahrzeugs ist Schadensersatz nach den allgemeinen Regelungen des *BGB/HGB* zu leisten.

Eine Pflicht zur Übernahme von Beförderungsaufträgen besteht in diesem Bereich nicht; insoweit gilt hier die Vertragsfreiheit.

Eine Lieferfrist ist nicht vorgesehen, es sei denn, die Vertragsparteien hätten eine solche vereinbart. Im Übrigen wird dem Unternehmer die Frist zugebilligt, die ein sorgfältiger Frachtführer für die Ausführung der Beförderung benötigt. In diesem Zusammenhang ist zu berücksichtigen, dass der Unternehmer nicht gegen andere straßenverkehrsrechtliche Vorschriften verstoßen darf. **Lieferfrist**

Der Absender haftet für alle Kosten und Schäden, die dem Unternehmer entstehen, zum Beispiel infolge unrichtiger Angaben im Frachtbrief oder auch durch mangelhafte Verpackung. **Haftung und Verfügungsrecht des Absenders**

Das Verfügungsrecht besteht solange, bis der Frachtführer dem Empfänger ein Frachtbriefexemplar ausgehändigt hat und somit das Gut in die Verfügungsgewalt des Empfängers übergegangen ist.

Nach Ankunft beim Empfänger hat dieser das Recht auf Herausgabe des Gutes. Er kann auch verfügen, dass der Frachtführer das Gut an einen Dritten ausliefert.

Generell liegt die Zahlungsverpflichtung aufgrund eines Werkvertrages beim **Absender**; Fälligkeit und somit Erfüllung des Vertrages ergibt sich spätestens bei Ablieferung des Gutes beim Empfänger. Durch Annahme der Sendung wird bei „**Unfrei-Sendungen**" der Empfänger Zahlungsverpflichteter. Das bedeutet aber auch, dass der Unternehmer nach Ablieferung der Sendung an den Empfänger die Fracht nicht mehr vom Absender kassieren kann, wenn nachträglich Zahlungsschwierigkeiten auftreten. Es ist in diesem Falle empfehlenswert, bei Verweigerung der Frachtzahlung Weisung vom Absender **vor Ablieferung** der Sendung einzuholen. Wird die Ablieferung angeordnet, kann sich der Absender später nicht auf eine Pflichtverletzung des Unternehmers berufen.

Hindernisse, die **unterwegs** (Beförderungshindernisse) **oder bei der Ablieferung** (Ablieferungshindernisse) der Sendung auftreten, sind unverzüglich dem Absender zu melden und der Frachtführer ist verpflichtet, Weisungen einzuholen. Im Unterlassungsfall haftet er für den Schaden in **voller Höhe**, es gibt dann keine Begrenzung der Haftung. Holt er Weisungen ein, hat er jedoch Anspruch auf Ersatz sämtlicher Kosten, wie zum Beispiel Standgelder bei Streik an der Grenze. **Beförderungs- und Ablieferungshindernisse**

Die *CMR* enthält keine besondere Regelung über das Pfandrecht. Es ist daher auf nationales Recht zurückzugreifen, und zwar auf das *BGB/HGB*. Es handelt sich in einem solchen Fall dann um das gesetzliche Pfand- und Zurückbehaltungsrecht in Form des seit dem 1.7.1998 bestehenden konnexen und inkonnexen Pfandrechts. **Pfandrecht**

Haftung des Unternehmers Der Unternehmer haftet nach dem Prinzip der **Gefährdungshaftung** in einer abgeschwächten Form, eine insoweit **eingeschränkte Gefährdungshaftung**. Dabei kann er sich von der Haftung befreien, **wenn er beweist**, dass der eingetretene Schaden durch Umstände verursacht worden ist, die er nicht vermeiden und deren Folgen er nicht abwenden konnte. Generell ist dem Frachtführer daher eine **verschärfte Sorgfaltspflicht** auferlegt worden, sodass auch schon ein **geringfügiges Verschulden** die Annahme eines unabwendbaren Ereignisses – höhere Gewalt – ausschließt.

Er haftet also nicht generell für die dem Kraftwagen eigentümlichen Gefahren bei Transportmittelunfällen oder Betriebsunfällen, sondern nur dann, wenn er seine **Sorgfaltspflicht** verletzt hat.

Ein besonderer Katalog über Haftungsausschlussgründe (zum Beispiel höhere Gewalt oder Beschlagnahme) ist in der *CMR* nicht aufgeführt. Es wird hier zwischen **bevorrechtigten und nichtbevorrechtigten Haftungsausschlüssen** unterschieden. Bei den nichtbevorrechtigten Haftungsausschlüssen liegt daher auch die Beweislast beim Frachtführer, wenn er sich auf solche Ereignisse beruft. Gegenbeweis kann angetreten werden.

Bei den **bevorrechtigten Haftungsausschlüssen** liegt zwar auch die Beweislast beim Frachtführer, aber in diesen Fällen muss er nur den Tatbestand darlegen, um eine Vermutung für die Richtigkeit seiner Angaben zu begründen. Auch hier ist der Gegenbeweis natürlich zulässig.

Im Grundsatz haftet er dabei außerdem für alle Handlungen und Unterlassungen seiner Bediensteten und aller anderen Personen, deren er sich bei Ausführung der Beförderung bedient.

Haftungszeitraum Der Zeitraum der Haftung erstreckt sich von der Übernahme des Gutes bis zur Ablieferung. Es handelt sich auch hier um eine so genannte **Obhutshaftung / Gewahrsamshaftung**.

Der Unternehmer haftet demnach nur, solange sich das Gut noch **vertragsgemäß in seinem Gewahrsam** befindet.

Haftungsumfang Er haftet für Sachschäden: gänzlicher oder teilweiser Verlust und Beschädigung
und Vermögensschäden: Überschreitung der Lieferfrist und Fehler bei Nachnahmen.
Güterfolgeschäden werden nach diesen Bestimmungen nicht ersetzt.

Haftungsausschluss Er haftet nicht bei Verschulden des Verfügungsberechtigten und für Umstände, die der Frachtführer nicht vermeiden und deren Folgen er nicht abwenden konnte. Mit dieser Formulierung wird unter anderem im Wesentlichen der Begriff der höheren Gewalt beziehungsweise der des **unabwendbaren Ereignisses** umschrieben.

Ersatzpflichtiger Wert Ersatzpflichtiger Wert ist der Wert des Gutes **am Ort und zur Zeit der Übernahme zur Beförderung** (also ohne entgangenen Gewinn). Übersteigt der Wert des Gutes die Haftungshöchstgrenze, so wird nur Ersatz bis zu dieser Grenze geleistet.

Haftungshöchstgrenze Die Haftung ist begrenzt auf 8,33 Rechnungseinheiten für jedes fehlende Kilogramm des Rohgewichtes. Bei diesen Rechnungseinheiten handelt es sich um die so genannten *Sonderziehungsrechte des Internationalen Währungsfonds*. Da bei diesem Berechnungsmodus der Kurs eines Sonderziehungsrechts bestimmten Einflussfaktoren ausgesetzt ist –

Straßengüterverkehr 4.1

insbesondere schwankender Dollar-Kurs –, kann ein konkreter Wert in EURO nicht festgeschrieben werden. Der Kurs wird regelmäßig im Bundesanzeiger und in der einschlägigen Fachpresse – zum Beispiel in der *DVZ Deutsche Logistik-Zeitung* – veröffentlicht. Der Wert schwankte nach vorstehendem Berechnungsmodus zum Jahresanfang 2008 für 8,33 SZR um 9,– € je br/kg. Dieser Wert gilt nur für **Sachschäden**.

Bei Lieferfristüberschreitungen wird der Schaden nur bis zur **Höhe der vereinbarten Fracht** ersetzt.

Bei Nachnahmefehlern haftet der Unternehmer bis zur **Höhe der Nachnahme**.

Der Absender kann gegen Zahlung eines zu **vereinbarenden Zuschlages** zur Fracht für Verlust, Beschädigung oder Überschreitung der vereinbarten Lieferfrist in Abweichung von dieser Höchstgrenze **einen höheren Wert** vereinbaren. Durch **Eintragung in den Frachtbrief** kann er ebenfalls den Betrag eines **besonderen Interesses an der Lieferung** festlegen. Dieser Betrag kann den Wert des eigentlichen Gutes somit erheblich überschreiten. Hierbei ist jedoch zu berücksichtigen, dass die Haftung im Rahmen einer solchen besonderen Vereinbarung **von einer normalen *CMR-Versicherungspolice*** nicht abgedeckt wird. In diesem Fall ist auch eine Vereinbarung mit der Versicherungsgesellschaft besonders zu treffen.

Die *CMR* schreibt **keine Versicherungspflicht** vor, so dass nicht in jedem Fall darauf vertraut werden kann, dass der Frachtführer auch eine seinem Haftungsumfang entsprechende Versicherung eingedeckt hat. Bei deutschen Güterkraftverkehrsunternehmern ist allerdings durch eine kombinierte Versicherungspolice in aller Regel die Gewähr für Versicherungsschutz gegeben, da für innerdeutsche Beförderungen nach dem *GüKG* eine Versicherungspflicht vorgeschrieben ist. **Versicherung**

Äußerlich erkennbare Schäden sind bei Ablieferung des Gutes **sofort** festzustellen und zu reklamieren.

Verdeckte Schäden müssen binnen **sieben Tagen** – ohne Sonn- und Feiertage – in schriftlicher Form reklamiert werden. **Erlöschen der Ansprüche**

Die **Überschreitung der Lieferfrist** ist binnen 21 Tagen nach Ablieferung schriftlich beim Frachtführer zu reklamieren. Nach Ablauf vorstehender Fristen sind alle Schadensersatzansprüche erloschen.

Ansprüche aus dem Beförderungsvertrag verjähren in **einem Jahr**.
Bei Vorsatz und Verschulden beträgt die Frist **drei Jahre**.
Die Frist beginnt: **Verjährungsfristen**

- bei teilweisem Verlust, Beschädigung, Überschreitung der Lieferfrist mit dem Tage der Ablieferung.
- bei gänzlichem Verlust mit dem 30. Tage nach Ablauf einer vereinbarten Lieferfrist, ohne Lieferfrist mit dem 60. Tage nach Übernahme des Gutes durch den Frachtführer.
- sonst allgemein mit dem Ablauf einer Frist von drei Monaten nach dem Abschluss des Beförderungsvertrages.

4.1.6.2 Der kombinierte Verkehr

Zum Geltungsbereich des *GüKG* gehörte bis zum 1.7.1998 auch der kombinierte Verkehr. Darunter versteht man im Allgemeinen die durchgehende Transportkette von Ladeeinheiten durch verschiedene Verkehrsträger, ohne dass dabei das Gut selbst umgeladen wird. Es bestanden Zweifel über die Zuordnung zum Güternahverkehr oder Güterfernverkehr, wenn die An- und Abfuhr innerhalb der Nahzone des für die An- und Abfuhr eingesetzten Kraftfahrzeuges erfolgte. Nach Wegfall der Unterscheidung zwischen Nah- und Fernverkehr und Aufhebung der zahlenmäßigen Genehmigungsbeschränkung wurde dieser Bereich vollkommen neu reglementiert. Der Binnenverkehr bedarf nunmehr keiner besonderen Regelung und somit beschränkt sich der Gesetzgeber nur noch auf Vorschriften für den grenzüberschreitenden gewerblichen kombinierten Verkehr.

Die *Verordnung über den grenzüberschreitenden Güterkraftverkehr und den Kabotageverkehr* vom 22.12.1998 regelt abschließend in einem besonderen Abschnitt diesen Verkehrsbereich mit folgender Definition:

Grenzüberschreitender kombinierter Verkehr Definition

Als **grenzüberschreitender gewerblicher kombinierter Verkehr** gelten Güterbeförderungen, bei denen

1. das **Kraftfahrzeug**, der **Anhänger**, der **Fahrzeugaufbau**, der **Wechselbehälter** oder der **Container** von mindestens **sechs Meter Länge** einen Teil der Strecke auf der Straße und einen anderen Teil der Strecke mit der **Eisenbahn** oder dem **Binnen-** oder **Seeschiff** (mit einer Seestrecke von mehr als 100 km Luftlinie) zurücklegt
2. die **Gesamtstrecke** zum Teil im **Inland** und zum Teil im **Ausland** liegt und
3. die **Beförderung auf der Straße** im Inland lediglich zwischen **Be- oder Entladestelle** und
   a) dem **nächstgelegenen geeigneten Bahnhof** oder
   b) einem innerhalb eines Umkreises von höchstens **150 km Luftlinie gelegenen Binnen-** oder **Seehafen**

durchgeführt wird (**An- oder Abfuhr**).

Nächstgelegener geeigneter Bahnhof

Der **nächstgelegene geeignete** Bahnhof im Sinne dieser Vorschriften ist derjenige Bahnhof,

1. der über **Einrichtungen der notwendigen Umschlagsart** des kombinierten Verkehrs verfügt
2. von dem **regelmäßig kombinierter Verkehr der entsprechenden** Art und Richtung durchgeführt wird und
3. der die **kürzeste, verkehrsübliche Straßenverbindung zur Be- und Entladestelle** hat.

Auf Antrag des Unternehmers kann das *Bundesamt für Güterverkehr (BAG)* abweichend einen **anderen Bahnhof** zum **nächstgelegenen geeigneten Bahnhof** bestimmen, sofern dies der Förderung des kombinierten Verkehrs dient. Das *Bundesamt* kann vor seiner Entscheidung die betroffenen Eisenbahnen und Terminalbetreiber anhören.

Der Unternehmer hat dafür zu sorgen, dass während der gesamten Beförderung im grenzüberschreitenden kombinierten Verkehr die **Bescheinigung über die Bestimmung**

Straßengüterverkehr 4.1

eines anderen Bahnhofs mitgeführt wird. Das Fahrpersonal hat die Bescheinigung im Kraftfahrzeug mitzuführen und den Kontrollberechtigten auf Verlangen zur Prüfung auszuhändigen.

An- und Abfuhren durch EWR-Unternehmer

Ein Unternehmer, dessen Unternehmen seinen Sitz in einem **Mitgliedsstaat der Europäischen Union** oder in einem **anderen Vertragsstaat des** *Abkommens über den Europäischen Wirtschaftsraum* hat, darf An- oder Abfuhren im kombinierten Verkehr im Inland durchführen, wenn er die **Voraussetzungen** für den **Zugang zum Beruf** und für den **Zugang zum Markt** für den **Güterkraftverkehr zwischen den Mitgliedsstaaten** erfüllt.

Der Unternehmer hat dafür zu sorgen, dass während einer Beförderung bei der **An- oder Abfuhr** ein **Nachweis** über die **Erfüllung der Voraussetzungen** für den **Zugang zum Beruf** und für den **Zugang zum Markt** für den **Güterkraftverkehr zwischen den Mitgliedstaaten** mitgeführt wird. Das Fahrpersonal hat den Nachweis im Kraftfahrzeug mitzuführen und dem Kontrollberechtigten auf Verlangen auszuhändigen.

An- und Abfuhren durch Nicht-EWR-Unternehmer

Ein Unternehmer, dessen Unternehmen seinen Sitz weder in einem **Mitgliedstaat** der *Europäischen Union* noch in einem **anderen Vertragsstaat des** *Abkommens über den Europäischen Wirtschaftsraum* hat,

1. darf An- oder Abfuhren im kombinierten Verkehr im Sinne dieser Vorschriften im **Inland** durchführen, wenn ihm auf Grund internationaler Abkommen eine **besondere Genehmigung** dafür erteilt ist
2. ist bei An- oder Abfuhren im kombinierten Verkehr im Sinne dieser Vorschriften im Inland von der **Erlaubnis- oder Genehmigungspflicht** befreit, wenn
    a) das Kraftfahrzeug im unbegleiteten Kombinierten Verkehr bei der An- oder Abfuhr die deutsche Grenze überschreitet oder
    b) das Kraftfahrzeug im begleiteten Kombinierten Verkehr währen der Mitbeförderung auf der Eisenbahn oder dem Binnen- oder Seeschiff die deutsche Grenze überschreitet und nur eine An- oder Abfuhr durchgeführt wird, die beim begleiteten Kombinierten Verkehr Schiene / Straße (Rollende Landstraße) nur zwischen Be- oder Entladestelle und innerhalb eines Umkreises von 150 km Luftlinie gelegenen geeigneten Bahnhof erfolgen darf, und
    c) der Unternehmer in dem Staat, in dem sein Unternehmen den Sitz hat, zum grenzüberschreitenden Güterkraftverkehr für andere zugelassen ist und über ihn keine Tatsachen vorliegen, aus denen such Bedenken gegen seine persönlicher Zuverlässigkeit ergeben.

Der Unternehmer hat dafür zu sorgen, dass während einer Beförderung im Sinne dieser Vorschriften die **Genehmigung** oder während einer Beförderung bei der **An- oder Abfuhr im Inland** ein **Nachweis** über die **Zulassung zum grenzüberschreitenden Güterkraftverkehr** für andere mitgeführt wird. Das Fahrpersonal hat den jeweils erforderlichen Nachweis im Kraftfahrzeug mitzuführen und dem Kontrollberechtigten auf Verlangen zur Prüfung auszuhändigen.

Der Unternehmer hat dafür zu sorgen, dass während einer **Anfuhr** eine **Reservierungsbestätigung** der **Eisenbahn** oder des **Schifffahrtstreibenden** oder den von ihnen beauftragten Stellen mitgeführt wird. Wird das Kraftfahrzeug beim Grenzübertritt auf der

Eisenbahn oder dem **Binnen-** oder **Seeschiff** mitbefördert und wird nur **eine** An- oder Abfuhr durchgeführt, so hat die **Reservierungsbestätigung** auch das **amtliche Kennzeichen** des Kraftfahrzeugs zu enthalten. Das Fahrpersonal hat die Reservierungsbestätigung im Kraftfahrzeug mitzuführen und dem Kontrollberechtigten auf Verlangen zur Prüfung auszuhändigen.

Bestätigung des Bahnhofs oder Hafens

Der Unternehmer hat dafür zu sorgen, dass während einer **Abfuhr** ein **Nachweis** der **Eisenbahn** oder des **Schifffahrtstreibenden** oder der von Ihnen beauftragten Stellen über den **benutzten Entladebahnhof** oder **Binnen-** oder **Seehafen** mitgeführt wird. Wie im vorhergehenden Absatz bereits beschrieben, ist in diesem Fall auch das **amtliche Kennzeichen** des Kraftfahrzeugs in die Bescheinigung einzutragen. Das Fahrpersonal hat den Nachweis im Kraftfahrzeug mitzuführen und dem Kontrollberechtigten auf Verlangen zur Prüfung auszuhändigen.

4.1.7 Die Kraftwagenspedition

4.1.7.1 Begriffsbestimmung

Kraftwagenspeditionen

Die **Vielfalt der speditionellen Tätigkeiten** hat im Laufe der Zeit dazu geführt, dass sich unter dem Oberbegriff „Spediteur" immer mehr „Spezialisten" herausgebildet haben. Die **besondere Leistungsfähigkeit** auf einem ganz bestimmten Gebiet wird bereits dadurch zum Ausdruck gebracht, dass die Firmenbezeichnung einen spezifischen Werbeeffekt für einen bestimmten Verkehrsträger enthält. So bezeichnen sich Spediteure als „Kraftwagenspediteure", die sich insbesondere des Verkehrsmittels Lastkraftwagen bedienen. Das kann in verschiedener Art und Weise geschehen, nämlich mit und ohne eigene Lastkraftwagen.

4.1.7.2 Der Spediteur als Transportunternehmer

Selbsteintritt des Spediteurs

Jeder Spediteur ist berechtigt, sich auch als Transportunternehmer zu betätigen. Macht er von seinem so genannten **Selbsteintrittsrecht** im Sinne von *§ 458 HGB* Gebrauch, so hat er hinsichtlich der Beförderung die Rechte und Pflichten eines Frachtführers, und zwar neben den Rechten und Pflichten nach den *ADSp*, sofern diese wiederum Grundlage des Speditionsvertrages geworden sind. Siehe hierzu nähere Einzelheiten an anderer Stelle des Leitfadens. Er kann in diesem Fall entweder eigene Kraftfahrzeuge einsetzen oder sich auch nur als Hauptfrachtführer betätigen und andere Unternehmer als Unterfrachtführer mit Kraftfahrzeugen die Beförderung ausführen lassen.

Straßengüterverkehr

4.1.8 Autobahngebühren

Bereits seit dem 1.1.1995 werden – mit kurzer Unterbrechung – in *Deutschland* vom **ABBG** Schwerlastverkehr für die Benutzung der Autobahnen Gebühren erhoben. Rechtsgrundlage für diese Maßnahme war das *Autobahnbenutzungsgebührengesetz (ABBG)* vom 20.8.1994.

Das *ABBG* diente der Umsetzung des in *Brüssel* am 9.2.1994 von *Deutschland* unterzeichneten *Übereinkommens über die Erhebung von Gebühren für die Benutzung bestimmter Straßen mit schweren Nutzfahrzeugen.* Das Übereinkommen wurde als **multilaterale** Vereinbarung zwischen den *Benelux-Staaten, Dänemark* und *Deutschland* aufgrund der *Richtlinie 93/89/EWG des Rates der Europäischen Gemeinschaften* vom 25.10.1993 über die Besteuerung bestimmter **Kraftfahrzeuge zur Güterbeförderung** sowie die Erhebung von Maut und Benutzungsgebühren für bestimmte Verkehrswege durch die Mitgliedstaaten abgeschlossen. Später war auch *Schweden* diesem Übereinkommen beigetreten.

Verbundsystem

Im Grundsatz hatte man sich darauf geeinigt, dass für die Benutzung bestimmter Straßen auf dem Territorium dieser Verbundstaaten vom **Schwerlastverkehr** Gebühren erhoben werden. Die erworbene Gebührenbescheinigung (sogenannte Autobahnvignette) berechtigte dann zur **Benutzung aller gebührenpflichtigen Straßen** in **allen Verbundländern**. Ziel dieser Maßnahme war es, nach dem Verursacherprinzip den Schwerlastverkehr an den Kosten für die **Erhaltung des Schnellstraßennetzes** angemessen zu beteiligen. Auch der Schwerlastverkehr, insbesondere Transit-Verkehr anderer nicht dem Verbund beigetretener Staaten waren in die Gebührenpflicht einbezogen worden.

Die Gebührenpflicht erfasste Kraftfahrzeuge oder Fahrzeugkombinationen, die ausschließlich für den Güterverkehr bestimmt waren und deren **zulässiges Gesamtgewicht** mindestens 12 t betrug. Die Gebühr musste auch dann bezahlt werden, wenn zum Beispiel das Motorfahrzeug selbst unter 12 t zulässigem Gesamtgewicht lag, die Kombination mit einem Anhänger aber die 12 t-Grenze erreichte oder überschritt. Grundsätzlich musste in *Deutschland* für die **Benutzung aller Bundesautobahnen** die Gebühr im Voraus bezahlt werden. Ausnahmen von der Gebührenpflicht bildeten nur Teilstücke der Autobahn im *Dreiländereck Freiburg* und bei *Saarbrücken*. In *Belgien* und *Schweden* war die Gebührenpflicht auch auf bestimmte Fernstraßen ausgedehnt worden.

Gebührenpflicht

Die **zeitbezogene Benutzungsgebühr (Vignette)** wurde nach Zeit, der Anzahl der Achsen und seit dem 1.4.2001 auch nach der Schadstoffklasse (Emissionsklasse) des Kraftfahrzeugs bemessen. **Gebührenpflichtig** waren sowohl beladene als auch unbeladene Kraftfahrzeuge ab einem zulässigen Gesamtgewicht von 12 t. Die Gebühr konnte für einen einzelnen Kalendertag, eine Woche, einen Monat oder ein Jahr im Voraus entrichtet werden.

Bereits nach der Einführung der zeitbezogenen Gebühr wurde im Rahmen der damaligen verkehrspolitischen Zielsetzung in *Deutschland* angekündigt, dass dieses System so schnell wie möglich von einer **verursachergerechteren** streckenbezogenen Autobahngebühr von einem **automatischen und gleichzeitig elektronischen Erhebungssystem** abgelöst werden sollte. Die Einführung dieses Systems konnte dann allerdings aufgrund technischer Probleme erst am 1.1.2005 realisiert werden.

Lkw-Maut Die rechtliche Grundlage für die Erhebung einer streckenbezogenen Lkw-Maut ab 1.1.2005 in Deutschland ist das am 12.4.2002 in Kraft getretene *Gesetz zur Einführung von streckenbezogenen Gebühren für die Benutzung von Bundsautobahnen mit schweren Nutzfahrzeugen (BGBl I, Nr. 23, S. 1234)* in Verbindung mit der *Lkw-Maut-Verordnung* und der *Mauthöheverordnung* jeweils vom 24.6.2003. Die Einführung der Lkw-Maut löste das bisherige System der Autobahnvignetten ab. Nach Aussage der *Bundesregierung* sollen damit folgende vier Ziele verfolgt werden:

1. Schwere Lastkraftwagen verursachen in besonderem Maße Kosten für den Bau, die Erhaltung und den Betrieb von Autobahnen. Die Belastung der Straßen durch einen schweren Lkw mit 40 t Achslast ist etwa 60 000 mal größer als durch einen Pkw. Die *Bundesregierung* verfolgt deshalb im Einklang mit der *EU*-Verkehrspolitik das Ziel, durch eine verursachergerechtere Anlastung der Wegekosten den Lkw stärker an der Finanzierung der Infrastruktur zu beteiligen. Deshalb soll beim Lkw ein Systemwechsel vollzogen werden – weg von der alleinigen Finanzierung über Steuer und Eurovignette und hin zu einer Nutzerfinanzierung durch eine streckenbezogene Lkw-Gebühr („Maut").
2. Mit der Lkw-Maut sollen die Wettbewerbsbedingungen Straße und Schiene gerechter strukturiert werden. Bahnen und Binnenschiffe sollen damit eine echte Chance erhalten, mehr Güterverkehr von der Straße vor allen Dingen auf die Schiene zu verlagern.
3. Die Lkw-Maut bringt zusätzlich Einnahmen, die für den Erhalt und den weiteren Ausbau der Verkehrswege in Deutschland dringend erforderlich sind. Die Mehreinnahmen sollen für den Ausbau von Straße, Schiene und Wasserstraße verwendet werden.
4. *Deutschland* wird mit der weitgehenden automatischen Erhebung der Lkw-Maut eine Vorreiterrolle in diesem Technologiebereich in *Europa* und weltweit einnehmen können. Dies eröffnet neue Marktchancen für die Industrie und trägt zur Sicherung von Arbeitsplätzen bei. Die weltweit erstmalige Realisierung eines solchen Systems kann in *Deutschland* zudem auch auf anderen Feldern der Informationstechnologie einen Innovationsschub auslösen.

Nicht alle Grundsätze des bisherigen so genannten „Vignettensystems" wurden verändert. Weiterhin bleiben – wie bisher – alle Lkw – auch ausländische – mit einem zulässigen Gesamtgewicht **ab 12 t** gebührenpflichtig. Von der Zahlungspflicht befreit sind Omnibusse sowie Fahrzeuge bestimmter staatlicher Organisationen und sonstiger Einrichtungen wie Bundeswehr, Polizei, Feuerwehr, Katastrophenschutz usw.. Auch bleiben Autobahnabschnitte im Grenzbereich zur *Schweiz* und nach *Frankreich* weiter gebührenfrei. Auch berücksichtigt die neue Regelung bei der Gebührenhöhe die **Umweltfreundlichkeit** (Staffelung nach Schadstoffklassen) und die **Anzahl der Achsen** des Nutzfahrzeugs.

Die wesentlichen Veränderungen gegenüber dem bisherigen System liegen einerseits in der **Höhe** der Gebühren, die nunmehr nach der **zurückgelegten Strecke** erhoben werden und andererseits in dem **Erhebungssystem**.

Nach der *Mauthöheverordnung – MautHV –* vom 24.6.2003 werden die Mautsätze pro Kilometer nach folgender Staffelung bis zum 30.9.2008 erhoben:

Straßengüterverkehr 4.1

Emissionsklasse	Lkw / Gespanne mit bis zu 3 Achsen	Lkw / Gespanne mit mehr als 3 Achsen
Kategorie C – EURO 0/1/2	0,145 €	0,155 €
Kategorie B – EURO 3/4	0,12 €	0,13 €
Kategorie A – EURO 5 und EEV*	0,10 €	0,11 €

Nach vorgenanntem Termin ist eine weitere Änderung in der Zuordnung der Emissionsklassen beabsichtigt.

Das Gewicht der Ladung wird zur Berechnung der Maut nicht berücksichtigt. Folgendes Berechnungsbeispiel soll die Höhe der zu entrichtenden Maut kurz verdeutlichen:

Ein Fahrzeug der Kategorie B EURO 3/4 mit mehr als drei Achsen muss nach derzeitiger Gebührenstaffelung bei einer Fahrstrecke von 500 km eine Maut in Höhe von 65,– € entrichten (500 x 0,13).

Die ursprünglich nur für Autobahnen gedachte Mautpflicht wurde in der Zwischenzeit auf drei Abschnitte von Bundesstraßen ausgedehnt. Es hatte sich gezeigt, dass einzelne Abschnitte von Bundesstraßen dazu benutzt wurden, um der Mautpflicht zu entgehen. Dies führte wiederum zu einer stärkeren Belastung der Ortsdurchfahrten.

Die Systemstruktur sieht ein duales Mauterhebungssystem vor: Einerseits kann der Benutzer der Autobahn das automatische Mauterhebungssystem in Anspruch nehmen oder seine Gebühren andererseits über ein Einbuchungssystem manuell an Zahlstellenterminals oder online über das Internet entrichten.

- Die automatische Gebührenerhebung erfolgt mittels Satellitennavigation *GPS (Global Positioning System)* in Verbindung mit *GSM (Global System for Mobile Communication)* über virtuelle Zahlstellen, die in bestimmten Abständen auf den Autobahnabschnitten angebracht sind. Die Fahrzeuge selbst müssen mit einer *On-Board-Unit (OBU)* ausgestattet sein. Das Gerät erkennt, ob sich das Fahrzeug auf einer mautpflichtigen Strecke befindet. Es berechnet dann automatisch Abschnitt für Abschnitt die Gebühren und sendet die Daten an das Rechenzentrum.

- Für das manuelle System werden etwa 3 500 Einbuchungsstellen mit Automaten ausgestattet. Diese Automaten sind vornehmlich an Tankstellen, Auto- und Rasthöfen installiert. Hier können entsprechend dem zu befahrenden Streckenabschnitt Mautbelege gelöst werden, die der Fahrer dann während der Fahrt im Fahrzeug mitzuführen hat. Zu diesem Zweck können entweder bestimmte Daten eingegeben werden oder sie können durch eine Fahrzeugkarte weitgehend ersetzt werden.

- Außerdem kann eine Einbuchung auch online über das Internet erfolgen. Sowohl bei diesem System als auch bei dem System der automatischen Gebührenerhebung ist es jedoch erforderlich, dass Firma und Fahrzeug zuvor bei einer Betreibergesellschaft registriert worden ist.

Die Überwachung obliegt wie bisher dem *Bundesamt für Güterverkehr*. Daneben können auch andere Dienststellen (*Zoll, Polizei*) in die Überwachungsmaßnahmen einbezogen werden. Es sind vier Kontrollarten vorgesehen:

---

* EEV = Enhaced Environmentally Friendly Vehicle / Extrem schadstoffarme Fahrzeuge

- automatische Kontrolle mittels Video-Erfassung
- Standkontrollen mit automatischer Vorkontrolle
- mobile Kontrollen
- Betriebskontrollen.

Die Nichtzahlung der Maut führt neben der Nacherhebung – in Zweifelsfällen ist die Gebühr für 500 Mautkilometer zu entrichten – zu einem Bußgeld bis maximal 20 000,– €. In schwerwiegenden Fällen kann die Weiterfahrt bis zur Entrichtung der Maut oder Hinterlegung einer Sicherheitsleistung untersagt werden. Bei wiederholten Verstößen muss mit einer Betriebskontrolle gerechnet werden.

4.1.9 Die Sozialvorschriften

Sozialvorschriften
Die Sozialvorschriften stellen einen wesentlichen Faktor im Bereich des Güterkraftverkehrs dar. **Ziel** dieser Vorschriften ist die **Harmonisierung der Bedingungen des Wettbewerbs** zwischen Landverkehrsunternehmen, insbesondere im Straßenverkehr, sowie die Verbesserung der Arbeitsbedingungen und der Sicherheit im Straßenverkehr.

Da die bestehenden Vorschriften aufgrund ihrer Weiterentwicklung ständigen Änderungen unterworfen sind, ist es nicht möglich, den jeweils aktuellen Stand im Rahmen eines Buches zu gewährleisten. Die Komplexität dieser Vorschriften und die vielseitigen Möglichkeiten zu Veränderungen im täglichen oder wöchentlichen Arbeitsrhythmus lassen im Übrigen eine vollständige Darstellung dieses Rechtsgebiets in diesem Lehrbuch nicht zu.

Dessen ungeachtet soll jedoch nachstehend kurz auf die **wichtigsten Bestimmungen** eingegangen werden, sofern Fahrzeuge zum Einsatz gelangen, die zur Güterbeförderung dienen und deren zulässiges Gesamtgewicht, einschließlich Anhänger oder Sattelanhänger, **3,5 t übersteigt**. Der Begriff „Gesamtgewicht" wurde zwischenzeitlich durch das Wort „Gesamtmasse" ersetzt. Regelungen und Arbeitszeiten für Fahrpersonal in Verbindung mit kleineren Fahrzeugen unter diesen Werten werden in diesem Abschnitt nicht berücksichtigt.

Die Arbeitszeitvorschriften für das Fahrpersonal von Kraftfahrzeugen, Art und Einsatz der zu betreibenden Kontrollgeräte sowie die entsprechende Überwachung sind in folgenden Rechtsvorschriften geregelt:
- *Verordnung (EWG) Nr. 3821/85 des Rates über das Kontrollgerät im Straßenverkehr*
- *Verordnung (EG) Nr. 2135/98 (Änderungsverordnung)*
- *Verordnung (EG) Nr. 561/2006 vom 15.3.2006 zur Harmonisierung bestimmter Sozialvorschriften*
- *Europäisches Übereinkommen über die Arbeit des im internationalen Straßenverkehr beschäftigten Fahrpersonals (AETR)*
- *Gesetz zum AETR.*

In Verbindung mit vorstehenden Regelungen gelten ferner die nationalen Regeln

Straßengüterverkehr 4.1

- *Fahrpersonalgesetz (FPersG)* und *Fahrpersonalverordnung (FPersV)* in Verbindung wiederum mit bestimmten Regelungen des *Arbeitszeitgesetzes (ArbZG)*, der *Straßenverkehrszulassungsordnung (StVZO)* und dem *Straßenverkehrsgesetz (StVG)*.

Der Bereich der Sozialvorschriften ist durch das Zusammenwirken von nationalen und internationalen Bestimmungen und insbesondere infolge der Weiterentwicklung im Zuge der Harmonisierung äußerst komplex ausgestaltet. So sind in jüngster Vergangenheit die Vorschriften für die Arbeitszeiten, für Lenk- und Ruhezeiten und für die Art der Kontrollgeräte geändert worden.

Mit *VO (EG) Nr. 561/2006 vom 15.3.2006* zur Neuregelung der Lenk- und Ruhezeiten für Kraftfahrer wurde die *VO Nr. 3820/85* aufgehoben und in Teilbereichen die *Kontrollgeräteverordnungen Nr. 3821/85* und *Nr. 2135/98* geändert.

In Verbindung mit vorstehenden Regelungen ist die Änderung des *Arbeitszeitgesetzes (ArbZG) vom 1.9.2006* zu beachten. Hier wird festgelegt, dass die **Arbeitszeit** des Fahrpersonals 48 Stunden wöchentlich nicht überschreiten darf. Sie kann auf bis zu 60 Stunden verlängert werden, wenn innerhalb von vier Kalendermonaten oder 16 Wochen im Durchschnitt 48 Stunden wöchentlich nicht überschritten werden. Daneben sind die Vorgaben zu den Lenk- und Ruhezeiten aus der *VO Nr. 561/2006* sowie dem *Fahrpersonalgesetz (FPersG)* und der *Fahrpersonalverordnung (FPersV)* zu beachten. So darf beispielsweise nach *Artikel 6 Absatz 2 der VO Nr. 561/2006* die wöchentliche Lenkzeit 56 Stunden nicht überschreiten. Bei maximaler Ausnutzung dieser 56 Stunden Lenkzeit und der wöchentlichen Höchstarbeitszeit von 60 Stunden könnte der Fahrer/-in in der betreffenden Woche noch vier Stunden andere Arbeiten verrichten (wie Be- und Entladen, Verwaltungstätigkeiten, Lagerarbeiten).

Nach vorstehenden umfangreichen Rechtsgrundlagen ist ab dem 11.4.2007 von folgenden Begriffsdefinitionen und Zeiten im Einzelnen auszugehen:

Fahrer:	Als Fahrer gilt **jede** Person, die das Fahrzeug, sei es auch nur kurze Zeit, selbst lenkt oder sich in dem Fahrzeug befindet, um es – als Bestandteil seiner Pflichten – gegebenenfalls lenken zu können.
Lenkzeit:	Hierunter ist die Zeit zu verstehen, in der der Fahrer das Fahrzeug lenkt. Es wird unterschieden zwischen der – ununterbrochenen Lenkzeit – Tageslenkzeit, – Wochenlenkzeit und der – Doppelwochen-Lenkzeit. Unterbrechungen von **weniger als 15 Minuten** gelten nicht als Fahrtunterbrechung.
Woche:	Dieses ist der Zeitraum zwischen Montag 00.00 Uhr und Sonntag 24.00 Uhr.
Ruhezeit:	Dieser Begriff umfasst jede Unterbrechung von mindestens einer Stunde, in der der Fahrer frei über seine Zeit verfügen kann.
Tägliche Lenkzeit:	Sie beträgt höchstens 9 Stunden. Sie darf 2 x wöchent-

	lich auf 10 Stunden erhöht werden.
Fahrtunterbrechung:	Nach 4 ½ Stunden Lenkzeit ist eine Unterbrechung von mindestens 45 Minuten einzuhalten. Diese Unterbrechung kann in zwei Unterbrechungen von **mindestens 15 Minuten** (1. Abschnitt) und **mindestens** 30 Minuten (2. Abschnitt) aufgeteilt werden.
Tägliche Ruhezeit:	Sie beträgt mindestens 11 Stunden. Eine Verkürzung 3 x wöchentlich auf 9 Stunden ist zulässig oder 12 Stunden bei Aufteilung in zwei Abschnitte von mindestens 3 Stunden (1. Abschnitt) und mindestens 9 Stunden (2. Abschnitt) jeweils innerhalb eines Zeitraumes von 24 Stunden nach einer Ruhezeit. Bei Doppelbesetzung: 9 Stunden innerhalb von 30 Stunden nach einer Ruhezeit.
Wöchentliche Ruhezeit:	Es ist eine Zeit von mindestens 45 Stunden einschließlich einer Tagesruhezeit einzuhalten. Eine Verkürzung auf 24 Stunden am Standort oder außerhalb ist zulässig.

- Die Lenkzeit zwischen zwei wöchentlichen Ruhezeiten darf höchstens **56 Stunden** betragen.
- **Die Lenkzeit** in zwei aufeinanderfolgenden Wochen darf höchstens **90 Stunden** betragen.
- Die Überwachung der Einhaltung dieser Vorschriften erfolgt anhand von verschiedenen **Kontrollgeräten** und **Schaublättern**.

Weitere Änderungen sind mit dem Kontrollgerät verbunden. Vom 1.5.2006 an müssen alle **erstmals** zugelassenen Fahrzeuge mit einem digitalen Kontrollgerät ausgestattet sein. Eine Nachrüstpflicht für ältere Fahrzeuge wurde nicht verordnet. Es besteht lediglich für bestimmte Fahrzeuge eine Ersatzpflicht, wenn das gesamte analoge System reparaturbedingt durch ein digitales System ersetzt werden muss.

Bei dem digitalen Kontrollgerät handelt es sich um ein System, das elektronisch auf einem eigenen so genannten Massenspeicher über einen Zeitraum von 365 Tagen (oder auch kürzer, je nach Nutzung des Fahrzeugs) folgende Daten aufzeichnet:
- Fahrerdaten
- Lenk-, Ruhe- und Arbeitszeiten für Fahrer und Beifahrer
- Fahrzeugidentifizierungsnummer
- Fahrzeugkennzeichen
- Sicherheitselemente
- Besondere Ereignisse (wie Verfälschungen, Überdrehzahl)
- Fehler / Probleme mit der Fahrerkarte / dem Kontrollgerät
- Gefahrene Geschwindigkeit in den letzten 24 Stunden
- Zurückgelegte Wegstrecke (Kilometerstand)
- Werkstattdaten / Kalibrierung
- Kontrollaktivitäten
- Unternehmensbezogene Daten.

Straßengüterverkehr 4.1

Für das Auslesen des Massenspeichers sind vier unterschiedliche Kontrollgerätekarten erforderlich, die jeweils mit einem Prozessor (Mikrochip) ausgestattet sind:

- Fahrerkarte — Für den Fahrer und nicht übertragbar auf andere Personen
- Unternehmenskarte — Zum Auslesen unternehmensbezogener Daten
- Werkstattkarte — Zur Prüfung; Kalibrierung und Herunterladen durch die Werkstatt
- Kontrollkarte — Zum Auslesen des Massenspeichers oder der Fahrerkarte durch Kontrollorgane.

Mit Änderung der vorstehenden Rechtsvorschriften wurde ebenfalls die Mitführungspflicht der Tätigkeitsnachweise des Fahrpersonals neu geregelt. Vom 1.1.2008 sind folgende Tätigkeitsnachweise im Fahrzeug mitzuführen und bei einer Kontrolle zur Prüfung auszuhändigen:

- beim Lenken von Fahrzeugen, die mit einem analogen Kontrollgerät ausgerüstet sind (Kontrollgeräte mit Schaublättern):
  a) die Schaublätter für den laufenden Tag und für die vorausgehenden 28 Tage und
  b) die Fahrerkarte, falls er Inhaber einer solchen Karte ist und
  c) sofern im unter a) genannten Zeitraum ein Fahrzeug mit digitalem Kontrollgerät gelenkt wurde und die Fahrerkarte wegen Beschädigung, Fehlfunktion oder Verlust nicht genutzt werden konnte, die vorgeschriebenen Ausdrucke und bei einem Defekt des Gerätes die vorgeschriebenen handschriftlichen Aufzeichnungen
- beim Lenken von Fahrzeugen, die mit einem digitalen Kontrollgerät ausgerüstet sind (Kontrollgeräte, die mit Fahrerkarte betrieben werden):
  a) die Fahrerkarte, falls er Inhaber einer solchen Karte ist
  b) die am laufenden Tag und der vorausgehenden 28 Tage vorgeschriebenen erstellten handschriftlichen Aufzeichnungen und Ausdrucke und
  c) die Schaublätter für den laufenden Tag und die vorausgehenden 28 Tage, falls er in dieser Zeit ein Fahrzeug mit analogem Kontrollgerät gelenkt hat.

Abschließend muss noch angemerkt werden, dass die Vorschriften nach dem *Arbeitszeitgesetz* nur für Arbeitnehmer gelten, die als Fahrer oder Beifahrer tätig sind, während die Lenk- und Ruhezeiten auch durch selbständige Fahrer (Unternehmer) einzuhalten sind.

Diese Kurzübersicht kann lediglich einen kleinen Überblick über die Vielfalt der einzuhaltenden Vorschriften liefern. Sie soll alle, die für den **Einsatz von Kraftfahrzeugen verantwortlich sind,** darauf aufmerksam machen, wie wichtig es ist, sich über die jeweils geltenden Vorschriften zu informieren und diese auch einzuhalten. Häufig sind neben dem Konkurrenzdruck allerdings **unzureichende Kenntnis** der gesetzlichen Vorschriften und ein **geringes Unrechtsbewusstsein des Fahrpersonals** Ursachen für vermeidbare Verstöße. **Bei Nichtbeachtung dieser Vorschriften kann Unkenntnis den Tatbestand der Ordnungswidrigkeit nicht entschuldigen.** Mit **Geldbußen in drastischer Höhe** sind nicht nur die **Fahrer** bedroht, sondern auch **Unternehmer** und sogar **Disponenten** müssen mit derartigen Ahndungsmaßnahmen rechnen. Allein schon **Prämien**, die nach Maßgabe der **zurückgelegten Strecke** und/oder der **beförderten Gütermenge** gewährt werden, sind untersagt. Eine ständige Belehrung und Schulung des eigenen Fahrpersonals und auch aller Verantwortlichen ist für jeden Betrieb, der Kraftfahrzeuge einsetzt, unverzichtbar. Dabei muss außerdem berücksichtigt werden, dass auch beim Einsatz von Kraftfahrzeugen unter 3,5 Tonnen zulässigem Gesamtgewicht entsprechende Fahrpersonalvorschriften bestehen, die ebenfalls verbindlich zu beachten sind.

4.1.10 Ordnungswidrigkeiten und Ahndungsmaßnahmen

Bußgeld, Ausschluss vom Verkehrsmarkt

Nach der Bestimmung des *§ 1 Gesetz über Ordnungswidrigkeiten (OWiG)* ist eine Ordnungswidrigkeit eine **rechtswidrige und vorwerfbare Handlung**, die den Tatbestand eines Gesetzes verwirklicht, das die Ahndung mit einer Geldbuße zulässt.

Die staatliche Rechtsordnung kann sich an den Bürger mit Geboten oder Verboten richten. Zuwiderhandlungen können mit Strafe (Freiheitsstrafe oder Geldstrafe) oder mit Geldbuße bedroht sein. Je nach der angedrohten Rechtsfolge stellen begangene Zuwiderhandlungen **Straftaten** oder **Ordnungswidrigkeiten** dar. Als Ordnungswidrigkeiten hat der Gesetzgeber meistens Verstöße gegen verwaltungsrechtliche Ordnungsvorschriften eingestuft. Die gesetzlichen Vorschriften, die Tatbestände von Ordnungswidrigkeiten enthalten, stehen daher regelmäßig innerhalb der für ein Rechtsgebiet getroffenen Regelung, also in einem Spezialgesetz. So sind zum Beispiel Verstöße gegen die Vorschriften des *Güterkraftverkehrsgesetzes* auch innerhalb des *GüKG (§ 19 GüKG)* geregelt.

Das Verfahren für die Verfolgung und Ahndung von Ordnungswidrigkeiten ist hingegen einheitlich im *1. und 2. Teil* des *Gesetzes über Ordnungswidrigkeiten (OWiG)* geregelt. Während die Verfolgung und Ahndung von Straftaten grundsätzlich bei Staatsanwaltschaft und Gericht liegen, sind für die Verfolgung und Ahndung von Ordnungswidrigkeiten grundsätzlich die Verwaltungsbehörden zuständig (*§ 35 OWiG*). In dieser Funktion werden sie auch als Bußgeldbehörden bezeichnet. Welche Verwaltungsbehörde im Einzelfall die Aufgaben wahrzunehmen hat, regelt die sachliche Zuständigkeit (*§ 36 OWiG*). Sie wird regelmäßig durch eine besondere gesetzliche Vorschrift bestimmt. Diese findet sich häufig in dem jeweiligen Spezialgesetz im Zusammenhang mit den dort geregelten Ordnungswidrigkeit-Tatbeständen; Beispiel: *§§ 20, 21 und 21a GüKG*.

In anderen Fällen wird die Bestimmung durch eine selbständige Zuständigkeitsregelung in einem besonderen Gesetz oder einer Verordnung getroffen.

Nach den vorgenannten Beispielen ist gemäß *§ 21a GüKG* bei bestimmten Verstößen zuständige Verwaltungsbehörde im Sinne des *OWiG* die untere Verkehrsbehörde.

Gemäß *§§ 20 und 21* ist zuständige Verwaltungsbehörde das Bundesamt, wenn ein Verstoß unter anderem in einem Unternehmen begangen wird, das im Geltungsbereich des *GüKG* (also in der *Bundesrepublik Deutschland*) weder Sitz noch eine geschäftliche Niederlassung hat, und auch der Betroffene im Geltungsbereich des Gesetzes keinen Wohnsitz hat.

Die Ahndungsmaßnahmen reichen von der mündlichen Verwarnung, Verwarnungsgeld, Bußgeld bis zur Rücknahme oder Widerruf der Erlaubnis oder der Genehmigung.

Straßengüterverkehr 4.1

Diese äußersten Maßnahmen bedeuten somit, zumindest in dem Tätigkeitsbereich, in dem die Ordnungswidrigkeiten begangen worden sind, den **Ausschluss vom Verkehrsmarkt**.

Aber nicht nur der Unternehmer wird von diesen Maßnahmen betroffen, auch die in seinem Geschäftsbetrieb tätigen Personen oder sonst am Beförderungsvertrag Beteiligten, die entsprechende Ordnungswidrigkeiten begehen, können mit Geldbußen bis zu 200 000,- € belegt werden. Auch kann es in Verbindung mit einer Ordnungswidrigkeit durchaus zu einer strafbaren Handlung kommen, die Ahndungsmaßnahmen noch größeren Ausmaßes nach sich ziehen kann. Der *Bundesgerichtshof (4 StR 578/85)* bestätigte eine Freiheitsstrafe ohne Bewährung, die das *Landgericht Stuttgart* gegen die Prokuristin einer Spedition verhängt hatte. Sie war dort für die Abwicklung des Fernverkehrs zuständig und machte sich strafbar, da sie ihren Berufskraftfahrern Routen und Arbeitszeiten vorschrieb, die nur unter Verstoß gegen Geschwindigkeitsbeschränkungen und Arbeitszeitvorschriften einzuhalten waren. Dabei war es zu einem folgenschweren Unfall gekommen, bei dem mehrere Menschen den Tod fanden.

> Derartige Sachverhalte geben immer wieder Veranlassung, bereits bei der Berufsausbildung darauf hinzuweisen, dass der bestehende Ordnungsrahmen nicht nur aus bloßen Formvorschriften besteht. **Ein umfassendes Wissen ist unumgänglich, da bekanntlich Unkenntnis nicht vor Strafe schützt und in diesem Fall „Vorbeugen" besser als „Heilen" ist.**

4.1.11 Der praktische Beförderungsfall

Nachdem in den vorhergehenden Abschnitten umfassend der Verkehrsträger Straßengüterverkehr behandelt worden ist, soll nun abschließend die Handhabung der Vorschriften anhand eines praktischen Beispiels dargestellt werden. Um das Zusammenwirken und die Vertragsgestaltung zwischen Versender, Spediteur und Frachtführer besser verstehen zu können, wurde nicht nur ein „reiner" Frachtvertrag gewählt, der zwischen Absender und Frachtführer zustande kommt, sondern in die Abwicklung wurde zusätzlich ein Spediteur eingeschaltet.

Folgender Beförderungsfall dient als Beispiel:

Die *Maschinenfabrik A.* erteilt dem *Speditionsunternehmen B.* am 2.1.2008 den Auftrag, eine Maschine im Gewicht von 12 000 kg (Wert 250 000,- €) von *Düsseldorf* nach *Rom* zu transportieren. Die Maschine kann erst am 5.1.2008 im Werk des Herstellers übernommen werden. Für die Abwicklung des Auftrages vereinbaren die *Spedition B.* und die *Maschinenfabrik A.* einen Festpreis in Höhe von 3 500,- €. Da die *Spedition B.* nicht über eigene Kraftfahrzeuge verfügt, setzt man sich am selben Tag noch mit dem *Transportunternehmer C.* telefonisch in Verbindung, der den Auftrag auch sofort annimmt. Für die Abwicklung der Beförderung wird eine bestimmte Lieferfrist nicht vereinbart.

Auf dem Weg nach *Rom* verunglückt das Fahrzeug auf der Autobahn. Die Maschine erleidet einen Totalschaden.

Folgende Fragen ergeben sich in Verbindung mit dem oben aufgeführten **Beförderungsfall:**

1 Um welche Art von Verträgen handelt es sich hier und zu welchem Zeitpunkt wurden sie zwischen welchen Vertragspartnern abgeschlossen?
2 Welche Vertragsrechtsgrundlagen könnten für die Verträge zur Anwendung kommen?
3 Sind Beförderungs- und Begleitpapiere zwingend vorgeschrieben und worauf ist bei der Ausfertigung zu achten?
4 Welche Lieferfristen könnten vereinbart werden unter Berücksichtigung der aktuellen Fahrpersonalvorschriften?
5 Welche Genehmigungsarten sind für die Beförderung erforderlich und welche weiteren Abgaben sind im Hinblick auf den Beförderungsweg zu entrichten?
6 Um welche Art von Schaden handelt es sich im obigen Fall, wer hat für den Schaden zu haften und in welcher Höhe ist der Schaden zu ersetzen?
7 Muss der Unternehmer den Schaden aus der „eigenen Tasche" bezahlen?
8 Beim Empfänger entsteht ein Produktionsausfall, da die bestellte Maschine nicht einsatzfähig ist. Wie nennt man **in diesem** Fall diesen Schaden und wer haftet?
9 Es kommt gegebenenfalls auch zu einem Produktionsausfall, wenn ein Unternehmer infolge eines Beförderungshindernisses zu spät ankommt. Wie nennt man diesen Schaden und wie ist in **diesem Fall** die Haftung geregelt?
10 Es gibt Fälle, in denen der Empfänger auch ohne Güterschaden die Annahme der Sendung verweigert. Wie ist in diesem Fall zu verfahren?

Einzelheiten zu den vorhergehenden Fragen:

Zu 1 Zwischen der *Maschinenfabrik A* und dem Empfänger in *Rom* wurde ein **Kaufvertrag** geschlossen, der hier nicht näher zu untersuchen ist.

1.1 *Maschinenfabrik A* schließt mit *Spedition B* einen **Speditionsvertrag**.

1.2 *Spedition B* schließt mit *Transportunternehmen C* einen **Fracht-** beziehungsweise **Beförderungsvertrag**.

Beide Vertragsarten sind im *Handelgesetzbuch (HGB)* definiert:
Frachtvertrag ab *§ 407* und **Speditionsvertrag** ab *§ 453*

> Einzelheiten hierzu siehe *Abschnitt 3.1.2* und *4.1.4.1*.

Es ist aber auch zu berücksichtigen, dass die Rechte und Pflichten der Vertragsparteien sich nicht nur von privatrechtlichen Grundsätzen ableiten. Vielmehr nimmt im Rahmen unserer Marktordnung das Öffentliche Recht Einfluss auf die Abwicklung derartiger Beförderungen. Durch *§ 7c GüKG* wird auch dem Auftraggeber eines Fracht- oder Beförderungsvertrages Verantwortung auferlegt. Es handelt sich beispielsweise um eine Ordnungswidrigkeit, wenn Versender oder Spediteur wissen oder fahrlässig nicht wissen, dass gegen Marktzugangsvoraussetzungen oder gegen Fahrpersonalvorschriften verstoßen wird. Das ist insbesondere dann der Fall, wenn der Fahrer auf das Ende seiner Arbeitszeit hin-

Straßengüterverkehr 4.1

weist und dieser Hinweis missachtet wird. Auch muss ein Spediteur aufgrund seiner Fachkenntnisse wissen, dass für innerdeutsche Beförderungen (Kabotage) nur Unternehmer aus *EU/EWR*-Staaten eingesetzt werden dürfen, denen bereits die Kabotagefreiheit zustanden worden ist.

> Einzelheiten hierzu siehe *Abschnitt 4.1.3* Erläuterungen zu *§ 7c* und *Abschnitt 4.1.6.1.1.*

1.3 In beiden Fällen handelt es sich um **Konsensualverträge**, die allein durch übereinstimmende Willenserklärungen formlos zustande kommen. Obwohl die Maschine erst am 5.1. übernommen werden kann, wurde der Auftrag bereits am 2.1. sowohl von der Spedition als auch von dem Transportunternehmer sofort angenommen. Sollte nun eine der Vertragsparteien vom Vertrag zurücktreten (Kündigung), wären bereits zu diesem Zeitpunkt jeweils Schadenersatzforderungen fällig.

> Einzelheiten hierzu siehe *Abschnitt 3.2.1* und *4.1.4.1.*

Zu 2 Grundsätzlich gilt nach deutschem Recht für innerdeutsche Rechtsgeschäfte die **Vertragsfreiheit**, das heißt, es können freie Vereinbarungen getroffen werden. Einschränkungen sind durch das *Bürgerliche Gesetzbuch (BGB)* dahingehend vorgesehen, dass diese Vereinbarungen zum Beispiel nicht gegen die „guten Sitten" verstoßen oder eine arglistige Täuschung" darstellen.
Weitergehende Regelungen finden wir für den Speditionsvertrag (*BGB* → *Dienstvertrag*) und den Frachtvertrag (*BGB* → *Werkvertrag*) im *HGB*. Auch hier sind dann Einschränkungen vorgesehen, wenn es sich nicht um Individualvereinbarungen handelt.

> Einzelheiten hierzu siehe *Abschnitt 3.2.1.*

Da nicht jeder Speditions- oder Frachtvertrag aufgrund des Verwaltungsaufwandes individuell einzeln abgeschlossen werden kann, vereinbaren die Vertragspartner als Ergänzung zur Vertragsgestaltung zum *HGB* üblicherweise **Allgemeine Geschäftsbedingungen (AGB)**, wie zum Beispiel die *ADSp* oder die *VBGL*, die an anderer Stelle des *Leitfadens* erläutert sind.
Ein alter Rechtsgrundsatz lautet, *Verträge sollen klar sein.* Dadurch werden spätere Streitigkeiten vermieden. Es empfiehlt sich daher, sämtliche Vereinbarungen entweder schriftlich niederzulegen oder darauf zu achten, dass die Vereinbarung von *Allgemeinen Geschäftsbedingungen* wie die *ADSp* diese Einzelheiten im Allgemeinen regeln.
In dem vorhergehenden Beispiel handelt es sich um eine Beförderung im **grenzüberschreitenden** Straßengüterverkehr. In diesem Fall sind jedoch weitere

Besonderheiten zu berücksichtigen, da für diese Beförderung nicht die nationalen Vorschriften gelten. Die *Bundesrepublik Deutschland* ist dem völkerrechtlichen *Übereinkommen über den Beförderungsvertrag im internationalen Straßenverkehr – CMR –* beigetreten und aus diesem Grund gilt die *CMR* **zwingend** für jeden Vertrag über die entgeltliche Beförderung von Gütern, **wenn der Ort der Übernahme und der Ort der Ablieferung in zwei verschiedenen Staaten liegen, von denen mindestens einer Vertragsstaat der *CMR* ist.** Sowohl *Deutschland* als auch *Italien* sind Vertragsstaat dieses Abkommens.

> Einzelheiten hierzu siehe *Abschnitt 4.1.6.1.2.*

Die Beförderungspreise sind nicht in Tarifen festgelegt und sie richten sich im Rahmen der Marktwirtschaft nach Angebot und Nachfrage. Im Speditionsvertrag werden vielfach das Gewicht, das Volumen, die Länge der Beförderungsstrecke oder andere Merkmale als Berechnungsparameter zugrunde gelegt. Für die Kalkulation im Frachtvertrag greift der Transportunternehmer regelmäßig auf die Fahrzeugkostenrechnung (siehe *Abschnitt 4.1.5.2*) zurück. Es ist jedoch auch üblich, dass sich für bestimmte Relationen und für bestimmte Güterarten saisonbedingt bestimmte Preise herausgebildet haben. In dem vorliegenden Fall handelt es sich um eine besondere Beförderung (ein Teil auf einer besonderen Beförderungsstrecke), für die üblicherweise auch ein besonderer Preis vereinbart wird. Regelmäßig können in diesem Fall keine anderen Güter zugeladen werden, so dass man von einer „Sonderfahrt" sprechen kann.

Da der Spediteur mit dem Versender einen Festpreis vereinbart hat, handelt es sich im Sinne von *§ 459 HGB* um „Spedition zu festen Kosten" (Fixkostenspedition). In diesem Fall hat der Spediteur hinsichtlich der **Beförderung** die Rechte und Pflichten eines Frachtführers und somit gilt auch für den Spediteur für diese Beförderung die *CMR*. Da die *CMR* aus öffentlich-rechtlicher Sicht zwingend vorgeschrieben ist, verdrängt sie somit zunächst vereinbarungsbedürftige deutsche Regelungen. Enthält die *CMR* keine abschließende Regelung für besondere Tatbestände, so gilt ergänzend wiederum deutsches Recht.

So enthält beispielsweise die *CMR* keine Vorschriften über das Be- und Entladen (Verladen) der Güter. Ersatzweise ist in diesem Fall wieder auf die Bestimmungen des Frachtvertrages nach *HGB* zurückzugreifen. Danach liegt diese Verladepflicht beim Absender und in diesem besonderen Fall beim Hersteller der Maschine. Der Transportunternehmer hat für die Betriebssicherheit der Verladung zu sorgen.

> Einzelheiten hierzu siehe *Abschnitt 3.1.2.2* und *4.1.6.1.2.*

Zu 3   Beförderungs- und Begleitpapiere sind aus **privatrechtlicher** Sicht nicht zwingend vorgeschrieben. Die *CMR* regelt zwar in *Artikel 4*, dass der Beförderungs-

Straßengüterverkehr 4.1

vertrag in einem Frachtbrief festgehalten wird, aber auch, dass das Fehlen, die Mangelhaftigkeit oder der Verlust des Frachtbriefes weder den Bestand noch die Gültigkeit des Vertrages berühren und der Vertrag den Bestimmungen dieses Übereinkommens unterworfen bleibt. Dennoch sollte – aus Gründen der Beweisführung im Streitfall – immer ein Dokument erstellt werden, in dem sämtliche Vereinbarungen aufgeführt sind. Eine dementsprechende Empfehlung ergibt sich aus *Artikel 9 CMR*.

Zu beachten ist jedoch die bußgeldbedrohte **öffentlich-rechtliche** Forderung in *§ 7 Abs. 3 GüKG* und in der *EWG-Verordnung Nr. 11*. Nach diesen Bestimmungen ist zwingend ein Begleitpapier oder ein sonstiger Nachweis während der Beförderung mitzuführen, aus dem bestimmte Angaben hervorgehen. Der bekannte *CMR-Frachtbrief* erfüllt in jedem Fall diese Forderungen.

Neben diesen Unterlagen ist jedoch darauf zu achten, dass der Fahrer persönliche Dokumente wie Führerschein, Personalausweis, Sozialversicherungsausweis, möglicherweise die *EU*-Fahrerbescheinigung mitführt und eventuell weitere erforderliche Papiere. Neben diesen persönlichen Dokumenten sind natürlich die fahrzeugbezogenen Dokumente wie Fahrzeugschein / Anhängerschein, Abgasnormprüfberichte, grüne Versicherungskarte, Ausfertigung der *Gemeinschaftslizenz* und mögliche zoll- oder länderspezifische Dokumente.

> Einzelheiten hierzu siehe *Abschnitt 4.1.3* –Erläuterungen zu *§ 7 GüKG* und *4.1.4.1*.

Zu 4 Nach den Bestimmungen der *CMR* sind bestimmte Lieferfristen nicht vorgeschrieben. *Artikel 19* überlässt es vielmehr den Vertragspartnern, eine Lieferfrist zu vereinbaren. Werden hierüber keine Vereinbarungen getroffen, so wird dem Unternehmer die Frist zugebilligt, die ein sorgfältiger Frachtführer für die Ausführung der Beförderung benötigt. Ein sorgfältiger Frachtführer hat in diesem Zusammenhang insbesondere die Fahrpersonalvorschriften zu beachten. Danach sind die Arbeitszeiten für das Fahrpersonal von Kraftfahrzeugen, deren zulässige Höchstmasse (Gesamtgewicht) einschließlich Anhänger oder Sattelanhänger 3,5 t übersteigt, Art und Einsatz der zu betreibenden Kontrollgeräte sowie die entsprechende Überwachung in umfangreichen nationalen und internationalen Rechtsvorschriften geregelt. Verstöße gegen diese Gesetze und Verordnungen werden mit empfindlichen Ahndungsmaßnahmen verfolgt.

> Einzelheiten hierzu siehe *Abschnitt 4.1.9*.

Für den vorstehenden Beförderungsfall wird als Beispiel folgender Beförderungsablauf dargestellt:
Die Beförderungsstrecke von *Düsseldorf* nach *Rom* (Transit *Schweiz*) beträgt 1440 km und wird diese Strecke mit einer Durchschnittsgeschwindigkeit von 60 km/h befahren, so beträgt die reine Fahrzeit 24 Stunden.

Ist das Fahrzeug nur mit einem Fahrer besetzt und hat der Fahrer bis zu diesem Einsatz seine Ruhezeiten eingehalten und werden während der Beförderung die Tagesruhezeiten und die Lenkzeiten weder verkürzt noch verlängert, so ergibt sich folgender Ablauf:

Abfahrt in *Düsseldorf* am 5.1.2008 um 13 Uhr.

1. Lenkzeit	4 Std. 30 Min.	= 17:30 Uhr
Fahrtunterbrechung*:	45 Min.	= 18:15 Uhr
2. Lenkzeit	4 Std. 30 Min.	= 22:45 Uhr → reine Fahrzeit 9 Stunden
Tagesruhezeit:	11 Stunden	= 9:45 Uhr (6.1.2008)

6.1.2008

1. Lenkzeit:	4 Std. 30 Min.	= 13:45 Uhr
Fahrtunterbrechung*:	45 Min.	= 14:30 Uhr
2. Lenkzeit:	4 Std. 30 Min.	= 19:00 → reine Fahrzeit 18 Stunden
Tagesruhezeit:	11 Stunden	= 6:00 Uhr (7.1.2008)

7.1.2008

1. Lenkzeit:	4 Std. 30 Min.	= 10:30 Uhr
Fahrtunterbrechung*:	45 Min.	= 11:15 Uhr
2. Lenkzeit	1 Std. 30 Min	= 12:45 → Gesamtfahrzeit 24 Stunden

Die Sendung würde bei vorstehendem Beförderungsablauf am 7.1.2008 um 12:45 Uhr beim Empfänger in *Rom* eintreffen.

Bei günstiger Disposition könnte die Tagesruhezeit zweimal von 11 auf 9 Stunden verkürzt werden. Im vorliegenden Fall könnte die Dauer der Beförderung bei zwei Tagesruhezeiten um insgesamt 4 Stunden verkürzt werden. Der Lastzug würde dann bereits um 8:45 Uhr beim Empfänger eintreffen.

Zu 5   Es handelt sich in diesem Fall um eine grenzüberschreitende Güterbeförderung zwischen zwei *EU*-Staaten. Als Beförderungsweg stehen dem Unternehmer zwei Routen zur Verfügung. Er könnte im Transit durch *Österreich* oder durch die *Schweiz* fahren. Bei der *Österreich*-Route würde sich folgender Streckenverlauf ergeben: *Autobahn A3* bis *Nürnberg*, *A9* über *München* bis zum *Inntaldreieck*, *A93* Richtung *Kufstein* und anschließend in *Österreich A12* und *A13* bis zum *Brenner*, danach in *Italien* über *Bozen, Modena, Florenz* bis *Rom*. Über die *Schweiz* ergibt sich folgender Streckenverlauf: *A3* bis Raum *Frankfurt*, *A67, A6* und *A5* über *Karlsruhe* bis *Basel*, danach in der *Schweiz* über *Luzern* durch den *Gotthard-Tunnel* bis *Lugano*, von dort in *Italien* über *Mailand, Florenz* bis *Rom*.

Welche Strecke der Unternehmer wählt, hängt im Allgemeinen von der jeweiligen Verkehrslage ab.

Zur Anschauung wurde in diesem Fall der Beförderungsablauf im Transit nicht durch einen weiteren *EU*-Staat (*Österreich*) gewählt, sondern es wird die *Schweiz* durchfahren. Seit 2002 hat die *EU*-Administration – rechtswirksam für alle *EU*-Staaten – mit der *Schweiz* im Rahmen eines *Landverkehrsabkommens* die

---

* Der Begriff Lenkzeitunterbrechung wurde infolge Änderung der Verordnung seit dem 11.4.2007 durch den Begriff Fahrtunterbrechung ersetzt.

Straßengüterverkehr 4.1

gegenseitige Anerkennung der Lizenzen vereinbart hat und so kann die *Schweiz* mit der *Gemeinschaftslizenz* ohne Probleme durchfahren werden.

> Einzelheiten hierzu siehe *Abschnitt 4.1.3* Erläuterungen zu *§ 5 GüKG* und *Abschnitt 4.1.6.1.*

Die Beförderungsstrecke führt durch die Länder *Deutschland, Schweiz* und *Italien*. Die Benutzung der Autobahnen ist in allen drei Ländern gebührenpflichtig. Die Regelungen im Ausland können im Rahmen dieses Buches nicht näher erläutert werden. In Deutschland ist nach den Bestimmungen eine so genannte Autobahnmaut zu entrichten.

> Einzelheiten hierzu siehe *Abschnitt 4.1.8.*

Zu 6 Bei der Beschädigung der Maschine handelt es sich um einen Güterschaden. Nach *Art. 17 CMR* haftet der Frachtführer für derartige Schäden im Rahmen der Gefährdungshaftung nach dem Obhuts- oder Gewahrsamsprinzip.
Die Höhe der Entschädigung richtet sich einerseits nach dem Wert des Gutes am Ort und zur Zeit der Übernahme, andererseits wird jedoch die Höhe begrenzt auf 8,33 Einheiten der Sonderziehungsrechte des *Internationalen Währungsfonds* je Kilogramm des Rohgewichts. Die *CMR* stellt es allerdings dem Absender frei, höhere Haftungsbeträge gegen Zahlung von Zuschlägen zu vereinbaren. Auch diese Vereinbarungen sollten aus Beweisgründen im Beförderungspapier eingetragen werden.

> Einzelheiten hierzu siehe *Abschnitt 4.1.6.1.2.*

Zu 7 Da der Schaden während der Beförderung durch den Transportunternehmer eingetreten ist, haftet auch dieser Unternehmer ursächlich für den Schaden. Allerdings bleibt in diesem Fall zu berücksichtigen, dass der Spediteur in seinem Speditionsvertragsverhältnis gegenüber dem Versender, der *Maschinenfabrik A.* hinsichtlich der Beförderung ebenfalls wie der Frachtführer zu haften hat. Da nach dem *Güterkraftverkehrsgesetz (GüKG)* im grenzüberschreitenden Verkehr keine Versicherungspflicht vorgeschrieben ist, wäre der Unternehmer zum Abschluss einer Haftungsversicherung nicht gezwungen. In einem solchen Fall müsste er den Schaden tatsächlich aus der „eigenen Tasche" bezahlen. Der Spediteur wiederum hätte sich im Speditionsvertragsverhältnis gegenüber dem Versender vereinbarungsgemäß nach *Nr. 29 ADSp* verpflichtet, eine Haftungsversicherung abzuschließen, die unter anderem seine verkehrsvertragliche Haftung abdeckt. Daneben würde er infolge der Wertangabe des Gutes als sorgfältiger Kaufmann nach *Nr. 21 ADSp* dem Versender empfehlen, eine

Transportversicherung mit höheren Haftungsbeträgen abzuschließen. Ähnliche Bestimmungen enthalten auch die *VBGL*, die ebenfalls im Rahmen des Speditionsvertrages hätten vereinbart werden können.

> Einzelheiten hierzu siehe *Abschnitte 3.3, 3.4, 3.5* und *4.1.4.2.*

Zu 8   Der hier angesprochene Vermögensschaden entsteht als „Folge eines Güterschadens" und wird somit auch **Güterfolgeschaden** bezeichnet. Für Güterfolgeschäden sehen die Haftungsbestimmungen keine Ersatzpflicht vor. Vielmehr wäre für diese Schadensart eine besondere Versicherung abzuschließen, die jedoch nicht unter die allgemeinen Pflichten der Verkehrsunternehmen fällt.

> Einzelheiten hierzu siehe *Abschnitte 3.3.2* und *4.1.4.1.*

Zu 9   Bei diesem Vermögensschaden handelt es sich nicht um einen Güterfolgeschaden, denn das Gut kommt unbeschädigt aber zu spät an. Insbesondere ist hier die Überschreitung einer vereinbarten oder allgemeinen Lieferfrist die Ursache für den Vermögensschaden im Rahmen des Produktionsausfalls. Nach den Bestimmungen der CMR kann maximal ein Schaden bis zur Höhe der vereinbarten **einfachen** Fracht gefordert werden. Nach den Regelungen des *HGB* – bei diesem Beförderungsfall jedoch nicht anwendbar – sieht die Ersatzpflicht einen Betrag bis zur Höhe der dreifachen Fracht vor.

> Einzelheiten hierzu siehe *Abschnitte 3.1.2.1, 4.1.4.1* und *4.1.6.1.2.*

Zu 10   Nach dem Wortlaut des *Handelsgesetzbuch (HGB)* wird der Frachtvertrag zwischen dem Frachtführer und dem Absender zugunsten eines Dritten abgeschlossen, der wiederum an diesem Vertrag nicht unmittelbar beteiligt ist. Dieser Dritte ist der Empfänger, dem sowohl Rechte zugebilligt als auch Pflichten auferlegt werden. Einerseits hat er das Recht gegenüber dem Frachtführer auf Herausgabe des Gutes, andererseits obliegt ihm die Pflicht, weitere Verpflichtungen (als Beispiel: Nachnahmen / Frachtzahlung) aus dem Frachtvertrag zu erfüllen. Ebenfalls kann er die Annahme des Gutes verweigern. Diese Regelungen ergeben sich nach deutschem Recht aus den §§ *418, 419* und *421 HGB*. Ähnliche Regelungen finden wir in der *CMR*. Treten Störungen irgendwelcher Art während der Beförderung oder bei Ablieferung des Gutes auf, so hat der Transportunternehmer vom Vertragspartner Weisungen einzuholen. Der Unternehmer ist allerdings zur Befolgung solcher Weisungen nur verpflichtet, sofern die Ausführung weder Nachteile für den Betrieb des Unternehmers noch Schäden für die Absender oder Empfänger anderer Sendungen mit sich zu bringen droht.

Straßengüterverkehr 4.1

> Einzelheiten hierzu siehe *Abschnitte 4.1.4.1* und *4.1.6.1.2*.

Abschließend muss noch darauf hingewiesen werden, dass die Einhaltung öffentlich-rechtlicher Vorschriften durch Straßenkontrollen in allen Staaten überwacht wird. In *Deutschland* sind verschiedene Behörden mit den Kontrollen beauftragt. Nach dem *Güterkraftverkehrsgesetz* hat insbesondere das *Bundesamt für Güterverkehr* die Einhaltung vieler Vorschriften zu überwachen und bei Verstößen durch ausländische Unternehmen ist sie vom Gesetzgeber auch als Bußgeldbehörde bestellt worden.

> Einzelheiten hierzu siehe *Abschnitt 4.1.3 §§ 14* bis *20*.

4.1.12 Mitzuführende Dokumente und Bescheinigungen

Die im Straßengüterverkehr mitzuführenden Dokumente und Bescheinigungen müssen in Abhängigkeit des jeweiligen Beförderungsauftrages überprüft werden, um Probleme bei der Abwicklung des Beförderungsvertrages zu vermeiden. Die nachfolgend abgedruckte Checkliste – herausgegeben vom *Deutschen Speditions- und Logistikverband* bietet hierfür eine gute Orientierung.

Tab. 15: Checkliste mitzuführende Dokumente und Bescheinigungen im Straßengüterverkehr

Checkliste
Mitzuführende Dokumente und Bescheinigungen bei Beförderungen im Straßengüterverkehr

Vor Antritt jeder Fahrt sollten Disposition und Fahrpersonal überprüfen, ob die entsprechend des durchzuführenden Beförderungsauftrages im Güterkraftverkehr mitzuführenden Dokumente und Bescheinigungen vollständig und gültig sind. Hierzu kann die folgende Checkliste verwendet werden. [Einige Dokumente und Bescheinigungen sind nur in bestimmten Beförderungsfällen mitzuführen. Diese sind durch die vorangestellte Abkürzung „ggf." gekennzeichnet. Die Checkliste erhebt keinen Anspruch auf Vollständigkeit. Zusätzliche Anforderungen an die Dokumentation können sich durch nationale Vorschriften im Ausland und bei Gefahrguttransporten ergeben]:

1. **Persönliche Dokumente**
   - Führerschein / Internationaler Führerschein
   - Personalausweis / Reisepass
   - Sozialversicherungsausweis
   - Visum
   - Fahrerkarte (Digitaler Tachograph)
   - ggf. Arbeits- und Aufenthaltserlaubnis
   - ggf. Fahrerbescheinigung
   - ggf. Krankenversicherungsnachweis
   - ggf. Impfnachweise

   Fahrzeugpapiere
   - Kraftfahrzeugschein / Anhängerschein
   - Grüne Versicherungskarte(n)
   - (Europäischer) Unfallbericht

2. **Nationaler Güterkraftverkehr**
   - Erlaubnisurkunde / *EU-Lizenz*
   - Nachweis der Güterschaden-Haftpflicht-Versicherung
   - Begleitpapiere (oder Frachtbrief)
   - Schaublätter des laufenden Tages und der vorausgehenden 28 (Kalender-) Tage, an denen der Fahrer gefahren ist
   - Ausreichende Anzahl von Schaublättern für die zu beginnende Tour
   - Ersatzpapierrollen (Digitaler Tachograph)
   - Bestätigung über berücksichtigungsfreie Tage (Urlaubsscheine)
   - ggf. Autobahnbenutzungsgebührenbescheinigung
   - ggf. Ausnahmegenehmigungen gemäß *StVO, StVZO, FerienreiseVO*

3. **Zusätzlich im grenzüberschreitenden Verkehr innerhalb der *EU***
   - *EU-Lizenz*
   - *CEMT-Genehmigung/CEMT-Umzugsgenehmigung*
   - *CEMT*-Begleitpapiere (Fahrzeugnachweise)
   - *CMR*-Frachtbrief
   - ggf. T2-Versandschein *(Schweiztransit)*
   - ggf. Document de Suivi *(Frankreich)*
   - ggf. Attestation d'emploi *(Frankreich)*
   - ggf. Arbeitsvertrag / Lohnabrechnung *(Italien)*
   - ggf. Checkliste Illegale Einwanderer *(Großbritannien)*
   - ggf. Verfügungsberechtigung des Fahrzeughalters / Fahrervollmacht *(Polen)*
   - ggf. ATP-Bescheinigung (temperaturgeführte Güter)
   - ggf. weitere länderspezifische Dokumente

4. **Zusätzlich im Kabotageverkehr**
   - ggf. Angabe einer Umsatzsteuer-Nummer *(Frankreich)*
   - ggf. Vordruck zur Anmeldung von Kabotagebeförderungen / Declaration de detachement d'un salaire dans le cadre d'operation de cabotage *(Frankreich)*
   - ggf. Fahrtenbuch / Fahrtenberichtsheft *(Italien)*
   - ggf. *Limosa-1*-Bescheinigung / Fahrerregistrierung *(Belgien)*
   - ggf. weitere nationale Beförderungsdokumente, -frachtbriefe *(B, F, GR, I, NL, P, S, E)*

5. **Zusätzlich im grenzüberschreitenden Verkehr mit Nicht-*EU*-Staaten**
   - Bilaterale Fahrt- beziehungsweise Zeitgenehmigung
   - *CEMT-Genehmigung/CEMT-Umzugsgenehmigung*
   - *CEMT*-Begleitpapiere (Fahrzeugnachweise)
   - *CMR*-Frachtbrief
   - ggf. Devisenerklärung
   - *Carnet TIR*
   - Zollverschlussanerkenntnis
   - ggf. Verfügungsberechtigung des Fahrzeughalters
   - ggf. T1-Versandschein
   - ggf. *Carnet ATA*
   - ggf. *Carnet de Passage*
   - ggf. Abschluss Haftpflichtversicherung
   - ggf. Ladeliste
   - ggf. Ursprungszeugnisse
   - ggf. Handelsrechnungen
   - ggf. Packliste
   - ggf. Warenverkehrsbescheinigung (EUR 1)

Straßengüterverkehr 4.1

- ggf. Herstellererklärung
- ggf. Konossement
- ggf. Gesundheitszeugnisse (Pflanzen etc.)

6. **Zusätzlich bei Gefahrguttransporten**
   - *ADR*-Beförderungspapier mit Angaben zum gefährlichen Gut
   - Schriftliche Weisung(en) / Unfallmerkbla(e)tt(er)
   - Bescheinigung über die Schulung des Fahrzeugführers (*ADR*-Bescheinigung)
   - ggf. Zulassungsbescheinigung des Fahrzeugs zur Beförderung bestimmter gefährlicher Güter
   - ggf. Kopie des wesentlichen Teils einer multilateralen *ADR*-Vereinbarung
   - ggf. Ausnahmezulassung nach *§ 5 GGVSE*
   - ggf. Bescheid über Fahrwegbestimmung nach *§ 7 GGVSE* und ggf. ergänzend Bescheinigung des *Eisenbahn-Bundesamtes (EBA)* beziehungsweise der *Wasser-und Schifffahrtsdirektion (WSD)*
   - ggf. Prüfungsbescheinigung (zum Beispiel für Tanks)
   - ggf. Container-Packzertifikat (falls im Anschluss Transport über Seeweg erfolgt)
   - ggf. Genehmigung zum Transport bestimmter Stoffe der Klasse 1 und 7

   Für ausgewählte Transporte gefährlicher Güter sind weitere Bescheinigungen mitzuführen.

7. **Zusätzlich bei Abfalltransporten**
   - Abfallrechtliche Transportgenehmigung *(§ 49 KrW-/AbfG)* oder Kopie der Zertifizierungsurkunde als Entsorgungsfachbetrieb

   national
   - ggf. Begleitschein, Übernahmenachweis, Entsorgungsnachweis

   grenzüberschreitend
   - ggf. Notifizierungsformular für die grenzüberschreitende Verbringung von Abfällen gemäß *Anhang IA der VVA (Verbringungsverordnung für Abfälle)* und Begleitformular gemäß *Anhang IB der VVA*
   - Mitzuführende Information für die Verbringung der in der grünen Liste aufgeführten Abfälle (Formular gemäß *Anhang VII der VO (EG) Nr. 1013/2006*).

Stand: April 2008

Quelle: DSLV

4.2 Eisenbahngüterverkehr

4.2.1 Der Spediteur und die Eisenbahnen

Zunehmende Verkehrsprobleme auf den Straßen, zum Beispiel kilometerlange Staus auf den Hauptverkehrsadern des Straßenverkehrs und ein gestiegenes Umweltbewusstsein in der Bevölkerung machen eine sinnvolle Aufteilung der Güterströme unter Nutzung der vorhandenen Infrastruktur auf alle Verkehrsträger notwendig.

Hierbei spielt die **Zusammenarbeit von Eisenbahn und Spedition** eine gewichtige Rolle, um den Verladern ein Paket von Serviceleistungen anzubieten. Verkehrsunterstützende Serviceleistungen haben bei der Wahl des Verkehrsmittels einen immer größer werdenden Einfluss. Haus-Haus-Verkehr kann die Bahn nur im direkten Gleisanschlussverkehr anbieten. Ansonsten ist die Bahn darauf angewiesen, bei Kunden ohne Gleisanschluss im Vor- und Nachlauf den Lastkraftwagen einzusetzen.

Die Bahn und die Speditionen arbeiten bereits seit langer Zeit in verschiedenen Bereichen zusammen. Bis Ende 1997 bestand eine enge vertragliche Bindung zwischen der *Deutschen Bundesbahn*, der *Deutschen Bahn AG* und den *DB-Stückfrachtunternehmern* im Stückgutverkehr. Die 1996 gegründete *Interessengemeinschaft der Bahnspediteure (IBS)* soll der gemeinsamen Zusammenarbeit neue Impulse geben und die Stellung des Bahnspediteurs und der Bahn verbessern. Nach einer Branchenerhebung im Jahre 2005 des *Deutschen Speditions- und Logistikverbandes (DSLV)* sind 13 % der Mitgliedsunternehmen Auftraggeber der Eisenbahnen. Für 4 % der Spediteure ist die Bahnbefrachtung sogar Geschäftsschwerpunkt.

Grundformen der Zusammenarbeit Wenn man nach den Grundformen der Zusammenarbeit zwischen der Spedition und der *Deutschen Bahn AG* fragt, muss man differenzieren nach den einzelnen Unternehmen, die heute im Konzernunternehmen *Deutsche Bahn* angesiedelt sind. Für den Spediteur wichtig sind die *Railion Deutschland AG – RailFreight –*, *DB Intermodal* und die *DB-Netz AG*, auf die später noch eingegangen wird.

Die Güterverkehrssparte der *Deutschen Bahn AG* arbeitet mit der Spedition bereits heute in vielfältiger Weise zusammen, auch wenn beklagt wird, dass das größte deutsche Schienenverkehrsunternehmen flexibler auf den Markt reagieren müsste. Die Speditionen sind für *Railion Deutschland AG – RailFreight –* wichtige Vertriebspartner. Der Spediteur kann seinen Kunden Bahnleistungen im eigenen Namen anbieten. *Railion Deutschland AG – RailFreight –* stellt ihm hierfür als Partner markt- und wettbewerbsorientierte Einkaufspreise im Rahmen einer branchenüblichen Zusammenarbeit zur Verfügung.

Provision Handelt der Spediteur in Ausnahmefällen nicht in eigenem Namen, kann er eine Provision für die Vermittlertätigkeit ganz individuell mit *Railion Deutschland AG – RailFreight –* vereinbaren.

Eisenbahngüterverkehr 4.2

4.2.2 Historischer Rückblick des Verkehrsträgers Eisenbahngüterverkehr

Mit der **Inbetriebnahme der ersten Eisenbahn** auf deutschem Boden zwischen *Nürnberg* **Rückblick**
und *Fürth* am 7.12.1835 begann ein Zeitalter neuer Mobilität. Von ihr gingen starke Impulse
auf die in *Deutschland* Mitte des 19. Jahrhunderts einsetzende Industrialisierung aus.

Ein wichtiger Schritt war Anfang der zwanziger Jahre des 20. Jahrhunderts der Übergang
einer Vielzahl bedeutsamer Landeseisenbahnen zur *Deutschen Reichsbahngesellschaft* und
einige Jahre später zur *Deutschen Reichsbahn*. Noch heute sind viele Eisenbahnen in
öffentlicher Hand.

Nach dem Zusammenbruch des *Deutschen Reiches* 1945 begann der Wiederaufbau des **Deutsche**
Eisenbahnwesens zunächst getrennt in den vier Besatzungszonen. Mit der Gründung der **Bundes-**
Bundesrepublik Deutschland (BRD) und der *Deutschen Demokratischen Republik (DDR)* im **bahn (DB)**
Jahre 1949 entwickelten sich je nach Gesellschaftsordnung unterschiedlich zwei Staatsbahnen: **Deutsche**
im Westen die *Deutsche Bundesbahn (DB)* und im Osten die *Deutsche Reichsbahn (DR)*. **Reichsbahn**

In der *Bundesrepublik* existieren daneben noch eine Vielzahl von nichtbundeseigenen **(DR)**
Eisenbahnen mit öffentlichem und nichtöffentlichem Güterverkehr.

Während bei der *Reichsbahn* sich im Laufe der Zeit bei Überschreiten einer bestimmten
Beförderungsentfernung ein Transportzwang entwickelte und damit eine Vollauslastung
gesichert wurde, musste sich die *Bundesbahn* in einer freien Marktwirtschaft dem Wettbewerb mit den Verkehrsträgern Binnenschifffahrt und Straße stellen.

Eine weitere Zäsur leitete der Beitritt der *DDR* zur *Bundesrepublik* am 3.10.1990 ein. Im
vereinten *Deutschland* arbeiteten die beiden Bahnen zunächst getrennt, jedoch erhielten
die Vorstände beider Eisenbahnen des Bundes den Auftrag, beide Bahnen sowohl technisch als auch organisatorisch zusammen zu führen. Bei der *Deutschen Reichsbahn* musste
ein enormer Investitionsrückstau bei der Infrastruktur im Rahmen des *Investitionsprogramms Ost* beseitigt werden.

Mit Ablauf des 31.12.1993 endete die Existenz beider Bahnen durch die in *Kapitel
4.2.4* behandelte Bahnreform.

4.2.3 Die Eisenbahn im Wettbewerb

Der Spediteur, der mit den Eisenbahnen zusammenarbeitet, sollte wissen, wo die Stärken
und Schwächen der Eisenbahn im Wettbewerb mit den Hauptkonkurrenten, dem
Straßengüterverkehr und der Binnenschifffahrt, liegen.

Ein wichtiger Indikator hierfür ist der modal-split in der Aufkommens- und Leistungsstruktur. Nachstehend sind die langfristigen anteiligen Verkehrsleistungen der einzelnen
Verkehrsträger dargestellt:

Unter Berücksichtigung der Daten des öffentlichen Schienegüterverkehrs, der Binnenschifffahrt, des gewerblichen Straßengüterverkehrs mit inländischen Lkw sowie des
Werkverkehrs mit inländischen Lkw stellt sich der modal-split des Schienengüterverkehrs
im Zeitraum von 1995 bis 2006 für die **Verkehrsleistungen** und das **Verkehrsaufkommen**
wie folgt dar:

Tab. 16:
Modal-Split-Anteile Schiene 1995-2006

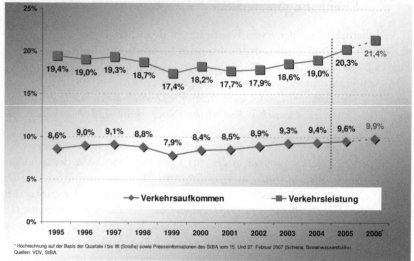

Quelle: Verband deutscher Verkehrsunternehmen: Schienengüterverkehr in Deutschland

Vergleicht man die modal-split-Entwicklung der Eisenbahnen in *Deutschland* mit der in 25 anderen *EU*-Staaten, ist bei diesen ausländischen Eisenbahnen eine absteigende Tendenz festzustellen, wie nachstehende Darstellung aufzeigt:

Tab. 17:
Modal-Split-Anteile Schiene Deutschland/EU

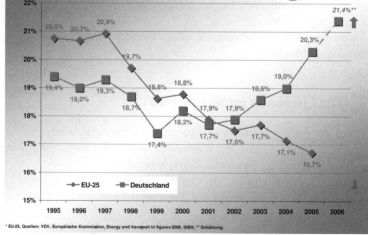

Quelle: Verband deutscher Verkehrsunternehmen: Schienengüterverkehr in Deutschland

Eisenbahngüterverkehr 4.2

Es ist zu vermuten, dass die frühzeitige Öffnung der Schieneninfrastruktur für alle Eisenbahnen in *Deutschland* sich positiv auf den Schienenanteil im Güterverkehrsmarkt ausgewirkt hat.

Der Anteil der Eisenbahnen am gesamten Gutaufkommen ist von 30,3 % im Jahre 1950 auf 9,9 % im Jahre 2006 deutlich zurückgegangen. Ähnlich dramatisch verlief auch die Entwicklung bei den Verkehrsleistungen im gleichen Zeitraum, in dem der Bahnanteil von 56,0 % auf 21,4 % zurück gefallen ist.

Es hat eine deutliche Anteilsverschiebung zum Straßengüterverkehr stattgefunden. **Veränderung der Anteile** Hierfür sind mehrere, vielschichtige Gründe maßgeblich, zum Beispiel
- verbesserte Straßeninfrastruktur
- technische Entwicklungen
- Wegfall von Zugangsbeschränkungen
- Vordringen ausländischer Straßengüterverkehrsunternehmen in den letzten Jahren
- Güterstrukturveränderungen
- Logistikeffekte.

Die Güterstrukturveränderungen wurden durch den Produktionsrückgang in der Grundstoffindustrie bei gleichzeitigem Ansteigen von hochwertigen Konsum- und Investitionsgüter ausgelöst.

Diese Veränderungen haben sich auf das Transportaufkommen wie folgt ausgewirkt:

Gütergruppe	1960	1970	1978	1990	2000
Land- und forstwirt. Erzeugnisse	85,4	97,6	117,8	157,0	197,0
Kohle	200,7	159,8	146,1	145,5	104,6
Mineralölerzeugnisse	66,6	207,3	240,5	206,4	179,5
Erze und Erzabfälle	83,8	105,0	94,4	96,1	116,7
Eisen, Stahl und NR-Metalle	72,8	114,0	128,8	146,2	129,4
Steine und Erden	815,3	1494,5	1544,5	1596,0	1674,1
Düngemittel	24,1	31,4	27,7	20,5	36,7
Chemische Erzeugnisse	67,0	196,8	227,9	291,4	265,3
Fahrzeuge, Maschinen, Halb- und Fertigwaren	125,7	210,9	298,7	451,8	510,1

Tab. 18: Entwicklung ausgewählter Hauptgütergruppen im Schienengüterverkehr in Mio. t

Ab 1991 werden nur noch gesamtdeutsche Werte statistisch ausgewiesen. Außerdem wurde die Berichtsmethodik zuletzt geändert. Damit fehlt für 1997 die direkte Vergleichbarkeit mit zeitlich vorangehenden Werten.

Quelle: Verkehr in Zahlen (1991), S. 352 ff. S. 386; Verkehr in Zahlen (2001/2002), S. 234 ff.

Bei näherer Betrachtung ist festzustellen, dass die Eisenbahnen ihre höchsten Marktanteile in den stagnierenden oder rückläufigen Hauptgütergruppen besitzen. Der Straßengüterverkehr ist dadurch im Vorteil, weil er sich flexibler an den veränderten Produktions- und Handelsrhythmus anpassen kann, sich durch Schnelligkeit, der Begleitung der Transportgüter durch den Fahrer und durch ein Straßensystem mit hoher Netzdichte und entsprechender Haus-Haus-Bedienung einen Vorsprung gegenüber den Eisenbahnen verschafft. Hinzu kommt, dass der Güterstruktureffekt zu kleineren Sendungsgrößen führt, der durch den Logistikeffekt (unter anderem Verzicht oder Reduzierung der Lagerhaltung) noch verstärkt wird. Die Affinität der logistikrelevanten Güter zum Straßengüterverkehr ist systemimmanent, obwohl die Bahnen durch ihr Engagement im **Güterstruktureffekt Logistikeffekt** kombinierten Verkehr, durch Transportlösungen für die Automobilindustrie und für die Hersteller langlebiger Konsumgüter sowie die Entwicklung einer Kaufhauslogistik einige Erfolge erzielen konnte.

Nachstehend sind die Stärken und Schwächen des Verkehrsmittels Eisenbahn dargestellt.

Stärken des Verkehrsmittels Eisenbahn:

Pünktlichkeit Die **Schienengebundenheit** ermöglicht es der Eisenbahn, mit einer relativ hohen Pünktlichkeit die Transportgüter bis zum Bestimmungsbahnhof zu befördern. Es entstehen keine Stauprobleme. Durch den bestehenden Güterzugfahrplan ist die Ankunftszeit genau vorsehbar.

Sicherheit Ein weiterer wichtiger Punkt im Bereich der Schienengebundenheit ist die sichere Transportdurchführung. Dies ist vor allem bei der Beförderung von gefährlichen Gütern nach den Bestimmungen des Gefahrgutrechts (*RID* und *GGVSE*) wichtig.

Informationstechnik Die *Railion Deutschland* ist mit vielen anderen Eisenbahnen in *Deutschland* und Europa durch EDV-Systeme vernetzt. Dies ermöglicht eine reibungslose Transportdurchführung ohne größere Aufenthaltszeiten an den Übergabepunkten. Eine weitere Vernetzung im EDV-System besteht mit vielen Kunden und dem *KundenServiceZentrum* in *Duisburg*. Die Vorteile dabei sind:
- Transportaufträge und eventuelle „Nachträgliche Weisungen" werden sofort übermittelt und erledigt
- eine genaue Sendungsverfolgung
- eine exakt berechenbare Ankunftsmeldung und
- Frachtberechnung ohne großen Schriftverkehr.

Keine Fahrverbote Es bestehen im Gegensatz zum Straßenverkehr keine Fahrverbote an Wochenenden und in der Ferienzeit.

Massenleistungsfähigkeit In Abhängigkeit von der Güterwagengattung mit einer Tragfähigkeit von 25 bis 100 t je nach seiner Gattung und Zweckbestimmung und bezogen auf den Güterzug mit einer Auslastung bis zu 4 000 t sprechen wir von der **Massenleistungsfähigkeit** des Verkehrsträgers.

Schnelligkeit bei Ganzzügen **Ganz- und Direktzüge** werden ohne Rangiervorgänge vom Ausgangsbahnhof bis zum Zielbahnhof durchgeführt.

Schwächen des Verkehrsmittels Eisenbahn:

Geringe Netzdichte Durch die begrenzte Netzdichte von ca. 38 000 km Schienen ergibt sich gegenüber dem Straßenverkehr (Straßen mit überörtlichem Verkehr) mit ca. 231 000 km Straßen (ohne Gemeindestraßen) ein erheblicher Nachteil, die Eisenbahn ist nicht flächendeckend. Güter müssen umgeschlagen werden. Eine Alternative bietet nur der kombinierte Verkehr.

Begrenzter Haus-Haus-Verkehr Durch die **Schienengebundenheit** ergibt sich nur eine begrenzte Haus-Haus-Beförderungsmöglichkeit, die durch Gleisanschlüsse (ca. 4 000) nur zum Teil relativiert werden kann.

Niedrige Reisegeschwindigkeit Bedingt durch Umstellungen im Beförderungsablauf ergeben sich vor allem bei Einzelwagen und Wagengruppen in vielen Fällen längere Beförderungszeiten. Dies gilt

Eisenbahngüterverkehr 4.2

nicht für Güter, die in Tag A-B-Verbindungen oder anderen Logistik-Zügen und Ganzzügen befördert werden.

Viele Eisenbahnen in *Europa* haben sich in der Marktfähigkeit noch nicht auf eine moderne Eisenbahn umgestellt. Bei einigen Eisenbahnen im *EU*-Bereich ist die *EU-Richtlinie 91/440* noch nicht umgesetzt. Es fehlt noch der diskriminierungsfreie Zugang zu der bestehenden Eisenbahninfrastruktur der beteiligten Länder.

Wenn sich im Beförderungsablauf bei der *Deutschen Bahn AG* Engpässe ergeben, haben Reisezüge in der Regel Vorrang vor Güterzügen.

Weil bei einzelnen Eisenbahnen unterschiedliche Strom- und Sicherungstechnik besteht, sind häufig für Lokwechsel zusätzliche Aufenthalte / Grenzaufenthalte erforderlich.

Der Eisenbahnbetrieb erfolgt nach Fahrplan. Dadurch besteht nur eine geringe Flexibilität, da für die Fahrplanerstellung eine längere Vorlaufzeit erforderlich ist.

Für die pünktliche Abwicklung der Zugfahrten ist *Railion Deutschland* überwiegend auf das **Eisenbahn-Infrastrukturunternehmen** (EIU) *DB Netz AG* angewiesen.

Marktunfähigkeit ausländischer Eisenbahnen

Vorrang Reisezüge

Grenzaufenthalte

Geringe zeitliche Flexibilität

4.2.4 Die Bahnstrukturreform in Deutschland

Ziel der **Bahnstrukturreform**, die zum 1.1.1994 in Kraft getreten ist, war es, **die bisherigen institutionellen Rahmenbedingungen der Eisenbahnen in *Deutschland* zu verändern**. Im Mittelpunkt standen die damals noch nebeneinander existierenden Behördenbahnen *Deutsche Bahn* und *Deutsche Reichsbahn*. Durch eine Veränderung der rechtlichen und organisatorischen Grundlagen sollten die Voraussetzungen für eine **Überführung der bisherigen Staatsunternehmen in ein privatwirtschaftlich organisiertes Unternehmen** und die Möglichkeiten für die Betätigung weiterer Eisenbahnunternehmen geschaffen werden. Die Überführung der Deutschen Bahnen in ein privatwirtschaftlich organisiertes Unternehmen sollte es diesem ermöglichen, eigenständige unternehmerische Entscheidungen zu treffen und eigene Angebote am Markt zu entwickeln, um so insgesamt die Leistungsfähigkeit der Eisenbahn zu erhöhen. Zentrales Ziel war es, ein wirtschaftliches Unternehmen Bahn zu erreichen (Kapitalmarktfähigkeit).

Zwei Entwicklungen waren für die Bahnstrukturreform maßgebend. Es waren dies zum einen die **katastrophale wirtschaftliche Entwicklung der Deutschen Bahnen** und zum anderen **Bestrebungen auf europäischer Ebene zur Reform und Veränderung des nationalen Eisenbahnwesens**. Wie bereits dargestellt, hatte die *Deutsche Bahn* mit einem ständigen Rückgang der transportierten Gütermengen in den Jahrzehnten vor der Bahnstrukturreform zu kämpfen und es zeichnete sich eine weitere Verschlechterung der Situation ab. Es wurde 1991 von der *Regierungskommission Bundesbahn* ein Anstieg des Jahresverlustes auf 42 Mrd. DM beziehungsweise 21,5 Mrd. € und eine Haushaltsbelastung von 62 Mrd. DM beziehungsweise 31,7 Mrd. € im Jahr 2000 prognostiziert. Dadurch entstand dringender Handlungsbedarf von Seiten der *Bundesregierung*, um einen Kollaps der Bahn und des Bundeshaushaltes zu vermeiden. Begünstigt wurde die Bahnstrukturreform durch die *EG*-Eisenbahnpolitik. Durch die **verbindliche *Richtlinie 91/440 EWG*** wurde eine nachhaltige Änderung in der Eisenbahnpolitik der *EG*-Mitgliedstaaten festge-

Bahnstrukturreform

Kapitalmarktfähigkeit

Äußere Bahnreform

323

legt. Die Bahnstrukturreform in Deutschland stellt somit auch eine Umsetzung der in dieser Richtlinie enthaltenen Forderungen dar (vergleiche zur europäischen Eisenbahnpolitik auch *Abschnitt 2.3*).

Kernelemente der Bahnreform

Wesentliche Kernelemente der Bahnreform sind:
- die Gründung einer Aktiengesellschaft (AG)
- die unternehmerische Eigenständigkeit (kaufmännische Führung)
- die Entschuldung der Bahn
- die Entlastung von nicht benötigtem Personal und die Befreiung vom öffentlichen Dienstrecht
- die Befreiung der Bahn von gemeinwirtschaftlichen Aufgaben
- die Trennung der Geschäftsbereiche Fahrweg und Verkehrsunternehmen Personen- und Güterverkehr und
- die Öffnung des Netzes für Dritte.

Mit der Gründung einer Aktiengesellschaft wurde eine privatwirtschaftliche Organisationsform gewählt. Dadurch sollte eine stärkere Unabhängigkeit der Bahn (die deutschen Bahnen wurden bisher in Form von Behörden geführt) und eine Orientierung an wirtschaftlichen Zielen (Kostendeckung beziehungsweise Gewinnerzielung) erreicht werden. Die *Deutsche Bahn AG* soll sich am Kunden orientieren und marktorientierte Angebote unterbreiten. Im Zuge der Überführung der deutschen Bahnen in eine Aktiengesellschaft wurde eine Entschuldung der bisherigen Staatsbetriebe vorgenommen und diese vom öffentlichen Dienstrecht befreit. Die *Deutsche Bahn* wurde vor der Bahnstrukturreform von der Politik häufig zur Erfüllung von gemeinwirtschaftlichen Aufgaben benutzt.

Wegfall gemeinwirtschaftlicher Aufgaben

Gemeinwirtschaftliche Aufgaben sind Leistungen, die aus übergeordneten (volkswirtschaftlichen) Überlegungen erbracht werden, aber aus einzelwirtschaftlicher Perspektive (aus Sicht des Unternehmens) nicht kostendeckend zu erbringen sind. Beim gemeinwirtschaftlichen Prinzip erfolgt eine Orientierung an gesamtwirtschaftlichen Interessen.

Durch die Privatisierung der *Deutschen Bahn* hat sich das Spannungsverhältnis zwischen gemeinwirtschaftlichem Prinzip und erwerbswirtschaftlichem Denken (Gewinnerzielung) eindeutig in Richtung erwerbswirtschaftlichem Denken verlagert. Gemeinwirtschaftliche Überlegung spielen aus der Sicht der Bahn heute eine nachrangige Rolle. Die Trennung in die Geschäftsbereiche Fahrweg, Personenverkehr und Güterverkehr zielt auf die Öffnung des Netzes für Dritte ab. Der Fahrweg soll, aus volkswirtschaftlichen Überlegungen, als teure Investition, nur einmal bereit gestellt werden. Innerhalb des bestehenden Netzes soll Wettbewerb ermöglicht werden, das heißt die einzelnen Geschäftsbereiche der Bahn sollen mit anderen Anbietern um die Inanspruchnahme der Infrastruktur konkurrieren. Bisher stand die Bahn nur im Wettbewerb zu anderen Verkehrsträgern (Straßengüterverkehr und Binnenschiff). Dies wird als intermodaler Wettbewerb bezeichnet. Durch die Eröffnung des Wettbewerbs auf der Schiene (intramodaler Wettbewerb) soll auch innerhalb des Verkehrsträgers Eisenbahn mehr Effizienz erzielt werden.

Die Bahnstrukturreform wurde in mehreren Stufen umgesetzt. Einzelheiten sind nachstehend dargestellt:

Eisenbahngüterverkehr 4.2

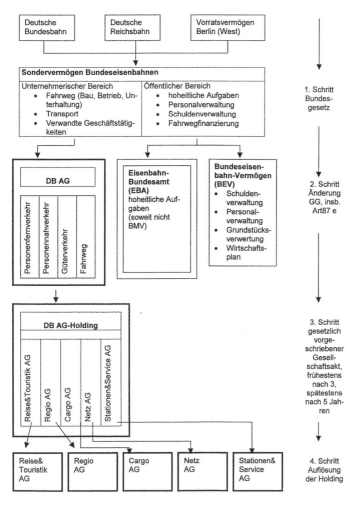

Abb. 13: Verfahrensschritte und Aufgabenverteilung für die privatrechtliche Umstrukturierung der Deutschen Eisenbahnen

Quelle: Aberle, Verkehrswirtschaft, 2003

Der dritte Schritt der Bahnreform wurde zum 1.1.1999 vollzogen und die bisherige *AG* mit dem *Bund* als 100 %iger Eigentümer in eine Holding-Struktur überführt. Die Auflösung der Holding ist bis heute noch nicht vollzogen. **Holding**

Nach einer längeren schwierigen politischen Diskussion über die Privatisierung der *DB AG*, bei der insbesondere die Eisenbahninfrastruktur eine dominierende Rolle eingenommen hat, hat man sich schließlich auf einen Kompromiss geeinigt. Im Mai 2008 haben sowohl der *Bundestag* als auch der Aufsichtsrat der *DB AG* die Ausgründung der Personenverkehrs- und Logistikbereiche in eine zu 24,9 % zu privatisierenden *DB Mobility Logistics AG (DB ML AG)* mit Wirkung zum 2.6.2008 beschlossen. Die betroffenen einzelnen Geschäftsbereiche bleiben unter dem Dach der *DB ML AG* als zusätzliche Holding rechtlich und wirtschaftlich selbstständig. **DB Mobility Logistics AG**

325

Zur Vorbereitung und Umsetzung der Bahnstrukturreform waren zahlreiche Gesetzesänderungen und die Neufassung von Rechtsverordnungen notwendig. Im *Kapitel 4.2.5* werden wesentliche gesetzliche Grundlagen für den Eisenbahngüterverkehr betrachtet.

Die europäische Verkehrspolitik steht in einem engen Zusammenhang mit der Schaffung eines europäischen Wirtschaftsraumes. Im europäischen Binnenmarkt, der inzwischen weitgehend verwirklicht ist, gibt es zwischen den einzelnen Mitgliedsstaaten einen freien Austausch von Gütern und Dienstleistungen und Beweglichkeit der Produktionsfaktoren (Arbeit, Kapital usw.). Die Schaffung eines Binnenmarktes erfordert auch den Abbau von Hindernissen im Verkehrsbereich. Ziel der europäischen Verkehrspolitik ist die Schaffung eines Verkehrsbinnenmarktes.

Während die Liberalisierung im Straßengüterverkehr bereits weit fortgeschritten ist, besteht im Eisenbahngüterverkehr noch Handlungsbedarf.

Wichtige Ziele der europäischen Bahnpolitik sind zum einen der Ausbau beziehungsweise die Erweiterung der *transeuropäischen Netze (TEN)* durch eine möglichst hohe Interoperabilität zwischen den nationalen Netzen. Zum anderen wird eine **Öffnung der Schienenverkehrsnetze**, die Schaffung von **einheitlichen Zugangsbedingungen** und **Wettbewerb** zwischen den verschiedenen Eisenbahngesellschaften angestrebt.

Den Ausgangspunkt bildet die im Jahr 1991 verabschiedete *Richtlinie 91/440 EWG*, der im Bereich der europäischen Eisenbahnpolitik eine zentrale Bedeutung zukommt. Sie wurde bereits im Rahmen der Bahnstrukturreform erwähnt. Die auf *EU*-Ebene durchgeführten und geplanten Schritte sind nachstehend dargestellt.

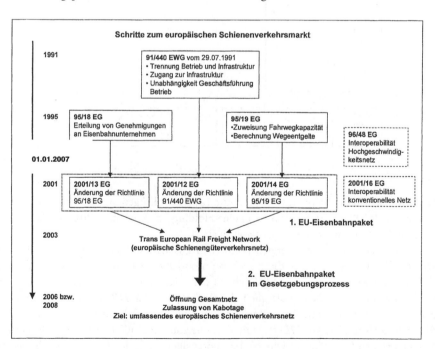

Abb. 14: Schritte zum europäischen Schienenverkehrsmarkt

Quelle: Eigene Darstellung

4.2.5 Gesetzliche Grundlagen des Eisenbahngüterverkehrs (Gesetze zur Ordnung des Schienengüterverkehrs)

Die gesetzlichen Grundlagen stellen Rahmenbedingungen dar, an denen sich die Eisenbahnen zu orientieren haben. **Die gesetzlichen Grundlagen können in drei Ebenen, das *Grundgesetz*, einfache Gesetze und Rechtsverordnungen, unterschieden werden.**

Im Rahmen des *Grundgesetzes* werden vor allem die Zuständigkeiten und die Gesetzgebungskompetenzen des Bundes und der Länder festgelegt und abgegrenzt.

Das *Eisenbahnneuordnungsgesetz (ENeuOG)* **ist das Kernstück zur Umwandlung der Bahnen von einer Bundesbehörde in eine Aktiengesellschaft.** Beim *ENeuOG* handelt es sich um ein „**Artikel**"- beziehungsweise „**Mantelgesetz**". Dadurch konnten alle elf Gesetze in einem Gesetzgebungsverfahren beschlossen werden.

Besonders hervorzuheben ist hierbei das *Allgemeine Eisenbahngesetz (AEG)*. Es enthält unter anderem Vorschriften zur Betriebsgenehmigung, Nutzung der Infrastruktur und beförderungsrechtliche Grundsätze.

Die Bestimmungen des *Bürgerlichen Gesetzbuches (BGB)* und des *Handelsgesetzbuches (HGB)* enthalten die wesentlichen Bestimmungen zum Abschluss von Transport- beziehungsweise Frachtverträgen. Im *BGB* findet sich das allgemeine Vertragsrecht, während das *HGB* die transportrechtlichen Bestimmungen enthält, die einheitlich für den Güterverkehr auf der Straße, mit der Eisenbahn, auf Binnengewässern und im Inlandsflugverkehr gelten.

Die den Eisenbahngüterverkehr betreffenden rechtlichen Bestimmungen lassen sich wie folgt zusammenfassen:

Marginalien: Eisenbahnneuordnungsgesetz (ENeuOG); Allgemeines Eisenbahngesetz (AEG); BGB, HGB

Tab. 19: Gesetze zur Neuordnung des Schienengüterverkehrs

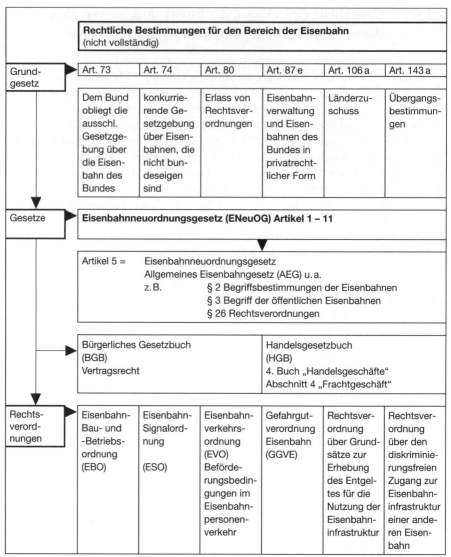

Quelle: Deutsche Bahn AG

Die folgenden Auszüge aus dem *Grundgesetz* sollen die obige Übersicht erläutern.

Der Hinweis auf die ausschließliche Gesetzgebung des Bundes bedeutet, dass für den Bereich der *DB AG* nur der Bund Gesetze erlassen kann. Im *Grundgesetz* werden die Gesetzgebungskompetenz des Bundes und der Länder für die Eisenbahnen festgelegt.

GG Artikel 73 Der Bund hat die ausschließliche Gesetzgebung über: ..... den Verkehr der Eisenbahnen, die ganz oder mehrheitlich im Eigentum des Bundes stehen, den Bau, die Unterhaltung und das Betreiben von Schienenwegen der Eisenbahnen des Bundes sowie die Erhebung von Entgelten für die Benutzung dieser Schienenwege.

Eisenbahngüterverkehr 4.2

Im Rahmen der konkurrierenden Gesetzgebung haben die Länder die Gesetzgebungskompetenz, solange/soweit der Bund von seinem Gesetzgebungsrecht keinen Gebrauch macht und kein Bedürfnis nach bundeseinheitlicher Regelung besteht.

Die Länder haben die Kompetenz im Rahmen der konkurrierenden Gesetzgebung über ...... die Schienenbahnen, die nicht Eisenbahnen des Bundes sind. **GG Artikel 74**

Bedeutung und Einzelheiten der bundeseigenen Verwaltung werden im *Eisenbahnneuordnungsgesetz (Artikel 3 „Gesetz über die Eisenbahnverkehrsverwaltung des Bundes")* geregelt. Die Eisenbahnverkehrsverwaltung ist vom *Eisenbahn-Bundesamt (EBA)* wahrzunehmen. Das *EBA* nimmt hoheitliche Aufgaben wahr. Außerdem wird hier die rechtliche Grundlage zur Gründung der *DB AG* gegeben.

Die Eisenbahnverkehrsverwaltung des Bundes wird in bundeseigener Verwaltung durchgeführt. Durch Bundesgesetz, das der Zustimmung des Bundesrates bedarf, können Aufgaben der Eisenbahnverkehrsverwaltung den Ländern übertragen werden. Der Bund nimmt die über den Bereich der Eisenbahnen des Bundes hinausgehenden Aufgaben der Eisenbahnverkehrsverwaltung wahr. Eisenbahnen des Bundes werden als Wirtschaftsunternehmen in privatrechtlicher Form geführt. **GG Artikel 87e**

Den Ländern steht ab 1.1.1996 für den öffentlichen Personennahverkehr (ÖPNV) ein Betrag aus dem Steueraufkommen zu. **GG Artikel 106a**

Zur Regelung der Umwandlung der *Deutschen Bundesbahn* und der *Deutschen Reichsbahn* in die privatrechtliche Form waren umfassende Regelungen erforderlich. Die Kompetenz zum Erlass dieser Gesetze ist dem Bund übertragen worden.

Der Bund hat die ausschließliche Gesetzgebung über alle Angelegenheiten, die sich aus der Umwandlung der in bundeseigener Verwaltung geführten Bundeseisenbahnen in Wirtschaftsunternehmen ergeben. Beamte der Bundeseisenbahnen können durch Gesetz unter Wahrung ihrer Rechtsstellung und der Verantwortung des Dienstherren einer privatrechtlich organisierten Eisenbahn des Bundes zur Dienstleistung zugewiesen werden. **GG Artikel 143a**

Die vorgenannten Bestimmungen des *Grundgesetzes* und das *Eisenbahnneuordnungsgesetzes* stellen die Basis für die neuen Strukturen des Unternehmens *Deutsche Bahn AG* dar.

Das *Eisenbahnneuordnungsgesetz* ist das **Kernstück** der rechtlichen Bestimmungen zur Umwandlung der Bahnen von der Bundesbehörde zur privatrechtlichen Aktiengesellschaft (siehe Überblick). *Eisenbahnneuordnungsgesetz (ENeuOG)*

Tab. 20: Übersicht zum Eisenbahnneuordnungsgesetz

Artikelgesetze	
Artikel 1 *Gesetz zur Zusammenführung und Neugliederung der Bundeseisenbahnen*	Zusammenfassung beider Sondervermögen (*DB* und *DR*) Gründung der *DB AG* Verwaltungsbereich *Bundeseisenbahnvermögen (BEV)* hoheitliche Aufgaben im *EBA*
Artikel 2 *Gesetz über die Gründung der Deutschen Bahn AG*	Ausgliederung unternehmerischer Bereiche Zuweisung der Beschäftigten Bildung der Holding *DB AG* (nach drei Jahren) Auflösung der Holding (nach fünf Jahren)
Artikel 3 *Gesetz über die Eisenbahnverwaltung des Bundes*	Erfüllung hoheitlicher Aufgaben *(EBA)* Aufsichts- / Genehmigungsbehörde Planfeststellung für Schienenwege
Artikel 4 *Gesetz zur Regionalisierung des ÖPNV*	Begriffe Finanzbedarf, Mittelverteilung Sicherstellung des Verkehrs
Artikel 5 *Allgemeines Eisenbahngesetz*	rechtliche Neugliederung Begriffsdefinitionen Vorschriften zur Betriebsgenehmigung und Nutzung der Infrastruktur Beförderungsrechtliche Grundsätze
Artikel 6 *Anpassung anderer Rechtsvorschriften*	Detailänderungen in verschiedenen Gesetzen, zum Beispiel: internationale Containerbeförderung, *Beamtengesetze, Statistikgesetze, HGB, RVO, StVO, GGVS, GGVE*, internationale Abkommen
Artikel 7 *Übergangsbestimmungen*	Bildung einer Eisenbahn-Unfallkasse Güterkraftverkehr
Artikel 8 *Außerkrafttreten*	Aufhebung bisherigen Rechts
Artikel 9 *Verbesserung der personellen Struktur*	personelle Möglichkeiten beim *Bundeseisenbahnvermögen* und den Unternehmen der *Bundespost*
Artikel 10 *Rückkehr zum einheitlichen Verordnungsrang*	
Artikel 11 *Inkrafttreten*	1.1.1994

Quelle: Eigene Darstellung

Innerhalb der **AEG** wird eine Einteilung und Unterscheidung der Eisenbahnen getroffen. Diese wird im Folgenden kurz vorgestellt. Dabei werden Eisenbahnen grundsätzlich von anderen Schienenbahnen abgegrenzt. Eisenbahnen sind zunächst einmal öffentlich oder privatrechtlich organisierte Unternehmen, die Eisenbahnverkehrsleistungen (Eisenbahnverkehrsunternehmen – EVU) erbringen oder eine Eisenbahninfrastruktur (Eisenbahninfrastrukturunternehmen – EIU) betreiben. Innerhalb der Eisenbahnen wird zwischen öffentlichen und nicht-öffentlichen Eisenbahnen unterschieden. Öffentliche Eisenbahnen sind gewerbs- und geschäftsmäßig betriebene Eisenbahnunternehmen (das heißt Verkehrs- oder Infrastrukturunternehmen), deren Leistungen aufgrund ihrer Zweckbestimmung jedermann zur Verfügung stehen. Dabei kann es sich sowohl um Unternehmen, die im Eigentum des Bundes stehen, als auch um nichtbundeseigene Unternehmen handeln. Nichtöffentliche Eisenbahnen sind privatrechtliche

EVU
EIU
Öffentliche Eisenbahnen
Nichtöffentliche Eisenbahnen

Eisenbahngüterverkehr 4.2

Einrichtungen, deren Leistung aufgrund ihrer Zweckbestimmung nicht jedermann zur Verfügung stehen. Hier handelt es sich beispielsweise um Hafen-, Werk-, Gruben- und Museumsbahnen.

Mit Stand 2006 haben 361 öffentliche EVU auf dem Streckennetz von 165 öffentlichen EIU Schienenverkehr durchgeführt.

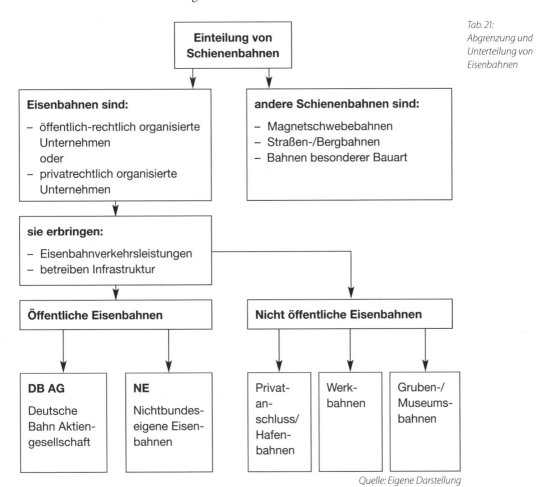

Tab. 21: Abgrenzung und Unterteilung von Eisenbahnen

Quelle: Eigene Darstellung

Weitere wichtige Regelungen des Allgemeinen Eisenbahngesetzes (AEG)

Nach § 1 des *AEG* haben Bundes- und Länderregierungen mit dem Ziel bester Verkehrsbedienung darauf hinzuwirken, dass die **Wettbewerbsbedingungen angeglichen werden** und dass durch einen **lauteren Wettbewerb der Verkehrsträger** eine volkswirtschaftlich sinnvolle Aufgabenteilung ermöglicht wird. — **Wettbewerbsbedingungen**

Die Bestimmungen verpflichten die Eisenbahnen zur **sicheren Betriebsführung**, zur Instandhaltung der Eisenbahninfrastruktur, zum sicheren Bau / Instandhaltung von Fahrzeugen und zur Einhaltung der Arbeits- und Fahrzeitenregelungen. — **Sicherheitsvorschriften**

Beförderungspflicht Öffentliche Eisenbahnverkehrsunternehmen, die dem **Personenverkehr** dienen, **sind zur Beförderung von Personen verpflichtet**, wenn die Beförderungsbedingungen eingehalten werden, die Beförderung mit den regelmäßig verwendeten Beförderungsmitteln möglich ist und die Beförderung nicht durch höhere Gewalt verhindert wird.

Im Güterverkehr gibt es keine Beförderungspflicht mehr; die Eisenbahn nimmt Güter zur durchgehenden Beförderung von und nach Güterverkehrsstellen nach **Maßgabe der Abfertigungsbefugnisse** an.

Zugang zur Eisenbahninfrastruktur Eisenbahnverkehrsunternehmen mit Sitz in der *Bundesrepublik Deutschland* haben nach *§ 14* des *AEG* das **Recht auf diskriminierungsfreie Benutzung der Eisenbahninfrastruktur** von Eisenbahnverkehrsunternehmen, die dem öffentlichen Verkehr dienen.

Erlass von Rechtsverordnungen In *§ 26* des *AEG* wird dem *Bundesminister für Verkehr* die Ermächtigung zum **Erlass von Rechtsverordnungen** gegeben. Die Zustimmung des *Bundesrates* ist erforderlich.

Das über 100 Jahre alte Transportrecht war gekennzeichnet durch eine große Normenvielfalt und durch eine Zersplitterung der Rechtsgebiete.

Im Interesse einer größeren Rechtssicherheit und zur Schaffung gleicher Wettbewerbsbedingungen der verschiedenen Verkehrsträger, wurden die unterschiedlichen Transportrechte vereinheitlicht und unter Berücksichtigung internationaler Übereinkommen modernisiert.

TRG Ab 1.7.1998 gilt das durch das *Transportrechtsreformgesetz (TRG)* geänderte *Handelsgesetzbuch (HGB)* für den Güterverkehr auf der Straße, der Eisenbahn, auf Binnengewässern, im Inlandsluftverkehr und für die Spedition.

EVO Während beim Eisenbahnpersonen- und Reisegepäckverkehr die *Eisenbahnverkehrsordnung (EVO)* – Beförderungsbedingungen für den Eisenbahnpersonenverkehr – noch weiter gültig bleibt, müssen sich Eisenbahnverkehrsunternehmen im Güterverkehr von der über 100-jährigen *EVO* verabschieden. Über Auswirkungen auf das Frachtgeschäft siehe *Kapitel 4.2.15 Das Eisenbahnfrachtgeschäft*.

4.2.6 Technische Grundlagen im Eisenbahngüterverkehr

Lademaß Für das Passieren von Brücken, Tunneln und anderen Baulichkeiten ist das Lademaß entscheidend. *Als Lademaß wird die Begrenzung bezeichnet, die eine Ladung im geraden Gleis nicht überragen darf.* Bei jedem Transport ist das kleinste Lademaß auf der zu durchfahrenden Strecke für die Verwendung des Wagens maßgebend. Im Wesentlichen werden folgende Lademaße unterschieden:

Das Lademaß der deutschen Eisenbahnen entspricht auch dem Lademaß der Bahnen *Bulgariens, Dänemarks, Griechenlands*, der Staaten des ehemaligen *Jugoslawiens, Luxemburgs*, der *Niederlande, Österreichs, Polens, Rumäniens, Sloweniens, Tschechiens* und *Ungarns*.

Das internationale Lademaß gilt für die übrigen Eisenbahnen bis auf die *Großbritanniens*. Im Verkehr mit *Großbritannien* gilt ein besonderes Lademaß mit einer Breite von 2 692 mm und einer Höhe von 3 861 mm über Schienenoberkante.

Eisenbahngüterverkehr 4.2

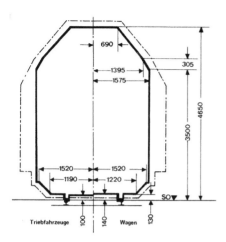 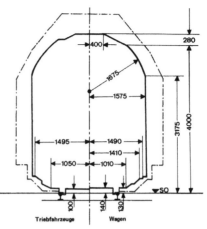

Abb. 15: Lademaß national (links) und international (rechts)

Quelle: Deutsche Bahn AG

Für den Einsatz der Güterwagen auf dem Streckennetz der beteiligten Bahnen gibt es für bestimmte Strecken und für bestimmte Wagentypen gewisse Einschränkungen. Diese betreffen zum Beispiel die **Radsatzlast**, die **Meterlast**, den Achsstand oder das Lademaß. Dabei bestimmt der **Streckenunterbau die Belastbarkeit** der Schienenwege. Maßstäbe für die beförderte Last in einem Güterwagen sind die höchstzulässige Radsatzlast (Achslast) und das höchstzulässige Fahrzeuggewicht je Längeneinheit (Meterlast).

Radsatzlast, Meterlast

Die Strecken der Bahnen sind deshalb hinsichtlich der Belastbarkeit (zulässige Radsatzlast und Meterlast) in sogenannte Streckenklassen eingeteilt. Jede Bahn hat eine Normalstreckenklasse. Die Streckenklasse ist diejenige, die der überwiegenden Streckenlänge dieser Bahn entspricht.

Die Strecken der Bahnen sind hinsichtlich der Radsatzlast und Meterlast in folgende Klassen eingeteilt:

die Streckenklasse	Es entspricht: einer Radsatzlast (Achslast) bis	bei einem Fahrzeuggewichtje Längeneinheit (Meterlast) bis	
A	16 t	5,0 t/m	
B 1	18 t	5,0 t/m	
B 2	18 t	6,4 t/m	
C 2	20 t	6,4 t/m	*)
C 3	20 t	7,2 t/m	*)
C 4	20 t	8,0 t/m	*)
D 2	22,5 t	6,4 t/m	
D 3	22,5 t	7,2 t/m	
D 4	22,5 t	8,0 t/m	

*) Überschreitung der Radsatzlast um 0,5 t in Ausnahmefällen möglich; siehe Verladerichtlinien Anlage II, Band 3.

Tab. 22: Übersicht Streckenklassen

Quelle: Deutsche Bahn AG

Der Spediteur und die Verkehrsträger

Darüber hinaus gibt es noch folgende Streckenklassen

Tab. 23: Weitere Streckenklassen

CM 2	21,0 t	6,4 t/m	gilt für 2- und 4-achsige Wagen
CM 3	21,0 t	7,2 t/m	gilt für 2- und 4-achsige Wagen
CM 4	21,0 t	8,0 t/m	gilt für 2- und 4-achsige Wagen
CE	20,0 t	8,0 t/m	für 6-achsige Wagen mit DB-Zusatzraster; sonst gilt C4.
Z 56	15,5 t	4,6 t/m	
Z 61	16,0 t	3,4 t/m	

Quelle: Deutsche Bahn AG

Die Radsatzlast eines Wagens ist gleich der Summe von **Eigengewicht des Wagens** und **Gewicht der Ladung** geteilt durch die **Zahl der Radsätze (Achsen)**.

Die Meterlast ist gleich der Summe von **Eigengewicht des Wagens** und **Gewicht der Ladung** geteilt durch die **Länge des Wagens** in Metern über die nicht eingedrückten Puffer gemessen.

Tab. 24: Beispiel für einen internationalen Lastgrenzraster

	A	B	C	D	
90	40,5 t	48,5 t	56,5 t	66,5 t	**
S	40,5 t	48,5 t	56,5 t		
120	00,0 t				

Quelle: Deutsche Bahn AG

Die **Lastgrenzen geben die Höchstlademasse** an, bis zu der ein Wagen bei der Beförderung über Strecken der angegebenen Klassen beladen werden darf.

Die Lastgrenze (Ladegewicht) gemäß obenstehendem Beispiel beträgt auf Strecken der Klasse A: 40,5 t, B: 48,5 t, C: 56,5 t, D: 66,5 t.

Bei Einstellung des Wagens in Züge mit einer Geschwindigkeit über 90 km/h bis 100 km/h – Beförderungsart S – vermindert sich die Lastgrenze der Streckenklasse D auf 56,5 t.

Die Geschwindigkeit 120 km/h darf brems- und lauftechnisch uneingeschränkt nur mit leerem Wagen gefahren werden.

Sternchen neben dem Lastgrenzraster bedeuten:
* = lauftechnische Eignung für 100 km/h,
** = lauftechnische Eignung für 120 km/h,

auf bestimmten Strecken der *DB AG* unter Nutzung der in den Streckenklassen angegebenen Lastgrenzen.

4.2.7 Das Schienennetz der Eisenbahn

Das Gleis ist der Verkehrsweg der Eisenbahn. Die Streckenlänge des dem öffentlichen Schienenverkehr dienenden Streckennetzes betrug 2002 rund 41 000 km. Davon waren rund 19 600 km elektrifiziert.

Länge des Schienennetzes

Der Hauptanteil an dem öffentlichen Streckennetz entfiel mit rund 34 128 km Streckenlänge auf die Konzernsparte *DB Netz*. Davon waren 19 250 km elektrifiziert und rund 25 000 km lagen im Bereich des Zugfunks; das heißt jeder Lokführer in diesem Bereich konnte von der Zugüberwachung auf seiner Lok erreicht werden.

Die **nichtbundeseigenen öffentlichen Eisenbahnen (NE)** betreiben ihren Eisenbahnverkehr auf einem ca. 3 500 km langen Streckennetz, wovon ca. 400 km elektrifizierte Strecken sind.

Die Spurweite des deutschen öffentlichen Streckennetzes – Spurweite ist der Abstand zwischen den Schienenkörpern beziehungsweise Schienenkanten – entspricht grundsätzlich der Spurweite der meisten europäischen Länder, nämlich 1 435 mm. Diese Spurweite bezeichnet man auch als Normalspur, Regel- oder Vollspur.

Spurweite des Schienennetzes

Abweichend von der Normalspur unterscheidet man in **Breitspur** (> 1 435 mm) und **Schmalspur** (< 1 435 mm). Für den europäischen Eisenbahngüterverkehr ist neben der Normalspur jedoch nur die Breitspur von Bedeutung.

Die Breitspur ist anzutreffen in: *Finnland, Portugal, Spanien,* den Baltischen Staaten (*Estland, Lettland, Litauen*) und der *Gemeinschaft unabhängiger Staaten (GUS)*. Schmalspurnetze sind in *Europa* in der Regel nur bei Privat-, Museums- und Werkbahnen vorhanden.

Die unterschiedlichen Spurweiten verhindern, dass zum Beispiel Normalspurwagen von *Railion Deutschland* im durchgehenden Verkehr zu Bahnen mit abweichender Spurweite eingesetzt werden können. Es gibt jedoch umspurbare beziehungsweise umachsbare Spezialgüterwagen (*Transfesa* nach *Spanien* und *Portugal, Transwaggon* nach *Finnland*), die einen durchgehenden Eisenbahnverkehr mit diesen Ländern ermöglichen.

Anders sieht es im Verkehr nach *Osteuropa* aus:

Als Alternative bleibt im Grundsatz nur ein aufwendiges Umladen der Ladung auf Wagen der entsprechenden Spurweite (zum Beispiel Verkehre nach *Russland* ⇨ Grenzübergang *Brest*). Dies wird heute dadurch vermieden, dass man beim Auftraggeber im Abgangsland die Güter bereits in Ladeeinheiten lädt und dann an der Schnittstelle „Normalspur-/Breitspurnetz" lediglich die Ladeeinheit von Normalspur- und Breitspurwagen oder umgekehrt umzuladen hat.

Nachstehend sind die **Hauptabfuhr-und Transitstrecken von** *Railion Deutschland* dargestellt.

Die Hauptabfuhrstrecken sind etwas stärker gezeichnet, die Rangierbahnhöfe (Überregionale Zugbildungsanlagen) sind eingerahmt. Die Grenzübergänge sind von *Flensburg* aus fortlaufend im Uhrzeigersinn nummeriert und unterhalb der Karte tabellarisch aufgeführt.

4 Der Spediteur und die Verkehrsträger

Abb. 16:
Schienennetz
in Deutschland;
Transitstrecken,
Hauptabfuhr-
strecken,
Rangier-
bahnhöfe

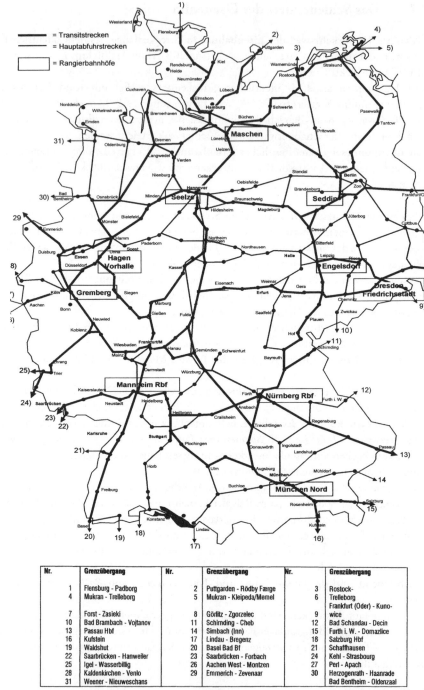

Nr.	Grenzübergang	Nr.	Grenzübergang	Nr.	Grenzübergang
1	Flensburg - Padborg	2	Puttgarden - Rödby Færge	3	Rostock- Trelleborg
4	Mukran - Trelleborg	5	Mukran - Kleipeda/Memel	6	Frankfurt (Oder) - Kunowice
7	Forst - Zasieki	8	Görlitz - Zgorzelec	9	
10	Bad Brambach - Vojtanov	11	Schirnding - Cheb	12	Bad Schandau - Decin
13	Passau Hbf	14	Simbach (Inn)	15	Furth i. W. - Domazlice
16	Kufstein	17	Lindau - Bregenz	18	Salzburg Hbf
19	Waldshut	20	Basel Bad Bf	21	Schaffhausen
22	Saarbrücken - Hanweiler	23	Saarbrücken - Forbach	24	Kehl - Strasbourg
25	Igel - Wasserbillig	26	Aachen West - Montzen	27	Perl - Apach
28	Kaldenkirchen - Venlo	29	Emmerich - Zevenaar	30	Herzogenrath - Haanrade
31	Weener - Nieuweschans				Bad Bentheim - Oldenzaal

Quelle: Deutsche Bahn AG

Eisenbahngüterverkehr   4.2

4.2.8   Vermarktung der Eisenbahninfrastruktur

Im Zuge der Bahnreform wurde in *Deutschland* als erstem Land das *EU*-Recht nach **AEG** *Richtlinie 91/440 EWG* aus 1991 in deutsches Recht umgesetzt. Weitere zur Zeit gültige *EU-Richtlinien*, die sich mit dieser Materie befassen, sind die *EU-Richtlinien 95/18/EG, 2001/12/EG und 2001/14/EG*. Die Regelungen wurden im *Allgemeinen Eisenbahngesetz (AEG) § 14* festgelegt.

Die **Deutsche Bahn AG** hat danach im Zuge dieser Bahnreform als erste europäische Bahn **ihre Infrastruktur diskriminierungsfrei für deutsche und europäische Eisenbahnverkehrsunternehmen geöffnet**.

Wie der Zugang zur Eisenbahninfrastruktur der *DB AG* und anderer deutschen Eisen- **EIBV** bahninfrastrukturunternehmen zu handhaben ist, ist in der in *§ 26 AEG Abs. 1 Punkte 6 und 7* geforderten Rechtsverordnung *Verordnung über die diskriminierungsfreie Benutzung der Eisenbahninfrastruktur und über die Grundsätze zur Erhebung von Entgelt für die Benutzung der Eisenbahninfrastruktur (**Eisenbahninfrastruktur-Benutzungsverordnung – EIBV**)* vom 1.8.2005 neu geregelt worden.

Eisenbahnverkehrsunternehmen (EVU), die die Infrastruktur von *DB Netz AG* oder eines anderen Eisenbahninfrastrukturunternehmens nutzen wollen, müssen als EVU zugelassen sein. Dies wird in folgenden Rechtsvorschriften gefordert.
- *Richtlinie der EU 95/18/EG* vom 19.6.1995
- *AEG* vom 27.12.1993; *§ 6*: *Ohne Genehmigung dürfen keine Eisenbahnverkehrsleistungen erbracht werden.*

Im Zuge dieser Forderungen ist in Verbindung mit *§ 26 AEG* die **Eisenbahnunternehmer-** **EbZugV** *Berufszugangsverordnung (EbZugV)* herausgegeben worden. Sie setzt die Forderungen der *Richtlinie 95/18/EG* und des *AEG* hinsichtlich der Voraussetzungen für die Genehmigung fest.

Für *Eisenbahnverkehrsunternehmen (EVU)* mit Sitz in der *Bundesrepublik Deutschland* erteilt immer die Genehmigungsbehörde des entsprechenden Bundeslandes die Betriebsgenehmigung.

Die Genehmigung ist an folgende Voraussetzungen geknüpft:
- Zuverlässigkeit
- Finanzielle Leistungsfähigkeit
- Fachkunde.

Die Betreiber von Schienenwegen *(EIU)* sind nach *§ 4 EIBV* verpflichtet, *Schienennetz-* **SNB** *Benutzungsbedingungen (SNB)* für das Erbringen der vom Verordnungsgeber festgelegten Leistungen zu erstellen. Die *SNB* müssen auch die *Allgemeinen Geschäftsbedingungen (ABN)* für die Benutzung der Zugtrassen beinhalten. Außerdem müssen in den *Schienen-Nutzungsbedingungen (SNB)*
- Angaben über die Art des zur Verfügung stehenden Schienenweges und die betreffenden Zugangsbedingungen aus rechtlicher und betrieblich-technischer Sicht enthalten

- die Entgeltgrundsätze im Einzelnen dargestellt sein
- die Grundsätze und Kriterien für die Zuweisung von Schienenkapazitäten aufgeführt sein.

NBS Für den Zugang zu Serviceeinrichtungen und die Erbringung der vom Verordnungsgeber definierten Leistungen haben die *EIU* nach den in *§ 10 EIBV* festgelegten Regeln *Nutzungsbedingungen (NBS)* aufzustellen.

Die *SNB* und *NBS* sind vollständig im
- *Bundesanzeiger* und / oder
- im Internet

zu veröffentlichen.

Diese verbindlichen Vorgaben gelten sowohl für die bundeseigenen als auch für nicht bundeseigene *EIU*, die dem öffentlichen Verkehr dienen. Während die Konzerngesellschaften der *DB AG* eigenständig formulierte *SNB* und *NBS* veröffentlicht haben, publizieren die als *EIU* zugelassenen *NE* diese auf der Grundlage der vom *VDV* ausgesprochenenen *Empfehlung für die Erstellung der SNB* in der Fassung vom 1.9.2005 (in Überarbeitung) und der *NBS* in der überarbeiteten Fassung von Ende 2007.

Grundlage für einen Vertragsabschluss mit der *DB Netz AG* sind die *SNB* und *NBS* in der jeweils gültigen Fassung.

Vertrag Der **Vertrag** kommt zustande durch

1. **Anmeldung von Zugtrassen durch das *EVU*.**
   Termine für die Anmeldung von Zugtrassen, den Beginn der Trassenkonstruktion, Konfliktlösungsgespräche sowie die Abgabe und Annahme von Nutzungsangeboten ergeben sich aus dem Rahmenterminplan, der der Vorbereitung jedes Fahrplanwechsels dient. Der Rahmenterminplan sowie mögliche Änderungen sind dem *EVU* durch die *DB Netz AG* rechtzeitig zu übermitteln.
2. **Vertragsangebote durch *DB Netz AG*.**
   Für Anmeldungen, für die Zugtrassen konfliktfrei konstruiert werden können oder in einem Konfliktlösungsgespräch eine einvernehmliche Lösung gefunden werden konnte, erhält das *EVU* ein schriftliches Angebot zum Abschluss eines Nutzungsvertrages, an das die *DB Netz AG* einen Monat gebunden ist.
3. Die **fristgerechte und schriftliche Annahme des Angebots durch das *EVU*** bei Bestehen eines Rahmennutzungsvertrags durch Übergabe der Fahrplanunterlagen.

Regel- Zwei Bestellmöglichkeiten stehen den *EVU* für Güterverkehrsleistungen zur Verfügung.
trassen 1. **Regeltrassen**, für die die *DB Netz AG* Fahrpläne im Jahresfahrplan auf Grund alter Nutzungsverträge und neuer Bestellungen zur Verfügung stellt. Bestellungen für diese Trassen müssen zu dem im Terminplan genannten Anmeldetermin bei der *DB Netz AG* vorliegen, um noch im Fahrplan aufgenommen zu werden.

Sonder- 2. **Sondertrassen**, für die plötzlich ein Bedarf besteht.
trassen

Fahrplan- Die **Fahrplanerstellung** oder auch Trassenkonstruktion wird nach hierfür geltenden
erstellung Richtlinien durchgeführt. Mit dem Ziel der bestmöglichen Auslastung ihrer Eisenbahn-

Eisenbahngüterverkehr 4.2

infrastruktur behandelt die *DB Netz AG* die Anmeldungen in der Reihenfolge der nachstehenden Grundsätze:
a) fristgerechte Anmeldungen vor nicht fristgerechten Anmeldungen
b) vertraglich gebundene Trassen vor Neuanmeldungen
c) Anmeldungen, die zum Zeitpunkt der betreffenden Fahrplanperiode vorangehenden Anmeldetermins bereits durch die *DB-Netz AG* veröffentlichten betrieblich-technischen Vorgaben für bestimmte Strecken entsprechen, vor abweichenden Anmeldungen
d) Anmeldungen für Verkehrsleistungen, die aufgrund ihrer Regelmäßigkeit eine höhere Infrastrukturauslastung innerhalb einer Fahrplanperiode ermöglichen, vor Anmeldungen für unregelmäßig oder bedarfsweise verkehrende Verkehrsleistungen.
e) Anmeldungen von Verkehrsleistungen mit Laufzeit über mehrere Fahrplanperioden vor Anmeldungen für Verkehrsleistungen mit Laufzeit von einer Fahrplanperiode oder weniger.

Für die Nutzung der Infrastruktur der *DB AG* gibt es seit der Bahnreform 1994 ein *Trassenpreissystem (TPS)*. Zur Chronologie: **Trassenpreissystem**
- Als erste Bahn in Europa führte die *DB AG* 1994 für die Nutzung der Schieneninfrastruktur ein *Trassenpreissystem (TPS 94)* ein.
- Im Mai 1998 wurde das *TPS 94* von einem neuen zweistufigen Preissystem *(TPS 98)* abgelöst.
- Die *DB Netz AG* hat mit Wirkung zum 1.4.2001 ein neues einstufiges Trassenpreissystem eingeführt, das bisher mehrmals modifiziert wurde.

Der Begriff „Trasse" umfasst die **zeitlich begrenzte Nutzung** der Eisenbahninfrastruktur zwischen **zwei** Orten. Mit dem Kauf einer Trasse ist ein Paket mit **folgenden Basisleistungen** abgegolten:
- Erstellung eines Fahrplans einschließlich der Übersendung der betriebsnotwendigen Fahrplanunterlagen an den Besteller
- Die Nutzung der für die Zugfahrten bereitgestellten Strecken-, Bahnhofs-, Überholungs- und Kreuzungsgleise
- Betriebsführung während der planmäßigen Besetzungszeit der Betriebsstellen von *DB Netz AG*
- Im Einzelfall vereinbarte Aufenthaltszeiten vor Abfahrt beziehungsweise nach Ankunft eines Zuges im Anfangs- beziehungsweise Endbahnhof (Die Nutzung von Bahnhofsanlagen wird extra berechnet),
- Die vereinbarten planmäßigen Aufenthalte während der Zugfahrt (Nutzung der Bahnhofsanlagen wird extra berechnet).

Für die Nutzung der Anlagen können weitere Entgelte anfallen.
Nicht mit dem Trassenpreis abgegolten werden die Kosten für verbrauchte Traktionsenergie, also Dieselkraftstoff, Heizöl oder elektrischer Strom. Diese Energiekosten rechnete das *EVU* mit einem Energieversorgungsunternehmen getrennt ab.

Neben der grundsätzlichen Neuerung in Form der Einstufigkeit ist der Aufbau des *Trassenpreissystems* modular ausgestaltet. Das *Trassenpreissystem* enthält drei den Preis bestimmende Komponenten:
- die nutzungsabhängige Komponente (Trassenprodukte und Streckenkategorie)
- die leistungsabhängige Komponente (Auslastungsfaktor)
- die sonstigen Komponenten (Regionalfaktoren, Lastkomponente).

So werden sie drei den Trassenpreis bestimmenden Komponenten miteinander verrechnet und der Trassenpreis gebildet: Der entfernungsabhängige Preis der Streckenkategorie wird mit dem Produktfaktor des gewählten Trassenproduktes multipliziert. Der sich daraus ergebende Preis wird auf besonders hoch ausgelasteten Strecken mit alternativen Laufwegen zusätzlich um den Auslastungsfaktor von 1,2 multipliziert. Als letztes finden mögliche sonstige Preiskomponenten Berücksichtigung bei der Berechnung des Trassenpreises. Diese können mulitplikativ oder additiv verknüpft sein.

Tab. 25: Errechnung des Trassenpreises

Nutzungsabhängige Komponente	Kategoriegrundpreis gemäß Streckenkategorie x Trassenproduktfaktor
Leistungsabhängige Komponente	x Auslastungsfaktor gemäß dem Anreizsystem zur Erhöhung der Leistungsfähigkeit
Sonstige Komponenten	x Regionalfaktor (Schienenpersonennahverkehr) + Lastkomponente (Schienengüterverkehr)

Quelle: Deutsche Bahn AG

Im Einzelnen bedeuten die Preiskomponenten folgendes:

Streckenkategorie und Auslastung
Nach technisch-betrieblichen Merkmalen werden insgesamt neun verschiedene Streckenkategorien gebildet, aus denen sich der Grundpreis berechnet. Diese Einteilung berücksichtigt neben den infrastrukturellen Ausrüstungsmerkmalen auch die verkehrlichen Wirkungen der einzelnen Relationen innerhalb des Gesamtnetzes.

Trassenprodukte (Produktfaktor)
Die *DB Netz AG* bietet im Güterverkehr differenzierte Produkte (Trassen) an. Über einen multiplikativen Produktfaktor werden die verschiedenen Produkte (Trassen) im Trassenpreis berücksichtigt.
Es gibt im Güterverkehr folgende Trassen:
- **Standard-Trassen**, die für alle Züge des Güterverkehrs zur Verfügung stehen
- **Express-Trassen**, die eine schnelle und direkte Verbindung mit hoher Zuverlässigkeit zwischen den wichtigen Zentren in Deutschland bieten
- **Zubringer-Trassen**, die für die Überführung beladener und leerer Wagen zwischen den Güterverkehrsstellen und den Zugbildungsanlagen bestellt werden können
- **Lz-Trassen**, für die Durchführung von Lokfahrten und Schadzügen mit Lokomotiven und Güterwagen.

Die Nutzung der Standard-Trassen (zum Beispiel im Kombinierten Ladungsverkehr) wird mit dem Produktfaktor „eins", die Nutzung der Express-Trassen mit dem höheren Produktfaktor 1,65, Lz-Trassen mit dem Produktfaktor 0,65 und die Nutzung der Zubringer-Trassen mit dem Produktfaktor 0,5 belegt.

Eisenbahngüterverkehr 4.2

Das Streckennetz wird regional unterschiedlich stark genutzt. Die *DB Netz AG* versucht durch ein *Anreizsystem zur Erhöhung der Leistungsfähigkeit* mit Hilfe eines Auslastungsfaktors verkehrslenkend einzugreifen. Dieser Auslastungsfaktor wird erhoben, wenn die Auslastung einer Strecke einen bestimmten Prozentsatz überschreitet. Die *DB Netz AG* legt den Auslastungsfaktor immer streckenbezogen fest und berücksichtigt, dass die jeweiligen Strecken entsprechend ihrer Ausstattung unterschiedlich leistungsfähig sind. Der Auslastungsfaktor beträgt 1,2 und wird unabhängig von der Streckenkategorie bei hoher Auslastung der Strecke erhoben. **Anreiz zur Leistungssteigerung**

Zur Schaffung von **Anreizen zur Verminderung von Störungen** werden Verspätungsminuten sowie deren Verursacher kontinuierlich erfasst und auf einem Verspätungsminutenkonto des *EVU* beziehungsweise der *DB Netz AG* kumuliert. Jeweils am Monatsenden werden die Verspätungsminuten des *EVU* und der *DB Netz AG* saldiert und mit einem Betrag je Minute bewertet. Der sich aus einem positiven Verspätungsminutensaldo ergebende Gesamtbetrag wird von der *DB Netz AG* an das *EVU* oder umgekehrt als Verspätungsmalus ausgezahlt. **Anreiz zur Störungsminderung**

Die gewichtsabhängige **Lastkomponente** spiegelt den zusätzlichen Aufwand wider, den schwere Züge durch erhöhten Verschleiß und Kapazitätsverbrauch verursachen. Der Trassenpreis der Verkehrsleistung Schienengüterverkehr enthält eine vom Bruttogewicht des Wagenzuges abhängige Entgeltkomponente. Für Zuggewichte ab 3 000 t Bruttogewicht wird ein zusätzliches Entgelt je trkm erhoben. **Lastkomponente**

Für die Berechnung der Entgelte für die Nutzung der örtlichen Anlagen dient das Anlagenpreissystem gemäß *NBS*. Es setzt sich aus mehreren Preiskomponenten zusammen:
- die nutzungsabhängige Komponente
- die leistungsabhängige Komponente
- Neben- und Verbrauchskosten

Anlagenpreissystem

Nutzungsabhängige Komponente	Gleislänge	x Preis je Gleismeter
	+ Oberleitungslänge	x Preis je Oberleitungmeter
	+ Anzahl Weichen je Kategorie	x Preis je Weichenkategorie
	+ Anzahl periphere Anlagen	x Preis je periphere Anlage
Leistungsabhängige Komponente	+ Leistungsabhängige Komponenten	
Neben- und Verbrauchskosten	+ Neben- und Verbrauchskosten	

Tab. 26: Errechnung des Anlagenpreises

Quelle: Deutsche Bahn AG

Um diskriminierende Zugangsregelungen, Ungleichbehandlung bei der Entgeltregelung und Fahrplanerstellung zu verhindern, ist nach der *EU-Richtlinie 2001/14/EG* eine **Regulierungsstelle (Trassenbeauftragter)** von allen Mitgliedstaaten gefordert, die in ihren Entscheidungen unabhängig ist. Diese Aufgaben wurden in *Deutschland* zunächst dem *Eisenbahnbundesamt* übertragen. Zum 1.1.2006 hat diese Aufgabe die **Bundesnetzagentur** übernommen. Zudem hat die *DB Netz AG* zwischenzeitlich einen Netzbeirat (Kundenforum der Netznutzer) eingerichtet. Die Aufgaben der Regulierungsstelle sind in den *EU-Richtlinien Artikel 30 Abs. 2, 3* und *5* festgelegt und sind folgende: **Regulierungsstelle Bundesnetzagentur**

(2) Ist ein Antragsteller der Auffassung, ungerecht behandelt, diskriminiert oder auf andere Weise in seinen Rechten verletzt worden zu sein, so kann er die Regulierungsstelle

befassen, und zwar insbesondere mit Entscheidungen des Betreibers der Infrastruktur oder gegebenfalls des Eisenbahnunternehmens betreffend
  a) die Schienennetz-Nutzungsbedingungen,
  b) die darin enthaltenen Kriterien,
  c) das Zulassungsverfahren und dessen Ergebnis,
  d) die Entgeltregelung,
  e) die Höhe oder Struktur der Wegeentgelte, die er zu zahlen hat oder hätte,
  f) die Sicherheitsbescheinigung sowie die Durchsetzung und Überwachung der Sicherheitsnormen und -regeln.

(3) *Die Regulierungsstelle gewährleistet, dass die vom Betreiber der Infrastruktur festgesetzten Entgelte dem Kapitel II der Richtlinie 2001/14 EG entsprechen und nicht diskriminierend sind.*

(5) *Die Regulierungsstelle hat über Beschwerden zu entscheiden und binnen zwei Monaten ab Erhalt aller Auskünfte Abhilfemaßnahmen zu treffen. Entscheidungen der Regulierungsstelle sind für alle Beteiligten verbindlich.*

Zur Wahrnehmung dieser Aufgaben haben die *EIU* eine beabsichtigte Neufassung oder Änderung ihrer *SNB* oder *NBS* der *Bundesnetzagentur* mitzuteilen.

Den Zugang zum Netz der *DB AG* nutzen derzeit rund 310 Eisenbahnverkehrsunternehmen *(EVU)*, darunter rund 285 private *EVU*. Täglich verkehren rund 37 000 Züge auf dem Netz der *DB AG*.

4.2.9 Unternehmensstrategie und -struktur der *DB AG* im Güterverkehr

Unternehmensstrategie DB AG

Durch die Bahnstrukturreform wurden, auch durch Rechtsvorschriften, die Rahmenbedingungen im Verkehrsmarkt geändert. Bei der *DB AG* hatte man erkannt, dass man sich selbst in ein modernes Dienstleistungsunternehmen wandeln und sich strategisch neu ausrichten musste. Nachfolgend sind die Punkte der Unternehmensstrategie des Geschäftsfeldes Güterverkehr der *DB AG* aufgeführt, die für den Spediteur von Bedeutung sind und die ihn in seiner Tätigkeit bei der Abwicklung von Güterverkehrsleistungen berühren können.

- **Sanierung des Kerngeschäftes**
  - Marktorientierung Einzelwagenverkehr
  - Neuausrichtung „Kombinierter Verkehr"
  - Neuausrichtung „Qualität und Kundenzufriedenheit"
- **Servicestrategie**
  - *KundenServiceZentrum*
  - Einstieg in den e-commerce
- **Internationalisierung**
- **Partnerschaften, Beteiligungen**
- **Neuausrichtung zum Logistikdienstleister**

Eisenbahngüterverkehr 4.2

Im Rahmen der Umsetzung der Unternehmensstrategie wurde ab Juli 2002 die Beteiligung der *E.ON AG* am Logistikkonzern *Stinnes AG* durch die *Deutsche Bahn AG* übernommen und nach Übernahme sämtlicher Aktien der *Stinnes AG* am 9.5.2003 die Börsennotierung eingestellt. Mit der Integration der *Stinnes AG* in den *DB*-Konzern verschwand am 1.9.2003 schließlich die Marke *DB Cargo*; Rechtsnachfolger der *DB Cargo* ist die *Railion Deutschland AG*. **Organisationsstruktur Neuausrichtung zum Logistik-Dienstleister**

Mit der Übernahme der *Stinnes AG* einschließlich der *Schenker AG* wandelt sich die *DB AG* zu einem in *Europa* führenden **Logistikunternehmen**. Seit Jahresanfang 2008 tritt die Konzernsparte Güterverkehr der *DB AG* unter der Markenbezeichnung *DB Schenker* sowohl national als international am Güterverkehrsmarkt auf. Aus Gründen der Wettbewerbsneutralität gilt für den kombinierten Verkehr die Marke *DB Intermodal*.

Das **Geschäftsfeld** *„Rail Freight"* betreut alle Kunden des Wagenladungsverkehrs und besitzt eine strategische Branchenausrichtung mit Maktbereichen. Jeder Marktbereich schließt mit seinen Kunden Leistungsverträge ab. Die Abwicklung der Einzelverträge wird durch das *KundenServiceZentrum* (siehe *Kapitel 4.2.17*) übernommen. **Marktorientierung Einzelwagenverkehr**

Marktbereich Montan

Fast jede zweite Tonne, die von *Railion Deutschland* gefahren wird, stammt aus dem Marktbereich Montan. Hier werden die Kunden in den folgenden Branchen betreut:
- Eisen, Stahl
- Schrott
- NE-Metalle
- Eisenerze, NE-Erze
- Stein- und Braunkohle.

Marktbereich Automotive

Jeder zweite in Deutschland produzierte Pkw macht seine erste Fahrt mit der Eisenbahn. Rund 3,6 Millionen Fahrzeuge werden hier im Jahr befördert. Außerdem trägt dieser Marktbereich erheblichen Anteil an der Logistik für die Autohersteller, wenn es für den Transport von Material oder Autoteilen zwischen den einzelnen Werken erforderlich ist. Etwa die Hälfte der Verkehre bewegt sich im internationalen Verkehr.

Marktbereich Baustoffe / Entsorgung

Der Marktbereich Baustoffe/Entsorgung bietet maßgeschneiderte Logistiklösungen für die Bau- und Entsorgungsbranche. Baustoffe und mineralische Rohstoffe sind das klassische Kerngeschäft dieses Marktbereiches. Etwa 25 Mio. t Baustoffe, mineralische Rohstoffe sowie Entsorgungsprodukte wie Hausmüll, Klärschlamm und Altglas in Spezialwagen werden jährlich auf der Schiene transportiert. Hier einige Beispiele:
- Jährlich ca. 15 Mio. t Sand, Kies und Splitt zu Großbauvorhaben oder Großabnehmern und Mischanlagen,
- Über 1 Mio. t Reagips aus Rauchentschwefelungsanlagen von Kraftwerken.

Marktbereich Chemie / Mineralöl / Düngemittel

Dieser Marktbereich hat sich zusammen mit der Tochter *BahnTankTransport GmbH*

(BTT) zu einem europäischen Dienstleister für logistische Gesamtleistungen entwickelt. Die Mineralöl- und Flüssiggasprodukte werden in privaten Kesselwagen gefahren. Die Leistungspalette von der Be- und Entladung über das Rangieren bis zum Transport sowie ein europaweites Kesselwagenmanagement wird von diesem Marktbereich abgedeckt. Im Mai 2002 wurden die Vertriebsaktivitäten neu geordnet. Die Kunden aus den Bereichen Chemie und Düngemittel werden dabei von der *BahnTank Transport GmbH (BTT)* betreut. Die Kunden der Mineralölindustrie sind weiterhin in diesem Marktbereich verblieben.

Marktbereich Agrarprodukte / Forstwirtschaft / Konsumgüter

Dieser Marktbereich ist in *Europa* einer der führenden Anbieter für schienenaffine Güter in den Branchen Papier und Zellstoff, Agrarprodukte und Konsumgüter. Zusammen mit den Beteiligungsunternehmen *Nieten Fracht & Logistik GmbH & Co.KG* ist der Marktbereich am europäischen Transportmarkt für Holz tätig.

Railports Um zusätzliche Marktpotenziale für den Schienengüterverkehr zu erschließen, hat *Railion* sowohl im In- als auch im Ausland so genannte *Railports* geschaffen. Es handelt sich um Logistik-Punkte mit Schienenanbindung, die für die unterschiedlichsten Güter den Umschlag Schiene / Straße, Lagerung, Lkw-Vor- / Nachlauf sowie am Kundenbedarf orientierte weitere Dienstleistungen organisieren und erbringen. Dieses *Railport*-System wird, auch in Kooperation mit Partnern aus der Logistikbranche, weiter ausgebaut.

Neuausrichtung „Kombinierter Verkehr" Das Verkehrsaufkommen auf dem Gebiet des kombinierten Verkehrs wird in *Europa* in der nächsten Zeit eine deutliche Steigerung erfahren. Die profitable Steigerung des Marktanteils ist dabei ein strategisches Unternehmensziel. Nach der Bündelung der maritimen Verkehre sowie der Speditions- und KEP-Verkehre zu Ganzzügen, ist eine weitere Aufgabe die Optimierung der Transportkette.

Achsenmanagement Mit der Einführung einer drei-Achsen-Struktur wird das Netz des *Kombinierten Verkehrs (KV)* weiter optimiert. Es werden die *Nordseehäfen Hamburg* und *Bremerhaven* mit dem *Rheintal, Süddeutschland* und der *Schweiz* verbunden. Die Nord-Süd-Achse verbindet *Skandinavien* und die *Benelux*-Länder mit der *Schweiz* und *Italien*. Auf der Ost-West-Achse werden die *KV*-Verkehre von / nach dem *Benelux*-Raum, *Frankreich* und *Spanien* von und nach *Ost*- und *Südost-Europa* konzentriert.

Durch die Zusammenführung von Vertrieb und Produktion des *KV* soll die Effizienz im **Geschäftsfeld** *DB Intermodal* erhöht werden.

Kostenminimierung Um eine kostengünstigere Schienentraktion zu erreichen, wurden die Beteiligungsunternehmen *Rail Traction company S.p.A. (RTC)* sowie *Lokomotion* gegründet. Weiter wurde die Zusammenarbeit im *Railion Verbund* und mit der *Bahn Bern-Lötschberg-Simplon (BLS)* auf diesem Gebiet intensiviert.

Neuausrichtung „Qualität und Kundenzufriedenheit" Zertifizierte Qualitätsmanagementsysteme sind heute ein wichtiger Bestandteil jeder Unternehmensstrategie. Nachstehend ist eine Auswahl von Gründen angegeben, die auch *Railion Deutschland* dazu bewogen haben, ein Qualitätsmanagement nach *DIN EN ISO 9001* und das Umweltmanagementsystem nach *DIN EN ISO 14001* einzuführen und zertifizieren zu lassen. Im Gefahrgutbereich hat *Railion* die Beuteilung nach *SQUAS (Security and Quality Assessment System)* erreicht.

Eisenbahngüterverkehr 4.2

- **Kundenzufriedenheit;** jedes Unternehmen braucht zufriedene Kunden, deshalb orientiert sich die Qualitätspolitik an den Anforderungen der Kunden, also des Marktes.
- **Umweltschutz und Sicherheit;** gemeint sind hier vor allem die sichere Durchführung von Gefahrgut- und Abfalltransporten, aber auch die Einhaltung von Sozialvorschriften sowie geschultes Personal und der Verbrauch von umweltfreundlicher Energie.
- **Wirkungsvolles Marktinstrument;** Qualität spricht sich herum, das gilt vor allem bei Spezialtransporten.
- **Lokalisierung von Fehlerursachen;** In QM-Systemen werden Fehler rechtzeitig erkannt und deren Ursachenbeseitigung ist dadurch schnell möglich.
- **Klare Zuordnung von Kompetenzen;** durch die klare Zuordnung von Kompetenzen in der Aufbau- und Ablauforganisation werden Doppelarbeiten vermieden und eine einheitliche Denkweise, auch im Umweltbereich, im gesamten Unternehmen wird unterstützt.

In diesem Zusammenhang sind die **Cargo-Leitzentrale / Cargo-Leitstellen** zu nennen, die durch eine vorausschauende Disposition in Zusammenarbeit mit der *DB Netz AG* für eine pünktliche Abwicklung aller Züge in den Güterzugsystemen verantwortlich ist.

Der *Railion*-Verbund ist wichtiges Standbein in der Internationalisierung. *Railion* setzt sich zusammen aus *Railion Deutschland, Railion Nederland* (gegründet 1999), *Railion Danmark* (gegründet 2001) und *Railion Italia* (gegründet 2005) und *Railion Schweiz* (gegründet 2007). Bereits 58 % der Verkehrsleistungen von *Railion* geht über eine innereuropäische Grenze. Darüber hinaus will *Railion* in Kooperation mit anderen Bahnen und Beteiligung an anderen Bahnen durch die Nutzung durchgehender Güterzüge die zeitaufwändigen Grenzaufenthalte verkürzen oder ganz entfallen lassen sowie die Wagenströme optimieren. Hierzu sollen unter anderem die Beteiligung an der *Bern-Lötschberg-Simplon-Bahn (BLS Cargo), Lokomotion Gesellschaft für Schienentraktion GmbH* und *Rail Traction Company SpA (RTC)* im bedeutsamen Verkehr mit *Italien* oder das joint-venture *RailEuroconcept S.A.S.* von *Railion* und der französischen *SNCF* zur Optimierung des grenzüberschreitenden Verkehrs im Viereck *Mannheim-Köln-Metz-Lyon* dienen. Auch der Erwerb einer Beteiligung an der *English Welsh and Scottisch Railway (EWS)* und an der Firma *Tranfesa* sollen die internationalen Aktivitäten stärken. Durch die Gründung von *Railion Scandinavia* gemeinsam mit der schwedischen Bahn *Green Rail* soll die Nord-Südachse gestärkt und die Transporte schneller werden.

Internationalisierung

In Ergänzung zu der Verkaufsorganisation der *Railion Deutschland* sind nachstehend aufgeführten Beteiligungs- und Tochterfirmen als Vertriebspartner am Markt für Ladungen tätig.

Die ebenfalls zur *Schenker*-Gruppe gehörende *ATG* ist in *Europa* mit rund 6 600 Güterwagen und rund 300 Lkw der größte Anbieter von Fahrzeugtransporten auf der Schiene. Sie bietet den Automobilherstellern die Distribution vom Herstellerwerk der Fahrzeuge bis zum Händler europaweit mit der Bahn, dem Schiff und einer eigenen Lkw-Flotte an.

Autotransport-Logistik GmbH (ATG)

Railog *Railog* ist ein ebenfalls ein Tochterunternehmen der *Schenker AG*. Aufgabe dieses Unternehmens ist das Entwickeln und Vermarkten von Logistik-Dienstleistungen für europäische Kunden. Die Güter sollen im Hauptlauf möglichst über die Schiene und eventuell notwendige Vor- und Nachläufe über die Straße abgewickelt werden.

Schenker Mit dem Erwerb der *Stinnes AG* mit dem Tochterunternehmen *Schenker AG* durch die *DB AG* ist ein weltweit agierender Transportkonzern entstanden. In *Deutschland* bietet *Schenker* die komplette logistische Leistungspalette für Kunden aller Branchen an. Ein besonderer Schwerpunkt ist die Automobilindustrie mit ihren Zulieferern. Um diese Marktkompetenz zu nutzen, wurde die *SAR Schenker Automotive RailNet GmbH* gegründet. Sie bietet sowohl im Ganzzug- und im Einzelwagenverkehr als auch im Kombinierten Verkehr für Zuliefer- und Zwischenwerkstransporte der Automobilindustrie europäische Lösungen an.

Transa Spedition GmbH Die *Transa Spedition GmbH* ist ein Beteiligungsunternehmen der *Stinnes AG* mit Sitz in *Offenbach*. Durch den Leistungseinkauf bei über 300 mittelständischen Straßentransportunternehmen verfügt sie über eine Flotte von rund 3 000 Fahrzeugen für fast jede Kundenanforderung. Sie ist mit einem flächendeckenden Geschäftsnetz in Deutschland und Niederlassungen in vielen Ländern Europas als Spediteur mit einem nennenswerten Schienenaufkommen für Transport- und Logistiklösungen, Lagerung und Kommissionierung für die verladende Wirtschaft tätig.

Für die weltweite Kernkraftwerks-Logistik und den Schwerlastverkehr auf Schiene, Straße und Schiff mit Spezialequipment bis 400 t ist die *Schenker Deutschland AG* tätig.

4.2.10 Die nichtbundeseigenen Eisenbahnunternehmen (NE) im Güterverkehr

Wie bereits im *Kapitel 4.2.2* erwähnt, sind eine Vielzahl von Eisenbahnen nicht auf das Reich beziehungsweise den Bund übergegangen, sondern stehen im Eigentum der Länder, einer Gebietskörperschaft oder Privater.

Gegenwärtig sind rund 300 Unternehmen als Eisenbahnverkehrsunternehmen *(EVU)* im **öffentlichen Güterverkehr** konzessioniert. Davon sind rund 280 nichtbundeseigene Eisenbahnen *(NE)*. Etwa 120 *NE* sind gleichzeitig Eisenbahninfrastrukturunternehmen *(EIU)*, die vorschriftsmäßig sowohl rechnerisch als buchhalterisch getrennt arbeiten. Außerdem betätigen sich noch elf Unternehmen im **nichtöffentlichen Güterverkehr**.

Die Unterscheidung nach öffentlichem und nichtöffentlichem Güterverkehr wird bei fortschreitender Liberalisierung in der *EU* weiter an Bedeutung verlieren.

Beginnend mit der Bahnreform in 1994, mit der die Eisenbahnen nicht mehr nur auf ihre eigene Schieneninfrastruktur beschränkt sind und diskriminierungsfreien Zugang zu den Netzen anderer Bahnen, insbesondere der *DB Netz AG*, haben, ist eine deutliche Erhöhung des Schienenmarktanteiles eingetreten, wie nachstehende Darstellung verdeutlicht:

Eisenbahngüterverkehr 4.2

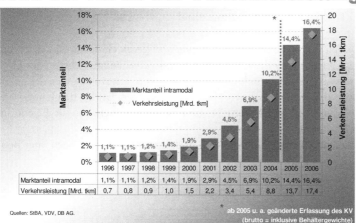

Abb. 17:
Anteile der NE am Schienengüterverkehr in Deutschland

Quelle: Verband deutscher Verkehrsunternehmen: Schienengüterverkehr in Deutschland

Während vor der Bahnreform bei einer *NE* beginnenden oder endenen Schienentransporte über weite Entfernungen fast immer im Wechselverklehr mit der *DB AG* durchgeführt wurden, liegt nunmehr bei den Verkehrsleistungen der Anteil der Wechselverkehre mit der *Railion Deutschland AG* bei unter 30 %.

Diese Steigerung war vor allem dadurch möglich, dass sich einige NE stärker in dem Segment **Ganzzug** engagiert haben. In einigen Fällen handelt es sich um Neuverkehre. Hier treten insbesondere auch neugegründete Eisenbahnverkehrsunternehmen am Markt in Erscheinung. Diese Produktionsform ist auch für kleinere *EVU* leichter zu organisieren und durchzuführen. **Ganzzug**

In zunehmendem Maße werden von einigen *NE*-Bahnen im **Verbund** für den **Einzelwagenverkehr**, der bisher immer nur in Kooperation mit *Railion Deutschland* durchgeführt wurde, eigene Netzwerke aufgebaut. Beispielhaft sei hier das Unternehmen *Veolia GmbH* genannt, das über mehrere über *Deutschland* verteilte *EVU* verfügt; oder das *NeCoSS-System (Neutral Container Shuttle System)*, an dem vier NE-Bahnen beteiligt sind. Sie treten damit in den Wettbewerb zu *Railion Deutschland*. Die Verstärkung der Wettbewerbssituation wird auch dadurch verdeutlicht, dass der Wechselverkehr zwischen *Railion Deutschland* und den NE des öffentlichen Verkehrs abnimmt (siehe *Abbildung XX*). Aufgrund niedrigerer Produktionskosten konnten in jüngster Zeit einige NE von *Railion Deutschland* die Bedienung von Güterverkehrsstellen übernehmen. **Einzelwagen**

4.2.11 Transportmittel der *Railion Deutschland AG*

4.2.11.1 Triebfahrzeuge / Traktionsmittel

Für das Bewegen und Befördern der beladenen und leeren Güterwagen werden Lokomotiven benötigt. Eigentümer der Lokomotiven sind Verkehrsunternehmen des Eisenbahngüterverkehrs wie *Railion Deutschland*, verschiedene private Eisenbahnen des öffentlichen Verkehrs sowie ausländische Bahnen. Zunehmend werden, wie bei den Güterwagen (vergleiche *Kapitel 4.2.11.2*), auch Vermiet- und Leasinggesellschaften als Eigentümer von Lokomotiven auftreten.

Grundsätzlich kann man Lokomotiven nach ihrer Aufgabe und nach ihrer Betriebsart unterscheiden.

Abb. 18: Einteilung der Lokomotiven nach Betriebsarten

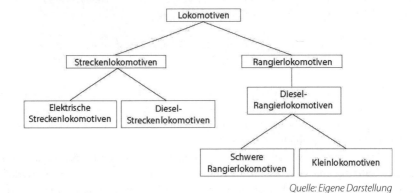

Quelle: Eigene Darstellung

Zur Unterscheidung sind die Lokomotiven in Baureihen eingeteilt, die durch eine dreistellige Nummer gekennzeichnet sind. Die erste Ziffer bezeichnet dabei die Betriebsart.

1XX – Elektrische Lokomotiven
2XX – Diesellokomotiven
3XX – Kleinlokomotiven.

Die *Railion Deutschland* hält ca. 2 800 Lokomotiven, davon rund 1 300 elektrische Lokomotiven, rund 1 100 Diesellokomotiven und rund 400 Kleinlokomotiven für die unterschiedlichsten Aufgaben im Güterverkehr vor. Bei den **Nichtbundeseigenen Eisenbahnen (NE)** werden rund 1 200 Lokomotiven eingesetzt.

Tab. 27: Einteilung der Lokomotiven bei Railion Deutschland

	Baureihen	Leistung	Höchstgeschwindigkeit
Elektrische Lokomotiven	139 bis 189	3 000 bis 6 400 kW	bis zu 140 km/h (teilweise darüber)
Streckendiesellokomotiven	204 bis 232	1 000 bis 3 000 kW	bis zu 120 km/h
Rangierlokomotiven	290 bis 298	bis 1 000 kW	bis zu 90 km/h
Kleinlokomotiven	312 bis 365	bis 500 kW	bis zu 60 km/h

Quelle: Railion Deutschland AG

Eisenbahngüterverkehr 4.2

Wegen der zunehmenden Bedeutung des grenzüberschreitenden Verkehrs werden zur Vermeidung von Grenzaufenthalten mit steigender Tendenz Mehrstromlokomotiven beschafft und eingesetzt. Bei *Railion Deutschland* sind dies zurzeit die Baureihen 145, 182 und 189.

4.2.11.2 Güterwagen / Verkehrsmittel

Einteilung der Güterwagen

Die deutschen Eisenbahnen befördern Güter aller Art. Dabei muss sich die beauftrage Bahn mit ihrem Güterwageneinsatz auf die Art der Güter und auf die Belade- und Entladeeinrichtungen ihrer Kundschaft einstellen. Dies wird über die Vorbehaltung einer breiten Palette von „**Wagen der Sonderbauart**" realisiert in Ergänzung zum Park der „**Wagen der Regelbauart**". Daneben existieren eine Reihe von Spezialwagen.

Güterwagen werden in Gattungen eingeteilt, und nach Gattungsbuchstaben kodifiziert. Jeder Gattungsbuchstabe bestimmt eine Gattung, die dann nach kleinen Buchstaben in ihrer differenzierten Bedeutung (wie Laderaum, Transportschutzeinrichtungen, Schwerkraftentladung usw.) unterschieden wird.

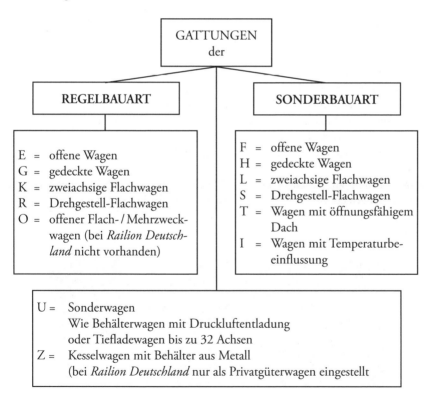

Tab. 28: Gattungen der Eisenbahngüterwagen

Quelle: Railion Deutschland AG

Bestand an Güterwagen

Bei den öffentlichen Eisenbahnen sind derzeit die folgenden Güterwagenbestände im Einsatz:
- bei *Railion Deutschland* rund 95 600 Güterwagen, davon 21 900 gedeckte Güterwagen, 29 200 offene Güterwagen, 44 200 Flachwagen und 300 Behälterwagen im Eigentumsbestand. Hinzu kommen noch rund 2 500 geleaste sowie 5 800 angemietete Güterwagen.
- 11 000 Güterwagen im Eigentum der nichtbundeseigenen öffentlichen Eisenbahnen *(NE)*.
- rund 67 500 Güterwagen im Eigentum Dritter (Privatgüterwagen), die in den Bahnverkehr eingestellt wurden (Stand 2007). Der Anteil der Kesselwagen beträgt hier 53 %.

Daneben stehen auch Güterwagen fremder Bahnverwaltungen zur Wiederbeladung zur Verfügung, wobei bestimmte Bedingungen eingehalten werden müssen.

Privatgüterwagen

Die an der Benutzung der Privatgüterwagen interessierten Verlader haben folgende Möglichkeiten:
- Beschaffung von Privatgüterwagen mit Genehmigung des *Eisenbahnbundesamtes (EBA)* zur Eigennutzung oder zur Vermietung oder Leasing an Dritte
- Anmietung bei Vermietgesellschaften oder Leasing bei Leasingfirmen.

Für den Nutzer von Privatgüterwagen ergeben sich eine Reihe von Vorteilen:
- Bei der Fracht wird ein Privatwagenabschlag eingeräumt
- für die Leerbeförderung wird nur eine ermäßigte Fracht berechnet
- für die Überschreitung der Ladefristen auf bahneigenen Gleisen wird ein Gleisbenutzungsentgelt vereinbart und berechnet
- geringes Entgelt für das Abstellen von leeren Wagen auf bahneigenen Gleisen.

Die Anschriften auf jedem Güterwagen geben Auskunft über seine wichtigsten Eigenschaften. In der Regel sind diese Anschriften auf der linken Hälfte der Seitenwände angebracht. Wagen ohne Wände tragen sie am Längsträger. Nachstehend ein Beispiel für die Anschriften an einem Güterwagen der Gattung T:

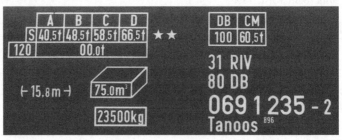

Abb. 19: Beispiel einer Güterwagenanschrift

Quelle: Railion Deutschland AG

Eisenbahngüterverkehr 4.2

Was die einzelnen Angaben am Güterwagen bedeuten, soll nachstehend erörtert werden. Die **Visitenkarte des Güterwagens sollte der Spediteur schon kennen**, gibt sie doch eine Menge Auskünfte über die technische Ausrüstung und die internationale Verwendbarkeit. Außerdem kann man erkennen, ob bahnseitig auch der gewünschte Güterwagen zur Beladung bereitgestellt worden ist.

Nachstehend ist die Wagennummer und die Gattungsbezeichnung beispielhaft erläutert:

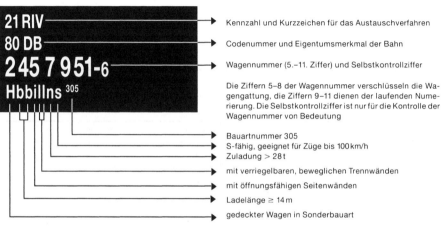

Abb. 20: Struktur der Wagennummer

Quelle: Railion Deutschland AG

Für das Austauschverfahren, das den **internationalen Austausch** beziehungsweise die internationale Benutzung der Güterwagen regelt, **steht das Kurzzeichen *RIV*** im Anschriftenbild.

RIV ist die Abkürzung für *Regolamento Internationale Veicoli, (Übereinkommen über die gegenseitige Benutzung von Güterwagen im internationalen Verkehr).*

Jeder Güterwagen, der in seiner Bauart dem *RIV*-Übereinkommen entspricht und somit für den grenzüberschreitenden Verkehr geeignet ist, trägt im Anschriftenbild zur Kennzeichnung des grenzüberschreitenden Austauschverfahrens demnach das Zeichen *RIV*.

Mit Inkrafttreten des *Anhangs D (ER-CUV)* zum *COTIF* Mitte 2006 wurden *Einheitliche Richtlinien für Verträge über die Verwendung von Wagen im internationalen Eisenbahnverkehr* erlassen. Um ein einheitliches Vorgehen aller *EVU* sicherzustellen, hatte der *Internationale Eisenbahnverband (UIC)* eine Arbeitsgruppe mit der Erstellung eines *Allgemeinen Verwendungsvertrages (AVV)* beauftragt. Dessen Einführung und eine geänderte Kennzeichnung der Güterwagen ist noch offen.

Die weiteren Anschriften bedeuten:

RIV

Tab. 29: Wichtige Güterwagenanschriften

Zeichen oder Anschrift	Bedeutung
⊢ 15,5 m ⊣	Länge über Puffer
13 900 kg	Eigengewicht des Wagens
14,2 m	Ladelänge des Wagens
33,2 m²	Ladefläche des Wagens
75,0 m³	Laderaum des Güterwagens
A B C D / S 40,5 48,5 56,5 66,5 ** / 120 00,0 t	Internationaler Lastgrenzenraster. Die Lastgrenzen geben an, wie weit ein Wagen bei der Beförderung über Strecken der angegebenen Klassen beladen werden darf. Die Geschwindigkeit 120 km/h darf brems- und lauftechnisch uneingeschränkt nur mit leerem Wagen gefahren werden. Die Sternchen neben dem Raster bedeuten die lauftechnische Eignung für 120 km/h auf bestimmten Strecken der *DB AG* unter Nutzung der in den Streckenklassen angegebenen Lastgrenzen.
DB CE D / 100 85,0 t	Zusatzraster: Erhöhte Lastgrenze für Güterwagen mit sechs und mehr Radsätzen
P	Hinter der Wagennummer = Privatgüterwagen
UIC St	Nach dem Standard des UIC gebauter Wagen

Quelle: Railion Deutschland AG

Zu den **Regelbauarten** zählen die ursprünglichen – die „klassischen" – universell verwendbaren **offenen, gedeckten und flachen Güterwagen**. Sie sind immer noch im Angebot von *Railion Deutschland*, weil ihre Verwendung von der Kundschaft gewünscht wird. Die folgende Darstellung zeigt einen dieser Gattung.

Eisenbahngüterverkehr 4.2

Gattung	Angaben für die Beladung	Wagenbeschreibung
E (offene Wagen) Eas	<table><tr><td></td><td>A</td><td>B1</td><td>B2</td><td>C</td></tr><tr><td>S</td><td>41,5</td><td>47,5</td><td>49,5</td><td>57,5</td></tr><tr><td>120</td><td colspan="4">0,00</td></tr></table> <table><tr><td></td><td>DB</td><td>CM</td><td>D</td></tr><tr><td>100</td><td colspan="2"></td><td>61,5</td></tr></table> $\langle 35,0\,m^2\rangle$ 12,8 m	**E- und Ea(n)(o)s-Wagen** gestatten die Beförderung vieler unterschiedlicher Güter sowohl in loser Schüttung (Kohle, Briketts, Schrott, Erze, Steine und Erden) als auch in Stücken (Ballen, Collis, Fässer, Rundholz oder Stabeisen). Außen an den Wagen angebrachte Ringe ermöglichen die sichere Befestigung von Wagendecken zum Schutz nässeempfindlicher Güter.

Abb. 21: Güterwagen der Regelbauart

Quelle. Railion Deutschland AG

Wagen der Sonderbauart (Wagengattungen F, H, L, S, T, I) sind beispielsweise Wagen mit öffnungsfähigen Wagendächern, Seiten- oder Stirnwänden, die eine Be- und Entladung mit Kran, Bagger, Förderband oder Gabelstapler ermöglichen, oder Selbstentladewagen für Massengüter wie Kohle, Erze, Schotter etc. Diese Wagen, von denen einige nachfolgend dargestellt sind, bieten eine Fülle von Einsatzmöglichkeiten, vor allem bei empfindlichen Gütern und den sogenannten Kaufmannsgütern. Nachstehend werden einige dieser Wagengattungen vorgestellt:

Hbbills	Beladeangaben	
	<table><tr><td></td><td>A</td><td>B</td><td>C</td></tr><tr><td>S</td><td>17,5</td><td>21,5</td><td>26,5</td></tr><tr><td>120</td><td colspan="3">0,00</td></tr></table> ** 12,8 m 73,8 m³ $\langle 34,0\,m^2\rangle$	Diese großräumigen Wagen sind mit leichtgängigen **Schiebewänden** ausgerüstet. Im geöffneten Zustand ist der Zugang zur gesamten Ladefläche von beiden Seite für das Ladegeschäft möglich. Dieser Wagen ist mit der **Transportschutzeinrichtung** „Verriegelbare Trennwände" ausgestattet, die eine schonende Beförderung hochempfindlicher Güter verschiedener Art gewährleistet.
Shimmns	Beladeangaben	
	<table><tr><td></td><td>A</td><td>B1</td><td>B2</td><td>C1</td><td>C2</td><td>C3</td><td>D1</td><td>D2</td><td>D3</td><td>D4</td></tr><tr><td>S</td><td>38,5</td><td>50,0</td><td>55,0</td><td>60,0</td><td></td><td>55,0</td><td>65,0</td><td>68,0</td><td></td><td></td></tr><tr><td>120</td><td colspan="10">0,00</td></tr></table> <table><tr><td></td><td>DB</td><td>CM</td></tr><tr><td>100</td><td colspan="2">62,0</td></tr></table> <table><tr><td>Mulde</td><td>1</td><td>2</td><td>3</td><td>4</td><td>5</td></tr><tr><td>Ø min. mm</td><td>1000</td><td>800</td><td>1000</td><td>800</td><td>1000</td></tr><tr><td>Ø max. mm</td><td>2250</td><td>1700</td><td>2700</td><td>1700</td><td>2250</td></tr><tr><td>Gew. max. t</td><td>33,0</td><td>17,0</td><td>45,0</td><td>17,0</td><td>33,0</td></tr></table>	Die Shimmns-Wagen dienen zur Beförderung nässeempfindlicher Coils. Sie haben 5 Lademulden, die im Untergestell fest eingebaut sind, und Teleskophauben zur Abdeckung des Gutes. Diese Hauben können jeweils soweit ineinandergeschoben werden, dass zum Be- und Entladen zwei Drittel des Wagens freigelegt sind. Ein Teil der Wagen ist mit besonderen Festlegeeinrichtungen zum Sichern gebündelter Schmalbandcoils gegen Kippen ausgerüstet.

Abb. 22: Güterwagen der Sonderbauart

4 Der Spediteur und die Verkehrsträger

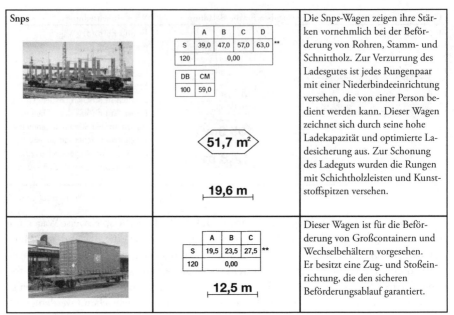

Quelle: Railion DeutschlandAG

GPS Railion Deutschland hat 2007 rund 14 000 Güterwagen mit **Sendereinrichtung für das „GPS" (Global Positioning System) ausgerüstet**. Es handelt sich um ein **Satelliten-Navigations-System**. Es ermöglicht nicht nur die genaue Bestimmung des Standortes der sich im Umlauf befindlichen Wagen, es liefert auf Wunsch mit Hilfe besonderer Sensoren auch Daten über die Ladung oder den technischen Wagenzustand. Mit dieser zukunftsweisenden Technik schließt *Railion Deutschland* Informationslücken in der Überwachung von Einzelwagen und Ganzzügen, insbesondere im internationalen Verkehr.

Zwischen 24 und 28 Satelliten, die in ca. 20 000 km Höhe rund um den Erdball kreisen, senden präzise Zeitsignale an die *GPS*-Empfänger. Mit Hilfe der empfangenen Daten kann die Position des Güterwagens weltweit zuverlässig, durchgehend und bis auf 25 Meter genau bestimmt werden.

Das Herzstück des *GPS*-Systems befindet sich im *KundenServiceZentrum* in *Duisburg*. Hier ist die zentrale Stelle für die satellitengestützte Überwachung untergebracht.

4.2.11.3 Ladeeinheiten

Im kombinierten Verkehr Straße / Schiene / Schiff werden die jeweiligen Verkehrsträger so miteinander verbunden, dass die **Systemvorteile miteinander verknüpft werden**. Im Gegensatz zum konventionellen Güterkraftverkehr erfolgt der Hauptlauf auf der Schiene. Nur der Vor- und / oder Nachlauf wird über die Straße beziehungsweise das Schiff abgewickelt.

Im Hauptlauf wird die Eisenbahn mit ihren Vorteilen in der Bewältigung starker Transportströme über längere Distanzen eingesetzt. Die hohe Flexibilität des Straßenverkehrs und die mögliche flächendeckende Bedienung der Kunden werden hierbei genutzt.

Eisenbahngüterverkehr 4.2

Auf den rund 11 500 Spezialwaggons der Eisenbahn können die Ladeeinheiten
- Container
- Wechselbehälter
- Sattelanhänger und
- komplette Lkws befördert werden.

Die Container werden nach **Überseecontainer** und **Binnencontainer** unterschieden. Der Überseecontainer wurde schon frühzeitig seitens der *Internationalen Normenorganisation (ISO)* genormt.

Im **Überseecontainerverkehr** erfolgen die Transporte überwiegend mit den 20'- und mit den 40'-Containern. Neben der geschlossenen Containerbox (Standardcontainer) sind noch folgende genormte Containertypen im Einsatz: **Überseecontainer**
- Schüttgut-Container
- Tank-Container für Flüssigkeiten und Gase
- Open-Top-Container
- Flat
- Temperatur geführte Container und
- Plattform.

Für die reinen Landverkehre hatten *DB AG* und die anderen europäischen Eisenbahnen die sogenannten **Binnencontainer** (BC) entwickelt. **Sie weichen in der Breite und in der Höhe von den Überseecontainern ab.** Die abweichenden Abmessungen wurden gewählt, um eine Beladung mit Europaletten zu ermöglichen. Die BC sind bei *Railion Deutschland* inzwischen ohne Bedeutung. **Binnencontainer**

Beim Wechselbehälter handelt es sich um die am häufigsten genutze Transporttechnik für den kontinentalen europäischen Verkehr Straße/Schiene. Wechselbehälter werden sowohl nach Aufbauarten, wie zum Beispiel Plane und Spriegel, Koffer, Thermal, Tank, Silo usw., als auch in zwei Größenklassen nach *DIN EN 284* und Entwurf *DIN EN 452* eingeteilt. **Wechselbehälter**

Im Bestand von *Railion Deutschland* befinden sich:
- WB 7,15 m = 600 Stück
- WB 7,45 m = 1 350 Stück
- WB 7,82 m = 850 Stück.

Sattelanhänger kommen in zwei Versionen zum Einsatz. Einerseits kranbar (vier Greifkanten) für den vertikalen Umschlag und andererseits durch horizontalen Umschlag mittels Fahren mit dem Motorfahrzeug auf das Transportmittel. **Sattelanhänger**

4.2.12 Lademittel

Für die Transportkette in Verbindung mit der Eisenbahn sind insbesondere Paletten von Bedeutung. Das damit verbundene „Handling" wird von *BTS Kombiwaggon Service GmbH* im Auftrag von *Railion Deutschland* durchgeführt.

Paletten sind unterfahrbare, stapelbare Ladeplattformen, und zwar

Abb. 23: Flach-/Gitterboxpaletten

a. ohne Seitenwand dann sprechen wir von EUR-Flachpaletten (Abkürzung = FP)		b. mit Seitenwand dann sprechen wir von EUR-Boxpaletten (Abkürzung = BP)	

Quelle: Railion Deutschland AG

Transportgeräte Sie werden mittels dafür geschaffener mechanischer Geräte wie
- Gabelstapler und
- Gabelhubwagen

bewegt und sind auf oder ohne Regale stapelbar. Sie sind sehr vielseitig zu verwenden, beispielsweise als

Verwendungszweck
- Lade- und Transporteinheit
- Lager- und Regaleinheit
- Versand- und Verpackungseinheit.

Im Güterverkehr sind die Paletten aus dem täglichen Arbeitsablauf nicht mehr wegzudenken. Sie erleichtern wesentlich die Beförderung von Gütern, weil sich hiermit
a) Einzelgüter von geringem Gewicht und geringem Umfang zu größeren Ladeeinheiten zusammenfassen lassen
b) schwere, unhandliche oder empfindliche Einzelgüter leichter transportieren, verladen und umladen lassen (die Güter brauchen bei der Umladung in andere Transportgefäße nicht umgepackt zu werden).

Europaletten sind tauschfähig. Das Tauschverfahren steht allen Verladern offen, die über tauschfähige Paletten verfügen. Private Paletten werden frachtpflichtig befördert, jedoch nicht getauscht.

Palettentauschverfahren Der Tausch der Europaletten erfolgt auf der Grundlage von Geschäftsbedingungen, den *Allgemeinen Bedingungen über den Tausch von Europaletten mit Eisenbahnen*. Die Bedingungen regeln den Palettentausch zwischen den Eisenbahnen und dem Absender sowie dem Empfänger. Palettentausch ist möglich in allen Orten *Deutschlands* und den Ländern des *Europäischen Palettenpools*.

Sofort bei Aufgabe der Paletten erfolgt auf dem Palettenkonto des Absenders über die aufgelieferten Paletten eine Gutschrift. Der Empfänger wird mit der Übergabe entsprechend belastet.

Eisenbahngüterverkehr 4.2

Für den Palettentausch wird ein Entgelt erhoben. Das Eigengewicht der Europaletten wird bei diesem Verfahren zur Frachtberechnung nicht herangezogen.

4.2.13 Produkte der *Railion Deutschland AG* im Schienengüterverkehr

4.2.13.1 Ganzzugverkehr

Für die Beförderung größerer Mengen werden **geschlossene Güterzüge (Ganzzüge)** von der Versandstelle ohne rangierdienstliche Zwischenbehandlung bis zur Entladestelle eingesetzt. In Abhängigkeit von verschiedenen Parametern (zum Beispiel Betriebsart der Lok, Streckenklasse, Steigung, Güterwagengattung) werden Ganzzüge bis zu 4 000 t befördert. Dieses Angebot ist die **wirtschaftlichste** und eine **zeitsparende** Produktionsart im Schienengüterverkehr. **Geschlossene Züge (Ganzzüge)**

Während die Beförderung von Ganzzügen bisher eine Domäne von *Railion Deutschland* war, drängen mit Öffnung des Schienennetzes der *DB Netz AG* andere Marktteilnehmer in zunehmendem Maße in dieses Marktsegment ein, weil diese Art der Leistungserstellung in der Regel sowohl organisatorisch als auch produktonstechnisch verhältnismäßig leicht zu bewältigen ist. An erster Stelle stehen hier *NE*, ausländische Bahnen oder auch sonstige Dritte. Häufig werden diese Leistungen auch in Kooperation mit anderen Eisenverkehrsunternehmen erbracht.

Aus diesem Grund stieg auch der Marktanteil der *NE* am öffentlichen Schienengüterverkehr in den letzten Jahren merklich an. Aber auch neu gegründete Eisenbahnverkehrsunternehmen, an denen Speditionen beteiligt sind, betätigen sich in diesem Geschäftsfeld.

Railion Deutschland hat nunmehr ihr Ganzzugangebot neu strukturiert und der Verlader kann zwischen **drei Produktvarianten** auswählen: **Produktvarianten**
- *Plantrain* mit langem Planungszeitraum **Plantrain**
- *Variotrain* mit variabler Planung **Variotrain**
- *Flextrain* mit kurzfristiger Planung. **Flextrain**

Die Produktvariante *Plantrain* ist preislich am günstigsten, weil die Ressourcen langfristig geplant werden können. Mit Zunahme der Flexibilität tritt ein Preisanstieg ein. Nachstehend sind die variantenspezifischen Einzelheiten dargestellt:

Tab. 30: Produktvarianten der Railion Deutschland AG im Schienengüterverkehr

	Plantrain	*Variotrain*	*Flexotrain*
Produktvarianten / Produktprofile	Sie haben regelmäßig feste Mengen zu festen Zeiten zu transportieren	Sie haben große Mengen zu transportieren, können Ihre Transporte aber nur variabel planen	Transporttermine, -mengen und Relationen können Sie nur sehr kurzfristig bestimmen
Bestellfrist	Mindestens zwei Monate vor dem ersten Verkehrstag für gesamte Vertragsdauer	Reservierung der Relationen und Grobkonzept der Verkehrstage und -zeiten mindestens zwei Monate vor dem ersten Verkehrstag. Verbindliche Nennung der tatsächlich zu nutzenden Verkehrstage und -zeiten jeweils bis Donnerstag der Vorwoche beziehungsweise bis zum 20. des Vormonats.	Bis 24 Stunden vor Abfahrt Schriftliche Bestätigung erforderlich
Stornomöglichkeit	Ja (entgeltpflichtig nach dem Donnerstag der Vorwoche vor Verkehrswoche, 10 Uhr)	Ja (entgeltpflichtig nach dem Donnerstag der Vorwoche vor Verkehrswoche, 10 Uhr)	Ja (entgeltpflichtig nach dem Donnerstag der Vorwoche vor Verkehrswoche, 10 Uhr)
Stornoentgelte	Je nach Entfernung gestaffelte Pauschale: 1 145 € < 200 km 2 290 € > 200 km 3 435 € > 400 km	Je nach Entfernung gestaffelte Pauschale: 1 145 € < 200 km 2 290 € > 200 km 3 435 € > 400 km	Je nach Entfernung gestaffelte Pauschale: 1 100 € < 200 km 2 200 € > 200 km 3 435 € > 400 km
Leerwagenbestellung	Bis 10 Uhr des Vortages beziehungsweise Pendelverkehre	Bis 10 Uhr des Vortages beziehungsweise Pendelverkehre	Bis 10 Uhr des Vortages beziehungsweise Pendelverkehre
Ladefrist	In der Regel acht Stunden oder individuelle Vereinbarung	In der Regel acht Stunden oder individuelle Vereinbarung	In der Regel acht Stunden oder individuelle Vereinbarung
Mindestmengen je Relation und Vertragsdauer	Ja	Ja	Nein
Mindestauslastung je Zug	Ja	Ja	Ja

Quelle: Railion Deutschland AG

4.2.13.2 Einzelwagenverkehr

Einzelwagen

Wagengruppen

Zunächst muss man zwischen nationalem und internationalem Verkehr unterscheiden, weil hierfür sowohl frachtrechtliche als auch technisch unterschiedliche Regeln gelten. Unabhängig davon werden Güterwagen mit Ladungen entweder als **Einzelwagen** oder **kleine Wagengruppen** verschiedener Absender in einem festgelegten Gebiet gesammelt und mit Unterwegsumstellungen in ein Zielgebiet befördert. In dieses Beförderungssystem sind im Inland rund 3 100 Gleisanschlüsse und rund 1 400 Güterverkehrsstellen einbezogen. Die Art und Weise der Leistungserstellung wird in *Kapitel 4.2.14* behandelt.

Eisenbahngüterverkehr 4.2

Der Einzelwagenverkehr der *Railion Deutschland* in Kooperation mit den Nichtbundeseigenen Eisenbahnen *(NE)* im Binnen- und internationalen Güterverkehr ist eines der weltweit größten Systeme. In ihm werden täglich rund 20 000 Güterwagen bewegt. Dieses System ist sehr flexibel, weil **keine Reservierungspflicht** besteht, aber auch komplex mit hohem Organisationsgrad.

Ab September 2003 wird das Produktportfolio auch in diesem Angebotsbereich nach dem **Baukastenprinzip** neu strukturiert. Neben der eigentlichen Transportleistung als **Basisprodukt** werden einige **Servicebausteine** (unter anderem Lager, Werkslogistik, Gefahrgutmanagement) angeboten und insgesamt als **Branchenprodukt** vermarktet. Beispielhaft sei hier das neue Produkt *Paper Solution* mit zunächst 80 Relationen für die Papier und Zellstoffindustrie genannt.

Produkte im Baukastenprinzip

4.2.13.3 Kombinierter Verkehr

Die Angebotssegmente von *DB Intermodal* umfassen
- maritime Verkehre
- kontinentale Verkehre.

Angebotssegmente

Das Mengenaufkommen beider Angebotssegmente betrug im Jahr 2004 36 Mio. t. Das Schwergewicht bildete dabei mit rund 60 % der internationale kombinierte Verkehr.

Während in den maritimen Verkehren von/nach den norddeutschen Seehäfen *Bremerhaven* und *Hamburg*, den *ARA*-Häfen sowie drei italienische Mittelmeerhäfen **Großcontainer** verschiedener Gattungen zum Einsatz kommen, werden in den unbegleitenden kontinentalen Verkehren **Wechselbehälter** und **Sattelanhänger** befördert.

Um das Auslastungsrisiko zu minimieren, werden vorrangig ganze Züge verkauft. Zum Erreichen dieser Zielsetzung kooperiert *DB Intermodal* mit einer Vielzahl von **Operateuren**. Die **Operateure** übernehmen entscheidende Aufgaben wie die Bündelung von Verkehren, Vermarktung der einzelnen Produkte und operative Funktionen. Die *DB Intermodal* arbeitet mit folgenden als Operateure tätigen Beteiligungs- und Tochterunternehmen zusammen:

Operateure

Maritimer Verkehr	Kontinentaler Verkehr
TFG Transfracht Internationale Gesellschaft für den kombinierten Güterverkehr mbH	Kombiverkehr Deutsche Gesellschaft für kombinierten Güterverkehr mbH & Co KG
METRANS a. s	Intercontainer-Interfrigo (ICF) s. c.
POLZUG GmbH	EuroShuttle A/S
Conliner Container Transport Services B. V.	Hangartner AG
	BTT Bahn Tank Transport GmbH (BTT)

Tab. 31: Operateure im kombinierten Verkehr

Quelle: Eigene Darstellung

Im kombinierten Verkehr werden die in der folgenden Karte eingezeichneten Umschlagbahnhöfe und Seehafenterminals von *DB Intermodal* durch den Carrier *Railion Deutschland* bedient:

Abb. 24:
Umschlag-
bahnhöfe in
Deutschland
(Stand 1.10.2007)

Quelle: DB Intermodal

Eisenbahngüterverkehr 4.2

4.2.13.4 Der Transport außergewöhnlicher Sendungen

Außergewöhnliche Sendungen werden nur unter besonderen Bedingungen zur Beförderung angenommen, da sie wegen ihrer äußeren Abmessungen, ihres Gewichts oder ihrer Beschaffenheit mit Rücksicht auf den Bahnbetrieb bei der Beförderung besondere Schwierigkeiten bereiten.

Folgende Unterscheidungen gibt es bei außergewöhnlichen Sendungen:

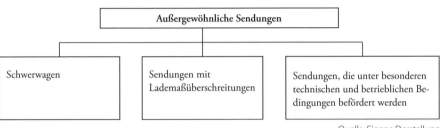

Tab. 32: Außergewöhnliche Sendungen im Schienengüterverkehr

Quelle: Eigene Darstellung

Schwerwagen sind Güterwagen und Nebenfahrzeuge, die über die höchste angeschriebene Lastgrenze hinaus beladen sind beziehungsweise die zulässige Achs- und Meterlast überschreiten, Fahrzeuge mit der Aufschrift „Schwerwagen" und beladene Güterwagen ohne Lastgrenzanschrift.

Wird das Lademaß der „Deutschen Eisenbahnen", das „Internationale Lademaß" sowie im Verkehr mit *Großbritannien* das „besondere Lademaß" nach den Verladerichtlinien überschritten, so handelt es sich um eine Sendung mit **Lademaßüberschreitung**.

Die Bahnen bieten ihren Kunden die Möglichkeit, große schwere Einzelstücke auf besonderen Transportwagen zu transportieren. Diese Transporte erfordern besondere technische und betriebliche Sonderbehandlungen. So kann es zum Beispiel vorkommen, dass Signale abgebaut werden müssen beziehungsweise die Güter vor Hindernissen auf den besonderen Tragwagen verschoben werden müssen. Oftmals ist es erforderlich, dass auf dem Nachbargleis keine anderen Züge entgegenkommen dürfen. In bestimmten Bereichen kann dieses Gut nur in Schrittgeschwindigkeit in Begleitung von Technikern befördert werden.

Häufig werden bei diesen Transporten Tiefladewagen eingesetzt, die Güter und Einzelgewichte bis zu 500 t befördern können.

4.2.14 Leistungserstellung im Schienengüterverkehr

4.2.14.1 Knotenpunktsystem

Um den Einzelwagenverkehr wirtschaftlich durchführen zu können, wurde das „Knotenpunktsystem" geschaffen. Hierbei handelt es sich um eine, nach bestimmten Ordnungskriterien und nach einheitlichen Grundsätzen gestaltete Produktionsmethode im Frachtenzugnetz.

Dem Ordnungsprinzip entsprechend werden kleinere Aufkommenspunkte (Güterverkehrsstellen mit geringem Wagenaufkommen) – **Satelliten** genannt – jeweils einem **Knotenpunktbahnhof** (Regionale Zugbildungsanlage) zugeordnet und auf diese Weise Knotenpunktbereiche geschaffen. Je nach Größe und Aufgabenbereich eines Satelliten können ihm Rangiermittel (Rangierlok und Personal) zugewiesen werden. Es können ihm auch weitere Satelliten (Gvst) zugeordnet sein.

Die Knotenpunktbereiche sind im Transportablauf mit bestimmten **Rangierbahnhöfen** (Überregionale Zugbildungsanlagen) verbunden und bilden mit diesen Sammler- und Verteilerbereiche, auch Rangierbahnhofsbereiche genannt.

In einem **Rangierbahnhofs / Knotenpunktbahnhofs** werden ankommende Güterzüge in die Einfahrgleise gelenkt. Der eingefahrene Zug wird anschließend über einen Ablaufberg geleitet, wo die einzelnen Wagen des Zuges nach einem internen Prinzip, dem Richtpunktverfahren, durch die vorgegebene Richtzahl des Bestimmungsbahnhofs in die Richtungsgleise der abzufahrenden Richtungsgüterzüge ablaufen. In den Richtungsgleisen werden die Wagen wiederum gekuppelt und nach der abgeschlossenen Zugbildung in die Empfangsrichtung abgefahren. Die zehn Rangierbahnhöfe von *Railion Deutschland* sind in der Streckenkarte in *Kapitel 4.2.7* besonders gekennzeichnet.

Zwischen den Rangierbahnhöfen verkehren aufkommensabhängig ein oder mehrere Regelgüterzüge. Einen Überblick über dieses System zeigt die schematische Darstellung auf der folgenden Seite.

Anfang 2008 beläuft sich die Zahl der Gvst auf rund 1 400 und der Knotenpunktbahnhöfe auf 38 und 121 Satelliten mit Rangiermittel, wobei die zehn Rangierbahnhöfe zugleich auch die Funktion eines Knotenpunktbahnhofs haben. Bei den *NE* werden noch ca. 200 Güterverkehrsstellen bedient. In diesem Zusammenhang ist erwähnenswert, dass 90 Güterverkehrsstellen im Auftrag von *Railion Deutschland* von **Nichtbundeseigenen Eisenbahnen** *(NE)* bedient werden.

Tab. 33: Struktur des Knotenpunktsystems im Schienengüterverkehr

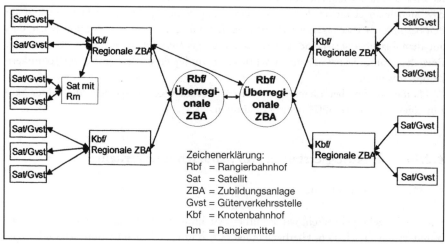

Quelle: Eigene Darstellung

4.2.14.2 Güterzugnetz für den Einzelwagenverkehr

Für die Beförderung von Einzelwagen und Wagengruppen nach dem in *Kapitel 4.2.14.1* beschriebenen Knotenpunktsystem werden arbeitstäglich rund 2 000 **Bedienungsfahrten** für das Sammeln und Verteilen innerhalb der Knotenbereiche durchgeführt. **Bedienungsfahrten**

Die Zugbildungsanlagen der *Railion Deutschland*, das sind die Rangierbahnhöfe und aufkommensstarke Knotenbahnhöfe, sind durch ein Transportkettennetz miteinander verbunden. Abhängig vom Aufkommen, werden auch mehrere Abfahrten, insbesondere von Dienstag bis Freitag, am Tag durchgeführt. In diesem **Transportkettennetz** werden täglich über 1 000 Güterzüge eingesetzt. **Transportkettennetz**

Mit der Einführung des *Produktionssystems 200X* wurde der Einzelwagenverkehr optimiert. Dies wurde durch Reduzierung der Anzahl der Knotenbahnhöfe und durch die Zurückstufung eines Rangierbahnhofes auf die ausschließliche Aufgabe eines Knotenpunktbahnhofes erreicht. Durch diese Straffung konnten die Güterwagenströme im Fernverkehrs stärker gebündelt werden. Neben einer besseren Zusauslastung (Jahr 2007 +1,6 %) erhöhten sich sowohl die Effizienz beim Ressourceneinsatz als auch die Flexibilität bei unterschiedlichem Wagenaufkommen. **Produktionssystem 200X**

Für den internationalen Güterverkehr mit ausländischen Nachbarbahnen verkehren arbeitstäglich für Import-/Export- und Transitsendungen weitere 400 Güterzüge.

Für die Verbindung der wichtigsten Chemie- und Mineralölstandorte wurde das *ChemCar-Cargo-Netz* als besondere Branchenlösung geschaffen. Neu ist das Netz *Paper-Solution* für die Papier- und Zelluloseindustrie. **Branchennetze**

4.2.14.3 Güterzugnetze für den kombinierten Verkehr

Im kombinierten Verkehr gibt es mehrere Güterzugnetze, die auf die Bedürfnisse der beteiligten Operateure und Kunden abgestimmt sind. Für den maritimen Verkehr mit Großcontainern ab/nach den norddeutschen Seehäfen nach 15 Terminals im Hinterland besteht das *Albatross-Express-Netz*. Für den Hinterlandverkehr von/nach den *ARA*-Häfen verkehren Ganzzüge von/nach verschiedenen Terminals. Ein weiteres System verbindet die Häfen *Hamburg* und *Bremerhaven* mit den sieben wichtigsten Wirtschaftszentren in *Polen* und eine andere Linie verbindet *Südosteuropa* mit den norddeutschen Häfen. Das bedeutsamste System ist das nationale *Kombi-Netz 2000+*, das über Gateway-Terminals mit einem europäischen Ganzzugnetz verknüpft ist. Über dieses Netz werden bundesweit annähernd 60 Relationen bedient. **Albatross-Express-Netz** **Kombi-Netz 2000+**

Alle übrigen Einzelwagen des kombinierten Verkehrs werden im normalen Einzelwagensystem von *Railion* befördert.

Der *Parcel-InterCity (PIC)* in den Relation *Hamburg–Hannover–Nürnberg–München* sowie *Unna–Wustermark* und umgekehrt ist ein Premiumangebot für die KEP-Branche mit 160 km/h und hohem Pünktlichkeitsgrad. **Parcel-InterCity (PIC)**

Ein Schwerpunkt ist der **internationale kombinierte Verkehr**, der etwa zwei Drittel der Güterzuganzahl ausmacht. Schwerpunktrelationen sind *Italien, Südosteuropa, Frankreich, Spanien* und der Transit. In der Woche verkehren rund 1 000 Güterzüge im internationalen kombinierten Güterverkehr. **Internationaler kombinierter Verkehr**

4.2.15 Die frachtrechtlichen Grundlagen und Bedingungen für Beförderung, Umschlag und Lagerung von Gütern durch *Railion Deutschland*

Wenn Beförderungsleistungen von *Railion Deutschland* erbracht werden sollen, hier im besonderen von Gütern im Wagenladungsverkehr, müssen sich die Vertragsparteien (Absender und Frachtführer) über die anzuwendenden frachtrechtlichen Grundlagen und Bedingungen einig sein.

Tab. 34: Frachtrechtliche Vorschriften der Bahn

Gesetzliche Vorschriften	Staatliche Rechtsverordnungen	Geschäftsbedingungen der *Railion Deutschland* (Allgemeine Leistungsbedingungen -ALB-)
Bürgerliches Gesetzbuch (BGB) Handelsgesetzbuch (HGB) Gefahrgutgesetz	*Gefahrgutverordnung Eisenbahn*	Ergänzend zu den *ALB* gelten noch folgende Bedingungen – *Preise und Konditionen für den Wagenladungsverkehr (PKL)* – *Verladerichtlinien DB Cargo* – *Vorschriften für die Beförderung gefährlicher Güter mit der Eisenbahn* – *allg. Bedingungen über den Tausch von EUR-Paletten mit den Eisenbahnen (ATB)* – *Geschäftsbedingungen für das Frachtausgleichsverfahren der Deutschen VerkehrsBank AG*

Quelle: Eigene Darstellung

Bedeutung, Inhalt und Anwendung der frachtrechtlichen Vorschriften sind nachfolgend kurz erläutert.

Gesetzliche Vorschriften

BGB Jeder Eisenbahnfrachtvertrag ist ein Werkvertrag (im Sinne des *BGB §§ 631 ff.*). Diese und gegebenenfalls weitere *BGB*-Vorschriften finden nur insoweit Anwendung als spezielle Vorschriften keine Regelungen für den konkreten Fall enthalten. Der Vertragsabschluss wird normal nach dem *Handelsgesetzbuch (HGB)* durchgeführt. Weitere grundsätzliche Aussagen zum *BGB*-Vertragsrecht findet man im *BGB* unter *§§ 145–150* zum Beispiel zur Abschlussform (formfrei).

HGB Das *HGB* ist gegenüber dem *BGB* die speziellere gesetzliche Vorschrift. Vorschriften zum Eisenbahnfrachtgeschäft sind vor allem **im *vierten Buch des HGB*** über die Handelsgeschäfte enthalten,
- im *vierten Abschnitt – Speditionsgeschäft – §§ 407 ff.*
- im *fünften Abschnitt – Lagergeschäft – §§ 416 ff.*

Eisenbahngüterverkehr 4.2

- im *sechsten Abschnitt – Frachtgeschäft – §§ 425 ff.*
- im *siebten Abschnitt – Beförderung von Gütern und Personen auf Eisenbahnen* des öffentlichen Verkehrs – *§§ 453 ff.*.

In den oben genannten Bestimmungen des *HGB* findet man wichtige Regelungen zum Frachtvertrag, so unter adnerem die Rechte und Pflichten der am Frachtvertrag Beteiligten.

Der Begriff der Beförderung im Sinne des Gefahrgutbeförderungsrechts umfasst nach *§ 2 (2) des Gefahrgutgesetzes – GefahrgutG* nicht nur die Ortsveränderungen, also den eigentlichen Transportvorgang, sondern auch die Übernahme und Ablieferung sowie zeitweilige Aufenthalte des Gutes, Vorbereitungs- und Abschlusshandlungen, auch wenn diese Handlungen nicht vom Beförderer ausgeführt werden. Wegen des umfassenden Begriffs der Beförderung fällt grundsätzlich **die gesamte Beschäftigung der Eisenbahn mit dem Gefahrgut ihrer Kunden unter das Gefahrgutbeförderungsrecht.** **Gefahrgutgesetz**

Die Eisenbahn hat bei der Beförderung gefährlicher Güter nach *§ 4 (1)* der Anlage zur **Rechtsverordnung** *Verordnung über die innerstaatliche und grenzüberschreitende Beförderung gefährlicher Güter* **ordnung** *mit Eisenbahnen –* der *Gefahrgutverordnung Eisenbahn – GGVE* Sicherheitspflichten und **GGVE** ist verpflichtet, die nach Art und Ausmaß der vorhersehbaren Gefahren erforderlichen Vorkehrungen zu treffen, um Schadensfälle zu verhindern und bei Eintritt eines Schadens dessen Umfang so gering wie möglich zu halten.

Erstmalig erarbeiteten die Eisenbahnen *Allgemeine Geschäftsbedingungen (ALB).* Die **Allgemeine** ALB werden den Eisenbahnverkehrsunternehmen (EVU) über den *Verband Deutscher* **Leistungs-** *Verkehrsunternehmen (VDV)* als Konditionenempfehlung zur Verfügung gestellt. Dadurch **bedin-** wird nicht nur eine größere Marktakzeptanz, sondern unter dem neuen Recht auch die **gungen** notwendige Klarheit für Vertragsabschlüsse des Verladers mit den Eisenbahnen geschaffen, so wie diese Klarheit und Berechenbarkeit unter den ehemaligen *EVO*-Zeiten bestand.

Zusammenfassung der wichtigsten Neuerungen zum Eisenbahnfrachtrecht
Die *EVO Eisenbahnverkehrsordnung* gilt seit dem 1.7.1998 nicht mehr für die Güterbeförderung mit der Eisenbahn, sondern nur noch für die **Beförderung von Personen und Reisegepäck** im Schienenpersonenverkehr. Es gilt das *HGB §§ 407 ff.* für den Frachtvertrag mit der Eisenbahn als spezielle Rechtsvorschrift.

Vertragliche Vereinbarungen zwischen den Vertragspartnern Absender und Frachtführer *Railion Deutschland* können individuell oder mit bereits vorformulierten Vertragstexten getroffen werden, zum Beispiel auf Grund der *Allgemeinen Leistungsbedingungen (ALB) der Railion Deutschland.*

An Stelle des bisherigen **Formal- / Realvertrages**, bei dem der Frachtvertrag als **Konsen-** abgeschlossen galt, wenn Gut und Frachtbrief der Eisenbahn übergeben wurden, tritt **sualvertrag** der **Konsensualvertrag**, bei dem Kunde und Eisenbahn übereinstimmende Willenserklärungen abgeben. Ein **Frachtbrief ist nach dem *HGB* nicht zwingend vorgeschrieben**, der Frachtführer kann aber gemäß *§ 408* die Ausstellung eines Frachtbriefes verlangen. **Allerdings entfällt die Bedeutung des Frachtbriefes als Dokumentation des**

365

abgeschlossenen Frachtvertrages. Der Frachtbrief hat allenfalls noch eine Beweisfunktion und Bedeutung als Sperrpapier nach *§ 418 (4) HGB*.

Leistungsvertrag Grundlage für die von der *Railion Deutschland* zu erbringenden Leistungen sind **Leistungsverträge, die schriftlich mit einer Laufzeit von zwölf Monaten** mit den Kunden abgeschlossen werden. Die Leistungsverträge enthalten im Wesentlichen frachtvertragliche Stammdaten (Relationen, Ladegut, Wagentyp, Preis je Sendung) und werden im *KundenServiceZentrum der Railion Deutschland* in *Duisburg* hinterlegt und bilden die Grundlage für den Abschluß von **Einzelverträgen**, in denen der Kunde die variablen Daten

Einzelvertrag für eine bestimmte Sendung (Wagen-Nr., Gewicht) mitteilt. Einzelverträge kommen durch Auftrag des Kunden und die Annahme durch *Railion Deutschland* zustande. **Der Einzelvertrag (Frachtvertrag) gilt als abgeschlossen, wenn das *KundenServiceZentrum* nicht innerhalb einer angemessenen Frist widerspricht.**

Diese oben genannten Bestimmungen gelten für Kunden, die an das *KundenServiceZentrum* angebunden sind. Für sie gilt, dass die Beigabe eines Frachtbriefes nicht mehr erforderlich ist. In Zukunft soll eine vollständige Kundenanbindung an das *KundenServiceZentrum* erreicht werden. Das *KundenServiceZentrum* erstellt die Beförderungspapiere.

Ende des Frachtvertrages Nach der Bereitstellung der Güterwagen an der vereinbarten (Empfangs-)Übergabestelle des Gleisanschlusses, oder nach Bereitstellung auf einem öffentlichen Ladegleis und Benachrichtigung des Kunden ist der **Frachtvertrag beendet.**

Transportfristen Nach dem neuen Frachtrecht gibt es keine starren Transportfristen (Lieferfristen) mehr. **Flexiblere Regelungen, auf individuelle Kundenwünsche/Bedürfnisse** ausgerichtet, können vereinbart werden.

Gefahrgut Die Absenderpflichten bei der Beförderung von Gefahrgut sind neben dem Gefahrgutrecht im *HGB* klarer geregelt *(HGB § 414 Abs. 1 Nr. 3)*.

Anzeige von Schäden **Entfallen ist die Regelung**, dass die Eisenbahn für von ihr entdeckte oder vermutete Schäden oder teilweisen Verlust eine **Tatbestandsaufnahme zu fertigen** hat. Nach *§ 438* des *HGB* ist es nunmehr die Aufgabe des Absenders oder Empfängers, dem Frachtführer Verlust, Beschädigung oder Überschreitung der Lieferfrist anzuzeigen.

Bei äußerlich **erkennbaren** Schäden muss diese Anzeige spätestens bei Ablieferung des Gutes, bei äußerlich **nicht erkennbaren** Schäden **innerhalb von sieben Tagen** nach Ablieferung erfolgen. Ohne diese Schadensanzeige durch den Kunden wird vermutet, dass die Sendung in vertragsgemäßem Zustand abgeliefert worden ist.

Hinsichtlich Form und Inhalt der **Schadensanzeige** schreibt der Gesetzgeber lediglich vor, dass die Anzeige den **Schaden hinreichend deutlich kennzeichnen** muss. Eine Schadensanzeige bei äußerlich nicht erkennbaren Schäden nach der Ablieferung bedarf darüber hinaus zwingend der Schriftform. Zur Vereinfachung kann hierfür als die Schadensanzeige unterstützender Vordruck das „**Schadensprotokoll**" verwendet werden.

Unabhängig von vorgenannten gesetzlichen Vorgaben soll der *Railion Deutschland* als Frachtführer Gelegenheit zur Besichtigung des Schadens gegeben werden, siehe *ALB Ziff. 12.5*.

Bei **Frachtsendungen des internationalen Verkehrs** bleibt es nach den Bestimmungen des **internationalen Frachtrechts** *CIM* unverändert bei dem bisherigen Verfahren der Schadensdokumentation mit **Tatbestandsaufnahme** durch die *Railion Deutschland*.

Bei **Überschreitung** der vereinbarten **Lieferfrist** haftet die *Railion Deutschland* bis zur Schadenshöhe. Der Haftungshöchstbetrag ist jedoch auf das **Dreifache** der Fracht begrenzt. Im **internationalen Verkehr** ist der Haftungshöchstbetrag auf das **vierfache** der Fracht begrenzt.

Lieferfristüberschreitung

Die Verlustvermutungsfrist nach *HGB § 424* beträgt das Doppelte der Lieferfrist, allerdings wird durch die *ALB Ziff. 7* die Verlustvermutungsfrist auf 30 Tage nach Ablauf der Lieferfrist verlängert.

4.2.16 Preise und Konditionen für den Ladungsverkehr

Die Preise und Konditionen sind in den besonderen Bedingungen *Preise und Konditionen Railion Deutschland AG (PKL)* enthalten.

Preise und Konditionen der Railion Deutschland AG

Nachstehend sind die wichtigsten Bestimmungen aus den *PKL* sinngemäß in Auszügen dargestellt (Stand 1.1.2008).

1	Anwendungsbereich
2	Preise und Leistungen
3	Preisberechnung (Frachten); Zahlungsvermerke
4	Locofrachten
5	Serviceleistungen
6	Allgemeine Preislisten (APL)
7	Preistafeln (APL) 1 und 2
8	Frachtbriefmuster
9	*Allgemeine Leistungsbedingungen (ALB) der Railion Deutschland AG*
10	*Bedingungen der Railion Deutschland AG für die Ganzzugprodukte „Plantrain", Variotrain", „Flextrain"(Bedingungen Ganzzugprodukte)*
11	Übersicht der Güterverkehrsstellen mit Hafenzugangspauschale

Tab. 35: Inhalt der PKL der Railion Deutschland AG

Quelle: Railion Deutschland AG

Die *Preise und Konditionen Railion Deutschland AG* gelten für Transporte zwischen den im Bahnhofsverzeichnis genannten Güterverkehrsstellen. Sie gelten im internationalen Verkehr für den deutschen Streckenabschnitt, soweit die Preise nicht nach internationalen Tarifen zu berechnen sind.

Allgemeine Bestimmungen

Für den „Kombinierten Verkehr", Sendungen mit beladenen oder leeren Großcontainern, Wechselbehältern und Sattelanhängern, gelten zusätzliche *Bestimmungen für den Kombinierten Verkehr*.

Kombinierter Verkehr

Für Privatgüterwagen gelten zusätzlich die *Bestimmungen für Privatgüterwagen / Güterwagen anderer Halter*.

Privatgüterwagen

Die Entfernungen werden dem *Entfernungswerk von Railion Deutschland für den Eisenbahngüterverkehr* entnommen.

Es gelten die *Allgemeinen Leistungsbedingungen (ALB) von Railion Deutschland* jeweils in der neuesten Fassung.

Für die Ganzzug-Produkte im Wagenladungsverkehr der *Railion Deutschland* gelten vorrangig die *Bedingungen Ganzzug-Produkte*.

Der Spediteur und die Verkehrsträger

Sendungs- | Für Sendungen im grenzüberschreitenden Verkehr gelten die *Bestimmungen der Railion Deutschland AG für den internationalen Verkehr*.
begriff | Die in oder auf **einem Frachtbrief aufgelieferten Güter** bilden eine Sendung (Wagenladung). **Geschlossene Züge** sind Sendungen aus Wagen, die geschlossen auf der Gesamtstrecke von einem Gleisanschluss / Ladegleis und einem Absender nach einem Gleisanschluss / Ladegleis und einem Empfänger befördert werden.

Preise und Die Preise (Frachten) der Preislisten umfassen folgende Leistungen:
Leistungen
- die Bereitstellung der Wagen innerhalb der festgelegten Ladefristen für die Be- und Entladung sowie
- den Transport der Wagen bis in das öffentliche Ladegleis beziehungsweise bis an die vereinbarte Übergabestelle.

Darüber hinausgehende Leistungen werden besonders berechnet.

Für Leistungen, die im mutmaßlichen Interesse des Kunden erbracht werden, kann *Railion Deutschland* ein dem Aufwand angemessenes Entgelt berechnen.

Aufpreise werden berechnet für:
- Sendungen, die nur unter besonderen technischen oder betrieblichen Bedingungen befördert werden können, zum Beispiel bei Überschreiten des Lademaßes
- Sendungen, wenn dies, in Einzelfällen aus besonderen Gründen notwendig ist
- Sendungen von und nach bestimmten Eisenbahnverkehrs- oder Eisenbahninfrastrukturunternehmen (Hafenbahnen), wenn diese hierfür separate Entgelte in Rechnung stellen
- Sendungen von / nach Serviceeinrichtungen (zum Beispiel Häfen, Güterterminals), wenn der Betreiber der Serviceeinrichtung Nutzungsentgelt von dem Zugangsberechtigten verlangt
- Sendungen von und nach *Hannover-Wülfel Messegelände*
- die Fährstrecke *Sassnitz Hafen – Sassnitz Mitte See*.
- Wagen mit einer Wagenlänge ab 27 m.

Für explosive Stoffe / Gegenstände mit Explosivstoff wird bei allen Preislistennummern ein Aufpreis in Höhe von
- 107,– € pro Wagen (für Stoffe und Gegenstände der Klasse 1, Unterklassen 1.2 und 1.3 Anlage zur *GGVE / Anlage I zur CIM [RID]*)
- 324,– € pro Wagen (für Stoffe und Gegenstände der Klasse 1, Unterklassen 1.1, 1.5 und 1.6 Anlage zur *GGVE / Anlage I zur CIM [RID]*)

berechnet.

Für die Stornierung eines Ganzzuges im Wagenladungsverkehr wird ein **Stornierungsentgelt** erhoben, wenn der Stornierungsauftrag nach 10 Uhr, Donnerstag der Vorwoche vor Verkehrstag erfolgt.

Preisbe- | Die in den Preislisten genannten Preise (Frachten) und Entgelte enthalten **keine**
rechnung, | **Umsatzsteuer.** Die Umsatzsteuer wird für den umsatzsteuerpflichtigen Gesamtbetrag
Frachten | berechnet. **Die Fracht wird erst nach Berücksichtigung etwaiger Zu- / Abschläge kaufmännisch auf volle EURO gerundet.**

Eisenbahngüterverkehr 4.2

Das wirkliche Gewicht einer Sendung wird auf die volle Tonne in der Weise gerundet, daß Gewichte unter 500 kg abgerundet, Gewichte von 500 kg und mehr aufgerundet werden. Das so gerundete Gewicht bestimmt die **anzuwendende Preisreihe**.

Sind die zu einer Sendung gehörenden Güter wegen ihrer Länge auf mehrere Wagen verladen, so wird jeder Wagen als zu gleichen Teilen belastet angesehen.

Für leere Schutz- oder Zwischenwagen wird die Fracht nach der *APL*, Preistafel 1, Gewichtsstufe bis 13,499 t abzüglich 25 % berechnet.

Für beladene Schutz- oder Zwischenwagen wird nur die Fracht für das aufgeladene Gut nach der jeweiligen Preisliste berechnet.

Europaletten zum Tausch werden im Vollauf **frachtfrei befördert**, wenn das Eigengewicht der Paletten im Frachtbrief oder in der Nachweisung / Wagenliste getrennt von dem Gewicht des Ladegutes angegeben ist.

Der Absender kann folgende Zahlungsvermerke wählen:

Zahlungsvermerk	Bedeutung
	Der Absender bezahlt
frei Fracht	– die Fracht für die gesamte Beförderungsstrecke.
frei Fracht einschließlich	– die Fracht für die gesamte Beförderungsstrecke und die besonders bezeichneten Kosten.
frei	– die Fracht für die gesamte Beförderungsstrecke und alle Kosten, die beim Versand in Rechnung gestellt werden können.
frei.... (Bezeichnung der Kosten)	– <u>nur</u> die bestimmten Kosten
frei aller Kosten	– für die gesamte Beförderungsstrecke alle Kosten (Fracht, Entgelte, auch Zölle und sonstige während der Beförderung anfallende Kosten), jedoch nicht die vom Empfänger verursachten Kosten.
unfrei	– Der Empfänger bezahlt die Fracht, Entgelte und alle sonstigen Kosten.

Tab. 36: Zahlungsvermerke im Schienengüterverkehr

Quelle: Railion Deutschland AG

Locofrachten

Locofrachten für die Beförderung **innerhalb eines Güterbahnhofs**.
1. Bahnhofssendung
   Für jede Beförderung einer Sendung, die innerhalb eines Güterbahnhofs ver- und entladen wird, wird ein Bahnhofsentgelt in Höhe von 157,– € pro Wagen berechnet.
2. Umstellungen
   Für jede Beförderung einer Sendung **nach der Bereitstellung** wird, wenn eine Beförderung auf Frachtbrief vorausgegangen ist oder nachfolgt, ein Umstellentgelt in Höhe von 79,– € pro Wagen berechnet.
3. Schienenfahrzeuge auf eigenen Rädern
   Für Schienenfahrzeuge, die mit oder ohne Ladung, auf eigenen Rädern befördert werden, werden Entgelte nach den Ziffern 1. oder 2. berechnet.

Tab. 37: Entgelte für Serviceleistungen im Schienengüterverkehr der DB

Erfüllung der Zollvorschriften für Sendungen, die der **Zollüberwachung** unterliegen:	Betrag €	Berechnungsbasis
– Regelverfahren und Durchfuhrsendungen	19,–	Wagen
– Zollbehandlung auf Grenz- oder Unterwegsbahnhöfen	34,–	Wagen
– Vereinfachte Verfahren (vereinfachte Anmeldeverfahren – VAV auf dem Grenzeingangsbahnhof)	10,10	Wagen
– zugelassener Empfänger, Werkverzollung auf dem Bestimmungsbahnhof – Ausfuhr ohne Ausfuhrkontrollmeldung (AKM) – geschlossene Züge	4,–	Wagen
– Vorführung zur VuB- (Verbote und Beschränkungen) und sonstige verwaltungsbehördlichen Behandlung	34,–	Wagen
Entgelte werden nicht berechnet für abgabefreie Rückwaren		
– Verrechnung von Zöllen und Steuern	1 % vom Aufschubbetrag mindestens 9,80 € höchstens 15,30 €	Zollanmeldung

Quelle: Railion Deutschland AG

Tab. 38: Standgelder im Schienengüterverkehr der DB

Überlassung von bahneigenen Güterwagen außerhalb der Ladefristen (Standgeld)	Standgeldsätze je angefangene 24 Stunden		
	Spalte A	Spalte B	Spalte C
	1.–7. Tag	ab dem 8.–30. Tag	bei hohem Wagenbedarf
Wagengattungen	€	€	€
E, G, K, L, O, T	24,–	27,–	35,–
Ea, F, Ga, H, I, Lg, Rmm, Remm, Rlmm, Tb, Td, U, Z	33,–	38,–	51,–
Fa, Ha, Hbb, Ki, La, R, SI, Ta	43,–	49,–	63,–
Facns 133Fal, Habb, Habi, Hirr, Ia, Rb, Rn, S, Tagd, Tagoos, Tamn, Ta(l)n, Ua, Za	42,–	49,–	64,–
Faal, Falrr, Fan, S(d)gg, SLps-U	56,–	64,–	84,–

Die Zuordnung einer Wagengattung zu einer Standgeldklasse wird durch die Abfolge der Gattungs- und Kennbuchstaben bestimmt. Sollte die betreffende Wagengattung nicht explizit aufgeführt sein, so fällt sie in die Standgeldklasse der übergeordneten Wagengattung (Beispiel: Wagengattung „Habbi" wird der Wagengattung Habb und somit der Standgeldklasse 4 zugeordnet).
Für Spezialgüterwagen des Baustellenverkehrs (zum Beispiel Fac 139, Facs) gelten gesonderte Standgeldsätze.

Bei Ladefristüberschreitungen von mehr als 30 Tagen wird ab dem 31. Tag der in der Spalte A angegebene Standgeldsatz / 24 Stunden verdoppelt.

Wagengattungen mit hohem Wagenbedarf teilt Ihnen unser KundenServiceZentrum mit.

Quelle: Railion Deutschland AG

Allgemeine Preisliste (APL)

Die **allgemeine Preisliste gilt für den Transport** von:
- Einzelwagen und Wagengruppen und geschlossenen Zügen (Ganzzügen)
- Schienenfahrzeugen auf eigenen Rädern (bei Beförderung in Güterzügen)
- leeren Schutz- oder Zwischenwagen.

Eisenbahngüterverkehr 4.2

Preisabschläge

Für Schienenfahrzeuge, die auf eigenen Rädern befördert werden, wird der Preis nach der *Preistafel 1* für das Eigengewicht zuzüglich des Gewichts der gegebenenfalls zugeladenen Güter berechnet. Darauf wird ein Abschlag von 25 % berechnet.

Aufpreise

Bei Wagen mit mehr als zwei Achsen und einer Ladelänge ab 27 m werden die Preise für „Wagen mit mehr als zwei Achsen und einer Ladelänge bis 26,99 m" verdoppelt.

Die folgenden Auszüge aus den Preistafeln sollen dem Leser beispielhaft zeigen, wie die Preise abgelesen werden können:

Tab. 39: Preistafel 1 der allgemeinen Preistafel

Für Transporte in einem Wagen mit zwei Achsen						
Sendungsgewicht in t	bis 13,499	13,500 – 17,499	17,500 – 21,499	21,500 – 25,499	25,500 – 30,499	jede weitere Tonne kostet
Entfernung bis km	Wagenpreise in € – ohne Umsatzsteuer					
100	471	471	471	519	581	21
110	480	480	494	551	618	23
120	480	480	520	581	650	24
130	540	540	545	609	682	25
140	540	540	571	637	713	26
150	565	565	595	665	746	27
160	565	565	621	695	777	29
170	578	578	646	723	808	29
180	578	593	672	751	842	30
190	601	616	699	778	872	33
200	601	639	723	807	905	33

Tab. 40: Preistafel 2 der allgemeinen Preistafel

Für Transporte in einem Wagen mit mehr als zwei Achsen und einer Ladelänge bis zu 26,99 m									
Sendungsgewicht in t	bis 34,499	34,500 – 39,499	39,500 – 44,499	44,500 – 49,499	49,500 – 54,499	54,500 – 59,499	59,500 – 64,499	64,500 – 69,499	69,500 – 75,499	jede weitere Tonne kostet
Entfernung bis km	Wagenpreise in € – ohne Umsatzsteuer								
100	718	795	896	996	1 098	1 199	1 300	1 401	1 482	20
110	765	847	955	1 062	1 170	1 278	1 386	1 493	1 578	21
120	804	892	1 004	1 117	1 229	1 343	1 457	1 570	1 661	23
130	843	935	1 053	1 172	1 291	1 408	1 527	1 646	1 740	24
140	883	979	1 102	1 226	1 350	1 475	1 600	1 722	1 824	25
150	922	1 021	1 151	1 282	1 411	1 540	1 670	1 800	1 905	26
160	961	1 065	1 200	1 336	1 472	1 606	1 741	1 878	1 985	27
170	1 001	1 109	1 248	1 390	1 529	1 671	1 812	1 953	2 067	28
180	1 040	1 152	1 299	1 443	1 592	1 738	1 884	2 030	2 147	29
190	1 079	1 196	1 347	1 498	1 351	1 803	1 954	2 107	2 229	30
200	1 119	1 240	1 395	1 554	1 711	1 870	2 027	2 185	2 311	31

Quelle: Railion Deutschland AG

4.2.16.1 Der Frachtbrief

Frachtbrief Soweit mit dem Kunden nicht anderes vereinbart wird, ist die Ausstellung eines Frachtbriefes nach folgendem Muster vorgeschrieben. Der Frachtbrief wird von *Railion Deutschland* grundsätzlich nicht unterschrieben. Für den Absender ist jedoch Unterschrift, Ort und Tag der Ausstellung vorgesehen. Mit der fortschreitenden Anbindung von Kunden an das *KundenServiceZentrum* von *Railion Deutschland* ist die Ausstellung des Frachtbriefes zur Ausnahme geworden.

Ausgenommen sind Inlandssendungen unter Zollüberwachung und gewisse Gefahrguttransporte mit radioaktiven Gütern.

Form und Aufbau des Frachtbriefes Der Frachtbrief ist ein vierteiliger Formularsatz mit Logo des Frachtführers.

1. Blatt	Versandblatt	– bleibt beim Versandbahnhof
2. Blatt	Frachtbriefdoppel	– erhält der Absender
3. Blatt	Empfangsblatt	– erhält der Empfangsbahnhof
4. Blatt	Frachtbrief	– erhält der Empfänger.

Eisenbahngüterverkehr 4.2

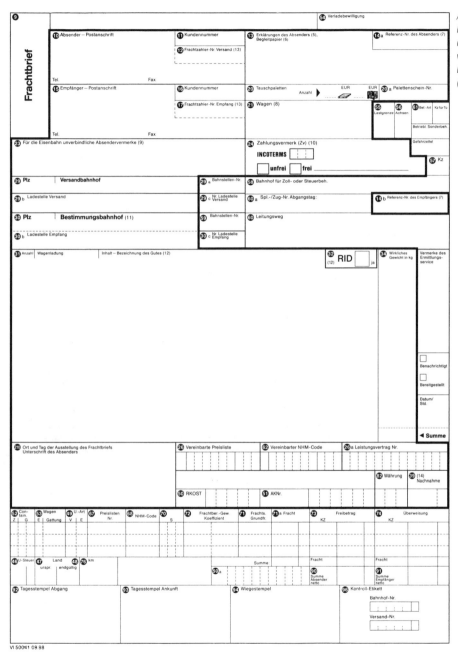

Abb. 25:
Frachtbrief
national
von Railion
Deutschland AG
(Vorderseite)

Abb. 26:
Frachtbrief national von Railion Deutschland AG (Rückseite)

Stempel der Zugwechselbahnhöfe			
1	2	3	4

Anmerkungen

(1) Für die Beförderung gelten die Allgemeinen Leistungsbedingungen (ALB) und nachstehende Hinweise.

(2) Die innerhalb der fettgedruckten Linie gelegenen Felder sind für Eintragungen durch den Absender bestimmt. **Bitte drücken Sie beim Schreiben fest auf, damit Ihre Eintragungen auch auf allen Teilen lesbar sind.** Frachtbriefe mit Abänderungen, Radierungen oder Überklebungen brauchen nicht angenommen zu werden. Durchstreichungen sind nur zulässig, wenn der Absender sie mit seiner Unterschrift anerkennt.

(3) Auf einen Frachtbrief können bis zu 3 Wagenladungen aufgeliefert werden, wenn diese an den selben Empfänger und an den selben Bestimmungsbahnhof aufgeliefert werden. Nach besonderer Vereinbarung können auch Wagengruppen mit mehr als 3 Wagen oder ganze Züge gleichzeitig mit einem Frachtbrief aufgeliefert werden, wenn sie an den selben Empfänger und an den selben Bestimmungsbahnhof gerichtet sind. Bei Auflieferung von zwei oder drei Wagenladungen mit einem Frachtbrief werden die Angaben für jede Einzelsendung in den Frachtbrief eingetragen. Bei Auflieferung ab 4 Wagen mit einem Frachtbrief ist diesem der Vordruck „Nachweisung/Wagenliste zum Frachtbrief" ausgefüllt (in der vorgeschriebenen Zahl) beizufügen.

(4) Mit einem und demselben Frachtbrief können nicht aufgeliefert werden:
   a) Güter, die nach ihrer Beschaffenheit nicht ohne Nachteil zusammengeladen werden können sowie Güter, die nach den Vorschriften der Anlage zur GGVE (RID) weder miteinander noch mit anderen Gütern zusammengeladen werden dürfen;
   b) Güter, durch deren Zusammenladung Zoll- oder sonstige Verwaltungsvorschriften verletzt würden;
   c) Güter, die von der Eisenbahn verladen werden, mit Gütern, die der Absender verlädt.

Die auf der Vorderseite in Klammern aufgeführten Ziffern weisen auf die in nachstehenden Erläuterungen genannten Besonderheiten hin.

(5) Hier sind Erklärungen des Absenders einzutragen: z. B.
   – Erklärung über Befreiung von der Umsatzsteuer gemäß Umsatzsteuergesetz (UStG),
   – bahnseitig verwiegen,
   – Zoll-(Steuer-)behandlung in ...,
   – bei Transportzwischenfällen (Leckagen) usw. von Gefahrgutsendungen ist zu benachrichtigen ... .

(6) Hier sind Anzahl und Art der beigegebenen Begleitpapiere und Beilagen einzutragen.

(7) Bei Teilnahme am Verfahren „Zentrale Frachtberechnung und Fakturierung im Ladungsverkehr (ZFL)" oder nach besonderer Vereinbarung kann hier eine bis zu 10stellige Nummer angegeben werden, die als Referenz-, Dispositions- oder sonstige Kennummer dient und in der periodischen Rechnung wiedergegeben wird.

(8) Hier ist die 12stellige Wagennummer wie folgt anzugeben: 2180 150 2305 2"; ferner das angeschriebene Gattungskennzeichen und bei Privatwagen „P".

(9) Hier können für die Eisenbahn unverbindliche kurze Vermerke, die die Sendung betreffen, nachrichtlich eingetragen werden, z. B. „im Auftrage des N.N.", „Zur Verfügung des N.N.".

(10) Im Feld „Zahlungsvermerk" ist das Zutreffende anzukreuzen. Eine nach den Preislisten zulässige Erweiterung oder Einschränkung der gewünschten Kostenübernahme (z. B. frei einschließlich ..., frei Fracht) ist hinter dem vorgesehenen Zahlungsvermerk „frei" unter genauer Bezeichnung anzugeben. Frachtbriefe mit Änderungen oder mehreren Angaben im Feld „Zahlungsvermerk" werden nicht angenommen.

(11) Hier ist die genaue Bezeichnung des Bestimmungsbahnhofes und – ohne Verbindlichkeit für die Eisenbahn – ggf. die Ladestelle Empfang einzutragen.

(12) Güter, die den Vorschriften der Anlage zur GGVE (RID) unterliegen, sind den Bestimmungen entsprechend zu bezeichnen; das Feld 32 ist anzukreuzen.

(13) Will ein anderer als der im Frachtbrief genannte Absender (Feld 10) bzw. Empfänger (Feld 15) nach besonderer Vereinbarung die Kosten im Versand bzw. Empfang übernehmen, ist hier die Kundennummer dieses Dritten einzutragen.

(14) Eintragungen sind nur zulässig, wenn eine entsprechende Vereinbarung im Leistungsvertrag abgeschlossen ist.

(15) Bei Sendungen mit Abfällen ist zusätzlich der Abfallschlüssel nach der Verordnung über das Europäische Abfallverzeichnis mit dem Zusatz „AV" anzugeben.

05.98

Quelle: Railion Deutschland AG

Eisenbahngüterverkehr 4.2

4.2.17 Auftragsabwicklung durch das *KundenServiceZentrum (KSZ)*

Das *KundenServiceZentrum (KSZ)* in *Duisburg* hat im Juli 1998 den Betrieb als **zentrale Schaltstelle** für das gesamte Auftragsmanagement von *Railion Deutschland* übernommen und ist für die Kommunikation mit rund 7 500 Kunden verantwortlich. Arbeitstäglich werden rund 7 000 Aufträge bearbeitet und die Bereitstellung von rund 9 500 Güterwagen zur Beladung organisiert.

Um eine optimale Bedienung und Betreuung der Kunden zu gewährleisten, wurden analog den Marktbereichen bei *Railion – ReilFreight* – folgende **Servicebereiche** installiert:

1. Baustoffe, Entsorgung, Industrie- und Konsumgüter, Agrarprodukte, Forstwirtschaft, Intermodal
2. Chemie, Mineralöl, Düngemittel, Militär
3. Montan
4. Automotive, Fahrzeuge.

Damit den branchenspezifischen Anforderungen und den regionalen Besonderheiten Rechnung getragen werden kann, sind über 20 Branchen- / Regionalteams in den genannten Servicebereichen eingesetzt.

Die für die Aufgabenerfüllung des *KSZ* notwendigen Prozessabläufe sind nachstehend schematisch dargestellt:

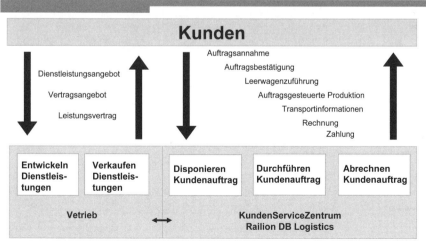

Abb. 27: Kernprozesse im KundenService-Zentrum (KSZ) Railion

Quelle: Railion Deutschland AG

4 Der Spediteur und die Verkehrsträger

Abb. 28:
Angebots-
anfrage,
Vorderseite

Kontakt

Transportanfrage für Einzelwagen und Ganzzüge

Wir wollen Sie von Anfang an individuell betreuen. Bitte beantworten Sie uns die nachfolgenden Fragen möglichst ausführlich, damit wir uns ein genaues Bild von Ihrer Transportaufgabe machen können. Unsere Kundenberater setzten sich schnellstmöglich mit Ihnen in Verbindung. Die mit einem (*) gekennzeichneten Felder sind Pflichtfelder.

Geben Sie hier bitte Ihre Transportdaten an.

Gutart*	Bitte beschreiben Sie ausführlich die zu versendende Gutart sowie die Verpackung.
NHM-Code	[NHM-Code-Suche]
Transportzeitraum	Von: 23 06 2008 Bis: 23 06 2008
Gesamtgewicht in t*	
Anzahl Transporte/Jahr	
Bruttogewicht pro Transport	
Transportart	Einzelwagen
Welche Wagen sollen verwendet werden (ggf. Alternativen)	Bahn-eigene Wagen oder Privat-Wagen; Wagengattung; 2-,4-,6- Achsen

Versender

Firma*	Bitte geben Sie den vollständigen Handelsregisternamen an.
Kunden-Nr.	
Güterverkehrsstelle*	[Suche]
Versandland*	Deutschland
Gleisanschluss bei Versender vorhanden*	○ Ja ○ Nein

Empfänger

Firma*	Bitte geben Sie den vollständigen Handelsregisternamen an.

376

Eisenbahngüterverkehr 4.2

Transportanfrage für Einzelwagen und Ganzzüge

Wir wollen Sie von Anfang an individuell betreuen. Bitte beantworten Sie uns die nachfolgenden Fragen möglichst ausführlich, damit wir uns ein genaues Bild von Ihrer Transportaufgabe machen können. Unsere Kundenberater setzten sich schnellstmöglich mit Ihnen in Verbindung. Die mit einem (*) gekennzeichneten Felder sind Pflichtfelder.

Geben Sie hier bitte Ihre Transportdaten an.

Feld	Wert	Hinweis
Gutart*		Bitte beschreiben Sie ausführlich die zu versendende Gutart sowie die Verpackung.
NHM-Code		[NHM-Code-Suche]
Transportzeitraum	Von: 23 06 2008 Bis: 23 06 2008	
Gesamtgewicht in t*		
Anzahl Transporte/Jahr		
Bruttogewicht pro Transport		
Transportart	Einzelwagen	
Welche Wagen sollen verwendet werden (ggf. Alternativen)		Bahn-eigene Wagen oder Privat-Wagen; Wagengattung; 2-,4-,6- Achsen

Versender

Feld	Wert	Hinweis
Firma*		Bitte geben Sie den vollständigen Handelsregisternamen an.
Kunden-Nr.		
Güterverkehrsstelle*		[Suche]
Versandland*	Deutschland	
Gleisanschluss bei Versender vorhanden*	○ Ja ○ Nein	

Empfänger

Feld	Wert	Hinweis
Firma*		Bitte geben Sie den vollständigen Handelsregisternamen an.

Abb. 29:
Angebots-
anfrage,
Rückseite

Quelle: Railion Deutschland AG

Neukundenservice Will ein Auftraggeber Geschäftsbeziehungen zu *Railion Deutschland* aufnehmen, so kann er sich an den *Neukundenservice beim KZS* wenden. Für die Erstellung eines Preis- und Leistungsangebotes sind einige Angaben über die geplanten Transporte zwingend erforderlich. Details hierzu sind aus der vorstehend abgebildeten Transportanfrage beispielhaft zu entnehmen, die über das neu eingerichtete Internetportal *RailServiceOnline (RSO)* an das *KSZ* gerichtet werden kann. Selbstverständlich können für eine solche Anfrage auch andere Kommunikationsmittel (Telefon, Fax, EDI) benutzt werden.

Nimmt ein anfragendes Unternehmen das vom Vertrieb von *Railion* entwickelte Angebot an, so sind im Regelfall folgende Schritte erforderlich:
- Abschluss eines **Leistungsvertrages** (Rahmenvertrag) auf der Grundlage der *ALB der Railion Deutschland AG*, der kein Frachtvertrag ist
- Vergabe von **Auftrag-Codes** durch das *KSZ*
- Teilnahme am bargeldlosen **Frachtausgleichsverfahren** (Ausnahme ist Zielzahlung)
- Abschluss eines **Frachtausgleichsvertrages** mit der *DVB Bank AG*
- Sollte zum Beispiel Palettentausch zum Angebot gehören, ist eine **Vereinbarung der Tauschbedingungen** erforderlich.

Will der Auftragnehmer im Rahmen des abgeschlossenen Leistungsvertrages einen Einzelwagen oder Ganzzug zum Versand bringen, sind in der Regel zwei getrennte Aktivitäten erforderlich, einmal die Bestellung des/der Güterwagen und die Erteilung des Auftrages.
1. Güterwagenbestellung
   Der Besteller sollte bei Bestellung folgende angaben machen:
   - Bedarfstag
   - Bedarfsstelle
   - Anzahl und Gattung der benötigten Güterwagen
   - Bei Sendungen ins Ausland den Bestimmungsbahnhof und gewünschten Leitungsweg.

Den Bestellvorgang verdeutlicht nachstehende Systemdarstellung:

Eisenbahngüterverkehr 4.2

Güterwagendisposition mit dem System „LWM"

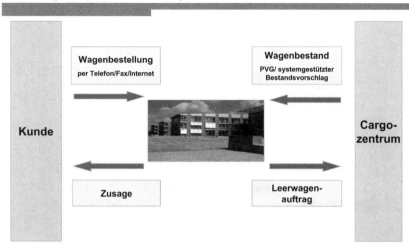

Abb. 30: Bestellvorgang beim KSZ

Quelle: RailionDeutschland AG

Wenn das *KSZ* nicht in einer angemessenen Frist widerspricht, kommt mit dem Besteller ein Wagengestellungsvertrag zustande. Wird der Wagengestellungsvertrag gekündigt, kann dies zu einer Wagenstandgeldrechnung führen.

2. Zentrale Auftragsbearbeitung
   Die Auftragsbearbeitung ist die Grundlage für die Transportdurchführung und Auftragsberechnung. Der Transportauftrag kann über verschiedene Kommunikationswege erfolgen. Wenn kein Frachtbrief Verwendung findet, muss der Transportauftrag mindestens die so genannten „Mussangaben" eines Frachtbriefes enthalten. Soweit vereinbart, ist außerdem der Auftrag-Code anzugeben. Dadurch wird eine schnellere Zuordnung zu den in einer Stammdatei hinterlegten Daten des Leistungsvertrages als Grundlage für die Frachtabrechnung in dem Verfahren der *Zentralen Frachtberechnung und Fakturierung im Ladungsverkehr (ZFL)* möglich. Der Frachtbrief ist nur noch zwingend im internationalen Güterverkehr sowie im Binnenverkehr für Sendungen mit Zollüberwachung und für bestimmte Gefahrguttransporte. Die administrative Auftragsabwicklung vom Versand- bis zum Empfangskunden ist nachstehend schematisch dargestellt.

Zentrale Frachtberechnung

Abb. 31:
Zentrales Oder-
management
Güterwagen-
disposition

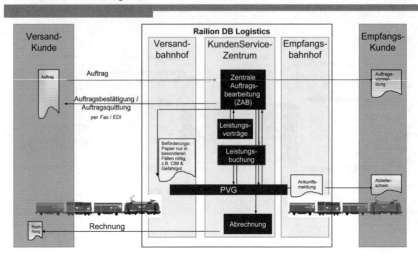

Quelle: RailionDeutschland AG

In den Fällen, in denen eine Frachtbrief erforderlich ist, wird am zuständigen Knotenbahnhof ein einteiliger Transportschein erzeugt, der dem Muster des Frachtbriefes entspricht. Dieser begleitet die Sendung bis zum Empfänger.

Wenn kein Frachtbrief erforderlich ist, erhält der Absender als Ersatz für das Frachtbriefdoppel eine **Auftragsquittung**. Der Empfänger kann auf Wunsch zum Zeitpunkt der Auftragsannahme eine **Auftragsvormeldung** erhalten. Grundsätzlich erhalten jedoch alle Empfangskunden zum Zeitpunkt der Ankunft ihres Wagens im Empfangs-Knotenbahnhof per Fax oder E-Mail einen **Ablieferschein**.

Jeweils am Ende einer Dekade erhält der Frachtzahler eine Rechnung über alle Forderungen, die auch die Grundlage zur Ausgleichszahlung gegenüber der *DVB Bank AG* bildet.

Eisenbahngüterverkehr 4.2

Railion

Abb. 32: Auftragsquittung Railion Deutschland AG

**Auftragsquittung
zu Auftr.-Nr. 80200507113940729**

An   DB Netz AG - Zentrale N.DV

Railion Deutschland AG
KundenServiceZentrum
Masurenallee 33
47055 Duisburg
www.railion.com

Ihren Auftrag haben wir wie folgt erfasst:

Versandnummer: 80 25445-8 71141-6

Absenderdaten
Absender, Kunden-Nr: DB Netz AG - Zentrale N.DV   1690916
Absender, Auftragsnummer:
Zahlungsvermerk: frei
Erklärungen des Absenders: AAR-Nr. f. Wagenstandgebühr: 051477 Ansprechpartner BV: Hr.
                        Schmitz, Tel: 0163/3207553

Empfängerdaten
Empfänger, Kunden-Nr: Dt. Gleis- u Tiefbau GmbH   736017

Referenzen/Begleitpapiere
Begleitpapiere (Anzahl): Referenz Absender 3220533184 / Übernahmeschein (Abfall)
                        225809151311

Relation
Versanddatum und -zeit: 11.07.2005
Versandbahnhof: NEUNKIRCHEN(SAAR)HBF
Ladestelle Versand (Hafen):
Zusatzinfo Versandstelle:
Empfangsbahnhof: KARLSRUHE GBF
Ladestelle Empfang (Hafen):
Zusatzinfo Empfangsstelle:

Transportdaten
Produktname:
Zollüberwachung: Nein
Schiffsankunft/Schiffsabfahrt:
Zugnummer:
Auftragsgesamtgewicht: 20000 kg
Anzahl EUR-Paletten:
LV-/Preislistennr.:   / 2250157
RKOST/AKNr.:   051476
Service-Entgeltcode/-Entgelt:

Wagendaten
Wagenanzahl: 1   Gefahrgut (J/N): Nein
Bezeichnung des Gutes: Betonschwellen zur Entsorgung

Wagennummer	NHM-Nr.	AVV-Schlüssel	Lad.-Gew.	Gef.-Nr.	UN-Nr.	Klasse/Verp.-Gruppe	Gefahrzettel
4280 346 8134-9	6810	170101	20000				

Vermerke des Absenders für den Empfänger
BV: Idar Oberstein - Kronweiler

[DB]

Quelle: RailionDeutschland AG

Abb. 33:
Auftrags-
voranmeldung
Railion
Deutschland AG

railion

**Auftragsvormeldung
zu Auftr.-Nr. 80200507113940729**

An   DB Netz AG - Zentrale N.DV

Railion Deutschland AG
KundenServiceZentrum
Masurenallee 33
47055 Duisburg
www.railion.com

Wir informieren Sie über folgenden Transport:

Versandnummer: 80 25445-8 71141-6

Absenderdaten
Absender, Kunden-Nr: DB Netz AG - Zentrale N.DV 1690916
Absender, Auftragsnummer:
Zahlungsvermerk: frei
Erklärungen des Absenders: AAR-Nr. f. Wagenstandgebühr: 051477 Ansprechpartner BV: Hr. Schmitz, Tel: 0163/3207553

Empfängerdaten
Empfänger, Kunden-Nr: Dt. Gleis- u Tiefbau GmbH 736017

Referenzen/Begleitpapiere
Begleitpapiere (Anzahl): Referenz Absender 3220533184 / Übernahmeschein (Abfall) 225809151311

Relation
Versanddatum und -zeit: 11.07.2005
Versandbahnhof: NEUNKIRCHEN(SAAR)HBF
Ladestelle Versand (Hafen):
Zusatzinfo Versandstelle:
Empfangsbahnhof: KARLSRUHE GBF
Ladestelle Empfang (Hafen):
Zusatzinfo Empfangsstelle:

Transportdaten
Produktname:
Zollüberwachung: Nein
Schiffsankunft/Schiffsabfahrt:
Zugnummer:
Auftragsgesamtgewicht: 20000 kg
Anzahl EUR-Paletten:
LV-/Preislistennr.: / 2250157
RKOST/AKNr.: 051476
Service-Entgeltcode/-Entgelt:

Wagendaten
Wagenanzahl: 1 Gefahrgut (J/N): Nein
Bezeichnung des Gutes: Betonschwellen zur Entsorgung

Wagennummer	NHM-Nr.	AVV-Schlüssel	Lad.-Gew.	Gef.-Nr.	UN-Nr.	Klasse/Verp.-Gruppe	Gefahrzettel
4280 346 8134-9	6810		170101	20000			

Vermerke des Absenders für den Empfänger
BV: Idar Oberstein - Kronweiler

[DB]

Quelle: Railion Deutschland AG

Eisenbahngüterverkehr 4.2

Railion

Abb. 34:
Ablieferschein
Railion
Deutschland AG

Ablieferschein
zu Auftr.-Nr. 80200507113940729

Railion Deutschland AG
KundenServiceZentrum
An   Dt. Gleis- u Tiefbau GmbH
Masurenallee 33
47055 Duisburg
www.railion.com

Wir haben folgende Sendung für Sie im Zulauf:

Versandnummer: 80 25445-8 71141-6

Absenderdaten
Absender, Kunden-Nr.:   DB Netz AG - Zentrale N.DV   1690916
Absender, Auftragsnummer:
Zahlungsvermerk: frei
Erklärungen des Absenders: AAR-Nr. f. Wagenstandgebühr: 051477 Ansprechpartner BV: Hr.
                          Schmitz, Tel: 0163/3207553

Empfängerdaten
Empfänger, Kunden-Nr.:   Dt. Gleis- u Tiefbau GmbH   736017

Referenzen/Begleitpapiere
Begleitpapiere (Anzahl): Referenz Absender 3220533184 / Übernahmeschein (Abfall)
                          225809151311

Relation
Versanddatum und -zeit: 11.07.2005
Versandbahnhof: NEUNKIRCHEN(SAAR)HBF
Ladestelle Versand (Hafen):
Zusatzinfo Versandstelle:
Empfangsbahnhof: KARLSRUHE GBF
Ladestelle Empfang (Hafen):
Zusatzinfo Empfangsstelle:

Transportdaten
Produktname:
Zollüberwachung: Nein
Schiffsankunft/Schiffsabfahrt:
Zugnummer:
Auftragsgesamtgewicht: 20000 kg
Anzahl EUR-Paletten:
LV-/Preislistennr.:   / 2250157
RKOST/AKNr.:   051476
Service-Entgeltcode/-Entgelt:

Wagendaten
Wagenanzahl: 1   Gefahrgut (J/N): Nein
Bezeichnung des Gutes: Betonschwellen zur Entsorgung

Wagennummer	NHM-Nr.	AVV-Schlüssel	Lad.-Gew.	Gef.-Nr.	UN-Nr.	Klasse/Verp.-Gruppe	Gefahrzettel
4280 346 8134-9	6810		170101	20000			

Vermerke des Absenders für den Empfänger
BV: Idar Oberstein - Kronweiler

Quelle: Railion Deutschland AG

Störungs- Die Serviceteams im *KSZ* überwachen bei zeitsensiblen Sendungen oder störungsan-
manage- fälligen Relationen den Lauf eines Güterwagens. Bei Verspätungen und Zugausfällen
ment werden zunächst interne Maßnahmen gemeinsam mit den beteiligten Stellen der *DB-Netz AG, CargoLeitZentrale* und Cargo-Bahnhöfen zur **Beseitigung der Störung** getroffen. Ist dies nicht möglich, wird der Kunde informiert und **Ersatzmaßnahmen** werden abgesprochen. Dabei werden das DV-Verfahren *Produktions Verfahren Güterverkehr (PVG)* und das *Navigationssystem GPS (Global Positioning System)* genutzt. Mit diesen Instrumenten ist das *KSZ* jederzeit in der Lage, auf Kundenanfrage mit Angabe der
Standort Wagen-Nummer Auskunft über den **Standort des Wagens** zu geben. Das *GPS* ist im
Wagen internationalen Schienengüterverkehr von großer Bedeutung, weil dieses System auch ohne die Mitwirkung anderer Bahnen funktionsfähig ist.
After-Sales- Im *KSZ* werden durch die erwähnten Serviceteams auch alle anderen Reklamationen
Service wie **Entschädigungen und Erstattung von Frachten und anderen Entgelten** nach sorgfältiger Prüfung kundenorientiert in definierten Zeiten erledigt.

4.2.18 Besonderheiten bei Frachtverträgen des Inlandsverkehrs

Weisung Der Absender kann den abgeschlossenen Frachtvertrag nachträglich abändern durch eine
des Weisung.
Absenders Die Möglichkeiten der **Weisung des Absenders** ergeben sich aus den frachtrechtlichen Bestimmungen des *HGB § 418.*
Nachfolgend die wichtigsten Arten der nachträglichen Weisungen des Absenders:
- Rückgabe an den Absender auf dem Versandbahnhof
- Ablieferung erst nach Eingang weiterer Verfügungen
- Ablieferung auf dem bisherigen Bestimmungsbahnhof an einen Dritten
- Ablieferung auf einem anderen Bestimmungsbahnhof an einen anderen Empfänger
- Rücksendung an den Absender
- Ablieferung ohne Erhebung der Nachnahme.

Andere Verfügungen sind jedoch auch zugelassen.
Railion Deutschland ist aber nur zur Befolgung solcher Weisungen verpflichtet, wenn die Ausführung der nachträglichen Weisung weder Nachteile für den Betrieb noch Schäden für die Absender und Empfänger anderer Sendungen mit sich zu bringen droht.
Für die Ausführung von nachträglichen Weisungen kann ein Entgelt erhoben werden. Im Inlandsverkehr sind die nachträglichen Weisungen, im Gegensatz zum internationalem Verkehr, **nicht mehr formgebunden.**
Im Inlandsverkehr abgegebene Weisungen müssen dahingehend von *Railion Deutschland* geprüft werden, ob sie eindeutig vom Absender stammen.
Die Vorlage des Frachtbriefdoppels ist nur im Inlandsverkehr erforderlich, wenn mit dem Absender im Leistungsvertrag die **Sperrfunktion des Frachtbriefdoppels ausdrücklich vereinbart ist.**
Damit die nachträgliche Weisung am Bestimmungsbahnhof noch ausgeführt werden

kann, kann der Absender neben der brieflichen Übermittlung die Weitergabe der nachträglichen Weisung telegrafisch, fernschriftlich oder fernmündlich beantragen.

Die Abänderung des Frachtvertrages im Inlandsverkehr ist nicht mehr möglich, wenn das Gut an der Ablieferstelle eingetroffen ist, da dann die Verfügungsgewalt dem Empfänger zusteht.

Der Absender erteilt seine Weisungen dem *Kunden-Service-Zentrum (KSZ)* in *Duisburg*.

Wenn die vertragsgemäße Beförderung oder Ablieferung des Gutes nicht möglich ist, liegt ein **Beförderungshindernis** beziehungsweise **Ablieferungshindernis** vor. Für diese Fälle holt *Railion Deutschland (KundenServiceZentrum/KSZ)* Weisungen des Verfügungsberechtigten ein. Der Verfügungsberechtigte darf alle Weisungen erteilen, die ausführbar sind und zum Erfolg führen. Für die Durchführung der Weisung hat *Railion Deutschland* Anspruch auf Ersatz der Aufwendungen und auf eine angemessene Vergütung. Der Anspruch auf Vergütung erlischt, wenn das Hindernis dem Risikobereich von *Railion Deutschland* zuzurechnen ist. **Ablieferungs-/Beförderungshindernis**

Obwohl der Empfänger nicht direkt am Frachtvertrag beteiligt ist, hat er gleichwohl Rechte und Pflichten. **Empfängeranweisung**
- Er hat zum Beispiel nach *§ 421 HGB* das Recht, nach Ankunft der Güter an der Ablieferstelle vom Frachtführer zu verlangen, ihm das Gut gegen Erfüllung der Verpflichtungen aus dem Frachtvertrag abzuliefern. Er ist zur Zahlung der nach dem Vertrag geschuldeten Beträge verpflichtet.
- Er kann nach Ankunft des Gutes an der Ablieferstelle von seinem Verfügungsrecht, der **Empfängeranweisung**, Gebrauch machen (Wechsel des Verfügungsrechts vom Absender auf den Empfänger – *HGB 418 (2)*).

Der Empfänger kann bereits vor Ankunft des Gutes am Bestimmungsort Anweisungen abgeben. Diese werden jedoch erst ausgeführt, wenn das Gut an der Ablieferstelle eingetroffen ist und die Verfügungsgewalt nicht mehr beim Absender ist.

Die **Empfängeranweisung kann nur vom Empfänger gegeben werden**. Sollte der Empfänger die Weisung erteilt haben, das Gut einem Dritten auszuliefern, ist dieser nicht berechtigt, einen anderen Empfänger zu bestimmen. Ansonsten können grundsätzlich alle Anweisungen erteilt werden, deren Ausführung ohne Nachteile für die Betriebsabläufe möglich ist.

4.2.19 Internationaler Eisenbahngüterverkehr

Da bei der Eisenbahn, im Gegensatz zum Straßen-, Luft- und Schiffsverkehr, an den Grenzen das ausführende Beförderungsunternehmen in der Regel wechselt, war auch ein einheitliches internationales Eisenbahnverkehrsrecht erforderlich, das Reisende und Transportgüter von einem ins andere Land begleitet. Dabei haben die Eisenbahnkunden und die Eisenbahnen selbst ein Interesse daran, dass Transit- und Zielländer nach gleichem

Recht handeln. Die internationalen Rechtsordnungen regeln einerseits das Verhältnis zwischen Eisenbahnen und Kunden und andererseits die Rechtsbeziehungen zwischen den beteiligten Eisenbahnverwaltungen.

COTIF Seit den Anfängen des internationalen Eisenbahnverkehrs gibt es bereits solche einheitlichen Rechtsordnungen im Eisenbahntransportrecht. Das erste internationale *Übereinkommen über den internationalen Eisenbahnverkehr (COTIF)* stammt aus dem Jahre 1890. Die Abkürzung *COTIF* ergibt sich aus dem französischen Titel *Convention relative aux transports internationaux ferroviaires*. Es schuf eine dem damaligen Stand des Völkerrechts entsprechende Verwaltungsunion mit einem *ständigen Sekretariat*, dem *Zentralamt für den einheitlichen Eisenbahnverkehr* (1893), die so genannte *Berner Convention*. Diese Rechtsordnungen werden seiher regelmäßig den veränderten wirtschaftlichen und politischen rahmenbedingungen angepasst. Das *COTIF* in der aktuellen Fassung ist 1999 reformiert und nach der Ratifizierung durch die Mitgliedsstaaten am 1.7.2006 in Kraft getreten.

Ein wesentlicher Grundsatz der Reform ist eine weitgehende Harmonisierung der internationalen Beförderungsrechte der unterschiedlichen Verkehrsträger, vor allem mit der im Straßengüterverkehr geltenden *CMR*. Gleichzeitig wurde das Transportrecht für den Wettbewerb liberalisiert, so wie es die *EU* für ihre Mitgliedsstaaten in der *Richtlinie 91/440* und *2001/12 EG* fordert.

OTIF Die Schaffung internationalen Eisenbahnrechts bedarf entsprechender Institutionen. Als wichtigste Institution ist hier die *Zwischenstaatliche Organisation für den internationalen Eisenbahnverkehr (Organisation intergouvernementale pour les transports internationaux ferroviaires – OTIF)* zu nennen.

Die Organisation *OTIF* in der heutigen Form ist am 1.5.1985 entstanden. Sie hat eine eigene Rechtspersönlichkeit sowohl im Völkerrecht als auch in den nationalen Rechtsordnungen der Mitgliedsstaaten. Der Organisation gehören derzeit 42 Staaten in *Europa*, *Nordafrika* und im *Nahen Osten* als Mitglieder an.

Schwerpunkte der Tätigkeit der Organisation sind:
- Modernisierung des Eisenbahntransportrechts
- Weiterentwicklung des Gefahrgutrechts
- Ausweitung des Geltungsbereichs
- Erleichterung des Grenzübertritts im internationalen Eisenbahnverkehr
- Technische Einheit im Eisenbahnwesen
- Technische Zulassung und Aufsicht.

Übersicht über das *COTIF* als internationales Eisenbahnrecht

Übersicht COTIF
- Das so genannte Grundübereinkommen *COTIF*, das institutionelle Bestimmungen, die das Verhältnis der Vertragsstaaten zueinander ,den Beitritt und den Austritt aus der Gemeinschaft der Vertragsstaaten, die Abänderungen und das Außerkrafttreten des jeweiligen Übereinkommens regeln, enthält;

- ein Protokoll über die Vorrechte und Immunitäten der zwischenstaatlichen Organisation für den internationalen Eisenbahnverkehr (OTIF), welches ebenfalls ausschließlich institutionelle Bestimmungen enthält

Eisenbahngüterverkehr 4.2

Anhang A – Einheitliche Rechtsvorschriften für den Vertrag über die internationale Eisenbahnbeförderung von Personen (ER-CIV)
Diese Einheitlichen Rechtsvorschriften enthalten die beförderungsrechtlichen Bestimmungen für den internationalen Eisenbahn-Personenverkehr. Mit den Worten *Vertrag über die internationale Eisenbahnbeförderung* ist der einzelne Beförderungsvertrag gemeint. *CIV* = französische Abkürzung für *Règles uniformes concernant le contrat de transport international ferroviaire des voyageurs.*

Anhang B – Einheitliche Rechtsvorschriften für den Vertrag über die internationale Eisenbahnbeförderung von Gütern (ER-CIM)
Diese Einheitlichen Rechtsvorschriften enthalten die beförderungsrechtlichen Bestimmungen für den internationalen Eisenbahngüterverkehr. Die Worte *Vertrag über die internationale Eisenbahnbeförderung von Gütern* beziehen sich auf den einzelnen Frachtvertrag. *CIM* = französische Abkürzung für *Règles uniformes concernant le contrat de transport international ferroviaire des marchandises.*

Anhang C – Ordnung für die internationale Eisenbahnbeförderung gefährlicher Güter (RID)
Diese Einheitlichen Rechtsvorschriften enthalten die Bestimmungen für die internationale Beförderung gefährlicher Güter auf der Schiene auf dem Gebiet der Mitgliedstaaten. *RID* = französische Abkürzung für *Règlement concernant le transport international ferroviaire des marchandises dangereuses.*

Anhang D – Einheitliche Rechtsvorschriften für Verträge über die Verwendung von Wagen im Internationalen Eisenbahnverkehr (ER-CUV)
Diese Einheitlichen Rechtsvorschriften gelten für zwei- oder mehrseitige Verträge über die Verwendung von Eisenbahnwagen als Beförderungsmittel zur Durchführung von Beförderungen. *CUV* = französische Abkürzung für *Règles uniformes concernant les contrats d'utilisation de véhicules en traffic international ferroviaire.*

Anhang E – Einheitliche Rechtsvorschriften für den Vertrag über die Nutzung der Infrastruktur im Internationalen Eisenbahnverkehr (ER-CUI)
Diese Einheitlichen Rechtsvorschriften gelten für jeden Vertrag über die Nutzung einer Eisenbahninfrastruktur zum Zwecke der Durchführung internationaler Eisenbahnbeförderungen. *CUI* = französische Abkürzung für *Règles uniformes concernant les contrats d'utilisation de véhicules en trafic international ferroviaire.*

Anhang F – Einheitliche Rechtsvorschriften für die Verbindlicherklärung technischer Normen und für die Annahme einheitlicher technischer Vorschriften für Eisenbahnmaterial, das zur Verwendung im Internationalen Verkehr bestimmt ist (ER-APTU)
Diese Einheitlichen Rechtsvorschriften legen das Verfahren fest, nach dem für Eisenbahnmaterial, das zur Verwendung im internationalen Verkehr bestimmt ist, technische Normen für verbindlich erklärt und einheitliche technische Vorschriften angenommen werden. *APTU* = französische Abkürzung für *Règles uniformes concer-*

nant la validation de normes techniques et l'adoption de prescriptions techniques uniformes applicables au matériel ferroviaire destiné à être utilisé en trafic international.

Anhang G – Einheitliche Rechtsvorschriften für die technische Zulassung von Eisenbahnmaterial, das im Internationalen Verkehr verwendet wird (ER-ATMF)
Diese Einheitlichen Rechtsvorschriften legen das Verfahren fest, nach dem Eisenbahnfahrzeuge und sonstiges Eisenbahnmaterial zum Einsatz oder zur Verwendung im internationalen Verkehr zugelassen werden. *ATMF* = französische Abkürzung für *Règles uniformes concernant la validation de normes techniques et l'adoption de prescriptions techniques uniformes appplicables, au matériel ferroviaire destiné à être utilisé en trafic international.*

ER-CIM Der *Anhang B des Übereinkommens über den internationalen Eisenbahnverkehr (COTIF)*, der die *CIM* enthält (die offizielle Abkürzung hierfür ist seit dem 1.5.1985 *ER-CIM*), ist derjenige Teil, der für die internationale Beförderung von Gütern bedeutend ist Da der weitaus größte Teil der ausländischen Eisenbahnverkehrsunternehmen das *COTIF* und damit auch die *ER-CIM*-Bestimmungen anwenden müssen, sind diese Bestimmungen für Spediteure für die internationale Güterbeförderung per Eisenbahn vor allem diese Vorschriften von Bedeutung.

Diese Einheitlichen Rechtsvorschriften gelten für jeden Vertrag über die entgeltliche Beförderung von Gütern auf der Schiene, wenn der Ort der Übernahme des Gutes für Beförderung und der für die Ablieferung vorgesehene Ort in zwei verschiedenen Mitgliedstaaten liegen. Sie gelten auch für Verträge über die entgeltliche Beförderung von Gütern auf der Schiene, wenn der Ort der Übernahme des Gutes zur Beförderung und der für die Ablieferung vorgesehene Ort in zwei verschiedenen Staaten liegen, von denen nur einer Mitgliedstaat ist, und die Parteien des Vertrages vereinbaren, dass der Vertrag diesen Einheitlichen Rechtsvorschriften unterliegt.

Nach dem Beispiel der *CMR* sind die *ER-CIM* auf Verträge über durchgehende internationale Eisenbahngüterbeförderungen anzuwenden, und zwar grundsätzlich unabhängig von einem System eingetragener Linien. Das System der Listen der Linien nach *Artikel 24* des *COTIF* wurde so reformiert, dass in die Liste der Linien *CIM* nur noch die Strecken eingetragen werden, bei denen ein Mitgliedstaat einen Vorbehalt für die Anwendung der *ER-CIM* auf einem genau bezeichneten Teil der Eisenbahninfrastruktur angemeldet hat.

Straßenbeförderungen und Beförderungen auf Binnengewässern unterliegen den *ER-CIM* nur insoweit, als sie die internationale Schienenbeförderung um eine solche Beförderung im Binnenverkehr ergänzen und es sich um einen einzigen Vertrag handelt. Nur im Fall von Beförderungen, die eine nationale oder internationale Seestrecke oder eine grenzüberschreitende Beförderung auf Binnengewässern einschließen, wird das System eingetragener Linien beibehalten werden.

Die *ER-CIM* sind zwingendes Recht. Dies gilt künftig auch im Fall durchgehender internationaler Beförderungen, die durch einen einzigen Eisenbahnbeförderer unter Nutzung verschiedener, auch fremder Infrastrukturen durchgeführt werden.

Mit der Einführung des neuen *COTIF* gibt es eine Trennung zwischen Transportrecht

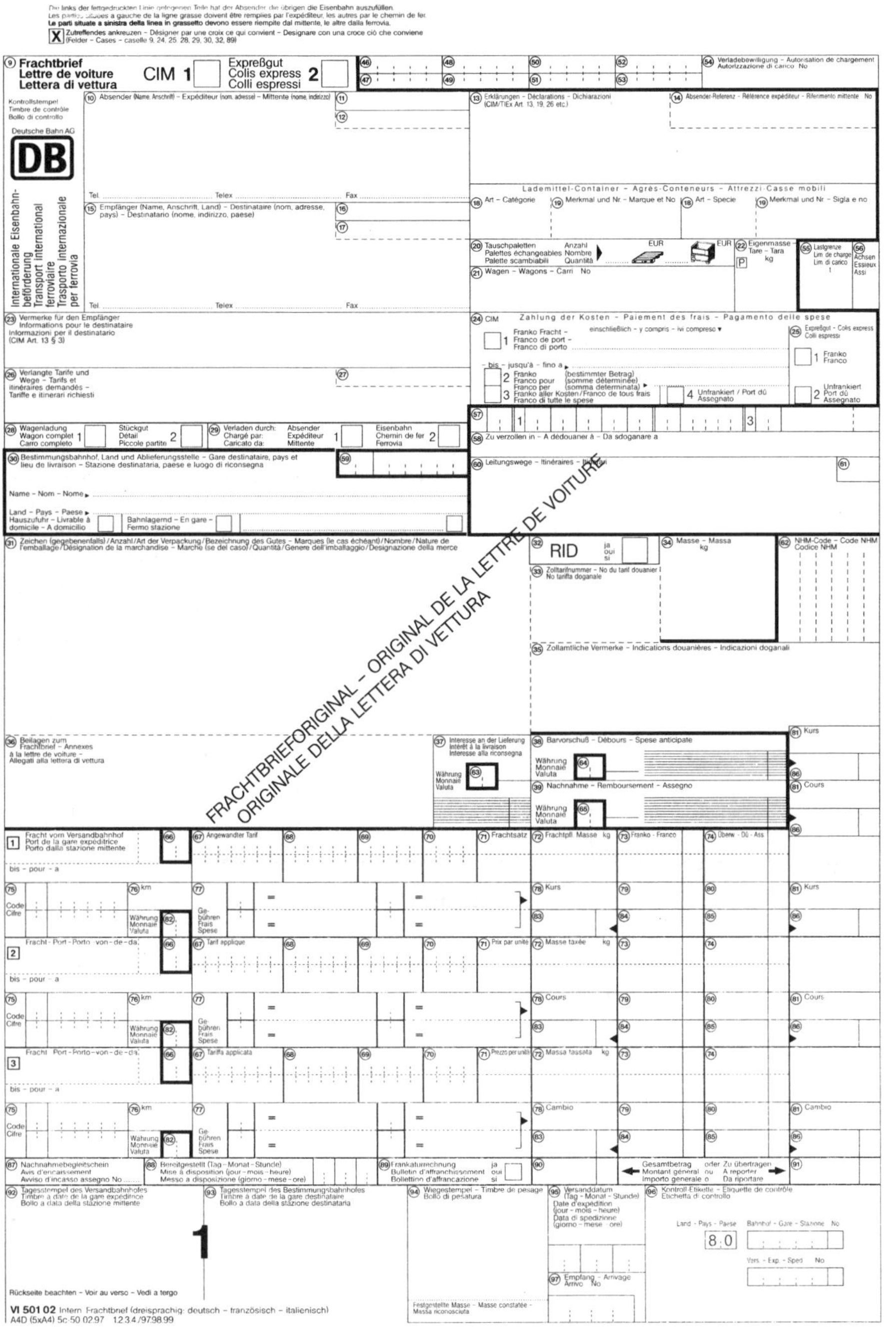
Die links der fettgedruckten Linie gelegenen Teile hat der Absender, die übrigen die Eisenbahn auszufüllen.
Les parties situées à gauche de la ligne grasse doivent être remplies par l'expéditeur, les autres par le chemin de fer.
Le parti situate a sinistra della linea in grassetto devono essere riempite dal mittente, le altre dalla ferrovia.
X Zutreffendes ankreuzen – Désigner par une croix ce qui convient – Designare con una croce ciò che conviene (Felder – Cases – caselle 9, 24, 25, 28, 29, 30, 32, 89)

(9) Frachtbrief – Lettre de voiture – Lettera di vettura – CIM 1 – Expreßgut – Colis express – Colli espressi 2
(46) (47) (48) (49) (50) (51) (52) (53)
(54) Verladebewilligung – Autorisation de chargement – Autorizzazione di carico No

Kontrollstempel – Timbre de contrôle – Bollo di controllo
Deutsche Bahn AG
DB
Internationale Eisenbahnbeförderung – Transport international ferroviaire – Trasporto internazionale per ferrovia

(10) Absender (Name, Anschrift) – Expéditeur (nom, adresse) – Mittente (nome, indirizzo) (11) (12)
Tel. ... Telex ... Fax ...
(13) Erklärungen – Déclarations – Dichiarazioni (CIM/TIEx Art. 13, 19, 26 etc.)
(14) Absender-Referenz – Référence expéditeur – Riferimento mittente No
Lademittel-Container – Agrès-Conteneurs – Attrezzi-Casse mobili
(18) Art – Catégorie (19) Merkmal und Nr. – Marque et No (18) Art – Specie (19) Merkmal und Nr. – Sigla e no
(15) Empfänger (Name, Anschrift, Land) – Destinataire (nom, adresse, pays) – Destinatario (nome, indirizzo, paese) (16) (17)
Tel. ... Telex ... Fax ...
(20) Tauschpaletten – Palettes échangeables – Palette scambiabili – Anzahl – Nombre – Quantità – EUR – EUR
(22) Eigenmasse – Tare – Tara – kg – P
(55) Lastgrenze – Lim. de charge – Lim. di carico (56) Achsen – Essieux – Assi
(21) Wagen – Wagons – Carri No
(23) Vermerke für den Empfänger – Informations pour le destinataire – Informazioni per il destinatario (CIM Art. 13 § 3)
(24) CIM – Zahlung der Kosten – Paiement des frais – Pagamento delle spese
1 Franko Fracht – Franco de port – Franco di porto – einschließlich – y compris – ivi compreso
bis – jusqu'à – fino a
2 Franko (bestimmter Betrag) – Franco pour (somme déterminée) – Franco per (somma determinata)
3 Franko aller Kosten / Franco de tous frais – Franco di tutte le spese
4 Unfrankiert / Port dû – Assegnato
(25) Expreßgut – Colis express – Colli espressi: 1 Franko – Franco; 2 Unfrankiert – Port dû – Assegnato
(26) Verlangte Tarife und Wege – Tarifs et itinéraires demandés – Tariffe e itinerari richiesti (27)
(57) 1 3
(28) Wagenladung – Wagon complet – Carro completo 1; Stückgut – Détail – Piccole partite 2
(29) Verladen durch: – Chargé par: – Caricato da: Absender – Expéditeur – Mittente 1; Eisenbahn – Chemin de fer – Ferrovia 2
(58) Zu verzollen in – A dédouaner à – Da sdoganare a
(30) Bestimmungsbahnhof, Land und Ablieferungsstelle – Gare destinataire, pays et lieu de livraison – Stazione destinataria, paese e luogo di riconsegna (59)
Name – Nom – Nome
Land – Pays – Paese
Hauszufuhr – Livrable à domicile – A domicilio; Bahnlagernd – En gare – Fermo stazione
(60) Leitungswege – Itinéraires – Itinerari (61)
(31) Zeichen (gegebenenfalls)/Anzahl/Art der Verpackung/Bezeichnung des Gutes – Marques (le cas échéant)/Nombre/Nature de l'emballage/Désignation de la marchandise – Marche (se del caso)/Quantità/Genere dell'imballaggio/Designazione della merce
(32) RID ja – oui – si
(34) Masse – Massa kg
(62) NHM-Code – Code NHM – Codice NHM
(33) Zolltarifnummer – No du tarif douanier – No tariffa doganale
(35) Zollamtliche Vermerke – Indications douanières – Indicazioni doganali
FRACHTBRIEFORIGINAL – ORIGINAL DE LA LETTRE DE VOITURE – ORIGINALE DELLA LETTERA DI VETTURA
(36) Beilagen zum Frachtbrief – Annexes à la lettre de voiture – Allegati alla lettera di vettura
(37) Interesse an der Lieferung – Intérêt à la livraison – Interesse alla riconsegna – Währung – Monnaie – Valuta (63)
(38) Barvorschuß – Débours – Spese anticipate – Währung – Monnaie – Valuta (64)
(39) Nachnahme – Remboursement – Assegno – Währung – Monnaie – Valuta (65)
(81) Kurs (86) (81) Cours (86)
1 Fracht vom Versandbahnhof – Port de la gare expéditrice – Porto dalla stazione mittente (66) (67) Angewandter Tarif (68) (69) (70) (71) Frachtsatz (72) Frachtpfl. Masse kg (73) Franko – Franco (74) Überw. – Dû – Ass
bis – pour – a
(75) Code – Cifre (76) km (77) Gebühren – Frais – Spese (78) Kurs (79) (80) (81) Kurs
Währung – Monnaie – Valuta (82) (83) (84) (85) (86)
2 Fracht – Port – Porto von – de – da (66) (67) Tarif appliqué (68) (69) (70) (71) Prix par unité (72) Masse taxée kg (73) (74)
bis – pour – a
(75) Code – Cifre (76) km (77) Gebühren – Frais – Spese (78) Cours (79) (80) (81) Cours
Währung – Monnaie – Valuta (82) (83) (84) (85) (86)
3 Fracht – Port – Porto – von – de – da (66) (67) Tariffa applicata (68) (69) (70) (71) Prezzo per unità (72) Massa tassata kg (73) (74)
bis – pour – a
(75) Code – Cifre (76) km (77) Gebühren – Frais – Spese (78) Cambio (79) (80) (81) Cambio
Währung – Monnaie – Valuta (82) (83) (84) (85) (86)
(87) Nachnahmebegleitschein – Avis d'encaissement – Avviso d'incasso assegno No
(88) Bereitgestellt (Tag – Monat – Stunde) – Mise à disposition (jour – mois – heure) – Messo a disposizione (giorno – mese – ore)
(89) Frankaturrechnung – Bulletin d'affranchissement – Bollettino d'affrancazione – ja – oui – si
(90) Gesamtbetrag – Montant général – Importo generale – oder – ou – o – Zu übertragen – A reporter – Da riportare (91)
(92) Tagesstempel des Versandbahnhofes – Timbre à date de la gare expéditrice – Bollo a data della stazione mittente
(93) Tagesstempel des Bestimmungsbahnhofes – Timbre à date de la gare destinataire – Bollo a data della stazione destinataria
(94) Wiegestempel – Timbre de pesage – Bollo di pesatura
(95) Versanddatum (Tag – Monat – Stunde) – Date d'expédition (jour – mois – heure) – Data di spedizione (giorno – mese – ore)
(96) Kontroll-Etikette – Etiquette de contrôle – Etichetta di controllo
Land – Pays – Paese 8 0 Bahnhof – Gare – Stazione No
Vers. – Exp. – Sped. No
(97) Empfang – Arrivage – Arrivo No
1
Festgestellte Masse – Masse constatée – Massa riconosciuta
Rückseite beachten – Voir au verso – Vedi a tergo
VI 501 02 Intern. Frachtbrief (dreisprachig: deutsch – französisch – italienisch)
A4D (5xA4) 5c 50 02 97 1 2 3 4 / 97 98 99

Abb. 35:
CIM-Frachtbrief

Quelle:: DB AG

und Wagenrecht. Damit werden die Grundlagen für die Leerbeförderung von Güter-und Personenwagen aus den *ER-CIM* in die neu geschaffene *ER-CUV* verlagert. Da diese Bestimmungen gleichermaßen für Privatwagen wie für bahneigene Wagen gilt, ist es faktisch eine Gleichstellung in der Behandlung der Wagen.

Die nachfolgende Übersicht vermittelt einen Gesamtüberblick über die *ER-CIM*:

Tab. 41: Übersicht ER-CIM

ER-CIM

Titel I Allgemeine Bestimmungen Artikel 1-5	Titel II Abschluss und Ausführung des Frachtvertrages Artikel 6 - 22	Titel III Haftung Artikel 23 - 41
Anwendungsbereich; Öffentlich-Rechtliche Vorschriften; Begriffsbestimmungen; Abweichungen; Zwingendes Recht	Beförderungsvertrag; Inhalt des Frachtbriefes; Haftung für die Angaben im Frachtbrief; Gefährliche Güter; Zahlung der Kosten; Nachprüfung; Beweiskraft des Frachtbriefes; Verladen und Entladen des Gutes; Verpackung; Erfüllung verwaltungsbehördlicher Vorschriften; Lieferfristen; Ablieferung; Verfügungsrecht über das Gut; Ausübung des Verfügungsrechtes; Beförderungshindernisse; Ablieferungshindernisse; Folgen der Beförderungs- und Ablieferungshindernisse	Haftungsgrund; Haftung bei Beförderung von Eisenbahnfahrzeugen als Gut; Beweislast; Aufeinanderfolgende Beförderer; Ausführender Beförderer; Schadensvermutung bei Neuaufgabe; Vermutung für den Verlust des Gutes; Entschädigung bei Verlust; Haftung bei Schwund; Entschädigung bei Beschädigung; Entschädigung bei Überschreitung der Lieferfrist; Entschädigung bei Wertangabe; Entschädigung bei Angabe des Interesses an der Lieferung; Verlust des Rechts auf Haftundbeschränkung; Umrechnung und Verzinsung; Haftung im Eisenbahn-Seeverkehr; Haftung bei nuklearem Ereignis; Personen, für die der Beförderer haftet; sonstige Ansprüche

Anlagen

Titel IV Geltendmachung von Ansprüchen Artikel 42-48	Titel V Beziehungen der Beförderer untereinander Artikel 49-52
Tatbestandaufnahme; Reklamationen; Zur gerichtlichen Geltendmachung von Ansprüchen berechtigte Personen; Beförderer, gegen die Ansprüche gerichtlich geltend gemacht werden können; Gerichtsstand; Erlöschen der Ansprüche; Verjährung	Abrechung; Rückgriffsrecht; Rückgriffsverfahren; Vereinbarung über den Rückgriff

Quelle: Eigene Darstellung

Mit dem neuen Transportrecht wurde die Beförderungs- und Tarifaufstellungspflicht aufgehoben. Dies bedeutet aber nicht, dass keine Tarife erstellt werden dürfen. Gerade mit Hinsicht auf die vielen bestehenden Sonderabmachungen und die neuen

Eisenbahngüterverkehr 4.2

Kundenabkommen, wie die Verträge nun zwischen den Eisenbahnverkehrsunternehmen und den Kunden heißen, werden auch künftig die Transporte in aufeinander folgender Transportführerschaft das klassische Vertragsverhältnis zwischen Kunde und Eisenbahnverkehrsunternehmen sein. Aus diesem Grund hat die *Railion Deutschland AG* mit fast allen Bahnen in *Europa* die bestehenden Tarife beibehalten. Sie wurden inhaltlich den Bestimmungen der ER-CIM angepasst, damit sie weiterhin verwendet werden können und sind als zusätzliche vertragliche Vereinbarungen Bestandteil der Kundenabkommen.

Diese internationalen Tarife sind entweder vereinbart
- zwischen zwei Eisenbahnverkehrsunternehmen verschiedener Länder oder
- zwischen mehreren Eisenbahnverkehrsunternehmen in einer Länderachse.

Internationale Tarife

Sie gelten demnach nur im Verkehr zwischen den Ländern, zwischen denen sie vereinbart sind. Entsprechend enthält jeder Tarif den Hinweis auf den Geltungsbereich. Er umfasst
- die Bezeichnung der beteiligten Eisenbahnverkehrsunternehmen
- die Angabe, ob er für alle Waren in Wagenladungen oder lediglich für bestimmte Warenarten (zum Beispiel Eisen- und Stahlerzeugnisse) gilt
- die Angabe, ob er für alle Bahnhöfe der beteiligten Eisenbahnverkehrsunternehmen oder nur für bestimmte Bahnhöfe gilt.

Alle Tarife haben die **zwingenden rechtlichen Bestimmungen der ER-CIM zur Grundlage**. Sie enthalten in einigen Fällen noch die *ER-CIM*-Bestimmungen ergänzende Regelungen, zum Beispiel bezüglich der Frachtzahlung und – was sehr wesentlich ist –
- einheitliche Grundsätze für die Frachtberechnung
sowie
- auf der Grundlage des *Harmonisierten Güterverzeichnisses (NHM)* einheitliche Warenbezeichnungen.

Bei den Tarifen sind folgende Arten zu unterscheiden:

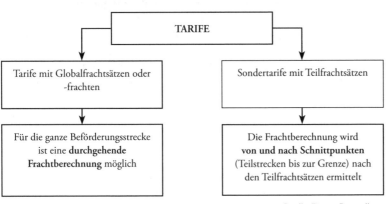

Tab. 42: Unterschiedliche Tarife im internationalen Eisenbahngüterverkehr

Quelle: Eigene Darstellung

Durch- Außerdem bestehen in verschiedenen Ländern noch **Durchfuhr- oder Transittarife**.
fuhr-/Tran- Darunter sind solche Tarife zu betrachten, die in Durchfuhrländern (Transitländern) für
sittarife die Durchfuhrgüter anzuwenden sind.

Die Länder *Aserbaidschan, Albanien, Belarus (Weißrussland), Bulgarien, China, Estland, Georgien, Iran, Kasachstan, Kirgisien, Koreanische Volksrepublik, Lettland, Litauen, Mongolei, Polen, Republik Moldau, Russland, Sozialistische Republik Vietnam, Tadschikistan, Turkmenistan, Ukraine* und *Usbekistan* haben ein besonderes Abkommen für den internationalen Eisenbahnverkehr dieser Staaten abgeschlossen, das nach verschiedenen
SMGS Überarbeitungen unter der Abkürzung *SMGS (Soglaschenje Meschdunarodnoje Grusowoje Ssoooschtschenjie)* 1951 in Kraft getreten ist.

Einige dieser Länder sind sowohl Vertragsstaaten der *SMGS* als auch des *COTIF.*
In *Europa* gibt es somit drei Gruppen:
- *COTIF*-Vertragsstaaten, die nur *COTIF*-Mitglieder sind.
- *COTIF*- und *SMGS*-Vertragsstaaten, die beiden Abkommen angehören
- *SMGS*-Staaten, die nur *SMGS*-Mitglieder sind.

4.2.20 Ausblick zur strategischen Ausrichtung der Eisenbahnen

Leistungs- Als größtes deutsches Eisenbahnverkehrsunternehmen will sich die Güterverkehrssparte
verbesse- der *DB AG* mit einer Gesamtstrategie dem wandelnden Verkehrsmarkt anpassen und
rung ihren Marktanteil erhöhen. Dazu sollen **Produktivität, Pünktlichkeit, Zuverlässigkeit und Service** deutlich verbessert werden.

Sanierung Zur Sanierung des Kerngeschäftes wurde die Netzstruktur mit dem Projekt *200 X*
Kern- bereits optimiert. Dies wird in einem andauernden Prozess fortgeführt. In einem wei-
geschäft teren Projekt *Prozess Redesign Produktion (PRP)* wurden Produktionsprozesse überprüft und neue Führungs-, Steuerungs- und Verantwortungsstrukturen *(CargoZentren Transportmanagement)* geschaffen.

Die Produktion und der Vertrieb für die Produkte Einzelwagen und Ganzzug wurde bei *Railion Deutschland* unter dem Geschäftsfeld *Rail Freight* zusammengeführt. Als nächstes ist die Stärkung des regionalen Vertriebs vorgesehen, der die mittleren und kleineren Kunden betreuen soll.

Ein weiterer Akzent liegt auf der weiteren Verwirklichung von Verbundeffekten zwischen dem Schienengüterverkehr und den konzerneigenen und fremden Speditionen und Logistik-Unternehmen.

Das bereits bestehende *Railportsystem* soll im In- und Ausland weiter ausgebaut werden. Der Bereich „Instandhaltung" für das rollende Material wird ebenfalls einer Reorganisation unterzogen.

Investition Mit einem **Investitionsprogramm** mit einem Finanzvolumen von 1,7 Mrd. € soll bis
in rollendes zum Jahr 2011 der **Lokomotiv- und Güterwagenpark** verjüngt und den Marktbedürfnis-
Material sen angepasst werden. Bei den Triebfahrzeugen haben Mehrstromlokomotiven und Diesellokomotiven hohe Priorität.

e-Com- Einen weiterer Schwerpunkt bilden der **e-Commerce** und das **Internet**.
merce

Eisenbahngüterverkehr 4.2

Da *Railion Deutschland* gute Markt- und Wachstumschancen im internationalen Güterverkehr mit guten Renditeaussichten sieht, wird die **Zusammenarbeit mit ausländischen Eisenbahnverkehrsunternehmen** – gegebenenfalls im *Railion-Verbund* – gefördert. Nach dem Erwerb von *EWS* und *Transfesa* sowie der Gründung von *Railion Schweiz*, *Railion Scandinavia* und *East West Railways* in *Polen* wird der Ausbau des europäischen Schienengüterverkehrsnetzwerkes zielstrebig fortgeführt. **Internationalisierung**

Daneben steht die Entwicklung einheitlicher Produktions- und Qualitätsstandards mit anderen Bahnen auf der Agenda.

Im **kombinierten Verkehr** (KV) als weiterer Wachstumsträger soll nach Einführung eines *Drei-Achsen-Managements* mit Zusammenführung von Vertrieb und Produktion durch den Ausbau gebündelter Verkehre und kunden-/branchenbezogener Systemverkehre weiter optimiert und mit der **Kostenführerschaft** die Wettbewerbsfähigkeit noch deutlich verbessert werden. In enger Zusammenarbeit mit leistungsstarken Operateuren ist vorgesehen, mit einem **europaweiten Angebot** die Marktfähigkeit zu steigern. Bei der **Osterweiterung der EU** und in *China* ist durch das Engagement von Tochter- und Beteiligungsfirmen beim Bau neuer Terminals der Zugang und die Marktpräsenz zu sichern. **Kostenführerschaft des KV im Wettbewerb**

Stärkung Auslandsaktivitäten

Bei den **nichtbundeseigenen Eisenbahnen** *(NE)* wird die Wachstumsstrategie weiterverfolgt. Dazu hat die Kooperation mit der *Railion Deutschland*, aber auch mit anderen *NE* sowie ausländischen Bahnen einen hohen Stellenwert. Auch Vermieter von Güterwagen und/oder Lokomotiven und Speditionen kommen für eine konstruktive Zusammenarbeit in Frage. Einige erfolgreiche Praxisbeispiele belegen die Richtigkeit des eingeschlagenen Weges. Diese Zusammenarbeit ist einmal aus **wirtschaftlichen und finanziellen Gründen** erforderlich, aber auch um marktfähige Leistungsangebote (zum Beispiel Netzwerk für den Einzelwagenverkehr) zu entwickeln und im Wettbewerb zu anderen Anbietern am Markt agieren zu können. **Kooperation der NE**

Der Einkauf von Ressourcen (zum Beispiel Lokomotiven), Personal oder Dienstleistungen (zum Beispiel Notfallmanagement), im Einzelfall gemeinsam mit anderen Bahnen, wird weiter an Bedeutung gewinnen.

Als Bündelungspunkt großer Ladungsströme, ausgestattet mit der erforderlichen Infrastruktur für alle Verkehrsträger, bieten die **öffentlichen Häfen** mit ihren Bahnen sehr gute Voraussetzungen für Transport- und Logistikketten. **Hafenbahnen**

4.3 Binnenschifffahrt

4.3.1 Der Verkehrsträger Binnenschifffahrt auf dem Güterverkehrsmarkt

4.3.1.1 Die qualitativen Leistungsmerkmale der Binnenschifffahrt

Leistungsmerkmale der Binnenschifffahrt

Das Verkehrsmittel Binnenschiff kann seine Vorteile besonders beim **Transport großer Mengen** flüssiger, gasförmiger, schütt- und greiferfähiger sowie kranbarer Güter über große Entfernungen entfalten. Mit dieser Beschreibung werden auch **Container** erfasst, die – vor allem auf dem *Rhein* – in immer größerer Menge mit Binnenschiffen befördert werden. Darüber hinaus eignet sich das Binnenschiff in hervorragender Weise für den **Transport besonders sperriger und schwerer Einzelstücke**.

Der relativ geringen Geschwindigkeit von Binnenschiffen kann durch vorausschauende Planung begegnet werden. Insofern können auch Binnenschiffstransporte „just-in-time" organisiert werden. Die Binnenschifffahrt kann sich auch an spezialisierte Transportanforderungen anpassen – immer vorausgesetzt, es handelt sich um ausreichend große zur Beförderung anstehende Mengen.

Das **energiesparsamste Verkehrsmittel** ist das Binnenschiff. Die Auftriebskräfte des Wassers und (wo vorhanden) die Strömung sorgen dafür, dass die Binnenschifffahrt bei einem Vergleich zwischen den verschiedenen Verkehrsträgern für eine vorgegebene Transportleistung (zum Beispiel den Transport von 2 000 t Gütern über eine Entfernung von 500 km) den **geringsten Energieeinsatz** benötigt. Die daraus resultierenden Kostenvorteile schlagen sich in relativ **niedrigen Preisen** (Frachtraten) nieder und fördern den Transport von großströmigen meist transportkostenempfindlichen Massengütern auf dem Wasser.

Ferner ist das Binnenschiff der **umweltfreundlichste Verkehrsträger**; Abgas- und Lärmbelästigungen sind relativ gering. Dieser Vorteil der Binnenschifffahrt vor den konkurrierenden Verkehrsträgern nimmt allerdings ab angesichts der Tatsache, dass die Motoren der Binnenschiffe auf eine hohe Lebensdauer über mehrere Jahrzehnte und vielfach nicht auf Minimierung von Schadstoffemissionen ausgelegt sind. Die Modernisierung der Binnenschiffsflotte schreitet nicht so schnell voran wie zum Beispiel beim Straßengüterverkehr.

Das Verkehrssystem Binnenschiff / Wasserstraße verfügt über erhebliche freie Kapazitäten. Ohne größere Investitionen lässt sich die Transportleistung der Binnenschifffahrt kurzfristig um 20 % steigern. Auf vielen Wasserstraßen (insbesondere auf dem *Rhein*) kann die transportierte Gütermenge theoretisch um über 100 % erhöht werden. Gutachterlich wurde festgestellt, dass das von Eisenbahnen und Lkw auf das Binnenschiff verlagerbare Gütervolumen über 50 Mio. t beträgt. Angesichts von Engpässen auf Schienen und Straßen ist dies ein wesentlicher Vorteil, der verkehrspolitisch bedeutsam ist.

Weitere hervorzuhebende Eigenschaften sind die **hohe Verkehrssicherheit** (unter anderem Eignung für den Transport gefährlicher Güter), die weitgehende **Nutzung natürlicher Verkehrswege**, ein **günstiges Verhältnis von Nutzlast zu Totallast**, der

Binnenschifffahrt 4.3

Einsatz von **wenig Personal**, die **Großräumigkeit der Schiffe**. Im **kombinierten Verkehr Wasser-/Schiene/Straße** steht das Binnenschiff abgesehen vom Containertransport erst am Anfang der Entwicklung (Wechselbehältereinsatz/Roll-on-/Roll-off-Verkehre). Mit dem Binnenschiff können die meisten Industrie- und Verbrauchszentren der *Bundesrepublik* erreicht werden. Drei Viertel aller deutschen Großstädte verfügen über einen Wasserstraßenanschluss.

Die Wasserstraßen der *Bundesrepublik Deutschland* umfassen eine Länge von rund 7 500 km. Daraus folgt, dass die Dichte des Verkehrsnetzes für die Binnenschifffahrt gegenüber dem Straßen- und dem Eisenbahnverkehr relativ gering ist; **gebrochene Verkehre** beziehungsweise der Zwang zur Umladung von Gütern sind in der Binnenschifffahrt häufig anzutreffen. 6 400 km der 7 500 km Bundeswasserstraßen stellen klassifizierte Wasserstraßen dar (vergleiche *Ziffer 4.3.3.2*). Entsprechend dem von der *ECE* 1992 beschlossenen neuen *Klassifizierungssystem für die europäischen Binnenwasserstraßen* entfallen davon 25 % auf Wasserstraßen mit regionaler Bedeutung (*Klasse I bis III*) und 75 % auf Wasserstraßen mit internationaler Bedeutung (*Wasserstraßenklasse IV bis VII*).

Als **Nachteile** der Leistung des Binnenschiffes werden die gegenüber anderen Verkehrsträgern **hohe Transportdauer** und **Witterungsabhängigkeit** angegeben. Eisgang, Hochwasser und Niedrigwasser können die Versorgungssicherheit in bestimmten Fahrgebieten gefährden und erfordern entsprechend vorausschauende Planungen für den Fall eintretender meist kurzfristiger Störungen.

Die Gesamttransportzeit dürfte bei der Beförderung von Gütern in Ganzzügen geringer als beim Transport mit Binnenschiffen sein. Für den Transport von Gütern in Einzelwagen wird auf der Schiene deutlich mehr Zeit benötigt. Der Einzelwagentransport auf der Schiene und Binnenschiffstransport sind allerdings nur selten direkt als Alternative anzusehen.

In Anbetracht des Sonntagsfahrverbots im Straßengüterverkehr kann das Binnenschiff sogar gegenüber dem Lkw in bestimmten Relationen und zu bestimmten Zeiten schneller sein. Die Ausrüstung der Binnenschiffe mit modernen Radar-Anlagen ermöglicht einen **„Rund-um-die-Uhr"** Betrieb und erhöht damit die Transportberechenbarkeit und verkürzt die Transportzeit. Durch Einführung elektronischer Wasserstraßen-Informationen (*www.elwis.de*) steht allen Interessenten am System Binnenschiff/Wasserstraße ein moderner, stets aktuelle Informationsdienst zur Verfügung.

Eine gute zusammenfassende Übersicht über die Systemvorteile/-nachteile vermittelt die folgende Darstellung, die wir dem *Handbuch Güterverkehr Binnenschifffahrt*, herausgegeben vom *Bundesministerium für Verkehr*, März 1997, entnommen haben. Dieses Handbuch kann jedem Interessierten an Fragen der Binnenschifffahrt zum Studium empfohlen werden (kostenlos zu beziehen beim *Bundesverband der Deutschen Binnenschifffahrt e. V.* in *Duisburg*).

Tab. 43: Zusammenstellung wichtiger systembedingter Komponenten der Verkehrswertigkeit *Verkehrssystem Binnenschifffahrt*

Infrastruktur (Binnenwasserstraßen)	Schnittstellen (Häfen)	Transportraum (Güterschiffe)
Systemvorteile		
– weitestgehend natürlicher Verkehrsweg – geringer Flächenverbrauch – geringer Unterhaltungsaufwand – hohe Sicherheit des Verkehrsweges – hohe Durchlaßfähigkeit / freie Kapazitäten (Keine Staus!) – kein Nacht- und Sonntagsfahrverbot – Raum für Freizeit und Erholung – hoher ökologischer Wert – Energiegewinnung	– Lage in Ballungsräumen – Multimodalität – große Lagerkapazität – gute Schienen- und Straßenanbindung – flexible Umschlagtechnik – Zentrum für GVZ-Funktionen	– große Kapazität – kostengünstiges Transportmittel – hohe Lebensdauer – geringer spezifischer Energieverbrauch – geringe Lärm- und Abgasemission – hohe Transportsicherheit
Systemnachteile		
– geringe Netzdichte – Befahrbarkeitsbeschränkung durch Hoch-, Niedrigwasser und Eisgang – Kanalabgaben – Schleusungsgebühren	– geringe Anzahl fixer Zugangsstellen (Folge: Gebrochener Verkehr *), das heißt „Zwang" zur Kooperation; Vor-, Nachlauf- und Umschlagkosten) – Hafengebühren – Hafenbahntarife – teils hohe Umweltschutzauflagen – zeitliche Begrenzung für Zu- / Ablauf Lkw	– relativ geringe Transportgeschwindigkeit – Auslastung (Abladetiefe) abhängig von Fahrwassertiefe, Brückendurchfahrtshöhe (betr. Containerlagen)
Einige Möglichkeiten für den „Abbau" von diversen Systemnachteilen		
– Sanierung / Ausbau der Wasserstraßen – Netzerweiterung des Nautischen Informationsfunks (NIF)	– Modernisierung der Ausrüstung – Angebot logistischer Komplettlösungen – Einrichtung temporärer Schiffsumschlagplätze – Bündelung kleiner Stückgutpartien	– Modernisierung und Spezialisierung der Flotte
– Einsatz von Telematikkomponenten zur Optimierung der Transportkette (Verkehrsleitung, Sendungsverfolgung, ...) – Kooperationen zwischen den Verkehrsträgern, ... zwischen Binnenschiffahrtsunternehmen		
*) Kostengünstigkeit der gebrochenen Transportkette mit Hauptlauf Binnenschiff gegenüber dem Direktverkehr Bahn / Straße ist abhängig vom Verhältnis **Vorlauf / Nachlauf** (Straße / Bahn) zu **Hauptlauf** (Binnenschiff)		

Quelle: Handbuch Güterverkehr Binnenschifffahrt, herausgegeben vom Bundesministerium für Verkehr, März 1997

Binnenschifffahrt 4.3

4.3.1.2 Die quantitativen Leistungsmerkmale der Binnenschifffahrt

Die jährlich mit Binnenschiffen auf deutschen Wasserstraßen transportierten Gütermengen bewegen sich seit 1970 in einem Korridor zwischen 220 und 250 Mio. Tonnen. Im Jahre 2007 belief sich das Transportaufkommen auf 249,3 Mio. Tonnen (Schätzung). Ein demgegenüber eindeutig positiver Trend zeigt sich bei der Betrachtung der Verkehrsleistung, rechnerisch das Produkt aus durchschnittlicher Transportweite und insgesamt transportierter Menge. Seit 1992, dem Jahr der Fertigstellung des *Main-Donau-Kanals*, nimmt die Verkehrsleistung der Binnenschifffahrt ständig zu und betrug im Jahre 2007 64,8 Mrd. Tonnenkilometer (1992 betrug sie im Vergleich dazu 57,2 Mrd. Tonnenkilometer).

Gütermengen in der Binnenschifffahrt

Rund 750 Unternehmen sind im Güterverkehr der deutschen Binnenschifffahrt tätig, sie bieten auf dem Güterverkehrsmarkt mit rund 2 700 Schiffseinheiten (Motorgüterschiffe, Tankmotorschiffe, Schubleichter, Tankschubleichter, Schleppkähne, Tankschleppkähne, Trägerschiffsleichter, Schubboote, Schlepper) Laderaum mit einer Tragfähigkeit von rund 2,6 Mio. Tonnen an. Rund 20 % der Transportgüter der Binnenschifffahrt entfallen auf Kies, Sand, Steine und sonstige Baustoffe, rund 20 % auf Mineralöle, Gase, rund 20 % auf Erze und Schrott, rund 10 % auf Stein- und Braunkohlen, um die wichtigsten Transportgüter zu nennen. Der Anteil des gesamten Containerverkehrs am Transportaufkommen der Binnenschifffahrt liegt bei rund 10 %.

4.3.1.3 Historischer Rückblick

Der Verkehrsträger Binnenschifffahrt ist der älteste Verkehrsträger. Bereits 10 000 Jahre v. Chr. fuhren auf dem *Nil* Flöße. Auf dem *Rhein* verkehrten die ersten Floßschiffe 2000 v. Chr. In der Zeit der so genannten Stadtwirtschaften vom 12.-17. Jahrhundert wurden auf den natürlichen Wasserläufen Treidelschiffe eingesetzt, die zum Teil von menschlicher oder tierischer Arbeitskraft gezogen, bis zu 40 t Güter beförderten. 1757 wurde der **heute größte deutsche Binnenhafen** *Duisburg-Ruhrort* gegründet. 1815 forderte der *Wiener Kongress* erstmalig die Freiheit der Schifffahrt auf allen Strömen. Das erste deutsche Dampfschiff *„Die Weser"* verkehrte 1816.

Um 1900 herum wurde das *Ruhrgebiet* bis *Dortmund* über Kanäle mit der *Nordseeküste* und dem *Rhein* verbunden. **Der *Mittellandkanal*, die einzige und deshalb sehr wichtige Ost-West-Verbindung, wurde 1938 eröffnet.** Während bis 1950 die Schlepp-Schifffahrt vorherrschend war, begannen die Unternehmen in dieser Zeit mit dem Bau von Motorgüterschiffen (das bekannteste ist das „Europaschiff" mit einer Tragfähigkeit von 1 350 t). 1960 kam die Schubschifffahrt nach amerikanischem Vorbild auf. Schubverbände (bestehend aus einem Schubschiff und bis zu 6 Schubleichtern) können eine Gütermenge bis maximal 17 000 t transportieren.

Im September 1992 wurde der *Main-Donau-Kanal* mit einer Länge von 171 km eröffnet. Seitdem steht ein durchgehender Binnenschifffahrtsweg über 3 500 km von *Rotterdam* bis zum *Schwarzen Meer* zur Verfügung. Im Oktober 2003 wurde die Trogbrücke über die *Elbe* in Betrieb genommen. Damit sind Verkehre zwischen *Berlin* und dem *Ruhrgebiet* sowie *Hamburg* möglich, die unabhängig sind von den nicht selten niedrigen Wasserständen der *Elbe*.

4.3.1.4 Die Marktordnung in der Binnenschifffahrt

Markt- Eine Marktordnung in der nationalen Güterverkehrswirtschaft zeichnet sich aus durch
ordnung kapazitätsregulierende Maßnahmen und durch qualitative Marktzugangsbeschränkungen (fachliche Eignung, persönliche Zuverlässigkeit, finanzielle Leistungsfähigkeit). Grundsätzlich gibt es in der Binnenschifffahrt nur **wenige Beschränkungen beim Marktzugang**.
Markt- Der Unternehmer im Binnenschiffsgüterverkehr benötigt eine Erlaubnis, die er immer
zugang dann erhält, wenn er die Voraussetzungen der *Verordnung über den Zugang zum Beruf*
Erlaubnis *des Unternehmers im innerstaatlichen und grenzüberschreitenden Binnenschiffsgüterverkehr* erfüllt.

Dies ist dann der Fall, wenn er einen entsprechenden Lehrgang besucht hat. Der Tatbestand des relativ freien Marktzuganges und die noch zu behandelnde *Freiheit der Binnenschifffahrt* führen dazu, dass der Verkehrsträger Binnenschifffahrt tendenziell Überkapazitäten aufweist, denen durch verschiedene Maßnahmen (nationale Abwrackaktionen von 1969 bis 1989 und internationale Abwrackaktionen sowie einem erschwerten Marktzugang für neue Schiffe von 1989 bis 2003) entgegengewirkt werden sollte.

Von der Befähigung, als **Unternehmer** in der Binnenschifffahrt tätig zu sein, ist die Befähigung zum **Führen der Schiffe** zu unterscheiden. Zum Führen eines Schiffes werden sogenannte Patente benötigt, die nach entsprechender Schulungsmaßnahmen streckenbezogen bei Nachweis praktischer Erfahrungen erteilt werden.

Nach *Artikel 89 des Grundgesetzes* ist der **Bund** Eigentümer der **Bundeswasserstraßen**. Im *Gesetz über die Aufgaben des Bundes auf dem Gebiet der Binnenschifffahrt (Binnenschifffahrtsaufgabengesetz–BinSchAufG)* sind die Aufgaben des Bundes im Einzelnen angesprochen; unter anderem Förderung der Binnenflotte und des Binnenschiffsverkehrs im allgemeinen deutschen Interesse, Abwehr von Gefahren für die Sicherheit des Verkehrs sowie Verhütung von von der Schifffahrt ausgehenden Gefahren (Schifffahrtpolizei), die Schiffseichung auf den Bundeswasserstraßen, die Erteilung der Erlaubnis zur Fahrt auf den Bundeswasserstraßen für Wasserfahrzeuge.

Weitere im Binnenschiffsverkehr zu beachtende Gesetze und Verordnungen sind das *Gesetz über Rechte an eingetragenen Schiffen und Schiffsbauwerken*, die *Schiffsregisterordnung*, die *Verordnung über die Eichung von Binnenschiffen*, das *Gesetz betreffend die privatrechtlichen Verhältnisse über die Eichung von Binnenschiffen*, das *Gesetz betreffend die privatrechtlichen Verhältnisse der Binnenschifffahrt (BinSchG)*, das *Gesetz über das gerichtliche Verfahren in Binnenschifffahrtssachen (BinSchVerfG)*, die *Binnenschifffahrtsstraßen-Ordnung (BinSchStrO)*, die *Rheinschifffahrtpolizeiverordnung (RheinSchPVO)*, die *Moselschifffahrtpolizeiverordnung (MoselSchPVO)*, die V*erordnung über die Beförderung gefährlicher Güter auf dem Rhein (ADNR)*, die *Rheinschiffs-Untersuchungsordnung (RheinSchUO)*, die *Binnenschiffs-Untersuchungsordnung (BinSchUO)*. Die *BinSchUO* ist Basis für die Verkehrszulassung in der Form der Erteilung des Schiffsattests / Schiffszeugnisses. Ferner gilt die *Binnenschifffahrt-Patentverordnung*. Wer sich als „Schiffer" betätigen will, das heißt wer ein eigenes oder fremdes Schiff auf Binnengewässern führen will, bedarf dazu eines Befähigungsnachweises. Es wird ihm ein *Schifferpatent* ausgestellt.

Binnenschifffahrt 4.3

Mit dem *Tarifaufhebungsgesetz* wurde das *Binnenschiffsverkehrsgesetz* zum 1.1.1994 aufgehoben. Seitdem gilt im innerdeutschen Binnenschiffsverkehr der Grundsatz der Tariffreiheit. Das heißt, dass die Marktpartner sich untereinander auf Frachtpreise und Nebenbedingungen einigen können beziehungsweise müssen. Für die Binnenschifffahrt gelten seitdem im innerdeutschen Verkehr (ungefähr ein Drittel der damaligen Verkehrsleistungen) die gleichen Bedingungen wie im grenzüberschreitenden Verkehr (rund zwei Drittel der Beförderungsleistungen auf deutschen Wasserstraßen), für den es im Bereich der Binnenschifffahrt niemals staatliche Regulierungen gab. **Tarifaufhebungsgesetz**

Eine weitere wichtige Veränderung erfuhren per 1.7.1998 die vertragsrechtlichen Bestimmungen in der Binnenschifffahrt durch das In-Kraft-Treten des *Transportrechtsreformgesetzes (TRG)*. Die gesetzlichen Vorschriften, die das nationale Frachtvertragsrecht in der Binnenschifffahrt regeln, wurden gestrichen. Für die Binnenschifffahrt gelten seitdem in vielen Punkten die gleichen Vorschriften aus dem *Handelsgesetzbuch (HGB)* wie für die anderen Verkehrsträger. Es gibt aber auch Spezialregeln, wie die *Verordnung über die Lade- und Löschzeit in der Binnenschifffahrt* sowie das Liegegeld. **Transportrechtsreformgesetz (TRG)**

Mit dem *Gesetz über die Aufgaben des Bundes auf dem Gebiet der Binnenschifffahrt (Binnenschifffahrtsaufgabengesetz–BinSchAufgG)* werden die Aufgaben und Zuständigkeiten der betreffenden Bundesbehörden geregelt. Mit dem Ziel bester Verkehrsbedienung ist die *Bundesregierung* ermächtigt, auf eine Angleichung der Wettbewerbsbedingungen der Verkehrsträger hinzuwirken und durch einen lauteren Wettbewerb der Verkehrsträger eine volkswirtschaftlich sinnvolle Aufgabenteilung zu erreichen.

Der *Bund* verwaltet die Bundeswasserstraßen durch eigene Behörden. Zuständig für die Verwaltung der Bundeswasserstraßen und für die Aufgaben der Binnenschifffahrt ist der *Bundesminister für Verkehr, Bau und Stadtentwicklung*. **Wasserstraßen- und Binnenschifffahrtsbehörden**

Die dem *Bundesministerium für Verkehr, Bau und Stadtentwicklung* zur Verwaltung der Bundeswasserstraßen nachgeordnete *Wasser- und Schifffahrtsverwaltung (WSV)* gliedert sich in Mittelinstanz und Unterinstanz. Die Mittelinstanz besteht aus den *Wasser- und Schifffahrtsdirektionen (WSDen)* Nord (Kiel), Nordwest (Aurich), Mitte (Hannover), West (Münster), Südwest (Mainz), Süd (Würzburg) und Ost (Magdeburg). Ferner gibt es Sonderstellen mit zentralen Aufgaben für den Gesamtbereich der *WSV*, so zum Beispiel das *Seezeichenversuchsfeld* in *Koblenz* und die *Sonderstelle „Ölunfälle See/Küste"* in *Cuxhaven*. Den *Wasser- und Schifffahrtsdirektionen* obliegt die Erhaltung des gebrauchsfähigen Zustandes der Verkehrsinfrastruktur und die Gewährung der Sicherheit und Leichtigkeit des Verkehrs. Den *Wasser- und Schifffahrtsdirektionen* sind als Unterinstanz *Wasser- und Schifffahrtsämter (WSÄ)*, *Wasserstraßen-Maschinenämter (WMA)* sowie *Wasserstraßenneubauämter (WNÄ)* nachgeordnet. Den *Wasser- und Schifffahrtsämtern* sind regional Außenbezirke mit Betriebsstellen, wie zum Beispiel Schleusen, Hebewerke sowie Bauhöfe zugeordnet.

In der internationalen Binnenschifffahrt gelten die folgenden Regelungen:

Auf dem *Wiener Kongress* wurde bereits 1815 die *Freiheit der Binnenschifffahrt* proklamiert. Die Bemühungen der Anliegerstaaten schiffbarer Ströme, den Binnenschiffsverkehr von willkürlichen Sperrungen, Behinderungen und Einschränkungen zu befreien, fanden ihren Niederschlag in verschiedenen **internationalen Stromakten beziehungsweise Schifffahrtsakten**. **Freiheit der Binnenschifffahrt**

Mannheimer Akte Von besonderer Bedeutung war und ist die *Mannheimer Akte für das Rheinstromgebiet* (1831 in *Mainz* beschlossen und 1868 in *Mannheim* revidiert). Die *Mannheimer Akte* gestattet Schiffen aller Nationen, Binnenschiffstransporte auf dem Rhein und seinen Ausflüssen von Basel bis ins offene Meer **abgabenfrei** durchführen zu können. Zur gemeinsamen Beratung über die Angelegenheiten der Rheinschifffahrt besteht die *Zentralkommission für die Rheinschifffahrt* mit dem Sitz in *Straßburg*. Ihr Aufbau und ihre Rechtsstellung gründen sich auf die *Mannheimer Akte*. In der *ZKR* werden die von den einzelnen Staaten zu erlassenden Verkehrs- und Schiffssicherheitsvorschriften beschlossen sowie wichtige Baumaßnahmen im Strom (Fahrwasserverbesserung) und seiner Umgebung (zum Beispiel Brücken) begutachtet. Vertragsstaaten der *Rheinschifffahrtsakte (Mannheimer Akte)* sind die *Schweiz, Frankreich, Bundesrepublik Deutschland, Niederlande, Belgien*; die Rechtswirkungen der *Rheinschifffahrtsakte* gelten darüber hinaus für alle *EU*-Mitgliedsstaaten.

Durch ein von den Vertragsstaaten unterzeichnetes *Zusatzprotokoll zur Mannheimer Akte* ist die absolute Schifffahrtsfreiheit auf dem *Rhein* zugunsten der **rheinanliegenden Vertragsstaaten der *Mannheimer Akte* sowie der Mitgliedsstaaten der *EU* eingeschränkt worden**. Es war befürchtet worden, dass nach Fertigstellung des *Main-Donau-Kanals* die Binnenschifffahrtsflotten der Oststaaten sich gemäß *Artikel 1* der *Mannheimer Akte* freien Zugang zum *Rhein* verschafft hätte und dann mit Dumping-Preisen in funktionsfähige Märkte zu Lasten der Binnenschifffahrt der Anliegerstaaten eingebrochen wäre. Diese als Schutz für die Binnenschifffahrt gedachte Maßnahme ist inzwischen durch die *EU-Osterweiterung* überholt worden.

Mit der *EU*-Erweiterung auf 27 Mitgliedstaaten zum 1.1.2007 gelten die *EU*-weit geltenden Regeln uneingeschränkt und ohne Übergangsfrist auch für *Polen, Tschechien, Ungarn* und die *Slowakei*. Das heißt, dass Schiffe aus diesen vier Staaten von diesem Termin an unmittelbar den Wettbewerb mit den Unternehmen aus den westeuropäischen Staaten aufnehmen konnten. Was für osteuropäische Schiffe früher nur auf besonderen Antrag im Einzelfall erlaubt werden konnte (hohe bürokratische Hürde!), nämlich am innereuropäischen Transport teilzunehmen, ist für Schiffe aus den neuen Mitgliedstaaten vom Datum des Beitritts an aufgrund europäischen Rechts uneingeschränkt erlaubt. Dies führte im Binnenschifffahrtsgewerbe zu der Befürchtung, dass aufgrund des Lohnkostengefälles weitere Reduzierungen der Frachtpreise sowie Marktanteilsverluste unvermeidlich werden würden.

In der Praxis haben sich diese Befürchtungen bisher nicht in dem befürchteten Umfang bemerkbar gemacht. Binnenschiffe aus den vier neuen *EU*-Mitgliedstaaten mit direkten Wasserstraßenzugang entsprechen oft nicht dem hohen technischen Standard der Rheinschifffahrt. Folglich können sie bisher der westeuropäischen Schifffahrt nur in Randbereichen Konkurrenz machen. Vielfach werden osteuropäische Schiffe im Auftrag westeuropäischer Befrachter tätig, so dass vor allem die praktizierenden Binnenschiffer (Partikuliere) im Bereich zwischen *Elbe* und *Oder* sowie im nordwestdeutschen Kanalgebiet von der veränderten Wettbewerbssituation negativ berührt werden.

Neben dieser Form der Kooperation wird auch von Unternehmen der Binnenschifffahrt nach Beteiligungs- und Kapitalanlagemöglichkeiten in den osteuropäischen Staaten gesucht. Solange noch ein Kostengefälle zwischen den neuen Mitgliedstaaten und den traditionell Binnenschifffahrt betreibenden Staaten besteht, versprechen Investitionen in den neuen Staaten gute Rendite. Solche Möglichkeiten stehen aber nur entsprechend kapitalkräftigen Unternehmen offen und stehen dem einzelnen kleinen Binnenschiffer nicht zur Verfügung.

Der frühere Weg der westeuropäischen Staaten, die Intensität des Wettbewerbs durch osteuropäische Unternehmen durch bilaterale Verträge zu beschränken, ist weitestgehend bedeutungslos geworden. Solche bilateralen Verträge existieren zwar noch heute. Die früher wichtigen Punkte, die in einer Festsetzung der Frachtraten und einer Festschreibung einer hälftigen Marktaufteilung bestanden, sind durch die *EU*-Osterweiterung außer Kraft getreten. **Bilaterale Binnenschifffahrtsabkommen**

Der grenzüberschreitende Verkehr zwischen den *Niederlanden, Belgien* und *Frankreich* sowie der Binnenschiffsverkehr innerhalb dieser Länder war bis zum 1.1.2000 strengen Reglementierungen unterworfen (Lizensierung und *Tour-de-Rôle*-System). *Tour de Rôle* war ein in der Binnenschifffahrt praktiziertes Befrachtungssystem. Dabei wurden die Transportaufträge der Kunden auf einer Frachtbörse zu vorher festgesetzten Preisen an die wartenden Binnenschiffer vergeben. Die Verkehrsunternehmen wurden in der Reihenfolge ihrer Eintragung in ein entsprechendes Verzeichnis aufgefordert, sich für eine der angebotenen Ladungen zu entscheiden. **Tour-de-Rôle**

Im internationalen Bereich wird an verschiedenen Vertragswerken gearbeitet, um im grenzüberschreitenden Verkehr einheitliche und an die speziellen Verhältnisse der Binnenschifffahrt angepasste Regeln zu verfügen. Angesichts des größeren Anteils grenzüberschreitender Transporte kommt diesen Bemühungen in der Binnenschifffahrt besondere Bedeutung zu.

4.3.1.5 Die Unternehmensformen in der Binnenschifffahrt

Die **Binnenschifffahrt treibenden Unternehmen** lassen sich in sogenannte **Partikuliere** (auch Klein-, Einzel- oder Privatschiffer genannt), **Reedereien, Genossenschaften** und **Befrachter** unterscheiden.

Der **Partikulier** verfügt in der Regel über ein Schiff (in seltenen Fällen bis maximal drei Schiffe). **Das Schiff dient ihm als Wohn- und Arbeitsstätte zugleich.** Als Schiffseigner ist er Eigentümer des Schiffes, als Ausrüster setzt er ein ihm nicht gehörendes Schiff zur gewerblichen Güterbeförderung ein. Der Partikulier verfügt über **keine kaufmännische Landorganisation**. Partikuliere erhalten ihre Transportaufträge in der Regel von Reedereien, Genossenschaften, Befrachtern oder Spediteuren. **Partikulier**

Knapp die Hälfte der deutschen Partikuliere hat sich in zwei großen Genossenschaften zusammengeschlossen. Die Genossenschaften handeln am Transportmarkt wie die Reedereien und lassen die akquirierten Transporte durch ihre Mitglieder durchführen. Genossenschaften übernehmen darüber hinaus auch andere Funktionen wie gemeinsamer Einkauf, betriebswirtschaftliche Betreuung und ähnliches. Als Mitglied einer Genossenschaft bestimmen Partikuliere in gewissen Grenzen mit über die Geschäftspolitik der Genossenschaft. **Genossenschaften**

Mehrere hundert Partikuliere haben sich den Reedereien als so genannte „Hauspartikuliere" angeschlossen. Sie erhalten ihre Transportaufträge von den Reedereien. Anders als Genossenschaftspartikuliere haben Hauspartikuliere kaum Möglichkeiten zur

Einflußnahme auf die Geschäftspolitik der Unternehmung, für die sie tätig sind. Klug geführte Reedereien informieren ihre Hauspartikuliere dennoch über das Marktgeschehen, damit Entscheidungen der Reederei, die die Hauspartikuliere unmittelbar finanziell spüren könnten, transparenter werden.

Einige wenige so genannte „freie" Partikuliere haben sich weder an eine Genossenschaft noch an eine Reederei gebunden. Sie versuchen, ihren Schiffsraum selbst zu vermarkten und tragen dabei das Risiko einer weniger kontinuierlichen Beschäftigung.

Reederei Die Rolle der **Reedereien** hat sich in *Deutschland* seit den 90er Jahren des vorigen Jahrhunderts stark verändert. Bis dahin haben die Reedereien ihre Transportaufgaben zu einem wesentlichen Teil mit **eigenen Binnenschiffsflotten** betrieben, die mit angestelltem Personal der Reedereien besetzt waren. Der **vorhersehbare Frachtratenverfall infolge der Tarifaufhebung** in *Deutschland* im Jahre 1994 führte dazu, dass die meisten Reedereien ihr bis dahin angestelltes fahrendes Personal weitgehend freisetzten.

Mit vielen ehemaligen Mitarbeitern wurden Kauf-, Miet- oder Charterverträge über die Schiffe der Reedereien geschlossen. Mit diesen Schiffen arbeiteten die ehemaligen Angestellten dann als Hauspartikuliere für die Reedereien weiter. Nur noch wenige Reedereien betreiben heute Binnenschiffe mit angestelltem Personal. Als sinnvoll und notwendig erweist sich dies in bestimmten Teilmärkten mit Spezialanforderungen (zum Beispiel Gasschifffahrt, Chemikalientransport). Die Rolle der Reedereien als Partner der verladenden Wirtschaft blieb dagegen unverändert.

Gewerblicher Verkehr Werkverkehr Eine **klare Trennung** zwischen **gewerblichem Verkehr** und **Werkverkehr** (das ist die Beförderung von eigenen Gütern für eigene Zwecke des Unternehmens mit eigenen Schiffen), wie sie beispielsweise vom Straßengüterverkehr bekannt ist, gibt es in der Binnenschifffahrt nicht mehr.

Befrachter In der Praxis der Binnenschifffahrt wird derjenige „**Befrachter**" genannt, der, **ohne eigenen Schiffsraum zu besitzen, Frachtverträge mit dem Absender abschließt** und dann Partikuliere als Unterfrachtführer einsetzt. Hier handelt es sich also weniger um eine betriebswirtschaftlich-technische Kategorie einer Betriebsform, im Vordergrund stehen hier Fragen des Abschlusses des Frachtvertrages im Allgemeinen und der Beteiligten am Frachtvertrag im Besonderen.

Der Spediteur kann seinen Partner aus der Binnenschifffahrt auf allen beschriebenen Ebenen finden. Zumeist dürfte dies die Reederei oder Genossenschaft sein, sehr selten dagegen ein „freier" Partikulier. Letzteres kann für beide Seiten wirtschaftlich lukrativ sein. Einer solchen Zusammenarbeit sind aber Grenzen gesetzt, wenn der Aspekt der Versorgungssicherheit im Rahmen regelmäßiger Lieferungen Bedeutung erhält.

4.3.1.6 Die gewerbepolitische Organisation der Binnenschifffahrt

Interessenvertretung der deutschen Binnenschifffahrt Der *Bundesverband der Deutschen Binnenschifffahrt e.V. (BDB)* in *Duisburg* ist die Gewerbe- und Wirtschaftsvertretung aller Unternehmen der deutschen Binnenschifffahrt und hat die Aufgabe, die Mitglieder des Verbandes zu betreuen, sie in jeder das Gewerbe berührenden Frage zu beraten und bei allen in Betracht kommenden Behörden, Organisationen und politischen Institutionen zu vertreten.

Im *Bundesverband der Selbständigen, Abteilung Binnenschifffahrt, Bonn, (BDS)*, hat

Binnenschifffahrt 4.3

sich eine **Gruppe von Partikulieren zusammengefunden** in der Zielsetzung, dort insbesondere ihre mittelständischen Interessen vertreten zu lassen. Zum Teil besteht eine Doppelmitgliedschaft im *Bundesverband der Deutschen Binnenschifffahrt*.

Die *Europäische Binnenschifffahrts-Union (EBU)* mit Sitz in *Brüssel* ist die Spitzenorganisation der Binnenschifffahrt der westeuropäischen Länder *Belgien, Bundesrepublik Deutschland, Frankreich, Luxemburg, Italien, Niederlande, Österreich, Schweiz* und *Tschechien*. Sie bezweckt die Wahrung der Interessen und die Vertretung der europäischen Binnenschifffahrt auf internationaler Grundlage und die Behandlung von Fragen, die internationale Auswirkungen haben können.

Die öffentlichen Binnenhäfen sind im *Bundesverband der öffentlichen Binnenhäfen (BöB)* zusammengeschlossen. Angelegenheiten der Binnenhäfen von europäischer Tragweite werden von dem *Europäischen Verband der Binnenhäfen (EfiP)* mit Sitz in *Brüssel* wahrgenommen.

<small>Verbände der öffentlichen Binnenhäfen</small>

4.3.2 Verkehrsmittel der Binnenschifffahrt

4.3.2.1 Schiffsarten / Schiffstypen

Es gibt
a) **Schiffe, die keinen eigenen Laderaum haben** und nur der Fortbewegung anderer antriebsloser Schiffe dienen, das sind **Schlepper** (ziehende Fortbewegung) und **Schubboote** (schiebende Fortbewegung)
b) **Schiffe, die nur über Laderaum und nicht über einen eigenen Motor zur eigenen Fortbewegung verfügen**, das sind **Schubleichter** und **Schleppkähne**
c) Schiffe, die gleichzeitig über eigenen Antrieb und Laderaum verfügen (**Motorgüterschiffe**).

<small>Schiffstypen</small>

Ein allein fahrendes Motorgüterschiff wird auch als Selbstfahrer bezeichnet. Zieht ein Motorgüterschiff ein antriebsloses Schiff, dann sprechen wir von einem **Motorgüterschiff-Schleppverband**; eine relativ selten vorkommende Kombination. Schiebt ein Motorgüterschiff ein antriebsloses Schiff (oder mehrere antriebslose Schiffe), wenn also Motorschiff und Leichter aneinandergekoppelt sind, spricht man von einem **Koppelverband**.

Besonders großvolumige Transportaufgaben zwischen zwei Punkten (zum Beispiel Erz- und Kohlentransporte ab *Rotterdam* zur Eisen- und Stahlindustrie in *Duisburg*) werden am effizientesten mit der **Schubschifffahrt** erledigt. **Ein Schubverband besteht aus einem Schubboot** (Motorleistung bis zu 6 000 PS), **das bis zu sechs Schubleichter** mit standardisierten Abmessungen und einem Fassungsvermögen von fast 17 000 t schieben kann.

Rund 80 % der deutschen Binnenschiffe gehören zur Kategorie der einzeln fahrenden bis 135 m langen Motorgüterschiffe mit Tragfähigkeiten von wenigen hundert Tonnen bis hin zu 6 000 t. Weit verbreitet ist der Begriff „**Europaschiff**", das mit einer Länge von 85 m, einer Breite von 9,50 m und einem Tiefgang von 2,50 m eine Tragfähigkeit von 1 350 t hat. Schiffe mit diesen Abmessungen sind in der Lage, das Hauptnetz der europäischen Wasserstraßen von *Nordfrankreich* bis *Ostdeutschland* und von *Norddeutschland* bis *Österreich* zu befahren.

Die zu befahrende Strecke und die zu transportierende Gütermenge entscheiden darüber, ob als Transportmittel **Schubverbände**, einzeln fahrende **Motorgüterschiffe** oder eine Zwischenform – so genannte **Koppelverbände** – eingesetzt werden. Für diese Variante werden meist besonders stark motorisierte Motorgüterschiffe (zum Beispiel 3 000 PS) eingesetzt, die meistens einen (manchmal auch bis zu drei) Schubleichter mitnehmen können.

Als eine Variante der Schubschifffahrt (vergleiche auch *Handbuch Güterverkehr Binnenschifffahrt*) erweist sich das für den kombinierten Fluß-See-Verkehr geeignete **Barge-Carrier-System**. Hierbei werden die Leichter (englisch Barge) für den seewärtigen Anteil der Transportkette inklusive der Ladung auf Leichter-Mutterschiffe (Barge Carrier) übernommen und über das Meer transportiert. Die so genannten LASH-Schiffe (lighter aboard ship) sind dafür mit bordeigenen Portalkränen für Selbstbe- und -entladung ausgerüstet. Für den Weitertransport auf der Binnenwasserstraße werden die Bargen dann wieder zu einem „konventionellen" Schubverband zusammengestellt.

Binnenschiffe fahren mit Geschwindigkeiten von 8 - 10 km/h in der Bergfahrt (gegen den Strom) und 18 - 20 km/h in der Talfahrt (mit dem Strom). Moderne Containerbinnenschiffe benötigen für die Fahrt von *Frankfurt (M)* nach *Rotterdam* 26 - 28 Stunden, im Vergleich dazu benötigt der Lastkraftwagen 8 - 10 Stunden und die Eisenbahn bei Einsatz eines Ganzzuges 14 - 19 Stunden, bei Einzelwagenbeförderung 36 - 48 Stunden (mit Rangieren etc.).

Seit Anfang der 80er Jahre ist in der Entwicklung der Binnenschifffahrtsflotte der **Trend zu immer größeren Schiffen** erkennbar. Die Abmessungen vieler Neubauten liegen mit 135 m Länge und bis zu 17 m Breite weit oberhalb der des so genannten „**Europaschiffs**". Solch große Schiffe sind aber nicht in der Lage, die kanalisierten Nebenflüsse und das Kanalgebiet zu befahren. Dort lassen die Schleusenabmessungen nur Schiffsbreiten bis 11,45 m zu.

Eine Übersicht über die wichtigsten Schiffstypen ist nachstehend abgebildet.

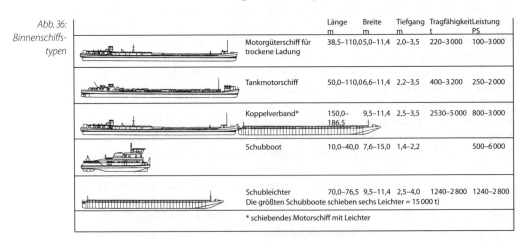

Abb. 36: Binnenschiffstypen

	Länge m	Breite m	Tiefgang m	Tragfähigkeit t	Leistung PS
Motorgüterschiff für trockene Ladung	38,5–110,0	5,0–11,4	2,0–3,5	220–3 000	100–3 000
Tankmotorschiff	50,0–110,0	6,6–11,4	2,2–3,5	400–3 200	250–2 000
Koppelverband*	150,0–186,5	9,5–11,4	2,5–3,5	2530–5 000	800–3 000
Schubboot	10,0–40,0	7,6–15,0	1,4–2,2		500–6 000
Schubleichter	70,0–76,5	9,5–11,4	2,5–4,0	1240–2 800	1240–2 800

Die größten Schubboote schieben sechs Leichter = 15 000 t)

* schiebendes Motorschiff mit Leichter

Quelle: Bundesverband der Deutschen Binnenschifffahrt e.V., Duisburg

Binnenschifffahrt 4.3

4.3.2.2 Die Schiffspapiere

Der Schiffer muss bei der Transportdurchführung mitführen: **Schiffs-**
1. Die **Transportpapiere** (Frachtbrief oder Ladeschein, Ladeverzeichnis). **papiere**
2. Die **Schifferdienstbücher** (jedes Mitglied der Besatzung muss im Besitz eines auf seinen Namen lautenden Schifferdienstbuches sein).
3. **Schifferpatent** *(Rheinschifferpatent, Binnenschifferpatent, Donauschifferpatent)*, **Schiffszeugnis** *(Rheinschiffsattest, Binnenschiffsattest)*, **Eichschein, Bordbuch** (nur auf dem *Rhein*), **Fahrtenbuch, Ölkontrollbuch** und gegebenenfalls **Radarschiffer-Zeugnis, Sprechfunkzeugnis** sowie die nach *ADNR* erforderlichen Urkunden.
4. *Rheinschifffahrtszugehörigkeitsurkunde* für Binnenschiffe aus Ländern der *EU* und der *Schweiz*, ausgestellt von der zuständigen Wasser- und Schifffahrtsverwaltung.

Die Tragfähigkeit eines Schiffes wird in Gewichtstonnen gemessen. Über das Ergebnis der amtlichen Eichung wird ein **Eichschein** ausgestellt. Bei der Eichung selbst geht man von der Schwimmlage des unbeladenen, aber voll ausgerüsteten, bemannten und mit Vorräten versehenen Schiffes aus. Diese untere „**gesetzte Wasserlinie**" wird auch Leergang genannt.

Die obere Eichebene ist diejenige Wasserlinie, bis zu welcher das Schiff höchstens beladen werden darf. Der höchstzulässige Tiefgang hängt von dem **einzuhaltenden Freibord** ab, das ist diejenige Seitenbordfläche, mit der das beladene Schiff noch über die Wasserlinie hinausragen muss. An den Schiffen wird die Eichskala beziehungsweise der Tiefganganzeiger mit Markierungen in Abständen von zwei Zentimetern angebracht. Mit Hilfe dieser **Eichskala**, die auch im Eichschein vermerkt wird, kann später auf das Ladegewicht geschlossen werden.

Das **Schiffszeugnis** trifft Aussagen über die Tauglichkeit des Schiffes zum Befahren bestimmter Wasserstraßen. Nach der *Schiffsregisterordnung* muss über jedes Schiff ein **Schiffsbrief** ausgestellt sein. Ein **Schiffsregister** ist vergleichbar mit dem Grundbuch für das Eintragen von Liegenschaften und wird bei bestimmten Amtsgerichten geführt. Das Schiffsregister und der Schiffsbrief geben über die Eigentums- und Pfandrechte an dem Schiff eine verlässliche Auskunft. Der Spediteur sollte, die Interessen seines Auftraggebers wahrend, Bedeutung und Inhalt der Schiffspapiere kennen.

4.3.2.3 Der Containerverkehr – der Roll-on- / Roll-off-Verkehr

Der kombinierte Verkehr auf Binnenwasserstraßen findet in Anbetracht zunehmender Kapazitätsengpässe auf Straße und Schiene die besondere Aufmerksamkeit der Güterverkehrstreibenden und der *Bundesregierung*. Erweiterungen des Straßennetzes sind teuer – wenn sie überhaupt gesellschaftlich durchsetzbar sind. Stattdessen bietet sich die intelligente Vernetzung verschiedener Verkehrsträger mit ihren jeweiligen Vorteilen an.

Der Verkehrsträger Binnenschifffahrt hatte den Transport hochwertiger Kaufmannsgüter fast ganz an die Verkehrsträger Straße und Eisenbahn verloren. Dies änderte sich ab Anfang der 70er Jahre grundlegend durch den sich verstärkenden Einsatz des Containers.

Container-Verkehr Container sind Großbehälter mit standardisierten Abmessungen, die ein einfaches Umladen zwischen verschiedenen Verkehrsmitteln (Lkw, Eisenbahn, Binnenschiff, Seeschiff) erlauben. Demgegenüber wäre eine Umladung der einzelnen Ladegüter mit unterschiedlichen Abmessungen erheblich arbeits- und kostenintensiver. Der Container funktioniert insofern Stückgut in Massengut um, in dem er als Lademittel relativ viele kleine Stückgutsendungen und Teile von Ladungen, die früher alle einzeln umgeschlagen werden mussten, zu einer kompakten Sendung / zu einer Partie zusammenfasst, die leicht durch leistungsstarke Containerumschlagsanlagen umgeschlagen werden kann.

Den Nachteil ihrer geringen Transportgeschwindigkeiten korrigiert die Binnenschifffahrt in der Containerschifffahrt insbesondere durch den so genannten Continue-Einsatz der Binnenschiffe, der Tag- und Nachtfahrten durch den Einsatz moderner Radaranlagen erlaubt. **Die größten Containerschiffe können in vier Lagen bis zu 400 Container (TEU; twenty-feet-equivalent-units) befördern.**

Wurden auf dem *Rhein* im Jahr 1975 rund 10 000 Container TEU transportiert, so betrug die Zahl im Jahre 2007 mehr als 2 Millionen Container TEU. Leistungsstarke Containerumschlagsanlagen in den Seehäfen *Rotterdam* und *Antwerpen*, sowie rund 30 Containerumschlagsanlagen am *Rhein* und seinen Nebenflüssen erlaubten diese stürmische Entwicklung.

Inzwischen sind auch auf der *Elbe*, der *Donau*, im Bereich der *Weser* und des westdeutschen Kanalgebiets regelmäßige Container-Liniendienste mit gutem Erfolg eingerichtet worden. Containertransporte auf der *Elbe* müssen regelmäßig mit niedrigen Wasserständen rechnen. Containertransporte im Kanalgebiet können wegen niedriger Brückendurchfahrtshöhen nur zweilagig durchgeführt werden. Auf der Strecke nach *Berlin* werden bis 2010 die letzten Hindernisse beseitigt, um zweilagige Transporte nach *Berlin* durchzuführen.

Bei sich nähernder Vollauslastung der Umschlagsanlagen in den Seehäfen wurde erstmalig im Jahre 2004 deutlich, dass an der Schnittstelle von See- und Binnenschifffahrt einer bessere Ordnung benötigt wird. In der Vergangenheit hat sich das Fehlen einer solchen Ordnung noch problemlos organisatorisch-wirtschaftlich ausgleichen lassen. In Zukunft bedarf es einer besser geordneten Zusammenarbeit von Seeschifffahrt, Binnenschifffahrt und Umschlagsbetrieben in den Seehäfen.

Ro-Ro-Verkehr Neue Perspektiven ergeben sich für die Binnenschifffahrt durch die so genannte Roll-on- / Roll-Off-Technik. Hier werden Straßenfahrzeuge wie beim Huckepackverkehr Straße / Schiene per Binnenschiff transportiert. Eine regelmäßige Roll-on- / Roll-off-Verbindung besteht derzeit zwischen *Rotterdam* und den Häfen *Mannheim* und *Mainz*, ferner gibt es auf der *Donau* gut funktionierende Roll-on- / Roll-off-Verkehre.

Der Roll-on- / Roll-off-Verkehr hat bereits eine große Bedeutung für den Pkw-Umschlag von Neufahrzeugen, spielt heute bereits eine wichtige Rolle bei der Neuwagen-Distribution am *Rhein* und an der *Donau*. In ihren schwimmenden „Parkhäusern" können bis zu 600 Pkw's umweltfreundlich, sicher und kostengünstig befördert werden.

Wechselbehälter In einem zukunftsträchtigen Markt kann sich auch der Transport stapelbarer **Wechselbehälter** auf Binnenschiffen entwickeln. In einer Studie des *Bundesverkehrsministeriums* wurde ein Marktpotential in der Größenordnung von 2,5 bis 4,6 Millionen Einheiten ermittelt, das zur Zeit allein im *Rheineinzugsgebiet* über die Straße transportiert wird.

Binnenschifffahrt 4.3

4.3.3 Binnenschifffahrtsverkehrswege

4.3.3.1 Das deutsche Wasserstraßennetz

Bundeswasserstraßen werden entsprechend ihrer überwiegenden Verkehrsnutzung in Binnenschifffahrtsstraßen und Seeschifffahrtsstraßen unterteilt. Das Netz der Bundeswasserstraßen umfaßt 7 400 km. Hiervon entfallen 6 900 km auf Binnenwasserstraßen. Etwa ¾ der Netzlänge sind natürliche Wasserstraßen und rund ¼ künstliche. Im Vergleich dazu verfügen die Länder *West-* und *Mitteleuropas* über ein Netz natürlicher und künstlich angelegter Binnenwasserstraßen mit einer schiffbaren Länge von ca. 25 000 km.

Natürliche und künstliche Wasserstraßen

Die Seeschifffahrtsstraßen, die von der seewärtigen Begrenzung des Küstenmeeres bis tief hinein in die Unterläufe der Flüsse sowie in die Förden und Buchten des Meeres reichen, dienen in erster Linie der deutschen und der internationalen Seeschifffahrt als Zufahrten zu den deutschen Seehäfen.

Zu den natürlichen Wasserstraßen gehören die Flüsse (*Rhein, Donau, Ems, Weser, Elbe* nebst Nebenflüssen), Seen und die Seen-Wasserstraßen an der Küste. Künstliche Wasserstraßen sind die Kanäle, sie ergänzen und/oder verbinden die natürlichen Wasserstraßen (siehe Abbildung auf *Seite 393*). Im Überblick sind auch die mitteleuropäischen Wasserstraßen dargestellt (*Seite 394*). Erkennbar ist, dass Güter per Binnenschiff beispielsweise von *Basel* bis nach *Stettin* oder von *Lille* nach *Budapest* befördert werden können.

Ausbau und Unterhaltung des deutschen Binnenwasserstraßennetzes stehen zu Anfang des 21. Jahrhunderts unter dem Eindruck finanzieller Restriktionen. Mit der Einführung der Lkw-Maut verbindet die Binnenschifffahrt die Hoffnung, dass der Staat wieder mehr Geld für die Unterhaltung und die wenigen – aber wichtigen – Ausbaumaßnahmen zur Verfügung stellt. Nicht auszudenken wäre es, wenn durch mangelnde Wartung ein Systemversagen (zum Beispiel Ausfall eines Schleusentores an einem Kanal oder kanalisiertem Fluss) einträte, das die Binnenschifffahrt in einzelnen Fahrtgebieten über Monate lahm legen würde.

Solche Befürchtungen gelten nicht für den *Rhein*, die mit Abstand leistungsfähige Großwasserstraße *Europas*. Als Großschifffahrtsweg wurden auf dem deutschen Teil des *Rheins* im Jahre 2007 rund 200 Millionen Tonnen Güter transportiert. Das ist nicht ganz die Hälfte des gesamten mit Binnenschiffen transportierten Güteraufkommens in *Europa*. Mit **Duisburg-Ruhrort** verfügt der *Rhein* auch über den größten europäischen Binnenhafen.

Die deutschen Binnenwasserstraßen können wie folgt eingeteilt werden:

1. *Rheinstromgebiet*   mit *Rhein*, sowie den schiffbaren Nebenflüssen *Neckar, Main, Mosel, Lahn* und *Ruhr*
2. *Westdeutsches Kanalgebiet*   mit *Rhein-Herne-Kanal (RHK), Wesel-Datteln-Kanal (WDK), Datteln-Hamm-Kanal (DHK), Dortmund-Ems-Kanal, Küstenkanal, Mittellandkanal*
3. *Weserstromgebiet*   mit *Weser, Fulda, Aller* sowie der unteren *Hunte*
4. *Elbestromgebiet*   mit *Elbe, Elbe-Lübeck-Kanal, Trave, Nord-Ostseekanal, Elbe-Seitenkanal*

5. *Donaustrom* mit *Donau* und *Main-Donau-Kanal*
6. *Märkische Wasserstraßen* mit *Elbe-Havel-Kanal, Spree, Teltow-Kanal, Oder-Spree-Kanal, Havel-Oder-Kanal*
7. *Oderstromgebiet* mit *Oder, Peene, Uecker.*

Die Länge der Bundeswasserstraßen ergibt sich aus der folgenden Übersicht:

Tab. 44: Länge der Bundeswasserstraßen

Rhein und Nebenflüsse	**1797 km**
Rhein (*Rheinfelden* – niederländische Grenze)	623 km
Neckar (Mündung *Rhein* – *Plochingen*)	201 km
Main (Mündung *Rhein* – *Moenns*)	388 km
Main-Donau-Kanal (Mündung *Main* – Mündung *Donau*)	171 km
Mosel (französische Grenze – Mündung Rhein)	242 km
Saar (französische Grenze – *Ensdorf, Völklingen* – Mündung *Mosel*)	105 km
Lahn (Mündung *Rhein* – *Steeden*)	67 km
Wasserstraßen zwischen *Rhein* und *Elbe*	**1437 km**
Ruhr (Mündung *Rhein* – *Mülheim*)	12 km
Rhein-Herne-Kanal (*Duisburg* – Mündung *Dortmund-Ems-Kanal*)	49 km
Wesel-Dattel-Kanal (*Wesel* – Mündung *Dortmund-Ems-Kanal*)	60 km
Dattel-Hamm-Kanal (Mündung *Dortmund-Ems-Kanal* – *Schmehausen*)	47 km
Dortmund-Ems-Kanal und *Unterems* (*Dortmund* – Seegrenze)	303 km
Küstenkanal und *Untere Hunte* (Mündung *Dortmund-Ems-Kanal* – Seegrenze)	96 km
Mittellandkanal (Mündung *Dortmund-Ems-Kanal* – Mündung *Elbe*)	325 km
Weser und *Unterweser* (*Hannoversch-Münden* – Seegrenze)	430 km
Elbe-Seitenkanal (Mündung *Mittellandkanal* – Mündung *Elbe*)	115 km
Elbegebiet	**1049 km**
Nord-Ostsee-Kanal (Mündung *Elbe* – *Kieler Förde*)	109 km
Elbe-Lübeck-Kanal und *Kanaltrave* (Mündung *Elbe* – Seegrenze)	88 km
Elbe und *Unterelbe* (tschechische Grenze – Seegrenze)	728 km
Saale (*Leuna-Kreypau* – Mündung *Elbe*)	124 km
Wasserstraßen zwischen *Elbe* und *Oder*	**916 km**
Berliner Haupt- und Nebenwasserstraßen	189 km
Havel-Oder-Wasserstraße und Nebengewässer	485 km
Spree-Oder-Wasserstraße und Nebengewässer	242 km
Oder (polnische Grenze – Abzweigung *Westoder*)	162 km
Gewässer an der Ostseeküste	526 km
Donau (*Kelheim* – österreichische Grenze)	213 km
Sonstige Bundeswasserstraßen	1376 km
Gesamt	**7476 km**

Quelle: Geschäftsbericht des BDB 2006/2007

Binnenschifffahrt 4.3

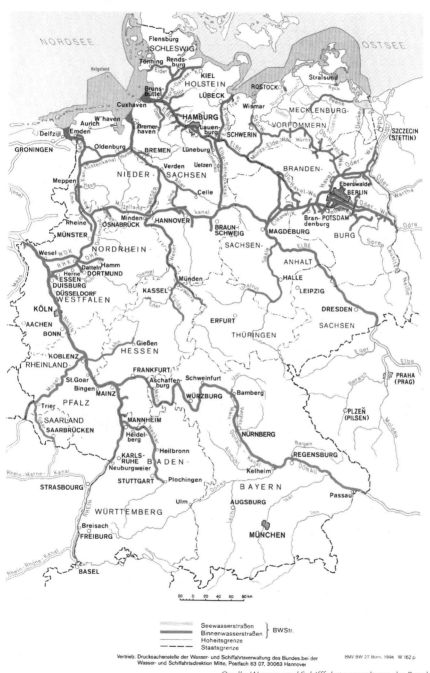

Abb. 37:
Netz der Binnenwasserstraßen des Bundes

Quelle: Wasser- und Schifffahrtsverwaltung des Bundes

4 Der Spediteur und die Verkehrsträger

Abb. 38:
Bedeutende
europäische
Wasserstraßen

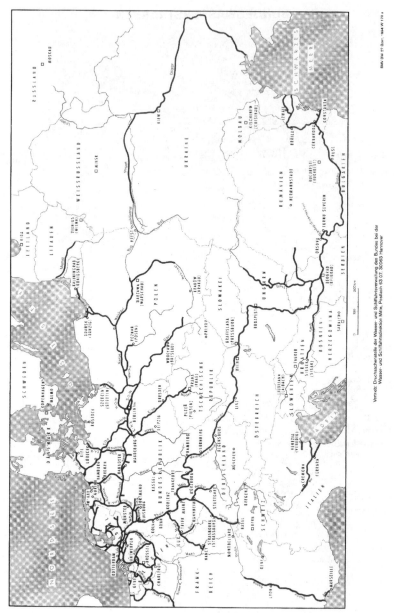

Quelle: Wasser- und Schifffahrtsverwaltung des Bundes

Binnenschifffahrt 4.3

4.3.3.2 Die Klassifizierung des Binnenwasserstraßennetzes, der Pegel

Einteilung der Binnenwasserstraßen

Um die Befahrbarkeit der Binnenwasserstraßen für bestimmte Schiffstypen zu bezeichnen, hat man sie in Klassen eingeteilt. Hinter dieser Klassifizierung verbergen sich in erster Linie technische Daten wie die Wassertiefe, Breite des Flussbettes, Brückendurchfahrtshöhe, Schleusen und deren Abmessungen etc. Die Wasserstraßenklassen richten sich insbesondere nach der Befahrbarkeit durch folgende charakteristische Schiffstypen: *Peniche, Kempenaar, Gustav-Königs-Schiff, Europaschiff* und *Großmotorschiff*. Das zuletzt im Jahre 1992 von der *ECE* auf europäischer Ebene erweiterte System wurde im Jahre 1993 auch in der Wasser- und Schifffahrtsverwaltung des Bundes eingeführt.

Für die Beladung der Schiffe ist die Fahrwassertiefe von Bedeutung. Wenn zuviel geladen wird, sinkt das Schiff zu tief ein und es besteht die Gefahr von Grundberührungen oder Festfahrungen; bei zu geringer Ladungsmenge bedeutet jede Ladungstonne weniger eine Mindereinname. Es ist Aufgabe der Wasser- und Schifffahrtsverwaltung, die Fahrwassertiefe zu regulieren und die Schifffahrtstreibenden über Veränderungen der Fahrrinne und des Wasserstandes zu unterrichten.

Die Wasserstände werden von Pegeln abgelesen. **Pegel sind Messeinrichtungen für den Wasserstand.** Gewöhnlich ist ein Pegel eine senkrecht an gut gegründeten Ufermauern oder Brückenpfeilern errichtete Skala aus Holz oder Flacheisen, die nach Zentimetern oder Dezimetern eingeteilt ist.

Die Wasserstände an den Hauptpegeln der Ströme werden täglich veröffentlicht. Die so bekannt gegebenen Wasserstände liefern der Schifffahrt wichtige Anhaltspunkte für die Beladung der Schiffe. Jeder Schiffer entscheidet in eigener Verantwortung nach Bauart seines Schiffes und aufgrund früherer Erfahrungen darüber, welche Gütermengen er bei bestimmten Wasserständen (Pegelständen) in sein Schiff laden kann.

In Zeiten geringer Wasserstände besteht der Handelsbrauch, längerfristig vereinbarte Frachtraten durch so genannte **Kleinwasserzuschläge** zu erhöhen. Zwischen Auftraggeber und Schiffer wird so das bei Abschluß eines längerfristigen Vertrages nicht vorhersehbare und von keinem der Beiden zu verantwortende Risiko wasserstandsbedingter Minderabladungen der Schiffe verteilt. Die Höhe der Kleinwasserzuschläge richtet sich nach so genannten Pegelstaffeln in den Frachtverträgen oder Empfehlungen (zum Beispiel *Internationale Verlade- und Transportbedingungen des Vereins für europäische Binnenschifffahrt und Wasserstraßen*).

Der Spediteur und die Verkehrsträger

Tab. 45: Klassifizierungssystem für europäische Binnenwasserstraßen

Typ der Binnenwasserstraße	Klasse Binnenwasserstraße	MOTORSCHIFFE UND SCHLEPPKÄHNE Typ des Schiffes: Allgemeine Merkmale					SCHUBVERBÄNDE Art des Schubverbandes: Allgemeine Merkmale					Brückendurchfahrtshöhe
		Bezeichnung	maxim. Länge L (m)	maxim. Breite B (m)	Tiefgang d (m)	Tonnage T (t) [1]	Formation	Länge L (m)	Breite B (m)	Tiefgang d (m) [1]	Tonnage T (t)	[2]
1	2	3	4	5	6	7	8	9	10	11	12	13
VON REGIONALER BEDEUTUNG — WESTLICH DER ELBE	I	Penische	38,5	5,05	1,8-2,2	250-400						4,0
	II	Kempenaar	50-55	6,6	2,5	400-650						4,0-5,0
	III	Gustav Koenigs	67-80	8,2	2,5	650-1000						4,0-5,0
VON REGIONALER BEDEUTUNG — ÖSTLICH DER ELBE	I	Gross Finow	41	4,7	1,4	180						3,0
	II	BM-500	57	7,5-9,0	1,6	500-630						3,0
	III		67-70 [6]	8,2-9,0	1,6-2,0	470-700		118-132	8,2-9,0	1,6-2,0	1000-1200 [4]	4,0
VON INTERNATIONALER BEDEUTUNG	IV	Johann Welker	80-85	9,50	2,50	1000-1500		85	9,50	2,50-2,80	1250-1450 [5]	5,25 od. 7,00 [4]
	V a	Große Rheinschiffe	95-110	11,40	2,50-2,80	1500-3000		95-110	11,40	2,50-4,50	1600-3000	5,25 od. 7,00 od. 9,10
	V b							172-185	11,40	2,50-4,50	3200-6000	
	VI a							95-110	22,80	2,50-4,50	3200-6000	7,00 od. 9,10 [4]
	VI b		140 [3]	15,00	3,90			185-195	22,80	2,50-4,50	6400 12000	7,00 od. 9,10 [4]
								270-280	22,80	2,50-4,50	9600-18000	[4]
	VI c							195-200 [8]	33,00 34,20	2,50-4,50	9600 18000	9,10 [4]

Fußnoten zur Tabelle

1) Die erste Zahl berücksichtigt die bestehende Situation, während die zweite sowohl zukünftige Entwicklungen als auch – in einigen Fällen – die bestehende Situation darstellt.

2) Berücksichtigt einen Sicherheitsabstand von etwa 30 cm zwischen dem höchsten Fixpunkt des Schiffes oder seiner Ladung und einer Brücke

3) Berücksichtigt die Abmessungen von Fahrzeugen mit Eigenantrieb, die im Ro/Ro- und Containerverkehr erwartet werden. Die angegebenen Abmessungen sind annähernde Werte.

4) Für die Beförderung von Containern ausgelegt:
    5,25 m für Schiffe, die zwei Lagen Container befördern
    7,00 m für Schiffe, die drei Lagen Container befördern
    9,10 m für Schiffe, die vier Lagen Container befördern
    50 % der Container können leer sein, sonst Ballastierung erforderlich

5) Einige vorhandene Wasserstraßen können aufgrund der größten zulässigen Länge von Schiffen und Verbänden der Klasse IV zugeordnet werden, obwohl die größte Breite 11,40 m und der größte Tiefgang 4,00 m beträgt.

6) Schiffe, die im Gebiet der Oder und auf den Wasserstraßen zwischen Oder und Elbe eingesetzt werden.

7) Der Tiefgangswert für eine bestimmte Binnenwasserstraße ist entsprechend den örtlichen Bedingungen festzulegen.

8) Auf einigen Abschnitten von Wasserstraßen der Klasse VII können auch Schubverbände eingesetzt werden, die aus einer größeren Anzahl von Leichtern bestehen. In diesem Fall können die horizontalen Abmessungen die in der Tabelle angegebenen Werte übersteigen.

Quelle: Handbuch Güterverkehr Binnenschifffahrt A1, Seite 10

4.3.4 Die Binnenhäfen und ihre Funktionen

Die Binnenhäfen sind als **Verteilungszentrum für Rohstoffe und massenhafte Vorprodukte** Bindeglieder zwischen Erzeugung und Verbrauch. Zu den **schifffahrtseigenen** Anlagen und Einrichtungen zählen die Wasserfläche, die Wassertiefe und die Uferanlagen. Zu den **landseitigen Anlagen** der Häfen zählen Lagerhäuser, Umschlagsanlagen, Freilagerflächen, Siloanlagen, Krananlagen, Hafenbahnen, Container-Terminals, Lageranlagen für die Lagerung flüssiger Güter und andere. **Wichtigster Partner des Binnenhafens ist heute das Verkehrsmittel Lastkraftwagen.** Insofern gehen in aller Regel die Verkehrsträger Binnenschifffahrt, Eisenbahn und Straße im Binnenhafen eine enge Verbindung ein, so dass ein hochqualifiziertes Großverkehrszentrum entsteht. Für den Spediteur ist der alternative Zugriff auf die einzelnen Verkehrsträger von großer Bedeutung.

Das Dienstleistungsspektrum der Binnenhäfen hat sich gewandelt und erweitert. Der Nutzen eines Binnenhafens kann nicht alleine aus dem wasserseitigen Umschlag abgeleitet werden. Immer mehr erfüllen die Binnenhäfen zusätzliche Funktionen als **Drehscheiben der Landverkehrsträger** und ermöglichen dem Organisator von Logistikketten jede gewünschte effiziente Kombination von Wasser, Schiene und Straße. Unter dem Eindruck der zunehmenden Kapazitätsengpässe in den Seehäfen zeichnet sich die Tendenz immer deutlicher ab, Seehafenfunktionen in Binnenhäfen im näher gelegenen Hinterland der Seehäfen zu verlagern.

Das Dienstleistungsangebot der öffentlichen Häfen ist breit gefächert und reicht von der bloßen Vermarktung von Flächen bis hin zur aktiven Beteiligung am Transportgeschäft. In der *Bundesrepublik Deutschland* gibt es rund 330 Häfen, von denen rund 180 öffentliche Binnenhäfen und rund 150 Privathäfen sind. Die **öffentlichen Binnenhäfen** sind mit mehr als der Hälfte am gesamten Schiffsgüterumschlag in Deutschland beteiligt. Öffentliche Binnenhäfen liegen in der Verwaltung der öffentlichen Hand (Stadt, Land oder auch als Kapitalgesellschaft mit öffentlichen Gesellschaftern) und dienen dem öffentlichen Verkehr. In **Privathäfen oder Werkshäfen** darf dagegen nur für eigene Zwecke des Betreibers umgeschlagen werden. Größter deutscher Binnenhafen ist der *Hafen Duisburg-Ruhrort*.

Zu den großen deutschen öffentlichen Binnenhäfen zählen, **bezogen auf das Umschlagsvolumen per Binnenschiff (nasser Umschlag) 2006 in Mio. t**:

Name des Hafens	Umschlagsvolumen in öffentlichen und privaten Häfen
Duisburg-Ruhrort (einschließlich Lokalverkehr)	51,3
Köln	15,6
Mannheim	7,9
Ludwigshafen	7,6
Karlsruhe	7,1
Heilbronn	4,7
Neuss	6,6
Dortmund	2,5
Frankfurt am Main	3,5
Saarlouis-Dillingen	2,9

Tab. 46: Übersicht der deutschen Binnenhäfen nach Umschlagsvolumen.

4.3.5 Der Frachtvertrag in der Binnenschifffahrt

4.3.5.1 Die rechtlichen Grundlagen des Frachtvertrages

Abschluss des Frachtvertrages

Gegenstand des Frachtvertrages ist die Beförderung von Gütern mit dem Binnenschiff gegen Entgelt auf Flüssen und sonstigen Binnengewässern. Da der Vertrag auf die Herbeiführung eines bestimmten Erfolges durch Dienstleistungen ausgerichtet ist, ist der Frachtvertrag seiner rechtlichen Natur nach ein **Werkvertrag**. Die Dienstleistung wird zugleich für Dritte erbracht, damit ist der Frachtvertrag auch **Geschäftsbesorgungsvertrag**. An eine besondere Form ist der Abschluss des Frachtvertrages nicht gebunden, er kann mündlich oder schriftlich zustande kommen.

Der Frachtvertrag ist ein **Konsensualvertrag**. Soweit ein Frachtbrief oder Ladeschein ausgestellt wird, beweist dieser Abschluss und Inhalt des Frachtvertrages.

Handelsgesetzbuch (HGB)

Die gesetzlichen Grundlagen für die Abwicklung des Frachtvertrages in der Binnenschifffahrt finden wir seit dem 1.7.1998 im *Handelsgesetzbuch (HGB)*, *§§ 407 ff*. Bezogen auf das Frachtgeschäft in der Binnenschifffahrt entfallen damit die bisher gültigen Regelungen in den *§§ 26-77* des *Gesetz betreffend die privatrechtlichen Verhältnisse der Binnenschifffahrt (BinSchG)*, kurz **Binnenschifffahrtsgesetz**. Damit wird dieses Gesetz für den Verkehrsträger Binnenschifffahrt aber **nicht vollends außer Kraft gesetzt**. Die Bestimmungen über den Schiffseigner, den Schiffer, die Schiffsmannschaft, die Haverei und anderes sind weiterhin gültig. Wegen des Charakters des **Frachtvertrages in der Binnenschifffahrt** als Werkvertrag und Geschäfts Besorgungsvertrag gelten ergänzend die Bestimmungen des *Bürgerlichen Gesetzbuches (BGB)*.

Binnenschifffahrtsgesetz

Bürgerliches Gesetzbuch

Anwendung von Seefrachtrecht

Eine **Sonderregelung** trifft *§ 450 HGB* für den Fall, dass ein **Gut ohne Umladung** sowohl auf Binnen- als auch auf Seegewässern transportiert wird und der **Frachtvertrag den gesamten Transport umfasst**. Seefrachtrecht findet in diesem Fall **Anwendung**, wenn ein **Konnossement** ausgestellt ist oder die **Strecke zur See die längere ist**. Für eine Beförderung ohne Umladung mittels eines Küstenmotorschiffes von *Duisburg* oder *Mannheim* rheinabwärts über die *Nordsee* nach *England* oder über die *Ostsee* nach *Skandinavien* gilt unter den genannten Bedingungen Seefrachtrecht.

AGB-Festigkeit

Ein **Grundpfeiler des neuen Transportrechts**, das voll inhaltlich auch für den Güterverkehr per Binnenschiff gilt, ist die **AGB-Festigkeit** von Regelungen, die gesetzliche Haftung im Frachtgeschäft betreffen. Dazu gehören:

- Haftung des Frachtführers für die ihm übergebenen **Urkunden** (*§ 413 Abs. 2 HGB*)
- Verschuldensunabhängige Haftung des Absenders, zum Beispiel für Verpackung und Richtigkeit des Frachtbriefs (*§ 414 HGB*)
- Ausführung einer **Weisung** durch den Frachtführer ohne Vorlage der Absenderausfertigung des Frachtbriefs (*§ 418 Abs. 6 HGB*)
- Haftung für **Güter- und Verspätungsschäden** (*§ 425 ff HGB*)
- Haftung der **Leute** (*§ 426 HGB*)
- Haftung **für andere** (*§ 428 HGB*) des Frachtvertrages

Binnenschifffahrt 4.3

- **Haftungshöchstbeträge** *(§ 431 HGB)*
- Haftung des **ausführenden Frachtführers** *(§ 437 HGB)*
- **Schadenanzeige** *(§ 438 HGB)*
- **Ablieferung** des Gutes ohne Rückgabe des Ladescheins *(§ 447 HGB)*.

Eine entsprechende Regelung gilt auch für die Verjährung, *§ 439 Abs. 4 HGB*.

Von den aufgeführten grundsätzlichen haftungsrechtlichen Bestimmungen darf **insbesondere im kaufmännischen Verkehr nur durch eine Vereinbarung abgewichen werden, die im Einzelnen ausgehandelt ist**, auch wenn sie für eine Mehrzahl von gleichartigen Verträgen zwischen denselben Vertragsparteien getroffen ist. Welche **Anforderungen** an das Erfordernis der einzeln ausgehandelten Vereinbarung zu stellen sind, ist noch weitgehend **offen**. **Abweichungsmöglichkeiten**

Zum Teil werden die Anforderungen so hoch geschraubt, dass es sich bei Vertragsverhandlungen um ein zähes Ringen gehandelt haben muss. Richtigerweise wird man sich an der Parallelvorschrift des *BGB § 305, Abs. 1, S. 3* orientieren müssen, wonach es ausreicht, wenn der andere Vertragspartner die reale Möglichkeit erhalten hat, den Inhalt der Vertragsbedingungen zu beeinflussen. Insofern ist auch zu empfehlen, Aufzeichnungen über den Verlauf von Vertragsverhandlungen zu machen, um gegebenenfalls nachweisen zu können, dass ein **Aushandeln** tatsächlich stattgefunden hat. Die unterschiedlichen Auslegungen verdeutlichen die Probleme, die durch dieses Tatbestandsmerkmal aufgeworfen werden.

Bewusst zugelassen hat der Gesetzgeber hingegen, dass die abweichende Vereinbarung in einzeln ausgehandelten **Rahmenverträgen**, die für eine Vielzahl gleichartiger noch abzuschließender Verträge gelten sollen, erfolgen kann. Die Vereinbarung solcher Rahmenverträge ist insbesondere in der Binnenschifffahrt in Form von so genannten **Jahreskontrakten** häufig anzutreffen, bei denen sich eine Reederei verpflichtete, eine bestimmte Menge über das Jahr hinweg zu transportieren, zum Beispiel bei der gleichmäßigen Belieferung von Kohle an Kraftwerke. Bei der Vereinbarung dieser Rahmenverträge werden die Unternehmen der Binnenschifffahrt zukünftig gefordert sein, ihre Interessen durch vom Gesetz abweichende Vereinbarungen hinreichend zu vertreten. **Rahmenverträge**

Von der *AGB*-festen Ausgestaltung des Haftungsrechts macht der Gesetzgeber bei „Nicht-Verbraucher-Geschäften" zwei Ausnahmen, von denen eine auch von besonderer Bedeutung für die Binnenschifffahrt ist. Zum einen ist das Haftungsrecht bei der Beförderung von Briefen und briefähnlichen Sendungen dispositiv. Zum anderen kann die vom Frachtführer für Güterschäden (nicht Verspätungsschäden) zu zahlende Entschädigung **auch durch vorformulierte Vertragsbedingungen / Allgemeine Geschäftsbedingungen auf einen anderen Betrag als 8,33 SZR/kg begrenzt werden**, wenn dieser Betrag
1. zwischen 2 und 40 SZR/kg liegt und in drucktechnisch deutlicher Gestaltung besonders hervorgehoben ist oder **Korridorlösung**
2. für den Verwender ungünstiger als 8,33 SZR/kg ist.

Insofern ist es für die Unternehmen in der Binnenschifffahrt möglich, den Haftungshöchstbetrag auf das seefrachtrechtliche Haftungsniveau abzusenken. Will der Unternehmer hiervon Gebrauch machen, muss er jedoch die sich aus dem **Formerfordernis der drucktechnischen Gestaltung ergebenden Anforderungen** berücksichtigen. Denn der *BGH (Urteil vom 23.1.2003, TranspR 2003, 119)* legt diese Bestimmung so aus, dass sie sich auch auf die Einbeziehung von Haftungsklauseln in einem Frachtvertrag auswirkt, wenn der Verwender zu seinen Gunsten von der gesetzlichen Regelhaftung abweicht. Insofern verlangt der *BGH* eine qualifizierte Unterrichtung des Absenders durch den Frachtführer.

Gesetz zur Änderung der Haftungsbeschränkungen in der Binnenschifffahrt
Am 1.9.1998 ist das *Gesetz zur Änderung der Haftungsbeschränkung in der Binnenschifffahrt* in Kraft getreten *(BGBl 1998, Teil I Nr. 58 vom 31.8.1998)*. Durch dieses Gesetz, welches das *Straßburger Übereinkommen über die Haftungsbegrenzung in der Binnenschifffahrt (CLNI)* in nationales Recht umsetzt, wird für den Bereich der Binnenschifffahrt das alte System der gegenständlichen, auf Schiff und Fracht beschränkenden Haftung des Schiffseigners **abgelöst durch ein System der persönlichen, jedoch summenmäßig beschränkten Haftung des Schiffseigners**. Die Begrenzung der Frachtführerhaftung nach dem *HGB* läßt sich von der globalen Haftungsbeschränkung nach dem *CLNI* wie folgt abgrenzen.

In der Binnenschifffahrt ist die vertragliche Haftung des Frachtführers für Güterschäden auf den Handelswert der Güter und darüber hinaus auf bestimmte Haftungsbeträge begrenzt. Das *HGB* sieht in *§ 431* einen Haftungshöchstbetrag von 8,33 SZR / kg vor. Soweit der Vertragspartner des Binnenschifffahrtsunternehmers kein Verbraucher ist, was regelmäßig der Fall sein wird, kann diese Haftungshöchstsumme in dem oben erläuterten Korridor zwischen 2 und 40 SZR / kg durch vorformulierte Vertragsbedingungen erhöht oder gesenkt werden. Durch Individualabrede kann insgesamt von den gesamten Haftungsbedingungen des *HGB* abgewichen werden.

CLNI Diese wertmäßige Begrenzung des Schadensersatzanspruchs ist zu unterscheiden von der „globalen Haftungsbeschränkung" nach dem *CLNI*. Während die Bestimmungen des *HGB* den vertraglichen Ersatzanspruch begrenzen, gewährt das *CLNI* dem Schiffseigner und einer Reihe ihm gleichgestellter Personen das Privileg, durch Einrede zu bewirken, dass sich seine Haftung für alle Ansprüche, die aus einem bestimmten Ereignis entstanden sind, auf die im *CLNI* festgelegten Haftungsbeträge beschränkt. Im Ergebnis bedeutet dies, dass sich der **Frachtführer nicht nur auf die vertraglichen Haftungsbegrenzungen nach dem Gesetz oder Vertrag berufen kann, sondern auch auf die Haftungsbeschränkungen nach dem *CLNI***. Hieraus kann sich eine **weitere Reduzierung des Schadensersatzanspruchs** ergeben. So werden etwa bei einem Schiffsuntergang nach der Kollision die Ladungsschäden (frachtvertragliche Haftung) und der Schaden des geschädigten anderen Schiffes gleichrangig anteilig befriedigt. Im Extremfall kann auch der Wert einer einzelnen Ladung die Haftungssumme nach dem *CLNI* überschreiten, so dass eine weitere Kürzung des Vertragsanpruchs eintritt. **Der Fixkostenspediteur (*§ 459 HGB*) und der Sammelladungsspediteur (*§ 460 HGB*) gehören jedoch nicht zu dem vom *CLNI* begünstigten Personenkreis**, da nach der *CLNI* nur der Eigentümer, Charterer und Ausrüster des Schiffs durch die globale Haftungsbeschränkung geschützt wird. Dies gilt für die Fälle, in denen der Fixkosten- oder Sammelladungsspediteur wie ein Frachtführer in der Binnenschifffahrt haftet, er sich nicht auf das *CLNI* berufen kann;

Binnenschifffahrt

jedoch der von ihm eingesetzte Binnenschiffer. Sein Regress ist damit nicht in voller Höhe abgesichert. **Die Spedition profitiert als Verkehrsnutzer von dem In-Kraft-Treten auch dieser neuen gesetzlichen Regeln nur insoweit**, als das neue Haftungssystem den Vorteil hat, dass bei Schadensfällen von größerem Ausmaß auch tatsächlich eine Haftung des Schiffseigners besteht.

Beim *Handelsgesetzbuch* handelt es sich grundsätzlich um so genanntes **dispositives oder nachgiebiges Recht**. Das neue *HGB*-Transportrecht ist nur hinsichtlich der haftungsrechtlichen Bestimmungen *AGB*-fest ausgestaltet, was besagt, dass durch *Allgemeine Geschäftsbedingungen* die Haftung nicht abweichend vom Gesetz geregelt werden darf. Sehr wohl dürfen aber alle übrigen Bestimmungen des Gesetzes abgeändert und/oder ergänzt werden. Von dieser Möglichkeit wird im Frachtgeschäft der Binnenschifffahrt Gebrauch gemacht. Der Frachtführer (Reederei, Partikulier) vereinbart mit dem Absender als seinem Vertragspartner in aller Regel so genannte *Verlade- und Transportbedingungen*, häufig auch Konnossementsbedingungen genannt, die den gesetzlichen Vorschriften vorgehen.

In der verkehrswirtschaftlichen Praxis kommt diesen *Verlade- und Transportbedingungen* eine nicht unerhebliche Bedeutung zu. Der Inhalt der Konnossementsbedingungen unterliegt dem *Gesetz zur Regelung des Rechts der Allgemeinen Geschäftsbedingungen (AGB-Gesetz)*. Die einzelnen Reedereien haben in den *Verlade- und Transportbedingungen* allgemeine Geschäftsbedingungen zur Ausgestaltung und Abwicklung des Frachtvertrages in der Binnenschifffahrt entwickelt, die in aller Regel aus den so genannten *Oberrheinischen Konnossementsbedingungen (ORKB)* abgeleitet worden sind. Die *ORKB* galten früher in der gesamten, auch der ausländischen, Rheinschifffahrt, sie wurden darüber hinaus auch im Stromgebiet der *Weser* und im westdeutschen Kanalnetz benutzt.

Verlade- und Transportbedingungen

Darüber hinaus hat der *Verein für europäische Binnenschifffahrt und Wasserstraßen e.V. Internationale Verlade- und Transportbedingungen für die Binnenschifffahrt – IVTB –* erarbeitet, die eine Orientierungslinie für die Vertragsgestaltung bieten, das neue ab 1.7.1998 geltende Haftungsrecht berücksichtigen und die Rechtsvereinheitlichung in der europäischen Binnenschifffahrt fördern.

Für den grenzüberschreitenden Binnenschiffsverkehr gab es bisher – anders als zum Beispiel im Straßengüterverkehr mit der *CMR* – noch kein internationales Übereinkommen, welches die wesentlichen Rechtsfragen eines Frachtvertrages regelt. Über viele Jahre hinweg ist am Entwurf eines *Internationalen Übereinkommens über die Güterbeförderung auf Binnenwasserstraßen (CMNI)* gearbeitet worden. Das *CMNI* ist zum 1.4.2005 in Kraft getreten nach Ratifikation durch den fünften Ratifikationsstaat. Inzwischen haben mehr als ein Dutzend Staaten das *CMNI* ratifiziert; darunter auch *Deutschland* am 10.7.2007. Das *CMNI* gilt nur in den Staaten, von denen es bereits ratifiziert worden ist und im Wechselverkehr mit diesen Staaten. Von den maßgebenden Binnenschifffahrtsnationen hat lediglich *Belgien* noch nicht ratifiziert.

CMNI

Soweit Verkehre noch nicht die Anwendung des *CMNI* erfordern, bleibt es auch bei internationalen Transporten bei der Anwendung deutschen Rechts, wenn dies verankert oder nach den Regeln des internationalen Privatrechts anzuwenden ist. Bei Kabotagetransporten findet aber – aus Gründen der Wettbewerbsgleichheit – deutsches Haftungsrecht Anwendung.

Abweichende Regelungen

Das *CMNI* enthält in vielerlei Hinsicht vom neuen *HGB* **abweichende** Regelungen, die aber meist besser auf die Besonderheiten des Binnenschiffstransports angepasst sind. Die Haftung des Frachtführers ist wie folgt geregelt: Der Frachtführer haftet für Schäden wegen Verlust oder Beschädigung der Güter in der Zeit von der Übernahme zur Beförderung bis zur Ablieferung oder Überschreitung der Lieferfrist, wenn er nicht beweist, dass die Schäden durch Umstände verursacht wurden, die ein sorgfältiger Frachtführer nicht hätte vermeiden und deren Folgen er nicht hätte abwenden können *(Artikel 16 Abs. 1)*. Von dieser Regelung ausgenommen ist die Haftung des Frachtführers für Schäden, die vor dem Einladen der Güter in das Schiff oder nach deren Ausladung aus dem Schiff entstanden sind.

Der Frachtführer ist von seiner Haftung befreit, wenn er nachweisen kann, dass bestimmte **Haftungsausschlüsse**, wie etwa fehlende oder mangelhafte Verpackung oder ungenügende Kennzeichnung der Güter, vorliegen und die Möglichkeit besteht, dass aufgrund eines dieser Haftungsausschlussgründe der Schaden entstanden ist *(Artikel 18 Abs. 2)*. Die Haftungsausschlussgründe werden in *Artikel 18 Abs. 1* abschließend aufgeführt. Den Vertragsparteien wird jedoch gestattet, unter bestimmten Voraussetzungen als weiteren Haftungsausschlussgrund auch nautisches Verschulden, Feuer und Explosion oder Mängel des Schiffes zu vereinbaren *(Artikel 25 Abs. 2)*.

Die Schadenersatzpflicht des Frachtführers beschränkt sich auf den Ersatz des Wertes der Güter *(Artikel 19 Abs. 1)*. Darüber hinaus ist die Haftung summenmäßig begrenzt. Für Verlust oder Beschädigung der Güter beläuft sich der Haftungshöchstbetrag nach *Artikel 20 Abs. 1 Satz 1* auf 2 Sonderziehungsrechte (SZR) pro kg der verlorenen oder beschädigten Güter oder auf 666,67 SZR je Packung oder Einheit. Abweichend hiervon beträgt er jedoch bei der Beförderung von Containern 1 500 SZR für den Container und zusätzlich 25 000 SZR für die darin verstauten Güter *(Artikel 20 Abs. 1 Satz 2)*. Dieser Haftungshöchstbetrag gilt allerdings nur, wenn in der Frachturkunde kein Hinweis auf den Containern eventuell enthaltene Packung oder Einheiten enthalten ist und wenn der Haftungshöchstbetrag geringer ist als der nach *Artikel 20 Abs. 1 Satz 1* auf der Grundlage des Gewichts der verlorenen oder beschädigten Güter zu berechnende Betrag.

Die im Übereinkommen aufgeführten oder die vertraglich vereinbarten Haftungsbefreiungen und Haftungshöchstbeträge gelten auch für gegen den Frachtführer gerichtete konkurrierende deliktische Ansprüche *(Artikel 22)*. Werden die Bediensteten oder Beauftragten oder auch der ausführende Frachtführer unmittelbar in Anspruch genommen, können auch diese sich auf die für den Frachtführer geltenden Haftungsbefreiungen und Haftungshöchstbeträge berufen *(Artikel 17 Abs. 3, Artikel 4 Abs. 4)*. Der Frachtführer verliert allerdings sein Recht, sich auf die Haftungsbefreiungen und Haftungshöchstbeträge zu berufen, wenn er vorsätzlich oder bewusst grob fahrlässig gehandelt hat *(Artikel 21 Abs. 1)*; Vorsatz oder bewusste grobe Fahrlässigkeit der Bediensteten oder Beauftragten des Frachtführers oder des ausführenden Frachtführers lassen dagegen dieses Recht unberührt. Werden die Bediensteten oder Beauftragten oder auch der ausführende Frachtführer aber ihrerseits unmittelbar in Anspruch genommen, führt deren vorsätzliches oder bewusst grob fahrlässiges Verhalten zu deren unbeschränkter Haftung *(Artikel 21 Abs. 2)*.

Die Regelungen über die Haftung des Frachtführers, des ausführenden Frachtführers sowie die Bediensteten und Beauftragten sowie über die Fristen für die Schadensanzeige

Binnenschifffahrt 4.3

oder die Verjährung können nicht zu Lasten des Absenders modifiziert werden *(Artikel 25 Abs. 1 Satz 1)*. Nichtig ist darüber hinaus eine Vereinbarung über die Abtretung der Ansprüche aus Warenversicherung an den Frachtführer *(Artikel 25 Abs. 1 Satz 2)*.

Solange ein internationales Übereinkommen nicht besteht, greift das nach den Regeln des internationalen Privatrechts maßgebliche nationale Recht ein. Dabei ist primär auf den **Parteiwillen** abzustellen, das heißt die Vertragspartner können die anzuwendende Rechtsordnung bestimmen. Fehlt es an einer solchen Rechtswahl, so ergibt sich das anzuwendende nationale Recht aus *Art. 28 Einführungsgesetz zum Bürgerlichen Gesetzbuch*. Als Faustformel kann man davon ausgehen, dass häufig das „**Ortsrecht**" des Frachtführers anzuwenden ist. — **Parteiwille im grenzüberschreitenden Verkehr**

Das Inkrafttreten des *CMNI* sollte wegen leicht verschobener Grenzen in Verantwortungs- und Haftungsfragen Anlaß sein, Kontakt mit den Transportversicheren herzustellen und den Versicherungsschutz im Lichte des *CMNI* zu überprüfen.

4.3.5.2 Die Beteiligten am Frachtvertrag

Der Frachtvertrag in der Binnenschifffahrt wird zwischen dem Absender und dem Frachtführer abgeschlossen. Absender ist der Hersteller oder der Verkäufer des zu transportierenden Gutes, aber auch der Spediteur, der im eigenen Namen für fremde Rechnung Frachtverträge abschließt. Der Frachtführer befördert das Gut zum Bestimmungsort verbunden mit der Verpflichtung, es dort an den Empfänger abzuliefern. — **Frachtführer**

Frachtführer kann sein der **Schiffseigner**, das ist nach dem *Binnenschifffahrtsgesetz* der Eigentümer eines für die Schifffahrt auf Flüssen oder sonstigen Binnengewässern bestimmten und hierzu von ihm zu verwendenden Schiffes. Es kann aber auch sein der **Ausrüster**, das ist derjenige, der ein ihm nicht gehörendes Schiff zur Binnenschiffahrt verwendet und es entweder selbst führt oder die Führung einem Schiffer anvertraut. Absender und Frachtführer schließen einen Frachtvertrag zu Gunsten eines Dritten, des Empfängers, ab. — **Schiffseigner Ausrüster**

Schiffer ist nach dem *Binnenschifffahrtsgesetz* der Führer des Schiffes. Er hat bei allen Dienstverrichtungen, namentlich bei der Erfüllung der von ihm auszuführenden Verträge, die Sorgfalt eines ordentlichen Schiffers anzuwenden. — **Schiffer**

Frachtverträge werden in der Binnenschifffahrt **unmittelbar** oder **mittelbar** abgeschlossen. Bei dem unmittelbaren Vertragsabschluss schließt der Hersteller, Verkäufer der Ware, mit dem Frachtführer einen Vertrag ab. Beim mittelbaren Vertragsabschluss kann sich der Ladungseigentümer an einen **Agenten** wenden, der durch einen Agenturvertrag mit der Reederei verbunden ist und sie nach außen hin vertritt. Selten ist in der Binnenschifffahrt der **Schiffsmakler** anzutreffen, der einen Frachtvertrag zwischen dem Absender und dem Frachtführer vermittelt. — **Agent Binnenschifffahrtsspediteur**

Der **Binnenschifffahrtsspediteur** schließt mit der Reederei im eigenen Namen einen Frachtvertrag ab, er ist mit seinem Auftraggeber durch einen Speditionsvertrag verbunden.

Auch von **Partikulieren gebildete Genossenschaften** schließen im eigenen Namen mit dem Ladungseigentümer Frachtverträge in der Binnenschifffahrt ab. Schifferbörsen, auf — **Genossenschaften** denen durch Ladungsangebot und Laderaumnachfrage Preise gebildet und Frachtverträge zustande kommen, gibt es nicht mehr.

Eine anschauliche Übersicht über die möglichen Varianten für den Abschluss von Schiffsfrachtverträgen haben wir dem *Handbuch Güterverkehr Binnenschifffahrt* entnommen.

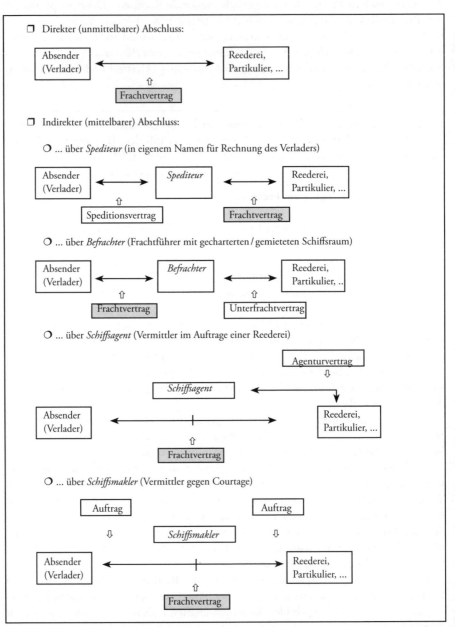

Abb. 39: Mögliche Varianten für den Abschluss von Binnenschiffsfrachtverträgen

Quelle: Handbuch Güterverkehr Binnenschifffahrt, F 3 Seite 2

4.3.5.3 Die Arten der Verfrachtung

Unter „**Arten der Verfrachtung**" verstehen wir den **Gegenstand des Frachtvertrages**. Gegenstand des Frachtvertrages kann sein:

1. Die Überlassung des gesamten Schiffes, dann sprechen wir von einer **Gesamtverfrachtung**.
2. Die Überlassung von bestimmten Räumen oder eines verhältnismäßigen Teiles eines Schiffes, dann sprechen wir von **Teilverfrachtung**.
3. Der Transport eines bestimmten Gutes und einer bestimmten Menge, dann sprechen wir von **Stückgutverfrachtung**.

Verfrachtung

Eine **Gesamtverfrachtung** kann erfolgen:
1. „**In Fracht**", dann gilt der Vertrag für eine Fahrt über eine bestimmte Transportstrecke, das Entgelt bestimmt sich nach dem Gewicht der Ladung.
2. „**In Miete**", dann wird der Frachtberechnung die Tragfähigkeit des Schiffes und die Vertragszeit zugrunde gelegt.

Sendungen, die nach Zahl, Maß oder Gewicht gekennzeichnet und nicht Teilladungen oder Schiffsladungen sind, werden als Stückgüter bezeichnet. Im Allgemeinen gelten Sendungen im Gewicht bis 300 t als Stückgüter, wenn hierfür nicht ein Frachtvertrag für die Verfrachtung von Schiffen im Ganzen oder auf eine Teilverfrachtung geschlossen ist.

Für Stückgutverfrachtungen und Teilladungen gelten in Bezug auf die Ladezeit, das Liegegeld, die Fehlfracht und die Löschzeit Bestimmungen, die von den Bestimmungen für ganze Schiffsladungen abweichen.

In der verkehrswirtschaftlichen Praxis spricht man von **Tagesgeschäften**, wenn die Frachtverträge nach den relevanten Preisen von Fall zu Fall abgeschlossen werden. So genannte **Kontrakte** werden vereinbart, wenn Binnenschiffstransporte regelmäßig und über einen längeren Zeitraum durchgeführt werden. Hier geht es quasi um die Sicherung von Transportraum.

Tagesgeschäft
Kontrakte

4.3.5.4 Die Frachtpapiere

Nach *HGB § 408* kann der Frachtführer die Ausstellung eines Frachtbriefes verlangen. Der Frachtvertrag kommt durch übereinstimmende Willenserklärungen zustande, eines Frachtbriefes bedarf es nicht. Es steht den Parteien aber frei, einen Frachtbrief herzustellen und zu verwenden, sie können auch jede andere Dokumentation verwenden. Ist ein **Frachtbrief** ausgestellt und **von beiden Parteien unterschrieben**, so dient er als **Beweisurkunde** für den Inhalt des Vertrages und als Übernahmequittung durch den Frachtführer *(HGB § 409)*. Veranlassung zur **Ausstellung** eines **Frachtbriefes** kann in der Binnenschifffahrt nur dann vorliegen, **wenn die Vereinbarungen über die Abwicklung des Frachtvertrages zwischen Absender und dem Frachtführer** sich auf das Verhältnis zwischen diesen beiden **beschränken** und dem Empfänger gegenüber keine Wirksamkeit haben sollen. Der Gebrauch von Frachtbriefen oder vergleichbaren Dokumenten ist in der Binnenschifffahrt selten.

Frachtbrief

Ladeschein Über die **Verpflichtung zur Ablieferung** des Gutes kann von dem Frachtführer ein Ladeschein ausgestellt werden, durch welchen der **Frachtführer sich zur Auslieferung der Güter an den legitimierten Besitzer des Scheins verpflichtet**. Der Ladeschein ist das in der Binnenschifffahrt **übliche Transportdokument**. In der verkehrswirtschaftlichen Praxis spricht man in Bezug auf den Ladeschein auch häufig von dem so genannten **Konnossement** Konnossement.

Inhalt des Ladescheins Der Ladeschein soll nach *HGB § 444* folgenden Inhalt haben:
1. *Ort und Tag der Ausstellung*
2. *Name und Anschrift des Absenders*
3. *Name und Anschrift des Frachtführers*
4. *Stelle und Tag der Übernahme des Gutes sowie die für die Ablieferung vorgesehene Stelle*
5. *Name und Anschrift des Empfängers und eine etwaige Meldeadresse*
6. *die üblichen Bezeichnungen der Art des Gutes und die Art der Verpackung, bei gefährlichen Gütern ihre nach den Gefahrgutvorschriften vorgesehene, sonst ihre allgemein anerkannte Bezeichnung*
7. *Anzahl, Zeichen und Nummern der Frachtstücke*
8. *das Rohgewicht oder die anders angegebene Menge des Gutes*
9. *die vereinbarte Fracht und die bis zur Ablieferung anfallenden Kosten sowie einen Vermerk über die Frachtzahlung*
10. *den Betrag einer bei der Ablieferung des Gutes einzuziehenden Nachnahme*
11. *Weisungen für die Zoll- und sonstige amtliche Behandlung des Gutes*
12. *eine Vereinbarung über die Beförderung in offenem, nicht mit Planen gedecktem Fahrzeug oder auf Deck.*

Der Ladeschein muss vom **Frachtführer unterzeichnet** sein.

Der **Ladeschein** ist **nicht nur eine Beweisurkunde** über den Abschluss des **Frachtvertrages**, er stellt gleichzeitig dar
1. eine **Empfangsbescheinigung** für die übernommenen Güter hinsichtlich ihrer Zahl, ihrer Maße und ihres Gewichtes, es sei denn, der Frachtführer hat auf dem Ladeschein den Zusatz angebracht „Zahl, Maß, Gewicht unbekannt".
2. ein **Beförderungsversprechen** für den Transport der übernommenen Güter,
3. ein **Ablieferungsversprechen** gegenüber dem legitimierten Besitzer des Ladescheines.

Bedeutung des Ladescheins Die Bedeutung des Ladescheines liegt in seiner Wirksamkeit für die **Rechtsbeziehungen zwischen dem Frachtführer und dem Empfänger** (dem legitimierten Besitzer des Scheines), während der Frachtvertrag das Rechtsverhältnis zwischen Frachtführer und Absender bestimmt. In der Regel wird der Inhalt des Ladescheines mit dem Frachtvertrag übereinstimmen, da in dem Ladeschein Bezug genommen wird auf die frachtrechtlichen Bestimmungen. Der Frachtführer hat das Original des Ladescheines nach Ausstellung dem Absender auszuhändigen. Der Originalladeschein dient dem legitimierten Besitzer zum **Nachweis seiner Empfangsberechtigung**. Seine Begebung ersetzt die Übergabe der Frachtgüter, der Frachtführer ist nur gegen seine **Rückgabe zur Ablieferung der Güter**

Binnenschifffahrt 4.3

verpflichtet. Der Ladeschein ist **Traditionspapier**. Mit Übergabe des Papiers wird das Eigentum am Gut übertragen.   **Traditionspapier**

In der verkehrswirtschaftlichen Praxis erhält der Absender den vom Frachtführer unterschriebenen Originalladeschein zurück, der Frachtführer benutzt eine Kopie des Ladescheines quasi als Frachtbrief. Derjenige, der den Originalladeschein besitzt, hat die Verfügungsgewalt über die darin bezeichneten Güter; die Weitergabe des Ladescheines ersetzt die Übergabe der Güter. Wir unterscheiden folgende Ladescheine / Konnossemente:

1. Ist der Ladeschein auf den Namen des Empfängers ausgestellt, dann handelt es sich um ein sogenanntes **Namenspapier** (**Rektaladescheine**). Nur der Empfänger oder sein Rechtsnachfolger sind zum Empfang der Güter berechtigt. Für die Abtretung der Rechte aus dem Namensladenschein ist eine besondere Zession erforderlich, in der der Erwerber der Zession allerdings nur diejenigen Rechte erhält, die im Zeitpunkt der Veräußerung dem Abtretenden gegenüber dem Frachtführer verblieben sind. Der Namensladeschein ist in der verkehrswirtschaftlichen Praxis relativ selten anzutreffen.   **Rektaladeschein**

2. Lautet der Ladeschein „An Order" beziehungsweise an einen Empfänger oder an dessen Order, so handelt es sich um einen **Orderladeschein**. Die im Orderladeschein bezeichneten Güter können von dem Inhaber des Papiers an einen anderen Empfangsberechtigten per **Indossament** eigentumsmäßig übertragen werden. Bei dem Indossament handelt es sich um eine Erklärung, mit der der jeweilige **Inhaber des Ladescheines (Indossant)** die Rechte aus dem Ladeschein auf den von ihm im Indossament-Vermerk **genannten Berechtigten (Indossator)** überträgt. Der **Orderladeschein ist das in der Praxis des Binnenschiffsverkehrs übliche Dokument**.   **Orderladeschein**

3. Schließlich ist es auch zulässig, den Ladeschein auf den Inhaber, also ohne Bezeichnung eines bestimmten Empfängers, auszustellen; dann bestimmt sich die Empfangsberechtigung aus dem Besitz des Ladescheins, wir sprechen dann von einem **Inhaberladeschein**.   **Inhaberladeschein**

4. Von einem **Durchladeschein** oder **Durchkonnossement** sprechen wir, wenn an der Binnenschifffahrtsbeförderung mehrere Frachtführer (Hauptfrachtführer, Unterfrachtführer) beteiligt sind und eine **durchgehende Haftung / Gesamthaftung aller Frachtführer gegeben sein soll**.   **Durchladeschein**

Der Frachtführer kann die Angabe einer so genannten „Meldeadresse" verlangen, wenn der Ladeschein an die Order einer Person ausgestellt ist, die am Ablieferungsort weder ihren Wohnsitz noch eine Niederlassung hat. Die Aufnahme einer solchen **Meldeadresse** soll den Zweck haben, **dem Frachtführer die Ermittlung des Empfängers zu erleichtern**, sie soll ferner sicherstellen, dass der Frachtvertrag ordnungsgemäß abgewickelt wird.   **Meldeadresse**

Bei dem Orderladeschein kann der Frachtführer dem Empfänger beziehungsweise berechtigten Inhaber nur solche Einwendungen entgegenhalten, die sich aus dem Inhalt der Urkunde ergeben (Hinweise auf Mengen- und Gewichtsangaben), die die Gültigkeit seiner Erklärung im Ladeschein betreffen (Echtheit der Unterschrift) und die dem Frachtführer unmittelbar gegen den Ladescheininhaber zustehen (zum Beispiel Aufrechnung von Forderungen).

Haftung des Frachtführers aus dem Ladeschein

Der Frachtführer haftet für die Richtigkeit der im Ladeschein (Konnossement) enthaltenen Zahl, der Maße oder des Gewichtes. Die Ermittlung des Umfanges der verladenen Frachtgüter muss unter der Kontrollmöglichkeit des Frachtführers vorgenommen sein.

Ist die Ermittlung des Umfanges der Frachtgüter bei der Einladung entweder überhaupt nicht oder nicht ordnungsgemäß möglich, so ist der Frachtführer nicht verpflichtet, einen reinen, vorbehaltlosen Ladeschein zu zeichnen. Er muss in diesem Falle den Zusatz vermerken: „Zahl, Maß, Gewicht unbekannt".

Haftung des Frachtführers für die Bezeichnung der Güter

Der Frachtführer haftet für die Richtigkeit der im Ladeschein (Konnossement) enthaltenen Bezeichnungen der Güter. Darunter wird die Bezeichnung nach Gattung, Art und Beschaffenheit verstanden, zum Beispiel „gesunder, trockener amerikanischer Mais". Der Frachtführer kann sich von der Haftung für die Bezeichnung der Güter im Ladeschein entlasten, wenn die Unrichtigkeit der Bezeichnung bei Anwendung der Sorgfalt eines gewöhnlichen (einfachen) Frachtführers nicht zu erkennen war. Es wird also keine kaufmännische Sach- und Warenkenntnis des äußerlich erkennbaren Zustandes der Güter vom Frachtführer verlangt.

Ladeschein, Muster

Aufbau und Inhalt eines Ladescheines sind aus dem folgenden Muster *(Seite 425)* zu ersehen. Die *Verlade- und Transportbedingungen*, die untrennbar damit verbunden sind, können wegen ihres Umfangs nicht dargestellt werden.

4.3.5.5 Die Abwicklung des Frachtvertrages

Bei der **Abwicklung eines Frachtvertrages** in der Binnenschifffahrt sind hinsichtlich der Organisation drei Komplexe zu beachten. Diese sind:
1. Der **Vor- und der Nachlauf**
2. Der **Umschlag**
3. Der **Binnenschifffahrtstransport.**

Die Vor- und Nachlaufproblematik ist wegen der geringen Netzdichte des Verkehrsträgers Binnenschifffahrt in aller Regel wichtiger als bei den anderen Verkehrsträgern. Es sind zum Teil erhebliche Entfernungen per Lastkraftwagen oder per Eisenbahn zurückzulegen, **wobei in aller Regel der Lastkraftwagen der wichtigere Partner der Binnenhäfen ist.** Die Landverkehrsmittel sind so zu disponieren, dass die angelieferten oder zu übernehmenden Güter möglichst direkt umgeschlagen werden können. Unabhängig davon kann sich in Abhängigkeit von der Transportenfernung auch der indirekte Umschlag (Zwischenlagerung im Binnenhafen) als notwendig erweisen. Für den Umschlag selbst ist dafür Sorge zu tragen, dass die erforderlichen technischen Geräte (zum Beispiel Kräne) der Art, der Anzahl und der Leistung nach sowie das erforderliche Umschlagspersonal bereitstehen.

Beim Binnenschifffahrtstransport selbst muss das richtige Schiff der Art, der Tragfähigkeit, der Abladetiefe und den Abmessungen nach disponiert werden, gegebenenfalls ist auch darauf zu achten, dass das Schiff für Tag- und Nachtfahrten geeignet ist. Hinsichtlich der zu benutzenden Wasserstraßen müssen die Wasserstände, die Wasserstraßenklasse, die Schleusenöffnungszeiten und die Fahrtbeschränkungen beachtet werden. Bei gefährlichen Gütern ist die *Verordnung über die Beförderung gefährlicher Güter auf dem Rhein (ADNR)* zu beachten.

Binnenschifffahrt 4.3

Abb. 40:
Ladeschein
Muster

LADESCHEIN ORIGINAL | Sped.-Nr. _____

Schiff: .... Schiffsführer: ....

Absender: ....

Ladehafen: .... Ladestelle: ....

Empfänger: ....

Meldeadresse: ....

Löschhafen: .... Löschstelle: ....

Frachtvorschrift: ....

Grenzabfertigung: ....

Markierung	Anzahl und Art	Inhalt	angebliches Gewicht kg

Der Schiffsführer ist verpflichtet, uns jeden außergewöhnlichen Aufenthalt sofort fernmündlich zu melden.

Pos.-Nr.: .... Güterklasse: ....

Bestimmungs-/Herkunftsland: ....

für/ex Seeschiff: .... vom: .... 1. Lade-/Löschtag: ....

Allen gegenwärtigen und zukünftigen Transporten für den Frachtnehmer / Frachtzahler liegen unsere umseitig abgedruckten Verlade- und Transportbedingungen zugrunde; dies gilt auch dann, wenn wir abweichenden Bedingungen oder Gegenbestätigungen, die wir hiermit ausdrücklich ablehnen, nicht widersprechen.

Vermerke

Im Ladehafen

angekommen: .... Uhr
gemeldet: .... Uhr
geladen: ....von ....bis........ Uhr
............von ....bis........ Uhr
............von ....bis........ Uhr
............von ....bis........ Uhr

.... den .... 199.....

für den/der Schiffsführer: ....

Folie-Druck

ADNR in der Binnenschifffahrt

In der *ADNR* werden alle Personen angesprochen, die mittelbar oder unmittelbar mit der Beförderung gefährlicher Güter auf dem Wasser befasst sind. Angesprochen sind die Industrie im weitesten Sinne (zum Beispiel die Mineralölwirtschaft, die Chemische Industrie, Petro-Chemie), die Verlader, die Frachtführer und Spediteure, der Schiffseigner und die übrige Schiffsbesatzung.

Alle genannten Personenkreise sind in der *ADNR* in irgendeiner Form verantwortlich gestellt, **damit durch das gefährliche Gut niemand, und zwar weder die an der Beförderung Beteiligten noch die Unbeteiligten (die Bevölkerung) in irgendeiner Form geschädigt werden.**

Die *ADNR* erfasst alle gefährlichen Güter und legt fest, ob und wie sie auf den Wasserstraßen befördert werden dürfen; sie enthält Vorschriften über die Art der Verpackung der gefährlichen Güter, regelt die Zusammenladung der verschiedenen Güter, schreibt vor, welche besonderen Bedingungen hinsichtlich Bau und Ausrüstung der Schiffe (Binnenschiffe und Seeschiffe) zu erfüllen sind, wie sich ein Fahrzeug mit gefährlichen Gütern während der Fahrt und beim Stillliegen sowie beim Laden und Löschen zu verhalten hat (Betriebsvorschriften).

Eine enge Verknüpfung zwischen allgemeinem Untersuchungsrecht und den Vorschriften über die Beförderung gefährlicher Güter ist dadurch gegeben, dass Fahrzeuge, die für die Beförderung gefährlicher Güter bestimmt sind, nur dann bestimmte gefährliche Güter befördern dürfen, wenn sie ein **Zulassungszeugnis** nach der *ADNR* besitzen. Erst dann erhalten sie ein Schiffsattest nach der *RheinSchUO* oder der *BinSchUO*. Für Fahrzeuge, die nur gelegentlich bestimmte andere gefährliche Güter in Versandstücken befördern sollen, trifft dies nicht in vollem Umfang zu.

Im Hinblick auf die Beförderung gefährlicher Güter per Binnenschiff gibt es aus formaljuristischen Gründen zwei Verordnungen. Es handelt sich zum einen um die *Verordnung zur Inkraftsetzung der Verordnung über die Beförderung gefährlicher Güter auf dem Rhein und der Verordnung über die Beförderung gefährlicher Güter auf der Mosel*.

Mit der so genannten Strukturreform wurden die Gefahrgutregelwerke der Landverkehrsträger *ADR, RID* und *ADNR* in eine vergleichbare Struktur überführt. Dies erleichtert denjenigen die Anwendung, die bislang nur mit einem Werk vertraut waren, und sich bei der Planung multimodaler Ketten auch mit den anderen Regelwerken auseinandersetzen müssen

Regelmäßig werden alle zwei Jahre von der *Zentralkommission für die Rheinschifffahrt (ZKR)* neue Gefahrgutregeln für die Binnenschifffahrt herausgegeben, die als *ADNR* auf *Rhein* und *Mosel* in Kraft gesetzt werden. Auf den übrigen Wasserstraßen Deutschlands erfolgt die Inkraftsetzung der von der *ZKR* beschlossenn Regeln in Form der **Gefahrgutverordnung Binnenschifffahrt (GGVBinSch)**. Bei Drucklegung dieses Werkes war das *ADNR 2007* aktuell. Beschlossen ist bereits das Inkrafttreten des *ADNR 2009* ab dem 1.1.2009. Danach geht die Verantwortung für die Fortentwicklung des Gefahrgut-Regelwerks von der *Zentralkommission für die Rheinschifffahrt* über auf die *Wirtschaftskommission für Europa* bei der *UNO* in *Genf*.

Beladung des Schiffes

In der Praxis der Binnenschifffahrt hat der Absender gepackte Güter auf das Schiff, lose Güter in das Schiff zu liefern, umgekehrt sind gepackte Güter auf dem Schiff und lose Güter im Schiff zu übernehmen. Der Frachtführer hat die eventuell weitere Verladung

Binnenschifffahrt 4.3

der Güter im Schiff zu bewirken. In der Praxis werden **zwischen dem Absender und dem Frachtführer Vereinbarungen über das Ein- und Ausladen getroffen.** Lautet beispielsweise die Klausel „Frei Schiff", so wird damit zum Ausdruck gebracht, dass der Absender die Kosten der Beladung zu tragen hat. Im Allgemeinen sind die Bestimmungen über die Beladung / Entladung und die Kostentragung in den Konnossementsbedingungen der Reederei geregelt.

Das Be- und Entladegeschäft in der Binnenschifffahrt regelt sich seit dem 1.7.1998 nach *HGB § 412*. Nach *HGB § 412, Abs. 3* wird aber der *Bundesminister der Justiz* ermächtigt, im Einvernehmen mit dem *Bundesminister für Verkehr* durch Rechtsverordnung für die Binnenschifffahrt unter Berücksichtigung der zu Beförderung bestimmten Fahrzeuge, der Art und Menge der umzuschlagenden Güter, der beim Güterumschlag zur Verfügung stehenden technischen Mittel und der Erfordernisse eines beschleunigten Verkehrsablaufs die **Voraussetzung für den Beginn der Lade- und Löschzeit, deren Dauer sowie die Höhe des Liegegeldes** (dies ist das Standgeld im Straßengüterverkehr) **zu bestimmen.**

Rechtsgrundlage hierfür ist die am 11.12.1999 in Kraft getretene *Verordnung über die Lade- und Löschzeiten sowie das Liegegeld in der Binnenschifffahrt (Lade- und Löschzeitenverordnung).* Die neue Verordnung ist nicht unumstritten. Problematisch ist immer wieder die Frage, ob die darin festgesetzten Lade- und Löschzeiten überhaupt eingehalten werden können. Diese hat das *Bundesministerium der Justiz (BMJ)* nunmehr auf 45 Tonnen pro Stunde festgeschrieben.

Verordnung über die Lade- und Löschzeiten in der Binnenschifffahrt

Obwohl die Vertreter der verladenden Wirtschaftsverbände als auch der Spedition letztendlich zugestimmt haben, weicht die Praxis häufig von der aktuellen Regelung ab und greift noch auf die Vorläuferregelung aus dem 1994 zurück. Da die heutige Verordnung dispositives Recht zählt, ist diese Vorgehensweise unbenommen.

Darüber hinaus wurden in der aktuellen Verordnung die Bestimmung des Meldetages, die Sonn- und Feiertagsregelung sowie die Dauer der üblichen Geschäftszeiten überarbeitet. Der dispositive Rechtscharakter wurde in der Verordnung selbst nicht noch einmal ausdrücklich herausgestellt, sondern ergibt sich aus der Rechtssystematik im Zusammenhang mit *HGB § 412, Abs. 4*. Die zur Zeit geltende Verordnung wird im Folgenden abgedruckt.

Verordnung über die Lade- und Löschzeiten sowie das Liegegeld in der Binnenschifffahrt (Lade- und Löschzeitenverordnung – BinSchLV) vom 23.11.1999

Auf Grund des § 412 Abs. 4 des Handelsgesetzbuches, der durch Artikel 1 Nr. 3 des Gesetzes vom 25. Juni 1998 (BGBl. I S. 1588) eingefügt worden ist, verordnet das Bundesministerium der Justiz im Einvernehmen mit dem Bundesministerium für Verkehr, Bau- und Wohnungswesen:

Abschnitt 1 – Trockenschifffahrt
§ 1 – Beginn der Ladezeit
(1) Hat der Frachtvertrag die Beförderung von anderem als flüssigem oder gasförmigem Gut zum Gegenstand, so beginnt die Ladezeit nach Ablauf des Tages, an dem der Frachtführer die Ladebereitschaft dem Absender oder der vereinbarten Meldestelle anzeigt.
(2) Haben die Parteien vereinbart, dass der Zeitpunkt der Ladebereitschaft voranzumelden

ist, so beginnt die Ladezeit abweichend von Absatz 1 zwei Stunden nach dem in der Voranmeldung genannten Zeitpunkt. Voraussetzung ist jedoch, dass die Voranmeldung mindestens acht Stunden vor dem angemeldeten Zeitpunkt dem Absender oder der vereinbarten Meldestelle zugeht und der Frachtführer zum angemeldeten Zeitpunkt ladebereit ist.

(3) Wird an dem Tag, an dem der Frachtführer seine Ladebereitschaft anzeigt, oder wird bei einer Voranmeldung noch vor Ablauf der Frist von zwei Stunden nach dem angemeldeten Zeitpunkt der Ladebereitschaft geladen, so beginnt die Ladezeit mit dem Beginn des Ladens.

§ 2 – Dauer der Ladezeit

(1) Die Ladezeit beträgt eine Stunde für jeweils 45 Tonnen Rohgewicht der für ein Schiff bestimmten Sendung. Als ein Schiff im Sinne von Satz 1 ist auch ein Schub- oder Koppelverband anzusehen.

(2) Bei der Berechnung der Ladezeit kommen folgende Zeiten nicht in Ansatz:
 1. Sonntage und staatlich anerkannte allgemeine Feiertage an der Ladestelle,
 2. an Werktagen die Zeit zwischen 20.00 Uhr und 6.00 Uhr,
 3. die Zeit, in der aus Gründen, die dem Risikobereich des Frachtführers zuzurechnen sind, das Verladen jeder Art von Gut unmöglich ist.

(3) Absatz 2 Nr. 1 und 2 ist nicht anzuwenden, soweit der Frachtführer während der darin genannten Zeiten vereinbarungsgemäß oder auf Weisung des Absenders oder der Meldestelle ladebereit ist.

§ 3 – Löschzeit

Für die Bestimmung des Beginns der Entladezeit (Löschzeit) sowie ihrer Dauer sind die §§ 1 und 2 entsprechend mit der Maßgabe anzuwenden, dass an die Stelle des Absenders der Empfänger tritt.

§ 4 – Liegegeld

(1) Das dem Frachtführer geschuldete Standgeld (Liegegeld) beträgt bei einem Schiff mit einer Tragfähigkeit bis zu 1500 Tonnen für jede angefangene Stunde, während der der Frachtführer nach Ablauf der Lade- oder Löschzeit wartet, 0,05 EURO je Tonne Tragfähigkeit. Bei einem Schiff mit einer Tragfähigkeit über 1500 Tonnen beträgt das für jede angefangene Stunde anzusetzende Liegegeld 75 EURO zuzüglich 0,02 EURO für jede über 1500 Tonnen liegende Tonne.

(2) Bei der Berechnung des Liegegeldes sind die Stunden nicht zu berücksichtigen, in denen aus Gründen, die dem Risikobereich des Frachtführers zuzurechnen sind, das Verladen oder Entladen jeder Art von Gut unmöglich ist.

(3) Als ein Schiff im Sinne von Absatz 1 ist auch ein Schub- oder Koppelverband anzusehen.

Abschnitt 2 – Tankschifffahrt
§ 5 – Beginn der Lade- und Löschzeit

(1) Hat der Frachtvertrag die Beförderung flüssigen Gutes durch ein Tankschiff zum Gegenstand, so beginnen die Lade- und die Löschzeit jeweils in dem Zeitpunkt, in dem der

Binnenschifffahrt 4.3

Frachtführer die Lade- oder Löschbereitschaft anzeigt. Voraussetzung ist jedoch, dass der Frachtführer den Zeitpunkt der Lade- oder Löschbereitschaft mindestens acht Stunden zuvor voranmeldet. Die Voranmeldung und die Anzeige müssen montags bis freitags zwischen 7.00 Uhr und 16.00 Uhr oder samstags zwischen 7.00 Uhr und 13.00 Uhr dem Absender oder der vereinbarten Meldestelle zugehen.

(2) *Hat der Frachtführer den Zeitpunkt der Lade- oder Löschbereitschaft nicht oder nicht fristgerecht vorangemeldet, beginnt die Frist in dem in § 1 Abs. 1 genannten Zeitpunkt oder, wenn vor diesem Zeitpunkt geladen oder gelöscht wird, mit dem Beginn des Ladens oder Löschens.*

§ 6 – Dauer der Lade- und Löschzeit

(1) *Die gesamte Lade- und Löschzeit beträgt in der Tankschifffahrt bei einer für ein Schiff bestimmten Sendung mit einem Gewicht*

bis zu 1100 Tonnen 24 Stunden,
bis zu 1500 Tonnen 26 Stunden,
bis zu 2000 Tonnen 30 Stunden.

Bei einer Sendung über 2000 Tonnen erhöht sich die Lade- und Löschzeit um vier Stunden je weitere angefangene 500 Tonnen. Die erforderliche Aufheizzeit wird auf die Lade- und Löschzeit angerechnet. Als ein Schiff im Sinne von Satz 1 ist auch ein Schub- oder Koppelverband anzusehen.

(2) *Beträgt die Mindestpumpenkapazität des Tankschiffs weniger als 200 Kubikmeter pro Stunde, so erhöht sich die nach Absatz 1 anzusetzende Lade- und Löschzeit um die Zeit, die der effektiven Stundenleistung während des Lade- und Löschvorgangs entspricht.*

(3) *Bei der Berechnung der Lade- und Löschzeit ist die für das Laden und Löschen tatsächlich benötigte Zeit getrennt festzustellen; angefangene Stunden, die sich bei der Ermittlung der tatsächlich benötigten Ladezeit und der tatsächlich benötigten Löschzeit ergeben, sind auf volle Stunden aufzurunden. Nicht in Ansatz kommen folgende Zeiten:*
   1. *im Falle des Ladens Sonntage und staatlich anerkannte allgemeine Feiertage an der Ladestelle, im Falle des Löschens Sonntage und staatlich anerkannte allgemeine Feiertage an der Löschstelle,*
   2. *an Werktagen, die einem Sonntag oder einem gesetzlichen Feiertag an der Lade- oder Löschstelle nachfolgen, die Zeit zwischen 0.00 Uhr und 7.00 Uhr, an einem Samstag und am 24. und 31. Dezember zusätzlich die Zeit zwischen 13.00 Uhr und 24.00 Uhr,*
   3. *die Zeit, in der aus Gründen, die dem Risikobereich des Frachtführers zuzurechnen sind, das Verladen oder Entladen jeder Art von Gut unmöglich ist. Satz 2 Nr. 1 und 2 ist nicht anzuwenden, soweit der Frachtführer während der darin genannten Zeiten vereinbarungsgemäß oder auf Weisung der Meldestelle oder des Absenders lade- oder löschbereit ist.*

§ 7 – Liegegeld

(1) *Das dem Frachtführer geschuldete Standgeld (Liegegeld) beträgt für jede angefangene Stunde, in der der Frachtführer nach Ablauf der Lade- und Löschzeit wartet, bei Tankschiffen mit einer Tragfähigkeit*

bis zu 500 Tonnen 25 EURO,
bis zu 1000 Tonnen 54 EURO,
bis zu 1500 Tonnen 75 EURO.
Bei Tankschiffen mit einer Tragfähigkeit über 1500 Tonnen beträgt das für jede angefangene Stunde anzusetzende Liegegeld 75 EURO zuzüglich 10 EURO je weitere angefangene 500 Tonnen.

(2) *Bei der Berechnung des Liegegeldes sind die Stunden nicht zu berücksichtigen, in denen aus Gründen, die dem Risikobereich des Frachtführers zuzurechnen sind, das Verladen oder Entladen jeder Art von Gut unmöglich ist.*

(3) *Als ein Schiff im Sinne von Absatz 1 ist auch ein Schub- oder Koppelverband anzusehen.*

Abschnitt 3 – Inkrafttreten
§ 8 – Inkrafttreten
Diese Verordnung tritt am Tage nach der Verkündung in Kraft.

Berlin, den 23. November 1999

Die Bundesministerin der Justiz
Däubler-Gmelin

Ladeort, Der **Ladeort** ist der Ort (Hafen), an dem nach dem Frachtvertrag die **Übernahme der**
Ladeplatz **Frachtgüter** erfolgen soll. **Der Ladeplatz oder die Ladestelle ist die Stelle am Ladeort,** die der Frachtführer zur Einladung der Frachtgüter aufzusuchen hat. Ist das Schiff im Ganzen verfrachtet, hat es der Frachtführer zur Übernahme der Ladung an den vom Absender ihm **angewiesenen Platz** hinzulegen. Hat der Frachtvertrag Güter im Gewicht von weniger als 10 000 kg zum Gegenstand, so legt der Frachtführer am **ortsüblichen Ladeplatz** an.

Ladebereit- Sobald der Frachtführer zur Annahme der Ladung bereit ist, hat er dies dem **Absender**
schaft anzuzeigen, und das Schiff muss zu diesem Zeitpunkt wirklich ladebereit sein. Eine besondere Form für die Meldung der Ladebereitschaft ist nicht vorgeschrieben; sie kann persönlich, fernmündlich oder schriftlich erfolgen. **Die Meldung muss innerhalb der ortsüblichen Geschäftszeiten vorgenommen werden. Ein Meldetag kann vereinbart werden.**

Ladezeit Mit dem auf die **Anzeige der Ladebereitschaft folgenden Tag beginnt die Ladezeit.** Die Ladezeit ist die Frist, die der Frachtführer dem Absender **ohne besondere Vergütung** zu gewähren hat, damit die Ladung eingenommen werden kann. Als Regelzeit für das Laden soll der Zeitraum zwischen 6.00 Uhr und 20.00 Uhr gelten. Die Ladeleistung pro angefangener Stunde beträgt 45 t Rohgewicht der Sendung je Stunde.

Liegegeld Wird die Beladung nicht innerhalb der Ladezeit vollendet, weil der Absender die Ladung nicht rechtzeitig liefert, so hat der Frachtführer **Anspruch auf Liegegeld**. Die **Überliegezeit** ist eine **vereinbarte Verlängerung der Ladezeit**. Sie unterscheidet sich von der Ladezeit dadurch, dass die Ladezeit unentgeltlich gewährt wird, während für die Überliegezeit Liegegeld entrichtet werden muss. Die Dauer der Überliegezeit unterliegt der Vereinbarung.

Binnenschifffahrt 4.3

Hat der Absender innerhalb der Ladezeit oder der etwa vereinbarten Überliegezeit die Ladung nicht geliefert, so ist der Frachtführer nicht verpflichtet, noch länger zu warten. Er muss jedoch dem Absender erklären, nicht länger warten zu wollen. Die Erklärung des Frachtführers entspricht also einer Kündigung, und die Wartezeit hat die Rechtsnatur einer **gesetzlichen Kündigungsfrist** *(HGB § 417)*. Hat der Absender bis zum Ablauf der Wartezeit keine Ladung geliefert, so ist der Frachtführer an den Vertrag nicht länger gebunden und ist befugt, von dem Absender nach *HGB § 415 (2)*

1. *die vereinbarte Fracht, das etwaige Standgeld sowie zu ersetzende Aufwendungen unter Anrechnung dessen, was er infolge der Aufhebung des Vertrages an Aufwendungen erspart oder anderweitig erwirbt oder zu erwerben böswillig unterläßt, oder*
2. *ein Drittel der vereinbarten Fracht (Fautfracht) zu verlangen. Beruht die Kündigung auf Gründen, die dem Risikobereich des Frachtführers zuzurechnen sind, so entfällt der Anspruch auf Fautfracht nach Satz 1 Nr. 2; in diesem Falle entfällt auch der Anspruch nach Satz 1 Nr. 1, soweit die Beförderung für den Absender nicht von Interesse ist.*

Der **Löschort ist der Bestimmungsort** (Hafen, Ablieferungsort), der im Frachtvertrag bestimmt und im Ladeschein als solcher bezeichnet worden ist. Der **Löschplatz / die Löschstelle ist die Stelle am Ablieferungsort**, an der die Frachtgüter zu löschen sind. Auch der Löschplatz ist im Frachtvertrag oder im Ladeschein zu bezeichnen. Der Empfänger hat auf Aufforderung einen geeigneten Löschplatz zu bezeichnen. Tut er dies nicht, so legt der Frachtführer an einem der ortsüblichen Löschplätze an. Bei der Wahl des Löschplatzes hat er das Interesse des Empfängers tunlichst zu berücksichtigen. **Löschort**

Löschplatz

Sobald der Frachtführer zum Löschen bereit ist, hat er dies dem Empfänger in der ortsüblichen Geschäftszeit anzuzeigen. Die Anzeige der Löschbereitschaft ist an eine bestimmte Form nicht gebunden. Ein Meldetag kann vereinbart werden. **Löschbereitschaft**

Die **Löschzeit** beginnt mit dem auf die Anzeige der Löschbereitschaft folgenden Tag. Übernimmt der Empfänger die Ladung nicht bis zum Ablauf der Löschzeit, so hat der Frachtführer **Anspruch auf Liegegeld**. Die beim Laden oder Löschen eventuell anfallenden Liegegelder werden der Höhe nach unterschiedlich berechnet für die Trockenschifffahrt und für die Tankschifffahrt. Entsprechend unterschiedlich sind auch die Lade- und Löschzeiten. **Löschzeit**

Liegegeld nach Löschzeit

Die Überliegezeit ist eine Verlängerung der Löschzeit. Für die Überliegezeit ist Liegegeld zu entrichten. Nach Ablauf der Löschzeit und einer angemessenen Wartezeit nicht mehr verpflichtet, auf die Löschung länger zu warten. Er muss jedoch seinen Willen, nicht länger zu warten, vor Ablauf der Löschzeit oder der Überliegezeit dem Empfänger erklären. **Überliegezeit**

Wartezeit beim Löschen

Sofern keine andere Vereinbarung vorliegt, hat der Empfänger gepackte Güter auf dem Schiffe, lose Güter in dem Schiffe abzunehmen und die weitere Entladung zu bewirken. Diese Regelung gilt für Gesamt-, Teil- und Stückgutverfrachtungen.

Löschung der Frachtgüter

Der Frachtführer hat sein Schiff an den Löschplatz zu legen und löschbereit zu stellen. Er hat sein Schiff für die Abnahme der Frachtgüter bereit zu halten und ist an der Entladung selbst nicht völlig unbeteiligt, sondern hat insofern mitzuwirken, **als er die Güter im Schiff dem Empfänger anweisen und ihm zugänglich machen muss**. Der Frachtführer und seine Schiffsbesatzung haben gegebenenfalls mit dem Empfänger der Ware Hand in Hand zu arbeiten und die ihnen hierbei obliegenden Leistungen auszuführen und die Kosten hierfür zu tragen.

Ist über die Sendung ein **Ladeschein** ausgestellt worden, so darf der Schiffer die **Güter nur gegen Rückgabe dieses Papiers aushändigen**.

Die Abwicklung des Frachtgeschäftes in der Binnenschifffahrt lässt sich an der folgenden Darstellung gut aufzeigen, die wir dem *Handbuch Güterverkehr Binnenschifffahrt* entnommen haben. Der Transport eines Gutes per Binnenschiff lässt sich in die vier Teilprozesse Beladung des Schiffes, Befördern, Entladen des Schiffes und Ablieferung des Gutes untergliedern.

Tab. 47: Abwicklung des Frachtgeschäftes in der Binnenschifffahrt

	Beladen ⇨	**Befördern** ⇨	**Entladen** ⇨	**Abliefern**
Ort / Relation	Ladeort, Ladeplatz	Relation, Entfernung	Löschort, Löschplatz	Übergabeort
Prozeß	Durchführung der Beladung	Durchführung der Beförderung	Durchführung der Entladung (Löschen)	Durchführung der Ablieferung
Zeit	Ladebereitschaft / Meldetag, Ladezeit, Überliegezeit, Wartezeit	Beförderungsantritt, Beförderungsdauer, (Fahrtzeiten inkl. Schleusungsdauer, Wartezeit, ...)	Löschbereitschaft, Löschzeit, Überliegezeit, Wartezeit	Lieferfrist
Entgelte	Liegegeld, [Fehlfracht], Hafengebühren, [Umschlaggebühr]	Frachtberechnung, Frachtzahlung (inkl. Kleinwasserzuschläge, Abgaben)	Liegegeld, Hafengebühr, [Umschlaggebühr]	Logistische o.a. Zusatzleistungen
"Weiteres"	Frachtbrief u./o. Ladeschein	sonstige Beförderungspapiere, Abgabenerklärung, Umladung, Leichterung, Beförderungshindernisse	Frachtbrief u./o. Ladeschein, Nachträgliche Verfügungen des Absenders	Frachtbrief u./o. Ladeschein, Ablieferungshindernisse, Haftung im Schadensfall, Pfandrecht, Verjährung der Ansprüche

Quelle: Handbuch Güterverkehr Binnenschifffahrt

4.3.5.6 Besondere Einzelheiten des Frachtvertrages

4.3.5.6.1 Neue Haftungsregelungen in der Binnenschifffahrt

Mit der *Transportrechtsreform* wurde das Frachtrecht für die Verkehrsträger Straße, Schiene, Luftfahrzeug und Binnenschiff vereinheitlicht. Dies hatte zur Folge, dass bestimmte haftungsrechtliche Besonderheiten, die bisher nur der Verkehrsträger Binnenschiff kannte, entweder für alle Verkehrsträger übernommen wurden oder ersatzlos entfielen.

Bisherige Haftungsfreizeichnung In den *Verlade- und Transportbedingungen der Binnenschifffahrt (VTB)* war es früher üblich, dass der Frachtführer sich von der Haftung freizeichnete, soweit die Schäden lediglich **fahrlässig** verursacht wurden. Aufgrund der weitgehend *AGB*-festen Ausgestaltung des Haftungsrechts können solche Freizeichnungsklauseln nur noch in individuell ausgehandelten Verträgen, nicht jedoch in den *VTB* vereinbart werden.

Anfängliche Fahruntüchtigkeit Nicht mehr im innerdeutschen Verkehr zulässig ist auch die häufig in *VTB* enthaltene Freizeichnungsklausel bei **anfänglicher Fahr- oder Ladeuntüchtigkeit** des Schiffes, soweit dieser Zustand bei Anwendung der Sorgfalt eines ordentlichen Frachtführers nicht erkennbar war und ein gültiges Schiffsattest vorgelegt werden konnte. Auch für eine solche Freizeichnungsklausel gilt das zuvor Gesagte.

Binnenschifffahrt 4.3

Keine Sonderregelungen enthält das neue Frachtrecht zum Thema „**nautisches Verschulden**". Unter nautischem Verschulden versteht man Fehler bei der nautischen Führung eines Schiffes. Für **fahrlässig** begangene nautische Fehler wurde regelmäßig in den Verlade- und Transportbedingungen ein **Haftungsausschluss** vereinbart. Ein solcher Haftungsausschluss ist heute nicht mehr zeitgemäß, zumal sich die technischen Möglichkeiten zur Führung eines Schiffs erheblich verbessert haben. Deshalb hat der Gesetzgeber einen solchen Haftungsauschluss nicht in *§ 427 HGB* aufgenommen.

Nautisches Verschulden

In *§ 427 Abs. 1 HGB* werden **besondere Haftungsausschlussgründe** normiert, die zum Teil mit den früheren Bestimmungen in *§ 59 BinSchG* übereinstimmen. Dazu gehören neben der Verwendung offener Fahrzeuge (dies kommt insbesondere beim Transport von Kraftfahrzeugen sowohl auf Straße und Schiene als auch mit dem Binnenschiff vor) auch die **Verladung auf Deck**. Ist ein Schaden eingetreten, der aus den entsprechenden Gefahren herrühren konnte, so wird gesetzlich vermutet, dass der Schaden aus dieser Gefahr entstanden ist. Bei „**außergewöhnlich großem Verlust**" (Fehlen ganzer Frachtstücke oder großer Mengen) gilt diese **Vermutung** jedoch nicht im Falle offener Verladung beziehungsweise Decksverladung (*§ 427 Abs 2 HGB*).

Besondere Haftungsausschlüsse

Einen weiteren Haftungsausschlussgrund bildet die **ungenügende Verpackung** durch den **Absender** (*§ 427 Abs. 1 Nr. 2 HGB*), die auch schon im nunmehr aufgehobenen *§ 59 Abs. 1 Nr. 2 BinSchG* enthalten war.

Ungenügende Verpackung

Auch dann, wenn Absender oder Empfänger das Gut **behandeln, verladen oder entladen**, soll dem Frachtführer ein Schaden nicht zuzurechnen sein (*§ 427 Abs. 1 Nr. 3 HGB* vergleiche *§ 59 Abs. 1 Nr. 3 BinschG*).

Be- und Entladen

Wenn die **natürliche Beschaffenheit** des Gutes für den Schaden verantwortlich ist, soll der Frachtführer ebenfalls nicht haften (*§ 427 Abs. 1 Nr. 4 HGB*, vergleiche *§ 59 Abs. 1 Nr. 4 BinSchG* in der bisher gültigen Fassung). Allerdings muss der Frachtführer, wenn er nach dem Frachtvertrag zum besonderen Schutz des Gutes verpflichtet war, nachweisen, dass er die **notwendigen Maßnahmen** ergriffen hat (*§ 427 Abs. 2 HGB*).

Besonderheiten des Gutes

Letztlich soll die Haftung des Frachtführers auch bei **ungenügender Kennzeichnung** der Frachtstücke durch den Absender sowie bei der Beförderung lebender Tiere ausgeschlossen sein (*§ 427 Abs. 1 Nr. 5, 6 HGB*, vergleiche der aufgehobene *§ 59 Abs. 1 Nr. 5 BinSchG*). Bei der Beförderung lebender Tiere entfällt die Haftung jedoch nur, wenn der Frachtführer die ihm obliegenden Maßnahmen getroffen und **besondere Weisungen** beachtet hat (*§ 427 Abs. 4 HGB*).

Ungenügende Kennzeichnung

Keinen Haftungsausschluss sieht das neue Transportrecht für den in anderen Rechtsordnungen besonders geregelten Fall vor, dass der Frachtführer einem anderen Schiff **Hilfe** geleistet, **Leben** oder **Eigentum gerettet** beziehungsweise dies versucht hat.

Hilfeleistung

Die Hilfeleistung in der Binnenschifffahrt hat im Unterschied zu Straße und Schiene eine **erhebliche Bedeutung**. So kann bei der Festfahrung eines Schiffes oftmals nur ein anderes Schiff Hilfe leisten, indem es dieses freischleppt. Außerdem kann die Hilfeleistung in der Binnenschifffahrt **behördlich angeordnet** werden (vergleiche *§ 26 Bundeswasserstraßengesetz*).

Da eine Sonderregelung im neuen Transportrecht fehlt, ist insoweit die **allgemeine Regel** des *§ 426 HGB* anzuwenden: Bei einem Schaden aufgrund einer Verspätung wegen Hilfeleistung ist der Frachtführer also nur dann von der Haftung bereit, wenn die

433

Verspätung aufgrund der Hilfeleistung auch bei größter Sorgfalt **nicht vermieden** werden konnte. Dies wird man dann bejahen können, wenn eine **behördliche Anordnung** den Frachtführer zur Hilfeleistung verpflichtet hat, weil von niemandem verlangt werden kann, zur Vermeidung von Nachteilen gegen **behördliche Anordnungen** zu verstoßen. Auch wenn die Hilfeleistung **freiwillig** vorgenommen wurde, um einem fremden Schiff zu helfen, dürfte eine Haftung entfallen, da der Frachtführer nicht rechtswidrig handelt.

Haftungshöchstgrenze
Während das neue verkehrsträgerübergreifende Transportrecht die besonderen Haftungsausschlussgründe aus dem Bereich der Binnenschifffahrt zum großen Teil übernommen hat, sind die Regelungen zur **Haftungshöchstgrenze** neu und durch Allgemeine Geschäftsbedingungen nur in geringem Maße veränderbar. *§ 431 Abs. 1 HGB* bestimmt, dass Schadenersatz wegen Verlust oder Beschädigung bis zu einem Betrag von **8,33 Rechnungseinheiten** je Kilogramm zu leisten ist. Die Rechnungseinheit ist das **Sonderziehungsrechts** (SZR) des *Internationalen Währungsfonds (IWR)*. Der Wert des Sonderziehungsrechts schwankt, in der Regel liegt er zwischen 10 und 12 EURO.

Abweichungen von der Haftungshöchstgrenze
Von dieser Haftungsgrenze darf gemäß *§ 449 Abs. 2 HGB* nur in folgenden Fällen durch vorformulierte Vertragsbedingungen *(AGB)* abgewichen werden:

1. Wenn der Betrag zwischen 2 und 40 Rechnungseinheiten liegt und darüber hinaus „in drucktechnisch deutlicher Gestaltung **besonders hervorgehoben ist**" oder
2. wenn der Betrag **für den Verwender** der Bedingungen **ungünstiger** ist als der gesetzlich vorgeschriebene Betrag.

Der zweite Fall hat in der Binnenschifffahrt keinen praktischen Anwendungsbereich (kaum ein Binnenschifffahrtsunternehmer, der die *Allgemeinen Geschäftsbedingungen* anwendet, wird bereit sein, für sich ungünstigere, das heißt höhere Haftungsgrenzen als die gesetzlichen 8,33 Sonderziehungsrechte in seine Regelungen hineinzuschreiben). In der Praxis wird nur die erste Variante Bedeutung erlangen. In der Binnenschifffahrt wird dabei der gesetzliche Korridor weitgehend nach unten voll ausgeschöpft, weil ein Haftungshöchstbetrag von 2 SZR/kg weitgehend der seefrachtrechtlichen Haftung entspricht. Eine solche Regelung in den *VTB* muss zunächst drucktechnisch besonders hervorgehoben werden, was im Regelfall die Hervorhebung durch **Fettdruck** oder durch eine **sonstige besondere Kennzeichnung** notwendig macht. Der *BGH (Transp 2003, 119)* vertritt die Auffassung, dass das Formerfordernis der drucktechnischen Hervorhebung nicht nur die Ausgestaltung, sondern auch die Einbeziehung von *Allgemeinen Geschäftsbedingungen* in dem Sinne betreffe, dass der Vertragspartner des Verwenders in qualifizierter Form von den vom Gesetz abweichenden Haftungshöchstbeträgen unterrichtet werden muss. Damit reicht ein allgemeiner Hinweis auf die *AGB* (zum Beispiel *VTB*) in Briefbögen, Formularen oder sonstigen Vertragsbegründenden Schriftstücken nicht aus, sondern der Frachtführer muss seinen Kunden darüber unterrichten, inwieweit seine Haftungsklauseln in den *AGB* die gesetzliche Haftung zu seinen Gunsten abändern.

Verlade- und Transportbedingungen

Wo der Haftungsbetrag wegen eines höheren Warenwertes (zum Beispiel bei Containertransporten) nicht ausreicht, kann für den gesamten Transportablauf eine Warentransportversicherung eingedeckt werden.

Gegenstand der Haftung
Der Frachtführer haftet für den Schaden, der **durch Verlust** oder **Beschädigung** des Gutes oder Überschreitung der Lieferfrist entsteht. Es handelt sich um eine Obhuts-

haftung *(§ 425 Abs. 1 HGB)*, die bis zur Grenze des unabwendbaren Ereignisses besteht *(§ 426 HGB AGB)*. Dieser strenge Haftungsmaßstab wird weiterhin gemildert durch besondere Haftungsausschlussgründe (siehe oben), wenn das Gut Risiken ausgesetzt ist, die nicht dem Verantwortungsbereich des Frachtführers zuzurechnen sind, *§ 427 HGB*.

Dabei haftet der Frachtführer für seine **Leute** in gleichem Umfang wie für eigenes Tun oder Unterlassen, wenn die Leute in **Ausübung ihrer Verrichtung** handeln *(§ 428 Abs. 1 HGB)*. Zu den Leuten gehören sowohl Bedienstete als auch zum Beispiel **mitarbeitende Familienangehörige des Partikuliers**. Das Tatbestandsmerkmal, dass die zum Schaden führende Tätigkeit „in Ausübung der Verrichtung" begangen sein muss, schränkt die Haftung des Frachtführers insoweit ein, als zum Beispiel Aufgaben, die **nicht** in den **Aufgabenkreis** des Betroffenen gehören, nicht zu einer Haftung des Frachtführers führen. **Haftung für Leute**

Für **andere Personen**, die nicht betriebszugehörig sind, haftet der Frachtführer dann, wenn er sich ihrer „bei **Ausführung der Beförderung bedient**" *(§ 428 Abs. 2 HGB)*. **Haftung für andere Personen**

Um den Frachtführer und seine Leute gegen außervertragliche Ansprüche des Verladers zu schützen, bestimmen die *§§ 434, 436 HGB*, dass sich diese auf die **vertraglichen Haftungsbegrenzungen und -befreiungen** berufen dürfen.

Eine Sonderregelung schafft *§ 433 HGB* auch für die meisten Fälle der **positiven Forderungsverletzung**, für die normalerweise keine Haftungsbeschränkungen gelten. Verletzt der Frachtführer eine „mit der Ausführung der Beförderung des Gutes zusammenhängende vertragliche Pflicht", so haftet er unter bestimmten Bedingungen nur bis zum **dreifachen** des Betrages, der bei **Verlust** des Gutes zu zahlen wäre. **Haftung bei sonstigen Vermögensschäden**

Der Frachtführer haftet danach auch für von ihm eingesetzte Unterfrachtführer und Subunternehmer.

Im Frachtrecht ist nach wie vor nur Wertersatz zu leisten. Ersetzt wird der Wert des Gutes am Ort und zur Zeit der Übernahme zur Beförderung. Entgangener Gewinn, Mehraufwendungen für einen Deckungskauf usw. und Güterfolgeschäden werden nicht ersetzt. Der zu leistende Ersatz ist nach dem Gesetz bei Güterschäden auf 8,33 SZR/kg und bei Verspätungsschäden auf die dreifache Fracht begrenzt. **Keine Haftung für Güterfolgeschäden**

Der Frachtführer und dessen Leute können sich jedoch nicht auf die Haftungsbefreiungen und -begrenzungen berufen, wenn eine dieser Personen den Schaden vorsätzlich oder leichtfertig und in dem Bewusstsein verursacht hat, dass ein Schaden mit Wahrscheinlichkeit eintreten werde. **Haftung bei qualifiziertem Verschulden**

Neu ist der Begriff des **ausführenden Frachtführers**, der als Dritter die Beförderung durchführt *(§ 437 Abs. 1 HGB)*. Dieser haftet für einen Schaden genauso wie der (Haupt-) Frachtführer. Dafür steht ihm das Recht zu, alle Einwendungen geltend zu machen, die dem Hauptfrachtführer aus dem Frachtvertrag zustehen *(§ 437 Abs. 2 HGB)*. Haupt- und Unterfrachtführer haften dabei als **Gesamtschuldner**. **Haftung des ausführenden Frachtführers**

4.3.5.6.2 Amtliche Sachverständige

Sachverständige, Dispacheure, Eichaufnehmer, Messer, Zähler und Wieger werden von den **zuständigen** *Industrie- und Handelskammern* öffentlich bestellt und vereidigt. **Amtliche Sachverständige**

4.3.5.6.3 Havarie

Havarie Unter Havarie werden die Schäden verstanden, die ein Schiff und seine Ladung während der Schiffsreise treffen können sowie die eigentlichen Schifffahrtskosten der Binnenschifffahrt. Man unterscheidet drei Arten der Havarie:
>Die große Havarie (Havarie-grosse)
>die besondere Havarie
>und die kleine Havarie.

Die Havarie in der Binnenschifffahrt korrespondiert mit der Havarie im Seerecht und wird in dem Teil Seeschifffahrt ausführlich behandelt.

Große Havarie Die Bestimmungen über die **große Havarie (Havarie-grosse)** sind in dem Fünften Abschnitt *§§ 78-91 BSchG* geregelt. Hier werden der Begriff große Haverie bestimmt und die Fälle der großen Havarie, der Havariekosten und Havariekostenbeteiligung, die Havariekostenabrechnung (Dispache) und anderes mehr behandelt. **Die große Havarie (Havarie-grosse) umfasst alle Schäden, die einem Schiff oder der Ladung zur Errettung aus einer gemeinsamen Gefahr vorsätzlich zugefügt werden, und alle Kosten, die dabei aufgewendet werden. Die große Havarie wird von Schiff und Ladung gemeinschaftlich getragen. Die Havarieverteilung tritt nur ein, wenn sowohl das Schiff als auch die Ladung ganz oder teilweise wirklich gerettet worden sind.**

Dispache Die Zusammenstellung der Vergütungsansprüche nach den Aufwendungen und den beitragspflichtigen Werten erfolgt in einer **Dispache**, die mit einem **Verteilungsplan** abschließt, **aus dem jeder berechtigte oder verpflichtete Beteiligte an der Havarie-grosse im Einzelnen ersehen kann, was er erhalten beziehungsweise zu zahlen hat.**

Bevor es zur Beauftragung eines Dispacheurs kommt, der in aller Regel von der zuständigen *Industrie- und Handelskammer* öffentlich bestellt und vereidigt ist, muss aus dem vom Schiffsführer erhobenen Protest (Unfallbericht) hervorgehen, dass die Voraussetzungen einer Havarie-grosse gegeben sind. Der beauftragte Dispacheur, dessen Benennung sich der Frachtführer / Reeder nach dessen Frachtvertrags-(Konnossements-)Bedingungen vorbehält, verlangt von den Ladungseignern vor der Herausgabe der geretteten Güter die Unterzeichnung eines **Reverses** (**Verpflichtungsscheines**) mit allen erforderlichen Angaben über die Güter sowie über die Höhe der Beitragswerte. Nach Eingang der Reverse fordert der Dispacheur Vorschüsse (Havarieeinschüsse) von den Beteiligten in Höhe der voraussichtlich auf sie entfallenden Beitragsanteile an.

Sobald die Dispache erstellt ist und auf Gesetz- und Ordnungsmäßigkeit von der zuständigen Dispacheprüfungsstelle geprüft worden ist (für das *Rheinstromgebiet* ist dies zum Beispiel die *Internationale Vereinigung des Rheinschiffsregisters* in *Rotterdam*), werden die Restbeträge (Havariebeiträge) angefordert und die Vergütungsbeträge ausgezahlt. Verzögert der Frachtführer / Reeder die Aufstellung einer Dispache, so kann jeder Beteiligte die Aufstellung verlangen. Sie muss dann spätestens an dem Ort erfolgen, an dem die Reise endet.

Das Schiff (Kasko) kann unter anderem gegen das Havarie-grosse-Risiko durch die Fluss-Kaskoversicherung, die **Ladung durch die Transportversicherung geschützt werden.**

Binnenschifffahrt 4.3

Aus der Begriffsbestimmung der großen Havarie (Havarie-grosse) ergibt sich die Abgrenzung zur **besonderen Havarie**. Besondere Havarie sind also alle nicht zur großen Havarie gehörigen, **durch einen Unfall verursachten Schäden und Kosten, ohne dass eine gemeinsame Gefahr bestanden hat**. Diese Kosten werden von dem Eigentümer des Schiffes und der Ladung **von jedem für sich allein getragen**. Das Risiko ist versicherbar, da es sich hierbei um einen echten Schadensfall handelt, den entweder das Schiff (zum Beispiel durch einen Zusammenstoß) oder die Ladung (zum Beispiel durch einen Stauungsfehler), erleiden kann. Gegen derartige Schäden kann sich der Schiffseigner wegen des Schiffes (Kasko) durch eine Fluss-Kaskoversicherung, der Ladungseigner durch eine Transportversicherung schützen. **Besondere Havarie**

Nach *BSchG* hat der Frachtführer die bei der Ausführung der Beförderung regelmäßig entstehenden „eigentlichen Schiffskosten" zu tragen, während ihm besondere Aufwendungen, die nur im Interesse der Ladung notwendig sind oder auf Verlangen der Ladungsbeteiligten entstehen, erstattet werden müssen. **Kleine Havarie**

Der Hinweis darauf, dass die „eigentlichen Schifffahrtskosten" die Bestimmungen der großen Havarie nicht berühren, mag dazu geführt haben, dass diese Schifffahrtskosten als „kleine Havarie" bezeichnet werden.

Die **kleine Haverie** ist also im eigentlichen Sinne kein Schadensfall, sondern ein **Kostenfall**, der je nach der getroffenen Vereinbarung den Frachtführer oder den Ladungsbeteiligten (Versender oder Empfänger) betrifft. Derartige Kosten zählen zu den üblicherweise *nicht versicherten Risiken*.

4.3.5.6.4   Pfandrecht

Der Frachtführer in der Binnenschifffahrt hat nach *HGB § 441* wegen aller durch den Frachtvertrag begründeten Forderungen ein **Pfandrecht an dem Gut**. Neu ist die **Erweiterung** des gesetzlichen Pfandrechtes des Frachtführers **auf inkonnexe Forderungen** aus anderen mit dem Absender abgeschlossene Frachtverträgen, sofern die Forderungen unbestritten sind. **Pfandrecht**

Das Pfandrecht besteht auch nach der Ablieferung fort, wenn der Frachtführer es innerhalb von drei Tagen nach der Ablieferung geltend macht und das Gut noch im Besitz des Empfängers ist.

4.3.6   Die Frachtberechnung in der Binnenschifffahrt

Wenn die Fracht nach Maß, Gewicht oder Menge der Güter bedungen ist, so ist die Angabe in dem Ladeschein über Maß, Gewicht oder Menge für die Berechnung der Fracht entscheidend. In Ermangelung solcher Angaben ist anzunehmen, dass Maß, Gewicht oder Menge der abgelieferten Güter, nicht der übernommenen, für die Höhe der Fracht entscheiden sollen. **Berechnung der Fracht**

Für Güter, die durch Unfall verloren gegangen sind, ist die Fracht nach dem Verhältnis des zur Zeit des Unfalls bereits zurückgelegten Teils der Reise zur ganzen Reise zu entrichten. **Diese Fracht heißt Distanzfracht**. Bei der Bemessung der Höhe der Distanzfracht **Distanzfracht** können außer den zurückgelegten Entfernungen auch noch die Aufwendungen an „Kosten, Zeit und Mühe, die durchschnittlich mit dem vollendeten und nicht vollendeten Teil der Reise verbunden sind", berücksichtigt werden.

Der Verlust der Frachtgüter muss nach deren Einladung und vor der Auslieferung entstanden sein. Der Frachtführer trägt die Beweislast für die durch den Unfall verloren gegangenen Güter.

Fracht-/ Preisermittlung; Binnenschifffahrt

Die Entgelte für Verkehrsleistungen der Schifffahrt zwischen deutschen Lade- und Löschplätzen werden ab 1.1.1994 zwischen Absender und Frachtführer **frei vereinbart**.

Die Zusammensetzung der Binnenschiffsfracht ergibt sich aus der folgenden Übersicht, die wir dem *Handbuch Güterverkehr Binnenschifffahrt* entnommen haben.

Tab. 48: Zusammensetzung der Binnenschiffsfracht

Binnenschiffsfracht	
freie Entgeltvereinbarung laut Frachtvertrag	öffentlich-rechtliche Schifffahrtsabgaben nach Tarif*)
◆ Motorschiffsanteilfracht (nach Gewicht der Ladung) ◆ Zuschläge (u. a. Kleinwasserzuschläge)	◆ Kanalgebühren ◆ Schleusengebühren
Die Höhe des Entgeltes kann durch gesetzliche und vertragliche Ansprüche aus Sachverhalten beeinflusst werden, wie ☐ vollständige oder teilweise Unterlassung der Beladung ☐ Beförderungshindernisse ☐ Leichtern/Umladen ☐ nachträgliche Verfügungen des Absenders	

Quelle: Handbuch Güterverkehr Binnenschifffahrt

Sonstige Entgelte

Neben den **Schiffsfrachten** werden je nach Sachlage berechnet
- Umschlagsentgelte an den Lade- und Löschplätzen
- Kaigebühren
- Werft- oder Ufergelder
- Krangebühren
- Hafenbahnfrachten
- Hafenanliegergebühren
- Lagergelder
- Schifffahrtsabgaben; Kanal- und Schleusengebühren.

Für die Benutzung der **abgabenpflichtigen Bundeswasserstraßen** durch Wasserfahrzeuge werden **Schifffahrtsabgaben** erhoben. Abgabenpflichtig sind die meisten stauregelten (kanalisierten) Flüsse und die Kanäle.

Der *Rhein*, die *Elbe*, die *Donau*, die *Oder* sowie die Mündungsstrecken von *Weser* und *Ems* sind abgabenfrei. Die Schifffahrtsabgaben sind ein Beitrag zu den laufenden Ausgaben der *Wasser- und Schifffahrtsverwaltung* für Betrieb, Unterhaltung und allgemeine Verwaltung der Bundeswasserstraßen.

Binnenschifffahrt 4.3

Kleinwasserzustände

Durch den Wasserstand wird die mögliche **Tauchtiefe** des Fahrzeugs bestimmt. Unter größter Tauchtiefe versteht man die größtmögliche Eintauchung eines Schiffes, das während der Fahrt auf der entsprechenden Wasserstraßenstrecke keine Grundberührung bekommen soll. Sinkt der Wasserstand soweit ab, dass das Fahrzeug nicht mehr voll abgeladen (eingetaucht) werden kann, weil es sonst zur Grundberührung kommen würde, so muss zur wirtschaftlichen Betriebsführung zu den Grundfrachten ein Zuschlag erhoben werden. Dieser Zuschlag heißt **Kleinwasserzuschlag**. Für die Berechnung des Kleinwasserzuschlages kommen verschiedene Stichtage in Betracht. Im Allgemeinen wird die Berechnung in der Bergfahrt nach dem niedrigsten Wasserstand am letzten Ladetag vorgenommen.

Hochwasserzuschläge

Auch **Hochwasser** beeinträchtigt die Binnenschifffahrt. Die Ladefähigkeit der Binnenschiffe wird von Hochwasser nicht betroffen. Bei Erreichen bestimmter Pegelstände (Hochwassermarke I) muss die Schifffahrt zunächst nur ihre Fahrgeschwindigkeit anpassen. Erst bei extrem hohen Wasserständen (Hochwassermarke II) wird die Schifffahrt eingestellt. Solche hochwasserbedingten Sperrungen dauern in der Regel nur wenige Tage.

Eiszuschläge

Eiszuschläge können bei Erschwerung der Binnenschifffahrt festgelegt werden, um den Mehraufwand und die besonderen Gefahren bei Behinderung der Binnenschifffahrt durch Eis oder Eisgefahr abzugelten.

Umschlag- und Hafentarife

Für die Ermittlung der Gesamtkosten eines Binnenschifffahrtstransportes sind neben den Schiffsfrachten die Umschlagkosten und Hafengebühren zu berücksichtigen. Die Umschlagkosten setzen sich zusammen aus den Kosten, die die Binnenhafen-Spediteure im eigenen Betrieb für Arbeitslöhne, Verwendung der Umschlageinrichtungen und anderes mehr aufwenden müssen, und den Gebühren, die sie an die Hafenverwaltungen (Krangelder, Werftgebühren, Anschlussgleisgebühren und anderes mehr) abzuführen haben. Die Gebühren der Hafenverwaltungen sind in den Gebührentarifen dieser meist staatlichen oder kommunalen Unternehmen enthalten.

Die Zahlung der Entgelte in der Binnenschifffahrt wird durch Lieferklauseln geregelt. Die folgende Übersicht haben wir dem *Handbuch Güterverkehr Binnenschifffahrt* entnommen.

Die im Frachtvertrag für die Binnenschiffbeförderung gebräuchlichsten Klauseln lauten:

(A) *Frei gestaut Abgangsschiff Ladehafen*
(B) *Frei Ankunftsschiff Löschhafen*

Klausel	Entgelt zahlt Absender	Entgelt zahlt Empfänger
(A)	Vorlauffracht, Umschlagentgelt Laden, Ufergeld, Liegegeld ...	Binnenschiffsfracht bis Löschhafen, Umschlagentgelt Löschen, Ufergeld, Liegegeld, ..., Nachlauffracht
(B)	wie oben; plus Binnenschiffsfracht bis Löschhafen	Umschlagentgelt Löschen, Ufergeld, Liegegeld, ..., Nachlauffracht

Tab. 49: Frachtvertragsklauseln für die Binnenschiffsbeförderung

Quelle: Handbuch Güterverkehr Binnenschifffahrt

4.3.7 Der Spediteur in der Binnenschifffahrt

Binnenschiffahrts-/ Binnenumschlagspediteur

Zur Einschaltung des Spediteurs bei Binnenschifffahrtsbeförderungen kommt es immer dann, wenn
- der Absender oder Empfänger keinen eigenen Wasseranschluss hat, **also**
- **auf einen anderen Verkehrsträger umgeschlagen werden muss**
- die Güter **zwischengelagert und / oder bearbeitet werden müssen** und keine eigenen Umschlagseinrichtungen zur Verfügung stehen
- es sich um keine großen Transportmengen handelt – mehrere Empfänger oder Absender vorhanden sind, die **Ware gesammelt oder verteilt werden muss**
- es sich um **kein homogenes Massengut**, sondern um schwieriger umzuschlagendes Stückgut handelt und
- in diesem Zusammenhang klassische **Speditionsleistungen**, wie Zollabfertigung, Wiegen, Neutralisieren, Verpacken etc. **gefordert werden**.

Spediteure prägen in nicht wenigen Fällen das Bild der Hafenwirtschaft von Binnenhäfen. Neben der Besorgung des Hafenumschlages (Binnenumschlagsspedition) besorgen sie auch Binnenschiffstransporte. **Der Binnenschifffahrts- und Binnenumschlagspediteur wickelt seine Geschäfte – wie jeder andere Spediteur auch – auf der Basis der *ADSp* ab.**

4.4 Seeschifffahrt

Die Globusoberfläche ist zu ¾ mit Wasser bedeckt. Auf der nördlichen Halbkugel liegen die Hauptlandmassen mit den industrialisierten Wirtschaftszentren. Somit ist der Außenhandel auf leistungsfähige Seeverkehrsverbindungen angewiesen. Die ständig fortschreitende internationale Arbeitsteilung, die Verbesserung der Produktivität und der steigende Energiebedarf haben das **über See bewegte Gütervolumen in den zurückliegenden Jahrzehnten außerordentlich dynamisch wachsen lassen**. Der Weltseehandel erreichte 2006 mit 6 983 Mio. Tonnen ein weiteres Wachstum. Das derzeitige Stückgutaufkommen hat einen Anteil von über 50 % (Prognose für 2010 ca. 75 %). Der *EU*-Außenhandel wird zu 90 %, der *EU*-interne Handel zu 40 % über See abgewickelt.

Marktvolumen weltweit

4.4.1 Seeverkehrswege und Seehäfen

4.4.1.1 Seeverkehrswege

Die Seeverkehrswege werden durch die Lage der Seehäfen, die am Anfang beziehungsweise am Ende der Schifffahrtsverbindung liegen, bestimmt. Bestimmte küstennahe Teile der Meere, durch die ein dichter Schiffsverkehr läuft, werden im übertragenen Sinn als Straßen bezeichnet, zum Beispiel *Straße von Calais/Dover, Straße von Gibraltar, Straße der Dardanellen/Bosporus, Straße von Malakka* und *Straße von Hormus*. Daneben gibt es künstlich angelegte Schifffahrtskanäle: *Nord-Ostsee-Kanal, Suez-Kanal, Panama-Kanal, Welland-Kanal* des *Sankt-Lorenz-Seeweges (Kanada)* und den *Kanal von Korinth*.

Generell ist jeder Nation das Befahren der Weltmeere nach dem Grundsatz der *Freiheit der Meere* **möglich**, der erstmals 1625 von dem holländischen Rechtsgelehrten *Hugo Grotius* aufgestellt wurde. Dieser internationale Grundsatz soll einen freien Güteraustausch über See ermöglichen und gilt auch für binnenländische Staaten gemäß *Art. 92 der UN-Seerechtskonvention (Schifffahrtsfreiheit)*.

Freiheit der Meere

Sowohl das *Seehafenstatut* (1923) als auch die *Genfer UN-Seerechtskonferenz* von 1958 erweiterten diesen **Freiheitsgrundsatz** wie folgt:
- die Freiheit der Schifffahrt soll es jedem Handelsschiff erlauben
- ungehindert auf hoher See zu verkehren
- den freien Zugang zu den Handelshäfen zu erlangen und
- dort nach dem Prinzip der Inländerbehandlung abgefertigt zu werden (keine Beschränkung der Lade- und Löschrechte).

Weitere Freiheitsempfehlungen sind:
- die Freiheit, die hohe See ungehindert mit Zivilflugzeugen zu überfliegen und
- die Freiheit, Unterseekabel und Rohrleitungen zu verlegen und die Freiheit des Fischfanges.

> Zwischenstaatliche Streitfälle können seit 1994 dem *Internationalen UN-Seegerichtshof* in *Hamburg* zur Entscheidung vorgelegt werden.

Hoheitsgewässer Als staatliche Souveränitätsgrenze zur See hin hat sich im 18. Jahrhundert eine so genannte **Drei-Seemeilen-Zone** (1 Seemeile = 1,823 km) herausgebildet. Diese wurde seit den 70er Jahren von einer Reihe von Staaten einseitig / willkürlich ausgedehnt.

Art. 3 der UN-Seerechtskonvention (1982) erlaubt den Zeichnerstaaten eine Ausdehnung ihres Hoheitsgebietes (Küstenmeer) **auf bis zu 12 Seemeilen** von einer Küstenlinie (zum Beispiel inklusive vorgelagerter Inseln wie *Borkum, Wangerooge, Scharhörn, Sylt*) an gerechnet. Mit an- / gegenüberliegenden Nachbarstaaten hat eine friedliche Abstimmung dieser teils historischen Grenzlinien auf See zu erfolgen.

Durch die 12-Seemeilen-Hoheitsgewässer-Regelung wurden über 100 Meerengen zu Territorialgewässern, wobei aber einige Meerengen gemäß *Art. 34 UN-Seerechtskonvention* den Status von **„Transit-Meerengen"** erhielten, sodass eine freie Durchfahrt für alle Seehandelsschiffe sichergestellt ist.

Weiterhin wurde eine **24-Seemeilen-Anschlusszone** *(Art. 33 UN-Seerechtskonvention)* aus Gründen des Umweltschutzes eingeführt. Diese zählt nicht zum Hoheitsgebiet, aber dem Anrainer-Staat stehen gewisse Überwachungs- und Polizeibefugnisse (Vermeidung von Verunreinigungen etc.) zu.

200 Seemeilen Wirtschaftszonen *Art. 56 UN-Seerechtskonvention* räumt den Küstenstaaten ein ausschließliches Kontroll- und Verfügungsrecht über die lebenden und nicht lebenden **Ressourcen des Meeres** (zum Beispiel Fische, Bodenschätze) auf offener See ein. Diese **Wirtschaftszone von 200 Seemeilen** kann im Bereich des Festlandsockels bis maximal 350 Seemeilen *(Art. 77)* betragen. Sie unterliegt nicht der Hoheit des Küstenstaates (Freiheit für Schifffahrt, Luftfahrt). Ein (zukünftiger) Rohstoffabbau im Bereich des Tiefseebodens wird von der *UN-Meeresboden-Behörde* in *Jamaika* geregelt.

Deutsche Hoheitsgewässer Die *Bundesrepublik Deutschland* dehnte 1985 das bisher 3 Seemeilen breite Küstenmeer in der *Deutschen Bucht / Nordsee* auf teilweise 12 Seemeilen aus. Nach der Vereinigung galt in der Ostsee ein 3 bis 12 Seemeilen breiter Streifen des Küstenmeeres als Hoheitsgewässer, wobei internationale Seeschifffahrtsstraßen (zum Beispiel *Kadett-Rinne* zwischen *Gedser / DK* und *Mecklenburg-Vorpommern*) nicht zu Territorialgewässern wurden. **Ab 1.1.1995 wurde in der *Nordsee* das Hoheitsgebiet auf 12 Seemeilen ausgeweitet.** Im Bereich der *Ostsee* blieben die bisherigen Hoheitsgewässer fast unverändert bestehen.

Seeschifffahrt 4.4

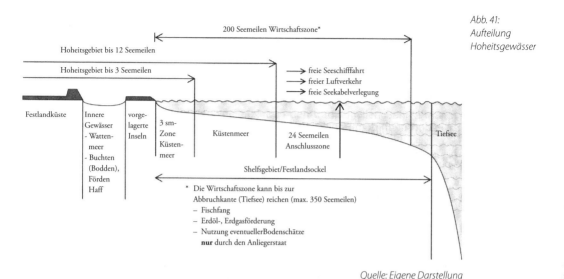

Abb. 41: Aufteilung Hoheitsgewässer

Quelle: Eigene Darstellung

4.4.1.2 Seehäfen

Seehäfen sind die Versand- und Empfangsorte mit Seeschiffen im Seehandel.

Die *Bundesrepublik* hat an *Nord-* und *Ostsee* folgende internationale Seehäfen: *Hamburg, Brunsbüttel, Cuxhaven, Bremische Häfen* (*Bremen* und *Bremerhaven*), *Brake, Nordenham, Wilhelmshaven, Emden, Lübeck, Kiel* und *Flensburg, Rostock, Stralsund* und *Wismar*. *Hamburg* und die *Bremischen Häfen* sind für den überseeischen Bereich die traditionellen Stückgut-/Containerhäfen. *Wilhelmshaven* wickelt als Tiefwasserhafen für große Tanker die Erdölimporte ab. Die Länder *Bremen* und *Niedersachsen* bauen einen neuen Containerhafen nördlich von *Wilhelmshaven (Jade-Weser-Port)*. Dieser kann dann von Jumbo-/Mega-Containercarriern (Länge bis 430 m/Tiefgang bis 16,50 m) angelaufen werden (Fertigstellung ca. 2012). *Lübeck, Kiel* und *Rostock* haben sich auf die Ro/Ro-Verkehre im *Ostseeraum* spezialisiert. Über *Duisburg*, dem größten deutschen Binnenschifffahrtshafen, werden regelmäßig auch Seetransporte nach allen europäischen Relationen per Küstenschiff angeboten.

Die Verkehrsbranche dieser Seehäfen arbeitet fast ausschließlich für den seewärtigen Außenhandel. Neben den Arbeitsplätzen im Hafen (Hafenbetriebe, Werften und Zulieferindustrien) bieten die Seehäfen Arbeitsplätze bei Speditionen, Schiffsmaklern und Reedereien. Die deutsche maritime Wirtschaft beschäftigt ca. 300 000 Arbeitskräfte. In *Hamburg* hängen insgesamt über 150 000 aller Arbeitsplätze direkt oder indirekt von den Seehafenaktivitäten ab.

Neben den obigen deutschen Seehäfen werden Import- und Exportverkehre über die so genannten **Westhäfen** *Amsterdam,* **Rotterdam** und *Antwerpen* (auch *ARA-Häfen*) geroutet, die durch den *Rhein* beziehungsweise diverse Kanäle mit den deutschen Industriezentren an *Rhein, Mosel, Main, Main-Donau-Kanal, Neckar* eng verbunden sind.

Als **Südhäfen** bezeichnet man die **Mittelmeerhäfen** *Marseille (F), Genua, Venedig, Triest (I), Koper (SLO)* und *Rijeka (HR)*. Der süddeutsche Raum, die *Schweiz* und *Österreich* nutzen diese Häfen für Transportdestinationen im *Mittelmeer* aber auch für Überseetransporte.

Hafenanlagen Diverse **Hafenanlagen** (Kaibetriebe für Stück- und Massengut, Container-, RO / RO-Terminals) bieten ein- und auslaufenden Seeschiffen an den unterschiedlichsten Liegeplätzen (Länge, Wassertiefe, Umschlagsfacilitäten) **der Hafenbecken die Möglichkeit zum Ladungsumschlag**. Laden und Löschen wird mit **Kaikranen / Containerbrücken**, etc. vorgenommen. Schiffsgeschirr / Bordkrane werden nur mit Zustimmung der Hafenverwaltung eingesetzt. Die Lagerung der Exportgüter bis zur Schiffsabfahrt mit **indirektem Ladungsumschlag** erfolgt in **Kaischuppen, auf den Terminals, Freiflächen**, etc.. Gelöschte Importladung wird ebenso bis zur Auslieferung zwischengelagert. Diese Kaischuppen etc. sind reine **Durchgangs- / Zwischenlager**. Sie sind für einen schnellen Güterumschlag konzipiert. Daneben verfügen Seehäfen über **reine Lager-, Kühl- und Speicherhäuser (Getreidesilos), Massengut- / Tanklagerraum**, die für eine längere Lagerzeit eingerichtet sind.

Der Ladungsumschlag in und aus Seeschiffen kann wasserseitig in / ex Schuten, Leichtern und Binnenschiffen und landseitig in / ex Eisenbahnwaggons und Lastkraftwagen erfolgen (**Direktumschlag**). Schwergutumschlag (meistens Direktumschlag) erfolgt mit Schwimmkranen. Ferner werden spezielle Umschlagsanlagen für Südfrüchte / Kühlgüter ex Kühlschiffe, Papier / Zellulose (gelegentlich gedeckte All-Weather-Liegeplätze), Holz, flüssige Chemikalien ex / in Produktentanker, Stahl und andere Massengüter wie Baustoffe, Getreide, Erz, Kohle, Mineralöl, etc. bereitgestellt.

Containerterminals (CY = Container Yard) Alle Welthäfen verfügen über sehr weitläufige **Seehafenterminals**. Die Containerschiffe schlagen die unterschiedlichen Containergrößen (20', 30', 40' und 45') mittels eines verstellbaren Spreaders an den **Container-Umschlagsbrücken** um.

Für die **Zwischenlagerung** der zu verschiffenden Container benötigt man große Vorstauflächen, die eine reibungslose stauplangerechte Containerzuführung zu den Umschlagbrücken garantieren. Die Containerbewegung zwischen Vorstaufläche und Schiffsliegeplatz erfolgt je nach hafenseitigem Automatisierungsgrad mit selbstfahrenden / ferngesteuerten Fahrzeugen oder fahrergesteuerten **Portalhubwagen (straddle-carrier)** oder alternativ mit Zugmaschinen und Chassis, die den gesamten Flächenverkehr innerhalb eines Containerterminals ausführen.

Jeder **Terminal** benötigt weitläufige Lagerflächen für Leercontainer, die auf ihren Einsatz warten (Gestellung im Hinterland etc.), sowie für beladene Container, die zur Verschiffung oder Empfängerabnahme anstehen. Für die Zwischenlagerung von beladenen Kühlcontainern müssen unterschiedliche Kühlanschlüsse verfügbar sein, damit eine konstante Kühltemperatur garantiert ist.

Für die vielfältigen angelieferten Stückgüter (früher eine konventionelle Verschiffung), die keine Vollcontainer-Ladung ausmachen, werden in **Packstationen (Packing Center / Container Freight Stations = CFS)** im Reedereiauftrag **Pier / Pier-(LCL / LCL-) Container** gestaut (gestufft). Einkommende Pier / Pier-(LCL / LCL-) Container sind an diesen Packstationen zu entladen (gestrippt). Danach erfolgt die Auslieferung an die einzelnen Empfänger.

Seeschifffahrt 4.4

Roll-on / Roll-off (= RO / RO) bedeutet, der vertikale Ladungsumschlag mit Kranen wird durch einen horizontalen Umschlagsvorgang ersetzt. Die rollfähigen Güter etc. werden über die Schiffsrampe in das RO / RO-Schiff gefahren und dort gelascht (= niedergezurrt). **RO / RO-Anlagen/-terminals**

Die diversen Stückgüter werden an einer Packstation (wie vorstehend beschrieben) analog von LCL-Container-Ladungen auf fahrbare Ladepritschen / Flats (Roll-Trailer, so genannte Mafi-Trailer) verladen und mit Sicherungsnetzen niedergezurrt. Diese Ladeeinheiten werden mittels landseitiger Zugfahrzeuge an oder von Bord gerollt.

Im RO / RO-Verkehr zwischen *Nord-* und *Ostsee*-Häfen befördert man Sattelauflieger und komplette Lastkraftwagen beladen mit Speditionsgütern. Im Überseeverkehr ist dies nicht gegeben. Hier werden rollfähige Güter (Baumaschinen, Generatoren, Neu-Lkw etc.) neben oben erwähntem Stückgut (= auf Ladepritschen) verschifft.

Um die nationalen Zollbestimmungen nicht im gesamten Hafengebiet anwenden zu müssen, wurden **Zollfreizonen** eingerichtet, die besser unter dem Begriff **Freihafen** bekannt sind. *Bremerhaven, Hamburg, Kiel, Emden* und *Cuxhaven* verfügen über Freihafengebiete. Binnenländische Freihäfen gibt es in *Deggendorf (Donau)* und *Duisburg (Rhein)*. Ähnliche Zollfreizonen gibt es auch in *Dänemark, Griechenland, Italien, Portugal, Spanien* und *England (UK)*. In diesen umzäunten Freihafengebieten werden Ein- / Ausfuhr- sowie Transitgüter ohne zollamtliche Abfertigungsverfahren ein-, aus-, umgeladen, zwischengelagert und eventuell auch bearbeitet. Zum 1.1.2008 hat der *Neustädter Hafen* in *Bremen* den Status eines Freihafens verloren. Dieses wurde von der *Bundesregierung* beschlossen, da sich zum einen der internationale Seehandel weitestgehend nach *Bremerhaven* verlagert und sich der Anteil an Gemeinschaftware kontinuierlich erhöht hat. Zum anderen wird zum 1.7.2009 einer der Vorteile des Freihafens aufgrund der Sicherheitsänderungen des europäischen Zollrechts entfallen. **Freihäfen**

4.4.2 Transportmittel der Seeschifffahrt

4.4.2.1 Die deutsche Handelsflotte, Flaggen- und Registerrecht

Mit Gründung des *Deutschen Kaiserreichs* 1871 begann ein planvoller Aufbau. Zu Beginn des Ersten Weltkriegs umfasste die Handelsflotte 5,1 Mio. BRT und lag auf Platz 3 der Weltrangliste. Nach Kriegsbeendigung verfügte die deutsche Handelstonnage 1920 nur noch über 419 000 BRT, die bis 1939 auf 4,5 Mio. BRT wieder anwuchs. Nach dem Zweiten Weltkrieg standen nur noch 120 000 BRT zur Verfügung. Nachdem 1951 die letzten Beschränkungen der Siegermächte fielen, begann der dritte Neuaufbau im geteilten *Deutschland*. **Deutsche Handelsflotte**

1977 erreichte die bundesrepublikanische Handelsflotte mit 10,8 Mio. BRT ihre höchste Tonnage und lag auf Platz 11 der Weltrangliste (2,7 % der Welttonnage). In den folgenden Jahren reduzierte sich die Tonnage stetig. Die Handelsflotte der ehemaligen *DDR* bestand bis zum 3.10.1990 aus 164 Seeschiffen mit 1,3 Mio. BRT / BRZ und 1,7 Mio. tdw.

160 deutsche Reedereien bieten dem Außenhandel rund 100 internationale Liniendienste. Auf Grund ihres geringen Altersdurchschnitts (unter zehn Jahre) und ihres hervorragenden technischen Standards zählen sie zu den leistungsfähigsten Handelsflotten, wobei

die Containerschifffahrt (Platz 3 in der speziellen Statistik mit einem Durchschnittsalter von fünf Jahren) besonders hervorzuheben ist. Die **Ladungsbeteiligung am deutschen Außenhandel** über See liegt für die deutsche Handelsflotte bei 10 bis 15 %. Vor 25 Jahren lag der Anteil bei 40 bis 50 %.

Handelsflotte

> Nach *Artikel 27 Grundgesetz* bilden alle deutschen Kauffahrteischiffe eine einheitliche Handelsflotte, die nach *Artikel 22 GG* die schwarz-rot-goldene Bundesflagge am Mast führen.

Bundesflagge Alle Seehandelsschiffe, deren Eigentümer Deutsche sind, die ihren ständigen Wohnsitz in Deutschland haben, müssen nach dem *Flaggenrechtsgesetz* vom 8.2.1951 die Bundesflagge führen, wenn der Raumgehalt des Schiffes über 50 m³ liegt. Reedereien in den Gesellschaftsformen OHG, KG, GmbH und AG sind dieser Vorschrift entsprechend zu behandeln, wenn Deutsche in der Geschäftsführung die Mehrheit haben.

Seeschiffsregister Seeschiffe, die zur Passagier- und/oder Güterbeförderung eingesetzt werden, nennt man Handelsschiffe. Diese Schiffe müssen im **Seeschiffsregister ihres Heimathafens eingetragen werden**. Diese Eintragung wird durch das **Schiffszertifikat** beurkundet, womit das **Recht zur Führung der Nationalflagge** nachgewiesen ist. Hiermit erhält ein Schiff seine „Staatszugehörigkeit", das heißt es untersteht den nationalen Gesetzen auch auf „Hoher See" und genießt einen völkerrechtlichen Schutz.

Deutsches Seeschiffsregister Deutsche Seeschiffsregister werden bei den Amtsgerichten der Seehäfen und einigen binnenländischen Amtsgerichten (zum Beispiel *Duisburg-Ruhrort*) geführt. Sie sind analog dem Grundbuch für Immobilien in drei Abteilungen (technische Daten und Name/ Eigentümer/Eintragung eventuell Pfandrecht) eingeteilt. Nach *§ 7 Flaggenrechtsgesetz* (1951) können deutsche Seeschiffe für zwei Jahre befristet ausgeflaggt werden, wobei sie allerdings weiterhin im hiesigen Seeschiffsregister geführt werden. Sie sind somit immer noch Betriebsvermögen deutscher Reedereien, was für ausgeflaggte, auslandsregistrierte Seeschiffe nicht gilt.

Deutsche Reedereien Nach der **Nationalität der Schiffseigner** liegt *Deutschland* auf Platz drei der Weltrangliste mit *Griechenland* auf Platz eins. Nach der **Flaggenstaatenstatistik** sind ca. 574 Schiffe mit knapp 13,2 Mio. tdw beziehungsweise 11,4 Mio. BRZ im deutschen Schiffsregister beheimatet. Hierbei liegt *Deutschland* auf Platz 15 der Weltrangliste mit **Panama** auf Platz eins. Die Differenz an Tonnage zwischen Eignernationalität und Flaggenstaat ergibt die ausgeflaggte Schiffstonnage.

Ausflaggung Auf Grund der Kostensituation (Gewerbe- und Vermögenssteuer, Einkommenssteuer und Sozialaufwendungen für die Besatzung und sonstige gesetzlichen Auflagen) **flaggten deutsche Reedereien aus**, das heißt ihre gesamte Reedereitonnage oder nur ein Teil der Seeschiffe wurden in die **Schiffsregister von Billigflaggenländern** eingetragen. Sie unterliegen dort den Rechtsvorschriften dieser Registrierländer, das heißt geringere Besatzungsanzahl, niedrigere Heuer (Lohn für Seeleute) und Sozialkosten. Betriebssteuern und Registrierkosten fallen ebenfalls niedriger aus beziehungsweise werden eingespart. Deutsche Reedereien machten aus Kosten- und Wettbewerbsgründen hiervon ebenfalls

Seeschifffahrt 4.4

Gebrauch, das heißt sie registrieren in *Panama, Liberia, Bahamas, Malta, (griechisch) Zypern, Singapur, Antigua & Barbuda, Costa-Rica, Honduras,* etc.. **Billigflaggenländer**

Billigflaggenländer führen meistens „**offene Schiffsregister**". Jeder ausländische Reeder kann dort Schiffe registrieren lassen, ohne Gründung eines Firmensitzes in diesen Ländern. Hierdurch wird Alttonnage mit erheblichen Sicherheitsmängeln angezogen. Wenige Billigflaggenländer begegnen dieser Entwicklung (schlechter Ruf ihrer Handelsflotte) mit der Einführung eines „**geschlossenen Schiffsregisters**", das heißt limitiertes Schiffsalter, Firmensitz im Flaggenstaat unter Beteiligung von Staatsangehörigen im Firmenmanagement, Quotenvorgabe hinsichtlich Beschäftigung von einheimischen Seeleuten. **Offene / geschlossene Schiffs register**

Um diesen Ausflaggungstrend zu stoppen, wurde 1989 vom *Bundestag* ein *Internationales Seeschiffsregister* per Gesetz eingeführt. Das *ISR* wird vom *Bundesverkehrsminister (BMVBS)* – genauer *Bundesamt für Seeschifffahrt und Hydrographie* – geführt. Es ermöglicht deutschen Reedereien, ausgeflaggte Seeschiffe wieder der deutschen Handelsflotte zuzuführen. Wichtigste strittige Regelung war die Beschäftigung von ausländischen Seeleuten zu deren niedrigeren Heimatlohnbedingungen. **Zweitregister (ISR)**

Seit 1990 wurden über 100 Schiffe zurückgeflaggt (zum Beispiel *DVZ* vom 22.3.2005: ein Riesen-Bulk-Carrier mit 322 000 tdw). Gewerkschaften und einige Bundesländer hatten Verfassungsbeschwerde beim *Bundesgerichtshof* in *Karlsruhe* eingelegt, da man einen Arbeitsplatzverlust für deutsche Seeleute befürchtete. Der *BGH* verwarf am 10.1.1995 diese Beschwerde. Das *deutsche Internationale Schiffsregister* ist somit verfassungskonform. Dieses Zweitregister wird besonders gut überwacht (Siehe *Kapitel 4.4.2.4*). **Das deutsche Schiffsregister** – Erst-/Zweitregister – **steht allen *EU*-Reedereien offen** (*EU*-Rechtsangleichung).

Der deutsche Gesetzgeber folgte hier nur den Initiativen anderer europäischer Schifffahrtsländer (zum Beispiel *Norwegen, Dänemark, Schweden*). *England, Finnland, Frankreich, Niederlande, Portugal* und *Spanien* bieten ihren Reedereien lokale Inselflaggen *(Isle of Man, Aland-Inseln, Niederl. Antillen, Azoren, Kanaren)* als Zweitregister an.

Die Interessen der deutschen Seeschifffahrt werden vom *VDR = Verband Deutscher Reeder, Hamburg* (früher nur für die weltweite Seeschifffahrt = Deep-Sea zuständig) wahr genommen. Der frühere *VDK = Verband Deutscher Küstenschiffer* (=Short international voyage) ist im *VDR* integriert worden. Der *VDR* hat zurzeit fast 241 Mitglieder (Schlepp-, Fahrgast- und Frachtschiffe). **Verband Deutscher Reeder**

Die Welthandelsflotte verfügt über ca. 95 000 Schiffe (ab 100 BRZ) mit 1 014 Mio. Tragfähigkeitstonnen und 721 Mio. BRZ. **Welthandelsflotte**

Die kürzliche Erweiterung der *EU*-Staaten (2004) brachte der *EU*-Handelsflotte einen beträchtlichen Aufschwung = 133 Mio. BRZ, wobei die griechische Handelsflotte den größten Anteil hat. Die *EU*-Staaten plus *Island* und *Norwegen*, also *EWR*, verfügen über eine Tonnage von fast 153,5 Mio. BRZ. **EU-Handelsflotte**

Schon mit der englischen *Navigationsakte* von 1651 (erst 1848 aufgehoben) beschränkte *Oliver Cromwell* den Grundsatz der **Freiheit der Meere**. Bis heute können ausländische Schiffe nicht in jedem Hafen der Welt Güter laden oder löschen. Weiterhin schränken Zoll-, Devisen-, Import-, Lizenz- und Akkreditiv-Vorschriften die freie Ladungsakquisition für ausländische Schiffe ein. In diesen Fällen spricht man von einer **Flaggendiskriminierung** **Laderecht**

447

Flaggen- (= ausländischer Schiffe) oder von **Flaggenprotektionismus** (= Bevorzugung der eigenen
diskrimi- Schiffe).
nierung Um international eine Chancengleichheit zu erreichen, wurde der *UNCTAD-Code*
und -protek *40:40:20 (United Nations Conference of Trade and Development = UN-Welthandels-*
tionismus *konferenz)* verkündet. Nach dieser Formel sollen im Außenhandel zwischen zwei Ländern
UNCTAD- die Ladungsmengen, die mit Schiffen einer Schifffahrtskonferenz befördert werden, zu
Code jeweils 40 % von den Schiffen dieser Länder und 20 % von Drittland-Konferenztonnage
gefahren werden. Dies ist keine Monopolisierung der Konferenzschiffe, da die Laderechte
der Outsider hiervon nicht betroffen sind. Allerdings greift diese Ladungsteilungsregelung
kaum, da auf bilateraler Ebene (Regelungen zwischen zwei Staaten) andere Mengen-
teilungen vereinbart werden.

Cross- Werden Schiffe im internationalen Linienverkehr eingesetzt, ohne hierbei einen Hafen
Trader des Heimatlandes anzulaufen, so spricht man von Cross-Tradern. Beispielsweise wird die
dänische Handelsflotte überwiegend im Cross-Trade beschäftigt.

Kabotage Wie bei anderen Verkehrsträgern ist es ausländischen Schiffen verboten, Ladung zwischen zwei binnenländischen Häfen zu befördern (Kabotage).

4.4.2.2 Arten der Seeschiffe

Seehandelsschiffe (Fahrgast- und Frachtschiffe) unterscheiden sich nicht nur hinsichtlich
der Schiffsgröße sondern nach Einsatzgebiet und Verwendungszweck.

Küsten- Küstenschiffe mit unterschiedlicher Tragfähigkeit (von unter 1 000 bis zu 6 000 t) sind
schiff sowohl als konventionelle Frachter als auch als Containerschiffe im lokalen Seeverkehr
(Kümo) eingesetzt: *Nord-* und *Ostsee, Irische See,* europäische *Atlantik*-Häfen und *Mittelmeer*-
Häfen (inklusive *Nordafrika*). Beträchtliche Ladungs- und Container-Mengen werden
im Feeder-Service (Sammel- und Verteiler-Funktion) bewegt.

*Tab. 50:
Betriebsformen
der Seeschiffe*

Betriebsform	Linienschiffe		Tramp- und Massengutschiffe	
	⇨ geographisch abgegrenzte Fahrtgebiete		⇨ produktbezogenes, weltweites Einsatzgebiet	
Ladungsaggregat-zustand	Trockenfrachtschiffe		Trockenfracht- und Tank-schiffe (Flüssigkeit / Gas)	
Einsatzgebiete	Deepsea	Shortsea	Deepsea	Shortsea
Fluss- / Seeverkehre		Seeschiff, flussgängig		Seeschiff, flussgängig
Ladungsart, Umschlagstechnik	Stückgut-, RO / RO-, Container-schiffe, Barge-Carrier	Stückgut-, Fähr-, RO / RO-, Container-schiffe(auch als Feeder-schiffe im Einsatz)	Massengutschiffe für Trocken- / Flüssigladung (= Bulk-Carrier) ⇨ Spezialschiffe wie Autotransporter (= Pure Car Truck Carrier), Kühlschiffe, Produkttanker, Schwergutschiffe, Seeleichter (= Pontons) mit Seeschlepper	

Quelle: Eigene Darstellung

Seeschifffahrt 4.4

Der konventionelle Frachter befährt auch heute noch als traditioneller Schiffstyp die Weltmeere. **Vor drei Jahrzehnten wurde er zu einem Mehrzweckfrachter (Multi-Purpose-Ship) weiter entwickelt.** **Konventioneller Frachter**

Er verfügt meistens über
- mehrere Laderäume, unterteilt in einzelne Decks
- einen Decksraum, besser Decksfläche (für Gefahrgut, eventuell Schwergut, etc.)
- eventuell unterschiedliche große Ladetanks und / oder Pluskühl- und Gefrierräume.

Seine Umschlagsleistung beeinflussen:
- schiffseigenes Geschirr (Ladebäume) und Deckskräne
- mehrere Luken über die Schiffsbreite nebeneinander, fortgesetzt in den Unterräumen
- faltbare Lukendeckel, die sich hydraulisch / mechanisch öffnen lassen
- Gabelstapler in den Laderäumen, die den Transport zum Stauplatz ausführen
- eventuell Seitenpforten (Übergabe der Ladung vom Kai an den Schiffsgabelstapler).

Durch diese schiffsseitigen Vorrichtungen wurde der zeit- und personalaufwendige Umschlagprozess entscheidend rationalisiert.

1966 kam der **Containerverkehr** mit den 35'-Containern der Reederei *Sealand* nach Europa. Ab 1967 / 68 setzen auch europäische Reedereien Vollcontainerschiffe mit einer TEU-Kapazität von 500 beziehungsweise 736 im Verkehr von und nach den USA ein (**TEU = twenty foot equivalent unit gleich eine 20'-Container-Verrechnungseinheit**). **Containerschiff**

Containerschiffe haben durchgehende Laderäume ohne Deckunterteilung. In jeder Luke befinden sich vier Gleit- / Eckschienen (Cellguides) ausgerichtet nach den jeweiligen Containergrößen 20' (6 Meter) oder 40' (12 Meter). In diese Containerzellen werden die Container übereinander (unter Deck bis maximal neun Container übereinander, das bedeutet gewichtsmäßig vollbeladen nach *ISO-Norm*) abgesetzt. Auf Deck können Container in mehreren Lagen (zwei bis sechs) gefahren werden. Die Sicherung dieser Deckscontainer erfolgt mit Laschketten / -stangen über Kreuz von den Containereckpfosten zum Lukendeckel abgespannt. Gelegentlich sind Cellguides auch auf Deck vorhanden. Beide Sicherungsarten sollen ein Überbordgehen beim Stampfen / Rollen / Schlingern oder durch Seeschlag vermeiden. Seit 1992 werden Containerschiffe vermehrt ohne Lukendeckel (Open-Top- oder Open-Hatch-Schiffe) eingesetzt, das heißt die Cellguides sind durchlaufend vom Laderaumboden bis über Deck. Leistungsfähige Lenzpumpen sorgen für einen trockenen Laderaumboden.

Je nach Containerstellplatz- / TEU-Kapazitäten unterscheidet man zwischen Vollcontainerschiffen nach Generationen (somit keine Angabe des Schiffsalters)
- der ersten Generation (bis 1 000 TEUs)
- der zweiten Generation (bis 2 000 TEUs)
- der dritten Generation (bis 3 000 TEUs)
- der vierten Generation (bis 5 000 TEUs)
- der fünften Generation (über 5 000 TEUs und mehr).

Containerschiffe mit einer maximalen Breite von 32,20 m und einer Länge unter 300 m können noch die Schleusen des *Panama-Kanals* passieren. Je nach Bauart liegt hier die „*Panama*-Maximal-Größe" bei 4 000 bis 5 000 TEUs mit 65 000 bis 68 000 tdw. Wenn nur eine Dimension über obige Schleusenabmessungen hinausgeht, spricht man von „Post-Panamax-Schiffen". Die Schiffe über 7 000 TEU werden als Super-Post-Panamax-Schiffe bezeichnet.

Das derzeit weltgrößte Containerschiff (*Emma Mærsk* – Länge 397 m / Breite 56,4 m / Tiefgang 16 m / Tragfähigkeit 156 907 dwt / 170 974 BRZ) kann nach offiziellen Angaben 11 000 TEU laden, inoffiziell wird allerdings von bis zu 14 500 TEU gesprochen. **Mittlerweile sind auch große, renommierte Containerhäfen mit den volkswirtschaftlichen Folgekosten bei der Verkehrsinfra- und -suprastruktur** (*DVZ*-Zitat: *Flaschenhälse beziehungsweise Nadelöhr der Globalisierung*) **überfordert**. Für Schiffe der Größenordnung der *Emma Mærsk* wird der Tiefwasserhafen in *Wilhelmshaven* gebaut. Die Wendestelle vor der Stromkaje des *CT Bremerhaven* in der *Weser* wurde extra für die *Emma Mærsk* auf 600 m verbreitert.

Liegezeiten sollen kurz sein – ein Containerschiff liegt nur noch Stunden in einem Hafen –, damit möglichst viele produktive Seetage anfallen. Das Verhältnis 20 Hafenliegetage zu 80 Seetagen drückt anschaulich den Rationalisierungserfolg aus. Bei einem konventionellen Frachter kommen auf 50 Hafenliegetage auch 50 Seetage im Überseeverkehr. Beim Feeder-Service greifen diese Vorteile wegen der kurzen Reisezeiten und einer hohen Zahl von Anlaufhäfen nicht.

In manchen Containerfahrtgebieten hat die Hafensuprastruktur hinsichtlich der Containerumschlagsmöglichkeiten noch nicht den Standard der Industrienationen erreicht. Die Containerschiffe besorgen mit bordeigenen Containerbrücken das Laden und Löschen der Container. Durch diesen Containerkran gehen Containerstellplätze an Deck verloren.

RO / RO-Systeme Ebenfalls unter dem Aspekt kurzer Hafenliegezeiten und eines schnellen Ladungsumschlags in den Seehäfen ist das **Roll-on / Roll-off-System** zu sehen. System-Mutter ist hier das frühere Fährschiff mit Bug- und Heckpforten, das schon seit Jahrzehnten im Kurzstreckenverkehr nach *England, Skandinavien* etc. eingesetzt wird.

RO / RO-Schiffe Diese **RO / RO-Schiffe** verfügen über Heck- und / oder Seitenpforten, über die am Kai oder im Schuppen vorgestaute Ladung mittels Radfahrzeugen (Ladepritschen / Flats) auf die einzelnen Decks der Laderäume befördert wird. Schiffseigene Laderampen stellen die Landverbindung her. Im Schiffsinneren wird das rollende Gut (auch Schwer- und Projektgüter) entweder mit Fahrstühlen oder über bewegliche Rampen auf die einzelnen Decks gefahren und dort verzurrt. An Deck können auch Container gestaut werden (*Kapitel 4.4.1.2*).

In Tidehäfen (zum Beispiel *Antwerpen*) wurden schwimmende Pontons an den RO / RO-Anlegestellen installiert, damit bei wechselndem Wasserstand kein zu starker Neigungswinkel bei den Rampen entstehen kann, was ein Befahren unmöglich machen würde.

Barge-Carrier-System **Barge-Carrier** sind Mutterschiffe beziehungsweise Trägereinheiten, die Leichter über See transportieren. Grundgedanke des Transportkonzeptes ist ebenfalls die radikale Kürzung der Hafenliegezeiten und Hafenkosten, wie auch beim RO / RO- und

Seeschifffahrt 4.4

Containerschiff-System. Auch verstopfte Häfen (keine Wartezeiten für das Mutterschiff) beziehungsweise Häfen mit geringem Tiefgang können bedient werden. Der Barge-Umschlag geschieht auf Reede beziehungsweise im Mündungsbereich eines Flusses. Die Entladung der Leichter am Kai erfolgt später, wobei diese Kaianlagen nur einen geringen Tiefgang für die Leichter benötigen. (Fahrtgebiet: *atlantische US-Häfen / östliches Afrika* und *Arabien / Pakistan* und *Indien*.)

Leichter (amerikanisch barges) sind größengenormt / kastenförmig. In Schubverbänden werden sie zu binnenländischen Hafenplätzen befördert. Daher sind Leichter nach deutschen Vorschriften als Binnenschiffe anzusehen.

Ein **Lash-Schiff** (Lash = lighter-aboard-ship) ist mit einem bordeigenen Portalkran (dieser fährt auf zwei Schienen in Längsrichtung über das Schiff) ausgestattet, der die Barges am Heck mit einem Spreader aus dem Wasser nimmt und in die einzelnen Luken oder auf Deck absetzt. Lash-Barges (18,75 x 9,50 x 3,96 m = 380 t / ca. 570 m³ Ladung) sind gelegentlich auf deutschen Wasserstraßen zu sehen. **Lash-Schiff**

Barge-Container-Liner: Bei diesen Systemen erfolgt der Barge-Umschlag bei geflutetem Mutterschiff, das heißt die Leichter werden wie bei einem Trockendock in die zwei Laderäume eingeschwommen. Hiernach werden die Ballasttanks gelenzt, und das Mutterschiff schwimmt auf. Auf Deck werden Container befördert (Fahrtgebiet nach *Westafrika*). **Bacoliner**

4.4.2.3 Seeschiffsvermessung

Um einen Schiffsgrößenvergleich zu ermöglichen, wurde bis 1982/1994 bei der Schiffsvermessung, die einer Eintragung in das Schiffsregister vorangeht, das **internationale Raummaß, die Registertonne (100 cbf = 2,8313 cbm)** angewandt. **Registertonne**

Bei der Vermessung nach **Bruttoregistertonnen / BRT** wurde der gesamte Schiffsraum mit Ausnahme des Doppelbodens, des Ruderhauses, der Niedergänge, der Licht- und Luftschächte, der Kombüse und der Wasch- und Toilettenräume eingemessen. Die internationale gebräuchliche Bezeichnung lautet: GROSS-TON (GT). **Bruttoregistertonne / BRT**

Der für die Ladung und Passagiere verbleibende Nutzraum wurde mit **Nettoregistertonnen / NRT** bezeichnet. (BRT ÷ Besatzungs- und Provianträume, Maschinenraum, Schiffsausrüstungsräume, Wasserballasttanks, Bunkeröltanks = NRT). **Nettoregistertonne / NRT**

BRT / NRT wurden ab 1994 von der **Brutto- / Nettoraumzahl**, mit einer vorherigen Übergangsfrist von zwölf Jahren, abgelöst. Bei diesen neuen internationalen Schiffsgrößenmaßen **BRZ** (= Gesamtraumgehalt aller geschlossenen Schiffsräume auf Innenkante Außenhaut) und **NRZ** (= Gesamtraumgehalt aller Laderäume auf Innenkante Außenhaut) **handelt es sich um eine dimensionslose Größe, die keinem Maß-System zugeordnet werden kann.** Die internationale Bezeichnung für BRZ lautet: ct GROSS-TON (ct GT), wobei „ct" für „compensated" steht. **Brutto- / Netto-Raumzahl / BRZ / NRZ**

Um eine gewisse Vergleichbarkeit zwischen BRT / NRT und BRZ / NRZ zu erreichen, wird einer Tabelle ein Umrechnungsfaktor entnommen, sodass die zu erwartende BRZ / NRZ im Mittel in der Nähe der früheren BRT / NRT-Zahl liegt. Bei 8 000 bis 10 000 BRT erhält man eine vergleichbare BRZ von 10 000. Bei Massengut- / Tankschiffen entspricht 1 BRT = 1,0 BRZ. Für RO / RO- und Fährschiffe gilt 1 BRT = 3,3 BRZ.

Wasserverdrängung	Das vom Schiff verdrängte Wasser wird in Tonnen zu 1000 kg oder 1016 kg (longtons) gemessen (= Wasserverdrängung).
Tragfähigkeit	Bei der **Tragfähigkeit / tons deadweight all told – tdwat** handelt es sich um die Wasserverdrängung des beladenen Schiffes auf Sommerfreibord abzüglich der Wasserverdrängung des leeren Schiffes, gemessen in Gewichtstonnen (1000 / 1016 kg)
Freibordmarkierung	Zur Kennzeichnung der maximalen Tragfähigkeit eines Schiffes, dient die Freibordmarkierung auf Sommerfreibord an beiden Seiten des Schiffes (Freibord = mittschiffs / senkrecht gemessener Abstand zwischen dem obersten durchlaufenden Deck und der Wasseroberfläche). Diese Freibordmarkierung ist nach Wasser (See- / Süßwasser) und Verkehrsgebiet (*Tropen / Nordatlantik* mit Sommer- und Wintereinteilung) unterschiedlich und soll eine Überladung des Schiffes sichtbar machen (Sicherheit des Schiffes, seiner Besatzung und der Ladung).
Ladefähigkeit	Wenn von der Tragfähigkeit Einzelgewichte wie Brennstoff- und Schmierölvorräte, der Proviant, die Ausrüstung, Wasch-, Trink-, Kessel- und Ballastwasser, die Besatzung mit ihren Effekten abgezogen werden, so erhält man die **Ladefähigkeit / dead-weight carrying capacity – tdwcc**, auch Nutzlast genannt.

4.4.2.4 Schiffsklassifikation

Schiffsbegutachtung	Sowohl die Versicherung eines Seeschiffes als auch die der Ladungsgüter gegen die Gefahren der See setzt eine **objektive Beurteilung / Klassifikation des Schiffs nach Art und Unterhaltungszustand nach einem einheitlichen Bewertungsmaßstab** voraus. Hierbei beurteilt man den technischen Schiffszustand (Grad der Modernität, der Abnutzung und der Betriebsfähigkeit). Hiernach werden die Schiffe je nach Gebrauchsverschleiß in Güteklassen eingeteilt.
Germanischer Lloyd (GL)	Der *Germanische Lloyd* (Kurzzeichen *GL*) in *Hamburg* ist mit dieser hoheitsrechtlichen Aufgabe auf dem Gebiet der Schiffssicherheit betraut. Die *GL-Klasse* wird von mehr als 100 Ländern anerkannt, die staatliche Schiffssicherheit zu garantieren. In 2006 klassifizierte der *GL* 5 492 Seeschiffe mit 64,4 Mio. BRZ. Knapp 46 % aller Containerfrachter sind weltweit durch den *GL* klassifiziert worden. Auch im vergangenen Jahr wurde mehreren Schiffen die *GL-Klasse* entzogen. Es erfolgen eine Bauüberwachung / Materialprüfung mit anschließenden periodischen Untersuchungen und eine Überwachung gravierender Reparaturen.
Internationale Klassifizierungsgesellschaften	Weitere renommierte Klassifizierungsgesellschaften nach Gründungsjahren sind • LR = *Lloyd's Register, London* (1760) • BV = *Bureau Veritas, Paris* (1828) • RINA = *Registro Italiano Navale, Genua* (1861) • ABS = *American Bureau of Shipping, New York* (1862) • DnV = *Det Norske Veritas, Oslo* (1864) • NK = *Nippon Kaiji Kyokai, Tokio* (1900). (Siehe *LORENZ, Band 2 [16. Auflage 2007] Seite 270*)
Versicherungsprämie	Die Prämienhöhe bei einer Seetransportversicherung ist abhängig von der Schiffsklassifikation und vom Schiffsalter (zum Beispiel Schiffe nicht älter als 15 Jahre).

Seeschifffahrt 4.4

4.4.3 Betriebsformen der Seeschifffahrt

4.4.3.1 Organisatorische Seeschifffahrtsformen

Die **Linienschifffahrt** wickelt den Stückgutverkehr nach einem festen Fahrplan in einem bestimmten Verkehrsgebiet mit festgelegten Lade- und Löschhäfen ab. Die verschiedenen Häfen in einer bestimmten Region werden als Range-Häfen bezeichnet, zum Beispiel die *Nordkontinent-Häfen* von *Hamburg, Bremen, Bremerhaven, Amsterdam, Rotterdam* und *Antwerpen* werden zur *Hamburg-Antwerpen-Range*. **Linienschifffahrt, Range-Häfen**

Linienschifffahrt wird von Konferenzreedereien und unabhängigen Liniendiensten – auch Outsidern genannt – betrieben und setzt ein Tarifgefüge voraus, das gegenüber jedem Ladungsbeteiligten (Befrachter) angewandt wird.

Bei der **Massengutschifffahrt** richtet sich der Einsatz nach dem Transportbedarf im Einzelfall (Angebot und Nachfrage) und wechselt häufig hinsichtlich der zu bedienenden Relation und der zu transportierenden Gutarten. In der **Trampschifffahrt** werden flüssige und feste Ladung (Erdöl, Erz, Kohle, Bauxit, Phosphat, Getreide, Holz, Metalle, Düngemittel, Zement, etc.) befördert. Sie steht – bezogen auf die Transportkapazität des einzelnen Schiffs – während einer Reise nur mit einem oder wenigen Befrachtern in ökonomischer Beziehung. Sie bedient im Zeitablauf jedoch unterschiedliche Befrachter. **Massengutschifffahrt**

Die **Spezialfahrt / Kontraktfahrt** ist durch eine langfristige Bindung ihrer Transportkapazität an einen Befrachter auf Grund eines regelmäßig auftretenden umfangreichen Transportbedarfs über einen längeren Zeitraum hinweg charakterisiert. Zum Einsatz kommen stark spezialisierte Schiffe (zum Beispiel Tanker, Erzfrachter etc.). Sind Befrachter und Reederei in einen Industriekonzern eingebunden, auch wenn die Reederei einen anderen Namen führt, dann spricht man von Werkschifffahrt. **Kontrakt- / Werkschifffahrt**

4.4.3.2 Tarifarische Seeschifffahrtsformen

Eine Schifffahrtskonferenz besteht aus mehreren Linienschiffsreedereien, die auf einer bestimmten Route zwischen den Häfen eines klar abgegrenzten Verkehrsgebietes operieren, um den Befrachtern / Abladern (Verladern) einen regelmäßigen Dienst zu gleichen und festen Seefrachtraten für allgemeine Stückgüter zu bieten. Schifffahrtskonferenzen sind Verkehrsgemeinschaften internationalen Charakters / internationale **Gebiets-, Konditionen- und Preis-Kartelle**. Sie sind sowohl aus der deutschen Kartellgesetzgebung herausgenommen, als auch nach *Artikel §§ 81,82 und 85, 1 des EU-Vertrages* vom Kartellverbot freigestellt.

Konferenzen haben folgende **Aufgabenstellung**:
- Aufrechterhaltung eines regelmäßigen Linienverkehrs in einem Fahrtgebiet
- Erlass von einheitlichen Beförderungskonditionen und Preisvorschriften
- Überwachung der Einhaltung der Konferenzbestimmungen und eventuellen Kontrakte
- Abwehr / Beobachtung von Outsider-Aktivitäten zum Zweck der Ratenstabilität.

1875 wurde die erste Konferenz im Verkehr zwischen *England* und *Kalkutta/Indien* wegen des Teehandels gegründet. Es gibt weltweit über ca. 170 Schifffahrtskonferenzen, wobei ca. 30 Konferenzen von und nach *Nordkontinenthäfen* operieren. Je nach Verkehrsrichtung gibt es in einem Fahrgebiet je eine Export- beziehungsweise Import-Konferenz.

Regulierte, offene Konferenzen — Weltweit nehmen geschlossene / regulierte Konferenzen neue Mitglieder nur mit Mehrheitsbeschluss auf. Man will hiermit eine Überkapazität / Overtonnage vermeiden, die die vorhandene Ladung noch mehr aufsplittet. Alle Konferenzen im Verkehr von und nach den *USA* sind auf Grund der amerikanischen *Anti-Trust-Gesetzgebung* weltweit offen. Jeder Reeder, der dies wünscht, kann dieser *USA*-Schifffahrtskonferenz beitreten.

Outsider / Independent Carrier — Reedereien, die in einem Konferenzfahrtgebiet ebenfalls einen mehr oder weniger dichten Liniendienst unterhalten, werden aus Konferenzsicht als **Outsider / Außenseiter** bezeichnet. Diese Outsider verwenden für ihre Aktivitäten den Begriff „konferenzunabhängiger Liniendienst". Normalerweise setzen Outsider einen ebenso guten Schiffspark wie Konferenzliniendienste ein. Gelegentlich fährt ein Outsider nur in einer Verkehrsrichtung eines Fahrgebietes als Outsider (zum Beispiel ausgehend als Konferenzlinie und heimkehrend wieder als Outsider)! **Die Outsider-Seefrachtraten liegen beträchtlich unter den Konferenztarifen.**

Ende der Konferenzen in Europa

Zum Oktober 2008 werden die Konferenzen in der Seefracht ihre Aktivitäten einstellen müssen. Dieses erfordert neue Preisstrategien der Reedereien, da alle Zuschläge dann frei verhandelbar sind. Diese sind mittlerweile in vielen Fahrgebieten höher als die Basisfracht. Vor allem Großkunden hoffen auf mehr Gestaltungsspielraum in der Frachtpreisverhandlung.

4.4.3.3 Seeverlader-Komitees (Shippers Councils)

Seeverladerkomitee — Damit der einzelne Befrachter als Einzelkunde den Schifffahrtskonferenzen nicht machtlos gegenübersteht, haben sich ab 1955 die Verlader / Befrachter zu **nationalen Seeverladerkomittees** zusammengeschlossen, die in fast allen westlichen europäischen Ländern, in *Israel, Japan* und *USA*, etabliert wurden. Das *deutsche Seeverladerkomitee (DSVK)* ist eine Abteilung des *Bundesverbandes der Deutschen Industrie e.V. – BDI, Berlin.*

4.4.3.4 Kooperationsformen der Seeschifffahrt

Pools — Im Rahmen eines gemeinsamen Liniendienstes mit einheitlichen Tarifbedingungen können mehrere Reedereien einen **Pool gründen, mit dem Ziel, die transportierte Ladung und / oder die vereinnahmten Seefrachten nach einem vereinbarten Schlüssel untereinander aufzuteilen.** Man unterscheidet Geld(Frachten)- und Ladungspools.

Reedereikonsortien — Die beträchtlichen Investitionen für Containerschiffe und Container-Equipment haben seit 1973 zu einer Zusammenarbeit zwischen einzelnen Reedereien geführt, die früher Konkurrenten waren. Ziel dieser Zusammenarbeit ist, die Investitionslasten / -risiken auf mehreren Schultern zu verteilen. Mit den Schiffen aller Konsortial-Partner

Seeschifffahrt 4.4

wird ein Liniendienst angeboten. Das eigenständige, wirtschaftliche Handeln wird im Konsortium gebündelt (Die *Europäische Kommission* hat die *Gruppenfreistellung 823* aus dem Jahre 1995 bis zum 25.4.2010 verlängert):
- größere Containerschiffe zu bauen und wirtschaftlicher zu betreiben
- gemeinsame Schiffsabfertigung / Stauplanung / Terminalnutzung
- eventuell gemeinsame Linienagenten in den Häfen des Fahrgebietes
- eventuell gemeinsame Container-Steuerung mit Equipment-Austausch
- eventuell gemeinsames Container-Operating im Vor- / Nachlauf.

Ergebnis: Ein Synergie-Effekt bei den Schiffsbetriebs-, Ladungs- und Hafenkosten.

Da jeder Konsortial-Partner in den Ländern des Fahrtgebietes eine eigene Verkaufsorganisation unterhält, spricht man von „**Separate-Marketing**". Diese verschiedenen Organisationen bieten unabhängig voneinander den Befrachtern und Empfängern für das gleiche Schiff / die gleiche Abfahrt ihre Dienste zu gleichen Konditionen an. Jede Verkaufsorganisation erhält auf jeder Schiffsabfahrt einen bestimmten Slotanteil. **Separate-Marketing**

4.4.3.5 Reeder und deren Vertreter

Reeder ist der Eigentümer eines ihm zum Erwerb durch die Seefahrt dienenden Schiffes (§ 484 HGB). Ist der Reeder Eigner nur eines Schiffes und befehligt dieses als Kapitän, nennt man ihn in der Küstenschifffahrt Kapitänsreeder. **Reeder**

Wird von mehreren Personen ein ihnen gemeinschaftlich zustehendes Schiff zum Erwerbe durch die Seefahrt für gemeinschaftliche Rechnung verwendet, so besteht eine Reederei (§ 489 HGB). Im allgemeinen Sprachgebrauch wird eine Personen- oder Kapitalgesellschaft als Reederei bezeichnet. **Reederei**

Mehrere Miteigentümer eines Seeschiffes bilden eine **Partenreederei**. Partenreeder sind Mitunternehmer, die entsprechend ihrem Schiffspart / Schiffsanteil zu den Kosten der Partenreederei beitragen. Dementsprechend werden Gewinne und Verluste geteilt. **Partenreederei**

Bei der **Abwicklung von Seefrachtgeschäften** bedient sich der Reeder traditionell des Schiffsmaklers oder Reederei- / Linienagenten. Je nach Maklervertrag zwischen Schiffsmakler und Reederei erfolgt die Geschäftsabwicklung auf Basis des *§ 93 HGB* in Form eines Handelsmakler-Geschäftes oder eines Agentur-Geschäftes (*§§ 84 und 92c HGB* = Handelsvertreter). Im allgemeinen Sprachgebrauch wird auch die Agenturtätigkeit eines Hafenagenten im Oberbegriff als Schiffsmaklertätigkeit bezeichnet.

Der **Schiffsmakler ist Mittler zwischen Befrachter, Ablader, Empfänger und Verfrachter / Reederei**. Seine **Funktionen für den Verfrachter** sind: Schiffsabfertigung im Hafen, Besorgung der Lade- und Löschoperationen, Beauftragung der Stauerei, Empfang und Ablieferung der Ladung, Einzug der Seefrachten und Überweisung an den Verfrachter (Delkredere-Haftung *§ 86b HGB*), Erstellung der Lade- und Frachtmanifeste, Ein- und Ausklarierung des Schiffs im Hafen (Liegeplatz, Schlepper- und Festmacherhilfe, Zahlung der Lotsengelder und Hafenliegegelder, Zollformalitäten, Pass- und Quarantänebestimmungen), eventuell Besorgen von Treibstoff und Proviant, **Schiffsmakler / Reedereiagent**

Frachtverkauf (Frachtraumbuchung, Abschluss von Seefrachtverträgen, Zeichnung der Konossemente beziehungsweise der Charterpartie).

Der Schiffsmakler in den deutschen Seehäfen übt **keine Speditionstätigkeit** aus.

Reederei-Vertretungen
Für den **Frachtverkauf** im Binnenland unterhalten Groß-Reedereien eigene Büros. Diese Inlandsvertretungen beraten die verladende Wirtschaft, die Speditionen, nehmen Schiffsraumreservierungen und Seefrachtvertragsabschlüsse vor. Nur noch wenige selbständige Schiffsmakler, Reedereiagenturen arbeiten im Inland auf Provisionsbasis.

4.4.4 Seefrachtgeschäft

4.4.4.1 Grundlegende gesetzliche Regelungen

Bestimmungen über das Frachtgeschäft zur Beförderung von Gütern über See sind im *HGB (Teil Seehandel)* enthalten. Die *Haager Regeln* von 1924 wurden in einer dem deutschen Recht angepassten Form 1937 in das *Handelsgesetzbuch als 4. Buch Seehandel* übernommen (gültig ab 1940 bis Mitte 1986). In elf Abschnitten regelt es die Rechtsbeziehung zwischen den Vertragsbeteiligten *(§§ 474 bis 905)*, wobei diverse Paragraphen zwischenzeitlich aufgehoben wurden.

Mit dem *zweiten Seerechtsänderungsgesetz* vom 25.7.1986 wurden im Bereich der Haftungssumme gravierende Veränderungen vorgenommen. **Seit diesem Zeitpunkt wird das Seehandelsrecht im 5. Buch des HGB behandelt.**

Solange nicht bei einzelnen Paragraphen deren Anwendung explizit / ausdrücklich als unabdingbar, also zwingend vorgeschrieben ist (= **normatives Recht**), kann man diese durch Privatvereinbarungen abändern (= **nachgiebiges / dispositives Recht**).

Konnossementsbedingungen
Die vereinbarten Transportbedingungen sind identisch mit den Konnossementsbedingungen auf der Vorderseite des B/L. (Seite 1 des B/L = Konnossementsbedingungen – Seite 2 des B/L = Angaben zum Schiff, zur Ladung, zu den Vertragsbeteiligten). **Die Konnossementsbedingungen haben somit den Charakter von** *Allgemeinen Geschäftsbedingungen (AGB)* **und gehen in** *Deutschland* **dem dispositiven Recht / Gesetz des** *HGB* **vor.**

Diese Konnossementsbedingungen sind umso wichtiger, als man es im Seefrachtgeschäft mit einer Vielzahl nationaler Reedereien zu tun hat, die nicht den deutschen Gesetzesbestimmungen unterliegen und deren nationale Gesetzgebung – trotz versuchter internationaler Vereinheitlichung – dann maßgeblich sein könnte.

4.4.4.2 Beteiligte des Seefrachtgeschäftes

Die Beteiligten am Seefrachtgeschäft sind der Verfrachter (Landfrachtrecht: Frachtführer), der Befrachter (Landfrachtrecht: Absender), der Ablader – nur im deutschen Recht – und der Empfänger.

Verfrachter / Carrier
Der Verfrachter / Carrier übernimmt die Beförderung der Güter zur See. Er schuldet den Beförderungserfolg. Wenn der Verfrachter hierzu sein eigenes Schiff einsetzt, dann ist er gleichzeitig Reeder. Verwendet er ein gemietetes / gechartertes Schiff, dann ist er

Seeschifffahrt 4.4

Verfrachter und Charterer zugleich. In diesem Fall ist er auch Befrachter, nämlich im Hinblick auf den zwischen ihm und dem Schiffseigentümer geschlossenen **Chartervertrag**. Muss er das gemietete Schiff noch mit Besatzung, Proviant, Frischwasser, Treibstoff und technischem Schiffsbedarf ausrüsten, spricht man von „Bare-Boat-Charter". Der **Charterer** wird somit zum **Ausrüster**. Im Chartergeschäft heißt der Verfrachter „Owner".

Eine Verpflichtung des Verfrachters aus dem *Seefrachtvertrag (§ 559 HGB)* ist die **Ver-** anfängliche Ladungs- und Seetüchtigkeit zum Ladebeginn, sowie die Reisetüchtigkeit **frachter-** während der Seereise. Diese Verpflichtungen des Verfrachters fallen beim Abschluss **pflichten** eines Stückgutfrachtvertrages sicher nicht ins Auge, daher hier auch keine ausführlichere Behandlung. Beim Abschluss von Charterpartien sind sie von hervorragender Bedeutung.

Der Befrachter / Shipper ist der Vertragspartner (Kontrahent) des Verfrachters. Er ver- **Befrachter /** pflichtet sich zur Gut-Anlieferung (Bereitstellung am vereinbarten Ort zur vereinbarten **Shipper** Zeit) und schuldet die vereinbarte Seefracht. Befrachter kann sein: Hersteller, Exporteur – je nach Lieferbedingungen des Kaufvertrages – und eventuell der Spediteur, wenn dieser Befrachtereigenschaften annimmt. Die Benennung im Chartergeschäft für den Befrachter lautet „Charterer".

Nur das **deutsche Seefrachtrecht** kennt neben dem Verfrachter und dem Befrachter noch **Ablader /** einen dritten Beteiligten am Frachtgeschäft, den Ablader. Der Ablader / Shipper über- **Shipper** nimmt trotz eigenen Verfügungsrechts im Auftrag des Befrachters die Beförderung und Anlieferung der Güter zum Schiff. Ist der Seefrachtvertrag zwischen Befrachter und Verfrachter noch nicht abgeschlossen, so kann der Ablader als Vertreter des Befrachters den Seefrachtvertrag durch die Gutanlieferung abschließen. Übernimmt der Verfrachter die Güter, so entsteht zwischen ihm und dem Ablader ein besonderes Schuldverhältnis. **Der Ablader wird Reiseinteressent und Ladungsbeteiligter, er hat Anspruch auf das Konnossement und bestimmt den Adressaten. Als Besitzer aller B / L-Exemplare kann er alleine über die Ladung verfügen.**

Ein Spediteur, der sowohl den Seefrachtvertrag abgeschlossen als auch die Ware an das Schiff herangebracht hat, ist Befrachter und Ablader zugleich, wenn er im Konnossement als „Shipper" auftritt. Fertigt er dagegen das Konnossement unter seinem Namen aus und ergänzt „as agent", dann zeigt er hiermit nur seinen Abladerstatus an. Deutsche Verfrachter verlangen hier eventuell die Nennung des Befrachters.

Da ein Ablader nach englischem Seehandelsrecht mit keinem der obigen Rechte ausgestattet ist, besteht auch keine Veranlassung, ihn namentlich zu kennzeichnen (Befrachter / Ablader = Shipper).

Der Empfänger / Consignee ist der Begünstigte aus dem Seefrachtvertrag und kann **Empfän-** seine im Vertrag verbrieften Rechte geltend machen, wenn er sich durch 1/3 Original- **ger /** Konnossement legitimieren kann. Er hat einen einklagbaren Auslieferungsanspruch, **Consignee** wenn das Schiff im Bestimmungshafen angekommen ist. Hierzu muss er 1/3 Original-Konnossement dem Verfrachter, dessen Vertreter, präsentieren.

4.4.4.3 Seefrachtverträge

Arten der Seefrachtverträge
Alle Seefrachtverträge sind Konsensualverträge. Sie kommen durch Angebot und Annahme (= übereinstimmende Willenserklärung) zu Stande.

Der **Stückgutfrachtvertrag** ist rechtlich ein Werkvertrag. Hier steht die Beförderung des Transportgutes im Vordergrund. Hierfür wird ein Konnossement gezeichnet.

Beim **Raumfrachtvertrag** stellt der Schiffseigner (Owner) nur den Schiffsraum (= Mietvertrag) zur Transportleistungserstellung durch den Charterer zur Verfügung. Der Owner schließt als Beweisurkunde mit dem Charterer / Befrachter einen **Chartervertrag / Charterpartie / Charter Party** kurz C / P. Diese C / P regelt die Rechtsbeziehungen zwischen den Beteiligten.

Voll- / Ganz-Charter
Bei der **Voll- oder Ganzcharter** wird ein Raumfrachtvertrag für ein „ganzes Schiff" zwischen Owner und Charterer abgeschlossen. Wird das Schiff ohne Besatzung und Ausrüstung gechartert, spricht man von einer **Bareboot-Charter**. Nach *HGB* ist hier der Charterer auch **Ausrüster**.

Reisecharter
Bei einer **Reisecharter** wird entweder für **eine bestimmte Reise** (One-Way oder Roundtrip) oder eine bestimmte **Anzahl aufeinander folgender** (= konsekutiver) Reisen ein Chartervertrag geschlossen.

Zeitcharter
Wird **ein bestimmter Zeitraum** zu Grunde gelegt, dann ist dies eine **Zeitcharter**. Die Vertragsdauer wird in Tagen, Wochen, Monaten oder Jahren gemessen.

Teilcharter
Bei der Teilcharter wird ein **unbestimmter, verhältnismäßiger Teil des Gesamtfrachtraumes** eines Schiffes gemietet:
- die **Hälfte der Lade- und / oder Raumfähigkeit**
- 2 000 Gewichtstonnen von der **Tragfähigkeit** oder
- 3 000 cbm von Laderaum (**Raumfähigkeit**) oder
- Man kann auch einen bestimmten Laderaum / bestimmte Laderäume chartern: Laderaum 1 und 2 von insgesamt 4 Laderäumen eines Schiffes
- 500 Slots von der Stellplatz- oder TEU-Kapazität.

Im Rahmen der Containerschifffahrt fallen **Vessel-Sharing-Agreements** bei Gemeinschaftsdiensten, Reedereikonsortien und Schifffahrtsallianzen hierunter. Bei einer Slotcharter von Containerstellplätzen à 20' oder 40' wird eine bestimmte Stellplatz- / TEU-Kapazität gemietet. Diese Teilcharter-Form wird von **NVOCC-Diensten** (Non-Vessel-Operating-Common-Carrier = Verfrachter ohne eigenen Schiffsraum: gelegentlich der Fixkostenspediteur im Selbsteintritt; überwiegend aber ein **CTO** oder **MTO** = Combined- oder Multimodal-Transport-Operator) genutzt.
- Diese bestimmten Ladungs- oder Containermengen werden vom Verfrachter eigenverantwortlich in die jeweilig verfügbaren Laderäume gestaut.

Auch bei einer Teilcharter ist der Zeitfaktor (Reise- oder Zeitcharter) zu regeln.

Charter-Party / Partie
Für Massengüter werden produkt- und relationsabhängige standardisierte Charterbedingungen in der Massengut- beziehungsweise Bulk-Schifffahrt angewandt. Als Reisecharter für Voll- oder Ganzcharter:

Seeschifffahrt 4.4

- AMWELSH   Americanised Welsh Coal Charter
- MULTIFORM 1982   Multi-purpose Charter Party der FONASBA
- NIPPONORE   The Japan Shipping Exchange, inc. Iron Ore Charter Party
- SYNACOMEX   Northamerican Grain Charter Party (1973)

Als Zeitcharter für Voll- oder Ganzcharter:
- LINERTIME   The Baltic and International Maritime Conference Deepsea Time Charter
- INTERTANKTIME   International Association of Independent Tanker Owners (INTERTANK) Tanker Time Charter Party

Solche Standardformen werden unter anderem *vom Documentary Council der International Baltic and Maritime Conference (BIMCO), Kopenhagen*, herausgegeben. Die *BIMCO* ist der Zusammenschluss bedeutender Reedereien und Schiffsmakler.

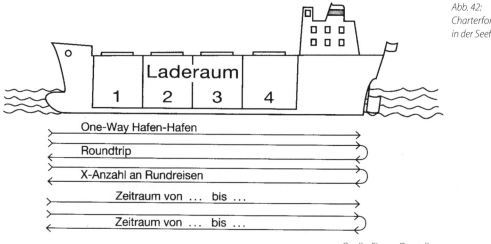

Abb. 42: Charterformen in der Seefracht

Quelle: Eigene Darstellung

Owner/Verfrachter verpflichten sich, einen bestimmten Schiffstyp (Antriebsart, Lukenanzahl, Containerstellplatzkapazität, Ladegeschirr etc.) **mit gewissen Eigenschaften** (Klassifizierung, Trag- und/oder Raumfähigkeit, Geschwindigkeit) **in einer bestimmten Position bei Vertragsabschluss verfügbar zu haben, der rechtzeitig zur vereinbarten Zeit im Ladehafen vorgelegt wird.** Die Charter-Partie regelt weiterhin die Kostenseite (Lade- und Löschkosten, Liegegelder und Fehlfracht), die Lade-, Lösch- und Überliegezeit, die Wartezeit. **Der Befrachter ist verpflichtet, eine bezeichnete Ladungsmenge und -art in einem bestimmten Zeitraum anzuliefern beziehungsweise durch den Empfänger abnehmen zu lassen.** Der Lade- und Löschplatz muss diesem Schiffstyp frei zugänglich sein. Die Charterfrachten reagieren auf Ladungs- oder Schiffsraumangebot und sind demzufolge starken Schwankungen unterworfen. Sie werden unter anderem

Charterbestimmungen

an den Schiffsfrachtenbörsen in den wichtigen Welthandelszentren ermittelt. In der *DVZ – Deutsche Logistik-Zeitung* gibt es hierzu laufende Veröffentlichungen.

Das Charter-Geschäft gehört nicht zu den allgemein üblichen Geschäften der Spediteure, sodass es nur kurz angesprochen wurde.

Stückgutfrachtvertrag Alle in der Linienschifffahrt beförderten Ladegüter – unabhängig von der Größe (Gewicht / Volumen) – sind Stückgüter, wenn hierfür ein Konnossement gezeichnet wird. Somit werden auch große Partien mit 1 000 t und mehr als Stückgut-Ladung angesehen.

Der Abschluss eines Seefrachtvertrages unterliegt keiner Formvorschrift. Er kann (fern-) mündlich, schriftlich, per Telefax, E-Mail oder durch konkludentes (schlüssiges) Handeln der Beteiligten zustande kommen, zum Beispiel Anlieferung der Güter am Schuppen durch den Befrachter / Ablader und Übernahme dieser Güter an Bord durch den Verfrachter. Der Kaiannahmeschein / dock-receipt dokumentiert keinen Vertragsabschluss.

Buchungsnote / Ladungsanmeldung Normalerweise kommt der Vertrag durch eine Frachtraumbuchung bei dem Verfrachter oder dessen Vertreter zustande. Auch wenn keine Buchungsnote erteilt wird, ist der Vertrag geschlossen. Die Buchungsnote / Ladungsanmeldung sollte einen Hinweis auf die derzeitigen Konnossements- und Tarifbedingungen enthalten, damit diese einwandfrei Vertragsbestandteil werden. Das später gezeichnete Konnossement hat dann nur noch eine zusätzliche Beweisfunktion.

Festbuchung Eine **Festbuchung** bewirkt zwischen Verfrachter und Befrachter den Abschluss eines Seefrachtvertrages. Der Transport erfolgt zu einer bestimmten Seefrachtrate, die vereinbart wurde oder zur üblichen Fracht. Das Transportgut (eventuell Konnossementsdeklaration) ist zu benennen. Wird das Gut nur allgemein umschrieben, so wird auch der Verfrachter nur die Anwendung der Tarifkonditionen bestätigen, ohne eine bestimmte Ratenhöhe festzuschreiben. Der Verfrachter bestätigt ein **Beförderungs- und Auslieferungsversprechen**. Der Befrachter gibt ein **Anlieferungsversprechen**, das bei Nichterfüllung einen **Fehlfrachtanspruch** begründet. **Der Befrachter schuldet die Seefrachtzahlung sowohl bei prepaid als auch collect.**

Konditionelle Buchung Mit einer **konditionellen Buchung** wird dagegen ein solches **Anlieferungsversprechen** nicht manifestiert. Der Befrachter hat wohl die Absicht einer Gutanlieferung. Er kann ohne Begründung davon Abstand nehmen. Dann wäre der Seefrachtvertrag annulliert. Es bestünde somit kein Fehlfrachtanspruch. Normalerweise wird bei konditionellen Buchungen eine Erklärungsfrist (x Tage vor Schiffsabgang im Ladehafen) vereinbart. Wird diese vom Befrachter nicht wahrgenommen, so gilt die konditionelle Buchung als storniert.

Der **Verfrachter** kann eine konditionelle Buchung vor der Erklärungsfrist nicht willkürlich kündigen. Ebenso hat er **bei einer Festbuchung kein willkürliches Kündigungsrecht.**

Konditionelle Buchungen sind für Befrachter von Interesse, die in Kürze mit einem Kaufvertragsabschluss rechnen, der sich allerdings noch zerschlagen kann. Sie sichern sich mit dieser Buchung nicht nur den Schiffsraum, sondern auch die derzeit gültigen Tarifkonditionen und -preise. Gemäß Konferenztarifbedingungen werden die

Seeschifffahrt 4.4

Tarifbedingungen mit einer Buchung normalerweise für den laufenden und zwei weitere Monate festgeschrieben.

Steht der Löschhafen bei Buchung nicht fest, kann eine **Optionsverladung** erfolgen, zum Beispiel Löschhafen: Option *New York/Baltimore/Norfolk*. Hier muss das Ladegut optionell gestaut werden, was einen Seefrachtzuschlag (Optionszuschlag) bewirkt. Der Empfänger verpflichtet sich zu einer vertraglich vereinbarten Erklärungsfrist (zum Beispiel 48 Stunden/5 Tage/10 Tage vor Schiffsankunft im ersten Options-Löschhafen). Er muss bis zu diesem Zeitpunkt seine Option erklären/den endgültigen Löschhafen benennen. Falls er diese Fristvereinbarung ignoriert, kann der Verfrachter in einem Optionshafen seiner Wahl löschen (meistens der letztgenannte Optionshafen).

Optionspartien

4.4.4.4 Zurückbehaltungsrecht des Verfrachters

Solange der Verfrachter die vereinbarte Seefracht nicht erhält – unabhängig vom vereinbarten Frachtzahlungsort –, hat er ein gesetzliches Zurückbehaltungsrecht. Er kann zum Beispiel die Konnossementsausgabe verweigern. Dies gilt vor allem bei „Collect/Freight payable at Destination"-Sendungen, wenn der Empfänger sich nur durch Präsentation eines Originalkonnossementes legitimiert, aber die Seefrachtsumme nicht zahlt.

Werden „Prepaid-Konnossemente" ohne Seefrachtzahlung an den Befrachter gegeben, dieser zahlt nicht oder sehr verspätet, dann besteht gegenüber dem Empfänger kein Zurückbehaltungsrecht (Empfängerschutz).

Wenn ihm aus anderen und früheren Frachtverträgen noch Forderungen gegen den Befrachter oder Empfänger zustehen, kann er die Güter auch wegen jener Forderungen zurückbehalten, die in einem „inneren natürlichen wirtschaftlichen Zusammenhang mit den Forderungen stehen", wegen derer das Zurückbehaltungsrecht ausgeübt wird, zum Beispiel bei ständiger Geschäftsverbindung. Dies gilt auch für das Pfandrecht.

Bei Havarie-grosse ist der Verfrachter gesetzlich verpflichtet, die Güter erst dann auszuliefern, wenn die Bezahlung dieser Kosten sichergestellt ist.

4.4.4.5 Pfandrecht des Verfrachters

Der Verfrachter hat wegen der Fracht und aller sonstigen Forderungen nach Maßgabe des Frachtvertrages/der Konnossementsbedingungen ein gesetzliches Pfandrecht, das die Ablieferung um 30 Tage überdauert.

Frachtschuldner ist zunächst der Befrachter (auch bei „collect"). Reicht der Empfänger die Konnossemente zum Abstempeln – für die Auslieferung – ein, so ist dies in der Praxis ein **kumulativer (anhäufender) Schuldeintritt**. Nimmt der Empfänger das Gut an, so wird er **alleiniger Frachtschuldner**. Die Konnossementsbedingungen lassen jedoch auch alle übrigen Ladungsbeteiligten weiterhaften und enthalten ein vertragliches Pfandrecht, das die Ablieferung überdauert.

Wenn ein Empfänger die „collect-Fracht" nicht bezahlt und die Abnahme verweigert, kann der Verfrachter ohne Benachrichtigung der Ladungsbeteiligten einen privaten Pfandverkauf veranlassen. Bei leicht verderblichen Gütern ist sofortiges Handeln angezeigt. Normalerweise wird er vorher den Befrachter in Kenntnis setzen.

4.4.4.6 Ende des Seefrachtvertrages

Auslieferung
Der Seefrachtvertrag wird durch die Gut-Auslieferung an den Empfänger im Bestimmungshafen beendet. Bei Collect ist auch die Seefrachtsumme zu bezahlen.

Auflösung des Seefrachtvertrages
Die gesetzlichen Bestimmungen der *§§ 628–641 HGB* berühren im Wesentlichen die Auflösung des Frachtvertrages bei Charterverträgen. Wenn Schiff und Ladung durch Zufallsereignisse verloren gehen, ist keine der Vertragsparteien zu einer Entschädigung verpflichtet. **Ausnahme: Die volle Seefracht ist zu zahlen, wenn die Güter durch ihre eigene Beschaffenheit untergehen** (zum Beispiel Auslaufen lecker Fässer). Eine Distanzfracht ist zu zahlen, wenn das Schiff untergeht (strandet) und die an Bord befindlichen Güter gerettet werden. **Die Konnossementsbedingungen sehen jedoch vor, dass in jedem Fall die volle Fracht zu zahlen ist.**

Eine Kündigung aus wichtigem Grund, das heißt bei jeder objektiven Vereitelung des Vertragszweckes, ist jederzeit möglich.

Das deutsche Seehandelsrecht gewährt nur dem Befrachter die Befugnis, unter Zahlung eines bestimmten Teils der Seefracht (= Fautfracht) den Seefrachtvertrag aus beliebigem (willkürlichem) Anlass zu kündigen. Dieses Recht kann auch der Ablader ausüben, wenn die Ladung bereits angeliefert ist.

Anders ist es dagegen im angloamerikanischen Seehandelsrecht. Die Nichtanlieferung der Ladung bedeutet hier immer einen Bruch des Seefrachtvertrags, der den Verfrachter zu Schadensersatzansprüchen berechtigt. Der Begriff der Fautfracht ist daher in diesen Ländern unbekannt.

Verjährung
Die Frachtforderung des Verfrachters gegen den Befrachter verjährt nach zwei Jahren. Die Verfrachterhaftung für Verlust und Beschädigung verjährt jedoch schon innerhalb eines Jahres nach Löschung (Haftung nach Konnossementsbedingungen / *Haager-Regeln*).

In der folgenden Tabelle ist die technische und vertragliche Abwicklung von Seefrachtgeschäften auf der Basis von Kaufverträgen nach FOB, CFR oder CIF *(Incoterms 2000)* dargestellt.

Seeschifffahrt 4.4

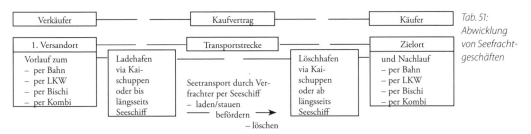

Tab. 51: Abwicklung von Seefrachtgeschäften

FOB – Kaufvertrag gemäß INCOTERMS	
Verkäufer liefert FOB – Ladehafen und wird damit Ablader. Hiermit kann auch ein Spediteur beauftragt werden; der FOB-Spediteur.	Käufer ist gleichzeitig Empfänger und muss den Abschluss des Seefrachtvertrages veranlassen. Er kann einen Direktabschluss beim Verfrachter oder dessen Vertreter/Schiffsmakler/Linienagent/Reederei-Inlandsvertretung tätigen. Er wird somit Befrachter. Mittels Speditionsvertrag kann er einen Spediteur im Verschiffungsland mit dem Seefrachtvertragsabschluss beauftragen. Dieser Verschiffungsspediteur wird selbst zum Befrachter oder zum Erfüllungsgehilfen des Befrachters/Käufers; je nach Inhalt des Speditionsvertrages.

	CFR- oder CIF-Kaufvertrag gemäß INCOTERMS
Verkäufer muss den Abschluss des Seefrachtvertrages bis zum Löschhafen veranlassen. Er kann dies direkt beim Verfrachter oder dessen Vertreter (Schiffsmakler/Linienagent/Reederei-Inlandsvertretung) tätigen. Er ist somit Befrachter. Mittels Speditionsvertrag kann er einen Spediteur mit dem Abschluss des Seefrachtvertrages beauftragen. Als FOB- und Verschiffungsspediteur kann dieser selbst zum Befrachter werden oder zum Erfüllungsgehilfen des Befrachters/Verkäufers; je nach Inhalt und Umfang des Speditionsvertrages.	Käufer/Empfänger ist der Begünstigte des Seefrachtvertrages. Er kann nach Schiffsankunft im benannten Löschhafen durch Präsentation von 1/3 Originalkonnossement sich zum Gutempfang legitimieren; dies ist ein einklagbarer Auslieferungsanspruch.

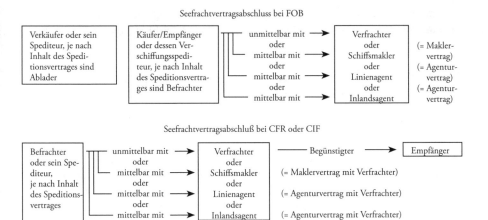

Quelle: Eigene Darstellung (Lothar Bockholt)

4.4.5 Seefrachtberechnung

4.4.5.1 Grundsätzliche Seefrachtberechnungsarten

Seefracht im Chartergeschäft Der Seefrachtanspruch des Owners gegenüber dem Charterer wird durch die Bedingungen der Charter-Partie geregelt. **Auch hier bestimmen Angebot und Nachfrage die Frachthöhe / den Preis.** Wird zu einem festen Gesamtbetrag für die Ladung ohne Rücksicht auf Gewicht oder Raummaß abgeschlossen, spricht man von einer **Pauschalfracht / Lumpsum**. Bei einer Zeitcharter wird die Vergütung pro Tonne Tragfähigkeit und Zeiteinheit (Monat zu 30 Tagen) oder einer Pauschalsumme pro Zeiteinheit (meist per Tag) festgelegt. Die jeweils geladene Ladungsmenge ist auf die Zeitfracht ohne Einfluss. Bei einer Reisecharter wird die Seefracht als Gewichtsfracht unter Berücksichtigung der Ladefähigkeit des Schiffes in Gewichtstonnen berechnet.

Seefrachttarif im Stückgutfrachtgeschäft Die in den Seefrachttarifen der Reedereien ausgewiesenen Beförderungspreise nennt man Seefrachtrate. **Ein Seefrachttarif deckt ein geographisch klar abgegrenztes Verkehrsgebiet ab** (Auflistung der Lade- und Löschhäfen); weiterhin wird der Gültigkeitszeitraum aufgeführt. Er beinhaltet ferner die **Tarifbedingungen** (rules and regulations), ein **Artikel- und Ratenverzeichnis** (commodity and rate section). **Es besteht weder eine gesetzliche noch eine tarifarische Beförderungspflicht.**

4.4.5.2 Seefrachtratenarten / -regeln

Seefrachtrate, Frachtberechnung in Schiffswahl Die Seefrachtrate ist der Beförderungspreis pro Frachteinheit. Die Frachteinheit wird Frachttonne (frt, F/T) genannt. Zur Abrechnung kommt die Frachteinheit / Frachttonnen (Maß oder Gewicht), die der Reederei die höhere Frachteinnahme bringt, zum Beispiel:

1 Kiste = 1 600 kg = 2,4 m³ – Abrechnung: Rate x 2,4 m³ = Maßabrechnung
1 Kiste = 1 800 kg = 1,6 m³ – Abrechnung: Rate x 1,8 t = Gewichtsabrechnung

Diese Frachteinheit wird wie folgt dokumentiert:
- Maß / Gewicht – (M / G) – per Frachttonne (F / T) – in Schiffswahl oder
- weight / measurement – (w / m) – per freightton (f / t) – in ship's option.

Tarifliche Maß- und Gewichtssysteme sind: 1 000 kg oder 1 m³.

Line-by-Line Der Abrechnungsgrundsatz „Line-by-Line" unterstreicht die Basisaussage; die höhere Frachteinnahme für die Reederei ist maßgebend. Besteht eine Sendung aus zwei oder mehr Kolli, so ist jedes Kollo einzeln abzurechnen, wenn sie nicht gleichmäßig und gleichgewichtig sind. Das obige Beispiel (Totalsendung zwei Kisten 3 400 kg = 4,0 m³) zeigt auf, dass durch die Einzelabrechnung (4,2 Frachttonnen) eine höhere Frachteinnahme **Artikelrate,** erzielt wird, als bei einer Abrechnung nach dem Effektivmaß der zwei Kolli. Dies ist der **Höchst-** Hintergrund für das Verlangen einer Kolli-, Maß- und Gewichtsspezifikation.

tarifierungsregel Da die **Seefrachtrate artikelabhängig** ist, wird bei unterschiedlichem Inhalt und unterschiedlichen Ratenhöhen von Mehr-Kolli-Sendungen auch differenziert pro Kollo und

Seeschifffahrt 4.4

Artikelinhalt abgerechnet. Ist eine Differenzierung pro Kollo nicht möglich, so gilt auch hier die Höchsttarifierungsregel. Daher werden bei Mehr-Kolli-Sendungen Aufstellungen über Maß, Gewicht und Kolloinhalt verlangt.

Die Seefrachtraten basieren auf den Liner-terms-Bedingungen. Das Schiff bestimmt den Lade- und Löschplatz, die Kosten für Laden, Stauen, Löschung trägt die Reederei. Fahrtgebietsweise gibt es Ausnahmen (Hinweis auf nachfolgende Spesenklauseln). **Liner-terms**

Neben Seefrachtraten mit Maß/Gewichtsabrechnung in Schiffswahl enthalten die Seefrachttarife auch **Gewichts-/ Maßraten**
- reine Gewichtsraten per 1 000 kg unabhängig vom Raummaß der Sendung
- reine Maßraten per 1 m³ unabhängig vom eventuell höheren Sendungsgewicht.

Wertgestaffelte Raten gibt es in Verbindung mit Maß/Gewichtsraten, reinen Maßraten, reinen Gewichtsraten (auch Mischformen sind möglich). Maßgeblich ist immer der FOB-Wert, der durch eine Handelsrechnung eventuell nachgewiesen werden muss. Im Konnossement eingedruckte Werterklärungen – explizit nur für die Seefrachtfestlegung – erhöhen nicht die summenmäßige Verfrachterhaftung. **Wertstaffeln**

Seefrachtraten mit Wertstaffel für einen benannten Artikel, zum Beispiel:
bis US-$ 1 000,- per frt = Seefrachtrate $ 100,- w/m
über US-$ 1 000,- per frt = Seefrachtrate $ 125,- w/m
über US-$ 1 500,- per frt = Seefrachtrate $ 140,- w/m
Diese kommen jedoch in der Praxis sehr selten zur Anwendung.

Handelt es sich bei einer Verschiffung um besonders wertvolle Güter unabhängig vom Gewicht oder Volumen der Sendung – kann der Seefrachttarif eine **Wertfracht** vorschreiben, die in Prozenten vom FOB-Wert berechnet wird (meistens 3 %). Auch dies bedeutet keine Erhöhung der summenmäßigen Verfrachterhaftung. **Wertfrachten**

Lumpsum-Raten werden als Pauschalfrachten per Ladeeinheit für einen benannten Artikel (zum Beispiel pro Pferd/pro Motorrad etc.) quotiert. **Lumpsum-Raten**

FAK-Raten (freight all kinds) sind artikelunabhängige Pauschalfrachten. Unter scharfen Wettbewerbsbedingungen sind viele Verfrachter gezwungen, auch im Containerverkehr FAK-Raten herauszulegen. **FAK-Raten**

Die **Commodity-Box-Raten** im Containerverkehr sind artikelabhängige Pauschalfrachten per Container-Einheit (20' oder 40' oder 45'). Bei **Mixed-Comodity-Box-Raten** können mehrere benannte Artikel/Produkte in einem Container geladen werden und pauschal abgerechnet werden. Die Mixed-CBR wurde für Kaufhaus-/Versandhandels-Unternehmen eingeführt. Mixed-CBR darf man nicht mit FAK-Raten verwechseln. **Commodity-Box-Raten (CBR)**

Für Spediteur-Sammelgut-Container werden auch CBR-Raten, die artikelunabhängig sind, quotiert, dabei müssen mindestens drei Versender und drei Empfänger ladungsmäßig vorhanden sein. Diese Sammelgut-CBR kann als FAK-Rate angesehen werden.

Für jedes Konnossement ist eine **Mindestfracht, die Minimale,** zu zahlen. Für Gefahrgut und Kühlgut kommen höhere Mindestfrachten zur Anwendung. **Minimalfrachten**

Beanspruchen 1 000 kg eines Transportgutes weniger als 1 m³ Schiffsraum, so spricht man von **Gewichtsgut**. Liegt dagegen das Raummaß über dem Gewichtsmaß, handelt es sich um **Maßgut**. **Gewichts-/ Maßgut**

Zum Beispiel: 1 Kiste 1500 kg = 1,0 m³ = Gewichtsgut
1 Kiste 1000 kg = 1,5 m³ = Maßgut.

X-mal messend Das Verhältnis zwischen Raum- und Gewichtsmaß nennt man „mal-messend". Demzufolge ist die erste Kiste „0,666mal-messend" (Rechnung 1000 : 1500 = 0,666) und die zweite Kiste „1,5mal-messend" (Rechnung 1500 : 1000 = 1,5).

4.4.5.3 Seefrachtzu- und -abschläge, Hafenkosten

Neben der Grundseefracht sieht der Seefrachttarif folgende Zu- und Abschläge vor, die fahrtgebietsweise vorkommen können:

1. **Währungszuschläge / currency adjustment factor (CAF)** – in Prozenten je nach Verkehrsrichtung unterschiedlich (gelegentlich auch negative CAF's = Abschläge) sollen starke Wechselkursschwankungen zu den jeweiligen Tarifwährungen ausgleichen
2. **Bunkerölzuschläge / bunker adjustment factor (BAF)** – in Prozenten oder per Frt. oder getrennt als W-Zuschlag und M-Zuschlag „as freighted". Bei Containerverladungen unterschiedliche BAF per TEU oder Fixbetrag
3. **Schwergewichtszuschläge / heavy lifts (H/L)** – heute meistens ab 20 t Stückgewicht (Keine Abrechnung im Haus/Haus-Containerverkehr, bei Haus/Pier und Pier/Haus werden nur halbe heavy lifts berechnet)
4. **Längenzuschläge / long lenghts (L/L)** – meistens ab 12 m Kollolänge
5. **Verstopfungszuschläge / congestion surcharge / port delay charge** – je nach Verkehrsrichtung unterschiedlich
6. **Optionszuschläge** bei optioneller Stauung für verschiedene, benannte Bestimmungshäfen
7. **Outport- / Transshipment additionals** kommen zur Abrechnung, wenn der Bestimmungshafen nicht zu den tarifarischen Baseports zählt
8. **Kanalzuschläge** (zum Beispiel *Panama Canal Transit Charge*)
9. **Administrativer Aufwand** für die Aufbereitung der B/L-Daten für den Kanadischen-Zoll und US-Zoll (ACI beziehungsweise AMS)
10. **ISPS – Zuschlag** (International Ship and Port Facility Security – Code) (Zahlung einer Sicherheitsgebühr an die Schifffahrtslinien)
11. **Winter- und Eiszuschläge** (zum Beispiel nach *Finnland* oder *St. Petersburg / Russland*)
12. **Notstands- / Kriegszuschlag:** Contingency- / War-Clauses, War-Risk-Surcharge (WRS).

Tarifliche Hafenkosten Hafenkosten der Verfrachter, die neben der Seefracht plus eventuell Zuschläge zur Abrechnung kommen können:
- Port-Liner-Term-Charges und LCL-Breakbulk-Service-Charges
- Container-Service-Charges und Terminal-Handling-Charges
- gelegentlich Kai- und Löschgelder (wharfage charges).

As-freighted As-freighted: Bei Seefrachtzu- und -abschlägen werden diese auf der gleichen Maß- oder Gewichtsbasis berechnet, die der angewandten Seefrachtgrundrate entspricht.

4.4.5.4 Seefrachtabrechnung im Containerverkehr

Die verkehrsbetriebswirtschaftliche Darstellung des Containerverkehrs beinhaltet aus Verständnisgründen auch die besonderen tarifarischen Aspekte. Siehe *4.4.6.2.*

4.4.5.5 Rabattierung in der Seefrachtabrechnung

Die Reedereien sind an einer langfristigen Bindung der Verlader interessiert. Um dieses zu erreichen, zeichnen die Reedereien und Verlader Volumenkontrakte, in denen der Verlader sich verpflichtet eine bestimmte Anzahl von TEU innerhalb eines festgesteckten Zeitrahmens zu verladen. **Kontrakt-Raten**

4.4.5.6 Basisregeln in der Seefracht

Seefrachtraten decken nur den Seetransport zwischen den im Tarif benannten **Haupthäfen** (= base ports) in *Europa* und Übersee ab. **Nebenhäfen** (= outports) werden durch **Feeder-Service** (Zubringerdienste) an die Haupthäfen angebunden. Diese Vor- und/oder Nachläufe werden als **Outport-/Transshipment Additionals** (Umladungszuschläge) in Addition zur Seefracht in Rechnung gestellt. **Base ports, Outports**

Die „**Seefracht gilt als verdient, sobald das Gut an Bord ist**", das heißt es gibt keinen Erstattungsanspruch auf eine Distanzseefracht bei Seeschlag, besonderer Havarie, Havarie-grosse und Schiffsuntergang (Konnossementsklausel). **Distanzfracht**

Konnossementsnachnahmen (keine Warenwertnachnahme!) für Nebenkosten / Disbursements (zum Beispiel Kosten bis fob) sind möglich, soweit dies in den Transportbedingungen vorgesehen ist. Eine hohe Gebühr / Collection Fee soll abschrecken. **Konnossementsnachnahmen**

Die **Notstandsklausel** (= **Contingency Clause**) und die **Kriegsklausel** (= **War Clause**) begründen nach Konnossements- und Tarifbedingungen außerordentliche Seefrachtzuschläge bei höherer Gewalt und Krieg oder Bürgerkrieg. **Notstands-/Kriegsklauseln**

Generelle Ratenerhöhungen müssen innerhalb der **Quotierungsfristen** (meistens laufender Monat plus zwei Monate) angekündigt werden. Stichtagsüberschneidende Schiffe werden von dieser Erhöhung auf Grund einer Konferenzmitteilung ausgenommen. **Ratenerhöhung**

4.4.5.7 Seefrachtzahlung

Der Zahlungsanspruch des Verfrachters setzt sowohl bei Prepaid als auch Collect keine vorherige Rechnungslegung gegenüber dem Befrachter / Empfänger voraus. **Prepaid**

Seefrachten sind grundsätzlich im Verschiffungshafen **im Voraus** (bei Konnossementsausgabe) **zu zahlen = prepaid**. Bestimmte Güter (temperaturempfindliche Güter, Umzugsgut, persönliche Effekte, gebrauchte Pkw etc.) sind grundsätzlich prepaid abzufertigen.

Collect-Seefrachten (freight payable at destination) bedeuten eine Frachtkreditierung durch den Verfrachter. Der Befrachter schuldet die Bezahlung der Collect-Seefracht, bis der Empfänger durch Einreichung von 1/3 Originalkonnossement im Bestimmungshafen und gleichzeitiger Frachtzahlung in den Frachtvertrag eintritt. Die Frachtkosten müssen in der Regel vor Abnahme der Sendung an den Reeder bezahlt werden. **Collect**

Frankatur- Nach bestimmten devisenschwachen Ländern oder bei nicht frei konvertierbarer
zwang Währung werden von den Verfrachtern keine Collect-Seefrachten akzeptiert, das heißt es wird nur auf Prepaid-Basis abgerechnet = **Frankaturzwang**.

4.4.5.8 Währungen in der Seefracht

Tarif- Jeder Seefrachttarif hat eine **Tarifwährung**: meistens US-Dollar oder EURO. Somit wurde der
währungen EURO neben dem US-Dollar zu einer führenden Seefrachttarifwährung. Im Shortsea-Bereich sind auch diverse lokale Währungen in einzelnen, kleinen Fahrtgebieten anzutreffen.

Zahl- Die Reedereiagentur im Verschiffungs- (prepaid) und im Bestimmungshafen (collect)
währungen fakturiert die Seefracht normalerweise in der jeweiligen Landeswährung. Diese muss frei konvertierbar sein, damit eine Verrechnung / Überweisung zwischen Verfrachter und dem jeweiligen Linienagenten erfolgen kann.

Zahlung bedeutet Barzahlung oder Geldgutschrift auf dem Konto des Verfrachters oder Agenten. Das Akzept eines Seefrachtschecks ist lediglich eine praxisgerechte Kann-Lösung. Mit Verfrachterzustimmung kann man auch in der Tarifwährung zahlen, wenn Stichtag- und Zahltagumrechnungskurs nicht gravierend voneinander abweichen.

Umrech- Der **Umrechnungskurs** auf Basis eines **Stichtagkurses** liegt bei prepaid einige Tage
nungskurse (meistens fünf bis zehn Werktage) vor dem oder bei collect nach dem angezeigten Verschiffungsdatum des Verschiffungshafens. Der EURO hat hier eine Vergleichbarkeit zwischen den Häfen der EURO-Zone geschaffen.

4.4.5.9 *Incoterms* / Spesenklauseln in der Seefracht

Incoterms Seetransporte hängen immer mit überseeischen Außenhandelsgeschäften (Export, Import)
2000 zusammen, die durch die *Incoterms 2000* in handelsüblichen Vertragsformen international geregelt sind. Nachstehend die beim Seetransport anwendbaren Klauseln in Kurzform:
- FCA = free carrier...(named place):
frei Frachtführer / Verfrachter... (benannten Ort)
(Nur Containerverkehr: LCL = Packstation / FCL = Container-Yard)
- FAS = free alongside ship:
frei längsseits Schiff im benannten Verschiffungshafen
(Neu: Exportfreimachung durch den Verkäufer)
- FOB = free on board:
frei an Bord benannten Verschiffungshafen
- CFR = cost and freight:
Kosten und Fracht benannter Bestimmungshafen
- CIF = cost, insurance, freight:
Kosten, Versicherung, Fracht benannter Bestimmungshafen
- DES = delivered ex ship:
geliefert ab Schiff benannter Bestimmungshafen
- DEQ = delivered ex Quay:
geliefert ab Kai Bestimmungshafen
(Neu: Importfreimachung / Verzollung durch den Käufer)

Seeschifffahrt 4.4

Kosten- und Gefahrenübergang werden im *LORENZ, Band 2 (16. Auflage 2007), Kapitel 5.1. bis 5.6.* detailliert dargestellt.

Die Kaufverträge werden analog den *Incoterms* abgeschlossen. Abweichend hierzu kann der Seefrachtvertrag nach folgenden Spesenklauseln geschlossen werden. Diese Spesenklauseln weichen ebenfalls von den *Liner-Terms-Bedingungen* ab: — **Spesenklauseln**

- FIO = FREE-IN / FREE-OUT = Ladekosten trägt der Befrachter. Nicht geregelt sind die Staukosten (eventuell Streitpunkt). Der Empfänger zahlt die Löschkosten. Optimaler hinsichtlich einer Streitvermeidung sind:
- FIOS = FREE-IN / FREE-OUT = STOWED (= gestaut) **oder**
- FIOT = FREE-IN / FREE-OUT = TRIMMED (= getrimmt)
- LINER-IN / FREE-OUT = Laden/Stauen nach Liner-Terms / Löschen FREE-OUT
- FREE-IN / LINER-OUT auch LINER-DISCHARGE = Ladekosten wie oben mit strittigen Staukosten / Löschen auf Basis Liner-Terms, das heißt das Schiff muss das Anschlagen des Umschlagsgeschirrs im Laderaum veranlassen / Löschkosten bezahlen.
- Gate-in / Gate-out für FCL / FCL-(CY / CY-) Container.

4.4.5.10 Ratenanfragen in der Seefracht

Seefrachtraten werden auf Anfrage vom Verfrachter, dem Linienagenten oder der Reederei-Vertretung **notiert**, das heißt man kann eine schriftliche (Brief / Fax / Mail) oder telefonische Ratenauskunft erhalten. Diese Ratenauskünfte sind freibleibend bis zur Festbuchung, sie sind also keine verbindliche Beförderungspreisauskunft, wenn nicht Gegenteiliges – unter Nennung eines Zeitpunktes, zum Beispiel gültig bis ... – vereinbart ist. — **Frachtofferte**

Gemäß *§ 147 Abs. 1 BGB* ist ein telefonisches Angebot sofort anzunehmen. Wurde dagegen telefonisch eine Frist vereinbart, so kann die Angebotsannahme nur innerhalb dieser Frist erfolgen *(§ 148 BGB)*. Sollte die telefonische Ratenauskunft dagegen später in eine Buchung einmünden, so handelt es sich hier nach *§ 150 BGB* um ein Vertragsangebot des Befrachters an den Verfrachter. Die dann gültigen Tariffrachten werden hier Vertragsbestandteil. — **Telefonische Ratenauskunft**

In der Praxis kann dies bedeuten: Ratenauskunft heute, Ratenveränderungen morgen (war am Auskunftstag dem Auskunftserteilenden nicht bekannt), Festbuchung übermorgen. Bei Nichtvereinbarung einer Laufzeit für diese Quotierung ist die am Tag der Festbuchung gültige (eventuell höhere) Seefrachtrate anzuwenden. In diese Richtung ist auch *§ 619 HGB* zu interpretieren, da die Mehrzahl der Anfragen fernmündlich erfolgt. Oftmals werden dem Quotierenden nur ungenügende Artikelbezeichnungen, Maß-, Gewichts- und Wertangaben genannt.

Die nachstehende Auflistung soll eine Hilfestellung geben, welche Einzelheiten tariflich wichtig sein können: — **Verladetechnische Angaben etc. für Seefrachtofferten**

- **Geographische Fakten:** Verschiffungshafen, Anlieferungsart: Bahn, Lkw, Binnenschiff (eventuell Direktumschlag), Bestimmungshafen, eventuell Endbestimmungsort (kostengünstiger Nachlauf im Containerverkehr)

- **Produktbezogene Fakten:** Warenname, Verwendungszweck, Materialbeschaffenheit, technischer beziehungsweise chemischer Name, *HS-Code*, englische Warenbezeichnung, Konnossements- beziehungsweise Akkreditiv-Deklaration
- **Wareneigenschaften:** fester oder flüssiger Stoff, spezifisches Gewicht, eventuell Gefährlichkeit nach *IMDG-Code*, Temperaturbereich bei Kühlgut, Flammpunkt
- **Verpackungsangaben:** unverpackt, verpackt (Nennung ob Kisten, Fässer, Säcke, Kartons etc.) palettisiert oder auf Schlitten
- **Maß / Gewichtsangaben:** Gewichte pro Kollo (eventuell Schwergewichtszuschläge), Maße pro Kollo (eventuell Längenzuschläge), Maß-Gewichtsverhältnis
- **Wertangaben:** fob-Wert, Wert per Frachttonne
- **Frachtzahlung:** Frachtzahlungsort
- **Verladeart:** Stückgut, LCL-Container, FCL-Container (eventuell Spezial-Container).

Diese Aufstellung soll zeigen, welche Kriterien bei einer Offertenstellung von Bedeutung sein können, das heißt sich kostenmäßig auswirken können.

4.4.6 Container-Seeverkehr

4.4.6.1 Containerarten, -größen und Containertypen

Container Der Container ist ein *ISO*-genormter Behälter (lateinisch continere = umschließen), der dauerhaft gebaut und mehrmals einsetzbar ist. Er ist speziell konstruiert, um beim Transport von Gütern ohne deren Umladung mehrere Verkehrsträger (Transportkette) zu durchlaufen. Container haben Vorrichtungen für eine einfache und rasche Handhabung (Umsetzung von einem Verkehrsträger zum anderen) und sind so konstruiert, dass sie leicht be- und entladen werden können.

Containerarten Im interkontinentalen Seeverkehr werden 20'-, 40'- und 45'-Container eingesetzt, die alle eine *Iso*-Normbreite von 8' = 2,435 m haben, wobei die Höhe variabel ist, zum Beispiel 4' = half-height, 8'6", 9'6" = high-cube. Die 45'-Container haben eine Höhe von 9'6" (= 2,895 m) und können nur mit Niedrig-Chassis auf *Europas* Straßen gefahren werden. Sie eignen sich hervorragend für großvolumige Güter (bis 85,7 m^3 pro 45'). 45'-Container werden nur von einigen Reedereien angeboten und sollten vorab beim Reeder angemeldet werden.

Im Shortsea-Verkehr werden auch 30'-Container (neuerdings auch 45'-Container mit einer Innenhöhe von drei Metern) eingesetzt. Teilweise haben die Container eine **größere Innenbreite (also palettengerechtes Innenmaß)**.

Die Containerwände sind aus den Werkstoffen Stahl, Aluminium oder glasfaserverstärktem Kunststoff (Plywood) und haben eine Boden- und Wandbelastbarkeit von 2,5 t pro Quadratmeter.

Containertypen Je nach Einsatz- und Verwendungsart gibt es: **Standard-, Open top-, Flatrack-, Openside-, Tank-, Isolier-, Kühl-** (mit/ohne Kühlaggregat), **Bulk-, Conair-(Frucht)- Container**. Platforms / Flats / Artificial Tweendecks werden nur auf Pier / Pier-Basis eingesetzt.

Seeschifffahrt 4.4

Hapag-Lloyd hat neben Open-tops (mit üblicher Planenabdeckung) auch Hard-tops (mittels Kran abnehmbarem, festem Dach) im Einsatz, die sich durch besondere Witterungsunabhängigkeit auszeichnen und daher auch für hochwertiges Stückgut einsetzbar sind.

4.4.6.2 Containerverlademodi

Im Rahmen des Intermodalen Containerverkehrs werden Container mit Lkw, Bahn und Binnenschiff im Inland von der Beladestelle zum Ladehafen beziehungsweise vom Löschhafen zur Entladestelle befördert. **Dieser Transportmodus hat neue Begriffsbestimmungen geprägt:** **Container-Load**

FCL / Full-Container-Load: = **volle Containerladung** wird am Container-Yard (CY) im Ladehafen angeliefert beziehungsweise im Löschhafen abgeholt:
- FCL / FCL-(auch CY / CY-) Verkehr ist eine Haus / Haus-(Door / Door-) Verladung. Bei FCL / FCL wird das Beladen und die Ladungssicherung durch den Befrachter und das Entladen des Containers durch den Empfänger besorgt. Der Container verlässt (meistens) den Hafenbereich (CY) zum Beladen oder Entladen.

LCL / Less-than-Container-Load = **keine (volle) Containerladung** wird an der *Container-Freight Station (CFS) (= Packing-Center)* im Ladehafen gestaut und im Löschhafen gestrippt.
- LCL / LCL-(auch CFS / CFS-)Verkehr ist eine Pier / Pier-Verladung (gleich einer konventionellen Verschiffung).
Bei LCL / LCL (CFS / CFS) veranlasst / bezahlt der Verfrachter: das Beladen / Stuffen und Entladen / Strippen des Containers in den Lade- / Löschhäfen.

Folgende Mischformen gibt es:
- FCL / LCL = Haus / Pier- (auch CY / CFS-) Containerverkehr
- LCL / FCL = Pier / Haus- (auch CFS / CY-) Containerverkehr.

Beim **Spediteur-Sammelgut-Container** handelt es sich um reine FCL / FCL-Verschiffung, da dieser beim Versand / Empfangsspediteur gestufft / gestrippt wird. Wenn auf dem Container-Yard die einzelnen Sendungen konsolidiert werden, dann beauftragt und bezahlt der Spediteur das *Packing-Center (CFS)* mit dem Stuffen. Analog verhält es sich beim Strippen am Container-Yard.

Die **Seefrachtrate im Containerverkehr** beziehungsweise Commodity-Box-Rate (eine produktbezogene Lumpsum-Fracht pro Container) gilt nur für die reine Seetransportstrecke, also Verschiffungshafen / Bestimmungshafen (Baseport / Basport). Man spricht von einer „Multi-Faktor-Rate", da THC / CSC und Vor- und Nachlaufkosten für den Landtransport (Carriers-Haulage / Merchants-Haulage) noch hinzugerechnet werden müssen. **Während der Seereise entsteht keine Containermiete.**

Beim Import fällt eine tarifliche **Demurrage** (Containermiete) an, wenn **Container im Löschhafen verspätet vom Empfänger abgenommen werden**, das bedeutet eine

Demurrage Überziehung der tariflichen **Freetime** (Freizeit) nach Schiffslöschung. Zum Teil sind die Lagerkosten der Hafengesellschaft in den Demurrage Gebühren des Reeders inkludiert.

Beim Export kann eine tarifliche Demurrage anfallen, wenn ein beladener Container im Ladehafen gelagert und nicht mit dem nächsten erreichbaren Schiff dieses Verfrachters verladen werden soll. Eine oder mehrere Abfahrten sollen überschlagen werden. Grundsätzlich sind Hafenstandzeiten beladener und gebuchter Container bis zum nächsten, erreichbaren Schiff (= tarifliche Freetime) des Verfrachters Demurrage-frei.

Für Spezial-Equipment (Kühl-, Open-top-, Bulk-Container, etc.) kann die tarifliche Freetime kürzer festgelegt sein. Je nach Containerart werden **höhere Demurrage-Charges** berechnet (progressive Containermietgebühren zwecks Beschleunigung des Container-Umlaufs!).

4.4.6.3 Containervor- und / oder -nachläufe

Inter- / Multimodaler Containerverkehr Von den Reedereien werden Inter- / Multimodale Verkehrsabläufe (Seetransport /-Landtransport mit Bahn / Lkw/ Binnenschiff) angeboten, um den Kunden echte Door-Door-Verkehre anzubieten. Vielfältige, wiederholte Untersuchungen belegen, dass bis zu 75 % der Transportkosten auf der Landseite entstehen. Der reine Seetransport ist nicht der große Kostenverursacher.

Landseitige Container-Vorläufe beziehungsweise -Nachläufe können in Carriers-Haulage oder Merchants-Haulage ausgeführt werden. Das Speditionsgewerbe sieht in den tariflichen Vor- und Nachlaufregeln eine Benachteiligung und Beschneidung des Wettbewerbs. Trotzdem können Speditionsofferten in Europa auch auf Basis Merchants-Haulage dem Versender oder Empfänger Kostenvorteile bieten.

Carriers-Haulage Carriers-Haulage = Der Verfrachter führt mit Bahn, Lkw, kombiniertem Verkehr (Bahn / Lkw oder Binnenschiff / Lkw) oder Binnenschiff den Vorlauf oder Nachlauf aus, das heißt

- Im Export: Gestellung des Leercontainers an der Ladestelle und Lastlauf zum Ladehafen (ex nächstgelegenem Reederei-Container-Depot oder aus Import-Carriers-Haulage).
- Im Import: Zustellung des Vollcontainers zur Entladestelle und Leerrückführung zum Reederei-Container-Depot oder sofortige Gestellung zur nächsten Export-Ladestelle.
- Der Verfrachter versucht hiermit **Deadheadings** (=Transport von Leercontainern) zu vermeiden, das heißt ein schnellerer, rationeller Containerumlauf ist kostengünstiger.

Detention-Charge Wird ein Container nicht prompt beladen oder entladen, entstehen neben **Waggonstandgeldern / Lkw-Wartezeiten** (zwei bis vier Stunden können frei sein) noch **Detention-Charges** (im *USA*-Verkehr auch „per diem-charges" genannt) für den Container. Diese progressive Containermiete soll den Container-Umlauf beschleunigen.

Container stellen keinen billigen Lagerraum dar. Demurrage- und Detentions-Charges haben den gleichen, tarifarischen Hintergrund. Sie unterscheiden sich nur hinsichtlich ihrer Art des Anfalls (Zurechnung zum Seehafenbereich oder Zurechnung zum Vor- / Nachlauf).

Seeschifffahrt 4.4

Merchants-Haulage

Beim Merchants-Haulage ist der Verkehrsträgereinsatz wie bei Carriers-Haulage, allerdings nicht im Verfrachterauftrag. Hier übernimmt der Befrachter oder der Empfänger den Leer- und Lastlauf des Containers. Er beauftragt mit der Durchführung einen Spediteur oder Frachtführer seiner Wahl.

- Im Export: Abnahme des Leercontainers im Verfrachter-Depot, Zustellung zur Ladestelle mit anschließendem Lastlauf zum Ladehafen.
- Im Import: Übernahme des beladenen Containers im Löschhafen, Zustellung zur Entladestelle und anschließend Rückführung des Leercontainers zum Verfrachter-Depot.
- Um das Container-Equipment wieder zügig in die Verfrachter-Regie zurückzuerhalten, wird je nach Entfernung zum Lade-/Löschhafen eine gestaffelte Freetime zugestanden, die sich nach dem eingesetzten Verkehrsträger richtet. **Freetime-Überschreitungen** begründen die Berechnung von **Detention-Charges**.

4.4.6.4 Frachtkostenelemente im Containerverkehr

Folgende Frachtkostenelemente sind im Containerverkehr üblich:
Vor- und Nachlaufkosten in *Europa*, eventuell auch in Übersee:
- **Lastlauffrachten bei Carriers-Haulage** nach dem Landfrachttarif des jeweiligen Verfrachters. Die *EU-Kommission* hat den Konferenzen gemeinsame, einheitliche Vor-/Nachlauftarife untersagt.
- Eventuell **Positioning-Charge bei Carriers-Haulage**, das heißt kilometerunabhängige Pauschalfracht für die Leergestellung.
- **Lastlauffrachten bei Merchants-Haulage** nach Kosten-/Leistungsrechnung der jeweiligen Frachtführer.
- Eventuelle **Lift-on/Lift-off-Charge** oder **Equipment-Hand-over-Charge** bei Merchants-Haulage beinhalten die Auf- und Absetzkosten im Seehafen.

Hafenumschlagskosten sowohl in *Europa* als auch Übersee sind:
- **LCL-Break-Bulk-Service-Charges** im Pier/Pier-Verkehr (LCL/LCL, CFS/CFS) (plus Kaigebühren der deutschen Häfen).
- **Container-Service-Charges/Terminal-Handling-Charges** bei FCL/FCL, CY/CY (plus Kaigebühren der deutschen Seehäfen).

Die tarifarischen Benennungen divergieren in den Konferenztarifen.

Seefrachtkosten im Containerverkehr:
- **CBR-Seefracht (Commodity-Box-Rate)** = Ausweisung einer Seefrachtsumme pro 20'/40'/45' Container nach Art des Ladegutes. (CBR-Raten vereinfachen das Tarifsystem des Containerverkehrs, da man hier keine Minimum-Auslastungen mit entsprechender „Short-Fall"-Berechnung durchführen muss.)

Bei Addition obiger Kostenelemente errechnet sich ein Door-Door-Preis, der sich um eventuelle Seefrachtzuschläge (siehe *Kapitel 4.4.5.3*) erhöhen kann.

Der Spediteur und die Verkehrsträger

Befrachter-/ verfrachtereigene Container

Obige Seefrachtkosten beziehen sich nur auf **Carriers-owned Container** (reedereigene Container). **Shippers-owned Container** (befrachtereigene Container) können eventuell einen pauschalen Frachtabschlag erhalten oder es wird ein pauschaler Zuschlag pro unterschiedliche Containergröße zur Tariffracht addiert. Gelegentlich gibt es eine tarifarische Gleichbehandlung der Carriers- / Shippers-owned Container.

Tab. 52: Transportabwicklung und Transportkosten für Container auf Basis FCL/FCL

TRANSPORT-FOLGE FCL / FCL (CY / CY)	TRANSPORT-ABWICKLUNG	TRANSPORT-KOSTEN	NEBENKOSTEN	FRANKATUR : INCOTERMS
Leer-Containergestellung vom ⇨ Seehafen oder Inlandsdepot zur Ladestelle des Lieferanten/Verkäufers	Leerlauf per Lkw/Bahn/ Binnenschiff/ Kombiverkehr	eventuell Positioning-Charge für Leercontainer-gestellung	eventuell Detention-Charge bei M/H-Freetime-Überschreitung	ab Werk
Containerbeladung und Ladungssicherung / Versiegelung an der Ladestelle	durch den Lieferanten/ Verkäufer		eventuell Detention-Charge bei Freetime-Überschreitung	
Containerbeförderung zum Verschiffungshafen	Lastlauf wie im Leerlauf oben aufgezeigt	Frachtkosten für Carriers- oder Merchants-Haulage (=C/H oder M/H)	eventuell Detention-Charge bei M/H-Freetime-Überschreitung	
Containeranlieferung am Container-Terminal (= CY) des Verschiffungshafens plus Umschlag auf Seeschiff	Containerannahme und Vorstauung durch Terminalbetrieb im Verfrachter-auftrag	Terminal-Handling-Charge (= THC) plus Kaigebühren in deutschen Seehäfen	eventuell Demurrage-Charge bei vom Befrachter veranlasster Verschiffungs-verzögerung	Der Verkäufer zahlt die F O B-Kosten und der Käufer zahlt die Verschiffungs-kosten
Seetransport vom Verschiffungs- zum Bestimmungshafen	per Seeschiff durch den Verfrachter	Seefracht plus eventuell Zuschläge (CAF/BAF/Feeder-/Transshipment-Additional, etc.)		CFR-/CIF-/DES - Bestimmungshafen
Containerlöschung ex Seeschiff,	Containeran-nahme durch Terminalbetrieb, Zwischenlagerung bis Auslieferung	Terminal-Handling-Charge (= THC) plus Kaigebühren bei Import via deutsche Häfen	eventuell Demurrage-Charge bei Freetime-Über-schreitung der Containerabnahme	
Containertransport zum Endbestimmungsort/Entladestelle des Empfängers/Käufers	Lastlauf je nach Verkehrsträger-einsatzmöglich-keit in Übersee	Frachtkosten für Carriers- oder Merchants-Haulage (=C/H oder M/H)	eventuell Detention-Charge bei M/H-Freetime-Überschreitung	DDU - benannter Bestimmungsort
Containerentladung und Innensäuberung des Containers; Entfernung eventueller Gefahrgut-label auf den Außenwänden	durch den Empfänger/ Käufer		eventuell Detention-Charge bei Freetime-Überschreitung	
Leer-Containertransport zum Verfrachterdepot im Seehafen oder Inland	Leerlauf je nach Verkehrsträger-einsatzmöglich-keit in Übersee		eventuell Detention-Charge bei M/H-Freetime-Überschreitung	
Eine Detention-Charge wird bei einer Freetime-Überschreitung im Vor- und/oder Nachlauf abgerechnet. Bei Containerstandzeiten (1 Tag oder länger) aufgrund Belade- und/oder Entladeverzögerung durch den Lieferanten und/oder Empfänger fällt die Detention-Charge bei C/H- und M/H- Vor-/Nachläufen an. Eine Lift-On/Lift-Off- (Equipment Transfer-) Charge kann bei M/H- Vor-/Nachläufen anfallen				

Quelle: Eigene Darstellung (Lothar Bockholt)

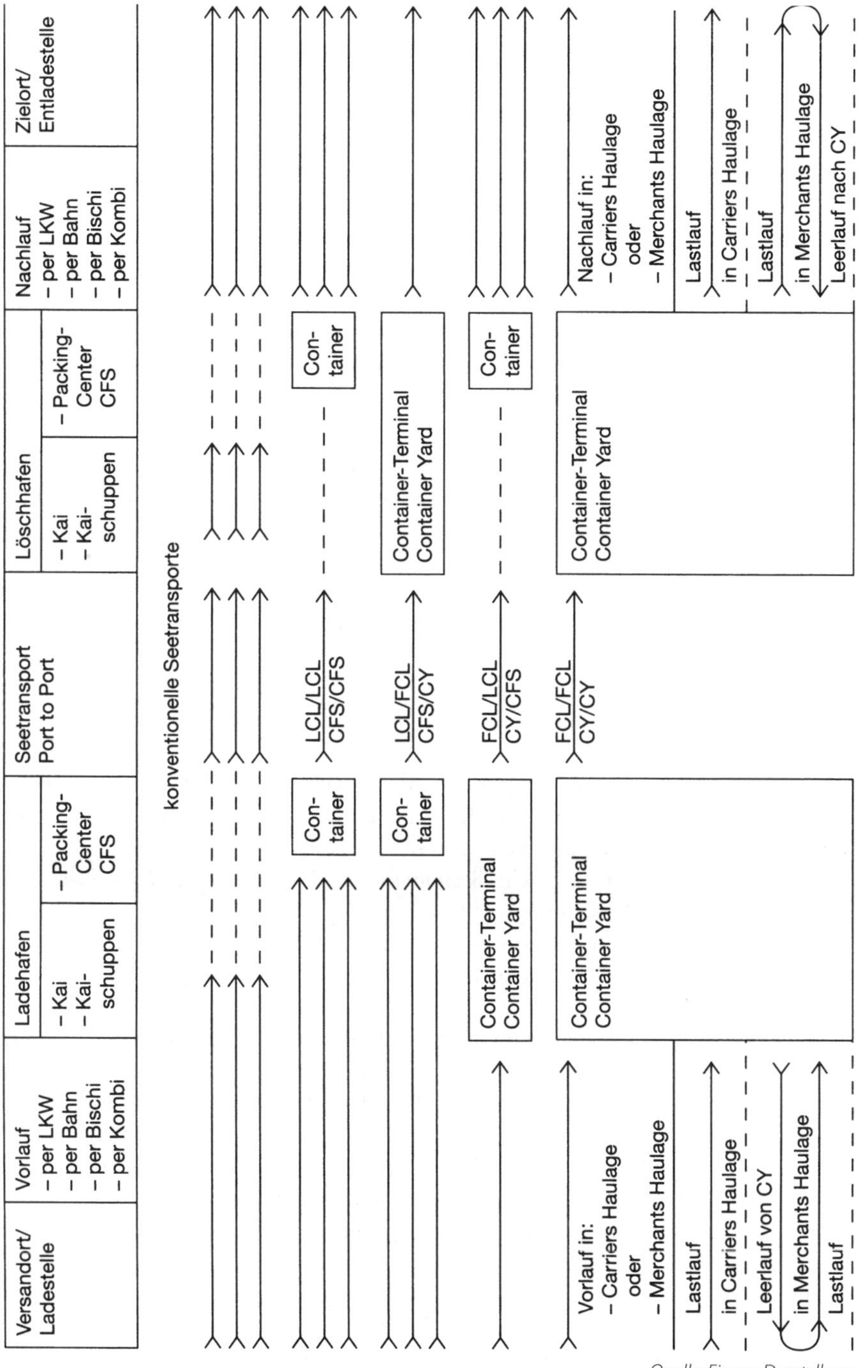

Seeschifffahrt 4.4

Abb. 43: Abwicklung Konventionelle Seetransporte und Containerverkehre im Vergleich

Quelle: Eigene Darstellung

4.4.7 Seefrachtdokument / Konnossement

4.4.7.1 Grundsätzliche Bedeutung des Konnossements

Konnossement/Bill of Lading

Beim Konnossement, dem traditionellen Seefrachtbrief, handelt es sich um ein Warenwert- / Traditions- / Dispositionspapier *(§ 650 HGB)*, das die Ware repräsentiert. Das Konnossement gleicht einem Wechsel. Man kann es weitergeben, das heißt verkaufen, kaufen und verpfänden, das heißt Eigentumsübergang während der Seereise. Es ist Beweisunterlage für den Frachtvertrag und dessen Inhalt, aber keinesfalls eine Vertragsurkunde – siehe *Stückgutfrachtvertrag*. Der Verfrachter, sein Bevollmächtigter (Linienagent) beziehungsweise der Kapitän anerkennen (lateinisch cognoscere) die Empfangnahme des Gutes (spezifiziert nach Menge, Art und Zustand) und versprechen einen **Beförderungserfolg** und bestätigen den **Auslieferungsanspruch** im Bestimmungshafen an den sich legitimierenden Empfänger.

Konnossements-Inhalt

Das *HGB* schreibt in *§ 643* nicht fest, wie das Konnossement abgefasst werden muss. Es umschreibt den wesentlichen Inhalt in zwölf Ziffern als Sollvorschriften – nicht als Mussvorschriften – wie folgt:

1. Name des Verfrachters
2. Name des Kapitäns (kaum noch verwendet)
3. Name und Nationalität des Schiffes (Nationalität kaum noch genannt)
4. Name des Abladers
5. Name des Empfängers / zusätzlich Notadresse = notify address
6. Abladehafen (heute eventuell unterteilt nach Lade- und Verschiffungshafen)
7. Löschhafen
8. Art der an Bord genommenen Güter, deren Maß, Zahl oder Gewicht (nur eine Angabe als Quittungsfunktion erforderlich), ihre Merkzeichen und ihre äußerlich erkennbare Verfassung und Beschaffenheit
9. Bestimmungen über die Fracht, Seefrachtbetrag, Frankatur (prepaid / collect)
10. Ort und Tag der Ausstellung
11. Zahl der ausgestellten Ausfertigungen (Original-Konnossement)
12. Originalunterschrift des Zeichners.

Das Fehlen einzelner Angaben beeinträchtigt nicht die Gültigkeit dieser Beweisurkunde.

Die Konnossementsbedingungen sind auf Seite eins des Konnossements (fälschlich als Rückseite des B / L bezeichnet) abgedruckt, demzufolge befinden sich obige Angaben des Konnossementsinhalts auf der Seite zwei (fälschlich als Vorderseite bezeichnet).

Der Ablader teilt vor Beginn des Einladens dem Verfrachter mit, welche Angaben hinsichtlich Maß, Gewicht, Anzahl, Art der Güter und Merkzeichen in das Konnossement aufgenommen werden sollen. Um die Quittungsfunktion zu erfüllen, muss mindestens eine genau bezeichnete Mengenangabe (Maß, Gewicht, Anzahl der Kolli) aufgeführt werden. Werden, wie in der Praxis üblich, zwei Mengenangaben in das Konnossement übernommen, so kann der Verfrachter einer dieser Angaben eine einfache (unbegründete) Unbekanntklausel hinzufügen, zum Beispiel „Gewicht unbekannt / said to weight". Nach deutschem Recht kann der Verfrachter nur begründete Zusätze (*Unbekanntklausel*

§ 646 HGB) hinzufügen, zum Beispiel „Merkzeichen unleserlich", „Gewicht unbekannt, da nicht gewogen", „Gewicht nicht kontrolliert, da aus Leichter übernommen".

Diese vorstehend dargestellten Unbekanntklauseln machen das Konnossement für eine Akkreditivabwicklung nicht unrein.

Hinsichtlich der Art der Güter ist der Verfrachter nicht an die Angaben des Abladers gebunden. Er kann stets verlangen, dass die tarifmäßige Bezeichnung in das Konnossement aufgenommen wird, da sich hiernach die Frachtberechnung richtet. Meistens erhalten Inhaltsangaben (Warenbenennungen) den Zusatz „said to contain", da die Skriptur-Haftung nach *§ 656 HGB* durch diese Unbekanntklausel aufgehoben wird und in eine Rezeptur-Haftung umgewandelt wird. (Siehe *Kapitel 4.4.8.2*)

Als **reines Konnossement** wird ein Konnossement bezeichnet, das keinen Vermerk über Schäden an dem abgeladenen Gut beziehungsweise der Verpackung enthält. Ein solcher Vermerk ist rechtlich eine Abschreibung. Diese kann wie folgt aussehen: „Kisten beschädigt = cases damaged" – „Säcke zerrissen = bags torn" – „acht Fässer leck = eight barrels leaking". **Reines Konnossement**

Diese Vermerke würden ein Konnossement „unrein" und für das Akkreditivgeschäft unbrauchbar machen.

Auch wenn Ladungsmängel bei der Übernahme durch den Verfrachter vorliegen, versuchen Ablader/Befrachter trotzdem, ein reines Konnossement (clean bill of lading) gegen Zeichnung eines **Reverses** zu erhalten. Mit dieser Revers-Zeichnung verpflichtet sich der Ablader/Befrachter, den Verfrachter gegen etwaige Schadenersatzansprüche späterer Konnossementsinhaber freizustellen (siehe nachstehend beschriebene sittenwidrige Reverse).

Anspruch auf Ausstellung des Konnossementes hat nach deutschem Recht nur der Ablader, nicht der Befrachter. Die Ausstellung muss unverzüglich nach Übernahme beziehungsweise Abladung der Güter vorgenommen werden. **Das Konnossementsdatum muss wahrheitsgemäß sein**, daher haftet der Verfrachter für vorsätzliche Falschdatierungen. Die praxisübliche Reverszeichnung für ein „vordatiertes Konnossement" ist ebenfalls sittenwidrig (siehe nachstehend beschriebene sittenwidrige Reverse). **Konnossementsausstellung**

Ausstellung bedeutet: **der Ablader/sein Spediteur erstellt (= schreibt) das Konnossement, der Verfrachter/sein Vertreter unterzeichnet es**. Durch die Übergabe an den Ablader/Spediteur wird es erst zum Transportdokument.

Mit der Unterzeichnung der gleichlautenden Originale eines Konnossementes (international gebräuchlich sind drei Originale, kurz 3/3 B/L) quittiert der Verfrachter den Empfang einer benannten Sendung, die er an den benannten Empfänger oder sich legitimierenden Empfänger ausliefern muss. **Mit der Unterzeichnung durch den Verfrachter und Übergabe an einen Dritten (= Begebung) wird es zum handelbaren Transportdokument.** Es reist nicht mit dem Schiff. **Konnossement als Quittung**

Grundsätzlich sollte ein Satz Original-Konnossemente nie in einer Postsendung versandt werden. Vielmehr sollten 2/3 Originale mit der ersten Post und 1/3 Original mit der zweiten Post per Einschreiben oder Kurier verschickt werden. Geraten trotzdem alle Ausfertigungen eines Original-Konnossements in Verlust, dann muss ein neuer Satz „Original-Konnossemente" ausgestellt werden. Der verlustige Satz Original-Konnossemente kann durch ein amtsgerichtliches Aufgebotsverfahren für ungültig **Original-Konnossementverlust** erklärt werden, was mindestens sechs Monate dauert. **Praxislösung: Nach Zeichnung eines Reverses mit Bankgarantie kann ein neuer Satz „Original-Konnossemente" eventuell mit dem Zusatz: Zweitausfertigung ausgegeben werden.**

Nachträgliche Verfügung
Eine **nachträgliche Verfügung** für eine sich unterwegs befindliche oder bereits im Bestimmungshafen angekommene Sendung darf der Verfrachter nur befolgen, wenn der **Konnossementsinhaber sämtliche Ausfertigungen des Original-Kkonnossements** zurückgibt.

Gutauslieferung gegen Konnossement
Für die Auslieferung des Gutes im benannten Bestimmungshafen – dieser Anspruch ist einklagbar – benötigt man nur ein (= 1/3) Original-Konnossement. Die restlichen (meistens 2/3) Originale werden auf Grund der **kassatorischen Klausel** (Kassation = für ungültig erklären, vernichten, entwerten) nach der Vorlage (= Legitimierung) des Original-Konnossementes ungültig.

Bei Orderkonnossement hat der Verfrachter beziehungsweise der Linienagent nur die Richtigkeit des ersten Indossaments und die Lückenlosigkeit der Indossamentskette sowie die Identität des Einreichers / letzten Indossanten zu überprüfen.

Treten zu unterschiedlichen Zeiten verschiedene, berechtigte Inhaber mit einem (1/3) Originalorderkonnossement auf, die Ansprüche auf die Auslieferung des Gutes erheben, dann gehen die Rechte desjenigen vor, der sich zuerst mit 1/3 Original legitimiert hat. Dieser Fall kann vorkommen, wenn die (3/3) Original-Konnossements-Ausfertigungen vom gemeinsamen Vormann durch Indossament an unterschiedliche Personen übertragen und diesen einzeln übergeben wurden. Beanspruchen mehrere legitimierte Inhaber eines Orderkonnossementes eine Gutauslieferung, bevor einem von ihnen das Gut übergeben wurde, dann ist **der Verfrachter verpflichtet, alle, die einen Anspruch erheben, zurückzuweisen und das Gut in einem öffentlichen Lagerhaus zu hinterlegen.** Die verschiedenen Inhaber eines Original-Orderkonnossementes sind hiervon in Kenntnis zu setzen. Der Verfrachter ist berechtigt, aber nicht verpflichtet, über diesen Vorgang, das Verfahren und die Gründe hierzu eine öffentliche Urkunde zu erstellen, deren Kosten zu Lasten der Ware gehen.

Vorstehende Ausführungen verdeutlichen die Wichtigkeit, immer in den Besitz aller (3/3) Original-Konnossemente zu gelangen, wenn man eine durch Konnossement repräsentierte Ware kauft oder zum Pfand erhält. Dieser letzte Satz bezieht sich auch auf das Namens-/Rekta-Konnossement, auch wenn hier durch Zession nur der Auslieferungsanspruch übertragen wird.

Verfügt der Empfänger nach Löschung des Gutes noch nicht über 1/3 Original-Konnossement, so besitzt er keinen Auslieferungsanspruch. Mit Verfrachterzustimmung kann er einen Revers (Letter of Indemnity) zeichnen, um das Gut ausgeliefert zu bekommen. Der Verfrachter sollte vor Akzept eines Reverses mit Bankgarantie den Befrachter erklären lassen, dass der Garantiegeber auch der berechtigte Empfänger ist. Es besteht kein Rechtsanspruch auf Akzept eines Reverses / einer Bankgarantie durch den Verfrachter.

Seeschifffahrt 4.4

4.4.7.2 Garantieverträge im Seefrachtgeschäft

Ein Revers ist ein Garantievertrag. Der Reverszeichner verpflichtet sich in Schriftform, den Verfrachter von irgendwelchen Ersatzansprüchen Dritter frei zu halten. Reverse werden gezeichnet vom Ablader wegen „Ausstellung eines reinen Konnossementes" und „Rückdatierung des Konnossementes" und „Erstellung eines Zweitsatzes von Original-Konnossementen bei Verlust des ersten Originalsatzes". Ein Empfänger zeichnet Reverse für eine „Gutauslieferung ohne Vorlage eines (1/3) Original-Konnossementes". **Revers / Letter of Indemnity**

Um dem Verfrachter eine Realisierung seiner Forderung gegenüber dem Reverszeichner zu erleichtern, sind solche Garantieverträge meistens mit Bankgarantien gekoppelt, deren Besorgung und Kosten dem Reverszeichner obliegen. Diese Bankgarantien sind meistens über 150 bis 300 % (der Prozentsatz wird vom Verfrachter festgesetzt) des Warenwertes der Sendung auszustellen. **Bankgarantie**

Ein Reversvertrag ist sittenwidrig, wenn Ablader und Verfrachter wussten, dass das Konnossement geeignet ist, einen späteren Konnossementsinhaber über den Zustand des Gutes oder über das Abladedatum zu täuschen. Ob diese Sittenwidrigkeit eines solchen Reversvertrages auch die Nichtigkeit des Vertrages zur Folge hat, ist umstritten. Der Verfrachter hat zumindest einen teilweisen Ausgleichsanspruch (Quotelung, das heißt 50:50 Beteiligung nach *OLG*-Urteil, *Hamburg*) gegenüber dem Reverszeichner aus dem Gesichtspunkt der gemeinschaftlich begangenen unerlaubten Handlung gemäß § 826 BGB (sittenwidrige Schäden). **Sittenwidrige Reverse**

In der folgenden Tabelle werden die wichtigsten Arten von Konnossementen differenziert nach Transportdurchführung / Empfangsbekenntnis / Empfängerbenennung auf der Basis „Traditionelles Konnossement" zusammenfassend aufgelistet. Die Übersicht soll dem besseren Verständnis der folgenden Beschreibung der Konnossementsarten dienen.

Darstellung nach Transportdurchführung/ Empfangsbekenntnis/Empfängerbenennung		
Traditionelles Konnossement/Bill of Lading (Verlademodus Hafen – Hafen) ⇩		
Durch-/Durchfrachtkonnossement **Through Bill of Lading** Verlademodus **Schiff – Schiff**, etc.	⇐······⇔······⇒ ⇩ ⇐······⇔······⇒ ⇩	Combined/Multimodales Konnossement **Combined/Multimodal Bill of Lading** Verlademodi **Land – Schiff – Land** oder auch **Sea – Air** oder **Port/Port**
Bord-Konnossement **Shipped on Board – B/L** (Empfangsbekenntnis)	⇐······⇔······⇒ ⇩ ⇩	Übernahme - Konnossement **Received for Shipment – B/L** (Empfangsbekenntnis)
⇐······ ⇩	······⇔······ ⇩	······⇒ ⇩
Inhaber - Konnossement keine Empfängerbenennung und keine Order-Klausel	**Rekta-/Namenskonnossement** **Straight - Bill of Lading** Empfängerbenennung	**Order-Konnossement** **Order-Bill of Lading** aktive/passive Order-Klausel
⇨ Jedes Konnossement kann „ rein/clean" oder „unrein" sein. ⇨ Jedes dieser Konnossementsarten kann ein Multiple Bill of Lading sein. ⇨ Jedes dieser Konnossementsarten kann ein Spediteur-Sammelkonnossement sein.		

Tab. 53: Arten von Konnossementen

Quelle: Eigene Darstellung

4.4.7.3 Bord- / Übernahmekonnossement

Nach den Arten des Empfangsbekenntnisses (der Quittung) unterscheidet man Bord- und Übernahmekonnossemente.

Bordkonnossement Das **Bordkonnossement** bestätigt eine Anbordnahme mit dem Vermerk „shipped on board the above ocean vessel" – kurz: „shipped on board" oder „actually on board". Es darf erst nach vollständiger Abladung der betreffenden Partie ausgestellt werden. Im Akkreditiv werden fast ausschließlich Bordkonnossemente gefordert.

Mate's-Receipt Wird dagegen nur eine An-Bord-Bescheinigung verlangt, so stellt der Ladungsoffizier nach erfolgter Verladung an Bord ein **Mate's Receipt** aus, das zum Empfang von Bordkonnossementen berechtigt. Das Mate's Receipt ist nicht unbedingt eine Voraussetzung für den Erhalt von Bordkonnossementen.

Übernahmekonnossement Das **Übernahmekonnossement** bescheinigt lediglich, dass das Gut zur Beförderung (Received for Shipment) angenommen wurde (am Kaischuppen / Terminal oder als Carriers-Haulage-Container), aber noch nicht an Bord verladen wurde.

Ein Übernahmekonnossement steht dem Bordkonnossement gleich, wenn später in ihm vermerkt wird, wann die Güter an Bord genommen worden sind. Durch den Stempelaufdruck und Datumsnennung „shipped on board" beziehungsweise „actually on board" beziehungsweise „since shipped" sowie Unterschrift, erfolgt die Umwandlung in ein Bordkonnossement. Im Containerverkehr sind die Konnossementsbedingungen automatisch auf „received for shipment" abgestellt. Im Unterschied zum Bordkonnossement enthält es gewöhnlich eine Substitutionsklausel, die es erlaubt, das Gut auf ein anderes als das im Übernahmekonnossement vorgesehene Schiff zu verladen.

4.4.7.4 Order-, Namens-, Inhaberkonnossement

Das *HGB* unterscheidet in *§ 647* Order- und Rekta-(Namens-)konnossemente.

Das **Orderkonnossement** herrscht in der Praxis vor und wird erst durch die **Orderklausel zum Orderpapier**. Auf Verlangen des Abladers ist das Konnossement, wenn nicht das Gegenteil vereinbart ist, an die Order des Empfängers oder lediglich an Order zu stellen. Im letzteren Fall ist unter der Order die Order des Abladers zu verstehen. Hierzu ist eine positive Orderklausel, zum Beispiel „an Order", „to order or assigns", „order of" erforderlich. Nach einigen ausländischen Rechten ist ein Konnossement stets ein Orderpapier, wenn es keine negative Orderklausel (zum Beispiel „non negotiable") enthält. Auf das Orderkonnossement kommt eine Reihe wechselrechtlicher Bestimmungen zur Anwendung, die es mit wertpapierrechtlichen Wirkungen ausstatten.

Indossament Seine Übertragung erfolgt regelmäßig durch das **Indossament**, zum Beispiel „für mich an X" oder einfach „an X". Das Indossament muss auf das Konnossement (Seite 1 = Konnossementsbedingungen) gesetzt und vom Indossanten oder dessen Vertreter eigenhändig, rechtsgültig unterschrieben werden. Bei den obigen Indossamenten handelt es sich um **Vollindossamente**, das heißt der nächste Bezogene (= Indossatar) ist namentlich genannt.

Erster Indossant ist der im Konnossement benannte Empfänger oder bei einem nur an „Order" gestellten Konnossement der Ablader. Ist im Indossament der Name des

Indossatars („X") nicht genannt, so handelt es sich um ein **Blankoindossament**. Ist der Indossant eine GmbH, so muss als GmbH indossiert werden. Das lediglich mit seinem Namen gezeichnete Indossament des Geschäftsführers genügt nicht. Generell sollen alle Originalausfertigungen eines Orderkonnossementes indossiert werden. Doch reicht auch ein Indossament auf nur einer Ausfertigung des Konnossements, das dann bei der Auslieferung vorgelegt werden muss.

Das Indossament hat Legitimationswirkung, das heißt eine ununterbrochene Reihe von Indossamenten bewirkt
- zugunsten des Inhabers: Seine Besitzberechtigung wird vermutet.
- zugunsten des Erwerbers: Sein guter Glaube an die Berechtigung des Veräußerers heilt nach heute herrschender Meinung alle Mängel des Erwerbsaktes (zum Beispiel Veräußerer hat das B/L gestohlen).
- zugunsten des Schuldners/Verfrachters: Er darf das Gut an den formell legitimierten Inhaber herausgeben (mit Einschränkung des *§ 615 HGB* bei Havarie).

Dem Indossament kommt Transportwirkung zu, es bewirkt die Übertragung aller Rechte, die sich aus dem Konnossement ergeben.

Beim Orderkonnossement gibt die **Notify-Adresse** dem Linienagenten im Bestimmungshafen die Möglichkeit, dieser Meldeadresse eine Ankunftsanzeige zu geben. **Notify-Adresse**

Das **Namens-(Rekta-)konnossement (Straight Bill of Lading)** enthält einen Empfängernamen ohne Orderklausel. Die Ansprüche werden nicht durch Indossament, sondern nach bürgerlichem Recht (*§§ 398 ff. BGB – Forderungsabtretung*) durch **Einigung, Zession/Abtretung und Übergabe des Papiers** abgetreten. Die Abtretung hat in der Form einer Zession wie beim Namenslagerschein zu erfolgen. **Namenskonnossement**

Befindet sich auf einem Namenskonnossement trotzdem ein Indossament, so kann dies als ein Indiz für eine Abtretung nach bürgerlichem Recht angesehen werden, der aber keine spezifische wertpapierrechtliche Wirkung wie bei einem Indossament zukommt.

Ein **Inhaberkonnossement** enthält weder eine Orderklausel noch einen Empfängernamen. Es wird durch Einigung über den Eigentumsübergang der Urkunde und durch Übergabe derselben übertragen. Der jeweilige Konnossementsinhaber legitimiert sich für die Gutauslieferung. Aus diesen Gründen wird es kaum ausgefertigt. **Inhaberkonnossement**

4.4.7.5 Multiple-, Through-, Combined Transport Bill of Lading

Teilkonnossement/Part-Bill of Lading: Soll eine verschiffte Gesamtladung im B/L benannten Bestimmungshafen in diverse Einzelladungen mit verschiedenen Empfängern aufgeteilt werden, so kann der dortige Linienagent gegen Rückgabe von 1/3 Original-B/L für die Gesamtladung, die vom Empfänger/Käufer, etc. ausgestellten Teilkonnossemente unterzeichnen und an diesen zurückgeben. Dieser übergibt jedes Teil-B/L an den jeweiligen Teilpartie-Empfänger. Dieser ist somit zur Gutabnahme legitimiert. Jedes Teil-B/L ist ein vollwertiges Konnossement und stimmt bis auf die Warenmenge sowie Gewicht mit dem ersten Originalkonnossement inhaltlich überein.

Multiple Bill of Lading: Im Rahmen des FCL/FCL-(CY/CY-) und FCL/LCL-(CY/CFS-) und LCL/FCL-(CFS/CY-) Containerverkehrs wurde dieses B/L eingeführt.

- Ein Verkäufer hat zeitgleich mehrere Lieferungen auf Grund unterschiedlicher Kaufverträge für einen Käufer versandbereit, die in einen beziehungsweise mehrere FCL/FCL-Container verladen werden können (pro Kaufvertrag / Lieferung ein B/L-Satz).
- Ein Verkäufer hat zeitgleich mehrere Lieferungen für verschiedene Käufer über einen Bestimmungshafen versandbereit, die in einen beziehungsweise mehrere FCL/LCL-Container verladen werden können (pro Kaufvertrag / Lieferung ein B/L-Satz).
- Mehrere Verkäufer haben zeitgleich mehrere Lieferungen auf Grund verschiedener Kaufverträge für einen Käufer versandbereit. Diese werden in einen oder mehrere LCL/FCL-Container verladen. Der Käufer gibt diese Vorgabe an jeden Verkäufer. Pro Kaufvertrag / Lieferung erhält jeder Verkäufer einen B/L-Satz.

Eine nachträgliche Verfügung kann nur bei gleichzeitiger / gemeinsamer Vorlage aller Original-Konnossementssätze ausgeübt werden.

Durchkonnossement oder Durchfrachtkonnossement Nach deutschem Seehandelsrecht durfte dieses Durchfrachtkonnossement (englisch Through-B/L) nur bei einem reinen Seetransport innerhalb einer Transportkette mit Umladung von Schiff zu Schiff, etc. ausgestellt werden. Bei Vor- / Nachläufen per Bahn, Binnenschiff, Flugzeug, Lkw **auf Frachtbrief** konnte ein Durchkonnossement nicht ausgefertigt werden. Nur bei Ausfertigung eines Ladescheins (gemäß *BinSchG*) für die Binnenschifffahrtsteilstrecke war eine Abwicklung auf Durchkonnossement möglich. Da seit der *Transportrechtsreform* (*TRG 25.06.1998*) jedem Frachtführer die Ausstellung / Zeichnung eines **Ladescheins (§ 444-448 HGB)** zugestanden wird, ist eine Begrenzung nur auf die Binnenschifffahrt theoretisch aufgehoben worden. In ausländischen Rechtsordnungen bestand diese strenge Unterscheidung wie im deutschen Recht nicht.

Ladehafen	Seetransport	Umladehafen	Seetransport	Umladehafen	Seetransport	Löschhafen
<	Lokalkonnossement	>		<	Lokalkonnossement	>
<	Echtes Durchfracht-(Durch-)Konnossement des Hauptverfrachters					>
	⇨Ähnelt dem CTO-/MTO- Bill of Lading ohne „Mode of Transport" - Wechsel.					
<	1. Verfrachter	><	2. Verfrachter	><	3. Verfrachter	>
	(Unechtes Durchfracht-(Durch-)Konnossement)					
⇨ Der Aussteller eines „unechten Durchkonnossementes" haftet für die weiteren Verfrachter und für deren Transportstrecke wie ein Spediteur nur im Rahmen eines Geschäftsbesorgungsvertrages!						

Tab. 54: Echtes und unechtes Durch(-fracht)-konossement

Quelle: Eigene Darstellung

Seeschifffahrt 4.4

Bei der Transportabwicklung von FCL-/FCL-(CY-/CY-)Containerladungen per Seeschiff und Bahn, Binnenschiff, Flugzeug, Lkw wird ein **Combined- / Multimodal-Transport Bill of Lading** ausgegeben.

Die *Bolero User Association Ltd. (BUA)* in *London* entwickelt seit 1994 das so genannte Bolero-Bill of Lading. Hierbei werden die Warendaten gemäß Kaufvertrag und die Sendungsdaten sowie alle Transportdokumente von den berechtigten Nutzern (Verkäufer, Käufer, Banken, Reedereien, Spediteure, Versicherer etc.) in einen virtuellen Briefkasten eingestellt und digital übermittelt. Die Beteiligten zahlen für ihre Zugangsberechtigung und die digitale Übermittlung. Die „digitale Unterschrift auf dem Bolero-B/L" dokumentiert keine Warenwert-/Traditionspapiereigenschaft (= Eigentumsübergang). Langfristig wird diese Bolero-B/L zum Einsatz kommen. Nachstehend ersehen Sie die Unterschiede zwischen traditionellem Konnossement und „elektronischem Konnossement":

Combined Transport Bill of Lading

Bolero-Bill of Lading

traditionelles Konnossement	elektronisches Konnossement
⇨ Nachweis einer Lieferung durch den Verkäufer	
⇨ Nachweis über den Abschluss eines Beförderungsvertrages (Seefrachtvertrag)	
⇨ Nachweis einer Verschiffung	
⇨ Versprechen auf Auslieferung am Bestimmungsort an den benannten Empfänger (Käufer)	
⇨ Eigentumsübergang während der Seereise an den benannten Empfänger / Käufer	
⇨ Während der Seereise kann die Ware mit diesem Warenwert- und Traditionspapier jederzeit weiterverkauft, etc. werden (erneuter Eigentumsübergang!).	⇨ Sollte während der Seereise die Ware weiterverkauft, etc. werden, so geht das Eigentum an der Ware an den nachfolgenden Käufer erst bei der Warenübernahme im Bestimmungshafen über. ⇨ Es handelt sich nicht um ein klassisches Warenwert- und Traditionspapier.

Tab. 55: Gegenüberstellung traditionelles / elektronisches Konnossement

Quelle: Eigene Darstellung

Die Erstellung eines B/L erfolgt heute bereits überwiegend per Datenverarbeitung. Teilweise werden schon heute die B/L-Daten elektronisch auf Basis bilateraler Vereinbarungen oder lokaler Standards zwischen den Beteiligten übertragen. Die *EDIFACT*-Norm *(Electronic Data Interchange for Administration, Commerce and Transport)* ist ein international anerkannter Standard, der bereits breite Anwendung findet, *(Siehe LORENZ, Band 2 (16. Auflage 2007) – Kapitel 7.4 EDI - Seite 374)*

4.4.7.6 Seefrachtbrief, Sea-Waybill

Sea-Waybills (= datenfernübertragbare Frachtbriefe) wurden geschaffen, um Verzögerungen, die durch lange Postwege im Vergleich zu den schnellen Transitzeiten der Containerschiffe bei der Auslieferung der Güter entstehen, weitgehend zu vermeiden. Der Verfrachter hat auch hier eine **volle Haftung gemäß Beförderungs- / Konnossementsbedingungen**. Er haftet aber nicht für die fehlerhafte Eingabe oder Übermittlung von Daten in beziehungsweise durch das Computersystem.

Sea-Waybill (non-negotiable)

Der Befrachter / Ablader erhält eine nicht handelbare Empfangsbestätigung (= Receipt non negotiable) des Verfrachters, die nach Art des Konnossementsformulars gestaltet ist.

Gegen Receipt-Rückgabe vor Gutauslieferung kann eine nachträgliche Verfügung ausgesprochen werden oder man kann einen Satz (3/3) Original-Konnossemente erhalten. Die inhaltlichen Frachtbriefdaten werden per Datenfernübertragung an die Computerzentren der Linienagenten in den Bestimmungshäfen weiterleitet. Hier wird dem Empfänger eine **Ankunftsnotiz (Arrival-Notice)** ausgestellt und zugesandt. Somit kann das Gut vom Empfänger nach Löschung abgenommen werden. Die Reederei ist jedoch nicht verpflichtet dem Empfänger eine Arrival Notice zukommen zu lassen.

Sea-Waybills bieten vor allem **langjährigen Verkäufer / Käufer-Verbindungen (ebenso im Spediteur-Sammelgeschäft) große Abwicklungsvorteile** im Dokumentenbereich, obwohl sie nicht Order (non-negotiable) gestellt werden können und somit nicht akkreditivfähig sind.

4.4.7.7 Konnossementsteilscheine

Delivery-Order Konnossementsteilscheine sind Urkunden über Teilmengen aus einem Konnossement, über die man gesondert verfügen kann. Sie geben dem Abnehmer eine eigene **Empfangslegitimation** und werden gewöhnlich auf Empfängerantrag vom Linienagenten gegen Rückgabe eines (1/3) Originalkonnossementes aufgestellt. Sie enthalten eine an das Schiff oder die Kaiverwaltung gerichtete Auslieferungsanweisung über die benannte Teilmenge. Die Teilscheine werden gelegentlich auch vom Inhaber des Originalkonnossementes ausgestellt und nach dessen Rückgabe vom Linienagenten mit einer Einverständniserklärung versehen.

4.4.7.8 Sonstige Seefrachtpapiere

Schiffszettel, Kaiempfangsschein Der Schiffszettel ist der Antrag des Befrachters / Abladers – er wird vom Spediteur ausgestellt – **an die Kaiverwaltung zur Übernahme des Transportgutes.** Er wird auch Verladeschein, Übernahmeschein oder Shipping-Order genannt. **Der Kai-Empfangsschein** (auch Kai-Receipt, Dock-Receipt) **ist Teil des Schiffszettels und Empfangsbestätigung der Kaiverwaltung.** Er ist somit Quittung, Beweisurkunde und Legitimationspapier für den Ablader, der daraufhin ein Übernahmekonnossement vom Linienagenten ausgehändigt bekommt. Wichtig: Der Kaiempfangsschein bestätigt nicht die Anbordnahme der Güter.

Manifest, Frachtmanifest, Stauplan Das Manifest gibt als Ladungsverzeichnis über alle an Bord befindlichen Güter Auskunft. Zusammen mit den Kopie-Konnossementen wird es für die zolltechnische Ein- und Ausklarierung des Seeschiffes benutzt. Das Frachtmanifest bildet gegenüber dem Verfrachter die Abrechnungsgrundlage der Seefrachten mit den jeweiligen Linienagenten. Der Stauplan zeigt an, in welchem Schiffsteil (Laderaum, Deck (Back-, Steuerbord, mittschiffs) beziehungsweise Containerbay) ein bestimmtes Gut /ein Container gestaut wurde. Gefahrgüter werden in einem separaten Gefahrgutstauplan zusammengefasst.

Die Transportabwicklung von FCL-/FCL (CY-/CY) Containerverladungen per Seeschiff (vergleiche auch *Ziffer 4.4.7.5*) ist zum besseren Verständnis in der folgenden Tabelle dargestellt.

Seeschifffahrt 4.4

Beladestelle des Container Place of Receipt	Vorlauf per Bahn/Lkw/Leichter/KOMBI-V. Precarriage Rail/Truck/Barge	Ladehafen Container-Terminal Port of Loading Container Yard (CY)	Seetransport durch Verfrachter Sea-Carriage by Carrier	Löschhafen Container-Terminal Port of Discharge Container Yard (CY)	Nachlauf per Bahn/Lkw/Leichter/KOMBI-V. Oncarriage Rail/Truck/Barge	Entadestelle des Container Place of Delivery
Container-Stauung (Stuffen) durch Befrachter (Shipper)	<------	------Haus/Haus - Containerverschiffung (FCL/FCL (CY/CY) Container-Shipment) auf <------------ Combined Transport Bill of Lading	-------- to -------- <--- Port of Loading / Port of discharge ---> -------- to Port of discharge>	-------->	------> Place of delivery-->	Container-Entladung (Strippen) durch Empfänger (Consignee)
		<--Place of Receipt------ bei Carriers-Haulage bei Merchants-Haulage <Place of Receipt bei Carrier's Haulage <------- Port of Loading to bei Merchants-Haulage		bei Carriers-Haulage bei Merchants-Haulage bei Merchants-Haulage Place of Delivery ---> bei Carrier's Haulage		
„-"	<Frachtführerfrachtbrief> --> Carrier's Haulage im Verfrachterauftrag oder --> Merchants-Haulage im Auftrag des Befrachters		<Verfrachterkonnossement> --> Combined Transport Bill of Lading mit unterschiedlichen Empfangs- und Auslieferungsplätzen, wie oben dargestellt		<Frachtführerfrachtbrief> --> Carrier's Haulage im Verfrachterauftrag oder --> Merchants-Haulage im Auftrag des Empfängers	„-"
--> Vor- und/oder Nachläufe in Carrier's und/oder Merchants- Haulage sind selbstverständlich auf den jeweiligen FCL- (CY-) Seiten auch hier möglich --> Auch für reine Hafen-/Hafen-Verschiffungen (Port-/Port-Shipment) wird dieses Combined Transport-B/L eingesetzt							

Tab. 56: Combined-/Multimodal-Transport Bill of Lading bei FCL/FCL Transporten

Quelle: Eigene Darstellung (Lothar Bockholt)

Die Transportabwicklung bei Transportmischformen LCL/FCL und FCL/FCL unter Einsatz des Multiple Bill of Lading ergibt sich aus der folgenden Tabelle (siehe auch die Ausführungen *Multiple Bill of Lading 4.4.5.7*).

Tab. 57:
Einsatz des Multiple Bill of Lading bei Transportmischformen LCL/FCL und FCL/LCL

Vorlauf per Bahn/Lkw/ Leichter/KOMBI-Verkehr	Ladehafen	Seetransport Port/Port	Löschhafen	Nachlauf per Bahn/Lkw/ Leichter/KOMBI-Verkehr
Konventionelle Anlieferung von x Einzelsendungen durch unterschiedliche Befrachter	Stuffen des Containers am Packing-Center / Container-Freight-Station (CFS)	im LCL/LCL (CFS/CFS-) Container mit Carrier Stuffen / Strippen	Strippen des Containers am Packing-Center / Container-Freight-Station (CFS)	Konventionelle Abholung von x Einzelsendungen durch unterschiedliche Empfänger
1 Befrachter <-------FCL/LCL - (CY/CFS-) Verschiffung ------> an verschiedene Empfänger Verschiedene Befrachter ---><------LCL / FCL- (CFS/CY-)Verschiffung ---------> 1 Empfänger					
-->Vor- und / oder Nachläufe in Carrier's und / oder Merchants-Haulage sind selbstverständlich auf den jeweiligen FCL-(CY-)Seiten auch hier möglich				

Quelle: Eigene Darstellung (Lothar Bockholt)

4.4.8 Haftung des Verfrachters

4.4.8.1 Grundsätze der Haftung im Seefrachtverkehr

Reederhaftung Der Schiffseigner haftet bei Schiffsunfällen (Ölverschmutzung, Hebung/Beseitigung havarierter Schiffe, Beseitigung/Unschädlichmachung von Ladung etc.). Die Haftung ist summenmäßig beschränkt *(§ 486 ff. HGB)*.

Die Verletzung vertraglich übernommener Pflichten durch Tun/Unterlassen begründet die Haftung des Schädigers/Verfrachters (= vermutetes Verschuldensprinzip, das heißt eine Beweislastumkehr).

Verfrachterhaftung Der Verfrachter haftet für Güterschäden (Teil-/Totalverlust und -beschädigung). Güterfolge- und Vermögensschäden sind nicht gedeckt. **Der Haftungszeitraum umfasst die Zeit von der Annahme bis zur Ablieferung nach** *HGB (§ 606 HGB*, der allerdings dispositiv ist). Durch die Freizeichnungsklausel für „Land- und Leichterschäden" erhält man den zwingenden Haftungszeitraum vom Einladen (Stauen/Behandeln/Befördern) **bis zum Ausladen nach den** *Haager Regeln* **von 1924.** Voraussetzung für eine Haftung nach *HGB* beziehungsweise *Haager Regeln* ist die Ausstellung eines Konnossementes.

Bei einem Schaden, der auf **mangelnde anfängliche Ladungs- und Seetüchtigkeit** des Schiffes beziehungsweise **mangelnde Ladungsfürsorge** (Stauung nach gutem Seemannsbrauch) zurückzuführen ist, **haftet der Verfrachter sowohl für eigenes Verschulden als auch das Verschulden seiner Leute.** Bei nachgewiesenem Vorsatz und bei kommerziellem Verschulden greift keine Haftungsbeschränkung; der Verfrachter haftet voll, das heißt auch für Vermögensschäden.

Weiterhin engen gesetzliche Haftungsausschlüsse und vertragliche Freizeichnungsklauseln die Haftungsmöglichkeiten des Verfrachters ein.

Seeschifffahrt 4.4

Ladehafen	Seetransporthaftung	Löschhafen	
• ex Kai • ex Kaischuppen • ex längsseits Seeschiff (= Landschäden bis Anschlagen des Krangeschirrs)	• Laden / Stauen >----------Befördern-------> • Löschen „Tackle to Tackle - Kausel"	• auf Kai • in Kaischuppen • bis längsseits Seeschiff (= Landschäden ab Lösen des Krangeschirrs)	*Tab. 58: Haftungszeitraum bei konventioneller und LCL-/LCL-Verladung*
Packing Center (CFS) • Laden / Stauen (Stuffen)	• Container laden >----------Befördern-------> • Container löschen	Packing Center (CFS) • Entladen (Strippen)	
Haftung von der Annahme bis Abnahme bei LCL / LCL-(CFS / CFS-)Verladung			

Quelle: Eigene Darstellung

4.4.8.2 Haftungsbeschränkungen

Der Verfrachter haftet nach § 656,2 HGB (= **Skriptur-Haftung**) für den im Konnossement beschriebenen Inhalt des Gutes, wenn er nicht den Zusatz „Inhalt unbekannt" (said to contain) ins Konnossement aufnimmt (= unbegründete Unbekanntklausel § 646 HGB).

Durch obigen Zusatz erreicht der Verfrachter eine **Rezepturhaftung**, das heißt dass das Gut an Bord keine Wandlung erfährt. So wie es angenommen wurde, so wird es auch ausgeliefert.

Von der **Haftung ausgeschlossen** sind Schäden, die entstehen: **Haftungs-**
- aus Gefahren oder Unfällen der See oder anderer schiffbarer Gewässer **ausschluss;**
- aus kriegerischen Ereignissen, Unruhen oder Verfügung von hoher Hand sowie aus **Seefracht** Quarantänebeschränkungen
- aus gerichtlicher Beschlagnahme
- aus Streik, Aussperrung oder sonstigen Arbeitsbehinderungen
- aus Rettung oder dem Versuch der Rettung von Menschen oder Eigentum zur See
- aus Schwund an Raumgehalt oder Gewicht oder aus verborgenen Mängeln oder der eigentümlichen natürlichen Art der Beschaffenheit des Gutes (zum Beispiel Leckage bei Fässern).

Für Bereiche, die ein besonderes Risiko für den Verfrachter darstellen, kann er sich frei- **Frei-**
zeichnen. **Unter Freizeichnung versteht man Vertragsklauseln, mit denen der Verfrachter** **zeichnung**
gesetzliche Regelungen bezüglich Haftung und Beweislast zu seinen Gunsten in den **von der**
Konnossements- (Geschäfts-) bedingungen abändert. Freizeichnungsregelungen beste- **Haftung**
hen für:
- Feuer
- nautisch / technisches Verschulden
- Seetransport lebender Tiere
- Decksladung, wenn dies zwischen Ablader und Verfrachter vereinbart ist. Auch die stillschweigende Duldung eines Decksvermerks „shipped on deck" im Konnossement gilt als solche Vereinbarung
- Land- und Leichterschäden vor dem Laden und nach dem Löschen

- die Schiffsbesatzung (frühere *Himalaya*-Klausel), das heißt ein Ladungsbeteiligter, der im Rahmen der Höchsthaftungssumme entschädigt wurde, kann eine eventuelle Mehrforderung nicht nochmals gegen Besatzungsangehörige vorbringen.

4.4.8.3 Schadensabwicklung mit dem Verfrachter

Rügefristen Dem Verfrachter oder seinem Vertreter im Löschhafen sind
- offene Mängel spätestens bei beendeter Auslieferung, laut *HGB* (auf Grund der Freizeichnung für Land- und Leichterschäden greift die nachstehende Frist nach *Haager Regeln*.)
- offene Mängel spätestens nach Löschung, laut *Haager Regeln*
- versteckte Mängel spätestens drei Tage danach schriftlich anzuzeigen.

Verstreichen diese Fristen, so wird vermutet, dass der Verfrachter den Schaden nicht zu vertreten hat. Der Geschädigte hat nachzuweisen, dass der Schaden auf Ursachen zurückzuführen ist, für die der Verfrachter haften muss (Umkehrung der Beweislast).

Auslieferung bedeutet, das Gut geht in die Obhut des Empfängers oder seines Beauftragten (zum Beispiel Spediteur) über. Die Verfrachter können durch Vertragsklauseln (= Freizeichnung für Land- und Leichterschäden) bestimmen, dass das Gut ausgeliefert ist, wenn es der Kaiverwaltung übergeben wurde, unabhängig von einer späteren Abnahme durch den Empfänger.

Schadensfeststellung Bei der Schadensfeststellung ist die Gegenpartei (Verfrachter oder Empfänger oder eventuell Transportversicherer) hinzuzuziehen. Sie sollte durch einen amtlichen Gütersachverständigen, einen Havarie-Kommissar, erfolgen.

Schadensanzeige Der Schaden ist allgemein zu benennen. Die schriftliche Schadensanzeige unterliegt keiner Formvorschrift. Sie kann unterbleiben, wenn der Schaden im Beisein beider Parteien festgestellt und protokolliert wurde.

Die Kosten der Schadensfeststellung (= Besichtigung) tragen sowohl der Antragsteller als auch der Verfrachter erst einmal selbst. Schlussendlich hat aber die Partei diese Kosten zu zahlen, die auch den Schaden zu tragen hat. Wenn der Verfrachter nachweist, dass eine Schadensursache vorliegt, für die er nicht haftet, so kann er die Schadensforderung abwehren.

Wertfeststellung des Schadens Für die Schadensreklamation ist der **FOB-Wert gemäß Handelsrechnung maßgebend**. Seefrachtsumme, Hafen- und eventuelle Nachlaufkosten, Zölle und Steuern sowie Entsorgungsaufwendungen werden im Rahmen der Höchsthaftungssummen berücksichtigt. Der entgangene Gewinn durch den Mindererlös oder Nichtverkauf des beschädigten Gutes wird nicht ersetzt.

Verjährung **Ansprüche des Ladungsbeteiligten bei Verlust oder Beschädigung erlöschen nach einem Jahr nach Gutlöschung.** Damit geht eine verspätete Abnahme des auslieferbereiten Gutes zu Lasten des Empfängers. Die Verjährung wird unterbrochen durch Klageerhebung (365 Tage nach Löschung) bei Gericht oder wenn der Verfrachter vorher schriftlich einer Verjährungshemmung zugestimmt hat.

Seeschifffahrt 4.4

4.4.8.4 Höchsthaftungssummen der internationalen Übereinkommen

Die *Haager Regeln von 1924* legten eine Mindest- / Höchsthaftungssumme von £ 100,– Goldwert (= 798,8 Gramm 11/12 reinen Goldes) fest. Diese Goldwertbindung endete 1931. Durch eine Übernahme in verschiedene nationale Schifffahrtsgesetze ergaben sich verschiedene Valutabeträge (lawfull money): *Haager Regeln 1924*

– Original *Haager Regeln* = £ 100,– jeweils pro Packung oder Einheit
– 1931 *Belgien* = bfrs. 17 500,– jeweils pro Packung oder Einheit
– 1936 *USA* = US-$ 500,– jeweils pro Packung oder Einheit
– 1937 / 40 *Deutschland* = RM 1 250,– jeweils pro Packung oder Einheit.

Wenn vor dem Einladen ein Wert im Konnossement deklariert wird, was einen Frachtzuschlag nach sich zieht, dann haftet der Verfrachter bis zum angegebenen Wert. Eine Haus / Haus-Transportversicherung wird immer kostengünstiger sein. *Werterklärung im Konnossement*

Auf Grund der inflationären Entwicklung aller Währungen sollten die *Visby-Regeln* von 1968 wieder zu einer einheitlichen Haftungssumme führen. Eine diplomatische Seehandelsrechtskonferenz beschloss eine Höchsthaftung für den Verfrachter von 10 000,– Poincaré-Francs (ca. DM 2 650,–) pro Packung oder Einheit beziehungsweise 30,– Poincaré-Francs (ca. DM 7,65) pro Kilo. Der jeweils höhere Haftungsbetrag sollte maßgeblich sein. Obige DM-Beträge basieren auf einem Umrechnungskurs von 1968. *(Haager-) Visby-Regeln 1968*

Dieses Abkommen trat 1977 (mit den Haftungssummen SZR 666,67 per Packung / Einheit oder SZR 2,– pro kg-brutto) in Kraft. Diese neuen Regeln gelten heute zum Beispiel in: *Australien, Belgien, China, Dänemark, Deutschland* (ab 25.7.1986), *Ecuador, England, Finnland, Frankreich, Italien, Japan, Kanada, Korea, Luxemburg, Neuseeland, Niederlande, Norwegen, Polen, Russland, Schweden, Schweiz, Singapur, Spanien, Sri Lanka, Syrien, Tonga*. Obige Länder sind entweder Ratifikationsstaaten (Zeichnung des *UN-Übereinkommens*) oder Länder wie zum Beispiel *Deutschland*, die die *(Haager-) Visby-Regeln* nur in das materielle nationale Seehandelsrecht übernommen haben.

Wenn man die SZR anderer Währungen (GBP, DKK, NOK, JPY etc.) mit den jeweiligen Referenzkursen zum EURO umrechnet, so herrscht in den Ländern, die die *(Haager-) Visby-Regeln* übernommen haben, summenmäßig Haftungsgleichheit.

Die *Haager-Regeln* wurden bis 1982 von 42 Staaten ratifiziert. Ungefähr 30 Staaten haben die *(Haager-) Visby-Regeln* verabschiedet, wobei hiervon einige Staaten früher auch die Haager-Regeln ratifiziert hatten. **Beispielsweise gelten in den USA noch heute die *Haager-Regeln***, wie in vielen anderen Ländern der Welt. Es besteht somit ein Nebeneinander dieser Übereinkommen mit unterschiedlichen Haftungssummen. Weiterhin gibt es noch Staaten, die keines dieser beiden Übereinkommen ratifiziert haben beziehungsweise über keine entsprechenden nationalen Seehandelsgesetze verfügen.

Da 162 Staaten internationale Seeschifffahrt betreiben, kommt es zu Überschneidungen dieser Regelwerke beziehungsweise zu regelungsfreien Räumen. Diese Unterschiede können durch eine *Paramount-Klausel* im Konnossement behoben werden. *Paramount-Konnossements-Klausel*

Diese Klausel unterstellt den Seetransport entweder den
- gesetzlichen Regeln des Verschiffungslandes (präziser Konnossementszeichnungsort)
- danach den gesetzlichen Regeln des Bestimmungslandes

489

- oder der Originalfassung der *Haager-Regeln* von 1924 beziehungsweise den *(Haager-) Visby-Regeln* 1968.

Deutsche Verfrachterhaftung Das deutsche Seehandelsrecht *(HGB - 4. Buch Seehandel)* basiert von 1937/40 bis zum 24.7.1986 auf den *Haager Regeln* von 1924. Obwohl die *Bundesregierung* die *(Haager-) Visby-Regeln* von 1968 nicht ratifizierte, erhielten diese mit dem *zweiten Seerechtsänderungsgesetz* ab 25.7.1986 Gültigkeit *(HGB - 5. Buch Seehandel)*.

> Nach § *660 HGB* haftet der Verfrachter zwingend für Verlust oder Beschädigung der Güter in jedem Fall höchstens bis zu einem Betrag von 666,67 Rechnungseinheiten für das Stück oder die Einheit oder einem Betrag von zwei Rechnungseinheiten für das Kilogramm des Rohgewichtes der verlorenen oder beschädigten Güter, je nachdem, welcher Betrag höher ist.

Werden in einem Konnossement bei Container- / Behälter- und Paletten-Verladung einzelne Kolli-Stückzahlen angegeben, so haben diese Stückzahlen trotz des Zusatzes „said to contain" entsprechende Auswirkung auf die Höhe der Haftung.

Rechnungseinheit ist das Sonderziehungsrecht des *Internationalen Währungsfonds*. Die Schwankungsbreite lag bis 1998 bei ca. DM 2,15 bis DM 2,49 pro SZR. Anfang 1999 wurde 1 SZR mit 1,20 / 1,21 € veröffentlicht. Somit haben die Verfrachter in der EURO-Zone eine einheitliche Haftungssumme. In der *DVZ Deutsche Logistikzeitung* wird das Sonderziehungsrecht zum EURO regelmäßig veröffentlicht.

Hamburger Regeln von 1978 Auf einer internationalen Seehandelsrechtskonferenz in *Hamburg* verabschiedeten am 31.3.1978 78 *UN*-Mitglieder folgende Neuerungen (keine Freizeichnungsmöglichkeit mehr, Haftung bei vereinbarter Lieferfrist, etc.) hinsichtlich einer Haftung beim Seetransport:
- Haftung für Feuer und nautische Fehler
- Haftung des Verfrachters bei Warenbeschädigung an Land (zwingender Haftungszeitraum von der Annahme bis zur Auslieferung)
- Haftungserweiterung bei Durchfrachtverschiffungen
- Haftung für Schäden bei verspäteter Schiffsankunft/Verzögerungsschäden (Haftung bei vereinbarter Lieferfrist mit dem 2,5 fachen der Fracht)
- Haftung bei Decksladung und lebenden Tieren
- Erhöhung der Haftungssummen bei Verlust und Beschädigung auf SZR 835,– pro Packung oder Einheit oder SZR 2,50 pro Brutto-Kilogramm.

Diese *Hamburger-Regeln* setzen keine Konnossementszeichnung voraus. Sie gelten bei jedem Frachtpapier. Verboten ist auch die Revers-Zeichnung bei einer Abschreibung (unreine Konnossemente) und manipulierten Shipped-on-Board-Daten. Diese internationale Übereinkunft wurde von ca. 20 Staaten ratifiziert. Bis jetzt haben diese Regeln kaum internationale Bedeutung, da es sich meistens um Dritte-Welt-Länder handelt. *Österreich, Ungarn, Ägypten, Marokko* und *Chile* sind die bedeutendsten Zeichnerstaaten. Dies wird sich ändern, sobald die *USA* auf Drängen der dortigen Verladerschaft diese *Hamburger-Regeln* in das *US*-Seehandelsrecht übernehmen.

Seeschifffahrt 4.4

4.4.8.5 Havarien im Seeverkehr

Unter Havarie werden Schäden verstanden, die das Schiff und / oder die Ladung während einer Seereise treffen, sowie gewöhnliche und ungewöhnliche Kosten der Schifffahrt. Man unterscheidet drei Arten:
- die kleine Havarie
- die besondere Havarie
- die Havarie-grosse (große – gemeinschaftliche – Haverei).

Havarie

Die kleine Havarie hat mit einem Schaden an Schiff und Ladung nichts zu tun. Sie ist in *§ 621 HGB* definiert. Hierbei handelt es sich um **Frachtzuschläge, also gewöhnliche Kosten der Schifffahrt**, wie Lotsengelder, Hafengelder, Leuchtfeuergelder, Schlepplohn, Quarantänegelder, Auseisungskosten, die zu Lasten des Verfrachters gehen.

Kleine Havarie / Haverei

Unter besonderer Havarie (Particular Average) versteht man alle Schäden, die **ein Schiff oder eine Ladung zufällig treffen**, zum Beispiel durch allgemeine Gefahren der See (Ladung an Deck wird über Bord gespült, die Maschinenanlage fällt aus oder Leck durch Schiffskollision, Ladung wird durch Wassereinbruch beschädigt).

Besondere Havarie/ Haverei

Jeder für sich, das Schiff oder die Ladung, haben die anfallenden Kosten alleine zu tragen. Der Schiffseigner deckt hierfür eine Seekaskoversicherung ein. Der Ladungseigner sollte eine Transportversicherung eingedeckt haben.

Auf hoher See bilden Schiff und Ladung eine Gefahrengemeinschaft, beide sind den Gefahren der See gleichermaßen ausgesetzt. Wird eine solche gemeinsame Gefahr akut, zum Beispiel durch Schiffskollision, Maschinen- und Ruderschaden (Schiff droht Strandung), Feuer an Bord, Seeschlag, und der Kapitän muss bestimmte Maßnahmen zur Rettung von Schiff und Ladung ergreifen, zum Beispiel: Ladungsteile über Bord werfen, Schlepperhilfe annehmen, einen Nothafen anlaufen, so handelt es sich um eine gemeinsame Gefahr, deren Opfer und Kosten ebenso gemeinschaftlich zu tragen sind. Dies ist in den *York-Antwerp-Rules (YAR 1950)* geregelt, die nach der Fassung von 1974 die gesetzlichen Vorschriften ersetzen, (letztmalige Änderung 1990).

Große Havarie / Haverei / Haveriegrosse

Bei der Havarie-grosse (General Average) werden also die Opfer und die Aufwendungen vorsätzlich erbracht, um Schiff und Ladung aus gemeinschaftlicher Gefahr zu retten.

Fälle der großen Havarie sind:
- wenn Ladung, Schiffsteile oder Gerätschaften über Bord geworfen werden. Die Schäden selbst sowie die durch diese Maßnahmen an Schiff und Ladung verursachten Schäden gehören dazu
- wenn eine Leichterung von Ladung oder Schiffszubehör (zum Beispiel Abgabe von Bunkeröl) erfolgt. Der Leichterlohn und die Schäden, die hierbei entstehen, gehören dazu
- wenn das Schiff absichtlich auf Grund gesetzt wird, um es vor dem Sinken zu bewahren. Die Kosten für das Flottmachen gehören dann ebenfalls dazu
- wenn das Schiff einen Nothafen anlaufen muss. Kosten der Bergungsschlepperhilfe gehören dazu

- wenn das Schiff gegen Feinde oder Seeräuber verteidigt wird oder wenn Schiff und Ladung freigekauft werden müssen
- wenn durch die Beschaffung der zur Deckung der großen Haverei während der Reise erforderlichen Gelder Verluste und Kosten entstehen.

Bei der **Schadensberechnung** bleiben die Verluste für Beschädigungen außer Ansatz, wenn es sich
- um auf Deck verladene Güter
- um Güter, über die kein Konnossement ausgestellt ist und die im Manifest nicht aufgeführt sind
- um Kostbarkeiten, Kunstgegenstände, Geld, Wertpapiere, die dem Kapitän nicht mehr gehörig gezeichnet worden sind, handelt *(§ 708 HGB).*

Havarie-Kostenbeiträge

Das *HGB* regelt in den *§§ 709–726* sehr ausführlich die Vergütungsansprüche und Havarie-grosse-Beiträge. **Beitragskapital** haben einzubringen
- **das Schiff** (Wert des Schiffes am Reiseende und bei Beginn der Löschung minus eventuell Havarie-grosse-Schäden an Schiff und Schiffszubehör)
- **die Ladung** (unabhängig, ob am Reiseende noch vorhanden oder beschädigt) laut Spezifikation an Hand der Handelsrechnungen
- **die Seefrachtgelder** (siehe *§ 721 HGB*). Wenn die Konnossementsbedingungen die Klausel „...ship and/or cargo lost or not lost ..." enthalten, dann entfällt die Seefracht, da sie nicht im Risiko der Reise steht.

4.4.8.6 Dispache im Seeverkehr

Dispache, Dispacheur

Nach allen Unfällen, die zur Beschädigung des Schiffes und der Ladung führen, muss der Kapitän unverzüglich im nächsten Hafen bei einem örtlichen Gericht oder bei einem Konsul des Heimatflaggenlandes ein **Beweissicherungsverfahren** beantragen und seine Schuldlosigkeit darlegen und eidesstattlich erklären. Diese Verfahren nennt man **Verklarung**. Die Amtsstelle erklärt die Havarie-grosse (Havarie-See-Protest) und bestellt den unabhängigen Sachverständigen, den **Dispacheur**. Dieser **Dispacheur hat die Aufgabe, den Verteilungsplan des Havarie-grosse-Schadens, die Dispache, zu erstellen.**

Jeder Beteiligte ist verpflichtet, die zur Aufmachung der Dispache erforderlichen Urkunden, insbesondere die Wertangaben, Versicherungssummen etc., dem Dispacheur bekannt zu geben.

Der Dispacheur verlangt von allen Ladungsbeteiligten einen **Havarie-grosse-Anteil**, der in Form eines gezeichneten **Havarie-grosse-Verpflichtungsscheins (General Average Bond)** erbracht werden kann. Bei beträchtlichen Havarie-grosse-Aufwendungen kann der Dispacheur neben dem Verpflichtungsschein eine provisorische Einschusszahlung (General Average Deposit) verlangen.

Abschließend erstellt der Dispacheur einen Schlussbericht und eine Schlussabrechnung (General Average Statement). Eine solche Havarie-grosse-Abwicklung erstreckt sich oftmals über Jahre.

Seeschifffahrt 4.4

Zahlenbeispiel nach *HGB*:

a) Havarie-grosse-Kosten:
Schlepperkosten	100 000,– €
Nothafenkosten/Entladung und Sortierung der Ladung	20 000,– €
Reparatur der beim Ladungswurf beschädigten Reling	10 000,– €
Schäden an diversen Ladungspartien	30 000,– €
total	160 000,– €

b) Beitragskapital:
Schiffswerte	2 500 000,– €
Ladungswert laut Handelsrechnung	3 500 000,– €
Seefracht	200 000,– €
total	6 200 000,– €

c) Errechnung der Beitragsquoten:

Formel:

$$\frac{\text{Havarie-grosse Schäden} \times 100}{\text{Beitragskapital}} = \frac{\text{Beitragsquote in \%}}{\text{Beitragskapital}}$$

$$\frac{€\ 160\,000,- \times 100}{€\ 6\,200\,000,-} = \frac{€\ 16\,000\,000,-}{€\ 6\,200\,000,-} = \underline{2{,}5806451\ \%}$$

d) Ermittlungen der Beitragssummen

	Beitragswerte	Beitragsquote 2,5806451 %
das Schiff	€ 2 500 000,–	€ 64 516,13
die Ladung	€ 3 500 000,–	€ 90 322,58
die Seefracht	€ 200 000,–	€ 5 161,29
	€ 6 200 000,–	€ 160 000,–

Zur Leistung der Havarie-grosse-Beiträge werden also das Schiff, die Ladung und die Seefracht herangezogen. Die Auftraggeber der Spediteure müssen im Havariefalle die auf die Ladung und die Seefracht entfallenden Havarie-Kostenbeiträge leisten. Da Spediteure gegenüber dem Verfrachter oft als Befrachter und Ablader auftreten, werden sie somit Havarie-Beteiligte, indem sie der Dispacheur mit dem Einzug der Havarie-grosse-Verpflichtungsscheine, der Havarie-grosse-Vorschüsse und schließlich der Havarie-Beiträge nach Abschluss des Dispache-Verfahrens beauftragt *(siehe auch LORENZ, Band 2 (16.Auflage 2007), Seite 277 bis 278).*

Havarie-Beteiligte

> Daher ist es ratsam, dass der Spediteur seinem Auftraggeber die Eindeckung einer entsprechenden Seetransportversicherung empfiehlt *(HGB §§ 778 bis 893)*, die auch Havarie-grosse-Schäden einschließt.

4.4.9 Gefährliche Seefrachtgüter

In den Kapiteln *8.1, 8.2, 8.2.2, 8.3.1, 8.3.2, 8.3.3, 8.3.9.2, 8.3.9.3,* besonders *8.3.10* sowie *8.3.14* des *LORENZ, Band 2 (16. Auflage 2007)* werden die wichtigsten Zusammenhänge beim Gefahrguttransport ausführlich dargestellt. Somit sollen in diesem Kapitel nur noch ergänzende Ausführungen vermittelt werden.

Der Gesetzgeber setzte am 5.7.1978 eine *Verordnung über die Beförderung gefährlicher Güter mit Seeschiffen (Gefahrgut-V-See)* **in Kraft.** Diese *Gefahrgutverordnung-See* ist eingebunden in das *Internationale Übereinkommen von 1960 zum Schutz des menschlichen Lebens auf See (Gesetz zum internationalen Schiffssicherheitsvertrag* vom 17.6.1960).

Der Versand von Gefahrgut muss in anerkannten oder zugelassenen Verpackungen erfolgen, wobei die Versandstücke mit Labels und Container mit Placards gekennzeichnet werden müssen. Beförderungspapiere und Unfallmerkblätter sind beizufügen. Verstöße gegen diese zwingenden Vorgaben sind vorsätzliche oder fahrlässige Ordnungswidrigkeiten, die bestraft werden. Hierbei wird klar unterschieden zwischen der Verantwortlichkeit des

- Herstellers oder Vertreibers (Verlader/Ablader)
- Ausstellers des Verladescheins/Schiffszettels (Spediteur)
- Verantwortlichen für den Umschlag (Hafenbetrieb/Stauerei)
- Kapitäns (Schiffsführung und Operating-Organisation an Land, zum Beispiel Reedereiagenten/zentrale Stau-Planung)
- Kapitäns (Schiffsführung) während der Seereise
- Verfrachters (Reederei).

Eine Telefon-„Hotline" der Hersteller, Vertreiber, Empfänger soll zur Schadensbegrenzung bei Unfällen beitragen.

4.4.9.1   *International Maritime Dangerous Goods Code*

Die nationalen Vorschriften für Gefahrguttransporte auf Seeschiffen müssen im internationalen Seeverkehr mit den Bestimmungen und Vorschriften anderer Länder abgestimmt werden. Diesem Ziel der Angleichung nationaler Transportvorschriften dient die *UN-Liste (List of Dangerous Goods most commenly carried),* die gefährliche Güter numerisch mit ihren Eigenschaften erfasst. Diesem Anliegen widmete sich auch die **IMO** *(International Maritime Organization)* in Zusammenarbeit mit dem *UN-Committee of Experts on the Transport of Dangerous Goods.* Erst am 16.7.1982 trat die deutsche Fassung des *IMDG-Codes* als Anlage zur *Gefahrgut-V-See* als verbindliches deutsches Recht in Kraft. Der *IMDG-Code* ist somit für alle am Gefahrguttransport Beteiligten im Seeverkehr bindend. Deutsche Seeschiffe müssen die *GGVSee* und den *IMDG-Code* an Bord mitführen.

Seit 2001 entspricht die Klasseneinteilung des *IMDG-Code* in wesentlichen Teilen dem anderer Verkehrsträger *(ADR und RID).*

Seeschifffahrt 4.4

4.4.9.2 Praxisempfehlungen für Gefahrgüter

Akzeptieren Sie im Speditionsauftrag des Versenders keine Sammelbezeichnungen wie: harmlose Chemikalien, harmlose Düngemittel, Farbstoffe, Zusatzmittel, Zwischenprodukte, Kunstharz etc. Diese Begriffe lassen keine Rückschlüsse auf die Eigenschaften oder Reaktionsmöglichkeiten zu. Verwendet der Gefahrgutversender derartige Sammelbegriffe ohne weitere Zusätze, dann werden diese Produkte als völlig harmlos/neutral angesehen und gegebenenfalls auch mit gefährlichen, anderen Ladungsteilen zusammengestaut. Schon Zusatzvermerke wie zum Beispiel „kühl stauen", „nicht mit Lebensmitteln zusammen verladen", „stark riechend", „entfernt von Wärmequelle stauen", etc. auf dem Verladeschein/Schiffszettel lassen die Stauverantwortlichen aufhorchen und entsprechend bei der Stauplanung reagieren. Um derartige Probleme zu vermeiden, sollte Ihnen immer ein Sicherheitsdatenblatt oder eine Gefahrguterklärung vorliegen.

Bei der Stauung von Gefahrgut im Seeverkehr ist zu beachten:
1. Der Container muss ohne Beschädigung und trocken sein.
2. Alte Gefahrengut-Placards am Container sind zu entfernen.
3. Nur unbeschädigte und den Vorschriften entsprechende Packstücke dürfen verladen werden.
4. Packstücke sind mit *IMDG*-Gefahrgutlabel (10 x 10 cm) zu versehen; Container mit Placards an allen vier Seiten. Auf der Containertür muss die Kurzbeschreibung des Gefahrgutes, Kolli-Anzahl, Kolli-Art, eventuell Flammpunkt, etc. angebracht werden (zum Beispiel *20 iron-drums inflammable preparation, containing toluene FP 22 Grad Celsius*). Außerdem ist die Anbringung der *UN-Nr.* im *IMDG-Code* gefordert.
5. Es dürfen nur Güter jeweils einer Gefahrgutklasse in einen Container gestaut werden. Verschiedene Güter einer Gefahrenklasse dürfen nur dann zusammen verladen werden, wenn die geltenden Vorschriften es gestatten und die Güter „verträglich" sind.
6. Werden nur einzelne Packstücke gefährlicher Güter zusammen mit anderer – ungefährlicher – Ladung in einen Container geladen, so müssen diese gefährlichen Packstücke unmittelbar hinter der Containertür gestaut werden.
7. Soll ein Container mit giftigen, ätzenden, übelriechenden Flüssigkeiten beladen werden, so ist er vorher durch Auslegen mit Plastikfolie oder Streuen von absorbierendem Material so herzurichten, dass Beschädigungen/Verunreinigungen des Containers (hauptsächlich des Bodens) weitgehend unmöglich gemacht werden.

Abschließende Hinweise zum Gefahrguttransport auf Seeschiffen:
1. Trotz internationaler Vereinheitlichung gibt es nationale Sondervorschriften, die die Verschiffung von Gefahrgut, obwohl nach *IMDG-Code* korrekt verpackt, gekennzeichnet, deklariert, mit einem Schiff dieses Staates nicht gestatten. Vereinzelt trifft dies auch auf Hafenvorschriften zu, die eine Verladung in diesem Hafen nicht zulassen oder stark einschränken.

2. Durch das Zusammenstauverbot unterschiedlicher Gefahrenklassen (das heißt diese verschiedenen Gefahrenklassen müssen von ungefährlicher Ladung separiert werden) kann es zu einem Nichtakzept von Gefahrgut für ein Schiff führen, obwohl noch Schiffsraum (an Deck oder unter Deck) verfügbar ist. Oder Gefahrgut einer bestimmten *IMDG*-Klasse wird nicht akzeptiert, da die Höchstlademengen für diesen Schiffstyp schon erreicht wurde.
3. Der *IMDG-Code* schreibt eine „An-Deck-Stauung oder Unter-Deck-Stauung" oder optionelle „An-oder-Unter-Deck-Stauung" für Gefahrgut vor.
4. Neben *IMDG-Code*, *GGV-See* müssen im Intermodalen Containerverkehr auch die Gesetze der anderen beteiligten Verkehrsträger beachtet werden
   – Straße: *GGVSE/ADR*
   – Eisenbahn: *GGVSE/RID*
   – Binnenschiff: *GGVBinSch/ADN* beziehungsweise *ADNR*
   – kombinierter Verkehr (Bahn/Straße und Binnenschiff/Straße)
     wie vorstehend.

4.4.10 Der Spediteur im Seefrachtgeschäft

Seehafen-spediteur Der Spediteur ist ein bewährter Partner für Versender oder Empfänger und Reeder/Reedereien. Durch sein enges Verhältnis zur Verladerschaft (Verkäufer/Versender oder Käufer/Empfänger von Handelsgütern/Industrieprodukten) verfügt der Spediteur über umfassende Detailkenntnisse, die ihm einen festen Platz in der Transportkette sichern. Diese Stellung innerhalb der gesamten Verkehrswirtschaft wurde auch nicht durch den Multi-/Intermodalen Containerverkehr erschüttert. Er ist ein geschätzter Partner vor Ort, das heißt er organisiert und wickelt Transportaufträge mit einer Vielzahl von Verkehrsträgern ab. Im Rahmen des Seeverkehrs kommen folgende Dienstleistungen zur Ausführung:

- Fachberatung in Außenhandels- und Verkehrsfragen (Ausfuhrbestimmungen, *INCOTERMS 2000*, Internationaler Zahlungsverkehr, geographische Besonderheiten, Transportrecht, Haftung, Versicherung). Die *Konsulats- und Mustervorschriften* der *Handelskammer Hamburg (Außenwirtschaftsabteilung)* geben hier Aufschluss.
- Ermittlung des kostengünstigsten, eventuell schnellsten und sichersten Transportweges, das heißt Vergleich der unterschiedlichen Verkehrsträger (Land-, Luft-, See- und Binnenschifffahrtsverkehrmittel) je nach Einsatzmöglichkeiten
- Erstellung von Seefrachtofferten inklusive Vor- und/oder Nachlauf (diese Offerten ermöglichen dem Exporteur oder Importeur oftmals erst die Plazierung eines qualifizierten Verkaufs- oder Kaufangebots).

Nach dieser Beratungsphase kommt bei Auftragserteilung durch den Versender oder Empfänger für den Spediteur die Organisations- und Abwicklungsphase:

- eventuell Preshipment Inspection für bestimmte Länder, besonders afrikanische Staaten

Seeschifffahrt 4.4

- Buchung des Schiffsraums beim Linienagenten oder bei der Reederei-Vertretung im Inland, eventuell direkt bei der Reederei (entweder Abschluss eines Seefrachtvertrages im eigenen Namen oder für fremde Rechnung)
- eventuell Eindeckung einer Transport-Versicherung (möglichst Haus zu Haus)
- Absprache eines Anlieferungstermins, Längsseitstermins, Beachtung der Ladeschlusszeiten für LCL- oder FCL-Güter
  - Abruferteilung an den Versender im Inland
  - Übernahme der Güter im Inland, Disposition des Vorlaufs zum Ladehafen oder
  - Empfangsnahme der Güter im Hafen (Schnittstellenkontrolle: Verpackungsbeschaffenheit, Stückzahl und eventuell Schadensanzeige beim beteiligten Frachtführer)
- Beseitigung von Verpackungsmängeln
- Besorgung der FOB-Lieferung (Kaiempfangsschein / Schiffszettel) und der elektronischen, zollamtlichen Anmeldung (BHT und ZAPP) für Exporte via deutsche Häfen
- Besorgung der Verschiffung, Ausstellung eines Konnossements, Sea-Waybills und Einreichung beim Agenten, Entgegennahme der gezeichneten Konnossemente
- Erstellen und Ausgeben eigener Dokumente: FIATA-FBL, FCR, FCT
- Besorgung / Erstellen von Konsulatsfakturen, Ursprungszeugnissen, Zollfakturen und eventuell Beglaubigung durch amtliche Stellen
- Dokumentenkontrolle / -versand gemäß Instruktion des Auftraggebers
- Überprüfung der Seefrachtabrechnung, eventuell Zahlung der Seefracht
- Erstellung des Ausfuhrnachweises für Umsatzsteuerzwecke.

Weitere Speditionstätigkeiten können sein:
- Sammelladungsabwicklung: Konsolidieren, Verteilen von Teilpartien / Einzelsendungen
- Eigenes Stuffen, Strippen von Sammelcontainern im Betrieb oder Pack- / Strippauftrag an die Packstation (Container-Freight-Station) des Containerterminals
- Besorgung von seemäßiger Verpackung bei Verpackungsbetrieben im Rahmen der Projektspedition für die Investitionsgüterindustrie
- Besorgung einer Begasung von Packmitteln (zum Beispiel Sirex-Wespe / *Australien*)
- Zwischenlagerung oder Lagerung von Gütern

Bei der Importabwicklung kommen im Gegensatz zur vorher dargestellten Exportabwicklung noch weitere speditionelle Tätigkeitsmerkmale hinzu:
- Einreichung des Original-Konnossementes beim Reedereiagenten
- eventuell Zahlung der Seefracht bei collect-Sendungen
- Erfragen des erwarteten schiffsseitigen Ablieferungstermins (Löschende) etc.
- Ab- und Übernahme der Güter am Schiff, am Kaischuppen, an der Packstation
- Schnittstellenkontrolle: eventuelle äußerliche Beschädigungen, der Stückzahl (eventuell Waren und Qualitätskontrolle bei bestimmten Produkten)

- Schadensabwicklung mit Transportversicherung und Verfrachter
- eventuell zollamtliche Abfertigung
- Zwischenlagerung, Distribution, Lagerung von Gütern
- Abrechnung der Transportkosten.

Neben der Tätigkeit für die heimische Wirtschaft wickelt der Spediteur sowohl im Export als auch Import eventuell auch Transitverladungen ab. Weiterhin haben sich manche Spediteure auf bestimmte Produktgruppen konzentriert/spezialisiert, zum Beispiel Baumwolle, Frischfrucht, Kühlgut etc. Auch das Projektgeschäft für die Investitionsgüterindstrie basiert auf einer solchen Spezialisierung.

4.5 Luftfrachtverkehr

4.5.1 Entwicklung und Bedeutung

Der Luftverkehr ist der jüngste der sechs Verkehrsträger. Zwar machten die Verkehrsmittel Flugzeug und Luftschiff schon Anfang des letzten Jahrhunderts von sich reden, und große Pionierleistungen vor und nach dem Ersten Weltkrieg ließen die Weltöffentlichkeit aufhorchen; der kommerziellen Nutzung des Luftverkehrs waren jedoch aufgrund des Entwicklungsstandes der Fluggeräte zunächst enge Grenzen gesetzt. Das Explosionsunglück des Zeppelins *„Hindenburg"* im Jahre 1937 in *Lakehurst*, dem Zeppelinhafen von *New York*, brachte das Ende der Luftschifffahrt.

Bis zum Zweiten Weltkrieg blieb die Beförderung im Luftverkehr fast ausschließlich auf Passagiere und Post beschränkt.

Dies änderte sich grundlegend nach 1945. Die Flugzeughersteller konnten ihre Erfahrungen, die sie im Bau von größeren **Militärflugzeugen** gewonnen hatten, in die Konstruktion von **Zivilmaschinen** einbringen. Solche **Passagierflugzeuge** waren in der Lage, größere Frachtmengen in den aber immer noch kleindimensionierten Fracträumen unter dem Passagierdeck aufzunehmen.

Noch zu Beginn des Jet-Zeitalters in den 60er Jahren war bei den ersten Düsen-Passagiermaschinen (*Caravelle*, *Boeing 707* und *727*) die Frachtkapazität relativ gering. Die **Großraumflugzeuge** der zweiten Jet-Generation (*Boeing 747*, *Douglas DC 10*, *Airbus*) hingegen wurden ganz auf den Transport von **palettierbarer Fracht** in den breiten Rümpfen konzipiert.

Die in den **Unterflur-Fracträumen** dieser Flugzeugtypen zur Verfügung stehende Frachtkapazität war nicht mehr nur ein „**Nebenprodukt**". Nutzung und Auslastung tragen oft wesentlich zur Rentabilität eines Fluges bei.

Eine weitere Ausweitung des Frachtangebotes ergab sich Mitte der 70er Jahre. **Passagier-Flugzeuge** des Typs *Boeing 747* wurden als sogenannte „**Kombis**" gebaut. Sie ermöglichen den Fluggesellschaften auf dem Hauptdeck (hinter der Passagierkabine) **containerisierte** oder **palettisierte** Fracht zu befördern.

Somit besteht die Möglichkeit auf saisonale Einflussgrößen zu reagieren, indem die Fluggesellschaften auf bestimmten Strecken jahreszeitlich oder auch kurzfristig Fluggerät austauschen, um einer unterschiedlichen und wechselnden Nachfrage nach Passagiersitzen und Frachtraum nachkommen zu können.

Die Entwicklung der **Nur-Frachtflugzeuge** ging im Wesentlichen mit der Konstruktion und Inbetriebnahme der Passagiermaschinen einher. Geeignete Typen wurden mit einer großen Frachttür und/oder einem aufklappbaren Bug beziehungsweise Heck ausgerüstet. Im Flugzeuginnern installierte Rollensysteme stellen eine schnelle Be- und Entladung der Paletten und Container sicher. **Frachtflugzeuge**

Als im Jahre **1972** die *Deutsche Lufthansa* als erste Fluggesellschaft den *Jumbo-Frachter Boeing 747 C* mit einer **Nutzlast von ca. 100 t** auf der Strecke *Frankfurt-New York* in Dienst stellte, waren erst 25 Jahre seit Einsatz des viel verwendeten Frachtflugzeuges *Douglas DC 3* (Kapazität 3 t) vergangen.

Der Spediteur und die Verkehrsträger

Mit der zur Zeit **modernsten Frachtmaschine MD 11F** von *McDonnel Douglas* erweiterte die *Deutsche Lufthansa* 1998 ihre Frachterflotte um eines der **wirtschaftlichsten und umweltverträglichsten Frachtflugzeuge** der Welt. Die *MD 11F* verbraucht 25 % weniger Treibstoff als die vergleichbare *Boeing 747* bei deutlich geringeren Emissionswerten. Mit einer **Frachtkapazität von 93 t** hat diese Maschine durch ein halbautomatisches Be- und Entladesystem eine Umkehrzeit von **zweieinhalb Stunden**. Achtzehn Maschinen dieses Typs hat die *Deutsche Lufthansa* bis zur Einstellung der Produktion durch *Boeing* im Jahre 2001 in Dienst gestellt. Sie bilden heute und für die kommenden Jahre das Rückgrat der *LH*-Frachterflotte. Die für das Jahr 2008 avisierte Markteinführung der Vollfrachterversion des neuen *Airbus A380*, die *A380F*, verzögert sich um unbestimmte Zeit.

Frachter sind vor allem auf solchen Strecken rentabel einsetzbar, wo Frachtverkehrsströme paarig, das heißt in beiden Richtungen fließen, beziehungsweise Frachtaufkommen im Rahmen von Poolflügen und Frachtallianzen im "Round the world" Service über mehrere Abgangs- und Zielflughäfen, zum Beispiel auf der Route *Europa – Nordamerika – Asien / Pazifik – Nah- / Mittelost – Europa* verknüpft werden kann.

Leistungsmerkmale Luftfracht
Das Flugzeug zeichnet sich durch **Schnelligkeit, Zuverlässigkeit** und **Frequenzdichte** aus. Weltweit stehen ihm eine Vielzahl von Luftstraßen und über **4 000 größere und kleinere Flughäfen** zur Verfügung. Insofern ist der **Luftfrachtverkehr** hinsichtlich der Schnelligkeit / Beförderungszeit gegenüber alternativen Verkehrsträgern konkurrenzlos. Lediglich auf der Kurzstrecke als Glied der Beförderungskette von Haus zu Haus verliert der Schnelligkeitsvorteil an Bedeutung. Hier ist der Straßenverkehr in der Lage, schnelle Gesamtbeförderungszeiten darzustellen und mit dem Luftverkehr zu konkurrieren.

Die **reinen Frachtkosten liegen größtenteils höher als im Oberflächenverkehr**. Die auf der übernächsten Seite aufgeführten spezifischen Leistungsmerkmale führen jedoch fast immer zu einer Reduzierung der Distributionskosten (Verteilungskosten).

Für den Lufttransport prädestiniert sind neben Terminwaren, Ersatzteilen, Modeartikeln, lebenden Tieren, Fleisch, Obst, Gemüse, Blumen, Wertsendungen und Zeitungen auch solche Sendungen, für die eine Distributionskosten-Analyse ein positives Ergebnis hinsichtlich der Luftfrachtbeförderung erbringen. Hierunter fallen insbesondere höherwertige Güter.

Tab. 59: Leistungsmerkmale des Luftfrachtverkehrs

Vorteile	Auswirkungen
Flughäfen im Landesinneren	geringere Vor- und Nachlaufkosten
kürzere Transportzeit und kein Salzwassereinfluss	geringere Verpackungskosten
kürzere Transportzeit	geringere Versicherungskosten
kürzere Transportzeit und hohe Frequenzen	geringere Kapitalkosten und geringere Lagerbestände
kürzere Transportzeit	geringere Kapitalkosten durch schnelleren Geldrückfluss

Quelle: Eigene Darstellung

Luftfrachtverkehr 4.5

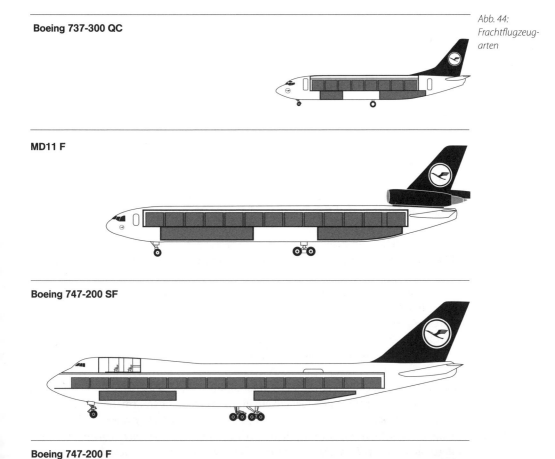

Abb. 44: Frachtflugzeugarten

Quelle: Lufthansa

Das überdurchschnittliche Wachstum des Frachtaufkommens führte zu Engpässen bei der Bodenabfertigung. Um den Service zu verbessern und als Glied der Beförderungskette nicht durch andere Verkehrsträger ersetzbar zu werden, sind die Carrier in Zusammenarbeit mit Luftfrachtspediteuren, Flughafengesellschaften und Zollbehörden aktiv, vereinfachte und schnellere Abfertigungsverfahren einzuführen.

Bodenabfertigung

Luftfracht- An den Flughäfen werden **Frachtterminals** mit ausreichender Kapazität und moder-
terminals ner Förder- und Lagertechnik gebaut.
Datenaus- Die Fluggesellschaften bedienen sich zunehmend IT-gestützter Vertriebs- und Service-
tausch systeme mit Nutzermöglichkeit für Kunden und Spediteure zum Fracht-Datenaustausch
Tracing und zur Sendungsverfolgung / Tracing.
TRAXON Der im Jahr 1992 gegründeten Gesellschaft *TRAXON* gehören heute fast 100 Fluggesellschaften an, unter anderem *AIR CANADA, AIR FRANCE, BRITISH AIRWAYS, CARGOLUX, CATHAY PACIFIC, EMIRATES, FINNAIR, JAPAN AIRLINES, KOREAN AIRLINES, LUFTHANSA, MARTINAIR, ROYAL AIR MAROC, SAS, SWISSAIR, SINGAPORE AIRLINES* und *KLM*. *TRAXON (Tracking and Tracing, online)* ermöglicht neutral und unabhängig den **Informationsaustausch** zwischen den Systemnutzern. Fluggesellschaften, Flughafengesellschaften, Speditionen, Zollbehörden, Exporteure, Versender, Importeure und Empfänger werden weltweit miteinander **online vernetzt**.

Mittlerweile versorgt das System *TRAXON* weltweit mehr als 3 000 Spediteure mit nahezu 9 000 Büros mit Sendungsinformationen.

Hierbei können die Teilnehmer unter adnerem folgende Dienstleistungen in Anspruch nehmen:
- Buchung, Buchungskorrektur und Stornos bei den Fluggesellschaften
- Abfrage Sendungsstatus
- Übermittlung der *AWB*-Daten
- Online-Zugriff auf *IATA*-Raten und Flugplandaten weltweit
- Informationsaustausch jeglicher Art zwischen den Systemnutzern.

Für Teilnehmer mit einem geringen Frachtaufkommen bietet *TRAXON* auch ohne einen online-Anschluss seit 1996 die Möglichkeit, im **Internet** Status-Informationen, Flugpläne und Verfügbarkeitsmeldungen kostengünstig abzufragen (http://www.traxon.de).

ATLAS In *Deutschland* sind Fluggesellschaften, Spediteure und Betreiber der Flughafen-Zolllager an das Zollsystem **ATLAS** *(Automatisiertes Tarif- und Lokales Zollabwicklungssystem)* für die weitgehend automatisierte Abfertigung und Überwachung des *EU*-grenzüberschreitenden Warenverkehrs angeschlossen. Das Zollsystem *ATLAS* hat die administrativen und operativen Aufgaben und Arbeitsschritte der Zollabfertigung für nahezu alle Zollverfahren bei der Ein- und Ausfuhr von Luftfrachtsendungen erheblich vereinfacht und beschleunigt. In naher Zukunft ist der letzte Schritt hin zu einer beleglosen und formularfreien Zollabfertigung absehbar.

Die Fluggesellschaften geben frühzeitig, zum Teil schon vor Ankunft der Maschine, die Sendungsdaten in das *ATLAS*-System ein, damit die Importspediteure ihre Zollanträge mit Hilfe von zertifizierter Software unverzüglich elektronisch dem Flughafen-Zollamt übermitteln können.

AMS In den *USA* wurde in gleicher Weise das *AMS (Automated Manifest System)* eingerichtet.
Haus-Haus- Eine zunehmende an Bedeutung gewinnende Variante im Dienstleistungsangebot ist
Verkehre der **Haus-zu-Haus-Verkehr** für besonders eilige Sendungen **zu festen Endpreisen**. Den Verkehrsbedürfnissen der Nutzer wird dadurch Rechnung getragen, dass der Gesamtpreis die sofortige Abholung, eine bevorzugte Abfertigung zum Luftfrachtversand, die Zollabfertigung am Abgangs- und Bestimmungsflughafen, die unverzügliche Zustellung

Luftfrachtverkehr 4.5

und die Benachrichtigung des Absenders über erfolgte Auslieferung einbezieht. Einige Dienstleistungsbetriebe schließen auch eine Transportversicherung und eine garantierte Laufzeit ein.

Anbieter sind Speditionsfirmen, die in enger Zusammenarbeit mit den Carriern tätig werden oder über eigenes beziehungsweise gechartertes Fluggerät verfügen. Auch Fluggesellschaften, die den Vor- und Nachlauf selbst arrangieren, offerieren diese Haus-zu-Haus-Dienste, ferner solche Dienstleistungsunternehmen, an denen Spediteure und Carrier beteiligt sind.

Den im Zuge der Globalisierung seit Jahren stetig wachsenden Anforderungen an immer höhere Standards bei Zuverlässigkeit und Qualität im Luftfrachtversand trägt die *Deutsche Lufthansa* auch weiterhin durch die bewährten *time definite Services* Rechnung. In den wichtigsten Export- und Importmärkten werden Flugpläne ab dem 1.4.1998 durch so genannte verbindliche **Zeitfenster (time frame)** ersetzt. Ein Zeitfenster ist dabei der Zeitraum von spätmöglicher Annahmezeit (LAT: latest acceptance time) am Abgangsort bis zur Verfügbarkeitszeit (TOA: time of availability) am Zielort. Bei dieser Zeitgarantie spielen dann nicht mehr die Flugdaten eine Rolle, sondern die zentrale Funktion übernimmt dann die so genannte **time frame ID**, die Kenn-Nummer des jeweiligen Zeitfensters. Innerhalb dieser *time definite Services* bietet die *Deutsche Lufthansa* verschiedene Möglichkeiten an: **time definite Services**

- **td.Pro**
  Sendung steht am zweiten bis vierten Arbeitstag nach Annahme morgens am Ziel
- **td.X**
  Sendung ist beim Empfänger bereits am ersten bis dritten Arbeitstag nach Annahme zur Verfügung
- **td-Flash**
  für jede Sendung wird die individuell schnellste Laufzeit ermittelt und garantiert
- **td.SameDay**
  für Sendungen unter 32 kg und mit bestimmten maximalen Abmessungen wird ein Zeitrahmen in *Deutschland* von zwei bis vier Stunden und in *Europa* von vier bis sechsStunden garantiert

Zwischenzeitlich werden ähnliche Service-Pakete von einer Vielzahl von Fluggesellschaften und von einigen Spediteuren angeboten.

In der Kommunikation zwischen Spediteuren und der Verladenden Wirtschaft spielen bei solchen Service-Paketen neben der time-frame ID auch die effektiven Flugdaten weiterhin eine wichtige Rolle.

Die in den letzten Jahren verstärkte **Globalisierung** im internationalen Wettbewerb wirkte sich auch auf die Luftfrachtbranche aus. Stetig wachsende Luftfrachttonnagen bei gleichzeitig steigenden Qualitätsansprüchen und fallenden Preisen führten zur Verstärkung von **Kooperationen** und **Konzentrationen**. Internationale Fluggesellschaften vereinbaren im Passagierverkehr Partnerschaften (zum Beispiel *Star Alliance: Air Canada, Air New Zealand, ANA, Asiana Airlines, Austrian Airlines, bmi british midland, Lauda Air, Lufthansa, Mexicana, SAS Scandinavian Airlines System, Singapore Airlines, Spanair, Thai Airways International, Tyrolean Airways, United Airlines, VARIG*). Gleiches gilt auch **Globalisierung**

503

für die Frachtbereiche großer Fluggesellschaften. So haben sich *Deutsche Lufthansa, Singapore Airlines, Japan Airlines* und *Scandinavian Airlines* zur Frachtallianz **WOW** zusammen geschlossen. Auch *KLM* und *Air France Cargo* bündeln ihre Kapazitäten um ihre Märkte intensiver zu bearbeiten. Neben der Zusammenarbeit in größeren und kleineren Airline Allianzen versuchen die Fluggesellschaften aktuell, sich auch Anteile am Luftfrachtaufkommen einzelner Wachstumsmärkte *(Asien)* und hier insbesondere *China* und *Indien* durch Vereinbarung strategischer Partnerschaften und / oder Beteiligungen zu sichern. Auch die im Januar 2008 durch *Lufthansa* und *DHL* als gleichberechtigte Partner neu gegründete Fluggesellschaft *AEROLOGIC* ist als ein Schritt zu verstehen, keine Entwicklung im dynamischen, globalen Luftfrachtmarkt zu verpassen.

Auch kleine und mittlere Spediteure flechten globale Netzwerke, um ihren Kunden integrierte, weltumspannende Dienstleistungen aus einer Hand anbieten zu können. Kooperationen wie zum Beispiel *Future, Iglu Aircargo GmbH* stärken die Wettbewerbsfähigkeit mittelständischer Luftfrachtspeditionsunternehmen.

4.5.2 Luftverkehrsrecht

Chikagoer Abkommen — Auf einer *internationalen Konferenz für Zivilluftfahrt* vom 1.11. bis 7.12.1944 in *Chikago* schlossen 54 Staaten ein **Abkommen zur einheitlichen Regelung von Fragen im technischen, wirtschaftlichen und rechtlichen Bereich des Weltluftverkehrs (Chikagoer Abkommen)**. Die *Bundesrepublik* trat dem *Chikagoer Abkommen* am 7.4.1956 bei.

ICAO — Die Durchführung und Durchsetzung, aber auch die Fortschreibung der in *Chikago* gefassten Beschlüsse wurden der **International Civil Aviation Organisation (ICAO)** übertragen. Sie hat ihren Sitz in *Montreal* und ist seit 1947 eine Unterorganisation der *UNO*.

Mitglied kann jeder Staat werden, der sich am internationalen, zivilen Luftverkehr beteiligt und in die *UNO* wählbar ist. Zum Aufgabenbereich der *ICAO* gehören unter anderem die Flugsicherheit, der Wetterdienst, die Zulassung von fliegendem Personal und Luftfahrtgerät, die Förderung der Einrichtung neuer Flugstrecken, die Vereinfachung von Zollformalitäten und das Luftverkehrsrecht.

Luftverkehrsrechte — Nach internationalem Recht steht jedem selbständigen Staat die **Lufthoheit für sein Hoheitsgebiet** zu. Der Luftraum kann deshalb nur mit Zustimmung der zuständigen staatlichen Organe benutzt werden. Die zuständige Behörde in der *Bundesrepublik Deutschland* ist der *Bundesminister für Verkehr*. Die Abwicklung des Verkehrs aller in- und ausländischen Luftverkehrsgesellschaften in der *Bundesrepublik Deutschland* bedarf seiner Genehmigung. Ebenso muss die Tätigkeit der deutschen Fluggesellschaften in anderen Staaten von den jeweils zuständigen ausländischen Behörden genehmigt werden.

Um **Linienflugverkehr** durchführen zu können, ist mithin die Gewährung von **Verkehrsrechten** erforderlich. Sie werden auf der Basis der Gegenseitigkeit im Rahmen von zweiseitigen Luftverkehrsabkommen oder, wenn kein Abkommen besteht, auf Grund von provisorischen Betriebsbewilligungen, die im Allgemeinen jeweils für eine Flugplanperiode erteilt werden, zwischen den Staaten vereinbart. Versuche, durch ein internationales Abkommen weltweit Verkehrsrechte auszutauschen, sind bisher gescheitert. Nur für die Rechte zum Überflug und zu technischen Zwischenlandungen (erste und zweite Freiheit der

Luftfrachtverkehr   **4.5**

Luft) gibt es eine mehrseitige internationale Vereinbarung durch *ICAO*-Beschluss.

Die im gewerblichen internationalen **Linienflugverkehr** geltenden Verkehrsrechte sind in den so genannten *acht Freiheiten* durch die *ICAO* wie folgt definiert: **Acht Freiheiten der Luft**

	Die *acht Freiheiten der Luft*:
1. Freiheit	das Recht, das Gebiet des (fremden) Staates ohne Landung zu überfliegen
2. Freiheit	das Recht auf Landung in einem fremden Staat zu nicht gewerblichen Zwecken (zum Beispiel Reparaturen)
3. Freiheit	das Recht zum Abladen von Fracht, Post beziehungsweise zum Absetzen von Passagieren im Nachbarschaftsverkehr
4. Freiheit	das Recht zum Aufnehmen von Passagieren, Fracht, Post im Nachbarland
5. Freiheit	Gewerblicher Transport zwischen zwei fremden Staaten, wobei der Verkehrsdienst Teil einer Fluglinie ist, die im Heimatstaat beginnt oder endet
6. Freiheit	Gewerblicher Transport zwischen zwei fremden Staaten mit Zwischenlandung im Heimatstaat
7. Freiheit	Gewerblicher Transport zwischen zwei fremden Staaten ohne Anknüpfung an den Heimatstaat
8. Freiheit	Gewerblicher Transport im binnenländischen Verkehr eines fremden Staates (Kabotage).

Die Freiheiten eins bis fünf wurden während der Konferenz im Jahre 1944 festgelegt. Mit dem zunehmenden Luftverkehr entwickelten sich jedoch Flugstreckenvarianten, denen die ursprünglichen Freiheiten nicht mehr ausreichend Rechnung trugen. Im Laufe der Zeit entstanden daher so die Freiheiten sechs bis acht, ohne dass sie in einem weiteren multilateralen Abkommen modifiziert wurden.

Regelmäßig werden nur die ersten vier Freiheiten vereinbart. Die achte Freiheit wird praktisch nie eingeräumt (Sonderregelungen gelten jedoch für die Mitgliedsstaaten der *EU* und das *EWR*).

Als 1957 der *Vertrag zur Gründung der Europäischen Wirtschaftsgemeinschaft (EWG)* in *Rom* unterzeichnet und damit der Grundstein für einen gemeinsamen Markt gelegt wurde, hatte die europäische Zivilluftfahrt noch keine große Bedeutung. So fand die Luftverkehrspolitik im Vertragswerk keine besondere Berücksichtigung, und es fehlten Vereinbarungen darüber, welche konkreten Maßnahmen zur Gestaltung eines gemeinsamen Luftverkehrsmarktes in Angriff zu nehmen seien.   **EG-Recht**

Dieser Umstand, aber auch das Desinteresse der Mitgliedsstaaten, den Linienluftverkehr in den Gesamtmarkt einzubeziehen, führten dazu, dass die Luftfracht fast 30 Jahre aus dem Aufbau ausgeklammert blieb. Die Regierungen der *Europäischen Gemeinschaft (EG)* und ihre Fluggesellschaften hielten sich an bilaterale Abkommen und Absprachen innerhalb eines über viele Jahre gewachsenen Ordnungsrahmens der innereuropäischen Luftfahrt.

An seiner Gestaltung hatten und haben die 23 Staaten der *Europäischen Luftfahrt-*

ECAC *konferenz (European Civil Aviation Conference = ECAC)* und die *Vereinigung der Euro-*
AEA *päischen Fluggesellschaften (Association of European Airlines = AEA)* maßgeblichen Anteil.
Dieser Ordnungsrahmen berücksichtigte weitgehend die Interessen der Luftfahrtunternehmen, die bei einer uneingeschränkten Anwendung des *EG*-Wettbewerbsrechts einen ruinösen Wettbewerb zu eigenem Nachteil, aber letztlich auch zum Nachteil der Kunden befürchteten. Andererseits war aber auch unstrittig, dass die praktizierte Marktordnung mit ihren Tendenzen zur Abschottung der nationalen Märkte einer Reform bedurfte.

Zwei Ereignisse änderten Mitte der 80er Jahre die Situation grundlegend. Der *Europäische Gerichtshof* bestätigte in einem richtungsweisenden Urteil die Rechtmäßigkeit der *EG*-Wettbewerbsbestimmungen auch für den Luftverkehrsbereich.

Zusätzlich verabschiedeten die *EG*-Regierungschefs die *Einheitliche Europäische Akte* zur Änderung und Ergänzung des *EWG-Gründungsvertrages*.

Ende Juni 1992 gaben die *EG*-Verkehrsminister grünes Licht für die Liberalisierung des Flugverkehrs in *Europa*:
- *EU*-**Flugunternehmen** können ihre **Preise** von 1993 an **frei gestalten** und ab 1997 auch **Inlandsstrecken im** *EU*-**Ausland betreiben (Kabotageregelung)**.
- Die sowohl für den Passagier- als auch für den Frachtverkehr vorgesehene Regelung umfasst auch **einheitliche Vorschriften für die Betriebsgenehmigung und den Marktzugang von Fluggesellschaften** (Wettbewerbsordnung).

Andere Sachgebiete zur **Harmonisierung** und **Liberalisierung** beziehen sich auf:
- **Tarifpolitik**
(*EU*-einheitliche Tarifrichtlinien zum Zwecke der Preissenkung)
- **Kapazitätsaufteilung**
(Das Kapazitätsangebot der Fluggesellschaften zweier Staaten kann abweichend von einer 50 : 50-Aufteilung geregelt werden)
- **Kontrolle der staatlichen Beihilfen** an die nationalen Fluggesellschaften
- **Überwachung des Luftverkehrs**
- **Kapazitätsausbau und Verbesserung der Flughafen-Infrastrukturen**
(Bereitstellung von Investitionsmitteln).

Open Skys Am 30.3.2008 ist das *Open Skys Abkommen* in Kraft getreten. Das zwischen der
Abkommen *Europäischen Union* und den *USA* vereinbarte Abkommen regelt den freien Zugang aller Fluggesellschaften der Vertragsstaaten zu allen Flughäfen und zu allen Verkehrsverbindungen zwischen den Vertragsstaaten und öffnet damit interessierten Fluggesellschaften auch den direkten Zugang zu Frachtaufkommen aus Regionen, die bisher per Vor- beziehungsweise Nachlauf vom oder zum „Home-Hub" befördert werden mussten. Ob, von wem und in welchem Umfang diese Möglichkeiten in Zukunft genutzt werden können, wird von den an Internationalen Flughäfen verfügbaren Bodenkapazitäten und dem damit verbundenen Angebot an attraktiven Slots abhängen.

War- Im *Abkommen zur Vereinheitlichung von Regeln über die Beförderung im internationalen*
schauer *Luftverkehr* wurde am 12.10.1929 in *Warschau (Warschauer Abkommen)* erstmals interna-
Abkommen tionales Luftprivatrecht paraphiert. Die damalige *deutsche Reichsregierung* gehörte zu den Mitunterzeichnern.

Luftfrachtverkehr 4.5

Rechtskraft erhielt das *Warschauer Abkommen* für das *Deutsche Reichsgebiet* jedoch erst nach Ratifizierung am 30.9.1933.

Dieses Abkommen wurde durch die Zusatzvereinbarung *Protokoll zur Änderung des Abkommens zur Vereinheitlichung der Regeln über die Beförderung im internationalen Luftverkehr* den Nachkriegsverhältnissen angepasst und am 28.9.1955 in *Den Haag (Haager Protokoll)* durch die beteiligten Staaten unterzeichnet. Die *Bundesrepublik Deutschland* ratifizierte es am 7.8.1958, und es erhielt Rechtskraft am 1.8.1963, nachdem die vorher vereinbarte Mindestanzahl von Ratifizierungsurkunden hinterlegt war. **Haager Protokoll**

Das *Warschauer Abkommen* **setzt internationales Recht für den grenzüberschreitenden Güterverkehr fest.** Es ist Grundlage für die **Beförderungsbedingungen** der *IATA*-Fluggesellschaften.

Einen breiten Raum nehmen die **Haftungsbestimmungen** ein.

Die Regelungen des Abkommens sind mehr oder weniger allgemeinverbindlich gehalten und bedürfen bei Auslegungsschwierigkeiten oder Gesetzeslücken einer Ausfüllung durch die jeweilige Landesrechtsprechung beziehungsweise durch vertragliche Regelung in den Beförderungsbedingungen der Fluggesellschaften.

Dies gilt auch für das *Haager Protokoll*, das zwar Verbesserungen brachte, jedoch weiterhin Fragen offen ließ.

Fast alle am internationalen Luftverkehr beteiligten Länder ratifizierten das *Warschauer Abkommen*; mehrere dieser Signatarstaaten haben jedoch bislang von einer Ratifizierung des *Haager Protokolls* Abstand genommen.

Dies bedeutet, dass möglicherweise unterschiedliches Recht bei einer Beförderung zwischen zwei Staaten zu berücksichtigen ist. Grundsätzlich findet in solchen Fällen das *Warschauer Abkommen* Anwendung.

Gehört in Ausnahmefällen ein Staat nicht zu den Signatarländern des *Warschauer Abkommens*, gilt das nationale Luftverkehrsrecht.

Folgende Staaten, die im Luftfrachtverkehr von mehr oder weniger großer Bedeutung sind, haben das *Warschauer Abkommen*, nicht aber das *Haager Protokoll* unterzeichnet:

Burma	*Korea, Volksrep.*	*Sri Lanka*
Gambia	*Liberia*	*Tansania*
Ghana	*Malta*	*Uganda*
Guinea	*Mauritius*	*Vietnam, Volksrep.*
Guyana	*Obervolta*	*Vietnam, Rep.*
Indonesien	*Oman*	*Zaire*
Jamaika	*Sierra Leone*	
Kenya	*Somalia*	

Das *Warschauer Abkommen* wurde in einer Konferenz in *Montreal* im Jahr 1998 durch das so genannte *Montrealer Protokoll Nr. 4(MP4)* in einigen Punkten verändert. Besonders zwei Punkte sind im Frachtbereich hervorzuheben, die Schaffung der Voraussetzungen für einen „papierlosen" *AWB* und die Umstellung **der Haftung auf Sonderziehensrechte (SZR)**. **Montrealer Protokoll**

Bereits im Jahre 1999 auf einer diplomatischen Konferenz in *Montreal* als Übereinkommen *(Convention for the unification of certain rules for international carriage by air)* verabschiedet, trat das *Montrealer Übereinkommen (MAK)*, nachdem es von **Montrealer Abkommen** mehr als 30 Signatarstaaten, unter anderem *USA, Kanada, Japan* sowie von fast allen *EU*-Mitgliedsstaaten einschließlich der *Bundesrepublik Deutschland* von Sommer 2003 bis Sommer 2004 ratifiziert wurde, als Rechtsgrundlage für die Luftbeförderung zwischen diesen Ländern in Kraft. Das *Montrealer Abkommen* wird absehbar das *Warschauer Abkommen* als führende Rechtsnorm für die internationale Luftbeförderung ablösen.

Zunächst ist jedoch zu beachten, dass weiterhin unterschiedliche Rechtsgrundlagen für die Luftbeförderung gelten, wenn nicht beide, Abgangs- und Bestimmungsland der Beförderung das *Montrealer Abkommen* in Kraft gesetzt haben.

Die Bezeichnungen *Montrealer Abkommen (MAK)* und *Montrealer Übereinkommen (MÜ)* werden synonym verwendet.

Derzeitige Rangfolge der Rechtsnormen im Internationalen Luftverkehr:
1. *Montrealer Abkommen*
2. *Haager Protokoll*
3. *Warschauer Abkommen*
4. *IATA conditions of carriage*
5. *Nationale Gesetzgebung.*

Die gravierendsten Änderungen im *Montrealer Abkommen* gegenüber dem *Haager Protokoll* beziehungsweise dem *Warschauer Abkommen* unter dem Aspekt der Luftfrachtbeförderung resultieren aus
- der Zulassung des elektronischen (papierlosen) *AWB* ohne frachtvertragliche Nachteile für die Beteiligten
- der Abkehr vom Prinzip der **Verschuldenshaftung** hin zum Prinzip der schärferen **Gefährdungshaftung** für den Frachtführer (Carrier).

Luftver- Das *Luftverkehrsgesetz (LuftVG)* aus dem Jahre 1922 mit den inzwischen vorgenom-
kehrsgesetz menen Änderungen und Ergänzungen (zuletzt geändert 1998) setzt **nationales Recht für die** *Bundesrepublik Deutschland* **fest**. Es beinhaltet die Bestimmungen über die Benutzung des Luftraumes und regelt die Verkehrszulassung der Flugzeuge, sowie die Erteilung der Erlaubnis zur Führung von Luftfahrzeugen. Ferner enthält es die Genehmigungsvorschriften für die Anlage und den Betrieb von Flughäfen sowie für die Errichtung von Luftfahrtunternehmungen.

Luftfahrt- Die Luftaufsicht zur Abwendung von Gefahren im Luftverkehr ist gemäß *LuftVG*
Bundesamt Aufgabe der Luftfahrtbehörden. So wurde durch Gesetz vom 30.11.1954 das *Luftfahrt-Bundesamt (LBA)* eingerichtet. Es hat als **Bundesoberbehörde** seinen Sitz in *Braunschweig* und ist unter anderem zuständig für die Erteilung von **Sondergenehmigungen zur Beförderung von gefährlichen Gütern**.

4.5.3 Luftsicherheit beim Gütertransport

Das *Luftfahrtbundesamt* ist auch an der Umsetzung und Überwachung aller nationalen gesetzlichen Grundlagen und Durchführungsvorschriften des neuen *Luftsicherheitsgesetzes*

Luftfrachtverkehr 4.5

(LuftSiG) im Zuge der Neuordnung der *EU-Verordnungen EU-VO 2320/2002* und deren Ergänzung *EU-VO 831/2006* maßgeblich beteiligt. Diese neuen gesetzlichen Grundlagen traten im Februar 2006 in Kraft und tragen den erheblich gestiegenen Risiken – und Sicherheitsanforderungen bei der Beförderung von Passagieren und Luftfrachtgütern nach den Ereignissen des 11.9.2001 und den in der Folge weiterhin aufgetretenen Bedrohungslagen Rechnung. Die neuen gesetzlichen Grundlagen sehen vor:
- Alle Luftfrachtgüter speziellen Sicherheitskontrollen zu unterwerfen
- Den Sicherheitskorridor auch auf Versender, Vortransport und Luftfrachtumschlag beim Spediteur auszudehnen
- Alle Beteiligten am Luftfrachttransport in ein Sicherheitsnetzwerk einzubinden.

Die wichtigsten Bausteine und Begriffsbestimmungen in dem gesamten Luftsicherheits-Konzept lauten:
- Sicherheitskontrollen durch Luftfahrtunternehmen
- Sichere Fracht
- Unsichere Fracht
- Reglementierter Beauftragter
- Bekannter Versender.

Was bedeuten diese Bausteine und Begriffsbestimmungen für die heutige und zukünftige praktische Abwicklung von Luftfracht und für die Zusammenarbeit aller am Luftfrachttransport Beteiligten?

Zunächst verpflichtet die neue Gesetzgebung die Fluggesellschaften, alle für die Beförderung in Passagier- oder Frachtflugzeugen vorgesehenen Luftfrachtgüter, genau definierten Sicherheitskontrollen zu unterwerfen. In Ergänzung zu bereits bestehenden Sicherheitsvorschriften zur Beförderung von Frachtgütern an Bord von Flugzeugen, müssen die neuen Regelungen auch die Transportstrecke und den Umschlag der Güter vom Versender bis zur Verbringung in das Flugzeug absichern – das heißt grundsätzlich hat die Fluggesellschaft dafür Sorge zu tragen, dass die Luftfrachtgüter jederzeit vor dem Zugriff und Manipulation durch Unbefugte geschützt sind.

Die Forderung an die Fluggesellschaft lautet, bei Annahme und beim Handling von Luftfrachtgütern zu garantieren, dass durch ordnungsgemäß durchgeführte Sicherheitskontrollen das Verbringen von verbotenen Gegenständen in Luftfrachtgütern, wie zum Beispiel Sprengstoffe, Waffen und Munition, Elektroschockgeräte, brennbare und ätzende Substanzen oder ähnliches ausgeschlossen wird. Die Sicherheitskontrollen müssen durch fest angestelltes und ordnungsgemäß qualifiziertes Personal durchgeführt werden.

Als mögliche Methoden der Sicherheitskontrollen sind vorgesehen:
- Physische Überprüfung (Inaugenscheinnahme)
- Röntgenuntersuchung
- Reaktionsprüfung auf Druckveränderung in Simulationskammern
- Kontrolle mit Detektoren
- Kontrolle durch Spürhunde.

Art und Umfang der durchgeführten Sicherheitskontrollen sind zu dokumentieren.

Da die Fluggesellschaften in der praktischen Umsetzung der geforderten Sicherheitstandards kaum in der Lage wären, jedes einzelne Packstück in der geforderten Weise zu untersuchen und dabei noch eine verzögerungsfreie Abwicklung und eine flugplankonforme Beförderung sicherzustellen wurden die Verantwortlichkeiten für die Umsetzung der neuen Sicherheitsnormen auch auf die Luftfrachtspediteure und die Verladende Wirtschaft ausgedehnt. So entstanden die Funktionen *Reglementierter Beauftragter* und *Bekannter Versender*, deren Bedeutung und Aufgabenbereich nachfolgend beschrieben werden.

Reglementierter Beauftragter

Der Begriff *Reglementierter Beauftragter* entstammt der *EU-VO 2320/2002* und dem im Februar 2006 in Kraft getretenen *Luftsicherheitsgesetz*.

Der *Reglementierte Beauftragte* ist ein Status der bei Erfüllung entsprechender Voraussetzungen durch das *Luftfahrtbundesamt (LBA)* an Speditionsunternehmen, Kurier- und Expressdienste, Luftfracht-Handlingunternehmen und Luftfahrtunternehmen die Luftfrachtabwicklung oder Beförderung an Dritte anbieten, vergeben werden kann.

Unternehmen, die als *Reglementierter Beauftragter* vom *LBA* zugelassen werden wollen, müssen unter anderem

- die Lagerung und den Umschlag von Luftfrachtgütern in gesicherten Betriebsräumen
- die Qualifizierung und Ernennung eines Luftsicherheitsbeauftragten sowie gegebenenfalls *Vertraulicher Beauftragter* im Falle von Niederlassungen
- die Erarbeitung eines Handbuches *Luftsicherheitsvorschriften* und dessen praktische Umsetzung beim Umgang mit Luftfrachtgütern
- die technischen Einrichtungen und Hilfsmittel zur Durchführung der oben beschriebenen Sicherheitskontrollen

nachweisen und die Anforderungen dauerhaft erfüllen – im Falle des Luftsicherheitsbeauftragten ist eine jährliche Überprüfung durch Sicherheitsorgane und entsprechende Akteneinsicht angezeigt.

Der *Reglementierte Beauftragte* erhält eine Registrierung des *Luftfahrt – Bundesamtes (LBA)*.

Liefert ein zugelassener *Reglementierter Beauftragter* eine Luftfrachtsendung bei einer Fluggesellschaft an, so kann diese darauf vertrauen, dass die geforderten Sicherheitskontrollen bereits durchgeführt wurden und kann vorbehaltlich behördlich angeordneter Zusatzkontrollen die Sendung akzeptieren.

Bekannter Versender

Um das Sicherheitsnetzwerk um die Transportkette bis zum Versender und damit zum Ausgangspunkt von eventuellen Risiken und Gefahrenpotenzial zu schließen, wurden auch hier gesetzliche Regelungen geschaffen, die es ermöglichen, Luftfrachtgüter bereits an ihrem Ausgangspunkt so zu behandeln und zu sichern, dass im weiteren beim *Reglementierten Beauftragten* und bei der Fluggesellschaft auf Kontrollen verzichtet werden kann. Dies gewährleistet der ***Bekannte Versender***, der nicht vom *Luftfahrtbundesamt*, sondern von einem *Reglementierten Beauftragten* beziehungsweise Luftfahrtunternehmen, zu dem er regelmäßige Geschäftsbeziehungen unterhält, überprüft und akkreditiert wird. Die Anerkennung und Akkreditierung als *Bekannter Versender* setzt voraus, dass:

- Regelmäßige Geschäftsbeziehungen zu einem *Reglementierten Beauftragten* oder Luftfahrtunternehmen bestehen

- die Identität und Anschrift der *Versenders* überprüft und registriert wird
- der *Versender* eine Sicherheitserklärung abgibt.

Die Sicherheitserklärung muß folgende Aussagen beinhalten:
- Die Verpackung von Luftfrachtgütern findet in sicheren Betriebsräumen statt
- Das eingesetzte Personal muß zuverlässig und qualifiziert sein
- Luftfrachtgüter sind bei Verpackung, Bereitstellung und Transport vor unbefugtem Zugriff geschützt
- Die Güter werden korrekt und vollständig deklariert
- Der Versandauftrag enthält die Bestätigung, dass die Sendung keine verbotenen Gegenstände enthält
- Verpackung und Inhalt der Sendung jederzeit einer Sicherheitskontrolle unterworfen werden dürfen.

Reglementierte Beauftragte sind verpflichtet, eine stets aktuelle Liste der bei ihnen registrierten *Bekannten Versender* in ihrem *Luftsicherheitshandbuch* zu dokumentieren.

Wird nun in der Praxis eine Luftfrachtsendung innerhalb eines solchen, auf gegenseitigem Vertrauen und Kennen basierenden Sicherheitsnetzwerk aus
- *Bekanntem Versender*,
- *Reglementiertem Beauftragten* und
- Fluggesellschaft

abgewickelt, kann auf die oben beschriebenen, gesetzlich festgelegten Sicherheitskontrollen weitestgehend verzichtet werden und eine effiziente, verzögerungsfreie und trotzdem allen erhöhten Sicherheitsanforderungen Rechnung tragende Luftbeförderung durchgeführt werden.

Werden Güter jedoch von unbekannten, nicht geprüften gewerblichen oder privaten Versendern oder von Speditionsunternehmen, die nicht als *Reglementierter Beauftragter* registriert sind, an eine Fluggesellschaft zur Beförderung per Luftfracht übergeben, müssen die vorher beschriebenen Sicherheitsmaßnahmen in vollem Umfang durchgeführt und im Beförderungsdokument, zum Beispiel dem *AWB* mit Angabe eines Sicherheitsstatus *SPX = Secured for Passenger Aircraft* oder *SCO = Secured for All Cargo Aircraft* dokumentiert werden. **SPX – SCO**

4.5.4 Luftverkehrsgesellschaften und Flughäfen

Im Jahre 1919 gründeten in *Den Haag* sechs europäische Fluggesellschaften eine **Dachorganisation** unter dem Namen *International Air Traffic Association (IATA)* mit dem Ziel einer **wirtschaftlichen Zusammenarbeit** auf dem Gebiet der Passagier-, Fracht- und Postbeförderung. Als die so genannte *alte IATA* im Jahre 1941 infolge der Kriegsereignisse aufgelöst wurde, hatte sie bereits viel für die **Vereinheitlichung und Regelung des internationalen Luftverkehrs** geleistet. **IATA**

Gleich nach Beendigung des Zweiten Weltkrieges wurde im Jahre 1945 in *Havanna* die Nachfolgeorganisation unter der alten Abkürzung *IATA*, die aber jetzt für *International*

Air Transport Association stand, ins Leben gerufen. Die Zielsetzung war im Wesentlichen die gleiche geblieben, nur dass sich die neue Dachorganisation nicht mehr ausschließlich europäisch, sondern **weltweit** orientierte zum Zwecke der

a) **Förderung** eines sicheren, regelmäßigen und wirtschaftlichen **Luftverkehrs** zum Wohle der Völker der ganzen Welt, Pflege der Handelsbeziehungen durch Nutzbarmachung der Luftwege und Studium der hiermit verbundenen Probleme

b) **Förderung der Zusammenarbeit unter den Luftverkehrsgesellschaften**, soweit sie direkt oder mittelbar am internationalen Luftverkehr beteiligt sind

c) **Pflege der Zusammenarbeit mit der** *ICAO* und anderen internationalen Organisationen.

Die gesetzten Ziele werden dadurch erreicht, dass die *IATA* unter anderem
- **Beförderungsbedingungen und -leistungen vereinheitlicht**
- **einheitliche Tarife festlegt**

IATA-Clearing House
- die Abrechnung zwischen den angeschlossenen Mitgliedern zentral über das *IATA-Clearing House* durchführt
- Beförderungsdokumente und Formulare normt
- Richtlinien für die Zulassung von Reisebüros und Spediteuren als *IATA*-Agenten festlegt.

Die Mitgliedschaft in der *IATA* steht allen Carriern offen, die einen regelmäßigen internationalen Flugverkehr nach einem veröffentlichten Flugplan (Linienverkehr) durchführen. Voraussetzung ist ferner, dass die antragstellende Fluggesellschaft durch einen Staat zugelassen wurde, der Mitglied der *UNO* oder in sie wählbar ist.

Gesellschaften, die lediglich Inlandsdienste unterhalten, können den Status von assoziierten (nicht stimmberechtigten) Mitgliedern erhalten.

Die ca. 250 *IATA*-Mitglieder wickeln ca. 90 % des internationalen Linien-Luftfrachtverkehrs ab.

Die laufenden Geschäfte der *IATA*-Hauptverwaltung mit ihren Dienststellen in *Montreal* und *Genf* werden unter der Leitung eines ausführenden Ausschusses erledigt. Das Schwergewicht der Arbeit liegt bei den Ausschüssen für Verkehr, Technik, Budget/Verwaltung/Personal und Wirtschaft/Finanzen. Hier werden die anstehenden Fragen beraten und Vorschläge für die Beschlussfassung auf der Hauptversammlung erarbeitet. Dort treten alle *IATA*-Fluggesellschaften gleichberechtigt auf.

IATA-Resolutionen
Verkehrskonferenzen

Die **einstimmig zu fassenden Beschlüsse** werden als *IATA-Resolutionen* bekanntgegeben und in Kraft gesetzt, sofern die Regierungen der *IATA*-Mitglieder diese genehmigen.

Um diese Abstimmungsverfahren für das besonders wichtige Gebiet des Verkehrs zu vereinfachen und zu beschleunigen, hat man hier auf eine Beschlussfassung sämtlicher *IATA*-Fluggesellschaften verzichtet und die Welt in **drei Konferenzgebiete** (*Traffice Conference Areas*) aufgeteilt. **Verkehrskonferenzen** finden nur unter Beteiligung der Luftverkehrsgesellschaften statt, die von oder nach beziehungsweise innerhalb der betreffenden Gebiete ihre Dienste unterhalten.

Da auf diesen Konferenzen gemäß der *IATA*-Satzung vor allem auch einheitliche Tarife vereinbart wurden, kam es bei der unterschiedlichen Interessenlage der beteiligten

Luftfrachtverkehr 4.5

Gesellschaften zu Kompromissen, die nicht immer den Marktbedürfnissen entsprachen. Die Preisgestaltung stieß daher zunehmend auf den Widerstand der Verlader, aber auch einiger Carrier.

Die *IATA* änderte daraufhin ihre Satzung und Organisation durch Zweiteilung der Verkehrskonferenzen in die Gruppen *Trade Association* und *Tariff Coordination*. **Trade Association**

Während die Teilnahme an der *Trade Association* und die Einhaltung der dort gefassten Beschlüsse für alle *IATA*-Mitglieder obligatorisch sind, bleibt es ihnen freigestellt, sich an der *Tariff Coordination* zu beteiligen. Für die Teilnehmer gilt dann aber auch, dass die vereinbarten Tarife bindend sind. **Tariff Coordination**

Die Namen von über 800 Fluggesellschaften, die in allen Erdteilen operieren, sind im *TACT rules* mit ihren offiziellen Abkürzungen und den **dreistelligen Code-Nummern** zur Kennzeichnung ihrer Beförderungsdokumente aufgeführt. Es handelt sich um Linien- und Chartergesellschaften, die nur Passagier- beziehungsweise nur Frachtdienste oder aber Passagier- und Frachtbeförderung anbieten. **Luftverkehrsgesellschaften**

Da keine Fluggesellschaft in der Lage ist, weltweit sämtliche mehr oder weniger bedeutenden Flughäfen in das eigene Streckennetz einzubeziehen, bedarf es für ein optimales Angebot der engen Zusammenarbeit zwischen den Fluggesellschaften.

Die Kooperation wird durch **zweiseitige Interline-Abkommen** vertraglich geregelt und erstreckt sich unter anderem auf die gegenseitige Anerkennung der Beförderungsdokumente. Solche Abkommen können auch zwischen *IATA*-Fluggesellschaften und *NON-IATA*-Carriern geschlossen werden. **Interline-Abkommen**

Eine besonders enge Zusammenarbeit wird in **Pool-Verträgen** vereinbart. Ein Pool dient der kommerziellen Kooperation auf Strecken zwischen den Heimatländern der Partner. Der gemeinsame Betrieb erfolgt nach einem abgestimmten Flugplan, die Einnahmen und Ausgaben werden aufgeteilt. **Poolvertrag**

Die engste Zusammenarbeit vollzieht sich in **Joint Venture**. Das sind Gemeinschaftsdienste der Vertragspartner, bei denen ein Partner das Flugzeug und die Besatzung stellt. Der zweite Partner beteiligt sich an den Betriebskosten und erwirbt dadurch das Recht zur eigenen Nutzung des vereinbarten Kapazitätsanteils. Solche Gemeinschaftsflüge **(Code-Sharing-Allianzen)** sind im Flugplan besonders gekennzeichnet. **Joint Venture**

Die Flughäfen, die von den Luftverkehrsgesellschaften bedient werden, sind im City-Code-Verzeichnis, des *The Air Cargo Tariff (TACT rules)* unter Angabe der Dreibuchstaben-Abkürzung (**three-letter-code**) und des Staates aufgeführt. **Flughäfen**

Die schnelle Entwicklung im Flugzeugbau von relativ kleinen Maschinen mit Kolbenmotor bis hin zu Großraum-Jets, die keine Zwischenlandungen zur Treibstoffaufnahme einlegen müssen, veranlasste die Fluggesellschaften, zur maximalen Nutzung der Kapazität im Langstreckenverkehr vornehmlich nur noch zentral gelegene Flughäfen zu bedienen.

Die entstehenden **Großflughäfen** wurden durch Zubringerdienste per Flugzeug – vornehmlich auch im Oberflächenverkehr durch Lkw-Dienste (**road feeder service**) – mit den Regionalflughäfen verbunden. **Road Feeder Service**

Damit das angestiegene Luftfrachtaufkommen bewältigt werden konnte, mussten neue, moderne Umschlagsanlagen gebaut werden, die die Abfertigungszeiten verkürzten. Jedoch sind einer Zeitverkürzung am Boden Grenzen gesetzt, so dass Fluggesellschaften neuerdings wieder eine gewisse Dezentralisierung betreiben (*Lufthansa*: neben *Frankfurt Rhein-Main* entstanden und entstehen Frachtzentren in *(Frankfurt)-Hahn, Köln, München* und *Leipzig*).

Slots Engpässe im Flughafenbetrieb besonders stark frequentierter Verkehrsflughäfen können auch dadurch auftreten, dass sich die von den Carriern gewünschten **Verkehrszeiten (Slots)** überschneiden. Die Flughafengesellschaften sind dann nicht in der Lage, die beantragten Ankunfts-/Abflugzeiten in jedem Fall auch zuzuweisen. Aus diesem Grund wurde in der *Bundesrepublik* die Dienststelle *Flugplankoordinator* beim *Bundesverkehrsministerium* eingerichtet. Nach Prüfung der Verkehrsdichte auf den betreffenden Flughäfen weist der *Flugplankoordinator* den Luftverkehrsgesellschaften für jede Flugplanperiode die Slots zu. Bei Schwierigkeiten schlägt er den Antragstellern freie Zeiten vor. Im Übrigen erfolgt die Slotvergabe aufgrund einer besonderen Prioritätenregelung, die unter anderem vorsieht, dass solche Carrier vorrangig berücksichtigt werden, die in der vorhergehenden Flugplanperiode bereits Slots erhielten. Insbesondere von der Vergabe von Slots, die den Anforderungen der im Wettbewerb stehenden Fluggesellschaften gerecht werden, wird es abhängen, ob der freie Zugang zu Flughäfen in den *USA* und der *EU* und den Verkehrsverbindungen über den *Nordatlantik*, wie er im *Open Skys Abkommen* vorgesehen ist, verwirklicht werden kann.

ADV Die deutschen Verkehrsflughäfen mit ihren Flughafengesellschaften, die sich 1947 in der *Arbeitsgemeinschaft Deutscher Verkehrsflughäfen (ADV)* zusammenschlossen, betreiben – teilweise in Aufgabenteilung mit den Fluggesellschaften – die **Bodenorganisation**.

BARIG *BARIG* steht *für Board of Airline Representatives in Germany*. BARIG wurde 1951 gegründet. Mitglieder können Fluggesellschaften mit vertrieblicher oder operationeller Präzens in *Deutschland* werden. Derzeit sind mehr als 100 Fluggesellschaften Mitglieder der *BARIG*.

4.5.5 IATA-Bedingungen für die Güterbeförderung

Beförderungsbedingungen Conditions of Carriage Das *Warschauer Abkommen* ist die Grundlage für die 1949 in *Montreal* beschlossenen und 1953 in *Honolulu* überarbeiteten *Luftbeförderungsbedingungen der IATA*. Diese Bedingungen enthalten:

a) die *IATA-Bedingungen für die Beförderung von Fluggästen und Gepäck*
b) die *IATA-Bedingungen für die Beförderung von Fracht*.

Für alle Luftfracht-Transporte gelten also die Beförderungsbedingungen – *Conditions of Carriage* – *der IATA*, sofern sie durch die jeweiligen Regierungen genehmigt sind. Sie stellen **allgemeine Geschäftsbedingungen** dar, die dort Anwendung finden, wo das *Warschauer Abkommen* keine Gültigkeit hat oder keine Regelung vorsieht, und stehen rechtlich den nationalen Gesetzen nach.

Vertragsbedingungen Conditions of Contract Während die Beförderungsbedingungen weder in der *IATA*-Fassung noch in der abgeänderten Form für die Mitgliedgesellschaften bindend sind, sind die *IATA-Vertragsbedingungen (Conditions of Contract)* zwingend vorgeschrieben. Als Auszug aus den Beförderungsbedingungen wurden sie durch sämtliche Regierungen anerkannt. Sie sind auf der **Rückseite der Frachtbrief-Originale** abgedruckt.

Luftfrachtverkehr 4.5

Die weltweit beflogenen Gebiete sind in **drei Verkehrsgebiete** – *Traffic Conference* **Verkehrs-**
Areas – TC – aufgeteilt, die auch als **Tarifgebiete** gelten. Für jedes Gebiet besteht eine **gebiete / TC**
Verkehrskonferenz, die die endgültige **Entscheidung über Flugpreise und Frachttarife,**
Beförderungsbedingungen und Agenten-Angelegenheiten nach den Empfehlungen
des beratenden Verkehrsausschusses trifft. Die **Verkehrskonferenzen** umfassen folgende
Verkehrsgebiete:

TC 1   Nord-, Mittel-, Südamerika mit den benachbarten Inseln, *Grönland* und die *USA*-Territorien im Pazifik
TC 2   IATA-Europa, Afrika, Mittlerer Osten bis einschließlich *Iran*
TC 3   Asien, Australien und die Inseln im *Pazifischen Ozean*.

Innerhalb ihrer Gebiete sind die Verkehrskonferenzen selbständig. Ihre Entscheidungen müssen **einstimmig** getroffen werden und bedürfen der Genehmigung der Regierungen.

Die im *IATA*-Luftverkehr angewendeten geographischen Begriffe weichen teilweise von den allgemeinen geographischen Begriffsbestimmungen ab. So umfasst:

IATA-Europa: geographisches *Europa, asiatische Türkei, Kanarische Inseln, Madeira, Algerien, Marokko, Tunesien,* Inseln des *Mittelmeers* außer *Zypern*

Naher Osten
(Middle East): Aden, Ägypten, Bahrein-Inseln, Föderation Arabischer Emirate (unter anderem *Abu Dhabi, Dubai*), *Iran, Irak, Israel, Jordanien, Kuwait, Libanon, Quatar, Saudi-Arabien, Sudan, Sultanat Maskat* und *Oman, Syrien, Volksrepublik Süd-Yemen, Yemen, Zypern*

4.5.6   Luftfrachttarife

Für die Luftfrachtbeförderung gelten jeweils die am Tag der *AWB*-Ausstellung gültigen **Tarif-**
Tarife. Sie sind entweder **Transportpreise pro kg beziehungsweise lb (Luftfrachtraten)** **grundlage**
oder aber **Festbeträge (Mindestfrachtkosten), Behälter- und Palettentarife** (Pauschalpreise bei besonderen Tarifkonzepten). Sämtliche Tarifarten **gelten grundsätzlich vom Abgangs- bis zum Bestimmungsflughafen.** Eine Ausnahme bilden lediglich die Haus-zu-Haus-Tarife.

Die **Luftfrachttarife** werden in den Tarifhandbüchern der Fluggesellschaften veröffent- ***TACT***
licht. Das wichtigste Tarifwerk, an dessen Herausgabe fast 100 Luftverkehrsgesellschaften beteiligt sind, heißt *The Air Cargo Tariff (TACT)*. Es erscheint in den drei Bänden *TACT rules, TACT worldwide (except North America)* und *TACT North America*.

Das *IATA*-Tarifgefüge, an dem sich auch Nicht-*IATA*-Carrier orientieren, ist in fol- **Tarif-**
gende Gruppen unterteilt: **gefüge,**
a) Mindestfrachtbeträge – **Minimum Charges** ***IATA***
b) Allgemeine Frachtraten – **General Cargo Rates**
c) Warenklassenraten – **Class Rates**
d) Spezialraten – **Specific Commodity Rates**
e) Container- und Palettentarife – **Unit Load Devices (ULD) Charges**
f) **Besondere Tarifkonzepte.**

515

Abb. 45:
IATA-Verkehrsgebiete

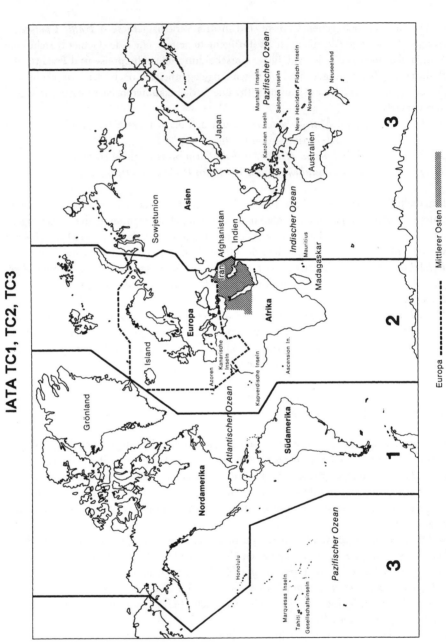

Quelle: IATA

Luftfrachtverkehr 4.5

In den Frachttarifen sind die für Nebenleistungen zu erhebenden Entgelte nicht eingeschlossen.

Die Beförderungskosten können am Abgangsflughafen (**pp** = **prepaid**) oder am Bestimmungsflughafen (**cc** = **charges collect**) gezahlt werden. Dabei dürfen die Gewichtskosten (weight charges) und die anderen Kosten (other charges) auf demselben Frachtbrief in „prepaid" und „charges collect" aufgeteilt, nicht aber darf die einzelne der beiden Kostenarten gesplittet werden. **Fracht- zahlung**

Die **Frachtkostennachnahme** ist nach einigen im *TACT rules* aufgeführten Ländern nicht möglich.

Die nachstehend aufgeführten Güter dürfen unter Frachtkostennachnahme nur dann zum Versand kommen, wenn der Absender oder der Empfänger vor dem Versand eine entsprechende Sicherheit leistet:

- Gegenstände und Waren, die an eine Regierungsstelle, an einen sich nicht in Freiheit befindlichen Empfänger oder an einen Empfänger, der identisch mit dem Absender ist, adressiert sind
- Waren, deren Verkaufswert geringer ist als die Frachtkosten sind
- lebende Tiere
- leicht verderbliche Güter
- sterbliche Überreste
- persönliche Effekten und gebrauchtes Haushaltsgut.

Grundsätzlich haftet der Absender für die Nachnahmekosten, falls die Sendung am Bestimmungshafen nicht eingelöst wird.

Da die **Frachtraten in der Währung des Abgangslandes veröffentlicht** sind und auch so im Luftfrachtbrief erscheinen, erfolgt die Zahlung der Prepaid-Kosten in der Landeswährung.

Die Frachtkostennachnahme ist in der Währung des Bestimmungslandes zu entrichten.

Dabei ist als **Umrechnungskurs der Bankkurs** nur dann anzuwenden, wenn dieser für die Luftverkehrsgesellschaft günstiger ist als der *IATA*-Umrechnungskurs. **IATA- Umrech- nungskurs**

Die Frachttarife für den internationalen Verkehr werden auf den *IATA*-Verkehrskonferenzen zwischen den Mitgliedern der Gruppe *Tariff Coordination* vereinbart und bedürfen der Genehmigung der interessierten Regierungen. Im Zuge der Liberalisierung des Weltluftverkehrs können sie aber auch ohne Mitwirkung der *IATA* in ein- oder mehrseitiger Tarifgestaltung eingeführt werden. Es handelt sich hier meist um Sondertarife, die der jeweiligen Marktsituation angepasst sind (**Marktpreise**) und erheblich unter den *IATA*-Tarifen liegen. Marktpreise sind nicht im *TACT* veröffentlicht.

Zur Verwirklichung des *EG*-Binnenmarktes war es notwendig, *EG*-einheitliche Tariffrichtlinien für den Luftverkehr festzusetzen.

Tarife des Inlandverkehrs schlägt die nationale Fluggesellschaft ohne Mitwirkung der *IATA* der Landesregierung zur Genehmigung vor. In der *Bundesrepublik* ist Gesetzesgrundlage für die Genehmigung *§ 21 des Luftverkehrsgesetzes (LVG)*.

Bei der **Frachtberechnung** sind – außer bei den *Unit Load Devices* und Pauschaltarifen – das **Bruttogewicht oder das Volumengewicht** zugrunde zu legen. **Frachtbe- rechnung: Luftfracht**

Unter Aufrundung auf das nächste halbe oder volle Kilogramm ist das **Bruttogewicht** auch das zu berechnende Gewicht (**chargeable weight**), wenn **1 kg einen Rauminhalt von 6000 m³** nicht überschreitet.

Eine **Volumenberechnung** kommt also dann zur Anwendung, wenn eine Luftfrachtsendung **mehr als sechsmal messend** ist, das heißt wenn eine Frachttonne mehr als sechs m³ Frachtraum beansprucht. Also ist für den Verlader die Volumenberechnung im Luftfrachtverkehr günstiger als bei der Seeschifffahrt.

Volumengewicht Das **Volumengewicht** wird aus den größten rechtwinkligen Ausmaßen nach folgender Formel ermittelt:

$$\frac{\text{Länge x Breite x Höhe (in cm)}}{6000} = \text{Volumen-Kilogramm (Vol.-kg)}$$

Für die Aufrundung von Teilen eines Vol.-kg gelten die gleichen Bestimmungen wie bei der Berechnung nach Bruttogewicht-kg.

Bei der Ermittlung des frachtpflichtigen Gewichts für eine Sendung, die aus mehreren Packstücken besteht, ist der Rauminhalt der einzelnen Packstücke zu berechnen und zu addieren, um so das Gesamtvolumen mit dem Gesamtgewicht vergleichen zu können.

Breakpoint Grundregel bei jeder Frachtberechnung ist, dass **durch Erhöhung des zu berechnenden Gewichts auf eine Gewichtsstufe (breakpoint),** für die die Anwendung einer günstigeren Rate möglich ist, das höhere Gewicht zugrunde gelegt werden kann, um dadurch einen Frachtvorteil zu erhalten.

Mindestfrachtbeträge/ Minimum Charges Für die Beförderung von **Kleinsendungen** hat die *IATA* innerhalb bestimmter, im Tarif näher bezeichneter Gebiete **Mindestfrachten (Minimum Charges)** festgesetzt. Wenn die Gewichts- oder Volumen-Frachtkosten niedriger sein sollten als die Mindestfrachten, müssen letztere angewendet werden. **Wertzuschläge** finden bei dieser Berechnung keine Berücksichtigung.

Frachtraten/GCR Die **Allgemeinen Frachtraten (General Cargo Rates)** sind unterteilt in
a) Normalraten – **Normal Rates** *(N)*
b) Mengenrabattraten – **Quantity Discount Rates** *(Q)*.

Die **Normalraten** gelten für Sendungsgewichte bis **45 kg**. Sie sind die Grundlage des gesamten Ratengefüges. Alle anderen Luftfrachtraten werden von ihnen abgeleitet.

Mengenrabattraten sind Raten für Gewichtsstaffelungen **über 45 kg** hinaus.

Warenklassenraten/ CR Die **Warenklassenraten – Class Rates** – gelten für einige wenige, im Tarif **näher** bezeichnete Warenarten. Diese Raten sind entweder höher oder niedriger als die Allgemeinen Frachtraten. Sie werden grundsätzlich nicht in festen Beträgen je kg oder lb veröffentlicht, sondern sind – bezogen auf die jeweilige Normalrate – **durch prozentuale Aufschläge (surcharge)** oder **Abschläge (reduction)** zu bilden. Bei der Tarifierung ist zu berücksichtigen, dass zu einigen Bestimmungsflughäfen Spezialfrachtraten veröffentlicht sind, die preisgünstiger sein können.

Die Warenklassenraten werden unter anderem für folgende Warenarten angewendet: Zeitungen, Zeitschriften, Bücher, Magazine, Kataloge und Blindenschriftausrüstungen – Für Sendungen ab fünf kg wird eine Ermäßigung von 50 % gewährt. Innerhalb *Europas* und zwischen *Europa* und dem Verkehrsgebiet *TC 1* beträgt dieser Rabatt 33 %.

Luftfrachtverkehr 4.5

Es werden die normalen Mindestfrachtkosten berechnet. Sonderregelungen gelten für Sendungen von bestimmten Ländern nach bestimmten Ländern oder in bestimmte Tarifgebiete.

Unbegleitetes Reisegepäck – Das sind die persönlichen Effekte (personal effects) des Passagiers, die nicht als Reisegepäck, sondern als Luftfracht befördert werden. Die Frachtbeförderung ist für den Fluggast preisgünstiger, weil er für jedes kg Gepäck, das über seine Freigrenze hinausgeht, Übergepäckkosten in Höhe von einem Prozent des 1.-Klasse-Flugpreises zu zahlen hätte. Die Ermäßigung beträgt 50 % der Normalrate innerhalb der Verkehrsgebiete *TC 2* und *TC 3*, zwischen diesen Gebieten, zwischen *TC 1* und *TC 2*, jedoch nicht nach und von den *USA* und *US-Territorien* und nicht innerhalb *IATA-Europa*. Als Minimum werden zehn kg zur ermäßigten Rate berechnet.

Lebende Tiere – Sie werden teils mit einem Aufschlag, teils ohne Aufschlag befördert, bei Letzterem unter Umständen ohne Berücksichtigung eines sonst möglichen Mengenrabatts. Es kommen die normalen Minimum-Frachtkosten zur Anwendung. Sonderregelungen bestehen für den Transport von Tieren in Ställen.

Sterbliche Überreste – Im Verkehr innerhalb des Verkehrsgebietes *TC 2* wird ein Aufschlag von 100 % bei Särgen und 200 % bei Urnen auf die Normalrate erhoben. Beim Transport zwischen *Europa* und *Fernost* sowie im Atlantikverkehr ist die Normalrate anzuwenden. Urnen werden auf diesen Verkehrsverbindungen nach allgemeinen Frachtraten tarifiert.

Wertfrachten – Waren aller Art mit einem deklarierten Beförderungswert ab 1 000 US-$ oder Gegenwert pro Brutto-kg, Gold, Platin, Platinmetalle, Wertpapiere, Banknoten, Aktien, Coupons, Reiseschecks, Diamanten (einschließlich Zuchtperlen) – innerhalb und zwischen allen Verkehrsgebieten wird ein **Aufschlag von 100 % auf die Normalrate** berechnet. Mengenrabatt kommt nicht zur Anwendung. Das **Minimum beträgt 200 % der normalen Mindestfrachtkosten**. Für Wertsendungen über 1 000 kg bestehen teilweise niedrigere Raten.

Spezialfrachtraten / SCR / CO-Raten
Die Luftverkehrsgesellschaften haben zur Förderung des Luftfrachtverkehrs für eine große Anzahl von Gütern Spezialraten – *Specific Commodity Rates* – eingeführt. Diese Spezialraten sind gegenüber den Allgemeinen Frachtraten **stark ermäßigt** und gelten **nur für die im Tarif bekanntgegebenen Verkehrsverbindungen**. Sie können auf die Dienste bestimmter Fluggesellschaften begrenzt sein und werden dann im *TACT* entsprechend gekennzeichnet.

Jede Ware, für welche eine **Spezialrate** eingeräumt ist, trägt eine **Kennzahl – Item No. –**. Im Tarif ist lediglich die Kennzahl angegeben.

Eine besondere **Übersicht der einzelnen Warenbeschreibungen** gibt Aufschluss über die zugeordneten **vierstelligen Kennzahlen**, wobei die erste Stelle immer den Oberbegriff für die verwandten Warengattungen erkennen lässt mit der Ausnahme, dass unter der mit 9 beginnenden Kennziffer auch nicht verwandte Warenarten aufgeführt, teilweise sogar in einer Kennziffer zusammengefasst sind.

Die Warengattungen sind zu folgenden Kennzahlgruppen zusammengefasst:

Kennzahl/Item No.	Beschreibung der Ware:
0001-0999	genießbare Tier- und Pflanzenprodukte
1000-1999	lebende Tiere und ungenießbare Tier- und Pflanzenprodukte
2000-2999	Textilerzeugnisse, Bekleidung, Schuhwaren
3000-3999	Metalle und Metallartikel, ausgenommen Maschinen und Elektroausrüstungen
4000-4999	Maschinen, Fahrzeuge und Elektroausrüstungen
5000-5999	nichtmetallische Minerale und Produkte
6000-6999	Chemikalien und verwandte Erzeugnisse
7000-7999	Papier, Rohr, Kautschuk, Holz und Erzeugnisse daraus
8000-8999	wissenschaftliche, Berufs- und Präzisions-Instrumente, Apparate und Zubehör
9000-9999	Verschiedenes.

Wenn eine Ware unter verschiedenen Warenbeschreibungen eingeordnet werden kann, muss immer diejenige für die Tarifierung zugrunde gelegt werden, welche die spezifiziertere ist. Das gilt auch für den Fall, dass diese Rate höher ist.

Die **Warenbezeichnungen** schließen grundsätzlich auch „Teile" (parts) ein. Das sind solche Gegenstände, die wesentlich für den Gebrauch des Hauptartikels sind. Nicht eingeschlossen sind „Zubehör" (accessories) und Ausrüstungsgegenstände (supplies), die nicht integrierender Bestandteil des Hauptartikels sind.

Bei der Frachtkostenberechnung müssen stets die im Tarif angegebenen Mindestgewichte berücksichtigt werden.

Spezialfrachtraten können nach einem schnellen Verfahren eingeführt werden. Ein interessierter Verlader mit regelmäßigem, größerem Aufkommen muss einen schriftlichen Antrag bei einem Carrier einreichen. Dieser leitet ihn an die *IATA* weiter, welche die im Abgangsland operierenden Fluggesellschaften befragt und kurzfristig entscheidet. Die Anzahl und damit auch die Bedeutung der **Spezialraten** ist in den letzten Jahren **stark zurückgegangen**, bedingt unter anderem durch die Zunahme von besonderen Tarifen (Kontraktraten, ULD-Raten etc.).

Besondere Tarifkonzepte

Im Laufe der Zeit wurden folgende **besondere Tarife** ergänzt:

a) **Haus-zu-Haus-Tarife**
Das sind **nach Gewichten gestaffelte Endpreise**, die außer den reinen Luftfrachtkosten auch die Kosten für Abholung und Zustellung, die Ausstellung der Beförderungsdokumente, die Zollabfertigung und die Transportversicherung einschließen.

b) **Expresstarife**
Unter Zahlung eines Aufschlags auf die normalerweise zu berechnenden Frachtkosten werden **besonders eilige, zumeist kleine Sendungen** durch die anbietenden Fluggesellschaften bei der Export- und Importabfertigung bevorzugt behandelt.

c) **Pauschaltarife pro Stück/Einheit**
Es handelt sich um Gesamtpreise *(flat charges)*, die unabhängig vom Gewicht des Stücks oder der Einheit **für besondere Sendungsarten auf bestimmten** Strecken berechnet werden (zum Beispiel Pkw, Pferde einschließlich Stallmiete und Reinigungsgebühren für den Stall).

Luftfrachtverkehr 4.5

d) **Kontraktraten**
Kontraktraten sind **zwischen Absender und Carrier schriftlich vereinbarte Sonderraten**, die auf einer Mindesttonnage für einen festgelegten Zeitraum basieren für Urversender und für Spediteure / Sammellader. Kontraktraten reagieren am schnellsten auf Veränderungen am Luftfrachtmarkt und nehmen in den Vereinbarungen zwischen Fluggesellschaften, Spediteuren und Verladender Wirtschaft mit steigender Tendenz den breitesten Raum ein.

Die Verwendung von Containern und Paletten als Ladeeinheiten – *Unit Load Devices* = ULD – dient wie bei anderen Verkehrsträgern der **Rationalisierung der Güterbeförderung** und bietet den am Luftfrachtverkehr Beteiligten folgende Vorteile: **ULD Container- und Palettentarife**

- Standardisierung der Verpackung und Einsparungen an Verpackungsmaterial und Verpackungskosten
- optimale Nutzung des Frachtraumes durch flugzeugsystemgerechte Palettenausmaße und Containerkonturen
- geringes Beschädigungs- und Verlustrisiko
- schnelles Beladen und Entladen der Flugzeuge
- Haus-Haus-Verkehr
- Frachtrabatte für den Kunden.

Das *ULD-Programm der IATA* unterscheidet zwischen Containern und Paletten, die Eigentum der Fluggesellschaften sind, und privaten Ladeeinheiten. Letztere sind jedoch in der Praxis ohne Bedeutung.

Dem Nutzer dieses Programms stehen eine Reihe von **Paletten- und Containertypen** unterschiedlicher Größen zur Verfügung, die im *TACT* aufgeführt und beschrieben sind. Es handelt sich um flugzeugsystemgerechte Ladeeinheiten, die innerhalb der Laderäume der Maschinen auf Rollenböden bewegt werden.

Sie kommen natürlich bei den Fluggesellschaften auch außerhalb des Paletten-/ Container-Tarifprogramms als Ladehilfsmittel zum Einsatz. Verschiedene Carrier verfügen über Speziallademittel in Form von Kühlcontainern, Pferde- und Rinderställen, Kleidercontainern und Pkw-Transportpaletten.

Die Warenart hat keinen Einfluss auf die Frachtkosten, nur das Gewicht ist maßgebend. So erklärt sich auch die neben *Bulk Unitization* gebrauchte Bezeichnung *FAK – freight all kind = Fracht jeder Art*. Die Frachtkosten für *FAK*-Ladeeinheiten liegen bei optimaler Nutzung des zur Verfügung stehenden Raumes erheblich unter den Kosten, die bei Nichtbenutzung eines solchen Lademittels aufgrund der Allgemeinen Frachtrate oder einer Spezial-Frachtrate zu berechnen wären. **FAK**

Es muss auf jeden Fall sichergestellt sein, dass Größe und Kontur der Lademittel den Flugzeugtransport vom Abgangs- bis zum Bestimmungsflughafen auch dann zulassen, wenn auf Umladeflugplätzen ein Wechsel des Flugzeugtyps erfolgt (Durchpalettendienst). Der **Absender und der Empfänger sind gehalten, die Paletten und Container selbst zu beladen beziehungsweise zu entladen**. Die Ladeeinheiten werden dem Absender und dem Empfänger für jeweils 48 Stunden kostenlos zur Verfügung gestellt, um auch auf diese Weise einen Anreiz für den Haus-Haus-Verkehr zu geben. **Durchpaletten**

Ausgeschlossen von der Beförderung im *ULD-Programm* sind sterbliche Überreste, lebende Tiere, Wertfrachten und solche Sendungen, die auf Grund ihrer Gefährlichkeit besonderen Beförderungsbedingungen gemäß *IATA Dangerous Goods Regulations* unterliegen.

Pivot Weight
Pivot Charge

Im Gegensatz zu den sonst üblichen **Gewichtsraten** erfolgt die **Preisquotierung in einem Festbetrag je Paletten- oder Containereinheit**. Dieser ist abhängig vom Fassungsvermögen der Ladeeinheit und **gilt bis zu dem im Tarif genannten Gewichtslimit** *(pivot weight)*, das insofern frachtpflichtiges Mindestgewicht ist.

Ausgehend von Flughäfen in den *USA* nach Flughäfen in *TC 2* und *TC 3* sind keine Festbeträge pro *ULD* veröffentlicht, sondern Raten auf kg-Basis *(pivot rates)*. Sie sind nur bei der Beförderung mit bestimmten im Tarif genannten Fluggesellschaften gültig. Auch von *Montreal/Canada* nach bestimmten Flughäfen in *Afrika* bestehen solche *pivot rates*.

Diese *pivot rates* gelten für alle Paletten und Container und sind bis zum frachtpflichtigen Mindestgewicht anzuwenden.

Die frachtpflichtigen Mindestgewichte sind in einer Tabelle im Tarifhandbuch veröffentlicht.

Over Pivot Weight
Over Pivot Rate

Wird das *pivot*-Gewicht bei einer *ULD*-Sendung überschritten, so ist für das darüberliegende Gewicht bis zur maximalen Auslastung des Paletten-/Behältertyps die im Tarif genannte kg-Rate *(over pivot rate)* anzuwenden.

Die Luftfrachttarife gelten nur für die Beförderung von Flughafen zu Flughafen. **Nebenkosten werden getrennt berechnet.** Diese Nebenkosten sind im *Luftfracht-Nebengebührenverzeichnis – LNGV –* enthalten. *Luftfracht-Nebengebühren-Verzeichnisse (LNGV's)* sind unternehmensbezogene Preis-Verzeichnisse, in denen die Nebengebühren für die betreffenden Flughäfen aufgeführt sind. In der speditionellen Umgangssprache werden diese Verzeichnisse immer noch als *LNGT (Luftfracht-Hebengebührentarif)* bezeichnet.

Im ausgehenden Verkehr:
- Abfertigungsgebühren (nach dem Gewicht der Sendung gestaffelt)
- *AWB*-Ausstellungsgebühr
- zollamtliche Abfertigung
- Ausfertigung und Besorgung von Konsulatsfakturen, Ursprungszeugnissen usw.
- Formularkosten und Beglaubigungsgebühren laut Auslage
- Terminal-Gebühren.

Im einkommenden Verkehr:
- Abfertigungsgebühren für Freigüter und solche Sendungen, die einer Zollbehandlung bedürfen
- Vorlageprovision für Zölle, Frachten und Auslagen
- *ATLAS*-Gebühr.

Örtliche Rollgebühren für ausgehende und einkommende Luftfrachtsendungen
- Vortransport- und Nachlaufkosten
- Lagergebühren

Zusätzliche Kosten
- für Leistungen, die aufgrund von Gesetzen, behördlichen Auflagen oder Wünschen des Kunden über die normale Abwicklung hinausgehen
- Telefon-, Telegramm-, Fax- oder Fernschreibgebühren nach Auslage, ausgenommen die erste Benachrichtigung des Empfängers
- für Abfertigung im automatisierten Luftfrachtabfertigungsverfahren.

4.5.7 Der Beförderungsvertrag

Beförderungsdokument und Nachweis für die im Frachtvertrag geschlossenen Vereinbarungen für die Beförderung von Luftfracht vom Abgangsflughafen bis zum Bestimmungsflughafen ist der *Luftfrachtbrief (Air Waybill = AWB)*. Nach dem *Warschauer Abkommen* hat die Ausstellung und Übergabe zwingend in Schriftform zu erfolgen. Das *Montrealer Abkommen* lässt unter Erfüllung entsprechender Bedingungen die Erfassung und Übermittlung der Daten des *AWB* in elektronischer Form zu. **Luftfrachtbrief / Air Waybill**

Der zwischen Carrier und Absender zu schließende Beförderungsvertrag kann auch durch deren Bevollmächtigte gezeichnet werden. Der Luftfrachtspediteur ist in Erfüllung seines Auftrags gegenüber dem Kunden einerseits und als Agent des Carriers andererseits unterschriftsberechtigt.

Der *AWB* dient nicht nur der **Beweisführung für den Vertragsabschluss**, er ist beziehungsweise kann **gleichzeitig** auch sein:
- Annahmebestätigung
- Anweisung für Behandlung und Leitweg
- Zolldeklaration
- Frachtrechnung
- Auslieferungsbestätigung
- Versicherungspolice.

Für alle Textangaben soll die englische, französische, deutsche oder spanische Sprache verwendet werden.

Der im Kopf des *AWB* eingedruckte Hinweis „**not negotiable**" (**nicht begebbar**) kennzeichnet den Luftfrachtbrief als **nicht handelbar**. Er ist im Gegensatz zum Konnossement kein Traditionspapier, repräsentiert somit nicht die Ware und ist **lediglich Begleitdokument**.

Der Absender haftet dem Luftfrachtführer für die Richtigkeit und Vollständigkeit aller Angaben im Luftfrachtbrief.

Der *Air Waybill*-Satz besteht aus drei Originalen und mindestens sechs bis maximal elf Kopien. Die Ausfertigungen werden wie folgt verwendet:
Original 1 für die ausstellende **Luftverkehrsgesellschaft** (grün)
Original 2 für den **Empfänger** (rot), begleitet die Sendung
Original 3 für den **Absender** (blau).

Der Verwendungszweck der **Kopien 4 bis 14** ist am unteren Rand der Ausfertigung angegeben. Unter anderem dienen die Kopien als **Auslieferungsbestätigung** (gelb) sowie als Unterlage für die am Transport beteiligten **Luftverkehrsgesellschaften** für den *IATA*-**Agenten** und für **Zollbehörden**.

Auf der **Rückseite** der drei Originale sind die *Conditions of Contract* angegeben.

Nachträgliche Verfügungen (Änderung des Routings beziehungsweise Bestimmungsflughafens) können nur durch den Beteiligten erfolgen, der im Besitz des Orignal 3 ist.

Sämtliche *AWB*-Ausfertigungen tragen den **dreistelligen Zahlen-Code** des den Frachtbrief zur Verfügung stellenden Carriers mit nachfolgender Seriennummer. Die Code-Nummern der weltweit operierenden Fluggesellschaften sind im *TACT rules* aufgeführt.

Moderne Bürotechnik unter Einsatz **elektronischer Datenverarbeitung** machte es sinnvoll, keine carriereigenen *AWB*-Dokumente an die Agenten zu vergeben. So werden dem *IATA*-Spediteur auf Wunsch lediglich **AWB-Nummernkreise** zugewiesen, die er zur Vervollständigung von neutralen, dem *IATA*-Standard entsprechenden Frachtbriefen verwenden kann.

Folgende Eintragungen ergeben den **vollständigen Luftfrachtbrief**:

(1) **Drei-Buchstaben-Code**
des Abgangsflughafens
(2) **Shipper's Name und Address**
Vollständiger Name und die Adresse des Absenders
(3) **Shipper's Account Number**
Bei elektronischer Abrechnung des *AWB* die Abrechnungsnummer des Absenders
(4) **Consignee's Name and Address**
Name und vollständige Postadresse des Empfängers
(5) **Consignee's Account-Numer**
Bleibt frei für die Abrechnungsnummer des Empfängers bei einer eventuellen elektronischen Abrechnung der ausliefernden Fluggesellschaft
(6) **Issuing Carrier's Agent, Name and City**
Firmenname und -sitz des ausstellenden *IATA*-Agenten
(7) **Agent's *IATA*-Code**
IATA-Nummer des ausstellenden *IATA*-Agenten und, ergänzend, seine CASS-Registrier-Nummer
(8) **Account-No**
Abrechnungsnummer des Agenten (bei EDV-Abrechnung)
(9) **Airport of Departure** (Address of First Carrier) and **Requested Routing**
Ausgeschriebener Name der Stadt (oder des Flughafens), in der (oder wo) die Luftfrachtbeförderung beginnt. Dieser gilt gleichzeitig als Anschrift des ersten Frachtführers. Ferner kann die gewünschte Streckenführung eingetragen werden
(10) **Accounting Information**
Besondere Abrechnungsinformationen. Beispiel: Barzahlung, Zahlung durch Scheck, Kontrakt-Nr.
(11) **Routing and Destination**
Feld „by first carrier":

Abb. 46: Muster Luftfrachtbrief

1)

Shipper's Name and Address
2)

Shipper's Account Number
3)

Not negotiable
Air Waybill
issued by

Copies 1, 2 and 3 of this Air Waybill are originals and have the same validity

Consignee's Name and Address
4)

Consignee's Account Number
5)

It is agreed that the goods described herein are accepted in apparent good order and condition (except as noted) for carriage SUBJECT TO THE CONDITIONS OF CONTRACT ON THE REVERSE HEREOF. THE SHIPPER'S ATTENTION IS DRAWN TO THE NOTICE CONCERNING CARRIERS' LIMITATION OF LIABILITY. Shipper may increase such limitation of liability by declaring a higher value for carriage and paying a supplemental charge if required

Issuing Carrier's Agent Name and City
6)

Accounting Information

Agent's IATA Code
7)

Account No
8)

Airport of Departure (Addr. of first Carrier) and requested Routing
9)

to	By first Carrier (Routing and Destination)	to	by	to	by	Currency	CHGS Code	WT/VAL PPD / COLL	Other PPD / COLL	Declared Value for Carriage	Declared Value for Customs
	11)					12)	13)	14)	15)	16)	17)

Airport of Destination	Flight/Date (For Carrier Use only)	Flight/Date	Amount of Insurance	INSURANCE - If carrier offers insurance and such insurance is requested in accordance with conditions on reverse hereof, indicate amount to be insured in figures in box marked „Amount of Insurance"
18)	19)		20)	

Handling Information
21)

No of Pieces RCP	Gross Weight	kg lb		Rate Class / Commodity Item No.	Chargeable Weight	Rate / Charge	Total	Nature and Quantity of Goods (incl. Dimensions or Volume)
22 a) 22 b)	22 c)	d)	e)	22 f)	22 g)	22 h)	22 i)	22 j)

Prepaid / Weight Charge / Collect	Other Charges
23)	32)
Valuation Charge 24)	
Tax 25)	
Total Other Charges Due Agent 26 a)	**Shipper certifies that the particulars on the face hereof are correct and that insofar as any part of the consignment contains dangerous goods, such part is properly described by name and is in proper condition for carriage by air according to the applicable Dangerous Goods Regulations.**
Total other Charges Due Carrier 26 b)	33)
	Signature of Shipper or his Agent
Total prepaid / Total collect 27)	34)
Currency Conversion Rates 28) / cc charges in Dest. Currency 29)	Executed on (Date) at (Place) Signature of Issuing Carrier or its Agent
For Carrier's Use only at Destination / Charges at Destination 30)	Total collect Charges 31)

Original 3 (For Shipper)

Quelle: Lufthansa

Name des ersten Luftfrachtführers mit seiner Kurzbezeichnung
Feld „to":
IATA-3-Buchstaben-Städte-Code
Feld-„by":
IATA-2-Buchstaben-Code der Luftverkehrsgesellschaften, die für den Transport auf den jeweiligen Teilstrecken vorgesehen sind

(12) **Currency**
ISO-Währungscode (drei Buchstaben) des Abgangslandes. Alle im Frachtbrief eingesetzten Beträge müssen in dieser Währung ausgewiesen sein mit Ausnahme der *CC-Charges in Destination Currency*, Feld 29, 30 und 31

(13) **Charges Code**
Freibleibend für den Carrier

(14) **Weight Charge and Valuation Charge-Prepaid / Collect**
Frachtkosten, das heißt Gewichtskosten und Wertzuschlag müssen entweder ganz **vorausbezahlt** oder ganz **nachzunehmen** sein. Dies ist durch Eintragung eines „x" in dem entsprechenden Feld zu kennzeichnen.

(15) **Other Charges at Origin – Prepaid / Collect**
Alle übrigen Kosten, die am Abgangsort entstehen, entweder als ganz **vorausbezahlt** oder als ganz **nachzunehmen**. Die Kennzeichnung erfolgt durch ein „X" in dem betreffenden Feld.

(16) **Declared Value for Carriage**
Der vom Absender deklarierte Wert für die Beförderung, welcher die Höhe des vom Luftfrachtführer gegebenenfalls zu erhebenden Wertzuschlags bestimmt.
Wenn für die Beförderung kein Wert deklariert wird, muss die Abkürzung „NVD" (no value declared) eingetragen werden. (Der Hinweis „no value" ist keine ausreichende Eintragung.)

(17) **Declared Value for Customs**
Der nach den Angaben des Absenders für Zollzwecke deklarierte Wert, falls dies für die Zollabfertigung erforderlich ist

(18) **Airport of Destination**
Ausgeschriebener Name der Stadt (oder des Flughafens), in der die Luftbeförderung endet

(19) **Flight / Date**
Flugdaten der Flüge, für die Buchungen vorgenommen oder die Sendungen disponiert wurden

(20) **Amount of Insurance**
Nur dann auszufüllen, wenn die Sendung über die Luftverkehrsgesellschaft versichert wird

(21) **Handling Information**
All jene Informationen, die aus Eintragungen an anderer Stelle des Luftfrachtbriefes nicht ersichtlich, jedoch aus bestimmten Gründen erforderlich sind (zum Beispiel Markierung und Art der Verpackung; dem Luftfrachtbrief beigefügte Dokumente; besondere Abfertigungshinweise; Name und Anschrift von Personen / Firmen, die zusätzlich zu benachrichtigen sind; bei Gefahrgut der Hinweis auf die beigefügte

Luftfrachtverkehr 4.5

Absendererklärung „Dangerous Goods as per attached Shipper's Declaration" oder „Shipper's Declaration not required", „Cargo Aircraft only", wenn die gefährlichen Güter nur auf Frachtflugzeugen befördert werden dürfen

(22) **Consignment Details and Rating**
Für jeden unterschiedlich zu tarifierenden Teil der Sendung ist in den vorgesehenen Spalten eine besondere Zeile zu benutzen

(22a) **Number of Pieces**
Anzahl der Packstücke, bei mehreren Eintragungen zur Gesamtstückzahl zu addieren

(22b) **RCP (Rate Combination Point)**
Falls erforderlich, ist auf besonderer Zeile der Kombinationspunkt anzugeben, über den die Rate konstruiert wurde *(3-Buchstaben-City-Code)*.
Die Konstruktion/Kombination von nicht veröffentlichten Durchraten ist in *TACT rules* und den beiden Tarifbänden geregelt

(22c) **Gross Weight**
Für jede Eintragung in Spalte 22a ist hier das auf 100 g aufgerundete Bruttogewicht zu vermerken und zum Gesamtgewicht zu addieren

(22d) **kg / lb**
Für die Gewichtseinheit Kilogramm ist die Abkürzung **K** und für Pound die Abkürzung **L** zu verwenden.

(22e) **Rate Class**
Die anwendbare Tarifart durch einen oder mehrere der nachstehenden Codes kennzeichnet:
M – Minimumgebühr (minimum charge)
N – Normalfrachtrate (normal rate)
Q – Mengenrabattrate (quantity discount)
R – Warenklassenrate (reduction)
S – Warenklassenrate (surcharge)
C – Spezialfrachtrate (specific commodity rate)
U – Pivot Gewicht (*pivot weight*) und Kosten (*pivot charges*)
E – Over-Pivot-Gewicht (*over pivot weight*) undKosten (*over pivot charges*)
X – *IATA*-Container / Paletten (auf separater Zeile in Ergänzung zu den Codes U oder U + E)
K – Kontraktrate
Y – *ULD*-Rabatt

(22f) **Commodity Item Number**
Bei Anwendung einer Spezialfrachtrate: vierstellige Kennzahl
Kommt die Sendung unter einer Warenklassenrate zum Versand, wird der für die Frachtkostenberechnung maßgebliche Prozentsatz vermerkt.
Bei einer *ULD*-Tarifierung: Code für den Paletten- / Containertyp und zwar in Höhe der Kennzeichnung „X" in Spalte „Rate Class"

(22g) **Chargeable Weight**
Frachtpflichtiges Brutto- oder Volumengewicht (das jeweils höhere Gewicht muss berücksichtigt werden)

Bei Minimum-Sendungen erfolgen keine Gewichtseintragungen.

(22h) **Rate/Charge**

Auf jeweils gleicher Zeile zu den Eintragungen in Spalte „Rate Class" die anwendbaren kg- oder lb-Raten beziehungsweise die Minimum Charge, die *pivot weight charges* und die Pauschaltarife für besondere Sendungsarten

(22i) **Total**

Für jede in Spalte „Rate/Charge" auf besonderer Zeile erfolgte Eintragung sind hier die Frachtkosten, gegebenenfalls auch Containerrabatte auszuwerfen. Müssen mehrere Positionen berücksichtigt werden, ist die Endsumme unter dem Querstrich einzusetzen.

(22j) **Nature and Quantity of Goods**

Genaue Warenbezeichnung; sofern erforderlich das Ursprungsland; die Packstückausmaße, wenn eine Volumenberechnung zugrunde liegt, oder das bereits errechnete Volumengewicht; Ausmaße bei Wertsendungen; die spezifische Bezeichnung der gefährlichen Güter und deren Klassifikation; bei Verwendung von Flugzeugpaletten/-behältern die betreffende *IATA*-Kennzeichnung und zwar auf der Zeile, auf der in Spalte „Rate Class" der Code „X" angebracht ist

(23) **Weight Charge Prepaid/Collect**

Frachtkosten gemäß Spalte „Total" als insgesamt „prepaid" oder insgesamt „collect"

(24) **Valuation Charge Prepaid/Collect**

Betrag, der als Wertzuschlag aufgrund einer Beförderungswertangabe durch den Absender (prepaid) oder den Empfänger (collect) zahlbar ist

(25) **Tax Prepaid/Collect**

Öffentliche Abgaben, die im Zusammenhang mit den Frachtkosten und Wertzuschlägen erhoben wurden, als „prepaid" oder „collect"

(26) **Total Other Charges Prepaid/Collect**

a – Due Agent

Summe der unter Ziffer (32) spezifizierten „Other Charges" zugunsten des Agenten, sofern diese nachzunehmen sind. Für das Inkasso beim Empfänger berechnen die Fluggesellschaften eine besondere Gebühr (agents disbursement fee). Auch die Prepaid-Kosten für die Ausstellung des Luftfrachtbriefs (*AWB*-fee) werden dort erfasst.

b – Due Carrier

Summe der Kosten und Gebühren gemäß Feld (32) zugunsten des Luftfrachtführers, und zwar unaufgeteilt nach „prepaid" oder „collect"

(27) **Total Prepaid/Collect**

Diese Felder dienen der Addition sämtlicher Prepaid- und Collect-Kosten.

(28) **Currency Conversion Rates**

Zur Ermittlung der Collect-Kosten in der Landeswährung des Bestimmungsflughafens trägt hier der ausliefernde Luftfrachtführer den Umrechnungskurs ein.

(29) **CC-Charges in Dest. Currency**

Die vom Empfänger nachzunehmenden Kosten bei Charges-Collect-Sendungen, die in der Währung des Abgangslandes im Frachtbrief ausgeworfen werden müssen,

Luftfrachtverkehr 4.5

sind am Bestimmungsflughafen in die jeweilige Landeswährung umzurechnen und hier einzutragen.

(30) **Charges at Destination**
Kosten, die der ausliefernden Luftverkehrsgesellschaft zur Belastung an den Empfänger entstehen

(31) **Total Collect Charges**
Summe aus den Feldern (29) und (30)

(32) **Other Charges**
Bezeichnung und Höhe der einzelnen Kosten und Gebühren (außer Gewichtskosten, Palettentarife, Wertzuschlag) mit dem Hinweis, zu wessen Gunsten diese Beträge abzurechnen sind. Stehen sie dem Agenten zu, ist dem jeweiligen Einzelbetrag ein „A" voranzusetzen. Die Abkürzung „C" steht für Kosten und Gebühren des Carriers.

Für die nähere Bezeichnung der „Other Charges" können Abkürzungen verwendet werden, so zum Beispiel

AC	= Animal Container	IN	=	Insurance Premium
AW	= Air Waybill Fee	LA	=	Live Animals
BR	= Bank Release	PU	=	Pick Up Charges
CH	= Clearance, Handling-Origin	RA	=	Dangerous Goods Fee
DB	= Disbursement Fee	SO	=	Storage-Origin
HR	= HumanRemains	ST	=	State Sales Tax

(33) **Shipper's Certificate Box**
Unterschrift des Absenders als vertragsschließende Partei oder des Agenten in seiner Eigenschaft als Vertreter / Bevollmächtigter des Absenders (handschriftlich, gedruckt oder gestempelt)

(34) **Carrier's Execution Box**
Datum und Ort der Frachtbriefausstellung, wobei die Monatsangabe nicht als Ordinalzahl erfolgen darf
Der Frachtführer oder der *IATA*-Agent in seiner Eigenschaft als Vertreter der Luftverkehrsgesellschaft unterzeichnet den Beförderungsvertrag (handschriftlich, gedruckt oder gestempelt)

Wertangabe Die Luftverkehrsgesellschaft übernimmt nur dann eine höhere als in den Beförderungsbedingungen festgelegte Haftung, wenn der entsprechende Beförderungswert durch den Absender deklariert, im Luftfrachtbrief als „declared value for carriage" vermerkt und ein Wertzuschlag berechnet wurde. In diesem Fall haftet der Frachtführer bis zur Höhe des deklarierten Wertes, es sei denn, die Luftverkehrsgesellschaft könnte nachweisen, dass der im Luftfrachtbrief angegebene Wert höher ist als der tatsächliche Schaden.

Wertzuschlag Der **Wertzuschlag beträgt 0,5 %** des Differenzbetrages zwischen der Höchsthaftung gemäß Beförderungsbedingungen und dem deklarierten Wert.

4.5.8 Beförderungsbeschränkungen

Allgemeine Beförderungsbeschränkungen

Luftfrachtgüter werden nach Maßgabe des **verfügbaren Laderaumes** und entsprechender Einrichtung der Flugzeuge zur Beförderung angenommen. Hierbei wird vorausgesetzt, dass

a) die Beförderung sowie die Aus- oder Einfuhr der Luftfrachtgüter nicht durch Gesetze oder Bestimmungen irgendeines Landes verboten sind, welches angeflogen oder überflogen wird
b) die Luftfrachtgüter in geeigneter Art für die Beförderung im Flugzeug verpackt sind
c) die erforderlichen Verladepapiere vorliegen und dass die Luftfrachtgüter jede Gefährdung von Flugzeug, Personen oder Sachen und jede Belästigung der Fluggäste ausschließen.

Die Luftverkehrsgesellschaften sind berechtigt, aber nicht verpflichtet, den Inhalt der Sendungen zu prüfen.

Lebende Tiere

Der Luftfrachtversand lebender Tiere ist im *IATA Live Animals Manual* geregelt und enthält Sonderbestimmungen, die einzuhalten der Absender und die am Transport beteiligten Luftverkehrsgesellschaften verpflichtet sind.

Diese *IATA*-Vorschriften sehen im Wesentlichen vor, dass
- keine kranken und hochtragenden Tiere zum Transport angenommen werden dürfen
- die vorgeschriebenen Transportbehälter Verwendung finden und diese mit besonderen Behandlungsaufklebern versehen werden
- die Behandlungsvorschriften (Fütterung, Tränkung) des Absenders zu beachten sind
- alle erforderlichen Vorkehrungen für eine zügige Abfertigung und Beförderung getroffen werden und damit auch die Einhaltung der Gesundheits-, Quarantäne- und Zollbestimmungen sichergestellt ist
- der Absender alle erforderlichen Unterlagen (Gesundheitszeugnis, Impfbescheinigung, Einfuhrlizenzen) beibringt
- der Absender eine Bescheinigung *(Shippers Certificate for Live Animals)* abzugeben hat, dass er die besonderen *IATA*-Bestimmungen anerkennt.

Gefährliche Güter / Dangerous Goods

Die Bestimmungen über die Beförderung von gefährlichen Gütern sind in den *IATA Dangerous Goods Regulations (DGR)* enthalten. Hierin sind einbezogen jene Vorschriften, die die *ICAO* mit den *Technical Instructions For The Safe Transportation of Dangerous Goods By Air* als internationales Recht gesetzt hat.

Jeder, der Güter zur Gepäck- oder Frachtbeförderung im Luftverkehr aufliefern will, ist in der *Bundesrepublik Deutschland* verpflichtet, **die *DGR*-Vorschriften zu beachten**. Die Bestimmungen geben Auskunft, welche gefährlichen Güter von der Beförderung als Gepäck und Fracht oder nur als Gepäck ausgeschlossen sind und daher nicht zur Beförderung angenommen werden dürfen.

Bei den bedingt zugelassenen Gütern ist der Absender dafür verantwortlich, dass insbesondere die Vorschriften über die Verpackung, die höchstzulässige Nettomenge pro Versandstück, die Klassifikation des Gefahrenguts sowie dessen korrekte Deklaration in den Versandpapieren und die Kennzeichnung auf der Verpackung beachtet werden.

Luftfrachtverkehr 4.5

Dies schließt nicht aus, dass sowohl der *IATA*-Agent als auch der Carrier verpflichtet ist, die **Einhaltung der *DGR*** strengstens zu überprüfen. Beide müssen über **ausgebildetes Personal** verfügen, dessen **regelmäßige Schulung der Kontrolle des *Luftfahrt-Bundesamtes*** unterliegt.

Der **Absender ist verpflichtet**, hinsichtlich der Ordnungsmäßigkeit eine besondere **Absendererklärung** *(Shipper's Declaration)* vorzulegen. — **Shipper's Declaration**

Bei Nichtbeachtung der *DGR*-**Bestimmungen** haften der Absender und/oder der Eigentümer der Güter gegenüber der Fluggesellschaft und Dritten.

Die den *DGR-Bestimmungen* unterliegenden, von der Beförderung ausgeschlossenen oder nur bedingt zugelassenen Stoffe sind insbesondere folgende:

Ätzende, explosionsgefährliche, selbstentzündliche, brennbare, giftige, gesundheitsschädliche, radioaktive, oxydierende, zur Polymerisation neigende Stoffe, permanente Magnete und andere Güter, die gefährliche Wirkungen verursachen können, sowie Gase und Krankheitserreger.

Solche Stoffe können auch in Maschinen, Apparaten, Instrumenten und anderen Gegenständen enthalten sein.

Die Carrier und *IATA*-Agenten erheben für die Abfertigung von **Dangerous Goods** eine besondere Gebühr (***DGR*-Fee**). — **DGR-Fee**

4.5.9 Ende des Frachtvertrages

Die **Auslieferung der Sendung** durch den **Luftfrachtführer** wird nur gegen **schriftliche Quittung des Empfängers** und gegen **Erfüllung aller maßgebenden Bestimmungen und Bedingungen des Luftfrachtbriefes** vorgenommen. Empfangsberechtigt ist der im Luftfrachtbrief bezeichnete Empfänger oder sein durch ihn bevollmächtigter Importspediteur. — **Auslieferung**

Da der Luftfrachtvertrag besondere Absenderverfügungen hinsichtlich der Zahlung des Warenwertes (zum Beispiel „Kasse gegen Dokumente") nicht zulässt, haben im Luftfrachtverkehr die sogenannten „**Banksendungen**" zunehmend an Bedeutung gewonnen. — **Banksendungen**

Der Absender adressiert seine Sendung an das Geldinstitut des Bestellers. Im Frachtbrief erscheinen unter „handling information" dessen Name und Adresse mit der Auflage für die ausliefernde Fluggesellschaft, ihn bei Ankunft der Sendung zusätzlich zu benachrichtigen (Notify-Adresse).

Die Fluggesellschaft am Bestimmungsflughafen avisiert der Bank diese Sendung mit der Bitte um Freistellung an den Endempfänger.

Im Einvernehmen mit ihrem Kunden regelte die Bank die Zahlung und Überweisung des Warenwertes an den Absender und ermächtigt die Fluggesellschaft, die Ware an den Endempfänger auszuliefern. Sämtliche Empfängerrechte und -pflichten aus dem Beförderungsvertrag gehen damit auf ihn über.

Sind im Luftfrachtbrief nicht besondere Weisungen erteilt, so wird der Empfänger auf gewöhnlichem Wege von der **Ankunft der Güter** benachrichtigt. Der Luftfrachtführer haftet nicht dafür, dass diese Mitteilung nicht ankommt oder sich verspätet. Sofern kein Zubringerdienst zur Adresse des Empfängers besteht, muss der Empfänger die — **Mitteilung über die Ankunft**

Annahme-verweigerung; Luftfracht Gütersendung am Bestimmungsflughafen annehmen und sie dort abholen. Weigert sich der Empfänger, die Sendung zu übernehmen, so hat der Luftfrachtführer zunächst die Weisung des Absenders zu befolgen. Bestehen solche Weisungen nicht, so kann der Luftfrachtführer nach Benachrichtigung des Absenders die Gütersendung zum Abgangsflughafen **zurückbefördern**, um dort die Weisungen des Absenders abzuwarten, oder nach mindestens 30tägiger Lagerung der Gütersendung am Bestimmungsflughafen sie ohne Benachrichtigung im öffentlichen oder privaten Verkehr veräußern.

Der **Absender haftet** für alle Gebühren und Kosten, die sich aus der Annahmeverweigerung ergeben, einschließlich der Gebühren für die Rückbeförderung. Weigert sich der Absender oder der Eigentümer, diese Kosten zu übernehmen, und werden diese nicht binnen 14 Tagen nach der Rückführung gezahlt, so kann der Luftfrachtführer zum öffentlichen oder privaten Verkauf der Gütersendung schreiten, nachdem er dem Absender unter der im Luftfrachtbrief angegebenen Anschrift mit zehn Tagen Frist von seiner Absicht Kenntnis gegeben hat.

4.5.10 Haftung und Versicherung

Haftung des Luftfracht-führers Grundsätzlich haftet der Luftfrachtführer für **Beschädigung, Verlust und Verspätung** der sich in seinem Gewahrsam befindlichen Güter, das heißt von der Annahme am Abgangsflughafen bis zur Auslieferung am Zielflughafen. Es sind jedoch unterschiedliche Rechtsgrundlagen und Haftungsregelungen zu beachten bei
- Nationaler (innerstaatlicher) Beförderung
- Internationaler Beförderung.

Bei **internationaler Luftfrachtbeförderung** ist die Anwendung entsprechender Haftungsregelungen des Luftfrachtführers abhängig von der zwischen den beiden Vertragsstaaten der Luftfrachtbeförderung, je nach Ratifizierungsstatus anzuwenden Rechtsgrundlage, also
- *Montrealer Abkommen*
- *Warschauer Abkommen / Haager Protokoll*.

Für die **Innerstaatliche Luftfrachtbeförderung** in der *Bundesrepublik Deutschland* gelten die frachtrechtlichen Bestimmungen des *Handelsgesetzbuches (HGB)*. Individuelle Vereinbarungen der Vertragsparteien haben jedoch Vorrang.

Die gesetzlichen Bestimmungen des *HGB* folgen dem Prinzip der **Gefährdungshaftung / Obhutshaftung**. Der Luftfrachtführer haftet demnach verschuldensunabhängig für alle Schäden und Verluste im Obhutszeitraum.

Die Haftung des Luftfrachtführers für **Güterschäden (Verlust, Beschädigung)** ist begrenzt auf **8,33 Sonderziehungsrechte (SZR) / kg brutto** des beschädigten oder in Verlust geratenen Gutes, sofern nicht im Wege *Allgemeiner Beförderungsbedingungen* innerhalb eines Korridors von **2–40 SZR** oder durch individuelle Regelungen etwas anders vereinbart wurde. *Lufthansa Cargo* hat unter Anwendung des Haftungskorridors in ihren Beförderungsbedingungen die Haftung für Güterschäden im nationalen Luftfrachtverkehr auf 17 SZR / kg brutto angehoben und leistet damit die gleiche Entschädigung wie im internationalen Verkehr.

Luftfrachtverkehr 4.5

Bei **Lieferfristüberschreitung** haftet der Luftfrachtführer maximal mit dem **dreifachen Betrag der vereinbarten Fracht**.

Für die **internationale Luftfrachtbeförderung** gibt es derzeit keine einheitlich gültige Rechtsgrundlage und damit auch keine einheitlich anzuwendenden Haftungsbestimmungen. Das *Montrealer Abkommen* wurde zwar bisher von mehr als 50 Ländern, unter anderen der *Bundesrepublik Deutschland*, fast allen *EU*-Mitgliedsstaaten, den *USA*, *Kanada*, *Japan* und anderen für den internationalen Luftverkehr bedeutenden Staaten ratifiziert und in Kraft gesetzt – für Luftfrachtbeförderungen von und nach vielen anderen Ländern kann es jedoch als Rechtsgrundlage noch nicht angewendet werden. Es muss daher für jeden internationalen Beförderungsvertrag geprüft werden, ob als Rechtsnom und Haftungsregelung

- das *Montrealer Abkommen (MAK)*
- das *Haager Protokoll (HP)*
- das *Warschauer Abkommen (WAK)*

anzuwenden ist.

Das *Montrealer Abkommen (MAK)* folgt wie das Frachtrecht des *HGB* dem Haftungsprinzip der **Gefährdungshaftung / Obhutshaftung**. Der Luftfrachtführer ist nur dann von der Haftung befreit, wenn er nachweisen kann, dass Verlust oder Beschädigung

- durch Eigenheiten und die Beschaffenheit des Gutes selbst
- durch mangelnde Verpackung des Gutes durch den Absender
- durch Ereignisse wie Krieg und Unruhen
- durch hoheitliches Handeln bei Ausfuhr, Einfuhr und Durchfuhr

verursacht wurden.

Die Haftung des Luftfrachtführers für **Güterschäden und Verspätungsschäden** (Lieferfristüberschreitungen) ist nach dem *Montrealer Übereinkommen* begrenzt auf **17 SZR / kg brutto**.

Das *Warschauer Abkommen (WAK)* und das *Haager Protokoll (HP)* folgen dem **Haftungsprinzip der Verschuldenshaftung mit umgekehrter Beweislast**, der sich der Luftfrachtführer nur entziehen kann, wenn er selbst den Entlastungsnachweis führt.

Die Haftung des Luftfrachtführers ist nach dem *Warschauer Abkommen / Haager Protokoll* für Güterschäden und Vermögensschäden begrenzt auf **250 französische Goldfranken / Poincare Franken je kg brutto**. Der Gegenwert der Poincare-Franken ist in der *Bundesrepublik Deutschland* durch eine Rechtsverordnung festgelegt und beträgt **27,35 € für 250 französische Goldfranken**.

Generell gilt für alle auf die nationale und internationale Luftfrachtbeförderung anzuwendenden Rechtsgrundlagen und deren Haftungsregelungen:

Außer den Sach- und Vermögensschäden sind in der Haftung auch direkte Schadenfolgen eingeschlossen, wie zum Beispiel Transportkosten für Ersatzsendungen, Bereitstellung von Personal, Kreditzinsen und Auslagen für Gutachten und Nachforschungen. Nicht erstattungsfähig sind jedoch direkte Folgeschäden wie Produktionsausfall, entgangener Gewinn, entgangene Geschäftsabschlüsse, Wegfall von Steuerprivilegien usw..

Der Haftungstatbestand "**Güterfolgeschaden**" ist gemäß aller vorliegenden Rechtsgrundlagen für die nationale und internationale Luftfrachtbeförderung ausgeschlossen.

Die vorstehend beschriebenen Haftungsbegrenzungen für Güterschäden können nur dadurch aufgehoben werden, dass der Absender im Beförderungsvertrag einen **Beförderungswert** deklariert, der über die Haftungshöchstgrenze hinaus geht. Hierfür erhebt die Fluggesellschaft einen besonderen **Wertzuschlag**.

In den Haftungsbestimmungen der Luftverkehrsgesetze ist nicht definiert, wann eine Verspätung beziehungsweise ein Verspätungsschaden vorliegt.

Bei der Abwicklung solcher Schäden unterstellen die Fluggesellschaften, dass das Frachtgut innerhalb einer angemessenen und zumutbaren Frist zur Verfügung stehen muss und dass zumindest dann eine Verspätung vorliegt, wenn die Beförderung im Oberflächen- oder Seeverkehr weniger Zeit in Anspruch genommen hätte. Im Übrigen bleibt der Rechtsprechung im Einzelfall vorbehalten, über das Vorliegen eines Verspätungsschadens zu befinden.

Können dem Luftfrachtführer **Vorsatz oder grobe Fahrlässigkeit** als Ursache für einen entstandenen Schaden nachgewiesen werden, haftet der Luftfrachtführer nach dem WA **unbegrenzt**. Dieser Haftungstatbestand ist nach dem *Montrealer Abkommen* ausgeschlossen.

Das das *Montrealer Akommen* (in der Luftfrachtspedition spricht man in aller Regel vom *Montrealer Übereinkommen*) im Zeitablauf das *Warschauer Abkommen* ersetzen wird, sollen im Folgenden einige **Abgrenzungsmerkmale** aufgelistet werden:

Tab. 60: Abgrenzungsmerkmale WA/HP – MAK/MÜ

Abgrenzungsmerkmal	WA/HP	MAK/MÜ
Anwendungsbereich	nur internationale Luftbeförderung	internationale Luftbeförderung, zum Teil auch Postsendungen
Inkrafttreten	1929/1955 weltweit verbreitet	gezeichnet von diversen Staaten, darunter den meisten *EU*-Staaten einschließlich *Deutschland*; aber: es fehlen noch viele Staaten insbesondere aus dem asiatischen Raum
Frachtbriefausstellung	nur schriftlich möglich, zwingend ansonsten volle Haftung	auch elektronisch möglich, dispositiv, keine Sanktionierung
Haftungszeitraum	Obhut des Frachtführers, Gut auf Flughafengelände oder an Bord eines Flugzeuges, Flughafen zu Flughafen	Obhut des Frachtführers Umschlaganlage zu Umschlaganlage
Haftungsbegrenzung	gewichtsabhängig bei 250 Goldfranken beziehungsweise € 27,35/kg	gewichtsabhängig bei 17 SZR pro kg
Haftungsdurchbrechung	bei Vorsatz und Leichtfertigkeit	keine, selbst bei Vorsatz nicht
Erhöhung der Haftungssumme	Interessedeklaration, Vereinbarung höherer Haftungssummen, Haftungsdurchbrechung	Interessedeklaration, Vereinbarung höherer Haftungssummen
Haftungsausschluss	möglich, wenn der Entlastungsbeweis geführt werden kann	nur noch bei den aufgeführten Sachverhalten denkbar
Versicherungspflicht	keine	Versicherungspflicht des ausführenden und des vertraglichen Luftfrachtführers

Quelle: Eigene Darstellung

Luftfrachtverkehr 4.5

Reklamationen wegen Schäden können durch den am Transport Beteiligten, der ein finanzielles oder rechtlich begründetes Interesse an der Sendung hat, geltend gemacht werden. Als am Transport beteiligt gelten der Absender, der Empfänger und deren bevollmächtigter Agent. Ferner kann die Reklamation durch denjenigen geltend gemacht werden, der durch die Vorlage einer Zession beweist, dass er Eigentümer der Sendung ist, selbst wenn er nicht im Frachtbrief genannt ist. **Schadenreklamation**

Waren mehrere Carrier am Transport beteiligt, kann sich der Reklamant an eine Fluggesellschaft seiner Wahl wenden. Diese ist aufgrund einer Solidarhaftung verpflichtet, die Schadensregulierung auch dann vorzunehmen, wenn sie kein Verschulden trifft.

Schadenersatzansprüche aus Luftfrachtverträgen sind innerhalb der nachstehenden Fristen geltend zu machen (vergleiche Tabelle auf der nächsten Seite). **Reklamationsfristen**

Eine Schadensersatzklage kann nur erhoben werden, wenn vorher der Schaden geltend gemacht wurde. Sie ist nach dem *Warschauer Abkommen*, dem *Haager Protokoll* und jetzt auch nach dem *Montrealer Abkommen* nur innerhalb einer **Ausschlussfrist (Präklusivfrist)** von **zwei Jahren** möglich. Sie beginnt an dem Tag, an dem das Flugzeug mit dem Frachtgut am Bestimmungsflughafen eingetroffen ist oder hätte eintreffen sollen. Bei Beförderungsabbruch ist der Tag dieses Ereignisses Beginn der Präklusivfrist. **Schadensersatzklage**

Die Verjährungsfrist bei innerstaatlichen Luftfrachtbeförderungen in der *Bundesrepublik Deutschland* beträgt nach *HGB § 439* ein Jahr, verlängert sich auf drei Jahre, wenn Vorsatz oder leichtfertiges Handeln seitens des Luftfrachtführers vorliegt.

Rechtsgrundlage	Totalverlust	Beschädigung Teilverlust	Verspätung
MAK	120 Tage ab *AWB*-Ausstellung	14 Tage nach Auslieferung	21 Tage nach Bereitstellung
WAK	120 Tage ab *AWB*-Ausstellung	7 Tage nach Auslieferung	14 Tage nach Bereitstellung
HP	120 Tage ab *AWB*-Ausstellung	14 Tage nach Auslieferung	21 Tage nach Bereitstellung
IATA	120 Tage ab *AWB*-Ausstellung	7 Tage nach Auslieferung	14 Tage nach Bereitstellung

Tab. 61: Fristen für Schadenersatzansprüche aus internationalen Luftfrachtverträgen

Quelle: Eigene Darstellung

Zur Abdeckung von Risiken, die über die eingeschränkte Haftung des Luftfrachtführers hinausgehen, **kann der Absender eine Transportversicherung abschließen.** **Transportversicherung**

Die *Deutsche Lufthansa* bietet den Versicherungsschutz der *Delvag Luftfahrtversicherungs-Aktiengesellschaft, Köln,* an. Er umfasst den Haus-zu-Haus-Verkehr, also auch den Vor- und Nachlauf, schließt Zwischenlagerungen bis zu 60 Tagen mit ein und deckt auf Wunsch Kriegsrisiken ab. In die Versicherungssumme kann außer dem Rechnungswert beziehungsweise dem gemeinen Wert am Absendeort und sämtlichen Transportkosten (cif-Wert) auch ein erhoffter (imaginärer) Gewinn bis zu 20 % einbezogen werden, sofern das Interesse des Verkäufers zu versichern ist.

Der Versicherer erbringt im Schadenfall die vereinbarte Leistung unabhängig von der Schuldfrage, wird sich jedoch an den Luftfrachtführer halten, wenn dies aufgrund der haftungsrechtlichen Bestimmungen möglich ist.

Der Versicherungsabschluss erfolgt durch Eintragung der Versicherungssumme und der Prämie in die vorgesehenen beiden Felder des *AWB*. Bei der Deckung von Versicherungen für Teile einer Sammelsendung sind zusätzlich die Nummern der betreffenden Haus-Frachtbriefe / Frachtbriefe des Contracting Carriers im Feld „Handling Information" des Frachtbriefs zu vermerken.

Das *AWB*-Original ist Versicherungszertifikat. Auf Wunsch stellt der Luftfrachtführer auch die übliche Versicherungspolice aus.

Die Versicherungsprämien sind dem Prämientarif der *Lufthansa*-Broschüre *Luftfrachtversicherung von Haus zu Haus* zu entnehmen.

4.5.11 Luftverkehrsgesellschaften und Spediteure

IATA-Luftfrachtagenten Die Luftverkehrsgesellschaften waren schon immer daran interessiert, den Frachtverkauf zu fördern und die Frachtabfertigung zu beschleunigen. Hiermit zusammenhängende Aufgaben werden an Speditionsunternehmen delegiert, so dass die Fluggesellschaften sich auf ihre eigentliche Tätigkeit – den Lufttransport – konzentrieren können. Damit diese Frachtverkaufs- und Abfertigungstätigkeiten weltweit nach einheitlichen Standards abgewickelt werden, hat die *IATA* den Status eines **Luftfracht-Agenten** *(IATA Cargo-Agent)* geschaffen.

Die **Regeln für die Zulassung** von Agenten sind in *IATA Cargo Agency Rules* festgelegt, wobei es seit Mitte 1991 regionale Programme für *Canada, Europa* und die *Südwest-Pazifik Area* gibt.

Die Form des Agenturvertrages zwischen *IATA* und *IATA*-Agent ist in der *IATA-Resolution 801a* festgelegt. **Nach der Ernennung zum *IATA*-Agenten durch die *IATA* können die einzelnen Fluggesellschaften den Agenten zu ihrem Agenten ernennen (Appointment).**

Die Bedeutung des Partnerschaftsverhältnisses zwischen den Luftfrachtspediteuren und den Luftverkehrsgesellschaften wird besonders darin deutlich, dass zum Beispiel **in der *Bundesrepublik Deutschland* über 90 Prozent des Luftfrachtaufkommens über** *IATA*-Luftfracht-Agenten abgewickelt werden.

Zu den wichtigsten Voraussetzungen für die Zulassung gehören:
- **Aktivität im Luftfrachtverkauf** (Werbung, Kundenberatung) und Nachweis eines **potenziellen Aufkommens**
- ausreichende **wirtschaftliche Sicherheit** und **Kreditwürdigkeit**, die auf Verlangen durch Bank- oder Versicherungsgarantien nachzuweisen sind
- Vorhandensein von **geschultem, ausgebildetem Personal** sowie **geeigneten Abfertigungsanlagen**, die den Antragsteller in die Lage versetzen, Luftfrachtsendungen unter Beachtung der Beförderungsbedingungen und Zollvorschriften versandfertig (**ready for carriage**) anzuliefern; der **Teilnahmenachweis am *IATA/FIATA*-Trainingsprogramm**, das die **Behandlung von Gefahrgut** beinhaltet, oder einem gleichbedeutenden Schulungsprogramm für wenigstens **zwei Speditionsmitarbeiter pro Büro**.

Luftfrachtverkehr 4.5

Die Änderungen des *IATA Cargo Agency Programmes* führten auch zu einer neuen Zulassungsprozedur für Agenten in Europa.

Die wichtigsten Änderungen führen zu:
- schnellerer Überprüfung der Anträge für neue *IATA*-Agenturen oder Status-Änderungen von bestehenden Agenturen
- Zulassung / Ernennung von neuen *IATA*-Agenturen durch das *IATA* Sekretariat, wodurch die Tätigkeit der früher tätigen *Cargo Registration & Review Boards* überflüssig wurde
- Ernennung eines unabhängigen Schlichters für Streitfälle bei Antragstellungen oder Überprüfungen
- Liberalisierung der bestehenden Regeln, um realistischer auf aktuelle Änderungen des Luftfrachtmarktes reagieren zu können
- Gründung von regionalen Councils, in denen **Fluggesellschaften** und **Agenten** vertreten sind, um alle Aspekte des *Cargo Agency Programmes* für die betreffende Region gemeinsam zu erörtern.

Seit 1.7.1991 werden in *Europa* Neuanträge von Frachtagenten auf der Basis der neuen *Resolution 805* entschieden und auch bestehende Agenturen werden hiernach überprüft. Diese neue Resolution kennt nicht mehr die frühere Auflage, dass ein *IATA*-Agent seine Dienste „to the public" – also der allgemeinen Öffentlichkeit – anbieten muss. Somit können auch Großverlader oder Spezialfirmen, die sich darauf spezialisiert haben, ausschließlich bestimmte Güter wie Kunstwerke oder Pelze zu transportieren, als *IATA*-Agent zugelassen werden, wenn sie die sonstigen Voraussetzungen und Zulassungsbedingungen erfüllen. Diese Regelung, die eine neue Herausforderung und eine einschneidende Wettbewerbsbelastung für die schon bestehenden Agenturen darstellt, wurde trotz massiver Einwände der Spediteure / Agenten auf Grund der Liberalisierungsbestrebungen von der *EG-Kommission* genehmigt.

Die Registrierung als *IATA*-Luftfracht-Agent erfolgt für das Land, in dem der antragstellende Spediteur seinen Hauptsitz hat, und gilt für alle Zweigniederlassungen, die er dort unterhält. Die Zulassung kann auf Antrag auch auf Flughäfen des unmittelbar benachbarten Auslands erweitert werden, jedoch nur zum Zweck der Anlieferung der im Land der Zulassung verkauften Luftfracht.

Die *IATA*-**Fluggesellschaften zahlen ihren Frachtagenten** für deren Tätigkeit eine **Agentenkommission (Provision)** auf die im internationalen Verkehr anfallenden Frachtkosten und Wertzuschläge. Sie ist bei den Carriern unterschiedlich hoch und beträgt **5 % beziehungsweise 6 %.** — **Agentenkommission**

Die **Agenten der *Deutschen Lufthansa* erhalten 6 %, im innerdeutschen Luftfrachtverkehr 7,5 %.**

Während bis Mitte 1991 in der *BRD* jede *IATA*-Frachtagentur mit jeder Fluggesellschaft, mit der sie monatlich Frachtumsätze hatte, getrennt abrechnen musste, wurde ab diesem Zeitpunkt *CASS = Cargo Accounts Settlement System* eingeführt, ein Abrechnungssystem, das schon in mehreren anderen Ländern der Erde existierte. — **CASS**

Diese neue Einrichtung arbeitet ähnlich wie das *IATA-Clearing House*. **CASS errechnet jeden Monat die Salden aus den Frachtbriefen aller Agenturen mit allen am System betei-**

ligten Fluggesellschaften. Jeder Teilnehmer – ob Fluggesellschaft oder Agent – erhält von *CASS* eine Abrechnung, die Rechnung oder Gutschrift sein kann. Da alle Zahlungen über *CASS* laufen, ist die neue Institution zum einen **Abrechnungsstelle**, zum anderen Bank und **Inkassostelle** zwischen Agenten und Fluggesellschaften.

Sammellader Consolidator Da die Tarifstruktur für höhere Sendungsgewichte preisgünstigere Frachtraten beziehungsweise Paletten- und Containertarife einräumt, ist es sinnvoll, **Einzelsendungen von verschiedenen Versendern oder Sendungen eines Absenders an unterschiedliche Empfänger zu demselben Zielflughafen in eine Sendung zusammenzufassen.**

Diese Möglichkeit nutzt der **Sammellader (Consolidator)**. Die tarifliche Spanne zwischen der Einzelsendung und der Sammelladung (Consolidation) erlaubt es ihm, unter Berücksichtigung der für das Sammeln und Verteilen entstehenden Kosten dem **Kunden Frachtvorteile einzuräumen** (Haustarife, Sammelladungstarife).

Hausfrachtbrief Der Sammelladungspediteur stellt für jede Einzelsendung einen sogenannten **Hausfrachtbrief** aus. Dieser beinhaltet die vertraglichen Regelungen zwischen ihm und seinem Kunden und wird als Anlage dem *IATA*-Luftfrachtbrief beigefügt.

Contracting Carrier Luftfrachtspediteure gelten als vertragliche Luftfrachtführer (contracting carrier), wenn sie Sammelladungsspedition (Consolidation) oder Fixkostenspedition betreiben oder im Selbsteintritt tätig werden. Sie sind dann „Contracting Carrier" mit allen Rechten und Pflichten eines Luftfrachtführers und haften auch wie dieser. Zur Erfüllung des Luftfrachtvertrages bedienen sie sich einer Fluggesellschaft.

Aufgrund einer Rechtslage erwies sich die Verwendung von Haus-Luftfrachtbriefen, die in ihrer Form dem *IATA-AWB* angepasst sind, als problematisch. Der *IATA*-Frachtbrief vereinbart nämlich mit den *Conditions of Contract* auf der Rückseite der drei Originale die Haftungsbestimmungen für den Transport vom Abgangs- zum Zielflughafen, regelt aber nicht die Frachtführerhaftung im Vorlauf beziehungsweise Nachlauf.

Ferner gab es **Schwierigkeiten hinsichtlich der Akkreditivfähigkeit** des Haus-*AWB*. In den einheitlichen Richtlinien für das Dokumenten-Akkreditiv der *Internationalen Handelskammer, Paris,* ist zwar der carriertypische Luftfrachtbrief als akkreditivfähig anerkannt, der Haus-*AWB* jedoch nur dann, wenn der Sammellader dort als Carrier ausgewiesen ist und keine Eintragungen im *AWB* dem entgegenstehen.

Aufgrund dieser Schwierigkeiten wurde der *BSL* (heute *DSLV*) auf nationaler Ebene initiativ und traf mit dem *Bundesverband Deutscher Banken* eine Vereinbarung, die die Voraussetzungen für die Anerkennung eines Haus-Frachtbriefs als **akkreditivfähiges Beförderungsdokument** festlegte.

Den Sammelladern / Contracting Carriern wurde empfohlen, nur solche Haus-*AWBs* zu verwenden, die in Abänderung der *Conditions of Contract* **mit dem Zusatz versehen sind, dass Vor- und Nachlauf nicht Bestandteil des Luftfracht-Beförderungsvertrages sind, sondern den *ADSp* unterliegen.**

***AWB* des Contracting Carriers** Die *FIATA* hat auf internationaler Ebene einen neuen **Luftfrachtbrief** erarbeitet, der nicht nur **einheitliches Standard-Dokument** des **Sammelladers / Contracting Carriers** ist, sondern auch durch den Spediteur in seiner Eigenschaft als *IATA*-Agent für **Direktsendungen** genutzt werden kann.

Die Form des neuen *AWB* ist zwischen *FIATA* und *Internationaler Handelskammer* vereinbart. Die Spediteure in der *Bundesrepublik* können ihn verwenden, nachdem die

Luftfrachtverkehr 4.5

Deutsche Lufthansa der Einführung zustimmte.

In Form und Text entspricht der Luftfrachtbrief dem **Standard-IATA-AWB** bis auf zwei Ausnahmen. Auf der Vorderseite fehlt der Eindruck des Carriernamens und die *AWB*-Seriennummer der Fluggesellschaft. Auf der Rückseite der drei *AWB*-Originale ist unter den *Conditions of Contract* zusätzlich eine „Note" angebracht. Diese bringt zum Ausdruck, dass, wenn der *AWB* durch einen Contracting Carrier ausgestellt wird, der Transport zum Flughafen nicht Teil dieses Beförderungsvertrages darstellt.

Wird der **neutrale Frachtbrief** durch einen Spediteur in seiner Eigenschaft als *IATA*-Agent ausgestellt, muss er die *AWB*-Seriennummer mit der jeweiligen Luftverkehrsgesellschaft abstimmen und sie in das Beförderungsdokument übertragen. Der Name der Fluggesellschaft ist im Feld *Air Waybill issued by* einzutragen.

Als Consolidator/Contracting Carrier nutzt der Spediteur den neuen Frachtbrief anstelle des bisherigen Haus-Frachtbriefs und ergänzt ihn mit seiner eigenen Frachtbriefnummer. Er vermerkt seinen Namen mit Adresse im Feld *Air Waybill issued by*. Die Felder *Issuing Carrier's Agent Name and City*, *Agent's IATA Code* und *Account No.* müssen frei bleiben, weil der Consolidator selbst *Issuing Carrier* ist und nicht sein eigener Agent sein kann. Es ist nicht gestattet, den *AWB* als Haus-Luftfrachtbrief zu kennzeichnen. Auch darf die Nummer des Hauptfrachtbriefes (Master-*AWB*) nicht erscheinen.

Die Mehrzahl der Luftfracht-Importeure erledigt nicht selbst die Import-Zollabfertigung und besorgt auch nicht in eigener Regie die Abholung. Sie beauftragt hiermit einen Spediteur ihrer Wahl und hinterlegt bei den Fluggesellschaften entsprechende **Import-Vollmachten**. Dies versetzt die Carrier in die Lage, die Sendungen beziehungsweise die Beförderungsdokumente ohne Avisierung an den im Frachtbrief genannten Empfänger unverzüglich dem bevollmächtigten Spediteur auszuhändigen und Frachkostennachnahmen mit ihm abzurechnen. **Importspediteur**

Als **Empfänger von Sammelladungen** besorgt der Spediteur die **Aufteilung** (break bulk) und unter umständen auch den Einzug von Nachnahmen gemäß den Anweisungen im Haus-Frachtbrief/*AWB* des Contracting Carriers. Er erhebt hierfür eine Verteilungsgebühr (break bulk-fee), sofern er nicht am Sammelnutzen des Sammelladers beteiligt ist. **Break Bulk**

Ist der Empfangsspediteur nicht gleichzeitig Vollmachtspediteur des Endempfängers, so ist er gehalten, die Sendung an den Bevollmächtigten zur Importabfertigung abzutreten.

4.5.12 Das Chartergeschäft

Neben der Nutzung der Frachtdienste im Linienverkehr besteht die Möglichkeit, Frachtflugzeuge im Bedarfsverkehr (Gelegenheitsverkehr) in der Weise zu chartern, dass entweder die **Gesamtkapazität (Vollcharter)** oder nur ein Teil der **Nutzungskapazität (Splitcharter)** gegen einen frei ausgehandelten Preis ermietet werden. **Vollcharter** **Splitcharter**

Da die *IATA*-Fluggesellschaften sich zum Schutz ihres Linienverkehrs in einer Resolution die Durchführung von Splitchartergeschäften untersagt hatten, nutzten Non-*IATA*-Carrier diese Marktlücke mit beachtlichem Erfolg. Sie waren in der Lage, für Strecken mit starkem Frachtaufkommen – möglichst auch in Gegenrichtung – und aufgrund der daraus resultierenden optimalen Maschinenauslastungen erheblich günstigere Transportpreise anzubieten, als es den Liniengesellschaften mit ihren *IATA*-Tarifen möglich war.

Zwar unterliegen die Charter-Carrier nicht wie die Liniengesellschaften einer Betriebspflicht und garantieren zum Zweck der Zuladungsoptimierung auch nicht die vorgesehenen Abflugzeiten, dennoch hat sich ein Fast-Linienverkehr auf Strecken mit paarigen Verkehrsströmen eingespielt.

Mit ihren Voll- und Splitcharterdiensten verstehen sich Charter-Carrier als notwendige Ergänzung zum Linienverkehr, der nicht immer in der Lage sein kann, auf stark schwankende Nachfrage und sich schnell ändernde Marktgegebenheiten unverzüglich zu reagieren.

Vertragsgrundlage für die Beförderung im Vollcharterverkehr ist der Chartervertrag, der außer dem Preis unter anderem auch die vorgesehene Abflugzeit, die Zeit für die Anlieferung der Ladung und Rücktrittsklauseln beinhaltet. Zusätzlich wird ein Luftfrachtbrief ausgestellt.

Für Splitchartersendungen ist lediglich die Ausstellung von Einzel-*AWBs* erforderlich.

SEA/AIR-Verkehr Der **SEA/AIR-Verkehr** ist eine Alternative zum teuren Luftfrachtversand und zum langdauernden Seetransport.

Durch Abmachungen zwischen See-Reedereien und Luftverkehrsgesellschaften *(SEA/AIR-Agreements)* – beziehungsweise deren Speditions-Agenturen – erfolgt die Beförderung im Anschlussverkehr Schiff/Flugzeug zu Durch-Raten *(Through-Rates)*.

Als Transport-Dokument eignet sich hierfür das *F-B/L (FIATA MULTIMODAL TRANSPORT BILL OF LADING)*.

5 Der Spediteur und der Kleingutmarkt*

5.1 Der Spediteursammelgutverkehr mit Kraftwagen und Eisenbahn

5.1.1 Der Tarif als Anstoß für den Aufbau des Spediteursammelgutverkehrs

Der Spediteursammelgutverkehr ist eine der typischsten und wichtigsten Betätigungsfelder der Spedition. Das **Sammeln** der von den Versendern übergebenen, in der Regel kleingewichtigen Einzelsendungen (Stückgüter), die **Zusammenfassung** zu einer Sammelladung (Sammelsendung) und die **Verteilung** der Einzelsendungen an die einzelnen Empfänger erfordert eine vielfältige und umfangreiche Organisation. Gerade in diesem Tätigkeitsbereich kann die Spedition ihren Anspruch beweisen, Organisator des Güterverkehrs zu sein. **Geschichte des Sammelgutverkehrs**

Der Spediteursammelgutverkehr blickt auf eine **mehr als hundertdreißigjährige Geschichte** zurück. Seine Geburtsstunde ist der **12./13.2.1877**, als die deutschen Eisenbahnverwaltungen den so genannten *Reformtarif* einführten. Dieser Tarif, mit dem für das damalige Reichsgebiet die Tarifeinheit geschaffen wurde, sah eine Staffelung in Eilgut, Stückgut, Wagenladungen sowie Spezialgut vor. Die Differenzierung des Tarifs zwischen dem auf dieselbe Gewichtseinheit bezogenen teureren Stückgut und dem billigeren Wagenladungsgut veranlasste eine große Zahl von Spediteuren, die von den Versendern erhaltenen Stückgutsendungen für dieselbe Verkehrsrichtung vorzusammeln und der Bahn als geschlossene Wagenladung zum Transport zu übergeben. Da die damaligen Bahnsammelladungsspediteure die mögliche Frachtersparnis nicht gänzlich für sich vereinnahmten, sondern einen Anteil der erzielten Frachtdifferenz ihren Auftraggebern einräumten, setzte sich der Spediteursammelgutverkehr recht bald bei den Versendern durch.

Die Grundlage für den Sammelgutverkehr ist bei allen Verkehrsträgern gleich: Sie beruht auf der betriebswirtschaftlich begründeten Gewichtsdegression und der sich hieraus ergebenden Differenz zwischen **Stückgut- und Ladungsfracht**. Mit steigendem **Prinzip des Sammelgutverkehrs**

---

* Es wird der Versuch unternommen, den Kleingutmarkt geschlossen darzustellen. Auch wenn sich dieser Markt noch im Umbruch befindet, kann über den Spediteursammelgutverkehr und über den Paketdienst auf der Basis relativ abgesicherter Erkenntnisse zusammenfassend berichtet werden. Dagegen ist es schwierig, die vielfältigen Entwicklungen der Kurier- und Expressdienste, deren Markt in Art und Umfang noch nicht fest geformt ist, unter kaufmännischen und technischen Gesichtspunkten übersichtlich zu strukturieren. Sie werden beim Studium dieses Buches feststellen, dass es hier noch begriffliche Überschneidungen und Unsicherheiten gibt. Trotzdem sind Herausgeber und Verlag der Meinung, dass es für Ausbildung und Beruf wichtig ist, neuere Entwicklungen aufzuzeigen und darzustellen.

Gewicht werden die Kosten der Sendung, bezogen auf dieselbe Gewichtseinheit, relativ günstiger. Dies gilt in gleicher Weise für Abfertigung, Handling und Transport der Güter. Bei allen Verkehrsträgern ist über dieselbe Entfernung gerechnet zum Beispiel eine Sendung à 10 t billiger als 20 Sendungen à 500 kg.

> Beispiel: Abrechnungen nach dem früheren GFT-Richtsatz (Stand: 1.1.1992)
> a) 10 000 kg der Ladungsklasse A / B über 300 km:
> 100 x 12,01 DM = 1 201,– DM
> b) 20 Stückgutsendungen zu je 500 kg über 300 km:
> 20 x 150,30 DM = 3 006,– DM
> c) maximale Frachtersparnis: 1 805,– DM.

Die ausgewiesene Frachtersparnis verbleibt nur zum geringsten Teil dem Sammelgutspediteur. Wie ausgeführt, **haben die Sammelgutspediteure** seit der Geburtsstunde des Sammelgutverkehrs **ihre Auftraggeber an den zu erzielenden Frachtersparnissen beteiligt**. Ursprünglich war der Spediteur sogar nach *ADSp* verpflichtet, dem Auftraggeber einen entsprechenden Vorteil zu gewähren. Dabei darf jedoch nicht außer Acht gelassen werden, dass der Sammelgutspediteur mit dem Sammelnutzen neben dem büromäßigen Aufwand zur Organisation der Sammelverkehre auch die Kosten für die Vor- und Nachläufe sowie für Disposition und Umschlag der Güter abdecken muss.

5.1.2 Der Tarif – keine notwendige Basis für den Spediteursammelgutverkehr moderner Prägung

Der Spediteursammelgutverkehr hat in den letzten Jahrzehnten einen solchen Aufschwung genommen, dass heute in *Deutschland* gut drei Viertel aller Kleingüter in dieser Verkehrsart versandt werden. Die Sammelspedition hat national und zunehmend europaweit, ein dichtes Netz regelmäßiger Verkehre aufgebaut, die quasi industriell betrieben werden. Im Zentrum dieser Dienstleistung steht nicht die Güterbeförderung, sondern die **Organisation der einzelnen Aktivitäten mit den Produktionsfunktionen Sammeln der Einzelsendungen, Umschlag und Zusammenfassung dieser Güter zu Sammelladungen, Befördern zum Empfangsspediteur sowie Auslieferung der Güter an die Empfänger**. Bis zur Aufhebung der Tarife mußte der Sammelgutspediteur sowohl beim Einkauf der Frachtführerleistung (im Nah- wie im Fernverkehr) als auch beim Verkauf seines Produktes die Bestimmungen staatlich verordneter Tarife beachten. **Die Tarife sind** jedoch im Gegensatz zu den Anfängen des Spediteursammelgutverkehrs **heute keine Voraussetzung für die Erstellung dieses Produkts**. In den letzten Jahren waren sie eher hinderlich als förderlich. Deshalb hatte die Aufhebung der Tarife zum 1.01.1994 keine negativen Auswirkungen auf den Spediteursammelgutverkehr. **In bestimmten Bereichen sind sogar einengende Reglementierungen entfallen.**

5.1.3 Die zwischenbetriebliche Zusammenarbeit im Spediteursammelgutverkehr

Der Spediteursammelgutverkehr ist traditionell der Geschäftsbereich, in dem Spediteure eng zusammenarbeiten. Nur die wenigsten Spediteure können die Zustellung der Güter bei den jeweiligen Empfängern durch eigene Niederlassungen vornehmen lassen. Die meisten Spediteure sind auf die Zusammenarbeit mit ortsansässigen Kollegen angewiesen. Zumeist betätigen sich die Sammelgutspediteure sowohl als Versand- als auch als Empfangsspediteur. Die ausschließliche Betätigung als Versand- oder als Empfangsspediteur ist selten.

Kooperation im Spediteursammelgutverkehr

Vielfach hat die Zusammenarbeit der Spedition mit größeren Auftraggebern dazu geführt, dass Spediteure sich auf bestimmte Relationen spezialisiert haben, indem sie im Zielgebiet der Sendungen ihrer großen Auftraggeber Niederlassungen errichteten. Im Gegensatz zu den Spediteuren, die das Sammelgutgeschäft flächendeckend betreiben, bezeichnet man solche Sammelgutspediteure als **Linienspediteure**. Ihre Bedeutung ist jedoch in den letzten Jahren gesunken.

Linienspediteure

Der sich in den letzten Jahren verschärfende Wettbewerb zwischen den Spediteuren hat unterschiedliche Konzepte zur Bewältigung dieser Situation hervorgebracht. In der Erwartung, dass sich durch den Zusammenschluss bisher selbständiger Unternehmenseinheiten nachhaltige Kostenvorteile erzielen lassen, haben **Kooperation (im engeren Sinne)** und **Konzentration** eine immer größere Bedeutung erlangt. Anstoß für diese Entwicklung war nicht zuletzt eine Änderung des Einkaufsverhaltens der Verladerschaft. Immer mehr Unternehmen der verladenden Wirtschaft gingen dazu über, die Anzahl der von ihnen eingesetzten Dienstleister (Spediteure) drastisch zu verringern. Damit erlangten Spediteure mit flächendeckenden Angeboten Wettbewerbsvorteile gegenüber den Linienspediteuren. Dies war für viele mittelständische Spediteure Veranlassung, nach geeigneten Partnern zum Aufbau einer Kooperation Ausschau zu halten. Großspediteure oder Konzernspeditionen sahen sich veranlasst, vorhandene Angebotslücken durch Aufkauf entsprechender Speditionsunternehmen, meist mittelständischer Art, zu schließen. Diesen Trend beweisen die Übernahmewellen, die insbesondere in den letzten beiden Jahren zu beobachten waren. Dabei sind alteingesessene mittelständische Spediteure von Konzernen übernommen und ihrem Netzwerk eingegliedert worden.

Kooperation und Konzentration im Spediteursammelgutverkehr

Dass **Kooperation ein schwieriges und langwieriges Geschäft** ist, hat sich auch in diesem Geschäftsfeld wieder bestätigt. Eine effektive Kooperation verlangt neben der Festlegung eines marktfähigen strategischen Konzepts vor allem die Bereitschaft zur Aufgabe zumindest eines Teils der bisherigen unternehmerischen Selbständigkeit. Gerade bei Mittelständlern ist dies zumeist ein schwieriger und Zeit beanspruchender Erkenntnisprozess. Die Heterogenität der auf unterschiedlichen Geschäftsfeldern tätigen Kooperationspartner erfordert einen hohen Koordinationsaufwand, dem kurzfristig keine greifbaren Ergebnisse gegenüberstehen. Langfristig bieten Kooperationen zweifelsohne mittelständischen Spediteuren gute Aussichten, den Wettbewerb mit Konzernspeditionen zu bestehen. Daher haben Kooperationen im Spediteursammelgutverkehr mit flächendeckendem Angebot im letzten Jahrzehnt geradezu einen Boom erlebt.

Kooperation im Kleingutverkehr

In den letzten Jahren sind immer mehr Spediteure dazu übergegangen, ihre Sammelgutverkehre als Systemverkehre abzuwickeln. Hierbei handelt es sich um flächendeckende Lkw-Verkehre nach genau vorgegebenen Ablaufplänen, die unabhängig von der jeweiligen Auslastung der Lkw zwischen den Umschlaganlagen durchgeführt werden. Solche Verkehre wurden zunächst von Großspediteuren mit einem Filialsystem aufgebaut. Inzwischen wickeln auch immer mehr mittelständische Spediteure mit Erfolg ihr Sammelgutgeschäft in Kooperationsverbünden ab. Ziel dieser Verkehre ist es, die Laufzeiten im Spediteursammelgutverkehr zu beschleunigen und eine tägliche Bedienung der Relation sicherzustellen. Systemverkehre zeichnen sich aus durch ein besonderes Marketingkonzept, eine eigens geschaffene Ablauforganisation, spezielles Know-how, technisches Equipment und Personalqualifikation.

Konzentration im Kleingutverkehr
Die **Erwartungen** hinsichtlich der positiven Auswirkungen **der Konzentration durch Aufkauf von Unternehmen haben sich vielfach nicht erfüllt**. Zweifelsohne fallen auch im Sammelgutgeschäft mit steigendem Marktanteil und Gütervolumen die Kosten pro Leistungseinheit. Vielfach außer Acht gelassen wurde dabei jedoch, dass sich diese Kostendegression nur standortbezogen realisieren lässt. **Ein in der Summe hoher Umsatz des Gesamtunternehmens hilft bei einer auf viele Standorte verteilten Dienstleistungsproduktion nicht weiter, wenn die Niederlassungen jeweils kleiner sind als die wichtigsten lokalen Wettbewerber.**

Die aufgezeigten Probleme bei Kooperation und Konzentration dürften mit ein wichtiger Grund dafür sein, dass gerade im Spediteursammelgutverkehr **viele regional tätige Spediteure nicht nur ihre Selbständigkeit, sondern auch ihre Marktstellung in der Region bewahrt haben.**

5.1.4 Ablauf einer Güterversendung im Spediteursammelgutverkehr

Ablauf der Güterversendung
Das wichtigste Marktsegment des Sammelgutgeschäftes liegt zweifelsohne im nationalen Bereich und hier insbesondere im **Kleingutverkehr** auf der Straße. Hierunter versteht man Sendungen im **Gewicht bis zu 3 t**. Auch im Bereich des Ladungsverkehrs stellt der Spediteur Sammelladungen zusammen. Da solche Sammelladungen jedoch meistens nur von wenigen Versendern an wenige Empfänger zu befördern sind, erfordern sie nicht die Disposition und Organisation wie die kleinen Sendungen. Sendungen ab einem Gewicht von etwa 1 500 kg werden zudem in der Regel von demselben Fahrzeug beim Versender abgeholt und beim Empfänger zugestellt, das die Fernbeförderung durchführt. Die Praktiker bezeichnen diesen Vorgang als **Direktabholung und Direktzustellung**. Bei Kleingutsendungen ist dies jedoch nicht möglich. Diese müssen vom beauftragten Spediteur (Versandspediteur) durch – eigene oder fremde – Nahverkehrsfahrzeuge zur Umschlagsanlage herangeschafft, nach Relationen sortiert und mit anderen Sendungen zu einer Sammelladung komplettiert werden. Diese Sammelladung wird dann im Fernverkehr im Selbsteintritt oder unter Einsatz eines Frachtführers einem Empfangsspediteur zugestellt. Dieser ist zumeist ein Spediteurkollege, mit dem der Versandspediteur zusammenarbeitet. Der Empfangsspediteur nimmt die Sammelladung auf die Umschlagsanlage und

Der Spediteursammelgutverkehr mit Kraftwagen und Eisenbahn 5.1

bereitet die Zustellung der Sendungen an die einzelnen Empfänger vor. Diese erfolgt in der Regel mit Nahverkehrsfahrzeugen. Dieser gebrochene Verkehr und der zumeist zweimalige Umschlag der Sendungen erfordert eine eingespielte Organisation und Disposition durch die Spedition. Größere Speditionsfirmen nehmen Verteilung und Zustellung der Sendungen vielfach über eigene Niederlassungen vor.

In der nachfolgenden Übersicht ist der Ablauf einer Güterversendung im Rahmen des Spediteursammelgutverkehrs einschließlich der jeweiligen Tätigkeiten innerhalb der Transportkette schematisch dargestellt:

Ablauf einer Güterversendung im Spediteursammelgutverkehr

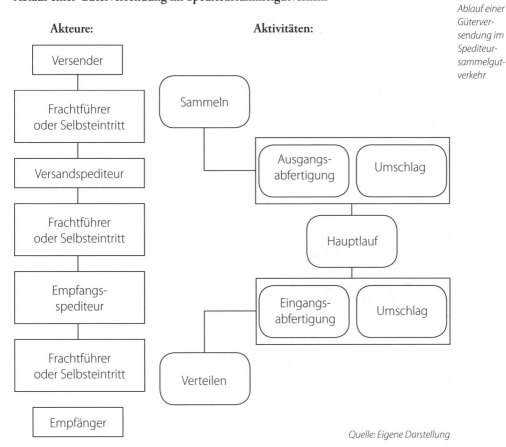

Abb. 47: Ablauf einer Güterversendung im Spediteursammelgutverkehr

Quelle: Eigene Darstellung

5.1.5 Die Rechtsbeziehungen im Spediteursammelgutverkehr

Vertragstypen:
Kaufvertrag,
Speditionsvertrag,
Frachtvertrag

Ausgangspunkt für die Versendung von Gütern ist regelmäßig ein **Kaufvertrag**, der zwischen Käufer und Verkäufer einer Ware abgeschlossen wird. In den meisten Fällen veranlasst dann der Verkäufer die erforderlichen Maßnahmen, damit die Ware zum Käufer gebracht wird. Er kann hiermit einen Spediteur oder einen Frachtführer beauftragen. Im Stückgutbereich erteilt der Auftraggeber, der nach der Rechtsterminologie dann Versender genannt wird, zumeist einem Spediteur den Auftrag zur Versendung der Güter. Der **Speditionsauftrag ist grundsätzlich formfrei**, das heißt er kann schriftlich oder mündlich erteilt werden. Zur Vermeidung von Missverständnissen sollten die Speditionsaufträge jedoch schriftlich fixiert werden. Bei Annahme des **Speditionsauftrages** durch den Spediteur ist der Speditionsvertrag zustande gekommen.

Das Sammeln und Verteilen der Einzelsendungen wie auch die Beförderung der zu einer Sammelladung zusammengestellten Einzelsendungen kann der Spediteur entweder mit eigenen Fahrzeugen ausführen oder von eingesetzten Frachtführern vornehmen lassen. Beim Einsatz von Frachtführern schließt der Spediteur mit dem Frachtführer einen **Frachtvertrag** (Beförderungsvertrag) ab und erhält damit rechtlich die Stellung des Absenders. Je nach Einsatz des Frachtführers (Güterkraftverkehr oder Eisenbahn wie zum Beispiel *Railion Deutschland AG*) gelten für die Abwicklung dieser Frachtverträge folgende **Beförderungsbedingungen**:
- beim Lkw-Einsatz: *HGB* und *VBGL*, *ADSp* oder andere Geschäftsbedingungen
- beim Bahneinsatz: *HGB* und *Allgemeine Leistungsbedingungen (ALB) der Railion Deutschland AG* oder Geschäftsbedingungen nicht bundeseigener Eisenbahnen.

In der Übersicht auf *Seite 547* sind die Rechtsbeziehungen beim Spediteursammelgutverkehr schematisch dargestellt.

Beim Abschluss der Verträge ist darauf zu achten, dass insbesondere für die Bezeichnung des jeweiligen Auftraggebers die richtige Terminologie verwendet wird:
- Der Auftraggeber des Spediteurs heißt VERSENDER.
- Der Auftraggeber des Frachtführers heißt ABSENDER.

Im Streitfalle kann das Gericht aus der Bezeichnung des Auftraggebers Rückschlüsse hinsichtlich der Art des abgeschlossenen Vertrages (Speditions- oder Frachtvertrag) und damit insbesondere hinsichtlich der Haftung ziehen.

Der Spediteursammelgutverkehr mit Kraftwagen und Eisenbahn 5.1

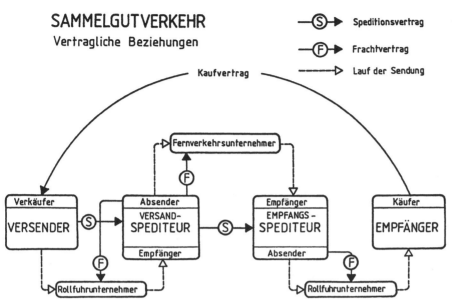

Abb. 48: Rechtsbeziehungen im Spediteursammelgutverkehr

Quelle: RA Oeynhausent, Hamburg

5.1.6 Der Begriff des Spediteursammelgutes

Der Auftraggeber (Versender) kann bei der Erteilung seines Speditionsauftrages entscheiden, ob der Spediteur die Versendung der Güter als Einzelversand oder im Sammelversand vornimmt. Verzichtet der Versender auf eine solche Vorgabe, kann der Spediteur wählen, wie er den Güterversand durchführt. Nach dem allgemeinen Sprachgebrauch und nach dem *HGB (§ 460)* liegt Spediteursammelgutversand vor, wenn der Spediteur die Versendung des ihm von einem Auftraggeber übergebenen Gutes zusammen mit Gütern anderer Auftraggeber in Sammelladung (beziehungsweise auf Sammelkonnossement) bewirkt. Das *Handelsgesetzbuch* und die von der *Vereinigung der Sammelgutspediteure im BSL* herausgegebene Empfehlung des *Tarif für den Spediteursammelgutverkehr* enthalten voneinander abweichende Definitionen.

Der Spediteur ist befugt, die Versendung des Gutes zusamen mit den Gütern anderer Versender aufgrund eines für seine Rechnung über eine Sammelladung geschlossenen Frachtvertrages zu bewirken (§ 460 Abs. 1 HGB). Nach dieser Definition, die in gleicher Weise für den Versand mit Lkw wie Schiene gilt, ist es erforderlich, dass der Spediteur die Güter von mindestens zwei Versendern zu einer Sammelladung zusammenführt. Als Idealfall wird unterstellt, dass über die Beförderung der Sammelladung ein Frachtvertrag abgeschlossen, das heißt ein Frachtführer eingesetzt wird. Dies schließt jedoch nicht aus, dass der Spediteur die Beförderung der Sammelladung mit eigenen Fahrzeugen vornimmt (*§ 458 HGB*, Selbsteintritt).

HGB-Definition des Spediteursammelgutes

Die von der *Vereinigung der Sammelgutspediteure im BSL (Versa)* herausgegebene *Empfehlung für den Spediteursammelgutverkehr* definiert Spediteursammelgut wie folgt:

Versa-Definition des Spediteursammelgutes

> Spediteursammelgut im Sinne dieser Bedingungen liegt vor, **wenn die Güter mehrerer Versender von einem Spediteur (Versandspediteur) auf der ganzen Strecke oder auf einem Teil der Strecke bei der Versendung zusammengefasst werden.** *(Ziffer 1 der Bedingungen für den Spediteursammelgutverkehr)*

5.1.7 Die wirtschaftliche Bedeutung des Spediteursammelgutverkehrs

Mehr als 1000 Speditionsbetriebe betätigen sich im Spediteursammelgutverkehr. Neben dem dichten Netz regelmäßiger Sammelgutverkehre, in dem täglich etliche hundert Plätze der *Bundesrepublik* im Fernverkehr mit dem Lkw linienmäßig angefahren werden, erstreckt sich die Bedienung auch auf die nähere Umgebung der Versand- und Empfangsplätze. Die Sammlung und Verteilung der Güter erfolgt dabei zumeist mit speziell hierfür eingesetzten eigenen oder fremden Kraftfahrzeugen, die die Einzelsendungen zur Umschlagsanlage des Versandspediteurs bringen beziehungsweise an die Empfänger ausliefern.

Speditionsbetriebe sind häufig in verschiedenen Leistungsbereichen tätig. Nach den im Jahr 2005 vom *Bundesverband Spedition und Logistik (BSL)* erhobenen Strukturdaten aus Spedition und Lagerei betreibt ein Speditionsbetrieb im rechnerischen Durchschnitt etwa sieben Leistungsbereiche. In der Mehrzahl sind dies die **Fachsparten Befrachtung fremder Lkw, Internationale Spedition, Straßengüterverkehr im Selbsteintritt, Spediteursammelgutverkehr mit Lkw, Distributionslagerei sowie Luft- und Seehafenspedition.** Die große Bedeutung des Spediteursammelgutverkehrs innerhalb der Spedition zeigt die *Übersicht ausgewählter Leistungsbereiche*, die auf *Seite 78* abgedruckt ist.

Die Marktstellung der Spedition im **binnenländischen Klein- und Sammelgutverkehr** zeigt sich darin, dass ihr **Anteil rund 75 %** beträgt. Der in diesem Leistungsbereich erwirtschaftete **Umsatz wird heute auf über 7 Mrd. €** geschätzt.

Tab. 62: Umsätze im Kleingutmarkt

Kleingutmarkt 2002*	Mio. Pakete beziehungsweise Tonnen
Kurierdienste	–
Expressdienste	–
Paketdienste Deutsche Post (DPWN) DPD Hermes UPS German Parcel (heute GLS) trans-o-flex	660 Mio. Pakete 208 Mio. Pakete 165 Mio. Pakete 160 Mio. Pakete 115 Mio. Pakete 98 Mio. Pakete
Spediteursammelgutverkehr	41 Mio. t
Schienenkleingutverkehr	1,5 Mio. t

Quelle: DSLV

* Der Schienenkleingutverkehr ist inzwischen eingestellt.

Der Spediteursammelgutverkehr mit Kraftwagen und Eisenbahn 5.1

Die Umsätze im deutschen Kleingutmarkt dürften auf der Basis der Zahlen des Jahres 2001 bei rund 18 Mrd. € liegen. Einschließlich der Postdienste wird der Umsatz auf rund 40 Mrd. € beziffert.

Die Leistungsfähigkeit des speditionellen Sammelgutverkehrs wird dadurch belegt, dass jeder Ort in der *Bundesrepublik Deutschland* von mehreren Speditionsunternehmen von verschiedenen Standorten aus regelmäßig im Sammelgutverkehr bedient wird. Das Netz der Sammelgutverkehre ist dabei so dicht, dass auch die wirtschaftsschwachen und peripheren Räume durch regelmäßige Verkehre abgedeckt werden.

Auch im grenzüberschreitenden Verkehr werden zunehmend Sammelgutverladungen durchgeführt. Im grenzüberschreitenden Güterverkehr mit Lastkraftfahrzeugen haben die Spediteure inzwischen ein dichtes Netz von Linienverkehren aufgebaut, das es ihnen erlaubt, auch unsere Nachbarländer einschließlich der neuen *EU*-Länder flächendeckend zu bedienen. Im seewärtigen Verkehr bieten Spediteure regelmäßige Sammelcontainerverkehre nach überseeischen Plätzen an. Leider liegen keine Zahlen über die abgefertigte Gütermenge vor. Im Luftfrachtverkehr nimmt die Zahl der als Sammelgut verladenen Sendungen *(consolidation)* ständig zu. Der Anteil dieser Sammelgutverkehre betrug 1980 24,9 % des Gesamtaufkommens. 1987 waren es schon 37,1 % und heute sind es deutlich über 50 % des Luftfrachtaufkommens, die als Sammelgut abgefertigt werden.

Grenzüberschreitende Sammelgutverkehre

Die Sammelgutverkehre in *Deutschland* werden heute überwiegend als Normalservice im 24- beziehungsweise 48-Stundentakt abgewickelt. Zusätzlich werden häufig Dienste mit "Uhrzeitterminen" angeboten, deren Laufzeiten auf 15 oder gar 12 Stunden gesenkt sind. Auch ausländische Destinationen werden im 24-StundenTakt bedient. Längere Strecken brauchen 48 bis 96 Stunden.

Durch die Entwicklung und Verbreitung von Telekommunikation und E-Commerce wird die Bedeutung der Sammelladungsverkehre auf den Verkehrsmärkten weiter zunehmen. Ein leistungsfähiges Kommunikationssystem gewährleistet die Aktualität der auszutauschenden Informationen über Lagerentnahmen und Materialverbrauch und liefert damit die Grundlage für die neuen logistischen Anforderungen der verladenden Wirtschaft: Bestellmengen werden stärker mit den tatsächlich benötigten Mengen abgestimmt. Verkürzte Wiederbeschaffungszeiträume und kurzfristige Bestellungen kleinerer Mengen führen dazu, dass die Sendungsgewichte kleiner werden. Kleinere Sendungen sind verkehrsökonomisch jedoch nur zu bewältigen, wenn sie für den Hauptlauf gebündelt werden. Hierfür bietet sich der Spediteursammelgutverkehr an. Termin- und Linienverkehre sind der Inbegriff für die heute an die Spedition gestellte Dispositionsaufgabe. Dazu gehören schnelle Umschlagvorgänge, Termingenauigkeit, Regelmäßigkeit und Pünktlichkeit der logistischen Organisation.

5.1.8 Voraussetzungen und Vorteile des Spediteursammelgutverkehrs

Anforderungen an den Spediteursammelgutverkehr

Im vorstehenden Kapitel wurde die Leistungsfähigkeit des Spediteursammelgutverkehrs dargestellt. Um diese guten Ergebnisse zu erreichen, muss jeder einzelne Sammelgutspediteur seinen Kunden nachweisen, dass er die an diese Verkehre gestellten Anforderungen erfüllt:

- **Regelmäßige Verladungen** nach bestimmten Zielplätzen einschließlich der von dort bedienten Bestimmungsorte
- **zuverlässige und sichere Abwicklung** des Güterversandes
- schnelle Abwicklung von der Übernahme des Gutes beim Versender bis zur Ablieferung beim Empfänger. **24-Stunden-Service für die Bedienung der Wirtschaftszentren und 48-Stunden-Service für die peripheren Gebiete** ist heute Norm
- **kundengerechte** Abholung und Zustellung der Güter
- Eingehen auf **besondere Anforderungen** des Versenders oder Empfängers
- Angebot **wettbewerbsfähiger Preise**.

Die Versendung der Güter im Spediteursammelgutverkehr gewährt sowohl den Kunden als auch den eingesetzten Frachtführern Vorteile.

Vorteile des Sammelgutverkehrs für Kunden

Vorteile für den Kunden:
- Günstigere Versendungs- / Beförderungskosten gegenüber dem Einzelversand
- schnellere Beförderung, insbesondere im Verkehr nach Wirtschaftszentren
- Unterstützung der eigenen Verkaufsbemühungen durch den Nachweis eines zuverlässigen Lieferservices, der dem Empfänger eine Reduzierung seiner Lagerhaltung erlaubt
- Kosteneinsparung beim Versandfertigmachen (einfache Bezettelung der Packstücke, Einsparungsmöglichkeiten bei der Verpackung)
- Reduzierung von Lagerkapazitäten, insbesondere wenn die Güter direkt in die im Sammelgutverkehr zu versendenden Behälter verbracht werden können
- zweckadäquate Behandlung der Güter nach individueller Absprache mit dem Spediteur
- flächendeckende Erreichbarkeit aller in- und vieler ausländischer Ziele.

Vorteile des Sammelgutverkehrs für Frachtführer

Vorteile für den Frachtführer:
- Bessere Auslastung des Transportraumes
- reibungslose Be- und Entladung durch Personal des Spediteurs
- Verbilligung bei den Abfertigungskosten durch Zusammenführung der vielen Einzelsendungen zu einer Sammelladung
- Einsatz im Linienverkehr zwischen Versand- und Empfangsstation
- kontinuierliche Beschäftigung
- Geregelte Arbeitszeiten in getakteten Systemverkehren.

5.1.9 Die Abwicklung des Spediteursammelgutverkehrs

5.1.9.1 Beteiligte am Spediteursammelgutverkehr

Der mit den Landverkehrsträgern abgewickelte Spediteursammelgutverkehr ist in seiner Grundstruktur identisch: Das Sammeln und Verteilen der Güter erfolgt zumeist mit speziell hierfür eingesetzten eigenen oder fremden Kraftfahrzeugen; die Einzelsendungen werden im Einzugsgebiet des Versandplatzes gesammelt und zur Umschlaganlage des Versandspediteurs gebracht oder in den Bedienungsbereichen des Zielplatzes von der Umschlagsanlage des Empfangsspediteurs den Endempfängern zugestellt.

Beteiligte am Spediteursammelgutverkehr

Nachfolgend sind die bei der Abwicklung eines Güterversandes im Spediteursammelgutverkehr beteiligten Akteure aufgeführt:

Versender:
Auftraggeber des Spediteurs.

Versandspediteur:
Mit der Güterversendung beauftragter Spediteur, der die Sammelgutverkehre organisiert. Er wird auch Verkehrsführer genannt.

Beiladerspediteur:
Mit der Güterversendung beauftragter Spediteur, der die von ihm gesammelten Güter einem verkehrsführenden Spediteur beilädt. Beiladungen werden für solche Relationen vorgenommen, für die der Spediteur nur kleinere Ladungsaufkommen zusammenstellen kann. Beiladungen finden heute nur noch selten statt.

Frachtführer:
a) Mit der Beförderung der Einzelsendungen zum Sammeln und Verteilen beauftragte Güternah-, selten auch Güterfernverkehrsunternehmer.
b) Mit der Beförderung der Sammelladung beauftragte Güterfernverkehrsunternehmer.

Briefspediteur:
Für die Zustellung der Einzelsendungen an den Empfänger vorgeschriebener Spediteur. Dieser Briefspediteur wird entweder vom Beiladerspediteur als dessen Kooperationspartner eingeschaltet oder von den Empfängern vorgeschrieben. Der Empfangsspediteur hat dann die für den Briefspediteur bestimmten Güter an diesen zu überweisen.

Empfänger:
Kaufvertragspartner des Versenders, an den die Einzelsendungen ausgeliefert werden.

5 Der Spediteur und der Kleingutmarkt

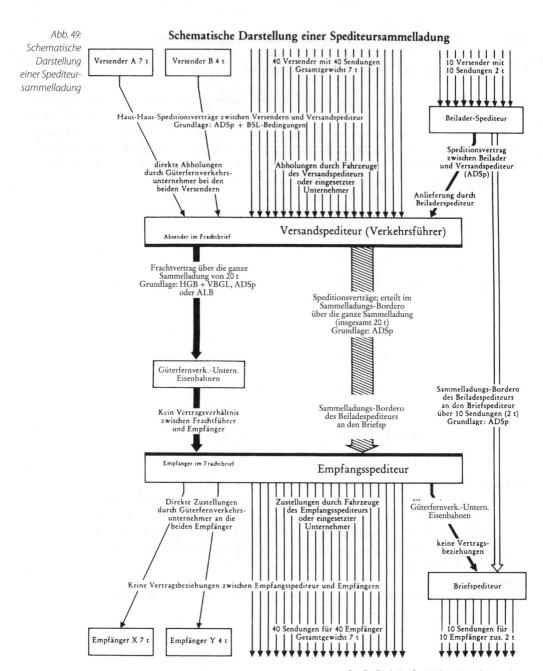

Abb. 49: Schematische Darstellung einer Spediteursammelladung

Quelle: Dipl.-Kaufm. Walter Bönisch, Hamburg

Der Spediteursammelgutverkehr mit Kraftwagen und Eisenbahn 5.1

5.1.9.2 Die Papiere bei einer Güterversendung im Spediteursammelgutverkehr

Der Abschluss des Speditionsvertrages unterliegt keiner Formvorschrift. Er kann mündlich oder schriftlich geschlossen werden. Zur Vermeidung von Missverständnissen und zur Beweissicherung besagte *Ziffer 6* der *Bedingungen für den Spediteursammelgutverkehr:*

Speditionsauftrag

> *Der Speditionsauftrag ist grundsätzlich schriftlich oder mit einem abgestimmten elektronischen Datensatz zu erteilen.*

Wenn sich auch bis zum heutigen Tag in der Spedition kein „üblicher Speditionsauftragssatz" herausgebildet hat, so ist doch festzustellen, dass das auf der nächsten Seite abgebildete vom *DIN (Deutsches Insitut für Normung)* genormte Formular von seiner Grundanordnung her allgemeine Anerkennung gefunden hat. Aus der Bezeichnung des Formulars als Speditions-Auftrag und des Auftraggebers als Versender sowie durch den Fußnotenhinweis auf die *ADSp* ergibt sich zweifelsfrei, dass ein Speditionsvertrag und kein Frachtvertrag abgeschlossen werden soll. **Das abgedruckte Formular hat Ende 1994 Anerkennung als *DIN-Norm* gefunden. Es wurde 2004 aktualisiert. Die *DIN-Norm* beinhaltet neben dem eigentlichen Formular eine verbale und EDV-mäßige Beschreibung der Datenfelder und Datenelemente.** Dabei wurde so weit wie möglich auf das Verzeichnis der Handelsdatenelemente zurückgegriffen.

In vielen Fällen wird der Speditionsauftrag den Sammelfahrzeugen vom Versender bei der Abholung der Einzelsendungen mitgegeben. Immer größere Bedeutung erlangt jedoch der elektronische Datenaustausch zwischen Versender und Versandspediteur. Aufgrund der dann den Gütern zumeist zeitlich vorauslaufenden Daten der Speditionsaufträge kann der Versandspediteur die Sammelladungen zusammenstellen und die Daten der einzelnen Speditionsaufträge frühzeitig dem Empfangsspediteur übermitteln.

Die an der Umschlaganlage des Versandspediteurs von den Sammelfahrzeugen oder im Falle der Selbstanlieferung vom Versender angelieferten Einzelsendungen werden nach Verkehrsrichtungen sortiert und, soweit möglich, sogleich in bereitstehende Wagen oder Wechselaufbauten verladen. Über die dem Frachtführer (Güterkraftverkehrsunternehmer) übergebene Sammelladung wird ein **Frachtbrief** ausgestellt, der an den Empfangsspediteur als Empfänger adressiert ist.

Frachtbrief

Die Informationen zur weiteren Behandlung der eingetroffenen Güter erhält der Empfangsspediteur aus dem **Bordero** (siehe Abbildung auf der übernächsten Seite), in dem der Versandspediteur die erforderlichen Informationen über alle zugesandten Einzelsendungen mitteilt wie zum Beispiel: Beschreibung der Sendung, Name des Empfängers, Frankaturvermerke, zu erhebende Waren- oder Frachtnachnahmen. Die Übermittlung dieser Daten erfolgt heute weitgehend auf elektronischem Wege. Schaltet der Beiladerspediteur einen Briefspediteur ein, so muss er auch ein Bordero über seine Sendungen ausstellen und dieses dem Briefspediteur zusenden.

Bordero

Für die Zustellung der Güter bei den Empfängern werden in der Regel Nahverkehrsfahrzeuge eingesetzt, die ihre Informationen so genannten Rollkarten entnehmen. Die verwendeten Formulare sind jedoch so uneinheitlich, dass hier kein Muster abgebildet wird.

Rollkarte

Abb. 50: Speditionsauftrag

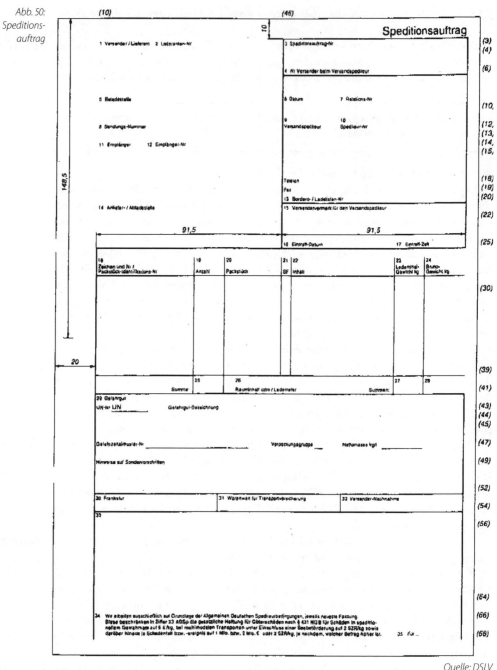

Quelle: DSLV

Der Spediteursammelgutverkehr mit Kraftwagen und Eisenbahn 5.1

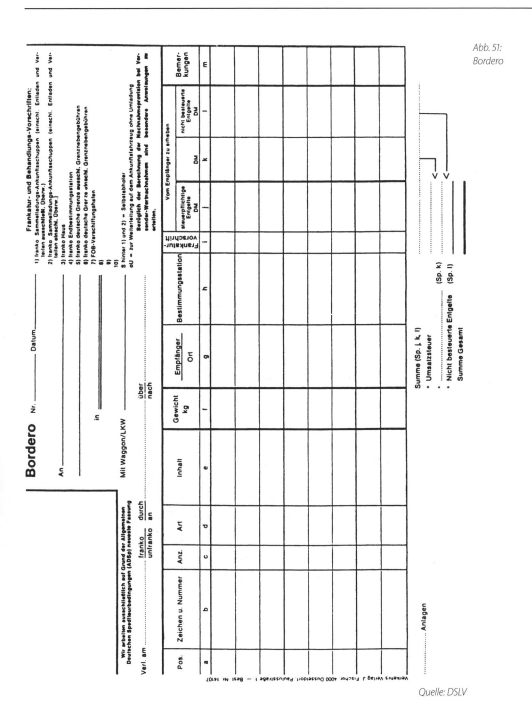

Abb. 51:
Bordero

Quelle: DSLV

5.1.9.3 Der EDV-Einsatz im Spediteursammelgutverkehr

Datenaustausch per EDV — Der Spediteursammelgutverkehr ist heute ohne intensiven EDV-Einsatz nicht mehr möglich, wenn man einerseits die Kosten und andererseits die Ablauforganisation in den Griff bekommen will. Die verstärkt von der verladenden Wirtschaft geforderten flächendeckenden und termingeführten Sammelgutverkehre lassen sich nur mit elektronischem Datenaustausch realisieren.

Statusmeldungen — Die **Einrichtung transportkettenübergreifender Informationssysteme** dient dem Ziel, den Informationsfluss über den Güterversand so zu gestalten, dass die **Transportdaten den Gütern vorauseilen** und so eine effizientere Disposition und bessere Auslastung der Kapazitäten ermöglichen. Die EDV-Systeme müssen **neben dem Datenaustausch** zwischen den Gliedern der Transportkette auch die Möglichkeit eröffnen, zu jeder Zeit **Statusmeldungen** über **Ort und Zustand des versandten Gutes** abzuliefern. Um dies bewerkstelligen zu können, wenden die Speditionsunternehmen zunehmend steigende Beträge für Hard- und Software sowie für die Scanner-Technik auf.

Datensatz — Wesentliche Voraussetzung für die elektronische Sendungsverfolgung ist ein **mit allen Kooperationspartnern des Versandspediteurs abgestimmter einheitlicher Datensatz** mit verschlüsselten Informationen über Inhalt und Verbleib der Sendungen. In den Statusberichten wird die Behandlung jeder Speditionsauftragssendung chronologisch dokumentiert. Auch dem Versender kann ein automatischer Zugriff auf die Sendungsstatistik eingeräumt werden, sofern Spediteur und Versender eine DV-Vernetzung einrichten. Der Versender kann sich dann jederzeit über den Verbleib seiner Güter informieren und spart damit Zeit und Kosten.

Barcoding — Zur Bewältigung der im Sammelgutverkehr anfallenden vielfältigen Information sind immer mehr Spediteure dazu übergegangen, **Barcoding** zu betreiben. **Üblicherweise wird dabei jedes Collo der Einzelsendung mit zwei Barcode-Aufklebern bestückt:** Dem **Routingaufkleber**, der die interne Relationsnummer sowie die Empfängerpostleitzahl enthält, und dem eigentlichen **Sendungsaufkleber** mit den Daten über das Abgangsdepot, das die Sendungen ins System einspeist, der Sendungsnummer und der Collonummer. Letztere dient der Kennzeichnung der zu einem Auftrag gehörenden Packstücke.

Kunde oder Versandspediteur füllen den bereits mit Barcode-Aufklebern versehenen speziellen Speditionsauftrag aus. Alle zum Auftrag gehörenden Colli bekommen eigene Aufkleber. **Bei der Verladung** auf den Fern-Lkw werden **sämtliche Colli** gescannt. Vor der Abfahrt des Lastzuges werden die gescannten Daten der abgehenden Sendungen mit den erfassten Daten der Speditionsaufträge abgeglichen. Bestehen keine Differenzen mehr, startet der Lkw mit seinem gegebenenfalls „bereinigten Bordero" zu dem Empfangsterminal. Parallel zum physischen Transport werden alle Sendungsdaten per DFÜ an den jeweiligen Empfangsspediteur übermittelt. Dies geschieht bis 23 Uhr. Anhand der vorauseilenden Information kann der Empfangsspediteur bereits die Tourenplanung seiner Nahverkehrsfahrzeuge für den kommenden Morgen einleiten.

Beim Empfangsterminal angekommen, meldet sich der Fahrer des Fern-Lkw am Leitstand an und bekommt eine Entladestelle zugewiesen. Bei der Entladung **werden erneut alle Colli gescannt**, die gewonnenen Daten mit den DFÜ-Daten abgeglichen und

Der Spediteursammelgutverkehr mit Kraftwagen und Eisenbahn 5.1

ein Entladebericht (ebenfalls per DFÜ) an den Versandspediteur gegeben. Anschließend werden die Sendungen auf die Nahverkehrsfahrzeuge geladen.

Bei der Verladung auf das Zustellfahrzeug werden die Colli erneut gescannt. Nach dem Soll-/Ist-Abgleich wird die endgültige Rollkarte erstellt. Die Abliefer-Scannung beim Empfänger der Ware wird erst von wenigen Sammelgutspediteuren durchgeführt.

Mit *RFID (Radiofrequenz-Identifikation)* steht eine neue Technologie in den Startlöchern, die mittel- bis längerfristig den Barcode verdrängen könnte. In vielen Bereichen, wie der Automobilzulieferindustrie werden bereits passive Transponder eingesetzt. In den meisten Fällen scheitert der Einsatz bislang noch an den Kosten der erforderlichen Hardware. Der weiteren Klärung bedürfen zusätzlich noch die Anforderungen des Datenschutzes. Hier ist man insbesondere auf europäischer Ebene bemüht, entsprechende Richtlinien zu erlassen.

RFID

5.1.10 Zur Abrechnung der Speditionsaufträge

Seit dem 1.1.1994 gibt es für die Abrechnung der Fracht- wie auch der Speditionsverträge keine zwingenden Preisvorschriften mehr. *§ 20* des bis Ende 1993 geltenden *GüKG*, der den Kraftwagenspediteur verpflichtete, seinem Auftraggeber für die Güterversendung mindestens einen Preis in Höhe der Tarifuntergrenze zu berechnen, ist ersatzlos aufgehoben. **Dem Spediteur steht es nunmehr frei, jedweden Preis mit seinen Auftraggebern für seine Dienstleistung zu vereinbaren.** Er muss nur darauf achten, dass die Erlöse insgesamt mindestens seine Kosten decken. Ansonsten droht ihm Konkurs.

Grundsätzliche Preisfreiheit

Die Aufhebung der staatlich verordneten Tarife hat die im *Handelsgesetzbuch* verankerten Bestimmungen über die Abrechnung zwischen Auftraggeber und Spediteur nicht berührt. Diese liefern somit im Zusammenspiel mit *ADSp* sowie den speziellen Absprachen der Vertragsparteien heute die alleinigen Grundlagen für die Abrechnung.

Mittelständische Spediteure legen ihren Abrechnungen zunehmend den von der *Vereinigung der Sammelgutspediteure im BSL* empfohlenen *Tarif für den Spediteursammelgutverkehr* zugrunde. Häufigste Abrechnungsgrundlage im Stückgutverkehr sind jedoch nach wie vor die letztmalig zum 1.7.1998 vom *Bundesverband Spedition und Logistik (BSL)* empfohlenen *Bedingungen und Entgelte für den Spediteursammelgutverkehr*.

5.1.10.1 Die Abrechnungsmöglichkeiten nach *HGB*

Das um die Jahrhundertwende entstandene *Handelsgesetzbuch* sah für die Abrechnung der Speditionsaufträge zwei Möglichkeiten vor:
- Auslagen plus allgemeine Spediteurprovision und
- Spedition zu festen Spesen (Übernahmesatz).

Als um die Jahrhundertwende das *HGB* geschaffen wurde, betrieb der Spediteur seine Geschäfte üblicherweise im Sinne der Besorgungsfunktion gemäß *§ 407 HGB (alt)*. Der heute so bedeutsame Selbsteintritt hatte nur eine untergeordnete Bedeutung. Die Beförderung der Sammelladung wurde damals von der Eisenbahn durchgeführt.

Auslagen plus allgemeine Spediteurprovision

Gegenüber dem Versender rechnete der Spediteur seine bei der Güterversendung erbrachten Leistungen dergestalt ab, dass er zunächst alle **Auslagen** auflistete (zum Beispiel Hinrollen der Güter zur Eisenbahn am Versandort, Hauptlauffracht, Zustellrolle am Bestimmungsort). Zuzüglich erhob er zur Abdeckung seiner Bemühungen eine **allgemeine Speditionsprovision**. Für diese Abrechnungsart bestimmte *§ 408 Abs. 2 HGB alt*, dass der Spediteur nicht berechtigt ist, dem *Versender eine höhere als die mit dem Frachtführer oder dem Verfrachter bedungene Fracht zu berechnen.*

Übernahmesatz Die Abrechnung „Auslage plus allgemeine Speditionsprovision" wird heute praktisch nicht mehr vorgenommen. Versender und Spediteur vereinbaren zumeist einen bestimmten Satz der Beförderungskosten (*§ 459*), der auch als **Übernahmesatz** bezeichnet wird und **die Gesamtheit der dem Spediteur bei der Güterversendung entstandenen Kosten einschließlich der allgemeinen Speditionsprovision** abdecken soll. Die Vereinbarung eines Übernahmesatzes erfolgt sowohl bei Einzel- als auch bei Sammelgutversand. Als Übernahmesatz gilt die Vereinbarung einer bestimmten Frachtübernahme (zum Beispiel 250 € für 500 kg) wie auch eines bestimmten Tarifs (zum Beispiel *Kundensatztafel I* oder *Tarif für den Spediteursammelgutverkehr*). Bei dieser Abrechnung hat der Spediteur *Anspruch auf Ersatz seiner Aufwendungen nur soweit dies üblich ist (§ 459 HGB).*

Die seit dem 1.7.1998 geltenden neuen *HGB*-Bestimmungen gehen davon aus, dass die Vereinbarung eines Übernahmesatzes die grundsätzliche Abrechnung zwischen Spediteur und Versender ist. Sie schließen jedoch keinesfalls die Abrechnung nach *Auslagenersatz plus allgemeine Speditionsprovision* aus. *§ 453 HGB* verpflichtet daher den Versender, *die vereinbarte Vergütung* zu bezahlen. Diese kann, muss aber nicht der Übernahmesatz sein. *Ziffer 17.1 ADSp* billigt dem Spediteur einen *Anspruch auf Ersatz der Aufwendungen, die er den Umständen nach für erforderlich halten durfte,* zu.

Bei Vereinbarung eines Übernahmesatzes nach *§ 459 HGB* ist der Spediteur nicht verpflichtet, diesen Betrag auch an den Frachtführer zu zahlen. Der Differenzbetrag ist als Vergütung der Speditionsleistungen zu sehen, die der Spediteur gegenüber dem Versender erbringt.

Spezielle Speditieurprovision Von der allgemeinen Speditionsprovision zu unterscheiden ist die **Nebenprovision für speditionelle Nebenleistungen** wie zum Beispiel die in den *ADSp* genannten:
- Versicherungsprovision   (*Ziffer 21.3 ADSp*)
- Verzollungsprovision   (*Ziffer 17.2 ADSp*)
- Nachnahmeprovision   (*Ziffer 16.4 ADSp*)
- Provision für den Pfandverkauf   (*Ziffer 20.5 ADSp*).

Die Rechtsgrundlage zur Berechnung dieser Nebenprovisionen liefert neben den *ADSp § 354 HGB*:

> *Wer in Ausübung seines Handelsgewerbes einem anderen Geschäfte besorgt oder Dienste leistet, kann dafür auch ohne Verabredung Provision und, wenn es sich um Aufbewahrung handelt, Lagergeld nach den an dem Ort üblichen Sätzen fordern.*

Der Spediteursammelgutverkehr mit Kraftwagen und Eisenbahn 5.1

Üblicherweise verschafft sich der Spediteur die Voraussetzungen zur Berechnung dieser Nebenprovisionen durch einen allgemeinen Hinweis in seinen Geschäftspapieren wie etwa *zuzüglich der üblichen Nebenspesen* (vergleiche *Ziffer 16.1 ADSp*).

5.1.10.2 Die Preisobergrenze im Sammelgutverkehr nach § 460 Abs. 2 HGB

Nach dem Speditionsrecht **darf der Spediteur mit dem Versender bei Vereinbarung eines Übernahmesatzes jedwedes Entgelt vereinbaren.** *§ 460 Abs. 2 HGB* setzt eine Preisobergrenze nur für den Fall, dass zwischen Versender und beauftragtem Spediteur keine Preisabsprache vorgenommen wurde. Die Bestimmung lautet: *Preisobergrenze*

(1) Der Spediteur ist befugt, die Versendung des Gutes zusammen mit dem Gut eines anderen Versenders auf Grund eines für seine Rechnung über eine Sammelladung geschlossenen Frachtvertrages zu bewirken.

(2) Macht der Spediteur von dieser Befugnis Gebrauch, so hat er hinsichtlich der Beförderung in Sammelladung die Rechte und Pflichten eines Frachtführers oder Verfrachters. In diesem Fall kann der Spediteur eine den Umständen nach angemessene Vergütung verlangen, höchstens aber die für die Beförderung des einzelnen Gutes gewöhnliche Fracht.

Sofern der Spediteur mit dem Versender keine Vereinbarung über den *bestimmten Satz der Beförderungskosten* getroffen hat, darf er somit höchstens ein Entgelt in Höhe der für die Beförderung des einzelnen Gutes gewöhnlichen Fracht fordern. Diese Preisobergrenze ist unabhängig von der Frankatur. Sie hat jedoch insbesondere Bedeutung für die Abrechnung gegenüber dem Unfrei-Empfänger. In diesen Fällen treffen Versender und Spediteure häufig keine Preisvereinbarung.

Im Bereich des Kleingutverkehrs bestehen häufig Zweifel darüber, was die *für die Beförderung des einzelnen Gutes gewöhnliche Fracht* ist. Um die Jahrhundertwende war dies die Schienenfracht für Stückgut. Heute werden Kleingüter jedoch nur noch im Spediteursammelgutverkehr mit Kraftwagen versandt, so dass die Schienenfracht nicht mehr als Vergleichspreis herangezogen werden kann. Zudem hat die *Deutsche Bahn AG* ihren Stückgutverkehr eingestellt. **Bis zum Auslaufen der *BSL-Empfehlungspreise* Ende 1998 galten diese zumeist als angemessene Vergütung im Sinne des *§ 460 HGB*.** Der von der *Vereinigung der Sammelgutspediteure im BSL* zum 1.9.2000 empfohlene *Tarif für den Spediteursammelgutverkehr* muss diese Marktanerkennung noch erlangen.

5.1.10.3 Die vom *BSL* empfohlenen *Bedingungen und Entgelte für den Spediteursammelgutverkehr mit Kraftwagen und Eisenbahn*

Bedingungen und Entgelte für den Spediteursammelgutverkehr mit Kraftwagen und Eisenbahn

Bis zum 30.6.1975 war die Abrechnung der Speditionsaufträge im Kleingutverkehr nach den staatlich verordneten Kundensätzen vorzunehmen. Nach deren Auslaufen im Jahre 1975 wurde der Spedition durch eine Ergänzung des *§ 99 Abs. 2 Gesetz gegen Wettbewerbsbeschränkungen (GWB)* das Recht eingeräumt, Empfehlungen über *Bedingungen und Entgelte für die Versendung von Gütern im Spediteursammelgutverkehr mit Eisenbahn und Kraftwagen* auszusprechen.

559

Der *Bundesverband Spedition und Logistik* hat von diesem Recht zur Herausgabe einer Preisempfehlung fast 25 Jahre Gebrauch gemacht. Die letzte Empfehlung datiert vom 1.7.1998. Die regionalen Spediteurorganisationen hatten sich in Absprache mit den Verbänden der verladenden Wirtschaft **darauf verständigt, dass der *Bundesverband Spedition und Logistik (BSL), Bonn*, das Recht zur Empfehlung bundeseinheitlicher Bedingungen und Entgelte für den Spediteursammelgutverkehr wahrnimmt**. Diese Empfehlungen waren beim *Bundeskartellamt* anzumelden. Der Anmeldung waren die Stellungnahmen der Verbände der Verlader beizufügen.

Die **Empfehlungen unterlagen der Missbrauchsaufsicht des** *Bundeskartellamtes*. Die Kartellbehörde konnte nach *§ 38a GWB* die Empfehlungen für unzulässig erklären, wenn sie einen Missbrauch dahingehend feststellte, dass die empfohlenen Preise *in einer Mehrzahl von Fällen die tatsächlich geforderten Preise im gesamten Geltungsbereich dieses Gesetzes oder in einem wesentlichen Teil davon erheblich* überstiegen. Anhaltspunkte über das Vorliegen dieses Tatbestandes können die Stellungnahmen der Verbände der Verladerschaft liefern. Das *Bundeskartellamt* hat bis Ende 1998 kein einziges Mal eine Preisempfehlung des *BSL* aufgehoben.

Das seit dem 1.1.1999 geltende neue *Gesetz gegen Wettbewerbsbeschränkungen (GWB)* gibt den Sammelgutspediteuren nicht mehr das Recht, Preisempfehlungen herauszugeben. Der bisherige *§ 99 Abs. 2 GWB* ist ersatzlos aufgehoben worden. Die letzte *BSL-Peisempfehlung* von 1998 ist damit offiziell am 31.12.1998 ausgelaufen. Diese Empfehlung ist jedoch nach wie vor marktrelevant, weil viele Sammelgutspediteure System und Struktur des Empfehlungstarifs in ihren Haustarif übernommen und lediglich die empfohlenen Preise ihren erhöhten Kosten angepasst haben. Aus diesem Grunde wird die *BSL-Preisempfehlung* von 1998 nachfolgend näher erläutert.

Geltungs- Die *BSL-Empfehlung* findet nach *§ 1* Anwendung
bereich
- für das **Auftragsverhältnis zwischen Versender und beauftragtem Spediteur (Versand- oder Beiladespediteur)** sowie
- im **innerdeutschen Spediteursammelgutverkehr** mit Kraftwagen und Eisenbahn.

Der Einsatz der Frachtführer, die Frachtvertragssphäre, wird von der *BSL-Empfehlung* nicht berührt. Wenn auch die *BSL-Empfehlung* nur für den innerdeutschen Spediteursammelgutverkehr ausgesprochen ist, so schließt dies deren Anwendung im grenzüberschreitenden Güterversand keinesfalls aus. Insbesondere bei der Frankatur „frei deutsche Grenze" vereinbaren die Vertragspartner häufig eine Abrechnung auf Basis der *BSL-Empfehlung*.

Grund- Die *BSL-Empfehlung* besteht aus zwei Teilen:
gliederung: *Teil A:* *Bedingungen*
A: Bedin-
gungen Die Bedingungen beinhalten die Leistungsbeschreibung und Bestimmungen über die Abrechnung. Sie gelten für den gesamten Spediteursammelgutverkehr und enthalten daher **keine gewichtsmäßige Begrenzung**.
B: Entgelt
Teil B: *Entgelte für Sendungen im Gewicht bis 3 000 kg*
Die Entgelte sind unterteilt nach Kundensätzen, Hausfrachten und Nebengebühren.

Der Spediteursammelgutverkehr mit Kraftwagen und Eisenbahn 5.1

- Der **Kundensatz** ist das Entgelt für den Güterversand ab Haus des Versenders bis zum Bestimmungsort des Empfängers. Die empfohlenen Entgelte sind in zwei *Kundensatztafeln* abgedruckt. (*Tafel I* und *Tafel II*)
  Die **Hausfracht** ist das Entgelt für die Zustellung der Güter am Bestimmungsort bis zum Haus des Empfängers. Die empfohlenen Entgelte sind in einer *Hausfrachttafel* abgedruckt. Die Einstufung der Gemeinden nach Ortsklassen ist dem *Hausfracht-Ortsverzeichnis* zu entnehmen.
- Die **Nebengebühren** sind das Entgelt für Leistungen des Spediteurs, die über die mit Kundensatz und Hausfracht abgedeckten Standardleistungen hinaus erbracht werden. Der *Tarif Sp 51 (Nebengebührentarif)* enthält für die wichtigsten Nebenleistungen eine Zusammenstellung von Empfehlungspreisen. Für nicht aufgeführte Leistungen ist ein angemessener Betrag, mindestens die Auslagen, zu berechnen.

Die Konzeption des Empfehlungswerkes fußt auf folgenden **Grundsätzen**:
Die *Bedingungen und Entgelte* gelten in gleicher Weise für den Sammelgutversand mit Kraftwagen wie mit der Eisenbahn (*§ 1 der Bedingungen*).

Der **Leistungsbereich** des Spediteursammelgutverkehrs beginnt grundsätzlich **mit der Übernahme des Gutes vor dem Haus des Versenders und endet mit der Übergabe des Gutes an den Empfänger vor dessen Haus** (*§ 2 der Bedingungen*). Von der Übernahme bis zur Übergabe des Gutes kann der Spediteur frei über den Güterversand disponieren. Selbstanlieferung und Selbstabholung sind möglich, müssen jedoch vereinbart werden. **Haus-Haus-Leistungsbereich**

Die vom Spediteur erbrachten Leistungen differieren je nach den Ansprüchen der Auftraggeber zum Teil erheblich. **Jeder Tarif kann jedoch Preise nur für Standardleistungen beinhalten** (*§ 3 der Bedingungen*). Das Haus-Haus-Entgelt enthält daher nur die Vergütung für Leistungen, soweit sie den normalen Umfang nicht überschreiten. Mit Kundensatz und Hausfracht abgedeckt sind: **Empfehlungspreise für Standardleistungen**
- Die Beförderung vom Haus des Versenders bis zum Haus des Empfängers
- die büromäßige Bearbeitung durch den Versand- und Empfangsspediteur
- die Aufbewahrung von Sendungen, die abgeholt werden, auf dem Ankunftsschuppen für die ersten zwei Werktage nach der Entladung.

Wünscht der Versender darüber hinausgehende Leistungen, so hat der beauftragte Spediteur einen Anspruch darauf, dass ihm diese Zusatzleistungen vergütet werden.
Die *BSL*-Empfehlungspreise sind auf der Basis der effektiven Kosten der Sammelgutspediteure und unter Berücksichtigung der Marktgegebenheiten konzipiert (*Tarif Sp 11*). Güterversendungen nach Nebenplätzen liegen kostenmäßig etwa 10 % bis 25 % über Sendungen nach Zielplätzen. Aus diesem Grunde hat die Spedition für die Kundensätze zwei Preistafeln empfohlen:
Tafel I für Sendungen, deren Übergabe an den Empfänger innerhalb der politischen Gemeinde erfolgt, in der der Ankunftsschuppen der Sammelladung liegt. (*Kundensatztafel für Zielplätze*)

Tafel II für Sendungen, deren Übergabe an den Empfänger außerhalb der politischen Gemeinde erfolgt, in der der Ankunftsschuppen der Sammelladung liegt *(Kundensatztafel für Nebenplätze).*

Entfernungsermittlung nach GFT
Die Kundensätze der *Tafel II* liegen, differenziert nach Entfernungen, zwischen 6 % und 4 %, durchschnittlich 5 %, über den Kundensätzen der Tafel I.

Die Kundensatzentfernung wird grundsätzlich auf Basis des *GFT-Entfernungswerks* unmittelbar zwischen Übernahme- und Übergabeort der Einzelsendung ermittelt *(§ 4 der Bedingungen).* Etwaige Umwege, die der Spediteur aus abfertigungstechnischen Gründen wählt, finden keine Berücksichtigung. Die *GFT*-Entfernung gilt auch für den Spediteursammelgutverkehr mit der Eisenbahn. Die Sammelgutspedition hat beschlossen, die Entfernungsberechnung des Kundensatzes auch nach Aufhebung des *GFT* zum 1.1.1994 nach dem *GFT-Entfernungswerk* vorzunehmen. Zu diesem Zweck wurde *§ 4* der Bedingungen entsprechend geändert.

Unverbindlichkeit der BSL-Empfehlungen
Die vom *BSL* empfohlenen **Bedingungen und Entgelte** waren unverbindlich. Den Vertragspartnern war es jederzeit möglich, abweichende Vereinbarungen zu treffen. Nach über 20-jährigem Bestand der *BSL*-Empfehlung ist festzustellen, dass die empfohlenen Bedingungen praktisch vom Markt ohne Abweichungen akzeptiert waren. Bei den Preisen hingegen sah die Situation differenzierter aus. Die vom *BSL* empfohlenen Entgelte wurden von den Vertragspartnern vor allem in Abhängigkeit von der konjunkturellen Situation und der Bedeutung des Auftraggebers zumeist unterschritten. Hier herrschte das Gesetz des Marktes: Angebot und Nachfrage bestimmen den Preis.

Kartellösung – ein zukunftsweisendes Preisbildungsmodell
Zum 10-jährigen Bestehen der *BSL*-Preisempfehlung hatten die Verladerverbände festgestellt, **die „Kartellösung" habe das Gütesiegel des Marktes verdient.** Sie stelle einen Rahmen dar, in dem die Speditionen mit eigenverantwortlichem Preisverhalten Leistungsfähigkeit und Anpassungsbereitschaft bewiesen hätten. Die hier tätigen Verkehrsunternehmen zeigten, dass sie auch ohne staatliche Anleitung und ohne den vermeintlichen Schutz durch obligatorische Tarifuntergrenzen marktmäßig operieren könnten. Die früher oft aufgestellte Behauptung, die Verkehrswirtschaft neige zum ruinösen Wettbewerb, werde damit widerlegt. Die Freigabe der Preise im Sammelgutverkehr habe weder heftige Strukturveränderungen auf der Anbieterseite, noch die von den Befürwortern staatlicher Verkehrsreglementierung an die Wand gemalte krisenhafte Preisentwicklung herbeigeführt.

Dieses große Lob der Verladerverbände hatte zweifellos seine Gründe. Insbesondere hat es gut in die verkehrspolitische Landschaft gepasst, eine positive Bilanz dieses Preisbildungsmodells zu ziehen. Dies deshalb, weil im Jahre 1985 für die Verkehrsträger im deutschen Binnenverkehr noch staatlich verordnete Tarife galten. Die *BSL*-Empfehlungspreise waren insofern ein alternatives Preisbildungsmodell mit Vorbildfunktion. Die Spedition jedenfalls konnte dieses Fazit nicht uneingeschränkt mittragen. Dafür war die Preisschere zwischen Markt- und Empfehlungspreisen teilweise zu groß. Selbst wenn man unterstellt, dass differenzierte Entgelte und ein gewisser Abstand zwischen den empfohlenen und den am Markt durchgesetzten Preisen systemimmanent sind, so wiesen die am Markt zu beobachtenden Preisnachlässe vielfach einen Preisstand

Der Spediteursammelgutverkehr mit Kraftwagen und Eisenbahn 5.1

aus, der kostenmäßig nicht zu rechtfertigen war. Aus Sicht der Spedition muss daher festgestellt werden, dass sich der Übergang von den staatlich reglementierten Preisen in freie Marktverhältnisse nicht reibungslos vollzogen hat.

5.1.10.4 Der Tarif für den Spediteursammelgutverkehr

Mit dem In-Kraft-Treten des seit dem 1.1.1999 bis Mitte 2005 geltenden neuen *Kartellgesetzes* hat die Sammelgutspedition das Recht verloren, eine für die gesamte Stückgutbranche, das heißt für mittelständische wie für große Stückgutspediteure gleichermaßen geltende Preisempfehlung herauszugeben. Nach Aufhebung der staatlich verordneten Verkehrsträgertarife passte das System einer branchenübergreifenden Preisempfehlung nicht mehr in das allgemeine wirtschafts- und wettbewerbspolitische Konzept.

Rechtsgrundlage der Mittelstandsempfehlung

Das seit dem 1.1.1999 wie auch seit Mitte 2005 geltende *Kartellgesetz* gibt nur noch mittelständischen Unternehmen das Recht zur Herausgabe einer Preisempfehlung. Damit soll kleinen und mittleren Unternehmen die Möglichkeit eingeräumt werden, ihre Wettbewerbsstellung gegenüber Großunternehmen zu verbessern. Die in *§ 22 Absatz 2 GWB* verankerte Rechtsgrundlage lautete wie folgt:

(2) Das Verbot des Absatzes 1 gilt nicht für Empfehlungen, die von Vereinigungen kleiner und mittlerer Unternehmen unter Beschränkung auf den Kreis der Beteiligten ausgesprochen werden, wenn....

Nach dem offiziellen Auslaufen der *BSL-Preisempfehlung* am 31.12.1998 hat innerhalb der Stückgutspedition eine intensive Diskussion über die Frage eingesetzt, ob man von der Möglichkeit des *§ 22 GWB* Gebrauch machen und eine so genannte Mittelstandsempfehlung herausgeben soll. Lange Zeit haben sich Befürworter und Gegner einer solchen Empfehlung neutralisert. Die Befürworter schätzten vor allem den „Ankündigungseffekt" der Empfehlung, der Spediteuren wie Auftraggebern Preiserhöhungen signalisiert. Die Gegner argumentierten hingegen, eine allgemein anerkannte Abrechnungsgrundlage bevorteile vor allem die Auftraggeber, weil sie diesen Preisvergleiche erleichtere und damit Margenabschläge präjudiziere. Erst nach längerer Diskussion setzten sich die Befürworter der Mittelstandsempfehlung durch.

Im Frühjahr 2000 haben dann 25 Stückgutspediteure die *Vereinigung der Sammelgutspediteure im BSL* gegründet. Der Vereinigung gehören inzwischen rund 210 Stückgutspediteure an. *Der Verein hat den Zweck, die Wettbewerbsfähigkeit kleiner und mittlerer Unternehmen der Sammelgutspediteure durch die Empfehlung unverbindlicher Preise, Geschäfts- und Zahlungsbedingungen zu verbessern,* heißt es in der Satzung. Entsprechend dieser Zielsetzung hat dann die Mitgliederversammlung der Vereinigung Ende Juni beschlossen, zum 1.9.2000 den Mitgliedern den *Tarif für den Spediteursammelgutverkehr* als neue Abrechnungsgrundlage für ihre Stückgutverkehre zu empfehlen. Seither wurde diese Preisempfehlung sieben Mal erhöht. Die letzte Anhebung datiert vom 1.9.2007. Nachfolgend sind die Merkmale dieses Tarifs kurz dargestellt:

Tarifbe- **Tarifbestandteile:**
standteile • *Bedingungen*
• *Haus-Haus-Tarif*
• *Nebengebührentarif.*

Die *Bedingungen* regeln im Wesentlichen den Anwendungsbereich, grenzen den Leistungsbereich ab und enthalten die Frachtberechnungs- sowie Frankaturvorschriften. Sie gelten ergänzend zu den *ADSp*.

Die *Tabelle der Haus-Haus-Entgelte* enthält die durchgerechneten Speditionsentgelte vom Haus des Versenders bis zum Haus des Empfängers für den normalen Güterversand.

Der *Nebengebührentarif* enthält Entgelte für bestimmte zusätzliche Leistungen des Spediteurs.

Der neue Mittelstandstarif findet wie die *BSL-Preisempfehlung* **Anwendung im innerdeutschen Spediteursammelgutverkehr** auf Speditionsverträge zwischen Auftraggeber (Versender) und beauftragtem Spediteur. Auf den zusätzlichen Hinweis in der *BSL-Empfehlung*, dass die Bedingungen und Entgelte Anwendung finden *auf den Güterversand mit Kraftwagen und Eisenbahn*, wurde verzichtet, weil es den Spediteursammelgutverkehr mit der Eisenbahn heute nicht mehr gibt.

Der regelmäßige **Leistungsbereich** des Tarifs reicht vom Haus des Versenders bis zum Haus des Empfängers. Abweichungen ergeben sich bei Selbstanlieferung und Selbstabholung des Gutes, Überweisung der Sendung an einen anderen Spediteur als den Empfangsspediteur, beim Versand von Exportgut nach einem deutschen Seehafen sowie bei Einlagerung der Sendung beim Empfangsspediteur.

Für den Güterversand vom Haus des Versenders bis zum Haus des Empfängers wird ein **durchgerechnetes Haus-Haus-Entgelt** berechnet. Die gebrochene Abrechnung nach Kundensatz und Hausfracht gemäß *BSL-Preisempfehlung* wurde aufgegeben.

Vergleich Der *Tarif für den Spediteursammelgutverkehr* enthält **gegenüber der** *BSL-Preisempfehlung*
mit der folgende grundlegende Änderungen:
BSL-Preis- a) Die Entfernung richtet sich nach der **verkehrsüblichen Entfernung**. Dies können
empfehlung sowohl Entfernungen nach dem *GFT-Entfernungswerk* als auch nach einem Entfer-
1998 nungswerk mit effektiven Straßenkilometern sein. Entscheidend ist, dass das angewandte Entfernungswerk marktrelevant ist.
b) Der **Sperrigkeitsfaktor** ist von 150 kg/m³ auf 200 kg/m³ angehoben.
c) **Es gelten Frachtberechnungsmindestgewichte für Paletten und Lademeter:**
400 kg pro Palettenstellplatz (800 x 1200 mm)
250 kg pro stapelbare Gitterboxpalette mit Euromaßen
200 kg pro stapelbare Flachpalette mit Euromaßen
100 kg pro Halbpalette
50 kg pro Viertelpalette
1000 kg pro Lademeter.
d) Das **Haus-Haus-Entgelt** wird **durchgehend berechnet**. Die *Haus-Haus-Tabelle* ist einfach und übersichtlich gestaltet. Sie besteht aus 9 Entfernungs- und 15 Gewichtsstufen.

Der Spediteursammelgutverkehr mit Kraftwagen und Eisenbahn 5.1

e) Einige **Nebengebühren** sind erhöht. Die Gebühr für die Zustellung an einem vorgeschriebenen Tag (Fixtag) nach Ablauf der Regellaufzeit ist neu eingeführt.

Die Abrechnung nach dem neuen *Tarif für den Spediteursammelgutverkehr* lässt sich nicht pauschal mit der Abrechnung nach der *BSL-Preisempfehlung* 1998 vergleichen. Dies ist einerseits auf die stärkere kostenmäßige Ausrichtung der neuen Empfehlungspreise und andererseits auf die Vereinfachung des Tarifaufbaus zurückzuführen. Die *BSL-Preisempfehlung* war mit zwei Kundensatztafeln, 58 Gewichts- und 17 Entfernungsstufen je Kundensatztafel sowie 12 Ortsklassen für die Hausfrachtberechnung sehr differenziert aufgebaut. Der neue *Mittelstandstarif* enthält hingegen nur eine relativ übersichtliche *Haus-Haus-Tafel*. Den höheren Zustellkosten in den Ballungsräumen können die Spediteure nunmehr nicht mehr über die differenzierte Hausfracht Rechnung tragen. Die höheren Zustellkosten können nur durch Differenzierung der Margen ausgeglichen werden.

Der empfohlene Tarif wird **Vertragsinhalt, indem er ausdrücklich oder stillschweigend zwischen Versender und beauftragtem Spediteur vereinbart** wird. Die Grundlage hierfür schafft der Spediteur durch den nachfolgenden Eindruck auf seinen Geschäftspapieren, vornehmlich den Speditionsaufträgen:

> *Wir arbeiten ausschließlich auf der Grundlage der Allgemeinen Deutschen Spediteurbedingungen – ADSP – sowie ergänzend des Tarifs für den Spediteursammelgutverkehr, jeweils neueste Fassung.*

Sofern der Versender diesem Hinweis nicht widerspricht, ist er daran gebunden. Denn im Geschäftsleben bedeutet Schweigen bekanntlich Zustimmung.

5.1.10.5 Das Preisempfehlungsmodell der Vereinigung der *Sammelgutspediteure im BSL (Versa)* zur Weiterberechnung der Lkw-Maut

Die ab 1.1.2005 auf *Deutschlands* Autobahnen für schwere Lkw erhobene Maut hat die Transportkosten erheblich verteuert. Bereits die unmittelbaren (direkten) Mautgebühren haben seriösen Berechnungen zufolge in den einzelnen Segmenten des Verkehrsmarktes folgende Kostensteigerungen verursacht:
- Stückgutverkehr: 3 bis 6 %
- Teilladungsverkehr: 7 bis 10 %
- Ladungsverkehr: 10 bis 15 %
  Ausreißer nach oben und unten sind möglich.

Die deutschen Verkehrsunternehmen können Kostensteigerungen dieses Ausmaßes weder aus der ohnehin schmalen Gewinnmarge finanzieren noch durch Rationalisierung auffangen. Die Unternehmen haben keine andere Wahl, als die vom Staat kassierte Maut wie eine Konsumsteuer ihren Auftraggebern in Rechnung zu stellen. Andernfalls müssen sie ihre Leistungen zurückfahren. Und das liegt auch nicht im Interesse ihrer Auftraggeber.
Auch bei der Weiterberechnung der durch die Einführung der Lkw-Maut entste-

Kostensteigerungen durch die Lkw-Maut

henden Mehrbelastungen unterstützt die *Vereinigung der Sammelgutspediteure im BSL (Versa)* ihre Mitglieder durch Herausgabe einer Preisempfehlung. Die auf *Seite 567-568* abgedruckten *Versa-Mautgebührentabellen* dienen ausschließlich dazu, die staatlich verordneten Mautgebühren einfach, sachgerecht und leicht nachprüfbar auf die jeweiligen Auftraggeber zu verteilen. Zuschläge für die indirekten Mautkosten zur Vorfinanzierung der Maut durch den Spediteur oder für die beim Spediteur zusätzlich entstehenden Verwaltungs- und Unternehmensleitungskosten sind ebenso wenig eingerechnet wie Zuschläge für Leerkilometer. Diese müssen individuell zwischen den Vertragspartnern vereinbart werden.

Die zum 1.6.2003 empfohlenen Mauttabellen wurden auf der Grundlage der vom *Bundesministerium für Verkehr, Bau- und Wohnungswesen* verordneten Lkw-Mautsätze entwickelt. Als Schlüssel zur Verteilung der für den Lkw zu zahlenden Mautkosten auf die einzelnen Sendungen der Auftraggeber verwendet die *Vereinigung* die durchschnittliche Nutzlast der in den jeweiligen Marktsegmenten eingesetzten Lkw. Diese liegt im Stückgutverkehr bei 8 000 kg und im Teilladungsverkehr bei 12 000 kg beziehungsweise bei 10 Lademetern (LDM). Eine „gerechte" Anlastung der Maut für die einzelnen Auftraggeber erhält man, indem man die auf den Lkw entfallende Maut durch die durchschnittliche Auslastung dividiert und mit dem frachtpflichtigen Gewicht der Sendung multipliziert. Dieser Ansatz gewährleistet, dass einerseits der Spediteur einen Ersatz der von ihm für die eingesetzten eigenen oder fremden Lkw bezahlten Mautbeträge erhält. Andererseits wird sichergestellt, dass der Spediteur nicht mehr erlöst, als er selbst Maut bezahlt hat. Der Spediteur will und kann so nicht an der Maut verdienen.

Die von der *Versa* empfohlenen Mautgebühren sind wie ein Tarif aufgebaut und beinhalten daher bestimmte **Vereinfachungen zur schnellen Ermittlung der anteiligen Mautgebühren**. Dies sind:
- Berechnung der Lkw-Maut auf der Basis des durchschnittlichen Mautsatzes von 12,4 Cent pro Kilometer
- Bildung von Entfernungsstufen mit einer Klassenbreite von 100 km
- Bildung von Gewichtsklassen unterschiedlicher Breite je nach Stückgut oder Teilladung
- Berechnung der anteiligen Mautgebühren jeweils für die Klassenmitte
- Annahme einer durchschnittlichen Lkw-Auslastung.

Durch diese Annahmen reduziert sich die bei einer spitzen Abrechnung für die jeweilige Entfernung und das jeweilige Sendungsgewicht unübersehbare Zahl der möglichen Mautgebühren auf eine Zahl, die eine Darstellung in einer Tarifmatrix erlaubt.

Im gesamten Spediteursammelgutverkehr, das heißt sowohl im Stückgut- als auch im Teilladungsverkehr, wird traditionsgemäß die Abrechnung des Grundpreises – häufig Kundensatz und Hausfracht – auf Basis der **kürzesten direkten Entfernung zwischen Be- und Entladeort der Sendung** des jeweiligen Auftraggebers (so genannte Einzelsendung) vorgenommen. Auch bei der Berechnung der anteiligen Maut wird die Entfernung von der Be- bis zur Entladestelle der Einzelsendung ermittelt. Eventuellen Einwänden, bei den Vor- und Nachläufen würden überwiegend 7,5-Tonner eingesetzt und es bestehe insoweit keine Mautpflicht, ist entgegenzuhalten, dass je nach Lage der Be- und

Der Spediteursammelgutverkehr mit Kraftwagen und Eisenbahn 5.1

Tab. 63: Versa-Empfehlungen zur Weiterberechnung der Maut

Mautgebühren* für Sendungen von 1 bis 3000 kg

Gewicht** in kg	Entfernung in km									
	1-100	101-200	201-300	301-400	401-500	501-600	601-700	701-800	801-900	901-1000	1001-1100
1- 50	0,03	0,08	0,14	0,19	0,24	0,30	0,35	0,41	0,46	0,52	0,57
51- 100	0,06	0,17	0,29	0,41	0,52	0,64	0,76	0,87	0,99	1,10	1,22
101- 200	0,12	0,35	0,58	0,81	1,05	1,28	1,51	1,74	1,98	2,21	2,44
201- 300	0,20	0,58	0,97	1,36	1,75	2,13	2,52	2,91	3,30	3,68	4,07
301- 400	0,27	0,82	1,36	1,90	2,44	2,99	3,53	4,07	4,61	5,16	5,70
401- 500	0,35	1,05	1,75	2,44	3,14	3,84	4,54	5,23	5,93	6,63	7,33
501- 600	0,43	1,28	2,13	2,99	3,84	4,69	5,54	6,40	7,25	8,10	8,95
601- 700	0,51	1,51	2,52	3,53	4,54	5,54	6,55	7,56	8,57	9,57	10,58
701- 800	0,59	1,75	2,91	4,07	5,24	6,40	7,56	8,72	9,89	11,05	12,21
801- 900	0,66	1,98	3,30	4,62	5,93	7,25	8,57	9,89	11,20	12,52	13,84
901-1000	0,74	2,21	3,69	5,16	6,63	8,10	9,58	11,05	12,52	13,99	15,47
1001-1250	0,88	2,62	4,37	6,11	7,85	9,60	11,34	13,08	14,83	16,57	18,32
1251-1500	1,07	3,20	5,34	7,47	9,60	11,73	13,86	15,99	18,12	20,25	22,39
1501-2000	1,37	4,08	6,79	9,50	12,22	14,93	17,64	20,35	23,07	25,78	28,49
2001-2500	1,76	5,24	8,73	12,22	15,71	19,19	22,68	26,17	29,66	33,14	36,63
2501-3000	2,15	6,41	10,67	14,93	19,20	23,46	27,72	31,98	36,25	40,51	44,77

*Beträge in Euro ohne Umsatzsteuer (Mehrwertsteuer)   **frachtpflichtiges Gewicht

Mautgebühren* für Sendungen ab 3001 kg

Gewicht** in kg	Entfernung in km									
	1-100	101-200	201-300	301-400	401-500	501-600	601-700	701-800	801-900	901-1000	1001-1100
3001-4000	1,82	5,43	9,03	12,67	16,28	19,88	23,52	27,13	30,73	34,37	37,98
4001-5000	2,34	6,98	11,61	16,29	20,93	25,56	30,24	34,88	39,51	44,19	48,83
5001-6000	2,86	8,53	14,19	19,91	25,58	31,24	36,96	42,63	48,29	54,01	59,68
6001-7000	3,38	10,08	16,77	23,51	30,23	36,92	43,68	50,38	57,07	63,83	70,53
7001-8000	3,90	11,63	19,35	27,15	34,88	42,60	50,40	58,13	65,85	73,65	81,38
8001-9000	4,42	13,18	21,93	30,77	39,53	48,28	57,12	65,88	74,63	83,47	92,23
9001-10000	4,94	14,73	24,51	34,39	44,18	53,96	63,84	73,63	83,41	93,29	103,08
10001-11000	5,46	16,28	27,09	38,01	48,83	59,64	70,56	81,38	92,19	103,11	113,93
11001-12000	5,98	17,83	29,67	41,63	53,48	65,32	77,28	89,13	100,97	112,93	124,78
12001-24000	6,20	18,60	31,00	43,40	55,80	68,20	80,60	93,00	105,40	117,80	130,20

*Beträge in Euro ohne Umsatzsteuer (Mehrwertsteuer)   **frachtpflichtiges Gewicht

Mautgebühren* für Sendungen über 3 Lademeter

Lademeter	Entfernung in km										
	1-100	101-200	201-300	301-400	401-500	501-600	601-700	701-800	801-900	901-1000	1001-1100
3,10-4,00	2,17	6,51	10,85	15,19	19,53	23,87	28,21	32,55	36,89	41,23	45,57
4,10-5,00	2,79	8,37	13,95	19,53	25,11	30,69	36,27	41,85	47,43	53,01	58,59
5,10-6,00	3,41	10,23	17,05	23,87	30,69	37,51	44,33	51,15	57,97	64,79	71,61
6,10-7,00	4,03	12,09	20,15	28,21	36,27	44,33	52,39	60,45	68,51	76,57	84,63
7,10-8,00	4,65	13,95	23,25	32,55	41,85	51,15	60,45	69,75	79,05	88,35	97,65
8,10-9,00	5,27	15,81	26,35	36,89	47,43	57,97	68,51	79,05	89,59	100,13	110,67
9,10-10,00	5,89	17,67	29,45	41,23	53,01	64,79	76,57	88,35	100,13	111,91	123,69
10,01-14,00	6,20	18,60	31,00	43,40	55,80	68,20	80,60	93,00	105,40	117,80	130,20

*Beträge in Euro ohne Umsatzsteuer (Mehrwertsteuer)

Quelle: Vereinigung der Sammelgutspediteure im BSL (Versa)

Entladestellen die der Abrechnung zugrundegelegte Entfernung häufig kürzer ist als die Summe der Einzelentfernungen. Zudem werden eventuelle Abweichungen durch die Größe der Entfernungsstufen von 100 km ausgeglichen. Zudem wäre es viel zu aufwändig, die anteilige Maut für die Einzelsendung nur nach den mautpflichtigen Teilstrecken zu ermitteln und damit bei der Abrechnung derselben Einzelsendung zwei unterschiedliche Entfernungen anzuwenden.

Berechnungsbeispiel
Beispiel für die Ermittlung der anteiligen Mautgebühren:
Es ist die anteilige Maut für eine Sendung im frachtpflichtigen Gewicht von 350 kg über 350 km zu ermitteln.
- Für den gesamten Lkw ist bei Ansatz des durchschnittlichen Mautsatzes von 12,4 Cent/km eine Maut von 12,4 Cent/km x 350 km = 43,40 € zu zahlen.
- Die anteilige Maut für die Sendung beträgt 43,40 € : 8 000 kg x 350 kg = 1,90 €.

Separater Ausweis der Mautgebühr
Die *Vereinigung der Sammelgutspediteure im BSL* empfiehlt die Mautgebühren ergänzend zu den im Tarif für den Spediteursammelgutverkehr empfohlenen Entgelten als neue Nebengebühr. Diese sollte als gesonderte Position in den Rechnungen ausgewiesen werden.

Die am 1.9.2007 erfolgte Anhebung des durchschnittlichen Mautsatzes auf 13,5 Cent ist nach Beschluss der *VERSA*-Mitglieder nicht in die empfohlenen Mautgebühren übernommen worden, weil den Speditions- und Güterkraftverkehrsunternehmen auf der anderen Seite durch eine Absenkung der Kfz-Steuer und Fördergelder zur Anschaffung emissionsarmer Fahrzeuge Mittel aus staatlicher Quelle zugeflossen sind.

Der Spediteursammelgutverkehr mit Kraftwagen und Eisenbahn

5.1.11 Kostenrechnung als Grundlage der Preispolitik im Spediteursammelgutverkehr

Nach Aufhebung der verordneten Tarife gelten für die Preisbildung auch auf den Verkehrsmärkten die Gesetze der Marktwirtschaft: **Angebot und Nachfrage bestimmen den Preis.** Weder die jeweiligen Marktpreise noch die vom *BSL* oder der *Vereinigung der Sammelgutspediteure im BSL* empfohlenen Preise decken immer die Produktionskosten. **Preisempfehlungen sind nur eine Marktstütze.** Sie können und wollen den Vertragspartnern nur eine Basis zur Vereinbarung der Entgelte liefern. **Sie ersetzen in keiner Weise die Kostenrechnung.** Daher ist es unerlässlich, dass jeder Sammelgutspediteur ein strenges Kostenmanagement betreibt. Nur so kann er feststellen, ob und inwieweit die gebotenen oder verlangten Preise kostendeckend sind.

Aufgabe der Kostenrechnung im Spediteursammelgutverkehr ist es, die **Kosten der Einzelsendungen gemäß der Leistungserstellung zu ermitteln:** **Aufgabe der Kostenrechnung**

- Sammeln der Einzelsendungen
- Umschlag beim Versandspediteur
- Ausgangsabfertigung beim Versandspediteur
- Hauptlaufkosten
- Umschlag beim Empfangsspediteur
- Eingangsabfertigung beim Empfangsspediteur.
- Zustellen der Einzelsendungen.

Ein gut organisierter Speditionsbetrieb kann die jeweiligen Kosten dieser Leistungsbereiche mit hinreichender Genauigkeit erfassen. Kostenstellenrechnung und der *Betriebsabrechnungsbogen (BAB)* liefern die erforderlichen Daten. **Kostenarten**

Die **Kosten für das Sammeln und Verteilen der Güter sowie die Beförderung der Sammelladung** werden für die eigenen Fahrzeuge mit Hilfe der üblichen Fahrzeugkostenrechnung ermittelt. Werden diese Leistungen bei Frachtführern eingekauft, so liefert die Finanzbuchhaltung *(Kontenklasse 7000)* die entsprechenden Daten.

Die **Kosten des Umschlages** sind mit Hilfe einer Umschlagskalkulation zu ermitteln, wobei möglichst nach eingehendem und ausgehendem Verkehr unterschieden werden sollte.

Die **Kosten für den Empfangsspediteur** sind abhängig von den Leistungen, die dieser für den Versandspediteur zu erbringen hat. Diese können sein:
- Entladen und Verteilen der Sammelladung
- Weiterleitung der Einzelsendung bis zum Bestimmungsort des Empfängers und
- Zustellung der Einzelsendung am Bestimmungsort des Empfängers.

Die Kostendaten liefert die Finanzbuchhaltung *(Kontenklasse 7000).*

Die **Regiekosten** (Kosten für die Ausgangs- und Eingangsabfertigung) sind auf Basis der *BAB*-Werte zu kalkulieren. Sie ergeben sich aus den direkten Personalkosten, den direkten Abteilungskosten und den kalkulatorischen Kosten.

Bei allen Leistungsbereichen sind **anteilige allgemeine Verwaltungskosten** zu berücksichtigen. Diese sind aus den *BAB*-Werten zu ermitteln und sodann auf die einzelnen

Der Spediteur und der Kleingutmarkt

Leistungsbereiche zu verteilen. Als Schlüssel wird hierbei zumeist der Umsatzanteil des jeweiligen Geschäftsbereichs am gesamten Speditionsumsatz gewählt.

Abhängigkeit der Kostenarten
Die vorstehend beschriebenen Kostenbestandteile des Spediteursammelgutverkehrs zeigen folgende Abhängigkeiten:

- die **Regiekosten** sind weder vom Gewicht noch von der Entfernung abhängig. Sie fallen bei jeder Sendung in derselben Höhe an. Man bezeichnet sie deshalb als **sendungsfixe Kosten**. Sie werden in EURO pro Sendung angegeben.
- die **Umschlagkosten** sind überwiegend **gewichtsabhängig**. Sie werden daher in **EURO pro 100 kg** angegeben.
- die **Beförderungskosten** (Nah- wie Fernverkehr) sind **zeit- und kilometerabhängig**. Sie werden in EURO pro Zeiteinheit oder EURO pro Kilometer erhoben und in der Sammelgutkalkulation in **EURO pro 100 kg** verrechnet.

Besondere Anforderungen des Kunden an den Güterversand wie zum Beispiel zeitgenaue Auslieferung oder spezielle Verpackung des Gutes müssen in der Kostenrechnung ebenso ihren Niederschlag finden wie günstige Konditionen, zum Beispiel hoher Palettisierungsgrad, vom Kunden vorgenommene Bezettelung beziehungsweise Belabelung der Packstücke oder Datenaustausch per EDV.

Nachfolgend ist **beispielhaft die Kalkulation für den Versand einer Sendung von 210 kg im Spediteursammelgutverkehr** dargestellt. Die ausgewiesenen **Kostenwerte sind nicht repräsentativ**.

Tab. 64: Kalkulationsbeispiel im Spediteursammelgutverkehr

Kostenart:	€ pro 100 kg	€ pro Sendung	€ für 210 kg
Sammeln:	10,41		21,86
Umschlag (SA*):	6,10		12,81
Regie (SA*):		10,24	10,24
Hauptlauf:	8,38		17,60
Umschlag (SE**):	6,10		12,81
Regie (SE**):		7,33	7,33
Zustellen:	10,41		21,86
Gesamtkosten			<u>104,51</u>
*SA = Sammelgutausgang **SE = Sammelguteingang			

Quelle: Eigene Darstellung

Der Übergang von einer tarifabhängigen zu einer kostenorientierten Preisbildung ist zwar nicht einfach, sollte jedoch selbst für kleine und mittlere Speditionsunternehmen kein unüberwindliches Hindernis darstellen. Die meisten Spediteure verwenden bereits heute in vielen Bereichen EDV-Systeme, die bei entsprechender Programmierung und eventuellem Ausbau auch eine speditionelle Kostenrechnung aufnehmen können.

5.1.12 Zur Abrechnung zwischen den am Sammelgutverkehr beteiligten Spediteuren

5.1.12.1 Der Beiladersatz für den Beiladespediteur

Der Beiladersatz ist die Vergütung, die der beiladende Spediteur (Beilader) an den verkehrsführenden Spediteur (Versandspediteur) für die Beförderung seiner Güter im Spediteursammelgutverkehr zu entrichten hat. Er wird üblicherweise so bemessen, dass für Versandspediteur und Beilader ein angemessener Nutzen verbleibt. Die Höhe des Beiladersatzes bleibt den Abmachungen der beteiligten Spediteure überlassen.

Beiladersatz

5.1.12.2 Die Empfangsspediteurvergütung für Entladen und Verteilen

Im Spediteursammelgutverkehr kooperieren seit alters her Versand- und Empfangsspediteure, indem der Empfangsspediteur im Auftrag des Versandspediteurs die Entladung der Sammelladungen vornimmt und die Zustellung der Einzelsendungen für die jeweiligen Empfänger organisiert. Für diese **Tätigkeit des Entladens und Verteilens (E + V)** erhält er eine Vergütung, die zwischen den Vertragsparteien frei vereinbart wird.

Empfangsspediteurvergütung

5.1.12.3 Zustellung der Sendung durch einen Briefspediteur

Der Begriff „Briefspediteur" ist weder in der *BSL-Empfehlung* noch in dem *Tarif für den Spediteursammelgutverkehr* verankert. Der Terminus stammt ursprünglich aus dem Bahnspeditionsvertrag und bezeichnet einen Spediteur, der vom Empfänger für die Zustellung der Sendung vorgeschrieben ist. **Der Briefspediteur ist insoweit der Hausspediteur des Empfängers.**

Briefspediteur

Die Zustellung einer Sendung durch einen Briefspediteur erfolgt außerhalb des normalen Ablaufes des Güterversandes im Spediteursammelgutverkehr. Der Empfangsspediteur der Sammelladung avisiert dem Briefspediteur nur den Eingang der Einzelsendung, die der Briefspediteur dann abholt und dem Empfänger zustellt. Die Zustellkosten hat der Empfänger zu tragen, der auch Auftraggeber des Briefspediteurs ist.

Es kommt auch vor, dass der Beiladerspediteur vorschreibt, dass seine Sendungen nicht durch den Empfangsspediteur des Versandspediteurs, sondern durch seinen Kooperationspartner zugestellt werden. Auch in diesem Falle ist wie im vorstehenden Absatz beschrieben zu verfahren. Je nach Frankatur hat der Beiladerspediteur oder der Empfänger die Zustellkosten zu tragen.

Bei Einschaltung eines Briefspediteurs muss dessen jeweiliger Auftraggeber dafür sorgen, dass die erforderlichen Informationen dem Empfangsspediteur zugehen, damit dieser dann die entsprechenden Sendungen dem Briefspediteur „überweisen" kann.

5.1.13 Zur Abrechnung zwischen Spediteur und Frachtführer

5.1.13.1 Die Abrechnungsgrundlage

Abrechnung Spediteur/ Frachtführer

Soweit der Sammelgutspediteur in der Vergangenheit für das Sammeln und Verteilen der Einzelsendungen und das Befördern der Sammelladung zum Empfangsspediteur Frachtführer einsetzte, war er wie jeder andere Absender verpflichtet, die Frachtführer nach Maßgabe der anzuwendenden Tarife (*GNT, GFT* oder *DEGT*) zu bezahlen. Mit der Aufhebung der Tarife ist diese Verpflichtung entfallen. Für die spediteureigenen Fahrzeuge waren in der Vergangenheit nur die Anforderungen hinsichtlich Frachtbrieferstellung und Tarifüberwachung zu erfüllen.

Die **Frachten für den Einsatz von Lkw können frei ausgehandelt werden.** Dies **gilt** nicht nur für die **Höhe der Fracht, sondern auch für die Abrechnungsmodalitäten.** Die Fracht kann zwar noch, muss jedoch nicht mehr wie bisher üblich nach den **Kriterien Gewicht und Entfernung** berechnet werden. **Andere Abrechnungsgrundlagen wie zum Beispiel Pauschalpreise für Lkw, Wechselkästen, Relationen, Einsatztage oder Einsatzstunden sind zulässig.** Die Frachten können nach Auslastung, Häufigkeit der Beauftragung, Einweg- oder Rundlaufverkehr, Anzahl der zu bedienenden Ladestellen sowie Warte- und Standzeiten bei Be- und Entladung differenziert werden. Dem Spiel der Marktkräfte sind keine Grenzen gesetzt.

Welche Preise sich nun in den einzelnen Märkten regional, saisonal oder fahrzeugspezifisch herausbilden, hängt von den unterschiedlichsten Kriterien wie zum Beispiel Sendungsstruktur, Aufkommensvolumen, Anbieterstruktur, Nachfragestruktur, Verkehrsinfrastruktur, Gutart etc. ab. Die **Marktpreise** weisen auch nicht die Kontinuität und Stabilität der staatlich verordneten Tarife auf, da sie durch die **Dynamik des Marktes** erzeugt und nicht von Behörden verkündet werden. Das beinhaltet sowohl Chancen als auch Risiken sowohl für die Anbieter als auch für die Nachfrager von Transportleistungen. Stabilisierendes Element für die eingekauften Frachtführerleistungen dürfte sein, dass die Sammelgutspediteure sowohl im Nah- als auch im Fernverkehr mit ihren Frachtführern überwiegend auf der Grundlage von Beschäftigungsverträgen längerfristig zusammenarbeiten.

5.1.13.2 Die frachtbriefmäßige Abfertigung

Frachtbriefzwang im Güterkraftverkehr aufgehoben

Mit der zum 1.7.1998 eingeführten *Neuordnung der Marktzugangsregelung im Güterkraftverkehr* wurde auch der im Güterfernverkehr bestehende Frachtbriefzwang aufgehoben. Nach *§ 7 GüKG* hat der Güterkraftverkehrsunternehmer dafür zu sorgen, *dass während einer Beförderung im gewerblichen Güterkraftverkehr ein Begleitpapier oder ein sonstiger Nachweis mitgeführt wird, in dem das beförderte Gut, der Be- und Entladeort und der Auftraggeber angegeben werden.* Wenn somit kein Frachtbriefzwang mehr besteht, liegt es im Interesse des Auftraggebers (Absenders) sowie des Frachtführers, dem Fahrer alle Informationen zu liefern, die die ordnungsgemäße Erledigung des Beförderungsauftrages erlauben. Das hierfür mitzugebende Papier kann frei gewählt werden.

5.1.14 Die Haftung des Sammelgutspediteurs gegenüber seinem Auftraggeber

Das in der zweiten Hälfte der 20er Jahre des letzten Jahrhunderts geschaffene **Haftungssystem** für Speditionsgeschäfte beruhte auf einer Kombination der *Allgemeinen Deutschen Spediteurbedingungen* mit den *Bedingungen der Speditionsversicherung*. Der Spediteur war verpflichtet, die Versicherung automatisch, also ohne dass es eines Auftrags dazu bedurfte, einzudecken. Der Auftraggeber oder derjenige, dem das versicherte Interesse zustand, erhielt einen Direktanspruch gegen die Versicherer bei gleichzeitiger Haftungsbefreiung des Spediteurs (Haftungsersetzung durch Versicherung). Jedoch hatte der Auftraggeber die Möglichkeit, sich zum „Verbotskunden" zu erklären, also die Versicherung zu untersagen. Der Spediteur haftete dann zwar persönlich, aber nur eingeschränkt nach Maßgabe der *ADSp*. Der Versicherungsschutz der Speditionsversicherung erstreckte sich auch auf Zwischenspediteure (durchlaufende Deckung). Die Haftung der Versicherer orientierte sich an der gesetzlichen Haftung der Spediteure. Der Wert des Gutes war bestimmend für die Versicherungssumme.

Dieses alt hergebrachte **System der Haftungsersetzung durch Versicherung ist zum 30.6.1998 ausgelaufen.** Zum 1.7.1998 ist ein neues Fracht- und Speditionsrecht in Kraft getreten, das die Abbedingung der Haftung dem Grunde nach durch allgemeine Geschäftsbedingungen, hier die *ADSp*, nicht mehr erlaubt. Die Haftung der Spediteure ist nunmehr *AGB*-fest, das heißt die Haftung nach *HGB* darf nur im Rahmen einzelvertraglicher Absprachen und nicht mehr durch Hinweis auf die *ADSp* abbedungen werden.

Versendet der Spediteur das Gut des Versenders in Sammelladung, so hat er nach *§ 460 Absatz 2 HGB hinsichtlich der Beförderung in Sammelladung die Rechte und Pflichten eines Frachtführers oder Verfrachters*. Aus den Worten *hinsichtlich der Beförderung* folgt, dass das Frachtrecht bei Sammelgutversand nur bei der Beförderung in Sammelladung, also im Hauptlauf, gilt. Es gilt also nicht im Vor- oder Nachlauf, auch nicht im Umschlag. In vielen Fällen werden beim Sammelgutversand jedoch gleichzeitig Übernahmesätze vereinbart, die bekanntlich auch die Konsequenz der Haftung wie ein Frachtführer nach sich zieht. Dann gilt Frachtrecht für die gesamte Ortsveränderung vom Vorlauf über Hauptlauf bis zum Nachlauf einschließlich des zweimaligen Umschlags beim Versand- und Empfangsspediteur. Die Haftung nach Speditionsrecht gilt dann nur für Organisation, Disposition und Interessenwahrung.

Kommt bei einem Güterschaden Frachtrecht zur Anwendung, so haftet der Spediteur regelmäßig mit 8,33 SZR je kg. Bei Anwendung des Speditionsrechts ermäßigt sich die Spediteurhaftung auf 5,– € je kg des Rohgewichts der Sendung *(Ziffer 23.1.1 ADSP)*. Haftung und Versicherung des Spediteurs sind in den *Kapiteln 3.2* und *3.3* ausführlich dargestellt.

Die Haftungsbestimmungen der *ADSp* ziehen hingegen nach wie vor nicht beim Güterversand im grenzüberschreitenden Verkehr. Hier haftet der Spediteur durchgehend nach den zwingenden Haftungsbestimmungen der *CMR*.

5.2 Der Spediteur und die Paketdienste

5.2.1 Begriff *KEP*-Dienste

KEP-Dienste Der Begriff *KEP*-Dienste entwickelte sich seit Anfang der 90er Jahre. Der **Sammelbegriff** (Kurzform für Kurier-, Express- und Paketdienste) **fasst ein Angebot an Transportdienstleistungen im Verkehrsmarkt zusammen, welches sich vor dem Hintergrund sinkender Transportzeiten, um die 24 Stunden und darunter, entwickelt hat.** Dabei ist die Art des Angebots vom Gewicht her durchaus unterschiedlich, vom Stückgut-Express bis zum Dokumenten-Kurier. Die zeitgenaue Transportleistung kann allerdings nur **vor dem Hintergrund gesicherter Abläufe** erbracht werden. Deshalb ist allen Anbietern der Systemcharakter der Leistungserbringung gemeinsam. Man nennt die *KEP*-Dienste von daher auch **systemgeführte Transportdienstleistungen**[1]. Allerdings kann es zum Beispiel bei Kurierdiensten auch vorkommen, dass die Leistung für eine einzige Sendung so stark die menschlichen Ressourcen auf sich konzentriert, dass nicht mehr von einer systemgeführten Leistung, sondern von einer höchst persönlichen Leistung gesprochen werden muss. So vereinigt der Begriff *KEP*-Dienste **unterschiedliche Facetten des Dienstleistungsspektrums miteinander, abgestuft nach der Transportzeit und dem Grad der Systematisierung. Das Gewicht spielt eine untergeordnete Rolle.** Den im Begriff enthaltenen Paketdienst kennzeichnet dabei die ausgewogenste Ausprägung aller Eigenschaften, weshalb sich an seinem Beispiel die neuen Entwicklungen im Verkehrsmarkt gut darstellen lassen. Insgesamt stellt der deutsche Markt mit einem Umsatzvolumen von 9,5 Mrd. € (2007) – exklusive Postdienste – den größten europäischen *KEP*-Markt dar.

5.2.2 Der Markt für Kurier- und Expressdienste

KEP-Markt Die Kurier- und Expressdienste sind nicht klar voneinander abgegrenzt. Der Markt für diese Transportdienstleistungen ist entsprechend schwer zu definieren. So findet man unter den Expressdiensten auch Stückgut-Spediteure. Insgesamt hat die Rolle so genannter Mischbetriebe, die Dienstleistungen aus mehreren Segmenten der *KEP*-Branche anbieten, in den letzten Jahren deutlich zugenommen. Eine Klassifizierung hat sich dennoch allgemein durchgesetzt anhand folgender Dienstleistungssegmente:

Kurierdienste
- **Kurierdienste:** ständige persönliche Begleitung einer Sendung mit jederzeitiger Dispositionsbefugnis (vergleiche *§ 5 Abs. 2 Nr. 3 Postgesetz*)

Express-Dienste
- **Expressdienste:** keine direkte, exklusive oder persönliche Begleitung des Versandgutes, sondern Beförderung der Sendungen über Umschlagzentren. Typische

---

[1] In diesem Lehrbuch wird erstmalig der Versuch unternommen, die *KEP*-Dienste systematisch darzustellen, auch wenn der Begriff *KEP* den praktischen Anforderungen des Marktes noch angepasst wird. Der Buchstabe *P* in *KEP* steht in der Regel für Paketdienste. Mit Blick auf den vor der Liberalisierung stehenden umsatzstarken Postmarkt wird neuerdings – vergleiche auch *Abschnitt 5.3* dieses Lehrbuches – der Buchstabe *P* für Postdienste verwendet. Entsprechend anders werden dann auch die Buchstaben *K* und *E* interpretiert. Die Zukunft wird hier eine endgültige Regelung finden.

Der Spediteur und die Paketdienste 5.2

- **Paketdienste:** Sammeltransporte mit Vereinbarung eines fixen, häufig auch garantierten Auslieferstermins. Die fest zugesagte Haus-zu-Haus-Lieferzeit ist der grundsätzliche Unterschied zu speditionellen Dienstleistungen. Untersegment der Expressdienste. Signifikant sind die aus dem Transportsystem zu erwartenden Lieferzeiten (jedoch in aller Regel keine Garantie) sowie die Beschränkungen der Sendungen nach Größe, Gewicht und Umfang, bedingt durch den Umschlag in automatisierten Paketsortieranlagen. Starke Ausprägung der Standardisierung als Systemdienstleister.

Paket-Dienste

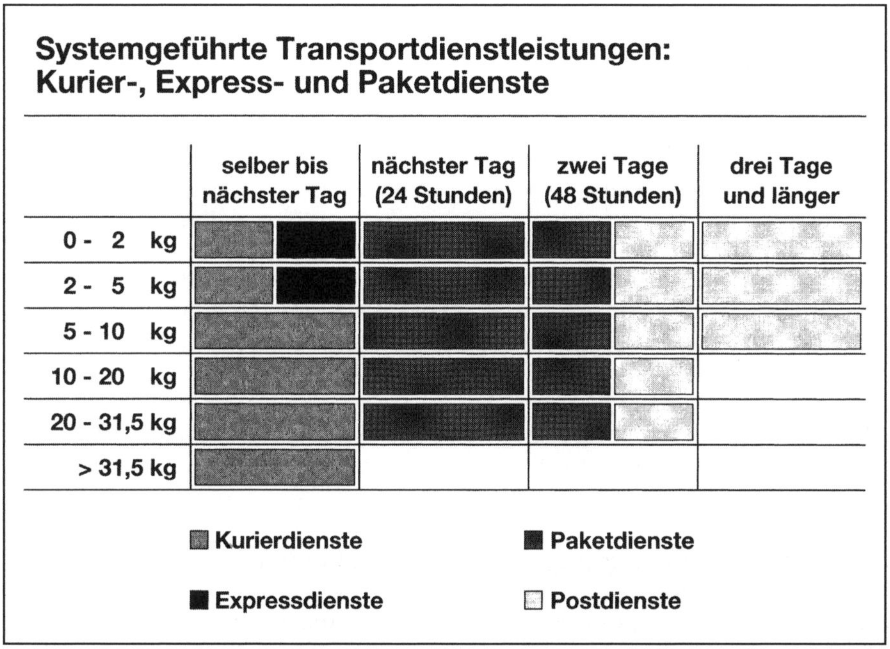

Systemgeführte Transportdienstleistungen: Kurier-, Express- und Paketdienste

	selber bis nächster Tag	nächster Tag (24 Stunden)	zwei Tage (48 Stunden)	drei Tage und länger
0 - 2 kg				
2 - 5 kg				
5 - 10 kg				
10 - 20 kg				
20 - 31,5 kg				
> 31,5 kg				

- Kurierdienste
- Paketdienste
- Expressdienste
- Postdienste

Abb. 52: Systemgeführte Transportdienstleistungen

Quelle: DPD

5.2.3 Volumen und Struktur des Marktes für Paketdienste

Für 2008 wird von einem Marktvolumen von ca. 2,2 Mrd. Paketen in *Deutschland* ausgegangen. Hierbei entfallen auf den nationalen Bereich ohne grenzüberschreitende Versendungen und ohne Express („Domestic deferred") ca. 1,7 Mrd. Pakete. Dementsprechend entwickelt sich das reine Paketgeschäft nicht mehr wie in den 80er Jahren und zu Beginn der 90er Jahre in jährlich zweistelligen prozentualen Zuwachsraten. Jedoch ist im *KEP*-Markt das durchschnittliche jährliche Wertschöpfungswachstum von ca. 5 % deutlich höher als zum Beispiel beim allgemeinen Straßengüter- und Schienenverkehr. Als Produktions- und Wachstumsfaktor übt die *KEP*-Branche mit ca. 175 000 direkt Beschäftigten (2007) einen nachhaltig positiven Einfluss auf die deutsche Volkswirtschaft aus.

Paketmarkt

Abb. 53:
Paketvolumen
2007

Paketvolumen Wettbewerb (national, ohne Express/Logistik)

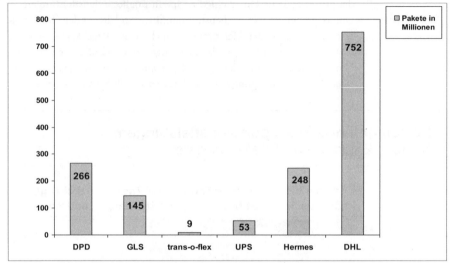

2007
Quelle: DPD

Die im Schaubild ausgewiesenen sechs Paketdienstleister deckten in 2007 88 % des gesamten nationalen Paketaufkommens ab.

5.2.4 Die Entwicklung der privaten Paketdienste

Geschichtliche Entwicklung der privaten Paketdienste

Die Geburtsstunde des privaten Paketdienstes lag Mitte der 70-er Jahre. Der private amerikanische Paketdienst *United Parcel Service (UPS)* suchte den Einstieg in den deutschen Kleingutmarkt. Parallel dazu versuchten deutsche Spediteure unter dem Namen *Deutscher Paket Dienst,* seit Anfang 2008 als *Dynamic Parcel Distribution (DPD)* firmierend, ebenfalls ein Netz für Paketverkehre zu errichten als Antwort auf Kundenwünsche besonders aus dem Bereich der Kauf- und Warenhäuser. Nach einem obsiegenden Urteil im Streit um den Beförderungsvorbehalt der Post auf dem Gebiet der Paketbeförderung, war es privaten Anbietern möglich, sich vollends vor dem Hintergrund von Rechtssicherheit im Wettbewerb um das Kleingut zu etablieren. In den Folgejahren wurde die Idee „Paketdienst" von verschiedenen Unternehmen immer wieder mit unterschiedlichem Erfolg aufgegriffen. Die letzte bedeutende erfolgreiche Gründung in der sehr kapitalintensiven und risikoreichen Markteintrittsphase geschah 1989 durch die *German Parcel Paket Logistik GmbH,* zwischenzeitlich unter *General Logistics Systems Germany GmbH & Co. OHG (GLS)* firmierend, wie *Dynamic Parcel Distribution (DPD)* ebenfalls eine Kooperation deutscher Spediteure. Die privaten Paketdienste sind heute ein bedeutender Faktor der Verkehrswirtschaft in beförderter Paketmenge und Leistungsqualität.

Der Spediteur und die Paketdienste 5.2

Vor dem Hintergrund der zunehmenden Globalisierung der Märkte **drangen ab 1997 verstärkt die europäischen Postgesellschaften in die privaten Paketdienste** durch Aufkäufe oder Ankäufe ein. Nach Übernahme der *TNT*-Gruppe durch die **niederländische Post KPN in 1997** hat sich die *DPWN* in 1998 unter anderem an der Spedition *Danzas* und an *DHL Worldwide Express* beteiligt und ihre Vorreiterrolle im Frühjahr 1999 durch Bekanntgabe der Übernahme des kompletten Paket- und Logistikgeschäftes der *Royal Nedlloyd N. V.* weiter ausgebaut. Im Frühjahr 2003 wurde die Übernahme des drittgrößten US-Expressunternehmens *Airbone* durch *DHL* als Tochtergesellschaft der *DPWN* bekannt.

Die *französische Post La Poste* hat beginnend seit 1998 einzelne *DPD*-Gesellschafter und auch zusätzlich eine direkte Beteiligung am *DPD* erworben und besitzt eine Mehrheitsbeteiligung von ca. 85 % der Stimmrechte im *DPD*.

GLS verkündete im Januar 1999 den Verkauf sämtlicher Geschäftsanteile an die *britische Post*. Im August 2000 überraschte die *Dachser-Gruppe* durch Veräußerung ihrer *DPD*-Depots an *GLS*, wodurch die *britische Post Royal Mail*, Muttergesellschaft von *GLS* über ihre *Holding Consignia*, indirekt Eigentümerin von ca. 10 % am *DPD* wurde, der mehrheitlich zur *La Poste* gehört.

Der mehrfach angekündigte Start eines neuen Paketdienstleisters unter dem Namen *Red Parcel Post* wurde immer wieder verschoben und hat sich als Luftblase erwiesen.

Vor dem Hintergrund einer paneuropäischen Ausrichtung der Unternehmen geht die Übernahmewelle im *KEP*-Bereich weiter, die Anzahl der Akquisitionen hat jedoch aufgrund der zahlreichen Übernahmen der Vergangenheit deutlich abgenommen.

Der **private speditionell geprägte Paketdienst** hat im Laufe der Jahre, nach Loslösung vom Speditionsgeschäft, ganz deutlich ab **Mitte der 80er Jahre, ein eigenständiges Profil als Logistik-Dienstleister entwickelt**. Im Vordergrund des Angebotes stehen die **Netzdichte**, die **schnellen Abläufe**, die **organisatorischen Vereinfachungen**, die **informationstechnologische Transparenz** und die enorme **Leistungsfähigkeit** durch den Einsatz von **Fördertechniken im Umschlag** sowie dem Kleinunternehmertum in der Zustellung. Die kreative und innovative Weiterentwicklung des Paketdienstes und die voranschreitende Vernetzung mit den logistischen Abläufen der Kunden eröffnet die Möglichkeit für immer neue Dienstleistungsangebote über das reine Verkehrsgeschäft hinaus, lediglich mit der Einschränkung, dass wegen der materiellen Ausprägung des Transportsystems eine rein persönliche Dienstleistung wohl nicht entstehen wird.

Das Wachstum der Pakettransportsysteme führt den speditionellen Paketdienstler in ganz neue Dimensionen. **Das Betreiben eines Logistik-Netzwerkes im Bereich der Paketlogistik erfordert andere Einstellungen und Qualifikationen.** So nehmen die technischen Fragen und Fragen nach der exakten Steuerung und Taktung des gesamten Transportvorgangs beziehungsweise Fragen nach der Kundenorientierung oder dem Qualitätsmanagement sowie auch Fragen der Kapitalbeschaffung beziehungsweise der Formen des zukünftigen Wettbewerbs nicht nur in *Deutschland*, sondern auch in *Europa*, an Bedeutung zu.

Seitennotizen: Globalisierung / Übernahmen · Kleingut-Logistik · Transportsystem

5.2.5 Erfolgsfaktoren des privaten Paketdienstes

Klares Angebot — Ein Erfolgsfaktor liegt im streng definierten Kleingut. Ein Paket ist in der Regel ein Packstück bis 31,5 kg, maximales Gurtmaß 3,0 m, maximale Länge 1,75 m. **Der Sendungsbegriff ist nicht bekannt. Es wird packstückbezogen gedacht und abgerechnet.** Die „Sendung" im Paketdienst ist eine Lieferung, die aus mehreren Paketen besteht oder ein Bündelpaket. Das Paket wird in einer **Regellaufzeit von 24 Stunden** zugestellt. Optional werden auch Laufzeitgarantien angeboten. Die Laufzeitstabilität ist die Folge eines maximal dreimaligen Umschlags.

Flächendeckung — Die Leistung ist überall erhältlich. **Die privaten Paketdienste betreiben flächendeckende Logistik-Netze in** *Deutschland* **und in ganz** *Europa*. Der Kunde braucht also auf die gewohnte Qualität der Paketlogistik auch an seinen ausländischen Produktionsstandorten nicht zu verzichten.

Leistungsstärke — **Technologische Aufrüstung:** Die Installation von modernster Fördertechnik führt zu einer **Automatisierung des Umschlags**. Die Führung der **Verkehre über zentrale Punkte, so genannte Knoten**, in Verbindung mit den dortigen Hochleistungs-Paketsortieranlagen vermindert die Umschlagzeit und die Umschlagkosten.

Kleinunternehmertum — **Kleinunternehmertum:** Im Bereich der Abholung und Zustellung arbeiten die Paketdienste mit **Kleinunternehmern** zusammen. Der Kleinunternehmer bedient mehrere Touren in der Abholung wie in der Zustellung. Sein Status als selbständiger Gewerbetreibender mit unternehmerischer Motivation bringt eine große Flexibilität in Zeit, Kapazität und Qualität in diesen Bereich.

Standardisierung — Der moderne **Paketdienst hat standardisierte Abläufe**. Das Verfahren von der Abholung bis zur Zustellung ist in Handbüchern und Arbeitsanweisungen nachlesbar. Die Handgriffe im Paketdienst können leicht nachvollziehbar einstudiert werden, was eine **Fehlerunempfindlichkeit** und eine **Leistungssteigerung bedeutet**. Der Einsatz von Techniken standardisiert die Abläufe weiter. Soweit es sich für den Menschen um Vereinfachungen handelt, tritt derselbe Effekt ein. Der Kunde spürt die standardisierten Abläufe an einer gleichbleibenden Qualität.

Sendungsverfolgung — Auf dem Paket klebt ein **Paketschein, der Speditionsauftrag**. Die Speditionsauftragsnummer findet sich codiert in einem **Barcode** (Strichcode) wieder. Durch das **Scannen** (Erfassen) der Paketscheinnummer an verschiedenen Stellen des Paketflusses wird eine **Paketverfolgung** möglich. Die Speicherung der Daten in **zentralen Auskunftssystemen** macht den Warenfluss transparent und sicher. **Die Sendungsverfolgung vereinfacht die Bearbeitung von Reklamationen.**

Die Paketdienste bieten in Anbetracht ihrer Leistungen ein günstiges Preis-/Leistungsverhältnis. Entscheidend ist, was der Kunde als Leistung beansprucht. In der Regel schätzt der Kunde beim modernen Paketdienst folgende drei Qualitäten:

- **Kostensenkung in der Administration:** Durch die Barcodetechnik des Paketscheins entsteht ein **papierloser warenbegleitender Informationsfluss**. Das Selbsterzeugen des Paketscheins durch den Kunden senkt seinen Administrationsaufwand weiter.
- **Kostensenkung bei den Frachtkosten:** Der Paketdienst bietet dem Kunden paketbezogene, feste Beförderungsentgelte. Der Paketdienst arbeitet als Spedition zu fixen Kosten *(§ 459 HGB)*. Das feste Beförderungsentgelt gehört mit zum Angebot.

Die Standardisierung vieler Leistungen vereinfacht die Kalkulation und macht die festen Beförderungsentgelte möglich. Dieses Entgelt ist je nach Güterstruktur, Entfernung und Gewicht sowie der Nutzung technischer Einrichtungen durch den Kunden (Selbstbedienungseffekte) günstig.

- **Zusätzlicher Service:** Die Technisierung der Abläufe bringt Serviceverbesserungen mit sich. **Über 98 % aller Pakete haben eine Laufzeit von 24 Stunden im Inland.** Die Kontrolle der Abläufe sorgt dafür, dass keine Leistungsschwankungen auftreten. Außerdem erleichtert das Sendungsverfolgungssystem die Klärung von Reklamationen. In der Regel kann der Mitarbeiter im Kundendienst per Bildschirmauskunft auf Anfrage direkt mitteilen, wo sich das Paket gerade befindet oder der Kunde kann sich direkt über das Internet den Lebenslauf des Paketes ansehen. Die Klärung von kleineren Fällen dauert bis zu drei Stunden, die Besorgung eines Abliefernachweises beziehungsweise die Klärung größerer Reklamationen bis maximal drei Tage.

Qualitätsmanagement

Ein **industrielles Qualitätsmanagement nach *DIN ISO*** sorgt dafür, dass die Leistung stabil bleibt. Dies geschieht durch die Fixierung von Leistungskennzahlen in Form von Soll-Größen und die permanente Messung der Ist-Größen sowie durch technische Möglichkeiten, zum Beispiel EDV-gestützte Kennzahlen-Kontrollen und Audits. Ein **Qualitätsmanagement** sorgt außerdem für die Weiterentwicklung des Produktes über die Einbeziehung aller Mitarbeiter.

5.2.6 Die Abwicklung des Paketverkehrs

Produktionsabläufe im Paketdienst

Depots sind Umschlagbetriebe. Jedes Depot kann sowohl als Abgangsdepot, bezogen auf den Versand von Paketen an andere Deptos, als auch als Empfängerdepot, gerichtet auf die Annahme von Paketen aus anderen Depots und deren Zustellung an die Empfänger, funktionieren. Dieselben Anlagen werden in aller Regel zu verschiedenen Tageszeiten in beiden Funktionen genutzt. Im Einzelnen wird der Paketverkehr wie folgt abgewickelt: Der Auftraggeber ruft im Depot an und wünscht die Abholung oder eine Abholung erfolgt nach festen Zeiten. Der Disponent organisiert die Abholung durch den Transportunternehmer. Das Paketgut wird beim Versender gegen Quittung übernommen und zum Depot befördert. Dort wird es entladen. **Während der Entladung wird das Paket an der Scann-Station EDV-technisch erfasst und in der Regel über Postleitzahl-Eingabe automatisch geroutet.** Dies geschieht dergestalt, dass die vom Versender bereits in maschinenlesbarer Form mittels ausgefüllter Paketscheine beschrifteten Pakete unmittelbar nach der Entladung wenige Meter hinter dem Hallentor durch einen Mitarbeiter mit einem Handscanner elektronisch eingegeben werden. Diesen Vorgang bezeichnet man als **Eingangsscannung**. Gleichzeitig mit dieser Eingangsscannung gibt ein Mitarbeiter manuell die Postleitzahl des Empfängers in die EDV ein. Aufgrund der Scannung und der manuellen Eingabe druckt der Computer dann ein so genanntes **Routerlabel** aus, welches die Nummer des Empfangsdepots, die Postleitzahl des Empfängers, die Paketscheinnummer sowie einen Strichcode mit diesen Informationen enthält. Ein weiterer Mitarbeiter vergleicht die

Empfänger-Postleitzahl auf dem Paket mit der Postleitzahl auf dem **Routerlabel** und klebt im Falle der Übereinstimmung dieses auf das Paket. Damit ist die elektronische Eingangserfassung des Paketes abgeschlossen.

Die Erfassung ist zugleich Grundlage der Unternehmerabrechnung. Die Pakete werden umgeschlagen und auf Ausgangstore verteilt, dann mit Teleskopförderbändern in Lkw auf Wechselbrücken verladen. Die Verladung wird ebenfalls EDV-mäßig dokumentiert. **Es erfolgt so eine Ein- und Ausgangskontrolle mit modernen Kontrollsystemen.** Für besondere Paketlieferungen gibt es eine Avise über Nacht. Nach dem Umschlag erfolgt die Datenübertragung an eine zentrale Datenbank.

Die Verkehre zwischen den Depots laufen überwiegend direkt auf das Empfangsdepot (so genannte Direktverkehr) oder auf einen Umschlagknoten zur Konsolidierung (so genannte Systemverkehr) zu. Die Verkehrsführung bedeutet, dass das Paket maximal dreimal umgeschlagen wird, je nachdem, ob der Verkehr noch über einen Umschlagknoten geführt wird. Alle in der Regel bis 6.00 Uhr eingehenden Verkehre werden im Empfangsdepot entladen, im Knoten je nach Fahrplan. Der Eingang wird an Scann-Stationen EDV-technisch erfasst, der Umschlag im Knoten ebenfalls. Es erfolgt die Datenübertragung an eine zentrale Datenbank, in der sich die Informationen zu einem „Paketlebenslauf" (Sendungsverfolgung) zusammenfügen. Die entladenen Pakete werden mit manueller oder maschineller Technik auf Hallen, Stränge, Zustellgebiete oder Touren verteilt.

Abb. 54: Paketfluss

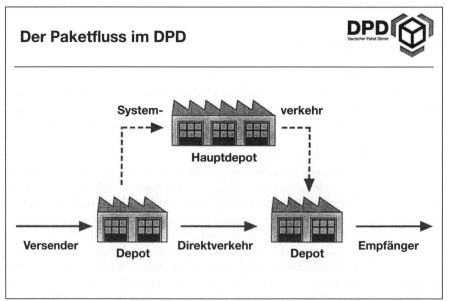

Quelle: DPD

Der Spediteur und die Paketdienste 5.2

Soweit keine automatische Sortierung auf die Tour erfolgt, nehmen Mitarbeiter die Pakete vom Band (zum Beispiel angetriebene Rollenbahn). Das Paket wird an dieser Schnittstelle EDV-technisch erfasst. Diese Erfassung ist Grundlage für die Unternehmerabrechnung. **Der Unternehmer sortiert die für ihn bestimmten Pakete auf seine Tour.** Nach der Beladung werden die Pakete durch den Unternehmer dem Empfänger zugestellt. Die Eingangsdaten werden an die zentrale Datenbank übertragen. Differenzen, Zustellhindernisse usw. werden gescannt und ebenfalls übertragen. Der Paketfluss wird am Beispiel des *DPD* oben dargestellt.

Kundendienst

Während früher die von den Empfängern quittierten Ausrolllisten zum Depot zurück gebracht wurden, arbeiten mittlerweile alle großen Paketdienste mit elektronischen Abliefernachweisen (**Delivery Scan**). Bei der Zustellung unterschreibt der Empfänger auf dem Scanner (digitalisierte Unterschrift). Die erfassten Daten werden online in eine zentrale Datenbank übertragen und sind wenige Minuten nach der Zustellung im *DPD*-Paketverfolguns-System *Track'n Trace* auch für die Kunden einsehbar. Bei Reklamationen können Mitarbeiter und Kunden per Internet auf den transportbegleitenden Informationsfluss (Paketlebenslauf) der zentralen Datenbank zurückgreifen. Dort sind eventuelle Unregelmäßigkeiten im Transport- und Umschlagablauf eingescannt. Der Paketlebenslauf ist schreibgeschützt und kann daher im nachhinein nicht mehr verändert werden.

Im Unterschied zu den heute üblichen Versandabläufen werden die Pakete in Zukunft in nur einem Arbeitsschritt sortiert werden. Kern des neuen Systems sind Funketiketten (**RFID-Chips, Radio Frequency Identification**), die auf jedem Paket angebracht und die Versandorganisation und die Abläufe wesentlich vereinfachen werden.

Abb. 55: DPD-Paketlebenslauf

Paketlebenslauf für: Paket Nr. 15643719404 8

Datum Uhrzeit	Depot Ort	Scannung Ausrolllisten-Nr.	Route	PLZ	LKW	Code
20.04.2005 16:34	156 Koblenz (D)	Einrollung	163	63741	375	44
21.04.2005 07:35	163 Aschaffenburg (D)	Eingang	163	63741	16	44
21.04.2005 07:45	163 Aschaffenburg (D)	Ausrollung 0509 J			105	44
21.04.2005 09:17	163 Aschaffenburg (D)	Zustellung 5533013 J			105	44
21.04.2005 20:01	163 Aschaffenburg (D)	Info-Container POD available	Gescannt am: 21.04.2005 19:24			
30.04.2005 00:00	998 Aschaffenburg (D)	Info-Container Clearing	enthalten im Clearing für 04/2005			

Quelle: DPD

5.2.7 Die Bestandteile des Paketdienstes

Elemente eines Pakettransportsystems

Jedes Pakettransportsystem verfügt über eine organisierte Vermarktung seines Dienstleistungsangebotes. **Die Vermarktung beginnt mit der Formulierung des Bedarfs.** Die entsprechende Marktaussage der privaten Paketdienste lautet für alle etwa:

- Gewicht bis 31,5 kg
- Gurtmaß 3,0 m, maximale Länge 1,75 m
- automatische Abholung beziehungsweise Abholung nach Vereinbarung
- flächendeckende Bedienung
- 24 (48)-Stunden-Regel-Service / wahlweise: garantierte Laufzeiten
- Zustellung „frei Verwendungsstelle"
- kostenlose Klärung von Differenzen
- Zweit- und Drittzustellung
- Rückholung / Mitnahme / Austausch
- Paketverfolgungssystem
- Ein- und Abliefernachweis / optional: Online-Zustellnachweis
- Versicherung bis 520,– € / Paket oder Höherversicherung nach Vereinbarung
- Nachnahmesendungen mit Finanzlebenslauf
- Samstagszustellungen
- Garantiepaket (garantierte Zustellzeit gegen Geld-zurück-Garantie)
- Express Inland (8.30 Uhr / 10.00 Uhr / 12.00 Uhr / 18.00 Uhr)
- Express International
- Pro-aktiver E-Mail und SMS-Benachrichtigungsservice (optional)
- Mehrpaketsendungen (maximal 10 Pakete pro Sendung, maximales Sendungsgewicht 31,5 kg)
- Abteilungsbelieferung, Identitätscheck (optional)
- Entsorgung Verpackungsmaterial (**DPD Backbox**)
- flächendeckendes Angebot an Paket-Shops
- Online Versand.

Mit dieser Marktaussage werden die Kundenwünsche konsequent beantwortet. Darüber hinaus gilt es zu betrachten, dass mit abnehmender Fertigungstiefe und strategischen Logistikentscheidungen wie zum Beispiel Outsourcing der Paketmarkt ein überdurchschnittliches Wachstum verzeichnet. Die Läger der Kunden bauen sich so ab und die Ware verlagert sich zum Logistik-Dienstleister.

Letztlich haben sich Güterproduktion und Verkehrs- / Logistikdienstleistung aufeinander zu entwickelt. Die Dienstleistung erhält durch moderne Distributionskonzepte eine andere Wertigkeit. Sie kann dem Auftraggeber eine zusätzliche Wertschöpfung seines Produktes im Verhältnis zu seinem Kunden verschaffen.

Das Rückgrat des privaten Paketdienstes sind die von den Partnern und Franchise-Nehmern betriebenen Depots. Ein Depot ist ein Umschlagbetrieb. Diese Depots sorgen in eigener unternehmerischer Verantwortung in der ihnen von der Zentrale, meist eine Kooperationszentrale oder Konzernzentrale (Hauptverwaltung), zugewiesenen Region (Bedienungsgebiet) für die Abholung und Zustellung der Pakete sowie für die

Der Spediteur und die Paketdienste 5.2

unmittelbare Kundenbetreuung. Die Depots können **reine Empfangs- oder reine Versanddepots** sein. Standard ist die Mischform. Die Leistung eines Depots variiert von ca. 10 000 Paketen / Tag bis zu ca. 100 000 Paketen / Tag. Die Personalausstattung eines Depots liegt zwischen 50 bei kleinen Depots und 400 gewerblichen Mitarbeitern und Angestellten bei Großdepots. Paketdienste mit einer europäischen Flächendeckung können zwischen 80 und bis zu 500 Depots erreichen, in *Deutschland* liegt die Netzdichte bei ca. 30 bis 60 Depots abhängig von der transportierten Paketmenge, je nach Paketdienst zwischen 100–800 Mio. Pakete im Jahr.

Neben den Depots existieren in unterschiedlicher Terminologie je nach Kultur des Anbieters
- für den **überregionalen Austausch**
  die HD's (**Hauptdepots**), ZUB's (**Zentrale Umschlagbasis**) oder HUB's (**Hauptumschlagbasis**)
- für den **regionalen Austausch**
  die RD's (**Regionaldepots**), die so genannten Umschlagknoten.

Ihre Aufgabe ist es, einen wirtschaftlichen Transport durch Konsolidierung der Paketmengen sicherzustellen. Die Leistung eines derartigen Knoten liegt zwischen 40 000 und 150 000 Paketen pro Nacht. Die Personalausstattung liegt zwischen 100 und 400 Personen, überwiegend gewerbliche Mitarbeiter. Die europäische Flächendeckung wird etwa mit bis zu zehn Knoten erreicht, die deutsche mit bis zu sieben bei großen Paketdiensten.

Die Paketverkehre zwischen den Depots werden bei ausreichendem Paketaufkommen **direkt vom Versand- zum Empfangsort geführt (so genannter Direktverkehr)** oder ansonsten **in den verkehrsgünstig gelegenen Umschlagknoten konsolidiert (so genannter Systemverkehr)**. Ein Fahrplan koordiniert die Verkehre.

Im 24-Stunden-Takt werden europaweit mit einer solchen Paketlogistik zum Beispiel bei *DPD* tagesdurchschnittlich 1,5 Mio. Pakete bei über 200 000 Geschäftskunden abgeholt, elektronisch erfasst und über ein computergestütztes System transportiert, nachts umgeschlagen, verteilt und schließlich durch die Ausrollunternehmer den Empfängern zugestellt.

In den Depots beziehungsweise Umschlagknoten sind überwiegend moderne Fördertechniken im Einsatz, die es ermöglichen, dass das Paket nur höchstens dreimal angefasst werden muss. Es handelt sich um zum Teil **manuelle, teilautomatische und vollautomatische Sortieranlagen mit hoher Stundenleistung und unterschiedlichen Technik-Konzepten**: Stahlband-, Kippschalen-, Pop-up-, Truck- und Posi-Sorter. Die Steuerung geschieht in einer manuellen Anlage über gewerbliche Mitarbeiter, die so genannten Pusher (Verteiler) und in einer automatischen Anlage durch stationäre Hochleistungs-Scanner, die das maschinenlesbare Barcode-Routerlabel lesen und das Paket in der Anlage an der entsprechenden Stelle ausschleusen.

Auf der Strecke im so genannten Hauptlauf sind zwischen den Depots Frachtführer im Einsatz, die mit dem Paketdienst in der Regel in einem traditionellen Bindungsverhältnis, aus der Spedition kommend, stehen oder der Hauptlaufspediteur im so genannten Selbsteintritt.

Bei der Abholung der Pakete beim Auftraggeber und bei der Zustellung an den Empfänger sind Kleinunternehmer im Einsatz.

Unterschiedliche Fahrzeugkonzeptionen (Stadttour-Fahrzeug, Landtour-Fahrzeug) und Wechselbehälter-Standards (7,15, 7,85, Sattelauflieger, Planenbrücke) sind im Einsatz, wobei die Durchsetzung der technischen Standards über ein Regel- und Vertragswerk geschieht.

EDV Scannung Datenübertragung Innerhalb der speditionellen privaten Paketdienste wurde bereits Ende der 80er Jahre sowohl aufgrund von systeminternen Ansprüchen als auch aufgrund von Wünschen der Versender, die Forderung nach einem **Sendungsverfolgungssystem (so genanntes** *Tracking- und Tracingsystem*) gestellt. Das System führte im ersten Schritt zu einer einfach zu handhabenden Verfolgung der Pakete und später auch zu einer Leistungskontrolle der einzelnen Partner (Laufzeiten, Ausrollquoten usw.).

In einem weiteren Schritt ist es dem Kunden ermöglicht worden, selbst seine Daten aus der zentralen Datenbank des Paketdienstes abzurufen. So verfügt zum Beispiel der *DPD* über das Auskunftssystem **DELIS** *(Digitales Europäisches Logistik Informations System)*, welches es dem Kunden direkt ermöglicht, via Internet, Intranet, ISDN oder Mailbox mit der Datenbank des *DPD* zu kommunizieren. Der Kunde kann so selbst sich den kompletten Paketlebenslauf und den quittierten Ablieferungsnachweis auf seinem Bildschirm anzeigen lassen und ausdrucken.

Das informationstechnologische Gesamtsystem, das wegen der Durchschaubarmachung der Prozesse beziehungsweise Systembewegungen von den Paketdiensten „gläsern" genannt wird, **besteht aus folgenden Einzelkomponenten:**

- Einem **Betriebsdatenerfassungssystem** bei jedem Kooperationspartner und in den Umschlagknoten.
- Einem **Kommunikationssystem** bei jedem Partner, das auch für Verwaltungs- und Abrechnungsaufgaben im jeweiligen Depot genutzt werden kann.
- Einer **Zentralen EDV Datenbank-Anlage** als Anlaufpunkt für alle Auskünfte und für die zentrale Leistungsermittlung.

Für die Erfassung der Pakete in den Durchlaufstationen **wird als maschinenlesbare Codierung aller Informationen auf Barcode zurückgegriffen**; beispielhaft sei im Folgenden das System des *DPD* abgedruckt:

Abb. 56: Barcode

Quelle: DPD

Der Spediteur und die Paketdienste

Die Betriebsdatenerfassung (Scannung) erfolgt bei den Partnern alternativ entweder über fest verkabelte Netzwerke, die alle Daten direkt auf einen PC abstellen oder aber über mobile Erfassungsgeräte, die nach Abschluss der Erfassung entweder über ein Netzwerk oder direkt auf den PC entladen werden. Die Steuerung geschieht über eine in der zentralen EDV entwickelte Scann-Software. Diese erstellt aus den Erfassungsdaten die notwendigen Belege für die Zusteller (zum Beispiel Ausrolllisten) und erzeugt automatisch Dateien (so genannte Transferdateien), die dann über das Kommunikationssystem an die zentrale Datenbank überspielt werden.

Das **Informations-System hat eine zentrale Bedeutung für die Steuerung der Abläufe im Paketdienst.** Das Funktionieren ist allerdings überwiegend verhaltensabhängig wegen der zahlreichen Eingabetätigkeiten der Mitarbeiter und Unternehmer.

Große Paketdienste besitzen ausgeprägte **Qualitätsmanagement-Systeme.** Deren Aufgabe ist es, die Leistung stabil zu halten, damit die Kundenerwartungen nicht enttäuscht werden. Dies geschieht durch die Überwachung der standardisierten industriellen Produktionsabläufe und das Einschreiten bei auftretenden Fehlern zum Beispiel bei Überschreiten von Toleranzen in den qualitätsrelevanten Bereichen. Diese werden ersichtlich über systematische Aufzeichnungen beziehungsweise Messwert-Statistiken über zum Beispiel Laufzeitquote, Quote der Routerfehler, Fehlverladungen usw. und Quote der nicht zustellbaren Pakete wegen Annahmeverweigerungen, Adressenfehler etc..

Qualitätsmanagement System

Das **EDV-gestützte Informations-System als Kern des Qualitätsmanagement-Systems ist für die Lenkung der Dienstleistungsqualität besonders wichtig.** Die Steuerung geschieht durch die Scannung, und zwar
- in der richtigen Scan-Art je nach Art des Prozesses (zum Beispiel Eingang, Ausrollung)
- mit dem richtigen Fehler-Code je nach Art des Fehlers (zum Beispiel „B" für Beschädigung)
- zum richtigen Zeitpunkt und an der richtigen Stelle (zum Beispiel Depot, Lkw, Tour).

Eine weitere Säule des Qualitätsmanagements sind die so gennanten Audits. Dabei handelt es sich um **Untersuchungen der Depots** durch erfahrene Außendienstmitarbeiter, meist Speditionskaufleute mit Zusatzqualifikationen, hinsichtlich der vorgeschriebenen Abläufe und sonstigen Anforderungen, zum Beispiel das Corporate Design. Das Ergebnis drückt sich in einer Effektivitätskennzahl aus. Die Bewertung der Leistungsqualität aller Depots sowie ein Ranking (relativer Vergleich) werden möglich. Die meisten Paketsysteme sind heute zertifiziert und treiben über ein praktiziertes *Total Quality Management (TQM)* die ständige Verbesserung voran.

Die privaten Paketdienste haften eingeschränkt nach Maßgabe ihrer *Allgemeinen Geschäftsbedingungen.* Die *allgemeinen Geschäftsbedingung*en regeln für die Paketdienste individuell

Haftung und Versicherung

- den Geltungsbereich
- die Beförderungsausschlüsse
- die speditionellen Leistungen und Entgelte
- die Haftung
- die Versicherung
- die Anmeldung von Ansprüchen.

Der Spediteur und der Kleingutmarkt

Rechtliche Grundlagen

Im Übrigen nehmen die *AGB* der Paketdienste Bezug auf die *Allgemeinen Deutschen Spediteur-Bedingungen (ADSp)*. Im Zuge des *Transportrechtsreformgesetzes (TRG)* zum 1.7.1998 wurden zum gleichen Zeitpunkt auch die *ADSp (ADSp 1998)* komplett neu gefasst und seitdem fortlaufend überarbeitet und zuletzt grundlegend geändert in der Fassung per 1.1.2003 *(ADSp 2003)*. Neben zahlreichen inhaltlichen Änderungen sind die einschneidensten Neuerungen insbesondere der Wegfall des Versicherungsautomatismus, das heißt der bisherige Verknüpfung von Geschäfts- und Versicherungsbedingungen, sowie der Mindestbedingungen für diese Speditionsversicherung.

Überraschenderweise hat der *Bundesgerichtshof (BGH)* in einem Urteil vom 23.1.2003 *(BGH: I ZR 174/00)* die Rechtsprechung des *Oberlandesgerichtes Hamburg* vom 19.12.2002 *(OLG HH 6 U 222/01)* bestätigt, wonach die Haftungsbeschränkung auf 5,– € je kg gegenüber den gesetzlich vorgeschriebenen 8,33 Sonderziehungsrechten (entspricht etwa 10,50 € je kg) dann nicht geltend gemacht werden kann, wenn die *Allgemeinen Deutschen Spediteurbedingungen (ADSp)* nur kraft stillschweigender Vereinbarung Gegenstand des Vertrages geworden sind. Um auf der sicheren Seite zu bleiben bedeutet dieses für die Praxis, dass die *ADSp* dem Geschäftspartner möglichst im Ganzen mit der entsprechenden drucktechnischen Hervorhebung der Haftungsbeschränkung der *Ziff. 23* vorgelegt beziehungsweise übersandt werden sollten. Der Kunde muss also ausdrücklich über die vom Gesetz abweichenden Regelungen informiert werden. Diese schriftliche Vereinbarung dürfte, abgesehen von Kunden, mit denen eine ständige Geschäftsbeziehung unterhalten wird, im Tagesgeschäft sehr aufwändig sein. Vor diesem Hintergrund und auch unter der Berücksichtigung des weiteren Umstandes, dass die Paketdienste ohnehin aufgrund der regelmäßigen Vereinbarung eines „festen Satzes" (vergleiche *§ 459 HGB*) sich nicht immer auf die eingeschränkte Speditionshaftung von 5,– € je kg berufen können, zumal die *ADSp* im Privatkundengeschäft aufgrund des Verbraucherschutzes keine Berücksichtigung finden können, muss über die Zweckmäßigkeit der Vereinbarung der *ADSp* aus Sicht der Paketdienste erneut nachgedacht werden. So hat sich *DPD* mit seinen aktuellen *AGB* von der Bezugnahme auf die *ADSp* gelöst.

Gegebenenfalls empfiehlt es sich, die notwendigen Regelungen aus den *ADSp* in die eigenen *Geschäfts-AGB* der Paketdienste zu übertragen. Die rechtlichen Aspekte, zum Beispiel die Abwicklung der Schadenbearbeitung, richten sich nach den *AGB* beziehungsweise ergänzend nach dem *Handelsgesetzbuch (HGB)* oder nach dem *Bürgerlichen Gesetzbuch (BGB)*.

Standardversicherung

Die meisten Paketdienste bieten den Kunden automatisch eine Standardversicherung zwischen 500,– € und 750,– € je Paket an, ohne dass der Kunde hierfür noch zuzahlen müsste. Die Standardversicherung ist jedoch subsidär, wenn der Kunde eine anderwertige Versicherung, etwa eine eigene Transportversicherung, abgeschlossen hat. In diesem Fall hat der Kunde beziehungsweise sein regressierender Transportversicherer gegen den Paketdienst keinen **Versicherungsanspruch** mehr, sondern nur noch den Anspruch auf Haftung nach *ADSp (Ziff. 23 ADSp 2003)*. Insofern ist die Stellung eines Paketdienstkunden, der über eine eigene Transportversicherung verfügt, vergleichbar im Speditionsbereich mit den **Verzichtskunden**.

Haftung

Bei Eintritt des Schadens im speditionellen Gewahrsam, also bei Verlust oder Beschädigung des Paketes beim Umschlag im Depot, ist die Haftung gemäß *ADSp*

Der Spediteur und die Paketdienste 5.2

Ziff. 23.1.1 auf 5,– € für jedes Kilogramm des Rohgewichts der Sendung beschränkt. Tritt der Schaden während des Transportes mit einem Beförderungsmittel ein, also entweder im Gewahrsam des Frachtführers auf der Strecke oder in der Obhut des Kleinunternehmers bei Abholung oder Zustellung, verweist *ADSp Ziff. 23.1.2* auf die gesetzliche Frachtführerhaftung: Die dort unter *§§ 429, 431 HGB* geregelte Höchsthaftung beträgt 8,33 Rechnungseinheiten (Sonderziehungsrechte) für jedes Kilogramm des Rohgewichts.

Unabhängig von der **Standardversicherung** bieten die meisten Paketdienstleister ihren Kunden eine **fakultative Höherversicherung** für Pakete an, falls der Auftraggeber entsprechend hohe Werte zur Beförderung versendet. Hierfür hat der Kunde ein zusätzliches Entgelt zu entrichten. So bietet der *DPD* seinen Kunden auf Wunsch eine Höherversicherungsmöglichkeit im Wege einer eigenen Transportversicherung auf Basis „all risk" bis zu maximal 13 000,– € je Paket zu marktüblichen Versicherungskonditionen an.

Höherversicherung

5.2.8 Die Organisationsformen von Paketdiensten

Die Aktivitäten der Beteiligten in einem speditionell geprägten Paketdienst werden in mehrfacher Hinsicht untereinander koordiniert. Dies besorgt eine Zentrale oder Geschäftsstelle oder eine eigene Gesellschaft im Verbund der Partner, zum Beispiel eine Führungs-GmbH. Sie organisiert die Entscheidungen im Gesellschafterkreis, bestimmt die Geschäftspolitik und stellt die Systemfunktionen sicher. Dies kann auf zwei oder drei hierarchischen Ebenen geschehen. Bekannt ist die folgende Form:

Abb. 57: Organigramm Paketdienst

Quelle: DPD

Der Charakter der privaten Paketdienste als kooperative Transportsysteme bringt es mit sich, dass nur Organisationsformen in Frage kommen, die sowohl dem Gedanken der gegenseitigen Zusammenarbeit als auch dem Gedanken eines Produktionssystems ausreichend Rechnung tragen. **Die Organisationsformen müssen also auf der Entscheidungsebene unterschiedlichen Interessen Rechnung tragen und auf der Ablaufebene einfach sein.**

Organisationsformen von Paketdiensten

Arten von Organisationsformen:
- **Lose Kooperation:** Die lose Kooperation ist ein Zusammenschluss mehrerer Spediteure zur Verfolgung eines gemeinsamen wirtschaftlichen Zwecks, der Paketbeförderung. Ein solcher Zusammenschluss ist eine einfache *BGB*-Gesellschaft. Die Führung findet durch die Beteiligten, die Gesellschafter selbst statt, die sich meist

Organisationsformen der Entscheidungsebene

einer Geschäftsstelle zur Unterstützung bedienen. **Diese Form findet sich in der Gründungs- und Entstehungsphase eines Transportsystems. Die Verantwortung liegt hier beim Unternehmer.**
- **Geführte Kooperation:** Hierbei handelt es sich ebenfalls um eine *BGB*-Gesellschaft mit dem Unterschied zur losen Kooperation, dass die Führung durch eine bestellte Person, eine natürliche Person oder eine juristische Person, zum Beispiel in Form einer GmbH, erfolgt. Die sich bei dieser Form schon herausgeprägten Systemfunktionen können so besser wahrgenommen werden. **Man findet diese Organisationsform in der Wachstumsphase eines Paketdienstes. Die Verantwortung liegt hier nicht mehr allein beim Unternehmer, sondern beim Management.**
- **Mitverantwortete Kooperation:** Bekannt ist die Organisationsform in Form einer GmbH & Co. KG. Hier ist die Führung eine KG mit der GmbH als Komplementär. Man findet diese Organisationform in der Reifephase eines Systems. Die Verantwortung liegt hier bei einem Management, welches von den Gesellschaftern und Unternehmern (Kommanditisten) mitverantwortet wird.

Organisationsformen der Ablaufebene

Man unterscheidet verschiedene Betriebsformen oder Depotorganisationen auf der Ablaufebene. Der Unterschied liegt im Grad der organisatorischen Vermischung mit den Abläufen der Spedition. Folgende Formen gibt es:
- **Reine Paketdienstorganisation:** Eine solche Organisation existiert völlig autonom neben dem Speditionsgeschäft als Profit-Center. Man findet hier ausschließlich Paketdienstfunktionen. Eine Vermischung findet nicht statt. Bei der Disposition des Hauptlaufs zum Beispiel muss nicht auf den Fuhrpark der Spedition Rücksicht genommen werden.
- **Gemischte Paketdienstorganisation:** Bei dieser Organisationsform existiert eine Verquickung mit den Speditionsinteressen. Ein paketdienstorientierter übergeordneter Entscheidungsträger stellt hier meist die Verbindung zur Spedition her. Es wird der Speditionsfuhrpark eingesetzt. Es existiert ein gemischter Verkauf: Pakete, Stückgut, Sammelgut.
- **Spedition mit Paketdienst:** Bei dieser Organisationsform ist der Paketdienst ein Betriebsteil der Spedition. Die Interessen liegen im Speditionsgeschäft. Der Paketdienst wird als Verteiler-Netz für Speditionskunden betrachtet. Die Disposition der Paketverkehre geschieht von der Spedition aus.

5.2.9 Der Paketdienst als ökologischer Faktor

Ökologie

Die Sensibilisierung von Wirtschaft und Gesellschaft und damit auch des Verkehrsgewerbes auf Themen des Umweltschutzes hat seit den 80er Jahren stark zugenommen. Dabei herrscht ein weitgehender Konsens über die Ziele einer ökologischen Orientierung: Vermeidung, Wiederverwertung, Wiederverwendung, Weiterverwendung, Pyrolyse und Beseitigung. Über den Weg zur Erreichung der Ziele gibt es aber viele Meinungen, die dennoch in drei ökologischen Grundprinzipien zusammengefasst werden können:
- Effizienzrevolution

- Nachhaltige Entwicklung (sustainable Development)
- Zielkorrektur.

Es fragt sich, wie der Paketdienst als Transportsystem zu den Prinzipien steht, abseits von der sonst üblichen Diskussion um die Umweltverträglichkeit der einzelnen Verkehrsträger. Den ökologischen Effizienzkriterien kann der Paketdienst wegen seiner Null-Fehler-Qualitätsmanagement-Logistik-Strategie bestens gerecht werden. Außerdem ist die Notwendigkeit neuer Logistiksysteme als integrativer Bestandteil einer umweltgerechten Produktionsgestaltung anerkannt, wobei der Paketdienst ein solches System bietet, was sich in folgenden Merkmalen ausdrückt: *(Effizienzrevolution)*

- Beförderung von Mehrwegversandbehältern zur Förderung geschlossener Materialkreisläufe
- Effiziente Rückholung für eine leistungsstarke Rückführungslogistik
- Rücknahme beziehungsweise Mitnahme von Paketen bei der Zustellung im Sinne einer kombinierten Bring- und Hol-Entsorgungslogistik als Leitbild moderner Entsorgungsüberlegungen
- Laderaumoptimierung durch Konsolidierung und damit im Prinzip Verkehrsvermeidung
- Management der Pakete / Stop Konzentration zwecks Verkehrsvermeidung
- Test neuer geländeschonender Produktionsverfahren

Damit folgt der Paketdienst heute schon dem Grundsatz der „Nachhaltigen Entwicklung". Bleibt noch die ökologische Zielkorrektur in der Unternehmenszielsetzung, teilweise schon umgesetzt, aber noch weiter systematisierbar. Möglicherweise bietet einmal ein betriebliches Umweltmanagement-System nach *ISO 14001* oder der *Öko-Audit-Verordnung* (EG VO 761/2001 und 196/2006) ein Gerüst. Die Entwicklung ist hier noch im Fluss. *(Nachhaltige Entwicklung Umweltmanagement)*

5.2.10 Die Grenzen der privaten Paketdienste

Die Verflechtung der Systeme setzt permanent neue **Management-Fertigkeiten** voraus. Entscheidend ist die Beurteilbarkeit von Zuständen im Logistiksystem und die Vorhersehbarkeit der Wirkungen von Managemententscheidungen zum Beispiel bei der Umsetzung von Projekten sowie die Weiterentwicklung des Verkehrsmarktangebotes in Richtung echter Servicedimensionen. Dies setzt voraus, dass der Entscheider über das speditionelle Wissen hinaus

- die **Abläufe** und deren Zusammenhänge kennt und
- weiß, wo die **entscheidenden Parameter für Veränderungen** liegen
- **Krisen und deren Ursachen** beurteilen und bewältigen kann
- die **Dienstleistungsqualität** sichert und entwickelt.

Diese Eigenschaften sind nicht abstrakt theoretisch erlernbar. Eine permanente Weiterbildung an konkreten Aufgabenstellungen aus dem Tagesgeschäft und die Ausprägung eines Systemverständnisses ist erforderlich.

5 Der Spediteur und der Kleingutmarkt

Interessen- Konflikte tun sich auf zwischen der Erfüllung der Kundenerwartungen und der
konflikte Erfüllung der Anforderungen, die das Transportsystem stellt. Man kann diese Spannung als Interessenkonflikt bezeichnen, einerseits den Kundennutzen zu mehren, andererseits das System unter Kontrolle zu halten. Er drückt sich aus an folgenden Beispielen:

- **Vorgeschobene Qualitätskontrolle:** Das kundenseitige automatische Routen setzt eine Genauigkeit voraus sowie eine gute Papierqualität des Router-Labels und dessen Lesbarkeit durch Handscanner und stationäre Scanner. Dem Kunden kommt daher die Verantwortung der Qualitätskontrolle selbst zu. Gleiches gilt für den kundenseitigen Paketscheindruck. Die Formen des Routens und des Paketscheindrucks müssen zentralseitig unter Beachtung von Spezifikationen technisch abgenommen sein.
- **Standardisierung und Konformität:** Das Transportgut darf die vorgeschriebenen Maße und Gewichte nicht übersteigen, sonst kommt es zu Behinderungen. Damit das Paket vor Beanspruchungen durch automatische Sortieranlagen und mechanischen Umschlag ausreichend geschützt ist, muss es folgende Eigenschaften aufweisen:
  – äußere Stabilität
  – Verpackung wahrnehmbar auf Systemversand vorbereitet
  – Lesbarkeit von Barcodes und Labeln
  – Greif- und Handfreundlichkeit
  – Staufähigkeit
  – Steigfähigkeit
  – Förderfähigkeit.
- **Disziplin:** Das Funktionieren moderner Techniken ist eine verhaltensabhängige Sache, die Ablaufdisziplin erfordert. Ein weiteres disziplinierendes Element ist die Beplanung (zum Beispiel Fahrplan). Die Disziplin zum Beispiel bei den Ankünften und Abfahrten am Knoten ist ein wesentliches Leistungsmerkmal. Es ist erforderlich, dass fahrplangerecht gearbeitet wird. Dabei handelt es sich zum Beispiel bei über 100 Ankünften pro Nacht an einem Umschlagknoten um Minutenarbeit. Dies wiederum bestimmt nicht nur die Abholzeit beim Kunden, sondern auch die Art des Verkehrs zum Knoten. Häufig sind unpaarige Verkehre hinzunehmen, Transportketten nicht möglich, eine Nichtnutzung des speditionellen Fuhrparks zu dulden.

Investition Wachstum im Paketmarkt und technologische Aufrüstung bedeuten Investitionen in
und Kosten Transport-Netz und Personal. Die Kapitalkraft der meist mittelständischen Kooperationspartner oder der sie aufkaufenden europäischen Postgesellschaften und die Geschäftspolitik entscheiden darüber, ob und wie das Wachstum beziehungsweise die Paketverkehre in Zukunft finanziert werden können. **Erfahrungen zeigen heute schon, dass mit der Automatisierung von Abläufen allein eine Kostensenkung und eine Qualitätsverbesserung nicht einhergeht. Daher muss der Bedarf des Kunden unbedingt das Maß aller Dinge sein und bleiben.**

5.3 Der Spediteur und die Kurier-, Express- und Postdienste

5.3.1 Der *KEP*-Markt

Die Abkürzung *KEP* hat sich seit Beginn der 90er Jahre als Sammelbegriff für die Seviceangebote der Kurier-, Express- und Paketdienste eingebürgert. Im Zusammenhang mit der Liberalisierung der Postdienste wurde es zunehmend üblich, diesen Begriff auf die verschiedenen Serviceangebote des Postmarktes auszuweiten; für diese Services steht dann das „P" (Postdienste) im Begriff *KEP*.

Begriff KEP

In jedem Falle bezeichnet *KEP* immer eine Transportdienstleistung, die ein wichtiger, unverzichtbarer Bestandteil unseres Wirtschaftssystems geworden ist. Rund 170 000 Beschäftigte – ohne die Mitarbeiter der *Deutschen Post AG* – sind der Untersuchung eines Bundesverbandes[1] zufolge in diesem Markt tätig. **Rund 5 000 Unternehmen bieten ihre Dienste an und erwirtschafteten 2006 einen Umsatz von rund 26 Mrd. €** (inklusive Postdienste).

Markt

Abb. 58: KEP-Markt Deutschland Umsätze 2006

Quelle: MRU GmbH

---

[1] Bundesverband der internationalen Kurier- und Expressdienste (BIEK) e.V., Hamburg

Obwohl Kurierdienste seit dem Altertum – genau genommen bereits in früher vorchristlicher Zeit – bekannt waren, entstand erst ab 1975 so etwas wie eine erkennbare Bewegung hin zum eigenständigen Segment innerhalb des Transportmarktes.

Bedingt und begünstigt durch die technische Weiterentwicklung in der gesamten Wirtschaft war eine starke Nachfrage nach der zeitgenauen, flächendeckenden Bereitstellung von eiligen Kleinsendungen entstanden. Eine Nachfrage, die weder die Post noch die – bereits existierenden – Paketdienste befriedigen konnten oder wollten.

Diese Marktlücke nutzten die seinerzeit überwiegend mittelständischen Anbieter, um ihre Dienstleistung weiterzuentwickeln, die in kürzester Zeit ein insbesondere in der Medien- und Werbebranche unverzichtbarer Service wurde. Die in der Industrie entstandene Nachfrage nach Just-in-time-Lieferungen bildete dabei die Basis des Wachstums des gesamten Kurier- und Express-Marktes.

Mitte der 80er Jahre boomte dann die Branche. Ob Akten, Filme, Medikamente, Pizza oder Möbelstücke, in der Wirtschaft zeigte sich eine breite Nachfrage nach den Serviceleistungen der *KEP*-Dienste.

Zuwachsraten von mehr als 20 % jährlich waren keine Seltenheit in der Branche. Auch in den 90er Jahren florierte die Branche. Allein zwischen 1991 und 1994 betrug der Mengenzuwachs der *KEP*-Branche – in transportierten Sendeeinheiten – ca. 40 %. Mitte der 90er Jahre beruhigte sich das Wachstum, ohne dass man jedoch von einem signifikanten Abflauen sprechen konnte. Im Zeitraum 1995 – 1999 wurde im deutschen *KEP*-Markt ein Umsatzwachstum von mehr als 80 % realisiert.

Entwicklung *KEP*-Dienste

Mit Beginn des neuen Jahrtausends – vor dem Hintergrund der sich allgemein verschlechternden konjunkturellen Lage – und ausgelöst beziehungsweise weiter verstärkt durch das Ende des Internetbooms sowie durch die Terroranschläge des 11. September sahen sich *KEP*-Anbieter erstmalig seit einem Jahrzehnt mit stagnierenden und sogar rückläufigen Umsätzen konfrontiert.

Seit 2003 verzeichnet die Branche wieder deutliche Zuwächse. Mit einem Umsatzanstieg von insgesamt knapp 26 % (im Zeitraum 2003 – 2007) sowie einem Volumenzuwachs von knapp 18 % legte die Branche deutlich zu und erzielte Ergebnisse, die noch über den ursprünglich prognostizierten Werten lagen.

In Verbindung mit der Liberalisierung der Postmärkte in *Europa* trat der Markt in eine Phase des Umbruchs, die bislang noch nicht abgeschlossen ist. Postgesellschaften wurden in verwandten und auch ausländischen Märkten tätig, insbesondere in den bereits im Wettbewerb stehenden Kurier-, Express- und Paketmärkten. Heutzutage wird das Bild der Märkte nach wie vor durch die jeweilige nationale Postgesellschaft geprägt, auch wenn deren Monopol zum Teil abgeschafft worden ist. Allerdings hat der zunehmende Wettbewerb die Postgesellschaften unter Kostendruck gestellt, sodass in der Öffentlichkeit zunehmend Klagen über Serviceverschlechterungen laut werden. Insbesondere bleibt abzuwarten, ob es den nationalen Postgesellschaften gelingen wird, ihre Marktposititon zu halten. Diese Position wird mit fortschreitender Liberalisierung zudem zunehmend durch Großanbieter und international agierende Postgesellschaften angegriffen. **Neben der zunehmenden Dominanz einiger weniger Anbieter zeigen sich verstärkt attraktive Marktnischen, die in der Regel von klein- und mittelständischen Anbietern wahrgenommen werden.**

Der Spediteur und die *KEP*-Dienste 5.3

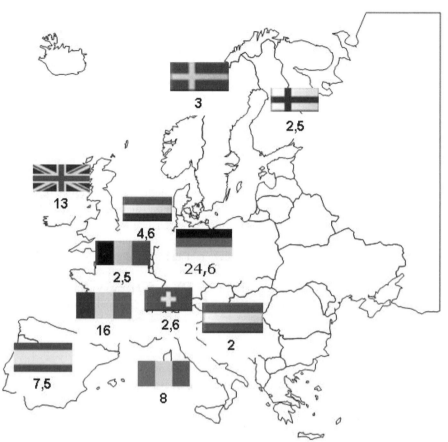

Abb. 59:
Express- und Postmarktgrößen in Europa (2006, ohne Kurier)

Quelle: MRU GmbH

Mit einem Umsatz von rund 25 Mrd. € hat *Deutschland* nicht nur den mit Abstand größten *KEP*-Markt in *Europa* (vor *Frankreich* 16 Mrd. €, *Großbritannien* 13 Mrd. € und *Italien* 8 Mrd. €), sondern repräsentiert mehr als 23 % des europäischen *KEP*-Umsatzes von rund 120 Mrd. € (ohne Kurierservices).

5.3.2 Kategorien des *KEP*-Marktes

Da der *KEP*-Markt eine nahezu unüberschaubare Vielfalt an Serviceangeboten bietet, ist es für das Marktverständnis hilfreich, jedem Begriff ein eindeutiges Leistungsprofil zuzuordnen. In der Praxis ist eine klare Abgrenzung der unterschiedlichen Kategorien voneinander – insbesondere in Anbetracht der Individualität der Dienstleistung und der zunehmenden Verwischung von (Leistungs-)Grenzen zwischen den existierenden Marktsegmenten – schwierig. Erschwerend kommt hinzu, dass in anderen Ländern ein abweichendes Bild des Marktes existiert.

Die beförderten Güter bieten heutzutage in der Regel nur noch Hilfsargumente, wenn man versucht, darüber die verschiedenen Marktsegmente voneinander abzugrenzen. So ist es zwar nach wie vor an der Tagesordnung, dass Kuriere in der Regel durchweg kleine und kleinvolumige Sendungen befördern. Dies ergibt sich aber vor allem aus den Zwängen der Handhabbarkeit. So zeigt sich dann auch folgerichtig, dass eine **Definition der Expressdienste anhand der Sendungsgröße nicht möglich ist.** Denn Expressdienste befördern heutzutage alles, vom Briefumschlag bis zur Palettenware, ja sogar bis zur komplexen Luftfrachtladung. Eine Entwicklung, die nicht zuletzt auf die konsequente Weiterentwicklung der Serviceangebote durch die sogenannten Integratoren[2] zurückzuführen ist.

Selbst die Trennung der Expressdienste von den Express-Frachtsystemen lässt sich nur noch bedingt über die Sendungsgröße darstellen. Sicherlich sind viele der bekannten Express-Frachtsysteme auf eine Sendungsgröße beschränkt (die aber wiederum durchaus mit den von Paketdiensten beförderten Sendungen verglichen werden kann).

Und: Unserer Definition nach zählen zu den Frachtsystemen durchaus auch Speditionen, die im Rahmen eines fest gefügten Fahrplanes zeitgenaue Lieferungen, auch von so genannter Partienware, anbieten. So gesehen – und gerade in der Distributionslogistik spielen die Speditionen nach wie vor eine wesentliche Rolle – befördern Frachtsysteme also nicht nur Kleinsendungen, sondern über Partienware bis hin zum Stückgut schlichtweg alles.

5.3.2.1 „K" wie Kurierdienste

Kurier- Beim Begriff der Kurierdienste hat die Person des Kurieres als Namensgeber fungiert.
dienste Die permanente persönliche Begleitung der einzelnen Sendung und die individuelle Transportgestaltung sowie die direkte, unmittelbare Beförderung des Transportgutes (Punkt-zu-Punkt-Verkehr) sind die entscheidenden Merkmale zur Abgrenzung dieser Serviceart gegenüber den Express-, Paket- und Postdiensten. Eine ähnliche Definition für den Begriff „Kurier" hat auch im *Postgesetz* Eingang gefunden (siehe auch *Briefdienste*). Im englischsprachigen Raum entspricht der Begriff des Kuriers dem des „messengers", und nicht dem des „couriers".

Kuriere finden sich vor allem in der Stadt, aber auch im überregionalen Bereich wo die so bezeichneten Transportunternehmen mittels Fahrrad, Motorrad, Pkw, Transporter, manchmal auch per Lkw schlichtweg alles, vom Kleinstumschlag bis zur Palette, befördern. Typisch für dieses Segment sind sowohl die große Zahl der Einzelunternehmen als auch Vermittlungszentralen, die Aufträge an die angeschlossenen Unternehmen – vergleichbar zu Taxidiensten – vermitteln.

Im Zuge der sich immer stärker miteinander verflechtenden Wirtschaft konnten sich auch Spezialanbieter etablieren, die beispielsweise als sogenannte Direkt-Kuriere überregional und auch europaweit grenzüberschreitend Sendungen mit hohen Gewichten von bis zu zwei Tonnen (zum Teil mit Anhängern) befördern.

---

2   Integrator: Diese Bezeichnung wird für Systemdienstleiter im *KEP*-Markt benutzt, die im Rahmen ihrer nationalen beziehungsweise internationalen Systeme zahlreiche über den reinen Transport hinausgehende Dienstleistungen, wie zum Beispiel Abfertigungs- und Kontrollarbeiten anbieten.

Der Spediteur und die *KEP*-Dienste 5.3

Insbesondere bei internationalen Transporten ist die eigentliche Urform der Dienstleistungen allerdings von Systemanbietern abgelöst worden, die die in den vergangenen Jahren nahezu explosionsartig gestiegenen Sendungszahlen als Sammelfrachten befördern und mit zum Teil aufwendigen technischen Systemen steuern und überwachen. Unternehmen wie beispielsweise *DHL Worldwide Express* oder auch *TNT* zählen mit ihren Standard-Angeboten also nicht zu den Kurierdiensten, sondern eindeutig zu den Expressdiensten.

Der Stadtkurier stellt die von der Anzahl her am häufigsten anzutreffende Serviceform des Kurierdienstes dar. Solche Unternehmen verwenden dabei die unterschiedlichsten Firmen-Bezeichnungen, wie zum Beispiel *Stadtbote, Kuriertaxi, Minicar*, aber natürlich auch Kurier usw.. **Vom Alleinunternehmer bis hin zur Vermittlungszentrale mit mehr als 500 Fahrern** finden sich die unterschiedlichsten Unternehmensformen und -größen in diesem Marktsegment, die – wie bereits erwähnt – auch die unterschiedlichsten Fahrzeuge – vom Fahrrad bis zum Lkw – einsetzen.

Stadtkurier

Eine **Besonderheit der Stadtkurierdienste** liegt darin, **dass in der Regel jeder Auftrag einzeln und exklusiv befördert wird.** Der beauftragte Fahrer erledigt erst den aktuellen Auftrag, bevor er einen neuen Auftrag annehmen darf. Von der Auftragsabwicklung her sind Kurierdienste daher mit Taxizentralen vergleichbar. In der Regel werden den Kurieren alle Aufträge über Funk, Datenfunk oder auch über Mobiltelefone vermittelt.

Obwohl der Name die Beschränkung auf das Gebiet der „Stadt" suggeriert, können und werden Stadtkuriere selbstverständlich auch damit beauftragt, Sendungen innerhalb *Deutschlands* und sogar in das Ausland zu befördern. Neueste Untersuchungen belegen, dass heutzutage mit internationalen Direktfahrten der größte Teil der Umsätze generiert wird. Zudem sind Kurierdienste verstärkt in anderen Servicebereichen, beispielsweise bei der Installation und/oder Wartung von technischen Geräten, tätig geworden. Persönlich begleitete, internationale Kuriertransporte per Flugzeug stellen heutzutage eine absolute Marktnische mit extrem geringer Häufigkeit dar.

5.3.2.2 „E" wie Expressdienste

Anders als im Kurierbereich werden Expresssendungen nicht jeweils einzeln auf direktem Wege zum Empfänger befördert, sondern die Sendungen verschiedener Absender werden gesammelt, über längere Strecken hinweg gebündelt befördert und am Empfangsort den Adressaten nicht auf dem schnellsten Wege, sondern im Rahmen von Sammelverkehren zugestellt. Hierbei lassen sich drei Subkategorien erkennen: Reguläre Expressdienste, Express-Frachtsysteme und Paketdienste.

Expressdienste

Zum Expressbereich werden alle Dienste gerechnet, die Sendungen nicht direkt, exklusiv und persönlich begleiten, sondern über Umschlagszentren zum Ziel befördern. In diesem Bereich haben wir es also mit typischen **Sammeltransporten** zu tun, bei denen zudem ein **fester, häufig garantierter Ausliefertermin** vereinbart wird. Verwirrung kann dadurch entstehen, dass solche Unternehmen sich selbst häufig als „Kurierdienst" bezeichnen. Nichtsdestotrotz werden auch dort die Transporte dann nicht in Form persönlich begleiteter Individualtransporte durchgeführt, sondern in Form von Sammelverkehren, bei denen die Individualität des Auftrages durch eine strikte Kontrolle und straffe Koordination des Transportsystems sichergestellt wird.

Umfangreiche Informations- und Kommunikationssysteme stellen zudem die hohe Qualität der Transporte sicher – und das zu einem im Vergleich zu den persönlich begleiteten Transporten wesentlich niedrigeren Preis.

Expressdienste sind in allen Bereichen, sowohl im innerdeutschen als auch im internationalen Bereich – eher selten im Citybereich –, anzutreffen.

Von den speditionellen Angeboten unterscheiden sich die Expresstransporte grundsätzlich durch die **feste Haus-zu-Haus-Laufzeit, die zudem häufig noch garantiert wird**, und stellen insbesondere damit eine echte Konkurrenz zu den reinen Stückguttransporten der Speditionen dar.

Express-Fracht-systme Ein Untersegment der Expressdienste stellen die sogenannten Express-Frachtsysteme dar. Der Ursprung dieser Systeme liegt in der Übernahme von Just-in-time-Mechanismen in den Expressbereich. Als Anbieter sind hier häufig Speditionen oder speditionsverwandte Unternehmen zu finden.

Primär wird diese Serviceform im Bereich der Distribution von Waren genutzt. Hier haben sich die unterschiedlichsten Anbieter mit zum Teil individuellen Lösungen auf ganze Branchen ausgerichtet. Arzneimittel, Kosmetik, Unterhaltungselektronik, Tonträger, Foto, Video usw. sind typisches Transportgut der Express-Frachtsysteme.

Diese Systeme sind auf die Beförderung großer Mengen in normierten oder größenmäßig beschränkten Behältnissen ausgerichtet. Häufig liegt solchen Systemen zudem auch die Konzentration auf eine Branche zugrunde. So ist beispielsweise das bekannte System von *Trans-o-flex* ursprünglich als Lieferdienst für den medizinischen Bereich (Apothekenversorgung usw.) entstanden.

Ein wesentliches Merkmal der Express-Frachtsysteme ist die in der Regel hohe Integration in die betrieblichen Abläufe der Versender. Häufig wird das Transportgut tatsächlich bereits in der Fertigung übernommen, um dann über ein komplexes Netz von Liniendiensten mit festen Fahrplänen befördert zu werden.

Da sich die Anbieter als Unternehmen sehen, die individuelle, effektive Distributionslösungen erarbeiten, unterscheidet sich die Berechnungsweise auch von der anderer KEP-Anbieter. Abhängig vom Aufkommen des Versenders wird ein individueller Preis offeriert („Haustarif"), der sich zwar auch an den Gewichten und der Entfernung orientiert, aber primär am Gesamtaufkommen des Versenders ausgerichtet wird.

Viele der Anbieter werden überhaupt nur bei festen Kunden, die ein regelmäßiges Aufkommen haben, tätig. Einzelaufträge können bei solchen Unternehmen überhaupt nicht platziert werden.

Paketdienste Paketdienste gelten innerhalb des Expresssegments als die Dienstleister mit dem höchsten Standardisierungsgrad. **Signifikante Merkmale sind die vergleichsweise starken Restriktionen der von ihnen zum Transport übernommenen Sendungen.** Sowohl in Bezug auf das Gewicht (31,5 kg beziehungsweise maximal 70 kg) als auch auf die Größe (Gurtmaß häufig auf 3 m begrenzt) und das Volumen gibt es strikte Vorgaben, um den für eine reibungslose und schnelle Beförderung notwendigen automatisierten Paketumschlag

Der Spediteur und die *KEP*-Dienste 5.3

durchführen zu können. Diese Kriterien in Verbindung mit (häufig fest definierten) regelmäßigen Abhol- und Ausliefertouren ergeben ein im Vergleich zu Expressanbietern stark standardisiertes System, das eine kostengünstige, aber dennoch zuverlässige Produktion ermöglicht.

Aus dieser Form der Abwicklung resultiert **eine zu erwartende Transport-Laufzeit**, die aber – anders als bei Expressdiensten – nicht garantiert ist.

Paketdienste stellen eines der größten Segmente des *KEP*-Marktes dar (Absatz und Umsatz).

Reguläre Expressdienste stellen das am breitesten gefasste Untersegment des *KEP*-Marktes dar. Die Grenzen beispielsweise zu den Sammelgutverkehren der Spediteure, oder aber auch zu Luftfrachtunternehmen, verlaufen fließend. Dies dokumentiert sich auch darin, dass Expressdienstleistungen häufig als Ergänzung der Angebotspalette von Speditionen offeriert werden, oder aber Expressunternehmen zusätzlich typische speditionelle Dienstleistungen erbringen. Als typisches Beispiel für die letztgenannte Konstellation kann das Leistungsangebot unter dem Markendach des *Post*-Tochterunternehmens *DHL* dienen. **Reguläre Expressdienste**

Im innerdeutschen Expressbereich („domestic") sind heutzutage Serviceleistungen wie *SameDay-*, *In-night-* und *Overnight-Service* fest als Standardprodukte etabliert.

Bei diesen Serviceleistungen werden grundsätzlich leichtgewichtige Sendungen innerhalb fester, garantierter Laufzeiten zu festen, gewichtsabhängigen Tarifen transportiert. Aufgrund der notwendigen Handhabbarkeit der Sendungen werden in der Regel Sendungen bis zu einem Gewicht von 70 kg angenommen. Einige Serviceanbieter transportieren allerdings auch schwerere Sendungen. Die Auslieferung der Sendungen erfolgt – wie die Namen der Services schon zeigen – jeweils noch am selben Tag, in der Nacht, oder am Morgen des folgenden Arbeitstages, bis spätestens 10 Uhr; bei einigen Anbietern bis 12 Uhr. **Innerdeutsche Expressdienste**

Neben diesen Grundangeboten haben die Service-Anbieter die unterschiedlichsten, in der Regel aufpreispflichtigen Zusatzleistungen wie zum Beispiel Terminauslieferungen, Spätabholungen, Empfangsbestätigungen usw. konstruiert.

5.3.2.3 „P" wie Postdienste

Mehr als ein Jahrhundert hatte die *Deutsche Post* beziehungsweise ihre Rechtsvorgänger ein gesetzlich festgelegtes Monopol auf die alleinige Briefbeförderung in Deutschland. Seit dem 1.1.2008 gilt nun der freie Wettbewerb im deutschen Briefmarkt. Anbieter müssen zwar nach wie vor eine Lizenz beantragen, um Briefe zu befördern; im Umfang und der Ausgestaltung der Services sind die Firmen aber vollkommen frei. **Postmonopol**

Die Öffnung des Briefmarktes für Wettbewerber der *Deutschen Post* erfolgte in mehreren Teilschritten. 1995 wurden zunächst Lizenzen für die Beförderung von adressierten Massensendungen mit einem Gewicht von über 250 g und mindestens 250 Stück erteilt. **Öffnung des Briefmarktes**

Weitgehend parallel wurden in der *EU* die Postmärkte liberalisiert. So trat am 1.1.1998 ein neues Postgesetz in *Deutschland* in Kraft, das den verbindlichen Vorgaben aus *Brüssel* (EU-Richtlinie 97/67) folgte.

Für die Beförderung von Briefen bis 1 000 g war eine Lizenz notwendig; von der Lizenzpflicht ausgenommen blieben Kurierservices und die so genannte Eigenbeförderung. Briefe mit einem Gewicht von mehr als 200 g waren für Wettbewerber der *Deutschen Post* freigegeben. Zum 1.1.2003 sollte der deutsche Postmarkt vollständig für den Wettbewerb geöffnet werden. Als Postdienstleistun wurde die gewerbsmäßig erbrachte Beförderung von Briefsendungen, Büchern, Katalogen, Zeitungen oder Zeitschriften sowie Paketen bis 20 kg definiert.

PostG Mit dem *Dritten Änderungsgesetz zum PostG* vom 16.8.2002 wurde dann jedoch der Postmarkt nicht vollständig zum 1.1.2003 für den Wettbewerb freigegeben. Vielmehr wurde das Höchstgewicht der Exklusivlizenz schrittweise zunächst auf 100 g und für den Zeitraum 1.1.2006 bis 31.12.2007 auf 50 g reduziert. Zudem erhielt die *Deutsche Post* exklusiv das Recht, Massensendungen mit einem Gewicht von weniger als 50 g zu befördern (Exklusivlizenz).

Lizenzen Für einen Übergangszeitraum bis zum 31.12.2007 wurden sechs verschiedene Kategorien von Lizenzen (A – F-Lizenzen), die sich anhand der Art der Leistungserbringung definierten, eingeführt. Sofern ein Anbieter sogenannte höherwertige Dienste erbrachte (D-Lizenz), war er von dieser Gewichtsbeschränkung befreit. Die Einhaltung dieser Vorschriften wird von einer Regulierungsbehörde, der *Bundesnetzagentur*, überwacht.

Diese Herangehensweise führte zwischen 1998 und 2007 zu zahlreichen Unklarheiten und Rechtsstreitigkeiten. So versäumte es der Gesetzgeber beispielsweise, eindeutige beziehungsweise nachvollziehbare Kriterien für die höherwertigen Dienste festzusetzen, sodass es in der Folge zu zahlreichen Rechtsstreitigkeiten zwischen der Post und privaten Anbietern kam.

Die *Deutsche Post* versuchte, sich gegen die vermeintlich unzulässig agierenden Wettbewerber mit Hilfe von Hunderten von zivilrechtlichen und verwaltungsgerichtlichen Verfahren zur Wehr zu setzen. Allein im Jahr 2002 hat die Post in über 200 Fällen beim *Verwaltungsgericht Köln* Klage gegen die im Bereich höherwertiger Dienstleistungen erteilten Lizenzen erhoben.

Bis zum 31.12.2007 hatte die *Bundesnetzagentur* 2 245 Lizenzen erteilt. Davon sind aber nur schätzungsweise rund 1 400 Lizenznehmer am Markt tätig. Die restlichen Lizenznehmer nutzen ihre Lizenz nicht oder nicht mehr. Insgesamt hat sich aber innerhalb des Briefsegmentes seit der Einführung der ersten Liberalisierungsschritte in der zweiten Hälfte der 90er Jahre nur wenig Wettbewerb entwickelt.

> Die *Monopolkommission der Bundesregierung* kritisierte in ihrem im Dezember 2003 veröffentlichten Sondergutachten die Wettbewerbsituation: *In den Briefmärkten spielt Wettbewerb nach wie vor nur eine untergeordnete Rolle.* Und: *Wichtigstes Hemmnis für den Wettbewerb ist nach wie vor die Exklusivlizenz der Deutschen Post AG. Diese beschränkt das Volumen der liberalisierten Märkte und verhindert, dass die Wettbewerber Größenvorteile entwickeln und nutzen können. Ferner schafft sie Raum für Quersubventionierungen zwischen Monopolbereich und liberalisierten Bereichen sowie Raum für Bündelangebote aus beiden Bereichen, die von den Wettbewerbern der Deutschen Post AG im liberalisierten Bereich nicht dupliziert werden können.*

Der Spediteur und die *KEP*-Dienste 5.3

Nach Untersuchungen der Bundesnetzagentur hielten die Wettbewerber der *Deutschen Post* trotz der Öffnung bestimmter Bereiche für den Wettbewerb im Jahre 2002 lediglich einen Marktanteil von 2,8 %, 2006 lag der Marktanteil erst bei knapp 9,1 %.

Auch nach der vollständigen Öffnung des Postmarktes in *Deutschland* zum 1.1.2008 genießt der Universaldienstleister *Deutsche Post* gegenüber seinen Wettbewerbern einen Wettbewerbsvorteil: Das Unternehmen ist im Bereich seiner Universaldienstpflichten von der Entrichtung der Umsatzsteuer befreit.

5.3.3 Serviceabwicklung, Preisberechnung und Haftung

Kurierdienste berechnen ihren Service in der Regel nach Kilometern und Zeit. Für die verschiedenen Fahrzeugarten werden unterschiedliche Tarife – Kilometersätze –, abhängig von der „beladen" gefahrenen Fahrtstrecke in Rechnung gestellt. Eine Anfahrt wird – ähnlich wie bei Taxen – in der Regel pauschal ebenfalls abhängig von der Fahrzeugart berechnet. — **Preisbildung**

Obwohl auch im Kuriergeschäft Versandpapiere noch allgegenwärtig sind, werden diese – vor allem die sogenannten Fahrschecks bei den Stadtkurieren – nahezu ausschließlich als Abrechnungsgrundlage benutzt. Ein Abliefernachweis ist auf diesen Papieren fast nie zu finden.

In welchem Umfange Kurierdienste haften, lässt sich am einfachsten dann überprüfen, wenn die Firmen sogenannte *Allgemeine Geschäftsbedingungen (AGB)* verwenden. — **Allgemeine Geschäftsbedingungen**

Werden keine *AGB* verwendet, – was heutzutage nur noch bei Kleinstunternehmen im Stadtkurierbereich der Fall ist – **haftet der Auftragnehmer nach dem** *Handelsgesetzbuch (HGB)* für einen möglichen Schaden **nur in relativ geringer Höhe** abhängig vom Gewicht des Versandguts.

Sofern *AGB* vorliegen und diese rechtswirksam vereinbart wurden, **kann die Haftung des Kurierdienstes deutlich höher liegen**; in aller Regel **aber** ebenfalls abhängig vom Transportgewicht und **mit niedrigeren Haftungsbegrenzungen als vor der am 1.7.1998 wirksam gewordenen** *Transportrechtsreform*.

Expressdienste führen grundsätzlich Sammeltransporte mit integriertem Umschlag durch. Obwohl sich die logistischen Strukturen der verschiedenen Netzwerke voneinander unterscheiden, lassen sich grundsätzlich **zwei Systeme** herauslesen.

Bei dem wohl am häufigsten anzutreffenden System handelt es sich um das sogenannte Hub-and-spoke-System: Die Sendungen der Auftraggeber werden im Einzugsgebiet der jeweiligen Expressdienst-Niederlassung gesammelt und quasi sternförmig („Spoke") auf ein zentrales Umschlagzentrum („Hub") zugeliefert. — **Hub-and-spoke-System**

Wesentliches Merkmal des Systems ist, dass selbst Sendungen für benachbarte Städte über das zentrale Umschlaglager befördert werden. Diese Abwicklung kann unter Umständen einen Laufzeitnachteil bedeuten. Nicht zuletzt deswegen operieren verschiedene Serviceanbieter mit der **flexibleren – aber auch kostenintensiveren – Form der sogenannten Multi-Hub-Systeme**. — **Multi-Hub-System**

Bei einem solchen System werden die Sendungen, abhängig vom jeweiligen Versand- und Empfangsort, über eines von mehreren Hub's geroutet. Mit diesem System können die Laufzeiten-Vorteile, die sich bei geografisch benachbarten Absende- und Zielorten ergeben, auch realisiert werden.

Diese Multi-Hub-Systeme zählen zu den Ausnahmen im deutschen Expressmarkt. Allerdings existiert eine Vorstufe dieses Systems, die häufiger anzutreffen ist: Ein entsprechendes Sendungsaufkommen vorausgesetzt, werden Direktfahrten von Niederlassung zu Niederlassung durchgeführt.

Anders als bei den (Stadt-)Kurieren spielt die reine Kilometer-Distanz zum Empfänger für Expressdienste eher eine nachrangige Rolle.

Üblicherweise werden Städte oder ganze Regionen, häufig nach geografischen Gesichtspunkten geordnet, zu festen Preiszonen zusammengefasst. Für jede Region werden dann unterschiedliche Grundpreise festgesetzt.

Zonen-preis-system Über dieses **Zonenpreissystem** wird dann ein Gewichtsraster gelegt, sodass der Versender anhand des Sendungsgewichtes ablesen kann, wie teuer der Transport in die jeweilige Stadt / Region ist.

Auch **im innerdeutschen** Expressbereich dienen **häufig die *AGNB* als Basis der Transportaufträge. Allerdings** vereinbaren die Expressdienste in der Regel **deutlich von den *AGNB* abweichende Haftungsausschlüsse**, beispielsweise in Bezug auf die Haftungshöchstgrenzen.

Im internationalen Expressbereich – insbesondere wenn die Abwicklung mit Flugzeugen erfolgt – haben die Serviceanbieter durchweg **individuelle Geschäftsbedingungen** entwickelt. Als **Faustregel** hierzu lässt sich feststellen, **dass sich diese Bedingungen** – zumindest in Bezug auf die haftungsrelevanten Themen – am *Warschauer Abkommen / Montrealer Übereinkommen* orientieren.

5.3.4 Unser Bild des Marktes

Unter Einbeziehung der durch das *Postgesetz* geschaffenen Neuordnung umfasst der deutsche Postmarkt einschließlich der lizenzfreien Services insgesamt rund 15 Mrd. € Umsatz, die seit Januar 2008 komplett im Wettbewerb stehen. Seit Jahren stehen bereits Kurier-, Express- und Paketdienste – Umsatz 11 Mrd. € – im Wettbewerb.

Zusammenfassend lässt sich das Bild des Marktes wie in der folgenden Abbildung darstellen:

Der Spediteur und die *KEP*-Dienste 5.3

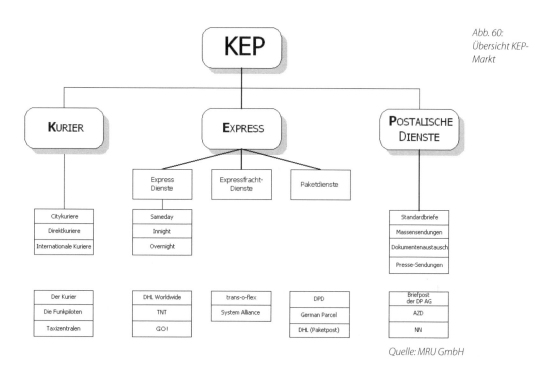

Abb. 60: Übersicht KEP-Markt

Quelle: MRU GmbH

5.3.5 Angebotsvielfalt, Wachstum und weitere Entwicklung

Die Angebotsstruktur des deutschen Express- und Postmarktes zeichnet sich aktuell durch eine **hohe Zahl von Anbieterfirmen** aus. Mehr als 5 000 Unternehmen sind im gesamten Markt tätig. Allein für den Briefbereich bezifferte die Regulierungsbehörde *Bundesnetzagentur* Ende 2007 die Gesamtzahl der erteilten Lizenzen mit 2 245, von denen schätzungsweise tatsächlich rund 1 400 Lizenznehmer am Markt tätig waren. **Angebotsstruktur**

Der größte Teil der sonstigen Anbieter ist allerdings als typische Stadt- und Direktkuriere einzuordnen. Deren Zahl kann in *Deutschland* mit rund 2 000 Firmen eingeschätzt werden.

Dennoch weist die Angebotsstruktur im deutschen Post- und Expressmarkt **eine hochgradig konzentrierte Struktur** auf. Auf die 20 größten Paket- und Expressunternehmen in *Deutschland* entfallen ca. 90 % des Gesamtumsatzes des Segments. Unter Einbeziehung des Briefsegments entfallen zwei Drittel des Gesamtumsatzes auf die fünf größten Anbieter, bei denen es sich zugleich um die fünf großen Anbietergruppen des europäischen Marktes handelt – *Deutsche Post, TNT Group, La Poste, Royal Mail* und *UPS*.

Neben den bekannten Großunternehmen sind in *Deutschland* vielfach auch **Kooperationen von regional starken Kurierdiensten zu finden**, die diesen Service als gemeinsames Produkt anbieten. Diese Kooperationen betreiben mit mehr oder weniger Aufwand bundesweit flächendeckende Netzwerke, in deren Rahmen die angeschlossenen Unternehmen Sendungen befördern und flächendeckende Auslieferungen garantieren können. **Kooperationen**

Die Overnight-Dienste frachten die Sendungen über ein oder mehrere Umschlagzentren, die geografisch gesehen möglichst zentral angeordnet sind.

Im internationalen Bereich zählen sicherlich die Serviceleistungen von Firmen wie zum Beispiel *DHL, Federal Express* und *TNT* zu den bekanntesten Expressdienstangeboten. Aufgrund der – verglichen mit innerdeutschen Expressdiensten – in der Regel wesentlich größeren Entfernungen erfolgt die Auslieferung der Sendungen jedoch frühestens am auf die Versendung folgenden Arbeitstag.

Neuerdings sind einige Serviceanbieter allerdings auch dazu übergegangen, für ausgewählte Destinationen in *Europa* einen Sameday-Service anzubieten.

Auch andere Service-Spezifika zeigen Parallelen zu innerdeutschen Expressdiensten. So werden beispielsweise auch die jeweils von Anbieter zu Anbieter unterschiedlichen Sonderleistungen aufpreispflichtig angeboten.

So sind insbesondere die Segmente Express und Paket in den vergangenen fünf Jahren durch intensiven Preiswettbewerb gekennzeichnet gewesen. Dieser intensive Wettbewerb hat zum Teil zur Verdrängung der mittelständischen Anbieter geführt.

Im Briefsegment haben vor allem ausländische Postgesellschaften den Einstieg in den deutschen Markt gewagt. Gegenwärtig sind die Posten der *Schweiz,* der *Niederlande, Schwedens* und *Großbritanniens* im Bereich der internationalen Brieftransporte tätig. Darüber hinaus hat insbesondere die *holländische Post* damit begonnen, sich an Unternehmen im deutschen Briefmarkt zu beteiligen.

Marktentwicklungen

Insgesamt betrachtet, kann der Markt noch lange nicht als erschlossen gelten. So zeigt der Blick auf die Expressmärkte anderer Länder und Kontinente weitere Perspektiven auf. **So wird beispielsweise der sogenannte Privatmarkt in *Deutschland* erst langsam durch die Serviceanbieter erschlossen.**

Für die kommenden Jahre zeichnet sich im deutschen Expressmarkt ein weiteres moderates Wachstum ab. Zuwachsraten im zweistelligen Bereich, wie sie in den 90er Jahren üblich waren, werden eher die Ausnahme sein. Der eCommerce wird dabei vor allem im B2B-Bereich ein wichtiger Wachstumsfaktor sein.

Zudem ordnen sich die Strukturen des Expressmarktes vor dem Hintergrund der europäischen Integration und der zentralen Lage *Deutschlands* neu und werden sich teilweise auflösen. **Es wird zukünftig eine relativ klare Trennung zwischen einigen wenigen großen europaweit agierenden Anbietern mit Ground- und Air-basierten Netzen einerseits und lokal beziehungsweise regional agierenden Anbietern andererseits geben.** Diese Konstellation eröffnet attraktive Marktnischen auch für leistungsfähige kleinere und mittlere Unternehmen. Insgesamt zeichnen sich Parallelen zum amerikanischen Expressmarkt ab.

Deutscher Briefmarkt

Der deutsche Briefmarkt befindet sich – gemessen an der vollständigen Liberalisierung – erst in einem Protostadium. Aufgrund der hohen Marktattraktivität, insbesondere im Bereich des Direct Mail, wird die Anzahl leistungsfähiger Wettbewerber in den kommenden Jahren weiter zunehmen. **Das Volumen des Briefmarktes wird dennoch nur noch auf einem geringen Niveau wachsen oder sich sogar rückläufig entwickeln.** Erst im Laufe der nächsten Jahre wird sich entscheiden, ob die dominierende Marktposition der *Deutschen Post* bestehen bleiben wird. Dies wird auch vom konzentrierten Markteintritt ausländischer Postgesellschaften beeinflusst werden.

6 Kombinierter Verkehr

6.1 Begriffsbestimmung

Der Kombinierte Verkehr ist ein übergeordneter Begriff für Gütertransporte, bei denen komplette Ladeeinheiten (dies sind meist Container, Wechselbehälter, Sattelanhänger oder komplette Lkw) auf der Strecke von mindestens zwei unterschiedlichen Verkehrsträgern (Lkw, Eisenbahn oder Schiff) befördert werden. Die Güter selbst bleiben dabei sowohl während des Transportes, als auch während der Umladungen zwischen den Transportmodi in den Ladungsträgern. **Kombinierter Verkehr**

Neben dem Begriff „Kombinierter Verkehr" werden alternativ **intermodaler Verkehr** und **multimodaler Verkehr** verwendet. Obwohl diese Begriffe unterschiedlich in der Literatur verwendet werden, besteht kein echter Bedeutungsunterschied. Die Begriffe „multimodal" und „intermodal" werden lediglich häufiger verwendet, wenn es sich um internationale Verkehre handelt.

Der Begriff **gebrochener Verkehr** ist allerdings von dem Begriff „Kombinierter Verkehr" abzugrenzen. Als gebrochener Verkehr werden Verkehre bezeichnet, bei denen die Güter selbst umgeladen werden und nicht, wie beim Kombinierten Verkehr, mitsamt der kompletten Ladeeinheit von einem Verkehrsträger zum anderen wechseln. **Gebrochener Verkehr**

Im Folgenden wird mit dem Begriff „Kombinierter Verkehr" gearbeitet.

6.2 Der Zielmarkt und das Verlagerungspotenzial des Kombinierten Verkehrs

Die **Zielsetzung** der kombinierten Verkehrsarten ist, **Transporte**, die derzeit auf der Straße durchgeführt werden, auf **Schiene und / oder Wasserstraße zu verlagern**. Das Verlagerungsaufkommen des Kombinierten Verkehrs wird hierbei im Wesentlichen im Bereich der Straße gesehen. Schätzungen der *Bundesregierung* gehen von 90 Mio. t bis zum Jahre 2012 aus. Davon wurden bis zum Jahr 2007 bereits 68,4 Mio. t erreicht. Dennoch erscheint es vielen Experten zweifelhaft, ob die von der Politik angestrebte Zahl auch wirklich erreicht wird. **Zielmarkt Kombinierter Verkehr**

Gleichwohl verfolgt das *Bundesverkehrsministerium* auch in dem Mitte März 2008 vorgelegten *Masterplan Güterverkehr und Logistik* das Ziel der Verkehrsverlagerung auf die Schiene, um dem prognostizierten Wachstum des Güterverkehrs (Verdopplung bis zum Jahr 2025) Herr zu werden. Zunächst hatte der Kombinierte Verkehr aber auch im Jahre 2007 wieder mit Engpässen zu kämpfen. Es fehlt sowohl an Lokomotiven und Lokführern, wie auch an rollendem Material und Wagenmeistern. Zunehmend bieten aber private Eisenbahnverkehrsunternehmen *(EVU)* Alternativen zur staatlichen *Deutsche*

Bahn AG an. (www.vdv.de)

Per Definition werden im Kombinierten Verkehr mindestens zwei unterschiedliche Verkehrsträger eingesetzt. Dies erfordert in der Regel **mindestens zwei Umschlagvorgänge** von einem auf den anderen Verkehrsträger. Diese Umschlagvorgänge können nicht an einem beliebigen Ort erbracht werden, sondern sind auf das Vorhandensein eines Umschlagterminals angewiesen. Zwischen dem Terminal und dem Versender oder Empfänger muss die Ware per **Lkw-Vor- und -Nachlauf** transportiert werden. Die Umschlagvorgänge sowie der Vor- und Nachlauf stellen im Vergleich zum direkten Transport über die Straße zusätzliche Kostenfaktoren dar. Die Umschlagkosten sind entfernungsunabhängig und damit als sendungsfix anzunehmen. Diese sendungsfixen Kosten treten mit zunehmender Transportentfernung in den Hintergrund. Neben den Kosten ist auch der Faktor „Zeit" zu berücksichtigen, da für den Vor- und Nachlauf sowie den Umschlagvorgang ebenso ein zusätzlicher Zeitaufwand zu kalkulieren ist. Ebenso wie bei den zusätzlich entstehenden Kosten relativiert sich der zusätzliche Zeitaufwand mit zunehmender Entfernung.

Vor- und Nachlauf

Als Faustregel im Fernverkehr gilt allgemein, dass der Schienentransport 50 % der Kosten im Kombinierten Verkehr verursacht und Umschlag- sowie Vor- und Nachlaufkosten die restlichen 50 % ausmachen.

Dies lässt darauf schließen, dass der Kombinierte Verkehr erst ab einer bestimmten Entfernung interessant wird. Die Bestimmung dieser **Mindestentfernung** fällt je nach den befragten Experten recht unterschiedlich aus, liegt allgemein aber **zwischen 300 und 500 km**. Es ist jedoch zu beachten, dass diese Entfernung nicht auf Ewigkeiten festgeschrieben ist, sondern erheblich von den Preisverhältnissen der Verkehrsträger zueinander abhängt.

Mindestentfernung

Ein weiterer Faktor, der bei der Entscheidung für oder gegen den Einsatz des Kombinierten Verkehrs berücksichtigt werden sollte, ist die Struktur der zu befördernden Güter. Da es sich beim Kombinierten Verkehr um Behälterverkehre (Container, Wechselbehälter, Auflieger) handelt, befinden sich die Güter vor allem im Bereich der Halb- und Fertigfabrikate. Weitere ausschlaggebende Gründe können paarige Güterströme sein, die sich besonders für den Kombinierten Verkehr eignen. Ebenso ist ein gewisses Mindestaufkommen auf einer Transportrelation sinnvoll. Hier können Kooperationsgesellschaften ihre Vorteile ausspielen.

Neben der immer knapper werdenden Straßeninfrastruktur sind es rechtliche Rahmenbedingungen, die den KV-Transport attraktiv erscheinen lassen: Umgehung der Lkw-Maut, Umgehung von Arbeitszeit- und Sozialvorschriften, keine Personalkosten durch Stand- und Wartezeiten und andere. Zunehmend werden Unternehmen auch die CO_2-Bilanz der Transporte berücksichtigen müssen. Darüber hinaus sind technische und organisatorische Kriterien zu beachten. Die folgende Übersicht vermittelt eine gute Strukturierung der Entscheidungskriterien:

6.2 Der Zielmarkt und das Verlagerungspotenzial des kombinierten Verkehrs

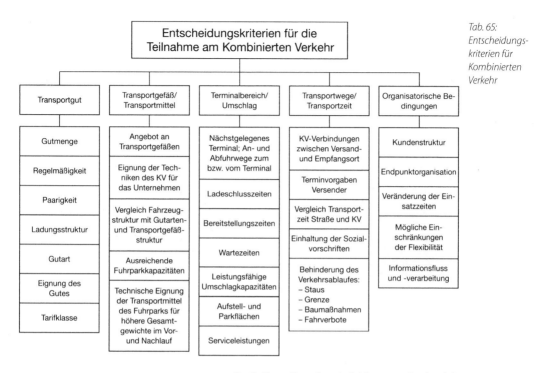

Tab. 65:
Entscheidungskriterien für Kombinierten Verkehr

Quelle: Eigene Darstellung in Anlehnung an Kombiverkehr

6.3 Techniken des Kombinierten Verkehrs

Üblicherweise wird zwischen dem **begleiteten** und **unbegleiteten Kombinierten Verkehr** unterschieden. Bei der Behandlung des Kombinierten Verkehrs wird häufig auch nach **Huckepackverkehr** und **Containerverkehr** unterschieden. Während der Huckepackverkehr das originäre Marktsegment des Unternehmens *Kombiverkehr* ist, steht bei den Firmen *Transfracht* und *Intercontainer-Interfrigo* der Container im Mittelpunkt. Bei den **Huckepackarten** werden folgende Erscheinungsformen differenziert:
- Rollende Landstraße (Lkw, Last- und Sattelzüge)
- Wechselbehälter (Lkw-Aufbauten)
- Sattelauflieger (Sattelanhänger).

Tab. 66: Übersicht über die Arten des kombinierten Verkehrs Schiene – Straße

Arten des Kombinierten Verkehrs Schiene – Straße		
Unbegleiteter Verkehr	Krantechnik/ Staplertechnik (Piggy-Packer)	Sattelauflieger Wechselbehälter/Container
Begleiteter Verkehr	Rolltechnik	Motorwagen Komplette Lastzüge (Rollende Landstraße)
Unbegleiteter Verkehr	Unterfahrtechnik	Wechselbehälter/Container/ (Kombilifter, Wechselbehälter) Auf Schiene (WAS)-System
	Verschiebetechnik	Abroll-Container Transport-System (ACTS) Wechselbrücken Mobiler-System
	Bimodale Technik	RoadRailer

Quelle: Kombiverkehr

6.3.1 Begleiteter Kombinierter Verkehr

Rollende Landstraße Im begleiteten Kombinierten Verkehr werden Lkw, Last- und Sattelzüge über die sogenannte **Rollende Landstraße** (RoLa) befördert. Hierbei fährt der gesamte Lkw (mit oder ohne Anhänger) über eine Rampe auf einen Zug, bestehend aus speziellen Eisenbahnwaggons (Niederflurwagen) auf. Die Fahrer begleiten den Transport in einem Liegewagen. Weil die Fahrzeuge aus eigener Kraft von der Straße auf die Schiene und umgekehrt umsetzen, sind keine besonderen infrastrukturellen Vorhaltungen notwendig. Da an den begleiteten Kombinierten Verkehr sowohl in Bezug auf die Technik als auch den Organisationsablauf geringe Anforderungen gestellt werden, ist in diesem Bereich des Kombinierten Verkehrs ein Einstieg wohl am problemlosesten möglich.

Neben den allgemeinen Vorteilen, die der Kombinierte Verkehr infolge der rechtlichen Rahmenbedingungen erfährt, ist beim begleiteten Kombinierten Verkehr besonders zu erwähnen, dass die **Beförderungsdauer als Ruhezeit im Sinne des** *Arbeitszeitgesetzes* **anerkannt** ist. Allerdings beinhaltet die Nutzung der „Rollenden Landstraße" auch einige Nachteile im Vergleich zum unbegleiteten Verkehr. So ist das **Verhältnis von Nutzlast zu Totlast ungünstiger** als beim unbegleiteten Kombinierten Verkehr. Außerdem ist auch nicht zu verkennen, dass die **Summe der Fixkosten** bei der „Rollenden Landstraße" **wesentlich höher** ist. Die beschriebenen Vor- und Nachteile haben dazu geführt, dass sich die „Rollende Landstraße" dort durchgesetzt hat, wo geografische oder andere Umstände zu Engpässen geführt haben. Als Beispiel seien alpenquerende Verkehre genannt, der Shuttle-Verkehr durch den *Kanaltunnel* oder die zwischen *Deutschland* und *Tschechien* eingerichtete „Rollende Landstraße" *Dresden-Lovosice*. Nach dem Wegfall der politischen

Techniken des kombinierten Verkehrs 6.3

Rahmenbedingungen, nämlich des Ökopunkte-Systems in *Österreich* und der *EU-Osterweiterung* im Mai 2004, sind jedoch auch die RoLa nach *Tschechien* und *Österreich* mangels Aufkommen wieder eingestellt worden.

Abb. 61: Begleiteter Kombinierter Verkehr (Rollende Landstraße)

Quelle: UIRR

An dieser Stelle soll darauf hingewiesen werden, dass der Transport von Neufahrzeugen, der in großem Umfang auf speziellen Doppelstockwaggons stattfindet, kein Transport im Sinne des kombinierten Verkehrs darstellt. Das Gut rollt dabei auf eigener Achse auf den Verkehrsträger und wird nicht in einem Behälter umgeschlagen.

6.3.2 Der unbegleitete Kombinierte Verkehr

Beim unbegleiteten Kombinierten Verkehr werden Ladeeinheiten ohne Motorfahrzeuge, also nur die **Wechselbehälter, Container** oder **Sattelanhänger** für eine bestimmte Wegstrecke auf der Schiene transportiert. Das Zugfahrzeug, Anhängerfahrgestell und der Fahrer bleiben am Versandort. Die Nutzer dieser Verkehrsart organisieren den Straßentransport der Ladeeinheiten im Vor- und Nachlauf zur Schienenbeförderung selber. Der Straßentransport kann mit dem eigenen Fahrzeug, dem eines Korrespondenzspediteurs oder eines Fuhrunternehmens durchgeführt werden. **Genormte Ladeeinheiten** erleichtern dabei die betriebliche Abwicklung und ermöglichen das Ausschöpfen der systemeigenen Vorteile von Lkw und Eisenbahn. Aufgrund immer besser angepasster Bauformen können heute nahezu alle Güter im unbegleiteten kombinierten Verkehr transportiert werden, nicht zuletzt dank spezieller Ladeeinheiten, wie zum Beispiel Tank- und Kühlcontainer und der intelligenten Nutzung von Standard-Frachtbehältern.

Unbegleiteter Kombinierter Verkehr

Im Unterschied zur „Rollenden Landstraße" ist für die im unbegleiteten Kombinierten Verkehr eingesetzten Ladeeinheiten eine Zulassung erforderlich, um sicherzustellen, dass die Anforderung der Straße, der Schiene und des Umschlags erfüllt werden.

Beim unbegleiteten Kombinierten Verkehr bietet sich eine Aufteilung nach den unterschiedlichen Formen der Ladeeinheiten an:
- Wechselbehälter
- Sattelanhänger
- Container.

Abb. 62: Unbegleiteter Kombinierter Verkehr

Quelle: UIRR

607

Frachtbehälter, Wechselbehälter und Container werden von einem Kran oder von einem mobilen Umschlaggerät auf Tragwagen verladen. Kranbare Sattelanhänger werden von einem Kran oder von einem mobilen Umschlaggerät auf Taschenwagen verladen.

6.3.2.1 Wechselbehälter

Wechsel- Die Wechselbehälter sind im Gegensatz zum Container nicht übereinander stapelbar und
behälter besitzen auch keine oberen Eckbeschläge. Die Entwicklung eines im beladenen Zustand dreifach stapelbaren Wechselbehälters erfolgte allerdings schon. Der Einsatz eines solchen Behälters würde dazu führen, dass die Terminalfläche besser genutzt werden könnte und die Behälter auch im Kombinierten Verkehr mit der Binnenschifffahrt eingesetzt werden könnten, ohne große Veränderungen am Schiff durchführen zu müssen.

Im Vergleich mit den anderen Transportmöglichkeiten des Kombinierten Verkehrs weist der Wechselbehälter **das beste Verhältnis auf im Bezug von Nutzlast und Totlast**. In *Deutschland* wurden die Wechselbehälter Ende der 60er Jahre im Straßengüterverkehr eingeführt. Sie sind genormt und den Abmessungen der Gliederzüge angepasst. Beim Kunden können sie ohne Umschlaggerät auf Stützfüßen abgestellt werden. Diesen Vorteil machen sich viele Firmen bei der Einbindung des Wechselbehälters in Logistiksysteme zunutze. Gut 60 % des innerdeutschen Güterkraftverkehrs werden mit Wechselbehältern bewältigt. Hierbei konnte sich insbesondere die 7,15 m lange und 2,55 m breite Version der Wechselbehälter der Klasse C durchsetzen. Daneben existieren C-Behälter der Längen 7,45 m und 7,82 m. Weitere Wechselbehälter werden als A-Behälter bezeichnet und sind mit einer Länge von 13,67 m für den Transport auf Sattelfahrgestellen vorgesehen.

6.3.2.2 Sattelauflieger

Sattel- Während der Sattelauflieger früher sowohl horizontal als auch vertikal umgeschlagen
auflieger werden konnte, besteht im unbegleiteten Kombinierten Verkehr heute nur noch die Möglichkeit des vertikalen Umschlags. Dies bedeutet, dass der Sattelauflieger kranbar sein muss. Zwar können von den Maßen und Gewichten her nahezu alle üblichen Sattelauflieger transportiert werden, doch sind Ausrüstungsvorschriften hinsichtlich der Greifkanten, des klappbaren Unterfahrschutzes und der seitlichen Schutzvorrichtung zu beachten.

6.3.2.3 Container

Container Der Einzug des Containers hat den Verkehrsmarkt insbesondere im Bereich der Seeschifffahrt revolutioniert. Über 350 Mio. Container werden pro Jahr mit Schiffen transportiert und in diesen etwa 70 % aller Stückgutfrachten.. Die genormten Behälter ermöglichen es, heterogenes Stückgut wie homogenes Massengut zu handhaben. Die Grundformen der Container, die von der internationalen Organisation *ISO* genormt werden, sind die *ISO*-Container mit **20 und 40 Fuß Länge** (6,069 m und 12,192 m).

ISO- Die Behälter sind 8 Fuß (2,438 m) breit und 8,6 Fuß (2,591 m) hoch. Zunehmend tau-
Container chen in den letzten Jahren auch 45 Fuß-Container auf, die für den Transport auf Sattel-

Kfz gedacht sind. Allerdings sind die unterschiedlichen Versionen der *ISO*-Container für europäische Festlandverkehre nicht die idealen Behälter. Die Konsequenz ist, dass der Transport dieser Behälter meist nur im Zu- und Ablauf zu den Seehäfen erfolgt. Insbesondere hinsichtlich der Dimensionen, die **nicht palettengerecht** sind, ergeben sich für kontinentale Verkehre Nachteile. Diese Nachteile sollten durch den 20- und 40-Fuß-Binnencontainer, der mit einer Innenbreite von 2,44 m zwei Paletten nebeneinander aufnehmen kann, ausgeglichen werden. Allerdings weist der Binnencontainer meist eine geringere Festigkeit und Stapelfähigkeit auf, da er nur im Land- und nicht im Seeverkehr eingesetzt wird.

6.3.2.4 EILU

Mit der Verabschiedung eines *Richtlinienvorschlags zur Normung intermodaler Ladeeinheiten* hat die *EU-Kommission* im April 2003 ein Programm zur Entwicklung einer *europäischen intermodularen Ladeeinheit (EILU)* auf den Weg gebracht. Diese soll für den Transport von Europaletten optimiert werden und damit die Vorteile des Wechselbehälters (Volumen) mit der Stabilität des Containers (Stapelbarkeit) verbinden. Das *EU-Parlament* hatte dem Vorschlag im Februar 2004 schon zugestimmt, als Ende des Jahres die *Ratspräsidentschaft* den Entschluss fasste, die Arbeiten an der Richtlinie vorerst ruhen zu lassen. Die *EU*-Mitgliedstaaten vermochten sich nicht auf eine einheitliche Position zu einigen.

EILU

6.4 Rechtliche Rahmenbedingungen für den Kombinierten Verkehr

Der Kombinierte Verkehr ist politisch gewollt und wird insofern durch eine Reihe von gesetzlichen und administrativen Regelungen direkt oder indirekt gefördert. Während in der Vergangenheit vor allem die Kombination Straße / Schiene rechtliche Beachtung fand, hat sich der Verkehrsträger Schiff zum einen im Bereich der Binnenschifffahrt, zum anderen im Bereich der Seeschifffahrt, mehr und mehr in den rechtlichen Bedingungen durchsetzen können.

Mit der Novellierung des *Güterkraftverkehrsgesetzes (GüKG)* zum 1.7.1998 werden dort keine besonderen Vorschriften für den Kombinierten Verkehr mehr aufgeführt. Danach darf jeder Güterkraftverkehrsunternehmer Kombinierten Verkehr betreiben, der die **Voraussetzungen zum Berufs- und Marktzugang** erfüllt. Das bedeutet, er muss Inhaber einer Erlaubnis für den gewerblichen Güterkraftverkehr sein oder eine *EU-Gemeinschaftsgenehmigung* besitzen.

Rechtliche Voraussetzungen

Die §§ *15* und *16* der *Verordnung über den grenzüberschreitenden Güterkraftverkehr und den Kabotageverkehr* lassen unter parallelen Voraussetzungen auch ausländische Transportunternehmen zur Durchführung von An- und Abfuhren im grenzüberschreitenden Kombinierten Verkehr mit der Eisenbahn, dem Binnen- und dem Seeschiff zu.

Da beim Einsatz von Wechselbehältern im Kombinierten Verkehr eine besondere Rahmenkonstruktion erforderlich ist, die zu einer Erhöhung des Behältergewichts führt,

Lkw-Gesamtgewicht

würde der Einsatz eines solchen Behälters eine Einschränkung für den Unternehmer hinsichtlich der Verfügbarkeit der Nutzlast darstellen. Diese mögliche Schlechterstellung hat der Gesetzgeber berücksichtigt und einen entsprechenden Ausgleich vorgesehen.

44-Tonnen-Ausnahme Seit 11.7.1997 ist der Einsatz von 44-t-Fahrzeugen im Vor- und Nachlauf zum kombinierten Verkehr im Rahmen der *53. Ausnahmeverordnung zur Straßenverkehrszulassungs-Ordnung (StVZO)* bundeseinheitlich geregelt worden. Während früher im nationalen Bereich **Ausnahmegenehmigungen** beantragt werden mussten, ist dies nach der *53. Ausnahmeverordnung* **nicht mehr notwendig**, solange folgende Bedingungen erfüllt sind:

1. Im begleiteten Kombinierten Verkehr (Rollende Landstraße) darf die Entfernung zwischen Be- und Entladestelle höchstens 150 km zum nächsten geeigneten Bahnhof betragen.
2. Im Kombinierten Verkehr mit Binnenhäfen dürfen Vor- und Nachlauf ebenfalls höchstens 150 km betragen.
3. Im Kombinierten Verkehr mit Seehäfen gilt auch die 150 km-Grenze, zusätzlich wird verlangt, dass die auf dem Seeweg zurückgelegte Strecke mindestens 100 km lang sein muss.

Der Fahrer muss ein Begleitpapier mit sich führen, aus dem hervorgeht, dass es sich um eine Beförderung im Kombinierten Verkehr handelt, zum Beispiel den Frachtbrief oder die Reservierungsbescheinigung der Bahn.

Lkw-Fahrverbot, Ausnahmen Eine Besserstellung erfährt der Kombinierte Verkehr dadurch, dass die *Straßenverkehrs-Ordnung (StVO)* die Vor- und Nachläufe im Kombinierten Verkehr vom **Lkw-Fahrverbot an Sonn- und Feiertagen ausnimmt**. Danach sind folgende Fahrten auch an Sonn- und Feiertagen erlaubt:

1. Vom Versender zum nächstgelegenen geeigneten Versandbahnhof oder vom Empfangsbahnhof zum Empfänger bis zu einer Entfernung von 200 km.
2. Zwischen Be- oder Entladestelle und dem nächsten See- oder Binnenhafen in einem Umkreis von 150 km.

Dieselbe Regel gilt für **Ausnahmen vom Samstagsfahrverbot**, welches aufgrund der *Ferienreiseverordnung* jedes Jahr in der Zeit vom 1.7. bis zum 31.8. für Lkw über 7,5 t höchstzulässiges Gesamtgewicht auf bestimmten Autobahnabschnitten samstags zwischen 7.00 und 20.00 Uhr gültig ist.

Kraftfahrzeugsteuer Nach dem *Kraftfahrzeug-Steuer-Gesetz (KraftStG § 3, Abs. 9)* besteht die Möglichkeit
- der **Steuerbefreiung** für Fahrzeuge, die ausschließlich im Vor- und Nachlauf zum Kombinierten Verkehr Straße / Schiene oder Wasserstraße eingesetzt sind und Container, Wechselbehälter und Sattelanhänger zwischen Be- und Entladestelle und nächstgelegenem Bahnhof, Binnenhafen (150 km Luftlinie) oder Seehafen (150 km Luftlinie, 100 km Seestrecke) befördern
- der **Kfz-Steuererstattung** im begleiteten Kombinierten Verkehr (Huckepackverkehr). Das Ausmaß der Rückerstattung ist proportional zum Anteil an den insgesamt vorgenommenen Beförderungen, die im Huckepackverkehr durchgeführt wurden. Innerhalb von 12 Monaten muss das Fahrzeug bei mindestens 124 Fahrten auf einem Teil der Strecke mit der Bahn befördert worden sein *(§ 4 KraftStG)*.

Rechtliche Rahmenbedingungen für den kombinierten Verkehr 6.4

Nach der *EG-Richtlinie Nr. 3820/85* und dem *Europäischen Übereinkommen über die Arbeit des im internationalen Straßenverkehr beschäftigten Fahrpersonals* hat der Fahrer die Ruhezeit in der Schlafkabine des stehenden Fahrzeuges zu verbringen, ohne dass die Ruhezeit durch eine berufliche Tätigkeit unterbrochen wird. **Lenk- und Ruhezeiten**

Beim begleiteten Kombinierten Verkehr, also bei der „Rollenden Landstraße"/ "Schwimmenden Landstraße", kann der begleitende Fahrer während des Transportvorgangs auf der Schiene/Wasserstraße diese Zeit als Ruhezeit ausnutzen.

Im Gegensatz zum Straßenverkehr muss beim Schienenverkehr mit Belastungen von 1,0 G in beide Richtungen gerechnet werden, so dass das Gut beim Transport zur Schiene höheren Beanspruchungen ausgesetzt ist. Zur Beachtung der besonderen Ladegutsicherung im Kombinierten Verkehr sollten die *Empfehlungen für die Ladungssicherung im Huckepackverkehr*, gemeinsam herausgegeben von der *DB AG* und *Kombiverkehr* und die *Empfehlungen für die Ladungssicherung im Containerverkehr*, gemeinsam herausgegeben von der *DB AG* und *Transfracht* berücksichtigt werden. **Kombinierter Verkehr, Ladungssicherung**

Für den Transport von Gefahrgut im Kombinierten Verkehr sind die relevanten Regelungen des jeweiligen Verkehrsträgers zu beachten. Besonders erwähnenswert ist, dass Wechselbehälter seit dem 1.1.1993 nach *GGVE (Gefahrgutverordnung Eisenbahn)* wie Container behandelt und insofern im Kombinierten Verkehr auch den *Bestimmungen der Internationalen Regelung für den Transport gefährlicher Güter auf der Eisenbahn (RID)* unterliegen. Straßenfahrzeuge, d. h. Sattelanhänger und Straßenfahrzeugkombinationen werden im Huckepackverkehr befördert, wenn sie dem *Europäischen Übereinkommen über die internationale Beförderung gefährlicher Güter auf der Straße (ADR)* und der *Gefahrgutverordnung Straße (GGVS)* entsprechen. **Gefahrgut-Vorschriften**

6.5 Öffentliche Förderung durch Staat und *EU*

Viele der deutschen Terminals befinden sich derzeit noch im Besitz der *Deutschen Bahn*. Daneben werden einige Terminals bereits durch private Gesellschaften betrieben, an denen die nationalen Vermarktungsgesellschaften des Kombinierten Verkehrs Straße–Schiene beteiligt sind. Dazu gehören die *DUSS (Deutsche Umschlaggesellschaft Schiene-Straße mbH)*, die *PKV (Planungsgesellschaft Kombinierter Verkehr Duisburg mbH)* und die *Roland Umschlaggesellschaft für kombinierten Güterverkehr mbH & Co. KG, Bremen*.

Im Rahmen der *Förderrichtlinie kombinierter Verkehr* werden seit Frühjahr 1998 auch **private Umschlagterminals** Schiene/Straße und Binnenschiff/Straße bezuschusst, sofern sie jedem potenziellen Nutzer diskriminierungsfrei zur Verfügung stehen. Im Jahr 2000 hat die *Bundesregierung* 90 Mio. DM für die Förderung privater Terminals bereitgestellt. Seit 1998 sind von der *Bundesregierung* insgesamt 250 Mio. € für 40 Förderprojekte bewilligt worden. Im November 2002 wurde die *Förderrichtlinie* novelliert, seitdem stehen jährlich 76 Mio. € zur Förderung privater Umschlaganlagen zur Verfügung. Seit 1.4.2006 läuft die Richtlinie nun in der zweiten Verlängerung bis zum 31.12.2008. **Staatliche Förderung**

Neu hinzu gekommen ist ab Mai 2005 die *Richtlinie zur Förderung neuer Kombinierter Verkehre*. Diese sieht eine Förderung über den reinen Umschlagsbereich hinaus vor.

Danach können **Gelder auch für den operativen Bereich und technisches Equipment** abgerufen werden. Sofern die Richtlinie nicht verlängert wird, läuft sie zum 30.4.2008 aus. Das *Bundesministerium für Verkehr-, Bau und Stadtentwicklung (BMVBS)* informiert über beide Programme ausführlich auf seiner Internetseite (www.bmvbs.de).

Auf europäischer Ebene wurden kombinierte Verkehre von 2003-2006 im Rahmen des neuen Förderprogramms *Marco Polo* mit insgesamt 120 Mio. € unterstützt. Das Folgeprogramm *Marco Polo II sieht für die Jahre* 2007-2013 insgesamt 400 Mio. € Fördermittel vor. Gefördert werden Unternehmen, die den Aufbau oder die Erweiterung bestehender transeuropäischer Relationen auf Schiene, Binnenwasserstraße oder Seeschifffahrt planen mit einem nicht rückzahlbaren Zuschusses von 1,– € pro 500 tkm. Damit sollen insbesondere Anlaufverluste aufgefangen werden. Allerdings haben nur Großprojekte mit einer Transportleistung von mindestens 250 Mio. tkm in den ersten drei Jahren überhaupt eine Chance auf Förderung. Weiter Informationen über: www.marcopolo-programm.de.

6.6 Neuentwicklungen im Bereich des Kombinierten Verkehrs

Moderne Umschlagtechniken sind nach Ansicht von Fachleuten ein entscheidender Schlüssel, das Aufkommen im Kombinierten Verkehr deutlich zu steigern. Da es sich gerade bei den Neuentwicklungen oftmals um sehr teure Anlagen handelt (zum Beispiel vollautomatische Schnellumschlaganlagen), lohnt sich deren Betrieb auch nur bei einem entsprechend hohen Güteraufkommen. Neue Ideen gibt es viele. So wurden in den vergangenen 25 Jahren mehr als 60 Erfindungen im Bereich horizontaler Umschlagsysteme gemacht. Doch nicht einmal jeder vierte davon hat es bis zur praktischen Anwendung geschafft.

Im Bereich Schiene / Straße kann man die neuen Techniken wie folgt unterscheiden:
- Bimodale Techniken
- Abroll-Container-Transport-Systeme
- Vertikale Schnellumschlagsysteme
- Sonstige Systeme.

Bimodale Techniken Im Bereich der bimodalen Techniken stehen vor allem die Systeme *Road Railer* und *Kombirail*, welches aus dem deutschen *Kombirailer* und dem französischen *Semirail* entstand, im Mittelpunkt. Gemeinsam ist den unterschiedlichen bimodalen Systemen, dass die Lkw-Auflieger auf Eisenbahndrehgestelle aufgesetzt werden und somit auch auf der Schiene verkehren können. Die Kostenvorteile können sich diese Systeme vor allem im Bereich des Umschlag- und des Schienenlaufs erarbeiten. Als erstes privates Unternehmen in *Europa* setzte die *Bayerische Trailerzug Gesellschaft für bimodalen Güterverkehr (BTZ)* regelmäßig Trailerzüge auf den Relationen zwischen *Benelux, Dänemark, Deutschland* und *Italien* ein. Das Unternehmen ist zwischenzeitlich vom privaten Bahnlogistikunternehmen *TX-Logistik* übernommen worden. Die bimodalen Techniken werden allerdings derzeit nicht mehr eingesetzt.

612

Neuentwicklungen im Bereich des kombinierten Verkehrs 6.6

Vorteile des bimodalen Systems:
- geringe Investitionskosten für den Umschlag
- Umschlag ist überall dort möglich, wo ein Gleis vorhanden ist
- kein Kran und kein Tragwagen erforderlich
- bestes Nutzlast/Totlast-Verhältnis im KV.

Nachteile des bimodalen Systems:
- höheres Gewicht der Sattelauflieger durch notwendige Verstärkungen
- wirtschaftlich sinnvoll nur im Blockzug.

Bei den *Abroll-Container-Transport-Systemen (ACTS)* soll der Umschlag vom Lkw auf die Bahn ebenso wie bei den bimodalen Systemen ohne Kran ermöglicht werden. Hierbei wird der *ACTS*-Container, welcher kompatibel für Schiene und Straße in den verschiedensten Ausführungen für diverse Güter angeboten wird, über Rollen vom Lkw auf den Drehrahmen des Bahnwagens umgesetzt. Dieser Umschlagvorgang erfordert weder fixe Umschlaganlagen noch Bahnpersonal. Der Lkw setzt den Container, ähnlich wie einen Müllcontainer, beim Kunden ab beziehungsweise nimmt ihn dort auf. **Abroll-Container-Transport-System**

Neben den Neuentwicklungen im Wagenmaterial ist man auch bemüht, die Schnittstellenkonzeption zu verbessern. Besonders genannt seien hier die *Krupp-Schnellumschlaganlage* und das in Frankreich entwickelte System *Commutor*. Bei beiden Systemen handelt es sich um vertikale Schnellumschlagsysteme. **Schnellumschlaganlagen**

Die Schnellumschlaganlagen sind in Zusammenhang mit dem *Mega-Hub-Konzept* der *Deutschen Bahn AG* zu sehen. Hierbei soll in den zentralen Drehscheiben (Mega-Hub) tagsüber der Umschlag Schiene–Straße erfolgen. Nachts sollen durch Umschlag Schiene–Schiene zielreine Kombizüge zusammengestellt werden. Verbunden mit entsprechenden Zeitanforderungen an den Umschlagvorgang kann dies nur durch Hochleistungs-Umschlaganlagen gewährleistet werden. Man geht davon aus, dass das zukünftige Umschlagsystem eine tägliche Umschlagleistung von 1 200 Ladeeinheiten im Jahr 2010 erbringen kann. Es ist aber damit zu rechnen, dass die Anlagen nur Container und handelsübliche Wechselbehälter bewegen können. Durch den automatisierten Schnellumschlag soll die Umschlagzeit für einen kompletten Zug von zwei Stunden auf 15 Minuten reduziert werden. **Mega-Hub-Konzept**

Durch das Konzept *GVK 2000*, welches eine Art Gleisanschlusssystem im Kombinierten Verkehr darstellt, wird es möglich, Güter in einem relativ kleinen Einzugsgebiet zu bündeln. Der Umschlag erfolgt mittels hydraulisch heb- und senkbarer Tragwagen, die unter eine Reihe hintereinander aufgestellter Wechselbehälter geschoben werden und diese aufnehmen. Das System benötigt lediglich einen Gleisanschluss, keine Umschlaganlage und kein Bahnpersonal. **GVK 2000/Kombilifter**

Die hier aufgezählten Systeme stellen nur Beispiele dar. Daneben existieren noch weitere Spielarten von KV-Umschlagsystemen und ständig kommen neue hinzu.

613

6.7 Die Gesellschaften des Kombinierten Verkehrs

6.7.1 Kombiverkehr

6.7.1.1 *Kombiverkehr* als Unternehmen

Kombiverkehr GmbH & Co.KG Die *Kombiverkehr Deutsche Gesellschaft für Kombinierten Güterverkehr mbH & Co. KG* wurde 1969 als Gesellschaft zur Entwicklung und Organisation des Kombinierten Verkehrs Schiene/Straße gegründet. Der Leistungsumfang besteht in Terminal-Terminalverkehren einschließlich Umschlag. *Kombiverkehr* ist gemessen an den Sendungszahlen im europäischen Vergleich die größte Kombiverkehrsgesellschaft (www.kombiverkehr.de).

Kombiverkehr ist ein privatwirtschaftliches Unternehmen und arbeitet als Dienstleister für alle Speditions- und Transportunternehmen. *Kombiverkehr* versteht sich als neutraler Mittler zwischen Straße und Schiene. Auch während des Schienentransports bleiben die Kombikunden Frachtführer. *Kombiverkehr* darf weder als Frachtführer noch als Spediteur auftreten und ist damit seinen Kunden gegenüber nie Wettbewerber. So ist auch der von *Kombiverkehr* verbürgte Kundenschutz gewährleistet.

An *Kombiverkehr* sind etwa **230 Speditionsunternehmen als Kommanditisten sowie die Bahntochter DB Mobility Logistics AG gleichberechtigt** beteiligt. Diese 50 %-Beteiligung besteht seit 2001. Ein Zeichen dafür, dass mittlerweile auch die *Deutsche Bahn AG* den kombinierten Güterverkehr als Zukunftsmarkt sieht.

6.7.1.2 Die Entwicklung der *Kombiverkehr*

In den fast 40 Jahren ihres Bestehens hat sich die *Kombiverkehr* zu *Europas* führendem Dienstleistungsunternehmen für den Kombinierten Verkehr Straße/Schiene entwickelt. Im Jahr 1998 ließen Spediteure noch fast 980 000 Sendungen von Kombiverkehr transportieren. In 1999 kam der Einbruch auf nur noch 890 000 Sendungen. Die Hauptursache lag in der Preispolitik der *Deutschen Bahn*, die höhere Frachten verlangte, was angesichts des Preisverfalls bei den Lkw-Transporten zu einer dramatischen Abwanderung auf die Straße führte. Das nationale Aufkommen brach mit einem Minus von 24 % am stärksten ein. *Kombiverkehr* hat darauf mit einer grundlegenden Umstellung seines Leistungsangebotes reagiert. Ende Januar 2000 startete das System *Kombi-Netz-2000+*. Es beinhaltet ein System von nationalen Ganzzügen, das *Kombiverkehr* bei *DB Mobility Logistics* geschlossen einkauft und eigenständig vermarktet. Das Risiko der Auslastung liegt bei *Kombiverkehr*. Mittlerweile bedient das System 60 nationale Verbindungen, die *Deutschland* im Nachtsprung erschließen.

Im internationalen Geschäft bewältigt *Kombiverkehr* sein Sendungsaufkommen mit Ganzzügen, von denen wöchentlich mehr als 510 auf den vier Achsen *Nordeuropa* und *Ostsee*, *Westeuropa*, *Ost-* und *Südosteuropa* sowie *Südeuropa* verkehren. Dabei werden über 30 Länder in **Europa** erreicht (www.kombiverkehr.de).

Die Gesellschaften des kombinierten Verkehrs 6.7

6.7.2 TFG Transfracht

Die *Transfracht internationale Gesellschaft für kombinierten Güterverkehr (TFG)* wurde **Transfracht** 1969 als privatrechtlich organisiertes Unternehmen und Beteiligungsgesellschaft der *DB AG* mit dem Ziel gegründet, den nationalen **Containerverkehr Straße/Schiene** zu vermarkten. Seit 2001 gehören 50 % der Gesellschaftsanteile von *TFG* der *Hamburger Hafen- und Lagerhaus AG*. In der Hauptsache konzentriert sich *TFG* auf die **Seehafen-Hinterlandverkehre der deutschen Häfen**, die überwiegend auf der Schiene abgewickelt werden.

Zwischen *Rotterdam/Antwerpen* und *Duisburg* verkehren aber auch regelmäßig Binnenschiffe.

Im Angebot sind:
- Haus-Hausverkehre
- Terminal-Terminalverkehre
- Containerserviceleistungen (*ISO*- und Binnencontainer)
- Sieben Niederlassungen im Bundesgebiet
- 300 Abfahrten pro Woche.

Im Jahr 2007 transportierte *TFG* knapp 932 000 TEU. Kernangebot des hafenneutralen Anbieters ist das *Albatros Express Netz*, welches über 20 Hauptterminals 15 000 Orte in den wichtigsten Wirtschaftszentren *Deutschlands*, *Österreichs* und der *Schweiz* mit den deutschen Seehäfen *Bremerhaven* und *Hamburg* verbindet (www.transfracht.de).

6.7.3 Intercontainer – Interfrigo (ICF)

Intercontainer – Internationale Gesellschaft für den Transport in Transcontainern – ist eine **Inter-** kooperative Gesellschaft. Sie wurde 1967 von den europäischen Eisenbahnen gegründet **container/** und hat am 1.2.1968 ihre Tätigkeit aufgenommen. Im Jahre 1993 fusionierte *Intercontainer* **Interfrigo** mit *Interfrigo* zu *Intercontainer-Interfrigo (ICF) s.c.*. Damit fallen die Kühltransporte auf der **(ICF)** Schiene auch in die Zuständigkeit von *ICF*. Die Generaldirektion befindet sich in *Basel*. In den Ländern, deren Eisenbahnen *Intercontainer* angehören, besitzt sie Vertretungen. In der *Bundesrepublik* unterhält *ICF* inzwischen drei Büros.

Das traditionelle Geschäftsfeld sind grenzüberschreitende Kombinierte Verkehre in *Europa* und den *GUS*-Staaten, die als Terminal-Terminalverkehre einschließlich Umschlag angeboten werden. *ICF* ist der zweitgrößte Anbieter in *Deutschland* und befördert Container, Wechselbehälter und Sattelauflieger.

Mittlerweile hat sich *ICF* zu einer Aktiengesellschaft gewandelt und unter der Bezeichnung *X.net* Mitte 2002 ein neues Produktionsnetz gestartet. Ein neuer Hub in *Herne* verbindet die Drehscheiben *Metz* und *Sopron*. Seit April 2008 kooperiert das Unternehmen mit der deutschen *Transfracht* auf bestimmten Routen (www.ifconline.com).

6.8 Der Kombinierte Verkehr in *Europa*

6.8.1 Bedeutung des Kombinierten Verkehrs in *Europa*

Die Bedeutung des Kombinierten Verkehrs in Europa wird ständig zunehmen. Bereits heute sind in bestimmten Regionen die Verkehrsströme ohne den Einsatz des Kombinierten Verkehrs nicht mehr zu bewältigen. Dies gilt zum Beispiel für die Industrieregionen *Norditaliens*, deren Wirtschaft ohne den durchschnittlich zu 50 % auf der Schiene durchgeführten Alpentransit nicht konkurrenzfähig wäre. Mit dem wirtschaftlichen Aufbau der osteuropäischen Staaten wachsen auch hier die Verkehrsströme, so dass sich insbesondere dort bedeutende Potentiale für den Kombinierten Verkehr ergeben.

Allerdings darf auch nicht verschwiegen werden, dass der Kombinierte Verkehr in *Europa* in jüngster Zeit mit großen Problemen zu kämpfen hat. Hauptursache dafür sind Leistungsmängel bei den nationalen Bahngesellschaften. Diese drücken sich aus in fehlenden Waggons, Lokomotiven und Lokführern. Hinzu kommen Verspätungen von 14 bis 24 Stunden, vor allem auf den Relationen nach *Italien* und *Frankreich*. Gleichzeitig haben einige Bahnen ihre Preise nach oben schrauben wollen, was weitere Verlader zur Verlagerung auf den reinen Straßentransport veranlasst hat.

6.8.2 Internationale Interessenvertretung des Kombinierten Verkehrs

UIRR Als die Einrichtung, die exklusiv die Interessen des Kombinierten Verkehrs in *Europa* vertreten soll, wurde in den 70er Jahren die *UIRR (Union des societés de transport combiné-Rail-Route)* gegründet. Zur Zeit gehören der *UIRR* 20 Gesellschaften an (www.uirr.com).

Die zur *UIRR* gehörenden Gesellschaften haben im Jahre 2007 rund 60 Mio. t Güter befördert. Das entspricht einer Beförderungsleistung von rund 40 Mrd. tkm; hiervon entfallen rund 10 Mrd. tkm auf nationale und rund 30 Mrd. tkm auf internationale Verkehre. Der Anteil der deutschen *Kombiverkehr* macht dabei etwa ein Viertel aus.

6.9 Kombinierter Verkehr unter Einbeziehung der Wasserstraßen

Der Kombinierte Verkehr unter Einbeziehung der Binnen- und auch Seewasserstraßen steht immer häufiger im Mittelpunkt, wenn es darum geht, die von allen Seiten prognostizierten Wachstumsraten der Zukunft zu bewältigen. Die Binnen- und Küstenschifffahrt verfügt noch über erhebliche Kapazitäten. Die Bedeutung der stärkeren Einbeziehung der Wasserstraßen hat auch in der Politik verstärkt Beachtung gefunden. Eine Folge dieser gestiegenen Beachtung war die schrittweise Gleichstellung des Kombinierten Verkehrs unter Einbeziehung der Wasserstraße gegenüber der Kombination Straße / Schiene und die Auflage verschiedener Programme zur finanziellen Förderung von wasserseitigen Umschlagterminals.

Bisher wurde im Bereich der Binnenwasserstraßen nahezu nur die Kombinierte **Container** Verkehrsart „Container" auf dem *Rhein* gesehen. Verkehre dieser Art wurden meist als **Zu- und Ablaufverkehre zu den Seehäfen** abgewickelt. Der Vollständigkeit halber sollte erwähnt werden, dass neben dem Container auch die „Schwimmende Landstraße" auf den Wasserstraßen durchgeführt wird. Um Verkehre in der Zukunft verstärkt von der Straße auf die Wasserstraße verlagern zu können, ist es notwendig, einige Bedingungen zu beachten. Hierbei stehen vor allem die Wirtschaftlichkeit im Vordergrund, sowie die Wünsche des Auftraggebers. Zum einen verteuert der doppelte Umschlag in den Binnenhäfen den kombinierten Transport Straße / Binnenschiff gegenüber dem durchgehenden Lkw-Transport; zum anderen ziehen viele Verlader einen Binnenschiffstransport oft deshalb nicht in Betracht, weil ihnen die Informationen über die Leistungspalette der Binnenschifffahrt fehlen. Dennoch sind Containerverkehre mit dem Binnenschiff vor allem als Seehafen-Hinterlandverkehre in den letzten Jahren sehr erfolgreich gewesen. Der kombinierte Verkehr per Binnenschiff in *Deutschland* hatte im Jahre 2007 ein Volumen von rund 2,3 Mio. Containern auf TEV-Basis..

Darüber hinaus gibt es neue Bestrebungen in Politik und Wirtschaft, die Wasserstraße **Politische** als Teil logistischer Gesamtsysteme zu fördern. Ausgangspunkt war die Studie *Potenziale* **Initiativen** *und Zukunft der deutschen Binnenschifffahrt*, die von *Planco Consulting* im November 2003 im Auftrag des *Bundesverkehrsministeriums* vorgelegt wurde. Sie enthält sowohl eine ehrliche Analyse aller Defizite, als auch konkrete Handlungsvorschläge. In der darauf hin gegründeten *Initiative Binnenschifffahrt und Logistik* haben sich zum ersten Mal Vertreter von Industrie, Häfen, Speditionen und Reedereien zusammengesetzt und in einem gemeinsamen Handlungskonzept Strategien aufgezeigt, wie die Binnenwasserstraßen stärker als bisher in logistische Ketten integriert werden können; vor dem Hintergrund zunehmender Engpässe der übrigen Infrastruktur ein sicherlich sinnvoller Weg. Die Geschäftsführung der Initiative wird vom *Bundesverband öffentlicher Binnenhäfen* wahrgenommen.

Einen zusätzlichen Schub für den Kombinierten Verkehr mit der Wasserstraße erwarten viele Experten von einer einheitlichen europäischen Intermodalen Ladeeinheit. Dabei handelt es sich um einen Wechselbehälter, der palettengerechte Innenmaße aufweist, was bei den *ISO*-Seecontainern nicht der Fall ist. Gleichzeitig ist das neue Gefäß stapelbar und könnte sowohl als Wechselbrücke im Lkw-Verkehr, als auch mehrlagig auf Schiffen befördert werden. Die Normierung dieser *European Intermodal Loading Unit* ist aufgrund divergierender Meinungen im *Rat der EU-Verkehrsminister* Anfang 2005 zunächst gebremst worden.

Küsten-schifffahrt Neben der Verkehrsverlagerung von der Straße auf die Binnenwasserstraße spielt auch die Einbeziehung der Küstenschifffahrt in die Transportkette eine immer bedeutendere Rolle. Im Rahmen der Initiative *From Road to Sea* sollen Ansatzpunkte zur Verbesserung der Nutzung von Fluss-/See- und Küstenschifffahrtsverkehren entwickelt werden. Ebenso wie bei der Binnenschifffahrt steht ein sogenannter Eurobehälter im Mittelpunkt. Erfolgsversprechende Relationen sind vor allem *Deutschland – Spanien/Portugal* und *Deutschland – Baltische Länder/GUS*.

Sowohl von der *EU*, als auch von der *Bundesregierung* wird diese Verkehrsart besonders unterstützt. Es wurde eigens ein so genanntes *Short Sea Shipping Promotion Center (SPC)* ins Leben gerufen, das über die Möglichkeiten und Angebote dieser Verkehre ausgiebig informiert. In der Zwischenzeit arbeitet das *SPC* auch sehr eng mit der *Initiative Binnenschifffahrt und Logistik* zusammen (www.shortseashipping.de).

7 Lagerei und Distribution

7.1 Die Lagerei im volkswirtschaftlichen Leistungsprozess

7.1.1 Aufgaben der Lagerei

Die Lagerhaltung ist – obwohl immer auch ein Kostenfaktor – ein absolut **notwendiger Bestandteil der Güterlogistik**. In entwickelten Volkswirtschaften gibt es hierfür folgende wesentliche Gründe:
- Eine weitgehende Arbeitsteilung in der Wirtschaft, die zu einer Spezialisierung der Güterproduktion führt
- Güterproduktion und Absatz beziehungsweise Verbrauch fallen sowohl räumlich als auch zeitlich auseinander
- Sicherstellung des Produktionsprozesses durch produktionsnahe Läger
- Ausweitung der Sortimente im Handel.

Lagerei, Aufgaben

Die Lagerhaltung hat also die **Funktion eines Puffers zum Ausgleich von Angebot und Nachfrage**. Sie soll zu einer optimalen Versorgung von Industrie, Handel, Handwerk sowie des (End-)Verbrauchers beitragen.

7.1.2 Die Durchführung der Lagerung

Zum einen erfolgt die Lagerung von Roh- und Betriebsstoffen, Halbfabrikaten und Fertigerzeugnissen direkt bei den Produktions- und Handelsunternehmen. Wird ausschließlich für eigene Zwecke gelagert, spricht man von **Werks- oder Eigenlagerung**.

Im Gegensatz dazu ist die **gewerbliche Lagerei** zu sehen. Diese wird gewerbsmäßig vom Lagerhalter im Auftrag seiner Kunden – der Einlagerer – gegen Entgelt betrieben (vergleiche *§ 467 HGB*). In *Deutschland* ist – im Gegensatz vor allem zu den südlichen europäischen Staaten – die gewerbliche Lagerei eine von mehreren Leistungsbereichen der Spedition. Der lagerhaltende Spediteur erwirbt kein Eigentum an den von ihm gelagerten Gütern.

Werkslagerung, Eigenlagerung

Gewerbliche Lagerei

7.2 Die Lagerei im Rahmen speditioneller Leistungsangebote

Industrie und Handel sind bestrebt, durch eine verringerte Lagerhaltung Kosten zu senken. Sie verlagern logistische Dienstleistungen daher zunehmend auf das Speditions- und Lagereigewerbe („Outsourcing"). Ihre Überlegung und Erwartung ist, dass spezielle Tätigkeiten von spezialisierten Dienstleistern kostengünstiger erbracht werden können. Dabei wird einsichtig, dass es sich bei der Nachfrage nach gewerblichen Lagerleistungen – wie bei allen speditionellen Dienstleistungen – nicht um originäre, sondern um so genannte **abgeleitete Nachfrage** handelt.

Dieser Trend hat dazu geführt, dass der Spediteur seine Leistungsangebote auch auf dem Lagereisektor weiter ausgeweitet und zugleich spezialisiert hat.

7.2.1 Die funktionsbedingte Einteilung der gewerblichen Lagerhaltung

Die Leistungsangebote gewerblicher Lagereibetriebe umfassen längst nicht mehr nur die reine Lagerung, das heißt das ausschließliche Anbieten von Lagerraum und die damit verbundene Ein- und Auslagerung von Gütern. Ausgehend von den vielfältigen Bedürfnissen der verladenden Wirtschaft ist die Lagerei immer weniger als eine isolierte Dienstleistung zu sehen. Sie ist vielmehr ein **wesentlicher Teilbereich im Rahmen umfassender Logistikkonzepte**. So übernehmen die lagerhaltenden Speditionsfirmen für ihre jeweiligen Auftraggeber insbesondere
- die Beschaffungslogistik
- die Distributionslogistik
- die Dauer- und Vorratslagerung
- die beförderungsbedingte Lagerung.

> Die komplette Übernahme der Lagerlogistik erfordert vom Spediteur eine **umfassende Warenkenntnis** sowie das **sich Hineindenken in die logistischen Abläufe seines Kunden**.

7.2.1.1 Die Beschaffungslogistik

Unter Beschaffungslogistik verstehen wir die **Zulieferung von Vorprodukten oder Halbfabrikaten an die produzierende Industrie**. Diese Dienstleistung beinhaltet die bedarfs- und termingerechte Teileversorgung im Rahmen so genannter Just-in-time-Konzepte. Beschaffungsläger werden meist in der Nähe des Produktionsstandortes betrieben.

Die Beschaffungslogistik ist ein **zunehmend bedeutendes Tätigkeitsfeld** für den lagerhaltenden Spediteur. 2004 gaben 52 % aller Mitgliedsbetriebe im *DSLV* an, in diesem Leistungsbereich tätig zu sein; für 25 % stellt die Beschaffungslogistik sogar einen Leistungsschwerpunkt dar (Bezugsgröße: 2 900 Betriebe).

Ein gutes Beispiel dafür stellt die Automobilindustrie dar. Die Speditions- und Lagereibetriebe übernehmen hier vielfach auch die Vormontage bestimmter Zulieferteile.

7.2.1.2 Die Distributionslogistik

Unter Distributionslogistik verstehen wir die **Lagerung und Verteilung von Konsumgütern**. Man spricht in solchen Fällen auch vom **Verteilungs-, Auslieferungs- oder Konsignationslager**. Die Dienstleistung umfasst abhängig vom Anforderungsprofil der Einlagerer aus Industrie und Handel nicht nur die Lagerung und termingerechte Distribution der Güter, sondern unter anderem auch **Distributionslogistik Auslieferungslager Konsignationslager Verteilungslager**
- die Kommissionierung (Zusammenstellung von Auslieferaufträgen)
- diverse Warenmanipulationen wie zum Beispiel Sortieren, Konfektionieren, Preisauszeichnung
- die EDV-gestützte Lagerbestandsverwaltung für den Einlagerer bis hin zur
- Fakturierung (Rechnungserstellung) an Abnehmer.

Es kommt bereits öfters vor, dass Kunden des Verladers nicht mehr bei diesem selbst, sondern bei dem von ihm beauftragten lagerhaltenden Spediteur bestellen.

Die Verteilungslagerei ist ein sehr **bedeutender Betätigungsbereich** für den Lagerhalter. Nach Erhebungen des *DSLV* sind in diesem Leistungsbereich 33 % aller Speditions- und Lagereibetriebe tätig.

Dabei übernehmen Spediteure – verstärkt seit den 80er Jahren – **Zentrallagerfunktionen** für ihre Auftraggeber. Die geographische Struktur der Zentral- und der Regionalläger wird beeinflusst durch **Zentrallager**
- die zu bestimmten Zeiten feststellbare Überlastung der Verkehrsinfrastruktur, wodurch die Just-in-time-Distribution eventuell gefährdet werden könnte sowie
- die umweltpolitisch bedingten Restriktionen des Straßengüterverkehrs, sofern die Distribution per Lkw erfolgt. Bei der Feinverteilung in der Fläche ist der Lkw nach wie vor unverzichtbar.

Das **Regionallager** wird daher – schon um die Kundennähe zu gewährleisten – seine Bedeutung behalten. In der Praxis wird es in Abhängigkeit vom individuellen Anforderungsprofil des Einlagerers vielfach zu einem **Mischsystem aus Zentral- und Regionallägern** kommen. Dabei muss die „Lagergeographie" zunehmend aus dem europäischen Blickwinkel betrachtet werden, das heißt die nationalen Grenzen werden im Hinblick auf die geographische Anordnung der Lagerstandorte in *Europa* kaum noch eine Rolle spielen. **Regionallager**

Die Distribution durch den lagerhaltenden Spediteur ist zum Beispiel bei **Markenartikeln der Lebensmittelindustrie** stark ausgeprägt. Bestimmte Lebensmittel erfordern eine temperaturgeführte Lagerung, sodass der Lagerhalter auch für die Einhaltung und Überwachung der vorgeschriebenen Temperatur verantwortlich ist.

7.2.1.3 Die Dauer- und Vorratslagerung

Dauerlager Vorratslager Lagerung von Agrarerzeugnissen

Dauer- und Vorratsläger werden aus Gründen der **Versorgungssicherung** oder zur **Aufnahme von Überproduktionen** eingerichtet. Auftraggeber sind die Privatwirtschaft und staatliche Institutionen.

Für das Speditions- und Lagereigewerbe ist die **Lagerung von Agrarprodukten im Auftrag der** *Bundesanstalt für Landwirtschaft und Ernährung (BLE)* von Bedeutung. Die *BLE* wurde am 1.1.1995 durch die Zusammenlegung der *Bundesanstalt für landwirtschaftliche Marktordnung (BALM)* mit dem *Bundesamt für Ernährung und Forstwirtschaft* gebildet. Die *BLE* ist eine nachgeordnete Behörde des *Bundesministeriums für Ernährung, Landwirtschaft und Verbraucherschutz (BMELV)*.

Die Speditions- und Lagereibetriebe lagern im Auftrag der *BLE* eine Vielzahl von pflanzlichen und tierischen Erzeugnissen. Es handelt sich dabei um

ZNR-Waren Bundesreserve
- die so genannten **ZNR-Waren** (Zivile Notfall-Reserve), das sind hauptsächlich Getreide, Reis und Hülsenfrüchte, die langfristig gelagert werden sowie um
- so genannte **Marktordnungswaren**, das sind alle landwirtschaftlichen Erzeugnisse, die von der gemeinsamen *EU*-Agrarpolitik erfasst werden, zum Beispiel Getreide, Fleisch, Butter und Magermilchpulver.

Die aus der Markt- und Preispolitik auf dem Agrarsektor resultierenden staatlichen Interventionskäufe bedingen die Lagerung der Interventionswaren. Die **deutsche Interventionsbehörde** *(BLE)* greift dazu auf private Lagerkapazitäten zurück.

In diesem Tätigkeitsbereich kommt der **laufenden Qualitätskontrolle** eine enorme Bedeutung zu. Die Lagerhalter übernehmen in enger Abstimmung mit der *BLE* sämtliche Maßnahmen zur Gesunderhaltung der Lagergüter wie zum Beispiel Trocknung von Getreide, Belüftung, Kühlung sowie gegebenenfalls Schädlingsbekämpfung.

Die Entgelte für diese Leistungen wurden bis zum Jahr 1994 von der *BALM* unter Mitwirkung der jeweiligen Gewerbevertretungen der Lagerhalter bundeseinheitlich festgelegt.

Lagerleistungen, Ausschreibung

Aus Gründen der sparsamen Verwendung von Haushaltmitteln des Bundes werden die Preise für die Lagerleistungen bei sämtlichen Marktordnungswaren nunmehr ausschließlich im Wege der **öffentlichen Ausschreibung** ermittelt. Die Ausschreibung des Lagerraums erfolgt auf der Grundlage der *Verdingungsordnung für Leistungen – Teil A – (VOL/A)*, obwohl wesentliche Leistungsmerkmale wie Menge, Dauer und Zeitpunkt der Einlagerung aufgrund der Natur des Interventionsgeschehens von der *BLE* nicht vorgegeben werden können.

7.2.1.4 Die beförderungsbedingte Lagerung

Transportbedingte Zwischenlagerung

Im Gegensatz zu den bisher behandelten Lagerfunktionen ist die beförderungs- oder verkehrsbedingte Lagerung ausschließlich eine **Folge des Transportablaufs**. Aus technischen oder organisatorischen Gründen ist es vielfach notwendig, Güter kurzfristig zwischenzulagern oder zum Zweck des Umschlags auf einen anderen Verkehrsträger kurzfristig „über Lager zu nehmen". Man bezeichnet dies daher häufig als **transportbedingte Zwischenlagerung** oder als **Umschlaglagerung**.

Umschlaglagerung

Diese Fälle werden im Allgemeinen nicht zur gewerblichen Lagerei gezählt, da hier ein Lagervertrag regelmäßig nicht zustande kommt. Sie werden daher an dieser Stelle nur zum Zweck der Abgrenzung erwähnt. Als Ausnahme sind transportbedingte Zwischenlagerungen in den Seehäfen zu nennen, die sich durchaus über mehrere Monate erstrecken können.

7.2.2 Die technische Ausstattung speditioneller Lageranlagen

7.2.2.1 Bauliche Voraussetzungen

Die Tätigkeit als gewerblicher Lagerhalter setzt das Vorhandensein von Lagerflächen beziehungsweise Lagerräumen voraus. Dabei ist es für die Dienstleistung Lagerhaltung unerheblich, ob es sich um **eigene oder gemietete Lagerflächen** handelt. Nach den Erhebungen des *DSLV* sind rund 45 % der Lagerflächen in der Spedition gemietet (56 % bei überdachter, aber nur 35 % bei Freilagerflächen). Die nachfolgend genannten Zahlen sind – sofern nicht anders angegeben – den *Zahlen–Daten–Fakten aus Spedition und Logistik 2005* des *DSLV* entnommen.

Lagerflächen

Je nach baulich-technischen Gegebenheiten beziehungsweise nach der Beschaffenheit der Lagergüter kann man folgende **Lagerarten** unterscheiden:

Lagerarten

- **Überdachte Lagerflächen** sind in aller Regel solche in festen Lagergebäuden. Für die Mehrzahl der Lagergüter kommt schon aufgrund der Qualitätserfordernisse seitens des Einlagerers eine Lagerung in Traglufthallen, Zelten und ähnlichem nicht in Betracht, obwohl diese auch zu den überdachten Lagermöglichkeiten zählen.

Überdachte Lagerflächen

- **Freilagerflächen** dienen der Lagerung witterungsunempfindlicher (Massen-)Güter, wie zum Beispiel Baustoffe, Erze, Kohle, unter freiem Himmel. Sie haben meist nur eine befestigte Bodenfläche.

Das Speditions- und Lagereigewerbe verfügte 2004 insgesamt über **19,3 Mio. m²** überdachte und 17,3 Mio. m² **Freilagerfläche**. Im Vergleich zu 1999 hat die Gesamtlagerfläche um rund 20 % zugenommen.

Freilagerflächen

- So genannte **Wasserläger** verfügen im Gegensatz zu Lägern im Binnenland auch über einen **Wasserstraßenanschluss** und sind daher **meist in Binnen- oder Seehäfen gelegen**. Neben dem flächendeckenden Anschluss an das Straßennetz sind 7 % aller Speditions- und Lagereibetriebe auch über einen Wasserstraßenanschluss an die Verkehrsinfrastruktur angebunden.

Wasserlager Landlager

- Aus älterer Bausubstanz stammend werden vereinzelt noch (mehrgeschossige) **Etagen- oder Stockwerkläger** – meist in Häfen – genutzt. Die Ein- und Auslagerung der Güter ist nur über Kräne und/oder Lastenaufzüge möglich. Die Lagerhöhe sowie die Bodenbelastbarkeit in den einzelnen Stockwerken ist begrenzt, so dass diese Lagerart nur bei bestimmten Gütern und längerfristiger Lagerung wirtschaftlich ist. Als Beispiel mag die ***Speicherstadt*** im *Hamburger Hafen* dienen, wo Güter wie Kaffee, Tee, Gewürze, Orient-Teppiche gelagert werden.

Etagenlager Stockwerklager

Hallenlager •	Die gebräuchlichste Lagerart ist heute das (eingeschossige) **Hallenlager**, welches eine große Lagerhöhe und eine praktisch unbegrenzte Bodenbelastung erlaubt. Es kann daher sehr wirtschaftlich betrieben werden, erfordert aber auch ein – je nach technischer Ausstattung – hohes Investitionsvolumen bei Neuerrichtung.
Rampenlager •	Von einem **Rampenlager** spricht man, wenn Hallenläger über eine Rampe zur Be- und Entladung von Lkw oder Waggons verfügen. Vielfach wird bei neu zu errichtenden Lagergebäuden aufgrund der geringeren Bodenbelastbarkeit der Rampenflächen und der möglichen Unfallgefahren auf Außenrampen verzichtet. Ein optimales Andocken der Lkw an das Lagergebäude wird über eine zweckmäßige Torgestaltung mit Andockhilfen erreicht.
Regallagerung •	Im Gegensatz zu Etagenlägern, in denen bauartbedingt die Blocklagerung vorherrscht, kann in Hallenlägern je nach Lagergut **sowohl die Blocklagerung als auch die Regallagerung** (vergleiche 7.2.2.2) praktiziert werden.
Blocklagerung •	**Blocklagerung** bedeutet, dass das Lagergut (auf Paletten oder einzeln) lückenlos auf-, neben- und hintereinander gestapelt wird. Bei Blockstapelung ist insbesondere die **Druckempfindlichkeit** des Lagergutes sowie die **Standsicherheit** des Stapels zu beachten.
Speziallager •	Viele gewerbliche Lagerhalter spezialisieren sich auf bestimmte Gütergruppen beziehungsweise Branchen. Hier sind vor allem folgende Lagergüter zu nennen:

- Nahrungs- und Genussmittel der Markenartikelindustrie
- Erzeugnisse der chemischen Industrie
- landwirtschaftliche Erzeugnisse (Getreide- und Futtermittel etc.)
- Produkte der Elektro- und Elektronikindustrie
- Erzeugnisse der Eisen- und Stahlindustrie
- Vorprodukte der Automobilwirtschaft.

Bestimmte Güter bedürfen einer besonderen Behandlung und Qualitätsüberwachung bei der Lagerung. Je nach ihrer Beschaffenheit erfordern sie besondere baulich-technische Voraussetzungen der Lagerräume; man spricht deshalb von **Spezialgütern** beziehungsweise **Speziallägern**. Beispielhaft werden nachfolgend einige wichtige Spezialläger genannt:

- **Siloläger** für schütt- und rieselfähige Güter, insbesondere Getreide- und Futtermittel, aber zum Beispiel auch für Kunststoffgranulate
- **Kühlhäuser** für die Tiefkühllagerung (unter –18 °C) von Fleisch
- **Temperaturgeführte Läger** für temperatursensible Güter wie zum Beispiel Lebensmittel. Eine temperaturgeführte Lagerung erfordert das Sicherstellen einer bestimmten Lagertemperatur im minus- oder plusgradigen Bereich. Das bedeutet auch, dass bei frostempfindlichen Gütern die Lagerräume gegebenenfalls beheizt werden müssen.
- **Eisen- und Blechläger** mit entsprechenden Lagereinrichtungen wie zum Beispiel Langrohrregale
- **Tankläger** für die Lagerung großer Flüssigkeitsmengen, zum Beispiel Mineralöle, Treibstoffe
- **Gefahrstoffläger** für Stoffe und Zubereitungen, die nach den einschlägigen Vorschriften als „gefährlich" eingestuft sind. Da die Lagerung von Gefahrstoffen vom

Gesetzgeber umfassend reglementiert ist, wird hierauf in *LORENZ, Band 2* näher eingegangen.

7.2.2.2 Lagereinrichtungen

Die Mehrzahl der im Rahmen der Beschaffungs- oder Distributionslogistik gehandhabten Stückgüter erfordert im Gegensatz zu Spezialgütern keine besonderen Zusatzeinrichtungen des Lagers. Diese so genannten normalen Kaufmannsgüter werden in der Regel palettiert in Regalanlagen gelagert, was eine besonders wirtschaftliche Lagerführung ermöglicht. Das **Palettenregallager** gehört daher mittlerweile zur Standardeinrichtung in Logistiklägern. — **Palettenregallager**

Ab einer Lagerguthöhe von etwa **12 m** spricht man vom **Hochregallager**. Realisiert sind Hochregalläger bis zu einer Lagerguthöhe von 45 m. Sie erfordern regelmäßig eine vollautomatische Steuerung und somit relativ hohe Investitionen. — **Hochregallager**

Zur Vergrößerung der nutzbaren Lagergrundfläche finden bei gewerblichen Lagerhaltern für geeignete Güter auch **Lagerbühnen** Verwendung. — **Lagerbühnen**

7.2.2.3 Förder- und Hebetechnik

Ein wirtschaftlicher Lagerbetrieb ist ohne den Einsatz moderner Förder- und Hebetechnik undenkbar. Nachfolgend werden – ohne Anspruch auf Vollständigkeit – die gebräuchlichsten Förder- und Hebemittel aufgeführt:

Flurförderzeuge — **Flurförderzeuge**
- **Gabelstapler** (elektro-, diesel- oder flüssiggasbetrieben)
  Der Gabelstapler – in geschlossenen Lagergebäuden in der Regel elektrobetrieben – ist das wichtigste Hilfsmittel bei der Ein- und Auslagerung. Er ist durch verschiedene Anbaugeräte (Lastaufnahmemittel) wie Gabelzinken, Klammern für Fässer, Tragedornen universell einsetzbar. Sonderbauformen sind **Regalförderzeuge** und **Hochregalstapler**, die regalabhängig betrieben werden.
- **Palettenhubwagen**
  Sehr verbreitet sind die manuell bedienten (Hand-)Hubwagen; daneben kommen auch elektrobetriebene zum Einsatz (mit Fahrerstand oder deichselgeführt).
- **Sackkarren**
  Trotz der fortschreitenden Technisierung wird zusätzlich auch noch die traditionelle Sackkarre eingesetzt.

Stetigförderer (rollen-, ketten- oder bandgeführt) — **Stetigförderer**
Hierunter versteht man **Förderbänder** verschiedenster Bauart, **Rollenbahnen** für Kleinkolli oder Paletten, aber auch **Rohrleitungen** für schütt- und rieselfähige Massengüter.
Auch so genannte **Unterflurschleppketten** können dazu gezählt werden; diese kommen überwiegend in Umschlaglägern zu Anwendung.
Von **Stetigfördersystemen** spricht man, wenn verschiedene Komponenten zu einem **fördertechnischen Gesamtsystem** verbunden sind.

Vertikal-Palettenförderanlagen Lastenaufzüge Kräne in der Lagerei

Vertikal-Palettenförderanlagen übernehmen den weitgehend automatischen Transport zwischen Lagerflächen auf verschiedenen Ebenen und sind in der Regel in Stetigfördersysteme eingebunden.

Lastenaufzüge kommen meist nur in mehrgeschossigen Lagergebäuden zum Einsatz.

Krananlagen werden in verschiedenster Bauweise in der Lagerei verwendet. Vereinzelt findet man zum Beispiel
- **Laufkräne** – auch **Laufkatzen** genannt – die auf Schienen an der Hallendecke laufend die gesamte Hallenfläche bedienen können (zum Beispiel in Eisenlägern)
- **Portalkräne** – so genannt wegen ihrer portalartigen Tragekonstruktion –, die unter anderem beim Umschlag in das/aus dem Lager (mit Verschiebedach) eingesetzt werden.

7.2.3 Der Lagervertrag

7.2.3.1 Zustandekommen

Lagervertrag Zur Regelung des Lagergeschäfts werden Lagerverträge abgeschlossen. Vertragspartner sind der **Einlagerer** und der **Lagerhalter**.

Der Lagervertrag gehört zu denjenigen Vertragsarten, die nicht an eine Schriftform gebunden sind. Einlagerer und Lagerhalter sind in ihrer Vertragsgestaltung grundsätzlich frei. Lagerverträge können daher auch durch
- **mündliche (telefonische) Vereinbarungen** oder
- **schlüssiges („konkludentes") Handeln** (das heißt Güter werden ohne vorherige Absprachen physisch eingelagert – selten!).

zustande kommen. Vor allem aus Beweisgründen wird der
- **Abschluss schriftlicher Lagerverträge empfohlen**,

um eventuelle spätere Meinungsverschiedenheiten über getroffene Absprachen von vornherein auszuschließen.

7.2.3.2 Inhalt

Aufgrund kartellrechtlicher Beschränkungen, vor allem aber infolge der Vielfältigkeit des Lagergeschäfts und des individuellen Leistungsumfanges gibt es kein allgemein gültiges Muster eines Lagervertrages. **Gegenstand des Lagervertrages ist die gewerbliche Lagerung und Aufbewahrung von Gütern.** Im Rahmen des Lagervertrages sollten insbesondere folgende Punkte geregelt werden:
- **Leistungsumfang** des Lagerhalters wie Kommissionieren, Palettieren, Distribution etc.
- **genaue Beschreibung der Lagergüter** und deren Behandlung (Einhaltung von Temperatur, Luftfeuchtigkeit, Druckempfindlichkeit, besondere Sicherungsmaßnahmen etc.)

Die Lagerei im Rahmen speditioneller Leistungsangebote

- **Umfang der Lagerbestandsführung** (Lagergut, Paletten etc.)
- **Inventurhäufigkeit** (monatlich, viertel-, halbjährlich, jährlich) und Ausgleich eventueller Überschüsse / Fehlbestände
- voraussichtliche oder durchschnittliche **Lagerdauer**
- **Umschlaghäufigkeit der Güter**; die pro Kalendermonat ein- und auszulagernde Menge
- **Versicherungsumfang** und **Haftung**
- **Vertragsdauer** und **Kündigungsfristen**
- **Entgelte** und **Auslagenersatz**.

Die Vertragsparteien können sich auch darauf beschränken, in den Lagervertrag nur die rein vertraglichen Regelungen aufzunehmen und die gutspezifischen Besonderheiten in Anhängen zum Lagervertrag zu regeln, was unter Umständen größere Flexibilität bei erforderlichen Änderungen ermöglicht.

7.2.3.3 Rechtsgrundlagen

Es wurde bereits deutlich, dass **einzelvertragliche Regelungen des Lagergeschäftes vorrangig und üblich** sind. Die Dienstleistungen des lagerhaltenden Spediteurs werden dabei **im Regelfall auf der Basis der** *ADSp* abgewickelt (vergleiche dazu insbesondere die Erläuterungen zu *Ziff. 15 ADSp*). Auch das Pfandrecht und die Haftung des lagerhaltenden Spediteurs erfolgen dann auf dieser Grundlage (vergleiche *Ziff. 20, 22, 24 ADSp*). Die *ADSp* werden in *Kapitel 3.3* erläutert.

Lagervertrag, Rechtsgrundlagen

Für sonstige gewerbliche Lagerhalter dienen die Regelungen des *HGB* oder *BGB* als Basis. Sowohl *ADSp* als auch *BGB* und *HGB* stellen also kein zwingendes Recht dar und können durch einzelvertragliche Abmachungen ersetzt oder ergänzt werden. Die „Rangfolge" der Rechtsgrundlagen für den Spediteur als Lagerhalter lautet daher:

Einzelvertrag → ADSp → HGB/BGB.

7.2.3.4 Lagerentgelt

Für die gewerbliche Lagerung gibt es keine Tarife oder allgemein gültigen Entgelte. In § 467 Abs. 2 und § 474 HGB ist lediglich der **Anspruch** des Lagerhalters auf die vereinbarte Vergütung beziehungsweise auf Ersatz seiner für das Gut gemachten Aufwendungen verankert. Die Vielfältigkeit der speditionellen Lagerlogistik verlangt daher eine einzelfallbezogene Kalkulation von Lagerentgelten (siehe Kapitel 7.3).

Lagerentgelt

7.2.4 Die Abwicklung des Lagervertrages

Die wesentlichen Tätigkeitsbereiche des gewerblichen Lagerhalters sind bereits weiter oben angesprochen worden. Im Folgenden soll noch auf einige Besonderheiten eingegangen werden.

7.2.4.1 Sonder- und Sammellagerung

Sonderlagerung Die **Sonderlagerung** oder besser: die **gesonderte Lagerung** ist die übliche Lagerform und bedarf daher keiner Vereinbarung im Lagervertrag. Es handelt sich dabei um die gesonderte Lagerung je Lagerpartie und Einlagerer. Der Einlagerer bekommt **das selbe Lagergut** zurück.

Sammellagerung Im Gegensatz dazu steht die **Sammellagerung**, die einer vertraglichen Vereinbarung und damit der Zustimmung der beteiligten Einlagerer bedarf (vergleiche *§ 469 HGB*). Bei Sammellagerung tritt eine Vermischung von Lagergütern gleicher Art und Güte, die von verschiedenen Einlagerern stammen, ein.

Eine solche Vermischung wird – falls überhaupt – nur bei Schüttgütern, wie zum Beispiel Getreide, vorgenommen. Gerade hier ist die Gefahr des natürlichen Schwundes durch Eintrocknung (Getreide) oder verlorengegangene Staubanteile etc. besonders groß, so dass die Form des Ausgleichs eventueller Fehlmengen (Manki) besonders vereinbart werden sollte.

7.2.4.2 Die sachgemäße Lagerung der Güter

Sachgemäße Lagerung Zur sachgemäßen Lagerung gehört auch die Einhaltung der **ordnungs- und baubehördlichen Vorschriften** für das Lagergebäude. Dazu zählen auch Maßnahmen des Brandschutzes (Feuerlöscher, Löschwasserleitungen, Fluchtwege etc.).

Die Lagergüter müssen entsprechend ihrer spezifischen Eigenschaften behandelt werden. Zu diesem Zweck sind die auf der Verpackung angebrachten Symbole (zum Beispiel Pfeile nach oben, Weinglas, Gefahrenzettel) zu beachten. Im Falle von Gefahrstoffen sind gegebenenfalls Zusammenlagerungsverbote mit anderen (Gefahr-)Gütern einzuhalten.

Auch sollte nicht nur aus optischen Gründen auf die Sauberkeit im Lager geachtet werden. Zweck ist dabei auch die Verhütung von Unfällen und gegebenenfalls von Staubexplosionen (zum Beispiel in Getreidelagern), die zu verheerenden Schäden führen können.

Fremdläger Der Lagerhalter kann die Güter entweder in eigenen oder angemieteten, aber auch in fremden Lagerräumen lagern. Bei der Lagerung in Fremdlägern muss er den Einlagerer unverzüglich schriftlich über den Namen des fremden Lagerhalters und den Lagerort informieren *(Ziff. 15.1 ADSp)*.

7.2.4.3 Ein- und Auslagerung der Güter

Schnittstellenkontrolle Bei der Anlieferung der Ware in das Lager ist vom Lagerhalter schon im eigenen Interesse der **ordnungsgemäße Zustand der Güter** festzustellen. Hierbei stehen äußerlich erkennbare Mängel im Vordergrund. Eine gesetzliche Verpflichtung zur Feststellung äußerlich nicht erkennbarer Mängel besteht für den Lagerhalter nicht. In diesem Zusammenhang ist besonders auf die nach *Ziff. 7 ADSp* erforderliche **Schnittstellenkontrolle** durch den Spediteur hinzuweisen.

Fifo-Prinzip Bei der Auslagerung der Ware wird von den Einlagerern insbesondere die Beachtung des sogenannten *fifo-Prinzips* gefordert. Fifo steht für *first in – first out* und bedeutet, dass die zeitlich zuerst eingelagerte Ware auch zeitlich zuerst wieder ausgelagert wird. Eine eigentlich verständliche Forderung, wenn man zum Beispiel an die Distribution von Lebensmitteln (Haltbarkeitsdatum!) denkt.

Für die angelieferten Lagergüter ist dem Einlagerer in der Regel eine **Quittung/ Empfangsbestätigung** zu geben. Kann dem Anlieferer eine reine (das heißt mängelfreie) Quittung nicht erteilt werden, so sind die festgestellten Mängel zu vermerken; zweckmäßig ist die Gegenzeichnung durch den Anlieferer. Ebenso muss der Einlagerer schriftlich benachrichtigt werden. Der Quittungserteilung sollte besondere Aufmerksamkeit geschenkt werden, da hier gelegentlich Unstimmigkeiten zwischen den Beteiligten festzustellen sind.

Quittungserteilung bei Einlagerung

7.2.4.4   Die Papiere im Lagergeschäft

Über die Verpflichtung zur Auslieferung des Gutes kann vom Lagerhalter, nachdem er das Gut erhalten hat, ein Lagerschein ausgestellt werden. Allerdings ist die Bedeutung der Lagerscheine in der speditionellen Praxis immer weiter zurückgegangen, so dass sie heute nur noch auf besondere Anforderung ausgestellt werden. Aus diesem Grund findet der Lagerschein seit 1.7.1998 in den *ADSp* keine Erwähnung mehr. Der Lagerschein und seine rechtlichen Wirkungen sind aber in den *§§ 475 c-g HGB* ausführlich dargestellt.

Lagerscheine

Für den internationalen Gebrauch kann das *FIATA Warehouse Receipt (FWR)* verwendet werden (siehe *2.2.3*).

FWR

Die *Orderlagerscheinverordnung* wurde zum 1.7.1998 außer Kraft gesetzt. Eine aufgrund dieser Verordnung erteilte Ermächtigung zur Ausstellung von Orderlagerscheinen wirkte nur noch bis auf Widerruf fort. In jedem Fall galt die Ermächtigung nach Ablauf von sechs Monaten nach Abschluss des Geschäftsjahres, in dem diese Verordnung außer Kraft trat, als widerrufen.

Orderlagerschein

Während also früher ein Orderlagerschein nur von einem dazu ermächtigten Lagerhalter ausgestellt werden durfte, kann dies heute im Bedarfsfall jeder Lagerhalter. Ist ein durch Indossament übertragbarer Lagerschein ausgestellt, so hat die Übergabe des Papiers an den Empfangsberechtigten dieselben Rechtswirkungen wie die Übergabe des Gutes.

7.3 Grundlagen der Lagerkostenkalkulation

Lagerkostenkalkulation Es wurde bereits darauf hingewiesen, dass in der gewerblichen Lagerei seit jeher der **Grundsatz der freien Preisbildung** herrschte. Die zunehmende Technisierung und Automatisierung des Lagergeschäfts erfordert erhebliche Investitionen, die eine langfristige Kapitalbindung zur Folge haben und somit das unternehmerische Risiko erhöhen.

Eine **exakte Kosten- und Leistungsrechnung** ist daher für den Lagerhalter **von herausragender Bedeutung**. Ein Operieren mit Durchschnittswerten führt schon aufgrund der individuellen Kundenanforderungen und der Vielfalt der Lagergüter häufig in eine Sackgasse. Die sorgfältige Kalkulation der Lagerleistungen setzt zunächst einmal die **Entwicklung eines Leistungsprofils** im Zusammenwirken mit dem (potenziellen) Auftraggeber / Einlagerer voraus (vergleiche dazu auch *7.2.3.2*).

7.3.1 Die Kosten- und Leistungsbereiche

Hinsichtlich der Kostenentstehung sind folgende **Leistungsbereiche** zu betrachten:

7.3.1.1 Lagerung

Lagerkosten Die Lagerung umfasst die reine Aufbewahrung der Lagergüter. Die Kosten werden wesentlich von folgenden Faktoren beeinflusst:
- **Art der Lagerung** (Regal-, Blocklagerung, Automatisierungsgrad etc.)
- durchschnittliche **Lagerdauer**
- durchschnittliche **Auslastung der Lagerfläche / des Lagervolumens**
- durchschnittliche **Belegung der Palettenplätze**.

Wettbewerbsfähige Lagerkosten sind nur durch einen möglichst hohen Kapazitätsauslastungsgrad zu erreichen.

7.3.1.2 Umschlag

Umschlagskosten Der Umschlag umfasst die **Ein- und Auslagerung der Güter** und sämtliche damit zusammenhängenden Teilleistungen, einschließlich der **Kommissionierung** beim Auslagern. Da der Anteil der Kommissionierleistung am Lagergeschäft ständig zugenommen hat, kann es im Einzelfall zweckmäßig sein, die Kommissionierung leistungs- und kostenmäßig separat zu erfassen.

Kosteneinflussfaktoren sind:
- die **Art des Umschlags** (manuell, teil-, vollpalettiert)
- die **Gewichtsstruktur der Packstücke**
- das durchschnittliche **Palettengewicht**
- die **Umschlag-** beziehungsweise **Kommissioniertechnik**
- die durchschnittliche **Umschlag-** beziehungsweise **Kommissionierleistung**.

Grundlagen der Lagerkostenkalkulation

7.3.1.3 Lagerverwaltung

Die Lagerverwaltung umfasst sämtliche Tätigkeiten der Vorbereitung, Erfassung und Abrechnung der Lagerein- und -ausgänge, die Bestandsführung und -kontrolle, etc.

Lagerverwaltungskosten

Der dem jeweiligen Einlagerer zurechenbare zeitliche Lagerverwaltungsaufwand ist unter Umständen schwierig zu ermitteln, da dies eine genaue Analyse der Abläufe erfordert. Hieran führt jedoch kein Weg vorbei, da der Anteil der Lagerverwaltungskosten sich stark erhöht hat und mehr als 30 % der Gesamtkosten betragen kann.

7.3.1.4 Allgemeine kaufmännische Verwaltung

Die Lagerei ist in der Regel einer von mehreren Leistungsbereichen der Spedition. Die allgemeinen Verwaltungskosten des Gesamtbetriebes müssen daher auch **der Lagerei anteilig zugerechnet** werden. Dieser Bereich soll an dieser Stelle allerdings nicht näher betrachtet werden.

7.3.2 Die Kostenarten im Überblick

In den dargestellten Leistungsbereichen sind gegebenenfalls folgende Kostenarten zu berücksichtigen:

Lagerkostenarten

- **Kalkulatorische Abschreibungen** und **kalkulatorische Mieten** für Gebäude, Grundstücke, Büroräume
- **Kalkulatorische Abschreibungen** auf die Lagereinrichtung (Regale) und die förder- und hebetechnischen Anlagen und Geräte
- **Kalkulatorische Zinsen** auf das eingesetzte Kapital
- **tatsächlich gezahlte Mieten und Pachten** für Gebäude, Räume, Geräte etc.
- **Personalkosten** für das gewerbliche und kaufmännische Personal (Bruttolöhne und -gehälter, Lohnnebenkosten etc.)
- Reparatur- und Wartungskosten
- Kosten für Energie (Treibstoffe, Strom, Wasser, Heizung)
- Reinigungs-, Bewachungs- und Versicherungskosten
- Kosten für Büroeinrichtungen und -materialien
- Kommunikationskosten (EDV-Anlagen, Telefon, Telefax, Porti)
- anteilige allgemeine Verwaltungskosten.

7.3.3 Die Berechnungsgrundlage für das Lagerentgelt

Auf der Basis der für die einzelnen Leistungsbereiche errechneten Kosten können nach verschiedenen Kalkulationsmethoden das Lagergeld sowie die Entgelte für Einlagerung und für Auslagerung ermittelt und den jeweiligen Einlagerern zugerechnet werden. Bei der Bildung der Lagerentgelte – in der Praxis auch als Spesensätze bezeichnet – ist eine angemessene Gewinnspanne des Lagerhalters einzukalkulieren.

Lagerentgelt

Die Lagerentgelte werden üblicherweise auf das **Gewicht als Maßeinheit** bezogen (100 kg- oder Tonnensätze). Möglich sind aber auch stückbezogene Entgeltsätze (zum Beispiel pro Palette).

Bei im Verhältnis zum Gewicht besonders **voluminösen Lagergütern** wird es zweckmäßig sein, die Entgelte auf die Fläche oder das Volumen als Maßeinheit zu beziehen (pro m^2 oder m^3).

Lagerübernahmesatz In vielen Fällen ist der Einlagerer nur an der Nennung eines „Endpreises" und nicht an den einzelnen Sätzen für Lagerung, Ein- und Auslagerung interessiert. Dann wird ein sogenannter **Übernahmesatz** gebildet, der für den **Monat der Einlagerung** alle Kosten enthält (Übernahme der angelieferten Güter ex Transportmittel, Lagerung im Einlagerungsmonat, Auslagerung auf Transportmittel).

Zusätzlich wird das **Lagergeld für den Folgemonat** angegeben. Grundsätzlich wird das Lagergeld immer **für den (angefangenen) Kalendermonat** berechnet.

Der Umfang der vom Lagerhalter zu erbringenden Leistungen wird bei positiv verlaufenden Geschäftsbeziehungen oftmals nachträglich erweitert. In diesen Fällen ist eine **Nachkalkulation** der Lagerentgelte vorzunehmen.

Stichwortverzeichnis

A

Ablieferungshindernis 270, 293, 385
Abroll-Container-Transport-Systeme 612
Abschluss des Frachtvertrages 414
Abweichungen von der Haftungshöchstgrenze 434
Actual carrier 116
AEA 506
AETR 302
Agent 419
Air Waybill 523
Allgemeine Bedingungen der deutschen Möbelspediteure für Beförderungen von Handelsmöbeln (ABBH) 278
Allgemeine Beförderungsbeschränkungen im Luftfrachtverkehr 530
Allgemeine Deutsche Spediteurbedingungen 75, 153 ff.
Allgemeine Lagerbedingungen des Deutschen Möbeltransports (ALB) 277
Allgemeines Eisenbahngesetz (AEG) 327
An- und Abfuhren Kombiverkehr 297
Anforderungen an den Spediteursammelgutverkehr 550
Angebot 27
Annahmeverweigerung; Luftfracht 532
Arbeitsgemeinschaft Deutscher Verkehrsflughäfen (ADV) 514
Arbeitsteilung 27, 30
Arbeitszeitgesetz (ArbZG) 303
Aufgabenteilung im Verkehr 39
Aufrechnung 168
Auslieferung 462
Auslieferung im Luftfrachtverkehr 531
Auslieferungslager 621
Ausnahmen GüKG 224
Äußerer Wettbewerb 39
Autobahnbenutzungsgebührengesetz 299
Autohof 42

B

Bacoliner 451
Bahnreform 319
Banksendungen im Luftfrachtverkehr 531
Barcoding 556, 578
BARIG 514
Bauleitplanung 52
Bayerische Trailerzug Gesellschaft für bimodalen Güterverkehr 612
Be- und Entladen HGB 268
Bedarf 27
Bedingungen und Entgelte für den Spediteursammelgutverkehr mit Kraftwagen und Eisenbahn 559
Beförderungshindernis 106, 385
Begleitpapiere 102, 236
Behälterverkehre 604
Behördenpyramide 47
Beilader 81
Beiladerspediteur 551
Bekannter Versender 510
Berufsgenossenschaft 232
Berufsverbände 82
Berufszugangsverordnung für den Güterkraftverkehr 220
Beschaffungslogistik 71
Besondere Havarie/Haverei 491
Besonderheitenlehre des Verkehrs 39, 44
Besorgung der Versendung 73
Betreibermodell 54
Betriebssichere Verladung 102
Bilaterale Binnenschifffahrtsabkommen 401
Bimodale Techniken 612
Binnenhäfen 413
Binnenschifffahrtsspediteur 419
Blocklagerung 624
Board of Airline Representatives in Germany 514
Bodenabfertigung 501

633

Stichwortverzeichnis

Bolero-Bill of Lading 483
Bordero 553
Briefdienste 594
Briefspediteur 81, 551
Bruttoinlandsprodukt 28
BSL 82
Bundesflagge 446
Bundesreserve 622
Bundesverband Spedition und Logistik 82
Bundesverkehrswegeplan 50
Bürgerliches Gesetzbuch (BGB) 327, 414
Bußgeldverfahren 254

C

C.L.E.C.A.T. 86
CASS 537
CEMT-Genehmigung (CEMT-Umzugsgenehmigung) 233
Chargeable Weight 518, 527
Charges collect 517
Charter- Party/Partie 458
Charterbestimmungen 459
Chartergeschäft 539
Chikagoer Abkommen 504
City Logistik 42
Class Rates 515
CLNI 416
CMR 291
CO-Raten 519
Commodity-Box-Raten (CBR) 465
Consolidator 538
Container 608
Containerverkehr 605
Contracting Carrier 116, 538

D

Datenaustausch 502, 556
Dauerlager 622
DB Netz AG 318
DB Intermodal 318
Deckungsbeitragsrechnung 281

Declared Value for Carriage 526
DELIS 584
Delivery Scan 581
Deregulierung 31
Deutsche Bahn AG 318
Deutscher Speditions- und Logistikverband (DSLV) 82, 318
DGR-Fee 531
Dienstleistungsfreiheit 39
Dienstvertrag 143
Digitales Europäisches Logistik Informations System 584
Direct Mail 602
Direktsendungen 36
Direktverkehre 36, 580
Dispache, Dispacheur 492
Distributionslogistik 71
Drittlandverkehre 233
DTV-Verkehrshaftungsversicherungs-Bedingungen für Frachtführer, Spedition und Lagerhalter 155, 179
Durchkonnossement oder Durchfrachtkonnossement 482
DUSS 611

E

ECAC 506
eCommerce 602
Efficient Consumer Reponse 68
EG-Recht im Luftverkehr 505
EGKS-Vertrag 216, 217
EILU 609
Einzelwagenverkehr 358
Eisenbahninfrastruktur-Benutzungsverordnung = EIBV 337
Eisenbahninfrastrukturunternehmen = EIU 330
Eisenbahnneuordnungsgesetz (ENeuOG) 327
Eisenbahnunternehmer-Berufszugangsverordnung (EbZugV) 337
Eisenbahnverkehrsunternehmen = EVU 330

Stichwortverzeichnis

Eiszuschläge 439
Empfängeranweisung 385
Entsorgungslogistik 71
Erlaubnisverordnung für den Güterkraftverkehr 220, 226, 230, 231, 232, 398
Etagenlager 623
EU-Emissionshandel 58
EU-Grünbuch 57
EU-Institutionen 59
EU-Lizenz 289
EU-Luftschadstoffrichtlinie 56
EU-Richtlinie 91/440 323
EURATOM-Vertrag 216, 217
EURO-3-sicherer Lkw 234
Europäische intermodulare Ladeeinheit (EILU) 609
Europäischer Wirtschaftsraum (EWR) 215
Europäische Union 59
EWG-Vertrag von 1957 216, 217
EWR-Abkommen 215
Express-Frachtsysteme 594
Externe Effekte 55
Externe Kosten 55

F

Fachliche Eignung 230
Fahrerbescheinigung 238
Fahrpersonal 238
Fahrpersonalgesetz (FPersG) 303
Fahrzeugkostenrechnung 281
Fakultative Höherversicherung 587
Fautfracht 104
FBL 84
FCR 85
FCT 85
Feinstaub 56
Ferienreiseverordnung 610
Fertigungstiefe 30
Festbuchung 460
FIATA 83
Fifo-Prinzip 628
Finanzielle Leistungsfähigkeit 229

Fixkosten-Spediteur 74, 149
Flurförderzeuge 625
Flussdenken 70
Förderrichtlinie kombinierter Verkehr 611
Forum Binnenschifffahrt und Logistik 617
Frachtbrief 98, 151, 236, 292, 553
Frachtflugzeuge 499
Frachtführer 551
Frachtgeschäft 64, 98
Frachtvertrag 146, 265, 266
Freihandelszonen 30
Freiheit der Meere 441
Freiheiten der Luft 505
Freilagerflächen 623
Freizeichnung von der Haftung 487
Fremdläger 628
From Road to Sea 618
Full-service 32
FWR 85, 629

G

Ganzzugverkehr 357
GDV-Modell 155, 179
Gebrochener Verkehr 36, 603
Gefährdungshaftung HGB 271
Gelegenheitsverkehr 36
Gemeinschaftslizenz 221, 289
General Cargo Rates 515
Generalverkehrspläne 50
Gesetz zur Bekämpfung der illegalen Beschäftigung im gewerblichen Güterkraftverkehr (GüKBillBG) 239
Gewahrsamshaftung 271, 294
Gewerbliche Lagerei 619
Globalisierung 30, 32
GPS (Global Positioning System) 301
Grenzüberschreitender Güterkraftverkehr 288
Grobes Organisationsverschulden 115, 176
Grundfreiheiten 59

Stichwortverzeichnis

Grundgesetz 327
Grüner Lkw 234
Güter 27
Güterkraftverkehr 224
Güterkraftverkehrsgesetz 223, 609
Güterstruktureffekt 31
Güterverkehrswirtschaft 33
Güterverteilzentrum 41

H

Haager Protokoll 507
Haftpflichtversicherung 236
Haftung Absender CMR 293
Haftung bei qualifiziertem Verschulden 435
Haftung der Leute 115
Haftung des Luftfrachtführers 532
Haftungsausschluss 110
Haftungsausschluss; Seefracht 487
Haftungsbefreiung HGB 271
Haftungshöchstgrenze 434
Haftungskorridor HGB 273
Hallenlager 624
Hamburger-Regeln von 1978 490
Handelsgesetzbuch 97, 327
Harmonisierung 212, 218
Hauptspediteur 81
Havarie 491
Havarie-Kostenbeiträge 492
Hochregallager 625
Hochwasserzuschläge 439
Hub 32
Huckepackverkehr 605

I

IATA 511
IATA-Clearing House 512
IATA-Resolutionen 512
IATA-Umrechnungskurs 517
IATA Cargo-Agent 536
ICAO 504
INCOTERMS 2000 143, 468

Indossament 480
Infrastruktur 35
Inhaberkonnossement 481
Innerer Wettbewerb 39
Integrationseffekt 32
Intercontainer-Interfrigo (ICF) 615
Intermodaler Verkehr 37, 603
Internalisierung 56
International Air Transport Association 511
Internationaler Währungsfonds 29
Internationales Frachtrecht CIM 366
Internationale Spedition 77
Interoperabilität 37
Intralogistik 68
Intramodaler Verkehr 37

J

Jahresaggregat 191
Just-in-sequence-Belieferung 31
Just-in-time 30

K

Kabotage 36, 214
Kalif 280
Kalkulation im Güterfernverkehr 280
Kaufmann nach HGB 74
KEP-Dienste 96, 591
Kerngeschäfte 30
Kfz-Steuererstattung 610
Kleine Havarie 491
Kleingutmarkt 95
Kleingutverkehre 36
Knotenpunktsystem 361
Kombi-Netz-2000+ 614
Kombinierter Verkehr 36, 296, 603
Kombirail 612
Kombiverkehr Deutsche Gesellschaft für Kombinierten Güterverkehr mbH & Co. KG 614
Konnossement 151
Konnossementsausstellung 477

Konsensualvertrag 293
Konsignationslager 621
Kontingentierung 39
Kontraktlogistik 68
Kontraktraten 521
Konzentrationseffekt 32
Konzessionierung 39
Konzessionsmodell 53
Kostenverordnung für den Güterkraftverkehr 220
Kraftfahrzeug-Steuer-Gesetz 610
Krupp-Schnellumschlaganlage 613
Küstenschifffahrt 618

L

Ladeeinheiten 603
Lademaß 332
Ladeort, Ladeplatz 430
Ladeschein 119, 151
Ladezeit 430
Ladungsverkehr 36
Lagerarten 623
Lagerbühnen 625
Lagereigewerbe 620
Lagerentgelt 627, 631
Lagergeschäft 150
Lagerhalter 74
Lagerkosten 630, 631
Lagerkostenkalkulation 630
Lagerscheine 629
Lagerübernahmesatz 632
Lagerung 166
Lagervertrag 74, 132, 626, 627
Lagerverwaltungskosten 631
Landesentwicklungsprogramm 51
Landlager 623
Lash-Schiff 451
Lastenaufzüge 626
Leistungsmerkmale der Binnenschifffahrt 394
Leistungsmerkmale Luftfracht 500
Lenkzeit 303, 304
Leutehaftung 112

Lex Spezialis 141
Liberalisierung der Postmärkte 592
Lieferfrist 108, 293
Liegegeld 430
Liniendienste 596
Linienspediteure 543
Linienverkehr 36
Lkw-Fahrverbot 610
Lkw-Maut 53
LNGV 522
Logistik 29, 37
Logistik-AGB 194
Logistik-Marktvolumen 38
Logistikdenken 70
Logistikeffekte 31
Logistikgeschäft 64
Logistiktiefe 31
Logistikziele 70
Logistische Informationsleistungen 68
Logistische Kernleistungen 67
Logistische Zusatzleistungen 67, 194
Löschplatz 431
Luftfahrt-Bundesamt 508
Luftfracht-Nebengebührenverzeichnis 522
Luftfrachtbrief 151, 523
Luftfrachttarife 515
Luftsicherheitsgesetz 508
Luftverkehrsgesetz 508
Luftverkehrsrechte 504

M

Maastrichter Abkommen 213
Mannheimer Akte 400
Marco Polo 612
Markt 27
Masterplan Güterverkehr und Logistik 603
Mate's-Receipt 480
Maut 246, 300
Mega-Hub-Konzept 613
Mehrstufige Transporte 75
Meterlast 333
Minimalfrachten 465

Stichwortverzeichnis

Minimum Charges 515, 518
Mitverschuldens des Auftraggebers 176
Modal split 35
Montrealer Übereinkommen 507
Multimodaler Verkehr 37, 146, 148, 603
Multimodal Transport Operator 84
Multiplikatoreffekte 41

N

Nachfrage 27
Nachnahme 108, 164
Nachträgliche Weisungen 105
Natürliche Transportfähigkeit 37
Nichtbundeseigene Eisenbahnen (NE) 335, 393
Nichtöffentliche Eisenbahnen 330
Normalraten 518

O

Obhutshaftung 110, 150, 271, 294
Öffentliche Eisenbahnen 330
Öffentlicher Verkehr 33
On-Board-Unit (OBU) 301
Open Skys Abkommen 506
Orderladeschein 423, 629
Ordnungspolitik 49
Ordnungswidrigkeit 258, 306
Outsourcing 30, 65
Over Pivot Rate 522

P

Palettenregallager 625
Paramount-Konnossements-Klausel 489
Persönliche Zuverlässigkeit 229
Pfandrecht 118, 131, 138
Pivot Charge 522
Planfestellungsverfahren 52
Positive Vertragsverletzung 114
Postdienste 591
Preise und Konditionen Railion Deutschland AG (PKL) 367

Prepaid 467, 517
Primäre Logistikdienstleistungen 68
Privates Verkehrsgewerbe 40
Produktionslogistik 71
Punkt-zu-Punkt-Verkehr 594

Q

Qualitätsmanagement 30, 32, 579
Quittungserteilung bei Einlagerung 629

R

Radio Frequency Identification 557, 581
Radsatzlast 333
Railion Deutschland AG - RailFreight - 318
Rampenlager 624
Raumordnung 51, 52
Reederei 402
Regallagerung 624
Regionalplan 51
Reglementierter Beauftragter 510
Reines Konnossement 477
Richtlinie zur Förderung neuer Kombinierter Verkehre 611
RID und GGVSE 322
Road Railer 612
Rollende Landstraße 605, 606
Routerlabel 579
Ruhezeit 303

S

Sammelgutspediteure 542
Sammellader 538
Sammelladung 129
Sammellagerung 134, 628
Sammelspedition 149
Sattelauflieger 605
Schadensanzeige 488
Schiffstypen 403
Schnittstellenkontrolle 163, 628
Schweizerische Lizenz 233, 235

Stichwortverzeichnis

Schwimmende Landstraße 617
SCI 86
SCR 519
SEA/AIR-Verkehr 540
Seehafen-Hinterlandverkehre 615
Sekundäre Logistikdienstleistungen 68
Selbsteintritt 74, 128
Sendungsverfolgungssystem 584
Shipper's Declaration 531
Short Sea Shipping Promotion Center (SPC) 618
Sieben r's in der Logistik 67
SMGS 392
Sonderlagerung 628
Sonderziehungsrechte IWF 274, 294
Sozialdumping 239
Spartenmäßige Gliederung des Speditionsgewerbes 77
Specific Commodity Rates 515
Spediteure 82
Spediteursammelgutverkehr 36, 79, 541
Speditionsauftrag 553
Speditionsgeschäft 64
Speditionsprovision 558
Speditionsrollfuhr 80
Speditionsvertrag 73, 140, 149
Spedition zu festen Kosten 128
Speziallager 624
Spurweite 335
Standgeld 269
Statusmeldungen 556
Steuerbefreiung 610
Stickstoffoxide 56
Stockwerklager 623
Straßenbenutzungsgebühr 213
Strukturpolitik 49
Stückgutfrachtvertrag 460
Substitutionseffekt 31
Supergrüner Lkw 234
Supply Chain Collaboration 68
Supply Chain Management 39, 67
Suprastruktur 35
Systemdenken 70
Systemverkehr 36, 580

T

TACT 515
Tarifgrundlage im Luftfrachtverkehr 515
Tarifpflicht 39
Telematik 42
Tertiärer Sektor 33
Total Quality Management (TQM) 585
Tour-de-Rôle 401
Tracking- und Tracingsystem 32, 502, 584
Trade Terms 145
Traditionspapier 120
Tragwagen 608
Transfracht internationale Gesellschaft für kombinierten Güterverkehr (TFG) 615
Transitverkehr 36
Transportfähigkeit 37
Transportrechtsreformgesetz 97, 332
Transportversicherung 169, 203
Trassenpreissystem (TPS) 339
TRAXON 502

U

Übernahmesatz 558
UIRR (Union des societés de transport combiné-Rail-Route) 616
ULD 521
Umschlagkosten 604, 630
Umschlaglagerung 623
Umweltzonen 57
Umzugsvertrag 121
Unabwendbares Ereignis 110
Unbegleiteter Kombinierter Verkehr 607
Unit Load Devices 521
Unit Load Devices (ULD) Charges 515
Unterflur-Frachträume 499
Unternehmenslogistik 67
Unterspediteur 81

Stichwortverzeichnis

V

Value Added Services 66
Vereinigung Deutscher Kraftwagenspediteure 82
Verjährung 117, 131, 137
Verkehr 27
Verkehrsbedürfnisse 43
Verkehrsgesetzgebung 49
Verkehrshoheit 40
Verkehrsinfrastruktur-Finanzierungsgesellschaft 54
Verkehrsinfrastrukturpolitik 50
Verkehrskonferenzen 512
Verkehrsleistung 36
Verkehrsmarkt 39
Verkehrsmarktordnung 39, 215
Verkehrsmittel 34
Verkehrspolitik 47
Verkehrsträger 35, 603
Verkehrsunternehmen 34
Verkehrsvertrag 157
Verkehrswege 34
Verkehrswirtschaft 33
Verlade- und Transportbedingungen 434
Verordnung über den grenzüberschreitenden Güterkraftverkehr und den Kabotageverkehr 220, 233
Versandspediteur 551
Versender 551
Versendungskauf 142
Versicherungspflicht 151, 221
Verteilungslager 621
Vertikal-Palettenförderanlagen 626
Vertikale Schnellumschlagsysteme 612
Vertragsbedingungen für den Güterkraftverkehrs-, Speditions- und Logistikunternehmer (VBGL) 277
Vertragsfreiheit 97
Vertrag von Rom 218
Vignette 299
VKS 82
Volkswirtschaft 28
Vollkostenrechnung 281

Volumengewicht 518
Vorratslager 622

W

Warenklassenraten 518
Warschauer Abkommen 506
Wasserlager 623
Wasserstraßen- und Binnenschifffahrtsbehörden 399
Wechselbehälter 605, 608
Wegekosten 56
Weißbücher 60
Weltbank 29
Welthandelsorganisation 29
Weltwirtschaft 28
Werkslagerung, Eigenlagerung 619
Werkverkehr 36
Werkvertrag 143
Wertangabe 529
Wertersatz 172
Wertschöpfungskette 29
Wertzuschlag 529
Wirtschaft 27
Wirtschaftsordnung 28

Z

Zu- und Ablaufverkehre zu den Seehäfen 617
Zusatzleistungen 68